Hartmut Berghoff | Manfred Grieger

Die Geschichte des Hauses Bahlsen

Keks – Krieg – Konsum

1911 – 1974

Wallstein Verlag

Bibliografische Information der Deutschen Nationalbibliothek
Die Deutsche Nationalbibliothek verzeichnet diese Publikation in der Deutschen Nationalbibliografie; detaillierte bibliografische Daten sind im Internet über http://dnb.d-nb.de abrufbar.

Zweite Auflage 2024

www.wallstein-verlag.de
Vom Verlag gesetzt aus der Minion Pro und der Myriad Pro
Umschlaggestaltung: Eva Mutter
Druck und Verarbeitung: bookSolutions Vertriebs GmbH, Göttingen
ISBN 978-3-8353-5773-0

Inhalt

1. Einleitung

Im Gegensatz zu Industriekonzernen oder Großbanken fand die Geschichte mittelständischer Unternehmen nur selten wissenschaftliches Interesse. Bei Volkswagen, Daimler-Benz, der Degussa oder der Deutschen Bank bildeten die öffentliche Kritik an ihrer Rolle im Nationalsozialismus oder Forderungen nach Entschädigung ehemaliger Zwangsarbeiter sowie nach Restitution entzogenen Eigentums jüdischer Vorbesitzer die Ausgangspunkte. Eine »Forschungskonjunktur« setzte in den 1990er Jahren ein, die viele der DAX-Unternehmen in den Blick nahm.[1] Erst in den letzten Jahren wandte sich die Forschung vermehrt Familienunternehmen sowie mittelständischen Unternehmen zu.[2] Viele hatten im Zusammenhang mit den nach 2000 durch die von der Stiftung Erinnerung, Verantwortung, Zukunft ausgezahlten Finanzleistungen an ehemalige Zwangsarbeiterinnen und Zwangsarbeiter versäumt, die eigene Rolle im Nationalsozialismus und in der Kriegswirtschaft sowie ihre mögliche Beteiligung an der Ausraubung von Juden, an der Ausbeutung der von der Wehrmacht besetzten Gebiete sowie am NS-Zwangsarbeitssystem untersuchen zu lassen.

Unternehmen mit starken Marken basieren neben der Qualität ihrer Produkte und ihrem Image in aller Regel auch auf dominanten Eigennarrativen – zumal diejenigen, die in familiärer Kontinuität stehen. Die allermeisten Familienunternehmer und -unternehmen stellen sich unkritisch in ihre fortgeschriebenen Traditionen, was Beschönigungen und Blindflecken Vorschub leistet. Das Familienunternehmen Bahlsen steht stellvertretend für diese Entwicklung, da seine betriebliche Geschichtspolitik lange Zeit auf das Genie des Unternehmensgründers Hermann Bahlsen, die industrielle Massenherstellung von hochwertigen Dauerbackwaren, eine umfassende betriebliche Sozialpolitik, die kunstfertigen Verpackungen und Werbegrafiken sowie ihr Kunstinteresse und -mäzenatentum abgestellt hat. Diese Spur lässt sich bis zu den Anfängen des 1889 gegründeten Unternehmens zurückverfolgen. Von nachhaltiger Bedeutung war allerdings, dass die Geschichte des Unternehmens während der NS-Zeit entweder weitgehend ausgespart oder aber in selbstentlastender Weise verkehrt wurde. Bahlsen folgte insoweit der bundesdeutschen Mehrheitsgesellschaft und trug ebenfalls zum kollektiven Vergessen zumal in der Gesellschaft des Wirtschaftswunders bei.

Das betriebliche Narrativ zur Zwangsarbeiter-Thematik formulierte Hans Bahlsen Anfang Juni 1949 dahingehend aus, dass sich während der ganzen Kriegszeit mit den ausländischen Arbeiterinnen und Arbeitern »keinerlei Schwierigkeiten und Reibungen ergeben« hätten, »da die Leute auf freiwilliger Basis arbeiteten und

1 Vgl. Gregor, Wissenschaft; Schanetzky, Gold Rush.

2 Vgl. etwa Grieger, Sartorius; Schneider-Braunberger, Miele; Erker, Benckiser; Karlsch u. a., Waffeningenieure. Schon früh Berghoff u. Rauh-Kühne, Fritz.

vollen Lohn und Verpflegung wie die deutschen Zivilarbeiter bekamen«.[3] Dieser dominante Strang der Unternehmens- und Familienerinnerung fand beispielsweise in der Jubiläumsschrift von 1964 in dem Eigenlob der guten Versorgung und Behandlung der polnischen und ukrainischen Frauen Ausdruck.[4] Gleichsam zum Beweis enthielt die Publikation auch ein Foto einer lächelnden ukrainischen Arbeiterin in ihrem weißen Bahlsen-Kittel. Das blieb über Jahrzehnte unwidersprochen, da sich seit den 1970er Jahren aufkommende öffentliche Kritik auf Großunternehmer wie Friedrich Flick konzentrierte. Hinzu kam, dass Kekse nicht als Rüstungsgut galten und Nahrungsmittel allgemein der zivilen Grundversorgung zugerechnet wurden, obwohl sie auch für die Wehrmacht essentiell gewesen waren.

Im Grunde beschritt Bahlsen Mitte der 1990er Jahre bereits den Weg zur Aufklärung des historischen Sachverhalts, indem das Bahlsen-Archiv für ein Forschungsvorhaben der Universität Hannover geöffnet wurde. Die weithin zutreffenden Ergebnisse einer vom Politikwissenschaftler Uwe Lehmensiek erarbeiteten Überblicksdarstellung fand aber keine inhaltliche Rezeption durch das Unternehmen und dementsprechend keinen Eingang in das betriebliche Geschichtsbewusstsein.[5] Stattdessen hatte die entlastende Narration Bestand, dass nach dem Eintreffen der alliierten Truppen in Hannover »Fremdarbeiter [...] sich schützend vor das Unternehmen« gestellt hätten.[6]

Mit der Jahrhundertwende begann jedoch ein Prozess des Umdenkens. Das Unternehmen beteiligte sich 2000/01 an dem hälftig von der deutschen Wirtschaft aufzubringenden Kapital der durch Bundesgesetz geschaffenen Stiftung Erinnerung, Verantwortung und Zukunft, die an ehemalige Zwangsarbeiterinnen und Zwangsarbeiter Entschädigungen auszahlte und seither erinnerungskulturelle Aktivitäten fördert.[7] Im Jahr 2000 empfing das Unternehmen auch ehemalige Zwangsarbeiterinnen aus Polen und der Ukraine, die von der Stadt Hannover zu einem Besuch eingeladen worden waren, in der Fabrik.[8]

Die inhaltliche Auseinandersetzung war aber nicht besonders tiefschürfend und weithin folgenlos. Ohnedies betrachtete das Unternehmen die Einzahlungen in den Zwangsarbeiter-Fonds vor allem als Schutz vor Regressforderungen ehemaliger Zwangsarbeiter, nachdem mehr als 60 Polinnen und Ukrainerinnen allerdings erfolglos vor dem Landesarbeitsgericht in Hannover vorenthaltenen Lohn

3 H. Bahlsens Keksfabrik KG, Hans Bahlsen an Hauptstadt Hannover, Stadtkämmerer Weber vom 2.6.1949 (Bahlsen-Archiv Hannover (BAH), R10, Nr. 600).

4 H. Bahlsens Keksfabrik u. Kessler, Bahlsen 1889-1964, S. 34.

5 Lehmensiek, Cakes-Fabrik. Die Studie zeigte mit der NSDAP-Mitgliedschaft, der Zwangsarbeit und der Betriebsleitung der Kiewer Keksfabrik wesentliche Aspekte der historischen Belastung auf.

6 Bahlsen u. Bahlmann, Keks, S. 20.

7 Nietzel, Wiedergutmachung.

8 Władysława Kowalska an Werner M. Bahlsen vom 26.6.2000 (BAH, R14, Nr. 10).

einzuklagen versucht hatten.[9] Außerdem befand sich Bahlsen währenddessen in der nach langjährigem Streit zwischen den Abkömmlingen von Werner Bahlsen beschlossenen Aufspaltung des Unternehmens in die süße Sparte, heute Bahlsen, und die salzige Sparte, heute Lorenz. Die damit verbundenen Entscheidungen und Maßnahmen nahmen die Unternehmensleitungen der dritten Bahlsen-Generation voll in Anspruch.

Insoweit waren Familie und Unternehmen denkwürdig unvorbereitet, als Verena Bahlsen von Medien im Mai 2019 auf ihr Unternehmenserbe angesprochen wurde, das auch auf Zwangsarbeit im Zweiten Weltkriegs basierte. Sie glaubte sich in voller Übereinstimmung mit der von der Familie gepflegten historischen Wahrheit, als sie mit Äußerungen über die angebliche Gleichbehandlung der Ukrainerinnen und Polinnen den Vorhaltungen entgegentreten wollte. Die damals 26-Jährige erntete damit in den deutschen Medien von *Bild* bis *Spiegel* und selbst international scharfe Kritik und durchlebte online einen »Shitstorm«, der in Forderungen nach ihrer Enteignung gipfelte. Um der Empörungskommunikation mit unabhängiger wissenschaftlicher Forschung eine sachgerechte Antwort zu geben, entschieden sich Familie und Unternehmen auf Vermittlung eines ausgewiesenen Krisenkommunikators, die ergebnisoffene Aufarbeitung der Unternehmensgeschichte auf den Weg zu bringen.

Die nachfolgende Studie ist also das Ergebnis von Auftragsforschung. Von Anfang an war klar, dass historische Forschung nicht nur die in den letzten Jahrzehnten übliche entlastende Sichtweise des Unternehmens überwinden müsste, sondern sich auch nicht in der Suche nach aus der NS-Zeit belastenden Tatbeständen erschöpfen dürfe, da kritische Geschichtswissenschaft über die Rolle als historischer Ankläger weit hinausgeht.[10] Zudem beschränkt sich die Geschichte Bahlsens nicht auf die 12 Jahre des Nationalsozialismus, die zudem eine Vor- und Nachgeschichte haben. Bahlsen griff den Vorschlag eines erweiterten Beobachtungszeitraums von der Zeit vor dem Ersten Weltkrieg bis zur Unternehmenskrise Mitte der 1970er Jahre auf, der im Wesentlichen die Tätigkeit von Hermann Bahlsen und der zweiten Unternehmergeneration abdeckt. Zudem erscheint, weil die Ästhetisierung der Fabrik durch Kunst am Bau, die Nutzung von künstlerischen Darstellungen für das Marketing sowie die Sammlungstätigkeit und das Kunstmäzenatentum der Familie von herausragender Bedeutung für die Unternehmens- und Unternehmeridentität ist, eine gesonderte Studie von Karin Hartewig.[11]

9 Bahlsen KG, Aufstellung Ost-Klagen vom 21.7.1999 (BAH, R14, Nr. 40); Bahlsen KG an Arbeitsgericht Hannover betr. Rechtsstreit Kurtschakowa vom 10.6.1999 (BAH, R14, Nr. 20); Landesarbeitsgericht Niedersachsen, 12. Kammer Landgericht Hannover (9 O 3138/00-216), Urteil im Rechtsstreit Lidia Semeniwna Woropajewa gegen Lorenz Bahlsen Snacks GmbH & Co KG, Bahlsen GmbH & Co KG und Nordeck Holding GmbH & Co KG vom 1.12.2000 (BAH, R14, Nr. 40).

10 Vgl. Sachse, Eckpunkte; Groß, Mächtiger.

11 Hartewig, Stil des Hauses.

Mittelständische Unternehmen besaßen keinen unmittelbaren Einfluss auf zentrale staatliche Entscheidungen, also etwa auf Kriegsplanungen oder die Etablierung der NS-Diktatur. Gleiches gilt aber auch für die Durchsetzung der parlamentarischen Demokratie nach 1918 und 1945 oder die Entwicklung der Konsumgesellschaft im westdeutschen »Wirtschaftswunder«. Vor diesem Hintergrund fragt das erkenntnisleitende Interesse dieser Studie nach dem Umgang des mittelständischen Familienunternehmens Bahlsen mit den wirtschaftlichen Gegebenheiten in Friedens- und Kriegszeiten. Darüber hinaus findet Beachtung, wie das Unternehmen die Übergänge zwischen den verschiedenen politischen Systemen und zwischen dirigistisch-regulatorischen und marktwirtschaftlichen Regimen in das eigene wirtschaftliche Handeln übersetzte. Die Produktentwicklung und die Fertigungstechnik, das Marktverhalten, die Beziehungen zur Politik und zu staatlichen Stellen, die Beziehung zu zivilen und militärischen Auftraggebern und die betrieblichen Arbeitsbeziehungen sollen ebenfalls untersucht werden.

Erst durch das in verschiedenen Zeitphasen beobachtbare Wechselspiel zwischen privatwirtschaftlicher Entscheidungsfreiheit und staatlichen Vorgaben wird das Unternehmensverhalten angemessen kontextualisierbar. Würde sich die Studie allein auf die NS-Zeit fokussieren, erschiene jegliche Aktivität von Bahlsen als eine unmittelbare Reaktion auf die neuen Machthaber. Die Betrachtung unterschiedlicher Entwicklungsetappen des Unternehmens vor und nach der NS-Zeit weist den Vorteil auf, lange Entwicklungslinien aufzeigen zu können und etwa das Wiederaufgreifen älterer Traditionen zu bemerken. Hierdurch lässt sich das Unternehmen nicht nur in seiner Anpassung an das NS-Regime, sondern auch als Subjekt zeigen, das sich zur Nutzung neuer ökonomischer Chancen nach 1945 nicht politisch neu ausrichten musste. Denn in der Wahrnehmung der Eigentümer blieb das Keks-Unternehmen stets Bahlsen.

Der Generationswechsel im Familienunternehmen und die Kooperationsformen der zweiten Unternehmergeneration bildet einen zweiten Themenkomplex, der die Darstellung durchzieht. Die Unternehmernachfolge und die geschwisterliche Arbeitsteilung der Erbengeneration beschreiben in Familienunternehmen anerkanntermaßen Konfliktfelder, die sich nicht selten sogar zur Existenzbedrohung des Unternehmens auswachsen können. Die Übernahme der Entscheidungskompetenz durch die zweite Generation fiel bei Bahlsen mit der Weltwirtschaftskrise und dem Übergang der Weimarer Republik zu antidemokratischen Verhältnissen zusammen.

Wegen der fehlenden geschlossenen Aktenüberlieferung kann aber keine gleichrangige Darstellung erfolgen, da dokumentarisch gesicherte Schwerpunkte gesetzt werden müssen. Die im Bahlsen-Archiv vorgefundenen Bestände sind zwar durchaus umfangreich. Es fehlen jedoch Sach- und Korrespondenzakten. Zudem sind Zusammenhänge durch eine Zuordnung von Einzeldokumenten in Sammlungsmappen zu den zentralen Personen des Unternehmens zerstört. Die Sekundärüberlieferung in staatlichen Archiven fällt wegen der relativ geringen Unternehmensgröße schmal aus, sodass große Wissenslücken bleiben.

Das erste Kapitel zeigt den Weg der Keksfabrik Hermann Bahlsens zur Industrialisierung der deutschen Dauerbackwarenherstellung auf, wobei der 1911 an der Podbielski- und Lister Straße realisierte Neubau den Übergang zur fordistischen Fließfertigung von Keksen eröffnete. Die mit der Kapazitätserweiterung verbundene Produktionssteigerung ging mit dem wirtschaftlichen Aufschwung des Kaiserreichs in der Vorkriegszeit einher. Erfolgsprodukte wie der Leibniz-Keks und die starke TET-Marke sowie ein schlagkräftiges Vertriebssystem sicherten Bahlsen einen Spitzenplatz in der deutschen Dauerbackwarenindustrie. Doch der Erste Weltkrieg unterbrach den beschrittenen Erfolgspfad. Die Rationierung von Rohstoffen, regulatorische Vorgaben zur Produktzusammensetzung und schließlich die Kontingentierung des Konsums durch Lebensmittelkarten mit fixierten Verbrauchsmengen verengten die Wachstumsoptionen. Wie das Unternehmen auf das Kriegswirtschaftssystem reagierte und das kaiserliche Heer oder auch Krankenanstalten als neue Großabnehmer gewann, soll ebenso thematisiert werden wie die 1916 einsetzende Trendwende, da das Militär den zuvor dynamisch wachsenden Zivilabsatz nicht mehr ersetzen konnte. Der Versuch der Instrumentalisierung des Hindenburg-Kults und die nach 1916 ins Kraut schießenden Pläne einer TET-Stadt wirken vor dem Hintergrund der schwindenden Ertragskraft und des drohenden Untergangs des für ewig angesehenen Kaiserreichs wie ein kompensatorisches Aufbäumen.

Revolution, Demokratisierung und die Erschütterung der Werteordnung trafen 1918/19 mit einer gesundheitlichen Zerrüttung des Unternehmenspatriarchen zusammen. Der neuen Zeit gegenüber unzugänglich, besaß er nicht mehr die Kraft, das überschuldete Unternehmen auf die veränderten Bedingungen einzustellen und den Übergang auf die Zivilmärkte zu organisieren. Sein Tod stürzte das Unternehmen in eine Krise, zumal die vier Söhne noch minderjährig waren und neben den bestellten Testamentsvollstreckern eine externe Unternehmensleitung etabliert werden musste. Hinzu kam die sich bis zur Hyperinflation steigernde Geldentwertung, die das Unternehmen vor enorme Herausforderungen stellte. Nach der 1924 vorgenommenen Aufgliederung des Unternehmens in eine Aktiengesellschaft, eine GmbH sowie eine Kommanditgesellschaft gelangte das Keksunternehmen wieder auf die Erfolgsspur zurück. Die Erbengeneration drängte in die betrieblichen Schaltstellen, während die wirtschaftlichen und gesellschaftlichen Krisen der Weimarer Republik auf Bahlsen zurückwirkten. Inwieweit am Ende eine konsequente Sparpolitik und gezielte Investitionen einen Ausweg wiesen, bildet ein Unterthema der Krisenüberwindung.

Die 1933 auf dem Markt eingeführte Expressdose brachte dann den Durchbruch, der sich mit der Etablierung der nationalsozialistischen Herrschaft vollzog. Hierbei greift die Studie den insbesondere von Christoph Buchheim und seinen Schülern herausgestellten Befund auf, dass Unternehmen als Teil der Wirtschaft im Kern ihre Handlungsfreiheit während der NS-Diktatur behielten, da die politisch motivierten Eingriffe auf enge Bereiche begrenzt blieben und die Kooperation der Unternehmen für das Funktionieren der NS-Gesellschaft in der Vorkriegszeit wie während des Zweiten Weltkriegs essentiell war. Deshalb prüft die Studie die formale und symbolische Nazifizierung des Unternehmens, wobei die Geschäftsbelebung und die Produktionsausweitung die ideologische Übereinstimmung überlagert haben dürften.

Wie das Unternehmen den Übergang in die Kriegswirtschaft vorbereitet hat, soll ebenso untersucht werden wie die Umstellung auf die besondere Kriegsnachfrage nach Fruchtschnitten oder Notverpflegung. Dass zu deren Herstellung ab Ende Mai 1940 ausländische Zwangsarbeiterinnen herangezogen wurden, entsprach der allgemeinen Praxis. Wie aber deren Unterbringung, Versorgung, Behandlung und ihr Arbeitseinsatz konkret ausgestaltet waren, thematisiert ein gesondertes Unterkapitel. Der Beteiligung Bahlsens an der ökonomischen Besatzungspolitik in der Ukraine 1942/43 gehört ebenso Aufmerksamkeit wie der Verlagerung von Betriebsabteilungen nach Gera. Wie sich der »totale Krieg« und die alliierten Bombenangriffe auf das Unternehmen auswirkten und ob Bahlsen bis zum Ende loyal zum NS-Regime stand oder sich absetzte, um für die Nachkriegszeit gewappnet zu sein, behandelt ein weiterer Abschnitt.

1945 und in den Folgejahren waren zwei tiefgreifende Umbrüche zu bewältigen, zum einen der politische Systemwechsel und zum anderen der Übergang von der Kriegs- zur Friedenswirtschaft. Zu fragen ist, wie das Unternehmen und die Familie diese Herausforderungen bewältigten und wie sich das Verhältnis von Kontinuitäten und Zäsuren gestaltete. Große Wehrmachtaufträge entfielen, während der Mangel und die obrigkeitliche Regulierung der Rohstoffversorgung vorerst bestehen blieben. Wie ging Bahlsen mit dieser Konstellation um? Wie gestaltete sich das Verhältnis zu der britischen Besatzungsmacht und den neuen politischen Machthabern? Wie lange dauerten der Wiederaufbau und die Rückkehr zu einem »friedensmäßigen« Geschäft? Welche Probleme, aber auch welche begünstigenden Faktoren und Rekonstruktionskräfte charakterisierten die unmittelbare Nachkriegszeit? Wie wurde der Zusammenhalt der Belegschaft nach dem Wegfall der nationalsozialistischen Arbeitsordnung bewahrt?

Zudem gilt es, die Rolle der Familie, aber auch der an zentralen Stellen tätigen Manager und Managerinnen zu analysieren. Wie vollzog sich der Eintritt der zweiten Generation in die Führungsebene? Inwieweit wirken ältere Konflikte weiter und inwieweit konnte die Familie das Unternehmen stabilisieren? Welche Werte und Visionen bestimmten das Verhalten der Geschäftsleitung? Welche Rolle spielten familienfremde Führungskräfte? Wie positionierte sich die Familie außerhalb des Unternehmens, vor allem allgemein-, verbands- und wirtschaftspolitisch?

Nach der endgültigen Überwindung der Mangelwirtschaft um 1953 gelang es Bahlsen, überproportional am Wachstum der »Wirtschaftswundergesellschaft« zu partizipieren. Zu fragen ist hier nach den allgemeinen Erfolgsfaktoren. Zunächst muss das Nebeneinander von Expansion und Rationalisierung analysiert werden. Eine genauere Untersuchung verdient auch das Marketing. Wie und in welchem Umfang wurde Werbung betrieben? Auch das Wechselspiel von Veränderungen der medialen Umwelt und der Kommunikationspolitik des Unternehmens verdient eine gesonderte Betrachtung. Was waren die Schwerpunkte der Sortimentspolitik? Wie war die Distribution strukturiert? Warum beschäftigte Bahlsen ein Großaufgebot an Reisenden? Hierbei ist insbesondere das Verhältnis zum damals noch überwiegend kleinbetrieblichen Einzelhandel zu betrachten. Ferner ist zu fragen, was für eine Unternehmenskultur sich unter den Bedingungen des Booms ausbildete. Wie gestalteten sich die Arbeitsbeziehungen, und in welche Richtung veränderten sich die Verhältnisse innerhalb der Familie und wie beeinflussten innerfamiliäre Konstellationen die Governance des Unternehmens?

Der letzte Abschnitt der hier genauer untersuchten Unternehmensgeschichte, die Jahre 1965 bis 1974, konfrontierten Bahlsen erneut mit tiefgreifenden Umbrüchen. Das stürmische Wachstum des »Wirtschaftswunders« flaute ab. Es gilt, die Reaktionen auf diese gravierende Herausforderung zu untersuchen. Welche Veränderungen ergaben sich bei der Produkt- und der Marketingpolitik? Wie gelang es, das Geschäft zu internationalisieren und das randständige Auslandsgeschäft aufzubauen und zu stärken?

Die Distributions- und die Werbepolitik sahen sich ebenfalls fundamentalen Umbrüchen gegenüber. Der bundesdeutsche Einzelhandel geriet zunehmend in die Hände von Großunternehmen. Die Medienlandschaft wurde vielfältiger und von der Verbreitung des Fernsehens verändert. Die Konsumenten besaßen immer mehr Wahlmöglichkeiten. Es begann sich ein Käufermarkt auszubilden, der das Geschäft mit Backwaren in vieler Hinsicht erschwerte. Wie reagierte Bahlsen auf diesen Wandel, der einschneidende Reaktionen erforderte? Warum blieben trotz Internationalisierung und fortgesetztem Wachstum die Gewinne bescheiden? Weshalb unterblieb der Sprung in eine größere Dimension, etwa durch Akquisitionen bzw. eine Fusion? Am Ende blieb Bahlsen ein großer Mittelständler und deutscher Marktführer, ohne den Sprung in die Phalanx der bedeutenden internationalen Backwarenkonzerne zu schaffen oder auch nur ernsthaft zu wagen.

Die Studie hat ferner zu ergründen, ob die Unternehmenskultur der 1950er Jahre unter den veränderten Bedingungen der späten 1960er und frühen 1970er Jahre fortgeschrieben werden konnte. Inwieweit mussten »alte Zöpfe« abgeschnitten und neue Akzente gesetzt werden? Auf den Mangel an Arbeitskräften im Großraum Hannover reagierte Bahlsen mit der Errichtung bzw. dem Kauf von Werken in anderen Regionen sowie mit der Einstellung hunderter Spanierinnen. Wie wurden diese in das Unternehmen integriert? Welche Konflikte führten schließlich zum ersten Streik der Unternehmensgeschichte?

Innerhalb der Familie rückte das Thema Nachfolge auf die Tagesordnung, während alte Konflikte fortwirkten. Hier ist zu fragen, wie sie eingedämmt wurden und wie sich das Verhältnis der Brüder zueinander und zur dritten Generation in dieser Phase entwickelte. Schließlich ist die politische Positionierung Werner Bahlsens auf Seiten der CDU sowie sein zivilgesellschaftliches Engagement zu untersuchen. Mit welchem Aufwand und mit welchem Erfolg hat sich die Familie außerhalb des Unternehmens in der Öffentlichkeit betätigt?

Am Ende steht ein kurzer Ausblick auf die krisenhaften Jahre 1975 bis 1981, der die Überlebenskraft von Bahlsen und die – allen Konflikten zum Trotz – Identifikation der Familie mit ihrem Unternehmen betont und auf diese Weise die Existenzsicherung in einer krisengeschüttelten Branche erklärt.

Dieses Buch ist eine Gemeinschaftsarbeit. Manfred Grieger verfasste die Kapitel 2 bis 5, Hartmut Berghoff Kapitel 6 bis 9. Anschließend brachte der jeweils andere Autor Ergänzungen, Kürzungen und Veränderungsvorschläge an. Kapitel 1 und 10 wurden gemeinsam geschrieben.

2. Hermann Bahlsen und die neue Fabrik

1911–1919

2.1 Moderne Produktion und konsumentennaher Vertrieb

Der am 14. November 1859 geborene Kaufmann Hermann Bahlsen, der als Sohn eines Tuchhändlers einer alteingesessenen Bürgerfamilie Hannovers entstammte, kam erst als 30-Jähriger nach einer mehrjährigen Station als Zuckerhändler in London in die Dauerbackwarenbranche. Er übernahm in Hannover eine kleine Bäckerei mit zehn Mitarbeitern, die ab dem 1. Juli 1889 als Hannoversche Cakes-Fabrik H. Bahlsen im Handelsregister geführt wurde. Schon der Name zeigte an, dass er seine in England gewonnene Erkenntnisse über die dort deutlich weiter fortge-

Abb. 1: Die TET-Dachmarke und der Leibniz-Keks, 1904

schrittene Keksindustrie auf die deutschen Verhältnisse übertragen wollte. Die 1893 eröffnete neue Fabrik setzte darauf, dass auch im Inland ein allmählicher Wandel des Kekskonsums eintrat, der aus dem Luxusgut ein alltägliches Nahrungsmittel machen würde. Zusammen mit seiner Leitungsmannschaft ging er daran, die angelsächsischen »bisquits« zum deutschen Keks zu machen.[1]

1 Arnu, Bahlsen, S. 10 ff.; Hillebrecht, Bahlsen, S. 5 f.

Abb. 2: Hermann Bahlsen – Unternehmens- und Familienpatriarch

Der Erfolg von Bahlsen beruhte nach der Jahrhundertwende auf zahlreichen Zutaten. Neben zugkräftigen Produkten wie dem Leibniz-Keks und TET, der 1904 eingeführten starken und ihre ewig währende Existenz preisenden Marke, trug die effiziente und auf internationalem Niveau stehende Produktionstechnik zum nachhaltigen Wachstum des Unternehmens bei. Das schlagkräftige und dezentrale Vertriebs- und Verkaufssystem, das geschickte Marketing und die mit künstlerischen Darstellungen operierende Produktkommunikation wirkten als weitere Faktoren ein.[2]

Die Leitungsebene des Unternehmens bildeten unter dem Alleineigentümer Hermann Bahlsen die Prokuristen Adolf Zerfaß, Hermann Hertzer sowie Anna-Dora Thieme. Als charismatischer Unternehmer personalisierte Hermann Bahlsen gleichsam Werk und Produkte. Die vier Söhne – Hans (geb. 9. Mai 1901), Werner (geb. 28. März 1904), Gerhard (5. April 1905) und Klaus (geb. 23. April 1908) – komplettierten im Bereich der Familie die Errungenschaften, die Hermann Bahlsen in die Spitzengruppe des hannoverschen Bürgertums aufsteigen ließen.

Das Unternehmenswachstum stärkte bei Hermann Bahlsen den autokratischen Herr-im-Hause-Standpunkt, sodass der 1905 mit dem Verband der Bäcker und Konditoren Hannovers geschlossene Tarifvertrag 1910 aufgekündigt wurde. Ein Streik der gewerkschaftlich organisierten Arbeiter scheiterte aber nach acht Tagen, und Hermann Bahlsen und seine Führungsmannschaft ordneten den Beschäftigten die Löhne zu.[3]

Die 1911 eröffnete Fabrik an der Lister Straße und das Verwaltungsgebäude an der Podbielskistraße führten das seiner ursprünglichen Dimension entwachsene Unternehmen zu neuer Größe und brachten das immense Selbstbewusstsein des Kekspatriarchen zum Ausdruck. Die vom Architekten Karl Siebrecht entworfenen Gebäude und deren kunstfertige Fassadengestaltung machten ebenso Eindruck wie die zahlreichen Kunstgegenstände in der Fabrik sowie in der näheren Umgebung. Die Ästhetisierung der modernen Fabrik diente auch der Selbstdarstellung des leidenschaftlichen Kunstmäzens. Zugleich erfolgte eine Modernisierung der technischen

2 Vgl. Hillmann, Markenartikelpackung; Meyer, Reklamekunst; siehe vor allem Hartewig, Stil des Hauses.

3 Boll, Massenbewegungen, S. 54.

Abb. 3: Das neue Fabrik- und Verwaltungsgebäude an der Podbielskistraße, 1912

Ausstattung, etwa Einschlagmaschinen mit automatischem Transport, die eine wesentliche Verbesserung der Produktivität ermöglichten.[4]

Hermann Bahlsen holte sich Mitte 1911 zur Förderung seiner Wachstumsstrategie prominente Unterstützung von der US-amerikanischen National Biscuit Corporation. Direktor Frank M. Peters gab am 25. Juli 1911 auf der großen Konferenz mit der Vertriebsleitung, den Leitern der Auslieferungslager sowie den Stadt- und Oberreisenden seiner Überzeugung Ausdruck, dass in Deutschland die Voraussetzungen für einen Keksabsatz wie in den USA bestehen würden. Zumindest ließe sich der Umsatz bedeutend steigern. Seine Prinzipien – »Gute Ware, gute Verpackung, mäßige Preise, gute und schnelle Bedienung, unterstützt durch gute Reklame […] ergeben ein gutes Geschäft«[5] – deckten sich mit denen von Hermann Bahlsen. Neben der Priorität des Inlandgeschäfts und einer Fokussierung auf Kleinabnehmer gab Peters den Reisenden eine zentrale Stellung innerhalb der Verkaufsorganisation. Über die Qualität der Waren hinaus entschied aus seiner Sicht vor allem die Qualität der Reisenden über den Erfolg. Diese hatten sowohl Entwicklungsaufgaben gegenüber der Kundschaft, um sie an neue Produkte heranzuführen, als auch das Unternehmen als Ganzes zu vertreten. Reisende durften Kunden nicht über deren Bedarf

4 Huttenlocher, Menschen, S. 73 ff. u. 95.

5 Große Konferenz mit Herrn Frank M. Peters, Direktor der National Biscuit Co. am 25.7.1911, S. 3 (BAH, R10, Nr. 512).

zum Kauf verleiten, sondern sollten durch Beratung deren Vertrauen gewinnen. Gegenüber der Fabrik hatten die Reisenden die Verantwortung, Mängel und Kritik ebenso rasch an die Unternehmenszentrale zu übermitteln wie Bestellungen. Weil Peters die Reisenden als wesentlichen Erfolgsfaktor ansah, sprach er sich für eine Provisionsvergütung für alle eingehenden Aufträge an die in der jeweiligen Region tätigen Reisenden aus. Wer aber die realistischen Verkaufsvorgaben »in einer gegebenen Zeit« nicht erfüllte, von dem sollte sich Bahlsen allerdings rasch trennen, da die betreffende Person am falschen Ort tätig sei.[6]

Die Hannoversche Cakes-Fabrik H. Bahlsen machte sich die US-amerikanischen Erfahrungen am 27. Juli 1911 in einem Strategiepapier zu eigen, wonach zunächst der Inlandsmarkt genutzt werden sollte, bevor Auslandslieferungen angestrebt wurden. Hermann Bahlsen waren 50 »kleine Kunden« mit 10 Mark Umsatz lieber als ein großer mit 500 Mark Umsatz. Den »Reisenden« genannten Verkäufern war aufgetragen, »oft zur Kundschaft« zu gehen und die Kunden über den großen Nutzen von Keksen zu belehren.[7] Die Reisenden sollten nicht »automatisch handeln«, sondern individuell auf die jeweiligen Bedürfnisse eingehen. Die Umsatzprämie sollte Kunden stets per Scheck zugehen, um ihnen die Vorteile der Umsatzsteigerung vor Augen zu führen. Die Firma bot »gute Ware« und »gute Verpackung« sowie »mäßige Preise«, dementsprechend müsse der Reisende »gute Bedienung« abliefern. Den Reisenden war ein klarer Verhaltenskodex auferlegt, da der Kunde vom Betragen des Reisenden auf die Firma schließe.

Kaum war das von Karl Siebrecht entworfene neue Werk am 1. Dezember 1911 offiziell eröffnet,[8] musste sich Hermann Bahlsen zusätzliche Finanzquellen eröffnen, um die Liquidität hoch zu halten. Von Hermann Bahlsen angesprochen, erklärte sich Fritz Beindorff, der Eigentümer der dynamisch gewachsenen Pelikan-Werke und Senator der Stadt Hannover, kurzentschlossen bereit, Hermann Bahlsen für die Konsolidierungsphase finanzielle Unterstützung zu gewähren. Mit einem ausführlichen Brief und aufbereitetem Zahlenmaterial wollte Hermann Bahlsen nicht nur Bedenken zerstreuen, sondern Beindorff von der »günstigen Zukunft der Fabrik« überzeugen.[9] Über die Umsatzsteigerung in den Jahren 1910 und 1911 von 4,98 auf 5,63 Millionen Mark hinaus stieg auch der Gewinn von 390.000 auf 398.000 Mark.

In seinem Schreiben an Fritz Beindorff stellte er heraus, dass der Neubau die Kapazität verdoppelt und das Unternehmen in die Lage versetzt habe, »alle billigen Waren« durch den »Verkauf gut zahlender Artikel« zu ersetzen – Bahlsen besaß immerhin einen Marktanteil von gut einem Drittel. Seine weiterhin positiven Zukunftsannahmen stützte Hermann Bahlsen auf Beobachtungen im Ausland, namentlich der National Biscuit Co. mit einem Jahresumsatz von 45 Millionen

6 Ebd., S. 1.

7 Hannoversche Cakes-Fabrik H. Bahlsen, Notiz vom 27.7.1911 (BAH, R10, Nr. 50).

8 Zum 1. Dezember 1911, S. 1 f. (BAH, R11, Nr. 150); Auffarth, Siebrecht, S. 193, 199 u. 205.

9 Hannoversche Cakes-Fabrik, Hermann Bahlsen, an Senator Fritz Beindorff vom 18.3.1912, S. 1RS (BAH, R10, Nr. 511).

US-Dollar sowie von Fabriken in Moskau, England, Frankreich, Belgien und Ungarn. Den Kekskonsum Englands in einer Größenordnung von jährlich 18 Mark pro Kopf unterstellt, bestanden angesichts eines für Deutschland angenommenen Umsatzes von nur 0,30 Mark geradezu automatisch hervorragende Aussichten, zumal auch in Deutschland Keks und Biskuit zunehmend als »Bedarfs- und nicht mehr als Luxus-Artikel« angesehen wurden.[10] Bahlsen warb für sich und seine Fabrik unter anderem mit dem Hinweis auf eine Kreditvergabe durch den ihm persönlich unbekannten Direktor der New Yorker National Radiator Co. und die »ungeheure Zukunft« seiner Produkte.[11]

Die Vertriebsstruktur mit einer zentralen Leitung, den Groß- und Auslieferungslagern in etlichen Städten sowie dem Direktvertrieb an Wiederverkäufer sowie Endverbraucher durch ein engmaschiges Netz angestellter »Reisender« sicherte wachsende Markenbekanntheit und Umsatz. Musterläden, wie in Berlin am Kurfürstendamm, unterstrichen den Premiumanspruch von Hermann Bahlsens Keksfabrik. Sie sollten den Charakter einer »Fabrik-Niederlage« haben, also im Schaufenster keine Preise für die ausgestellten Waren zeigen. Die TET-Packung sollte beim Verkauf, aber auch bei der Dekoration, dem Aufbau des Schaufensters und des Ladens stets im Mittelpunkt stehen, wobei die »hervorragenden Eigenschaften«, die »hygienischen Vorzüge« sowie die patentierte Verpackung herausgestellt wurden.[12]

Demgegenüber durfte kein Schokolade-Artikel angeboten werden. Stattdessen waren TET-Kunden an das »Pangani-Gebäck« heranzuführen, wobei Kundinnen ein Stückchen zum Probieren angeboten oder eingewickelt in die Tüte gelegt werden sollte. Sollte das Pangani-Gebäck bereits bekannt sein, war die Aufmerksamkeit entweder auf die »Kaffeebraune Mischung« oder auf »Noch eine Waffel« zu lenken, die an auffälliger Stelle auf der Ladentheke zu präsentieren waren, um weitere Kernprodukte bekannt zu machen. War ihre Funktion der besseren Bekanntmachung von Bahlsen-Produkten weithin erreicht, schloss das Unternehmen manche Musterläden, etwa in Köln, Dresden und Frankfurt am Main, wieder.[13] Spezielle Bahnhofsverkäufer deckten in Großstädten die Nachfrage nach Kleinmengen von Pendlern und Fernreisenden ab.

Das Unternehmen reagierte durch die Umbenennung in H. Bahlsens Keksfabrik auf den erreichten Erfolg. Am 13./14. Juni 1912 sicherte sich Bahlsen erneut die Unterstützung von Direktor Peters, der dazu riet, für jeden »Distrikt« eines Reisenden einen Mindestumsatz festzulegen, der ihm aber nur ein »Minimal-Salär« sicherte. Bei steigendem Umsatz sollte die gewährte Prämie ansteigen. Sofern aber die Provisionshöhe zu hoch würde, schlug er die Neuaufteilung der Distrikte vor. Die »befä-

10 Ebd., S. 2; siehe auch Hannoversche Cakes-Fabrik, Hermann Bahlsen, Die Entwicklung der Hannoverschen Cakes Fabrik vom 23.5.1911 (BAH, R11, Nr. 446).

11 Hannoversche Cakes-Fabrik, Hermann Bahlsen, an Senator Fritz Beindorff vom 18.3.1912, S. 4 (BAH, R10, Nr. 511).

12 Instruktionen für unsere Musterläden o. D. [ca. 1912], S. 1 (BAH, R10, Nr. 123).

13 »Unsre Musterläden«, Leibniz-Blätter Nr. 13, 12.4.1913, S. 1.

higsten Leute« waren in den umsatzschwachen Distrikten einzusetzen, die dort aber von der Reklame Unterstützung erhielten.[14] Peters sprach sich für den »gegenseitigen Meinungsaustausch« unter den Verkaufsherren aus und empfahl in Hannover in jedem Quartal »regelmäßige Konferenzen zwischen den Geschäftsführern und den Reisenden« im Beisein von Hermann Bahlsen. Darüber hinaus riet er dazu, mit den Filialleitern ebenfalls ein oder zwei Mal im Jahr zum Meinungsaustausch zusammenzukommen.[15]

1912 erfolgte für das Großlager Berlin in der Kochstraße 9 die Anmietung eines größeren Ladenlokals, in dem auch ein Musterladen Aufnahme fand.[16] Vom 3. bis 8. Februar 1913 führte Bahlsen in Berlin nach dem Vorbild einer Aktion in Hamburg im Oktober 1912 eine »Keks-Woche« durch, wozu die Touren der Reisenden von neun auf 18 verdoppelt wurden und neun »Herren aus Hannover« mit der kompletten Musterkollektion abgestellt wurden.[17] Aber das Bahlsen-Geschäft war auf ständiges Wachstum ausgerichtet, sodass die zentral und lokal durchgeführten Verkaufskonferenzen, wie im Falle von Berlin, die Aufmerksamkeit der Reisenden immer nur auf vernachlässigte oder neu zu promotende Artikel ausrichteten oder Tipps zur Erhöhung des Absatzes in Bäckereien und Konditoreien mit dem Ziel gaben, den »Umsatz in kurzer Zeit um 50 %« zu steigern.[18] Wer hinter den Verkaufsvorgaben zurückblieb, erhielt recht rasch die Kündigung.[19]

Ergänzend strebte Bahlsen an, durch attraktive Schaufensterpräsentationen in Kaufhäusern deren Kundschaft anzusprechen. Im März 1913 gelang mit dem Kaufhaus Wertheim in Berlin eine Vereinbarung, halbjährlich für jeweils vier Tage das zur Leipziger Straße zeigende Schaufenster Nr. 13 für Bahlsen-Produkte gestalten zu dürfen. Wertheim gestattete auch, gelegentlich einen »Sonderverkauf« in der ebenerdig gelegenen Konfitüren-Abteilung durchzuführen,[20] wollte aber als Gegenleistung eine zweiprozentige Extravergütung auf die gelieferten Bahlsen-Artikel erhalten.[21] Wertheim bot im August 1913 kurzfristig eine Schaufenster-Dekoration

14 Konferenz mit Frank M. Peters am 13.6.1912, S. 1 (BAH, R10, Nr. 50).

15 Bei der am 14.6.1912 in Gegenwart von Frank M. Peters stattgefundenen Konferenz zur Sprache gekommene Gesichtspunkte, S. 1 (BAH, R10, Nr. 50).

16 H. Bahlsens Keksfabrik Hannover an Justizrat Dr. Rudolf Wendte vom 7.6.1912 (BAH, R10, Nr. 9); zu weiteren Einzelheiten siehe das Typoskript des langjährigen Mitarbeiters Helmut Pape: Bahlsen in Berlin nach Archivunterlagen und eigenem Erleben, o. O. 1973, S. 1 ff. (BAH, R10, Nr. 10).

17 Wagener, Kekswoche Berlin. Einige wichtige Punkte vom 20.12.1912 (BAH, R10, Nr. 10); Hamburger Keks-Woche vom 13.9.1912, S. 1 ff. (BAH, R10, Nr. 50).

18 Konferenz von 17.11.1913 gehalten von Herrn Deppe in Filiale Berlin, S. 5 (BAH, R10, Nr. 9).

19 H. Bahlsens Keksfabrik Hannover an Willy Aumann vom 30.1.1914 (BAH, R10, Nr. 9); Bahlsen-Auslieferungslager Berlin, August Deppe, an H. Bahlsens Keksfabrik Hannover, Leitung vom 2.9.1914 (jeweils BAH, R10, Nr. 9).

20 H. Bahlsens Keksfabrik Hannover betr. A. Wertheim, Berlin vom 26.4.1913 (BAH, R10, Nr. 9).

21 A. Wertheim an Hannoversche Kakesfabrik [sic!] vom 1.3.1913; H. Bahlsens Keksfabrik Hannover an A. Wertheim, Berlin vom 30.4.1913 (jeweils BAH, R10, Nr. 9); siehe auch Helmut Pape:

und die Durchführung von sechs »Kekstagen« an. Die ansprechende Gestaltung fand besondere Anerkennung. Der Verkauf war mit täglich 230 bis 250 Mark Einnahmen »sehr gut« und lag höher als bei der Kekswoche im April/Mai 1913.[22]

Abb. 4: Transporteinrichtung, 1912

Die sechs Wertheim-Kaufhäuser erhielten im dritten Quartal 1913 für insgesamt 15.349 Mark Waren, davon allein das Haus an der Leipzigerstraße für 8.305 Mark, was das Umsatzpotential von Warenhäusern für Bahlsen-Produkte verdeutlichte.[23] Im Jahr 1914 kam zu den festvereinbarten beiden Fensterpräsentationen an der Leipziger Straße noch eine im Haus Moritzplatz. Nach Möglichkeit sollte im Haus Leipziger Straße noch eine dritte Schaufensterdekoration erfolgen. Als Gegenleistung zahlte Bahlsen auf die Einkäufe der Berliner Häuser und der Filialbetriebe in Rostock und Stralsund eine zweiprozentige Vergütung an Wertheim. Darüber hinaus sollten am 16. Februar 1914 die Bahlsen-»Kekstage« starten, wobei auf die hierfür bezogenen Warenmengen eine Vergütung von drei Prozent fällig wurde.[24] Wegen deren Erfolgs regte Bahlsen bei der Geschäftsleitung der A. Wertheim GmbH an, im Haus an der Leipziger Straße bei der Konfitüren-Abteilung einen gesonderten Verkaufsstand für Bahlsen-Keksprodukte vorzusehen. Bahlsen wollte dann auch eine »erste Verkaufskraft« abstellen und für die in »streng künstlerischem Rahmen gehaltenen Ausstattungen« wie Tresen, Keks-Gestelle und Rückwand aus »echtem Holz« sorgen.[25] Um die Wertheim-Geschäftsleitung über die Qualitäts-Produkte und Neuigkeiten über das

Bahlsen in Berlin nach Archivunterlagen und eigenem Erleben, o. O. 1973, S. 10 f. (BAH, R10, Nr. 10).

22 H. Bahlsens Keksfabrik Hannover an Adolf Zerfaß vom 18.8.1913 (BAH, R11, Nr. 451).

23 H. Bahlsens Kekfabrik Hannover betr. A. Wertheim, Berlin vom 9.10.1913 (BAH, R10, Nr. 9).

24 H. Bahlsens Keksfabrik Hannover an A. Wertheim, Berlin vom 9.2.1914 (BAH, R10, Nr. 9).

25 H. Bahlsens Keksfabrik Hannover an Geschäftsleitung der A. Wertheim GmbH, Berlin vom 28.2.1914, S. 2 (BAH, R10, Nr. 9).

Verkaufswesen in dem Fabrik-Musterladen zu informieren, lud Bahlsen die Herren nach Hannover ein.

Das Kernstück der Wachstumsstrategie vor dem Ersten Weltkrieg bildete der Fabrikneubau an der Podbielskistraße im Stadtteil List, der zugleich wegen seiner Ästhetisierung von Technik und Arbeit ein unternehmerisches Statement darstellte. Die nach englischem Vorbild aufgestellten Fließförderanlagen begrenzten den Anteil der menschlichen Arbeit, wobei insbesondere der maschinelle Verschluss der Einzelpackungen und die Aufbringung der TET-Marken die für die Nahrungsmittelindustrie typische Frauenarbeit ersetzte.

Sozialpolitische Maßnahmen umrahmten die industrielle Verschränkung der Nahrungsmittelproduktion mit der Konstruktion einer Betriebsfamilie.[26] Die 1911 erfolgte Gründung einer Werksküche, die für 10 Pfennig ein mittägliches Eintopfgericht anbot, die Abhaltung von Sprechstunden des Betriebsarztes und eines Zahnarztes in der Fabrik dienten ebenso dem Erhalt der Gesundheit wie die Einrichtung einer Badeabteilung, in der während der Arbeitszeit einmal wöchentlich gebadet werden musste, was ein hohes Maß an Hygiene und Sauberkeit sicherstellen sollte.[27] Die gefliesten Toilettenanlagen erhielten zeitgemäße Waschgelegenheiten, Nagel- und Handbürsten, und in den einzelnen Abteilungen waren Waschbecken mit fließendem Wasser installiert. Auch die einheitlichen Kittel und Hauben trugen zur Sauberkeit bei. Die parallel erfolgte Einrichtung einer Wäscherei und eines Nähzimmers, in denen Koch- und Nähkurse abgehalten wurden, sollten den Arbeiterinnen eventuell fehlende Kenntnisse zur persönlichen Haushaltsführung vermitteln.

Darüber hinaus hielten im Auftrag der 1910 eingerichteten Betriebskrankenkasse der Firma Hannoversche Cakes-Fabrik H. Bahlsen (BKK) Ärzte und Zahnärzte im Betrieb Sprechzeiten ab, wodurch sich die medizinische Versorgung der Mitarbeiterschaft deutlich verbesserte. Auch umfassten die BKK-Leistungen nach der im Oktober 1913 vom Königlichen Oberversicherungsamt genehmigten Satzung Kranken- und Familienhilfe, Wochengeld und Sterbegeld. Es bestand eine Zwangsmitgliedschaft der bei Bahlsen Beschäftigten, sodass 1910 durchschnittlich 972 Mitglieder der BKK angehörten, deren Zahl bis 1912 auf 1.094 Personen stieg.[28] »Kulturfördernde Vorträge« sowie die Verteilung von Karten für Veranstaltungen

26 Vgl. Böing, Fließbandarbeit, S. 617 ff.

27 Unsere Wohlfahrts- und Hygieneeinrichtungen seit Gründung der Fabrik im Jahre 1889 vom Februar 1943, S. 1 (BAH, R10, Nr. 516); Hannoversche Cakes-Fabrik H. Bahlsen, Abteilung Krankenkasse, Bekanntmachung vom 2.4.1913 (BAH, R10, Nr. 250); Hannoversche Cakes-Fabrik H. Bahlsen, Abteilung Krankenkasse, Bekanntmachung vom 13.5.1913 (BAH, R10, Nr. 250); siehe auch H. Bahlsens Keksfabrik, Die Wohlfahrtseinrichtungen in H. Bahlsens Keksfabrik, Hannover, o. J. [1927] (BAH, R10, Nr. 262).

28 Versicherungsamt für den Stadtkreis Hannover, Vermerk vom 8.7.1913 (Niedersächsisches Landesarchiv Hannover (NLA H), Hann. 180 L, Nr. 76); Satzung der Betriebskrankenkasse der Firma Hannoversche Cakes-Fabrik H. Bahlsen vom Oktober 1913, S. 6 ff. (NLA H, Hann. 180 L, Nr. 76).

im Opernhaus waren ebenso Teil des paternalistischen Sozialkonzepts wie Feiern mit der gesamten Belegschaft, die nach den Einweihungszeremonien alljährlich veranstaltet wurden.[29] Die gelebte Zugehörigkeit zum Protestantismus zeigte sich auch in der im Februar 1914 dem Gesamtverein der Evangelischen Arbeiter- und Arbeiterinnenvereine der Stadt Hannover und Umgebung e. V. für deren »Volksheim« von Hermann Bahlsen zugedachten Spende.

Die Unternehmensexpansion überspannte fast die Finanzkraft des Einzelkaufmanns. Am 15. März 1912 bat Hermann Bahlsen deshalb sein Vorbild Fritz Beindorff, den Alleineigentümer der Weltruhm erlangenden Günther Wagner Pelikan-Werke, wegen der drückenden Bankschulden um einen Kredit über 200.000 Mark.[30] Tags darauf signalisierte Beindorff seine prinzipielle Bereitschaft, die er als »Freund« zusage, während er als »Kaufmann« nach Lage der Dinge auf die »Sache nicht eingehen« dürfe. Er war der Überzeugung, dass Bahlsen innerhalb der nächsten zwei oder drei Jahre keine deutliche Verbesserung der Situation gelingen könne, weshalb er zur Gründung einer Aktiengesellschaft riet, die auch zur Kapitalbeschaffung dienen könnte.[31] Bereits am 19. März 1912 teilte die Hannoversche Bank Hermann Bahlsen mit, dass von Beindorff ein »Accept« für einen Wechsel über 200.000 Mark eingegangen war, den Hermann Bahlsen als Darlehen betrachtete.[32] Bahlsen bot im Gegenzug an, Beindorff bei Umwandlung der Fabrik in eine Aktiengesellschaft 20.000 Mark in Aktien zu dem Kurs anzubieten, den die Hannoversche Bank für die von ihr zu übernehmenden Aktien zahlen würde. Mitte Mai 1912 gab Bahlsen den uneingelösten Wechsel mit der Ankündigung zurück, im September, wenn viel auf Vorrat produziert würde, neuerlich um Ausstellung eines Wechsels nachsuchen zu müssen.[33] Ende August 1912 akzeptierte Fritz Beindorff wiederum einen auf den 12. November 1912 terminierten Wechsel.[34] Hermann Bahlsen fragte bei der Übersendung des Geschäftsberichts für das Jahr 1912 erneut bei ihm an, gegenüber der Hannoverschen Bank für 100.000 Mark »gutzusagen«, da er kein Interesse daran habe, der Bank mit einer »Vergrößerung des offenen Credits zu kommen«. Als »Gegenleistung« sagte er zu, ihm später zehn Prozent der Summe in Aktien zum Kurs der von der Hannoverschen Bank zu übernehmenden Aktien anzubieten. Hermann Bahlsen, der bei der »glänzenden und zukunftsreichen Geschäftslage« der Fabrik für Beindorff keinerlei Risiko erkennen konnte, sah in der Kreditierung lediglich eine

29 Unsere Wohlfahrts- und Hygieneeinrichtungen seit Gründung der Fabrik im Jahre 1889 vom Februar 1943, S. 2 (BAH, R10, Nr. 516).

30 Zur Biographie von Fritz Beindorff Christians, Tinte und Blech, S. 26 ff.; Röhrbein, Beindorff.

31 Fritz Beindorff an Hermann Bahlsen vom 16.3.1912, S. 1 (BAH, R10, Nr. 50).

32 Hermann Bahlsen an Fritz Beindorff vom 20.3.1912, S. 1 f. (BAH R10, Nr. 511).

33 Hermann Bahlsen an Fritz Beindorff vom 17.5.1912 (BAH, R10, Nr. 511).

34 Fritz Beindorff an Fabrikbesitzer Hermann Bahlsen vom 31.8.1912; Hermann Bahlsen an Senator Fritz Beindorff vom 31.8.1912 (jeweils BAH, R10, Nr. 511).

»Formsache«.[35] Das verniedlichte aber in erheblichem Maße seinen eigenen Liquiditätsengpass und die hohen Fremdverbindlichkeiten.

Dieses Verfahren der fristgerechten Rückgabe und der neuerlichen Ausstellung setzte sich danach regelmäßig, allerdings mit variierender Begründung fort. Ende November 1913 brachte Beindorff bei Gelegenheit der Einreichung eines weiteren Wechsels gegenüber Hermann Bahlsen in Erinnerung, dass ihm gesagt worden war, dass die Wechselgabe »nicht lange mehr nötig sein werde«. Da er selbst wegen seiner Fabrikvergrößerung bei der Hannoverschen Bank hoch verschuldet war, begann die der Bank bekannte Akzeptverpflichtung auf seinen Kredit »zu drücken«.[36] Bahlsen zeigte sich aber unbeeindruckt von der in Frageform gekleideten Bitte um Rückgabe, indem er mitteilte, angesichts sehr guter Geschäfte auf finanziellem Gebiet keine Notwendigkeiten mehr zu haben, »wenn nicht noch Bauschulden drückten«.[37] Auch könne er die Reklame zu Lasten der zukünftigen Entwicklung des Geschäfts einschränken, was jedoch hoffentlich nicht nötig werde. Stattdessen wünschte er sogar eine Fortsetzung des für ihn positiven Verfahrens bis März 1915, mit dem Bahlsen angesichts hoher Hypothekenschulden und sonstigen Fremdkapitals seine Finanzsituation verbesserte.

Das Einkommen von Hermann Bahlsen aus der Keksfabrikation verdreifachte sich zwischen 1909 und 1913 von 136.694 auf 459.210 Mark.[38] Allerdings beliefen sich die Schulden aus Hypotheken und Krediten 1909 bereits auf 832.000 Mark, von denen der Architekt und frühere Baurat Eberhard Hillebrand 299.000, die Kapital-Versicherungs-Anstalt 200.000, die Mannheimer Rhein-Hypo-Bank 77.000, der Preußische Beamten-Verein 64.000 und vier Privatiers wie der Konsul der Argentinischen Republik in Hannover, Ferdinand Brunkhorst, die Summen zwischen 23.000 und 77.000 Mark gegeben hatten. Bis 1914 erhöhte sich die Hypothekenbelastung auf immerhin 958.000 Mark, was jährliche Zinszahlungen in Höhe von rund 40.000 Mark erforderte.

35 Hermann Bahlsen an Senator Fritz Beindorff o. D., S. 1 f. (BAH, R10, Nr. 511).

36 Fritz Beindorff an Fabrikbesitzer Hermann Bahlsen vom 26.11.1913 (BAH, R10, Nr. 511).

37 Hermann Bahlsen an Senator Fritz Beindorff vom 27.11.1913, S. 1 (BAH, R10, Nr. 511).

38 Steuererklärung zum Zwecke der Veranlagung für das Steuerjahr 1908 vom 19.1.1909 (BAH, R11, Nr. 358); Steuererklärung zum Zwecke der Veranlagung für das Steuerjahr 1915 o. D. (BAH, R11, Nr. 359).

2.2 Krieg und Keks I. Produktionsumstellung, Ressourcenbewirtschaftung und militärische Abnehmer

Hermann Bahlsen gehörte zu den Unternehmern, die sich politisch positioniert hatten, indem er Mitglied der Nationalliberalen Partei war und für die Aufrechterhaltung ihrer Geschäftsstelle in der Provinz Hannover 500 Mark spendete.[1] Darüber hinaus stellte er auf Anfrage des Zentralvorstands für den separaten Druck der ab Juli 1914 in den *Nationalliberalen Blättern* abgedruckten Erklärungen und amtlichen Dokumente 30 Mark zur Verfügung.[2] Er befürwortete die Kriegs- und Kolonialziele des Kaiserreichs und gehörte dementsprechend dem Deutschen Flottenverein sowie dem Kolonial-Wirtschaftlichen Komitee der Deutschen Kolonialgesellschaft an.[3] Auch zählte er zu den Förderern des Vaterländischen Frauen-Vereins für die Königliche Haupt- und Residenzstadt Hannover und Umgebung.[4]

Der Kriegsbeginn senkte durch Einberufungen und durch die freiwillig sich zu den Waffen Meldenden den Belegschaftsstand im August 1914 unmittelbar auf 611 Beschäftigte.[5] Die abrupte Reduzierung des Geschäftsumfangs warf die Frage auf, wieviel Personal womöglich entbehrlich sein könnte, um die »Entlassung des ganzen Personals« zu vermeiden. Im Ergebnis sollte das Personal, von einzelnen Ausnahmen abgesehen, gehalten werden, aber die Liste des entbehrlichen Personals stets aktualisiert werden, um keinen Kündigungstermin zu verpassen. Den Einberufenen sollte ihr Gehalt zwar bewilligt, jedoch nur auf Anforderung und nach Genehmigung durch die Unternehmenszentrale gezahlt werden.[6]

Sechs Wochen nach Kriegsbeginn schloss Hermann Bahlsen mit seinem Bruder Theodor, der von 1905 an Teilhaber der Offenen Handelsgesellschaft gewesen,

1 Geschäftsstelle der Nationalliberalen Partei der Provinz Hannover an Hermann Bahlsen vom 25.3.1914 (BAH, R12, Nr. 153).

2 Nationalliberale Partei, Central-Vorstand, Dr. Friedborg an Hermann Bahlsen im September 1914, S. 2 (BAH, R12, Nr. 152); im Februar 1915 spendete er für den Zentral- und Reichswahlfonds der Nationalliberalen weitere 100 Mark, siehe Nationalliberale Partei, Centralbureau, Finanz-Abteilung, Generalsekretär H. Kalkhoff, Empfangsbestätigung für Hermann Bahlsen vom 22.2.1915 (BAH R12, Nr. 153).

3 Deutscher Flotten-Verein, Ortsgruppe Hannover, Jahres-Karte für 1914 Hermann Bahlsen; Kolonial-Wirtschaftliches Komitee e. V. Wirtschaftlicher Ausschuss der Deutschen Kolonialgesellschaft Mitgliedskarte 1916 Nr. 555; Kolonial-Wirtschaftliches Komitee e. V. Wirtschaftlicher Ausschuss der Deutschen Kolonialgesellschaft Mitgliedskarte 1906, Hermann Bahlsen (jeweils BAH, R12, Nr. 152). Vgl. Demhardt, Kolonialgesellschaft.

4 Nationalliberale Partei, Centralbureau, Finanz-Abteilung, Generalsekretär H. Kalkhoff, Empfangsbestätigung für Hermann Bahlsen vom 22.2.1915 (BAH, R12, Nr. 153).

5 Fragebogen betr. freiwillige Kriegsunterstützungen für Angestellte und Arbeiter o. D. [Januar 1916] (BAH, R10, Nr. 593).

6 H. Bahlsens Keksfabrik Hannover, Hermann Hertzer, an August Deppe, Auslieferungslager Berlin vom 11.8.1914; H. Bahlsens Keksfabrik Hannover, Hermann Hertzer an August Deppe, Auslieferungslager Berlin vom 28.8.1914 (jeweils BAH, R10, Nr. 9).

aber Ende März 1912 von Hermann zum Rückzug aus der Geschäftsführung gedrängt worden war, einen Auseinandersetzungsvertrag. Dieser sah rückwirkend zum 31. Dezember 1913 die Auflösung der offenen Handelsgesellschaft vor, wobei der Kapitalanteil von Theodor Bahlsen mindestens bis zum 31. Dezember 1918 als mit fünf Prozent zu verzinsendes Darlehen im Unternehmen verblieb. Darüber hinaus erfolgten monatliche Zahlungen in Höhe von 1.500 Mark.[7] Den Hintergrund der Übernahme der Unternehmensanteile des Bruders bildete zum einen der Wunsch von Hermann Bahlsen nach alleiniger Entscheidungsbefugnis. Zum anderen waren aus dem Umstand, dass Theodor Bahlsen 18 Jahre in England gelebt und zur Ermöglichung seiner Geschäftstätigkeit die englische Staatangehörigkeit angenommen hatte, Gerüchte entstanden, Bahlsen arbeite mit englischem Geld und einer der Söhne Theodors diene in der englischen Armee. Solche Erzählungen störten im Krieg die Geschäftstätigkeit des seiner patriotischen Pflicht nachkommenden Keksherstellers. Beispielsweise erklärte der für einen Umsatz von einigen Tausend Mark stehende Inhaber des Aachener Printenhauses Henry Lambertz, ein ausgesprochener »England-Hasser«, nicht eher wieder bei Bahlsen zu kaufen, bis ihm eine den Sachverhalt bestreitende Mitteilung des Unternehmens zugehe.[8] Daraufhin brachte die Firma Bahlsen ein formelles Dementi heraus.

Die Zahl der Beschäftigten schnellte in Folge der Nachfragesteigerung durch das Militär bis Jahresende auf 1.460 Personen hoch.[9] Parallel stieg der Umsatz allein im Dezember 1914 auf 1,4 Millionen Mark an. Durch die zusätzlichen Rohmaterialeinkäufe in einer Größenordnung von einer halben Million Mark nahmen aber die kurzfristigen Verbindlichkeiten deutlich zu, sodass die Liquidität stark angespannt war. Zugleich wollte Hermann Bahlsen zur Ausnutzung der guten Absatzsituation weitere Einkäufe tätigen. Um den »Betrieb aufrecht zu erhalten«, fragte Hermann Bahlsen Anfang Februar 1915 bei Fritz Beindorff an, ob die verabredungsgemäß auslaufende Wechseleinreichung nochmals erneuert werden könnte.[10] Drei Monate später appellierte Bahlsen erneut an die »bekannte Liebenswürdigkeit« und bat in »kritischen Zeiten« nochmals um Wechselverlängerung. Der Betrieb habe im ersten Quartal 1915 zwar »wieder gut verdient«, jedoch »ganz gewaltiges Kapital in Rohwa-

7 Vertrag zwischen Hermann Bahlsen und Theodor Bahlsen vom 12.8.1905, S. 1 ff.; Vertrag zwischen Hermann Bahlsen und Theodor Bahlsen vom 30.3.1912, S. 1; Auseinandersetzungsvertrag zwischen Hermann Bahlsen und Theodor Bahlsen vom 10.9.1914, S. 1 f.; H. Bahlsens Keksfabrik Hannover an Mitarbeiter vom 21.9.1914 (jeweils BAH, R12, Nr. 152).

8 H. Bahlsens Keksfabrik, Auslieferungslager Düsseldorf, Fritz Farne, an H. Bahlsens Keksfabrik, Leitung vom 7.10.1914; Otto Randt an Hermann Bahlsen vom 2.10.1914; H. Bahlsens Keksfabrik Hannover, Erklärung o. D. [Oktober 1914]; H. Bahlsens Keksfabrik Hannover an Else Börngen vom 19.1.1916; H. Bahlsens Keksfabrik Hannover an Else Börngen vom 22.1.1916; H. Bahlsens Keksfabrik Hannover, Erklärung o. D. [Januar 1916] (jeweils BAH, R12, Nr. 152).

9 Fragebogen betr. freiwillige Kriegsunterstützungen für Angestellte und Arbeiter o. D. [Januar 1916] (BAH, R10, Nr. 593).

10 Hermann Bahlsen an Fritz Beindorff vom 4.2.1915; Fritz Beindorff an Fabrikbesitzer Hermann Bahlsen vom 4.2.1915 (jeweils BAH, R10, Nr. 511).

ren stecken«, weshalb die Eigenmittel stark beansprucht seien.[11] Bahlsen reichte weiterhin regelmäßig bei Beindorff Wechsel ein.[12] Zur Begründung gab Hermann Bahlsen an, dass der immense Lagerbestand an Rohmaterial alles »Geld verschlänge«.[13]

Die Belegschaftszahlen stiegen aber nach dem saisonbedingten Rückgang auf 976 Personen im Februar 1915 bis zum August wieder auf 1.288 Frauen und Männer an, ohne aber die Spitze von 1.460 Personen aus dem Dezember 1914, als die Belieferung der Truppen mit Dauerbackwaren wie Keksen einen ersten Höhepunkt erlebte, wieder zu erreichen. Dass das vorherige Beschäftigungsniveau unterschritten wurde, erklärte sich zum Teil auch aus Einberufungen. Die Zahl der Empfänger von Kriegsunterstützungen kletterte von 67 Angestellten und 40 Arbeitern im August 1914 auf 169 Angestellte und 114 Arbeiter Ende 1915.[14]

Der interne Aufwand stieg durch die anfangs fehlende zentrale Beschaffungsstelle des Militärs, da beispielsweise das III. Bataillon des Reserve-Infanterie-Regiments 104 am 21. August 1915 die wöchentliche Lieferung von 20 Dutzend Paketen Leibniz-Keks, je 10 Dutzend Pangani- und Klinkerkeks sowie Bahlsen-Biskuit, 50 Dutzend Duve- oder Daister-Keks und darüber hinaus von je 200 Paketen »Heil und Sieg« und »Milchkeks« in Auftrag gab. Mussten die knapp 152 Kilogramm an die Spedition Carl Bohnen GmbH in Koblenz zum Versand gebracht werden,[15] ging die Bestellung der Gebirgs-Kanonen-Batterie 2 des XV. Reserve-Armeekorps im Gesamtgewicht von 51,6 Kilogramm an die Station St. Blaise im Elsass.[16] Eine Großbestellung gab dagegen am 23. August 1915 das Proviant-Depot der Sammelstation Rastatt auf, das vierzehntäglich bis zum 1. Oktober 1915 jeweils 100 Kisten mit 10 Dutzend Leibniz, 100 Kisten mit 42 Dutzend Pangani und 100 Kisten mit 100 Paketen »Heil und Sieg« geliefert bekommen wollte.[17]

Die Produktion für den Zivilbedarf und der Keksverkauf waren stark reglementiert, wobei gerade die fortgesetzten Lieferungen an Warenhäuser bei Kleinhändlern die Befürchtungen schürten, einmal mehr benachteiligt zu werden. Daher

11 H. Bahlsens Keksfabrik, Hermann Bahlsen, an Fritz Beindorff vom 14.5.1915 (BAH, R10, Nr. 511).

12 H. Bahlsens Keksfabrik, Hermann Bahlsen, an Fritz Beindorff vom 16.8.1915; H. Bahlsens Keksfabrik, Hermann Bahlsen, an Fritz Beindorff vom 18.11.1915; H. Bahlsens Keksfabrik, Hermann Bahlsen, an Fritz Beindorff vom 11.2.1916 (jeweils BAH R10, Nr. 511).

13 H. Bahlsens Keksfabrik, Hermann Bahlsen, an Fritz Beindorff vom 24.5.1916 (BAH, R10, Nr. 511).

14 Fragebogen betr. freiwillige Kriegsunterstützungen für Angestellte und Arbeiter o. D. [Januar 1916] (BAH, R10, Nr. 593).

15 III. Bataillon des Reserve-Infanterie-Regiments 104, Formular 1 vom 21.8.1915 (BAH, R10, Nr. 588).

16 Gebirgs-Kanonen-Batterie 2 des XV. Reserve-Armeekorps, Formular 1 vom 24.8.1915; weitere Beispiele Sanitätsunteroffizier Christiansen der 2. Kompanie des Infanterie-Regiments 187, Formular 1 vom August 1915; I. Bataillon des Infanterie-Regiments 181, Formular 1 vom 21.8.1915; I. Bataillon des Infanterie-Regiments 181, Formular 1 vom 21.8.1915 (jeweils BAH, R10, Nr. 588).

17 Proviant-Depot der Sammelstation Rastatt, Formular 1 vom 23.8.1915 (BAH, R10, Nr. 588).

wies die Unternehmensleitung das Großlager Berlin Ende September 1915 an, den Beschwerde führenden Konfitüren-Händler Wilhelm Kalkhoff durch persönliche Rücksprache zufriedenzustellen, damit sich im Verein der Konfitüren-Händler wie insgesamt in Berlin keine falsche Stimmung breitmachte.[18]

Als Teil der kriegswirtschaftlichen Neuorganisation autorisierte der Bundesrat im Herbst 1915 die als Monopolgesellschaft gegründete Reichs-Getreidegesellschaft mbH mit der Marktregulierung und der Zuteilung von Rohstoffkontingenten.[19] Die Reichs-Getreidegesellschaft trat wiederum mit dem in Celle ansässigen und von Harry Trüller geleiteten Verband Deutscher Keksfabrikanten e.V. in ein Vertragsverhältnis, das den Abmachungen Rechtskraft verlieh. So legte die Reichs-Getreidegesellschaft nicht nur die Mehlpreise fest, sondern regelte auch den Kleinhandel mit Keksen. Daraus ergab sich eine Mehlbelieferung nach dem »Friedensverbrauch«, weshalb Kunden voraussichtlich nur im Umfang früherer Bezüge beliefert werden konnten. Zum 15. Oktober bzw. 1. Dezember 1915 waren neue Preise für die »Kriegsware« mit bis zu 50 Prozent Weizenmehl-Gehalt »in TET-Packungen« festgelegt worden, sodass für 100 Pakete »Heil und Sieg« ein Preis von 11,25 Mark bzw. je Packung ein Ladenpreis von 0,15 Mark einzuhalten war.[20] Bahlsen emittierte gleich Anfang Januar 1916 eine aktualisierte Preisliste an seine Abnehmer.[21]

Hermann Bahlsen schwebte in einer für das Bürgertum Hannovers charakteristischen Weise die Verschmelzung des unternehmerischen Paternalismus mit einer protestantischen Sozialethik vor. Mitte Februar 1914 verschob er zwar die Einstellung einer Schwester zur sozialen Fürsorge, die sich insbesondere um die zahlreichen weiblichen Beschäftigten kümmern sollte, auf einen späteren Zeitpunkt. Im Krieg entwickelte er aber die betriebliche Sozialpolitik weiter, indem 1914 auch Reisende und Bahnhofsverkäufer in die betriebliche Unfallversicherung aufgenommen wurden. In das Jahr 1915 fiel mit der Einstellung von »Schwester Frieda Ziesel« der Anfang der »Fabrikfürsorge«, deren Personal ein Jahr später um eine zweite »Fürsorgerin« erweitert wurde. Neben der Sozialbetreuung von »Kriegerfamilien« gab das Unternehmen zur Kräftigung von Mitarbeiterinnen und Mitarbeitern und an Familien mit Kindern Milch aus. Ab 1916 hielt eine Ärztin wöchentlich Sprechstunden ab.[22]

Um auch den Männern eine »Stütze« zur Seite zu stellen, kam nach Meinung von Hermann Bahlsen »vielleicht ein Pastor« in Frage, der allerdings eine »Persönlichkeit darstellen« und über eine »frei-religiöse Anschauung« verfügen müsse,

18 H. Bahlsens Keksfabrik Hannover, Hermann Hertzer, an Großlager Berlin vom 28.9.1915 (BAH R10, Nr. 9).
19 Zur Keksregelung, o.D. [Mitte Oktober 1915] (BAH, R10, Nr. 589).
20 H. Bahlsens Keksfabrik Hannover, Preisliste vom 15.10.1915 (BAH, R10, Nr. 60).
21 H. Bahlsens Keksfabrik Hannover, Preisliste Januar 1916 vom 1.1.1916 (BAH, R10, Nr. 60).
22 Unsere Wohlfahrts- und Hygieneeinrichtungen seit Gründung der Fabrik im Jahre 1889 vom Februar 1943, S. 3 (BAH, R10, Nr. 587).

damit er die Mitarbeiter aller Konfessionen erreichen könne.[23] Hermann Bahlsen warb mit einem ganz neuen Betätigungsfeld, das auch Raum für Vortragstätigkeiten oder schriftstellerische Betätigungen lasse. Durch die Einberufung vieler Männer stieg das Bedürfnis nach sozialer und seelsorgerischer Betreuung des männlichen Teils der Belegschaft. Mit Pastor Adolf Emil Ludwig Wilhelm Tüllmann war der passende Mann gefunden.[24] Am 1. Juli 1916 trat er in die Dienste von Bahlsen ein und erhielt einen nur einseitig von Tüllmann kündbaren Zehnjahresvertrag, der ihm ein festes Jahreseinkommen von 15.000 Mark und eine Tantieme von mindestens 10.000 Mark sicherte. Die Tätigkeit sollte hauptsächlich in der »Förderung der auswärtigen Angestellten […] in persönlicher und geschäftlicher Beziehung« liegen. Auf diese Weise sollten die »Herren«, also die Verkäufer, auf ein »möglichst hohes Niveau« gebracht werden, damit sie der »Kundschaft mehr bieten können als ein Durchschnittsmensch«. Pastor Tüllmann, der keinem der betrieblichen »Beamten« unterstand, nahm die Position eines »sozialen Beirates« ein, der sich auch um die Soldatenbetreuung, die Liebesgaben und allgemeine Fragen der sozialen Fürsorge kümmerte.

Abb. 5: TET-Packung Uneun, 1917

Ende Juli 1916 fragte die Abteilung Inlandsbutter der Zentral-Einkaufsgesellschaft bei Bahlsen nach, ob die Heeresverwaltung Fette, Mehl und Zucker für die Heereslieferungen bereitstelle.[25] In einer Besprechung mit dem zuständigen Bearbeiter erläuterte Prokurist Adolf Zerfaß, dass für die Keksherstellung das Mehlkontor in Celle die betreffenden Mehlmengen von der Reichsgetreidestelle erhalte. Der Ver-

23 Hermann Bahlsen an Weitbrecht vom 12.2.1914, S. 1 (BAH, R10, Nr. 587).

24 Tüllmann war ab 1903 als Pastor in Flachstöckheim tätig gewesen und 1913 in die Bethlehemsgemeinde gewechselt, Liste der Pastoren (bis 1940), https://kirchengemeindelexikon.de/einzelgemeinde/flachstoeckheim/ (Zugriff 1.2.2023); Besetzung der II. Pfarrstelle mit den Pastoren Tüllmann 1913 und Wiebke 1916 (Landeskirchliches Archiv Hannover, D 35 Spec Lin Bet 202 II) https://www.arcinsys.niedersachsen.de/arcinsys/detailAction.action?detailid=v6134430 (Zugriff 1.2.2023).

25 Zentral-Einkaufsgesellschaft, Abteilung Inlandsbutter, an H. Bahlsens Keksfabrik vom 31.7.1916 (Bundesarchiv Berlin (BAB), R 8840, Nr. 182, Bl. 150).

band Deutscher Keksfabrikanten hatte das Mehlkontor in Celle eingerichtet, damit es die Mehlbestellungen für die Heereslieferungen zentral bearbeitete und für die Verteilung auf die einzelnen Fabriken sorgte.[26] Doch bereits im Spätsommer 1916 hatte Bahlsen-Prokurist Adolf Zerfaß wegen der Mangellage auf beschleunigte Zuweisung der Rohstoffe gedrängt. Die vom Regierungspräsidenten in Hannover angegebenen Mengen waren ohnehin für Heereszwecke bestimmt und bereits aufgebraucht. Da allein der Butterbedarf für Leibniz-Keks pro Woche 4 Tonnen betrug und auch für die zugesagten Heereslieferungen ebenfalls keine Fette mehr vorhanden waren, machte Zerfaß die Angelegenheit dringend.[27] Der in Kilogramm ausgedrückte Jahresumsatz kletterte im Krieg von 4.349 Tonnen im Jahr 1914 über 6.774 Tonnen im Folgejahr bis zum Höchststand von 7.744 Tonnen im Jahr 1916.[28]

Doch der Krieg griff immer stärker in den Betrieb ein. Im März 1917 waren bereits 560 Mann zum Militär einberufen worden und 48 gefallen; bis Ende 1917 stieg die Zahl der Einberufenen auf 600 Mann, die der Gefallenen auf 51.[29] Die Reichsgetreidestelle stellte Ende März 1917 die Belieferung sogar »vorläufig« ein, da wegen der durch den »schweren Wirtschaftskampf« zugespitzten Versorgungssituation Brotgetreide ausschließlich zur »Brotbereitung« eingesetzt werden sollte.[30] Dies lief auf eine immer stärkere Reglementierung der Keksindustrie durch Festlegungen zum Einsatz und dem Mischungsverhältnis von Zutaten hinaus. Darüber hinaus mussten aus den zugeteilten Rohstoffkontingenten Mindestmengen an Fertigwaren hergestellt werden.[31]

Unter Bezugnahme der übermittelten Rohstoffvorräte stellte Harry Trüller fest, dass die Margarinebestände den vorhandenen Mehlvorrat überstiegen, weshalb der »Fettüberschuss« bestimmungsgemäß an die Reichsstelle für Speisefette abzugeben war.[32] Behördliche Vermutungen über die unzulässige Unterschreitung des Fett-

26 Brust, Aktenvermerk über eine Verhandlung mit Adolf Zerfaß vom 26.7.1916 (BAB, R 8840, Nr. 182, Bl. 1556).

27 Reichsfettstelle, Vermerk betr. H. Bahlsens Keksfabrik Besprechung mit Prok. Zerfaß, Hannover vom 30.8.1916 (BAB, R 8840, Nr. 182, Bl. 125).

28 Karl Schumann an Hans Bahlsen, Kg des Jahresumsatzes vom 7.9.1927 (BAH, R11, Nr. 248); Ziegan, Rückgang, S. 244 ff.

29 Pastor Wilhelm Tüllmann, Vertraulicher Bericht über die von der Hannoverschen Keks-Fabrik H. Bahlsen Hannover in den Kriegsjahren geübte Liebestätigkeit und soziale Fürsorge vom 1.3.1917, S. 3 (BAH, R10, Nr. 587); Pastor Wilhelm Tüllmann, Vertraulicher Bericht über die von der Hannoverschen Keks-Fabrik H. Bahlsen Hannover in den Kriegsjahren 1914-1917 geübte Liebestätigkeit und soziale Fürsorge vom 1.4.1918, S. 2 (BAH R12, Nr. 153).

30 Direktorium der Reichsgetreidestelle, Geheimer Oberregierungsrat Wach, an Mehlkontor des Verbandes Deutscher Keksfabrikaten vom 28.3.1917 (BAH, R10, Nr. 492).

31 Siehe Syndikus des Verbandes Deutscher Keksfabrikaten, Dr. W. Wendlandt, Rundschreiben Nr. 8 vom 16.4.1917; Mehlkontor des Verbandes Deutscher Keksfabrikaten, Rundschreiben Nr. 219 vom 18.4.1917; Mehlkontor des Verbandes Deutscher Keksfabrikaten, Rundschreiben Nr. 228 vom 8.5.1917 (jeweils BAH, R10, Nr. 492).

32 Mehlkontor des Verbandes Deutscher Keksfabrikaten, Harry Trüller, an H. Bahlsens Keksfabrik vom 7.5.1917 (BAH, R10, Nr. 492).

gehalts der Fertigwaren oder eine übertriebene Vorratshaltung, als »Angelegenheit Bahlsen« gefasst, konnten durch den Branchenkoordinator Harry Trüller vom Verband Deutscher Keksfabrikanten ausgeräumt werden, da die bei ihm eingereichten Belege die ordnungsgemäße Verwendung der zugeteilten Fettmengen und der von »Kommunalverbänden überwiesenen Mehlmengen« nachwiesen. Auch die Bezugsscheine der Heeresaufträge waren nachgeprüft und für in Ordnung befunden worden.[33]

Da Hermann Bahlsen im Herbst 1917 die Übernahme von Zusatzaufträgen zur Zwiebackherstellung wegen der aus seiner Sicht unzureichenden Mehlzuteilung abgelehnt und auf die unbeschränkte Fortsetzung der Keksproduktion gesetzt hatte, kam es zu einer wachsenden Schieflage des Unternehmens. Die mit einem Siegfrieden rechnende Entscheidung resultierte aus der überoptimistischen Bewertung des am 20. Dezember 1917 in Brest-Litowsk mit den russischen Bolschewiki vereinbarten Waffenstillstands, den er in einem Privatschreiben als einen »Geniestreich« einordnete und mit »hoffnungsvollen Friedensaussichten« verband. Er stellte sich auf den Standpunkt, dass Deutschland in Bismarckscher Tradition mit Russland »auf einen dauernden freundschaftlichen Standpunkt kommen« müsse. Dadurch würde Russland Frieden bekommen und, wenn England, womit er rechnete, auf der Fortsetzung des Krieges bestand, Deutschlands »moralische Kraft« wachsen: »mit der Entente wird abgerechnet«. Nach diesem »Völkerkrieg« dürften »imperialistische Eroberungspläne«, wie die von England seit 100 Jahren betriebenen, keine Geltung mehr besitzen.[34]

Die Produktionsmenge von Bahlsen brach im Jahr 1917 um 66 Prozent von 7.744 auf 2.599 Tonnen ein. Der Abwärtstrend hielt 1918 mit 2.377 Tonnen weiter an.[35] Die Unterauslastung drückte das Unternehmen tief in die Verlustzone. Zunächst hatten die Heereslieferungen zu einer verbesserten Gewinnsituation geführt. Fiel 1914 nach Handelsrecht ein Reingewinn von 689.000 Mark an,[36] lag dieser im Folgejahr bereits bei 894.827 Mark. Das Jahr 1916 sah mit 1,933 Millionen Mark einen neuen Rekord, bevor 1917 ein erheblicher Gewinneinbruch auf 270.906 Mark eintrat. Da inzwischen mit Heereslieferungen nur noch niedrige Preise erzielt werden konnten, untergrub der faktische Zusammenbruch der Zivilnachfrage die Ertragssituation.

Anfang 1918 sah Hermann Bahlsen sein Geschäftsmodell durch die drastische Einschränkung der Keksproduktion vollends untergraben. Mittlerweile nur noch mit der Herstellung von etwas Nudeln und Zwieback beschäftigt, forderte er im Januar 1918 zur Vermeidung von Entlassungen vom Celler Fabrikanten Harry

33 Aktenvermerk über eine zwischen Senator Trüller und Herrn Rechtsanwalt Brust am 11.9.1917 stattgehabte Besprechung vom 11.9.1917 (BAB, R 88409, Nr. 182, Bl. 42).

34 Hermann Bahlsen an Frau Giessler vom 29.12.1917 (BAH, R12, Nr. 152); zu Brest-Litowsk vgl. Hofen, Vertrag, S. 27 ff.; Leonhard, Büchse, S. 811 ff.

35 Karl Schumann an Hans Bahlsen, Kg des Jahresumsatzes vom 7.9.1927 (BAH, R11, Nr. 248).

36 H. Bahlsens Keksfabrik, Gewinn- und Verlust-Konto zum 31.12.1914 (BAH, R11, Nr. 359).

Trüller »Mehraufträge in Zwieback«.[37] Zur Stützung seiner Initiative mobilisierte er Fritz Beindorff, der Harry Trüller auf die Angelegenheit ansprach, ohne dass der Celler Keksfabrikant die Konsequenzen aus der betrieblichen Fehlentscheidung abwenden konnte.[38] Dabei spielte auch eine Rolle, dass Hermann Bahlsen durch sein anmaßendes Verhalten beim Verbandsfunktionär deutlichen Unmut erzeugt hatte. Im September 1918 setzte Bahlsen erneut Fritz Beindorff auf Harry Trüller an, der ihm allerdings auftrug, die eigenen Anträge so zu begründen, dass sie »durchschlagend überzeugen«.[39] Hermann Bahlsen neigte dazu, seine interessengeleiteten Aufforderungen mit Vorwürfen gegenüber Dritten zu verbinden, weshalb Harry Trüller an seiner Position festhielt. Fritz Beindorff wies Hermann Bahlsen darauf hin, dass sich nicht alle seiner Sicht der Dinge anschlössen, sondern »mancherlei auch dagegen sagen« würden.[40]

Die in den letzten beiden Kriegsjahren aufziehende Unternehmenskrise führte im Geschäftsjahr 1918 zu einem Verlust von fast 415.000 Mark.[41] Zu den wirtschaftlichen Problemen trat, dass sein ältester Sohn Hans am 29. September 1918 als Seekadett angenommen worden war, in der II. Seekadettenkompanie diente und in der Marineschule Flensburg-Mürwik seine Ausbildung erhielt. Die Vereidigung erfolgte Ende Oktober und Anfang November 1918 begannen die Felddienstübungen.[42] Der Kieler Matrosenaufstand und die Novemberrevolution verhinderten seinen Kriegseinsatz, sodass er unbeschadet nach Hannover zurückkehrte.

37 Hermann Bahlsen an Harry Trüller vom 8.1.1918, S. 2 (BAH, R10, Nr. 511); Hermann Bahlsen an Fritz Beindorff vom 27.9.1918 (BAH, R12, Nr. 158).

38 Hermann Bahlsen an Fritz Beindorff vom 8.1.1918; Fritz Beindorff an Fabrikbesitzer Hermann Bahlsen vom 11.1.1918 (jeweils BAH, R10, Nr. 511).

39 Fritz Beindorff an Fabrikbesitzer Hermann Bahlsen vom 16.9.1918 (BAH, R10, Nr. 511).

40 Fritz Beindorff an Fabrikbesitzer Hermann Bahlsen vom 26.9.1918 (BAH, R10, Nr. 511).

41 Zahlen aus der Einkommensteuer-Veranlagung Hermann Bahlsen im Steuerjahr 1914/15 bis 1919/20 (BAH, R11, Nr. 359).

42 Hans Bahlsen an Hermann Bahlsen vom 27.10.1918, S. 2 f. (BAH, R12, Nr. 152).

2.3 Leibniz-Feldpost und »Liebesgaben«. Expansionistischer Patriotismus und das Bemühen um männliche Kunden

Nur sechs Wochen nach dem Kriegseintritt des deutschen Kaiserreichs gab Bahlsen den Reisenden bekannt, dass der Betrieb den in großer Anzahl »im Felde befindlichen Kunden« und ihren Söhnen eine »Gefälligkeit bzw. eine Erquickung« bringen wolle, um ihnen aus Hannover unentgeltlich einen Feldpostbrief mit Bahlsen-Erzeugnissen zu schicken. Hierzu sollten die Reisenden die Namen und Adressen der zu bedenkenden Empfänger dieser »Liebesgaben« übermitteln.[1]

Bahlsen schickte TET-Päckchen an Soldaten, produzierte Postkarten und gab die Hauszeitschrift *Leibniz-Feldpost* heraus, um einerseits durch die »regelmäßige Verbindung mit unseren im Felde befindlichen Angestellten« deren »Kriegswillen« und den aller anderen Soldaten zu stärken.[2] Hermann Bahlsen unterstützte wie sein gesamtes Leitungspersonal die expansionistischen Absichten des Kaiserreiches. Andererseits bot sich durch die Verteilung von Keksen an die Truppe eine ansonsten kaum bestehende Möglichkeit, kostenlose Keksproben an den Mann zu bringen.

Martha Hohmeyer, neben der Betreuung der vier Bahlsen-Söhne auch mit der Reklame-Abteilung betraut, beantwortete beispielsweise für Hermann Bahlsen eingehende Soldaten-Post. Einer der Angestellten, Ernst Oppler, hatte dem Unternehmen am 20. März 1915 ein großformatiges Album »Unser Feldzug in Serbien 1915« zugeleitet, das auch Fotos serbischer Gefangener enthielt. Im Gegenzug sollten ihm TET-Kekse, Postkarten und einige Nummern der *Leibniz-Feldpost* zugehen. Ergänzend erbat Martha Hohmeyer als »Bilderschmuck« ein »paar Skizzen – am liebsten mit Leibniz-Keks darauf – für unsere Feldpost«.[3] Die kostenlose Lieferung von Keksen an Soldaten mutierte unter der Hand zu einem Tauschgeschäft von zusätzlichen Nahrungsmitteln gegen kommunikativ verwertbare und auf das Marken- und Unternehmensimage einzahlende Zuschriften.

Das traf sich durchaus mit dem Interesse der Soldaten nach Anerkennung und ihrem Bedürfnis, im technisierten Massenkrieg als Individuum nicht vergessen zu werden. Etliche Mitarbeiter schrieben nach ihrer Einberufung an die Bahlsen-Fabrik, um sich für den erhaltenen Keks zu bedanken. Sie fühlten sich auf diese Weise mit dem früheren Arbeitsort wie insgesamt mit ihrem Zivilleben verbunden, in das sie möglichst bald und unbeschadet zurückzukehren hofften. Andere brachten in den Zuschriften ihre Übereinstimmung mit den Kriegszielen zum Ausdruck. Ein besonders eindrückliches Beispiel bildete eine vom Oberbäcker Albert Mahnkopf in Frankreich aus einem Stück Birkenrinde gefertigte Feldpostkarte. Artig bedankte er sich am 14. März 1915 für die Kekslieferung, um anzuschließen, dass er »gern den Skalp eines Engländers geschickt« hätte. »Aber da das nicht human ist und außer-

1 H. Bahlsens Keksfabrik, an die Reisenden vom 18.9.1914 (BAH, R10, Nr. 587).

2 Heise, Firma, S. 231 ff.

3 H. Bahlsens Keksfabrik, Martha Hohmeyer, an Ernst Oppler vom 8.4.1915 (BAH, R10, Nr. 577).

dem nicht mehr gebräuchlich«, müsse sich die Keksfabrik mit einem »Skalp einer Birke« begnügen, die vor Reims in großer Zahl wuchsen und für den Bedarf der Truppe gefällt worden waren.[4]

Ebenso sehr ging es bei den Keks-Geschenken um die bessere Wahrnehmung der Bahlsen-Produkte und des Unternehmers Hermann Bahlsen durch die Spitzenrepräsentanten des Kaiserreichs. So gingen Anfang Juni 1915 zwei Kisten Keks der von Prinzessin Alexandra Viktoria, der Ehefrau des Kaisersohns August Wilhelm von Preußen, betreuten Liebesgaben-Sammelstelle in der Berliner Wilhelmstraße 72 zu.[5] Insbesondere dem nach Tannenberg zum Nationalhelden aufgestiegenen Paul von Hindenburg wollte sich Hermann Bahlsen andienen.[6] Ende November 1915 dankten die Ehefrauen von Paul von Hindenburg, Gebhard von Windheim und Wilhelm Georg von Alten namens des Generalfeldmarschalls für die »reiche Gabe«, die für die »Truppen des Ostheeres gegeben« worden war.[7] Die Damen bestätigten Hermann Bahlsen eine »vaterländische Gesinnung«. Das bescherte ihm, den Bahlsen-Keksen und seiner Fabrik ein höheres Maß öffentlicher Anerkennung. So dankte der Oberbefehlshaber der Kaiserlichen Südarmee, General Felix Ludwig Graf von Bothmer, für die Mitte Januar 1916 den ihm unterstellten Truppen übersandten 54.000 Pakete Kekse.[8] An der Sammlung von Liebesgaben zu Weihnachten 1915 im Bezirk des X. Armeekorps beteiligte sich die Firma Bahlsen mit 25 Eisenbahn-Waggons, die Kekse im Gesamtwert von 340.000 Mark zur Truppe brachten, wofür der Kommandierende General des Stellvertretenden General-Kommandos des X. Armeekorps am 21. Februar 1916 mit den Worten dankte, dass »dadurch an den Feldtruppen ein gutes Werk getan« worden sei.[9] Darüber hinaus spendete Hermann Bahlsen Kekse für deutsche Kriegsgefangene und Zivil-Internierte.[10]

Eine Aufstellung der Fabrik führte auf, dass 1914 629.150 TET-Pakete sowie loser Keks für die Kriegshilfe gespendet worden seien.[11] Nach einem vertraulichen Bericht des innerbetrieblich für die Liebesgabensendungen verantwortlichen Pastors Wilhelm Tüllmann spendete Bahlsen für das Militär im Jahr 1915 immerhin 2,45

4 Oberbäcker Albert Mahnkopf an H. Bahlsens Keksfabrik vom 14.3.1915 (BAH, R10, Nr. 587).

5 Hofdame von Prinzessin Alexandra Viktoria von Preußen an H. Bahlsen'sche Keksfabrik vom 23.6.1915 (BAH, R10, Nr. 587).

6 Pyta, Hindenburg, S. 91 ff.

7 Gertrud von Hindenburg, Frau von Windheim und Frau von Alten an Hermann Bahlsen o. D. [30.11.1915]; Gertrud von Hindenburg an Firma H. Bahlsen vom 16.11.1915 (jeweils BAH, R10, Nr. 587).

8 Kaiserlich Deutsche Südarmee, Armeeoberkommando, General Felix Ludwig Graf von Bothmer, an Firma Bahlsen Kakes-Fabrik vom 29.1.1916 (BAH, R10, Nr. 587).

9 Der Kommandierende General des Stellvertretenden General-Kommandos des X. Armeekorps an Hermann Bahlsen vom 21.2.1916 (BAH, R10, Nr. 587).

10 Karl von Müller an Hermann Bahlsen vom 21.5.1916 (BAH, R10, Nr. 587).

11 H. Bahlsens Keksfabrik Hannover, Liebesgaben vom 31.3.1915 (BAH, R10, Nr. 587); H. Bahlsens Keksfabrik Hannover, Betrieb, an unsere Mitarbeiter im Felde vom 24.9.1915 (BAH, R10, Nr. 250).

Millionen Pakete und 1916 knapp 2,4 Millionen. Die Gesamtaufwendungen für »Kriegshilfszwecke« beliefen sich bis Ende 1916 auf 1.098.350 Mark.[12] Allein die vielen Tausend Einzelsendungen banden über den reinen Produktwert hinaus zahlreiche Beschäftigte. In geringerem Umfang bedachte Bahlsen die durch die »Hungerblockade Englands« in Not geratene Zivilbevölkerung mit Spenden, die vor allem durch »Geistliche aller Konfessionen« den »ärmeren Arbeiterbevölkerungsschichten« zur Mutter- und Säuglingspflege oder durch die Schulbehörden »hungernden Schulkindern« zukamen.[13]

Das verhinderte allerdings nicht, dass am 2. Mai 1916 rund 500 jugendliche Arbeiter die Bahlsen-Fabrik verließen und in der Zigarettenfabrik Konstantin Gleichaltrige aufforderten, sich ihrer Arbeitsniederlegung anzuschließen. Der Protest richtete sich gegen eine am 22. April 1916 ergangene Anordnung des X. Armeekorps Hannover, die zur Eindämmung des als unbotmäßig bewerteten Verhaltens von Jugendlichen in der Öffentlichkeit wie Alkoholkonsum oder Kinobesuche den Unternehmen aufgab, die über einen Wochenlohn von 16 Mark hinausgehenden Lohnbeträge als Sparguthaben anzulegen. Über ihr eigenes Geld sollte den Jugendlichen kein Verfügungsrecht eingeräumt werden, was die revolutionäre Arbeiterjugend für ihre Agitation ausnutzte. Die übergroße Mehrheit der spontan Streikenden kehrte aber, als der Sparzwang weitgehend zurückgenommen wurde, noch am gleichen Tag an die Arbeit zurück. 30 Jugendliche nahmen erst am nächsten Tag ihre Tätigkeit wieder auf. Die »Rädelsführer« des spontanen Ausstands erhielten von Bahlsen die fristlose Kündigung.[14] Diese Maßnahmen mochten auch geholfen haben, dass Bahlsen während der örtlichen Brotkrawalle 1917 nicht zum Ziel plündernder Gruppen wurde.[15]

Das Unternehmen half auch den eigenen »Feldgrauen draußen« und ihren Angehörigen. Zum einen gingen allwöchentlich Sendungen mit »Lesestoff« und einem Paket Keks an die ehemaligen Bahlsen-Mitarbeiter ab. Alle zwei Wochen legte das Unternehmen auch Zigarren dazu. In größerem Abstand, insbesondere zu Weihnachten, wurden Lebens- und Genussmittel, aber auch Wollsachen versendet. Der Fabrikanten-Verein für Hannover, Linden und die benachbarten Kreise wollten Ende 1915 einen ziffernmäßigen Überblick über die von den Mitgliedsunternehmen geleisteten freiwilligen Kriegsunterstützungen gewinnen. Da die »Gewerkschaften in der Arbeiterpresse« die eigenen Unterstützungsmaßnahmen für ihre Mitglieder herausstellten, aber die von Unternehmen geleisteten Zahlungen kleiner rechneten, wollte der Fabrikanten-Verein die Öffentlichkeit und amtliche Stellen anhand von

12 Pastor Wilhelm Tüllmann, Vertraulicher Bericht über die von der Hannoverschen Keks-Fabrik H. Bahlsen Hannover in den Kriegsjahren geübte Liebestätigkeit und soziale Fürsorge vom 1.3.1917, S. 1 f. (BAH, R10, Nr. 587).

13 Ebd., S. 2 f.

14 Boll, Massenbewegungen, S. 213, 223 u. 229.

15 Schneider, Brotkrawall.

Zahlenmaterial über die eigene Mildtätigkeit aufklären.[16] Die Firma Bahlsen teilte mit, dass von August 1914 bis September 1915 137.688,80 Mark an Gehaltsfortzahlungen und baren Leistungen an die Soldatendienst leistenden Bahlsen-Beschäftigten gegangen waren.[17] Bis Ende 1916 summierten sich die an die Soldaten geschickten Sendungen auf 292.500 Mark. Ihre Ehefrauen und Kinder erhielten im gleichen Zeitraum bare Kriegsunterstützungen von 117.136,40 Mark.

Darüber hinaus zahlte Bahlsen, um die »Familien unserer Kriegsteilnehmer« vor »Not und vor dem sozialen Niedergang zu bewahren«,[18] Gehälter und Kriegsvergütungen in einer Höhe von 279.641,15 Mark bar aus. Die von den beiden Fürsorgeschwestern mit Kranken- und Säuglingspflege erbrachten Fürsorgeleistungen fanden durch die Verteilung von Kleidung und Lebensmitteln sowie von Holz und Kohle ihre Ergänzung. Zusammen mit der Verschickung von kränklichen und schwächlichen Kindern in Solebäder brachte die Firma Bahlsen für diese Sozialbetreuung 21.337,40 Mark auf. Die Spendentätigkeit in einer Gesamthöhe von 75.000 Mark erreichte eine Vielzahl von Vereinen und Institutionen wie Volkswohlfahrt, Kriegshinterbliebene, Kriegshilfsbund, Marinedank, Marinehilfe und Luftflotte, Volksküchen, Rotes Kreuz und Roter Halbmond. Zwischen 1914 und 1916 flossen insgesamt 2.010.731,95 Mark in diesen Mischbereich aus »vaterländischer« Sozialpolitik und Marketing- und Vertriebsmaßnahmen.[19]

Bahlsen setzte diese Aktivitäten weiter fort. Der Oberbefehlshaber der im Oberelsass stationierten Armee-Abteilung B, Erich von Gündell, dankte Hermann Bahlsen wiederum am 12. Februar 1917 für die »hochherzige, von vaterländischem Geist zeugende Schenkung« von 330 Kisten Keks, die in den Feld- und Kriegslazaretten und in den Genesungsheimen Verwendung fanden.[20] Die vaterländisch-patriotische Keksversorgung von Soldaten an den verschiedenen Fronten sollte mit Männern eine neue Kundengruppe ansprechen. Die mildtätige Unterstützung der Stadtgesellschaft sowie von Kriegerwitwen und -waisen sollte Hermann Bahlsen und den Produkten ein positives Image verschaffen. Unterstützungsmaßnahmen leisteten im Ersten Weltkrieg viele Unternehmen. Deren Gesamtumfang fiel jedoch bei Bahlsen

16 Fabrikanten-Verein für Hannover, Linden und die benachbarten Kreise, Dr. C. Kraushaar/Dr. Rocke, Rundschreiben an die Mitglieder vom 26.11.1915; Fabrikanten-Verein für Hannover, Linden und die benachbarten Kreise, Dr. C. Kraushaar/Dr. Rocke, Rundschreiben an die Mitglieder vom 28.12.1915 (jeweils BAH, R10, Nr. 593).

17 Fragebogen betr. freiwillige Kriegsunterstützungen für Angestellte und Arbeiter o. D. [Januar 1916]; H. Bahlsens Keksfabrik an Fabrikanten-Verein für Hannover, Linden und die benachbarten Kreise vom 10.1.1916 (jeweils BAH, R10, Nr. 593).

18 Pastor Wilhelm Tüllmann, Vertraulicher Bericht über die von der Hannoverschen Keks-Fabrik H. Bahlsen Hannover in den Kriegsjahren geübte Liebestätigkeit und soziale Fürsorge vom 1.3.1917, S. 4 (BAH, R10, Nr. 587).

19 Ebd., S. 5; vgl. Unsere Wohlfahrts- und Hygieneeinrichtungen seit Gründung der Fabrik im Jahre 1889 vom Februar 1943, S. 1 (BAH, R10, Nr. 516).

20 Armee-Abteilung B, Oberbefehlshaber General Erich von Gündell, an Hermann Bahlsen vom 12.2.1917 (BAH, R10, Nr. 587).

aus dem Rahmen, da die Sozialleistungen trotz abschmelzender Gewinne auf hohem Niveau gehalten wurden.

Tatsächlich fielen die von Bahlsen ausgekehrten Unterstützungsleistungen anfänglich höher aus als die staatlichen und kommunalen. Nach dem Ersten Weltkrieg zeigten Gewerkschafter und Belegschaftsvertreter aber auf, dass die staatlichen Leistungen in der zweiten Kriegshälfte die von Bahlsen deutlich überstiegen. Über die gesamte Zeit hätten Bahlsen-Beschäftigte finanzielle Vorteile gehabt, wenn das Unternehmen seine einberufenen Mitarbeiter an den Unterstützungsleistungen der Kommune hätte partizipieren lassen.[21] Dieser Aspekt spielte in der variantenreichen Lobpreisung der betrieblichen Sozialpolitik einschließlich der Finanzleistungen an Soldaten und ihre Familien wie insgesamt in der Selbstmythologisierung von Unternehmen und Unternehmer keine Rolle.

21 Sitzung der Geschäftsleitung und des Angestelltenausschusses der Hermann Bahlsens Keksfabrik am 13.9.1919, S. 3 (BAH, R10, Nr. 272).

2.4 Untergänge 1918. Das Scheitern der Großprojekte Hindenburg-Ring und TET-Stadt

Bis 1916 sorgten neben der Versorgung der Zivilbevölkerung die kriegsbedingt stark ausgeweitete Belieferung des Heeres und die durch geschickte Eigenreklame errungenen Absatzmöglichkeiten bei der Krankenversorgung und der Kinderernährung für Umsatz- und Gewinnrekorde. Auf dieser Basis strebte Hermann Bahlsen ein höheres Niveau der öffentlichen Wahrnehmung an. Hierzu wollte er den in Hannover betriebenen Hindenburg-Kult aufgreifen, der die insbesondere von Hannovers Stadtdirektor Heinrich Tramm initiierten Aktivitäten der Kommune und des Bürgertums von Hannover zur Heldenverehrung des »Retters von Ostpreußen« und des vermeintlichen Garanten eines Siegfriedens umfasste.[1] Die Verehrung von Generalfeldmarschall Paul von Hindenburg, der wie Hermann Bahlsen in Hannover beheimatet war, speiste sich aus zwei Quellen. Zum einen resultierte sie aus der mentalen und ideologisch-politischen Unterstützung der Kriegsführung der Obersten Heeresleitung durch Hermann Bahlsen. Das Militär war durch umfangreiche Bestellungen ein wichtiger Großabnehmer geworden, was durch kostenlose Liebesgabensendungen flankiert wurde. Zum anderen eröffnete die Teilnahme am Hindenburg-Kult ein Bekenntnis zum wilhelminischen Expansionismus und zur Wertschätzung der kaiserlichen Truppen.[2] Das Charisma des öffentlich zelebrierten Militärgenies Hindenburg nutzend, zeigte sich Bahlsen als Stütze des Militärs und eines konservativ-autoritären Gesellschaftsentwurfs.

Hermann Bahlsen hatte sich in Hannover neben Fritz Beindorff als Kunstmäzen und -sammler etabliert.[3] Aus einem 1916 erfolgten Besuch von Hermann Bahlsen im Atelierhaus des unter anderem durch seine Arbeiten an der Darmstädter Mathildenhöhe hervorgetretenen expressionistischen Avantgardekünstlers Bernhard Hoetger in Worpswede ergab sich spontan eine enge Zusammenarbeit.[4] Von Hoetgers Haus und den dort gezeigten Kunstwerken ging für Hermann Bahlsen eine extreme Faszination aus, da er mit ihm die Ägyptomanie teilte.[5] Hoetger erhielt unmittelbar die baukünstlerische Gestaltung von zwei in Hannover geplanten Großvorhaben zugesprochen: die »Nationale Hindenburg-Ehrung« und die TET-Fabrik mit der TET-Stadt. Hermann Bahlsen beanspruchte die Federführung, auch um sich innerhalb des kunstbegeisterten Bürgertums von Hannover hervorzutun.

Das Vorhaben zur Ehrung Hindenburgs sollte als bürgerschaftliches Projekt nach einer Anschubfinanzierung durch 20 Großspender von jeweils 50.000 Mark sowie

1 Siehe etwa Schneider, Hindenburg-Gemälde; Schneider, Hindenburg in Hannover.

2 Pyta, Hindenburg, S. 285 ff.

3 Hartewig, Stil des Hauses, Kap. 2; Thiem u. Staatliche Galerie im Lenbachhaus München, Pelikan-Kunstsammlung, S. 5 ff.

4 Beil, Hoetger.

5 Bormann, Ägyptomanie; Engel, Bahlsen; Schreiber, Ägyptomanie.

durch eine Spendenkampagne von der breiten Bevölkerung finanziert werden. Indem das Vorhaben am Ende eine Sehenswürdigkeit von nationalem Rang schaffen würde, sollten Tourismus und städtische Wirtschaft Impulse erhalten. Insofern verband sich die patriotische Geschichtspolitik mit einer Zukunftsinvestition. Der von Bernhard Hoetger erstellte Entwurf, »Hindenburg-Ring« überschrieben, verband ein als Dokumentenhaus konzipiertes »Hindenburg-Haus« mit Orten der »Krieger-Ehrung« und der »Hindenburg-Ehrung«. Darüber hinaus sah Hoetger eine »Säule der Mutter«, eine »Säule der Kraft« sowie die »Krieger-Siedlung« vor, in der Kriegsveteranen und Kriegsbeschädigte neue Wohnungen erhalten sollten.[6] Den Kernbereich verband Hoetger mit einem zumeist gradlinig verlaufenden Straßensystem, dessen Gesamtlänge sich auf 13 Kilometer summierte. Die Hoetger-Entwürfe fanden durch eine Ausstellung im Kunstverein vom 24. Februar bis zum 6. Mai 1917 den Weg in die Öffentlichkeit.

Ausdruck der überbordenden Wachstumspläne bildete ein parallel betriebenes Neubauprojekt in Buchhorst am Mittellandkanal, das zur Vervielfachung der Produktionskapazitäten geführt hätte. Hermann Bahlsen hatte schon bald nach der 1911 erfolgten Inbetriebnahme der Fabrik an der Podbielskistraße von einem noch größeren Neubau geträumt. Die ebenfalls von Hoetger anstatt von dem Bahlsen-Hausarchitekten Karl Siebrecht entworfenen Pläne entstanden ab Herbst 1916 und sahen eine in gelbrotem Backstein auszuführende TET-Fabrik sowie eine dazugehörige TET-Stadt vor.[7]

Hermann Bahlsen gab in einer gesonderten Festlegung seinen zukünftigen Testamentsvollstreckern im November 1916 dezidierte Hinweise zur TET-Fabrik. Hiernach war bei der Maschinenfabrik Barnstorff eine Parkanlage mit einem Fahrweg bis zum dortigen Wäldchen zu schaffen, in dem möglicherweise ein kleines Theater und ein elegantes Restaurant entstehen könnten. In der TET-Stadt sollte der Marke TET auf dem Vorplatz mit einer 35 Meter hohen TET-Säule und mit einem alles überragenden 75 Meter hohen TET-Turm im Zentrum, der Wasserspeicher und Schornstein aufnehmen sollte, gehuldigt werden. Die Fabrik sollte durch das »TET-Portal« betreten werden, um nach Durchquerung der zugehörigen Gartenanlage in den »Repräsentationsbau« zu gelangen. Im linken Teil waren Verkaufsräume vorgesehen und im rechten Büros. Den ganzen ersten Stock nahm der »Repräsentation-Raum« ein, in dessen Mitte die von Hoetger gestaltete »TET-Figur« zur Aufstellung kommen sollte. Den restlichen Raum wollte Hermann Bahlsen mit »ausgesuchten Plastiken«, durch eine »Art Hoetger-Museum«, schmücken. Die Hoetger-Kunstwerke gingen nach dem Willen des Kunstsammlers nicht in den Besitz der Aktiengesellschaft, sondern er wollte seine Erben verpflichten, die Plastiken »immerwährend der Öffentlichkeit zugänglich dort zu belassen und nicht zu

6 Adam, Hindenburgring; Schneider, Kriegerdenkmäler, S. 124.

7 Vgl. Dorn, Ägyptomanie, insb. S. 74 ff.; Haepke, TET-Stadt; Saal, Hoetger, S. 85 ff.; Auffarth, Siebrecht, S. 195

veräußern«.[8] Diese Absicht weist den Repräsentationsbau mit dem Hoetger-Museum als den wichtigsten Bereich der TET-Stadt aus. Eine Verbindung zwischen beiden Großprojekten bildete eine Straße, an der im Stil der Fabrik Villen errichtet werden könnten, die vom Hindenburg-Ring zur Fabrik führen und gegenüber der »TET-Säule« enden sollte.

Abb. 6: Das Modell der megalomanen TET-Stadt, 1917

Die Pläne trugen obsessive Züge. Das betraf die monumentale Größe und die funktionslosen, aber kostspieligen Schrägen. Der monumentale »Backsteinexpressionismus« spiegelte in gewisser Weise den industrialisierten Massenkrieg und das aufziehende »Zeitalter der Extreme«.[9] Die TET-Stadt zielte darauf ab, einen symbolisch überhöhten Arbeits-, Lebens- und Verkaufsort des Keksunternehmens zu schaffen, in der Bahlsen-Mitarbeiter und ihre Familien leben, arbeiten und einkaufen sollten. Künstlerische Elemente sollten darüber hinaus auswärtige Endverbraucher anlocken. Der Unternehmenspatriarch wollte seine Belegschaft in allen Arbeits- und Lebensbereichen dominieren und bezog sogar Endkunden in seine Absichten ein. Auf der Basis der im Ersten Weltkrieg propagierten Volksgemeinschaft strebte Hermann Bahlsen nach dem erwarteten Siegfrieden eine auf Un-

8 Hermann Bahlsen an meine Herren Testamentsvollstrecker vom 28.11.1916 (BAH, R11, Nr. 446).
9 Dorn, Ägyptomanie, S. 81; Hobsbawm, Extreme, S. 37 ff.

terordnung und Konsum ausgerichtete betriebliche Vergemeinschaftungsform an. Seine autoritäre Utopie trieb Konzepte wie die nach 1906 realisierte Kruppsche Margarethenhöhe und die umfassenden Krupp-Versorgungseinrichtungen vom Lebensmittelladen bis zum Krankenhaus geradezu auf die Spitze.[10]

Im Kern handelte es sich um eine autoritäre Selbstbespiegelung des Aufsteigerunternehmers, um sich selbst und dem Bahlsen-Keks Ewigkeitswert zuzusprechen. Das traf sich mit der »Sehnsucht nach Sonne und Ewigem« in den Arbeiten Hoetgers, dem der ab 1911 für Bahlsen tätige Werbegrafiker und Texter Christof Sprengemann in der von ihm redigierten *Leibniz-Feldpost* eine »Monumentalität größten Stiles« bescheinigte.[11] All das verweist auf eine von Hubertus Adam diagnostizierte »absolutistische Bauauffassung«, die mit der autokratisch-paternalistischen Haltung des Firmeninhabers harmonierte.[12]

Die Plan- und Ansichtsskizzen sowie Modelle des geplanten Komplexes fanden im Frühjahr 1917 bei manchen auch wegen der ägyptischen Anleihen begeisterte Aufnahme. Andere lehnten den ägyptisierenden Stil als verfehlt, wenig bodenständig, unwirtschaftlich oder sogar »jüdisch« ab. Die von Hermann Bahlsen als sicher angenommene begeisterte Aufnahme durch Künstlerkollegen und Publikum blieb aber aus. So blieb nur Eigenlob: Am 1. März 1918 feierte die Nummer 65 der *Leibniz-Feldpost* die herausragende Stellung des Künstlers und seines Entwurfs.

Im Zusammenhang mit den Neubauplänen erwarb Hermann Bahlsen beispielsweise im März 1917 vom Rittergutsbesitzer Eduard Mörlins in Bemerode ein 69 Ar großes Grundstück und zahlte den Kaufpreis von 100.000 Mark in bar.[13] Die Gesamtfläche der Acker- und Wiesengrundstücke summierten sich in Groß-Buchholz auf 20,67 Hektar und in Klein-Buchholz auf 17,47 Hektar, was aber große, extern aufgenommene Finanzmittel band.[14] Darüber hinaus übernahm Hermann Bahlsen am 19. Dezember 1917 als persönlicher Mäzen die selbstschuldnerische Bürgschaft über ein von Rittmeister Mummy an Hoetger gegebenes Darlehen über 120.000 Mark.[15] Auch für ein weiteres Mummy-Darlehen an Hoetger stand Bahlsen im April 1918 ein.[16]

10 Helferich, Margarethenhöhe, insb. S. 135 ff.; Kanther, Wohnungswirtschaft; Tenfelde, »Kruppianer«; Beitz, Großbetrieben, S. 75 ff.

11 Spengemann, Hoetger, S. 8; siehe Thielen, Spengemann; Hartewig, Stil des Hauses, Kap. 2.

12 Adam, Hindenburgring, S. 65; Saal, TET-Stadt-Entwurf, S. 242.

13 Notar Justizrat Georg Lenzberg, Notariatsregister Nr. 111/1917: Kauf vom 15.3.1917; Notar Justizrat Georg Lenzberg, Notariatsregister Nr. 135/1917: Erklärung von Heinrich Schmalstieg vom 27.3.1917 (jeweils BAH, R11, Nr. 446).

14 Verzeichnis über den Nachlass des am 6.11.1919 verstorbenen Fabrikanten vom 6.4.1920 (BAH, R12, Nr. 152).

15 Notar Justizrat Georg Lenzberg, Notariatsregister Nr. 444/1917: Selbstschuldnerische Bürgschaft vom 19.12.1917 (BAH, R11, Nr. 446).

16 Notar Justizrat Georg Lenzberg, Notariatsregister Nr. 167/1918: Selbstschuldnerische Bürgschaft vom 5.4.1918 (BAH, R11, Nr. 446).

Wie wichtig Hermann Bahlsen die Verbindung zu Bernhard Hoetger nahm, zeigte auch, dass er seinen Testamentsvollstreckern am 3. Juli 1918 aufgab, in der Bemeroder Straße 70 einen Neubau als »Versuchsbau für die neue Fabrik« zu realisieren. Auch die Hohenzollernstraße 15-17 bot sich aus seiner Sicht für Hoetger-Neubauten an, die »im Interesse und als Vorbild für die neu zu erbauende Fabrik und TET-Stadt« zu errichten waren. Der Fabrikneubau am Kanal und das Repräsentationshaus sollten »im eigenen Interesse« Sache der zu gründenden Aktiengesellschaft sein, während die Familie die »TET-Säule« und zwei »Atelier-Türme« zu einem geschätzten Objektpreis von einer Million Mark stiften sollte.[17]

Um die öffentliche Unterstützung der Großprojekte zu erreichen, wollte das Unternehmen den 70. Geburtstag Paul von Hindenburgs am 2. Oktober 1917 nutzen. Zwar erhielt Hermann Hertzer vom Großen Hauptquartier die Genehmigung, Kekskisten nach Bad Kreuznach zu begleiten. Der Adjutant Hindenburgs, sein Schwiegersohn Christian von Pentz, empfing Hertzer und ermöglichte diesem eine Begegnung mit dem Feldmarschall. Dem Hertzer-Bericht zufolge habe sich Hindenburg »lebhaft nach Hannover und der Fabrik« erkundigt. Der Bahlsen-Abgesandte gab Pentz auch einige Informationen über den geplanten Neubau der TET-Fabrik. Da er sich interessiert zeigte, sollte er die entsprechende Broschüre erhalten, die er auch seinem Schwiegervater vorlegen wollte.[18]

Die Indienstnahme des runden Geburtstags des Generalfeldmarschalls rettete aber weder den »Hindenburg-Ring« noch das TET-Stadt-Projekt. Die illusorisch gewordene Finanzierung wie insgesamt die veränderte Stimmungslage mit ihrer im vierten Kriegsjahr stark angewachsenen Kriegsmüdigkeit ließen für ein Projekt, das vor allem der Überhöhung von Bahlsen ins Nationale dienen mochte, keinen Raum mehr. Es wurde auch nicht formell beerdigt, sondern verebbte still. Hermann Bahlsens Versuch, im Windschatten Hindenburgs seine Selbstinszenierung voranzutreiben, blieb schließlich ergebnislos.[19]

Ganz so als schiene unablässig die Sonne und stünde das Kaiserreich nicht vor seinem Untergang sprach Hermann Bahlsen im September 1918 der Keksfabrikation in Zukunft eine »ungeheure Entwicklung« zu. Er wiederholte seine frühere Prognose, dass Deutschland zu dem ein Vielfaches betragenden Pro-Kopf-Keksverbrauch von Frankreich, Großbritannien oder den USA aufschließen werde. Er hielt sein Unternehmen hierbei durch neue Verpackungsgestaltungen für »gut gewappnet«. Sobald wieder »Bewegungsfreiheit« bestehe, maß er der Fabrik, nachdem bereits die Wiederaufnahme der Leibniz-Keks-Herstellung in begrenztem Umfang gelungen war, nach dem »Kriege eine glänzende Zukunft« zu, auch weil »grade durch den Krieg

17 Hermann Bahlsen an Vermögensverwaltung Hermann Bahlsen-Erben vom 3.7.1918 (BAH, R11, Nr. 446).

18 Hermann Hertzer, Bei Hindenburg vom 4.10.1917, S. 3 f. (BAH, R11, Nr. 453).

19 Schneider, Hindenburg-Geburtstagsfeiern, S. 196 ff.; die grundlegende Studie Hindenburg in Hannover von Gerhard Schneider enthält keine Hinweise auf eine Beziehungspflege von Bahlsen zu Hindenburg nach 1918.

Keks ganz außerordentlich populär geworden« sei.[20] In der Unterstellung zukünftig unbegrenzter wirtschaftlicher Möglichkeiten zeigte sich die vorherrschende Wirklichkeitsflucht. Sie verband sich mit einer extremen Selbstüberschätzung der finanziellen Möglichkeiten des mittelständischen Unternehmers.

Erst nach der Kriegsniederlage und der Novemberrevolution ordnete Hermann Bahlsen am 26. Februar 1919 das TET-Projekt gegenüber Bernhard Hoetger in die Kategorie »schöner Traum« ein, den er noch am gleichen Abend beerdigen müsse. Deshalb könne er ihm auch keinen »anderen Vertrag« mehr vorschlagen.[21] Obwohl die Lage des Unternehmens äußerst angespannt war und eine Realisierung der TET-Großprojekte außerhalb jeglicher Finanzierungsmöglichkeit stand, änderte Hermann Bahlsen innerhalb einer Woche seine Meinung wieder und erteilte am 5. März 1919 Bernhard Hoetger den Auftrag, für ein Honorar von 50.000 Mark das »Modell der gesamten Anlage im Ganzen und im Detail« anzufertigen und die »rein künstlerischen Aufgaben« zu verantworten. Zusätzlich übertrug der Vertrag Hoetger die baukünstlerische Überwachung des Baus von »TET-Fabrik« und »TET-Fürsorge« und billigte ihm ein Honorar von einem Prozent der rein architektonischen Ausführung des Bauplans zu. Die Erweiterung seiner Tätigkeit auf die baukünstlerische Überwachung des Baus der »TET-Stadt« war ausdrücklich erwähnt, jedoch durch besondere Vereinbarungen zu regeln, wobei evtl. auch hierbei für die »Einzelbauten, z. B. Theater usw.« ein einprozentiges Honorar in Frage kam. Bahlsen, der Hoetger das Monopol zur Anfertigung sämtlicher Entwürfe auf bildhauerischem Gebiet zusprach, sicherte sich zumindest nach dem Tod Hoetgers das »geistige Eigentumsrecht für die TET-Fabrik, TET-Stadt und Fürsorge, soweit Modelle und Entwürfe vorhanden« waren.[22] Hoetger veranschlagte im März 1919 allein für die Modellkosten der voraussichtlich in der TET-Fabrik und -Stadt zur Ausführung kommenden Plastiken wie der TET-Säule, von Brunnen, lagernden Kühen, Figuren und Reliefs, mit 130.000 Mark. Die bereits für den Repräsentationsraum gedachte, in Goldbronze fertiggestellte TET-Göttin war mit 40.000 Mark eingepreist.[23]

Es lag auf der Hand, dass all diese Vorhaben in der von Krisen geschüttelten Keksfabrik keine finanzielle Basis finden konnten. Ohnedies beklagte Hermann Bahlsen am 10. März 1919 bereits, dass die »Atelier-Türme [...] inzwischen verschwunden« seien.[24] Enttäuscht räumte er gegenüber Hoetger auch ein, dass Bahlsen-Arbeiter die Kosten des Vorhabens ohnehin als Verschwendung ansähen. Er musste sogar wegen der neuen Verhältnisse zugestehen, dass die »Betriebsräte [...] niemals ihre Einwilligung« zur TET-Stadt geben würden, und fügte resigniert hinzu: »Das Her-

20 Hermann Bahlsen, Die Zukunft der Keksfabrik vom September 1918, S. 3 (BAH, R12, Nr. 158).

21 Zitiert nach Pehnt, Architektur, S. 194.

22 Vertrag zwischen Hermann Bahlsen und Prof. Bernhard Hoetger vom 5.3.1919, S 1 ff. (BAH, R11, Nr. 446).

23 Bernhard Hoetger, Modellkosten vom 9.3.1919 (BAH, R11, Nr. 446).

24 Notiz von Hermann Bahlsen vom 10.3.1919 auf Hermann Bahlsen an Vermögensverwaltung Hermann Bahlsen-Erben vom 3.7.1918 (BAH, R11, Nr. 446).

renzeitalter ist vorbei, die Arbeiter haben das Wort.«[25] Die Ausrufung der Republik und der damit verbundene Einflussgewinn von Arbeitnehmervertretungen zeigten auch bei Bahlsen Wirkung, da sich die Leitungsmannschaft mit den aus Wahlen hervorgegangenen Vertretern abstimmen mussten und diese auch Mitspracherechte einforderten. Sie erhielten umfassende Beteiligungsrechte etwa bei der Verkürzung der Arbeitszeit oder Feierschichten sowie bei betriebsbedingten Kündigungen.[26]

Hermann Bahlsen schloss gleichwohl am 28. April 1919 einen zweiten Vertrag zur Übernahme des von Bernhard Hoetger erstellten Modells sowie des Gesamtplans mit Grund- und Aufrissen sowie Detailzeichnungen der baukünstlerischen Ausführung. Mit der Zahlung des Honorars von 50.000 Mark gingen das Eigentumsrecht an den Modellen und Plänen sowie das »Ausführungsrecht für die gesamte Anlage« auf Hermann Bahlsen über. Der Vertrag senkte darüber hinaus das Honorar für die baukünstlerische Überwachung des Baus der TET-Fabrik und TET-Fürsorge auf ein halbes Prozent der Bausumme.[27] Lag ohnehin schon etwas Exaltiertes in dem utopischen Vorhaben einer rund um den Bahlsen-Keks konstruierten Arbeits-, Verkaufs- und Lebensgemeinschaft, so widersprach das Finanzengagement des selbst zum Schuldner gewordenen Kriegsverlierers nicht nur der ökonomischen Vernunft, sondern trug Züge von Besessenheit.

25 Hermann Bahlsen an Bernhard Hoetger vom 19.5.1919 (BAH, R12, Nr. 43); siehe auch Saal, Hoetger, S. 92; siehe auch Dorn, Ägyptomanie, S. 89.

26 Abkommen zwischen dem Industriellen Arbeitgeberverband zu Hannover und dem Verband der Bäcker und Konditoren Hannover vom 30.12.1918, S. 1 ff. (BAH, R10, Nr. 320).

27 Vertrag zwischen Hermann Bahlsen und Prof. Bernhard Hoetger vom 28.4.1919, S 1 f. (BAH, R11, Nr. 446).

3. Interregnum der externen Leitung zwischen Zivilmarkt, Inflation und Krise

1919–1929

3.1 Übergang in die Nachkriegszeit und Tod des Patriarchen

Die Kriegsniederlage und die Novemberrevolution 1918 erschütterten die Zukunftspläne vieler Unternehmer. Die von den Fronten nach Hannover zurückströmenden Soldaten meldeten sich an ihrer früheren Arbeitsstelle, um so schnell als möglich wieder in Arbeit und Brot zu gelangen. Die Nahrungsmittelversorgung hatte auch aus Sicht der Reichsbehörden zur Vermeidung sozialer Aufstände höchste Priorität. Die »Brotkrawalle« hatten in Hannover bereits 1917 die instabile Stimmung der unterversorgten Bevölkerung vor Augen geführt.[1]

Die Welt des Industriellen Hermann Bahlsen stand im Ergebnis der Novemberrevolution gleichsam Kopf. Der Gewerkschaftssekretär des Zentralverbandes der Bäcker trat am 13. November 1918 selbstbewusst mit dem Ansinnen an die Keksfabrik heran, einen Tarifvertrag abzuschließen. Zur Beruhigung der revolutionären Stimmung erklärte hierzu die Geschäftsleitung ihre »prinzipielle Geneigtheit«.[2] Da trotz begrenzter Produktionsmöglichkeiten auch die Wiedereinstellung der zurückkehrenden Kriegsteilnehmer erfolgen sollte, müsste aber aus Sicht der Geschäftsleitung seitens der Reichsregierung eine Erhöhung der Verkaufspreise vorgenommen werden, damit die Einnahmesituation die höheren Löhne und Kosten gegenfinanzierte.[3] Doch die Reichsregierung setzte, um ihrerseits Hungerrevolten vorzubeugen, die Bewirtschaftung von Lebensmitteln wie Mehl oder Zucker ebenso fort wie die Festsetzung der Konsumentenpreise.

Der im Zuge der Novemberrevolution gebildete Arbeiter- und Soldatenrat der Firma Bahlsen erhob, wie Pastor Wilhelm Tüllmann dem Direktorium der Reichsgetreidestelle am 19. November 1918 berichtete, die kategorische Forderung, »sofort anstelle der bisher fast ausschließlich beschäftigten Frauen und Mädchen die aus dem Kriege zurückkehrenden früheren Mitarbeiter einzustellen«.[4] Die Arbeiter

1 Schneider, Brotkrawall.

2 H. Bahlsens Keksfabrik, Geschäftsleitung, an Direktorium der Reichsgetreidestelle vom 18.11.1918, S. 1 f. (BAH, R10, Nr. 492).

3 H. Bahlsens Keksfabrik, Geschäftsleitung, an Direktorium der Reichsgetreidestelle vom 15.11.1918, S. 1 f.; H. Bahlsens Keksfabrik, Anna-Dora Thieme, an Verband Deutscher Keksfabrikanten e. V., Senator Harry Trüller vom 27.11.1919, S. 1 f. (jeweils BAH, R10, Nr. 492).

4 Pastor Wilhelm Tüllmann, Sozialer Beirat der Hannoverschen Keks-Fabrik H. Bahlsen, an Direktorium der Reichsgetreidestelle vom 19.11.1918, S. 1 (BAH, R12, Nr. 158).

forderten zugleich höhere Löhne, um sich und ihren Familien eine »Existenz auch in diesen teuren Zeiten« zu sichern. Um diese bezahlen zu können, sollte ein Aufschlag auf den Verkaufspreis gewährt werden. Den Arbeitern höhere Löhne und den Unternehmen höhere Preise zu verweigern, »hieße geradezu die Arbeitswilligen entweder der Verzweiflung oder der Revolution in die Arme zu treiben«.[5] Mitte Dezember 1918 forderte Hermann Bahlsen vom Demobilisierungs-Ausschuss in Hannover, wegen der Verluste des Unternehmens und des hohen Schuldenstandes von der Wiederbeschäftigungspflicht seiner ehemaligen Angestellten ausgenommen zu werden oder aber die Verkaufspreise erhöhen zu dürfen.[6]

Ihre »Interessen« standen auf dem Spiel, weshalb Fritz Beindorff kurz vor Weihnachten 1918 Hermann Bahlsen über den Beschluss des Fabrikantenvereins informierte, den Industriellen Wahlfonds in Berlin mit ein bis zwei Mark je Werksangehörigen zu unterstützen, um nationalliberale und konservative Reichstagskandidaten zu fördern. Da in der weiterhin revolutionären Situation kein öffentlich zirkulierender Aufruf der Industriellen ratsam war, hatte Beindorff die private Unterrichtung übernommen. Er stellte klar, dass über die Zuwendung zum Industriellen Wahlfonds hinaus die Förderung »für seine politische Partei« jeder einzelne Industrielle zu »steuern« habe.[7]

Patriarch Hermann Bahlsen, der »niemanden leiden« konnte, der die »Umzüge am 1. Mai mitmachte«, und der das »Wort ›Forderung‹« nicht kannte,[8] musste hinnehmen, dass er seinen Beschäftigten nicht mehr länger einen individuellen Lohn zuteilen konnte. Inzwischen erfolgten Tariffestsetzungen zwischen dem Industriellen Arbeitgeberverband zu Hannover und der Bezirksleitung Hannover des Verbands der Bäcker und Konditoren. Diese vereinbarten am 28. Dezember 1918 beispielsweise, Arbeiterinnen und Arbeitern für den Fall von durch Rohstoffmangel entstandenen Betriebsstörungen einen wöchentlichen Mindestverdienst von 70 Prozent ihres Durchschnittslohns von maximal 60 Mark für gelernte Arbeiter und 18 Mark für unter 18-jährige Arbeiterinnen.[9] Auch sollten die während des Krieges entstandenen Arbeiterausschüsse durch das am 30. Dezember 1918 geschlossene Abkommen des Industriellen Arbeitgeberverbandes zu Hannover mit dem Verband der Bäcker und Konditoren bis zu einer gesetzlichen Regelung fortbestehen. Zudem galt bei vollem Lohnausgleich ein Acht-Stunden-Normalarbeitstag. Das Abkommen übernahm das am 15. November 1918 zwischen den Spitzenverbänden von Unternehmern und Gewerkschaften ausgehandelte Berliner Abkommen über die Wiedereinstellung von Kriegsteilnehmern und legte im Falle von unvermeidlichen

5 Ebd., S. 2.

6 H. Bahlsens Keksfabrik, Hermann Hertzer, an Demobilisierungs-Ausschuss Hannover vom 11.12.1918 (BAH, R12, Nr. 158).

7 Fritz Beindorff an Fabrikbesitzer Hermann Bahlsen vom 23.12.1918 (BAH, R10, Nr. 511).

8 Notizen betr. Herrn Hermann Bahlsen sen. vom 26.8.1919, S. 4 (BAH, R12, Nr. 153).

9 Vereinbarung zwischen dem Industriellen Arbeitgeberverband zu Hannover und der Bezirksleitung Hannover des Verbands der Bäcker und Konditoren vom 28.12.1918, S. 1 (BAH, R10, Nr. 320).

Entlassungen eine Reihenfolge fest, die zuvor erwerbstätige Frauen stark diskriminierte, weil »nicht auf Erwerb angewiesene Frauen« oder Ehefrauen von zurückgekehrten Soldaten zuerst entlassen werden sollten.[10]

Die Mehrkosten des Übergangs zum Acht-Stunden-Tag und die höheren Löhne summierten sich nach Unternehmensangaben auf 200.000 Mark. Ohnedies wies die vorläufige Bilanz für das Geschäftsjahr 1918 einen Jahresverlust von 500.000 Mark auf – ohne volle Auftragsbücher und höhere Preise drohten auch wegen der Wiedereinstellungspflicht von Kriegsheimkehrern weiter steigende Verluste. Die Schulden hatten sich gegenüber dem Vorkriegsstand verdoppelt. In einem Schreiben an ein Mitglied des Direktoriums der Reichsgetreidestelle bat das Unternehmen Bahlsen deshalb am 1. Januar 1919 um auskömmliche Preiserhöhungen für Keks und Zwieback.[11] Mitte Februar 1919 drohte neben der gewachsenen Kostenbelastung durch die Auszahlung einer Teuerungszulage wegen fehlender Kohlenvorräte noch ein Stillstand der Produktion, da die »Spartakisten im Ruhrgebiet jeden Kohlentransport« verhinderten.[12]

Neben der Reichsgetreidestelle beklagte sich Prokuristin Anna-Dora Thieme auch gegenüber dem Vorsitzenden des Verbands Deutscher Keksfabrikanten e. V., dem Celler Harry Trüller, über die Schieflage zwischen steigenden Löhnen und Gehältern, zu niedrig festgesetzten Preisen und unzureichender Kontingentzuteilung. Die dadurch nur Verluste ergebende Produktion war aus ihrer Sicht nur durch größere Rohstoffzuteilungen als die besser versorgten Waffelhersteller einerseits und höhere Kekspreise andererseits zu beheben.[13] Im gleichen Sinne schaltete Anna-Dora Thieme am 20. Mai 1919 auch den sozialdemokratischen Abteilungsleiter Julius Hirsch des Reichsernährungsamts ein.[14]

Die politische, wirtschaftliche und gesellschaftliche Situation überstieg die Handlungskompetenz von Hermann Bahlsen, der am 20. Februar 1919, wohl auch weil er seine schwindenden Kräfte wahrnahm, den Führungskreis erweitert hatte, indem er »bewährten Mitarbeitern« wie Betriebsleiter Friedrich Stucke, Pastor Wilhelm Tüllmann für den sozialen Beirat sowie der Einkaufsexpertin Anna-Dora Thieme und Martha Hohmeyer Kollektivprokura erteilte.[15]

10 Abkommen zwischen dem Industriellen Arbeitgeberverband zu Hannover und dem Verband der Bäcker und Konditoren vom 30.12.1918, S. 1 ff. (BAH, R10, Nr. 320).

11 H. Bahlsens Keksfabrik, Geschäftsleitung, an Assessor Dr. Genest, Reichsgetreidestelle vom 1.1.1919, S. 1 f. (BAH, R10, Nr. 320).

12 H. Bahlsens Keksfabrik, Vermerk vom 19.2.1919 (BAH, R10, Nr. 320).

13 H. Bahlsens Keksfabrik, Geschäftsleitung, Anna-Dora Thieme, an Direktorium der Reichsgetreidestelle vom 18.3.1919, S. 1 ff.; H. Bahlsens Keksfabrik, Geschäftsleitung, Anna-Dora Thieme, an Harry Trüller vom 18.3.1919, S. 1 ff. (jeweils BAH, R10, Nr. 492).

14 H. Bahlsens Keksfabrik, Geschäftsleitung, Anna-Dora Thieme, an Reichsernährungsamt, Professor Julius Hirsch vom 26.5.1919, S. 1 ff.; H. Bahlsens Keksfabrik, Geschäftsleitung, Anna-Dora Thieme, an Reichsernährungsamt, Professor Julius Hirsch vom 29.8.1919, S. 1 ff. (jeweils BAH, R10, Nr. 492).

15 H. Bahlsens Keksfabrik, Geschäftsleitung, Hermann Bahlsen, Mitteilung vom 20.2.1919 (BAH, R10, Nr. 319); vgl. auch Lehmensiek, Familienbetrieb.

Hermann Bahlsen war in seinem letzten Lebensjahr immer weniger leistungsfähig und griff nur noch vereinzelt in die Geschäftstätigkeit ein. Allerdings zeigten die im Zusammenhang mit den TET-Plänen vollzogenen umfangreichen Grundstückskäufe sowie spätestens die mit Hoetger geschlossenen Verträge wie auch die Übernahme der Bürgschaft Zeichen von Verwirrtheit.

Anfang Mai 1919 manifestierte sich bei Hermann Bahlsen ein schweres Gehirnleiden, sodass er wegen der Lähmungen auf einen Rollstuhl angewiesen war. Nachdem keine Besserung eingetreten war, zog der behandelnde Nervenarzt Dr. Ernst Osann externe Experten hinzu, die zu einer Operation rieten. Pastor Tüllmann holte hierzu den Berliner Professor Fedor Krause nach Hannover, der am Vormittag des 5. November 1919 Hermann Bahlsen über die Schwere seiner Erkrankung unterrichtete und dessen Einwilligung zu der riskanten Operation erhielt. Professor Krause, der Begründer der modernen Neurochirurgie am Gehirn, und Dr. Otto Brand führten daraufhin am 5. November 1919 eine große Schädelöffnung durch. Hermann Bahlsen verstarb tags darauf um 19 Uhr an der durch ein Gliom hervorgerufenen Atemlähmung.[16]

Der Tod des Gründerunternehmers am 6. November 1919 bedeutete einen tiefen Einschnitt. Die Lage des Unternehmens war Ende 1919 zum einen durch einen »gewaltig angewachsenen Grundbesitz« gekennzeichnet, der mit den in den ersten Kriegsjahren erzielten Gewinnen, aber auch mit Krediten erworben worden war, also mit Hypotheken belastet war. Die finanziellen Rückschläge der letzten beiden Kriegsjahre, zu denen noch die Mark-Entwertung und damit verbunden das Aufwachsen einer bilanziellen Devisenverpflichtung gegenüber Frank M. Peters kam, führten dazu, dass Ende 1919 den flüssigen Mitteln von 2,56 Millionen Mark kurzfristige Verbindlichkeiten aus dem Kauf von Rohstoff und auslaufenden Krediten in Höhe von 6,134 Millionen Mark gegenüberstanden, sodass eine negative Liquidität von mehr als 3,5 Millionen Mark auszugleichen war. Am Jahresende 1919 standen dem Eigenkapital von 1,671 Millionen Verbindlichkeiten in einer Größenordnung von 9,28 Millionen, davon 3,4 Millionen Hypotheken gegenüber – das Familienvermögen war faktisch verschwunden. Das 1913 auf 1,399 Millionen Mark bilanzierte Vermögen war Ende 1919 nicht nur vollkommen aufgezehrt, sondern es bestand eine Unterdeckung von 741.000 Mark. Es drohte die Illiquidität.

16 Geheimrat Prof. Dr. Fedor Krause/Dr. Ernst Osann/Dr. Otto Brand/Martha Hohmeyer/Wilhelm Tüllmann/Justizrat Dr. Rudolf Wendte, Feststellung der Todesursache am 6.11.1919 im Hause Hohenzollernstraße 16, 20:45 Uhr; Stadt Hannover, Sterbeurkunde Nr. 4344: Hermann Bahlsen vom 8.11.1919; Prof. Dr. Stroebe, Sektion der Leiche von Hermann Bahlsen am 7.11.1919 vom 22.11.1919, S. 2 (jeweils BAH, R11, Nr. 152).

3.2 Installierung einer familienexternen Unternehmensleitung und Neustrukturierung

Der Tod des Alleininhabers Hermann Bahlsen veränderte das Unternehmen und die Familiensituation am 6. November 1919 grundlegend. Sein am 14. August 1914 niedergelegtes und durch einige Nachträge ergänztes Testament setzte als Erben sowohl seine Ehefrau Gertrud geb. Fues als auch seine vier Söhne ein. Neben Nutzungsrechten an bestimmten lastenfrei zu haltenden Immobilien stand der Ehefrau eine jährliche Leibrente in Höhe von 30.000 Mark zu. Nutzungen und Rente sollten aber am Tag der Wiederverheiratung erlöschen. Ihr sollte wegen ihrer psychischen Erkrankung ein »Beistand und evtl. Vormund« in Person von Pastor Wilhelm Tüllmann an die Seite gestellt werden. Da sie selbst nicht für ihre Söhne, die zwischen 11 und 18 Jahre alt und damit nicht volljährig waren, sorgen konnte, übertrug Hermann Bahlsen die »Oberleitung der häuslichen Pflege und Erziehung« der Söhne Martha Hohmeyer. Diese habe sich »als besonders befähigt erwiesen«.[1] Martha Hohmeyer war am 27. September 1904 als Kontoristin in das Unternehmen eingetreten, übernahm aber neben der Betreuung der Söhne alsbald auch Aufgaben in der Werbe-Abteilung einschließlich der Herausgabe der 1912 startenden *Leibniz-Blätter*. Durch die psychische Erkrankung ihrer Mutter und die intensive Beschäftigung des Vaters mit dem Ausbau des Unternehmens waren die Bahlsen-Söhne in ihrer Entwicklung auch schon zuvor durch die als Muttersatz fungierende Martha Hohmeyer stark beeinflusst.

Das Testament übertrug seinen Kindern zwar zu gleichen Teilen den gesamten Nachlass. Der Erblasser legte jedoch fest, dass ihr Erbteil bis zur Vollendung des 30. Lebensjahrs in der »Verwaltung« der Testamentsvollstrecker blieb. Den Kindern sollten die Testamentsvollstrecker »nach dem billigen verständigen Ermessen« bis zur Vollendung des 25. Lebensjahrs einen Betrag von bis zu 5.000 Mark und bis zum 30. Lebensjahr den doppelten Betrag in Monatsraten für ihren Lebensunterhalt zur Verfügung stellen.[2] Er erwartete, dass sich seine Erben den von ihm »wohlerwogenen Bestimmungen in allen Punkten« unterwarfen, widrigenfalls verfügte er, dass der »Zuwiderhandelnde nur den Pflichtteil« zugesprochen bekomme.[3]

1 Ausfertigung der letztwilligen Verfügung des am 6.11.1919 verstorbenen Fabrikbesitzers Hermann Bahlsen (verkündet am 7.11.1919) vom 14.8.1914, mit Nachträgen vom 17.1.1916, 5.3.1919, 11.3.1919 u. 26.3.1919 (Abschrift), S. 2 (BAH, R11, Nr. 446). Die Testamentsvollstrecker und der Vormund der minderjährigen Kinder schlossen im März 1921 mit Martha Hohmeyer einen Vertrag, der ihr die »Oberleitung der Erziehung und des Haushalts der 4 minderjährigen Söhne« zuwies, Vertrag mit Martha Hohmeyer vom 3.3.1921, S. 1 (BAH, R11, Nr. 453).

2 Ausfertigung der letztwilligen Verfügung des am 6.11.1919 verstorbenen Fabrikbesitzers Hermann Bahlsen (verkündet am 7.11.1919) vom 14.8.1914, mit Nachträgen vom 17.1.1916, 5.3.1919, 11.3.1919 u. 26.3.1919 (Abschrift), S. 2 (BAH, R11, Nr. 446).

3 Ebd., S. 3.

Ergänzend gab er den Testamentsvollstreckern in verschiedenen Briefen Hinweise unter anderem zur Einbringung der Fabrik und weiteren Grundbesitzes in die zu gründende Aktiengesellschaft mit einem gewünschten Stammkapital von vier Millionen Mark und zum Ausschluss seines Bruders Theodor und dessen Söhnen von jeglicher Tätigkeit in der Keksfabrik.[4] Hermann Bahlsen legte auch für den Fall seines Todes fest, dass die Fabrikleitung in den Händen von Adolf Zerfaß, Hermann Hertzer, Friedrich Stucke und Wilhelm Tüllmann verblieb. Darüber hinaus sollten »Fräulein Hohmeyer und Fräulein Thieme« mit der Begründung in die Unternehmensleitung aufgenommen werden, dass er »sehr gut dabei gefahren« sei, stets weibliche Angestellte zur Mitberatung herangezogen zu haben. Auch glaubte er, dass nur Martha Hohmeyer in seinem Sinne die künstlerische Leitung der Fabrik übernehmen könne, die er im Übrigen mit Geldern zur freien Verwendung zum Zwecke der Erziehung der Kinder oder für Unterstützungs- und künstlerische Zwecke sowie für deren eigenes Auskommen ausstatten lassen wollte.[5]

Wegen der »veränderten politischen Lage« müsse seinen Söhnen »möglichst Gelegenheit gegeben werden, sich in der Fabrik zu betätigen«. Sollten sie eine günstige Entwicklung nehmen, sah er für Hans eine Tätigkeit als »Techniker [...] mit Ausschluss des Kaufmännischen« vor. Klaus war aus seiner Sicht als »praktischer Mann für die Fabrikation in Verbindung mit dem Kaufmännischen« geeignet, während er Gerhard als »Finanzmann« einordnete. Werner schien ihm »weniger in Frage« zu kommen, da sich seine Entwicklung noch nicht absehen ließ. Womöglich könnte aber das »Künstlerische einmal sein Element« werden.[6]

Seine Bewertungen unterstrichen zum einen, wie falsch Hermann Bahlsen die Potentiale seiner Söhne einschätzte und wie detailversessen er in seinem letzten Lebensjahr die Zeit nach seinem Tod zu regeln beabsichtigte. Dabei führte seine gering gewordene Orientierungskraft zu teilweise widersprüchlichen Regelungen, die insbesondere durch die lange Karenzzeit zwischen Volljährigkeit und Verfügbarkeit des Erbteils sowie den notwendig unscharfen Vorgaben zur Unternehmensumwandlung und der Honorierung der Tätigkeiten als Vormund und als Testamentsvollstrecker Raum für unterschiedliche Auslegungen und für damit verbundene Konfliktfelder bargen.

Keiner der Söhne war beim Tod des Vaters volljährig und damit voll geschäftsfähig. Den späteren Eintritt der Kindergeneration in die Firma hatte Hermann Bahlsen zwar wie selbstverständlich vorgesehen. Zunächst konnte allerdings, weil kein Sohn die gesetzlich auf 21 Jahre festgelegte Volljährigkeit erreicht hatte, niemand in die Geschäftsleitung eintreten. Zum Vormund der minderjährigen Kinder bestimmte das Testament Pastor Wilhelm Tüllmann und als dessen Gegenvormund

4 Hermann Bahlsen, Programm für die Aktiengesellschaft vom 18.4.1918; Hermann Bahlsen an die Herren Testamentsvollstrecker vom 22.3.1919 (jeweils BAH, R11, Nr. 446).

5 Hermann Bahlsen an die Herren Testamentsvollstrecker vom 22.3.1919 (BAH, R11, Nr. 446).

6 Ebd.

Senator Fritz Beindorff. Darüber hinaus war Pastor Wilhelm Tüllmann auch als Vormund der wegen einer psychiatrischen Erkrankung aus dem Formenkreis der Schizophrenie in einer Einrichtung lebenden Witwe Gertrud Bahlsen bestellt.[7] Da Hermann Bahlsen damit rechnete, dass die »freie Willensbestimmung« seiner Ehefrau krankheitsbedingt ausgeschlossen war, benannte er den Kaufmann Robert Winter und seinen langjährigen juristischen Berater Justizrat Dr. Rudolf Wendte als Testamentsvollstrecker, die das Amtsgericht Hannover am 9. Dezember 1919 bestellte.[8] Den Testamentsvollstreckern war jeweils ein jährliches Honorar von 6.000 Mark, dem Vormund von 4.000 und dem Gegenvormund von 2.400 Mark aus dem Nachlass zugesagt.[9]

Hans Bahlsen, der die Leibnizschule ohne Abitur nach dem Ende der Unterprima verlassen hatte, begann am 1. April 1919 seine Lehrzeit in den Werkstätten der Keksfabrik und legte dabei vor dem Gewerbeverein Prüfungen als Maschinist, Heizer und Elektriker ab.[10] Am 1. April 1922 bestand er die Abschlussprüfung als Maschinenbau-Ingenieur am privaten Technikum in Mittweida und kehrte danach in den Fabrikbetrieb zurück.[11] Am 5. Mai 1922, vier Tage nach dem Erreichen der Volljährigkeit, nahm Hans Bahlsen erstmalig an dem Treffen der Testamentsvollstrecker mit der Geschäftsleitung teil. Robert Winter führte ihn in den Kreis ein, indem er ihn aufforderte, an seinem Fleiß und seinem Streben festzuhalten, »um das Erbe seines Vaters einst in dessen Sinn verwalten« zu können.[12] Im Sommer 1922 erweiterte Hans Bahlsen seine Kenntnisse durch einen Aufenthalt in den Biscuit-Fabriken von Sir Alexander Grant in Edinburgh und London.[13] Ab 1. Januar 1923 fungierte er als

7 Amtsgericht Hannover 2 (2 G VII 3829/8, Bestallung für den Vormund eines Volljährigen vom 26.5.1919; siehe auch Geheimer Sanitätsrat Dr. Fauser, Direktor der Kranken- und Irrenabteilung des Bürgerhospitals Tübingen vom 30.5.1919, S. 1; Amtsgericht Stuttgart-Stadt (R 1493/1919), Landgerichtsrat Schoffer, Beschluss zur Entmündigung der Gertrud Bahlsen vom 12.5.1919 (jeweils BAH, R12, Nr. 176).

8 Amtsgericht Hannover Abteilung II (VI 1543/19), Böttcher, Testamentsvollstrecker-Zeugnis vom 9.12.1919 (BAH, R11, Nr. 446).

9 Ausfertigung der letztwilligen Verfügung des am 6.11.1919 verstorbenen Fabrikbesitzers Hermann Bahlsen (verkündet am 7.11.1919) vom 14.8.1914, mit Nachträgen vom 17.1.1916, 5.3.1919, 11.3.1919 u. 26.3.1919 (Abschrift), S. 2 f. (BAH, R11, Nr. 446).

10 Military Government of Germany, Fragebogen Hans Bahlsen vom 14.8.1946, S. 2 f. (NLA H, Nds. 171 Hannover, Nr. 51216); Hermann Hertzer, Kurzbericht über wichtige Ereignisse in unserer Firma, März 1948, S. 1 (BAH, R10, Nr. 505); Hermann Hertzer, Verkauf vom 15.4.1944, S. 1 (BAH, R10, Nr. 516).

11 Military Government of Germany, Fragebogen Hans Bahlsen vom 14.8.1946, S. 3 (NLA H, Nds. 171 Hannover, Nr. 51216).

12 Anna-Dora Thieme, Besprechung in der Hohenzollernstraße 16 am 5.5.1922 vom 11.5.1922, S. 1 (BAH, R10, Nr. 512).

13 Anna-Dora Thieme, Zusammenkunft in der Lehsenstraße 2 am 27.9.1922 vom 28.9.1922, S. 5 (BAH, R10, Nr. 512).

Geschäftsführer der Hannoverschen Keksfabrik GmbH und erhielt 1924 die Schokoladen-Abteilung als Erprobungsfeld übertragen.[14]

Insgesamt ermöglichten die Testamentsvollstrecker bzw. der Aufsichtsrat den Bahlsen-Söhnen die Sammlung von Branchenerfahrungen und -wissen. Wie so viele deutsche Unternehmer und leitende Angestellte bereiste Hans Bahlsen Anfang 1925 die USA und erstellte über seine dortigen Wahrnehmungen ausführliche Aufzeichnungen, die Robert Winter nach Ergänzung um die persönlichen Tätigkeiten und die Eindrücke über Arbeitsmethoden und Fabrikbesichtigungen mit der Schreibmaschine in einigen Exemplaren »für die Zukunft zu erhalten« anregte.[15]

Der Werdegang von Werner Bahlsen, der am 1. November 1922 in das Unternehmen eintrat, zeigt dessen Drängen in verantwortliche Positionen.[16] Ab 1914 Schüler der Leibniz-Schule, eines Realgymnasiums, ging er 1921 ohne Abitur ab und besuchte danach die Handelsschule.[17] Nachdem Werner Bahlsen am 28. März 1925 21 Jahre alt geworden war, erläuterte ihm der Testamentsvollstrecker und Aufsichtsratsvorsitzende Robert Winter während der Aufsichtsratssitzung am 31. März 1925, dass seine »Volljährigkeit als Zugehöriger zum Bahlsenwerk« wegen der »klugen Voraussicht« des Unternehmensgründers erst mit dem vollendeten 30. Lebensjahr erreicht sein werde. Er trug ihm auf, sich bis dahin auch »körperlich zu stärken«, damit dann ein »gesunder Geist in einem gesunden, widerstandsfähigen Körper wohne«.[18] Winter und Beindorff glaubten, mit den in die private Lebensführung eingreifenden Hinweisen die Vorgaben des Erblassers umzusetzen. Zugleich entsprachen lebenspraktische Lehren ganz ihrem patriarchalischen Habitus, der die Nachfolgergeneration durch Anleitung und Erprobung auf ihre zukünftigen Aufgaben vorbereiten wollte. Aus Sicht der Selfmade-Unternehmer verteilten sie keine Herabwürdigungen, sondern gaben den Bahlsen-Brüdern Anregungen zur Selbstertüchtigung und Abhärtung. Beindorff machte seine eigenen Söhne auch erst nach entsprechender Bewährung in den 1920er Jahren zu Geschäftsführern der Günther Wagner Pelikan-Werke KG sowie der Günther Wagner Verwaltungsgesellschaft mbH.[19]

Am 1. April 1925 erfolgte bei der Hannoverschen Keksfabrik GmbH die Einstellung Werner Bahlsens als »Korrespondent« mit einem Jahresgehalt von 5.000

14 Vertrag zwischen den Testamentsvollstreckern und Hans Bahlsen vom 2.8.1923 (BAH, R11, Nr. 439).

15 Robert Winter an Hans Bahlsen vom 18.3.1925 (BAH, R11, Nr. 248); vgl. die Wahrnehmungen des vormaligen Vorstands der Daimler-Motoren-Gesellschaft, Riebensahm, Zug nach U.S.A.

16 Hermann Hertzer, Kurzbericht über wichtige Ereignisse in unserer Firma, März 1948, S. 3 (BAH, R10, Nr. 505).

17 Military Government of Germany, Fragebogen Werner Bahlsen vom 2.8.1946, S. 2f. (NLA H, Nds. 171 Hannover, Nr. 2631).

18 Sitzung am 31.3.1925, S. 1 (BAH, R10, Nr. 512).

19 Christians, Tinte, S. 50.

Reichsmark.[20] Auf diese Weise sollte er den Kontakt zu Kunden und Lieferanten kennenlernen und betriebliche Erfahrungen sammeln. Ausdruck der transatlantischen Orientierung des Unternehmens war die vom 25. März bis zum 10. Mai 1926 von Hermann Hertzer, Anna-Dora Thieme und Werner Bahlsen unternommene USA-Reise. Indem der Technische Leiter, die Einkaufschefin und der 22-jährige Firmenerbe sich gemeinsam über die Neuerungen auf dem US-Markt und produktionstechnische Innovationen informierten, wollten sie den Anschluss an die für vorbildlich gehaltene amerikanische Süßwaren- und Nahrungsmittelindustrie gewinnen. Anfang 1927 für einige Zeit im Großlager Hamburg tätig, berichtete Werner Bahlsen am 27. Juni 1927 dem Aufsichtsrat von seinen praktischen Erfahrungen. Auf Anregungen zur Belebung des Umsatzes angesprochen, sah er die Notwendigkeit, einen »neuen Schlager« herauszubringen, wodurch wie beim Leibniz-Keks die Kundschaft nachgerade gezwungen werde, das Bahlsen-Produkt zu kaufen.[21] Fritz Beindorff förderte Werner Bahlsen auch durch das im September 1927 gemachte Angebot, in der Pelikan-Werbeabteilung durch praktische Mitarbeit das »Wesen und die Arbeitsmethode einer modernen Werbeabteilung zu studieren«.[22] Wenn wegen der Besonderheiten des jeweiligen Geschäfts keine direkte Übertragung auf Bahlsen möglich war, sollte ihm gleichwohl der Weg zu einem sicheren und eigenen Urteil und einer raschen Erfassung von Trends eröffnet werden.

Aufsichtsrat und Vorstand sorgten für eine stufenweise Einbindung der Erbengeneration. Nachdem Werner Bahlsen seine letzte Ausbildungsstation bei der Pariser Filiale des schottischen Kekspioniers Mc Vitie & Price beendet hatte, wollten Vorstand und Aufsichtsrat Ende 1928 über dessen Einsatzmöglichkeiten sprechen. Fritz Beindorff und Martha Hohmeyer setzten den Punkt aber wieder von der Tagesordnung ab, um zunächst die Wünsche Werners einzuholen.[23] Anfang April 1929 übernahm dieser die Zuständigkeit für den Exportbereich, den er weiter fördern wollte. Daneben sollte er einige deutsche Verkaufsgebiete eigenständig bearbeiten, aber unter der Gesamtverantwortung des zuständigen Vorstands Hermann Hertzer.[24] Mit Werner Bahlsen wurde vereinbart, dass er seine im Ausland im Produktionsbereich erworbenen Erfahrungen durch eine enge Kooperation mit seinem Bruder Hans nutzbar machte. Als Bezahlung erhielt er ab April 1929 das gleiche Gehalt wie sein ältester Bruder Hans bei dessen Unternehmenseintritt im Jahre 1925. Im No-

20 Vertrag zwischen den Testamentsvollstreckern und Werner Bahlsen vom 1.4.1925 (BAH, R11, Nr. 439).

21 Anna-Dora Thieme, Besprechung des Aufsichtsrats mit dem Vorstand am 29.6.1927, S. 2 f. (BAH, R10, Nr. 512).

22 Anna-Dora Thieme, Besprechung des Aufsichtsrats mit dem Vorstand am 4.9.1927, S. 2 f. (BAH, R10, Nr. 512).

23 Sitzung der Bahlsen AG im Hause Robert Winter am 14.12.1928 vom 17.12.1928, S. 6 (BAH, R10, Nr. 512).

24 Anna-Dora Thieme, Zusammenkunft des Aufsichtsrats und des Vorstands der H. Bahlsens Keksfabrik AG am 5.4.1929, S. 1 (BAH, R10, Nr. 512).

vember 1929 erhielt Werner Bahlsen Kollektivprokura, die er zusammen mit einem anderen Bahlsen-Prokuristen auszuüben hatte.[25] Am 25. März 1930 nahm dann erstmals Klaus Bahlsen, begrüßt vom Aufsichtsratsvorsitzenden Robert Winter, an einer »Besprechung über die Interessen des Werkes« teil.[26]

Im Rahmen ihrer regelmäßigen Besprechungen mit der Geschäftsleitung sah Robert Winter am 27. September 1922 die von Hermann Bahlsen benannten Voraussetzungen für die Gründung der Aktiengesellschaft als erfüllt an und sprach sich für die Umwandlung aus. Bis Mitte 1921 war an eine Beteiligung der englischen und US-amerikanischen Gläubiger bei der Umgründung der Firma in eine Aktiengesellschaft gedacht worden, auch um Verbindlichkeiten mit Aktien abzulösen.[27] Da im Herbst 1922 steuerliche Aspekte für eine rasche Gründung der Aktiengesellschaft sprachen, ergriffen die Testamentsvollstrecker Maßnahmen, um durch besonders vorsichtige Bestimmungen über den Aktienkauf und deren Veräußerung auf die Dauer eine Familien-AG zu schaffen.[28] Robert Winter, dem der Name H. Bahlsens Keksfabrik AG vorschwebte, wollte die Grundstücke, Gebäude und sonstigen Werte wie die Kunstgegenstände, die nicht direkt zum Geschäftsbetrieb der Aktiengesellschaft (AG) erforderlich waren, den Erben erhalten, indem sie in eine gesonderte Vermögensverwaltungsgesellschaft überführt wurden. Diese sollte den überwiegenden Teil der Vermögenswerte an die zu gründende AG langfristig zu besten Bedingungen verpachten.[29]

Die von Justizrat Wendte erstellten Entwürfe des Gesellschaftsvertrags der Aktiengesellschaft, des Gründungsprotokolls und des Konsortialvertrages sowie des Pachtvertrags zwischen der AG und den Erben fanden am 27. November 1922 vor dem Notar Dr. Paul Gassner die Zustimmung der Anwesenden. Die H. Bahlsens Keksfabrik AG erhielt ein Grundkapital von 12 Millionen Mark, von dem die Testamentsvollstrecker Winter und Wendte für die vier Erben von Hermann Bahlsen 10 Millionen Mark, Theodor Bahlsen 500.000 und Robert Winter, Dr. Rudolf Wendte, Fritz Beindorff, Paul Klaproth und aus der Unternehmensleitung Hermann Hertzer, Friedrich Stucke, Anna-Dora Thieme, Martha Hohmeyer und Pastor Wilhelm Tüllmann je 150.000 Mark, Oberstleutnant a. D. Karl Schumann 15.000 Mark und Hans Bahlsen weitere 135.000 Mark übernahmen, womit Letzterer gegenüber seinen zu diesem Zeitpunkt noch minderjährigen Brüdern einen altersbedingten Vorteil erhielt.[30]

25 Vorstandssitzung am 21.11.1929 vom 25.11.1929, S. 3 (BAH, R10, Nr. 512).

26 Sitzung der Geschäftsleitung mit den Aufsichtsräten Winter und Beindorff in der Hohenzollernstraße 16 am 25.3.1930 vom 27.3.1930, S. 2 (BAH, R10, Nr. 512).

27 Anna-Dora Thieme, Zusammenkunft im Landhaus Bahlsen, Bemeroder Straße 70 am 17.6.1921, S. 1 (BAH, R10, Nr. 512).

28 Anna-Dora Thieme, Zusammenkunft in der Lehsenstraße 2 am 27.9.1922 vom 28.9.1922, S. 4 f. (BAH, R10, Nr. 512).

29 Robert Winter an Geschäftsleitung der H. Bahlsens Keksfabrik vom 2.10.1922; Robert Winter an Fritz Beindorff vom 2.10.1922 (jeweils BAH, R10, Nr. 511).

30 Notar Dr. Paul Gassner, Urkunde 214 des Notariatsregisters Jahrgang 1922: Protokoll der Gründungsversammlung der H. Bahlsens Keksfabrik AG am 27.11.1922 (BAH, R10, Nr. 511); siehe

Die Erbengemeinschaft brachte über ihre Testamentsvollstrecker die Fabrikgrundstücke Podbielskistraße 351A, 352, 353, 354 und 355 sowie Lister Straße 5 mit den darauf errichteten Gebäuden im Wert von 479.175 Mark für Grundstücke und 1.836.116,44 für Gebäude, Fabrikationseinrichtungen von 959.666,38 und die Werte der H. Bahlsens Keksfabrik in Höhe von 21,469 Millionen ein. Die AG übernahm eine über 1,4 Millionen lautende Hypothek, Verbindlichkeiten in einer Größenordnung von knapp 433.000 Mark. Darüber hinaus verpflichtete sich die Aktiengesellschaft, aus dem Reingewinn der ersten Jahre einen Betrag von 2 Millionen Mark »zur Erinnerung an den Gründer der Fabrik« für eine Hermann Bahlsen Stiftung für Angestellte und Arbeiter zu verwenden.[31] Weiterhin übernahm die Aktiengesellschaft die Verpflichtung zur Zahlung von Leibrenten an Elisabeth Bahlsen, die Witwe Theodor Bahlsens, und Gertrud Bahlsen in der Höhe von 886.500 bzw. 3,68 Millionen Mark, die mit fünf Prozent p.a. zu verzinsen waren. Schließlich war den Söhnen von Hermann Bahlsen auf deren Wunsch »leitende Stellungen« zu geben, sofern die Aufsichtsratsmehrheit sie für geeignet hielt.[32] Die anderen Gründungsaktionäre hatten ihren gezeichneten Aktienanteil in bar einzubringen.

Zu Mitgliedern des Aufsichtsrats bestellte die Gründungsversammlung Robert Winter, Dr. Rudolf Wendte, Fritz Beindorff, Theodor Bahlsen und Paul Klaproth, wobei Robert Winter als Vorsitzender und Rudolf Wendte als dessen Stellvertreter fungierten. Der Aufsichtsrat wiederum bestimmte in seiner konstituierenden Sitzung zu Vorstandsmitgliedern Hermann Hertzer, Friedrich Stucke, Pastor Wilhelm Tüllmann, Anna-Dora Thieme, Martha Hohmeyer sowie Karl Schumann zum stellvertretenden Vorstandsmitglied.[33] Der Pachtvertrag sah eine Pacht von 200.000 Mark im Jahr vor.[34] Der ebenfalls am 27. November 1922 zunächst auf zehn Jahre geschlossene, aber verlängerbare Konsortialvertrag regelte das interne Verhältnis sowie den Aktienverkauf dahingehend, dass die betreffenden Aktien zunächst dem Konsortium zum Kauf angeboten werden mussten, wobei der Kaufpreis auf das 15-Fache der im Durchschnitt der letzten drei Geschäftsjahre der AG verteilten Dividenden festgelegt war.[35]

Auf der unter dem Eindruck der Ruhrbesetzung und der Hyperinflation stehenden, am 24. Februar 1923 stattfindenden ersten Sitzung des Aufsichtsrats, an der

auch Gründungsvertrag (Entwurf), erklärt vor Notar Dr. Paul Gassner vom 25.11.1922, S. 2 (BAH, R10, Nr. 511); H. Bahlsens Keksfabrik AG, Konsortial-Vertrag vom 25.11.1922 (BAH, R11, Nr. 446); Satzung der H. Bahlsens Keksfabrik AG bisher Hannoversche Keksfabrik H. Bahlsen (BAH, R11, Nr. 446).

31 Gründungsvertrag (Entwurf), erklärt vor Notar Dr. Paul Gassner vom 25.11.1922, S. 4 (BAH, R10, Nr. 511).

32 Ebd., S. 5.

33 Ebd., S. 6f.

34 Pachtvertrag (Entwurf) zwischen der H. Bahlsens Keksfabrik AG und den Erben o.D., S. 4 (BAH, R10, Nr. 511).

35 Konsortialvertrag (Entwurf) vom 25.11.1922, S. 3 (BAH, R10, Nr. 511).

auch Hans und Werner Bahlsen als Gäste teilnahmen, begrüßte der Vorsitzende Robert Winter als Vertreter der Belegschaft die Betriebsräte Hermann Elling, den Vorsitzenden des Angestellten-Rats, und Hugo Tensfeldt, den Vorsitzenden des Arbeiterrats. Zu seinem Vorschlag, zur Kosteneinsparung anstatt Aktien einstweilen nur Interimsscheine auszugeben, erhielt Winter die Zustimmung.[36] Der von den bisherigen Prokuristen besetzte Vorstand der Aktiengesellschaft kam in aller Regel einmal monatlich zusammen, um in Anwesenheit von Hans und Werner Bahlsen mit Vertretern des Aufsichtsrats die aktuelle Lage und strategische Entscheidungen zu beraten.[37]

Die Hannoversche Keksfabrik H. Bahlsen OHG sollte liquidiert und zum Zwecke des Namensschutzes die von der H. Bahlsens Keksfabrik AG mit einem Stammkapital von 500.000 Mark auszustattende Hannoversche Keksfabrik H. Bahlsen GmbH gegründet werden.[38] Die Gründungsversammlung der Hannoverschen Keksfabrik H. Bahlsen GmbH fand am 2. August 1923 statt, die laut Gesellschaftsvertrag den »Betrieb von Handelsgeschäften« und die »Beteiligung an und die Finanzierung von industriellen und Handelsunternehmen« vorzugsweise des Nahrungsmittelgewerbes zum Gegenstand hatte.[39] Das Stammkapital von zehn Millionen Mark hielten zu gleichen Teilen von je 2,5 Millionen Mark die vier Brüder. Sie brachten das Stammkapital durch die Einbringung der bebauten Grundstücke Podbielskistraße 100 und 393, von Liegenschaften in List, Kirchrode und Klein Buchholz sowie weiterer unbebauter Grundstücke ein.[40]

36 Erste Aufsichtsratssitzung nach der Gründung der H. Bahlsens Keksfabrik AG am 24.2.1923, S. 1 (BAH, R10, Nr. 512); vgl. Stremmel, Patriotismus; Jones, 1923, S. 67 ff. u. 194 ff.

37 Anna-Dora Thieme, Vorstandssitzung am 27.3.1923 in der Hohenzollernstraße 16, S. 1 (BAH, R10, Nr. 512).

38 Karl Schumann, Besprechung mit Robert Winter am 11.6.1923 vom 12.6.1923, S. 2 (BAH, R10, Nr. 512).

39 Notar Justizrat Dr. Adolf Stehmann, Nr. 484 des Notariatsregisters 1923, Gründungsprotokoll der Hannoverschen Keksfabrik H. Bahlsen GmbH vom 2.8.1923; Gesellschaftsvertrag der Hannoverschen Keksfabrik H. Bahlsen GmbH vom 2.8.1923, S. 1 (jeweils BAH, R10, Nr. 511).

40 Anlage II zum notariellen Protokoll vom 2.8.1923 (BAH, R10, Nr. 511).

3.3 Umstellung auf den Zivilmarkt und wirtschaftliches Ringen mit der Hyperinflation

Bei der Bewirtschaftung des Nahrungsmittelsektors blieben die im Krieg etablierten Strukturen zunächst bestehen. Die Zentralisierung der Entscheidungsmacht in der Reichs-Getreidegesellschaft und die Abstimmung mit dem Verband Deutscher Keksfabrikanten wurden auch in den ersten Nachkriegsjahren fortgesetzt. Die Reichsgesellschaft traf am 1. Oktober 1919 mit dem Verband zur Herstellung von Zwieback und Keks eine Übereinkunft, die die Belieferung mit Weizenmehl bis zum 15. September 1920 regelte und den Kaufpreis je 100 Kilogramm auf 100 Mark festlegte.[1] Parallel einigten sich die beiden Vertragspartner auf »Grundsätze für die Lieferung von Mehl zur Herstellung von Zwieback und Keks«, die auch die Packungsgrößen und Preise für Zwieback und Keks sowie Keksbruch fixierte.[2] Die Abmachungen wurden im November 1920 verlängert.[3] Im Kern handelte es sich um ein staatlich kontrolliertes Kartell, das im Interesse der sozialen Befriedung zur Beruhigung des Backwarenmarktes beitragen sollte.

Der Verband Deutscher Keksfabrikanten teilte Bahlsen am 6. Oktober 1919 für das vierte Quartal 1919 immerhin 1.150 Tonnen Mehl für die Herstellung von Zwieback und 646 Tonnen für die Keksproduktion zu.[4] Den Krieg hinter sich zu lassen, war aber das eigentliche Ziel, das im September 1919 durch die Rückkehr zum traditionellen Leibniz-Keks mit seinem Butteranteil von zehn Prozent und hochwertigem Mehl erreicht wurde.[5] Von der Verpackung verschwand die im Krieg, als mit wechselnden Rohstoffen gebacken werden musste, aufgedruckte Aufschrift »Kriegsware« wieder. Die große Nachfrage nach den Original Bahlsen-Keksen bescherte dem Unternehmen nach dem Ersten Weltkrieg recht gute Startbedingungen.

Zwar waren Zucker und Mehl noch bewirtschaftet, konnten jedoch allmählich leichter beschafft werden. Die Belieferung mit den benötigten Fetten wie Butter, aber auch mit Mandeln und Nüssen lief bereits wieder weitgehend störungsfrei, sodass Bahlsen 1919 die Produktion von Schokoladen-Artikeln wie Othello oder Kakao-Gebäck aufnehmen konnte. Darüber hinaus fuhr auch die Herstellung von Fruchtpasten-Produkten auf Himbeer- und Erdbeer-Basis oder auch der Apfelsinen-Schnitte hoch.

1 Vertrag zwischen der Reichsgetreidestelle und dem Verband Deutscher Keksfabrikanten e.V. vom 1.10.1919, S. 2 (BAH, R10, Nr. 589).

2 Reichsgetreidestelle und der Verband Deutscher Keksfabrikanten e.V., Grundsätze für die Lieferung von Mehl zur Herstellung von Zwieback und Keks vom 1.10.1919, S. 5 (BAH, R10, Nr. 589).

3 Vertrag zwischen der Reichsgetreidestelle und dem Verband Deutscher Keksfabrikanten e.V. vom 5.11.1920, (BAH, R10, Nr. 589).

4 Verband Deutscher Keksfabrikanten e.V. an Firma Bahlsen vom 1.10.1919 (BAH, R10, Nr. 589).

5 Hermann Hertzer, Kurzbericht über wichtige Ereignisse in unserer Firma, März 1948, S. 1 (BAH, R10, Nr. 505).

Während das Produktportfolio zu den Vorkriegsverhältnissen aufzuschließen begann, ergab sich in der Frühphase der Weimarer Republik durch ein erhöhtes Selbstbewusstsein der Beschäftigten eine neue Situation. Im Betrieb hatten sich ein Arbeiter-Ausschuss sowie eine Handwerker-Kommission gebildet, deren Vertreter am 18. Juni 1919 Betriebsleiter Adolf Zerfaß mit der Forderung konfrontierten, den Stundenlohn der Handwerker auf 2,50 Mark und der Hilfsarbeiter auf 2,30 Mark zu erhöhen. Zerfaß fand sich aber ohne interne Berechnungen der finanziellen Handlungsspielräume zu keiner verbindlichen Äußerung bereit, sondern verwies auf eine mehrtägige »ganz wichtige Geschäftsreise«, weshalb er erst Anfang der nächsten Woche den Belegschaftsvertretern »Bescheid« geben wollte.[6] Sie bestanden aber auf ihrer Forderung, da die Bahlsen-Löhne im Vergleich zu anderen Unternehmen niedriger lägen und die Teuerung nach einer Lohnerhöhung verlange. Am 23. Juni 1919 lehnte die Geschäftsleitung unter Verweis auf die angespannte Finanzlage des Unternehmens und die fehlende Vollauslastung des Betriebs die Forderung der Handwerker, Heizer und Handwerker-Hilfsarbeiter einstweilen ab. Sie sollten aber nach Rücksprache mit Hermann Bahlsen und Betriebsleiter Friedrich Stucke in den Monaten Juli bis September jeweils 10 Pfennig in der Stunde mehr erhalten, sodass der Stundenlohn der Handwerker und Heizer dann auf 1,90 Mark anstieg.[7]

Der Arbeiter-Ausschuss gab sich mit diesem Zugeständnis aber nicht zufrieden, sondern setzte eine Erhöhung der Stundenlöhne am 1. Juli 1919 um 20 Pfennig durch. Die Arbeitervertreter sprachen sich auch für Verbesserungen für die Produktionsarbeiterinnen aus, die sich durch die nur vierstündige Arbeitsschicht »zu schlecht ständen«. Der Vorschlag des Arbeiter-Ausschusses, dass die betriebliche Unterstützungskasse einen »Geldzuschuss« geben könnte, wischte die Geschäftsleitung mit dem Hinweis beiseite, sie sei »viel zu klein«. Stattdessen sollten die Betroffenen auf den sozialdemokratischen Bürgermeister Wilhelm Weber zugehen, um von Seiten der Stadt Hilfe zu erhalten.[8]

Auch der Angestellten-Ausschuss ging nach einer Betriebsversammlung Ende August 1919 wegen der Gewährung einer »Teuerungszulage« auf die Geschäftsleitung zu.[9] Diese sah wegen der sinkenden Materialzuteilungen und geringen Preise hierzu keine Möglichkeiten, da die Hoffnungen auf eine Freigabe des Handels »vollkommen vernichtet« worden waren. Nach Angaben von Geschäftsleiter Hermann Hertzer drohte bei einer Ausweitung der Ausgaben ein Konkurs, während die Angestellten bestritten, dass das Unternehmen wegen einer zusätzlichen Ausgabe

6 Besprechung mit dem Arbeiter-Ausschuss und Handwerker-Kommission der H. Bahlsens Keksfabrik am 18.6.1919, S. 2 (BAH, R10, Nr. 272).

7 H. Bahlsens Keksfabrik, Geschäftsleitung, an den Arbeiterausschuss, Ziegler vom 23.6.1919 (BAH, R10, Nr. 272).

8 Protokoll der Sitzung vom 23.6.1919 zwischen der Geschäftsleitung und dem Arbeiter-Ausschuss vom 23.6.1919, S. 2 f. (BAH, R10, Nr. 272).

9 Sitzung der Geschäftsleitung und des Angestellten-Ausschusses der H. Bahlsens Keksfabrik am 29.8.1919, S. 1 (BAH, R10, Nr. 272).

von 15.000 Mark »gleich pleite machen« werde. Ein Mitarbeiter war der Meinung, dass die »Firma nur in den Geldbeutel zu fassen« brauche. Die Angestelltenvertreter trugen dem Unternehmen noch nach, dass die Angestellten im November 1918 »abgespeist« worden seien, während die Forderung der Arbeiter kurz darauf erfüllt worden sei. Bäckermeister vertraten wegen der Vier-Stunden-Schicht die Meinung, gegenüber den in Vollzeit arbeitenden Handwerkern um mehr als 100 Mark schlechter gestellt zu werden.

Ungeachtet der von manchen Angestellten befürchteten wachsenden Unzufriedenheit der Belegschaft und eines Rufverlustes des Unternehmens wies Prokurist Zerfaß alle Forderungen wegen der wirtschaftlichen Lage ab. Ein Angestelltenvertreter brachte die Möglichkeit ins Spiel, dass Hermann Bahlsen ein persönliches Geldgeschenk machen könnte, um die schwierige Zeit zu überbrücken. Wenn das Unternehmen kein Entgegenkommen zeigen würde, drohte aus Sicht der Angestelltenschaft, dass sich Geschäftsleitung und Angestellte in nie dagewesener Weise »wie Hund und Katze gegenüberstehen« könnten.[10] Die Geschäftsleitung blieb am 5. September 1919 dabei, die Forderungen der Angestelltenschaft nicht erfüllen zu können.

Zugleich widersprach Prokurist Wilhelm Zerfaß der Anregung, dass Hermann Bahlsen aus seiner »Privattasche einen Betrag auswerfen« könnte, durch den Hinweis, dass bei diesem kein Geld verfügbar sei, sondern alles in den Maschinen und dem Betrieb stecke.[11] Damit räumte er ein, dass das Unternehmen während des Ersten Weltkriegs über seine Finanzmöglichkeiten überdehnt worden war und die Bewältigung der bestehenden Kreditprobleme vor allem den Beschäftigten aufgebürdet wurde. Die Belegschaft vertröstete Zerfaß mit der Hoffnung auf »bessere Verhältnisse«, dass die »Zeit bald« kommen möge.[12] Unternehmensleitung und Angestellten-Ausschuss kamen zur Beendigung des Konflikts zu dem am 6. September 1919 vereinbarten Kompromiss, dass die auf einen Vier-Stunden-Arbeitstag gesetzten Bäckermeister und Direktricen ab dem 1. September 1919 eine monatliche Zulage von 50 bzw. 30 Mark erhielten.[13]

Der Angestellten-Ausschuss schaltete den örtlichen Sekretär des zu den christlichen Gewerkschaften gehörenden Gewerkschaftsbunds kaufmännischer Angestellter sowie einen Vertreter der zu den freien Gewerkschaften gehörenden Arbeitsgemeinschaft freier kaufmännischer Verbände ein. Hermann Hertzer stellte die Anwesenden in der am 13. September 1919 durchgeführten Besprechung aber gleich eingangs vor vollendete Tatsachen, indem er sagte, dass ohne sichere Kontingentierung der Rohmaterialien keinerlei Gehaltsverbesserungen zugesagt werden könnten. Der Vertreter der

10 Sitzung der Geschäftsleitung und des Angestellten-Ausschusses der H. Bahlsens Keksfabrik am 29.8.1919, S. 6 (BAH, R10, Nr. 272).

11 Ebd., S. 4; Sitzung der Geschäftsleitung und des Angestellten-Ausschusses der H. Bahlsens Keksfabrik am 5.9.1919, S. 1 (BAH, R10, Nr. 272).

12 Ebd, S. 5.

13 Sitzung der Geschäftsleitung und des Angestellten-Ausschusses der H. Bahlsens Keksfabrik am 6.9.1919, S. 1 (BAH, R10, Nr. 272).

christlichen Gewerkschaften entgegnete daraufhin, dass die Belegschaft schon länger etwa durch die hingenommene Unterschreitung der Tarifgehälter große Zugeständnisse an die wirtschaftliche Lage gemacht hätte, aber jetzt, um über den Winter zu kommen, zumindest eine Teuerungszulage erhalten müsse. Würde diese verweigert, müsse der Betrieb »auf den Boden des Tarifs« gestellt werden, was das Unternehmen teurer käme.[14] Auch Freigewerkschafter forderten Hertzer zum Entgegenkommen auf. Da keine Einigung zu erzielen war, rief der Gewerkschaftsbund kaufmännischer Angestellter, wie von der Betriebsversammlung verlangt, den Schlichtungsausschuss an.[15] Das Betriebsrätegesetz vom 4. Februar 1920 stellte die betriebliche Mitbestimmung auf eine erweiterte gesetzliche Basis und definierte auch für Bahlsen die Rechte, Zuständigkeiten und Pflichten der gewählten Belegschaftsvertreter.[16]

Nur sechs Tage nach Hermann Bahlsens Tod trafen die Testamentsvollstrecker Robert Winter und Justizrat Dr. Rudolf Wendte am 12. November 1919 mit der Geschäftsleitung – den Prokuristen Hermann Hertzer, Friedrich Stucke, Pastor Wilhelm Tüllmann, Adolf Zerfaß sowie Anna-Dora Thieme und Martha Hohmeyer – zu einem ersten Austausch zusammen. Sie verabredeten, dass zukünftig die Testamentsvollstrecker einmal monatlich unter Hinzuziehung von Senator Fritz Beindorff und Kommerzialrat Paul Klaproth von der Geschäftsleitung über die Geschäftslage und die Einhaltung des für das Geschäftsjahr aufgestellten Haushaltsplans unterrichtet wurden und ihrerseits Richtlinien für die weitere Geschäftsentwicklung geben konnten.

Nach einem knappen Überblick über die aktuelle Fabrikation, die bestehenden Beschränkungen und den Absatz ergab sich aus dem Austausch, dass ein Unternehmenswachstum den Import von Rohstoffen aus dem Ausland voraussetzte. Bahlsen erhielt zwar von den zuständigen Reichsstellen eine Einfuhrgenehmigung, jedoch nur für den Fall eines langfristigen Auslandskredits, für den Hermann Hertzer den niederländischen Handelsvertreter gewinnen wollte. Dass sich Justizrat Dr. Wendte für alternative Produkte wie Backpulver einsetzte, zeigte die geringen Branchenkenntnisse der von Hermann Bahlsen in eine Aufsichtsposition eingesetzten Testamentsvollstrecker. Stattdessen hielt die Geschäftsleitung an ihrem Plan fest, wieder die Keksproduktion aus den verfügbaren Rohstoffen aufzunehmen.

Die Geschäftsleitung sah die »Notwendigkeit weiterer größter Sparsamkeit« und sagte eine Aufstellung der »General-Unkosten« und der laufenden »Reklame-Verträge« zu.[17] Die wirtschaftliche Lage machte, da die Einnahmen die Kosten nicht

14 Sitzung der Geschäftsleitung und des Angestellten-Ausschusses der H. Bahlsens Keksfabrik im Beisein der Herren Held (Gewerkschaftsbunds kaufmännischer Angestellter) und Schröder (Arbeitsgemeinschaft freier kaufmännischer Verbände) am 13.9.1919, S. 1 (BAH, R10, Nr. 272).

15 Ebd., S. 5; die Unterlagen schweigen über den Fortgang des Konflikts.

16 Vgl. Hopmann, Betriebsrätegesetz; Plumpe, Mitbestimmung, S. 45 ff.; Milert u. Tschirbs, Demokratie, S. 167 ff.; Flatow, Betriebsrätegesetz.

17 Anna-Dora Thieme, Besprechung am 12.11.1919 in der Hohenzollernstraße, S. 3 (BAH, R10, Nr. 512).

zu decken vermochten, die Aufnahme zusätzlicher Kredite erforderlich, die bei der Hannoverschen Bank beantragt werden sollten. Der von Robert Winter am 21. November 1919 erstellte Bericht an Paul Klaproth zeichnete ein beunruhigendes Bild, da er eine »ungeheure Überlastung mit Grundstücken« habe feststellen müssen, die »nahezu unrentabel« waren und nur zum Teil für den Fabrikbetrieb benötigt wurden.[18] Darüber hinaus hatte die mangelnde Beschäftigung in den beiden letzten Kriegsjahren Verluste ergeben, was einen »starken Kapitalbedarf« hervorrief. Dass Winter auf ein Entgegenkommen des Direktors der Hannoverschen Bank zählte, bildete den Subtext des Schreibens.

Nach übereinstimmender Meinung bestanden »Verdienstmöglichkeiten einzig im Auslands-Geschäft«,[19] weshalb die Geschäftsleitung sich um die Beschaffung von Krediten und Rohstoffen im Ausland, die entsprechenden Genehmigungen und die Wiedererlangung der früheren Absatzgebiete bemühen wollte. In diesem Zusammenhang bemühte sich das Unternehmen beim Reichswirtschaftsministerium einerseits um die Exportgenehmigung von 100.000 TET-Paketen »Mandelgebäck«.[20] Andererseits wollte das Keks-Unternehmen zur Schaffung von Beschäftigungsmöglichkeiten das Angebot ausländischer Geschäftspartner zur Rohstofflieferung annehmen, die mit späteren Kekslieferungen ins Ausland kompensiert werden sollten.[21] Am 24. November 1919 konkretisierte die H. Bahlsens Keksfabrik gegenüber dem Bevollmächtigten der Reichseinfuhrstellen für Lebens- und Futtermittel die beantragte Einfuhrgenehmigung aus »England über Holland« über 100 Tonnen Zucker, 200 Tonnen Mehl und 20 Tonnen Fett.[22] Der Kommissar für Lebens- und Futtermittel des am 28. Mai 1919 durch Kabinettsbeschluss »zur Untersuchung, Zusammenfassung und energischen Durchführung aller erforderlichen Maßnahmen zur Ausfuhr deutscher Waren, zur Beschaffung ausländischer Zahlungsmittel und Kredite und zur Einfuhr von Lebensmitteln und Rohstoffen« gebildeten Diktatorischen Wirtschaftsausschusses[23] erklärte sich am 28. November 1919 angesichts des ohne besondere Sicherheiten vom Londoner Geschäftsfreund Sir Alexander Grant eingeräumten Valutakredits mit der Einfuhr der beantragten Mengen einverstan-

18 Robert Winter an Paul Klaproth vom 21.11.1919, S. 1 (BAH, R12, Nr. 152).

19 Anna-Dora Thieme, Besprechung in der Hannoverschen Bank am 18.11.1919 in Sachen Hannoversche Keks-Fabrik H. Bahlsen Hannover, S. 2 (BAH, R10, Nr. 512). Die 1856 als Staatsbank des Königreichs Hannover gegründete Hannoversche Bank ging 1920 in die Deutsche Bank auf, Historische Gesellschaft der Deutschen Bank, Hannover, S. 52 ff.

20 H. Bahlsens Keksfabrik an Reichswirtschafts-Ministerium, Diktatorischer Ausschuss vom 22.11.1919 (BAH, R10, Nr. 492).

21 Ebd.

22 H. Bahlsens Keksfabrik H. Bahlsen an Bevollmächtigten der Reichseinfuhrstellen für Lebens- und Futtermittel vom 24.11.1919 (BAH, R10, Nr. 492).

23 Kabinettssitzung vom 28.5.1919, Akten der Reichskanzlei. Weimarer Republik. Das Kabinett Scheidemann (1919), Boppard am Rhein 1971, Dok. 89, https://www.bundesarchiv.de/aktenreichskanzlei/1919-1933/0100/sch/sch1p/kap1_2/kap2_95/para3_9.html (Zugriff 1.12.2023).

den.[24] Nur wenige Wochen später liefen die wegen der Abnahme von Bahlsen-Ware begonnenen Gespräche mit dem niederländischen Agenten aber bereits wieder ergebnislos aus.[25] Das Ausland bot 1920/21 aus dem durch Preissteigerungen der Rohstoffe und durch Versorgungslücken geprägten und ertraglosen Inlandsmarkt keinen Ausweg.

Da aber unmittelbar keine Einnahmensteigerung erwartet werden konnte und die auf verschiedenen Grundstücken liegenden Hypotheken für das Unternehmen eine außerordentliche Belastung bildeten, erfolgte im Januar 1920 der Beschluss, unmittelbar alle für die Fabrik nicht unbedingt notwendigen Grundstücke zu verkaufen, »solange noch zahlungskräftige Käufer vorhanden« waren. Das betraf die Grundstücke Podbielskistraße 100 und 303, die Grundstücke Giesecke, Mardorf-Steinhude, Kronsberg sowie bei »guten Preisen« auch die Hohenzollernstraße 15. In die Absichten mischten sich auch illusionäre Hoffnungen, wenn für das sogenannte Park-Grundstück, dem für die TET-Fabrik ausersehenen Standort, ein Konsortium gewonnen werden sollte, um die Bebauung nach den vormaligen Plänen einschließlich des von Hermann Bahlsen »sehr gewünschten Verbindungswegs von der Eilenriede zur späteren Keks-Fabrik« zu »sichern«.[26] Darüber hinaus zwang die Finanzlage dazu, das zur Fabrik gehörende Grundstück Podbielskistraße 243, das Bauterrain für den geplanten Fabrikneubau, möglichst vorteilhaft zu verpachten, um mit dem Pachtertrag die Zinslast hereinzubringen. Auf dem Grundstück Breite Weise 10 sollte zur Ausgabenreduzierung dagegen Obst, vor allem Himbeeren und Erdbeeren, erzeugt und vor Ort konserviert werden, um eine nutzbringende Bewirtschaftung der Ländereien zu erzielen.

Wie schwierig die Lage Anfang 1920 war, zeigt die drohende Einstellung der Rohstoffbereitstellung.[27] Ungeachtet dessen strebte das Unternehmen an, durch neue Produkte, wie eine weiche Makrone mit Schokolade, die unter dem Artikelnamen Ingo herausgebracht werden sollte, den Absatz anzukurbeln. Zwar überzeugte Fritz Beindorff der Geschmack, jedoch stand der vorgeschlagene Preis, der den von allerbester Schokolade um das Doppelte überstieg, aus seiner Sicht einem »großen Geschäft« entgegen.[28] Zudem waren die Verbraucherpreise für Zwieback und

24 Reichswirtschaftsministerium, Diktatorischer Ausschuss, Kommissar für Lebens- und Futtermittel, Pritschow, an Firma H. Bahlsen vom 28.11.1919 (BAH, R10, Nr. 492).

25 Anna-Dora Thieme, Konferenz in der Hohenzollernstraße 16 am 16.1.1920 vom 18.1.1920, S. 2; Anna-Dora Thieme, Protokoll der Sitzung am 29.10.1920 in der Hohenzollernstraße vom 31.10.1920, S. 1 (jeweils BAH, R10, Nr. 512).

26 Anna-Dora Thieme, Besprechung in der Hannoverschen Bank am 18.11.1919 in Sachen Hannoversche Keks-Fabrik H. Bahlsen Hannover, S. 1 (BAH, R10, Nr. 512).

27 Verband Deutscher Keksfabrikanten, Harry Trüller, Rundschreiben vom 5.2.1920; Verband Deutscher Keksfabrikanten, Harry Trüller, Streng vertrauliches Rundschreiben vom 10.2.1920; Verband Deutscher Keksfabrikanten, Harry Trüller, Rundschreiben an die Lebensmittelzentralen vom 11.2.1920 (jeweils BAH, R10, Nr. 492).

28 Fritz Beindorff an H. Bahlsens Keksfabrik vom 20.2.1920 (BAH, R10, Nr. 511).

Keks durch die Reichsgetreidestelle fixiert.[29] Anfang April 1920 erhielt H. Bahlsens Keksfabrik die Mitteilung, dass sie 1.108 Doppelzentner Mehl abrufen konnte. Die Verarbeitung hatte innerhalb eines Monats nach Eintreffen der Rohstoffe zu erfolgen.[30] Ende April 1920 waren zusätzlich 193 Doppelzentner Zucker abrufbar.[31] Anfang Juni 1920 entspannte sich die Fettversorgung zur Herstellung handelsfreier Waren, da die Reichsstelle für Speisefette sowohl Margarine als auch Kokosfett anbieten konnte.[32]

Ende Oktober 1920, als sich die Versorgung mit den Grundstoffen Mehl, Fett und Zucker verbessert hatte und Backwaren wieder frei gehandelt werden konnten, war geplant, die Produktion von Leibniz-Keksen mit einer Menge von 40.000 Paketen am Tag wieder aufzunehmen, auch wenn noch keine Molkereibutter verfügbar war.[33] Der Einkauf der Rohstoffe sollte abhängig von der Finanzsituation möglichst die Produktion für sechs Wochen bevorraten. Die Aufnahme der Friedensproduktion zerschlug sich aber Ende 1920 fürs Erste wieder, weil das Reichsernährungsministerium zur Verbesserung des Allgemeinzustands vieler Patienten wieder große Mengen Krankengebäck anforderte und hierzu die Bewirtschaftung der Rohstoffe verlängerte und Ablieferungsmengen festlegte.[34]

Für den freien Handel erhielt die Keksfabrik zwar 850 Sack Mehl zugeteilt. Da diese Menge jedoch nur für die Herstellung einer begrenzten Menge TET-Pakete gereicht hätte und Folgelieferungen ungewiss waren, entschied sich die Geschäftsleitung, die Herstellung der »Hausmarke Leibniz« bis zur »Aufhebung der Zwangswirtschaft« oder gesichert große Mehllieferungen zurückzustellen. Die Fabrik setzte die zugeteilten Mengen lieber zur Veredelung der mit Reis- und Tapiokamehl hergestellten Ersatzfabrikate ein.[35] Insgesamt nahm das Jahr 1920 aber einen wirtschaftlich deutlich besseren Verlauf, als zu Jahresbeginn noch befürchtet worden war. Doch die teilweise schroffe Frontstellung zu anderen Unternehmen, aber ebenso sehr die offenen Vorwürfe an die Reichsgetreidestelle, gegenüber anderen Fabriken

29 Verband Deutscher Keksfabrikanten, Harry Trüller, Rundschreiben betr. Verbraucherpreise für Zwieback und Keks vom 19.2.1920 (BAH, R10, Nr. 492).

30 Ebd.

31 Verband Deutscher Keksfabrikanten, Harry Trüller, an H. Bahlsens Keksfabrik vom 27.4.1920 (BAH, R10, Nr. 492).

32 Verband Deutscher Keksfabrikanten, Harry Trüller, Fettrundschreiben vom 8.6.1920 (BAH, R10, Nr. 492).

33 Anna-Dora Thieme, Protokoll der Sitzung am 29.10.1920 in der Hohenzollernstraße 16 vom 12.12.1920, S. 1 (BAH, R10, Nr. 512).

34 Verband Deutscher Keksfabrikanten, Harry Trüller, Rundschreiben an die Bezirkszentrale vom 3.12.1920; Verband Deutscher Keksfabrikanten, Harry Trüller, Rundschreiben betr. Krankengebäck und Bestandaufnahme vom 6.4.1921; Verband Deutscher Keksfabrikanten, Harry Trüller, Richtlinien-Rundschreiben für den Absatz von Krankengebäck im freien Handel vom 9.4.1921 (jeweils BAH, R10, Nr. 492).

35 Anna-Dora Thieme, Protokoll der Sitzung am 10.12.1920 in der Hohenzollernstraße vom 31.10.1920, S. 1 (BAH, R10, Nr. 512).

benachteiligt zu werden, führte bei der Geschäftsabteilung der Reichsgetreidestelle dazu, nicht mehr in direkten Geschäftskontakt mit der Firma Bahlsen treten zu wollen, da das Unternehmen den »im Geschäftsverkehr üblichen Ton« nicht zu wahren wusste.[36]

Entgegen der Erwartung erfolgte Anfang 1921 reichsseitig die Zuteilung von handelsfreiem Mehl, sodass Bahlsen die Herstellung von größeren Mengen Leibniz-Keks aufnahm. Diese fanden nach Angaben von Prokurist Hermann Hertzer auf der Geschäftsleitungssitzung am 14. April 1921 bei der Händlerkundschaft und Endverbrauchern sehr gute Aufnahme. Nach eigener Einschätzung war Bahlsen auf dem Wege sich den »alten und ersten Platz auf dem deutschen Keksmarkt wieder zu erobern«.[37] Im Juli 1921 wurde erstmals Molkereibutter verfügbar, und der Keks erhielt dadurch nach dem Geschmack auch seine bekannte Feinheit zurück. Auch dem TET-Zeichen wohnte nach Einschätzung des Geschäftsberichts noch die »alte Siegerkraft« inne, was die Kundschaft nach dem eingeführten Produkt greifen ließ.[38] Die auf der vom 11. bis 21. Juni 1921 in Hannover durchgeführten Allgemeinen Nahrungs- und Genussmittel-Ausstellung (Anuga) erhaltenen Rückmeldungen bestätigten die eingeschlagene Richtung. Auch die durch den Krieg unterbrochene Reklame sollte auf das angestammte Niveau gehoben werden.

Aufkommende Gerüchte über die weitere Entwertung der deutschen Währung führten Mitte Juni 1921 bei Bahlsen mit Blick auf die aus Rohwarenlieferung resultierenden 20.000 englische Pfund betragenden Auslandsverbindlichkeiten zu dem Beschluss, möglichst 15.000 Pfund zu kaufen, um bei verschlechtertem Wechselkursverhältnis keine zusätzlichen Verluste zu erleiden. Ein vorhandener Scheck über 5.000 Pfund wurde dem Gläubiger Sir Alexander Grant zum Abbau der Schulden auf 15.000 Pfund zugeschickt. Über die Geldangelegenheiten in den USA wollte das Unternehmen zunächst mit Direktor Frank M. Peters von der National Biscuit Co. sprechen, der seinen Besuch in Aussicht gestellt hatte.[39] Da aber die Meinung vorherrschte, dass »nur deutsche Ware von deutschen Werken in Zukunft von den Händlern verkauft« würde, konnte in der nationalistischen Grundstimmung eine zur Begleichung von Auslandsschulden erwogene direkte Beteiligung von englischen und amerikanischen Herstellern an dem Hannoverschen Traditionsunternehmen sogar »gefährlich« für das Image der Leibniz-Fabrik werden.

Das aktuelle Bankguthaben in Höhe von 6 Millionen Mark ermöglichte aber eine zumindest weitgehende Ablösung der Auslandsverbindlichkeiten und da wegen

36 Reichsgetreidestelle, Geschäftsabteilung, an Verband Deutscher Keksfabrikanten vom 14.3.1921 (BAB, R 8835, Nr. 246, Bl. 8).

37 Anna-Dora Thieme, Zusammenkunft in der Hohenzollernstraße am 14.4.1921, S. 1 (BAH, R10, Nr. 512); Fritz Beindorff an H. Bahlsens Keksfabrik vom 18.4.1921 (BAH, R10, Nr. 511).

38 H. Bahlsens Keksfabrik, Geschäftsbericht für 1921 vom 2.1.1922, S. 1 (BAH, R10, Nr. 512).

39 Anna-Dora Thieme, Zusammenkunft im Landhaus Bahlsen, Bemeroder Straße 70 am 17.6.1921 vom 20.6.1921, S. 1 (BAH, R10, Nr. 512).

der volatilen Wechselkurse sogar ein gewisser Buchgewinn zu erzielen war, sollten 10.000 englische Pfund gekauft und an Sir Alexander Grant zurückgezahlt werden.[40] Diese Strategie erwies sich wegen des kurzfristigen Absturzes der Mark als die richtige, da hierdurch die Devisenschulden bei Sir Alexander Grant von Mc Vitie's bis zum Dezember 1921 vollständig abgegolten werden konnten.[41] Auf die Bitte nach Einreichung einer Zinsenberechnung antwortete Grant, dass er das Darlehen einem »in Not befindlichen Freunde« gegeben habe, was keine »geschäftliche Behandlung« vertrage.[42]

Demgegenüber führte die Abwicklung der Dollarschuld gegenüber Frank M. Peters von der National Biscuit Co. zu einem Konflikt, weil seine Forderung die von Bahlsen bestätigte Schuldanerkenntnis um 25.000 Dollar überstieg. Peters beanspruchte 7.500 Dollar für die noch 1914 gelieferten Maschinen sowie Lizenzzahlungen zuzüglich Zinsen, obgleich Bahlsen keine Verträge unterzeichnet hatte. Weil Peters einen von Bahlsen im Januar 1920 übermittelten Kontoauszug nicht postwendend bestritten hatte, betrachtete Bahlsen die Zusatzforderung von Peters zwar als hinfällig, stellte jedoch sicherheitshalber eine entsprechende Rückstellung in die Bilanz ein.[43] Am 24. April 1923 konnte mit der Witwe Jennie A. Peters eine einvernehmliche Lösung herbeigeführt werden.[44]

Die wirtschaftliche Lage trübte sich im Herbst 1921 deutlich ein. Nach der im März 1921 im Gefolge des Versailler Vertrags durchgeführten Volksabstimmung über die Staatszugehörigkeit der preußischen Provinz Schlesien heizte die am 20. Oktober 1921 von der interalliierten Botschafterkonferenz beschlossene Abtrennung der mehrheitlich von Polen besiedelten Teile von Ostoberschlesien einschließlich der Schwerindustrie der Kattowitzer Region aus dem Deutschen Reich die Inflation wieder an.[45] Ein »wahrer Hexensabbat« war die Folge.[46] Auf der Rohstoffseite waren Preiserhöhungen von 60 bis zu 80 Prozent zu verzeichnen, woraufhin Bahlsen die meisten Artikelpreise zwischen 10 und 25 Prozent erhöhte. Sieben TET-Packungen, darunter Leibniz-, Duve- und Milchkeks, behielten aber noch ihre Preise, da betriebs- und verkaufsseitig ein erhöhter Umsatz dieser Artikel gewünscht war. Testamentsvollstrecker Winter hielt diese Preispolitik zwar für »gefährlich«, billigte sie jedoch für die Dauer von vier Wochen, da die hierfür benötigten Rohstoffe bereits vorab zu günstigeren Preisen gekauft worden waren. Er bemängelte, dass die notwendigen Preiserhöhungen nicht bei allen Artikeln gleichzeitig erfolgt waren, und

40 Ebd.

41 Anna-Dora Thieme, Zusammenkunft in der Hohenzollernstraße 16 am 19.10.1921 vom 22.10.1921, S. 2 f. (BAH, R10, Nr. 512).

42 Anna-Dora Thieme, Besprechung in der Hohenzollernstraße 16 am 2.12.1921 vom 6.12.1921, S. 2 (BAH, R10, Nr. 512).

43 Ebd., S. 2 f.

44 Jennie A. Peters/Jane F. Peters, Einverständnis vom 23.4.1923 (BAH, R11, Nr. 446).

45 Conrad, Oberschlesien.

46 H. Bahlsens Keksfabrik, Geschäftsbericht für 1921 vom 2.1.1922, S. 2 (BAH, R10, Nr. 512).

er riet zu einer Abstimmung mit den wichtigsten Konkurrenzfirmen, um inflationsbegründete Preisanpassungen zukünftig möglichst koordiniert durchzuführen.[47]

Zugleich musste erwogen werden, ab wann höhere Preise die Kaufkraft der Kundschaft nachhaltig überstiegen und ein Zusammenbruch der Nachfrage eintreten könnte. Da die Aktion keine Absatzsteigerung erbrachte, erhöhte Bahlsen die Preise noch im Dezember 1921. Der Gesamtumsatz stieg inflationsbedingt auf 58,8 Millionen Mark.[48] Wichtiger als die nominelle Umsatzsteigerung war aber in jedem Fall, dass mit den Verkaufserlösen die Rohstoffeinkäufe und die Fabrikgemeinkosten gedeckt wurden. Durch geschicktes Einkaufsverhalten konnten die Verkaufspreise rund zwei Monate gehalten werden. Weil die Produktionsmengen halbwegs stabil blieben, banden die Dispositionen keine riesigen Summen und das Risiko blieb begrenzt.

Um stabile Einkaufspreise zu erzielen, schlug Winter auch vor, 1922 gleich nach der Ernte den Eigenbedarf für eine längere Periode durch den Kauf von geeignetem Korn zu decken, einzulagern und zu einem späteren Zeitpunkt von vertraglich gebundenen Mühlen erstklassig ausmahlen zu lassen. Die Inflation erleichterte aber auch, die Keksfabrik von einem Teil ihrer Zinslast freizustellen, indem nach Maßgabe der vorhandenen Finanzmittel kündbare Hypotheken vor allem kleiner Geldgeber abgelöst werden sollten.[49] Bahlsen machte sich wie viele andere Schuldner das Nominalprinzip für eine billige Entschuldung zu Nutze. Durch Ausnutzung der Inflation verursachte die Kreditbedienung bei den Gläubigern große Verluste, was Winter als »kaufmännisch fast unehrenhaft« erschien. Da auch das Reichsgerichts an dem Grundsatz »Mark ist gleich Mark« festhielt, stand diese Praxis auf einem festen rechtlichen Fundament.[50]

Der Übergang in den Zivilmarkt der Nachkriegszeit setzte die Anpassung der Vertriebsstrukturen auf die Tagesordnung. Zum einen hatten die territorialen Abtrennungen des Versailler Friedensvertrags Auswirkungen, da neben dem Elsass und Lothringen auch Ostoberschlesien, das Saarland und Danzig nicht mehr zum Staatsgebiet des Deutschen Reiches gehörten.[51] Da die Reichsregierung keine Ausfuhrgenehmigungen erteilte und weitere Exportschwierigkeiten bestanden, gab es Überlegungen, beispielsweise in Danzig und im Saarland eine Zweigniederlassung der Bahlsen-Fabrik zu eröffnen.[52] Um die Absatzgebiete weiterhin zu beliefern, schien eine Vorort-Fabrikation die richtige Lösung zu sein. Die Absicht, die eigenen Produkte in der 1905 gegründeten Danziger Brotfabrik AG der Danziger Bäckerin-

47 Anna-Dora Thieme, Zusammenkunft in der Hohenzollernstraße 16 am 19.10.1921 vom 22.10.1921, S. 1 (BAH, R10, Nr. 512).

48 H. Bahlsens Keksfabrik, Geschäftsbericht für 1921 vom 2.1.1922, S. 2 (BAH, R10, Nr. 512).

49 Anna-Dora Thieme, Zusammenkunft in der Hohenzollernstraße 16 am 19.10.1921 vom 22.10.1921, S. 3 (BAH R10, Nr. 512).

50 Vgl. Nagel u. Alper, Mark, S. 80 ff.; Teupe, Zeit des Geldes, S. 238 ff.

51 Siehe hierzu Ziegler u. Hesse, 1919; Conze, Illusion.

52 Anna-Dora Thieme, Zusammenkunft im Landhaus Bahlsen, Bemeroder Straße 70 am 17.6.1921 vom 20.6.1921, S. 1; Anna-Dora Thieme, Besprechung in der Hohenzollernstraße 16 am 2.12.1921 vom 6.12.1921, S. 2 f. (jeweils BAH, R10, Nr. 512).

nung herzustellen, zerschlug sich allerdings im Mai 1922.[53] Wegen der hohen Frachtsätze stand eine ähnliche Entscheidung für den Ankauf einer bestehenden Fabrik auch für Süddeutschland an, wobei der Bankier Paul Klaproth als Mittelsmann fungieren sollte.[54] Am Ende erkannten die Verantwortlichen, dass die Umsätze in Danzig und im Saarland zum einen überschaubar waren und zum anderen die Verlagerung von Produktionsmengen zu keiner Verbesserung der Gewinnsituation, sondern zu einer Schwächung der Stammfabrik führen würde. Deshalb nahmen Testamentsvollstrecker und Geschäftsleitung von der Einrichtung von Zweigwerken wieder Abstand.[55]

Da während des Ersten Weltkriegs manche Auslieferungslager aus Kostengründen aufgegeben worden waren, mussten nach und nach neue in Betrieb gehen, um die Belieferung des Reichsgebiets sicherzustellen. 1920 eröffnete beispielsweise in München wieder ein Bahlsen-Auslieferungslager, 1921 in Dresden und Magdeburg, 1922 in Stettin, Mannheim, Nürnberg und Stuttgart.[56]

Zur Absicherung der Marktposition hielt Bahlsen einen Ofen im Dauerbetrieb zur Herstellung der preisgünstigen Hartkeks-Sorte »Sport«, um trotz der »Schleuderei« der Konkurrenz einem Verschwinden der Kernmarken entgegenzuwirken.[57] Zur Kundenbindung sollten Buchgewinne aus günstigen Rohstoffeinkäufen den »Konsumenten« durch Preisstabilität zugute kommen. Das führte aber auch dazu, dass 1922 freie Finanzmittel vor allem zur Beschaffung von Rohstoffen eingesetzt wurden.

Der Absatz insbesondere der TET-Packungen nahm Anfang 1922 weiter zu, sodass Anna-Dora Thieme in dieser Hinsicht eher positiv in die Zukunft schaute. Die wirtschaftliche Lage bezeichnete sie aber als »außerordentlich schwierig«. Da der »kritische Augenblick« der Hyperinflation mit einer akuten Existenzbedrohung vieler Betriebe noch ausstand, riet die Einkaufsverantwortliche dazu, beim Disponieren alle nur mögliche Vorsicht walten zu lassen.[58] Um die flüssigen Finanzmittel zu schonen, zahlte das Unternehmen beispielsweise Angestellten tarifvertraglich zugesicherte Leistungen erst mit mehr als einmonatiger Verspätung aus, obwohl

53 Anna-Dora Thieme, Besprechung in der Hohenzollernstraße 16 am 5.5.1922 vom 11.5.1922, S. 2 (BAH, R10, Nr. 512).

54 Anna-Dora Thieme, Besprechung in der Hohenzollernstraße 16 am 2.12.1921 vom 6.12.1921, S. 3 (BAH, R10, Nr. 512).

55 Anna-Dora Thieme, Zusammenkunft in der Hohenzollernstraße 16 am 19.10.1921 vom 28.1.1922, S. 1 f. (BAH, R10, Nr. 512)

56 Hermann Hertzer, Kurzbericht über wichtige Ereignisse in unserer Firma, März 1948, S. 2 (BAH, R10, Nr. 505); Anna-Dora Thieme, Zusammenkunft in der Hohenzollernstraße 16 am 19.10.1921 vom 28.1.1922, S. 1 f. (BAH, R10, Nr. 512).

57 Anna-Dora Thieme, Zusammenkunft in der Hohenzollernstraße 16 am 24.3.1922 vom 28.3.1922, S. 1 f. (BAH, R10, Nr. 512).

58 Anna-Dora Thieme, Besprechung in der Hohenzollernstraße 16 am 5.5.1922 vom 11.5.1922, S. 1 (BAH, R10, Nr. 512).

der Vorsitzende des Angestelltenrats, Gustav Sonntag, die »Restbeträge« bereits am 6. Mai 1922 angemahnt hatte.[59]

Die Belegschaftsvertretungen nutzten ihre Einflussmöglichkeiten auch im politischen Sinne, indem eine Abstimmung unter den kaufmännischen Angestellten eine überwältigende Mehrheit ergab, die Arbeit vor dem Beginn der Trauerfeier für den von Rechtsradikalen ermordeten Reichsaußenminister Walther Rathenau zu beenden.[60] Die in Hannover durchgeführte Kundgebung bildete ein sichtbares Zeichen der Unterstützung der Weimarer Demokratie durch die Mehrheit der Bahlsen-Angestellten.

Das seiner streng hierarchischen Tradition verhaftete Unternehmen tat sich mit den Mitbestimmungsrechten der Belegschaft weiterhin schwer. Hermann Hertzer forderte beispielsweise den Angestelltenrat im Mai 1922 auf, vor der Anbringung von Anschlägen am Schwarzen Brett diese der Geschäftsleitung vorzulegen.[61] Das Unternehmen wollte darüber hinaus Gustav Sonntag Ende Juni 1922 nach einer Krankmeldung von einem betrieblichen Vertrauensarzt untersuchen lassen. Die Geschäftsleitung musste sich aber von diesem belehren lassen, dass die Firma Bahlsen hierzu keine Berechtigung besaß. Hermann Hertzer antwortete mit drohendem Unterton, dass das Unternehmen die weiteren Schritte von dem »Ausfall« der Bewertung des angebotenen Attests des behandelnden Arztes »abhängig machen« wolle.[62] Ende August 1922 legte Sonntag sein Ehrenamt im Angestelltenrat zunächst nieder, wurde aber im März 1923 wiedergewählt.[63] Auch aus der Ankündigung des Arbeiterrats, am 1. Mai 1922 nicht zur Arbeit erscheinen zu wollen, ergaben sich betriebliche Konflikte, da Bahlsen darauf bestand, dass mindestens 70 Prozent der Belegschaft verbindlich erklären sollten, ihre Arbeit auszuführen. Andernfalls würde der Betrieb geschlossen und auch den Arbeitswilligen der Fehltag vom Lohn abgezogen.[64] Das lag ganz auf der Linie vieler Unternehmen, die das neue Selbst-

59 Angestelltenrat, Sonntag, an Geschäftsleitung der H. Bahlsens Keksfabrik vom 6.5.1922; H. Bahlsens Keksfabrik, Hermann Hertzer, an Vorsitzenden des Angestelltenrats vom 8.5.1922 (jeweils BAH, R10, Nr. 274).

60 H. Bahlsens Keksfabrik, Hermann Hertzer, Hausrundschreiben vom 27.6.1922 (BAH, R10, Nr. 274); vgl. auch Sabrow, Rathenaumord, S. 98 ff.

61 H. Bahlsens Keksfabrik, Hermann Hertzer, an Obmann des Angestelltenrats vom 8.5.1922 (BAH, R10, Nr. 274).

62 Gustav Sonntag, Abt. Buchhaltung, an Geschäftsleitung H. Bahlsens Keksfabrik vom 30.6.1922; H. Bahlsens Keksfabrik, Hermann Hertzer, an Gustav Sonntag vom 30.6.1922 (jeweils BAH, R10, Nr. 274).

63 Gustav Sonntag, Abt. Buchhaltung, an Geschäftsleitung H. Bahlsens Keksfabrik, Prokurist Hermann Hertzer vom 22.8.1922; Wahlvorstand, H. Scheele, an Geschäftsleitung der H. Bahlsens Keksfabrik AG vom 27.3.1923 (jeweils BAH, R10, Nr. 274).

64 H. Bahlsens Keksfabrik, Hermann Hertzer, Hausrundschreiben vom 25.4.1922; H. Bahlsens Keksfabrik, Hermann Hertzer, Hausrundschreiben vom 26.4.1922; vgl. Angestelltenrat der H. Bahlsens Keksfabrik, Bekanntmachung vom 26.4.1922 (jeweils BAH, R10, Nr. 274); Lischber u. Algermissen 1. Mai, S. 13 ff.

bewusstsein wie insgesamt die gesetzlich gestärkte Stellung der Gewerkschaften innerhalb der Weimarer Sozialordnung ablehnten.[65] Trotz der unübersichtlichen Lage inmitten der Hyperinflation blieb Bahlsen sozial aktiv. Bei Kurzarbeit erfolgte zur Abfederung der Einkommenseinbußen der betroffenen Arbeiter die Rückstellung eines gewissen Betrags. Auch sollten jeweils fünf Millionen Mark für die Werksbibliotheken und die Hermann-Bahlsen-Stiftung festgelegt werden.[66]

Nachdem 1922 wiederholt die Preise inflationsbedingt erhöht werden mussten, versuchte Bahlsen die steigenden Gestehungskosten durch immer häufigere Preiserhöhungen auf die Kundschaft abzuwälzen. Kostete das Paket Leibniz-Kekse am 1. Juli 1923 noch 9.000 Mark, kletterte der Preis am 9. Juli auf 11.500 Mark und am 15. Juli auf 13.700, um am 17. Juli über 16.000 Mark bis zum 21. Juli auf 20.500 Mark zu steigen.[67] Der Preis der Leibniz-Packung, der auf Basis des Wechselkurses der Mark zum Dollar kalkuliert wurde, stieg im August 1923 nominal um das Sechseinhalbfache.

Die Abnormität der Wirtschaftslage zeigte sich auch in der zum Ende des ersten Geschäftsjahrs zum 30. Juni 1923 aufgestellten Proforma-Bilanz der H. Bahlsens Keksfabrik AG. Während die Anlagewerte oder auch das Aktienkapital und der Reservefonds oder die Vorräte mit den angestammten Summen geführt wurden, ergaben die in die Milliarden gehenden Debitoren-/Kreditorensummen, dass der Jahresüberschuss mehr als 6,5 Milliarden Mark betrug.[68] Das alles waren in Zeiten der Hyperinflation nur Zahlen, ohne auch nur kurzfristig gültigen Wert.

Der Betriebsrat drängte wegen der galoppierenden Inflation und der wachsenden Not der Belegschaftsangehörigen und ihrer Familien Mitte Mai 1923 auf eine Besprechung mit der Geschäftsleitung, vor allem um eine »Wirtschaftsbeihilfe« zu erhalten und die »soziale Fürsorge« zu erweitern.[69] Gleichzeitig war die Einordnung von Angestellten in die vom Tarifvertrag vorgegebene Tätigkeitsklassifizierung strittig, sodass der Angestelltenrat dem Bahlsen-Vorstand am 8. Juni 1923 14 Anträge auf Höhergruppierung von zum Teil langjährigen Beschäftigten, darunter auch von mehreren Mitgliedern des Angestelltenrats, vorlegte.[70]

65 Vgl. etwa Schneider, Unternehmer, S. 57 ff.; Mommsen, Klassenkampf, S. 13 f.

66 Karl Schumann, Besprechung mit Robert Winter am 11.6.1923 vom 12.6.1923, S. 2 f. (BAH, R10, Nr. 512).

67 Hermann Hertzer, Kurzbericht über wichtige Ereignisse in unserer Firma, März 1948, S. 4 (BAH, R10, Nr. 505).

68 Proforma-Bilanz H. Bahlsens Keksfabrik AG zum 30.6.1923 (BAH, R10, Nr. 511).

69 Betriebsrat, Hermann Elling/Erich Möhle, an Geschäftsleitung der H. Bahlsens Keksfabrik AG vom 18.5.1923 (BAH, R10, Nr. 274).

70 Angestelltenrat, Hermann Borchard, an Vorstand der H. Bahlsens Keksfabrik AG vom 8.6.1923; vgl. Angestelltenrat, Antrag auf Klassifizierung nach K III des Industrietarifs für Gustav Sonntag vom 8.6.1923; Angestelltenrat, Antrag auf Klassifizierung nach K III des Industrietarifs für Bernhard Voß vom 8.6.1923 (jeweils BAH, R10, Nr. 274).

Pastor Tüllmann, der als Vormund der Witwe Bahlsen wirkte und der als Vorstand der H. Bahlsens Keksfabrik Aktiengesellschaft kein festes Aufgabengebiet zugewiesen erhielt, war schon längst mit seiner Rolle als protestantisch-soziales Gewissen der Firma Bahlsen zum kostspieligen Anachronismus geworden. Die angespannte Finanzlage nutzte Robert Winter im August 1923 zu dem Vorstoß, Pastor Tüllmann die ihm als Vorstand der Bahlsen AG vertraglich zustehende Leistungszulage zu verweigern. Auch der Vorstand strebte an, die Krise zur »Ausschaltung unproduktiver Gehälter und Löhne« zu nutzen.[71] Ohnehin bestand wegen der unterbliebenen Rückzahlung eines Darlehens über 500.000 Mark eine »schwerwiegende Differenz« zwischen Tüllmann und den Testamentsvollstreckern, die zu einem »Vertrauensbruch« geführt hatte.[72] Da Tüllmann bei der Umwandlung des Unternehmens in eine Aktiengesellschaft in eine Vorstandsposition gekommen war, ohne danach eine »geschäftliche Tätigkeit ausgeübt« zu haben, wollte ihm der restliche Vorstand die Leistungszulage entziehen und ihn als kaufmännischen Angestellten nach dem höchsten Satz der Gruppe K4 entlohnen.[73] Angesichts des umfassenden Vertrauensverlusts entschloss sich Tüllmann, seine frühere Tätigkeit als Pastor wieder aufzunehmen, und bewarb sich beim Konsistorium.[74] Am Ende ging es nur noch um die Abfindung seiner Vormundschaft über die Gebrüder Bahlsen.[75] Seine Tätigkeit in der H. Bahlsens Keksfabrik AG endete per Vergleich zum 31. Dezember 1923; die Bestellung als Vormund endete mit dem Erreichen der Volljährigkeit des jüngsten Bahlsen-Erbens Klaus Ende April 1929.[76]

Rechnungstellungen unterlagen während der galoppierenden Inflation stets dem Wertverfall. Auch wenn keine Schecks mehr angenommen wurden, ließen sich die Auswirkungen der Hyperinflation kaufmännisch faktisch nicht mehr bewältigen. Aber der Vorständin Anna-Dora Thieme war es gleichwohl gelungen, einen Rohstoffvorrat anzulegen, der für mindestens zwei Monate die Produktion deckte. Zusätzliche Einkäufe waren aber wegen fehlender Liquidität ab November 1923 kaum noch möglich. Rohstoffe konnten faktisch nur gegen Devisen beschafft werden. Um für zumindest ausgeglichene Bankkonten zu sorgen, wollte das Unternehmen kurzfristig eine Bankschuld von 200 Billionen Mark abtragen.[77]

71 H. Bahlsens Keksfabrik AG, Vorstand, an Aufsichtsrat Robert Winter vom 3.9.1923, S. 1 (BAH R10, Nr. 511); H. Bahlsens Keksfabrik AG, Hermann Hertzer, an Angestelltenrat vom 28.9.1923 (BAH, R10, Nr. 274).

72 Robert Winter an Justizrat Dr. Rudolf Wendte vom 6.8.1923, S. 1 f. (BAH, R10, Nr. 511).

73 H. Bahlsens Keksfabrik AG, Vorstand, an Aufsichtsrat Robert Winter vom 3.9.1923, S. 1 (BAH, R10, Nr. 511).

74 Robert Winter an Fritz Beindorff vom 11.9.1923 (BAH, R10, Nr. 511).

75 Fritz Beindorff an Robert Winter vom 31.10.1923, S. 2 (BAH, R10, Nr. 511).

76 Pastor Werner Tüllmann an Robert Winter vom 28.11.1923; Vergleich zwischen dem Aufsichtsrat und Vorstand der H. Bahlsens Keksfabrik AG und Pastor Werner Tüllmann o. D.; H. Bahlsens Keksfabrik AG, Karl Schumann, an Fritz Beindorff vom 3.12.1923 (jeweils BAH, R10, Nr. 511).

77 Anna-Dora Thieme, Zusammenkunft in der Hohenzollernstraße 16 am 7.11.1923, S. 1; Aufsichtsratssitzung am 11.12.1923, S. 1 f. (jeweils BAH, R10, Nr. 512).

Der Absatz ging radikal zurück, weil viele Verbraucher Kekse zu den entbehrlichen Dingen zählten. Gleichwohl erzielten Vertreter und Reisende gute Direktverkäufe an Kleinabnehmer, wenn Konsumenten eine Chance sahen, für den schwindenden Geldwert sofort eine süße Gegenleistung zu erhalten. Die dadurch erlangten Bareinnahmen überhaupt nur zu zählen war schlichtweg unmöglich. Unter diesen Bedingungen herrschte sogar ein Mangel an Geldscheinen, sodass nach dem Vorbild der Stadt Hannover und anderer Industrieunternehmen Mitte August 1923 die Ausgabe von Bahlsen-Notgeld erfolgte. Diesem vertraute insbesondere der Einzelhandel mehr als der offiziellen Währung, die sich im freien Fall befand. Zwar brachte das Notgeld kurzfristig Erleichterung, sodass im November 1923 Rohstoffvorräte für einen zweimonatigen Betrieb eingelagert waren. Ab November 1923 waren jedoch weitere Einkäufe auch für Bahlsen nur noch gegen Devisen möglich.[78]

Abb. 7: Bahlsen-Notgeld, 1923

Der drastische Auftragsrückgang führte zu einer deutlichen Unterauslastung der Anlagen. Der Vorstand reduzierte Anfang September 1923 die Arbeitszeit des Fabrikbetriebs auf 24 Stunden in der Woche, was durch entsprechende Lohnreduzierungen die Kosten herunterbrachte. Die 24-Stundenwoche sollte auf die Büros ausgedehnt werden und Arbeiter und Angestellte sollten entlassen werden.[79] Eine ganze Reihe Beschäftigte erhielten Ende Oktober 1923 in diesem Sinne fristgerechte Kündigungen zum 30. November 1923, zwischenzeitlich galt die 24-Stundenwoche

78 Lindman, Notgeld, S. 14; Anna-Dora Thieme, Zusammenkunft in der Hohenzollernstraße 16 am 7.11.1923, S. 2 (BAH, R10, Nr. 512).

79 H. Bahlsens Keksfabrik AG, Vorstand, an Aufsichtsrat Robert Winter vom 3.9.1923, S. 1 (BAH, R10, Nr. 511); H. Bahlsens Keksfabrik AG, Hermann Hertzer, an Angestelltenrat vom 28.9.1923 (BAH, R10, Nr. 274).

bei halbiertem Gehalt.[80] Wie die meisten anderen Unternehmen rechnete Bahlsen täglich mit der Währungsreform.

Die behördliche Beschränkung, jeweils nur fünf Prozent der Belegschaft zu bestimmten Stichtagen entlassen zu können, verzögerte den angestrebten Personalabbau.[81] Wie andere Firmen hortete das Unternehmen Bahlsen, das Substanzverluste hinnehmen musste, Rohstoffe, um nach einer Wiederherstellung stabiler Währungsverhältnisse die Produktion steigern zu können.[82] In der Aufsichtsratssitzung am 11. Dezember 1923 glaubten die Anwesenden an die Währungsstabilisierung durch die ab dem 15. November 1923 ausgegebene Rentenmark, sodass mit »besseren Zeiten gerechnet« wurde. Aufsichtsrat Paul Klaproth schwor das Unternehmen trotz der Mut machenden Zeichen weiterhin auf »äußerste Dispositions-Vorsicht nach allen Seiten« ein.[83]

80 H. Bahlsens Keksfabrik AG an Hanna Frerking vom 31.10.1923 (BAH, R10, Nr. 274).

81 Anna-Dora Thieme, Zusammenkunft in der Hohenzollernstraße 16 am 7.11.1923, S. 3 (BAH, R10, Nr. 512).

82 Hermann Hertzer, Kurzbericht über wichtige Ereignisse in unserer Firma, März 1948, S. 5 (BAH, R10, Nr. 505).

83 Aufsichtsratssitzung am 11.12.1923, S. 2 (BAH, R10, Nr. 512).

3.4 Kekse und goldene Zeiten

Die Währungsumstellung auf die Rentenmark brachte ab November 1923 eine deutliche Beruhigung der wirtschaftlichen Lage. Im August 1924 wurde die weiter zirkulierende Renten- von der Reichsmark abgelöst.[1] Die Währungsstabilisierung ermöglichte wieder eine verlässliche Kalkulation, sodass der Preis für das Dutzend Leibniz-Kekse anfänglich auf 5,60 Reichsmark festgelegt wurde.[2] Das Vertrauen in die neue Währung gab der Rückkehr zur Direktvermarktung von Bahlsen-Produkten beispielsweise auf dem im Juli 1924 in Hannover durchgeführten Deutschen Sängerfest oder durch die Einrichtung eines Verkaufspavillons im Hauptbahnhof von Hannover starke Impulse. Nach und nach etablierte das Unternehmen wieder den Bahnhofsverkauf in fast allen Großstädten. Indem mit Mitropa, dem Betreiber von Schlaf- und Speisewagen bei der Reichsbahn, ein Werbe- und Verkaufsabkommen geschlossen werden konnte, erhöhte sich die Markensichtbarkeit weiter. Darüber hinaus ergab sich aus der Übernahme von Bahlsen-Reisepackungen und des Produkts »Noch eine Eiswaffel« in das Mitropa-Angebot die Bedienung des weiter steigenden Unterwegskonsums. Die Eigenherstellung von Betriebsgas und die Einrichtung einer eigenen Schokoladenfabrik stärkten die technische Basis, die nach der durch die Aufstellung von je einem mit Gas beheizten Keks- und Waffelofen begonnenen Umstellung der Bäckereigroßtechnik nach eigener Bewertung auf dem Weg war, zum »technisch modernsten Betrieb in der europäischen Keksindustrie« zu werden.[3]

Die für den Einkauf verantwortliche Vorständin Thieme erzielte trotz der wegen einer globalen Missernte überhöhten Weizenpreise durch ihre Einkaufspraxis gute Durchschnittspreise für die Backrohstoffe, die eine auskömmliche Versorgung und kalkulierbare Preise bis Mitte 1925 sicherten. Trotz der hohen Investitionen in die technische Modernisierung der Fabrik blieb die Finanzsituation des Unternehmens insgesamt positiv, da ein Großteil der Altverbindlichkeiten mit entwertetem Geld abgelöst worden war. Englische Kekshersteller bildeten auf dem Inlandsmarkt die wichtigste Konkurrenz, weshalb der Keksverband nach Schutzzöllen rief. Das Bahlsen-Verkaufsressort wollte stattdessen den Absatz durch die Abhaltung von »Kekstagen bei Elite-Kunden« beleben. Überhaupt unternahm die Verkaufsorganisation »lebhafte Anstrengungen«, um beispielsweise durch 18 Verkaufsniederlassungen und eine größere Zahl an Reisenden wieder auf »Friedens-Status« zu kommen.[4]

1 Teupe, Zeit des Geldes, S. 246 ff.; Taylor, Inflation, S. 333 ff.

2 Hermann Hertzer, Kurzbericht über wichtige Ereignisse in unserer Firma, März 1948, S. 6 (BAH, R10, Nr. 505).

3 Sitzung am 31.3.1925, S. 1 (BAH, R10, Nr. 512).

4 Ebd., S. 3 f.

Auch das System der Auslieferungslager erfuhr 1924/25 durch neue Standorte in Bremen und Königsberg seinen Ausbau.[5]

Die Absatzentwicklung machte das Geschäftsjahr 1924 zu einem Erfolg. Die Arbeiterbelegschaft des Produktionsbereichs stieg wieder auf rund 800 Personen. Die Produktion der besonders gefragten Waffelartikel übertraf zwar bereits die Größenordnung der Vorkriegszeit, Umsatz und Gewinn sowie Belegschaftsgröße blieben jedoch hinter den früheren Zahlen zurück.[6] Das Stammkapital der H. Bahlsens Keksfabrik Aktiengesellschaft wurde nach dem Währungsschnitt 1924 auf 3,6 Millionen Reichsmark umgestellt.

Durch die Verbesserung des Absatzes und der Ertragssituation ergaben sich aber aus der Konzentration des Keksgeschäfts in der Aktiengesellschaft zum einen steuerliche Nachteile, da die Körperschaftssteuer den ausgeschütteten Gewinn besonders hoch belastete. Zum anderen unterlag durch die Publizitätspflicht der Aktiengesellschaft die Ausschüttung von Dividenden der öffentlichen Kontrolle, die durch die Gründung der H. Bahlsens Keksfabrik Kommanditgesellschaft vermieden werden konnte. Der von Karl Schumann im Herbst 1924 erarbeitete Vorschlag, die alte AG als reine Verwaltungsgesellschaft fortbestehen zu lassen und die neue KG als »Be- und Vertriebsgesellschaft« der alten AG über einen Pachtvertrag den gesamten Besitz auf die Dauer von zunächst 30 Jahren zu übertragen,[7] besaß einige Vorteile. So wurde eine Steuerersparnis von mehr als zehn Prozent erwartet, und nach der Generalversammlung der Aktiengesellschaft mussten auch keine großen Beträge flüssig gemacht werden. Zudem konnte der Gewinn voll an die GmbH und damit an die Bahlsen-Erben ausgeschüttet werden, wobei selbst ein erheblicher Jahresgewinn der Öffentlichkeit verborgen blieb. Die vermehrte Buchhaltungsarbeit hob die Vorteile nicht auf.[8]

Daraufhin erfolgte am 3. Oktober 1924 die Gründungsversammlung der H. Bahlsens Keksfabrik Kommanditgesellschaft mit einem Stammkapital von 450.000 Goldmark.[9] Die auf den Goldstandard bezogene Goldmark stand nach der gesetzlichen Einführung der Reichsmark als alleinige Staatswährung am 30. August 1924 im gleichen Wert wie die Reichsmark. Der ebenfalls am 3. Oktober 1924 geschlossene Kommandit-Vertrag sah vor, dass die Hannoversche Keksfabrik GmbH 378.000 Goldmark, Martha Hohmeyer 6.200 Goldmark, Robert Winter, Fritz Beindorff, Paul Klaproth, Hermann Hertzer, Anna-Dora Thieme und Pastor Wilhelm

5 »Ein Hamburger. Aus Paul Tingers Erinnerungen«, in: Leibniz-Blätter, Juni 1965; »Aus Paul Tingers Erinnerungen: Ein Leben für Bahlsen«, ebd., Oktober 1965.

6 Dempwolff, Wirtschaft, S. 42.

7 Karl Schumann, Niederschrift für die Akten über die Veranlassung zur Gründung der H. Bahlsens Keksfabrik Kommanditgesellschaft und ihren Aufbau o. D., S. 1 f. (BAH, R10, Nr. 538).

8 Karl Schumann, Gründung einer Kommandit-Gesellschaft (KG) vom 23.8.1924, S. 5 (BAH, R10, Nr. 538).

9 Notariats-Register Nr. 217/1924 des Notars Justizrat Dr. Otto Woltereck vom 3.10.1924, S. 2 (BAH, R10, Nr. 537).

Tüllmann jeweils 6.000 Goldmark, Karl Schumann 4.500 Goldmark und Hermann Rustemeyer 300 Goldmark als Einlage einbrachten. Die H. Bahlsens Keksfabrik AG, als »persönlich haftende Gesellschafterin« geführt, verpflichtete sich, eine Mindest-Kapitaleinlage von 150.000 Goldmark in der Gesellschaft zu belassen. Als Zweck der Gesellschaft waren die »Führung einer Fabrik zur Herstellung von Keks, Waffeln, Biskuits und Artikeln der Süßwaren-Industrie nebst sämtlichen Nebenbetrieben, sowie der Vertrieb von Keks, Konfitüren, Schokoladen und Genussmitteln jeglicher Art, sowie ferner Handelsgeschäfte in Rohstoffen, Hilfsmaterialien, Halb- und Fertig-Fabrikaten der genannten Artikel« festgelegt.[10] Robert Winter, Fritz Beindorff, Paul Klaproth und Theodor Bahlsen wurden in das Kontrollgremium, den Vertrauensrat, entsandt, in dem Robert Winter den Vorsitz übernahm, während Fritz Beindorff als stellvertretender Vorsitzender fungierte, wodurch die Aufsichtsratsspitze der Bahlsen AG auch auf die GmbH unmittelbaren Einfluss nehmen konnte.

Um Steuern zu sparen, nahm die KG die Geschäftstätigkeit rückwirkend zum 1. Januar 1924 auf. Die Eintragung in das Handelsregister erfolgte am 30. Oktober 1924.[11] In der auf 620.000 Goldmark lautenden Eröffnungsbilanz der KG zum 1. Januar 1924 standen auf der Passivseite Waren mit einem Bilanzwert von 549.843 Goldmark, ein Kassen- und Scheckbestand von 47.785,53 Goldmark sowie ein Kontokorrentkonto von 22.371,47 Goldmark gegenüber, sodass die Forderungen von 401.240,15 Goldmark die Verbindlichkeiten, darunter die Leibrente für die Witwe Gertrud Bahlsen, überstiegen.[12] Die KG übernahm am 6. Oktober 1924 den Betrieb von der Aktiengesellschaft und erklärte sich mit der Übernahme aller ihr von der AG mit Schreiben vom 4. Oktober 1924 »auferlegten Verpflichtungen einverstanden«.[13] Durch Neubewertungen wies die Jahresbilanz der Kommanditgesellschaft zum 31. Dezember 1924 einen Betriebsüberschuss von 1,335 Millionen Reichsmark aus, von dem 300.000 Reichsmark an die AG, 100.000 Reichsmark an die Hermann Bahlsen-Stiftung und 900.000 Reichsmark an die Kommanditisten ausgeschüttet wurden.[14]

Mit der Stabilisierung der wirtschaftlichen Lage intensivierte Bahlsen im Ausland seine Patentanmeldungen, um Produkte und Herstellungsverfahren auch international zu schützen. Für das beim Reichspatentamt registrierte »Verfahren zum Umhüllen von vierseitig-prismatischen Schachtelpackungen« erfolgten in Großbritannien, den USA, Dänemark und den Niederlanden Patentanmeldungen, für die

10 Kommanditvertrag der H. Bahlsens Keksfabrik KG vom 3.10.1924, S. 2 (BAH, R10, Nr. 537).

11 Notiz, in: Hannoverscher Kurier vom 5.11.1924 (BAH, R10, Nr. 538).

12 H. Bahlsens Keksfabrik KG, Eröffnungsbilanz 1.1.1924 o. D. (BAH, R10, Nr. 538).

13 H. Bahlsens Keksfabrik KG an H. Bahlsens Keksfabrik AG vom 6.10.1924 (BAH, R10, Nr. 538).

14 Franz Krause, beeideter Bücherrevisor, H. Bahlsens Keksfabrik KG, Bilanz zum 31.12.1924 vom 1.10.1925 (BAH, R10, Nr. 538).

»Schneidtisch-Anordnung von Schneidmaschinen für Waffeln u. dgl.« in den USA, Großbritannien und Frankreich.[15]

Die Marktsituation begann sich strukturell deutlich zu verändern. Die Klever Firma XOX konnte während der französisch-belgischen Besetzung des Rheinlands in Westdeutschland erheblich expandieren und gewann nach 1924 beispielsweise auch in Hamburg zunehmend Marktanteile. Ihre Produkte besaßen ein ähnliches Qualitätsniveau, waren aber preiswerter. Durch die gleichmäßig gute Produktqualität ihrer Mürbe-Artikel, Waffeln sowie Spezialitäten wie Divina-Röllchen, die niedrigen Preise und die Verpackung in flachen Blechdosen entstand dem Markenprimus aus Hannover mit XOX eine ungewohnte Konkurrenz.

Ein Gegensteuern war dringend notwendig. Zwar erweiterten neue Produkte wie Käselinchen und Elisen-Lebkuchen das Angebot, jedoch änderte Bahlsen die Rezeptur selbst des Erfolgsprodukts Pangani verschiedentlich, was aber negative Auswirkungen auf Geschmack, Konsistenz und Haltbarkeit hatte.[16] Beispielsweise erfolgte die Umstellung auf eine neue Fettsorte, ohne zuvor genaue Haltbarkeitsuntersuchungen vorgenommen zu haben. Hinzu kam, dass die 1924/25 etablierte und von Hans Bahlsen geleitete Schokoladenabteilung nur mindere Qualität produzierte. Kekse mit Schokolade verloren dadurch ihre frühere Feinheit, und auch die nicht selten zäh ausfallenden Waffeln enttäuschten die Kundschaft. Die vergleichsweise hohen Preise spielten angesichts der mangelnden Qualität der Konkurrenz namentlich der Firma XOX in die Hände, die mit auffällig gestalteten Sorten gut im Niedrigpreis-Segment vertreten war.[17]

Die Umsätze der vorherigen Ertragsbringer gingen deutlich zurück, ohne dass preisgünstige Artikel die Ausfälle kompensierten.[18] Deshalb sank der Betriebsüberschuss im Geschäftsjahr 1925 um mehr als 16 Prozent auf 1,1 Millionen Reichsmark.[19] Die Umsatzrenditen lagen in den Übergangsjahren 1924/25 mit 17,5 bzw. 12,6 Prozent weit oberhalb der Normalwerte. Der Umsatz stieg im Geschäftsjahr 1926 zwar um 20 Prozent an, da aber vermehrt niedrigpreisige Artikel mit geringer Rendite verkauft wurden, brach der bilanzierte Ertrag um fast ein Drittel auf knapp 760.000 Reichsmark ein.[20] Für die Abgeltung von Verbindlichkeiten der Bahlsen KG an die 1925 auf ein Stammkapital von 2,8 Millionen Reichsmark umgestellte Hannoversche

15 Vermerke (BAH, R10, Nr. 473); siehe auch das Forcke-Patent über die »Hohlgebäckform« in Belgien (BAH, R11, Nr. 251).

16 2. Bericht, 1.10.1930-31.12.1932, o. D., S. 1 (BAH, R10, Nr. 505).

17 Anna-Dora Thieme, Besprechung des Aufsichtsrats mit dem Vorstand am 29.6.1927, S. 1 (BAH, R10, Nr. 512).

18 2. Bericht, 1.10.1930-31.12 1932, o. D., S. 1 (BAH, R10, Nr. 505).

19 Franz Krause, beeideter Bücherrevisor, H. Bahlsens Keksfabrik KG, Bilanz zum 31.12.1925 vom 16.2.1926 (BAH, R10, Nr. 538).

20 Franz Krause, beeideter Bücherrevisor, H. Bahlsens Keksfabrik KG, Bilanz zum 31.12.1926 vom 8.4.1927 (BAH, R10, Nr. 538); vgl. Anna-Dora Thieme, Besprechung des Aufsichtsrats mit dem Vorstand am 29.6.1927, S. 1 (BAH, R10, Nr. 512).

Keksfabrik GmbH bestand kein Finanzspielraum, auch weil neben gestiegenen Material- und Personalkosten die Schokoladen-Abteilung wegen der vom Aufsichtsrat gebilligten niedrigen Einstiegspreise keinen Deckungsbeitrag ablieferte. Insgesamt entzog sich Bahlsen etwas der allgemeinen Tendenz, durch welche die Süßwaren-Industrie insgesamt fast ein Viertel ihres Umsatzes einbüßte. Der Umsatz blieb auch bei Bahlsen hinter den eigenen Erwartungen zurück, wofür der Abzug von Kaufkraft durch die »Sucht nach der schlanken Linie« sowie die Mode des Bubikopfs mit den für Frauen höheren Friseurausgaben gesorgt habe.[21] Obgleich Werbung und Gebrauchsgrafik ansonsten eine große Offenheit gegenüber dem Modernismus der Weimarer Republik zeigten, stieß sich innerbetrieblich die Unternehmensleitung an der aktuellen Frauenmode. Per Hausrundschreiben gab Anna-Dora Thieme der weiblichen Belegschaft auf, dass wegen »Auswüchsen« in der Mode die »Kleider so getragen werden, dass sie das Knie bedecken«.[22]

Hans Bahlsen gelang es 1927, den Fabrikationsbetrieb der Schokoladen-Abteilung zu verbessern, da er durch eine Rationalisierung der Produktionsabläufe und eine deutliche Verbilligung der Verpackungen die Gesamtrentabilität verbessern konnte. Darüber hinaus kündigte er an, dass in Kürze die ersten Schokoladen-Artikel in der TET-Packung in den Handel kommen würden. Die Leibniz-Schokolade behielt aber die bisherige Verpackung, auch um schon äußerlich seine besondere Hochwertigkeit herauszustellen. Zwischen Aufsichtsrat und Vorstand bestand Einvernehmen, dass von der Herstellung von Tafel-Schokolade einerseits wegen der Konkurrenz zu bestens eingeführten Unternehmen und andererseits wegen der Risikovermehrung durch zwei krisensensible Konsumgüter abgesehen werden sollte.

Die Geschäftsentwicklung ermunterte die Geschäftsleitung im Sommer 1927 sogar, Exportpläne in Richtung USA zu konkretisieren. Neben den Standard-Artikeln wie Leibniz-Keks oder Pangani-Gebäck in Dosen Nr. 1 und Apfelsinenschnitten in Schachteln sollten Luxusdosen Schwarz-Weiß, Rot, Petit fours und Piso zu Preisen zwischen ein und drei US-Dollar angeboten werden. Andere Artikel wie die Bemeroder Pilze oder Ingo mussten aber erst noch wegen des Transportwegs auf die erforderliche Haltbarkeit überprüft werden.[23] Der Export blieb aber ein Stiefkind.

Die im Juli 1927 von Werner Bahlsen bei den Testamentsvollstreckern eingereichten Vorschläge zur Umsatz- und Ertragssteigerung bewerteten vor allem die Reklame als verbesserungswürdig. Diese sei nicht auf das breite Publikum ausgerichtet, sondern richte sich vor allem auf die zahlenmäßig wenigen kunst- und modebewussten Kunden. Überhaupt bringe Bahlsen »nichts Neues in der Reklame«.[24] Auch müsse die Wer-

21 Anna-Dora Thieme, Besprechung des Aufsichtsrats mit dem Vorstand am 29.6.1927, S. 1 (BAH, R10, Nr. 512); Merta, Schlankheitskult; Lüdtke, Bubikopf, S. 89 ff.

22 H. Bahlsens Keksfabrik AG, Anna-Dora Thieme, Hausrundschreiben Nr. 8 vom 26.6.1928 (BAH, R10, Nr. 250).

23 Zum Export für Amerika ausgewählte Serien vom 30.8.1927 (BAH, R10, Nr. 50).

24 Werner Bahlsen an Testamentsvollstrecker Robert Winter/Fritz Beindorff vom 4.7.1927, S. 4 (BAH, R11, Nr. 248).

bung an Bahnstrecken sowie an Autos und Straßen intensiviert werden, um den Bekanntheitsgrad der Namen Bahlsen und Leibniz weiter zu steigern. Das Haus Bahlsen sollte nach amerikanischem Vorbild noch stärker die Wünsche der Kunden berücksichtigen. Der Vorschlag, durch eine auf einen Mindestvorrat von drei Monaten verminderte Lagerhaltung das in den Rohstoffen gebundene Kapital besser zu verzinsen, sollte zusätzliche Überschüsse ergeben. »Durch neue Artikel, die den Geschmack des Publikums treffen«, sollte eine Umsatzsteigerung erzielt werden, wobei die Produkte in einer »für die breite Volksmasse erschwinglichen Preislage« angeboten werden sollten.[25] Um aber Einsparpotentiale bei den Fertigungskosten aufzudecken, strebte Werner Bahlsen die Etablierung einer aussagekräftigen und detaillierten Fabrikstatistik an.

Zu Jahresbeginn 1928 kamen neue Artikel auf den Markt, die zusammen mit den eingeführten Produkten die Umsätze im ersten Quartal des Jahres deutlich ansteigen ließen.[26] Bahlsen war der Konkurrenz mit Ausnahme von XOX entrückt. Das Klever Unternehmen punktete inzwischen weniger mit loser Ware, sondern vor allem mit seiner grünen Blech-Packung Butterkeks, die dem Leibniz-Vorbild nachgeahmt war. Auch bei den Verkaufstechniken wie den Kekstagen und den Schaufensterdekorationen imitierte XOX den Marktführer aus Hannover. Bahlsen musste sich anstrengen und wollte auf dem ureigensten Feld der erstklassigen Warenqualität und mit innovativen und langlebigen Neuigkeiten wieder Erfolge feiern. Hierzu sollte auch der neue Musterladen in Berlin beitragen.[27]

Die Finanzlage zeigte dagegen ein anderes Bild. Selbst die Auflösung der Devisen der Bahlsen KG beließ die Bankkonten Mitte April 1928 mit 90.000 Reichsmark im Minus. Aus der Bilanz des Jahres 1927 bestanden noch Zahlungsverpflichtungen über 276.000 Reichsmark, davon 200.000 an die Hannoversche Keksfabrik GmbH. Darüber hinaus waren im laufenden Geschäftsjahr noch rund 200.000 Reichsmark an Steuern zu zahlen. Trotz der fast auf der Höhe der Rekordumsätze des Jahres liegenden Einnahmen betrug der Überschuss nur noch ein Viertel des Vorjahres. Hohe Rohstoffpreise bei einem unterhalb der Steigerungsprognose gebliebenen Umsatz, aufwändigere Verpackungen, Lohn- und Gehaltserhöhungen und steigende Energiekosten verlangten nach Ansicht des Vorstands dringend nach Preiserhöhungen, die nach Abstimmung mit dem Verband möglichst im Einklang mit der Branche erfolgen sollten.[28] Angesichts der Finanzlage durfte der Betrieb beim Aufsichtsrat Anschaffungen nur noch beantragen, sofern sich die Ausgaben nach den eingereichten Berechnungen innerhalb eines Jahres rentierten.

Robert Winter nahm die ungünstigen Bilanzzahlen, die zu auskömmlichen Preiserhöhungen und einer mindestens fünfprozentigen Reduzierung der Kosten aufforderten, zum Anlass, den Brüdern Bahlsen aufzuzeigen, wie schnell sich eine deut-

25 Ebd., S. 2.

26 Anna-Dora Thieme, Protokoll der Sitzung am 19.4.1928 vom 24.4.1928, S. 1 (BAH, R10, Nr. 512).

27 Ebd., S. 2.

28 Ebd., S. 3 ff.

liche Verschlechterung der betrieblichen Finanzlage ergeben konnte. Er forderte sie auf, jede die Gewinnsituation berührende Maßnahme anhand der sorgfältig geführten Statistik zu überprüfen. Sein Rat, dieser »Tätigkeit in ihrem späteren Leben ganz besondere Aufmerksamkeit zuzuwenden zum Besten der Firma«,[29] lag allerdings quer zur technischen Optimierungsleidenschaft von Hans Bahlsen. Auch bei dem wenig an kaufmännischen Details interessierten jüngsten Bruder Klaus sprach Winter allenfalls die unternehmerische Vernunft, jedoch keine innere Leidenschaft an.

Hans Bahlsen erhielt zur betrieblichen Vorbereitung auf seine spätere Leitungstätigkeit zudem zahlreiche Aufgaben: Er sollte etwa eine Neuordnung des Autoparks vorbereiten und die Eignung eines empfohlenen Konditors überprüfen, um sich mit der Bandbreite des Unternehmerhandelns auseinanderzusetzen.[30] Auch prüfte er auf Basis einer ausgehändigten Aufstellung über produktive und unproduktive Löhne und die Umrechnung von Akkordlöhnen zu Zeitlöhnen eine Übertragung auf die von ihm geleitete Schokoladen-Abteilung.[31] Dass er auf Unternehmenskosten in den USA reisen konnte und ihm dort auf Vermittlung des Generaldirektors von Continental, Willy Tischbein, in Akron tiefe Einblicke in die dortigen Methoden der Betriebskontrolle gegeben wurden,[32] galt als Investition in die Ertüchtigung zum zukünftigen Unternehmertum. Er erstattete am 10. Februar 1928 ausführlich Bericht und verwies auf seine für die Schokoladenfabrik gedachte, aber noch zu verfeinernde Statistik.[33] Überhaupt blieb die angelsächsische Industrie im Hinblick auf Backtechnologie, aber auch für Verpackungsmaschinen, das große Vorbild.[34]

Robert Winter konfrontierte Hans Bahlsen auch mit einem Prospekt der von den Cannstatter Henselwerken hergestellten Kraftnahrungsmittel mit der Frage, ob Bahlsen speziell auf Sportausübende wie Wanderer ausgerichtete Artikel anbieten könne.[35] Hans Bahlsen berichtete Mitte 1928 Fritz Beindorff zwar über die deutliche Erhöhung des Pralinenverkaufs, musste jedoch einräumen, dass die Schokoladen-Abteilung wegen Ausgaben von fast 175.000 Reichsmark nur mit einem Überschuss von 7.000 Reichsmark und damit knapp oberhalb der Verlustzone abgeschlossen hatte.[36] Auch blieb die von Hans Bahlsen entwickelte und selbst sehr gelobte Fruchtschokolade gegenüber einem Berliner Fabrikat zumindest bei der Privatverkostung

29 Robert Winter, Anhang zur Verhandlungsniederschrift der Besprechung am 20.4.1928, S. 1; Robert Winter an Vorstand der H. Bahlsens Keksfabrik KG vom 27.4.1928 (jeweils BAH, R10, Nr. 512).

30 Robert Winter an Hans Bahlsen vom 13.1.1928; Robert Winter an H. Bahlsens Keksfabrik KG vom 30.1.1928 (jeweils BAH, R10, Nr. 537).

31 Robert Winter an Hans Bahlsen vom 12.2.1928 (BAH, R10, Nr. 537).

32 Erker u. Fehlhaber, 150 Jahre Continental, S. 62 ff.

33 Hans Bahlsen an Robert Winter vom 10.2.1928, S. 1 ff. (BAH, R10, Nr. 537).

34 Package Machinery Company, The F-9 Adjustable Wrapping Machine, Springfield, Mass. 1929 (BAH, R10, Nr. 236); Baker Perkins Ltd., The International Enrober, London o. J. (BAH, R10, Nr. 237).

35 Robert Winter an Hans Bahlsen vom 28.2.1928 (BAH, R10, Nr. 537).

36 Hans Bahlsen an Fritz Beindorff vom 30.6.1928, S. 1 (BAH, R10, Nr. 537).

durch Fritz Beindorff zurück, da sie sich »weicher, mehliger beisst«.[37] Er riet seinem Mentee dazu, die festere und angenehmere Struktur der »Berliner Probetafel« genau zu untersuchen. Auch blieb der Osterende-Keks von Bahlsen nach dem Urteil von Robert Winter hinter dem Friesen-Keks der Firma O. Wiedermann zurück, der einen reinen Buttergeschmack besaß.[38]

Durch die Produktinnovationen, die günstigen Einkaufsdispositionen und die an den Tag gelegte Mengensteigerung um ein Viertel und eine Umsatzsteigerung um 15 Prozent vermochte die dadurch erreichte Liquidität alle Zahlungsverpflichtungen zu decken. Die Einstellung neuer Reisender erhöhte die Marktdurchdringung ebenso wie die »praktische Propaganda« durch sogenannte Verkaufsdamen, die nach entsprechender Anlernung reichsweit in Detailgeschäften direkt auf Kunden zugingen, Proben austeilten und verkauften.[39] Der Export erzielte jedoch nur kleine Zuwächse und spielte weiterhin eine vollkommen untergeordnete Rolle.[40]

Sollte aber das Absatzwachstum im gleichen Umfang anhalten, sah Hans Bahlsen Engpässe im Maschinenpark voraus, der an seiner Kapazitätsgrenze gefahren wurde.[41] Zudem erforderte die Publikumsnachfrage nach Mürbegebäck eine Ausmusterung der älteren, auf die Herstellung von Hartkeks ausgerichteten Maschinen. Hans Bahlsen erstellte deshalb zur weiteren Umsatzsteigerung Mitte Oktober 1928 einen Investitionsplan für das Jahr 1929, der den Bau eines geräumigen Lagerhauses für Roh- und Verpackungsmaterial sowie die Vergrößerung des Kessel- und Maschinenhauses vorsah. Den Finanzaufwand veranschlagte Hans Bahlsen auf 424.700 Reichsmark im Jahre 1929 und auf 300.000 im Folgejahr.[42]

Hans Bahlsen informierte zwar den Aufsichtsratsvorsitzenden Robert Winter am 19. Oktober 1928 mündlich über den Inhalt, wurde von ihm jedoch auf die schriftliche Vorlage der Absichten und ihrer Begründung nach Notwendigkeit und Rentabilität vor den Genehmigungsinstanzen Gesamtvorstand und Aufsichtsrat verwiesen. Er selbst ging am 20. Oktober 1928 in einen 14-tägigen Urlaub. Robert Winter übergab die auf den 19. Oktober 1928 datierten Unterlagen am 22. Oktober 1928 den Vorstandsmitgliedern, die am 29. Oktober 1928 mitteilten, dass zu ihrer Überraschung ein Teil der geplanten baulichen Veränderungen bereits umgesetzt würde.[43]

Anstatt einen formellen Vorstandsbeschluss abzuwarten, ließ Hans Bahlsen also auf eigene Faust Bauarbeiten vornehmen. Winter schrieb ihm daraufhin am 31. Ok-

37 Fritz Beindorff an Hans Bahlsen vom 17.12.1928 (BAH, R10, Nr. 537).

38 Robert Winter an Hans Bahlsen vom 7.9.1929 (BAH, R10, Nr. 537).

39 Sitzung der Bahlsen KG im Hause Robert Winter am 14.12.1928 vom 17.12.1928, S. 1 (BAH, R10, Nr. 512).

40 Ebd.

41 Hans Bahlsen an Fritz Beindorff vom 28.9.1928 (BAH, R10, Nr. 537).

42 Hans Bahlsen an Robert Winter vom 19.10.1928; Hans Bahlsen, Voranschlag 1929 vom 19.10.1928 (jeweils BAH, R10, Nr. 537).

43 Robert Winter, Protokoll vom 31.10.1928, S. 1 f. (BAH, R10, Nr. 537).

tober 1928 einen gewaschenen Brief, dass er durch die Missachtung des bei einer Aktiengesellschaft vorgeschriebenen Wegs zum »Alleinverantwortlichen« geworden sei, der mit seiner Person und seinem Vermögen für entstehende Schäden oder Unfälle aufzukommen habe, zumal keine baupolizeiliche Genehmigung vorlag.[44] Nur um ihn »nach außen hin nicht bloßzustellen«, habe der Aufsichtsrat davon abgesehen, die von ihm erteilten »Aufträge zurückzuziehen«. Winter kritisierte streng, dass Hans Bahlsen die von seinem Vater in Kraft gesetzten Regeln der Kollektiventscheidung des Vorstands unter Aufsicht des Aufsichtsrats unbeachtet gelassen hatte. Dass er das Verhalten als »unglückliche Entgleisung« einordnete, mochte den Kritisierten schmerzen – Winter hatte aber alle guten Argumente auf seiner Seite, wenn er sich gegen das kurzentschlossene, eigenmächtige und rechtswidrige Handeln einer »Einzelpersönlichkeit« aussprach.[45]

Trotz des Regelverstoßes und der bei Beginn der Bauarbeiten zu Bedenken Anlass gebenden Abreise in den Urlaub erhöhte sich ab Januar 1929 für Hans Bahlsen der Tantiemen-Anspruch von einem auf zwei Prozent, während das Festgehalt weiterhin 1.000 Reichsmark betrug.[46] Bei unverändertem Reingewinn summierten sich die Einnahmen von Hans Bahlsen aus dem Fixgehalt der KG- und GmbH-Tätigkeit, der Leistungszulage und sonstigen Einnahmen auf ein Jahresgehalt von 71.700 Reichsmark, während die Vorstandsmitglieder 56.960 Reichsmark erhielten.[47] Robert Winter verschob, weil Hans seinen Brüdern als Vorbild diene, die von diesem beantragte Gehaltserhöhung auf 1930. Mit dem Erreichen des 30. Lebensjahrs befürwortete der Aufsichtsratsvorsitzende ein auf 1.250 Reichsmark steigendes Monatsgehalt und die Erhöhung der Leistungszulage von zwei auf drei Prozent.[48]

Doch auch bei den Vorstandsmitgliedern wuchs die Unzufriedenheit, zumindest über die eigene Einkommenssituation. Ihre Einkünfte, die aus dem festen Gehalt, der Leistungszulage auf Basis des Nettogewinns und dem anteiligen Kommandit-Gewinn bestanden, hatten sich zwischen 1924 und 1928 von 105.000 Reichsmark auf 51.400 Reichsmark halbiert.[49] Die wegen der gewachsenen Konkurrenz nurmehr erzielbaren niedrigeren Preise schlugen auf den stark gesunkenen Nettogewinn durch und wirkten sich dementsprechend auf die erfolgsbezogenen Einkommensanteile aus. Der Aufsichtsratsvorsitzende Winter bewertete aber diese Entwicklung als nachvollziehbar, leitete aus ihr sogar die Aufgabe ab, die wirtschaftlichen Verhältnisse des Unternehmens wieder zum Besseren zu wenden. Er zeigte sich zwar offen, über mögliche Vertragsänderungen zu sprechen, wollte dann aber wachsende Fixanteile mit geringeren Prozentanteilen vom Gewinn kompensieren.

44 Robert Winter an Hans Bahlsen vom 31.10.1928, S. 1 (BAH, R10, Nr. 537).

45 Ebd., S. 2 f.

46 Robert Winter an Hans Bahlsen vom 31.1.1929 (BAH, R10, Nr. 537).

47 Betr. Gehalt pp. von Hans Bahlsen vom 22.9.1929 (BAH R10, Nr. 537).

48 Robert Winter an Hans Bahlsen vom 20.12.1929 (BAH, R10, Nr. 537).

49 Robert Winter an den Vorstand der H. Bahlsens Keksfabrik KG vom 5.12.1928, S. 5 (BAH, R10, Nr. 537).

Insoweit nutzte Bahlsen die insgesamt guten Aussichten der »Goldenen Zwanziger« wegen interner Schwierigkeiten nicht zur weiteren Stabilisierung, sondern überließ in einem wachsenden Markt vor allem der Firma XOX Marktanteile und Umsatz. Das Konkurrenzunternehmen hatte seine Erfolge nicht nur durch die Nachahmung von Bahlsen erreicht, sondern Bahlsen bei der Qualität etwa von Mürbegebäck sogar überholt. Da alle internen Verbesserungsversuche die bestehende Qualitätslücke nicht zu schließen vermochten, kündigte Vorständin Thieme eine Wiederaufnahme ihres Kontakts zur Verkade'sche Fabriek in den Niederlanden an, um hilfreiche Hinweise zu erhalten.[50] Ein Besuch in deren Zaandamer Werk ergab zum einen, dass dort 18 gasbefeuerte Öfen arbeiteten. Auch die Transporteinrichtungen übertrafen die in Hannover vorhandenen. Zum anderen zeigten die verkosteten Produkte nach Ansicht von Anna-Dora Thieme eine durchgängig bessere Konsistenz und Qualität. Umso erfreuter zeigte sich der Bahlsen-Vorstand, dass bei einem Besuch des Eigentümers im Stammwerk am 7. Dezember 1928 tatsächlich die Übergabe der Originalrezepte für eine ganze Reihe von Mürbegebäcken und ihre Anwendungsweise erfolgte.[51] Bahlsen wollte die Produktion nach den Rezepten mit einigen Spezialmaschinen aufnehmen und der Vorstand zeigte sich überzeugt, hierdurch innerhalb eines Jahres die Firma XOX zurückzudrängen.[52]

Bis April 1929 stiegen zwar die Umsätze noch leicht, wobei jedoch die deutliche Hinwendung der Kundschaft zu preisgünstigeren XOX-Artikeln im Preissegment zwischen 60 und 80 Pfennig der Viertelpfundpackung Bahlsen schadete. Der Umsatz mit dem Artikel »Noch Eine« sank im ersten Halbjahr um sieben Prozent, während die Eiswaffel Nr. 5 große Zuwächse erfuhr.[53] So wie die Hoffnungen des Verkaufsressorts auf dem Erfolg der neuen, nach niederländischem Rezept gebackenen Mürbewaren lagen, bestand nach Ansicht der Finanzverantwortlichen Aussicht, Einnahmen und Ausgaben in Balance zu halten, sofern die Umsatzentwicklung positiv blieb und der technische Betrieb keine neuen Anforderungen stellte.[54]

Die Mahnung richtete sich vor allem an Hans Bahlsen, der sich zunehmend als technischer Innovator betätigte und Ende 1928 für die beantragte Erweiterung des Kesselhauses eine Investitionssumme von 200.000 Reichsmark zugesprochen erhalten hatte. Darüber hinaus widmete er sich der Effektivierung der Verpackungen,

50 Sitzung der Bahlsen KG im Hause Robert Winter am 14.12.1928 vom 17.12.1928, S. 2 (BAH, R10, Nr. 512).

51 Anna-Dora Thieme an Herrn Verkade vom 12.12.1928; Anna-Dora Thieme an J.C. Redelé, Firma Biskuit-Fabrieken Viktoria vom 12.12.1928 (jeweils BAH, R10, Nr. 537).

52 Sitzung der Bahlsen KG im Hause Robert Winter am 14.12.1928 vom 17.12.1928, S. 4 (BAH, R10, Nr. 512).

53 Wieckowiak, Noch Eine-Umsatz vom 13.7.1929; Wieckowiak, Noch Eine-Umsatz vom 12.8.1929 (jeweils BAH, R10, Nr. 537).

54 Anna-Dora Thieme, Zusammenkunft des Aufsichtsrats und des Vorstands der H. Bahlsens Keksfabrik KG am 5.4.1929, S. 2 (BAH, R10, Nr. 512).

die immer höhere Kosten machten und mehr Personal erforderten.[55] Bis April 1929 verdoppelte sich die für das Kesselhaus gedachte Summe, die aus dem Reservefonds II entnommen werden sollte. Im Gegensatz dazu mussten Aufträge für technische Neuerungen in einer Größenordnung von 100.000 Reichsmark aus dem laufenden Budget finanziert werden. Sein technischer Innovationswille rieb sich mit den finanziellen Möglichkeiten, auch wenn er kurz zuvor noch erklärt hatte, dass er sich »mit technischen Forderungen in erster Linie immer nach den finanziellen Möglichkeiten richten« werde.[56] Einkaufsvorständin Thieme erklärte zwar Mitte Juli 1929, dass für eine neuerliche Ausgabe von 200.000 Reichsmark der Finanzspielraum fehle, weshalb sie eine Modernisierung der Kühlanlagen auf Pump ablehnte.[57] Mit dieser Haltung setzte sie sich jedoch nicht durch, da der Aufsichtsrat Hans Bahlsen nach der erfolgreichen Inbetriebnahme des Kesselhauses weitere 65.000 Reichsmark für eine Kühlanlage sowie 190.000 Reichsmark für die Unterkellerung der Höfe und ein neues Lagerhaus aus dem Reservefonds II bewilligte. Allerdings wurde die Umsetzung ins Geschäftsjahr 1931 verschoben.[58]

Der Verkauf sah sich in der aufziehenden Krise mit dem Kampf der Einzelhändler um ihre Kundschaft und mit der wachsenden Marktmacht der Warenhäuser konfrontiert. Zur verstärkten Belieferung von Warenhäusern waren zwar Verhandlungen beispielsweise mit dem Karstadt-Konzern aufgenommen worden. Diese scheiterten jedoch, da der dortige Einkauf nach Einschätzung der Bahlsen-Unternehmensleitung die »Fabrikanten arm machen« wollte, weil die angebotenen Preise noch nicht einmal die Rohstoff- und Lohnkosten deckten. Wer als Fabrikant mit diesen Konzernen Verträge abschloss, befand sich nach Meinung des Vorstands offenkundig in einer »trostlosen Situation« – Bahlsen habe dies nicht nötig.[59]

Mit Blick auf die im September 1929 gegenüber dem Vorjahr verkaufsstärkeren Artikel wie Leibniz Keks, Milchkeks oder die um 134.000 auf 152.000 Stück zunehmenden beklebten Dosen mit Butterkeks oder die 32 Neuheiten[60] schien alles in guter Ordnung. Doch immerhin 119 Sorten wiesen einen Verkaufsrückgang auf, ein deutliches Krisenzeichen.[61] Neben der abflachenden Nachfrage der kleinen Wiederverkäufer wuchs sich auf dem Gebiet der Mürbebackwaren das qualitative

55 Sitzung der Bahlsen KG im Hause Robert Winter am 14.12.1928 vom 17.12.1928, S. 5 (BAH, R10, Nr. 512).

56 Anna-Dora Thieme, Zusammenkunft des Aufsichtsrats und des Vorstands der H. Bahlsens Keksfabrik KG am 5.4.1929, S. 3; Besprechung zwischen dem Vorsitzenden des Aufsichtsrats und dem Vorstand der H. Bahlsens Keksfabrik KG am 19.7.1929, S. 1 (jeweils BAH, R10, Nr. 512).

57 Anna-Dora Thieme Nachsatz zum Protokoll vom 19.7.1929 vom 23.7.1929, S. 1 f. (BAH, R10, Nr. 512).

58 Protokoll der Vorstandssitzung am 21.11.1929 vom 25.11.1929, S. 3 (BAH, R10, Nr. 512).

59 Ebd., S. 1; vgl. zur Ablehnung der Warenhäuser Briesen, Warenhaus, S. 164 ff.

60 Artikel, die einen Fortschritt aufweisen bis einschl. September 1928/1929; Neuheiten 1929 (jeweils BAH, R10, Nr. 537).

61 Artikel, die einen Rückgang aufweisen bis einschl. September 1928/1929 (BAH, R10, Nr. 537).

Hinterherhinken von Bahlsen gegenüber XOX zu einem ernsten Problem aus. Selbst unter den eigenen Reisenden herrschte große Nervosität, sodass nach fast dreijähriger Klage über den Rückstand gegenüber XOX endlich Taten folgen sollten.[62] Hermann Hertzer sah im März 1930 in einer mit XOX eingegangenen Interessengemeinschaft eine geeignete Kooperationsform. Neben einem Informationsaustausch über den Umgang mit Rabattwünschen vereinbarten beide Unternehmen auch eine Abstimmung beim Ausstellungswesen.[63] Ob allerdings die Annäherung an einen der stärksten Konkurrenten für Bahlsen überhaupt Vorteile bringen würde, musste einstweilen offenbleiben.

Tabelle 1: Geschäftszahlen der H. Bahlsens Keksfabrik KG, 1924-1929

	Produktion (in 1.000 kg)	Umsatz (in 1.000 RM)	Gewinn (in 1.000 RM)	Personal (am 31.12.)
1924	1.070	7.600	1.335 (17,5 %)	
1925	2.010	8.800	1.113 (12,6 %)	
1926	1.790	7.400	797 (10,7 %)	
1927	2.020	8.300	795 (9,5 %)	
1928	2.320	9.200	640 (7,0 %)	1.207
1929	2.317	9.533	741 (7,7)	1.245

Quelle: Hermann Hertzer, 1929-1943 vom März 1944, S. 2 (BAH, R10, Nr. 505); H. Bahlsens Keksfabrik KG, Bilanz am 31.12.1924 (BAH, R11, Nr. 249); H. Bahlsens Keksfabrik KG, Bilanz am 31.12.1925 (BAH, R11, Nr. 249); H. Bahlsens Keksfabrik KG, Inventur 31.12.1928 vom 5.2.1929 (BAH, R11, Nr. 249); H. Bahlsens Keksfabrik KG, Bilanz am 31.12.1928 vom 30.1.1929 (BAH, R11, Nr. 249); H. Bahlsens Keksfabrik KG, Geschäftsbericht für den Monat Dezember 1928 vom 25.1.1929 (BAH, R11, Nr. 249).

62 Protokoll der Vorstandssitzung am 21.11.1929 vom 25.11.1929, S. 2 (BAH, R10, Nr. 512).

63 Sitzung der Geschäftsleitung mit den Aufsichtsräten Winter und Beindorff in der Hohenzollernstraße 16 am 25.3.1930 vom 27.3.1930, S. 4 (BAH R10, Nr. 512).

4. Krisenerfahrung und Aufschwung im Nationalsozialismus

1930–1939

4.1 Aufziehende Krisenzeit

Das im Januar 1930 erreichte fünfprozentige Umsatzplus gegenüber dem Vorjahresmonat vertrieb für einen Moment die größten Sorgen. Einen Monat später drehte der Entwicklung ins Negative. Für März 1930 rechnete der Vorstand sogar mit einem zehnprozentigen Rückgang der Einnahmen, was mit der allgemeinen Wirtschaftsmisere und den schrumpfenden Einkommen in Verbindung gebracht wurde.[1] Einzelhändler orderten nur noch kleine Mengen. Demgegenüber blieben die durch Blechpackungen aufgewerteten TET-Produkte auf der Erfolgsspur und besaßen gegenüber XOX noch einen Konkurrenzvorteil, sodass das Klever Unternehmen diese mit Aluminiumfolien nachahmte. Die Finanzlage machte Vorständin Thieme kurzfristig noch keine Sorgen. Sie riet aber von einer Politik der subventionierten Dumpingangebote ab, sondern wollte mit dem Verkauf positive Deckungsbeiträge erwirtschaften, um die bilanziellen Verpflichtungen des Jahres 1929 an Dividendenzahlungen an die AG und GmbH erfüllen zu können. Dass sie dringlich darum bat, in der gegebenen Situation von neuen Bauprojekten Abstand zu nehmen, lag ganz auf der Linie der vorsichtigen Kauffrau.

Hans Bahlsen, der über den Fabrikbetrieb berichtete, konnte zwar eine Reduktion der allgemeinen Fabrikkosten um 90.000 Reichsmark vermelden. In manchen Betriebsabteilungen überstiegen die Verluste aber die Einsparsumme, sodass mit einer Keks-Packung für 15 Pfennig gegengesteuert werden sollte, um zumindest die Kosten zu decken. Der älteste Bahlsen-Bruder gab einen optimistischen Ausblick, da er beim Mürbegebäck eine spürbare Qualitätsverbesserung verzeichnete und für 1931 eine Waffel ankündigte, die »konkurrenzlos« werde. Der an der technischen Ausstattung besonders interessierte Hans Bahlsen meldete auch schon Interesse an, den von ihm zwischenzeitlich in Spanien besichtigten Stahlbandofen, der für eine »Umwälzung« der Keksherstellung sorgen werde, auch für Bahlsen nutzbar zu machen.[2]

Als Privatmeinung wollte Anna-Dora Thieme verstanden wissen, dass der neue Reichsbankpräsident Hjalmar Schacht die bestehenden Probleme »nur mit diktato-

1 Sitzung der Geschäftsleitung mit den Aufsichtsräten Winter und Beindorff in der Hohenzollernstraße 16 am 25.3.1930 vom 27.3.1930, S. 4 (BAH, R10, Nr. 512); Dempwolff, Wirtschaft, S. 171.

2 Sitzung der Geschäftsleitung mit den Aufsichtsräten Winter und Beindorff in der Hohenzollernstraße 16 am 25.3.1930 vom 27.3.1930, S. 3 (BAH, R10, Nr. 512).

risch allgemeinem Preisabbau« und einer Währungsstabilisierung lösen könne. Der am 19. März 1930 per Reichsgesetz gebilligte Young-Plan, der bis Ende 1988 die jährlich abzutragende Reparationsschuld auf rund 2 Milliarden Reichsmark fixierte,[3] und »politische Ereignisse irgendwelcher Art« bargen aus ihrer Sicht die Gefahr einer erneuten Währungszerrüttung. Die insbesondere im Wirtschaftsbürgertum, aber auch im Lager der extremen Rechten und Linken verbreitete Ablehnung weiterer Reparationszahlungen, die virulente Inflationsangst und der Wunsch nach wirtschaftsdiktatorischen Maßnahmen standen stellvertretend für die vom Liberalismus entfremdeten Wirtschaftseliten, die vermehrt zu einer autoritären Krisenbewältigung neigten.[4] Werner Bahlsen, der im März 1930 vor Vorstand und Aufsichtsrat nur eine bescheidene Steigerung des Exportumsatzes um 48.000 Reichsmark vorzuweisen hatte, sprach sich aber das Verdienst zu, die Exportbeziehungen zu verlässlichen und umsatzstarken Agenten und Handelshäusern intensiviert zu haben.[5]

Die finanzielle Lage trübte sich im ersten Halbjahr 1930 ein: Die Liquidität sank um 150.000 Reichsmark und der Gewinn reduzierte sich weiter, sodass Anna-Dora Thieme ohne eine Umsatzsteigerung im zweiten Halbjahr Schwierigkeiten sah, die Verpflichtungen der Kommanditgesellschaft aus dem Geschäftsjahr 1929 in Höhe einer Dreiviertelmillion aus den laufenden Einnahmen zu bestreiten. Das Reklamebudget, das auf eine Obergrenze von fünf Prozent des Umsatzes begrenzt worden war, setzte keine entscheidenden Kaufanreize. Auch vom Exportumsatz nach Europa, der sich auf niedrigem Niveau zwar um ein Fünftel gesteigert hatte, war ebenso wenig Rettung zu erwarten wie von den von Hans Bahlsen herausgestellten niedrigeren Strompreisen der Eigenerzeugung.

Dass Hans Bahlsen Mitte August 1930 zu der vom Aufsichtsrat anberaumten nächsten Besprechung mit dem Vorstand nach Rixförde einlud, signalisierte den Anspruch der Erbengeneration, selbst stärker in den Vordergrund zu treten. Nach Einschätzung des Betriebsleiters Hermann Hertzer bot die wirtschaftliche Situation wenig Aussichten, die gewünschte Umsatzsteigerung zu erzielen. Hertzer machte auch klar, dass die bisherigen Bemühungen von Hans Bahlsen und die Einstellung von zwei »gut bezahlten Fachleuten« sowie die Anschaffung einer Spezialmischmaschine keine greifbaren Qualitätsfortschritte auf dem Gebiet des Mürbegebäcks gebracht hatten. Er sah beim Fortbestehen dieses Malus die Gefahr, dass Bahlsen mit Ausnahme des Erfolgsprodukts Leibniz-Keks bei anderen Sorten »nur die zweite Firma« sein werde.[6] Hans Bahlsen beantwortete den Vorwurf mit der neu-

3 Vgl. Pfleiderer, Deutschland; Heyde, Reparationen; Büttner, Weimar, S. 353 ff.; Knortz, Wirtschaftsgeschichte, S. 112 ff.

4 Sitzung der Geschäftsleitung mit den Aufsichtsräten Winter und Beindorff in der Hohenzollernstraße 16 am 25.3.1930 vom 27.3.1930, S. 2 (BAH, R10, Nr. 512); siehe etwa Mommsen, Freiheit, S. 361 ff.

5 Sitzung der Geschäftsleitung mit den Aufsichtsräten Winter und Beindorff in der Hohenzollernstraße 16 am 25.3.1930 vom 27.3.1930, S. 4 (BAH, R10, Nr. 512).

6 Protokoll der Vorstandssitzung vom 19.8.1930, S. 1 (BAH, R10, Nr. 512).

erlichen Ankündigung, spätestens zum Weihnachtsgeschäft ein die XOX-Produkte in den Schatten stellendes Mürbegebäck herauszubringen. Da Hertzer vermehrt mitgeteilt bekam, dass langjährige Bahlsen-Kunden die Geschäftsbeziehungen zu XOX für günstiger hielten und Bahlsen insgesamt abfallen könnte, stand für ihn die Erzeugung einer mindestens gleichwertigen Mürbegebäckware an der »allerersten Stelle«.[7]

Nach einer kurzen Stabilisierungsphase brachte der Oktober 1930 einen herben Umsatzrückgang von 18,5 Prozent gegenüber dem Vorjahr, wobei die höchsten Verluste in den Großstädten verzeichnet wurden. Dass selbst von Leibniz-Standardartikeln deutlich weniger verkauft wurde, rüttelte nach Ansicht von Hermann Hertzer an den »Grundfesten des Werks«.[8] Eine Anpassung der Fixkosten an die Einnahmen war auch wegen der begrenzten Möglichkeit der Entlassung von kaufmännischen Mitarbeitern limitiert, zumal sich deren Arbeitsaufkommen krisenbedingt sogar noch erhöhte. Eine von Werner Bahlsen vorgeschlagene schematische Ausdünnung des Produktangebots um 30 Prozent wies nach Auffassung des Aufsichtsrats keinen Ausweg. Stattdessen trug ihm dieser auf, für eine Entscheidungsfindung geeignetes Zahlenmaterial vorzubereiten. Der Exportumsatz ging noch weiter zurück, weil Dumpingpreise keine Zustimmung fanden. Im Ergebnis sank die Produktion 1930 gegenüber dem Vorjahr um 9,9 Prozent auf 2.088 Tonnen ab; der Umsatz fiel mit 10,3 Prozent noch etwas stärker auf 8,55 Millionen Reichsmark.[9] Wegen der außerordentlich ungünstigen Situation brach der Gewinn des Geschäftsjahres 1930 erneut um die Hälfte auf 423.258 Reichsmark ein.[10] »Aussichten für eine Wiederbelebung des Geschäfts« waren nach Ansicht von Karl Schumann »nicht vorhanden«.[11]

Die Bahlsen KG sah sich ab 1930 in eine existenzbedrohende Wirtschaftskrise geworfen. Die konjunkturelle Eintrübung setzte den Umsätzen von Bahlsen stark zu. Dem Unternehmen fehlten auf der Produktseite Wachstumsimpulse, und die merklich wachsende Kaufzurückhaltung verstärkte den bestehenden Negativtrend. Nach der Reichstagswahl vom 14. September 1930, bei der gemäßigte Parteien wie die Deutsche Volkspartei oder die SPD Verluste erlitten hatten und vormalige Wähler der rechtskonservativen Deutschnationalen Volkspartei in großer Zahl zur NSDAP abwandert waren, etablierte Reichskanzler Heinrich Brüning von der katholischen Zentrums-Partei 1930 eine von den Parteien der Mitte tolerierte Präsidialregierung. Sie regierte durch Notverordnungen, denen Reichspräsident Paul von Hindenburg

7 Ebd., S. 2.

8 Besprechung zwischen Aufsichtsrat und Geschäftsführung der H. Bahlsens Keksfabrik KG am 14.11.1930 vom 17.11.1930, S. 1 (BAH, R10, Nr. 512).

9 Klaus Bahlsen, 2. Bericht, 1.10.1930-31.12.1932, o. D., S. 6 (BAH, R10, Nr. 505).

10 Norddeutsche Buchführungs- und Verwaltungs-AG, H. Bahlsens Keksfabrik KG; Bilanz am 31.12.1930 vom 17.3.1931 (BAH, R10, Nr. 538).

11 Notiz zur Gesellschafterversammlung der KG 1931; Niederschrift über die Gesellschafterversammlung der H. Bahlsens Keksfabrik KG am 15.4.1931, S. 1 f. (jeweils BAH, R10, Nr. 538).

auf Basis des Artikels 48 der Weimarer Verfassung Gesetzeskraft verlieh. Mit diesem Instrument ordnete die Reichsregierung unter anderem eine allgemeine Preissenkung bei Markenartikeln um ein Zehntel an, was die Ertragssituation von Bahlsen weiter verschlechterte. Das Unternehmen sah sich zur Stabilisierung der Absatzmengen erstmalig in der Nachkriegszeit genötigt, Händlern für Leibniz-Kekse eine 30-prozentige Verdienstspanne einzuräumen, was die eigenen Erlöse zusätzlich schmälerte.

Im ersten Halbjahr 1931 musste gegenüber dem Vorjahreszeitraum ein Umsatzrückgang um 12,5 Prozent hingenommen werden; im Juli drohte eine Minderung um ein Viertel. Der im Juli 1931 drohende Zusammenbruch des gesamten deutschen Bankensystems verunsicherte Unternehmen und Verbraucher zutiefst. Obwohl die Regierung Mitte Juli 1931 durch die Notverordnung des Reichspräsidenten über die Wiederaufnahme des Zahlungsverkehrs nach den Bankfeiertagen den Verkehr mit Devisen und ihrer Kursveröffentlichung sowie durch die Notverordnung über die Golddeckung der Noten der Privatbanken vom 22. Juli 1931 gegensteuerte, fiel die Urlaubssaison im Sommer 1931 weithin aus. Das sonst sicheren Umsatz verheißende Bädergeschäft wurde dadurch verhagelt.[12] Bahlsen führte erfolglos ein 50-Pfennig-Leibniz-Paket ein, um die stark rückläufigen Verkaufsmengen der 60-Pfennig-Packung auszugleichen. Die Konkurrenz durch XOX verstärkte die Einbußen weiter, zumal dessen Vorstoß in den Vertrieb von Karton-Packungen durch den Ablauf von Patentschutzrechten nicht unterbunden werden konnte.

Zu der den Absatz reduzierenden Preissensibilität der Verbraucher traten interne Probleme bei der Waffelherstellung. Zu deren Behebung aktivierte Bahlsen im Frühjahr 1931 die Kontakte zu Mc Vitie. Der von dort entsandte englische Experte Hector Robertson half, die Rezeptur der Waffel-Backmassen für Flach- und Formwaffeln zu optimieren. Nach wochenlangen, von Werner und Klaus Bahlsen begleiteten Versuchen und einem zweiten Aufenthalt Robertsons im Herbst 1931 erreichten die Waffelblätter die gewünschte Zartheit. Bei Eiswaffel-Artikeln konnte nach gewissen Rückschlägen erst Ende 1932 dauerhaft eine gute Qualität erzielt werden.

Wegen des Umsatzrückgangs forderte Hans Bahlsen eine 20-prozentige Kostenreduzierung, musste sich aber von Anna-Dora Thieme zurechtweisen lassen, dass ihr Bereich in der ersten Jahreshälfte 1931 immerhin weitere 202.000 Reichsmark eingespart habe, wodurch überhaupt erst ein kleiner Gewinn eingefahren werden konnte. Demgegenüber ließen der Betrieb und vornehmlich die Fabrikation, etwa durch hohe Bruchverluste, immer noch auf Kostensenkungen warten. Darüber hinaus stand der Einsatz von »allerfeinsten Rohstoffen« in keinem positiven Verhältnis zur erreichten Produktqualität, weshalb sich der Gewinn in den letzten drei Jahren unter der Ägide von Hans Bahlsen auf zuletzt 3,5 Prozent halbiert hatte. Der Auf-

12 Anna-Dora Thieme, Aufsichtsratssitzung in der Keksfabrik am 24.7.1931 vom 25.7.1931, S. 1 f. (BAH, R10, Nr. 512); zur Bankenkrise siehe Bähr, Bankenkrise, S. 79 ff.

sichtsrat trat der Position der Einkaufschefin bei, wonach ein dauerhaft Verlust einfahrender Betrieb »unfähig« sei und besser schließe.[13]

Die Einstellung eines »Psychotechnikers«,[14] der innerhalb weniger Monate eine deutliche Einsparung bei den Löhnen erzielen sollte, fand allgemeine Zustimmung. Daneben kündigte das Unternehmen Angestellten. Darüber hinaus erwog der Vorstand, beim Fortbestand ungünstiger Verkaufsbedingungen ab Oktober 1931 im Betrieb und in der Verwaltung eine Beschränkung der Arbeitszeit auf 40 Stunden und eine allgemeine neunprozentige Gehaltskürzung vorzunehmen. »An Menschenmaterial im Verkauf zu sparen«, betrachtete der Vorstand aber als »unbedingt falsch«.[15] Stattdessen erfolgte die Auflösung oder Zusammenlegung von unterausgelasteten Auslieferungslagern. Die im Sommer 1931 eingeleiteten Sparaktivitäten sollten etwa durch ein fast vollständiges Pausieren in der Insertion weitere Verluste verhindern. Ausdruck der allgemeinen Krisensituation war es, dass die Bahlsen KG ab dem 2. November 1931 mit Blick auf die Reichstagswahlen für zunächst ein halbes Jahr eine »Aufruhr-Versicherung« möglichst in ausländischer Währung abschließen wollte.

Im Oktober 1931 verkaufte Bahlsen die im Ausland in verschiedenen Devisen angelegte Liquiditätsreserve. Der Ertrag ließ das Reichsmark-Guthaben bei der Deutschen Bank auf fast eine Million Reichsmark anwachsen. Zur Risikoverteilung vergab Bahlsen an verschiedene Schuldner Darlehen, auch um im Falle von Zahlungsstockungen wie Mitte Juli 1931 dann bestehende Forderungen durch das Darlehen verrechnen lassen zu können. Deshalb wurde im November 1931 mit Oberbürgermeister Dr. Arthur Menge vereinbart, der Stadt Hannover für drei Monate ein Darlehen über 400.000 Reichsmark zuzusagen.[16]

Die Firma Bahlsen musste anerkennen, dass die Kaufkraft der Kundschaft die betriebliche Preispolitik bestimmte. Selbst die bisherige Verdienstbasis, der Leibniz-Keks, stand unter Preisdruck. Durch das Marktgeschehen gezwungen, reduzierte Bahlsen erneut seine Ladenpreise auf 0,54 Reichsmark für Leibniz-Original, 0,45 Reichsmark für Leibniz-Mittel und 0,27 Reichsmark für Leibniz-Reise; die Dutzendpreise lagen bei 4,54 und 2,78 sowie 2,27 Reichsmark. Dadurch erhöhte sich gleichzeitig die Handelsspanne für Wiederverkäufer von 25 auf 30 Prozent, was wiederum für Bahlsen einen auf 317.000 Reichsmark geschätzten Ausfall nach sich zog. Der formelle Vorstandsbeschluss erfolgte auch im Einvernehmen mit den drei im

13 Anna-Dora Thieme, Aufsichtsratssitzung in der Keksfabrik am 24.7.1931 vom 25.7.1931, S. 4 f. (BAH, R10, Nr. 512).

14 Ebd., S. 5; Sitzung in der Keksfabrik am 10.9.1931 vom 25.7.1931, S. 1 (BAH, R10, Nr. 512); Patzel-Mattern, Effizienz, S. 93 ff.

15 Sitzung in der Keksfabrik am 10.9.1931 vom 25.7.1931, S. 1 (BAH, R10, Nr. 512).

16 Anna-Dora Thieme, Vermerk vom 19.1.1932; H. Bahlsens Keksfabrik KG an Magistrat der Stadt Hannover, Oberbürgermeister Dr. Arthur Menge vom 28.10.1931 (jeweils BAH, R10, Nr. 512).

Unternehmen tätigen Bahlsen-Brüdern.[17] Dementsprechend sank der Gewinn im Geschäftsjahr 1931 weiter auf knapp 166.000 Reichsmark ab.[18]

Auf der Basis geeigneter Rezepturen optimierten die technischen Modernisierungen, etwa das 1928/29 erbaute Kesselhaus sowie verbesserte Kühl- und Belüftungseinrichtungen, die eine gleichmäßige Feuchtigkeit und konstante Lufttemperatur gewährleisteten, die großtechnische Herstellung. Die verbesserten Kühleinrichtungen ermöglichten beispielsweise eine durch Kühlung beschleunigte Verarbeitung von gefüllten Waffelblättern, sodass diese bereits mehrere Stunden nach dem Backen in Dosen verpackt werden konnten, ohne zäh und feucht zu werden. Insoweit begann sich das antizyklische Investitions- und Rationalisierungsverhalten auszuzahlen.[19] Die Eigenherstellung von Schokolade gab Bahlsen aber wegen anhaltender Qualitätsprobleme Mitte 1931 ebenso auf wie die aufgeblähte Artikelvielfalt um umsatzschwache Produkte reduziert wurde.[20] Ab 1932 fanden Besprechungen über nicht gängige Artikel halbjährlich statt.

Die innere Organisation wies ebenfalls grundlegende Probleme auf. Unterhalb der Betriebsleitung waren zwei Herren für verschiedene Bereiche zuständig, ohne aber beispielsweise untereinander Personal auszutauschen. Mitunter wurden in den oberen Stockwerken Entlassungen ausgesprochen, aber für das Erdgeschoss und den 1. Stock Einstellungen vorgenommen. Das umfangreich gesammelte Datenmaterial war im Zweifelsfall veraltet oder ermöglichte keinen Einblick in die Kostenstruktur. Manchmal wurden in großen Mengen Artikel hergestellt, von denen noch ein großer Lagerbestand vorhanden war und für die keine Nachfrage bestand. Manche Halbfabrikate, über deren Bestände niemand unterrichtet war, lagerten monatelang irgendwo ungenutzt.

Die Unternehmensleitung begann, Doppelarbeit etwa bei der Erstellung von Kalkulationen durch unterschiedliche Stellen zu reduzieren. Die im Sommer 1931 begonnene Datensammlung zur Eruierung der jeweiligen Kosten entlang des Produktentstehungsprozesses ergab durch die täglichen Berichte die Voraussetzung für eine detaillierte Kalkulation der Rohmaterial-, der Arbeits- und Verpackungskosten. Auch konnten hierdurch die Overhead-Kosten auf das Einzelprodukt umgelegt werden. Eine grundlegende Wende zum Besseren stand aber weiterhin aus, zumal die Umsatzrendite nach 1928 von 7,7 auf 4,9 bzw. 5,5 Prozent absank. Auf dem Höhepunkt der Krise 1932 drohte das Unternehmen sogar in die Verlustzone zu rutschen.

17 Anna-Dora Thieme, Vermerk vom 19.1.1932 (BAH, R10, Nr. 512).

18 Norddeutsche Buchführungs- und Verwaltungs-AG, H. Bahlsens Keksfabrik KG; Bilanz am 31.12.1931 vom 1.8.1932 (BAH, R10, Nr. 538).

19 Dempwolff, Wirtschaft, S. 223 ff.

20 2. Bericht, 1.10.1930-31.12.1932, o. D., S. 3 (BAH, R10, Nr. 505).

Tabelle 2: Geschäftszahlen der H. Bahlsens Keksfabrik KG, 1930-1932

	Produktion (in 1.000 kg)	Umsatz (in 1.000 RM)	Gewinn (in 1.000 RM)	Personal (am 31.12.)
1930	2.088	8.550	432 (5,1 %)	1.185
1931	1.969	7.137	392 (5,5 %)	1.067
1932	1.931	5.866	9 (0,1 %)	825

Quelle: 2. Bericht, 1. Oktober 1930-31. Dezember 1932, o. D., S. 6 (BAH, R10, Nr. 505); H. Bahlsens Keksfabrik KG, Bilanz am 31.12.1929 vom 14.2.1930; H. Bahlsens Keksfabrik KG, Geschäftsbericht für den Monat Januar 1930 vom 20.2.1930; Norddeutsche Buchführungs- und Verwaltungs-AG betr. H. Bahlsens Keksfabrik KG, Bilanz am 31.12.1930 vom 17.3.1931; H. Bahlsens Keksfabrik KG, Geschäftsbericht für den Monat Dezember 1930; H. Bahlsens Keksfabrik KG, Proforma-Bilanz 1.1.-31.12.1931; H. Bahlsens Keksfabrik KG, Geschäftsbericht für den Monat Dezember 1931; H. Bahlsens Keksfabrik KG, Bilanz am 31.12.1930 vom 17.3.1931 (jeweils BAH, R11, Nr. 249).

4.2 Die Übernahme der Geschäftsführung durch die Erbengeneration

Nach dem Tod des Vaters als Minderjährige einem Vormund unterstellt und von den Entscheidungen der Testamentsvollstrecker abhängig, waren Schulausbildung und sonstige Erziehung der Bahlsen-Söhne stark auf die zukünftige Fabrikantentätigkeit ausgerichtet, ohne zwingend eine Akademisierung anzustreben. Eine Lehre oder längere praktische Tätigkeiten bei befreundeten Firmen im In- und Ausland sowie Auslandsreisen, um Neuerungen der Fabrikation oder des Vertriebs zu erfahren, gehörten zur traditionellen Ausbildung von Söhnen aus dem Wirtschaftsbürgertum. Praktische Erfahrungen sollten den Reifeprozess befördern.

Der 1905 geborene Gerhard hatte sich bereits früh von einer beruflichen Tätigkeit im Unternehmen abgewandt. Er wusste 18-jährig im September 1923 nicht so recht, was er überhaupt werden wollte, und stellte sich nach Ansicht Robert Winters »zu sehr auf die Hilfe des Erbes« ein.[1] Die Aufnahme eines Studiums der Kunstgeschichte und Philosophie im Herbst 1923 entsprach seinen Interessen. Verschiedentliche Wechsel der Studienorte von München über Wien und Zürich nach Marburg und Berlin brachten ihn bis 1932 einem Abschluss nicht näher.

Zwischen den vier Brüdern, die testamentarisch zu gleichen Teilen geerbt hatten, bestanden abweichende Ausbildungen und Temperamente. Sie einte vor allem die Sorge, gegenüber den anderen Brüdern benachteiligt oder in ihrer Entwicklung begrenzt zu werden. Dem Ältesten, Hans, unterstellten die jüngeren Brüder, er würde insbesondere von Robert Winter in besonderer Weise gefördert. Tatsächlich kam er altersbedingt als Erster in verantwortlichere Stellungen, was die anderen Brüder als ungerecht empfanden.

Mit zunehmendem Alter rieben sich vor allem die jüngeren Brüder an der Regelung, dass die von ihrem Vater eingesetzten Testamentsvollstrecker bis zum Erreichen des jeweiligen 30. Geburtstags über ihre Vermögensangelegenheiten und damit über ihre Stellung im Unternehmen zu entscheiden hatten. Robert Winter lobte Werner Bahlsen dafür, dass er zwar im November 1926 seinen jüngeren Bruder Klaus beim Einleben in Hamburg als Lehrling unterstützt hatte und im Frankfurter Auslieferungslager Erfahrungen im Einzelhandelsgeschäft und im »Verkehr mit der Kundschaft« sammeln wollte. Die Ermahnung, seine dortige Tätigkeit als die eines jüngeren Angestellten aufzufassen, der »genau in der Form die gleichen Pflichten zu erfüllen« habe wie alle anderen und dem »keinerlei Ausnahmen in Rechten und Pflichten« zustanden,[2] widersprach jedoch der Selbstsicht des Unternehmenserben. In seiner Antwort vom 19. November 1926 verwies Werner Bahlsen darauf, dass er in seiner inzwischen sechsjährigen kaufmännischen Tätigkeit allen aus dem Posten er-

1 Robert Winter an Fritz Beindorff vom 11.9.1923 (BAH, R10, Nr. 511).
2 Robert Winter an Werner Bahlsen vom 11.11.1925, S. 2 (BAH, R11, Nr. 248).

gebenden Verpflichtungen »voll und ganz« nachgekommen sei und stets das »volle Vertrauen« der Leiter und der anderen Angestellten genossen habe.[3]

Winter entgegnete, dass er ihn keineswegs kritisiert, sondern sogar gegenüber Dritten gelobt habe. Er fügte aber hinzu, dass er sich außerhalb der Berufsposition »nicht durch geordnete, regelmäßige, tiefgründige Arbeit« hervorgetan habe. Stattdessen habe bei ihm »reichlich Ferienstimmung« geherrscht. Vieles der geschäftlichen Tätigkeit mache auf ihn den Eindruck einer »Beschäftigung«, anstatt sie »als feste, pflichtgemäße, strenge und harte Arbeit« zur weiteren Ausbildung zum Unternehmer zu nutzen. Die bequeme Orientierung nach eigenem »Gutdünken« qualifiziere nicht zum »wirklichen Könner«, der zur Leitung eines größeren Unternehmens gerade in schwierigen Zeiten erforderlich sei.[4] Solche Bewertungen belasteten das Verhältnis zwischen Werner Bahlsen und Robert Winter auch in emotionaler Hinsicht. Werner Bahlsen, der größte Opponent gegen das Prä des Ältesten, ging im Januar 1927 Winter zudem an, dass er sich bei strittigen Fragen zwischen den Brüdern ausschließlich von Hans Bahlsen orientieren lasse, anstatt die jüngeren Brüder direkt anzusprechen.[5]

Da den jüngeren Brüdern einzelne Regelungen der durch die Testamentsvollstrecker in die Wege geleiteten Gründung der Aktiengesellschaft missfielen, erstellte Robert Winter am 24. November 1926 für die Erben eine längere Stellungnahme. Winter ordnete die durch Überschuldung gekennzeichnete Lage des Unternehmens am Ende des Ersten Weltkriegs und beim Tod von Hermann Bahlsen ein, um die Maßnahmen zur Sicherung des dominanten Einflusses der Erbengeneration deutlich zu machen.[6] Mit der Gegenüberstellung der Bilanzen der Jahre 1919 und 1925 stellte er den drastischen Abbau der Bankverbindlichkeiten, die Ausstattung der Reservefonds und den weiteren Ausbau des Familienvermögens heraus. Winter antwortete damit auf Nachfragen von Werner Bahlsen, gab aber auch Hans Bahlsen eine Abschrift des Schriftwechsels mit der Ankündigung zur Kenntnis, die Ausarbeitung auch den jüngeren Brüdern zu übergeben, sobald diese »genügend erfahren« waren, um die »Verhältnisse übersehen zu können«.[7]

Zusätzliches Aufregungspotential bot wohl auch, dass der Aufsichtsrat der H. Bahlsens Keksfabrik AG Hans Bahlsen ab dem 1. Dezember 1926 eine Erhöhung des Monatsgehalts auf 750 Reichsmark sowie eine einprozentige Leistungszulage zu-

3 Werner Bahlsen an Robert Winter vom 19.11.1925 (BAH, R11, Nr. 248).

4 Robert Winter an Werner Bahlsen vom 11.11.1925, S. 1 f. (BAH, R11, Nr. 248).

5 Werner Bahlsen an Robert Winter vom 10.1.1927 (BAH, R11, Nr. 248).

6 Robert Winter, Ausführungen zur Klarstellung der Gründe, die zur Gründung der »H. Bahlsens Keksfabrik Aktiengesellschaft« aus der offenen Handelsgesellschaft »Hannoversche Keksfabrik H. Bahlsen« in der jetzigen Form geführt haben (veranlasst durch einen Schriftwechsel mit Herrn Werner Bahlsen vom 19. u. 22.11.1925) vom 24.11.1926 (BAH, R11, Nr. 248).

7 Robert Winter an Werner Bahlsen vom 24.11.1926; Robert Winter an Hans Bahlsen vom 6.12.1926 (jeweils BAH, R11, Nr. 248).

sprach.[8] Da das Ergebnis der KG im Geschäftsjahr 1926 bei knapp 800.000 Reichsmark lag und der Wert seines Unternehmensanteils weiter anstieg, sollte Hans Bahlsen dies auch soweit finanziell ausstatten, dass er zukünftig in der Lage war, seine Braut Mercedes Tischbein »gut zu ernähren«.[9] Karl Schumann erstellte hierzu eine Aufstellung, die Hans Bahlsen für das Jahr 1927 monatliche Gehaltszahlungen von 1.100 Reichsmark, quartalsweise Zuwendungen der GmbH in Höhe von 2.500 Reichsmark und eine jährliche Gewinnzuweisung in Höhe von bis zu 30.000 sowie eine Sondervergütung in Höhe von 7.000 Reichsmark, mithin von rund 60.000 Reichsmark erwarten ließ.[10] Das überstieg das durchschnittliche Bruttoarbeitseinkommen eines Vollzeitbeschäftigten von 1.983 Reichsmark im Jahr 1928 um mehr als das 30-Fache. Die Jahresbesoldung eines Berliner und eines Bonner Jura-Professors lag bei knapp 18.000 bzw. rund 11.000 Reichsmark.[11]

Im Verhältnis der Erben zu den Testamentsvollstreckern ging es Ersteren vor allem um eine »gleichmäßige Behandlung jedes Einzelnen«, sodass alle Brüder erstmalig am 10. Juni 1928 mit einem Brief gegen eine Entscheidung Winters über die Kostenaufteilung für das Haus Hohenzollernstraße 16 intervenierten.[12] Sie zeigten sich über die am 28. Juni 1928 ausgefertigte schriftliche Antwort der Testamentsvollstrecker in ihrem Folgeschreiben vom 9. Juli 1928 »enttäuscht«, schwächten aber den Inhalt dahingehend ab, dass ihnen »jegliche Kritik ferngelegen« habe.[13] Das ermöglichte Winter, die ganze Angelegenheit als »Missverständnis« einzuordnen. Er lud die vier Brüder ein, bei offenen Fragen oder Meinungsunterschieden zunächst die direkte mündliche Aussprache mit den Testamentsvollstreckern zu suchen. Deren Ergebnis solle protokolliert werden, um Missverständnisse zu vermeiden.[14]

So sehr sich die Testamentsvollstrecker um eine weitgehende Berücksichtigung der Wünsche der Söhne bemühen wollten, machte Winter doch zugleich klar, dass er auf das Vertrauen der Erben setzte, da die Testamentsvollstrecker »zur besten Lösung der Aufgabe beizutragen« verpflichtet waren, die ihnen der letzte Wille von Hermann Bahlsen gemeinsam gestellt hatte.[15] Diese Position vertrat Robert Winter auch in der von den jüngeren Brüdern eingeforderten gemeinsamen Besprechung

8 H. Bahlsens Keksfabrik AG, Aufsichtsrat, Robert Winter/Fritz Beindorff, an Hans Bahlsen vom 21.12.1926 (BAH, R11, Nr. 248).

9 Robert Winter an Hans Bahlsen vom 21.12.1926 (BAH, R11, Nr. 248).

10 H. Bahlsens Keksfabrik AG, Karl Schumann, Einkünfte 1927 von Hans Bahlsen vom 22.12.1926 (BAH, R11, Nr. 248).

11 https://de.statista.com/statistik/daten/studie/1100231/umfrage/durchschnittseinkommen-in-der-weimarer-republik/ (Zugriff 1.12.2023); siehe auch Maus, Professor, S. 206 u. 225 f.

12 Hans, Werner, Gerhard und Klaus Bahlsen an die Testamentsvollstrecker Robert Winter und Fritz Beindorff vom 10.6.1928 (BAH, R10, Nr. 537).

13 Hans, Werner, Gerhard und Klaus Bahlsen an die Testamentsvollstrecker Robert Winter und Fritz Beindorff vom 9.7.1928 (BAH, R10, Nr. 537).

14 Robert Winter an Hans, Gerhard, Werner und Klaus Bahlsen vom 19.7.1928, S. 1 (BAH, R10, Nr. 537).

15 Ebd., S. 2.

der Erben mit den Testamentsvollstreckern am 14. August 1928.[16] Der ansonsten eher im Hintergrund bleibende Gerhard Bahlsen stellte am 22. August 1928 in seinem Schreiben an Winter erneut heraus, dass die Brüder weder Protest noch Kritik äußern wollten, aber im Gegenzug auch erwarteten, dass jeglicher verletzender Ausdruck unterbleibe.[17]

Ein Licht auf die innerfamiliären Verhältnisse wirft auch der Umstand, dass der aus dem Unternehmen gedrängte, aber weiterhin die Vormundschaft über die psychisch kranke Witwe Gertrud Bahlsen ausübende Pastor Tüllmann vertraglich nur bis Ende April 1929 mit dieser Aufgabe betraut war. Mit dem Zeitpunkt der Volljährigkeit des jüngsten Sohnes Klaus am 23. April 1929 war eine Neuregelung vorzunehmen. Da aber kein Sohn diese Rolle übernehmen wollte, bat Vorstand Karl Schumann Pastor Tüllmann, gegen ein Jahreshonorar von 1.000 Reichsmark die »Vormundschaftsgeschäfte für Frau Wwe. Gertrud Bahlsen weiterhin zu übernehmen«, wozu dieser bereit war.[18]

Der älteste Bahlsen-Sohn Hans trat Mitte Mai 1929 mit einer längeren Ausarbeitung hervor, um durch einen Geschäftsausbau wieder einen steigenden Reingewinn zu erzielen und das Unternehmen auf eine breitere Basis zu stellen. Seine Ideen, die er sowohl Robert Winter als auch Fritz Beindorff schriftlich unterbreitete, brachen in verschiedener Hinsicht mit den Traditionen. An erster Stelle kritisierte er den »Übelstand«, dass Bahlsen »fünf Direktoren, alle mit gleicher Vollmacht und gleicher Machtbefugnis« hatte, was häufig zu »Doppelarbeit« geführt habe. Stattdessen forderte Hans Bahlsen eine »absolut einheitliche Leitung« durch einen aus der Fabrik hervorgehenden Generaldirektor, was auf ihn selbst hinauszulaufen schien. Für den Posten kam aus seiner Sicht nur in Frage, wer das »Geschäft in seinen Grundzügen kennengelernt« und »durch eine langjährige Tätigkeit auch eine gewisse Erfahrung bekommen« hatte.[19] Er hatte seit seinem Eintritt in die Firma dort bereits zehn Jahre gearbeitet. Ob seine Reifung zum Unternehmer bereits erfolgt war, stand auf einem ganz anderen Blatt.

Sein Plädoyer für ein verbindliches Jahresbudget, das den jeweiligen Ressortleitern einen festen Prozentsatz des Umsatzes, etwa dem Rohmaterial-Konto 33 Prozent, zuwies und zu dessen Unterschreitung er Prämien aussetzen wollte, schloss eine vehemente Kritik an der Begrenzung des Budgets für Reklame-Aktivitäten auf vier Prozent des Umsatzes ein. Da hierfür eine »ganze Menge Geld« ausgegeben würde, aber »nicht immer an der richtigen Stelle«, wollte er die sehr gute »lebende Reklame«

16 Robert Winter, Niederschrift über die Zusammenkunft der Herren Robert Winter, Senator Beindorff, Oberstleutnant Karl Schumann, Hans, Werner und später Gerhard Bahlsen am 14. August 1928, Lehzenstraße 3 (BAH, R10, Nr. 537).

17 Gerhard Bahlsen an Robert Winter vom 22.8.1928, S. 1 (BAH, R10, Nr. 537).

18 Karl Schumann an Robert Winter vom 27.2.1929; Karl Schumann an Pastor Wilhelm Tüllmann vom 7.3.1929 (jeweils BAH, R10, Nr. 537); Wedermann, Vormundschaftsrecht, S. 226 ff.

19 Hans Bahlsen an den Vorsitzenden des Aufsichtsrats der H. Bahlsens Keksfabrik KG, Robert Winter vom 14.5.1929, S. 1 f. (BAH, R10, Nr. 537).

durch Kekstage oder Dekorationen fortsetzen, aber die »tote Reklame« durch Zeitungsinserate und ähnliches fundamental verändern. Anstatt der Ansprache von besser gestellten Leuten mit Verständnis für künstlerische Ideen wollte er »Massenwirkung« erzielen und riet zur Übernahme amerikanischer Reklamemethoden mit farbigen Abbildungen.[20] Hans Bahlsen plädierte für die Aufstellung eines vier Jahre umfassenden Plans, nach dem im ersten Jahr alle Inserat-Werbung ausschließlich in Berlin und Umgebung geschaltet würde, im zweiten Jahr nur im Rheinlan. Im dritten solten in Süddeutschland und im vierten ausschließlich Blechschilder an den Ausfallstraßen und Eisenbahnen sowie in den Ausflugsorten aufgestellt werden, um durch die regionale Konzentration der Werbung neue Kundenkreise zu erschließen.

Den Ausbau des Verkaufs durch Grossisten betrachtete Hans Bahlsen als weiteren Baustein des Erfolgs. Zwar müsste hierbei ein Rabatt von 20 Prozent hingenommen werden, wenn jedoch dadurch der Umsatz um 25 Prozent gesteigert werden könnte, würde Bahlsen seine Anlagen besser ausnutzen und selbst bei kalkulatorischem Verlust durch eine breitere Verteilung der Kosten positive Bilanzwirkungen sehen. Er räumte die Schwierigkeiten für den Verkauf und auch mögliche Kollisionen zwischen Bezirken, Grossisten und Großlagern ein, sah aber zur wesentlichen Steigerung von Umsatz und Gewinn nur den Weg, neue Vertriebswege zu beschreiten und neue Produkte herauszubringen. Hierzu müsse aber die Modernisierungsstrategie trotz der aktuell eingeengten Ertragsmöglichkeiten fortgesetzt werden, um für Produktinnovationen die passenden maschinellen Anlagen vorhalten zu können.

Aus seiner Sicht war bei der »kolossal gesunkenen Kaufkraft der Bevölkerung« eine Umsatzsteigerung nur im Mittelpreissegment oder in der »billigen Preislage« zu finden, was einen Bruch mit der Qualitätsproduktion erforderlich machte. Für die Herstellung von Massenware müsse ein stark vergrößerter Maschinenpark und zur Einsparung von Lohnkosten zusätzliche Transportanlagen zur Verfügung stehen. Sein Konzept wich von der eingespielten Praxis ab, durch Preisabsprachen mit anderen Herstellern auskömmliche Einkommensverhältnisse herbeizuführen, sondern er wollte durch eine Investitionsoffensive möglichen Konkurrenten den »Mut« nehmen, ihr Geschäft in diesem Segment auszubauen.[21] Hierzu schlug Hans Bahlsen vor, den gesamten Jahresgewinn in die Modernisierung der Fabrik zu investieren und hierfür auch die Auszahlung von Tantiemen an das Leitungspersonal auszusetzen. Um ihr finanzielles Interesse an der Fortentwicklung des Unternehmens wachzuhalten, sollten während der Übergangsphase zum hochproduktiven Anbieter im Niedrigpreissegment alternative Regelungen gefunden werden. Vielleicht bestand das Nebeninteresse, manche der aus seiner Sicht tendenziell überflüssigen leitenden Damen und Herren zur Aufgabe ihrer Position im Unternehmen zu veranlassen.

Für die Ausstattung der drei jüngeren Brüder waren 1929 immerhin 135.000 Reichsmark nötig, von denen 15.000 für Reisen und fast 54.000 für Barauszahlungen aufge-

20 Ebd., S. 5.
21 Ebd., S. 9.

wendet wurden. Dass aber die drei allein den Unterhalt des Haushalts in der Hohenzollernstraße 16 und der Bemeroder Straße 70 aufzubringen hatten, während Hans Bahlsen einen Zuschuss zu den Autokosten erhielt, führte zu Zwistigkeiten.[22] Die drei jüngeren Brüder teilten die Einschätzung, dass die Testamentsvollstrecker für ihre Ausbildung weniger Geld bereitstellten als zuvor für Hans. Gerhard und Klaus Bahlsen formulierten ihre Vorbehalte am 7. Januar 1930, Werner trug den Vorwurf eines testamentswidrigen Verhaltens am 12. Februar 1930 vor.

In der von Robert Winter formulierten Entgegnung wandten sich die Testamentsvollstrecker vehement gegen die von den Brüdern gewählte »Tonart«, der die »gebotene Achtung« vor dem Alter und der Stellung der vom Erblasser eingesetzten Testamentsvollstrecker fehle.[23] Zudem stellten sie klar, dass sie sich sehr um die Berücksichtigung der Wünsche der Erben bemühten, aber schlussendlich doch im Geist des zwischenzeitlich in manchen Punkten überholten Testaments zu handeln hätten. Denn die Testamentsvollstrecker hätten das »Vermögen nach bestem Ermessen, soweit möglich unter Berücksichtigung der Richtlinien, die im Testament aufgestellt sind, zu verwalten und so lange der eigenen Verwaltung der Söhne zu entziehen, bis diese das 30. Lebensjahr erreicht« hatten.[24] Sie gaben den Söhnen auf, sich über die Vermögenslage zu informieren, die Zuweisungen von Finanzmitteln und die konkreten Ausgaben aufzulisten und eigene Anliegen in schriftlicher Form einzureichen.

Zum Geschäftsführer der Vermögensverwaltung bestellten die Testamentsvollstrecker das stellvertretende Vorstandmitglied Karl Schumann, der an allen Gesprächen über geschäftliche und Vermögensangelegenheiten teilnehmen sollte. Zugleich sollte ein an den Gründungen der verschiedenen Gesellschaften beteiligter Jurist ein Gutachten über die von den Testamentsvollstreckern durchgeführten Maßnahmen unter Berücksichtigung der von den Bahlsen-Söhnen monierten Vorgänge erstellen. Die Ausarbeitung solle sodann von einem an einer deutschen Universität wirkenden »Rechtsgelehrten von Ruf« nachgeprüft werden.[25] Winter nahm die aus seiner Sicht in der »unfreundlichsten Weise« vorgetragenen Vorwürfe persönlich, dass er anstatt des »wohlverdienten Dankes« nur »ungerechte weitere Ansprüche« erntete, weshalb er vor der Vorlage des Gutachtens mit klaren und zweifelsfreien »Richtlinien für die

22 H. Bahlsens Keksfabrik KG, Niederschrift über eine Besprechung mit Robert Winter, Fritz Beindorff, Hans Bahlsen, Werner Bahlsen und Karl Schumann am 18.12.1929; H. Bahlsens Keksfabrik KG, Niederschrift über eine Besprechung mit Robert Winter, Fritz Beindorff, Hans Bahlsen, Werner Bahlsen, Gerhard Bahlsen, Klaus Bahlsen und Karl Schumann am 3.1.1930; Gerhard Bahlsen/Klaus Bahlsen an Karl Schumann am 3.1.1930; Robert Winter an Hans Bahlsen vom 6.3.1930 (jeweils BAH, R10, Nr. 537).

23 Robert Winter/Fritz Beindorff, Unsere Stellungnahme zu dem Schreiben der Herren Gerhard und Klaus Bahlsen vom 7.1.1930, und zum Schreiben des Herrn Werner Bahlsen vom 12.2.1930 vom 3.4.1930, S. 1 (BAH, R10, Nr. 537).

24 Ebd., S. 2.

25 Ebd., S. 5.

Auslegung des Testaments« eine Fortsetzung der Verhandlungen mit den drei jüngeren Bahlsen-Brüdern ablehnte.[26]

Werner Bahlsen sollte Ende März 1930 seinen Anteil aus dem bei der Gründung der Hannoverschen Keksfabrik GmbH angesammelten Treuhandkapital mit der Maßgabe der Eigenverwaltung ausgehändigt werden, wobei der Kapitalbetrag unberührt bleiben sollte, sodass er nur über die Zinserträge verfügen konnte.[27] Gegen die schriftliche Bestätigung dieses Zusatzes wandte sich Werner Bahlsen, weil er sich gegenüber seinem Bruder Hans zurückgesetzt fühlte, dem keine Vorgaben erteilt worden waren. Die am 29. März 1930 niedergeschriebene Bitte, bis zur »Klärung der schwebenden Fragen« die Beschlussfassung der Gesellschafterversammlung auszusetzen, vertiefte den Dissens mit den Testamentsvollstreckern ebenso wie die Ankündigung von Werner und Klaus Bahlsen, an der Generalversammlung der Aktiengesellschaft nicht teilzunehmen.[28]

Robert Winter sammelte seinerseits Argumente zur Stützung seiner Position. Die Aufstellung der Einnahmen und Ausgaben der drei jüngeren Bahlsen-Brüder diente dazu, die Großzügigkeit und finanziell erfolgreiche Vermögensverwaltung durch die Testamentsvollstrecker zu unterstreichen.[29] Die Summierung des zwischen 1924 und 1929 verfügbaren Einkommens in einer Gesamthöhe von 259.546 Reichsmark für Werner, 252.280 für Gerhard und 239.414 für Klaus spielte Robert Winter in seiner Sicht eine unschlagbare Karte in die Hand, wenngleich die Gegenseite immer behaupten konnte, dass ihnen noch viel mehr zugestanden hätte. Tatsächlich beharrten die Brüder auf dem Standpunkt, dass ihre Einnahmen die notwendigen Ausgaben nicht deckten.

Doch nach den Beobachtungen Winters war Werner Bahlsen nicht eben sparsam, sondern »reichlich großzügig«, wie seine Ausgaben für Reisen und die Lebenshaltung zeigten.[30] Seiner Absicht, einem Freund finanziell auszuhelfen, stellte sich der Testamentsvollstrecker wegen dessen Mittellosigkeit und der Wahrscheinlichkeit des Kreditausfalls entgegen. Das fasste wiederum Gerhard als »unerhört und lächerlich« gegenüber seinem Bruder auf, während Klaus sich in persönlichen Dingen nicht mehr an die Testamentsvollstrecker wenden wollte, um später wegen seines Treuhandvermögens keine »Schwierigkeiten« zu bekommen.[31] Daraufhin kündigten Werner, Gerhard und Klaus Bahlsen an, um eine »unparteiische und sachliche

26 Ebd., S. 5 f.

27 Robert Winter am Werner Bahlsen vom 24.3.1930 (BAH, R10, Nr. 537).

28 Werner und Klaus Bahlsen an Robert Winter vom 29.3.1930 (BAH, R10, Nr. 537).

29 Durch H. Bahlsens Kommanditgesellschaft verrechnete Einnahmen und Ausgaben der Herren Werner, Gerhard und Klaus Bahlsen o. D. [April 1930] (BAH, R10, Nr. 537).

30 Robert Winter, Stellungnahme zu der Verhandlungsniederschrift über die Besprechung am 4.4.1930, Lehzenstraße 3 vom 22.4.1930, S. 2 (BAH, R10, Nr. 537).

31 Werner Bahlsen, Niederschrift über die Sitzung am 4.4.1930 vom 8.4.1930, S. 2; Robert Winter, Stellungnahme zu der Verhandlungsniederschrift über die Besprechung am 4.4.1930, Lehzenstraße 3 vom 22.4.1930, S. 3 (jeweils BAH, R10, Nr. 537).

Erledigung« der sie interessierenden Fragen zu erreichen, sich auf Anraten von Philipp Karl Fürchtegott Reemtsma, dem Zigarettenindustriellen und Freund der Familie, vom Hamburger Juristen Dr. Norbert Labowsky vertreten zu lassen.[32]

Während die jüngeren Bahlsen-Brüder behaupteten, dass vor allem das von Alexander Grant zur Verfügung gestellte Pfund-Darlehen das Unternehmen zu neuer Blüte geführt habe und nicht die Entscheidungen der Testamentsvollstrecker, ordnete Robert Winter die Kapitalzufuhr kritischer ein, da hierdurch zunächst die Fremdkapitalquote bis an den Rand der Überschuldung gestiegen sei. Stattdessen habe das umsichtige Verhalten der Testamentsvollstrecker und des Vorstands in der Inflationszeit ermöglicht, eine vollständige Umkehrung der Verhältnisse herbeizuführen. Im Ergebnis war das Kapitalkonto bis Ende 1925 auf 4,05 Millionen Reichsmark angewachsen, während die Bankschulden sowie die Verbindlichkeiten gegenüber Theodor Bahlsen vollständig getilgt worden waren.[33] Bis Ende 1929 war das Familienvermögen der Söhne auf rund 10 Millionen Reichsmark weiter gesteigert worden.[34]

Für Winter stellte der Konflikt eine herbe Enttäuschung dar. Dass die drei jüngsten Brüder die Testamentsvollstrecker trotz dieser Gesamtbilanz wegen verhältnismäßig kleiner Beträge derart hart angingen, konnte er sich nur mit ihrer ungenügenden Orientierung über die inneren Verhältnisse der Vermögensverwaltung und ihrer eigenen Vermögen erklären. Winter hielt Hans Bahlsen durch Übersendung von Kopien der Ausgangs- und Eingangspost über den jeweiligen Stand auf dem Laufenden.[35]

Mitten hinein in den offenen Streit wollte Hans Bahlsen die mündliche Zusage, ihm das »Vorrecht auf Hohenzollernstraße 15« einzuräumen und ihm das Grundstück mit dem bestehenden alten Haus »vorweg zur Verfügung zu stellen«.[36] Der Grundstücks- und Hauswert, der am 27. August 1927 auf 83.700 Reichsmark taxiert worden war, sollte bei einer späteren Teilung oder Auseinanderrechnung angerechnet werden. Dass Hans Bahlsen bei Annahme seines Vorschlags unmittelbar Eigentum erhalten hätte, ohne zunächst einen Preis zu bezahlen, gehörte zu den leicht erkennbaren Vorteilen. Die Initiative startete Hans Bahlsen offenbar im Vorgriff auf seinen auf den 9. Mai 1930 fallenden 30. Geburtstag, der ihn aus der Vermögensverwaltung durch die Testamentsvollstrecker entwachsen ließ.

Winter und Beindorff kündigten ihm an, ihn danach zum wirklichen Vorstandsmitglied der H. Bahlsens Keksfabrik AG zu ernennen und sein Monatsgehalt ab

32 Werner, Gerhard und Klaus Bahlsen an die Testamentsvollstrecker Robert Winter und Fritz Beindorff vom 7.4.1930 (BAH, R10, Nr. 537).

33 Bilanzgegenüberstellung Hannoversche Keksfabrik H. Bahlsen 31.12.1913, 31.12.1918, 31.12.1919 und H. Bahlsens Keksfabrik AG und KG 31.12.1925 vom 30.11.1926 (BAH, R10, Nr. 537).

34 Robert Winter, Stellungnahme zu der Verhandlungsniederschrift über die Besprechung am 4.4.1930, Lehzenstraße 3 vom 22.4.1930, S. 7 (BAH, R10, Nr. 537).

35 Robert Winter an Hans Bahlsen vom 24.4.1930 (BAH, R10, Nr. 537).

36 Hans Bahlsen an Werner, Gerhard und Klaus Bahlsen vom 25.4.1930, S. 1 f. (BAH, R10, Nr. 537).

Mai 1930 um 250 auf 1.250 Reichsmark zu erhöhen und ihm auch eine auf drei Prozent erhöhte Leistungszulage zu bewilligen. Zum gleichen Zeitpunkt erhielt er die alleinige Verfügung über seinen Anteil von nominal 900.000 Reichsmark vom 3,6 Millionen Reichsmark betragenden Stammkapital des in der Hannoverschen Keksfabrik GmbH zusammengefassten Brüdervermögens.[37]

Einen weiteren Schritt zur Übernahme der Entscheidungsbefugnisse ging Werner Bahlsen Mitte 1930 durch den Eintritt in die Geschäftsleitung, womit die stufenweise Übernahme von Verantwortung unabhängig von den weiterhin schwelenden Konflikten mit den jüngeren Bahlsen-Brüdern von den Testamentsvollstreckern ermöglicht wurde. Klaus Bahlsen, der 1929 volljährig geworden war, durchlief die verschiedenen Betriebsabteilungen. Über seine detaillierten Beobachtungen und Lehren führte er ein Notizbuch.[38] Nachdem die beiden juristischen Berater Dr. Norbert Labowsky und Dr. G. F. Horn Mitte Mai 1930 eine Übereinkunft zum weiteren Umgang geschlossen hatten,[39] waren die Voraussetzungen geschaffen, um am 12. August 1930 auch Werner Bahlsen seinen Anteil von 64.077, 10 Reichsmark am Treuhandvermögen, mehrheitlich Wertpapiere und Devisen, zur eigenen Verwaltung auszuhändigen.[40] Am Tag darauf übersandte Dr. Norbert Labowsky ein Sieben-Punkte-Programm, wonach die Testamentsvollstrecker nichts mehr ohne Zustimmung der jüngeren Brüder entscheiden sollten und die Haus- und Autokosten von den Bahlsen-Gesellschaften zu tragen waren.[41]

Daraufhin erarbeitete Karl Schumann einen Vorschlag, der bei der Haushaltsführung, also für die Instandhaltung von Gärten und Häusern, für die staatlichen und kommunalen Hausabgaben, die Beschaffung und den Betrieb von Kraftwagen oder der Inneneinrichtung, Wäsche, Heizung, Strom und Wasser usw., eine paritätische Kostenbeteiligung von Hans Bahlsen vorsah. Als »richtigste Lösung« schwebte Schumann aber vor, die Häuser Bemeroder Str. 70 und Hohenzollernstraße 16 direkt von der GmbH bewirtschaften zu lassen, um deren Instandhaltung und die Hausabgaben zu übernehmen.[42] Auch sollten die Haushalts- und persönlichen Ausgaben der drei jüngeren Erben aus den Büchern der Kommanditgesellschaft herausgenommen werden, um eine Trennung von Geschäfts- und Privatausgaben zu schaffen.

Hans Bahlsen unterstützte Anfang September 1930 den Vorschlag im Grundsatz in einem Schreiben an seinen Bruder Werner, das in Kopie auch an die anderen Brüder ging. Er bat um ein gemeinsames Gespräch, um die »Angelegenheit end-

37 Robert Winter/Fritz Beindorff an Hans Bahlsen vom 30.4.1930, S. 1 f. (BAH, R10, Nr. 537).

38 Klaus Bahlsen, Notizbuch ab Oktober 1930 (BAH, R13, Nr. 48).

39 Fritz Beindorff an Karl Schumann vom 16.5.1930 (BAH, R10, Nr. 537).

40 Hannoversche Keksfabrik GmbH, Karl Schumann, an Werner Bahlsen vom 13.8.1930; Hannoversche Keksfabrik GmbH, Karl Schumann, Aufstellung Treuhandvermögen vom 13.8.1930, S. 1 ff. (jeweils BAH, R10, Nr. 537).

41 Dr. Norbert Labowsky an Fritz Beindorff vom 13.8.1930 (BAH, R10, Nr. 537).

42 Karl Schumann, Vorschlag für die zukünftige Regelung der Verbuchungen für die Haushaltsführung Hohenzollernstraße vom 27.8.1930 (BAH, R10, Nr. 537).

lich zum Abschluss zu bringen«.[43] Tatsächlich erfolgte am 8. November 1930 nach langer Zeit wieder eine ausführliche Besprechung der vier Brüder mit den Testamentsvollstreckern und dem GmbH-Geschäftsführer Karl Schumann, um neben der fairen Aufteilung der Hauskosten und einigen Grundstücksangelegenheiten auch der Frage nachzugehen, ob im Interesse einer größeren finanziellen Handlungsfreiheit der Erben eine Herauslösung von Kommanditanteilen aus der GmbH und deren Übergang ins Privatvermögen vorgenommen werden sollte. Die Entscheidung wurde aber um ein oder zwei Jahre vertagt.[44] Oberflächlich betrachtet, herrschte im Spätherbst 1930 übliche Geschäftigkeit, etwa um einen angemessenen Umgang mit geschmacksverschlechternden Nüssen zu finden.[45] Auch war geplant, Werner Bahlsen zum 1. Januar 1931 zum stellvertretenden Vorstandsmitglied der H. Bahlsens Keksfabrik AG zu ernennen. Darüber hinaus sollte er in der Hannoversche Keksfabrik GmbH die bisherige Geschäftsführerin Martha Hohmeyer ersetzen. Klaus Bahlsen erhielt am 1. Dezember 1930 von den Testamentsvollstreckern einen Vertrag über seine am 1. Januar 1931 beginnende Anstellung in der Hannoverschen Keksfabrik GmbH zu den gleichen Anfangskonditionen wie seine älteren Brüder.[46] Die Testamentsvollstrecker wollten eine geregelte Übergabe der Unternehmensverantwortung an die Erbengeneration über einen längeren Zeitraum verteilen.

Womöglich entzündete sich der Konflikt der drei jüngeren Brüder mit Hans Bahlsen und den Testamentsvollstreckern an dem Umstand neu, dass auf dessen Wunsch hin sein Anstellungsvertrag vorfristig bereits Anfang Oktober 1930 verlängert worden war, also bevor sein Bruder Werner zum Vorstandsmitglied aufstieg.[47] Anfang Dezember 1930 scherte Hans Bahlsen aus der von seinem Bruder Werner initiierten rechtlichen Positionierung aus, indem er die beiden Testamentsvollstrecker informierte, dass er sich den von Werner vorgetragenen Beanstandungen nicht anschließen würde, da er diese »für ungerechtfertigt« halte.[48] Hans Bahlsen machte den Einfluss von Martha Hohmeyer auf seine Brüder in hohem Maße für deren Misstrauen gegenüber den Testamentsvollstreckern verantwortlich und regte deren Wechsel in den Aufsichtsrat an, was aber Werner Bahlsen, von Fritz Beindorff darauf angesprochen, für seine beiden anderen Brüder ablehnte.

43 Hans Bahlsen an Werner Bahlsen vom 5.9.1930, S. 1 (BAH, R10, Nr. 537).

44 Karl Schumann, Niederschrift über eine Besprechung zwischen Robert Winter, Fritz Beindorff, den Herren Hans, Werner, Gerhard und Klaus Bahlsen sowie Karl Schumann am 8.11.1930, S. 1 ff. (BAH, R10, Nr. 537).

45 Hans Bahlsen an Anna-Dora Thieme vom 17.9.1930, S. 1 f. (BAH, R10, Nr. 537).

46 Karl Schumann, Niederschrift über eine Besprechung zwischen Robert Winter, Fritz Beindorff, den Herren Hans, Werner, Gerhard und Klaus Bahlsen sowie Karl Schumann am 8.11.1930, S. 2 (BAH, R10, Nr. 537).

47 Robert Winter an Hans Bahlsen vom 9.10.1930 (BAH, R10, Nr. 537).

48 Robert Winter, Niederschrift über eine Besprechung bei Senator Beindorff am 9.12.1930, S. 1 (BAH, R10, Nr. 537).

Werner Bahlsen hielt Winter insbesondere die Einrichtung der Schokoladen-Abteilung vor, die seit ihrer Gründung im Jahre 1926 zwei Millionen Reichsmark Verlust eingefahren habe.[49] Dass sein Bruder Hans als deren Leiter zu diesem Misserfolg beigetragen hatte, passte gut zu der Eigenerzählung, gegenüber dem ältesten Bahlsen-Sohn ungerechtfertigterweise zurückgesetzt worden zu sein. Beindorff, der ein besseres Verhältnis zu Werner pflegte, sollte den Beschwerdeführer dazu auffordern, die »Behauptung schriftlich zu beweisen«.[50]

Winter und Beindorff kamen am 14. Dezember 1930 erneut zusammen. Aus ihrer Sicht brachte Werner Bahlsen keine ausreichenden Belege für die Richtigkeit des bezifferten Verlusts bei. Der Vorwurf, bei der Zuteilung der Aktien bei der im Herbst 1922 erfolgten Gründung der H. Bahlsens Keksfabrik AG hätten die Testamentsvollstrecker die »Bestimmungen des Testamentes nicht beachtet«, richtete sich gegen Robert Winter, da zum damaligen Zeitpunkt Justizrat Dr. Wendte als zweiter Testamentsvollstrecker fungiert hatte. Er war erst nach dessen Tod 1923 durch Fritz Beindorff ersetzt worden.[51] Winter rechtfertigte sich damit, dass die wortwörtliche Umsetzung der testamentarischen Regelungen angesichts der damals bestehenden Überschuldung des Familienunternehmens zum Verlust des Vermögens geführt hätte, dass das Vermögen für die Söhne verloren gewesen sei. Dass verschiedene Personen Aktienanteile für nominal 150.000 (Papier)Mark, was 105 (Gold-)Mark entsprach, übernommen hatten, war »in freier Vereinbarung« zustande gekommen und lag im Interesse der Erbmasse.[52]

Robert Winter kündigte an, eine gesonderte Niederschrift über die Gründung der drei Gesellschaften anzufertigen und zu deren Überprüfung den früheren Direktor der Deutschen Bank in Hannover, Paul Adolf Hedemann, heranzuziehen. Wenig überraschend kam dessen am 16. Februar 1931 erstattetes Gutachten zu dem Urteil, dass die Testamentsvollstrecker ihre »verantwortungsvolle Aufgabe mit außergewöhnlicher Hingabe durchgeführt« hätten und dabei den »Absichten und Gedanken« des Erblassers gefolgt seien und die »Interessen der Erben in jeder Beziehung« wahrgenommen und in »finanzieller Hinsicht für den Nachlass und die Erben in selten vorkommendem Ausmaße« gesorgt hätten, da das Erb-Vermögen bis Ende 1929 auf 8,539 Millionen Reichsmark gesteigert werden konnte.[53] Die testamentarisch festgelegte Aufwandsentschädigung von jährlich 6.000 Reichsmark, auf die im Übrigen Beindorff verzichtet hatte, begründete nach Einschätzung des Gutachters keine finanziellen Eigeninteressen und auch die jährliche Aufsichtsratsvergütung

49 Ebd., S. 2.

50 Ebd., S. 3.

51 Robert Winter, Niederschrift über eine Besprechung bei Senator Beindorff am 14.12.1930, S. 1 (BAH, R10, Nr. 537).

52 Ebd., S. 2.

53 Bankdirektor i. R. Paul Adolf Hedemann, Gutachten über die Testamentsvollstreckerschaft betr. Nachlass Hermann Bahlsen vom 16.2.1931, S. 5 u. 14 (BAH, R10, Nr. 537).

von 22.575 Reichsmark stelle weder statuarisch noch praktisch eine persönliche Bereicherung, sondern eine aus der Ertragssituation abgeleitete Tantieme dar.

Auch die Übernahme von Aktien der 1922 gegründeten Bahlsen-Aktiengesellschaft in der von den Prokuristen der vormaligen Offenen Handelsgesellschaft übernommenen Größenordnung, die nach der Umstellung der Aktien auf Goldmark dem Betrag von 45.000 Goldmark entsprach, belastete die Beteiligung der Erben nicht – nach dem von Hermann Bahlsen 1918 aufgestellten »Programm für die Aktiengesellschaft« hätten die Erben weniger als die qualifizierte Mehrheit von 75 Prozent in Händen gehalten, während die Testamentsvollstrecker ihnen einen Anteil von 84 Prozent gesichert hatten. Zudem enthielt der Konsortialvertrag für die von Dritten gehaltenen Aktien ein Vorkaufsrecht, sodass den Erben die Möglichkeit zustand, ihren Aktienanteil weiter zu steigern.[54] Insoweit bestand aus Sicht von Paul Adolf Hedemann kein Anlass, den Testamentsvollstreckern Vorwürfe zu machen.

An Weihnachten 1930 fiel bei Hans Bahlsen die Entscheidung, sich aus dem Unternehmen zurückzuziehen, weil er – wie er in einem Briefentwurf an die beiden Testamentsvollstrecker formulierte – nicht sein ganzes »Leben für eine nutzlose Sache« aufreiben wolle und negative Auswirkungen auf seine Gesundheit befürchtete. Auch im Interesse seiner Familie strebte er danach, sich in ein »anderes Unternehmen einzuarbeiten« und eine »neue Position zu finden«. Die verfahrene Lagebeurteilung kulminierte in der Sorge, nach einer Beendigung der Aufsichtsratstätigkeit von Winter und Beindorff »in eine isolierte Lage« gegenüber seinen Brüdern zu kommen. Da sein Bruder Werner über sämtliche geschäftliche Fragen entscheiden wolle, ihm aber angesichts seiner größeren geschäftlichen Erfahrung und seiner »Veranlagung« eine »vollkommene Unterordnung« nicht möglich sei, bat er die Testamentsvollstrecker um Verständnis für seinen Entschluss.[55]

Seinem Bruder Werner, der ihn als Wortführer seiner Brüder am 12. Dezember 1930 angeschrieben hatte, antwortete er »nach reiflicher Überlegung«, dass die von ihm vorgeschlagene »Gemeinschaft« von ihm verlange, sich »restlos« unterzuordnen, wozu er sich aber wegen seines Alters und seiner Erfahrungen nicht in der Lage sehe. Zudem hielt er seinem Bruder Werner vor, dass er in die Meinungsverschiedenheiten »mehr persönliche als sachliche Momente hineingetragen« habe. Die von ihm daraus zu ziehende Schlussfolgerung war der Wunsch, sich »ganz aus den Unternehmungen zurückzuziehen«, auch um den »ewigen kleinlichen Nörgeleien« zu entgehen, die für ihn zukünftig ein »ersprießliches Zusammenarbeiten« wenig wahrscheinlich machten. Da die Brüder »freie Bahn« haben wollten, schlug er vor, dass ihm sein 25-Prozent-Anteil an der GmbH zum Teil in bar ausgezahlt werden sollte. Der Rest sollte hypothekarisch zu einem noch festzulegenden Zinssatz auf die Grundstücke und Gebäude eingetragen werden. Er hoffte, dass sie es dann

54 Ebd., S. 9 ff.

55 Hans Bahlsen an Robert Winter/Fritz Beindorff (handschriftlicher Entwurf) o. D. [nach dem 24.12.1930] (BAH, R10, Nr. 537).

besser machten als er, schloss aber mit der Mahnung, dass »kritisieren viel leichter ist als besser machen«.[56] Hans Bahlsen wollte in die Verhandlungen »keine unnötige Schärfe hineingetragen« wissen, weshalb er in den von Robert Winter vorbereiteten Protokollnotizen Änderungen vorschlug, um bei einer »etwaigen Trennung« kein »unangenehmes Gefühl« zu hinterlassen.[57]

Der Aufsichtsratsvorsitzende Winter gab daraufhin in der Vorstandssitzung am 21. Januar 1931 bekannt, dass Hans Bahlsen als Ergebnis des offenen Konflikts dauerhaft aus der Firma austreten wolle. Über Justizrat Adolf Stehmann teilte Hans seinen Brüdern formell seine Ansprüche beim Austritt aus der Erbengemeinschaft und den Gesellschaften mit, wobei die Bilanz der Hannoverschen Keksfabrik GmbH zum 31. Dezember 1929 auswies, dass die Aktiva die Passiva um mehr als neun Millionen Reichsmark überstiegen.[58] Die Testamentsvollstrecker kündigten in der Sitzung ihrerseits an, durch Feststellungsklage ihre Rechte bei der Erfüllung ihrer vom Erblasser auferlegten Pflichten klären zu lassen. Robert Winter gab zur Kenntnis, sich gegen die von Werner Bahlsen wiederholt geäußerten Behauptungen angeblich testamentswidrigen Verhaltens ebenfalls gerichtlich zur Wehr zu setzen.[59] Robert Winter empfand die Vorwürfe als »gemeine Undankbarkeit«. Obwohl das Tischtuch zerschnitten war, solle der geschäftliche Verkehr »korrekt und einwandfrei« erfolgen, um Schaden von den Firmen abzuwenden.

Am 22. Januar 1931 erbat Hans Bahlsen vom Aufsichtsratsvorsitzenden, wegen einer sich mit sehr starken Kopfschmerzen, leichten Schwindelanfällen, Gehbeschwerden und Schlaflosigkeit äußernden akuten »Zentralnervensystemstörung« längere Erholungsferien antreten zu dürfen.[60] Aufsichtsrat und Geschäftsleitung besprachen in einer gemeinsamen Sitzung am 24. Januar 1931 diesen Antrag. Werner Bahlsen ließ über Hermann Hertzer wissen, dass er die Vertretung nur übernehmen wollte, wenn die Testamentsvollstrecker und Aufsichtsräte ihm ausdrücklich das Vertrauen aussprachen. Winter antwortete, dass die Unterstützung des Vorstandsvorschlags wohl als Vertrauensbeweis gelten könne, während Beindorff seine »Zustimmung etwas vorsichtiger« formulierte.[61]

Hans Bahlsen reiste zunächst ins Hotel Dolder nach Zürich, um danach in St. Moritz die »richtige Erholung« zu suchen, um die aufgetretenen Gesundheitsstörungen

56 Hans Bahlsen an Werner Bahlsen (handschriftlicher Entwurf) o. D. [nach dem 24.12.1930] (BAH, R10, Nr. 537).

57 Hans Bahlsen an Robert Winter vom 14.1.1931 (BAH, R10, Nr. 537).

58 Justizrat Adolf Stehmann an Werner Bahlsen vom 22.1.1931; Hannoversche Keksfabrik GmbH, 31.12.1929 vom 30.9.1930 (jeweils BAH, R10, Nr. 537).

59 Robert Winter, Aktennotiz über die Vorstands-Sitzung bei Bahlsen vom 24.1.1931, S. 2 f. (BAH, R10, Nr. 512).

60 Hans Bahlsen an den Aufsichtsratsvorsitzenden Robert Winter vom 22.1.1931; Hans Bahlsen an Fritz Beindorff vom 22.1.1931 (jeweils BAH, R10, Nr. 537).

61 Konferenz Aufsichtsrat/Geschäftsleitung der H. Bahlsens Keksfabrik AG vom 24.1.1931 (BAH, R12, Nr. 160).

möglichst bald wieder zu beheben. Während seiner Abwesenheit würde sein Schwiegervater Willy Tischbein, der frühere Continental-Generaldirektor, seine Vertretung bei anstehenden Verhandlungen zur Abgabe seiner Erbschaftsanteile übernehmen.[62] Die Genesung verzögerte sich allerdings; zudem gaben Hans Bahlsen und seine Frau Mercedes die Wohnung in der Bödekerstraße 34 auf und verzogen zum 1. April 1931 in das Haus Halali auf dem seinem Schwiegervater gehörenden Gut Rixförde bei Celle.[63] Die Hannoversche Keksfabrik GmbH traf insoweit Vorbereitungen für das Ausscheiden von Hans Bahlsen und die damit erforderliche Zahlung einer womöglich fälligen Abschlagssumme auf die Abfindung, indem auch der Aufsichtsrat dem lange diskutierten Verkauf des großen Eckgrundstücks Podbielskistraße 100 an den Gemeinnützigen Bauverein Buchholz zu einem Preis von 600.000 Reichsmark zustimmte, um für eine »gewisse pekuniäre Entlastung« zu sorgen.[64]

Der Brüderstreit und der Versuch der jüngeren Bahlsen-Söhne, die Regelungskompetenz der Testamentsvollstrecker einzuschränken und Entscheidungen ihrer ausdrücklichen Zustimmung zu unterstellen, kamen wegen der angespannten Wirtschaftslage zur Unzeit. Zugleich trug die mit der Krise verbundene Notwendigkeit, das Bahlsen-Unternehmen auf seine Kernfunktionen zurückzuführen, zur Enttäuschung von Werner Bahlsen bei, weil ihm zur Belebung des Exports zusätzliche Finanzmittel vorenthalten wurden, während die in der Zuständigkeit von Hans Bahlsen liegende bauliche und maschinelle Modernisierung der Fabrik gefördert wurde. Darüber hinaus sahen sich die jüngeren Brüder durch die Altersvorgaben ihres Vaters gegenüber Hans zurückgesetzt, wobei Werner erkennbar drängende Leitungsambitionen hegte.

Aber die gesundheitliche Wiederherstellung und die Einsicht in die durch die wirtschaftlichen Krisenverhältnisse zusätzlich eingeengten Finanzmittel der Unternehmen ließen Hans Bahlsen Mitte April 1931 von seinem beabsichtigten Ausstieg wieder zurücktreten. Allerdings verband er die Wiederaufnahme seiner Unternehmenstätigkeit mit dem Wunsch, eine klare »Abgrenzung der einzelnen Ressorts« vorzunehmen, um »Reibereien und Kompetenzschwierigkeiten« vorzubauen.[65] Dass Hans Bahlsen aber unmittelbar an die »Erledigung« der 1929 zugesagten Angleichung seines Gehalts und der Tantiemenregelung mit denen der übrigen Vorstandsmitglieder erinnerte und auch das Verkaufsangebot seiner GmbH-Anteile an seine Brüder formell nicht zurücknahm, unterstrich die wenig einvernehmliche

62 Hans Bahlsen an den Aufsichtsratsvorsitzenden Robert Winter vom 26.1.1931 (BAH, R10, Nr. 537).

63 Hans Bahlsen an den Aufsichtsratsvorsitzenden Robert Winter vom 5.3.1931 (BAH, R10, Nr. 537).

64 Hannoversche Keksfabrik GmbH, Hermann Hertzer an Fritz Beindorff vom 24.2.1931; Hannoversche Keksfabrik GmbH, Karl Schumann, an Hans Bahlsen vom 18.4.1931 (jeweils BAH, R10, Nr. 537).

65 Hans Bahlsen an den Aufsichtsratsvorsitzenden Robert Winter vom 13.4.1931 (BAH, R10, Nr. 537).

Grundkonstellation.[66] Robert Winter stimmte zwar der Abgrenzung der Arbeitsgebiete und der Erstellung einer verbindlichen Geschäftsordnung zu, wobei er ausdrücklich die Verabredung der Urlaubszeiten zwischen Brüdern und Vorstandsmitgliedern und deren Vorab-Genehmigung durch den Aufsichtsratsvorsitzenden geregelt wissen wollte. Auf die Gehaltsforderung ging Winter jedoch wohlweislich nicht ein.[67]

Innerbetrieblich standen wegen der rückläufigen Konjunktur alle Zeichen auf Kostenreduzierung. Hierzu griffen Ende Januar 1931 in »freier Vereinbarung« Gehaltskürzungen, die einerseits die Gehälter von ledigen Angestellten mit einem Monatsgehalt unter 150 und von Verheirateten unter 250 Reichsmark zur »Schonung der Lebenshaltung« unangetastet lassen wollten. Zum Ausgleich wurden andererseits die Gehälter von Vorstandsmitgliedern und leitenden Angestellten um 7 bis 10 Prozent gekürzt, während ledige Angestellte bei einem Gehalt von 151 bis 250 Reichsmark und von mehr als 300 Reichsmark Kürzungen zwischen 4 und 6 Prozent und Verheiratete von 5 bzw. 6 Prozent hinzunehmen hatten.[68] Bahlsen griff damit in gewisser Weise der im Juni 1931 erlassenen Notverordnung der Brüning-Regierung zur Sicherung der Wirtschaft und Finanzen vor, die in ähnlicher Weise die Bezüge des Personals des öffentlichen Dienstes sowie die Erwerbslosenunterstützung kürzte.[69]

Die von Hans Bahlsen unterbreiteten Vorschläge zur Neuorganisation liefen darauf hinaus, die Reduzierung der Verkaufskosten durch Rationalisierung der Hauptlager Werner Bahlsen zu übertragen, in der Werbung mehr den »Geschmack der breiten Massen« zu treffen und das Reklamebudget von 6 auf 4 Prozent zu reduzieren.[70] Die Zuständigkeiten wollte er dahingehend geregelt haben, dass innerhalb der Handlungsunkosten Karl Schumann für Zinsen, Mieten, Steuern, Bilanzen, Buchhaltung und Plantagen und Hermann Hertzer für Gehälter, Spenden und Beiträge sowie Verkaufskosten verantwortlich zeichnete. Die bislang von Martha Hohmeyer bearbeitete Reklame sollte einem Hermann Hertzer unterstellten »Reklamechef« übertragen werden.[71] Im Fabrikationsbetrieb sollte Anna-Dora Thieme dem Ressort Einkauf, Roh- und Verpackungsmaterial und Finanzen vorstehen, während er selbst den Allgemeinen Betrieb und den technischen Einkauf übernehmen wollte. Die vorgeschlagene Vertretungsregelung wies, auch um seinen »jüngeren Brüdern Gelegenheit zu geben, sich einzuarbeiten«, Werner Bahlsen arbeitete zusammen mit Hermann Rustemeyer Hermann Hertzer zu, während Klaus als Vertreter von

66 Hans Bahlsen an Robert Winter vom 17.4.1931, S. 1; Robert Winter an Hans Bahlsen vom 22.4.1931 (jeweils BAH, R10, Nr. 537).

67 Robert Winter an Hans Bahlsen vom 15.4.1931 (BAH, R10, Nr. 537).

68 H. Bahlsens Keksfabrik AG an Hans Bahlsen vom 31.1.1931 (BAH, R11, Nr. 44).

69 https://www.bundesarchiv.de/aktenreichskanzlei/1919-1933/0000/bru/bru2p/kap1_1/kap2_79/para3_1.html (Zugriff 1.3.2023).

70 Klaus Bahlsen, Vorschläge vom 17.4.1931, S. 1 (BAH, R10, Nr. 537).

71 Ebd., S. 2.

Anna-Dora Thieme fungieren sollte. Dass Hans Bahlsen sich als sekundärer Erziehungsberechtigter des jüngsten Bruders gerierte, zeigt sein eher als Festlegung denn als Anregung daherkommender Entwicklungsplan, wonach Klaus im Betrieb noch ein halbes Jahr seine praktische Ausbildung vollenden sollte, um dann eine »mindestens« einjährige Ausbildung im Verkauf und der Verwaltung anzuschließen. Als dessen Tätigkeitsfeld sah er den Einkauf.[72]

Am 1. Mai 1931 meldete sich Hans Bahlsen bei der Aufsichtsratssitzung »im Vollbesitz seiner Gesundheit« zurück, um seine Tätigkeit wieder aufzunehmen. Er bat um »Zuweisung von Arbeit«, obwohl weiterhin Verhandlungen über den Ankauf seines Aktienanteils mit seinen Brüdern liefen. Der Vorstand nahm zu dem Ansinnen keine Stellung, wollte aber protokolliert wissen, ihm keineswegs dauerhaft Gehalt oder Tantiemen zahlen zu können, weil sich das Unternehmen »unnütze Ausgaben irgendwelcher Art nicht leisten« könne.[73] Die Umsätze im ersten Quartal des Jahres 1931 lagen um immerhin 14 Prozent hinter denen des Vorjahres zurück. Die Zukunftsaussichten des Verkaufs nannte Hermann Hertzer »sehr übersichtlich«.[74] Der insgesamt um 7 Prozent schrumpfende Export entwickelte sich insoweit uneinheitlich, dass der verschwindend geringe außereuropäische Export nochmals um fast die Hälfte eingebrochen war, während in Europa durch gestiegene Lieferungen nach Österreich, Italien und Dänemark ein Plus von 5 Prozent zu verzeichnen war. Die Koch & Kienzle-Treuhandgesellschaft für Industrieberatung und Wirtschaftsprüfung betrachtete den rund 200.000 Reichsmark Umsatz einbringenden Export aber ohnehin für die Gesamtbilanz als »fast bedeutungslos«, zumal dieser Vertriebsweg »offenbar ohne System betrieben« wurde.[75]

Der Einkaufsbereich hielt die Rohstoffpreise zwar im erträglichen Bereich, die geringeren Zahlungseingänge führten jedoch die Konten an die Solllinie, zumal noch 80.000 Reichsmark für die Baufertigstellung des Lagerhauses und die Mehltransportanlage aufzubringen waren. Unter Bezugnahme auf die Finanzlage verzichtete die von Martha Hohmeyer geleitete Werbeabteilung fast vollständig auf Inserate, sondern forcierte die »praktische Reklame« durch Keksverkaufs-Tage, Schaufenster-Dekoration und Verkostungen. Überhaupt zeigte sich im Aufsichtsrat eine ablehnende Haltung gegenüber den als »reine Repräsentation« bewerteten Werbeanzeigen, wobei der Hinweis auf die niemals inserierende Konkurrenzfirma

72 Ebd., S. 3.

73 Anna-Dora Thieme, Aufsichtsratssitzung der H. Bahlsens Keksfabrik KG in der Keksfabrik am 1.5.1931 vom 4.5.1931, S. 1 (BAH, R10, Nr. 512).

74 Ebd., S. 2.

75 Koch & Kienzle-Treuhandgesellschaft für Industrieberatung und Wirtschaftsprüfung, Gutachten über die Firmen H. Bahlsens Keksfabrik KG und H. Bahlsens Keksfabrik AG in Hannover vom 15.4.1932, S. 35 (BAH, R10, Nr. 168).

XOX, die sich ausschließlich »mit guter Ware« durchgesetzt habe, wie ein nach innen gerichteter Appell wirkte.[76]

Wegen der geringen Finanzkraft des Unternehmens und der Haltung seiner Brüder, die die Auszahlung von Hans Bahlsen auf einen aus seiner Sicht unzureichenden Finanzbetrag begrenzt hätten, blieb ihm am Ende nicht anderes übrig, als dem Aufsichtsrat anzukündigen, dass er seine Tätigkeit wieder aufnehmen werde.[77] Dass am Ende Hans vor allem die als zu gering empfundene Abfindungsfähigkeit zum Weitermachen veranlasst hatte, stärkte nicht das binnengeschwisterliche Vertrauen. Zudem verband er die Wiederaufnahme seiner Tätigkeit mit harschen Vorwürfen an seinen Bruder Werner, dem es an »Ideen« und Erfahrung mangele, weshalb die gesamte Betriebsorganisation nicht mehr richtig funktioniere. Deshalb hielt er es für seine Pflicht, wieder die »gesamte Betriebsleitung« zu übernehmen und sich dabei ein »Dreinreden« nicht mehr gefallen zu lassen.[78] Am 18. Juli 1931 konfrontierte er Werner damit, dass er am 20. Juli 1931 die »alleinige Leitung des Betriebes wieder übernehmen« werde. Werner wiederum weigerte sich, seinen Posten, den er auf Weisung des Vorstandes und mit Zustimmung des Aufsichtsrats ein halbes Jahr zuvor übernommen hatte, ohne schriftliche Vorstandsanweisung zu verlassen.[79]

Der Bruderstreit setzte sich mithin auf höherem Niveau fort und drohte im Unternehmen tiefe Wunden zu reißen, weshalb der Vorstand der H. Bahlsens Keksfabrik AG eine formelle Regelung vorschlug. Werner und Hans Bahlsen stimmten zu, dass Hans wieder die Leitung des gesamten Betriebs übernahm, während Werner zum selbstständigen und voll verantwortlichen Leiter der Waffelfabrikation einschließlich ihres Schokoladenüberzugs bestimmt wurde. Gemeinsam sollten sie die Rationalisierungsabsichten und deren Durchführung voranbringen. Hans wollte aber eine übergeordnete Stellung einnehmen, woraufhin Hermann Hertzer ihn dazu aufforderte, »Kriege im Innern« zu vermeiden. Die Brüder hätten stattdessen die Verpflichtung, für »Spitzenleistungen« auf dem Produktgebiet zu sorgen, um den Ruf des Unternehmens zu vergrößern und Bahlsens führende Stellung in der Kekswaren-Industrie zu sichern.[80] Dass ein von Hermann Hertzer, Anna-Dora Thieme und den Brüdern Hans und Werner unterzeichneter Vertrag die fast schon zur Feindschaft neigenden Rivalitäten überwinden konnte, war mehr als fraglich.

76 Anna-Dora Thieme, Aufsichtsratssitzung in der Keksfabrik am 1.5.1931 vom 4.5.1931, S. 4 (BAH, R10, Nr. 512).

77 Hans Bahlsen an den Aufsichtsratsvorsitzenden Robert Winter vom 16.7.1931; Robert Winter an Vorstand der H. Bahlsens Keksfabrik KG vom 17.7.1931 (jeweils BAH, R10, Nr. 537).

78 Hans Bahlsen an den Aufsichtsratsvorsitzenden Robert Winter vom 16.7.1931, S. 2 (BAH, R10, Nr. 537).

79 Werner Bahlsen an Vorstand der H. Bahlsens Keksfabrik KG vom 19.7.1931 (BAH, R12, Nr. 160).

80 H. Bahlsens Keksfabrik KG, Notiz vom 20.7.1931, S. 1 f. (BAH, R10, Nr. 512; auch R10, Nr. 537).

Im Juli 1931 konnten zwei Artikel herausgebracht werden, denen aber nach Ansicht des Verkaufsvorstands Hertzer weitere folgen müssten. Das gab wiederum Werner und Klaus Bahlsen Veranlassung, die bisherige Tätigkeit von Hans Bahlsen einer »sehr kritischen Betrachtung« zu unterziehen und seine neue Aufgabe zu hinterfragen.[81] Der Vorstand zeigte sich über die Einlassung enttäuscht, zumal bereits am Tag der Brüdervereinbarung wieder »ernste Missverständnisse« entstanden wären, die für den Betrieb Nachteile brächten. Auch Aufsichtsrat Beindorff ermahnte Werner und Klaus Bahlsen, sich mit ihrem Bruder Hans zu »vertragen«, und fügte hinzu, dass der Aufsichtsrat eine Schädigung der Bahlsen-Unternehmen »durch die Uneinigkeit der Erben« nicht hinnehmen werde.[82]

Die Verwerfungen zwischen den jüngeren Bahlsen-Brüdern und den beiden Testamentsvollstreckern fiel in eine Phase drastischer Umsatzeinbußen. Im Frühjahr 1931 erhoben sie ungeachtet dessen Klage gegen die Testamentsvollstrecker mit dem Argument, dass sie bei der Gründung der Aktiengesellschaft kein Einverständnis des Vormundschaftsgerichts eingeholt hätten und damit die AG-Gründung nichtig sei. Die Gerichte wiesen die Klage allerdings ab.[83] Außerdem wurde die Höhe der Bezüge der Testamentsvollstrecker kritisiert, obgleich diese aus deren Sicht üblich war, während die Aufgabe ein außergewöhnliches Pensum verlangte.[84] Aber da der Vorwurf der Untreue im Raum stand, wollte insbesondere Winter auf dem Klageweg die restlose »Klarstellung aller Zweifel und Anwürfe« erreichen und feststellen lassen, dass die Testamentsvollstreckung »mit vollem Recht im Einzelnen und im Ganzen und auch mit entsprechendem Erfolg durchgeführt« wurde.[85] Im Juni 1931 war hierzu Klage eingereicht worden und Winter wartete auf die »weiteren Schritte der Gegenseite«.[86] Beindorff forderte die drei Bahlsen-Brüder auf, schriftlich anzuerkennen, dass er die Tätigkeit als Testamentsvollstrecker zu Recht ausübe. Er bestärkte angesichts der Aufforderung, sein Amt zu kündigen, dass er die Testamentsvollstreckung während des gesamten vom Erblasser vorgesehenen Zeitraums ausüben werde. Beindorff stellte sich am 21. August 1931 zwar einer Einstellung des schwebenden Prozesses nicht entgegen, beharrte jedoch darauf, dass hierzu die drei Brüder anerkennen müssten, dass die Testamentsvollstreckung erst mit Beginn ih-

81 Anna-Dora Thieme, Aufsichtsratssitzung in der Keksfabrik am 24.7.1931 vom 25.7.1931, S. 3 (BAH, R10, Nr. 512).

82 Ebd., S. 3 f.

83 H. Bahlsens Keksfabrik AG, Karl Schumann, an Rechtsanwalt Dr. Horn vom 24.3.1931 (BAH, R11, Nr. 446).

84 Fritz Beindorff, Einige persönliche Bemerkungen zu dem Schriftsatz des Rechtsanwalts Wachsmuth von dem Testamentsvollstrecker Beindorff für die Herren Dr. Fiehn und Stehmann vom 28.7.1931, S. 1 (BAH, R11, Nr. 446).

85 Robert Winter, Niederschrift über eine Besprechung bei Senator Beindorff am 14.12.1930, S. 2 (BAH, R10, Nr. 537); Robert Winter/Fritz Beindorff an Rechtsanwalt Dr. Fiehn vom 14.4.1931 (BAH, R11, Nr. 446).

86 Robert Winter an Hans Bahlsen vom 30.6.1931 (BAH, R10, Nr. 537).

res 30. Lebensjahrs und nicht etwa – wie von deren Rechtsbeistand behauptet – mit ihrem 21. Lebensjahr ende. Darüber hinaus sollten sie sich mit den bereits »zugestandenen Punkten« zufriedengeben und die Berechtigung der Testamentsvollstrecker zu den bisherigen Unternehmensgründungen anerkennen.[87]

Ende November 1931 geriet Winter selbst krisenbedingt in finanzielle Schieflage, wodurch seine Bereitschaft zu einer Einigung im Rahmen eines Vergleichs wuchs. Ihm war daran gelegen, seine Beteiligung nach den im Konsortialvertrag festgelegten Bedingungen abzugeben und die schwebenden Prozesse als erledigt erklärt zu bekommen. Im Gegenzug werde er seine »Stellung« bei Bahlsen aufgeben.[88] Eine Besprechung am 30. November 1931 ergab, dass die am 28. November 1931 den jüngeren Brüdern übermittelten Vergleichsvorschläge abgelehnt worden waren.[89] Deren Rechtsanwälte machten am 3. Dezember 1931 den Testamentsvollstreckern ihrerseits ein Vergleichsangebot, das einen Verzicht auf jegliche Ansprüche gegen die Testamentsvollstrecker zusagte, wenn diese aus allen Bahlsen-Gremien und Funktionen ausschieden, das Amt als Testamentsvollstrecker und die Mitgliedschaft im Vertrauensrat der KG aufgaben. Außerdem sollten sie ihre Aktienanteile in Höhe von nominell 90.000 Reichsmark und die Kommanditanteile in Höhe von 12.000 Reichsmark ohne Gegenleistung einer von den drei Brüdern Bahlsen zu bestimmenden Stelle übereignen und ihrerseits auf alle Ansprüche gegen die drei Bahlsen-Brüder und die Bahlsen-Gesellschaften verzichten.[90]

Winter bot am 8. Dezember 1931 seine an die Commerz- und Privatbank AG verpfändeten Anteile an der H. Bahlsens Keksfabrik AG und der H. Bahlsens Keksfabrik KG gemäß den Regelungen des Konsortialvertrags dem Konsortium zum Ankauf an.[91] Nachdem eine einstweilige Verfügung der 3. Zivilkammer des Landgerichts Hannover dem Antrag der drei Bahlsen-Brüder stattgegeben und Winter und Beindorff die persönliche Verfügung über ihre Anteile an der AG und der KG entzogen und ihre Rechte als Testamentsvollstrecker einstweilen sistiert hatte,[92] legte Winter am 23. Dezember 1931 ebenfalls sein Amt als Testamentsvollstrecker nieder. Zur Begründung gab er die »eingetretenen wirtschaftlichen Verhältnisse« der traditionsreichen, am Holzmarkt ansässigen Eisenwarengroßhandlung Oscar Winter & Co. an, der er als persönlich haftender Gesellschafter

87 Fritz Beindorff an Robert Winter vom 21.8.1931 (BAH, R10, Nr. 537).

88 Robert Winter an Fritz Beindorff vom 28.11.1931 (BAH, R11, Nr. 446).

89 Hans Bahlsen an Robert Winter vom 1.12.1931, S. 1 (BAH, R10, Nr. 537).

90 Vermerk vom 3.12.1931 (BAH, R11, Nr. 446).

91 Robert Winter an Geschäftsleitung der H. Bahlsens Keksfabrik KG vom 8.12.1931 (BAH, R10, Nr. 537).

92 Landgericht Hannover, Zivilkammer III (III Q 646/31), Beschluss vom 21.12.1931 (BAH, R11, Nr. 446).

aufs Engste verbunden war. Deren Konkurs führte auch zum Verlust seines Privatvermögens.[93]

Winter und Beindorff stimmten am 29. Dezember 1931 einem mit den drei Brüdern ausgehandelten Vergleich zu. Sie übergaben hiernach ihre Anteile an der Aktiengesellschaft und der Kommanditgesellschaft »franco valuta«, also kostenlos ohne Wertstellung.[94] Beindorff gab der Vergleich zusätzlich auf, den drei Brüdern »zum Ausgleich etwa bestehender, von ihm allerdings durchaus bestrittener Schadens-, Rückzahlungs- oder Bereicherungsansprüche« einen Kassenscheck über 119.000 Reichsmark auszustellen. Im Gegenzug erfolgte keinerlei Rechnungslegung mehr, sie erhielten vorbehaltlose Entlastung und die drei Bahlsen-Brüder verzichteten wie auch die vormaligen Testamentsvollstrecker auf jegliche weiteren Ansprüche. Alle anhängigen gerichtlichen Verfahren erklärten beide Seiten »für erledigt«, wobei jede Partei die eigenen Kosten trug.[95] Beindorff ging es nur noch darum, Bahlsen hinter sich zu lassen.

Mit dem Vergleich setzten die jüngeren Brüder ihre materiellen Forderungen weithin durch. Die Zustimmung des wirtschaftlich geschwächten Robert Winter resultierte wohl vor allem aus der Notwendigkeit, sich ausschließlich um die Rettung seines Restvermögens zu kümmern und durch eine Unterschrift zumindest von Seiten der Bahlsen-Brüder keine weiteren Belastungen zu erfahren. Da die Aktien- und Kommanditanteile ohnedies bereits verpfändet waren, ergab sich aus dem Vergleich für ihn aber kein zusätzlicher materieller Verlust. Fritz Beindorff empörte sich nicht grundlos über die Undankbarkeit und Überheblichkeit der jungen Leute, die aus seiner Perspektive noch nichts eigenständig erreicht hatten. Der 23-jährige Gerhard führte in der Klage noch die Berufsbezeichnung »Student«. Werner hielt er vor, dass er noch nicht einmal eine einjährige Tätigkeit im Hause Wagner durchgehalten habe. Zumindest brach der Vergleich Beindorff wirtschaftlich nicht das Genick, da sein Unternehmen die Weltwirtschaftskrise überstand und im Nationalsozialismus einen weiteren Aufschwung nahm.[96]

Der namens der jüngeren Brüder von ihrem Rechtsanwalt am 30. Dezember 1931 gestellten Bitte, weiterhin dem Aufsichtsrat anzugehören, entsprach Fritz Beindorff nicht. Wegen der »augenblicklich nicht leichten wirtschaftlichen Verhältnisse« müsse er auch mit Rücksicht auf sein Alter »unnötige Belastungen« vermeiden. Er ließ aber auch keinen Zweifel daran, dass der »Boden für eine unbefangene, vertrauensvolle Zusammenarbeit im Hause Bahlsen bei allen Beteiligten nicht mehr« bestand, weshalb er zu seinem Entschluss kommen musste.[97] Wie

93 Robert Winter an Amtsgericht Hannover, Abteilung für Nachlasssachen vom 23.12.1931 (BAH, R11, Nr. 446).

94 Vergleich zwischen den Herren Fritz Beindorff/Robert Winter und den Herren Werner, Gerhard, Klaus Bahlsen vom 29.12.1931, S. 3 (BAH, R11, Nr. 446).

95 Ebd., S. 5.

96 Christians, Tinte, S. 55 ff.

97 Fritz Beindorff an Dr. Norbert Labowsky vom 6.1.1932, S. 1 (BAH, R10, Nr. 537).

Robert Winter legte er sämtliche Posten im Aufsichtsrat und im Vertrauensrat nieder.[98]

Mit dem Ausscheiden der beiden Testamentsvollstrecker endete die langanhaltende Einflussnahme des Unternehmensgründers auf die Erbengeneration. Mit der Gesellschafterversammlung am 1. April 1932 kamen alle am Geschäft beteiligten Brüder auch formell in Vorstandspositionen – die untereinander bestehenden Konflikte waren einstweilen sistiert. Bereits im Vorgriff auf die Handlungsfreiheit hatte Werner Bahlsen im Februar 1932 bei der Koch & Kienzle-Treuhandgesellschaft für Industrieberatung und Wirtschaftsprüfung ein Gutachten bestellt, das die Entwicklung der finanziellen Verhältnisse, der Vertriebsorganisation, der Verwaltungs- und Betriebsorganisation sowie der Produktion zwischen Jahresanfang 1924 und dem Jahresende 1931 in den Blick nahm. Das Gutachten zeichnete das »Bild höchster finanzieller Gesundheit und vollkommener Liquidität«.[99] Das Gutachten lobte ausdrücklich die hohen Gewinne der Jahre 1924 bis 1929 und die damit finanzierte Erhöhung des Eigenkapitals sowie die Ausstattung von Reservefonds. Selbst die von Werner Bahlsen ausgewählten Wirtschaftsprüfer entzogen den gegenüber den Testamentsvollstreckern formulierten Vorwürfen von Missmanagement und Übervorteilung die empirische Basis. Die von Werner Bahlsen ständig wiederholten Vorhaltungen besaßen mithin nur den funktionalen Sinn, die Testamentsvollstrecker zur Aufgabe ihrer vom Erblasser festgelegten Rolle zu veranlassen, um in den Bahlsen-Unternehmen vorfristig in eine Entscheiderposition zu gelangen.

Da nach Ansicht der Bahlsen-Brüder das sonstige Leitungspersonal »zum Teil recht alt« und »unbeweglich« geworden war, erfolgte 1932 ein umfassendes Revirement. Hans Püschmann, der zunächst ab November 1930 im Versand gearbeitet hatte, übernahm die operative Leitung des Stammwerks. Dr. Kurt Pentzlin, der im Mai 1931 als in den USA geschulter Rationalisierungsexperte in das Unternehmen eingetreten war, erhielt die Zuständigkeit für das Akkord-Wesen und die Arbeitsstudien.[100] Willi Peters verantwortete die Kontrolle der Rohmaterialien sowie der Halb- und Fertigfabrikate. Die bereits seit Jahrzehnten bewährten und loyalen leitenden Angestellten Hermann Hertzer, Martha Hohmeyer und Anna-Dora Thieme blieben in ihren Funktionen. Auf mehr als 20 Positionen erfolgten auf Geheiß der neuen Unternehmensleitung Umsetzungen, um der Betriebsorganisation neuen Schwung zu verleihen.

Das betraf nach dem Ausscheiden von Winter und Beindorff aus allen ihren Funktionen und der Übernahme ihrer Anteile auch den Vertrauensrat der H. Bahl-

98 Hans Bahlsen an Fritz Beindorff vom 31.12.1931; Hans Bahlsen an Robert Winter vom 7.1.1932 (jeweils BAH, R10, Nr. 537).

99 Koch & Kienzle-Treuhandgesellschaft für Industrieberatung und Wirtschaftsprüfung, Gutachten über die Firmen G. Bahlsens Keksfabrik KG und H. Bahlsens Keksfabrik AG in Hannover vom 15.4.1932, S. B 27 (BAH, R10, Nr. 168).

100 Klaus Bahlsen, 2. Bericht, 1.10.1930-31.12.1932, o. D., S. 6 (BAH, R10, Nr. 505).

sens Keksfabrik KG, deren Gesellschafterversammlung am 1. April 1932 Oberbürgermeister Arthur Menge, Rechtsanwalt Heinrich Schmidt, Rechtsanwalt Norbert Labowsky, den Mühlenbesitzer Gerhard Schwannecke und den Hamburger Zigarettenunternehmer Philipp Karl Fürchtegott Reemtsma wählten – Menge übernahm den Vorsitz und Schmidt dessen Stellvertretung.[101]

101 Niederschrift über die Gesellschafterversammlung der H. Bahlsens Keksfabrik KG am 1.4.1932, S. 2 (BAH, R10, Nr. 538); Jacobs, Rauch, S. 64 ff.; die einschlägigen Biographien übersehen die Verbindung zur Firma und Familie Bahlsen, siehe etwa Lindner, Reemtsmas, S. 97 ff.; Writes, Reemtsma, S. 60 ff.

4.3 Betriebswirtschaftliche Krisenüberwindung mit externer Unterstützung durch Dr. Otto Bredt

Der Eintritt der Erbengeneration in die Unternehmensleitung setzte einen erkennbaren Impuls zur Einleitung durchgreifender Änderungen. Auch wenn die jüngeren Bahlsen-Brüder ihren Einfluss im Unternehmen vergrößert hatten, bestanden die wirtschaftlichen Probleme nicht nur fort, sondern sie hatten sich noch verstärkt. Die ständigen Konflikte zwischen Hans und seinen Brüdern Klaus und Werner hatten eine Neuausrichtung des Unternehmens blockiert, da ein Vorschlag der einen Seite fast automatisch eine abwehrende Reaktion der anderen provozierte. In dieser Situation wies die Verpflichtung eines externen Ratgebers, der sich nicht von vornherein auf eine Seite schlug, einen möglichen Ausweg. Mit Dr. Otto Bredt, einem im Umfeld des Reichskuratoriums für Wirtschaftlichkeit (RKW) als Organisationsberater tätigen Berliner Wirtschaftsprüfer, war ein Experte gefunden, der ein kaufmännisches Instrumentarium entwickelt hatte, um durch Aufbau eines Statistikapparats zeitnah und detailliert die notwendigen Informationen für die betriebliche Entscheidungsfindung zur Rationalisierung und Geschäftsentwicklung bereitzustellen.[1]

Anna-Dora Thieme einigte sich mit ihm, dass er ab Mitte September 1932 Vorschläge zur Aufstellung eines Kontenplans für die Hauptbuchhaltung, zur Einrichtung einer Kostenstatistik (Kostenverteilung) zur Betriebs- und Kalkulationsüberwachung sowie Richtlinien für die Preiskalkulation erarbeiten sollte.[2] Dabei kam Bredt eine zuvor im Auftrag des RKW durchgeführte Untersuchung der Schokoladenbranche zu Hilfe.[3] Da er die Aufgaben rasch und zur großen Zufriedenheit der Unternehmensleitung und der Eigentümer erledigt hatte, band die H. Bahlsens Keksfabrik AG ihn zur »Überwachung« der Durchführung seiner Vorschläge bis Ende 1933 weiter an das Unternehmen, wofür ein monatliches Pauschalhonorar von 1.500 Reichsmark anfiel. Bredt wollte zunächst Buchhaltung, Betriebsstatistik und Preiskalkulation auf den erforderlichen Stand bringen, um die betriebliche Planung auszubauen und die »laufende Überwachung des Gesamtunternehmens an Hand der bilanzmäßig und statistisch ermittelten Ergebnisse« zu ermöglichen.[4]

1 Vgl. Bredt, Betriebsuntersuchung; Bredt, Wirtschaftsführung; Bredt, Betriebs-Untersuchung; Büttner, Rationalisierungs-Kuratorium, S. 11 ff.; Freyberg, Rationalisierung, S. 305 ff.

2 Otto Bredt an Anna-Dora Thieme vom 4.8.1932; Otto Bredt an Anna-Dora Thieme vom 27.9.1932 (jeweils BAH, R13, Nr. 12).

3 Otto Bredt an Anna-Dora Thieme vom 23.9.1932 (BAH, R13, Nr. 12); Bredt, Bilanzanalyse.

4 Otto Bredt an Anna-Dora Thieme vom 4.10.1932, S. 1 f.; Otto Bredt an Anna-Dora Thieme vom 24.10.1932; H. Bahlsens Keksfabrik AG, Anna-Dora Thieme, an Otto Bredt vom 27.10.1932; das Abkommen verlängerten beide Vertragspartner am 13.11.1934 um ein weiteres Jahr, H. Bahlsens Keksfabrik AG, Anna-Dora Thieme, an Otto Bredt vom 13.11.1933 (jeweils BAH, R13, Nr. 12).

Bredts Mitwirkung setzte zu einem Zeitpunkt ein, als Klaus Bahlsen im September 1932 von seinem mehrmonatigen Erfahrungsaufenthalt beim Londoner Kekshersteller Mc Vitie & Price sowie im Biscuit-Unternehmen Henderson & Co. in Edinburgh zurückkam. Zuvor hatte er sich ab Mitte 1931 praktisch im Bahlsen-Betrieb betätigt und in verschiedenen Abteilungen anfallende Arbeiten zeitweise selbst ausgeführt, um sie besser beurteilen zu können.[5] Er erstellte zudem ein 10-Punkte-Programm, um sowohl den Leibniz-Keks weiter zu stärken als auch neue Segmente wie Zwieback oder Diabetikerkeks hinzuzufügen. Außerdem wollte er umsatzschwache Produkte wie die Früchte aufgeben und durch planmäßiges Zusammenwirken von Werbung und Reisendentätigkeit einzelne Artikel zeitlich befristet in den Mittelpunkt der Verkaufstätigkeit zu stellen.[6]

Die Fabrik war aber im September 1932 beim Zwei-Schicht-Betrieb nur zu 41 Prozent ausgelastet. Um zusätzlichen Absatz zu erzielen, reduzierte Bahlsen die Preise für sein Qualitätsprodukt Pangani, auch um der »Notzeit Rechnung« zu tragen, für das Dutzend-Paket auf 4,20 und für das Einzel-Paket auf 0,50 Reichsmark.[7] Hans Bahlsen glaubte die Erhöhung des Umsatzes um die Hälfte ausschließlich von der Produktionsseite her zu erreichen und meldete Mitte September 1932 die Notwendigkeit von Investitionen in Höhe von 95.500 Reichsmark an.[8] Auf dem Höhepunkt der Wirtschaftskrise bemühte sich Hans Bahlsen deshalb unter Ausnutzung seiner persönlichen Kontakte zu Fritz Opel, der dem Aufsichtsrat der Rudolf Karstadt AG angehörte, dem Warenhaus-Konzern einmal ausführlicher das Bahlsen-Gesamtprogramm vorzustellen, um vor allem in den höheren Preislagen die Kooperation auszubauen und sogar den exklusiven Verkauf zu vereinbaren.[9] Es entsprach der angespannten Konkurrenzsituation zwischen den Brüdern, dass Hans Bahlsen seinerseits am 17. Oktober 1932 eine längere Ausarbeitung »Vorschläge zur Verbesserung« vorlegte, die auf eine Überprüfung der dreigliedrigen Unternehmensstruktur mit KG, AG und GmbH, vor allem aber auf eine Verbesserung der Marktanalyse, die Verbilligung der Produktion durch Mengensteigerung und zielführende Investitionen setzte.[10]

Die Kommunikation zwischen den Brüdern blieb gestört, zuverlässige Vertretungsregelungen fehlten. Ungeachtet der Krisensituation war Klaus im Septem-

5 Anna-Dora Thieme, Aufsichtsratssitzung in der Keksfabrik am 1.5.1931 vom 4.5.1931, S. 5 (BAH, R10, Nr. 512).

6 Klaus Bahlsen, 10 Punkte vom 26.9.1932, S. 1 ff. (BAH, R11, Nr. 483).

7 H. Bahlsens Keksfabrik AG betr. Pangani-Gebäck vom Oktober 1932 (BAH, R10, Nr. 50).

8 Hans Bahlsen, Möglichkeiten der Mehrfabrikation vom 13.9.1932; Hans Bahlsen, Investitionsnotwendigkeiten bei Erhöhung unseres Umsatzes um 50-100 % vom 13.9.1932; Hans Bahlsen an Werner Bahlsen vom 19.9.1932; vgl. Werner Bahlsen an Hans Bahlsen vom 19.9.1932, S. 1; Hans Bahlsen an Werner Bahlsen vom 22.9.1932 (jeweils BAH, R10, Nr. 537).

9 Hans Bahlsen an Fritz Opel vom 24.9.1932, S. 1; Fritz Opel an Hans Bahlsen vom 29.9.1932 (jeweils BAH, R10, Nr. 537).

10 Hans Bahlsen, Vorschläge zur Verbesserung vom 17.10.1932, S. 1 ff. (BAH, R11, Nr. 483).

ber 1932 in einen mehrwöchigen Urlaub abgereist. Während seiner Abwesenheit ging zusätzlich Werner, der Paula Dilthey geheiratet hatte, auf eine längere Hochzeitsreise. In einer nach der Rückkehr von Klaus eilig einberufenen Sitzung am 18. Oktober 1932 kritisierte dieser, dass in der Fabrik während seiner Abwesenheit »unglaubliche Zustände« geherrscht hätten. Für etliche Saison-Artikel seien die erforderlichen Rohstoffe nicht beschafft worden, sodass beispielsweise Yo Yo, Schwedische Pfefferkuchen und auch Luisen-Gebäck nicht in den nachgefragten Mengen produziert worden waren. Die Betriebsleitung habe aus seiner Sicht »absolut versagt«. Hans, der sich rechtfertigen musste, drang mit seinen Begründungen bei Klaus aber nicht durch.[11] Die nur oberflächlich hergestellte Ruhe zwischen den Brüdern drohte wieder in einen Konflikt zu münden.

Die Implementierung der Kalkulationen auf das sogenannte System Bredt forderte ab Oktober 1932 eine Konzentration auf das Wesentliche. Streng genommen hatte Hans Bahlsen bereits zuvor ähnliche Vorschläge gemacht, aber es fehlte ihm an Akzeptanz, aber auch an innerer Stringenz. Bredt brachte diese zwei Vorteile mit. Die Kartotheken für Rohmaterialien, für die beispielsweise im Packsaal vorhandenen Halbfabrikate oder auch die Statistiken über Umsatz, Belegschaft, Arbeitsdauer wurden seither ständig aktualisiert. Es erfolgten in den verschiedenen Abteilungen Untersuchungen, um eine rationelle Arbeitserledigung zu erreichen. Auch veranlassten die Ergebnisse der genauen Betrachtung der Betriebsabläufe, dass die Verpackung anstatt in zwei getrennten Pack-Abteilung in einem neuen Packsaal vereint wurde. In regelmäßigen Sitzungen zwischen Bredt und den drei Bahlsen-Söhnen erfolgte die systematische Umsetzung seines betriebswirtschaftlichen Kontrollsystems.[12]

Darüber hinaus gelang die Entwicklung neuer Artikel. Neben den 1931 eingeführten Waffeletten schlugen die im Folgejahr herausgebrachten Artikel Kongo und Brünner Brezeln besonders gut ein. Der rasch steigende Absatz belegte sechs Ofen-Schichten, sodass die Herstellung von Luisengebäck in die Nacht verlegt werden musste. Im Herbst 1932 kam der erste elektrische Kettenofen der Hamburger Firma Danger zur Aufstellung, der zwar noch Anpassungen erforderlich machte, jedoch zusammen mit der Waffelsäge und einer selbst gebauten Waffelkühlung sowohl die Produktivität als auch die Kontrollierbarkeit des Backprozesses steigerten. Ältere Steinöfen konnten abgerissen und die gewonnenen Flächen für Lagerzwecke oder zur Vergrößerung der Eiswaffel-Abteilung hergerichtet werden.[13]

11 Anna-Dora Thieme, Notiz über die Sitzung am 18.10.1932 vom 20.10.1932, S. 1 f. (BAH, R11, Nr. 483).

12 Protokoll über eine Besprechung mit Herrn Dr. Bredt mit den Herren Hans, Werner und Klaus Bahlsen vom 18.11.1932; Otto Bredt, Besprechung am 23.11.1932, S. 1; Otto Bredt, Niederschrift über eine Besprechung zwischen Hans Bahlsen, Klaus Bahlsen, Hans Püschmann und Dr. Otto Bredt am 25.11.1932, S. 1 ff. (jeweils BAH, R10, Nr. 537).

13 2. Bericht, 1.10.1930-31.12.1932, o. D., S. 8 (BAH, R10, Nr. 505).

Grundsätzliche Besserung konnte unter diesen Umständen nur die von Bredt vorgeschlagene Fabrikationsplanung bringen. Im Interesse der Absatzsteigerung sollte der Preis für das TET-Leibniz-Paket von 50 auf 40 Pfennig reduziert werden und parallel die Händlerspanne von 30 auf 25 Prozent.[14] Intensiver als sonst beriet die Geschäftsführung über Werbemaßnahmen wie einen Dekorations-Wettbewerb des Einzelhändler-Nachwuchses oder ein Preis für die besten Kundenschilderungen zum Thema »Was hat Leibniz-Keks in meinem Leben für eine Rolle gespielt?«. Martha Hohmeyer übernahm es, die reklametechnische Seite mit Werbeberater Bock auszuarbeiten. Darüber hinaus sollte, sofern die Kosten nicht übertrieben hoch waren, in 20 Großstädten eine spezielle Baby-Reklame durchgeführt werden, um den rund 100 Neugeborenen am Tag ein Leibniz-Keks-Paket zuzusenden.[15] Von weit größerer Bedeutung war einerseits, trotz der rückläufigen Verkäufe in allen deutschen Verkaufsstellen »frische Ware« anzubieten und für ein attraktives Angebot in den verschiedenen Preislagen zu sorgen.[16] Trotz der schwierigen wirtschaftlichen Lage hielt die Geschäftsführung die Durchführung der im Vorjahr ausgefallenen »Weihnachts-Konferenz« zur »Bearbeitung der einzelnen Herren« für unerlässlich.[17] Da zahlreiche Änderungen zur Effektivierung der Abläufe und zur Erhöhung der Kostentransparenz sowie kurzfristige Entscheidungen zur Anpassung an Markttendenzen erforderlich waren, führte die Bahlsen KG Anfang Dezember 1932 wöchentliche Besprechungen der Geschäftsleitung und der Brüder Bahlsen mit Bredt ein.[18] Wenn auch noch keine Trendwende erreicht werden konnte, fruchteten die Bemühungen zumindest insoweit, dass die Bahlsen KG in ihrer Bilanz für das Geschäftsjahr 1932 noch ein leicht positives Ergebnis ausweisen konnte.[19]

Die externen Analysen von Otto Bredt erleichterten die Entscheidungsfindung. Indem er das Firmengeflecht aus KG, AG und GmbH in eine Gesamtfirmenbilanz überführte, sah er zum einen, dass im Ergebnis einiger guter Geschäftsjahre und einer vorsichtig und »sorgsam arbeitenden Geschäftsleitung« der Firmenverbund auf dem Höhepunkt der Weltwirtschaftskrise »sehr erhebliche Kapitalreserven« besaß und in finanzieller Hinsicht »stark und flüssig« war.[20] Der stark rückläufige Umsatz führte 1932 bei der H. Bahlsens Keksfabrik KG zu einem bilanzierten Jahres-

14 Anna-Dora Thieme, Notiz über die Sitzung am 18.10.1932 vom 20.10.1932, S. 3 (BAH, R11, Nr. 483).

15 Ebd., S. 3 f.

16 Ebd., S. 4 f.

17 Ebd., S. 8.

18 Otto Bredt, Besprechung am 2.12.1932 vom 7.12.1932, S. 6 f. (BAH, R11, Nr. 483).

19 Norddeutsche Buchführungs- und Verwaltungs-AG, H. Bahlsens Keksfabrik KG; Bilanz am 31.12.1932 vom 15.3.1933 (BAH, R10, Nr. 538).

20 Otto Bredt, H. Bahlsens Keksfabrik KG, AG und GmbH, Hannover, Bericht über die finanzielle Entwicklung der Gesamtfirma vom Beginn der Umstellung im Herbst 1932 bis zum Stande Mitte 1936 vom 20.7.1936, S. 5 (BAH, R11, Nr. 215).

überschuss von nur noch knapp 9.000 Reichsmark. Der Firmenverbund mit GmbH und AG wies aber einen Verlust von 100.100 Reichsmark aus, da die Struktur auf weit höheren Umsätzen und Überschüssen basierte.[21]

Die eingeleitete grundlegende Umstellung strebte die »Bereinigung des gesamten Kostenaufbaues unter gleichzeitiger Verbesserung der Leistungsfähigkeit und Wirtschaftlichkeit« sowie die »Steigerung und Verbesserung des Umsatzes unter gleichzeitiger Absenkung des stark überhöhten Preisniveaus auf einen der allgemeinen Kaufkraft entsprechenden Stand« an.[22] Der Strategie zur Anpassung an die bestehenden Marktverhältnisse fehlte es aber an einer leistungsfähigen und effizienten Fabrikation. Die Maschinen waren teilweise veraltet und die Betriebsorganisation erwies sich als ungeeignet, um breiten Kundenschichten mit krisenbedingt schwacher Kaufkraft Produkte zu attraktiven Preisen anzubieten, die gleichzeitig einen Gewinnbeitrag ermöglichten. Deshalb setzte Otto Bredt auf eine alle Einzelkosten einschließende Preiskalkulation und den Ausbau der Fabrikation, um dem Verkauf ein »preiswertes und gängiges Fabrikat in angemessener traditioneller Qualität« an die Hand zu geben. Die konsequente Kostenreduzierung in Herstellung und Verkauf durch die Reduzierung des Sortiments oder die Aufgabe kostspieliger Großlager kombinierte Bredt mit dem Vorschlag erheblicher Investitionen aus den Unternehmensreserven. Das durch den restlosen Einsatz der verfügbaren Mittel keineswegs risikolose Vorhaben setzte mithin auf eine wirtschaftliche Belebung, die Ende 1932 einsetzte und sich nach der Übernahme der politischen Macht durch die NSDAP beschleunigte. Das Kalkül ging also auf.

21 Ebd., S. 6 u. Anlage 10.

22 Ebd., S. 6.

4.4 Nazifizierung? Einbindung des Familienunternehmens in das NS-System der Vorkriegszeit

Bahlsen kam wegen der Bedeutung für die Stadtgesellschaft wie für die regionale Wirtschaft immer auch politische Bedeutung zu. Über das von Hermann Bahlsen bekannte Engagement durch Parteienspenden hinaus gab es im Wahlausschuss des Wirtschaftsbunds in Hannover im Oktober 1929 Überlegungen, bei der Kommunalwahl des Bürgervorsteher-Kollegiums mit der Liste »Vereinigte Bürgerschaft« anzutreten und den 28-jährigen Hans Bahlsen aufzustellen. Aufsichtsratsvorsitzender Robert Winter machte aber beim Schwiegervater von Hans, Willy Tischbein von der Continental AG, Bedenken wegen der starken Einspannung in den Betrieb und dessen Aufgaben in der jungen Familie geltend.[1] Zudem würde ein Mandat durch die Teilnahme an den Vollversammlungen und vor allem durch Kommissionssitzungen eine starke zeitliche Beanspruchung mit sich bringen, die mit seinen betrieblichen Leitungsaufgaben nur schwer vereinbar seien. Vor diesem Hintergrund sah Hans Bahlsen am Ende von einer Kandidatur ab. Bei den Bürgervorsteherwahlen am 17. November 1929 blieb die SPD mit 48,6 Prozent die mit Abstand stärkste Partei, mit 20,1 Prozent folgte aber bereits die Vereinigte Bürgerschaft als zweitstärkste Kraft. Die Kommunistische Partei Deutschlands blieb mit 5,5 Prozent ebenso wie die auf 4,9 Prozent kommende NSDAP etwa auf dem Niveau des Zentrums.[2]

Die Politisierung und Radikalisierung der Weimarer Gesellschaft ging an der Betriebsbelegschaft allerdings nicht vollständig vorbei: Während die KPD in der Bahlsen-Belegschaft keinen erkennbaren Einfluss besaß,[3] gab es einige Parteigänger der NSDAP. Neben dem als Magazin-Verwalter beschäftigten Otto Ahrens, der der Nationalsozialistischen Betriebszellen-Organisation seit dem 1. April 1929 angehörte, war der am 1. September 1932 eingestellte Rudolf Walther am 1. Juni 1929 zur NSDAP gestoßen. Er zählte mit seiner Mitgliedsnummer 131.314 zur Kategorie der »Alten Kämpfer« und nahm später in der SA den Rang eines Hauptsturmführers ein.[4] Auch der Reisende Werner Dede gehörte ab dem 1. Januar 1931 der NSDAP an.[5] Von den

1 Robert Winter an Willy Tischbein o. D. [ca. 5.10.1929], S. 2 (BAH, R10, Nr. 537).

2 Mlynek u. a., Chronik Hannover, S. 127; https://www.hannover.de/Leben-in-der-Region-Hannover/Bildung/Bibliotheken-Archive/Stadtarchiv-Hannover/Unsere-Bestände/Stadtchronik,-Stadtpläne-und-Adressbücher-online (Zugriff 1.2.2024).

3 Eine Durchsicht des Jahrgangs 1932 der in Hannover erschienenen kommunistischen *Neuen Arbeiter Zeitung* ergab keine Berichterstattung, was auf fehlende »Arbeiter-Korrespondenten« genannte Informanten hindeutet. Ohnedies lagen Großbetriebe wie Continental oder Hanomag eher im Fokus der kommunistischen Betriebsarbeit.

4 Uk-Stellungs-Karteikarte Otto Ahrens o. D.; Uk-Stellungs-Karteikarte Rudolf Walther o. D. (jeweils BAH, R10, Nr. 592).

5 Uk-Stellungs-Karteikarte Werner Dede o. D. (BAH, R10, Nr. 592); NSDAP-Gaukartei Werner Dede (BAB, R 9361-IX, Nr. 5900229).

26 Leitern der Auslieferungslager waren immerhin acht NSDAP-Mitglieder, der Stettiner Hans Ladewig stieß bereits am 27. Mai 1927 zur NSDAP, vier weitere, darunter der Leiter des Berliner Auslieferungslagers, Erich Mank, traten der NSDAP bereits vor 1933 bei. Die NSDAP-Mitgliedschaft blieb unter den Arbeiterinnen auf Einzelfälle beschränkt.

Für die Brüder pflegte Hans Bahlsen einen guten Kontakt zur Stadtspitze, etwa wenn er am 10. Januar 1933 den Oberbürgermeister Hannovers, Dr. Arthur Menge, anschrieb und um Zurverfügungstellung städtischer Räume bat. Die Wirtschaft Hannovers wolle im Rahmen der Winterhilfe Wärmeräume und Tageshallen insbesondere für Jugendliche einrichten, um ihnen wenigstens für vier Stunden gewärmte Räume und eine Gratismahlzeit anzubieten. Der Oberbürgermeister, der bereits fast ein Jahr Bahlsen-Aufsichtsrat war, sagte die Prüfung zu, glaubte allerdings, dass geeignete Räume wohl »nur in höchst beschränkter Zahl« verfügbar seien.[6]

Der Etablierung der NS-Macht spielte in den Vorstandssitzungen und anderen geschäftlichen Besprechung keinerlei Rolle, vielmehr wurden dort alleine die Unternehmenssituation sowie Maßnahmen zur Kostenreduzierung und Absatzsteigerung behandelt. Am 27. Januar 1933 besprach die Geschäftsleitung in Abwesenheit von Hans Bahlsen mit Otto Bredt das Verkaufsprogramm, das drei »Hauptgruppen der zu forcierenden Artikel« enthielt, wobei in die Gruppe 1 (Leibniz) nur Leibniz-Original für 50 Pfennig und Leibniz-Mittel für 40 Pfennig aufgenommen werden sollten, während in der Gruppe 2 die Preise für Leibniz-Reise und Pangani-Reise auf 25 bzw. 30 Pfennig festgesetzt wurden. Für die Gruppe 3 (Eiswaffeln) legte die Zusammenkunft die Händlerpreise für die Produkte »Noch eine« und Eiswaffeln fest.[7] Auf der nächsten Sitzung am 4. Februar 1933 stand die Durchführung des Verkaufsprogramms zur Behandlung an, wobei die Geschäftsleitung entschied, die Leibniz-Plakatreklame bereits am 15. Februar 1933 zu starten, während die übrige wegen möglicherweise verzögerter Fertigstellung der Entwürfe erst nach dem 1. März beginnen könne.[8] Angesichts der angespannten Lage konzentrierten sich Geschäftsführung und Eigentümer vollständig auf die technischen und kaufmännischen Herausforderungen. Allerdings blieb das Unternehmensergebnis im ersten Quartal 1933 »noch unbefriedigend«, weil einerseits der Verkauf hinter den Plänen zurückgeblieben war und andererseits manche Abteilung ihr Kostenbudget nicht einhielt.[9]

6 Hans Bahlsen an Oberbürgermeister Dr. Arthur Menge vom 10.1.1933; Arthur Menge an Hans Bahlsen vom 25.1.1933; Hans Bahlsen an Arthur Menge vom 24.2.1933; Hans Bahlsen an Rechtsanwalt Dr. Heinrich Schmidt vom 24.2.1933 (jeweils BAH, R10, Nr. 537).

7 Otto Bredt, Besprechung betr. Verkaufsprogramm am 27.1.1933 vom 30.1.1933 (BAH, R11, Nr. 483).

8 Otto Bredt, Besprechung betr. Verkaufsprogramm am 4.2.1933 vom 13.2.1933 (BAH, R11, Nr. 483).

9 Otto Bredt, Bericht über die Ergebnisse des 1. Vierteljahres 1933 o. D., S. 10 (BAH, R11, Nr. 483).

Am schnellsten reagierte ausgerechnet die Werksbibliothek auf die Machtübertragung an Reichskanzler Adolf Hitler und seine NSDAP, indem sie am 31. Januar 1933 den NS-Klassiker »Volk ohne Raum« von Hans Grimm anschaffte. Im Oktober 1933 folgten für 35,30 Reichsmark ausdrücklich »nationalsozialistische Schriften«.[10] Die Bücherei ließ damit die Einkaufspolitik aus dem März 1930, als Bücher von Thomas Mann (»Buddenbrooks«), Lion Feuchtwanger (»Die hässliche Herzogin«) oder Stefan Zweig (»Joseph Fouché. Bildnis eines politischen Menschen«) gekauft worden waren, hinter sich.

Hans Bahlsen kandidierte bei der Kommunalwahl am 12. März 1933 auf der Liste der »Kampffront Schwarz-Weiß-Rot« der DNVP, die 24.742 oder 8,9 Prozent der abgegebenen Stimmen auf sich vereinigte.[11] Ein Mandat im Bürgervorsteher-Kollegium errang er aber nicht und gehörte deshalb auch nicht am 6. April 1933 zum Kreis der von Oberbürgermeister Menge verpflichteten Bürgervorsteher.[12] Seine im Entnazifizierungsverfahren vorgetragene Behauptung, er sei »durch die NSDAP dieses Postens enthoben« worden, ist demzufolge nicht nur unzutreffend, sondern diente der bewussten Irreführung, um sich politisch als von der NSDAP Gemaßregelter auszugeben.[13]

Unmittelbar nach dem Reichstagsbrand, den die Nationalsozialisten zur blutigen Verfolgung der politischen Gegner aus der Arbeiterbewegung nutzten, ließ das Unternehmen wegen der »jetzigen politischen Unsicherheit« ab dem 2. März 1933 Betriebsführungen von größeren Gruppen nicht mehr zu. »Einzelführungen« waren weiterhin möglich, deren Prüfung durch die Geschäftsleitung aber »verschärft« wurde.[14] Wohl gefangen in der offiziellen Propaganda, dass ein bolschewistischer Aufstand und damit Sabotageakte drohten, gab die Betriebsleitung von ihr unterschriebene Ausweise aus, wenn ein Mitarbeiter die Fabrik zwischen 18 und 6 Uhr betreten musste.[15]

Auf der Leitungsebene reagierte in politischer Hinsicht Anna-Dora Thieme als Erste auf den Regimewechsel. Die Einkaufschefin hatte Mitte der 1920er Jahre der Deutschen Volkspartei angehört.[16] Doch gerade große Teile des nationalliberalen

10 Bücherei, Ein- und Ausgangsrechnungsbuch vom Januar und Oktober 1933 (BAH, R11, Nr. 365).

11 »Die Bürgervorsteherwahlen in der Stadt Hannover«, Hannoversches Tageblatt vom 13.3.1933, S. 1; »Gemeindewahl in Stadt Hannover – Nationale Mehrheit«, Hannoverscher Kurier vom 13.3.1933, Beilage.

12 Sitzung der städtischen Kollegien am 6.4.1933, S. 2 f. (Stadtarchiv Hannover (StdA H), 1.AA.5.01, Nr. 108); Verzeichnis der Bürgervorsteher nach den Wahlen vom 12.3.1933 (StdA H, HR-2, Nr. 313).

13 Military Government of Germany, Fragebogen Hans Bahlsen vom 14.8.1946, S. 9 (NLA H, Nds. 171 Hannover, Nr. 51216).

14 H. Bahlsens Keksfabrik AG, Hausrundschreiben vom 2.3.1933 (BAH, R10, Nr. 250).

15 H. Bahlsens Keksfabrik AG, Hans Bahlsen, Betriebsrundschreiben Nr. 26 vom 4.3.1933 (BAH, R10, Nr. 250).

16 Verein der DVP Hannover an Anna-Dora Thieme vom 16.7.1925 (BAH, R11, Nr. 451); vgl. Günther, Kommunalpolitik; Richter, Deutsche Volkspartei, S. 390 ff.

Abb. 8: Anna-Dora Thieme

Bürgertums, das durch die Weltwirtschaftskrise und die politischen Kämpfe der Reichstagsparteien einerseits finanzielle Einbußen erlitten und andererseits einen kommunistischen Umsturz befürchtet hatte, rückte politisch nach rechts. Hitler erschien zunehmend als Ordnungsfaktor, der als Wirtschaftsdiktator Wachstumskräfte wecken und als »Führer« die ideologische Zerstrittenheit des Parlamentarismus überwinden könnte. Die 44-jährige Direktorin trat am 1. April 1933 der NSDAP bei,[17] womöglich auch um als Frau über den Betrieb hinaus in der von Männern dominierten Partei und den allmählich von Hitler-Parteigängern durchzogenen Behörden ihren »Mann« stehen zu können. Sie legte einerseits Wert auf die Bezeichnung »Direktor« wie auf die Ansprache der Ledigen als »Fräulein«.

Von den Eigentümern stellte Hans Bahlsen bei der NSDAP einen Aufnahmeantrag, dem zum 1. Mai 1933 entsprochen wurde. Er erhielt die Mitgliedsnummer 3.555.351,[18] übte aber kein Parteiamt aus. Nach eigener Angabe gehörte er vom 1. Mai 1933 bis zum 3. Dezember 1934 auch noch als förderndes Mitglied der SS an.[19] Tatsachlich war er Mitglied der 4. SS-Motor-Standarte Braunschweig, zu der er, wie er in seinem Entnazifizierungsverfahren angab, durch die kollektive Überführung der Mitglieder seines Automobilclubs gekommen sein wollte. In Wirklichkeit wurden die Automobilclubs nach ihrer »Gleichschaltung« im Herbst 1933 dem neugegründeten Verband »Deutscher Automobil-Club« zugewiesen. Der im August 1934 von Oberbürgermeister Menge beim Regierungspräsidenten in Hannover, Dr. Rudolf Diels, eingereichte Vorschlag, Hans Bahlsen als Vertreter der gemischten Industrie zum Ratsherrn der Stadt Hannover zu berufen,[20] fand aber keine Berücksichtigung.[21] Nach Klärung der politischen Machtverhältnisse und der Belebung der wirtschaftlichen Lage verließ Hans Bahlsen die SS am 3. Dezember 1934. Die 4. SS-Motor-Standarte Braunschweig gab seinem am 26. November 1934

17 Gaukartei-Karte Anna-Dora Thieme (BAB, R 9361-IX, Nr. 44510101).

18 Gaukartei-Karte Hans Bahlsen (BAB, R 9361-IX, Nr. 1171523).

19 Military Government of Germany, Fragebogen Hans Bahlsen vom 14.8.1946, S. 6 (NLA H, Nds. 171 Hannover, Nr. 51216).

20 Oberbürgermeister der Hauptstadt Hannover, Dr. Arthur Menge, an Regierungspräsidenten in Hannover vom 30.8.1934, S. 2 (StdA H, HR-2, Nr. 313, Bl. 90).

21 Liste der Ratsherren nach dem Stande der Verhandlungen mit dem Regierungspräsidenten vom 19.12.1934 (StdA H, HR-2, Nr. 313, Bl. 99).

ausgefertigten »Gesuch« zum Austritt aus der SS mit einem in freundschaftlichem Ton gehaltenen Schreiben statt und bestätigte seine »Bitte um Aufnahme als Förderndes Mitglied der SS gern«. Die Einheit hoffte darauf, dass er auch als »FM der SS die Treue halten und sie nach besten Kräften unterstützen« werde. Seinen Nachkriegsangaben zufolge war er aufgefordert worden, aus der Kirche auszutreten.[22] Für einen kirchenpolitischen Konflikt sprach auch nicht das Angebot, zu einem späteren Zeitpunkt unter der »alten SS-Nummer« wieder der SS angehören zu können.[23]

Die NSDAP-Mitgliedschaft hielt Hans Bahlsen bis zuletzt aufrecht. In seinem Entnazifizierungsverfahren gab er an, dass diese 1941 durch seinen erneuten Wehrmachtsdienst beendet worden sei, während diese tatsächlich nur ruhte. Er gerierte sich nach Kriegsende in seinem Entnazifizierungsverfahren fast als Oppositioneller, wenn er ohne Beleg angab, 1934 und 1939 vom Parteigericht wegen seiner Einkäufe in einem »nicht-arischen Geschäft« mit einem »strengen Verweis« bedacht und mit einem jeweils neunmonatigen Entzug des Parteibuchs bestraft worden zu sein.[24] Hans Bahlsen folgte mit seinen zahlreichen Mitgliedschaften, beispielsweise im Reichskolonialbund und in der Deutschen Jägerschaft, aber auch im Hannoverschen Rennverein, der Kestner-Gesellschaft oder dem Deutschen Tennisverein der Tradition seines Vaters, sich tief in der Hannoverschen Gesellschaft zu verankern.

Werner Bahlsen, der nach Eigenangaben sowohl im November 1932 als auch im März 1933 die Deutsche Volkspartei gewählt hatte, gehörte wie sein Bruder Klaus 1934/35 zu den fördernden Mitgliedern der SS.[25] Innerhalb der Eigentümergeneration näherten sich die beiden jüngeren Brüder der sich selbst als Eliteeinrichtung der NS-Bewegung wahrnehmenden SS an, ohne über finanzielle Zuwendungen hinaus in der SS Aktivitäten anzustreben.[26] Im Zuge der konjunkturbedingten Geschäftsausweitung beendete er 1935 »auf eigenen Wunsch« die Fördermitgliedschaft, für die er zweimal 300 Reichsmark gezahlt habe. Er gehörte ab 1935 der Deutschen Arbeitsfront (DAF) und ab 1938 der Nationalsozialistischen Volkswohlfahrt (NSV) an, der er zwei Mal jeweils 250 Reichsmark sowie 500 Reichsmark für eine Flüchtlingssammlung gespendet habe.[27] Darüber hinaus war er ab 1935 Mitglied des Deutsch-Österreichischen Alpenvereins sowie der Deutschen Jägerschaft.

22 Military Government of Germany, Fragebogen Hans Bahlsen vom 14.8.1946, S. 6 (NLA H, Nds. 171 Hannover, Nr. 51216).

23 Military Government of Germany, Fragebogen Hans Bahlsen vom 14.8.1946, Anlage zum Fragebogen, Abschriften vom 15.8.1945 (NLA H, Nds. 171 Hannover, Nr. 51216).

24 Military Government of Germany, Fragebogen Hans Bahlsen vom 14.8.1946, S. 9 (NLA Hr, Nds. 171 Hannover, Nr. 51216).

25 Military Government of Germany, Fragebogen Werner Bahlsen vom 10.9.1945, S. 2 (NLA H, Nds. 171 Hannover, Nr. 2631); Military Government of Germany, Fragebogen Klaus Bahlsen vom 25.4.1946, S. 2 (NLA H, Nds. 171 Hannover, Nr. 4642).

26 Hein, Elite, S. 164 ff.; vgl. Proske, Gröber.

27 Military Government of Germany, Fragebogen Werner Bahlsen vom 2.8.1946, S. 6 (NLA H, Nds. 171 Hannover, Nr. 2631).

Weder vom Beitrittszeitpunkt noch vom innerparteilichen Engagement stachen Hans, Werner und Klaus aus der Gruppe der Unternehmer heraus. Eine rechtskonservative Grundneigung unterstellt, gingen sie auf das Mitgliedsangebot an die städtische Wirtschaftselite ein, ohne sich zu NSDAP-Aktivisten zu entwickeln. In dem Dreieck zwischen NSDAP-Staat/Kommune-Unternehmen wollten sie vor allem durch persönliche Beziehungen in Kontakt zu den neuen Machthabern kommen. Da diese ihrerseits in die staatlichen Positionen schlüpften und meistenteils einen quasi-bürgerlichen Habitus übernahmen, kamen sich die wirtschaftliche und politische Elite nicht nur bei Aufmärschen und Parteiversammlungen, sondern vor allem bei kulturellen und gesellschaftlichen Anlässen sowie bei der Jagd oder beim Pferdesport informell nah. Da Dr. Arthur Menge, der Aufsichtsratsvorsitzende der H. Bahlsens Keksfabrik AG, als Oberbürgermeister bis 1937 im Amt blieb, bestanden auf kommunaler Ebene etablierte Verbindungen, die unter den veränderten politischen Bedingungen für ein Arrangement genutzt werden konnten.[28]

Beim vierten Bruder, Gerhard, lagen die Dinge anders. In mäzenatischer Tradition betätigte er sich ab 1932 als Teilhaber in dem von Dr. Edwin Maria Landau gegründeten Verlag »Die Runde«. Dem Stefan-George-Kreis nahestehend, war das Verlagsprogramm 1933/34 einerseits durch politische Annäherungen an den Nationalsozialismus geprägt, wie etwa die Publikation »Nationalsozialismus vom Ausland gesehen«, die sich im Untertitel »an die Gebildeten unter seinen Gegnern« richtete. Die drei Aufsätze des Engländers Rolf Gardiner, des Norwegers Arvid Brodersen und des Schweizers Karl Wyer, deren Übertragung in die »Weltsprachen [...] in Vorbereitung« sei, sollten nach Angaben des Verlags »den Ring antideutscher Propaganda« durchbrechen helfen. Die Veröffentlichung sollte zugleich die »heroisch-humanistische, wahrhaft konservative Haltung« des Verlags zum Ausdruck bringen.[29] Andererseits entstanden unter Beteiligung von Gerhard Bahlsen 1935 vermehrt Publikationen wie René Königs »Vom Wesen der deutschen Universität« oder Heinrich Weinstocks »Die höhere Schule im deutschen Volksstaat«, die mit einem dezidiert bildungselitären Anspruch dem dumpfen völkischen Mobilismus der nationalsozialistischen Massenbewegung entgegenwirken wollten.

Da nach den Bestimmungen des Reichskulturkammergesetzes der in eine jüdische Familie hineingeborene Landau nicht mehr als Verlagsleiter fungieren konnte, übernahm Gerhard Bahlsen seine Position. Im August 1936 wurde er zum alleinigen Gesellschafter des Verlags Die Runde GmbH.[30] Der Verlag war und blieb ein Zuschussbetrieb, sodass der Studienabbrecher Bahlsen, als Schriftsteller dillettierend und erst 1933 mit einer ersten Publikation über »Unternehmer-sein als lebendige Aufgabe« hervorgetreten, sich gleichsam in die Intellektualität einkaufte.

28 Windolf u. Marx, Wirtschaftselite, S. 93 ff.

29 Gardiner, Brodersen u. Wyer, Nationalsozialismus, S. 8.

30 Reichsschrifttumskammer, Gruppe Buchhandel, an Reichsschrifttumskammer vom 30.9.1937 (BAB, R567V, Nr. 260).

Ende 1935 geriet der Verlag in das Visier des SS-Reichssicherheitshauptamts, das vor allem den elitären Intellektualismus als der nationalsozialistischen Weltanschauung entgegenstehend einordnete. Daraufhin konnten 10 Bücher des insgesamt 30 Titel umfassenden Verlagsprogramms nicht mehr »als nationalsozialistische Bücher« verbreitet werden. Der Verlag bestand formell weiter, wobei spätestens der am 8. Juni 1940 beginnende Militärdienst von Gerhard Bahlsen die Verlagstätigkeit weithin zum Erliegen brachte. Seine Konflikte mit dem NS-Regime standen zwar in keinem Zusammenhang mit seiner Bahlsen-Tätigkeit, sie zeigen jedoch, dass zwischen den Eigentümern erkennbare Unterschiede in ihrem Verhältnis zum Nationalsozialismus bestanden.

Andere Leitungspersonen wie Martha Hohmeyer oder Hans Püschmann banden sich zunächst nicht an die NSDAP, weshalb die Entscheidung für oder gegen eine Mitgliedschaft auch ein Anzeichen für Handlungsspielräume darstellt. Betriebsleiter Hans Püschmann beantragte erst am 23. August 1941 die Mitgliedschaft, woraufhin er ab 1. Oktober 1941 als »Pg.« [Parteigenosse] geführt wurde.[31]

Der 1. Mai 1933 war in politischer Hinsicht für viele der Zeitpunkt zum Umschwenken auf die neuen Machtverhältnisse. Nachdem der 1. Mai im Jahr 1933 auch noch vom Allgemeinen Deutschen Gewerkschaftsbund ausgerichtet worden war,[32] der sich durch eine Anpassung an die Erwartungen der NSDAP einen Fortbestand erhoffte, machte die Besetzung des Gewerkschaftshauses am 2. Mai 1933 klar,[33] dass die Nationalsozialisten einen Bruch mit den Weimarer Mitbestimmungsstrukturen vollzogen. Daraufhin wurde der im März 1933 wiedergewählte freigewerkschaftliche Betriebsratsvorsitzende Richard Heimberg abgesetzt, ohne allerdings seinen Arbeitsplatz bei Bahlsen zu verlieren oder polizeilich verfolgt zu werden.

Der NSDAP kam für eine wachsende Zahl der Betriebsangehörigen gestiegene Attraktivität zu: Der 1880 geborene Werkmeister in der Elektroabteilung, Arthur Berndt, trat am 1. Mai 1933 mit der Mitgliedsnummer 2.312.671 in die NSDAP ein und übte später die Funktion eines Zellenwalters aus.[34] Auch Robert Lege (Jahrgang 1898), der Leiter der Nationalsozialistischen Betriebszellen-Organisation, zog aus dem Machtantritt der Nationalsozialisten Vorteile. Obwohl er erst am 1. Mai 1933 der NSDAP beigetreten war,[35] empfahl er sich für die Firma als Mann der neuen Bewegung. Seit dem 10. Mai 1924 bei Bahlsen als Spezialschlosser tätig, wurde er im Mai 1933 als Ersatz des bisherigen Betriebsrats bestimmt und von der DAF als Obmann eingesetzt.[36] Der frühere Betriebsratsvorsitzende Richard Heimberg blieb aber das

31 NSDAP-Gaukartei Hans Püschmann (BAB, R 9361-IX, Nr. 3360802).

32 »Hannover im Flaggenschmuck«, Hannoverscher Anzeiger vom 1.5.1933; »Fahnen, Musik und Jubel in Hannover«, Hannoverscher Kurier vom 30.4.1933.

33 »Neuordnung der freien Gewerkschaften«, Hannoverscher Kurier vom 2.5.1933.

34 Uk-Stellungskarteikarte Arthur Berndt o. D. (BAH, R10, Nr. 592).

35 NSDAP-Gaukartei Robert Lege, (BAB, R 9361-IX, Nr. 25170236); Uk-Stellungs-Karteikarte Robert Lege o. D. (BAH, R10, Nr. 445).

36 Robert Lege, Vermerk vom 7.9.1945 (BAH, R10, Nr. 472).

heimliche Sprachrohr der Belegschaft, der sich mit deren Anliegen unter Umgehung der DAF-Obmänner direkt an Kurt Pentzlin gewandt habe.[37] Robert Lege fiel allerdings Mitte Oktober 1934 bei einer Taschenkontrolle durch einen Pförtner auf. Er entging zwar der Entlassung, musste jedoch den Entzug der Leistungszulage hinnehmen und verlor das Amt des Betriebsobmanns.[38]

Die Firma Bahlsen sah sich mit antisemitischen Tendenzen konfrontiert, als am 3. Mai 1933 die in Berlin neugegründete Zunft der Süßwaren-Großhändler eine »Anzahl jüdischer Berliner Süßwaren-Großhändler« von der Belieferung auszuschließen forderte. Die Bahlsen-Unternehmensleitung gab dem Berliner Bahlsen-Großlager daraufhin die Anweisung, bis zur endgültigen »Regelung der Aussperrungsfrage« die für die betreffenden Firmen vorgesehenen »Lieferungen zurückzuhalten«.[39] Da sich aber der mit drei Firmen in Berlin vertretene und seit Jahren ohne Beanstandungen von Bahlsen belieferte Kaufmann Paul Bronheim gegen die herabwürdigende Bezeichnung als »Schleuder-Firmen« energisch wehrte, erkundigte sich Anna-Dora Thieme bei der Schokoladenfabrik Hachez & Co., wie sich das Bremer Unternehmen zur Forderung der Berliner Zunft stellte und welche Maßnahmen ergriffen wurden. Hachez & Co. formulierte seine Antwort postwendend, dass das Unternehmen seiner Berliner Generalvertretung ebenfalls aufgegeben habe, sich gegenüber den Bronheim-Firmen »abwartend zu verhalten«. Die »Bremer Chocolade-Fabrik« hielt deren Etikettierung als »Schleuderfirma« für »nicht ganz angebracht«, da zwar hohe Rabatte von den Fabrikaten gefordert, jedoch die vom Hersteller festgelegten Verkaufspreise im Kleinhandelsgeschäft in aller Regel eingehalten würden.[40] Da Berliner Firmen wie Sarotti schon längst wieder ihre Lieferungen aufgenommen hatten, konnte auch Bahlsen von weiteren Stellungnahmen oder Aktionen absehen, hatte sich aber der antisemitisch motivierten Boykottforderung auch nicht entgegengestellt.[41]

Dass der Regierungsaufruf zur freiwilligen Spende zur Förderung der »Nationalen Arbeit« am 15. Juli 1933 per Betriebsrundschreiben der Belegschaft zur Kenntnis gebracht und zur Angabe der von der Lohnzahlung einzubehaltenden Spendensumme und später regelmäßig zu finanziellen Zuwendungen für das vom »Führer und Reichskanzler« unterstützte Winterhilfswerk eingeladen wurde,[42] verdeutlicht

37 Interview mit Dr. Kurt Pentzlin am 5.10.1984, S. 10 (BAH, R11, Nr. 478).

38 H. Bahlsens Keksfabrik AG, Hans Bahlsen, an Robert Lege vom 18.10.1934 (BAH, R10, Nr. 472).

39 H. Bahlsens Keksfabrik AG, Anna-Dora Thieme, an Schokoladenfabrik Hachez & Co. Bremen vom 16.5.1933, S. 1 (BAH, R10, Nr. 195).

40 Bremer Chocolade-Fabrik Hachez & Co. an H. Bahlsens Keksfabrik AG vom 17.5.1933 (BAH, R10, Nr. 195); Biggeleben, u. a., »Arisierung«; Landesarchiv Berlin, Handelsregister Bronheim und Restitutionsakten.

41 Friedländer, Juden, S. 31 ff.

42 H. Bahlsens Keksfabrik AG, Betrieb, Betriebsrundschreiben Nr. 32 vom 15.7.1933; Hausrundschreiben vom 6.1.1934; H. Bahlsens Keksfabrik AG, Winterhilfswerk des Deutschen Volkes 1935/36 vom 18.10.1935 (jeweils BAH, R10, Nr. 250).

Abb. 9: »Jahresfeier der nationalen Regierung«, 21. März 1934

das Einschwenken des Familienunternehmens auf die neuen politischen Verhältnisse. Ab November 1933 war die Übertragung von Hitler-Reden oder anderen NS-Veranstaltungen routinisierter Teil des Betriebsalltags.[43]

Dass die umgebende NS-Gesellschaft zunehmend Einfluss auf den Betrieb nahm, spiegelte sich in den internen Hausrundschreiben wider. Am 22. März 1934 wies Hans Bahlsen in einem gesonderten Betriebsrundschreiben darauf hin, dass die Deutsche Arbeitsfront bis Monatsende noch Einzelmitglieder aufnehme, bevor am 1. April 1934 eine »Aufnahmesperre« eintrat.[44] Der vollständig in der DAF organisierte Betrieb nahm an der offiziellen 1.-Mai-Feier 1934 geschlossen teil, indem sich alle männlichen Betriebsangehörigen, bekleidet mit einem blauen oder dunklen Anzug, schwarzer Krawatte und Mütze der Deutschen Arbeitsfront, um 13:25 Uhr am Versammlungsplatz einfinden sollten, um von dort zum Stadion zu marschie-

43 H. Bahlsens Keksfabrik AG, Hausrundschreiben vom 10.11.1933; Betriebsrundschreiben Nr. 66 vom 19.3.1934; Rundschreiben Nr. 93 vom 27.10.1934; Betriebsrundschreiben Nr. 27 vom 26.9.1936 (jeweils BAH, R10, Nr. 250).

44 Betriebsrundschreiben Nr. 66 vom 22.3.1934 (BAH, R10, Nr. 250).

ren. Das weibliche Personal hatte direkt zur dortigen Kundgebung zu kommen, nach deren Abschluss der Betrieb geschlossen zum Lister Turm marschierte.[45] Am Jahrestag der Besetzung der Gewerkschaftshäuser durch NS-Organisationen und als Symbol der Durchsetzung der NS-Macht auch im Betrieb erfolgte am 2. Mai 1934 die Vereidigung des nach dem Gesetz zur Ordnung der nationalen Arbeit an die Stelle des früheren Betriebsrats tretenden »Vertrauensrats«. Die von »Betriebsführer« Hermann Hertzer durchgeführte Vereidigung wurde über die betriebliche Lautsprecheranlage übertragen, wobei die Maschinen bis zum Ende der Ansprache anzuhalten waren, damit alle Belegschaftsangehörigen die Veranstaltung mitverfolgen konnten.[46]

Am 19. Juni 1934 bat die Unternehmensleitung alle »Meister und Directricen, die Arbeit der NSBO[Nationalsozialistische Betriebszellen-Organisation]-Zelle der H. Bahlsens Keksfabrik AG zu unterstützen«, indem diese etwa beim Verkauf von Karten und dem Verteilen von Prospekten der Organisation helfen sollten. Das Unternehmen stellte seine betriebliche Mittelinstanz in den Dienst der Durchdringung der Betriebsstrukturen durch die NS-Organisation, etwa indem Anfang Juli 1934 ein Hinweis auf die »Arbeitsdienstpflicht« im Arbeitsgau 18 Niedersachsen Ost herausgebracht wurde.[47] Der Betrieb nahm durch eine einminütige Arbeitsruhe ab 11:45 Uhr am 7. August 1934 an der Staatstrauer anlässlich des Todes des Reichspräsidenten Paul von Hindenburg teil, den der Gründer Hermann Bahlsen besonders verehrt hatte. Die Maschinen wurden stillgesetzt. »Alle bleiben an ihrem Platze stehen«, gab das von Hans Bahlsen unterzeichnete Betriebsrundschreiben Nr. 80 vom 6. August 1934 vor.[48] Ab Januar 1935 zog der Betrieb die DAF-Beitragsgelder der kaufmännischen Angestellten direkt vom Gehalt ab.[49]

Kommentare zur politischen Entwicklung Deutschlands waren extrem selten, doch Klaus Bahlsen zeigte sich auf seiner USA-Reise am 2. Juli 1934 »sehr besorgt« über die in den dortigen Zeitungen enthaltenen Deutschland-Berichte. »Ich meine nicht, was seit gestern passierte, sondern die Lage seit einer Woche dem Ausland gegenüber.«[50] Ihn belasteten die sich möglicherweise dadurch eintrübenden Be-

45 H. Bahlsens Keksfabrik AG, Hans Bahlsen, Rundschreiben Nr. 71 vom 30.4.1934 (BAH, R10, Nr. 250); »Der 1. Mai in Hannover«, Hannoverscher Kurier vom 2.5.1934; zu den 1. Mai-Feiern im Nationalsozialismus siehe etwa Marßolek, Proletarier; Lischber u. Algermissen, 1. Mai, S. 50 ff.

46 H. Bahlsens Keksfabrik AG, Hans Bahlsen, Rundschreiben Nr. 71 vom 30.4.1934 (BAH, R10, Nr. 250).

47 Rundschreiben Nr. 75 vom 19.6.1934; Rundschreiben Nr. 78 vom 5.7.1934 (jeweils BAH, R10, Nr. 250); Humann, ›Arbeitsschlacht‹, S. 259 ff.; siehe auch Arbeitsdienst der NSDAP.

48 H. Bahlsens Keksfabrik AG, Hans Bahlsen, Rundschreiben vom 15.1.1935; H. Bahlsens Keksfabrik AG, Betrieb, Willi Peters, Betriebsrundschreiben Nr. 4 vom 19.1.1935 (jeweils BAH, R10, Nr. 250).

49 H. Bahlsens Keksfabrik AG, Rundschreiben Nr. 80 vom 6.8.1934 (BAH, R10, Nr. 250).

50 Klaus Bahlsen an Martha Hohmeyer vom 2.7.1934 (BAH, R13, Nr. 17); vgl. Kershaw, Hitler, S. 627 ff.

ziehungen zum Ausland, was den Export erschweren könnte. Zur Legitimierung der Mordaktionen waren Ernst Röhm auch Verbindungen ins Ausland nachgesagt worden.

Ende 1934 forderte das von Hans Bahlsen unterzeichnete Rundschreiben Nr. 99 »junge Mädchen zwischen 18 und 25 Jahren« dazu auf, sich freiwillig für ein halbes Jahr zur »Landhilfe« zu melden und auf einem Bauernhof zu arbeiten. Die Förderungsmaßnahme sollte den Arbeitskräftemangel in Landwirtschaftsbetrieben mindern, zugleich die Arbeitslosigkeit in Industrie und Gewerbe durch den Abzug junger Beschäftigter absenken sowie zur vom NS-Regime ausgerufenen Agrarautarkie beitragen.[51] Hans Bahlsen verbot im Mai 1935 im Betrieb den »Handel mit Waren und Zeitungen jeder Art«, weil es »im nationalsozialistischen Staat« nicht geduldet werden könne, dem Einzelhandel, der auch »leben« wolle, Umsatz und Geschäfte zu »schmälern«.[52] Die für den 1. März 1935 anlässlich der »Befreiungsfeier für das Saargebiet« anberaumte »allgemeine Beflaggung« der öffentlichen Gebäude fand ihre betriebliche Entsprechung durch die Übertragung der Rundfunkrede des Reichsministers des Innern, Dr. Wilhelm Frick. Während der einminütigen Verkehrsruhe sollte die Belegschaft »ruhig auf ihren Plätzen« bleiben.[53] Am 10. Februar 1936 konzertierte die Kapelle der Schutzpolizei Hannover im Auftrag des »Kraft durch Freude«-Amts der DAF im Betrieb.[54] Diese Bahlsen-Aktivitäten glichen den bei den Pelikan-Werken durchgeführten Maßnahmen.[55]

Ein Beauftragter der NSDAP-Kreisleitung sprach am 20. März 1936 über die auf den 29. März 1936 anberaumte Reichstagswahl, die als nachträgliche »Volksabstimmung« und Zustimmung zur Rheinlandbesetzung inszeniert wurde.[56] Auch die aus diesem Anlass am 27. März 1936 übertragene Rede Adolf Hitlers diente der Mobilisierung der Wählerschaft, die vom NS-Regime zur Quasilegitimation seiner Außenpolitik aufgefordert wurde.[57] Als Hans Bahlsen am 3. Januar 1936 um »rege Beteiligung« an einer Veranstaltung der Volksbildungsstätte des Kreisschulungsamts der NSDAP-Kreisleitung Hannover bat, trug er zur Mobilisierung von Teilnehmern einer NSDAP-Schulungsmaßnahme bei.[58]

All das entsprach mehr oder weniger den Usancen eines Arrangements von Unternehmen mit dem Nationalsozialismus. Der missglückte Versuch, Adolf Hitler zum Werbeträger von Bahlsen zu machen, konfrontierte Bahlsen aber mit der strukturel-

51 H. Bahlsens Keksfabrik AG, Hans Bahlsen, Rundschreiben Nr. 99 vom 27.12.1934 (BAH, R10, Nr. 250); vgl. Hauke, Landjahr, S. 29 ff.; Humann, Arbeitsschlacht, S. 498 ff.

52 Betriebsrundschreiben Nr. 17 vom 15.5.1935 (BAH, R10, Nr. 250).

53 Betriebsrundschreiben Nr. 3 vom 28.2.1935 (BAH, R10, Nr. 250).

54 Betriebsrundschreiben Nr. 6 vom 7.2.1936 (BAH, R10, Nr. 250).

55 Grabow, Wagner, o. P. [Sozial-Einrichtungen]; Pollmann, Kommerzienrat, S. 4 f.

56 Betriebsrundschreiben Nr. 9 vom 17.3.1936 (BAH, R10, Nr. 250); vgl. Stepanek, Wahlkampf, S. 117 ff.

57 Betriebsrundschreiben Nr. 11 vom 23.3.1936 (BAH, R10, Nr. 250).

58 Betriebsrundschreiben Nr. 1 vom 3.1.1936 (BAH, R10, Nr. 250).

len Unberechenbarkeit der Diktatur. Am 16. Mai 1935 veröffentlichte der *Illustrierte Beobachter* des NSDAP-Verlags Franz Eher Nachf. das von Hitlers Leibfotografen Heinrich Hoffmann aufgenommene Foto »Der Führer auf der Terrasse des Berghotels Predigtstuhl bei Reichenhall«. Der Heinrich Hoffmann Verlag nationalsozialistischer Bilder bot das Foto wegen der darauf zu sehenden TET-Packung am 27. Mai 1935 der Keksfabrik zur Auswertung für »irgendwelche Propagandazwecke« an.[59] Anna-Dora Thieme erkannte, auch weil das Unternehmen bereits aus dem Kundenkreis vielfach auf das Fotomotiv hingewiesen worden war, das werbliche Potential der Aufnahme. Sofern das Propagandaministerium keine »Schwierigkeiten« machen würde, fragte die Bahlsen AG 30.000 Werbepostkarten mit dem Hitler-Motiv nach, um es »sehr gern für unsere Propaganda-Zwecke« zu nutzen.[60] Die Fotofirma glaubte nicht, dass das Propagandaministerium das Vorhaben ablehnen würde, sondern bot an, wenn ihr genaue Informationen über den Verwendungszweck und die vorgesehene Ausgabe der Bilder übermittelt würden, im Goebbels-Ministerium eine »Ausgabegenehmigung« einzuholen.[61] Bahlsen teilte der Firma Heinrich Hoffmann am 3. Juni 1935 mit, dass die Postkarten den Besuchern der Fabrik und durch die Händler an Endkunden ausgehändigt, aber keinen Packungen beigelegt würden. Anna-Dora Thieme legte vor allem »größten Wert darauf«, dass das vor dem Führer liegende TET-Paket auch »in verkleinertem Maß ganz genau erkenntlich« sein sollten.[62] Um die Lesbarkeit der Bahlsen-Kekspackung zu erhöhen, arbeitete das Fotounternehmen mit den von Bahlsen zugeleiteten Original-Marken die Beschriftung des TET-Pakets nach. Allerdings wurde der formelle Auftrag auf 20.000 Stück zu einem Preis von 500 Reichsmark reduziert, deren Auslieferung am 6. Juli 1935 erfolgte.[63]

Die Gaustelle Essen des Reichsministeriums für Volksaufklärung und Propaganda gab dem Berliner Ministerium am 12. September 1935 Kenntnis von der als Werbeartikel eingesetzten »Bahlsen-Reklamekarte« und bat, durch die »Landesstelle Hannover-Süd« die »Unterdrückung« zu veranlassen.[64] Das Goebbels-Minis-

59 Heinrich Hoffmann Verlag nationalsozialistischer Bilder an H. Bahlsens Keksfabrik vom 27.5.1935 (BAH, R10, Nr. 591). Zu Hoffmann Irrgang, Hitlers Fotograf, S. 77 ff.; Herz, Hoffmann & Hitler, S. 52 ff.

60 H. Bahlsens Keksfabrik AG, Anna-Dora Thieme, an Firma Heinrich Hoffmann vom 29.5.1935 (BAH, R10, Nr. 591).

61 Heinrich Hoffmann Verlag nationalsozialistischer Bilder an H. Bahlsens Keksfabrik AG vom 1.6.1935, S. 1 (BAH, R10, Nr. 591).

62 H. Bahlsens Keksfabrik AG, Anna-Dora Thieme, an Firma Heinrich Hoffmann vom 3.6.1935 (BAH, R10, Nr. 591).

63 Heinrich Hoffmann Verlag nationalsozialistischer Bilder an H. Bahlsens Keksfabrik AG vom 7.6.1935; H. Bahlsens Keksfabrik AG, Anna-Dora Thieme, an Firma Heinrich Hoffmann vom 12.6.1935; Heinrich Hoffmann Verlag nationalsozialistischer Bilder an H. Bahlsens Keksfabrik AG vom 21.6.1935; Heinrich Hoffmann Verlag nationalsozialistischer Bilder an H. Bahlsens KeksfabrikAG vom 5.7.1935 (jeweils BAH, R10, Nr. 591).

64 Gaustelle Essen des Reichsministeriums für Volksaufklärung und Propaganda an Reichsministerium für Volksaufklärung und Propaganda vom 12.9.1935 (Staatsarchiv München (STAM), Polizei-Direktion München, Nr. 6969).

Abb. 10: Hitler-Postkarte mit TET-Packung, 1935

terium übergab die Angelegenheit am 17. September 1935 dem Reichs- und Preußischen Ministerium des Innern, das eine Woche später den Regierungspräsidenten in Hannover einschaltete.[65]

In der Unternehmenszentrale in Hannover waren noch 600 Bildkarten vorhanden, als die Abteilung IV des Polizeipräsidenten Hannover das 12. Polizei-Revier am 5. Oktober 1935 anwies, die bei Bahlsen vorhandenen Bildkarten einzuziehen und deren Hersteller festzustellen.[66] Für Bahlsen erfolgte am 8. Oktober 1935 aus heiterem Himmel die Vorladung in das 12. Polizei-Revier. Dort sollte ein Direktionsmitglied eine Erklärung zur Herkunft der »Führer-Karten« abgeben.

Gegenüber der Polizei stellte die Firma Bahlsen heraus, dass der Fotograf Heinrich Hoffmann selbst die Postkarte angeboten hatte und Bahlsen hatte eine Nutzungsgenehmigung unterstellen müssen. Zum Beweis übergab das Unternehmen Kopien des Schriftwechsels. Obgleich der Polizist mit der Beschlagnahme der verbliebenen Postkarten beauftragt worden war, beließ er die Restexemplare gegen das Versprechen im Unternehmen, einstweilen keine Verteilung mehr vorzunehmen.

65 Reichsministerium für Volksaufklärung und Propaganda an Reichs- und Preußisches Ministerium des Innern vom 17.9.1935; Reichs- und Preußisches Ministerium des Innern an den Regierungs-Präsidenten in Hannover vom 24.9.1935 (jeweils STAM, Polizei-Direktion München, Nr. 6969).

66 Polizeipräsident Hannover, Abteilung IV, an 12. Polizei-Revier vom 5.10.1935 (STAM, Polizei-Direktion München, Nr. 6969).

Bahlsen erfuhr noch, dass die Beschwerde von Essen aus an das Reichsministerium des Innern gelangt sei, was die Unternehmensleitung sofort daran denken ließ, dass der Hinweis an die Essener Unterstruktur des Goebbels-Ministeriums »vielleicht von einer Konkurrenz«, etwa von XOX, veranlasst worden sein könnte. Bahlsen sah in der ganzen Angelegenheit die Fotofirma von Heinrich Hoffmann in der Verantwortung und nahm »bestimmt an, dass uns keinerlei Schwierigkeiten weiter entstehen«.[67]

Das Polizeipräsidium in Hannover setzte am 16. Oktober 1935 die Polizeidirektion München über ihren Ermittlungsstand in Kenntnis und übermittelte auch den betreffenden Schriftwechsel. Aus Sicht des zuständigen Abteilungsleiters dürfte die Karte unter das Gesetz zum Schutz der nationalen Symbole vom 19. Mai 1933 fallen, da sie »zu Reklamezwecken Verwendung« fand.[68] Er bat aber entsprechend der gesetzlichen Regelung um Herbeiführung einer Entscheidung durch die dortige höhere Verwaltungsbehörde, da der Hersteller in München ansässig war.

Die Fotofirma Heinrich Hoffmann hatte wegen der besonderen Stellung des Eigentümers zu Hitler erst gar keinen Genehmigungsantrag eingereicht, was auch in anderen Fällen zu Konflikten führte.[69] Das hätte womöglich alles unter der Decke gehalten werden können, wenn nicht am 31. Oktober 1935 in der SS-Zeitung *Das Schwarze Korps* ein kritischer Artikel über die Geschäftemacherei mit angeblich echt nordischer Ernährung erschienen wäre. Dabei geriet neben dem »Germanen Kraft-Brot« der Renker-Belima Gmbh und dem »Löns-Keks« der Firma Harry Trüller auch die von Bahlsen verteilte Postkarte in den Blick. Dabei stellte der Artikel heraus, dass das Keks-Paket »leicht nachretouchiert« worden war, damit den angeblich »nationalsozialistischen Keks« jeder sehen konnte. Das war aus Sicht des Verfassers »keine geschmacklose Reklame, sondern eine kühne«. Die SS-Zeitung forderte die Unternehmen auf, endlich »mit dieser Verkitschung« von NS-Begriffen und -Symbolen aufzuhören, und fügte drohend hinzu, ansonsten die Sache von einer anderen, unangenehm wirkenden Seite »anpacken« zu müssen.[70]

Es kann nicht klar ersehen werden, ob der Appell nicht vor allem auf die Behörden einwirkte, die möglichst linientreu daherkommen wollten. Aber die zuständige Gutachterstelle zum Schutze der nationalen Symbole für München-Oberbayern, der der Zeitungsartikel zur Kenntnis gegeben worden war, kam am 11. Dezember 1935 zu dem Ergebnis, dass die betreffende Reklamepostkarte eine »schwere Verletzung« des Schutzgesetzes darstelle, die »schärfstens zu missbilligen« war. Deren Geschäftsführer zeigte sich über die Hintergrundinformation erfreut, dass das »unwürdige

67 H. Bahlsens Keksfabrik AG, Anna-Dora Thieme, an Firma Heinrich Hoffmann vom 10.10.1935 (BAH, R10, Nr. 591).

68 Polizeipräsident in Hannover (IV 1 7005), von Hoffmann, an Polizeidirektion München vom 16.10.1935 (STAM, Polizei-Direktion München, Nr. 6969).

69 Sennebogen, Kommerz, S. 317 ff.

70 »Nordische Ernährungsweise«, Das Schwarze Korps vom 31.10.1935, S. 12 (STAM, Polizei-Direktion München, Nr. 6969).

Verhalten« der Hoffmann-Firma »von berufener Stelle aus entsprechend geahndet« werde.[71] Das legt die Vermutung nahe, dass die ganze Angelegenheit vor allem den selbstherrlichen Heinrich Hoffmann in die Schranken weisen sollte – Bahlsen trug hierbei aber einen Kollateralschaden davon.

Auf der Basis der Bewertung der Gutachterstelle stellte die Polizeidirektion München am 18. Dezember 1935 der Firma Heinrich Hoffmann die Entscheidung zu, dass die an Bahlsen verkaufte Reklamepostkarte die »Symbole der deutschen Geschichte, des deutschen Staates und der nationalen Erhebung in einer Weise« zeige, die das »Empfinden von der Würde dieser Symbole« verletze und dementsprechend entschädigungslos eingezogen würde. Das Bahlsen-Großlager München erhielt ebenfalls seitens der Polizeidirektion München am 23. Dezember 1935 die Mitteilung über die »entschädigungslose Einziehung« der betreffenden Reklamepostkarten.[72] Die Firma Heinrich Hoffmann legte gegen den Entscheid der Polizei-Direktion München am 20. Dezember 1935 Beschwerde beim Bayerischen Staatsministerium für Wirtschaft ein.[73] Zur Begründung führte das Unternehmen an, dass die in größeren Mengen herausgebrachten Karten beim Publikum »großen Anklang« fänden und alle Motive dem »Führer selbst bekannt« seien und »sonach von höchster Stelle aus Billigung« gefunden hätten. Außerdem müsse bei der Beurteilung Berücksichtigung finden, dass Bahlsen damit »ja kein Geschäft« mache, sondern sie nur ihren Kunden aushändige. Die Firma Hoffmann teilte mit, Bahlsen bereits informiert zu haben, dass keine Nachlieferung erfolgen könne, beharrte aber »aus rein prinzipiellen Gründen« auf einer Entscheidung.[74] Die Abteilung für Handel, Industrie und Gewerbe des Bayerischen Staatsministeriums für Wirtschaft wies am 28. Februar 1936 die Beschwerde mit der Begründung zurück, dass nach den Richtlinien des Goebbels-Ministeriums nationale Symbole wie Hitler-Bilder »zu Reklamezwecken grundsätzlich nicht verwendet« werden dürften. Der Beschluss des Staatsministeriums monierte auch den reklametechnischen Eingriff in das Originalfoto, da nicht nur die Kekspackung »deutlich nachgezeichnet«, sondern auch ein vor der Packung befindlicher Gegenstand »vollkommen wegretuschiert« worden sei.[75] Mit Erlangung der Rechtskraft des Entscheids erfolgte am 14. April 1936 durch die Polizei-

71 Gutachterstelle zum Schutze der nationalen Symbole für München-Oberbayern (Dr.F/Kr.31372/II) an Polizeidirektion München vom 11.12.1935 (STAM, Polizei-Direktion München, Nr. 6969).

72 Polizei-Direktion München an Großlager der Firma H. Bahlsen München vom 23.12.1935 (STAM, Polizei-Direktion München, Nr. 6969).

73 Polizei-Direktion München an Polizei-Direktion Hannover vom 9.1.1936 (STAM, Polizei-Direktion München, Nr. 6969).

74 Heinrich Hoffmann. Verlag nationalsozialistische Bilder an Polizeidirektion München vom 20.12.1935 (STAM, Polizei-Direktion München, Nr. 6969).

75 Bayerisches Staatsministerium für Wirtschaft, Abteilung für Handel, Industrie und Gewerbe (Nr. I C 4895) an Polizei-Direktion München vom 28.2.1936, S. 2 (STAM, Polizei-Direktion München, Nr. 6969).

Direktion München die Beschlagnahme der 15 im dortigen Auslieferungslager noch vorhandenen Postkarten.[76] Damit schien der ganze Vorgang abgeschlossen.

Nachdem das Reichsministerium für Volksaufklärung und Propaganda die Bahlsen-Postkarte am 19. Mai 1936 für »unzulässig« erklärt hatte und seine Entscheidung im *Deutschen Reichsanzeiger und Preußischen Staatsanzeiger* am 26. Mai 1936 veröffentlicht hatte,[77] griff die *Münchner Zeitung* die Angelegenheit am 28. Mai 1936 auf und berichtete, dass die »Reklamepostkarten einer bekannten Keksfabrik« in die neueste »Kitschliste« aufgenommen worden sei.[78] Das Auslieferungslager Nürnberg machte die Bahlsen-Zentrale auf eine inhaltsgleiche Notiz im *8 Uhr-Blatt* vom 29. Mai 1936 aufmerksam.[79] Zahlreiche andere Zeitungen berichteten, mitunter wie im *Rostocker Anzeiger* sogar mit Angabe des Unternehmensnamens.[80] Von Kunden auf die »Hitlerpostkarten« angesprochen, erbat das in Boltenhagen ansässige Auslieferungslager eine Stellungnahme, die ihm dahingehend zuging, dass die Geschäftsleitung über die Auslegung des Gesetzes und die Bezeichnung »Kitsch« »erstaunt« sei und bei Heinrich Hoffmann, »der speziell für den Führer fotografiert und mit ihm persönlich befreundet ist«, nähere Erkundigungen über die »ganz unverständliche Veröffentlichung« eingeholt würden, zumal Bahlsen von ihm die »Unbedenklichkeit besonders erklärt« worden war.[81] Anna-Dora Thieme erklärte, dass die Bahlsen-Geschäftsleitung, da es sich um eine »Führer-Karte handelte«, geglaubt habe, »dieses Angebot des Verlags Hoffmann nicht ablehnen zu dürfen«. Die Verwunderung über den Kitsch-Vorwurf resultierte auch aus dem von Thieme angemerkten Umstand, dass die Fotopostkarte in vielen Papier- und Schreibwarengeschäften gekauft werden konnte.

Der Verlag, den die Firma Bahlsen am 3. Juni 1936 damit konfrontiert hatte, dass sich das Unternehmen durch die Kitsch-Bewertung »geschädigt« fühle und auch »sehr verletzt«,[82] zeigte sich ebenfalls über die Bewertung »sehr erstaunt«, ging aber auf die Forderung, sich der Angelegenheit anzunehmen und eine weitere Nachrichtenverbreitung zu verhindern, nur dilatorisch ein. Da zum Sachverhalt die persön-

76 Polizei-Direktion, Dienststelle 512, Hauptwachmeister Färber, Vermerk betr. Beschlagnahme und Einziehung von Postkarten vom 14.4.1936 (STAM, Polizei-Direktion München, Nr. 6969).

77 Deutscher Reichsanzeiger und Preußischer Staatsanzeiger Nr. 120 vom 26.5.1936, S. 1, https://digi.bib.uni-mannheim.de/periodika/reichsanzeiger/ausgaben/1936/5/120 (Zugriff 1.4.2023).

78 »Neues von der Kitschliste«, Münchner Zeitung vom 28.5.1936 (STAM, Polizei-Direktion München, Nr. 6969).

79 »Neues von der Kitschliste«, 8 Uhr-Blatt vom 29.5.1936 (BAH, R10, Nr. 591); H. Bahlsens Keksfabrik AG, Auslieferungslager Nürnberg an Geschäftsführung vom 29.5.1936 (BAH, R10, Nr. 591); vgl. zur Anti-Kitsch-Propaganda Steinberg, Nazi-Kitsch; Nitz, Kitsch.

80 »Kitsch!«, Rostocker Anzeiger vom 29.5.1936 (BAH, R10, Nr. 591); Auslieferungslager Boltenhagen, Carl Ziemke, an Geschäftsleitung vom 29.5.1936 (BAH, R10, Nr. 591).

81 H. Bahlsens Keksfabrik AG, Anna-Dora Thieme, an Karl Ziemke vom 30.5.1936 (BAH, R10, Nr. 591).

82 H. Bahlsens Keksfabrik AG, Anna-Dora Thieme, an Firma Heinrich Hoffmann vom 3.6.1936 (BAH, R10, Nr. 591).

liche Ansicht von Heinrich Hoffmann eingeholt werden müsse, dieser aber wegen einer Erkrankung derzeit nicht mit geschäftlichen Dingen belastet werden dürfe, behielt sich der Verlag vor, »auf die Sache zur gegebenen Zeit wieder zurückzukommen«.[83] Dies stellte die Firma Bahlsen keineswegs zufrieden, nachdem sich die Presseberichterstattung zu einer »bedeutenden Schädigung« auszuwachsen drohte, die »größere Rückwirkungen« auf den Geschäftsbetrieb haben könnte.[84]

Darüber hinaus wandte sich Thieme am 19. Juni 1936 an das Ministerium, da sich der Kekshersteller zu Unrecht an den Pranger gestellt fühlte. Schließlich sei von der Firma Heinrich Hoffmann »ausdrücklich zugesichert« worden, dass das Einverständnis des Ministeriums vorliege, weshalb Thieme die Schuld ausschließlich bei der Firma Hoffmann sah.[85] Um gegebenenfalls gegen das Unternehmen vorgehen zu können, erbat sie die Auskunft, ob Heinrich Hoffmann vor Annahme des Bahlsen-Auftrags einen Antrag auf Genehmigung gestellt hatte.

Wegen der bei ihm eingegangenen Bahlsen-Beschwerde wandte sich der Verlag Heinrich Hoffmann am 19. Juni 1936 ebenfalls an das Goebbels-Ministerium, um sich gegen die Einordnung der Geschäftskarte als »Kitsch« mit dem Argument zu verwahren: »Bild bleibt in allen Fällen Bild und in der Aufnahme liegt in beiden Ausgaben keinerlei Veränderung vor.«[86] Die Firma Heinrich Hoffmann bat um Richtigstellung des Sachverhalts und weitere Veranlassung. Die Eingabe beantwortete am Ende die Polizei-Direktion München, die von dem bisherigen Standpunkt aber nicht abging, da der Entscheid bereits »für das gesamte Reichsgebiet Rechtskraft« besaß.[87]

Die Landesstelle Süd-Hannover-Braunschweig des Propagandaministeriums wollte aber die Reklamepostkarte zusammen mit anderem Beschlagnahmegut im Rahmen der vom 5. bis 11. Oktober 1936 durchgeführten Gaukulturwoche in einer geplanten Ausstellungskoje »Nationaler Kitsch« ausstellen.[88] Die Presseberichterstattung verwies zwar auf die »Abteilung zur Bekämpfung des nationalen Kitsches«, in

83 Heinrich Hoffmann Verlag nationalsozialistischer Bilder an H. Bahlsens Keksfabrik AG vom 6.6.1936 (BAH, R10, Nr. 591).

84 H. Bahlsens Keksfabrik AG, Anna-Dora Thieme, an Firma Heinrich Hoffmann vom 10.6.1936 (BAH, R10, Nr. 591).

85 H. Bahlsens Keksfabrik AG, Anna-Dora Thieme, an Reichsministerium für Volksaufklärung und Propaganda vom 19.6.1936 (STAM, Polizei-Direktion München, Nr. 6969).

86 Heinrich Hoffmann Verlag nationalsozialistischer Bilder an Reichsministerium für Volksaufklärung und Propaganda vom 19.6.1936; Heinrich Hoffmann Verlag nationalsozialistischer Bilder an H. Bahlsens Keksfabrik AG vom 19.6.1936 (jeweils BAH, R10, Nr. 591).

87 Polizei-Direktion München an Firma Heinrich Hoffmann und H. Bahlsens Keksfabrik AG vom 26.8.1936 (STAM, Polizei-Direktion München, Nr. 6969).

88 Landesstelle Süd-Hannover-Braunschweig des Reichsministeriums für Volksaufklärung und Propaganda, Gussmann, an Polizeipräsidenten München vom 25.9.1936; Polizeidirektion München an Landesstelle Süd-Hannover-Braunschweig des Reichsministeriums für Volksaufklärung und Propaganda vom 1.10.1936; Landesstelle Süd-Hannover-Braunschweig des Reichsministeriums für Volksaufklärung und Propaganda, Gussmann, an Polizeipräsidenten München vom 16.10.1936 (jeweils STAM, Polizei-Direktion München, Nr. 6969).

der »Proben von den mit Hakenkreuzen übersäten Schlipsen bis zur Bonbonschachtel, für deren Reklame die nationalsozialistische Bewegung herhalten musste«[89] – doch von Bahlsen war hier nicht die Rede. Die Anbiederung an den Führer-Kult zur Steigerung des Unternehmensimages und des Absatzes scheiterte fundamental. Bahlsen erfuhr mit der Unberechenbarkeit des NS-Regimes ein systemisches Charakteristikum. Wer auch nur symbolisch die Nähe des Diktators suchte, verfing sich leicht in den Konkurrenz- und Machtkämpfen der NS-Führung und ihrer Satrapen.[90]

Die Militarisierung des Betriebs erfolgte durch Feuerwehr- und Luftschutzübungen schleichend. Ein erster »Gas- und Luftschutz-Vortrag« fand am 6. November 1933 statt.[91] Das Unternehmen übernahm auch die vom Reichsnährstand und der Vierjahresplan-Organisation befeuerte Kampagne »Kampf dem Verderb«, die neben einer vollständigen Verwertung von Lebensmitteln auch deren bessere Haltbarmachung sowie die Einsparung von Rohstoffen anstrebte. Für das Unternehmen Bahlsen war der effizientere Einsatz von Vorprodukten wie Zucker oder Mandeln ebenso von wirtschaftlicher Bedeutung wie die Vermeidung von Keksbruch oder die Reduzierung von Abfall.[92] Wegen der Beschaffungsschwierigkeiten von Putzwolle führte der Betrieb versuchsweise deren Reinigung ein, um den »vom Führer angeordneten Vierjahresplan zu erfüllen«.[93] Auch die Sammlung von Altmaterial (Eisen, Stahl, sonstiger Schrott) verband Hans Bahlsen mit der Erfüllung von Recyclingquoten.[94] Wo immer Regimebestrebungen positive Auswirkungen auf die betriebliche Effizienz hatten, brachte sich die Firma Bahlsen ein.

89 »›Volk, Kultur, Propaganda‹. Die große Ausstellung der Gaukulturwoche eröffnet«, Hannoverscher Kurier vom 6.10.1936; nur knappe Erwähnung der »Auswahl kleiner Scheußlichkeiten« in der Ausstellungseinheit zum nationalen Kitsch, »Beginn der Gau-Kulturwoche in Hannover«, Hannoverscher Anzeiger Nr. 234 vom 6.10.1936.

90 Berghoff, Reklame.

91 H. Bahlsens Keksfabrik AG, Betrieb, Hans Bahlsen, Bekanntmachung vom 3.11.1933; H. Bahlsens Keksfabrik AG, Betrieb, Hans Bahlsen, Hausrundschreiben Nr. 63 vom 13.3.1934 (jeweils BAH, R10, Nr. 250).

92 Vgl. Messe- und Ausstellungs-GmbH u. Darré, Kampf; Sperling, Kampf, S. 46 ff.

93 H. Bahlsens Keksfabrik AG, Betrieb, Hans Bahlsen, Betriebsrundschreiben Nr. 42 vom 23.12.1936; weitere Sparsamkeitsappelle Betriebsrundschreiben Nr. 26 vom 29.9.1937 (jeweils BAH, R10, Nr. 250).

94 Betriebsrundschreiben Nr. 10 vom 5.4.1937; Betriebsrundschreiben Nr. 11 vom 14.4.1937 (jeweils BAH, R10, Nr. 250).

4.5 Unternehmenskonsolidierung, Produktinnovationen und Wachstumspfade in der NS-Konsumgesellschaft

Die am 30. Januar 1933 erfolgte Ernennung der »Regierung der nationalen Konzentration« unter Reichskanzler Adolf Hitler fand in der Unternehmensleitung keinen unmittelbaren Widerhall, da die Situation unzureichender Umsätze die volle Aufmerksamkeit erforderte. Die zur weiteren Kostenreduzierung ergriffenen Maßnahmen betrafen zum einen die Belegschaftsreduktion auf nur noch 550 Personen im Januar 1933. Zum anderen reagierte Bahlsen auf die krisenbedingten Absatzschwierigkeiten zum 15. Februar 1933 mit starken Preissenkungen, wobei vor allem die 125-Gramm-Packungen etwa der Artikel Leibniz O und M zu Preisen von 50 bzw. 40 Pfennig neue Abnehmer finden sollten. Die Preisfestsetzungen erfolgten als Ergebnis der im Herbst 1932 durchgeführten detaillierten Kalkulationen, um mit den reduzierten Preisen keine weiteren Verluste einzufahren. Die Absatzstrategie fand allerdings durch die am 1. Mai 1933 in Kraft tretende Einführung einer Fettausgleichsabgabe,[1] die im Interesse einer Förderung der heimischen Landwirtschaft eine Steigerung des Butter- und Schmalzverbrauchs anstrebte, ihre Begrenzung. Da auf Margarine, Speiseöl und Pflanzenfette eine zusätzliche Abgabe abzuführen war, sah sich Bahlsen zu einer Heraufsetzung der Preise gezwungen, was den Absatz wieder hemmte. Da die Waffelherstellung alsbald von der Fettsteuer ausgenommen wurde, konnten deren Preise rasch wieder auf das alte Niveau gesenkt werden. Nach dem Greifen interner Kostenreduzierungen senkte Bahlsen Ende Juli 1933 auch für die meisten anderen Produkte die Preise.[2]

1932/33 kämpfte das Unternehmen mit Qualitätsproblemen, wobei die von der Kundschaft in Keksen vorgefundenen Fremdkörper das Unternehmensimage besonders gefährdeten. Wies ein Betriebsrundschreiben bereits Mitte Dezember 1932 die Handwerker-Abteilungen unter anderem auf Porzellanstücke, Holz- und Stahlsplitter sowie Messingschrauben in Leibniz- und Spekulatius-Produkten hin,[3] stellte die Verunreinigung durch eine Stecknadel Ende Mai 1933 einen besonders schweren Rückschlag dar.[4] Darüber hinaus wirkte die Betriebsleitung auf eine verbesserte Handhygiene hin, indem sie jedem Beschäftigten »tadellos gewaschene Hände« zur

1 Verordnung über die Erhebung einer Ausgleichsabgabe auf Fette vom 21.4.1933, Reichsgesetzblatt I, Nr. 39 vom 15.4.1933, S. 206 f., https://alex.onb.ac.at/cgi-content/alex?apm=0&aid=dra&datum=19330004&zoom=2&seite=00000206&ues=0&x=17&y=16-(Zugriff 1.1.2023).

2 Protokoll über Preisänderungen, Sitzung vom 28.7.1933 vom 31.7.1933, S. 1 ff. (BAH, R11, Nr. 483).

3 H. Bahlsens Keksfabrik AG, Hans Bahlsen, Betriebsrundschreiben Nr. 13 für die Handwerker-Abteilungen vom 17.12.1932 (BAH, R10, Nr. 250).

4 H. Bahlsens Keksfabrik AG, Hans Bahlsen/Werner Bahlsen, Betriebsrundschreiben Nr. 27 vom 31.5.1933; H. Bahlsens Keksfabrik AG, Hans Bahlsen, Betriebsrundschreiben Nr. 30 für sämtliche Abteilungen vom 19.6.1933 (jeweils BAH, R10, Nr. 250).

Pflicht machte.[5] »Sauberkeit und Ordnung« blieben ein wiederkehrendes Thema.[6] Im Juli 1936 beschwerte sich beispielsweise ein Kunde, während seines Sommerurlaubs in Bad Harzburg in einem Bahlsen-Keks einen kleinen Nagel entdeckt zu haben, woraufhin er ankündigte, »künftig keine Bahlsen-Cakes mehr« zu essen.[7] Verunreinigungen mit gesundheitsgefährdenden Fremdkörpern wie Nadeln oder Drahtstücken blieben ein Dauerthema.[8]

Die am 8. Juni 1933 durchgeführte Gesellschafterversammlung der Bahlsen KG hatte mit der Feststellung des Bilanzgewinns für das Geschäftsjahr 1932 in Höhe von 8.084,85 Reichsmark ein ernüchterndes Ergebnis. Da keine Gewinnausschüttung erfolgte, gingen die Kommanditisten leer aus. Dass Dr. Otto Bredt am 8. Juni 1933 im Vertrauensrat Philipp Fürchtegott Reemtsma ersetzte, unterstrich die inzwischen starke Rolle des externen Beraters, der damit zugleich in eine Kontroll- und Aufsichtsfunktion rückte.[9]

Zur Trendwende führte die ab dem 15. August 1933 angebotene und ab dem 20. August gelieferte Express-Dose.[10] Sie fand mit einem Pfund Inhalt – Keks und Waffeln mit und ohne Schokolade, gemischt und aufeinandergeschichtet – für einen Preis von 1 Reichsmark bei den Endabnehmern eine enorme Nachfrage. Werner Bahlsen rechnete bereits am 17. August damit, dass der Artikel ein »enormer Schlager« würde.[11] Die eingeräumte Händlerspanne betrug 20 Prozent, ohne »irgendwelche Sonderrabatte« zu gewähren. Die Mindestabnahmemenge betrug 12 bzw. 24 Dosen, die in Kisten verpackt waren. Reisende und Vertreter erhielten einen Provisionssatz von einem halben Prozent, während die Fabrikantenspanne 15 Prozent betragen sollte. Als Erstauflage der Dose waren 100.000 Stück vorgesehen.[12] Ihre Kalkulation erfolgte nach dem System Bredt, das durch eine detaillierte Erfassung und die radikale Reduzierung der Kosten ein Target-Pricing ermöglichte, das die Preissensibilität der Konsumenten berücksichtigte.[13]

5 H. Bahlsens Keksfabrik AG, Hans Bahlsen, Betriebsrundschreiben Nr. 37 für sämtliche Abteilungen vom 6.9.1933 (BAH, R10, Nr. 250).

6 H. Bahlsens Keksfabrik AG, Betrieb, Werner Bahlsen, Rundschreiben Nr. 21 vom 29.10.1935; H. Bahlsens Keksfabrik AG, Betrieb, Werner Bahlsen, Rundschreiben Nr. 22 vom 29.10.1935 (jeweils BAH, R10, Nr. 250).

7 Abschrift einer Kundenzuschrift vom 20.7.1936 (BAH, R10, Nr. 250).

8 H. Bahlsens Keksfabrik AG, Betrieb, Hans Bahlsen, Betriebsrundschreiben Nr. 34 vom 26.11.1937 (BAH, R10, Nr. 537); Betriebs-Leitung, Klaus Bahlsen, an Stahlband-Ofen, Erwin Markmann/Werner Stille betr. Eingebackene Drahtstücke vom 14.5.1938 (BAH, R10, Nr. 250).

9 Niederschrift über die Gesellschafterversammlung der H. Bahlsens Keksfabrik KG am 8.6.1933, S. 1f. (BAH, R10, Nr. 538).

10 Otto Bredt, Sitzungs-Bericht am 29.7.1933 vom 31.7.1933 (BAH, R11, Nr. 483).

11 Werner Bahlsen an Otto Bredt vom 17.8.1933 (BAH, R11, Nr. 487).

12 Otto Bredt, Express-Dose vom 31.7.1933 (BAH, R11, Nr. 483); Bredt, Zeit, S. 100.

13 Werner Bahlsen, Ansprache zum 80. Geburtstag von Dr. Otto Bredt am 11.5.1968, S. 2 (BAH, R11, Nr. 399).

Abb. 11: Die Express-Dose – der Verkaufsschlager der Jahre 1933/34

Die Analyse der Konkurrenzsituation hatte ergeben, dass in den 1-Reichsmark-Dosen anderer Anbieter keine Schokoladenartikel und keine Waffeln enthalten waren, sodass Bahlsen durch die Zusammenstellung der Keksmischung unmittelbar einen Wettbewerbsvorteil besaß.[14] Verließen in der ersten Woche 16.000 Dosen das Werk, stieg die Produktion in der fünften Woche auf 32.000 Dosen. Ende August 1933 begann sich Werner Bahlsen Sorgen zu machen, dass die Express-Dose einen übermäßigen Anteil am Gesamtumsatz einnehmen könnte. Auch befürchtete er eine Abwanderung der »besseren Kundschaft« von höherpreisigen Artikeln, sodass der Erfolg der Express-Dose durch Selbstkannibalisierung stark relativiert würde.[15]

Eine Besprechung am 15. September 1933 legte fest, dass Einheitspreisgeschäfte mit der Express-Dose überhaupt nicht beliefert wurden und Warenhäuser mit bestehender Geschäftsbeziehung einstweilen ebenfalls von der Belieferung mit der Begründung von Lieferschwierigkeiten gesperrt waren, bis die Bedienung der sonstigen Kundschaft erfolgt war. Der Betrieb sollte die Gesamtwochenmenge nicht über 48.000 Stück steigern, die in der nächsten Woche erwartete Stückzahl aber dem Verkauf zum Ende der Woche übermitteln, damit dieser eine Verteilung auf die Großlager und Reisenden vornehmen konnte.[16]

14 Interview mit Dr. Kurt Pentzlin am 4.9.1984, S. 2 (BAH, R11, Nr. 478).
15 Werner Bahlsen an Otto Bredt vom 28.8.1933 (BAH, R11, Nr. 487).
16 Otto Bredt, Niederschrift über die Besprechung vom 15.9.1933, S. 1 f. (BAH, R11, Nr. 483).

Das Beispiel der Express-Dose zeigte nach Ansicht von Otto Bredt, dass der Markt eine Umsatzsteigerung auf die von ihm veranschlagte jährliche Mindestgröße von 8 bis 10 Millionen Reichsmark oder 750.000 Reichsmark im Monat ermöglichen könnte, sofern zugkräftige Produkte angeboten wurden.[17] Im Oktober 1933 war eine wöchentliche Produktionsmarke von 106.000 und im November 1933 sogar von 158.000 Dosen erreicht. Selbst diese Produktionssteigerung deckte noch nicht den Bedarf, was den Verkauf unter Druck setzte, da er potentielle Kunden nicht beliefern konnte.

Zur Absatzsteigerung kamen die im August bzw. Oktober 1933 voll produzierenden Stahlband-Öfen gerade zur rechten Zeit. Im Zwei-Schicht-System betrieben, ermöglichten die Öfen die bis dahin unerreichte Produktionsmenge von 550 Kilogramm je Stunde.[18] Im Gegensatz zum Backvorgang bildete das Packen der Express-Dosen den betrieblichen Engpass. Obwohl der gerade fertiggestellte Rundtisch den Packprozess beschleunigte, reichten zwei weitere nicht aus, um die geforderten Mengen verpacken zu können. Erst nach der Bereitstellung eines großen Raums im zweiten Stock und der im November 1933 erfolgenden Aufstellung eines zweifachen »Express-Pack-Aggregats« stieg die Schichtkapazität auf 25.000 Dosen an. Zwischen 1932 und 1934 erfolgte eine schrittweise und planmäßige Senkung des Kilopreises von 3,30 auf 1,90 Reichsmark. Preiswerte Standardartikel wie die Express-Dose für eine Reichsmark trafen den Geschmack der Kundschaft, wodurch bereits in der zweiten Jahreshälfte 1933 eine Umsatzsteigerung herbeigeführt wurde.[19] Die Trendumkehr ließ den Gewinn im Geschäftsjahr 1933 wieder auf 416.254 Reichsmark ansteigen und damit fast wieder auf das Niveau des Geschäftsjahres 1930.[20]

Da aber die Arbeitseinkommen noch nicht stark gestiegen waren, griffen die Kunden 1934 weiterhin vor allem zu preisgünstigen Artikeln. Bahlsen unterstützte diesen Trend durch eine erneute Preisreduzierung, sodass Leibniz O, M und R für 40, 25 und 15 Pfennig zu haben waren, während der Preis für den Albert-Keks auf 25 und die Schweizer Waffel auf 10 Pfennig gesenkt wurden. Das Anfang 1935 eingeführte Rekord-TET-Paket mit 250 Gramm kostete nur 50 Pfennig.[21] Mit diesen Produkten und der Express-Dose vermochte Bahlsen zu XOX aufzuschließen und im gleichen Maße an der Umsatzsteigerung teilzuhaben wie die gesamte deutsche Keksindustrie. Die Sorte Leibniz M erreichte beispielsweise regelmäßig höhere Umsatzzahlen. Ging der Umsatz im 2. Halbjahr 1933 mit 101.000 Reichsmark noch gegenüber dem ersten Halbjahr von 109.000 Reichsmark zurück, lagen die Zahlen 1934 mit 206.000 und 318.000 und 1935 mit 391.000 und 492.933 Reichsmark jeweils

17 Otto Bredt, Vorschläge zur Weiterentwicklung der Firma H. Bahlsens Keksfabrik AG vom 10.10.1933, S. 2 (BAH, R11, Nr. 483).

18 3. Bericht 1933 o. D., S. 2 (BAH, R10, Nr. 505).

19 Otto Bredt, Senkung der Preise für Markenartikel vom 7.7.1937, S. 1 (BAH, R11, Nr. 483).

20 Norddeutsche Buchführungs- und Verwaltungs-AG, H. Bahlsens Keksfabrik KG, Bilanz am 31.12.1933 vom 28.2.1934 (BAH, R10, Nr. 538).

21 4. Bericht 1934 u. 1935 o. D., S. 1 (BAH, R10, Nr. 505).

höher. Aus dem Angebot der Express-Dose entwickelte sich vertriebsseitig eine ganze Express-Gruppe, mit der 1935 4,642 Millionen Reichsmark umgesetzt werden konnten. 1936 ging der Umsatz in diesem Segment auf 4 Millionen Reichsmark zurück, das Produktionsgewicht von 2.865 auf 2.354 Tonnen.[22]

Der Januarumsatz 1934 war nach Angaben von Klaus Bahlsen »recht gut« und auch die Bestellungen erreichten Anfang Februar 1934 eine Höhe, dass neue Mitarbeiter eingestellt werden konnten.[23] In dieser sich aufhellenden Absatzsituation setzte sich Hans Bahlsen Anfang März 1934 mit seinen Ausbauplänen bei seinen Brüdern durch. Auch wenn hierfür zunächst das an die Fabrik anstoßende Gelände Wohlenberg nur zur Hälfte erworben werden sollte, beschlossen die vier Brüder am 7. März 1934 einvernehmlich den Grundstückserwerb und den Fabrikbau. Werner Bahlsen gab die Devise aus, dass wegen der Investitionsentscheidung die GmbH als Bündelstruktur des Familienvermögens »unbedingt bestehen bleiben« und »nunmehr alle Mittel auf Jahre hinaus fest zusammengehalten werden müssten«.[24]

Die Unternehmensleitung und die Gebrüder Bahlsen führten die unterschiedlichen Rechtssubjekte GmbH, KG und AG ohne besondere Trennungsschärfe, was die Wirtschaftsprüfer der Norddeutschen Buchführungs- und Verwaltungs-AG zu der Einlassung veranlasste, dass der Schriftwechsel der KG fast vollständig auf Briefbögen der AG vorgenommen wurde. Das sollte aber erst nach »Aufbrauch der alten Bestände« abgestellt werden.[25] Mit Rücksicht auf die im Gesetz der Ordnung der nationalen Arbeit gleichlautende Bezeichnung der unter Kontrolle der DAF stehenden Quasi-Belegschaftsvertretung benannte sich am 22. März 1934 das Aufsichtsgremium, bislang als Vertrauensrat bezeichnet, in Verwaltungsrat um. Das Aufsichtsgremium stand den Neubauplänen der drei Brüder Anfang 1934 wegen der begrenzten Finanzmittel von 500.000 Reichsmark zurückhaltend gegenüber und vertagte die Entscheidung, zumal die städtische Genehmigung zum Fabrikneubau noch nicht vorlag.[26]

Der Umsatz stieg im Geschäftsjahr 1934 bei niedrigeren Einzelverkaufspreisen weiter deutlich an, und auch die Gewinnentwicklung machte einen Sprung auf 1,17

22 H. Bahlsens Keksfabrik KG, Statistik, Artikel-Umsatz 1935-1936, o. D., S. 17 (BAH, R11, Nr. 348).

23 Klaus Bahlsen an Hans Bahlsen vom 6.2.1934, S. 1 (BAH, R10, Nr. 537).

24 Karl Schumann, Niederschrift über eine Besprechung zwischen Hermann Hertzer, Martha Hohmeyer, Anna-Dora Thieme, Karl Schumann, Dr. Otto Bredt, Hans, Werner, Gerhard und Klaus Bahlsen am 7.3.1934 vom 17.3.1934 (BAH, R10, Nr. 537).

25 Dr. Heinrich Schmidt, Niederschrift über eine Besprechung zwischen dem Vertrauensrat der H. Bahlsens Keksfabrik KG und den geschäftsführenden Gesellschaftern am 22.3.1934, S. 2 (BAH, R10, Nr. 538).

26 Dr. Heinrich Schmidt, Niederschrift über eine Besprechung zwischen dem Vertrauensrat der H. Bahlsens Keksfabrik KG und den geschäftsführenden Gesellschaftern am 22.3.1934, S. 2 (BAH, R10, Nr. 538); H. Bahlsens Keksfabrik AG, Hermann Hertzer/Anna-Dora Thieme, an Stadtbaupolizeiamt Hannover vom 12.3.1934 (BAH, R10, Nr. 113).

Millionen Reichsmark und damit fast auf einen Wert wie in den Mittzwanzigern.[27] Ungeachtet dessen hielt das Unternehmen wegen des wechselnden Arbeitsanfalls eines Saisonbetriebs beispielsweise nach Beendigung des Weihnachtsgeschäfts an der Praxis des periodischen Belegschaftsabbaus durch das Auslaufen der von vornherein befristeten Arbeitsverhältnisse fest.[28] Die positive Geschäftsentwicklung führte allerdings auch dazu, dass das in der Weltwirtschaftskrise geschlossene Lager in Königsberg 1934 wiedereröffnet und 1936 dort sogar ein zweiter Reisender eingestellt wurden.[29] Bis 1936 stieg der dortige Umsatz auf mehr als 290.000 Reichsmark.[30] Anlässlich einer in der »KdF[Kraft durch Freude]-Halle« in Königsberg durchgeführten »Reichsnährstandschau« gelang es, trotz schlechter Witterung immerhin 6.223 Packungen TET zu verkaufen und 1.752, 50 Reichsmark einzunehmen.[31]

Bereits im Vorfeld der Bilanzfeststellung hatte die AG als persönlich haftende Gesellschafterin mit Schreiben vom 30. November 1934 eine Zuteilung von 940.000 Reichsmark aus dem KG-Gewinn verlangt, was ihr durch die Gesellschafterversammlung am 8. Oktober 1935 bewilligt wurde. Weitere 140.000 Reichsmark gingen an die GmbH, 50.000 Reichsmark sollten an die »Gefolgschaft« bzw. die Hermann-Bahlsen-Stiftung ausgeschüttet werden. Die Gesellschafter Hertzer, Hohmeyer, Thieme, Rustemeyer und Klaproth erhielt Beträge zwischen 561 und 11.594 Reichsmark.[32]

Für eine Produktionsausweitung kamen die technischen Rationalisierungsbemühungen gerade zur rechten Zeit. 1933 war die Aufstellung der Stahlbandöfen 1 und 2 erfolgt, mit denen Bahlsen nach einem in Spanien in Augenschein genommenen Vorbild in der deutschen Dauerbackwarenindustrie eine Vorreiterstellung einnahm und große Einsparungen erzielte. 1934 kam ein weiterer Stahlbandofen 3 hinzu. Im Jahre 1935 ergänzten im Januar und zum Jahresende zwei Netzbandöfen (4 und 6) sowie zwei Stahlbandöfen (5 und 7) die maschinelle Ausstattung. Die Umstellung der Leibniz-Produktion auf Gitterbandöfen, die 1934 an Ofen 2 und im Herbst 1934 im Ofen 3 begonnen hatte, erfolgte ab September 1935 im Ofen 4 der Dauerbetrieb. Qualitätsschwankungen durch zu lockere Ware oder ausgetrocknete Kekse waren überwunden und auch die großtechnische Herstellung von Hartkeksen, Honigku-

27 Norddeutsche Buchführungs- und Verwaltungs-AG, H. Bahlsens Keksfabrik KG, Bilanz am 31.12.1934 vom 1.5.1935 (BAH, R10, Nr. 538).

28 H. Bahlsens Keksfabrik KG an Treuhänder der Arbeit für das Wirtschaftsgebiet Niedersachsen, Dr. Richard Markert vom 27.11.1934 (Entwurf) (BAH, R10, Nr. 320).

29 »Aus Paul Tingers Erinnerungen: Ein Leben für Bahlsen«, in: Leibniz-Blätter, Oktober 1965, o.S.

30 H. Bahlsens Keksfabrik AG Hannover, Auslieferungslager Königsberg Pr. 1936, S. 11 (BAH, R10, Nr. 24).

31 Bahlsen-Auslieferungslager Königsberg, Hans Wedler, an H. Bahlsens Keksfabrik AG, Geschäftsleitung vom 29.8.1938; Bahlsen-Auslieferungslager Königsberg, Hans Wedler, an H. Bahlsens Keksfabrik AG vom 29.8.1938 (jeweils BAH, R10, Nr. 24).

32 Dr. Heinrich Schmidt, Niederschrift über Gesellschafterversammlung der H. Bahlsens Keksfabrik KG am 8.10.1935, S. 2 (BAH, R10, Nr. 538).

chen und Leckerli-Platten gelang. Die Produktionsaufnahme von Elisen-Lebkuchen im Herbst 1934 und der Einsatz einer Nebelkammer und eines Befeuchtungsraums steigerten die Produktqualität.[33] Die Zahl der Packmaschinen wurde von einer im Jahre 1932 auf 19 im Jahre 1935 erhöht. Streich- und Glasiermaschinen, Ausstecher sowie weitere Maschinen etwa zur Verbesserung der Kühlung von Fertigung und Lagerung kamen hinzu.

Abb. 12: Bahlsen-Anlieferung zur NSDAP-Großkundgebung in Königsberg, September 1936

Die zwischen Ende April und Mitte Juli 1934 von Klaus Bahlsen unternommene USA-Reise verlieh dem technischen Entwicklungspfad ergänzende Impulse.[34] Nach einem dreiwöchigen Aufenthalt in New York sah er sich unter anderem in Cincinnati, Chicago, Detroit, Akron, Washington, Philadelphia und Boston mehr als 40 Firmen und Fabriken an, darunter 24 Keks- und Schokoladenfabriken sowie fünf Maschinenbaufirmen. Als eine der schönsten Fabriken bezeichnete er die Hershey-Schokoladenfabrik in Pennsylvania. Er besichtigte ganz moderne, aber auch veraltete Betriebe, in denen allerdings wegen der in den USA anhaltenden Rezession durchgängig Unterbeschäftigung herrschte. Die Reiseeindrücke, aber auch die unterschiedlichen technischen Einzelheiten hielt er teilweise mit Skizzen in

33 4. Bericht 1934 u. 1935 o. D., S. 1 (BAH, R10, Nr. 505).
34 Ebd., S. 3.

einem knapp 100-seitigen Notizbuch fest.[35] Hierbei studierte er vor allem die Fabrikationsmethode von Sodacrackern, Marshmallows, Zwieback, Laugenbrezeln und -stangen. Er sammelte Rezepte und führte Experteninterviews über die richtige Maschinenwahl für die unterschiedlichen Produkte sowie Produktionsbedingungen wie Temperatur oder die zwischenzeitliche Lagerung des Teigs. Ihm fiel besonders ins Auge, dass dort luftdichte Verschlüsse aus Cellophan und Wachspapier »sehr modern« waren.[36] Ein genauer Ressortplan regelte in den US-Firmen die Zuständigkeiten klar. Darüber hinaus hatten die Depressionsjahre für eine »ganz scharfe Kostenerfassung und Rentabilitätsberechnung je Artikel und Abteilung« gesorgt.[37]

Aus der USA-Reise ergab sich aus seiner Sicht einerseits eine Bestätigung des eingeschlagenen Wegs, etwa im Hinblick auf eine Zurückdrängung der losen Ware zugunsten von Dosen, Packungen und Kartons. Andererseits zog Klaus Bahlsen auch Anregungen für die zukünftige Entwicklung, da dort größere Kartons üblich waren, in denen die Ware mit Cellophan luftdicht verpackt wurde. Darüber hinaus sah er in mit Salz bestreuten Soda Crackern, Cream Crackern, Weizenschrot Crackern und in Lauge gekochten Salzstangen sowie in Soda- und Cream Cracker-Mischungen für Hotels ein großes Potential, weshalb die Rezepturen und die Fabrikationsmethoden näher untersucht werden müssten.[38] Klaus Bahlsen sprach sich für die Einstellung eines erstklassigen Ingenieurs aus, der Spezialmaschinen konstruieren sollte – sein Skizzenbuch bot etliche Anregungen, gerade auch weil er die dortige Fließarbeit studiert hatte, um beispielsweise in der TET-Abteilung die Kartons ohne händische Arbeit vom Anfang bis zum Packtisch und zu den Einschlagmaschinen durchlaufen zu lassen.

Sobald neu zu entwickelnde Artikel wie Cracker oder der Weizenschrot-Keks zur Verfügung standen, wollte er dem amerikanischen Beispiel folgen und eine Reklame-Offensive mit Tageszeitungs-Annoncen starten, um diese vom »Luxus- zum Volks-Nahrungsmittel« zu machen. Er stellte fest, dass die vor 1914 in einzigartiger Weise bei Bahlsen realisierten Wohlfahrtseinrichtungen in den USA inzwischen üblich geworden waren, weshalb er dazu riet, bei einer Fabrikerweiterung zumindest Lese- und Ruhezimmer oder auch Räume für Tischtennis vorzusehen. Schließlich empfand er die von Goodyear durchgeführte Ausbildung fachlich vorgebildeter, zuverläs-

35 Klaus Bahlsen, Amerika, April 1934; auch über seine Erfahrungen in den Großlagern Berlin und Königsberg im April/Mai 1935 und im Sommer 1935 führte er Buch, Klaus Bahlsen, Notizen und Eindrücke während meiner Großlagertätigkeit 1935 (jeweils BAH, R13, Nr. 48).

36 Klaus Bahlsen, Reisebericht Amerika, Sommer 1934 vom 26.7.1934, S. 3; Klaus Bahlsen schrieb während seiner USA-Reise etliche Briefe auf Hotel-Briefpapier an Martha Hohmeyer, Klaus Bahlsen an Martha Hohmeyer vom 16.6.1934 (jeweils BAH, R13, Nr. 13); vgl. Spiekermann, Kost, S. 465 ff.

37 Klaus Bahlsen, Reisebericht Amerika, Sommer 1934 vom 26.7.1934, S. 6 (BAH, R13, Nr. 13).

38 Klaus Bahlsen, Vertraulicher Bericht für die zukünftige Entwicklung in unserer Fabrik (Zusammengestellt nach meiner Rückkehr aus USA Juli 1934) vom 27.7.1934, S. 1 f. (BAH, R13, Nr. 65).

siger und Verantwortung übernehmender Nachwuchskräfte, die im Bewährungsfall auch für leitende Posten herangezogen wurde, als besonders nacheifernswert.[39]

Der Ankauf des 13.281 Quadratmeter großen Grundstücks der früheren Drehbankfabrik von Hermann Wohlenberg erfolgte dann am 12. März 1935 zu einem Kaufpreis von 537.000 Reichsmark.[40] 50.000 Reichsmark waren sofort bei Vertragsabschluss fällig, 237.000 Reichsmark sollten am 3. April 1935 fließen, während die restlichen 250.000 Reichsmark bis zum 1. April 1945 gestundet, aber hypothekarisch gesichert und mit vier Prozent verzinst wurden. Für die vor allem von Hans Bahlsen im Juni 1935 vorgetragene Idee eines Teilausbaus des Gebäudes A, der eine Verdopplung der Produktionsmöglichkeiten ermöglichen würde, fehlte es nach Auskunft von Otto Bredt an den flüssigen Mitteln, sodass er vorschlug, dass die KG in den Geschäftsjahren 1935/36 »zunächst den Geldbedarf verdienen« sollte.[41] Außerdem müsste aus seiner Sicht einstweilig an der Politik niedriger Preise festgehalten werden, zumal die zu günstigen Preise gekauften Vorräte eine attraktive Durchschnittsspanne erlaubten.

Derweil regte der in den Bahlsen-Gesellschaften inaktive Gerhard Bahlsen an, aus der GmbH die Grundstücke herauszulösen und anteilig in natura auf die Erben aufzuteilen. Denn er selbst benötigte 1935 für die Gesamtübernahme des Verlags Die Runde und seine Verlegertätigkeit einen Betrag zwischen 50.000 und 100.00 Reichsmark aus der GmbH, wobei ihn seine Brüder baten, möglichst nicht mehr als 50.000 Reichsmark zu entnehmen. Um ihm eine zusätzliche Einkommensmöglichkeit zu eröffnen, wählte ihn die Gesellschafterversammlung der KG in ihren Verwaltungsrat und sprach ihm eine Dienstaufwandsentschädigung in Höhe von 20.000 Reichsmark im Jahr zu, mehr als das Dreifache der dem Verwaltungsratsvorsitzenden Schmidt zustehenden Summe.[42] Ungeachtet dessen erklärte er aber, seine Tätigkeit nicht »in umfassenderer Weise der Gesellschaft zur Verfügung stellen« zu können, was die Geltendmachung der Zahlung gegenüber dem Finanzamt als Betriebskosten erschwerte.[43]

Die finanzielle Lage, aber auch der erfolgreiche Widerspruch gegen die am 21. Juli 1933 für die Jahre 1925 bis 1933 ausgesprochene Vermögensteuerveranlagung in einer Gesamthöhe von 226.279 Reichsmark erbrachte im revidierten Bescheid am 26. Februar 1934 eine Ersparnis von 95.660 Reichsmark.[44] Die den Bahlsen-Gesellschaften

39 Ebd., S. 5.

40 Notar Justizrat Dr. Otto Woltereck, Beurkundung eines Kaufvertrages Nr. 46/1935 vom 12.3.1935, S. 1 f. (BAH, R10, Nr. 113).

41 Otto Bredt, Niederschrift über die Besprechung der Geschäftsleitung der H. Bahlsens Keksfabrik KG vom 8.8.1935, S. 2 (BAH, R11, Nr. 483).

42 Dr. Heinrich Schmidt, Niederschrift über Gesellschafterversammlung der H. Bahlsens Keksfabrik KG am 8.10.1935, S. 2 f. (BAH, R10, Nr. 538).

43 H. Bahlsens Keksfabrik KG, Heinrich Schmidt, an Gerhard Bahlsen vom 9.12.1935 (BAH, R10, Nr. 538).

44 Vermögenssteuer 4 Herren Bahlsen vom 9.3.1934 (BAH, R10, Nr. 537).

zwischen 1929 und 1934 eingeräumten Steuerreduzierungen summierten sich auf fast 1,2 Millionen Reichsmark.[45] Ungeachtet dessen wollte Werner Bahlsen dem bisherigen Vorstand Karl Schumann im Gegensatz zu Hermann Hertzer und Anna-Dora Thieme die Vertragslaufzeit und die Vergütung mit der Begründung kürzen, dass er keine Werte schaffe. Gegen die Schlechterstellung wandte sich Schumann mit Hinweisen auf die von ihm erzielten Steuersenkungen und die Baureifmachung von 160 Morgen Gelände in Buchholz.[46]

Auf dem Gebiet der Entlohnung blieb das Lohngefüge im Prinzip bis Mitte April 1936 erhalten, da der für Bahlsen maßgebliche Tarifvertrag erst am 7. März 1936 durch den Sondertreuhänder der Arbeit für die Süßwaren-Industrie durch eine neue Tarifordnung ersetzt wurde.[47] Durch die Produktionsausweitung und den erhöhten Absatz fielen die auf den Warenumsatz zum Listenpreis bezogenen Personalkosten zwischen 1933 und Mitte 1937 um immerhin 30 Prozent.[48]

Klaus Bahlsen drängte in seinen Aktennotizen darauf, durch Neu- und Erweiterungsbauten die Kapazitäten zu erhöhen und die Produktivität zu steigern.[49] Auch wenn im Geschäftsjahr 1935 der Gewinn der H. Bahlsens Keksfabrik KG mit 1,025 Millionen Reichsmark weiterhin oberhalb der Millionengrenze blieb,[50] mussten die insbesondere von Hans Bahlsen vorangetriebenen Neubaupläne wegen der angespannten Finanzlage auf Eis gelegt werden, da größere Summen in Investitionen und eingelagerten Rohstoffen gebunden waren. Otto Bredt hatte in seinem Gutachten deutlich gemacht, dass trotz einer deutlichen Ausweitung der Überschüsse und der Auflösung von Betriebsmittelreserven mehr als ein Viertel des zusätzlichen Finanzbedarfs durch Fremdmittel, vor allem Hypotheken und Lieferantenkredite, aufgebracht werden musste, was dem Unternehmen, aber vor allem den Privatentnahmen, enge finanzielle Grenzen auferlegte.[51]

45 Karl Schumann, Zu Gunsten der Bahlsen Gesellschaften in Steuersachen ergangene Entscheidungen 1929-1934, o. D. [Oktober 1934] (BAH, R10, Nr. 537).

46 H. Bahlsens Keksfabrik AG, Karl Schumann, an Hans Bahlsen vom 22.10.1934 (BAH, R10, Nr. 537).

47 H. Bahlsens Keksfabrik AG, Betrieb, Hans Bahlsen, Betriebsrundschreiben Nr. 17 vom 14.4.1936 (BAH, R10, Nr. 250).

48 Otto Bredt, Bericht über die Entwicklung der Personalkosten in den Geschäftsjahren 1933 bis 1937, S. 1 (BAH, R11, Nr. 483).

49 Klaus Bahlsen, Notizen über Schwierigkeiten, die entstanden sind durch das Anwachsen der Produktionszahlen in der Fabrikation vom 23.7.1936 (BAH, R13, Nr. 57).

50 Norddeutsche Buchführungs- und Verwaltungs-AG, H. Bahlsens Keksfabrik KG, Bilanz am 31.12.1935 vom 21.3.1936 (BAH, R10, Nr. 538); eine leicht abweichende Angabe mit 1,033 Millionen Reichsmark in Norddeutsche Buchführungs- und Verwaltungs-AG, Bericht Nr. 21 über die Prüfung der Jahresabschlüsse 1935 der H. Bahlsens Keksfabrik KG, Hannoversche Keksfabrik GmbH und Hermann Bahlsen Stiftung Hannover vom 26.3.1936, S. 20 (BAH, R11, Nr. 230).

51 Otto Bredt, H. Bahlsens Keksfabrik KG, AG und GmbH, Hannover, Bericht über die finanzielle Entwicklung der Gesamtfirma vom Beginn der Umstellung im Herbst 1932 bis zum Stande Mitte 1936 vom 20.7.1936, S. 13 u. 16 (BAH, R11, Nr. 215).

Anna-Dora Thieme gab am 11. Juni 1936 an, »täglich jonglieren« zu müssen, um mit dem Bankkonto nicht ins Soll zu rutschen.[52] Otto Bredt kam zu dem Schluss, den geplanten Neubau erst 1937 zu beginnen und die Erweiterung von Kesselhaus und Maschinenzentrale auf das für die Betriebssicherheit unbedingt erforderliche Maß zu beschränken. Die laufenden Neuanschaffungen sollten im Geschäftsjahr 1937 auf maximal 450.000 Reichsmark begrenzt werden. Zur Finanzierung des Neubaus sollte die GmbH durch Grundstücksverkäufe möglichst 600.000 Reichsmark einnehmen.[53] Vor diesem Hintergrund sprach sich der Aufsichtsratsvorsitzende Schmidt für die Verschiebung des Vorhabens in das Folgejahr aus. Hans Bahlsen, der Motor der Ausbaupläne, plädierte dagegen am Vortag seiner Abreise in die USA erneut für eine positive Entscheidung, damit der auf eine Investitionssumme von 600.000 Reichsmark projektierte Fabrikneubau Anfang 1937 starten und im Oktober 1937 bezugsfertig sein konnte.[54]

Zwischen dem 5. und dem 23. November 1936 unternahm Hans Bahlsen eine Geschäftsreise in die USA, wo er verschiedene Keks- und Maschinenfabriken besichtigte, um deren Maschinen und Methoden auf die Übertragbarkeit in die Bahlsen-Fertigung zu überprüfen.[55] Nach Hannover zurückgekehrt, nahm er eine Überarbeitung des gesamten Fabrik-Bebauungsplans vor, um einen 150 Meter langen Stahlbandofen aufstellen zu können und den innerbetrieblichen Transport zu verbessern.[56]

Gerhard Bahlsen machte Ende 1936 erneut sein Interesse geltend, »aus der Gesellschaft größere Beträge erhalten zu können«. Hierzu sollte er tätiges Verwaltungsratsmitglied mit besonderem Aufgabenkreis und entsprechender Vergütung oder Angestellter der KG werden. Optional konnten Sonderausschüttungen aus der GmbH vorgenommen werden.[57] Über dessen »endgültiges Verhältnis« zur Firma sollte eine am 15. Dezember 1936 anberaumte Sitzung des Aufsichtsrats Klarheit schaffen.[58] Auf dieser stand auch eine Entscheidung über den Fabrikneubau an, den nach langer Unterbrechung der Zusammenarbeit die Architekten Siebrecht entwerfen sollten.

52 Karl Schumann, Fabrik-Neubau vom 11.6.1936 (BAH, R10, Nr. 537).

53 Otto Bredt, H. Bahlsens Keksfabrik KG, AG und GmbH, Hannover, Bericht über die finanzielle Entwicklung der Gesamtfirma vom Beginn der Umstellung im Herbst 1932 bis zum Stande Mitte 1936 vom 20.7.1936, S. 30 u. 16 (BAH, R11, Nr. 215).

54 Hans Bahlsen an den Aufsichtsratsvorsitzenden der H. Bahlsens Keksfabrik AG, Dr. Heinrich Schmidt vom 4.11.1936 (BAH, R10, Nr. 537).

55 Klaus Bahlsen, 5. Bericht 1936-1937 vom 21.1.1938, S. 1 (BAH, R10, Nr. 505).

56 Hans Bahlsen, Aufstellung über von mir in den letzten beiden Jahren angeregte und praktisch durchgeführte Verbesserungen, die sich bewährt haben, vom 27.4.1939, S. 1 (BAH, R10, Nr. 537).

57 Karl Schumann, Besprechung zwischen Hans, Werner und Klaus Bahlsen mit Dr. G. F. Horn und Karl Schumann am 7.12.1936 (BAH, R10, Nr. 537).

58 Hans Bahlsen an Oberbürgermeister Dr. Arthur Menge vom 10.12.1936; Hans Bahlsen an den Aufsichtsratsvorsitzenden der H. Bahlsens Keksfabrik AG, Dr. Heinrich Schmidt vom 10.12.1936 (jeweils BAH, R10, Nr. 537); Auffarth, Siebrecht, hier S. 195.

Die Aufsichtsratssitzung, an der neben Heinrich Schmidt, Otto Bredt und dem Mühlenbesitzer Gerhard Schwannecke als Gast auch wieder Arthur Menge teilnahmen, beschloss, für den Bau des neuen, für eine Länge von 156 Metern konzipierten Fabrikgebäudes an der Lister Straße zunächst 550.000 Reichsmark zu budgetieren, um einen Teilbau von 49 Metern Länge und 20 Metern Breite zu errichten. Um rasch beginnen zu können, waren noch die Genehmigungen der städtischen Baupolizei, der Fachschaft Süßwaren-Industrie und des Arbeitsamts in der Funktion als Beauftragter für den Vierjahresplan einzuholen. Um gesicherte Erweiterungsmöglichkeiten über die bisherigen Planungen hinaus zu haben, sollten auch noch die Grundstücke der Lister Straße bis zur Waldstraße 36 und 37 »möglichst bald gekauft« werden.[59] Damit schoss die Erbengeneration über das realistische Ziel hinaus – das Stammwerk erhielt auch später keine Erweiterung bis an die Waldstraße. Die für die Produktionssteigerung notwendigen Energie- und Dampfmengen sollten in den Jahren 1938 bis 1940 durch eine etwa 400.000 Reichsmark erfordernde Erweiterung des Kessel- und Maschinenhauses erzeugt werden können. Die Investitionsentscheidung fiel leichter, weil der im März 1937 festgestellte Gewinn der KG aus dem Geschäftsjahr 1936 auf etwas mehr als 1,2 Millionen Reichsmark angestiegen war.[60]

Zu den produktionstechnischen Verbesserungen traten organisatorische Optimierungen, etwa indem im Sommer 1934 wegen der großen Mengen die Belieferung der Großlager auf LKW-Transport umgestellt wurde. Die Ersparnis durch geringere Versand-Verpackungsmaterialien, Frachtkosten und reduzierten Bruch fielen wie die Beschleunigung ins Gewicht. Die Lastwagen externer Speditionen erhielten 1935 Reklamebeschriftungen und wirkten hierdurch bereits wie eigene Transportfahrzeuge. Die weitere Dezentralisierung der Vertriebslogistik erforderte 1935/36 die Eröffnung von neuen Auslieferungslagern in Saarbrücken, Erfurt, Kiel, Kassel und Plauen. Auf die Bedeutungszunahme des Logistiksystems reagierte das Unternehmen im Dezember 1936 durch die Einrichtung einer eigenen Verkehrs-Abteilung.[61] Die zehn auffällig lackierten TET-Lastzüge, die nach einem optimierten Fahrplan die Belieferung von Auslieferungslagern übernahmen, erhöhten die Sichtbarkeit der Marke 1937 zusätzlich.

59 Tagesordnung für die Aufsichtsratssitzung der H. Bahlsens Keksfabrik AG am 15.12.1936, S. 2 (BAH, R10, Nr. 537).

60 Norddeutsche Buchführungs- und Verwaltungs-AG, H. Bahlsens Keksfabrik KG, Bilanz am 31.12.1936 vom 5.3.1937 (BAH, R10, Nr. 538); Norddeutsche Buchführungs- und Verwaltungs-AG, Bericht Nr. 21 über die Prüfung der Jahresabschlüsse 1935 der H. Bahlsens Keksfabrik KG, Hannoversche Keksfabrik GmbH und Hermann Bahlsen Stiftung Hannover vom 26.2.1937, S. 25 (BAH, R11, Nr. 231).

61 Hans Bahlsen an den Aufsichtsratsvorsitzenden der H. Bahlsens Keksfabrik AG, Dr. Heinrich Schmidt vom 4.11.1936 (BAH, R10, Nr. 537); Hermann Hertzer, Kurzbericht über wichtige Ereignisse in unserer Firma, März 1948, S. 8 (BAH, R10, Nr. 505).

Die Nachfrage nach höherwertigen Sorten wuchs erst 1935. Denn wenn auch die Stundenlöhne kaum anstiegen, arbeiteten die Beschäftigten in Industrie und Gewerbe länger. Zudem fanden infolge des Rückgangs der Arbeitslosigkeit mehr Menschen eine Beschäftigung, wodurch die verfügbaren Jahreseinkommen zunahmen.[62] Für Konsumausgaben wie den Kauf von höherpreisigen Kekssorten stand hierdurch mehr Geld zur Verfügung. Mitte 1935 entwickelten sich aber auf dem Feld der Rohstoffstoffversorgung, etwa auch bei Schokolade, Gewürzen und Importzutaten, Engpässe. Butter war zeitweise fast nicht zu bekommen, und die kontingentierten Fettmengen für die Waffelproduktion begrenzten den Absatz auf die Hälfte der Nachfrage. Dank vorausschauender Vorratshaltung konnte die reduzierte Waffelproduktion zumindest mit den gewohnten Zutaten erfolgen, während Konkurrenzfirmen auf Walfett zurückgreifen mussten.[63] Der durch den Rohstoffmangel notwendig gewordene Einsatz von Ersatzmaterialien machte erhebliche Rezept- und Mischungsänderungen notwendig, was die Produktionseffizienz, aber auch die Qualität zu reduzieren drohte. Die Nachfrage nach höherpreisigen Produkten führte Ende 1935 dazu, dass in bislang unerreichtem Maße Elite-Produkte wie Brocken und sogar teure Dosen bis zu einem Preis von 10 Reichsmark verkauft werden konnten. Die Aufmachung sprach allerdings die Kundschaft nicht in besonderem Maße an, weshalb in diesem Segment die »Vorherrschaft« von XOX andauerte. Der Absatz von Honigkuchen wuchs dagegen erheblich. Der auch zu positiven Arbeitsplatzeffekten führende Konjunkturaufschwung steigerte zusammen mit den vor allem durch längere Arbeitszeiten gewachsenen Löhnen und Gehältern das für Konsumausgaben verfügbare Einkommen, was die Nachfrage nach Keksen und Dauerbackwaren erhöhte. Die gestiegene Kaufkraft ermöglichte in der großen Unfreiheit der NS-Diktatur kleine Fluchten in den Konsum. Bahlsen schwamm auf dieser in der Vorkriegszeit entstandenen NS-Konsumwelle erfolgreich mit.[64]

Die Reglementierung des Unternehmens durch behördliche Anweisungen etwa über den Anteil von Schokolade und selbst von Waffeln in den Warenmischungen engte die Liefermöglichkeiten ein. Zudem betraten die Firmen Feurich und XOX Absatzregionen, die zuvor ausschließlich von Bahlsen beliefert worden waren. Auch die Mitte 1937 gesetzlich vorgesehenen Preissenkungen deckten sich nicht mit den Interessen des Unternehmens, das wegen der deutlich verbesserten Verkaufssituation und gestiegener Rohstoffkosten selbst keine Preissenkungen vornehmen wollte.[65] Otto Bredt schlug deshalb vor, bei unvermeidbaren Preisreduzierungen mit

62 Vgl. etwa Spoerer, Demontage; Spoerer u. Streb, Guns; Hachtmann, Lebenshaltungskosten, https://zeitgeschichte-digital.de/doks/frontdoor/deliver/index/docId/802/file/hachtmann_lebenshaltungskosten_reallöhne_dritten_reiches_1988_de.pdf (Zugriff 1.12.2023).

63 Zur Förderung des Walfangs und der Verwendung von Walfett Sparenberg, Walfang, S. 336 ff.; Spiekermann, Kost, S. 379 ff.

64 Berghoff, Gefälligkeitsdiktatur; Schanetzky, Kanonen, S. 128 ff.

65 Klaus Bahlsen, 5. Bericht 1936-1937 vom 21.1.1938, S. 1 (BAH, R10, Nr. 505); Corni u. Gries, Brot, S. 335 ff.

den Behörden eine verstärkte Zuteilung von Mehl, Butter und anderen inländischen Rohstoffen auszuhandeln.[66]

Der insgesamt wachsende Absatz machte auf der Basis einer im Oktober 1936 von Bredt vorgelegten Ausarbeitung eine Neuorganisation der Auftrags- und Versand-Abteilung notwendig.[67] 1936/37 nahm allerdings die Verfügbarkeit von Rohmaterialien noch weiter ab, was insbesondere der Herstellung von höherwertigen Artikeln entgegenstand. 1937 waren sogar Milch und Milchpulver nicht mehr durchgängig lieferbar. Als Reaktion richtete Bahlsen eine von Klaus Bahlsen geleitete interne Kontingentierungsstelle innerhalb des Verkaufsbereichs ein, die bei elf Artikeln wie Leibniz, Express-Dose, Schweizer Waffeln oder Afrika und Togo konkrete Zuteilungen für jeden Reisenden vornahm. Darüber hinaus erfolgte 1937 eine Vergrößerung der Lagerkapazitäten für Rohstoffe und Verpackungsmaterial im Haupthaus und im Gesamtkomplex Wohlenberg, an der Voßstraße sowie in zwei weiteren Lagerstätten.[68] Auf der Basis von Kalkulationsunterlagen und Budgetfestlegungen schlug Klaus Bahlsen die Streichung etlicher Artikel vor, wodurch zwar 125.000 Reichsmark Umsatz verloren gingen, jedoch 10 Prozent mehr Leibniz mit einem höheren Umsatz produziert werden könnten. Produkte mit weniger als 11.000 Reichsmark Umsatz wollte er auch wegen der geringeren Ertragsspanne aus dem Programm nehmen, bei anderen wie der Express-Dose, mit der 1936 allein 1,632 Millionen Reichsmark Umsatz gemacht wurde, die Spanne von 16,7 auf 19,2 Prozent steigern. Aus den Daten ergaben sich 23 »besonders zu pflegende Artikel«, darunter Albert, Milch-Keks, Noch Eine Nr. 4 und 5, sowie Finessen und Salzletten, für die allerdings keine weiteren »Rabattsteigerungen in Frage« kamen.[69]

Die ständige Umstellung der Rezepte und der Produktionsprozesse auf die verfügbaren Rohstoffe war aufwändig. Sich mit Ersatzstoffen zu »behelfen«, wurde zur Maxime. Da Blechdosen nicht im gewünschten Umfang beschaffbar waren, lieferte Bahlsen die Sorten 4 und 5 ab Herbst 1937 in Pappdosen aus. Als Mitte 1937 im Zusammenhang mit der klaffenden »Fettlücke« auch noch staatliche Vorgaben zum Fettanteil in Waffeln und Keksen erlassen wurden,[70] zeigte sich eine distanzierte Bewertung des an hoher Qualität ihrer Produkte interessierten Unternehmens, da hierdurch »alles sehr billig schmecken und sehr trocken« würde. Die fabrikationstechnischen Anpassungen auf die Stahlbandöfen konnten im Sommer und Herbst 1937 endgültig abgeschlossen werden, sodass sowohl Spekulatius-Sorten als auch Milchkekse mit guten Ergebnissen nach der neuen, effizienteren Methode produziert werden konnte. Ein Leibniz-Ofen konnte durch den Kauf von zwei für den Artikel Leibniz M eingerich-

66 Otto Bredt, Senkung der Preise für Markenartikel vom 7.7.1937 (BAH, R11, Nr. 483).

67 Otto Bredt, Neuorganisation der Auftrags- und Versand-Abteilung vom 7.10.1936 (BAH, R11, Nr. 483).

68 Klaus Bahlsen, 5. Bericht 1936-1937 vom 21.1.1938, S. 3 (BAH, R10, Nr. 505).

69 Klaus Bahlsen, Vorschläge für das 1. Halbjahr 1937 auf Grund der jetzt fertig gewordenen Kalkulations- und Budget-Unterlagen vom 3.3.1937, S. 1 f. (BAH, R10, Nr. 537).

70 Reith, Butter; Schanetzky, Kanonen, S. 128 ff.

tete Kartonfalt- und Kartonschließmaschinen vollautomatisch von der Kartonierung bis zur Einschlagung durchlaufen. Trotz der gestiegenen Bestellzahlen und gewachsenen Liefermöglichkeiten verharrte die Gewinnsituation der Bahlsen KG im Geschäftsjahr 1937 mit 1,15 Millionen Reichsmark auf dem bisherigen Niveau – 400.000 Reichsmark gingen an die Hermann-Bahlsen-Pensions-Kasse e. V.[71]

Anfang 1937 erfolgte die Markteinführung der Salzletten, eines Hartgebäcks mit einer Meersalzauflage.[72] Nach den 1932 durchgeführten ersten Versuchen zur Herstellung eines salzigen Gebäcks studierte Klaus Bahlsen 1934 dessen Großfabrikation in den USA. Auf Basis seiner Erkenntnisse entstand 1937 eine eigene Anlage, die mit einer Düse den Hefeteig zu einem glatten Strang zu pressen vermochte. Die im zweiten Stock aufgebaute Anlage mit drei nebeneinander aufgestellten Teigpressen brachte 60 Stränge auf das Gärband, um nach der Angärung die Teigmasse in ein geheiztes Solebecken zu befördern. Nach dem Verlassen des Solebads schnitt ein rotierendes Messer die Stränge auf die gewünschte Länge; ein selbst entwickelter Salzstreuer brachte die vorgesehene Salzmenge auf, bevor das Ausbacken auf einem Ofengitterband erfolgte. Der gesamte Herstellungsprozess benötigte wegen des hohen Automatisierungsgrads einschließlich Packerei nur zwölf Personen.[73] »Tadellose Qualität« lieferte die Anlage allerdings erst 1940.[74] Die Anlage lief mit hoher Wirtschaftlichkeit, bis sie beim Bombenangriff 1944 zerstört wurde. Eine weitere, ebenfalls aus den USA importierte Produktinnovation bildeten Marshmallows, die ab 1938 in sehr guter Qualität erzeugt werden konnten, denen es aber wie dem auf dem Stahlbank automatisch geschnittenen Feigenkeks an Nachfrage fehlte.

Im Januar 1938 erfolgte in der Aktiengesellschaft die Vereinheitlichung der Positionen und der Bezahlung von Hans, Werner und Klaus Bahlsen, die ein Monatsgehalt von 1.275 Reichsmark und eine nach dem Gewinn gestaffelte prozentuale Leistungszulage erhielten.[75] Auch hinsichtlich der Pensionsregelung gab es ab dem 11. Januar 1938 zwischen der KG und den drei Brüdern wortgleiche Vereinbarungen.[76] Im Verwaltungsrat der KG ersetzte Arthur Menge im August 1938 das langjährige Mitglied Gerhard Schwannecke und übernahm wieder den Vorsitz.[77]

71 Norddeutsche Buchführungs- und Verwaltungs-AG, H. Bahlsens Keksfabrik KG, Bilanz am 31.12.1937 vom 25.3.1938, S. 1 f. (BAH, R10, Nr. 538).

72 Klaus Bahlsen, 5. Bericht 1936-1937 vom 21.1.1938, S. 3 (BAH, R10, Nr. 505); die Firma Lorenz datiert dagegen den Start der Salzletten ohne nähere Belege auf 1935, https://lorenz-snacks.de/saltletts (Zugriff 1.2.2023).

73 Friedrich Thiele: 60 Jahre Bahlsen 1914-1974. Erinnerungen. Technische Entwicklungen, Berichte und Arbeitsvorbereitung, o. O. [1974], S. 29 (BAH, R10, Nr. 229).

74 7. Bericht 1939 u. 1940, S. 3 (BAH, R10, Nr. 505).

75 Anstellungsvertrag der H. Bahlsens Keksfabrik AG mit Hans Bahlsen [gleichlautend mit Werner und Klaus Bahlsen] vom 11.1.1938 (BAH, R11, Nr. 440).

76 Pensionsvereinbarung der H. Bahlsens Keksfabrik KG mit Hans Bahlsen [gleichlautend mit Werner und Klaus Bahlsen] vom 11.1.1938 (BAH, R11, Nr. 440).

77 Niederschrift über die Gesellschafterversammlung der H. Bahlsens Keksfabrik KG am 25.8.1938, S. 2 (BAH, R10, Nr. 538); die 12-jährige Amtszeit von Oberbürgermeister Dr. Arthur Menge war

Das Warenangebot passte zu den Markterwartungen. Zimtsterne, die von Bahlsen als Neuheit anboten wurden, fanden »reißenden Absatz«. Auch die 12,5 kg schwere Weihnachtsmischung III mit 100 125-Gramm-Packungen für 25 Reichspfennig war bei Wiederverkäufern so begehrt, dass deren Lieferung wegen fehlender Rohmaterialien eingestellt werden musste.[78] Ebenso große Absatzerfolge gelangen mit den hochpreisigen Waren wie den Elitesorten oder mit der neuen Dose für 2,50 Reichsmark sowie mit allen Luxusdosen, die Ende November 1938 bereits ausverkauft waren. Die Nachfrage nach »Brocken lose« und TET war »für frühere Begriffe unvorstellbar«, sodass drei Baumkuchenapparate im Dezember durchgängig backen mussten.[79] Zum wachsenden Absatz trug auch die Verknappung von Butter bei, weshalb das häusliche Backen vielfach durch den Kauf von hochwertigen Bahlsen-Produkten ersetzt werden musste. Im Unternehmen bestand die Aufgabe, die verstärkte staatliche Kontingentierung von Rohstoffen durch eine optimierte Warenzuteilung an die Auslieferungslager und Reisendenbezirke nachzuvollziehen.[80]

Nach dem »Anschluss« Österreichs an das Deutsche Reich im März 1938 eröffnete Bahlsen Anfang 1939 nicht nur neue Auslieferungslager in Wien, Salzburg, Graz, Innsbruck und Wels-Linz, sondern brachte mit den »Melba-Röllchen« ein spezielles Produkt für Österreich heraus.[81] Darüber hinaus meldete die H. Bahlsens Keksfabrik AG am 5. August 1938 beim Reichspatentamt das Warenzeichen »Bahlsen's Wiener Wald« an, das am 20. Februar 1939 eingetragen wurde und bis zum 4. August 1948 geschützt war.[82] Die bürokratischen Mühlen brauchten aber ihre Zeit. Den am 1. März 1939 von Hermann Hertzer angemeldeten Gewerbeschein zum »Verkauf der in der eigenen Betriebsstätte in Hannover hergestellten Fabrikate (Keks)« in der Salzburger Markus Sittikusstraße 10 genehmigte der Oberbürgermeister der Gauhauptstadt Salzburg erst am 28. Dezember 1939.[83]

Auch die Annexion des Sudetenlands eröffnete neue Marktmöglichkeiten. Werner Bahlsen besuchte bereits im Dezember 1938 die ganze Region, um die Betreuung möglicher Kunden zu organisieren, aber auch um die Konkurrenzsituation zu

am 15.8.1937 abgelaufen, nachdem sich NSDAP-Spitzenfunktionäre wie Gauleiter-Stellvertreter Kurt Schmalz einer Verlängerung in den Weg gestellt hatten, vgl. NSDAP-Gauleitung Süd-Hannover-Braunschweig, Gauleiter-Stellvertreter Kurt Schmalz, an Reichsleiter Karl Fiehler vom 22.4.1937 (BAB, R 9361-II, Nr. 703006); vgl. Niederschrift über die Beratung des Gauleiterstellvertreters als Beauftragten der NSDAP mit den Ratsherren der Hauptstadt Hannover am 4.8.1937 (StdA H, 1.AA.5.01, Nr. 205).

78 6. Bericht 1938, S. 1 (BAH, R10, Nr. 505).

79 Ebd.

80 Otto Bredt, Ausbau der Verkaufsorganisation vom November 1937, S. 1 f. (BAH, R11, Nr. 483).

81 6. Bericht 1938, S. 1 (BAH, R10, Nr. 505).

82 Reichspatentamt, Urkunde über die Eintragung eines Warenzeichens Bahlsen's Wiener Wald, Aktenzeichen B 77983 vom 5.8.1938/20.2.1939 (BAH, R11, Nr. 280).

83 Oberbürgermeister der Gauhauptstadt Salzburg (I a 1/I b), Gewerbeschein vom 28.12.1939 (BAH, R10, Nr. 37).

beobachten. Er legte fest, welche Ortschaft in welchem Rhythmus besucht werden müsste. Im schlesischen Teil sollten Troppau [Opava] und Mährisch-Schönberg [Šumperk] ständig, andere Ortschaften nur in längeren Abständen von Reisenden besucht werden. In Reichenberg [Liberec] sollte sogar ein eigener Stadtreisender angestellt werden, um den Verwaltungssitz und die weitere Umgebung zu versorgen.[84] Karlsbad [Karlovy Vary] war mindestens alle acht Tage zu besuchen, da dort etwa 70 Läden für einen Verkauf von Bahlsen-Produkten in Frage kamen. Das Bäderdreieck aus Karlsbad [Karlovy Vary], Franzensbad [Františkovy Lázně] und Marienbad [Mariánské Lázně] benötigte seiner Einschätzung nach einen eigenen Reisenden, der sein Gebiet mit dem Auto bearbeiten müsste.

Werner Bahlsen nahm konkurrierende Aktivitäten der Firma XOX wahr, die an manchen Orten wie Freiwaldau [Jeseník] der Firma Bahlsen knapp zuvorgekommen war. Saaz [Žatec], angeblich eine der reichsten Städte des Sudetenlands, sollte auch intensiv bearbeitet werden, obwohl 80 Prozent der Läden geschlossen waren. Die als Kunden und als Absatzweg interessierenden Lebensmittelläden seien »aber meist nicht in jüdischen Händen« gewesen. Einen Monat zuvor war in Saaz, wo der Anteil der Juden an der Bevölkerung rund zehn Prozent betrug, die Synagoge niedergebrannt worden.[85] An erster Stelle der sudetendeutschen Konkurrenz stand nach den Beobachtungen von Werner Bahlsen das Unternehmen Fiedor. Er hielt in diesem Zusammenhang fest, dass noch nicht ganz geklärt sei, »ob die Inhaber teils jüdisch« waren.[86]

Der durch gute Qualität und Neuheiten erzielte und nur durch die staatliche Kontingentierung begrenzte Erfolg des Sortiments drängte XOX und andere Konkurrenzunternehmen wieder deutlich zurück. Den Absatzsteigerungen entsprachen die Rationalisierungsschritte. Der Einsatz von Maschinen etwa zur Herstellung von Glasuren oder auch die Kombination von Maschinen zur Modernisierung ganzer Produktionsabläufe nahm 1938/39 weiter Fahrt auf. In der Abteilung zur Herstellung des Artikels »Noch Eine« wurden beispielsweise neben einer Klimatisierung zwei mit Zeitschaltuhren ausgestattete Schlagmaschinen zum gleichmäßigen Schlagen der Füllungen aufgestellt. Nach der Weiterverarbeitung in zwei Streichmaschinen erfolgte der Transport in dem sich selbst öffnenden Trockenschrank, bevor Sägen und selbstzählende Einschlagmaschinen die Ware fertigstellten.

Die Umstellung der Feinbäckereien für hochwertige und hochpreisige Produkte auf Großfabrikation auch preiswerterer Produkte transferierte den Markenkern von Bahlsen ins großtechnische Zeitalter. Der Kauf und die Eigenkonstruktion von Maschinen machten allerdings ebenso Investitionen erforderlich wie der 1937 begonnene und im Frühjahr 1939 abgeschlossene Fabrikerweiterungsbau.[87] Hierdurch

84 Werner Bahlsen, Bericht Reise Sudetengau vom 19.12.1938, S. 3 (BAH, R11, Nr. 455).

85 https://saaz.info/index.php/die-juden-von-saaz/ (Zugriff 1.4.2023).

86 Werner Bahlsen, Bericht Reise Sudetengau vom 19.12.1938, S. 5 u. 8 (BAH, R11, Nr. 455).

87 6. Bericht 1938, S. 3 f. (BAH, R10, Nr. 505).

ging der Jahresgewinn 1938 auf 655.932,39 Reichsmark zurück.[88] Zur Finanzierung der Investitionen hielt die Hannoversche Keksfabrik GmbH an ihrer Praxis fest, nicht mehr benötigte Grundstücke zu verkaufen. In diesem Zusammenhang erwarb der Hamburger Kaufmann Heinz Bernhard Caspar am 7. Juni 1938 ein Grundstück zwischen Podbielski-, Achenbach- und Defreggerstraße, um dort 17 Wohnhäuser mit insgesamt 121 Kleinwohnungen zu errichten. Der Käufer galt nach den Nürnberger Gesetzen als »jüdischer Mischling I. Grades«, war jedoch nach den rechtlichen Regelungen, weil er seiner Wehrpflicht nachgekommen war, »vorläufig als Reichsbürger« zu betrachten.

Obwohl keine Rechtsgrundlage bestand, wollte der Leiter der Stadtbauabteilung Hannover, Karl Elkert,[89] den Erwerb durch Caspar verhindern, da die unterstellte Neubildung von jüdischen Gewerbebetrieben dem »Grundgedanken nationalsozialistischer Weltanschauung« zuwiderlief.[90] Auf Nachfrage erfuhr die zur Interessenvertretung von Caspar bevollmächtigte Rechtsanwaltskanzlei, dass der Magistrat ohne grundsätzliche Entscheidung der vorgesetzten Stellen keine Genehmigung erteilen wollte. Regierungspräsident Diels unterstützte die Stadt in ihrer Haltung, woraufhin der Oberbürgermeister Hannovers am 2. August 1938 die Genehmigung des Grundstückvertrags versagte, wogegen die Rechtsanwälte Caspars am 11. August 1938 Beschwerde einlegten.[91] Erst nach einem Hinweis des Reichsministers des Innern vom 5. April 1939, dass kein »gesetzliches Hindernis für den Erwerb von Grundstücken durch jüdische Mischlinge« bestand, veranlasste der Regierungspräsident am 3. Juni 1939 die Stadt, ihre Verfügung zurückzunehmen.[92]

Stadtbaurat Elkert fand im Juli 1939 aber einen neuen Hebel, um den Vollzug des Kaufvertrags zu hemmen, indem er Verhandlungen über einen Grundstücksaustausch einer geplanten Straße gegen einen bestehenden Weg begann.[93] Durch den Beginn des Zweiten Weltkriegs ging die antisemitisch motivierte Aufschiebungsstrategie auf. Die Firma Bahlsen, die allein an der Solvenz des Käufers und einem raschen Zahlungszufluss interessiert war, verlor durch den über die bestehenden Verfolgungsrichtlinien hinausdrängenden Antisemitismus des Stadtbaurats Elkert eine erwartete Einnahme.

88 Laut Beschluss der Gesellschafter-Versammlung der H. Bahlsens Keksfabrik KG am 19.12.1939 geänderte Bilanz sowie Gewinn- und Verlustrechnung für 1938 (BAH, R10, Nr. 538).

89 Fleiter, Elkart.

90 Oberbürgermeister der Hauptstadt Hannover, Stadtbauamt (B 697), Paul Elkert, an Regierungspräsidenten Hannover vom 22.6.1938, S. 1f. (NLA H, Hann. 180 B, Nr. 254).

91 Oberbürgermeister der Hauptstadt Hannover, Stadtbauamt (B 808), Paul Elkert, an Regierungspräsidenten Hannover vom 20.8.1938; H. Peters/A. Rahmsdorf an Regierungspräsidenten Hannover vom 16.9.1938 (jeweils NLA H, Hann. 180 B, Nr. 254).

92 Reichsminister des Innern (Ie 345/39 50123 d Ba. 9), Ministerialrat Dr. Bernhard Lösener, an Reichsarbeitsminister vom 5.4.1939; Regierungspräsident Hannover (H (II) 838-1193) an Oberbürgermeister Hannover vom 3.6.1939 (jeweils NLA H, Hann. 180 B, Nr. 254).

93 Oberbürgermeister der Hauptstadt Hannover, Stadtbauamt (31), Paul Elkert, an Regierungspräsidenten Hannover vom 17.7.1939 (NLA H, Hann. 180 B, Nr. 254).

Die am 14. Dezember 1936 eingerichtete und 1938 vom Tiroler Dr. Rolf Schober übernommene Verkehrs-Abteilung,[94] die auch die Verladung zur Belieferung der Auslieferungslager organisierte, zog 1939 in den Neubau um. Die Warenauslieferung im Umkreis von 200 Kilometern erfolgte mit Verteilerautos. Für die Auslieferungslager wurden die fertig gepackten Kartons in LKW verladen und einmal wöchentlich auf den Weg gebracht, wobei – wie es hieß – die »neuen Autobahnen« sehr hilfreich waren.[95] Ab Sommer 1940 konnten aber wegen der Kraftstoffzuteilungen und der absinkenden Zivilnachfrage die kleineren Auslieferungslager nur noch monatlich beliefert werden. Im weiteren Kriegsverlauf musste wieder auf Bahntransport umgestellt werden, wodurch sich der Lieferzyklus auf sechs Wochen ausdehnte.

Im Frühsommer 1939 sah Klaus Bahlsen wegen der zunehmenden Kundenbearbeitung durch die dezentralen Filialen und Auslieferungslager den Zeitpunkt gekommen, die beabsichtigte Neuorganisation der Verkaufsorganisation vorzunehmen. Dabei standen Maßnahmen zur Festlegung des Arbeitspensums und zur besseren Überwachung der Auslieferungs- und Verteilungslager sowie der in der Vertriebsstruktur tätigen Herren, etwa eine »Geheim-Karthothek« über den Erfolg der Reisenden oder auch den Wettbewerb zwischen Gruppenleitungen, im Mittelpunkt der Überlegungen. Darüber hinaus strebte er die Zentralisierung mancher Funktionen wie die Reklame-Zentralstelle für Dekorationen in Hannover an. Das Ziel der »restlosen Durchdringung des Marktes« verlangte aus seiner Sicht neue Methoden der Kundengewinnung und der Erfolgskontrolle, die in einer »Muster-Hannover-Gruppe« erprobt werden sollten. Unter der Parole – »Heute richtig verteilen und sich für später vorbereiten!« – wollte sich Klaus Bahlsen trotz der für die letzte Aufrüstungsphase typischen Warenverknappung und Kontingentierung vom Verwaltungsrat der KG mit der Etablierung dieser Erprobungsfunktion beauftragen lassen.[96]

Klaus Bahlsen plante im Rahmen der veränderten Strukturen auch neue Verteilungslager in Hannover und München sowie später in Frankfurt am Main, Ostpreußen und Schlesien. Ein weiteres Lager sah er in Berlin südlich des Flughafens Tempelhof einen neuen Großstandort vor, um den Vertrieb auf die durch die Neubaupläne des Generalbauinspektors für die Reichshauptstadt (GBI), Albert Speer,

94 Der Innsbrucker Schober war am 31.3.1933 der ab Juni 1933 in Österreich verbotenen NSDAP mit der Mitgliedsnummer 1.525.623 beigetreten und entging durch den Umzug nach Berlin dem Verfolgungsdruck. Am 9.5.1938 bat er nach Eintritt in das Unternehmen Bahlsen um Überweisung zur NSDAP-Ortsgruppe Welfenplatz, NSDAP, Abwicklungsstelle der Landesleitung Österreich, Bestätigung vom 22.5.1936; Rolf Schober an Mitgliedersammelstelle der NSDAP vom 9.5.1938 (jeweils BAB, R 9361-II, Nr. 1127965).

95 Klaus Bahlsen, 7. Bericht 1939-1940 vom 3.1.1941, S. 4 (BAH, R10, Nr. 505).

96 Klaus Bahlsen, Verkaufs-Neuorganisation vom 20.6.1939, S. 2 (BAH, R10, Nr. 519), siehe auch Otto Bredt, Ausbau der Gliederung und der Außenorganisation vom Juni 1939, S. 1 ff. (BAH, R11, Nr. 483).

veränderte Stadtlandschaft vorzubereiten. In direkter Abstimmung mit dem Hauptabteilungsleiter Erwin Bohr sondierte ein von Bahlsen beauftragtes Immobilienunternehmen ab Juli 1938 ein geeignetes Terrain.[97] Da der GBI bei einem Klärungsgespräch am 18. Juli 1938 keine Bedenken geltend machte,[98] erwarb am 26. Oktober 1938 die H. Bahlsens Keksfabrik AG ein 3.505 Quadratmeter großes Grundstück an der Germaniastraße, Ecke Schaffhausenerstraße, das der »arisierten« Stuttgarter Weinbrennerei Jacob Jacobi AG gehört hatte.[99] Deren Leiter der Zweigfabrik Berlin, Ernst Neiss, erklärte sich gegenüber der Berliner Handelsgesellschaft, die von der Bahlsen AG zum Abschluss des Kaufvertrags ermächtigt worden war, mit dem Kaufpreis von 38.000 Reichsmark einverstanden.[100] Erwin Bohr erklärte für den GBI am 9. Dezember 1938, dass das »Grundstück nach dem heutigen Stand der Planung voraussichtlich nicht benötigt« würde.[101] Das Grundstück wechselte aber bereits am 16. April 1940 in den Besitz des Fabrikbesitzers und Ingenieurs Eduard Linnhoff.[102]

Die H. Bahlsens Keksfabrik AG sicherte sich in der Nachbarschaft ein zweites Grundstück, das ebenfalls jüdische Vorbesitzer hatte. Am 13. Mai 1939 beauftragte Anna-Dora Thieme einen in Hannover ansässigen Notar mit der Erstellung eines Angebots.[103] Der in die Angelegenheit eingeschaltete Makler teilte aber am 15. Mai 1939 mit, dass der Grundstückskauf »genehmigungspflichtig« sei, »da die Firma A.[dler] & O.[ppenheimer] noch nicht voll arisiert« sei.[104] Er rechnete aber mit keinen Schwierigkeiten bei der Berliner Behörde. Zu diesem Zweck erwarb die

97 Wilhelm Droste & Co. an Generalbauinspektors für die Reichshauptstadt, Erwin Bohr vom 4.7.1938 (BAB, 46.06. GBI, Nr. 24753); zur Funktion des GBI Willems, Jude, S. 121 ff.; Brechtken, Speer, S. 84 ff.

98 Generalbauinspektor für die Reichshauptstadt, Erwin Bohr, an Wilhelm Droste & Co. vom 9.7.1938; Architekt Dipl.-Ing. Hanns Dustmann an GBI, Erwin Bohr vom 7.12.1938 (jeweils BAB, 46.06. GBI, Nr. 24753).

99 Oberfinanzdirektion Stuttgart, Akte Evisa AG; Wermut- u. Spirituosen-Kellerei; Jacob Jacobi AG Besitzer: Deyle, Franz u. C. F.; Weinbrennerei (Staatsarchiv Ludwigsburg (STAL), EL 402/25 Bü 315); vgl. Akten des Schlichters (STAL, FL 300/33 I Bü 21136); (STAL FL 300/33 I Bü 19529); Reichsmonopolverwaltung für Branntwein, Verwertungsstelle, Weinbrennerei Jacobi AG, Stuttgart, vormals: Jacob Jacobi AG Stuttgart (BAB, R 2105, Nr. 2404); vgl. http://www.wirtemberg.de/jacobi.htm (Zugriff 1.4.2023).

100 Notar Dr. Walther Plagge, Urkundenrolle Nr. 194/1938, S. 3 (BAH, R10, Nr. 519).

101 Generalbauinspektor für die Reichshauptstadt, Erwin Bohr, an Dipl.-Ing. Hanns Dustmann vom 9.12.1938 (BAB, 46.06. GBI, Nr. 24753).

102 Norddeutsche Buchführungs- und Verwaltungs-AG, Bericht Nr. 203 über die Prüfung des Jahresabschlusses 1940 der H. Bahlsens Keksfabrik AG vom 18.1.1943, S. 7 f. (BAH, R11, Nr. 282).

103 H. Bahlsens Keksfabrik KG, Anna-Dora Thieme, an Dr. Walter Reese vom 13.5.1939 (BAH, R10, Nr. 151).

104 Edmund Dresselt an H. Bahlsens Keksfabrik KG vom 15.5.1939 (BAH, R10, Nr. 151); die formelle »Arisierung« durch die Deutsche Bank AG zog sich bis ins Jahr 1941 hinein, James, Bank, S. 90 ff.; Helmut Pape: Bahlsen in Berlin nach Archivunterlagen und eigenem Erleben, o. O. 1973, S. 25 (BAH, R11, Nr. 478).

H. Bahlsens Keksfabrik AG am 19. Mai 1939 von der Adler & Oppenheimer AG ein unbebautes Grundstück an der Schaffhausener Straße 2/26.[105] Die vorherigen jüdischen Eigentümer der Adler & Oppenheimer AG wurden nach August 1938 im Rahmen der antisemitischen Diskriminierungs- und Raubpolitik mittels der Übernahme von 75 Prozent des Aktienkapitals durch Spitzenvertreter der Deutschen Bank wie Hermann Josef Abs aus ihrem Unternehmen verdrängt und waren bereits ins Ausland geflohen.[106]

Die Deutsche Bank, deren Filiale Hannover als langjähriger Geschäftspartner von Bahlsen dem Kaufwunsch des Keksherstellers aufgeschlossen gegenüberstand, dominierte das Unternehmen Adler & Oppenheimer AG, als der Kaufvertrag Mitte Mai 1939 geschlossen wurde. Bahlsen betätigte sich mithin nicht direkt als Ariseur jüdischen Besitzes, sondern übernahm das noch in der Rechtshülle der Adler & Oppenheimer AG verbliebene, aber bereits von der Deutschen Bank kontrollierte Eigentum. Der Kaufpreis von 99.972 Reichsmark, der angesichts der durch die Speerschen Berlin-Pläne befeuerten Erwartungen stark steigender Immobilienpreise eher am unteren Rand lag, floss auf ein Konto der Berliner Handelsgesellschaft KG, ohne jemals die jüdischen Vorbesitzer zu erreichen. Die H. Bahlsens Keksfabrik AG wurde am 14. November 1939 als Eigentümerin in das Grundbuch eingetragen.[107] Diese Form der Eigentumsübertragung bildete ein Beispiel für die vielen Fälle von Vermögensentzug jüdischer Eigentümer, der in scheinlegaler Form abgewickelt wurde.[108] Das antisemitische NS-Regime machte die »arischen« Neueigentümer von Liegenschaften oder Unternehmen zu Beteiligten eines rassistisch motivierten Raubzugs, auch wenn sie selbst die jüdischen Vorbesitzer nicht um ihr Eigentum brachten, sondern ohne eigene Aktivitäten von der NS-Arisierungspolitik profitierten.[109]

1954 forderte deshalb das Berlin Regional Office der Jewish Restitution Successor Organization (JRSO), eine Vorgängerorganisation der Conference on Jewish Material Claims against Germany,[110] die Restitution des Grundstücks, da aus ihrer Sicht der Vertragsabschluss Mitte Mai 1939 für eine Vermögensentziehung sprach.[111] Zudem machte die JRSO geltend, dass der Kaufpreis zu keinem Zeitpunkt in die freie Verfügung der Alteigentümer gelangt sei. Die Verfahrensbevollmächtigten der H. Bahlsens Keksfabrik AG behaupteten dagegen, dass ein Nachweis für die An-

105 141. Zivilkammer (Wiedergutmachungskammer) des Landgerichts Berlin, Beschluss (141 WGK) 22 WGA 6/JRSO (198.54) vom 14.10.1955, S. 1 ff. (BAH, R10, Nr. 596).

106 James, Bank, S. 90 ff.

107 141. Zivilkammer (Wiedergutmachungskammer) des Landgerichts Berlin, Beschluss (141 WGK) 22 WGA 6/JRSO (198.54) vom 14.10.1955, S. 1 ff. (BAH, R10, Nr. 596).

108 Auszug aus der Grundsteuermutterrolle, Berlin-Tempelhof, Artikel 1578, Grundbuch Band 53, Blatt 1755 (BAH, R10, Nr. 160); vgl. Bajohr, Arisierung, S. 223 ff.

109 Ebd., S. 14; Barkai, Unternehmer, S. 231 ff.

110 Zweig, German reparations, S. 57 ff.; Blumenthal, Right, S. 30 ff.

111 Goschler, Politik.

nahme fehle, dass die Adler & Oppenheimer AG eine »jüdische Gesellschaft« gewesen sei. Die Wiedergutmachungskammer des Landgerichts Berlin wies in ihrem Beschluss von 14. Oktober 1955 diese Annahme zurück, da sich der Tatbestand einer »jüdischen Gesellschaft« allein schon aus dem in den Grundakten enthaltenen Bescheid des Bezirksbürgermeisters über die Genehmigung der Grundstücksteilung unter Bezugnahme auf die Verordnung über den Einsatz des jüdischen Vermögens vom 3. Dezember 1938 ergab. Darüber hinaus machte die Wiedergutmachungskammer der Firma Bahlsen klar, dass von einer rechtswidrigen Vermögensentziehung nur hätte abgesehen werden könne, »wenn die Verkäuferin einen angemessenen Kaufpreis zur freien Verfügung erhalten« hätte und die »Veräußerung auch ohne die Herrschaft des Nationalsozialismus vorgenommen worden wäre oder der Erwerber in besonderer Weise und mit wesentlichem Erfolg den Schutz der Vermögensinteressen der Verkäuferin wahrgenommen« hätte.[112]

Nach Lage der Dinge kam die Wiedergutmachungskammer zu dem Ergebnis, dass eine rechtswidrige Eigentumsübertragung stattgefunden hatte, die einen Rückerstattungsanspruch begründete. Zugleich teilte die Kammer aber auch die Rechtsposition der JRSO nicht komplett. Weil die Antragstellerin keine Belege für ihre Behauptung beigebracht hatte, dass der Kaufpreis nicht zur freien Verfügung der Voreigentümerin gelangte, betrachtete die Wiedergutmachungskammer die Einzahlung des Kaufpreises auf das gemeinsame Verfügungskonto bei der Berliner Handelsgesellschaft als finanzielle Erfüllung des Kaufvertrags, sodass die JRSO auferlegt bekam, Bahlsen den auf 9.997,20 D-Mark umgerechneten Kaufpreis zurückzuerstatten.[113] Die JRSO verpflichtete sich, den Betrag bis zum Verkauf des Grundstücks, spätestens aber bis zum 1. Oktober 1958 zu bezahlen.[114]

Das in der Vorkriegszeit anhaltende Wachstum von Produktion und Absatz führte dazu, dass der Maschinenneu- und -umbau für mehr als 120.000 Reichsmark im ersten Halbjahr 1939 unvermindert fortgesetzt wurde.[115] Zugleich wuchs insbesondere zur Abdeckung der Saisonspitzen von Mitte April bis Mitte Juli und von Mitte September bis Mitte Dezember 1939 der am Jahresanfang prognostizierte zusätzliche Arbeitskräftebedarf auf 100 bzw. 120 Arbeiterinnen und Arbeiter.[116] Parallel entstanden weitere Ausbaupläne, wobei Werner und Hans Bahlsen eine unterschiedliche Aufteilung der Fabrik vorsahen. Klaus Bahlsen präferierte eine horizontale Schichtung der Produktionsbereiche, die bedarfsweise vertikal durch

112 141. Zivilkammer (Wiedergutmachungskammer) des Landgerichts Berlin, Beschluss (141 WGK) 22 UGA 6/INSO (198.54) vom 14.10.1955, S. 5 f. (BAH, R10, Nr. 596).

113 Ebd., S. 7 f.

114 Jewish Restitution Successor Organization, Berlin Regional Office, Dr. H. Tuch, an Firma Bahlsen vom 18.4.1956 (BAH, R10, Nr. 596).

115 Hans Bahlsen, Im 1. Halbjahr 1939 wurden folgende Maschinen neu gebaut bezw. umgebaut vom 24.7.1939 (BAH, R10, Nr. 537).

116 Kurt Pentzlin betr. Saison-Arbeiter vom 31.1.1939 (BAH, R10, Nr. 320).

die projektierten Neubauten II und IV vergrößert werden könnten.[117] Die von Hans Bahlsen am 5. Juni 1939 fertiggestellte Ausarbeitung zur »Betriebsplanung und Erweiterung« sah innerhalb der nächsten 15 Jahre eine Umsatzsteigerung von 20 auf 50 Millionen Reichsmark und eine Gesamtleistung von 20 anstatt der aktuellen 8 Millionen Kilogramm vor. Die Belegschaft sollte parallel von 1.500 auf 3.000 bis 3.500 Beschäftigte anwachsen. Hierzu schätzte Hans Bahlsen die Gesamtinvestitionssumme auf 10 Millionen Reichsmark, von der ein Zehntel für Sozialeinrichtungen wie den Bau einer größeren Kantine oder eines Schwimmbades reserviert werden sollte.[118]

Einen zwischenzeitlichen Höhepunkt der Unternehmensentwicklung markierte kurz vor Kriegsbeginn das am 1. Juli 1939 groß begangene 50-jährige Geschäftsjubiläum.[119] Auch die mehr als 400 Mitarbeiter aus den 34 Auslieferungslagern des Reichsgebiets kamen aus diesem Anlass nach Hannover. Zur Belegschaft gehörten insgesamt über 2.000 Personen.[120] Aus diesem Anlass erschien ein Jubiläumsbuch, mit dessen Erstellung Norbert Jacques am 18. März 1937 beauftragt worden war.[121] Jacques war 1911/12 von Hermann Bahlsen verschiedentlich mit einem Kreis befreundeter Künstler zu Veranstaltungen im Großen Konferenzsaal gewesen. Das im Privatdruck entstandene Bahlsen-Jubiläumsbuch, sein 41. Werk, entstand jedoch nicht als Freundschaftsdienst, sondern als Auftragsarbeit des damals »Geldnot« leidenden Schriftstellers.[122] Die Jubiläumspublikation prägte die Unternehmensnarration, die seither im Wesentlichen die gleichen Geschichten wiederholt. Zugleich führte der darin aufgenommene Autorenbeitrag von Otto Bredt vor Augen, wie stark er die NS-Diktion bereits verinnerlicht hatte. Das SS-Prinzip »Treue um Treue« bei Bahlsen verband – nach den Worten von Bredt – die »Kameraden der Arbeit« untereinander und schweißte auch »Betriebsführer und Gefolgschaft« zu einer »höheren Einheit« zusammen.[123]

Die Jubiläumsveranstaltung selbst war wegen der begrenzten Räumlichkeiten in eine »Morgenfeier« für geladene Gäste im Festsaal des Verwaltungsgebäudes und eine ab 17 Uhr im Kuppelsaal der Stadthalle stattfindende »Feierstunde der Gefolgschaft« zweigeteilt. Am Morgen begrüßte nach dem »Einmarsch der DAF-Werkschar und der Fahne« Direktor Hermann Hertzer die Gäste, darunter Vertreter der »Regierung, der Partei und der Behörden sowie befreundete Lieferanten und Kun-

117 Hans Bahlsen an Klaus Bahlsen vom 7.6.1939; Hans Bahlsen an Dr. Arthur Menge vom 20.6.1939 (jeweils BAH, R10, Nr. 537); siehe auch Klaus Bahlsen, Entwicklung und Neubau-Pläne vom 23.3.1939 (BAH, R13, Nr. 62).

118 Hans Bahlsen, Betriebsplanung und Erweiterung vom 5.6.1939, S. 4 u. 9 (BAH, R11, Nr. 496).

119 Hermann Hertzer, Kurzbericht über wichtige Ereignisse in unserer Firma, März 1948, S. 9 (BAH, R10, Nr. 505).

120 Klaus Bahlsen, 7. Bericht 1939-1940 vom 3.1.1941, S. 6 (BAH, R10, Nr. 505).

121 Ansprachen und Glückwünsche anlässlich unseres 50jährigen Geschäftsjubiläums am 1.7.1939, o. O., o. J. [Hannover 1939], S. 3 (BAH, R10, Nr. 582).

122 Jacques, Keksfabrik, S. 8; Jacques, Lust, S. 195 ff. u. 432.

123 Bredt, Zeit, S. 108.

den«.[124] Bereits seine Eingangsworte untermalten die Feierlichkeiten mit dem Bekenntnis, dass die »Verbundenheit mit dieser neuen Zeit, in die unser großer Führer Adolf Hitler unsere Wirtschaft und Arbeit hineingestellt hat«, dem Unternehmen, seiner Leitung und der Belegschaft »unumstößlicher Lebens- und Arbeitsgrundsatz geworden« sei.[125] In das gleiche Horn stieß auch DAF-Betriebsobmann Hermann Koch (Jahrgang 1894), der die sozialpolitischen Maßnahmen des Unternehmensgründers und ihre Ergänzungen nach 1933 würdigte. Aus seiner Sicht werde das »Wollen der Partei bei allen seinen Menschen immer mehr zum 100%igen Leitmotiv des Handelns« und der Betrieb gebe den hier Beschäftigten eine »zweite Heimat«.[126]

Für die externen Gäste machte der Regierungspräsident in Hannover, Dr. Rudolf Diels, der als erster Leiter des Geheimen Staatspolizeiamts in Berlin 1933/34 an der Etablierung der NS-Macht beteiligt gewesen war,[127] den Anfang der für Jubiläumsveranstaltungen charakteristischen Lobpreisungen. Gleich zu Beginn seiner Ausführungen verwies er auf die Auszeichnung, dass Hitler anstatt beim 100. Jahrestag bereits zum 50-jährigen Jubiläum durch ein am Vorabend der Veranstaltung aufgegebenes Telegramm sein »anerkennendes Gedenken« zum Ausdruck gebracht habe. Das Unternehmen ließ es sich nicht nehmen, den Hitler-Gruß in der Veranstaltungsdokumentation abzudrucken. Hitler bedankte sich darin für die Grüße der »Firma Balsen« [sic!], die er »bestens erwidere«.[128] Abgesehen von der falschen Schreibweise stellte der Diktator den ihm abgestatteten Gruß in den Mittelpunkt. Betriebsleitung und Belegschaft von Bahlsen sollten sich darin sonnen, überhaupt einen Glückwunsch erhalten zu haben. Diels, der auch die Glückwünsche des Gauleiterstellvertreters Kurt Schmalz überbrachte, interpretierte die schütteren Worte als Würdigung des von Hitler geschätzten »freien Unternehmertums«.[129] Die 76 anwesenden, langjährig bei Bahlsen tätigen Jubilare bezeichnete Diels als »lebende Wahrzeichen für den echt nationalsozialistischen Geist« im Hause Bahlsen, wie insgesamt vieles dem »nationalsozialistischen Parteiprogramm vorausgeeilt« sei.[130]

Dass auf der Veranstaltung der stellvertretende Oberbürgermeister von Hannover und Alt-Nationalsozialist Heinrich Müller in Vertretung von Oberbürgermeister Dr. Henricus Haltenhoff die Glückwünsche der Stadt Hannover überbrachte, folgte wie die Reden von Generaldirektor Heinz Appel oder der Würdigung des Unternehmensgründers durch Norbert Jacques der bereits seit Jahrzehnten vorge-

124 Ansprachen und Glückwünsche anlässlich unseres 50jährigen Geschäftsjubiläums am 1.7.1939, o. O., o. J. [Hannover 1939], S. 4 (BAH, R10, Nr. 582).

125 Ebd., S. 10.

126 Ebd., S. 14.

127 Wallbaum, Überläufer, S. 88 ff.

128 Ansprachen und Glückwünsche anlässlich unseres 50jährigen Geschäftsjubiläums am 1.7.1939, o. O., o. J. [Hannover 1939], S. 5 (BAH, R10, Nr. 582).

129 Ebd., S. 15.

130 Ebd., S. 16 f.

gebenen Veranstaltungslogik von Betriebsjubiläen.[131] In der NS-Zeit wiesen sie das Spezifikum auf, das am Ende alles wieder auf den Diktator zurückgeführt wurde. Hermann Hertzer kam dieser Gewohnheit zum Schluss durch das Verlesen des Hitler-Telegramms und den Dank nach, dass dieser die »Arbeit durch den Staat und das Reich« schützte. Mit dem Ausruf »Wir grüßen den Führer!« und dem auf Antwort des Auditoriums abzielenden »Adolf Hitler Sieg Heil!« folgte Hertzer den Usancen des NS-Regimes. Mit dem gemeinsamen Absingen der Nationalhymne und des Horst-Wessel-Lieds ging die »würdige Morgenfeier« in ein Frühstück über.[132]

Die Belegschaft kam ab 17 Uhr zunächst in der Stadthalle zusammen, um nach der vom Niedersachsen-Orchester gespielten 2. Beethoven-Sinfonie die Vorträge der DAF-Werkschar sowie die Ansprachen und Hymnen zu verfolgen. Hier wiederholte sich der eingespielte Ritus des gegenseitigen Lobes und des Danks des Vorstands an die »Gefolgschaft« und von unten nach oben, wobei DAF-Betriebsobmann Hermann Koch, der die längste Rede hielt, auf die lange Tradition sozialer Maßnahmen und die Neuerungen wie die »vorbildliche Altersversorgung« oder die Einführung der Wöchnerinnenhilfe, alles zentrale sozialpolitische Ziele der DAF, hinwies.[133] Koch führte zudem aus, dass ihm Hermann Hertzer als »Betriebsführer stets aufgeschlossen für die Ziele des Nationalsozialismus entgegengetreten« sei und auch »Fräulein Thieme«, die stellvertretende »Betriebsführerin«, »wertvolle Hilfe« geleistet habe, um zu einer vom »Geist nationalsozialistischer, d.h. volksgemeinschaftlicher Verbundenheit« geprägten »wahren Betriebs- und Leistungsgemeinschaft, ja – ›Schicksalsgemeinschaft‹ – im Werke Bahlsen« zu kommen.[134]

Die Geschenke der Belegschaft, eine Bronzebüste des Gründers Hermann Bahlsen und 900 Reichsmark für eine Vitrine zur Aufnahme der errungenen NS-Ehrendiplome, sollten zusammen mit der »Gefallenengedenktafel« des Ersten Weltkriegs vor den Büros der Geschäftsleitung eine »Ehren- und Gedächtnishalle des Betriebes« entstehen lassen.[135] Der DAF-Kreisobmann Heinrich Drangemeister und Reichsamtsleiter Hans Wolkersdörfer, der Leiter der Fachgruppe Nahrung und Genuss in der Berliner DAF-Zentrale, gaben der Veranstaltung ein deutlich politisches Gepräge.

Erst auf der Belegschaftsveranstaltung ergriff Hans Bahlsen namens seiner Brüder das Wort, um allen für ihren Beitrag zum Gedeihen des Werks zu danken. Er benannte das »Vertrauen zueinander und die Kameradschaft« als Grundlage des Erfolgs.[136] Werner Bahlsen ergänzte die Ausführungen seines älteren Bruders durch den ausdrücklichen Dank an die »Damen und Herren der Leitung«. Als Vertreter

131 Ebd., S. 18 ff. (BAH, R10, Nr. 582); siehe zu Appel Huttenlocher, Appel, S. 179 ff.

132 Ansprachen und Glückwünsche anlässlich unseres 50jährigen Geschäftsjubiläums am 1. 7.1939, o. O., o. J. [Hannover 1939], S. 28 f. (BAH, R10, Nr. 582).

133 Ebd., S. 37.

134 Ebd., S. 38 f.

135 Ebd., S. 41.

136 Ebd., S. 46.

der anderen Gruppen im Unternehmen trugen noch der Sprecher der Reisenden, der Kölner Fritz Farne, sowie der Leiter der Berliner Außenstelle, Erich Mank, ihre Redebeiträge als Ausdruck der vielfach angesprochenen Betriebs- und Leistungsgemeinschaft vor, bevor Hermann Hertzer – systemüblich – am Ende der zweistündigen Veranstaltung zu einer Vereinigung von Betriebsleitung und Belegschaft in der »Arbeit für den Führer aufrief«. Dieser habe »unser herrliches Großdeutschland geschaffen, er schützt Wirtschaft und Staat mit starker Hand und scharfgeschliffener Waffe«. Mit »Sieg Heil«-Rufen, dem Absingen der »deutschen Lieder« und dem »Fahnenausmarsch« wechselten die Teilnehmerinnen und Teilnehmer auf den Festplatz am Misburger Damm, wo verschiedene Buden, eine Tombola und das Festzelt Volksfeststimmung aufkommen ließen.[137]

Unternehmensjubiläen zeichnen sich, wie beispielsweise bereits das Krupp-Jubiläum 1912, durch Selbstpreisung, die Repräsentanz von Staats- und Wirtschaftsprominenz sowie durch die Absicht zur harmonischen Vergemeinschaftung von Eigentümern, Unternehmensleitung und Belegschaftsangehörigen samt ihren Familien aus.[138] Insoweit griff Bahlsen mit seinen Feierlichkeiten einerseits ältere Traditionen auf. Andererseits bediente das Unternehmen die vom NS-Regime erwarteten Politikriten, indem Führer-Kult und der eigenen Keks-Kultur gleichermaßen Reverenz erwiesen wurde. Hakenkreuzfahnen, Belegschaftsappell und Gemeinschaftsfeiern bildeten eine Art Dreiklang der inzwischen vollständig ritualisierten Unternehmenskommunikation. Die Machtgruppen – Staat, Parteistellen, NS-Belegschaftsvertreter, Unternehmensleitung und Eigentümer – hatten ihren Auftritt, die erwartbaren Lobreden mussten abgewartet werden, bis der anschließende Umtrunk mit Spaßprogramm alles mit einem schönen Schleier überdeckte. All das war zeittypisch und in gewisser Weise schon erstarrte Routine.

Bei Lichte betrachtet, durchlebte das Unternehmen in den Vorkriegsjahren im Hinblick auf Produktion und Umsatz eine sehr positive Entwicklung. Zwischen 1933 und 1939 stieg die Produktion um mehr als das Dreifache von 3.000 auf 9.300 Tonnen, wobei die Umsatzentwicklung mit dem Sprung von 7,4 auf 20 Millionen Reichsmark dahinter allerdings leicht zurückblieb. Der Expansionskurs führte zwischen 1933 und 1936, als mit 1,2 Millionen Reichsmark Jahresgewinn der Höhepunkt erreicht war, ebenfalls fast zu einer Verdreifachung. Die Umsatzrendite stieg von 5,6 Prozent 1933 im Folgejahr auf den Höchstwert von 9,4 Prozent. Zwischen 1935 und 1939 pendelte sie um die Marke von 7 Prozent. Wegen der Gleichzeitigkeit von Konsumboom und Mangelbewirtschaftung etwa bei Fetten konnte die Rentabilität nicht weiter gesteigert werden. Zudem musste die technische Modernisierung des Betriebs, die nicht wie in Rüstungsunternehmen aus staatlichen Transferzahlungen

137 Ebd., S. 56 f.; Fritz Blasin vom Berliner Auslieferungslager trug mit einem nach der Melodie »Als Bolle ging auf Reisen« zu singenden 24-strophigen Jubiläumsgedicht zur Vergemeinschaftung der vielen Teilnehmer bei, Fritz Blasin, »Wir gratulieren« für 50 Jahre H. Bahlsens Keksfabrik KG, Hannover am 1.7.1939 (jeweils BAH, R10, Nr. 582).

138 Vgl. Tenfelde, Krupp; Schanetzky, Unternehmensjubiläum.

oder zinsgünstigen Krediten finanziert werden konnte, über Abschreibungen gegengerechnet werden. Der wegen der kontinuierlich steigenden Produktion wachsende Umsatz kompensierte die hohen Abschreibungen auf getätigte Investitionen sowie die steigenden Betriebskosten. Das Unternehmen stand in der letzten Vorkriegszeit gut da und hatte sein nachhaltiges Wachstum mit einer auskömmlichen Rentabilität verbunden.

Tabelle 3: Geschäftszahlen der H. Bahlsens Keksfabrik KG, 1933-1939

	Produktion (in 1.000 kg)	Umsatz (in 1.000 RM)	Gewinn (in 1.000 RM)	Personal (am 31.12.)
1933	3.000	7.415	416 (5,6 %)	1.029
1934	6.325	12.442	1.168 (9,4 %)	1.228
1935	7.552	14.723	1.033 (7,0 %)	1.280
1936	7.924	16.381	1.203 (7,3 %)	1.326
1937	8.378	18.498	1.150 (6,4 %)	1.462
1938	9.030	20.475	1.437 (7,0 %)	1.726
1939	9.300	21.118	1.371 (6,5 %)	1.671

Quelle: Mit abweichenden Zahlen Hermann Hertzer, 1929-1943 vom März 1944, S. 2 (BAH, R10, Nr. 505); Klaus Bahlsen, 5. Bericht 1936-1937 vom 21.1.1938, S. 2 (BAH, R10, Nr. 505); Norddeutsche Buchführungs- und Verwaltungs-AG, H. Bahlsens Keksfabrik KG, Bilanz am 31. Dezember 1933 vom 28.2.1934 (BAH, R10, Nr. 538); H. Bahlsens Keksfabrik KG, Geschäftsbericht für den Monat Dezember 1933 vom 2.2.1934 (BAH, R11, Nr. 249); Norddeutsche Buchführungs- und Verwaltungs-AG, H. Bahlsens Keksfabrik KG, Bilanz am 31. Dezember 1934 vom 1.5.1935 (BAH, R10, Nr. 538); H. Bahlsens Keksfabrik KG, Geschäftsbericht für den Monat Dezember 1934 vom 11.2.1934 (BAH, R11, Nr. 249); Norddeutsche Buchführungs- und Verwaltungs-AG, H. Bahlsens Keksfabrik KG, Bilanz am 31. Dezember 1935 vom 21.3.1936 (BAH, R10, Nr. 538); H. Bahlsens Keksfabrik KG, Geschäftsbericht für den Monat Dezember 1935 vom 18.2.1936 (BAH, R11, Nr. 249); Norddeutsche Buchführungs- und Verwaltungs-AG, H. Bahlsens Keksfabrik KG, Bilanz am 31. Dezember 1936 vom 5.3.1937 (BAH, R10, Nr. 538); H. Bahlsens Keksfabrik KG, Proforma-GuV 1.1.-31.1.1937 (BAH, R11, Nr. 249); Norddeutsche Buchführungs- und Verwaltungs-AG, H. Bahlsens Keksfabrik KG, Bilanz am 31. Dezember 1937 vom 25.3.1938 (BAH, R10, Nr. 538); Beschluss der Gesellschafter-Versammlung der H. Bahlsens Keksfabrik KG am 19.12.1939 geänderte Bilanz sowie Gewinn- und Verlustrechnung für 1938 (BAH, R10, Nr. 538); H. Bahlsens Keksfabrik KG, Proforma-GuV 1.1.-31.12.1938 (BAH, R11, Nr. 249); H. Bahlsens Keksfabrik KG, Proforma-GuV 1.1.-31.12.1939 (BAH, R11, Nr. 249).

4.6 Systemstützung durch Fortentwicklung der betrieblichen Sozialpolitik

Zeitgenössisch wirkte das Jahr 1933 auf die Unternehmensleitung wie eine Wiederaufnahme der während der Weimarer Republik unterbrochenen Unternehmenstradition besonderer Sozialleistungen.[1] Nicht nur starteten die vierteljährlichen Kochkurse wieder, sondern Bahlsen veranstaltete als Ausdruck einer positiven Grundstimmung im Herbst 1933 in der Lister Mühle auch das erste große Belegschaftsfest nach dem Ersten Weltkrieg.[2] »Auf Anregung der Regierung« durchgeführt, symbolisierte das Beisammensein von »Betriebsführer« und »Gefolgschaft« sowohl das Ende der Wirtschafts- und Gesellschaftskrise als auch die »Betriebsgemeinschaft«. Sie galt als Vorbote und Kernbereich der vom NS-Regime ausgerufenen klassenübergreifenden und rassistisch überformten »Volksgemeinschaft«.[3] Zwischen Weihnachten und Neujahr fand auch wieder die Weihnachtskonferenz mit den 120 Leitern der Großlager sowie den Stadt- und Bezirksreisenden statt, die ebenso wie die Betriebsfeier anlässlich des 1. Mai und »Kameradschaftsfeiern« danach zum festen Jahresprogramm zählten.

»Kameradschaftsabende« für die Belegschaft in Hannover erhielten allmählich ein opulenteres Programm. Im Dezember 1935 fanden in den Zoo-Sälen neben Beiträgen von Betriebsangehörigen ein Konzert des NSBO-Orchesters sowie Gesangsdarbietungen von zwei Opernhaus-Sängerinnen und ein »Nachtcabaret« statt. Für die systemtypische politische Grundierung sorgten der »Einmarsch der Betriebsfahne« und die Werbeansprache von »Gauamtsleiter Pg. Behme« für das Winterhilfswerk des deutschen Volkes.[4] Mit derartigen Veranstaltungen griff das Unternehmen zum einen die Aktivitäten des NS-Regimes zur symbolischen Überwindung des Klassengegensatzes auf und kehrte zum anderen zu den Ursprüngen der betrieblichen Sozialpolitik zurück, die das Unternehmen unter dem Patriarchen Hermann Bahlsen charakterisiert hatte. In seinen Maßnahmen unterschied sich der Mittelständler Bahlsen kaum von traditionsreichen Großunternehmen wie Krupp oder Siemens, die allerdings während der Weimarer Republik in ihrer betrieblichen Sozialpolitik keine Unterbrechung eintreten ließen.[5]

1 Unsere Wohlfahrts- und Hygieneeinrichtungen seit Gründung der Fabrik im Jahre 1889 vom Februar 1943, S. 3 (BAH, R10, Nr. 516).

2 H. Bahlsens Keksfabrik AG, Werner Bahlsen, Betriebsrundschreiben Nr. 45 vom 2.10.1933; H. Bahlsens Keksfabrik AG, Betrieb, betr. Kochkurs vom 6.10.1933 (jeweils BAH, R10, Nr. 250).

3 Unsere Wohlfahrts- und Hygieneeinrichtungen seit Gründung der Fabrik im Jahre 1889 vom Februar 1943, S. 3 (BAH, R10, Nr. 516); 3. Bericht 1933 o. D., S. 1 (BAH, R11, Nr. 150).

4 »Kameradschaftsabend bei Bahlsens Keksfabrik«, Niedersächsische Tageszeitung vom 16.12.1935 (BAH, R10, Nr. 272).

5 Vgl. Hielscher u. Beckmann, Entrepreneurship; Yano, Hüttenarbeiter, S. 119 ff.; James, Krupp, S. 204 ff.; Sachse, Sozialpolitik, S. 244 ff.; Schneider, Hakenkreuz, S. 496 ff.

Über die symbolische Aufwertung der Mitarbeiterinnen und Mitarbeiter hinaus verbesserte Bahlsen auch auf materieller Ebene die Zuwendungen an die Belegschaft und führte 1934 zu Weihnachten gestaffelte Geldleistungen zwischen 10 und 30 Reichsmark ein. 1937 fanden diese ihre Ergänzung durch Beihilfen bei Heirat und Geburt.[6] Gestaffelt nach Betriebszugehörigkeit erhielten Mitarbeiterinnen und Mitarbeiter zur Hochzeit zwischen 30 und 100 Reichsmark. Bei Geburten kehrte Bahlsen je nach Kinderzahl zwischen 20 und 50 Reichsmark aus. Darüber hinaus stockte Bahlsen die Frauen vier Wochen vor und sechs Wochen nach der Geburt zustehende Krankenkassenzahlung ohne Arbeitsleistung bis zum vollen Lohn auf und zahlte zwölf Wochen ein »Milchgeld«. Darüber hinaus vergütete Bahlsen im Krankheitsfall einmal im Jahr während der dreitägigen Karenzzeit der Krankengeldzahlung den vollen Lohn.

Indem das Unternehmen mit der evangelischen Bödeker-Krippe und dem Kindergarten an der Friesenstraße eine Übereinkunft zur bevorzugten Aufnahme von Kindern von Mitarbeiterinnen ohne häusliche Aufsicht abschloss und ab Februar 1939 die Hälfte der Verpflegungskosten trug, wollte es seinen weiblichen Beschäftigten die Fortsetzung der Berufstätigkeit erleichtern und dadurch dem wachsenden Arbeitskräftemangel entgegenwirken.[7] Dort fanden 30 Kinder Aufnahme.[8] Bahlsen warb Ende März 1936 bei »allen Frauen und Mädchen unserer Gefolgschaft« für eine Teilnahme an »Mütterschulungskursen« des Reichsmütterdienstes im Deutschen Frauenwerk, die Kenntnisse der Säuglingspflege, des Nähens und Kochen vermittelten.[9] Anfang 1935 hatte das Unternehmen bei den Mitarbeiterinnen »in gesundheitlichem Interesse« und als »Ausgleich für die Berufsarbeit« bereits das Interesse an »Frauen-Gymnastik« abgefragt.[10]

Im Rahmen seiner betrieblichen Gesundheitspolitik hielt Bahlsen ab 1935 einen Vorrat an Stärkungsmitteln für Kranke, Schwache und Wöchnerinnen vor, aus dem Biomalz oder Lecithin sowie Lebertran für Kinder abgegeben wurden. Parallel erfolgte ein Ausbau der »Erholungsfürsorge«, indem in Altenau (Harz) im christlichen Ferienheim Stephansruh während des Sommers 50 Betriebsangehörigen in Gruppen von bis zu fünf Personen ein dreiwöchiger Aufenthalt ermöglicht wurde.

6 Vgl. H. Bahlsens Keksfabrik AG, Vorstandsbeschluss vom 21.12.1936; Vorstandsbeschluss vom 4.12.1937 (jeweils BAH, R10, Nr. 250).

7 H. Bahlsens Keksfabrik KG, Fürsorge der Gefolgschafts-Kinder vom 9.2.1939; H. Bahlsens Keksfabrik KG, Fürsorge der Gefolgschaftskinder vom 14.2.1939 (jeweils BAH, R10, Nr. 320); Unsere Wohlfahrts- und Hygieneeinrichtungen seit Gründung der Fabrik im Jahre 1889 vom Februar 1943, S. 4 (BAH, R10, Nr. 516).

8 Sozialbericht 1938/39 der Firma H. Bahlsens Keksfabrik KG, Hannover vom März 1939, S. 2 (BAH, R10, Nr. 487); Vergleichbares auch bei den Pelikan-Werken von Fritz Beindorff, siehe Grabow, Wagner, o. P. [Sozial-Einrichtungen].

9 H. Bahlsens Keksfabrik AG, Betrieb, Hans Bahlsen, Betriebsrundschreiben Nr. 14 vom 30.3.1936 (BAH, R10, Nr. 250).

10 Betriebsrundschreiben Nr. 6 vom 21.2.1935 (BAH, R10, Nr. 537).

Zwar waren die Urlaubstage einzubringen, jedoch übernahm das Unternehmen die Aufenthaltskosten.[11]

An den Reichsberufswettkämpfen nahmen 1935 zunächst nur 40 Betriebsangehörige teil, deren Zahl bis 1937 aber auf 180 Personen anwuchs. Für die Jugendlichen unter den Belegschaftsangehörigen fanden zu deren Mobilisierung im Vorfeld des Reichsberufswettkampfs am 17. November 1936 und 26. November 1937 Betriebsappelle statt.[12] In den ersten drei Jahrgängen waren immerhin zwei Gausiege errungen worden; das Unternehmen stellte jedes Jahr zwischen acht und zwölf Wettkampfrichter.[13]

Anna-Dora Thieme ergriff Anfang 1937 unter Bezugnahme auf das Gesetz zur Ordnung der nationalen Arbeit die Initiative, um die »Betreuung der Gefolgschaftsmitglieder« auf eine höhere Stufe zu heben.[14] Ihr schwebte ein hierfür gekauftes und ausgebautes Haus vor, in dem ein größerer, auch als Musiksaal nutzbarer Aufenthaltsraum, ein Gymnastik- und ein Leseraum mit Zeitungen und Zeitschriften für die Belegschaft sowie getrennte Duschgelegenheiten für Männer und Frauen vorgehalten werden sollten. Sie dachte überdies über den Umzug der Bibliothek und die Einrichtung eines Nähzimmers nach. Möglichkeiten zum Ausruhen auf Ruhesofas wollte sie ausdrücklich nicht schaffen, sondern ein Haus zum Zusammenkommen der Belegschaft zu besonderen Zwecken wie »gemeinsamer Ausübung von Musik«, Vorträgen, Lektüre oder auch zum »Erfrischen und Duschen nach sportlichen Übungen«, die ab dem 1. April 1937 durch die Pachtung des Sportplatzes der Turnerschaft von 1852 in Herrenhausen abgehalten werden konnten.[15] In den Wintermonaten bestand am Mittwochabend in der Turnhalle der Bürgerschule 23 unter fachlicher Anleitung die »Gelegenheit zur sportlichen Betätigung«.[16] Die 1937 gegründete und vom Buchhalter und NSDAP-Mitglied Ernst Schmidt geleitete Betriebssportgemeinschaft entsprach ebenfalls der DAF-

11 Unsere Wohlfahrts- und Hygieneeinrichtungen seit Gründung der Fabrik im Jahre 1889 vom Februar 1943, S. 4 (BAH, R10, Nr. 516).

12 H. Bahlsens Keksfabrik AG, Betrieb, Klaus Bahlsen, Betriebsrundschreiben Nr. 35 vom 14.11.1936; Betriebsrundschreiben Nr. 33 vom 25.11.1937 (jeweils BAH, R10, Nr. 537).

13 H. Bahlsens Keksfabrik AG, Betrieb, Hans Bahlsen, Betriebsrundschreiben Nr. 3 vom 17.1.1936 (BAH, R10, Nr. 250); H. Bahlsens Keksfabrik KG betr. Leistungskampf vom 11.1.1938, S. 7 (BAH, R10, Nr. 537); vgl. Stiller, Instrumentalisierung, S. 58 ff.

14 Anna-Dora Thieme, Vermerk für Hans Bahlsen vom 15.2.1937, S. 1 (BAH, R10, Nr. 537).

15 Ebd.; H. Bahlsens Keksfabrik AG, Betriebsführer Hermann Hertzer/Betriebsobmann Hermann Koch/Sportwart Ackermann, Der Sportplatz unseres Betriebes ist bereits geöffnet! vom 7.5.1937 (BAH, R10, Nr. 250).

16 Bahlsens Keksfabrik AG, Betriebsführer Hermann Hertzer/Betriebsobmann Hermann Koch/Sportwart Ackermann, Aushang vom 4.10.1937; Ende Januar 1938 wurde der Turnhallenbetrieb auf den Dienstagabend und der Ort in die Turnhalle der Sophienschule an der Seelhorststraße verlegt, H. Bahlsens Keksfabrik AG, Betriebsführer Hermann Hertzer/Betriebsobmann Hermann Koch/Sportwart Ackermann, Aushang Neues vom Betriebssport vom 14.1.1938 (jeweils BAH, R10, Nr. 250); vgl. Luh, Betriebssport, insb. S. 17 ff.

Abb. 13: Weihnachstfeier unter TET- und Hakenkreuz-Fahne, 1933

Strategie, durch Wettbewerb und Gemeinschaft die Leistungsfähigkeit und den Gesundheitsstand zu verbessern und gleichzeitig die sozialen Gruppen des Betriebs zusammenzubringen.[17]

Ein geeignetes Objekt an der Parkstraße lag für die weit überwiegend in Linden und in der Nordstadt wohnende Belegschaft in der Nähe und wies zudem eine günstige Straßenbahnanbindung auf. Anna-Dora Thieme hatte die Idee bereits Werner Bahlsen und Martha Hohmeyer erläutert und deren Zustimmung erlangt, sodass sie hoffte, der Belegschaft am 1. Mai 1937 bereits die Neuigkeit mitteilen zu können. Der Ausbau der von Martha Hohmeyer als »Feierabend-Haus« bezeichneten Betriebseinrichtung stand einerseits in der sozialpolitischen Betriebstradition, andererseits verwies ihre Begründung, dass das Gebäude insbesondere der bei Bahlsen neugegründeten DAF-Werkschar, dem uniformierten »weltanschaulichen Stoßtrupp« der größten NS-Organisation im Betrieb,[18] ein Arbeitsgebiet eröffnen könnte, eine regimedienliche Motivation aus. Denn nach dem Willen von Robert Ley, dem Leiter der Deutschen Arbeitsfront, sollte die Werkschar den übrigen Belegschaftsangehö-

17 Unsere Wohlfahrts- und Hygieneeinrichtungen seit Gründung der Fabrik im Jahre 1889 vom Februar 1943, S. 4 (BAH, R10, Nr. 516); Uk-Stellungs-Karteikarte Ernst Schmidt o. D. (BAH, R10, Nr. 592); Becker, Menschenökonomie, S. 221 ff.; Timpe, Sport; Bernett, Volkssport.

18 Hachtmann, Arbeitsfront, S. 88, https://zeitgeschichte-digital.de/doks/frontdoor/deliver/index/docId/862/file/hachtmann_deutsche_arbeitsfront_zweiter_weltkrieg_1999_de.pdf (Zugriff 1.12.2023).

rigen »in allem und jedem, also während der Arbeitszeit, sowie in der Freizeit und Erholung [...] mit gutem Beispiel« vorangehen und sich »kameradschaftlich« für sie einsetzen. Da sie das »Feierabend-Haus« als beispielgebende Umsetzung der DAF-Absichten einordnete, wollte sie Robert Ley, aber auch die »übrigen für den Bezirk Hannover in Frage kommenden Organe« zur Einweihung einladen.[19]

Regelmäßige Betriebsappelle, etwa am Jahrestag des Hitler-Ludendorff-Putschs am 9. November 1936, mit der Rede des Betriebsführers Hermann Hertzer und dem Absingen der NS-Lieds »Brüder in Zechen und Gruben« als Umdichtung des traditionellen Arbeiterlieds »Brüder zur Sonne zur Freiheit« oder die Übertragung der anlässlich des Jahrestags der »Machtergreifung« am 31. Januar 1938 gehaltenen Rede des DAF-Gauobmanns politisierten den Betriebsalltag.[20] Die andere Seite der Vergemeinschaftung bildete die öffentliche Benennung der am 11. August 1938 nicht zum »Betriebssport-Appell« erschienenen »Arbeitskameraden«. Der Stigmatisierung der Außenstehenden diente auch die Auflistung derjenigen Abteilungsleiter und Meister, die keine Eintragung in die Liste für den Sport-Appell vorgenommen hatten, durch den Betriebssportwart.[21] Werner Bahlsen bestellte die zuvor Fehlenden für den 18. August 1938 abends zur »Betriebs-Sport-Prüfung«, von ihm als »Leistungs-Wettkampf des guten Willens« bezeichnet, auf den DSC-Platz ein.[22]

Zur regimekonformen Ausrichtung der betrieblichen Arbeitsbeziehungen mit dem hierarchischen Verhältnis von Führung und Gefolgschaft gehörte die Einschaltung des nationalsozialistisch dominierten Vertrauensrats als formelle Belegschaftsrepräsentanz. In den Jahren 1935 bis 1937 trat er insgesamt 27 Mal zusammen.[23] Die betriebliche Sozialpolitik erfuhr durch die vom Vorstand der Bahlsen KG Ende Februar 1937 mit der DAF getroffene Vereinbarung, dass das Büro des Betriebsobmanns nicht nur für seine Betreuungsarbeit geeignet sein sollte, sondern auch die »Würde des Amtes« anerkennen müsse, eine stärkere Ausrichtung auf die Gegebenheiten des NS-Systems.[24] Hermann Voß war für seine »Sondertätigkeit« täglich die angemessene Zeit einzuräumen. Ihm standen aber auch Informationsrechte zu allen mit den Arbeitsverhältnissen verbundenen Fragen zu. Die Vereinbarung legte auch fest, dass besuchende DAF-Amtswalter vom Betriebsleiter persönlich oder einem von ihm beauftragten »Herrn der Betriebsleitung« empfangen und durch den Be-

19 Anna-Dora Thieme, Vermerk für Hans Bahlsen vom 15.2.1937, S. 2 f. (BAH, R10, Nr. 537).

20 H. Bahlsens Keksfabrik AG, Betrieb, Werner Bahlsen, betr. Betriebsappell am 9.11.1936 vom 6.11.1936 (BAH, R10, Nr. 537).

21 Betriebssport-Appell am 11.8.1938 (BAH, R10, Nr. 250); Betriebssportwart Eckermann, Folgende Abteilungsleiter und Meister haben sich nicht in die Liste für den Sport-Appell eingetragen vom 16.8.1938 (BAH, R10, Nr. 537).

22 H. Bahlsens Keksfabrik KG, Werner Bahlsen, Schreiben vom 16.8.1938; H. Bahlsens Keksfabrik KG, Hans Bahlsen, Betriebsrundschreiben Nr. 3 vom 27.1.1938 (jeweils BAH, R10, Nr. 537).

23 H. Bahlsens Keksfabrik AG, betr. Leistungskampf vom 11.1.1938, S. 6 (BAH, R10, Nr. 487); die Protokolle sind nicht überliefert.

24 Erklärung des Vorstands der H. Bahlsens Keksfabrik AG vom 27.2.1937, S. 1 (BAH, R10, Nr. 537).

trieb geführt werden. Martha Hohmeyer und Anna-Dora Thieme waren mithin von dieser Aufgabe ausgeschlossen.

Der DAF-Betriebsobmann erhielt eine innerbetrieblich starke Position, da er die mit Änderungen der Arbeitsbedingungen verbundenen Maßnahmen der Betriebsleitung ebenso gegenzeichnen musste, wie alle in »Erfüllung der vom Staate und von der Partei gegebenen Aufgaben« getätigten Aushänge. Der Betriebsführer konnte solche Bekanntmachungen dem Betriebsobmann übertragen. Sofern er selbst die Lautsprecherdurchsage machte, musste dem Betriebsobmann Gelegenheit zur Stellungnahme eingeräumt werden. Darüber hinaus stellte die Vereinbarung auch klar, dass die einzustellende soziale Betriebsarbeiterin die ihr Arbeitsgebiet betreffenden Fragen zunächst mit dem Betriebsobmann besprechen würde, bevor ein gemeinsamer Vortrag vor der Betriebsführung erfolgte. Damit war zwar keine direkte Unterstellung formuliert, jedoch eine weitreichende Abstimmung mit ihm postuliert. Auch bei einem Kernpunkt der betrieblichen Personalpolitik, den Einstellungen und Entlassungen, gab es Einschränkungen der Unternehmerautonomie. Hierbei bestand zum einen die Pflicht zur weitgehenden »Berücksichtigung der persönlichen und sozialen Verhältnisse der einzelnen Volksgenossen«. Zum anderen sagte der Vorstand zu, dass der DAF-Betriebsobmann »weitestgehend mit eingeschaltet« würde.[25] Unternehmen und NS-Organisation verschränkten sich zunehmend.

Die im Januar 1936 betriebsöffentlich gemachte fristlose Entlassung einer langjährigen Mitarbeiterin wegen des versuchten Diebstahls von Keks- und Schokoladenartikeln wie überhaupt die verschiedentlichen Ankündigungen, Fehlverhalten mit fristloser Kündigung zu bestrafen, zeigten aber Risse in der herausgestellten Betriebsharmonie auf.[26] Auch die Hinweise auf einen häufiger gewordenen unentschuldigten Absentismus, der die Planung der Maschinenbesetzung erheblich erschwerte, deuteten auf wachsende Konflikte hin.[27]

Im Zusammenhang mit der beabsichtigten Teilnahme an dem von der Deutschen Arbeitsfront ausgerufenen »Leistungskampf der deutschen Betriebe« fand am Morgen des 3. August 1937 ein »Betriebsappell« mit Reden des Betriebsführers Hertzer und des Betriebsobmanns Hermann Koch statt.[28] Den mit der Teilnahme verpflichtenden Fragenkatalog beantwortete Bahlsen am 11. Januar 1938. Zum Ausweis der eigenen Entwicklungsdynamik verwies die Antwort auf die Zunahme der Beschäftigten zwischen dem 1. Januar 1933 und 1. Januar 1938 von 794 auf 1.399 Personen. Die

25 Ebd., S. 2.

26 H. Bahlsens Keksfabrik AG, Betrieb, Hans Bahlsen, Betriebsrundschreiben Nr. 8 vom 20.1.1936; siehe auch Betriebsrundschreiben Nr. 19 vom 5.6.1935; Hausrundschreiben vom 10.7.1936 (jeweils BAH, R10, Nr. 250).

27 H. Bahlsens Keksfabrik AG, Betrieb, Hans Bahlsen, Betriebsrundschreiben Nr. 19 vom 7.5.1936 (BAH, R10, Nr. 250).

28 H. Bahlsens Keksfabrik AG, Betrieb, Hans Bahlsen, Betriebsrundschreiben Nr. 17 vom 2.8.1937 (BAH, R10, Nr. 250).

Darstellung griff den Kriterienkatalog der DAF weiter auf, indem gemeldet wurde, dass »sämtliche Gefolgschaftsmitglieder« der DAF angehörten und etwa 70 »Parteigenossen und -anwärter« im Betrieb arbeiteten.[29] Gesonderte Erwähnung fanden zwei SS-und 20 SA-Männer, von denen zehn ebenfalls der NSDAP angehörten. Mit einem Anteil von fünf Prozent blieb die NSDAP-Mitgliedschaft von Bahlsen-Mitarbeitern Anfang 1938 weit unterhalb des Anteils der zu diesem Zeitpunkt rund sechs Millionen NSDAP-Mitglieder an der Gesamtzahl aller Erwerbstätigen von 34 Millionen Personen. Der formelle Nazifizierungsgrad lag auf deutlich unterdurchschnittlichem Niveau.[30]

In den Antragsunterlagen führte das Unternehmen auch auf, dass sich in sozialpolitischer Hinsicht die »Fabrik der Bewegung in jeder Weise angeschlossen« habe und weiter »auf diesem Wege fortzuschreiten« beabsichtige.[31] Hierzu erstellte das Unternehmen nach Beratung mit dem Vertrauensrat, dem insbesondere die »Formulierung der weltanschaulichen und politischen Belange« übertragen worden war,[32] am 15. November 1937 eine neue Betriebsordnung. Sie enthielt gegenüber der am 8. Dezember 1934 vom Gewerbeaufsichtsamt genehmigten Vorgängerin eine Reihe weiterer sozialpolitischer Verbesserungen. Der Text gab aber auch die »Beteiligung an nationalen und betriebsgemeinschaftlichen Veranstaltungen (z. B. 1. Mai, Kameradschaftsabend)« als eine »Selbstverständlichkeit« aus. Die Zugehörigkeit aller »Gefolgschaftsmitglieder« zur DAF setzte der »Betriebsführer« ebenfalls voraus.[33] Das entsprach den Erwartungen des NS-Regimes, ohne dass daraus ein besonderes Zeichen von Regimeloyalität abgeleitet werden könnte.

Die Rubrik »Bauliche Veränderungen bzw. Erweiterungen des Betriebes« führte die Aufstellung von Stahlbandöfen in der Bäckerei und von Automaten in der Waffel- und Schokoladen-Abteilung auf, durch die körperlich schwere Arbeiten fast vollständig vermieden wurden. Die 30 in Betrieb befindlichen Einschlagmaschinen ersetzten ebenfalls weitgehend die zuvor »komplizierte und aufreibende Handarbeit«. Die Ausarbeitung bezifferte den Gesamtaufwand auf 800.000 Reichsmark. Auch die allenthalben eingesetzten Transportbänder verlagerten schwere körperliche Arbeiten auf die Maschinen. Darüber hinaus verbesserte das Unternehmen die Beleuchtungs- und Belüftungsverhältnisse kontinuierlich.[34]

29 H. Bahlsens Keksfabrik KG betr. Leistungskampf vom 11.1.1938, S. 1 (BAH, R10, Nr. 537).

30 Wetzel, NSDAP; Falter, Parteigenossen, S. 82 ff. u. 112 ff.

31 H. Bahlsens Keksfabrik KG betr. Leistungskampf vom 11.1.1938, S. 1 (BAH, R10, Nr. 537).

32 Kurt Pentzlin, Stellungnahme des Vertrauensrates zum Entwurf der neuen Betriebsordnung vom 22.2.1937, S. 1 (BAH, R10, Nr. 320).

33 Vgl. Betriebsordnung der Firma H. Bahlsens Keksfabrik KG Hannover, Betriebsführer Hermann Hertzer, vom 15.11.1937, S. 1 f. (BAH, R10, Nr. 262/320); Betriebsordnung der Firma H. Bahlsens Keksfabrik AG Hannover, Betriebsführer Hermann Hertzer, vom 28.9.1934/8.12.1934 (BAH, R10, Nr. 262); Siegel, Leistung, S. 48 f.

34 H. Bahlsens Keksfabrik KG, betr. Leistungskampf vom 11.1.1938, S. 2 (BAH, R10, Nr. 537).

Im Gegensatz zu vielen anderen Unternehmen, die in der konjunkturellen Aufschwungsphase nach 1935 den Werkswohnungsbau intensiviert hatten, beschränkten sich auf diesem Gebiet die Aktivitäten von Bahlsen auf die fortlaufende Verbesserung der bereits seit dem Fabrikbau bestehenden Werkswohnungen in den umliegenden Häusern. Darüber hinaus entstand nur ein Zwei-Familien-Haus mit Gesamtkosten von 27.000 Reichsmark. Wesentlich mehr Werkswohnungen wollte das Unternehmen aber auch nicht schaffen, da vier Fünftel der Belegschaft von mehrheitlich jungen Frauen gestellt wurden, die »häufig nach einigen Jahren den Betrieb wieder verlassen«, da sie heirateten und eine Familie gründeten.[35] Ganz im Sinne der DAF-Aktivitäten »Schönheit der Arbeit« führte Bahlsen die neu hergerichteten Speisesäle, Garderoben und Aufenthaltsräume und die modernisierten Toiletten- und Badeanlagen an, um die Preiswürdigkeit des eigenen Unternehmens herauszustellen. Darüber hinaus wurden im Erweiterungsbau weitere Verbesserungen bei Lüftung, Beleuchtung und Klimatisierung sowie durch neue Fußböden und Treppen erzielt. Auch den Bau von Luftschutzräumen rechnete sich Bahlsen hoch an.[36] Doch im Altbau sollten ebenfalls noch Verbesserungen durch die Einrichtung neuer Duschräume in der zu erweiternden Männergarderobe oder durch den Ausbau der medizinisch-sozialen Abteilung mit Arztzimmer und Fürsorge-Abteilung mit Ruheraum und Bestrahlungszimmer erfolgen.

Der Hinweis auf das neu eingerichtete Zimmer des Vertrauensrats und auf die Ausstattung der »Gefolgschaftsräume mit Bildern der Bewegung, auswechselbaren Spruchtafeln und Blumen« sollte die politische Übereinstimmung zum Ausdruck bringen. Die beiden 1937 durchgeführten »Kameradschaftsabende« für die gesamte Belegschaft am 1. Mai und 16. Oktober und am 28. Dezember für die auswärtigen Reisenden dienten wie die vier mit Autobussen durchgeführten Fahrten ins Blaue der Vergemeinschaftung. Zu deren Gestaltung zog Bahlsen die NS-Organisation »Kraft durch Freude« (KdF) der DAF hinzu. In ähnlicher Weise agierten die allermeisten Unternehmen, was der größten NS-Organisation Aktionsräume eröffnete. Für 1938 waren unter Regie des DAF-Betriebsobmanns und des KdF-Betriebswarts etwa 50 Fahrten geplant. Die 17 im Jahre 1937 durchgeführten Schulungsabende, etwa über »Frauenarbeit in der Industrie« oder »Das Wesen des Leistungsprinzips« lagen ganz auf der Linie der Deutschen Arbeitsfront.[37]

Die Werksbibliothek sollte ebenso wie die Kantine vergrößert werden. Der geplante Dachgarten stand der Belegschaft während der Pausen offen. Schließlich wollte das Unternehmen in der Waffel-Abteilung neue Ventilatoren, Absaug- und Klimaanlagen aufstellen, um der Staub- und Wärmeentwicklung entgegenzuwirken. Da der Betriebsernährung und den Möglichkeiten zur Pausengestaltung seitens der

35 Ebd.; Huttenlocher, Menschen, S. 135

36 H. Bahlsens Keksfabrik KG, betr. Leistungskampf vom 11.1.1938, S. 4 (BAH, R10, Nr. 537).

37 Ebd., S. 5a; siehe auch H. Bahlsens Keksfabrik AG, Betriebsführer Hermann Hertzer, Einladung zum Kameradschaftsabend vom 23.9.1936 (BAH, R10, Nr. 250); H. Bahlsens Keksfabrik KG, Betriebsführer Hermann Hertzer, Soziale Beihilfen vom 16.10.1937 (BAH, R10, Nr. 277).

DAF besondere Bedeutung zugemessen wurde, kündigte Bahlsen die Erweiterung und Modernisierung der bislang auf die Ausgabe von 400 Mittagessen ausgerichteten Kantine an. Der Betriebszuschuss zum Essen summierte sich im Jahr auf 24.000 Reichsmark. Darüber hinaus gab das Unternehmen für den gesamten Betrieb kostenlos Kaffee aus und gewährte eine bezahlte zehnminütige Frühstückspause. Auch die im November 1937 neu ernannten »Betriebsunfallwarte« bzw. »Arbeitsschutzwalter«, die für die »Ausgestaltung und Verbesserung« der allgemeinen Betriebssicherheit sowie den »Frauen- und Jugendlichenschutz« sorgten, arbeiteten »zum Wohle der Gefolgschaft«.[38] Durch Verbesserungen von Schutzvorrichtungen oder Maßnahmen zur Gefahrenaufklärung sank die Zahl der Betriebsunfälle je 100.000 Arbeitsstunden »trotz der dauernd größer werdenden Beanspruchung von Menschen und Maschinen« von 3,7 im Jahre 1936 auf 0,7 oder 12 Einzelereignisse 1943.[39]

Vieles davon konnte als Fortsetzung der jahrzehntealten betrieblichen Sozialpolitik gelten, passte sich aber in die nationalsozialistische Rahmung ein. Die dem Unternehmen »durch den Vierjahresplan besonders auferlegten Arbeitsprobleme, wie Fetteinsparung, Regenerierung von Maschinen-Altöl und Bruchvermeidung« wurden angesprochen, um die erzielte deutliche Senkung der Bruchrate als wichtigen Beitrag zum sparsamen Umgang mit den »für das deutsche Volk lebensnotwendigen Nahrungs-Rohmaterialien« herauszustellen. Ganz im Sinne der von der Vierjahresplan-Behörde propagierten Autarkiepolitik gab das Unternehmen die »restlose Ausnutzung aller Materialien und Zutaten unter Verwendung von fast <u>nur</u> deutschen Rohstoffen« als Marschrichtung vor.[40]

Überhaupt wuchs das Selbstbewusstsein der betrieblichen DAF-Struktur im Herbst 1937 weiter, sodass Betriebsobmann Hermann Koch für die Walterinnen und Walter der DAF, die als betriebliche Unterbaufunktionäre dienten, regelmäßige Schulungsabende anberaumte, um zusammen mit der organisatorischen Speerspitze der DAF, der Werkschar, die »Ziele der nationalsozialistischen Bewegung« und die der DAF gestellten Aufgaben näher zu erläutern. Das erste Treffen fand am 2. November 1937 in der Werkskantine statt.[41]

Bahlsen suchte für seine betriebliche Sozialpolitik die regimeoffizielle Belobigung. Die Bewerbung fand die Anerkennung der NSDAP-Gauleitung, deren Gauleiter-Stellvertreter Kurt Schmalz auf Vorschlag des DAF-Gauobmanns der H. Bahlsens

38 H. Bahlsens Keksfabrik AG, Betrieb, Hans Bahlsen, Betriebsrundschreiben Nr. 30 vom 9.11.1937 (BAH, R10, Nr. 250); H. Bahlsens Keksfabrik KG, betr. Leistungskampf vom 11.1.1938, S. 3 f. (BAH, R10, Nr. 537).

39 H. Bahlsens Keksfabrik KG, Betrieb, Notiz für Herrn Hertzer vom 25.2.1944 (BAH, R10, Nr. 294).

40 H. Bahlsens Keksfabrik KG, betr. Leistungskampf vom 11.1.1938, S. 8 – Hervorhebung im Original (BAH, R10, Nr. 537); Spiekermann, Kost, S. 386 ff.

41 Betriebsobmann Hermann Koch an Walter und Walterinnen der DAF in unserem Betrieb vom 27.10.1937 (BAH, R10, Nr. 250); siehe auch Jacques, Keksfabrik, S. 76; die Werkskantine war u. a. mit einem Hitler-Porträtfoto ausgestattet, Huttenlocher, Menschen, S. 140.

Keksfabrik am symbolträchtigen 1. Mai 1938, dem »Nationalfeiertag des Deutschen Volkes«, das »Gaudiplom für hervorragende Leistungen« zusprach.[42] Die Auszeichnung berechtigte den Betrieb, die »Flagge der Deutschen Arbeitsfront mit goldenem Rade und goldenen Fahnen zu führen«.[43] Bahlsen erhielt das Gaudiplom, das ein Jahr Gültigkeit besaß, im Mai 1939 erneut verliehen.[44] Ergänzend erhielt Bahlsen 1939 auch das »Leistungsabzeichen für vorbildliche Sorge um die Volksgesundheit«, das die DAF ab Oktober 1942 dem Leistungsabzeichen in Silber gleichstellte.[45] Gegenüber dem Gauobmann führte das Unternehmen in der Beantwortung der zum Leistungskampf der deutschen Betriebe 1939/40 vorgelegten Fragen erstmalig auf, dass der Betriebsführer Hermann Hertzer »FM der Schutzstaffeln der NSDAP«, also Förderndes Mitglied der SS, sei.[46] Das Bahlsen-Werk stieg auch für die DAF zu einer Art Vorzeigebetrieb auf, da sie für Vertreter ihrer italienischen Partnerorganisation Dopolavoro eine Betriebsbesichtigung zum Programmpunkt erhob. Bahlsen nahm seinerseits ein Foto der Besuchergruppe in das Jubiläumsbuch von 1939 auf.[47]

Der Betrieb forderte seinerseits die Belegschaft wie in den Jahren zuvor auf, bei der Sondersammlung der DAF am 15. Oktober 1938 »freudig« für das Winterhilfswerk zu geben.[48] Zum »Kameradschaftsabend« am 29. Oktober 1938 wurde die »Teilnahme aller Gefolgschaftsmitglieder« erwartet, sodass die freiwilligen Sozialleistungen auf ein betriebsloyales Verhalten abzielten.[49] Indem aber eine Sonderak-

42 Gauleiter-Stellvertreter, Kurt Schmalz, Urkunde Gaudiplom für hervorragende Leistungen für H. Bahlsens Keksfabrik vom 1.5.1938 (BAH, R10, Nr. 563); zu Kurt Schmalz siehe Kiekenap, Stellvertreter, S. 17 ff.; Lilla, Gauleiter, S. 78 f.

43 Adolf Hitler, Verfügung Auszeichnung »Nationalsozialistischer Musterbetrieb« vom 29.8.1936 (BAH, R10, Nr. 570).

44 Gauleiter-Stellvertreter, Kurt Schmalz, Urkunde Gaudiplom für hervorragende Leistungen für H. Bahlsens Keksfabrik vom 1.5.1939 (BAH, R10, Nr. 572).

45 Urkunde Das Leistungsabzeichen für vorbildliche Sorge um die Volksgesundheit für H. Bahlsens Keksfabrik o. D. (BAH, R10, Nr. 571); H. Bahlsens Keksfabrik AG, Betriebsobmann/Betriebsführer, Leistungskampf der deutschen Betriebe 1940/41 vom 21.9.1940 (BAH, R10, Nr. 487); Der Beauftragte für die Durchführung des Leistungskampfes der deutschen Betriebe an den Betriebsführer der H. Bahlsens Keksfabrik vom 1.10.1942 (BAH, R10, Nr. 571).

46 H. Bahlsens Keksfabrik, Betriebsführer Hermann Hertzer/Betriebsobmann Hermann Koch, Leistungskampf der deutschen Betriebe vom 5.8.1939 (BAH, R10, Nr. 487).

47 Jacques, Keksfabrik, S. 100; vgl. auch Liebscher, Faschismus; Fehlhaber, Netzwerke.

48 H. Bahlsens Keksfabrik KG, Hermann Hertzer/Betriebsobmann Hermann Koch, Gebt freudig für das WHW 1938/39 vom 7.10.1938; H. Bahlsens Keksfabrik KG, Hermann Hertzer/Betriebsobmann Hermann Koch, Winterhilfswerk des Deutschen Volkes 1938/39 vom 18.10.1938. Vgl. H. Bahlsens Keksfabrik AG, Betrieb, Hans Bahlsen, Betriebsrundschreiben Nr. 29 vom 14.10.1936; H. Bahlsens Keksfabrik AG, Winterhilfswerk des Deutschen Volkes 1937/38 vom 20.9.1937; H. Bahlsens Keksfabrik AG, Betriebsführer Hermann Hertzer, Gebt freudig für die Schluss-Sammlung der DAF für das WHW 1937/38 am 26.3.1938 vom 21.3.1938 (jeweils BAH, R10, Nr. 250).

49 H. Bahlsens Keksfabrik KG, Hermann Hertzer/Betriebsobmann Hermann Koch, Einladung zum Kameradschaftsabend vom 15.10.1938 (BAH, R10, Nr. 250).

tion der DAF und des Beauftragten für den Leistungskampf der deutschen Betriebe die Belegschaft zur »Steigerung der Arbeitsleistung« zu Verbesserungsvorschlägen in den Bereichen »Arbeitserleichterung, Qualitätsverbesserung, Verpackungsveränderung, technische Verbesserung, Einsparung von Arbeitskräften, Unfallschutz« aufforderte, strebten NS-Regime und Unternehmen beiderseits eine Steigerung der betrieblichen Effizienz an.[50]

Die weitere Verbesserung der wirtschaftlichen Lage des Unternehmens gab den Anlass, die seit 1924 bestehende Hermann-Bahlsen-Stiftung in den H. Bahlsens Pensions-, Witwen-, Sterbe- und Unterstützungskasse e. V. zu überführen. Am 6. Oktober 1937 genehmigte der Vorstand der H. Bahlsens Keksfabrik KG dessen Satzung und ließ ihn in das Vereinsregister eintragen.[51] Die Unternehmensleitung beschloss am 12. November 1937, dem Verein 400.000 Reichsmark zu überweisen, womit allerdings noch die von der Hermann-Bahlsen-Stiftung übernommene Schuld abgedeckt werden musste.[52] Zu den Aufgaben des Vereins gehörte nach den beschlossenen Richtlinien, Pensionen auszuzahlen und einmalige größere Unterstützungen zu gewähren. Das Vereinsguthaben sollte nur in »ganz besonderen Ausnahmefällen angegriffen« werden,[53] weshalb der Verein zur Deckung der Ausgaben laufend Zuwendungen erhielt.[54] Die am 24. Dezember 1937 in Kraft gesetzte Satzung sprach nach mindestens 15-jähriger Werkszugehörigkeit beim ungekündigten Eintritt in das Rentenalter, bei Dienstunfähigkeit oder nach 40-jähriger Beschäftigung bei Bahlsen ein Ruhegehalt in Höhe von 15 Prozent des Gehalts oder des Durchschnittslohn der letzten zwei Jahre zu. Mit jedem weiteren Beschäftigungsjahr stieg der Pensionsanspruch um ein Prozent.[55] Witwen erhielten 40 Prozent der zugesprochenen Pension, Waisen ein Viertel bzw. ein Drittel der Witwenpension.[56]

Im Windschatten der insgesamt günstigen Geschäftsentwicklung wuchs die Belegschaft auf 1.737 Mitarbeiterinnen und Mitarbeiter an. Verglichen mit dem Ausgangspunkt von 794 Männern und Frauen am 1. Januar 1933 bildete der betriebliche Beschäftigungsaufbau um mehr als das Doppelte den vielleicht wichtigsten Loyali-

50 H. Bahlsens Keksfabrik KG, Betrieb, Jeder hilft bei der Betriebsgestaltung vom 14.11.1938 (BAH, R10, Nr. 250).

51 Karl Schumann, Niederschrift über die Besprechung am 6.10.1937 vom 7.12.1937 (BAH, R10, Nr. 537).

52 H. Bahlsens Keksfabrik KG, Karl Schumann, Besprechung am 12.11.1937 (BAH, R10, Nr. 537).

53 H. Bahlsens Keksfabrik KG, Karl Schumann, Richtlinien für die H. Bahlsens Pensions-, Witwen-, Sterbe- und Unterstützungskasse e. V. vom 12.11.1937 (BAH, R10, Nr. 537).

54 Hermann Hertzer, Kurzbericht über wichtige Ereignisse in unserer Firma, März 1948, S. 6 (BAH, R10, Nr. 505).

55 H. Bahlsens Keksfabrik KG, Satzung der Ruhegehaltsregelung vom 24.12.1937 (BAH, R10, Nr. 537); Ruhegehalts-Ordnung der Firma H. Bahlsens Keksfabrik KG Hannover vom 24.12.1937 (BAH, R10, Nr. 262); Hermann Hertzer, Kurzbericht über wichtige Ereignisse in unserer Firma, März 1948, S. 8 (BAH, R10, Nr. 505).

56 H. Bahlsens Keksfabrik KG, Karl Schumann, Besprechung am 12.11.1937; H. Bahlsens Keksfabrik KG, Satzung der Pensionsregelung vom 12.11.1937, S. 1 (jeweils BAH, R10, Nr. 537).

tätsfaktor. Zu den Besonderheiten des Nahrungsmittelherstellers Bahlsen gehörte es, dass 33,7 Prozent der Belegschaft Männer waren und zwei Drittel Frauen. Die unter 20-Jährigen stellten 6,6 Prozent der Belegschaft, während die 20- bis 29-Jährigen mit 42,5 Prozent und die 30- bis 39-Jährigen mit 32,4 Prozent die Belegschaft dominierten.[57] Angesichts der Altersstruktur verwundert nicht, dass nur ein Fünftel des Personals länger als zehn Jahre bei Bahlsen beschäftigt war.

1939 führte das Unternehmen nach der Kinderzahl gestaffelte Kinderzulagen von 1 bis 6 Reichsmark in der Woche für verheiratete Mitarbeiter mit einem Monatseinkommen unterhalb von 300 Reichsmark ein, wobei verwitwete, geschiedene und ledige Mitarbeiterinnen den verheirateten Männern gleichgestellt waren. Verheiratete Mütter erhielten die Kinderzulage nur, wenn der Vater die »Kinder nicht unterhalten« konnte.[58] Am Jahresende 1939 kamen 288 Verheiratete mit einem und 119 Verheiratete mit zwei sowie 35 Beschäftigte mit drei und mehr Kindern in den Genuss der Zulage.[59] Noch in der Vorkriegszeit sorgte das Unternehmen auch für zusätzliche Erholungsplätze in Braunlage.[60] Der 1939 eröffnete Erweiterungsbau an der Lister Straße bot ganz im Sinne der DAF-Aktivität »Schönheit der Arbeit« luftige Arbeitsräume, Garderobenräume mit Wasch-, Dusch- und Baderäumen für Männer und Frauen.[61]

Mit den umfangreichen Sozialmaßnahmen sollte die Betriebsloyalität gesteigert werden, denn durch den Aufschwung der letzten Vorkriegszeit herrschte Arbeitskräftemangel, der zu besonderen Anstrengungen auf dem Gebiet der betrieblichen Sozialpolitik veranlasste. Da in Hannover Großkonzerne wie Continental oder Rüstungsbetriebe wie Hanomag um neue Beschäftigte buhlten, bestanden alternative Erwerbsmöglichkeiten. Gerade weil die Durchschnittslöhne der Männer bei 0,90 Reichsmark und der Frauen bei 0,57 Reichsmark und damit unterhalb der Metalltarife lagen,[62] musste das Unternehmen für außerökonomische Attraktivität sorgen.

Eine gegenläufige Tendenz gab es bei der Betriebskrankenkasse. Da die Ausgaben die Einnahmen dauerhaft überstiegen, erhöhte die BKK sowohl im Februar 1938 als auch zum 1. Januar 1940 die Beitragssätze und reduzierte die Leistungen. Der Krankenstand betrug im Januar und Februar 1939 5,52 bzw. 6,48 Prozent. Die BKK

57 H. Bahlsens Keksfabrik KG betr. Leistungskampf vom 11.1.1938, S. 1; H. Bahlsens Keksfabrik KG, Sozialbericht für das Geschäftsjahr 1939 vom 20.2.1940, S. 1 (jeweils BAH, R10, Nr. 537).

58 Unsere Wohlfahrts- und Hygieneeinrichtungen seit Gründung der Fabrik im Jahre 1889 vom Februar 1943, S. 5 (BAH, R10, Nr. 516).

59 Sozialbericht 1938/39 der Firma H. Bahlsens Keksfabrik KG, Hannover vom März 1939, S. 1 (BAH, R10, Nr. 487); H. Bahlsens Keksfabrik KG, Sozialbericht für das Geschäftsjahr 1939 vom 20.2.1940, S. 1 (BAH, R10, Nr. 537).

60 H. Bahlsens Keksfabrik KG, Betriebsführer Hermann Hertzer, Soziale Beihilfen vom 16.10.1937 (BAH, R10, Nr. 277).

61 Unsere Wohlfahrts- und Hygieneeinrichtungen seit Gründung der Fabrik im Jahre 1889 vom Februar 1943, S. 5 (BAH, R10, Nr. 516).

62 H. Bahlsens Keksfabrik KG, Sozialbericht für das Geschäftsjahr 1939 vom 20.2.1940, S. 1 (BAH, R10, Nr. 537).

führte daraufhin vertrauensärztliche Nachuntersuchungen durch, die aber keine »fühlbare Herabsetzung des Krankenstandes und damit eine Entlastung der Kasse« bewirkten.[63]

Die Teilnahme am zweiten »Leistungskampf deutscher Betriebe« erbrachte am 20. Juli 1939 die vom Beauftragten für die Gesamtdurchführung des Leistungskampfes der deutschen Betriebe, Reichsamtsleiter Dr. Karl Hupfauer, unterzeichnete Anerkennung, die dem Betrieb ein »Bekenntnis [...] zur nationalsozialistischen Revolution und ihren Zielen« bescheinigte und zur weiteren »Arbeit im Dienst der deutschen Volksgemeinschaft« anspornte.[64] Das Unternehmen fiel aber selbst auf die Versprechen des NS-Regimes herein, indem es 1939 mehrere von der Deutschen Arbeitsfront angebotene »KdF-Wagen« unterschiedlicher Ausstattung bestellte und 3.750 Reichsmark anzahlte, ohne bis Kriegsende auch nur ein Fahrzeug geliefert zu bekommen.[65]

Das Unternehmen nahm ansonsten aber an dem durch die verbesserte Konsumkonjunktur angetriebenen wirtschaftlichen Wachstum teil. Die innerbetrieblichen Arbeitsbeziehungen waren gewohnt konfliktarm. Produktion und Absatz sowie Umsatz legten kontinuierlich zu. Umfassende technische Rationalisierungsmaßnahmen befanden sich mit dem Ziel der weiteren Effektivierung von Erzeugung und Logistik in der Umsetzung. Allerdings belasteten die kapitalintensiven Investitionen zunehmend die Rentabilität. 1938/39 halbierte sich die Umsatzrendite auf nurmehr 3,4 Prozent. In gewisser Weise stellte die Hochkonjunktur der beiden letzten Vorkriegsjahre das Unternehmen erneut vor die Situation, Wachstum und Gewinn in Balance zu bringen. Auch insoweit überwogen trotz aller Übernahmen nationalsozialistischer Riten in den Betriebsalltag die Kontinuitäten.

Bahlsen agierte als ein Unternehmen, dessen Eigentümer und Management durch personale Beziehungen zu regionalen NS-Vertretern und einem Arrangement mit dem politischen System die unternehmerischen Handlungsspielräume aufrechterhielten. Etwa im Hinblick auf die Partizipationsmöglichkeiten freier Gewerkschaften oder die Bestärkung der Unterordnungsverhältnisse der »Gefolgschaft« unter die patriarchalen »Betriebsführer«, also einer Zementierung der auf Eigentum basierenden Betriebshierarchie, ging dies mit einer konzeptionellen Übereinstimmung mit den von Nationalsozialisten propagierten Ideologemen einher. Konflikte mit dem NS-Regime ergaben sich aus den von der Unternehmensleitung als Anmaßung empfundenen Eingriffen von Funktionären der Deutschen Arbeitsfront und des betrieblichen Vertrauensrats in den Betrieb. Die umfassende Sozialpolitik des Unternehmens, die auf die Ertragssituation durchschlug, wirkte als Versuch, die externen Einflussnahmen zu kanalisieren und dadurch selbst Herr des Geschehens

63 Niederschrift über die Sitzung des Beirats der BKK der Firma H. Bahlsens Keksfabrik AG, Hannover vom 3.1.1940, S. 1 (NLA H, Hann. 180 L, Nr. 76).

64 NSDAP-Reichsamtsleiter Dr. Karl Hupfauer, Anerkennung, o. D. [20.7.1939] (BAH, R10, Nr. 564).

65 Mommsen u. Grieger, Volkswagenwerk, S. 190 ff. et passim.

zu bleiben. Die Implementierung der NS-Sozialpolitik ergänzte die Hinnahme der neuen politischen und gesellschaftlichen Ordnung, die aber dem Unternehmen eine weitgehende Autonomie beließ. Hierdurch stützte das NS-Regime den wirtschaftlichen Sektor, wobei dessen mit dem Aufbau von zusätzlichen Arbeitsplätzen und Einkommensmöglichkeiten verbundener Aufschwung wiederum die soziale Basis des Regimes stärkte. Im Ganzen agierte also auch Bahlsen an der Seite des Nationalsozialismus, dessen Kriegskurs nach 1938 in der Unternehmensstrategie Berücksichtigung fand.

5. Krieg, Expansion und Rückschläge

1939–1945

5.1 Krieg und Keks II. Produktionsumstellung, Ressourcenbewirtschaftung und die Wehrmacht als Abnehmer

Auf den Kriegsbeginn am 1. September 1939 war Bahlsen insoweit vorbereitet, da das Unternehmen bereits seit Jahren mit staatlichen Kontingentierungssystemen vertraut war und innerbetrieblich funktionale Strukturen und Verfahren für eine Belieferung der Wehrmacht bestanden. Nicht nur dass Hermann Hertzer oder Anna-Dora Thieme auf Erfahrungen mit den Lenkungsstrukturen der Kriegswirtschaft des Ersten Weltkriegs zurückgreifen konnten, zusätzlich war bereits ein Jahr zuvor vom Reichsnährstand eine Einstufung als »kriegs- und lebenswichtiger Betrieb« erfolgt, um im »Mobilmachungsfalle« zur Verfügung zu stehen und dadurch eine höhere Priorität in Hinblick auf Ressourcen zu erhalten.[1] Der Heeresverpflegungs- und Beschaffungsabteilung des Oberkommandos des Heeres (OKH) gab Bahlsen im Sommer 1938 das Signal, in Hannover ein Knäckebrotwerk aufbauen zu wollen. Daraufhin bescheinigte die Heeresverpflegungs- und Beschaffungsabteilung des OKH dem Vorhaben, unterstützungswürdig zu sein, und stellte Aufträge über jährlich 1.000 Tonnen Knäckebrot in Aussicht.[2]

Dieses Volumen blieb aber weit hinter den Erwartungen des Unternehmens zurück, woraufhin Anna-Dora Thieme und Hans Bahlsen gegenüber der Beschaffungsstelle mit einer täglichen Produktionskapazität von 20 Tonnen in der Acht-Stunden-Schicht warben, die eine Jahresproduktion von 6.000 Tonnen bzw. von 12.000 Tonnen bei einem Zwei-Schicht-Betrieb ermöglichte. Darüber hinaus verwies das Schreiben auf die »umfangreichen Kriegslieferungen« im Ersten Weltkrieg. Die Aufforderung, dass im Kriegsfalle die Keksherstellung eingestellt werden müsste, bezeichnete die Unternehmensleitung als »nicht wieder gut zu machender Rückschlag« für die gesamte Keksindustrie, weshalb sie eine »Beachtung von Keks« durch die militärischen Stellen anregte. Das Hauptaugenmerk legte Bahlsen aber darauf, in größerem Umfang zur »Anfertigung von Knäckebrot« herangezogen zu

1 H. Bahlsens Keksfabrik AG, Anna-Dora Thieme/Hans Bahlsen, an Oberkommando des Heeres vom 6.8.1938, S. 1 u. 3 (BAH, R10, Nr. 629).

2 Oberkommando des Heeres, Heeresverpflegungs- und Beschaffungsabteilung (62 k 18.10 V 3 (VIIIa), 4301/38), Pieszczek, Bescheinigung vom 4.8.1938 (BAH, R10, Nr. 631).

werden.[3] Wie andere Konsumgüterhersteller, etwa Oetker mit seinen Pudding-Lieferungen an das Heeresverpflegungsamt,[4] wollte Bahlsen durch die Übernahme als kriegswichtig angesehener Aufträge gleichsam im Windschatten der Kriegsvorbereitung die Kernproduktion über den als kurz angenommenen Kriegszustand hinwegbringen, um nach einem deutschen Sieg die erwartete Konsumbelebung sofort wieder mit den eingeführten Markenprodukten zu beliefern.

Das Schreiben zeigte Wirkung, da die Heeresverpflegungs- und Beschaffungsabteilung des OKH »unter Würdigung Ihrer Erfahrungen« den in Aussicht genommenen Auftrag auf 2.000 Tonnen jährlich erhöhen wollte.[5] Es entsprach dem ausgeprägten Geschäftssinn des Unternehmens, Anfang September 1938 die Übernahme von Militäraufträgen mit dem Wunsch nach Gewährung eines zinslosen Darlehens sowie einer vierjährigen Preisgarantie zu verbinden, was aber mit knappen Worten abgelehnt wurde: »Bei der gegebenen Sachlage hält das Oberkommando des Heeres weitere Planungen Ihrerseits für zwecklos und bittet davon abzusehen.«[6]

Bahlsen ruderte daraufhin zurück, um überhaupt noch berücksichtigt zu werden. Die Beschaffungsstelle des Heeres machte Vorgaben zur Verpackungsart des Knäckebrots und kritisierte die Mitte Juli 1939 von Bahlsen gewählte Papierbeutelpackung, die nur als »Zwischenlösung« akzeptiert wurde, da der Beutel eine Einlage aus Hydroloidpapier besitzen musste. Die Beschaffungsstelle gab auch auf, jeweils 100 Beutel in einem Versandkarton aus Panzerwellpappe mit den Maßen 55 × 38 × 33 Zentimeter zu verpacken. Musterbeutel konnten bei den Hamburger Norddeutschen Knäckebrotwerken angefordert werden. Die H. Bahlsens Keksfabrik KG sollte kurzfristig mitteilen, welche Mengen Knäckebrot sie bis Ende März 1940 zu welchem Preis liefern konnte.[7]

Nach dem Vorbild des nach 1914 entstandenen Kriegswirtschaftssystems übernahm eine von den Unternehmen gestellte Branchenstelle, die Wirtschaftliche Vereinigung der deutschen Süßwarenwirtschaft (WVS), die Koordination zwischen den militärischen Anforderungen, der von den Ministerien und NS-Sonderinstanzen vorgenommenen Ressourcenzuweisung und den Produktionsmöglichkeiten der Unternehmen.[8] Diese in der WVS vorgenommene, für das NS-Wirtschaftssystem typische Amalgamierung von staatlichen, parteilichen und unternehmerischen Ak-

3 H. Bahlsens Keksfabrik AG, Anna-Dora Thieme/Hans Bahlsen, an Oberkommando des Heeres vom 6.8.1938, S. 2 f. (BAH, R10, Nr. 629).

4 Finger, Keller u. Wirsching, Oetker, S. 296 ff.

5 Oberkommando des Heeres (62 k 18.10 V 3 (VIII) an H. Bahlsens Keksfabrik AG vom 16.8.1938 (BAH, R10, Nr. 631).

6 Oberkommando des Heeres (62 k 18.10 V 3 (VIII), 4968/38 an H. Bahlsens Keksfabrik AG vom 24.9.1938 (BAH, R10, Nr. 631).

7 Oberkommando des Heeres (62 k 18.10 VA/Ag V III/V 3), Stabszahlmeister Jungheim, an H. Bahlsens Keksfabrik AG vom 24.7.1939 (BAH, R10, Nr. 629).

8 Die vom Reichsnährstand eingesetzte Marktordnungsstelle bündelte insbesondere die Interessen der großen Marktakteure, Corni u. Gies, Brot, S. 154 ff.

teuren forderte Bahlsen beispielsweise Ende Juli 1939 auf, dem OKH ein Angebot zur Lieferung von 28 Tonnen Keks einzureichen. Unter der Voraussetzung, dass die erforderlichen Rohmaterialien wie Mehl und Fett zusätzlich zur Verfügung gestellt wurden, erklärte sich Werner Bahlsen bereit, 350.000 80-Gramm-Pakete Union-Keks zum Preis von 47.247,30 Reichsmark oder 329.400 85-Gramm-Pakete Leibniz-Keks zum Preis von 55.586,25 Reichsmark zu liefern. Da die Fabrik eine Fertigungszeit von 14 Tagen benötigte, musste die Auftragserteilung umgehend erfolgen, wenn die Ware bis zum 15. August 1939 beim Besteller sein sollte.[9]

Der Kriegsbeginn sorgte auf der Leitungsebene zunächst für scharfe Einschnitte, da Klaus Bahlsen unter Bezug auf die ein Jahr zuvor erlassene Notdienstverordnung vom 26. August 1939 bis zum 1. Oktober 1939 als Polizei-Wachtmeister der Reserve eingezogen und bei Trier stationiert wurde. Dann als »untauglich« befunden, entging er dem weiteren Militärdienst.[10] Hans Bahlsen, der zwischen 1935 und 1939 fünf Reserveübungen in Hannover bei einer Panzerabwehr-Abteilung absolviert und den Dienstrang eines Oberleutnants der Reserve erreicht hatte, diente ab dem 26. August 1939 als Zugführer in der Panzerabwehr-Abteilung.[11] Ein von der Industrie- und Handelskammer im Dezember 1939 unterstützter Urlaubsantrag war zunächst ohne Erfolg geblieben.[12] Er wurde aber am 21. April 1940 bis zum 1. September 1941 beurlaubt, um seine Tätigkeit in der Fabrik wieder aufzunehmen. Dann wurde er zur Abwehr-Abteilung des Generalkommandos XI in Hannover eingezogen, diente also heimatnah. Im letzten Kriegsjahr war er aber u.a. nach Berlin zum Verhör englischsprachiger Kriegsgefangener abgestellt. Werner Bahlsen musste dagegen erst Ende März 1940 zur Musterung, wurde aber unmittelbar zurückgestellt und erhielt für die Kriegszeit seine »uk-Stellung«, da der Geschäftsführer als unabkömmlich galt.[13]

Am 1. September 1939, dem Beginn des deutschen Überfalls auf Polen, fiel nicht nur die betriebliche Gymnastikstunde aus,[14] sondern auch die Fabrikation wurde mit Ausnahme der Hartkeksproduktion zeitweise stillgelegt. Die Fahrzeuge durften zunächst nicht mehr benutzt werden. Um den Betrieb wieder aufnehmen zu können und die Auslieferungslager ebenfalls ihre Funktion ausüben zu lassen, erbat

9 H. Bahlsens Keksfabrik AG, Werner Bahlsen, an Oberkommando des Heeres vom 27.7.1939, S. 1f. (BAH, R10, Nr. 629).

10 UK-Stellungs-Karte Klaus Bahlsen; Polizeipräsident Hannover, Abschnittskommando II, Mitteilung an Klaus Bahlsen o.D. (jeweils BAH, R13, Nr. 15); Military Government of Germany, Fragebogen Klaus Bahlsen vom 10.9.1946, S. 3 (NLA H, Nds. 171 Hannover, Nr. 4642).

11 Military Government of Germany, Fragebogen Hans Bahlsen vom 14.8.1946, S. 4 (NLA H, Nds. 171 Hannover, Nr. 51216).

12 Industrie- und Handelskammer zu Hannover an den Führer der Feldposteinheit 04765 vom 21.12.1939 (BAH, R10, Nr. 630).

13 H. Bahlsens Keksfabrik KG, Tagebuch 1940, S. 1 (BAH, R10, Nr. 498).

14 H. Bahlsens Keksfabrik KG, Betriebsleitung, Anna-Dora Thieme, Aushang vom 1.9.1939 (BAH, R10, Nr. 271).

Hermann Hertzer von der Industrie- und Handelskammer Hannover die Bestätigung, dass das Unternehmen dem Reichsnährstand angeschlossen sei, »reichsseitig mit Rohstoffen [...] zur Versorgung der Bevölkerung« beliefert werde und über umfangreiche Heeresaufträge verfüge.[15] In der Feinbäckerei I und II erfolgte am 11. September 1939 die Aufnahme der Lohnfertigung von Feldzwieback für das Heer,[16] dessen Qualität das Unternehmen als sehr gut bewertete.

Die Mitteilung des Reichsministers der Luftfahrt und Oberbefehlshabers der Luftwaffe vom 12. September 1939, dass das Oberkommando des Heeres (OKH) auch den Verpflegungsnachschub der Luftwaffe übernommen hatte und in diesem Zusammenhang den für Fliegersonderverpflegung erforderlichen Bahlsens Milchkeks weiterhin bestellen würde, bildete ebenfalls einen Lichtblick.[17] Allerdings verliefen die gleich Anfang September 1939 unternommenen Bemühungen, mithilfe des OKH die für die Haltbarkeit der Wehrmachtslieferungen zuträglichen Verpackungsmaschinen zu bekommen, zunächst im Sande.[18]

Für den Übergang zum Wehrmachtslieferanten war hilfreich, dass mit der Knäckebrotherstellung auf einen Auftragsbestand zurückgegriffen werden konnte, der auch im Transportwesen eine bevorrechtigte Beförderung nach sich zog.[19] Anfang Oktober 1939 traf sich Dr. Bredt mit anderen in die Produktion eingeschalteten Firmen wie Kraft oder Boltze zu einer »Knäckebrot-Konferenz«.[20] Aber Ende Oktober 1939 wurde die Herstellung von Heereszwieback bis zum 20. November 1939 unterbrochen.[21] Nach entsprechender Entwicklungsarbeit in drei Schichten in einwandfreier Qualität für das Heer hergestellt, blieb die Produktionsausweitung allerdings angesichts der Investitionssumme von mehr als 270.000 Reichsmark hinter den Erwartungen und Vorbereitungen zurück.[22] Für eigene Zwecke wollte das OKH im Januar 1940 Filmaufnahmen der Knäckebrotherstellung anfertigen.[23] Darüber hinaus belieferte Bahlsen die Ersatz-Verpflegungs-Magazine (EVM) des Heeres mit den

15 H. Bahlsens Keksfabrik AG, Hermann Hertzer, an Industrie- und Handelskammer Hannover vom 11.9.1939 (BAH, R10, Nr. 591).

16 H. Bahlsens Keksfabrik KG, Tagebuch 1939, S. 1 (BAH, R10, Nr. 498).

17 Reichsminister der Luftfahrt und Oberbefehlshaber der Luftwaffe (M 62 z 18/Nr. 43565/39) an H. Bahlsens Keksfabrik KG vom 12.9.1939 (BAH, R10, Nr. 537).

18 H. Bahlsens Keksfabrik KG, Anna-Dora Thieme, an Oberkommando des Heeres, Stabszahlmeister Elmer vom 8.9.1939; H. Bahlsens Keksfabrik KG, Anna-Dora Thieme, an Oberkommando des Heeres, Stabszahlmeister Elmer vom 22.9.1939 (jeweils BAH, R10, Nr. 629).

19 Industrie- und Handelskammer zu Hannover, Bescheinigung vom 6.9.1939 (BAH, R10, Nr. 630); H. Bahlsens Keksfabrik KG, Tagebuch 1939, S. 1 (BAH, R10, Nr. 498).

20 Ebd.

21 Ebd., S. 1 f.

22 Hans Bahlsen, Kosten für die Knäckebrot-Anlagen vom 12.7.1940 (BAH, R10, Nr. 537).

23 Oberkommando des Heeres, Chef der Heeresrüstung und Befehlshaber des Ersatzheeres (Az 35 g K 39 I V III/V 3 Nr. 30/40) an Keksfabrik Bahlsen vom 3.1.1940; H. Bahlsens Keksfabrik KG, Werner Bahlsen, an Oberkommando des Heeres, Chef der Heeresrüstung und Befehlshaber des Ersatzheeres vom 9.1.1940 (jeweils BAH, R10, Nr. 629).

Artikeln Leibniz M, Milch, Union und Albert. Werner Bahlsen, der in Vertretung seiner einberufenen Brüder zu einer Art General-Manager des Unternehmens geworden war, reiste oft nach Berlin, um Aufträge der Wehrmacht und der Teilstreitkräfte hereinzuholen.[24]

Die Regulierungs- und Kontingentierungsmaßnahmen nahmen unmittelbar Einfluss auf die Geschäftsentwicklung, da sowohl die Rohstoffzuteilung verringert als auch der Vertrieb beschränkt wurde. Das am 18. September 1939 festgelegte Fabrikationsprogramm rechnete mit einem um die Hälfte gedrosselten Umsatz und einer auf unter 30 Prozent gedeckelten Fabrikationsspanne. Deshalb fielen die vorgesehenen 18 Tonnen Weihnachtsmischung oder die 7.500 Bund Milchkeks mittelfristig heraus.[25] Die Produktvielfalt erfuhr eine drastische Einengung, da zunächst nur noch 10 Hartkeks-Sorten hergestellt wurden, während andere Artikel nach dem Verbrauch der vorhandenen Rohstoffvorräte ausliefen. Verpackungseinheiten über 250 Gramm fielen weg, die Fettmengen wurden stark reduziert und die Waffelfabrikation eingestellt. Auch drohte eine Bewirtschaftung des Verbrauchs durch die Ausgabe von Bezugsberechtigungsscheinen. Ein gewisser Ersatz bestand in den Bestellungen der Wehrmacht, wobei bei »Fliegern« insbesondere der »Milch-Keks begehrt« war.[26]

Ganz Unternehmer, sah Hans Bahlsen auch in seinem Tätigkeitsgebiet bei der Wehrmacht gleich neue Absatzmöglichkeiten. Er fragte deshalb am 16. November 1939 in der Unternehmenszentrale an, wie die »Beschaffung von Marketenderware« organisiert werden könnte. Hermann Hertzer informierte ihn aber, dass die WVS die Rohstoffzuteilungen erheblich reduziert hatte und die Versorgung der Zivilbevölkerung gefährdet wäre, wenn Bahlsen außerplanmäßig an Soldaten liefern würde. Um Kekse an die Soldaten zu bringen, müssten »alle Hebel in Bewegung« gesetzt werden, um die »Militärstellen« dazu zu bringen, »Sonder-Rohstoffe« für den Marketenderbedarf bereitzustellen.[27]

Zucker und Sirup waren im Oktober 1939 knapp und der Einsatz von Fett wurde behördlich auf 10 Prozent des Mehlgewichts begrenzt. Mitte Oktober 1939 sank die Mehlzuteilung auf die Hälfte des Vorkriegsstands. Deshalb steigerte Bahlsen die Produktion der Hartkekssorte Wolga, der Weihnachts-Mischung und der Salzletten. Wegen einer Rekord-Apfelernte von 74,8 Tonnen auf der betriebseigenen Plantage erfolgte die Fabrikation von Fruchtpasten und Eiswaffeln. Das Unternehmen übertrug die im Ersten Weltkrieg gesammelten Erfahrungen der Lazarett-Versorgung auf die veränderten politischen Verhältnisse, indem am 6. November 1939 Emmi Göring,

24 H. Bahlsens Keksfabrik KG, Tagebuch 1939, S. 1 (BAH, R10, Nr. 498); Klaus Bahlsen, 7. Bericht 1939-1940 vom 3.1.1941, S. 4 (BAH, R10, Nr. 505).

25 Otto Bredt, Fabrikationsprogramm ab 25.9.1939 vom 20.9.1939 (BAH, R11, Nr. 485).

26 H. Bahlsens Keksfabrik KG, Rundbrief an unsere Arbeitskameraden unter Waffen vom 3.10.1939 (BAH, R10, Nr. 271).

27 H. Bahlsens Keksfabrik KG, Hermann Hertzer, an Hans Bahlsen vom 21.11.1939, S. 1 (BAH, R10, Nr. 537).

die Ehefrau von Generalfeldmarschall Hermann Göring und Oberbefehlshaber der Luftwaffe, eine Lieferung Leibniz-Keks zur Verteilung an Verwundete erhielt.[28]

Mitte November 1939 erreichte die Bahlsen-Verwaltung in Hannover eine Anfrage militärischer Stellen nach Honigkuchen. Zudem gingen 54 Tonnen Weihnachtsmischung ans Militär. Die Kontaktpflege intensivierte sich auch durch den Besuch von General Wolfgang Muff und seiner Ehefrau, die durch Werner Bahlsen eine Fabrikführung erhielten.[29] Muff fungierte ab November 1939 als Stellvertretender Kommandierender General im Wehrkreis XI Hannover.

Wegen besonders hoher Umsätze zum Jahresende verlief das Geschäftsjahr 1939 mit einem gegenüber dem Vorjahr um mehr als 30.000 auf 688.776 Reichsmark gesteigerten Gewinn günstiger als erwartet.[30] Das motivierte gleich zur Vorbereitung der Erweiterung und technischen Modernisierung der Anlagen II und III in der Berliner-Brot-Abteilung auf 15 und 20 Meter. Das Spezialunternehmen Werner & Pfleiderer erarbeitete für die Feinbäckerei I ein Angebot zur Lieferung eines Doppel-Decker-Ofens mit Vor- und Rücklauf. Am 20. Dezember 1939 traf sich die Geschäftsleitung mit dem Architekten Siebrecht, um die Neubauplanung auszuarbeiten.[31]

Der Krieg ließ aber beispielsweise die am 18. Dezember 1939 vom Auslieferungslager Berlin durchgeführte Weihnachtsfeier »ernster als sonst« ausfallen, wenngleich die zugesprochene Keks-Spende und dic Barbeträge »allgemein Freude« auslösten, woraufhin der »Betriebsobmann« namens aller seinen Dank aussprach.[32] Die Bahlsen-Zentrale nahm die Zusammenstellung »Reisende Erlebnisse 1939« als Beleg für den »schönen Gemeinschaftssinn« und gab der Hoffnung Ausdruck, dass der »Krieg einem baldigen guten Ende« entgegengehe und danach Bahlsen »wieder eine normale Betätigung beschieden« sein werde.[33] In einem Weihnachtsbrief an die Belegschaft gab Hermann Hertzer am 22. Dezember 1939 seiner »Hoffnung auf einen endgültigen Sieg der deutschen Waffen« Ausdruck und betonte die »Pflicht« der in der Heimat Tätigen, ihrerseits die gestellten Aufgaben »freudig und restlos zu erfüllen«. Betriebsobmann Bernhard Voß stieß in das gleiche Horn, indem er in dem »aufgezwungenen Krieg« jeden aufforderte, im Sinne des »großen Führers« für »unsere Betriebsgemeinschaft« einzutreten und damit sich selbst, »unserem

28 H. Bahlsens Keksfabrik KG, Tagebuch 1939, S. 1 (BAH, R10, Nr. 498).

29 Ebd., S. 2.

30 Hermann Hertzer an Hans Bahlsen vom 26.2.1940, S. 1 (BAH, R10, Nr. 537); Norddeutsche Buchführungs- und Verwaltungs-AG, Bericht Nr. 102 über die Prüfung des Jahresabschlusses 1939 der H. Bahlsens Keksfabrik KG vom 20.5.1940, S. 42 (BAH, R11, Nr. 232).

31 H. Bahlsens Keksfabrik KG, Tagebuch 1939, S. 2 (BAH, R10, Nr. 498); Auffarth, Siebrecht, S. 203.

32 Bahlsen-Auslieferungslager Berlin, Erich Mank, an Hermann Hertzer vom 19.12.1939 (BAH, R10, Nr. 9).

33 H. Bahlsens Keksfabrik KG an Auslieferungslager Berlin vom 21.12.1939 (BAH, R10, Nr. 9).

Betriebsführer und unserem lieben, großen Vaterland« zu dienen.[34] Ende 1940 erhoffte Hermann Hertzer erneut den »endgültigen Sieg«; Bernhard Voß enthielt sich in seiner Weihnachtsbotschaft jeglicher Textänderung.[35]

Nach Kriegsbeginn musste Bahlsen allerdings einen Rückgang der Personalstärke hinnehmen, da die Belegschaft bis Ende 1939 um 156 auf 1.581 Personen sank. Wohl auch wegen der erfolgten Einberufungen zur Wehrmacht stieg der Frauenanteil 1939 von 66,3 auf 68,2 Prozent, während der Anteil der 20- bis 29-Jährigen in der Belegschaft stark von 42,5 auf 33,7 Prozent zurückging. Der Familienstand bildete ein Spiegelbild der Altersstruktur: Mit 726 Personen war fast jeder Zweite ledig. Weitere 413 waren zwar verheiratet, jedoch ohne Kinder. Auf Stundenlohnbasis waren in Hannover 995 Personen, davon 789 Frauen beschäftigt, die knapp 2,5 Millionen Lohnstunden leisteten. Arbeiter kamen durchschnittlich auf 2.785 Jahresarbeitsstunden; wegen des höheren Anteils an teilzeitbeschäftigten Frauen blieben deren durchschnittlichen Jahresarbeitsstunden um ein Achtel dahinter zurück.[36] Im Monatslohn standen in Hannover 333 Belegschaftsangehörigen, unter denen die Geschlechter mit 173 Männern und 160 Frauen fast ausgeglichen waren. Bei den 172 Zeitlohn-Beschäftigten in den Auslieferungslagern bildeten die 103 Frauen die Mehrzahl. Der traditionell hohe Frauenanteil in der Nahrungsmittelindustrie zeigte sich ebenso wie die anhaltend wachsende Bedeutung der Frauenarbeit auch bei Bahlsen.

Um die Fixkosten des Betriebs zu decken, benötigte Bahlsen einen Monatsumsatz von 1 Million Reichsmark, der durch die Steigerung des Verkaufs von Artikeln mit einer höheren Gewinnspanne erreicht werden sollte. Allerdings entfielen bereits kurz nach Kriegsbeginn die Elite- und Käse-Artikel, für die erst ab Januar 1940 ein »gewisser Ersatz« durch die Mischungen Edda und Danzig für jeweils 75 Pfennig je 125-Gramm-Packung ins Programm aufgenommen wurden. Da die vorgegebene Reduzierung des Fettgehalts aber insgesamt besser kompensiert werden konnte als ursprünglich angenommen, gelang Bahlsen nicht nur die Herstellung von Hartkeksen, sondern auch von Mürbekeksen in sehr guter Qualität. Die 1940 vorgeschriebene Verarbeitung großer Mengen Malzmehl machte die Hartkekse aber ungewohnt braun.

Ab Frühjahr 1940 herrschte eklatanter Personalmangel, da durch Einziehung zur Wehrmacht viele Männer und wegen der Dienstverpflichtung in andere, rüstungswirtschaftlich wichtigere Industriearbeitsplätze auch Frauen fehlten. Mit diesem Umstand hatte die gesamte deutsche Konsumgüterindustrie zu kämpfen. Am 28. März 1940 prüfte eine von der Industrie- und Handelskammer, dem Arbeitsamt und der Rüstungs-Inspektion zusammengestellte Kommission den Betrieb, »um

34 H. Bahlsens Keksfabrik KG, Betriebsführung, Hermann Hertzer/Betriebsobmann Bernhard Voß an alle Arbeitskameradinnen und Arbeitskameraden vom 22.12.1939 (BAH, R10, Nr. 271).

35 H. Bahlsens Keksfabrik KG, Betriebsführer Hermann Hertzer/Betriebsobmann Bernhard Voß an alle Arbeitskameradinnen und Arbeitskameraden vom 18.12.1940 (BAH, R10, Nr. 271).

36 H. Bahlsens Keksfabrik KG, Sozialbericht für das Geschäftsjahr 1939 vom 20.2.1940, S. 1f. (BAH, R10, Nr. 537).

eine größere Anzahl Mädchen für Granaten-Betriebe zu holen«.[37] Rund 100 Frauen waren bereits in andere Betriebe dienstverpflichtet worden. Darüber hinaus mussten bis Ende 1940 immerhin 130 Männer aus der Produktion und 200 Männer aus der Verwaltung und den Filialen ihren Wehrmachtsdienst antreten. Fast ein Fünftel der bisherigen Belegschaft fehlte.

Hierdurch war nach Angaben von Hermann Hertzer die »Leistungsfähigkeit« des Betriebs »stark bedroht«, woraufhin er die bei Bahlsen Beschäftigten aufforderte, ihre Ehefrauen oder andere »weibliche Kräfte aus der Familie und dem Bekanntenkreis« zur Aufnahme einer Beschäftigung bei Bahlsen zu »veranlassen«. Für diejenigen, die keinen achtstündigen Normalarbeitstag ausüben konnten, bestand die Möglichkeit für »Kurzschichten« von fünf oder sechs Stunden am Vormittag.[38] Für die Unterbringung von ersatzweise extern angeworbenen Frauen suchte das Unternehmen zudem Mitte Mai 1940 60 bis 80 Zimmer.[39]

Das Unternehmen behalf sich Mitte 1940, als die Schulen wegen erster Bombenangriffe geschlossen waren, für drei Wochen mit 200 Mädchen im Alter zwischen 14 und 16 Jahren, die im Packsaal Verwendung fanden, und mit 15 Jungen, die Salzletten produzierten und bei der Verladung halfen. Da diese wieder zur Schule gehen mussten, kamen an fünf Tagen der Woche 250 »freiwillige Helferinnen der NS-Frauenschaft« für sechs Stunden in die Fabrik. Sie waren vor allem in der Salzletten-Abteilung und im Packsaal tätig.[40] Damit bestand aber trotz des Anfang Juni 1940 beginnenden Einsatzes von Polinnen kein vollständiger Arbeitskräfteersatz, sodass der Betrieb vom 17. Juni bis 3. Juli 1940 eine »allgemeine Urlaubssperre« verfügte.[41] Im Frühjahr 1941 sah sich Bahlsen wegen des Arbeitskräftemangels weder in der Lage, Urlaube über die Tarifregelung hinaus zu verlängern oder unbezahlten Urlaub zu gewähren.[42] In wachsendem Maße übernahmen in der Fabrik Frauen auch die vorher von Männern verrichtete Arbeit.

Das zum 1. Dezember 1939 greifende Verbot der Schokoladeverarbeitung und der Herstellung von Waffeln mit hohem Fettanteil sowie die Vorgabe, in Keksen den auf das eingesetzte Mehlgewicht gerechneten Fettgehalt auf maximal zehn Prozent zu begrenzen, wirkten stark auf den Fabrikationsbereich ein. Den Hintergrund für diese staatlichen Regulierungsmaßnahmen bildeten einerseits die starke Importabhängigkeit etwa bei Kakao sowie die klaffende Lücke in der Versorgung der

37 H. Bahlsens Keksfabrik KG, Tagebuch 1940, S. 1 (BAH, R10, Nr. 498).

38 H. Bahlsens Keksfabrik KG, Betriebsführer Hermann Hertzer, Werte Arbeitskameradinnen und Arbeitskameraden vom 30.5.1940 (BAH, R10, Nr. 271).

39 H. Bahlsens Keksfabrik KG, Hans Bahlsen, Betriebsrundschreiben Nr. 10 vom 15.5.1940 (BAH, R10, Nr. 271).

40 Klaus Bahlsen, 7. Bericht 1939-1940 vom 3.1.1941, S. 6 (BAH, R10, Nr. 505).

41 H. Bahlsens Keksfabrik KG, Urlaubssperre vom 17.6.1940; H. Bahlsens Keksfabrik KG, Anna-Dora Thieme, Hausrundschreiben betr. Urlaubssperre vom 3.7.1940 (jeweils BAH, R10, Nr. 271).

42 H. Bahlsens Keksfabrik KG, Hermann Hertzer, betr. Urlaub vom 6.5.1941 (BAH, R10, Nr. 271).

deutschen Bevölkerung mit lebenswichtigen Fetten. Ein Import aus Übersee war zusätzlich durch die kriegsbedingte Unterbrechung der Seehandelswege weitgehend unterbrochen. Die hierdurch erforderlich werdende Umstellung der Rezepturen erfolgte zwar ohne große technische Schwierigkeiten, jedoch verursachten die ständigen Anpassungen der Produktionsprozesse an kriegsbedingte Mangelphänomene einen hohen internen Aufwand.

Obgleich sich die Wahlmöglichkeiten der zivilen Endkunden deutlich einengten und angebotene Ware sogar unabhängig von ihrer Qualität nachgefragt wurde, wollte Bahlsen sein Qualitätsversprechen aufrechterhalten und weiterhin »Friedensware« anbieten. In seiner Außenwirkung zeigte sich Bahlsen wegen des erwartet kurzen und siegreichen Kriegs am liebsten weiterhin als der für seine Qualität gerühmte Lieferant der sich weiter ausdifferenzierenden Konsumgesellschaft. Da aber die kriegsbedingte Kontingentierung auf alle Artikel ausgedehnt wurde und ab dem 6. Mai 1940 der Keksverkauf nur gegen Brotmarken erfolgen konnte, strukturierte sich der Absatz an Privatkunden neu.[43] Der Ladenverkauf am Stammsitz gewann stark dazu – im Dezember 1940 setzte die Verkaufsstelle 8.000 Reichsmark um.

Als Ergebnis der weiteren Regulierungsmaßnahmen konzentrierte sich das Geschäft auf elf Sorten. Nachdem aber beispielsweise die Umstellung der Schokoladenprodukte auf Marmeladen- und Zuckerglasuren vollzogen worden war, hatte der Betrieb »mehr zu tun als in Friedenszeiten«.[44] Der Umsatz stieg stark an. Allein im Dezember 1939 wurden knapp 1.020 Tonnen erzeugt, die etwas mehr als 2 Millionen Reichsmark Verkaufseinnahmen einbrachten. Allerdings brach der Absatz von Leibniz-Keks in den Krankenhäusern im Zuge der strikteren Kontingentierung ein, weshalb die Auslieferungslager sowie die Reisenden und Vertreter Mitte März 1940 aufgefordert waren, »aus Propagandagründen« die Geschäftsbeziehungen selbst zu solchen Krankenanstalten aufrechtzuerhalten, die keine Bestellungen tätigten. Die Unternehmenszentrale wollte die Kontaktpflege mit den nach Kriegsende deutlich mehr Absatz versprechenden Kundengruppen fortsetzen.[45]

Parallel ergaben sich aus dem Wehrmachtsgeschäft und den kriegsbedingt knappen Ressourcen neue Anforderungen. Im April 1940 verlangte das Heer den Zusatz von Sojamehl. Der Einsatz von einem aus Kohlenrohstoffen erzeugten Kunstspeisefett als Ersatzstoff im Artikel Waldersee und in der Waffelfüllung blieb allerdings im Versuchsstadium stecken, da ein »Rest von Seifen-Aroma« den Geschmack negativ beeinflusste.[46] Von größerer Bedeutung war im April 1940 allerdings, dass der er-

43 H. Bahlsens Keksfabrik KG, Tagebuch 1940, S. 2 (BAH, R10, Nr. 498); Klaus Bahlsen, 7. Bericht 1939-1940 vom 3.1.1941, S. 3 (BAH, R10, Nr. 505).

44 Klaus Bahlsen, 7. Bericht 1939-1940 vom 3.1.1941, S. 3 (BAH, R10, Nr. 505).

45 H. Bahlsens Keksfabrik KG, Rundschreiben Nr. 11 an Auslieferungslager, Reisende und Vertreter vom 18.3.1940 (BAH, R10, Nr. 591).

46 H. Bahlsens Keksfabrik KG, Tagebuch 1940, S. 1 (BAH, R10, Nr. 498); Spiekermann, Kost, S. 515 ff.

zielte monatliche Durchschnittsumsatz von 1 Million Reichsmark nicht zur Kostendeckung reichte. Wegen fehlender Heeresaufträge drückte die Unterauslastung der Kapazitäten auf die Ertragssituation, was zu eingehenden Überlegungen zur Situationsverbesserung führte. Hierzu intensivierte das Unternehmen den Kontakt zum OKH, um den Umsatz von Bahlsen-Artikeln zu erhöhen. Einstweilen war aber nach einem Besuch des zuständigen Oberst-Intendanten des Heeressanitätswesens nur damit zu rechnen, dass seitens der Lazarette größere Mengen Keks abgenommen würden. Daraufhin bearbeitete Bahlsen die »Lazarette direkt«, um sie »zur besseren Abnahme von Keks für ihre Kranken zu veranlassen«.[47] Zum unzureichenden Absatz kam im April 1940 wegen Mehlmangels die Absage von drei Produktionssamstagen durch die Betriebsleitung.

Nach dem am 22. Juni 1940 mit Frankreich geschlossenen Waffenstillstand und der Teilbesetzung des Landes durch deutsche Truppen, die die deutsche Vorherrschaft in Europa zu besiegeln schien, schossen insbesondere bei Klaus Bahlsen die »Zukunfts-Gedanken« ins Kraut. Eine großdeutsche Hegemonie in »Groß-Europa« unterstellt, war aus seiner Sicht der zukünftige Bahlsen-Absatz kaum abzuschätzen – er wuchs ins Unermessliche. Aufs Inland bezogen, unterstellte Klaus Bahlsen zum einen, dass die Nachfrage nach besseren Sorten bereits 1939 die Lieferungen um das Doppelte überstiegen hatte. Zum anderen schätzte er den Bedarf »billiger Keks- und Waffel-Sorten« sogar auf das Zehnfache der Produktion des Jahres 1939. Durch den weiteren Konjunkturaufschwung rechnete er mit einer weiteren Verdopplung des Absatzes. Schließlich glaubte er fest, dass die »Amerikanisierung« des nationalsozialistischen Nachkriegsdeutschlands – gefasst als das »Verschwinden der tüchtigen Hausfrauen, die individuell selbst backen, und den Wandel der unpersönlichen Haushaltsführung in den Städten« – ein überproportionales Wachstum der »Qualitäts-Fabrikate jeder Art« hervorrufen würde. Da die Bedarfsabschätzung notwendigerweise ungenau bleiben musste, gab er für die »nächste Zukunft« als Losung aus: »Bereit sein ist alles.«[48]

Klaus Bahlsen spielte, weil er fest mit einer raschen Angleichung des mengenmäßigen inländischen Kekskonsums an englische und US-amerikanische Verhältnisse rechnete, mit dem Gedanken einer Verzehnfachung des Jahresumsatzes auf 100 Millionen. Im Sommer 1940 bot die vorhandene Maschineneinrichtung von sieben Stahl- und Gitterband-Öfen, von sieben Flach- und acht Form-Waffel-Öfen bei einem Zwei-Schicht-Betrieb theoretisch Produktionsmöglichkeiten für einen Monatsumsatz von knapp 2,3 Millionen Reichsmark, davon mit Keks 1,5 Millionen Reichsmark und den Rest mit Waffeln.

Eine von ihm erstellte Ausarbeitung skizzierte die für eine Verfünffachung des Umsatzes notwendigen betrieblichen Einrichtungen, die Reihenfolge der Realisierung und ein unmittelbar nach »Friedensschluss einsetzendes ›Sofort-Programm‹«:

47 H. Bahlsens Keksfabrik KG, Tagebuch 1940, S. 2 (BAH, R10, Nr. 498).
48 Klaus Bahlsen, Zukunfts-Gedanken vom 18.7.1940, S. 1 (BAH, R10, Nr. 518).

Neben acht neuen Stahlband-Öfen und rund 30 Waffel-Öfen mussten ein 50-Meter-Neubau in Hufeisenform, ein Waffelgebäude und ein neues Lagerhaus realisiert werden. Klaus Bahlsen schätzte die dafür notwendigen Investitionen auf sechs Millionen Reichsmark, zu denen noch eine Million für Lieferfahrzeuge kommen müsste.[49] Seine Überschlagsrechnung sah von der Neuaufnahme von Artikeln oder gar zusätzlichen Produktionszweigen ab, sondern rechnete das bestehende Sortiment hoch, wobei die Knäckebrotherstellung aufgegeben werden sollte, um den damit gewonnenen Raum für andere Produktionszwecke einzusetzen.

Klaus Bahlsen schätzte die Finanzsituation realistischerweise so ein, dass sich das Unternehmen aktuell »keine weiteren Kapital-Investitionen für neue Öfen leisten« könne. Heinrich Boltze, der Inhaber des mit Otto Bredt bekannten Eigentümers von Heinis Knäckebrot Bäckerei GmbH in Babelsberg, stimmte mit Werner Bahlsen überein, dass sich die gesamte Knäckebrot-Industrie bei den gewährten Preisen »totwirtschaftet« und forderte ihn auf, als »neu hinzugekommene Knäckebrotfirma« beim OKH zu intervenieren und bessere Preise zu fordern.[50] Einen Hinweis auf begrenzte Finanzmittel bot auch die Absicht, Neubauten »künftig einfacher« halten zu wollen und Fliesen erst in späteren Jahren einzubauen.[51] »Nach dem Kriege« sollten zunächst der Neubau II in der Lister Straße und ggf. auch das Quergebäude III sowie zumindest ein Teilausbau des neuen Lagerhauses erfolgen, um zumindest eine Umsatzverdopplung zu erreichen.

Das »Sofort-Programm« veranschlagte den Investitionsbedarf auf 2,5 Millionen Reichsmark. Die wünschenswerte Vergrößerung der Energie- und Dampferzeugung durch eine Turbine blieb wegen der Kosten von 500.000 Reichsmark unberücksichtigt, wie er sich hinsichtlich der Realisierungszeit des »Sofort-Programms« auch bedeckt hielt, da dessen »finanzielle Seite sorgfältig erwogen« werden müsste.[52]

In einer am 20. Juli 1940 verfassten »Nachschrift« sah Klaus Bahlsen voraus, dass neben den Produktionskapazitäten bald vor allem die Bereiche Einkauf, Logistik und Vertrieb auf die Umsatzhöhe Einfluss nehmen würden. Er wollte auch von kriegsbedingt eingerichteten Fabrikationszweigen wie der Zwiebackherstellung und erst recht von der Errichtung oder dem Ankauf von Zweigfabriken absehen, wenn die Aufnahme von Fremdkapital ausgeschlossen bleiben sollte. Die Selbstbeschränkung auf den vorhandenen Betrieb ermögliche aber, so seine Argumentation, sich in Friedenszeiten »wieder ganz dem Qualitätsgedanken« zu verschreiben und das »Schwergewicht« auf Markenartikel und höherpreisige Sorten zu legen. Er sah wegen des wachsenden Keksbedarfs in »Groß-Deutschland« für Bahlsen die Aufgabe,

49 Klaus Bahlsen, Umsatz-Möglichkeiten vom 17.7.1940, S. 2 (BAH, R10, Nr. 518).

50 Heinis Knäckebrot Bäckerei GmbH, Heinrich Boltze, an H. Bahlsens Keksfabrik KG, Werner Bahlsen vom 5.12.1939, S. 2; Otto Bredt, Kalkulations-Schema für die Preisbestimmung von 100 kg Heeres-Knäckebrot versandfertig verpackt frei Bahnstation des Fabrikanten o. D. (jeweils BAH, R10, Nr. 224).

51 Klaus Bahlsen, Umsatz-Möglichkeiten vom 17.7.1940, S. 3 (BAH, R10, Nr. 518).

52 Ebd., S. 4.

als »Schrittmacher der deutschen Keks-Industrie« zu dienen, damit Keks und Waffeln »ihren guten Namen behalten und sich im Volke durchsetzen«. Hierzu müssten »neue Sorten und Qualitäten«, aber auch neue Preise etwa für die Express-Dose eingeführt werden, um in Qualität und Sortiment »unerreicht« zu bleiben. Die Frontstellung gegen Warenhäuser und Grossisten blieb erhalten, durch die der Keks »herabgewirtschaftet« würde und von denen sich Qualitätshersteller »nicht ausverkaufen lassen« dürften.[53]

Bei den Planungen bestand eine erkennbare Konkurrenz zwischen Klaus und Hans Bahlsen, der zwar ebenfalls eine Kapazitätserweiterung durch Neubauten und Neuanschaffungen befürwortete, jedoch zunächst die vorhandenen Anlagen noch besser ausnutzen wollte. Die bestehende Fabrik war nach seinen Überschlagsrechnungen für einen Umsatz von 28 Millionen Reichsmark gut; nach einer Vervollständigung um zwei Stahlbandöfen ließen sich mit einem Investitionsaufwand von 2,33 Millionen Reichsmark wohl von der Produktionsseite her auch ein Umsatz von 35 Millionen erzielen. Er hielt aber ein »zu schnelles Expandieren evtl. unter Aufnahme eines großen langfristigen Kredits« für den falschen Weg, sondern er riet nach dem Erreichen der Zielgröße eines 20-Millionen-Umsatzes zu einem kontrollierten jährlichen Wachstum um 10 bis 20 Prozent. Obwohl dieses Wachstumsziel mindestens ehrgeizig, wenn nicht gar übertrieben war für ein Unternehmen der Nahrungsmittelindustrie, bliebe das Unternehmen »mit den Füßen auf dem Boden« und müsse keine »Überfremdung« durch den Einfluss von Kreditgebern befürchten. Hans Bahlsen prognostizierte, dass der »Ausbau des Großdeutschen Reiches« sich erst in 10 bis 20 Jahren vollziehe, weshalb er davor warnte, auf der Basis eines für die ersten Nachkriegsjahre erwarteten allgemeinen Warenhungers mit erhöhten Preisen zu optimistisch zu planen. Er wollte mit einem begrenzten Erweiterungsprogramm gleichsam auf Sicht fahren, auch um »eigene Herren im Hause« zu bleiben.[54]

Da er an der nächsten Aufsichtsratssitzung nicht teilnehmen konnte, skizzierte er seine Position in einem Schreiben an die AR-Mitglieder dahingehend, dass »in diesem oder im nächsten Jahr mit dem baldigen Frieden und dem militärischen Sieg« gerechnet werden könne, der »Groß-Deutschland wesentlich vergrößert und gestärkt aus dem Kriege« heraustreten lassen werde.[55] Allein schon deshalb sprach er sich dagegen aus, die »Fabrikation größtenteils auf Heereslieferung umzustellen«. Sie habe zwar Bahlsen geholfen, durch Umsatzstabilisierung über die Kriegszeit hinwegzukommen. Wegen der niedrigen Preise bestehe jedoch kein dauerhaftes Interesse an Lieferungen an das Militär. Weil nach seiner Einschätzung die gewünschte »wirtschaftliche Vormachtstellung« erst zu einem späteren Zeitpunkt

53 Klaus Bahlsen, Nachschrift vom 20.7.1940 (BAH, R10, Nr. 518).

54 Hans Bahlsen, Voraussichtlicher Finanz-Plan für etwa 2 Jahre nach Beendigung des Krieges vom 16.7.1940; Hans Bahlsen, Umsatz-Planung vom 16.7.1940, S. 2 f. (jeweils BAH, R11, Nr. 497).

55 Hans Bahlsen an Aufsichtsrat der H. Bahlsens Keksfabrik KG vom 27.7.1940, S. 1 f. (BAH, R10, Nr. 537).

erreicht werden konnte, votierte er für eine finale Ausarbeitung der Pläne zum Bau eines Lagerhauses auf der Plantage in der Podbielskistraße 100 und des Neubaus II, um sofort nach »Aufhebung der Bausperre« ans Werk gehen zu können. Er rechnete mit einem fulminanten Wiederaufschwung, der durch gute Preise zur Finanzierung der benötigten Neubauten genutzt werden sollte, und nach weiteren zwei oder drei Jahren mit einem konjunkturellen Rückschlag und Preisverfall, bei dem Bahlsen nur mit Qualitätsprodukten den harten Konkurrenzkampf bestehen könne. Um diese Situation bewältigen zu können, wollte er die Aufnahme eines Überbrückungskredits auf maximal eine Million Reichsmark begrenzen. Fremdkapital dürfe nicht zum »Dauerzustand« werden, stattdessen müsse der Grundsatz fortbestehen, alle Neubauten »aus eigenen Mitteln auf die Dauer« zu finanzieren.[56]

Die am 12. August 1940 stattfindende Verwaltungsratssitzung der KG behandelte die Neubau-Pläne auf Basis der beiden Ausarbeitungen von Hans und Klaus Bahlsen. Darüber hinaus lagen Ausarbeitungen von Dr. Otto Bredt über die aktuelle und die voraussichtliche Finanzsituation nach dem Kriege und die Finanzierungsmöglichkeiten von Erweiterungsbauten vor. Für den Fall, dass der Krieg in den nächsten Monaten »siegreich beendet« und 1941 wieder »einigermaßen normal« gearbeitet sowie der Umsatz 20 Millionen Reichsmark erreichen würde, glaubte Bredt, jeweils 600.000 Reichsmark aus dem Jahresüberschuss 1941 und 1942 für Neubau-Zwecke bereitstellen zu können.[57]

Otto Bredt hielt die Rückkehr zum Vorkriegsstand mit einem Monatsumsatz von 2 Millionen Reichsmark für wahrscheinlich. Auf der Basis des Finanzstatus zum 31. Mai 1940 reichten nach seinen Berechnungen die in der KG vorhandenen Mittel gerade, um das laufende Geschäft zu finanzieren. Hierzu mussten zudem aber die beträchtlichen Rohstoff- und Verpackungsmaterialvorräte abgebaut werden, die wegen der wenig verlässlichen Lieferketten in der NS-Mangelwirtschaft angelegt worden waren, um eine möglichst störungsfreie Produktion zu gewährleisten. Die betriebliche Hamsterstrategie, die Einkaufschefin Thieme bereits im Ersten Weltkrieg erfolgreich angewandt hatte, band allerdings das benötigte Kapital. Ein mit einem wachsenden Zivilmarkt rechnender Unternehmensausbau konnte nach Ansicht von Bredt nur aus den zukünftigen Nettoverdiensten oder von externen Kreditgebern gedeckt werden.[58] Bredt charakterisierte die Finanzierung des Ausbaus aus der eigenen Neu- und Ersatzkapitalbildung als den langsameren, aber sichereren und insgesamt »gesünderen« Weg. Die Aufnahme von Krediten in einer Höhe von mindestens 3 Millionen Reichsmark versprach zwar eine raschere Ausweitung der Produktion und des Absatzes, war aber während einer längeren Phase im Falle von

56 Ebd., S. 3.

57 Hans Bahlsen, Voraussichtlicher Finanz-Plan für etwa 2 Jahre nach Beendigung des Krieges vom 16.7.1940, S. 1 u. 4 (BAH, R11, Nr. 497).

58 Otto Bredt, I. Finanzstand am 31.5.1940, II. Die voraussichtliche Finanzlage nach dem Kriege, III. Die Finanzierung des zukünftigen Ausbaues des Unternehmens (Stellungnahme und Vorschlag) vom Juli 1940, S. 6 (BAH, R13, Nr. 12).

wirtschaftlichen Rückschlägen mit nicht unerheblichen Risiken auch für die Struktur als Familienunternehmen verbunden.

Bredts Vorschlag lief auf einen Firmenausbau aus neu gebildetem Eigenkapital hinaus. Im Rahmen eines Fünfjahresprogramms standen voraussichtlich 300.000 Reichsmark im Jahr, im Gesamtzeitraum also 1,5 Millionen Reichsmark für Neubauten zur Verfügung. Für die Realisierung war nur ein Überbrückungskredit von bis zu 1 Million Reichsmark erforderlich. Hierdurch könnten innerhalb von fünf Jahren Erweiterungsbauten in einer Größenordnung von 2 Millionen Reichsmark, eine Erneuerung der maschinellen und sonstigen Fabrikeinrichtungen um jährlich 480.000 Reichsmark und eine Erhöhung des Jahresumsatzes von 24 auf 34 Millionen realisiert werden.

Der Verwaltungsrat griff weitgehend die Vorschläge von Hans Bahlsen auf, indem das »Sofort-Programm«, für das die notwendigen Projektierungsarbeiten durchgeführt werden sollten, auf einen Umfang von 1,4 Millionen Reichsmark für den Neubau II, das Lagerhaus Hannover, ein Silo-Gebäude, das Dreieckshof-Gebäude und Fahrstühle und Maschinen reduziert wurde. Die Erweiterung des Krafthauses durch eine zweite Turbine wurde zunächst zurückgestellt, müsste aber ohnehin aus dem laufenden Betriebsbudget für Neuanschaffungen finanziert werden. Den auf 800.000 Reichsmark veranschlagten Neubau III sowie den für 300.000 Reichsmark ins Auge gefassten Lagerneubau in Berlin verschob der Verwaltungsrat in die spätere Zukunft.[59] Damit waren die mit dem am 19. Mai 1939 vollzogenen Erwerb eines zuvor im jüdischen Besitz gewesenen Grundstücks in Tempelhof verbundenen Baupläne eines neuen Auslieferungslagers einstweilen gegenstandslos geworden. Der ins Auge genommene Überbrückungskredit in Höhe von bis zu 1 Million Reichsmark sollte aber erst bei Bedarf aufgenommen werden. Das auf der Plantage Liststadt zu errichtende und in Shedbau auszuführende Lagerhaus könne später gegebenenfalls eine Stahlbandofen-Abteilung aufnehmen. Da zwischenzeitlich über die Errichtung von Zweigfabriken und den Ankauf von auswärtigen Werken nachgedacht worden war, legte der Verwaltungsrat fest, dass die Unternehmenserweiterung auf die »in Hannover zur Verfügung stehenden Grundstücke konzentriert« werden sollte.

Nachdem das Interesse des Heeres an Knäckebrotlieferungen nach April 1940 weiter abgenommen hatte,[60] sollte, um »Zersplitterungen zu vermeiden«, die bestehende Knäckebrotfabrikation für die Wehrmacht »auf die Dauer aufgegeben« werden, da der Verwaltungsrat für die Nachkriegszeit die Aufnahme einer Zwieback-, Knäckebrot- und Schokoladenfabrikation ablehnte.[61] Dementsprechend veräußerte die Bahlsen KG im Februar 1941 ihre Knäckebrotanlagen II und III für einen Preis von 85.000 Reichsmark an Heinrich Boltze, wohl auch weil die Herstellung eines

59 Hermann Hertzer/Anna-Dora Thieme, Niederschrift der Verwaltungsratssitzung der H. Bahlsens Keksfabrik KG am 12.8.1940 vom 12.8.1940, S. 1 (BAH, R10, Nr. 537).

60 H. Bahlsens Keksfabrik KG, Tagebuch 1940, S. 2 (BAH, R10, Nr. 498).

61 Hermann Hertzer/Anna-Dora Thieme, Niederschrift der Verwaltungsratssitzung der H. Bahlsens Keksfabrik KG am 12.8.1940 vom 12.8.1940, S. 2 (BAH, R10, Nr. 537).

Basisprodukts wie Knäckebrot nicht mit dem Markenkern des Qualitätsanbieters Bahlsen verbunden werden sollte.[62] Zugleich übertrug ihm die Bahlsen KG aus dem OKH-Auftragsbestand die Lieferung von 5.000 Tonnen, während das Hannoveraner Unternehmen 2.000 Tonnen »bis zum Kriegsende« behalten wollte.[63]

Während Klaus Bahlsens Gedanken in die weitere Zukunft abschweiften und er seine Vorstellungen beispielsweise am 13. August 1940 in dem Vermerk »Kunden-Auswahl, Bäder und andere Verkaufs-Gedanken im kommenden Frieden« festhielt,[64] kümmerte sich Werner Bahlsen darum, die bestehenden Produkte, vor allem den Leibniz-Keks, militärischen Großabnehmern zu verkaufen. Hierzu bat er Oberregierungsrat Dr. Wilhelm Ziegelmayer, den Ernährungsexperten der Heeresverwaltung, um seine Meinung zur Eignung des Bahlsen-Butterkeks als »Soldatenernährung«. Darüber hinaus informierte Werner Bahlsen Ziegelmayer, dass in Hannover Versuche unternommen würden, zur Keksherstellung »wertvolle und vitaminreiche Rohstoffe« wie Hagebutten zu verwenden. Da diese aber faktisch nicht zu bekommen waren, wollte Bahlsen analog Versuche mit Ebereschen unternehmen und fragte nach, ob diese »sehr vitaminreich« seien. Ggf. wollte sich die Firma größere Quantitäten sichern.[65]

Um sich innerbetrieblich auf die rasch wechselnden Produktionsschwerpunkte und den unterschiedlichen Arbeitskräfteeinsatz einzustellen, erfolgte ab Herbst 1940 eine monatliche Zusammenstellung des Lohnaufwands und Rohmaterialeinsatzes sowie der Produktionsmengen mit ihren Über- und Unterdeckungen zur geldlichen Ausgangskalkulation. Daneben verbesserte das Unternehmen die technische Ausstattung durch die Fertigstellung der Kraftzentrale samt neuer Turbine und die Aufstellung von noch ausgelieferten Schließ- und Einschlagmaschinen sowie Stanzen. Der Einsatz von Walzen etwa zur abfalllosen Herstellung von Hartkeks wurde weiter mit dem Ziel intensiviert, »eines Tages die schwere Handarbeit ausschalten zu können«.[66]

Etliche Sonderzuteilungen Butter fanden ab Sommer 1940 bei der Herstellung großer Mengen Leibniz-Kekse Verwendung. Neben den großen Absatz findenden Fruchtschnitten, für die die Oetker-Werke in Bahrenfeld und die Schwartauer-

62 H. Bahlsens Keksfabrik KG, Werner Bahlsen, an Heinrich Boltze vom 1.2.1941; die Abwicklung des Verkaufs war wegen verspäteter Übergabe mit Konflikten verbunden, vgl. H. Bahlsens Keksfabrik KG, Werner Bahlsen, an Heinrich Boltze vom 18.6.1941; Heinis Knäckebrot Bäckerei, Heinrich Boltze, an H. Bahlsens Keksfabrik KG, Werner Bahlsen vom 26.6.1941 (jeweils BAH, R10, Nr. 224).

63 H. Bahlsens Keksfabrik KG, Werner Bahlsen, an Heinrich Boltze vom 1.2.1941, S. 2 (BAH, R10, Nr. 224).

64 Klaus Bahlsen, Kunden-Auswahl, Bäder und andere Verkaufs-Gedanken im kommenden Frieden vom 12.8.1940 (BAH, R13, Nr. 57).

65 H. Bahlsens Keksfabrik KG, Werner Bahlsen, an Oberkommando des Heeres, Oberregierungsrat Dr. Wilhelm Ziegelmayer vom 27.8.1940, S. 1 f. (BAH, R10, Nr. 629); vgl. zu Ziegelmayer Levit, Gründergeist; Spiekermann, Kost, S. 586 f.

66 Klaus Bahlsen, 7. Bericht 1939-1940 vom 3.1.1941, S. 8 (BAH, R10, Nr. 505).

Werke auf Veranlassung des OKH Ende 1940 aus ihren Lagerbeständen 10 Tonnen Orangeat und 29 Tonnen Hagebuttenmark bereitstellen mussten,[67] startete 1940 mit »Schrips (Cracker)« ein neuer salzigen Artikel, der in den Knäckebrot-Öfen hergestellt wurde.[68] Da dann ebenfalls Salzletten in guter Qualität großtechnisch hergestellt werden konnten, etablierte sich mit den Salz-Produkten ein eigenständiger Bereich, der vor allem zur Versorgung der Wehrmacht beitrug. Der höchste Monatsumsatz mit dem Heer gelang im bisherigen Kriegsverlauf im Oktober 1940 mit 488.443 Reichsmark.[69] Insgesamt blieb der Anteil der Wehrmachtslieferungen 1940 noch unter einem Drittel des Gesamtjahresumsatzes von 16,8 Millionen.

Die Unternehmensleitung betrachtete das Jahr 1941 als Übergangszeit, die für die Vorbereitung der Friedenswirtschaft zu nutzen war. Hierzu erstellte Klaus Bahlsen am 20. Januar 1941 eine Fabrikationsplanung, die mit einem Zeithorizont von fünf Jahren den weiteren Ausbau sowie die hierzu benötigten Maschinen umfasste. Neben verschiedentlichen Besprechungen über die luftdichte Verpackung von TET-Keksen, die sogar im August 1941 zur Erweiterung des TET-Markenbegriffs auf »hygienisch luftdicht verpackt« führte,[70] beschloss der Vorstand am 11. Juni 1941, den »Reklame-Etat« im zweiten Halbjahr 1941 auf 240.000 Reichsmark, mithin auf monatlich 40.000 Reichsmark und damit auf das Vierfache des ersten Quartals zu steigern.[71]

Die Werbepraxis beschränkte sich weithin auf die Anzeigenschaltung in Fachorganen wie der *Dekofei*, der *Deutsche Kolonialwaren- und Feinkost-Rundschau*, oder der *Konditorzeitung*, in verschiedenen Illustrierten oder in geringer Anzahl in Frauenzeitschriften wie »Die Dame« oder im Lifestylemagazin »Die neue Linie«.[72] Darüber hinaus schaltete Bahlsen zehn Anzeigen bei den Städtischen Bühnen und inserierte im Zusammenhang mit der Frühjahrsausstellung beim Kunstverein Hannover. Mit 30.000 Reichsmark bildete die Vereinbarung mit der Mitropa den größten Posten.[73] Klaus Bahlsen legte für 1942 gleich einen ganzen Vorschlagskatalog mit einem Gesamtumfang von 430.000 Reichsmark vor.[74]

In diesen Zusammenhang fielen auch die Bemühungen, das Bahlsen-Vertriebssystem in das an das Deutsche Reich angegliederte Elsaß auszudehnen und in Straßburg ein Auslieferungslager zu eröffnen. Zu den Besonderheiten der Verhältnisse

67 Oberkommando des Heeres, Chef der Heeresrüstung und Befehlshaber des Ersatzheeres (62 n 40 VA/Ag V III/V3 Nr. 15835) an Hauptvereinigung der deutschen Gartenbauwirtschaft vom 20.12.1940 (BAH, R10, Nr. 629).

68 Klaus Bahlsen, 7. Bericht 1939-1940 vom 3.1.1941, S. 3 (BAH, R10, Nr. 505).

69 Ebd., S. 5.

70 Hermann Hertzer, Besprechung Vorstand und Betriebsleitung am 8.1.1941, S. 1; Klaus Bahlsen, Vorstands-Besprechung am 22.8.1941, S. 2 (jeweils BAH, R10, Nr. 537).

71 Otto Bredt an Martha Hohmeyer vom 13.6.1941 (BAH, R10, Nr. 537).

72 Ferber, Dame; Rössler, Linie, S. 116 ff.

73 Laufende Reklame o. D. (BAH, R11, Nr. 129).

74 Klaus Bahlsen, Aktennotiz Vorschläge für Reklame 1942 vom 18.6.1941 (BAH, R10, Nr. 537).

im Elsaß gehörte, dass zwar ein Lagergebäude und ein Büro angemietet werden konnten, jedoch die Eröffnung einer »Niederlege« und eines Filialbetriebs der besonderen Genehmigung durch den Chef der Zivilverwaltung, den Reichsstatthalter und NSDAP-Gauleiter Baden Robert Wagner, bedurfte. Erfahrungsgemäß lehnte der Gauleiter den Antrag reichsdeutscher Firmen ab, weil er die Beauftragung eines Elsässers wünschte, der auf eigene Rechnung die Vertretung und Verteilung der Bahlsen-Produkte vornehmen sollte.[75] Ein geeigneter Vertragsnehmer stand zur Verfügung.[76] Das in Straßburg beim Grossisten »Cr.« etablierte Auslieferungslager musste das dortige Personal übernehmen. Der dort tätige Reisende wurde aber 1943 festgenommen.[77]

Als Begleitmusik der Zuweisung von Militäraufträgen schaltete Bahlsen im Juli 1941 eine Anzeige in einem Katalog der Wehrkreisverwaltung XI Hannover.[78] Insbesondere bei Hans Bahlsen wuchs derweil die Sorge, dass das Werk bei alliierten Bombenangriffen durch einen Volltreffer zerstört oder zumindest schwer beschädigt werden könnte. Deshalb brachte er Ende August 1941 im Aufsichtsrat die Verlagerung der Vorräte und auch von »Teilen der ganzen Fabrikation« nach außerhalb zur Sprache. Da die Zusammenballung feuergefährlichen Materials vom Luftgau bereits beanstandet worden war, blieb aus seiner Sicht nur der Weg der Verlagerung. Über die Luftgefahr hinaus sprachen für ihn aber auch der nach dem Krieg zu erwartende Arbeitskräftemangel und die dann begrenzten Baukapazitäten in Hannover dafür, eine »Ausweich- oder Zweigfabrik heute einzurichten«.[79] Denn mit einem Zweigwerk käme Bahlsen auch den Wünschen des Reichnährstandes nach einer stärkeren regionalen Aufteilung des »späteren Friedensverkaufsapparates« nach. Hans Bahlsen stand bei der Suche nach einem geeigneten Objekt in Kontakt mit der Wiener Realitätenkanzlei Heinrich Hofhans, die zwischen Juli 1941 und Februar 1943 verschiedene Vorschläge zum Ankauf stillgelegter Zucker- und Papierfabriken im Sudetenland unterbreitete.[80]

Werner Bahlsen hielt eine Fabrik in der »Ostmark«, in Bayern oder Schlesien durchaus für denkbar. Diese sollte einen Teil der Konsumartikel erzeugen, während

75 H. Bahlsens Keksfabrik KG an Dr. R. Dürrenberger vom 5.5.1941; R. Dürrenberger an H. Bahlsens Keksfabrik KG vom 10.5.1941, S. 1 (jeweils BAH, R10, Nr. 36).

76 R. Dürrenberger an M. Labaume vom 21.11.1940 (BAH, R10, Nr. 36).

77 Hermann Hertzer, Verkauf vom 15.3.1943, S. 1 (BAH, R10, Nr. 513).

78 Korpsintendant und Chef der Wehrkreisverwaltung XI (1 r 15/1) an H. Bahlsens Keksfabrik AG, Anna-Dora Thieme vom 9.7.1941; Korpsintendant und Chef der Wehrkreisverwaltung XI (1 r 15/1) an H. Bahlsens Keksfabrik AG, Anna-Dora Thieme vom 22.7.1941 (jeweils BAH, R10, Nr. 607).

79 Hans Bahlsen, Protokoll über die Aufsichtsrats-Sitzung am 26.8.1941 vom 28.8.1941, S. 2 (BAH, R10, Nr. 537).

80 H. Bahlsens Keksfabrik KG, Hans Bahlsen, an Heinrich Hofhans vom 17.7.1941; Heinrich Hofhans an Hans Bahlsen vom 24.7.1941; Heinrich Hofhans an Hans Bahlsen vom 26.1.1943; H. Bahlsens Keksfabrik KG, Hans Bahlsen, an Heinrich Hofhans vom 13.2.1943 (jeweils BAH, R10, Nr. 149).

im »Hauptwerk« Hannover immer die »besten und qualitativ hochwertigsten Artikel« hergestellt werden sollte. Klaus Bahlsen schloss sich dieser Ansicht an, da er den »Kern« weiter ausbauen und stärken wollte, bevor die Frage einer Zweigfabrik in fünf Jahren weiter diskutiert werden müsste. Da wegen des Mangels an tüchtigen Leitern einer der Brüder die neue Fabrik leiten müsste, gab er schon zu Protokoll, dass ihm beispielsweise der vorgeschlagene Standort Wien »zu weit entfernt« sei. Seine Brüder verneinten »im Augenblick« ebenfalls eine Umsiedlung, stimmten ihm aber zu, dass sich im Falle der Errichtung einer großen Zweigfabrik einer der drei Brüder bereitfinden müsste, die Leitung zu übernehmen und den Wohnsitz zu dieser Fabrik zu verlegen. Die Sitzungsteilnehmer kamen auf Vorschlag von Anna-Dora Thieme überein, ein »gutes Objekt der Keks-, Schokoladen-, Süßwaren- oder Lebensmittel-Branche« zu suchen.[81]

In der Geschäftsführung ergab sich durch die am 1. September 1941 erfolge neuerliche Einberufung von Hans Bahlsen erneut eine Änderung. Er konnte aber seinen Dienst als Hilfsoffizier in der Abwehrstelle I des XI. Armee-Kommandos in Hannover leisten, wobei er zum Hauptmann d. R. aufstieg.[82] Auch wenn er halbwegs regelmäßig in der Fabrik sein konnte, rückte im Geschäft zunehmend Klaus in seine Position. Die Umverteilung der Aufgaben erfolgte in einer Situation, in der wegen des Arbeitskräftemangels die Bahlsen KG die tägliche Produktionsmenge auf 7 Tonnen Keks begrenzen wollte. Die darüber am 11. September 1941 informierte WVS akzeptierte dies nicht, sondern gab Bahlsen auf, weiterhin den Zivilbedarf im »Altreich« zu decken und stattdessen die Lieferungen in die »Ostmark« ins Elsaß, nach Lothringen und in die »neueingegliederten Ostgebiete« zu reduzieren. Vor allem sollten beim zuständigen Arbeitsamt »ausländische Arbeitskräfte« beantragt werden.[83]

Gegen den vom Arbeitsamt beabsichtigten Entzug von 120 Frauen und deren Einsatz in Rüstungsbetrieben mobilisierte die Bahlsen KG das Ersatz-Verpflegungs-Magazin (EVM) mit dem Argument, dann die bestehenden Aufträge nicht mehr innerhalb der normalen Lieferfristen erledigen zu können. Wegen des Personalmangels rechnete Bahlsen bei den Fruchtschnitten mit einer Verzögerung von sechs bis acht Wochen, bei Knäckebrot von mehr als sechs Wochen – deshalb bliebe auch die Auslieferung der Keksaufträge hinter den Vereinbarungen zurück. Werner wollte weitere Bestellungen mit festen Terminen nurmehr annehmen, wenn

81 Hans Bahlsen, Protokoll über die Aufsichtsrats-Sitzung am 26.8.1941 vom 28.8.1941, S. 3 (BAH, R10, Nr. 537).

82 Military Government of Germany, Fragebogen Hans Bahlsen vom 14.8.1946, S. 4 (NLA H, Nds. 171 Hannover, Nr. 51216).

83 Wirtschaftliche Vereinigung der deutschen Süßwarenwirtschaft (A IV), an H. Bahlsens Keksfabrik KG vom 18.9.1941 (BAH, R10, Nr. 631).

das EVM Hannover beim Arbeitsamt Hannover den Abzug weiterer Arbeitskräfte verhinderte.[84]

Zugleich ergaben sich neue Absatzmöglichkeiten durch den Erfolg der Fruchtschnitte, mit der die Vitaminversorgung insbesondere des Luftwaffenpersonals verbessert wurde. Dr. Karl Fahrenkamp,[85] den Leiter der Abteilung F des Persönlichen Stabs Reichsführer-SS, brachte dies auf die Idee, die beispielsweise im Fingerhut, aber auch in etlichen anderen Pflanzen vorhandenen »herzwirksamen Glykosiden« zur Herstellung der von ihm entwickelten »Funktional-Tropfen« zu nutzen. Er regte am 5. Oktober 1941 quasi als Geburtstagsgeschenk bei Heinrich Himmler an, den Wirkstoff in »ganz geringer Menge« Fruchtschnitten oder dem ebenfalls von Bahlsen hergestellten Hagebutten-Keks mit dem Ziel beizugeben, dass der »Soldat bei erhöhter körperlicher Anstrengung diese Aufbaustoffe stillschweigend mitisst«.[86] Fahrenkamp, der bereits seit Jahren von der SS bei seinen Pflanzenversuchen finanziell unterstützt worden war und zeitweise im Auftrag der SS-eigenen Deutschen Versuchsanstalt für Ernährung und Verpflegung im Konzentrationslager Dachau tätig gewesen war, hatte mit Klaus Bahlsen in einem Hotel über seine Absichten gesprochen und von ihm Proben der an die Wehrmacht gelieferten Fruchtschnitte und des Hagebutten-Keks erhalten.

Fahrenkamp bat Himmler, seinen Vorschlag zu billigen, und empfahl ihm, insbesondere die als »ausgezeichnet« bewertete Fruchtschnitte zu probieren, da diese »sehr gut« schmecke.[87] In einem zweiten Schritt wollte Fahrenkamp – sofern er »weiter machen« sollte – probieren, ob seine Funktional-Tropfen auch in Keksen verabreicht werden könnten. Die Prüfung der Wirksamkeit würde hierbei wohl länger dauern, da Kekse bei der Herstellung größerer Hitze ausgesetzt wurden. Aber nach mehr als sechs Monaten sollte sich wohl zeigen, »ob die Männer frischer und weniger leicht an Infektionskrankheiten, Darmkrankheiten erkranken und weniger zahnkrank werden«. Fahrenkamp, der zwischenzeitlich als Hausarzt der Familie Himmler fungiert hatte, gab an, dem Reichsführer-SS, den er, obwohl er mit Himmler befreundet gewesen sein soll, sehr formell und unterwürfig ansprach, zum Geburtstag eine »Freude« machen zu wollen.

Auf dem Briefkopf des im Haus 13 des Lagers Dachau untergebrachten Ernährungswissenschaftlichen Versuchsguts schaltete er Mitte November 1941 den Geschäftsführer der SS-eigenen Deutschen Wirtschaftsbetriebe, SS-Brigadeführer Georg Lörner, ein. SS-Gruppenführer Oswald Pohl hatte am 10. November 1941 Fahrenkamps Vorschlag zur Gründung einer zu 51 Prozent den SS-Wirtschaftsbe-

84 H. Bahlsens Keksfabrik KG an Ersatz-Verpflegungs-Magazin Hannover vom 18.9.1941 (BAH, R10, Nr. 631).

85 Ulmer, Fahrenkamp; siehe auch Reitzenstein, Forscher, S. 206 u. 226.

86 Karl Fahrenkamp an Reichsführer-SS Heinrich Himmler vom 5.10.1941, S. 2 (BA Berlin, NS 3, Nr. 1136, Bl. 42); vgl. zu Aufputschmittel wie Pervitin Ohler, Rausch, S. 65 ff.

87 Karl Fahrenkamp an Reichsführer-SS Heinrich Himmler vom 5.10.1941, S. 2 (BA Berlin, NS 3, Nr. 1136, Bl. 43); vgl. Ebert, Versuchsanstalt, S. 78 f. u. 141 ff.

trieben gehörenden Tochtergesellschaft mit einer Minderheitsbeteiligung von Karl Fahrenkamp gebilligt, die sich mit der Herstellung der von Fahrenkamp unter dem Markennamen Faco entwickelten und erprobten Hauptpflegemitteln, Hautcreme, Mundwasser, Körperpuder usw. beschäftigen sollte.

Fahrenkamp nutzte die Gelegenheit des Schreibens aber auch dazu, Lörner auf die fehlende Antwort Himmlers auf seinen Vorschlag hinzuweisen, analog zur Verteilung von vitaminhaltigen Fruchtschnitten an »angestrengte Soldaten« durch die Luftwaffe für die SS sein Funktional-Präparat den Fruchtschnitten unterzumischen. Da er die »volle Zustimmung des Reichsführers-SS« unterstellt hatte, war mit Hans Bahlsen, nachdem eigene Vorversuche die Haltbarkeit der Substanz ergeben hatten, alles »schon vorsorglich« besprochen. Die Verabredung, bei Bahlsen in Hannover »Kochversuche mit dem Fruchtbrei anzustellen«, konnte jederzeit in Gang gesetzt werden.[88] Da aber weder der solchen Ideen gegenüber eigentlich aufgeschlossene Himmler auf den Vorschlag reagierte, noch Lörner ihm einen Auftrag erteilte, blieb die »Funktional-Fruchtschnitte« im Gegensatz zur Kosmetik-Produktion ein Fahrenkamp-Wunschtraum.

Betriebliche Aktivitäten unternahm Bahlsen in der Angelegenheit nicht, da die Initiative von dem SS-Forscher ausging. Doch Klaus und Hans Bahlsen zögerten keineswegs, ihrerseits eine neuen Absatz versprechende Idee aufzugreifen, indem sie Kostproben ihrer Wehrmachtslieferungen zur Verfügung stellten und eine Kooperation bei der weiteren Produktentwicklung und der großtechnischen Erprobung nicht ausschlossen. Berührungsängste mit der SS bestanden ohnehin nicht, zumal Klaus nach eigenen Angaben in der Frühphase der NS-Herrschaft Förderndes Mitglied gewesen war und als zum Notdienst verpflichteter Polizeiwachtmeister zum Himmlerschen Machtbereich gehörte. Darüber hinaus berührten sich die Interessen, da Bahlsen seinerseits mit dem Hagebutten-Keks die Vitaminversorgung von Soldaten verstärken wollte und offen war für Neuerungen wie den Eiweiß-Keks oder den Fleisch-Keks. Inwieweit den Brüdern Bahlsen bekannt war, dass Fahrenkamp mit dem Kräutergarten direkt im Konzentrationslager Dachau tätig gewesen war und damit auch für andere Konzentrationslager eine Folie zur Ausnutzung von Häftlingsarbeit für die zumeist pseudowissenschaftlichen, aber auch persönlichen Interessen eingeführt hatte, kann nicht gesagt werden. Zumindest gibt es keinen Hinweis darauf, dass die Gespräche vor Ort in Dachau stattgefunden hätten.

Ende Oktober 1941 tagte im Kleinen Konferenzsaal des Bahlsen-Stammwerks in Umsetzung einer Allgemeinverfügung von Rüstungsminister Fritz Todt eine Kommission zur Prüfung, ob der von der Wirtschaftlichen Vereinigung veranlasste Personalabzug die Produktion für den Zivilbedarf bereits übermäßig belastete. Der fünfköpfigen Delegation des Rüstungskommandos, des Wehrkreis-Beauftragten,

88 Karl Fahrenkamp an SS-Brigadeführer Georg Lörner vom 14.11.1941, S. 7 (BA Berlin, NS 3, Nr. 1136, Bl. 37); zu der Deutschen Wirtschaftsbetriebe GmbH und zu Georg Lörner siehe etwa Schulte, Zwangsarbeit, S. 176 ff.

der Kreisbauernschaft, des Arbeitsamts und der Industrie- und Handelskammer saßen in gleicher Anzahl Unternehmensvertreter gegenüber, die Wert auf die Feststellung legten, dass bereits 60 Prozent der in der Fabrik Tätigen mit Wehrmachtsaufträgen beschäftigt seien. Mit den in der Herstellung und Verpackung tätigen Männern und Frauen, darunter auch 140 deutsche Halbtagskräfte, konnte die Versorgung des Zivilmarktes nach Einschätzung des Unternehmens nicht dauerhaft gesichert werden.

Da aber weder in größerem Umfang Überstunden gemacht wurden und nur die Hälfte des produktiven Personals 54 Stunden und mehr arbeitete, während in den Verwaltungsbereichen noch eine Wochenarbeitszeit von 48 Stunden galt, sah die »Todt-Kommission« ungehobene Leistungsreserven. Sie verlangte deshalb auch die Stilllegung der Salzletten-Abteilung, die als ein unnötiger »Luxus« galt, nachdem das Verpackungsmaterial aufgebraucht war. Allerdings gestanden die externen Gutachter dem Unternehmen einen Normalbestand von 1.120 Personen einschließlich von Halbtagskräften, allerdings nur »bis zur Verlagerung eines Teils des Umsatzes ins besetzte Gebiet oder bis zur Verlagerung der Knäckebrot-Produktion nach Bromberg«, die anscheinend als Optionen im Raum standen.[89] Dass Bahlsen die Anwerbung von Arbeitskräften bis zum Erreichen der Zielzahl zugestanden wurde, sollte das Unternehmen beruhigen. Von faktischer Bedeutung war aber der Hinweis, dass eine »Rückführung schon dienstverpflichteter Personen« wohl »kaum möglich« sein würde.

Die Dividendenabgabeverordnung vom 12. Juni 1941, die Kapitalgesellschaften während des Krieges die Ausschüttung von Gewinnen auf 6 Prozent des Gesellschaftskapitals begrenzte, gab dem Vorstand der H. Bahlsens Keksfabrik AG den Anlass, dem Aufsichtsrat eine Kapitalerhöhung vorzuschlagen. Dieser beschloss am 19. November 1941, das Grundkapital zum 31. Dezember 1940 durch die Ausgabe neuer Aktien um nominal 1,8 Millionen auf 5,4 Millionen Reichsmark heraufzusetzen, was am 16. Dezember 1941 ins Handelsregister eingetragen wurde.[90] Das Finanzamt Hannover legte die fällige Pauschsteuer am 4. Dezember 1941 auf 180.000 Reichsmark fest, die in gleichen Teilsummen am 7. Januar und 4. Dezember 1942 sowie am 4. Dezember 1943 fällig war.[91] Die Gesellschafterversammlung der Hannoverschen Keksfabrik GmbH beschloss am 9. Januar 1942, das zu gleichen Teilen von den vier Brüdern Bahlsen gehaltene Stammkapital der Gesellschaft sogar von 3,6 auf 7,2 Millionen Reichsmark zu verdoppeln, auch weil die Aufstockung bei einer späte-

89 Besprechung im Kl. Konferenzsaal am 30.10.1941 mit der Todt-Kommission, S. 2 (BAH, R10, Nr. 631).

90 H. Bahlsens Keksfabrik AG, Vermerk o. D. [Dezember 1941]; »Wortlaut der Dividendenverordnung«, Berliner Börsen-Berichte vom 21.6.1941, S. 5 (jeweils BAH, R11, Nr. 248).

91 Finanzamt Hannover-Andreasstraße, Steuernummer A 30/65f., Bescheid über die Pauschsteuer § 13 de3r Dividendenabgabeverordnung vom 4.12.1941 (BAH, R11, Nr. 248).

ren Auflösung der GmbH steuerliche Vorteile bot.[92] Auf diese Weise wandelten die Bahlsen-Kapitalgesellschaften stille Reserven in Stammkapital um und umgingen die staatlichen Bemühungen zur Steigerung der Steuereinnahmen.[93]

Die Firma Bahlsen rühmte sich weiterhin, dass ihre Produkte wie Leibniz-Keks, Gotenhafen, Salzletten, Mandel-Spekulatius, Hartkekse sowie die mit Mandeln, Marzipan, Rosinen und teilweise Nougat hergestellte Danzig-Mischung 1941/42 »qualitativ beinahe friedensmäßig« und damit alles andere als »Kriegsware« seien.[94] In dieser Zeit gewannen alle Sorten wieder das gewohnte Aussehen. Die hohe Qualität fand selbst im früheren Österreich allmählich Anerkennung, wo sich Bahlsen-Produkte zunächst schwergetan hatten. Die Verarbeitung eines größeren Postens russischen Mehls minderer Qualität machte aber umfassende Anpassungen der Rezepte und Produktionsabläufe erforderlich. Bahlsen schrieb sich auch gut, keinen Roggen zu verarbeiten. Zwar erhielt Bahlsen die Hauptrohstoffe regelmäßig zugeteilt, jedoch sorgte das Fehlen von Zucker im Frühjahr 1942 für die Fabrikationseinstellung der Sorte Wolga. Anfang 1942 hatte die große Kohlenknappheit die Fabrik bereits für zwei Wochen zum Stillstand gebracht und einen Umsatzausfall von 700.000 Reichsmark herbeigeführt. Nachhaltige Folgen resultierten aber vor allem aus dem durch Einberufungen und Dienstverpflichtungen verschärften Personalmangel.

Auch bei den Zuständigkeiten ergaben sich Änderungen. Die regelmäßige Beziehungspflege mit Beschaffungsstellen der Wehrmachtsteile ging im Februar 1942 von Werner Bahlsen auf seinen Bruder Klaus über, dem eine am 16. Februar 1942 erstellte Aktennotiz Adressen, Anreisewege und Ansprechpartner benannte. Im Reichsluftfahrtministerium war Regierungsrat Friedrich Frisch »maßgebend«. Das RLM suche beispielsweise »ständig neue Sachen«, weshalb alle sechs Wochen ein Besuch angezeigt war, um Wünsche der Luftwaffe zu erfragen und deren Ankäufe festzustellen. Die Luftwaffe führe acht bis zehn Artikel für die Flugzeugbesatzungen und wechsle die Sorten »zeitweilig«. Im Oberkommando des Heeres bearbeitete ein Oberstabszahlmeister alle Sonderverpflegungsangelegenheiten wie Rösta, Schrips und Fruchtschnitte, der allerdings erst nach Abstimmung mit dem Reichsluftfahrtministerium und seinem Vorgesetzten entscheide. Werner Bahlsen riet seinem Bruder, dort immer einige Muster von Leibniz usw. abzugeben. Die Einführung von Neuheiten bearbeitete ein anderer Stabszahlmeister, der alle neuen Verpackungsmittel ausprobiere und auch sonst »ziemlichen Einfluss« habe. Eine Unterhaltung

92 Notar Dr. Hermann Koch, Urkunden-Rolle Nr. 7/1942: Protokoll der Gesellschafterversammlung der Hannoverschen Keksfabrik GmbH vom 9.1.1942, S. 2 (BAH, R11, Nr. 439); Hans Bahlsen, Protokoll über die Aufsichtsrats-Sitzung am 26.8.1941 vom 28.8.1941, S. 3 (BAH, R10, Nr. 537); Hannoversche Keksfabrik GmbH, Klaus Bahlsen, an Dr. Heinrich Schmidt vom 12.12.1941; Dr. Franz Edwin Gercke an Hannoversche Keksfabrik GmbH vom 11.12.1941 (jeweils BAH, R11, Nr. 483).

93 Banken, Steuerstaat, S. 307 u. 414 f.; Spoerer, Scheingewinnen, S. 118 ff.

94 Klaus Bahlsen, 8. Bericht – 1941/42 vom 1.2.1943, S. 1 (BAH, R10, Nr. 505).

mit ihm bot nach den Erfahrungen von Werner Bahlsen stets allgemeine Informationen, wobei für die Einführung von Neuheiten Oberregierungsrat Dr. Wilhelm Ziegelmayer als »maßgebend« eingeschätzt wurde. Mit dem im Oberkommando der Marine zuständigen Amtsrat war nach den Erfahrungen von Werner Bahlsen »angenehm zu verhandeln«.[95]

Wie schmal der Grat zwischen Bevorteilung und Bestrafung in der deutschen Kriegswirtschaft mitunter ausfiel, zeigte eine Episode aus dem Mai 1942, als Klaus Bahlsen die Abteilung ES der Wirtschaftlichen Vereinigung der deutschen Süßwarenindustrie auf die Auswirkungen der am 26. Mai 1942 übermittelten Vorgabe hinwies, bei Heereslieferungen den Fettanteil auf 4 Prozent des eingesetzten Mehls zu begrenzen. Wegen des fehlenden Klebers bestanden außerordentliche Bedenken, dass sich im Keks Haarrisse bilden würden und dieser in mehrere Stücke zerbrechen könnte.[96] Die Wirtschaftliche Vereinigung hielt dem die eigenen positiven Erfahrungen entgegen und kündigte schmallippig an, für den Fall, dass Bahlsen unter den gegebenen Voraussetzungen keine »einwandfreie Ware« herstellen könne, eine »Auswechslung Ihrer Firma« vornehmen zu wollen.[97]

Hermann Hertzer wollte ursprünglich die Funktion als Betriebsführer zum 1. März 1942 an Werner Bahlsen abgeben – Hans Bahlsen schlug, um seinem Bruder größere Geltung zu geben, diese Regelung am 24. Februar 1942 sowohl dem Verwaltungsratsvorsitzenden als auch Hermann Hertzer vor.[98] Da Werner aber meistenteils nicht mehr in Hannover war, erklärte sich Hertzer zur Weiterführung bereit.[99] Weil aber auch Hans durch seine »militärische Tätigkeit nur selten in der Fabrik« war, übernahm Klaus am 1. Juli 1942 die »volle Vertretung« der Arbeitsgebiete seiner beiden Brüder und führte den »Betrieb allein«.[100] Für den Sommer 1942 wurde wegen fehlender Vertretungsmöglichkeiten ein Betriebsurlaub für die Zentrale und die Auslieferungslager vom 13. bis 26. Juli 1942 festgelegt.[101]

Zur Jahresmitte 1942 zeigte sich überdies ein in den ersten vier Monaten eingefahrener Verlust von 230.000 Reichsmark. Das war recht beunruhigend, und der von Dr. Otto Bredt zur »Abhilfe des unerwünschten Zustandes« am 16. Mai

95 Werner Bahlsen, Aktennotiz für Klaus Bahlsen vom 16.2.1942 (BAH, R10, Nr. 630).

96 H. Bahlsens Keksfabrik KG, Klaus Bahlsen, an Wirtschaftlichen Vereinigung der deutschen Süßwarenindustrie, Abteilung ES vom 28.5.1942 (BAH, R10, Nr. 519).

97 Wirtschaftliche Vereinigung der deutschen Süßwarenindustrie, Abteilung ES, an H. Bahlsens Keksfabrik KG vom 2.6.1942 (BAH, R10, Nr. 519).

98 Hans Bahlsen an Arthur Menge vom 24.2.1942, S. 1; Hans Bahlsen an Hermann Hertzer vom 24.2.1942 (jeweils BAH, R11, Nr. 483).

99 Goldenes Arbeitsjubiläum des Betriebsführers Direktor Hermann Hertzer im Hause H. Bahlsens Keksfabrik KG am 1.3.1942, S. 21 (BAH, R11, Nr. 453).

100 Hans Bahlsen/Werner Bahlsen, Aushang von 1.7.1942 (BAH, R10, Nr. 271); Klaus Bahlsen, 8. Bericht – 1941/42 vom 1.2.1943, S. 3 (BAH, R10, Nr. 505).

101 H. Bahlsens Keksfabrik KG, Rundschreiben an unsere ALg betr. Betriebsferien und Urlaub vom 2.2.1942; vgl auch H. Bahlsens Keksfabrik KG betr. Urlaub vom 9.3.1942 (jeweils BAH, R10, Nr. 271).

1942 erarbeitete Vorschlag, durch den Vorstand für jedes Jahresdrittel ein verbindliches Fabrikations- und Verkaufsprogramm festzulegen,[102] wies auf die vorherigen Versäumnisse ohne koordiniertes und planhaftes Vorgehen hin. Die vor Jahren zwischen den Bahlsen-Brüdern vorgenommene Ressort-Verteilung zeigte sich »abänderungsbedürftig«, da Hans beim Militär und Werner fast durchgängig in Kiew waren.[103]

Wegen der Verluste brach der Konflikt zwischen den Brüdern wieder auf, sodass sich Klaus in einem Brief an Hans gegen dessen Vorwurf wehrte, die Fabrik habe schlichtweg zu wenig produziert. Klaus machte geltend, dass zum einen der durch die von seinem Bruder fehldisponierte Überholung der Kessel- und Turbinenanlage verursachte 14-tägige Produktionsausfall negativ auf die Bilanz durchgeschlagen hatte. Die großen Heeresaufträge über Rösta, Schrips und Knäckebrot, mit denen ein Umsatz von 346.706 Reichsmark erzielt wurden, waren aber besonders personalintensiv und dementsprechend kaum kostendeckend. Nach Ansicht von Klaus Bahlsen hätte mit dem gleichen Personalaufwand ein um das Dreifache höherer Zivil-Umsatz erzielt werden können. Er führte auch den eingetretenen Personalabzug von 104 Personen zwischen dem 1. Januar und dem 27. Juni 1942 auf dann noch 751 Beschäftigte für die Minderleistung an. Darüber hinaus trug auch die durch Rohstoffmangel hervorgerufene Umstellung auf ein neues Rezept zu einer Umsatzreduktion um 400.000 Reichsmark und einem Verlustgeschäft von rund 100.000 Reichsmark im April/Mai 1942 bei.

Klaus Bahlsen räumte ein, an dem Herstellungsprogramm nichts geändert, sondern darauf vertraut zu haben, dass sich ein »Anfangsverlust nach den bisherigen Erfahrungen durch nachfolgende gute Monate« leicht ausgleichen würde. Das erschien ihm »sympathischer […] als die ständige Sorge 1941 des Zuviel-Verdienens und des eventuellen Preissenkens bei Standard-Artikeln wie Leibniz«.[104] Weil der »Personalschwund« keine höheren Umsätze und Erträge erwarten ließ, habe angesichts des Zuckermangels die kilomäßige Fabrikationssteigerung eine »starke Qualitätsminderung und vollständige Konzentration auf billige Artikel nötig« gemacht. Klaus Bahlsen hielt sich zu Gute, den Monatsumsatz von 976.092 Reichsmark im Januar 1942 auf 1.665.110 Reichsmark im Juni 1942 gesteigert zu haben. Ihm war klar, dass die Umstellung auf billige Artikel und »Kriegsware« dem »Verkauf und dem Qualitätsgedanken und damit unserm Ruf kein Dienst erwiesen« habe. Ungeachtet dessen fuhr er, nachdem aus seiner Sicht die Fabrikation und damit bald auch die Bilanzseite »in Ordnung« gebracht war, »in Ferien«.[105]

102 Otto Bredt an den Vorstand der H. Bahlsens Keksfabrik KG betr. Maßnahmen zur Verbesserung der Firmenergebnisse vom 16.5.1942, S. 5 f. (BAH, R11, Nr. 483).

103 Karl Schumann, Niederschrift über die Aufsichtsratssitzung am 5.6.1942 vom 5.6.1942 (BAH, R10, Nr. 519).

104 Klaus Bahlsen an Hans Bahlsen vom 27.6.1942, S. 1 (BAH, R10, Nr. 519).

105 Ebd., S. 2.

Die Fabrik in dieser Situation alleingelassen zu haben, mochte die beiden anderen Brüder zwar erzürnen. Der Aufsichtsrat befürwortete jedoch in seiner Sitzung am 30. Juni 1942 ebenfalls, anstatt der bisher besonders betonten Produktqualität die »Quantität der herzustellenden Ware in den Vordergrund zu stellen«.[106] Der Aufsichtsrat beschloss zudem, dass der Vorstand das Fabrikations- und Verkaufsprogramm gemeinsam durchzusprechen und durch Vorstandsbeschluss für das betreffende Jahresdrittel festzulegen hatte. Die Anwesenden kamen auch überein, dass Klaus Bahlsen offiziell als Vertreter für die beiden Ressorts seiner Brüder bestimmt wurde und der Belegschaft der Beschluss durch Aushang zur Kenntnis gebracht werden sollte.

Der Vertrieb verband die bevorstehende Frühjahrsoffensive der Wehrmacht mit der Erwartung eines baldigen Waffensiegs. Ganz so als bestehe kein kontingentierter Markt, sondern die Gegebenheiten für ein »freies, unbeschwertes, glückliches und erfolgreiches Schaffen«,[107] stellte der Leiter des Auslieferungslagers Breslau, Rudolf Schmidt, Anfang April 1942 ein Instruktionsbuch für Reisende zusammen, das der Betreuung der Kunden im jeweiligen Bezirk neue Impulse setzen und Neueinsteigern die traditionellen Bahlsen-Verkaufswerte vermitteln wollte. Wer als Reisender auf »Vertrauen und willige Hingabe« setzte und eine »reine Gesinnung« besaß, die in »gewissenhafter Pflichterfüllung« Ausdruck fand, konnte nach seiner Bewertung in »unserer Gemeinschaft bestehen«. Nach Schmidt waren für einen erstklassigen Reisenden unverzichtbar: »Idealismus/Optimismus/Persönlichkeit und Charakter/Pflichttreue/Energie/optimistische, suggestive Einstellung/Verhandlungstechnik/Findigkeit/Fähigkeit, begeistert, überzeugend zu reden/und Organisationstalent.«[108] Die Maßgabe »arbeite straff und systemvoll!« enthielt wie der gesamte Text eine typische Mischung aus Motivation und Drohung.[109] Bei der »Bearbeitung von Großfilialisten« strebte Bahlsen eine »Monopolstellung« an, da diese Firmen das Geschäft in einer Stadt bedeutend beeinflussten. Ihnen hatte daher wie auch der »Ausschaltung der Konkurrenz« die besondere Aufmerksamkeit zu gehören.[110]

Die Kundenwerbung sollte wegen der ungehobenen Potentiale auf Kaffee- und Tee-Spezialgeschäfte ausgedehnt werden, wenngleich diese ebenso wie Konditoreien und Bäckereien nur schwer zur Hereinnahme von Bahlsen-Produkten zu gewinnen waren. Da darüber hinaus die »Gaststättenbearbeitung« nur mit »ganzer Kraft, nie ermüdendem Eifer« zum Erfolg geführt werden konnte,[111] umriss das Instruktionsbuch das Gesamtfeld der Reisendentätigkeit in der Hoffnung, dass alsbald

106 Karl Schumann, Niederschrift über die Aufsichtsratssitzung am 30.6.1942 vom 1.7.1942 (BAH, R10, Nr. 519).

107 Auslieferungslager Breslau, Rudolf Schmidt, Instruktionsbuch für Reisende vom 4.4.1942, S. 1 (BAH, R10, Nr. 87).

108 Ebd.

109 Ebd., S. 8.

110 Ebd., S. 9 f.

111 Ebd., S. 12.

wieder zivile Verhältnisse einkehren konnten. Die Verhaltensmaßgaben gegenüber der Kundschaft – stets verbindlich und zuvorkommend zu sein, aber sicher und bewusst aufzutreten – blieben im Rahmen der traditionellen Bahlsen-Regeln. Der Reisende sollte nicht kleinlich und nicht schulmeisterlich auftreten oder gar überheblich, sondern stets freundlich, liebenswürdig und zuvorkommend. Im Grunde fasste Schmidt das Verkäufer-Einmaleins zusammen und schwor seine Leute darauf ein.

Auf den allgemeinen Personalengpass – 1942 beendeten 112 Männer und Frauen ihre Tätigkeit für Bahlsen – reagierte das Unternehmen mit einer »Verschiebung zu der billigeren Maschinenware«, die auch von einer gering qualifizierten Belegschaft hergestellt werden konnte.[112] In den Sommerferien 1942 waren beispielsweise aushilfsweise Schülerinnen im Packsaal tätig. An die Wehrmacht gingen 1941/42 in großen Mengen Hagebuttenkekse, die teilweise in wetterfestem Cellophan und in Kisten verpackt werden mussten. Honigkuchen und Keks, die für U-Boote bestimmt waren, kamen in Falzverschlussblechdosen zur Auslieferung. In besonders großem Maße verlangte die Wehrmacht Fruchtschnitten, die zunächst auf Pektinbasis und ab 1942 auf Trockenfruchtbasis hergestellt wurden.

Das EVM Berlin I erteilte am 4. August 1942 den Auftrag, unter anderem auch 2,76 Millionen TET-Kekspackungen zu liefern, wobei allerdings die fehlende Zuteilung von Chromo-Ersatzkarton die rechtzeitige Fertigstellung gefährdete.[113] Auch die Sorte Rösta sowie Kekspackungen mittlerer Güte bestellten Heer und Marine in umfangreichen Mengen: Allein im Dezember 1942 orderte die Marine-Intendantur Kiel 57 Tonnen Keks mittlerer Güte, und das EVM Berlin I 16 Tonnen Schrips sowie 39 Tonnen Keks mittlerer Güte.[114]

Um die wachsenden Bestellmengen bewältigen zu können, setzte die H. Bahlsens Keksfabrik KG die Modernisierung ihres Maschinenparks fort. Da deutsche Firmen keine Lieferungen mehr zusagen konnten, wich das Unternehmen auf Angebote französischer Spezialfirmen aus. Um sich über die mit neuartigen Maschinen gemachten Erfahrungen zu informieren und ggf. Bestellungen vorzubereiten, wollte Hans Bahlsen ab Mitte Oktober 1942 nach Paris, Dijon und Nantes reisen.[115]

Im Herbst 1942 erreichten die Wehrmachtsaufträge ein Niveau, dass die Produktion sechs Wochen lang zu 60 Prozent für militärische Abnehmer tätig war. Lag der wertmäßige Anteil der Wehrmachtslieferungen 1941 bei 5,056 Millionen Reichsmark und damit noch bei 27,5 Prozent des 18,399 Millionen betragenden

112 Klaus Bahlsen, 8. Bericht – 1941/42 vom 1.2.1943, S. 1 (BAH, R10, Nr. 505).

113 H. Bahlsens Keksfabrik KG an Oberkommando des Heeres, Chef der Heeresrüstung und Befehlshaber des Ersatzheeres-H Ro vom 8.10.1942, S. 1 (BAH, R10, Nr. 629).

114 Hermann Hertzer, Verkauf vom 15.12.1942, S. 1 (BAH, R10, Nr. 513).

115 H. Bahlsens Keksfabrik KG, Hans Bahlsen, an Industrie- und Handelskammer zu Hannover vom 6.9.1942 (BAH, R10, Nr. 630); sein im Rahmen des Entnazifizierungsverfahrens abgegebener Fragebogen enthält Angaben zu Frankreich-Aufenthalten zwischen 1940 und 1944, Military Government of Germany, Fragebogen Hans Bahlsen vom 14.8.1946, S. 11 (NLA H, Nds. 171 Hannover, Nr. 51216).

Gesamtumsatzes, stieg der Wehrmachtsumsatz 1942 auf 6,088 Millionen oder 35,4 Prozent an, da der Gesamtumsatz um mehr als 1 Million auf 17,188 Millionen Reichsmark absank.[116] Im Oktober 1942, als allein 883 Tonnen Waren hergestellt und 1,789 Millionen Reichsmark Umsatz erreicht wurden, trug der 915.000 Reichsmark betragende Wehrmachtsumsatz bereits zu mehr als 51 Prozent zu den Einnahmen bei. Der von Hermann Hertzer erstellte Halbmonatsbericht führte einen Oktober-Umsatz von 1,611 Millionen Reichsmark und einen Wehrmachtsanteil von 47,5 Prozent auf.[117]

Ungeachtet des Bedeutungsgewinns der Wehrmachtslieferungen legte die Geschäftsleitung Mitte September 1942 ein Weihnachts-Sortiment mit Dutzend-Packungen Delft-TET, Mandel-TET, Delft Nr. 5, Spekulatius mit Mandeln Nr. 4 und Mandelspekulatius in der Dose fest.[118] Der Absatz an die zivile Kundschaft belief sich aber nur noch auf die Hälfte des Jahres 1938.[119] Die Begrenzung des Zivilmarkts hatte naheliegenderweise Auswirkungen auf die Werbetätigkeit des Unternehmens. Da Keks offiziell als »Mangelware« galt, war in den Inseraten eine Abbildung der Ware untersagt, um keinen zusätzlichen Kaufwunsch anzuregen, sodass Bahlsen neben der Warenbezeichnung Leibniz-Keks den vom Werberat genehmigten Zusatz »Jetzt besonders für Kinder und Kranke« anbrachte.[120] Zudem wurde die Inseratsgröße reduziert und überdies Werbeanzeigen in Fachzeitschriften wie *Die Mode* insgesamt untersagt, da dort nur Firmen der Modebranche inserieren durften. Da auch nur noch die Hälfte der Speisewagen im Reichsbahnbetrieb lief, ging dort die Werbung ebenfalls zurück. Nur auf 1.200 Bahnhöfen, vor allem in Ausflugsorten, konnte Bahlsen noch Werbeplakate hängen. Es lag aber auf der Hand, dass mit fortschreitender Kriegsdauer die Werbetätigkeit immer weiter an Bedeutung verlor.

Im Rahmen der institutionellen und politischen Kontaktpflege kam der Polizeipräsident Hannovers, Waldemar Geyer, am Tag der deutschen Polizei am 14. Februar 1942 in die Keksfabrik, wobei Hans Bahlsen ihm ankündigte, dass auch die Firma Bahlsen ihren »Teil zum WHW« [Winterhilfswerk] beitragen werde.[121] Anna-Dora Thieme gratulierte Geyer, einem Nationalsozialisten der Frühzeit, im März 1942 zum Geburtstag und ließ ihm »Aufmerksamkeiten« zukommen.[122] Bahlsen blieb zugleich ein beliebtes Ziel für prominente Besucher wie General Georg Pfeiffer

116 Klaus Bahlsen, 8. Bericht – 1941/42 vom 1.2.1943, S. 3 (BAH, R10, Nr. 505).

117 Hermann Hertzer, Verkauf vom 16.11.1942, S. 1 (BAH, R10, Nr. 513).

118 Klaus Bahlsen, Weihnachts-Artikel 1942 vom 15.9.1942 (BAH, R10, Nr. 519).

119 Klaus Bahlsen, 8. Bericht – 1941/42 vom 1.2.1943, S. 5 (BAH, R10, Nr. 505).

120 Martha Hohmeyer, Bericht über die Reklame-Abteilung vom 14.11.1942, S. 1; Martha Hohmeyer, Reklame-Abteilung vom 1.4.1943, S. 1 (jeweils BAH, R10, Nr. 513).

121 Der Vertreter des Polizeipräsidenten, Dr. Tegethoff, an Hans Bahlsen vom 9.2.1942; H. Bahlsens Keksfabrik KG, Hans Bahlsen, an Polizeipräsident Waldemar Geyer vom 12.2.1942 (jeweils BAH, R10, Nr. 600).

122 Polizeipräsident Waldemar Geyer an Anna-Dora Thieme vom 20.3.1942 (BAH, R10, Nr. 600).

oder den Leiter der Wilhelm-Gustloff-Werke, Generaldirektor Karl Beckurts, die in der ersten Novemberhälfte des Jahres 1942 die Fabrikation besichtigten.[123]

Tabelle 4: Geschäftszahlen der H. Bahlsens Keksfabrik KG, 1940-1942

	Produktion (in 1.000 kg)	Umsatz (in 1.000 RM)	Gewinn ((in 1.000 RM)	Personal
1940	8.098	16.801	1.052 (6,3 %)	1.064
1941	8.650	18.399	1.164 (6,3 %)	
1942	7.894	17.188	1.170 (6,8 %)	

Quelle: Zahlen nach Hermann Hertzer, 1929-1943 vom März 1944, S. 2 (BAH, R10, Nr. 505); Klaus Bahlsen, 7. Bericht 1939-1940 vom 3.1.1941, S. 3; Klaus Bahlsen, 8. Bericht – 1941/42 vom 1.2.1943, S. 3 (jeweils BAH, R10, Nr. 505); Alternative Angabe bei Hermann Hertzer, Verkauf vom 15.1.1944, S. 2 (BAH, R10, Nr. 513); H. Bahlsens Keksfabrik KG, Steuerbilanz per 31.12.1939; H. Bahlsens Keksfabrik KG, Vorläufige Steuerbilanz per 31.12.1940; Gewerbesteuermeßbescheid für das Rechnungsjahr 1941 vom 8.8.1941; H. Bahlsens Keksfabrik KG, Erklärung zur einheitlichen Feststellung des Gewinns aus Gewerbebetrieb für das Kalenderjahr 1942 A 30/1800 f. vom 6.3.1943 (jeweils BAH, R11, Nr. 235).

Die hohen Anforderungen des passiven Luftschutzes wirkten ebenfalls stark auf die betriebliche Situation ein. Über die bereits 1939 erfolgte Einrichtung von Luftschutzräumen im Kellergeschoss und die Einstellung eines Luftschutzbeauftragten hinaus machte die geforderte Auflockerung der Lager, da auswärts keine geeigneten Räumlichkeiten gefunden werden konnten, die Errichtung von zwei Lagerhallen mit je 1.000 Quadratmetern Fläche auf dem Kanalgrundstück erforderlich.[124] In der Lister Straße ließ das Unternehmen zwei Flusswasseranschlüsse erstellen. Darüber hinaus erfolgte auf dem Werksgelände die Fertigstellung von vier Brunnen und die Errichtung von Splitterschutzbauten. Dass Luftangriffe inzwischen eine reale Gefahr darstellten, zeigten 1942 die Zerstörung der Auslieferungslager in Düsseldorf und Karlsruhe, sowie Beschädigungen in Köln und Essen.

Der Heeresauftrag über 180 Tonnen Honigkuchen war in der ersten Novemberwoche 1942 erledigt worden, da die Herstellung mit einer selbst gebauten Honig- und Sirup-Kochanlage erfolgte, die gegenüber den Vorjahren mit zwei bis drei Bedienern weniger auskam. Trotz des Ersatzes von Sirup durch Zucker fiel die Ware qualitativ besser aus und hielt die gleiche Qualität an jedem Produktionstag. Parallel wickelte der Betrieb in der ersten Novemberhälfte den eingegangenen Heeresauftrag über 4 Millionen Packungen Notverpflegung ab. Von den zwölf vorhandenen Öfen liefen acht für die Wehrmacht und die restlichen vier für zivile Abnehmer.[125] Die Vo-

123 Klaus Bahlsen, Fabrikbericht 1.-15.11.1942 vom 17.11.1942, S. 1 (BAH, R10, Nr. 513).

124 6. Bericht 1938, S. 3 (BAH, R10, Nr. 505); Klaus Bahlsen, 7. Bericht 1939-1940 vom 3.1.1941, S. 6; Klaus Bahlsen, 8. Bericht – 1941/42 vom 1.2.1943, S. 5 u. 7 (jeweils BAH, R10, Nr. 505).

125 Klaus Bahlsen, Fabrikbericht 1.-15.11.1942 vom 17.11.1942, S. 1 (BAH, R10, Nr. 513).

latilität von Wehrmachtsaufträgen zeigte sich auch in der Reduzierung des zehntägigen Liefersolls an die Marine-Intendantur Wilhelmshaven von 20 auf 10 Tonnen.

Demgegenüber war die Schrips-Abteilung ohne Beschäftigung, da keine Bestellungen des Militärs eingegangen waren. Die Rösta-Fabrikation war wegen fehlender Rohstoffe eine Woche und wegen fehlenden Verpackungsmaterials für weitere vier Wochen unterbrochen.[126] Der Fettvorrat reichte ebenfalls nur für einen Tag, und das angelieferte »K-Fett«, das sich für die Mürbekeks-Herstellung als ungeeignet erwies, sorgte bei den Artikeln Gotenhafen und Spekulatius für eine starke Qualitätsverschlechterung, sodass Konsistenz, Aussehen und vor allem der Geschmack litten. In der zweiten Monatshälfte konnten aber die Mürbekekse Gotenhafen und Spekulatius wieder in der gewohnten Qualität hergestellt werden.[127]

Die Halbmonatsberichte des von Anna-Dora Thieme geleiteten Einkaufs- und Finanzbereichs durchzog Ende 1942 eher positive Aussichten, da durch die aus der Ukraine zugeführten Mengen an Mehl oder auch Sonnenblumenöl für viele Rohstoffe keine Mangelsituation drohte, wenngleich Anna-Dora Thieme die fehlende Koordinierung bemängelte. Die vom Reichswirtschaftsministerium Ende November 1942 angekündigte Zentralisierung der Zuteilungen verband sie mit der Hoffnung auf »erfreuliche Einsparungen an Kräften«,[128] wobei die von ihr geschilderte Umständlichkeit des Wehrmachts-Beschaffungswesens eigentlich zu keinem Optimismus Anlass gab.

Trotz dieser insgesamt ambivalenten Situation nutzte insbesondere Klaus Bahlsen die Zeit, um »für die Zukunft« bis in Einzelne gehende Pläne auszuarbeiten. Seiner Meinung nach war in jeder Lage Planung »dringend nötig«, da sie viel Geld spare. Ob die jeweiligen Vorhaben realisiert wurden, war nicht erheblich – die Probleme schon einmal »richtig durchdacht« zu haben, erleichtere in Zukunft die Anpassung der Pläne an die dann gegebenen Bedingungen. Im Frühjahr 1942 aber »neue Artikel, neue Rezepte, neue Maschinen, neue Verfahren, neue Abteilungen, neue Gebäudekomplexe« in die Überlegung zu nehmen, setzte einen deutschen Sieg voraus.[129] Die ausgreifenden Pläne einer Rundumerneuerung des Unternehmens und von Neubauten besaßen aber einen utopischen Überschuss, wobei Wirklichkeitsflucht und Hyperoptimismus ineinandergriffen. Denn die Bereitstellung von Baumaterialien und Personal war während des Krieges wegen der fehlenden Kriegswichtigkeit nicht möglich; eine deutliche Ausweitung der Wehrmachtslieferungen war wegen der begrenzten Rohstoffmengen nur durch Beschränkung der Zivillieferungen möglich, was auf ein Nullsummenspiel hinauslief. Zukunftspläne unterstellten einen Siegfrieden, der aber immer unwahrscheinlicher wurde, was aber die optimistischen Erwartungen der Unternehmensleitung nicht erschütterte.

126 Ebd.; Klaus Bahlsen, Fabrikbericht 16.-30.11.1942 vom 5.12.1942, S. 1 (BAH, R10, Nr. 513).

127 Ebd.

128 Anna-Dora Thieme, Bericht: 15.12.1942 vom 15.12.1942, S. 3; Anna-Dora Thieme, Bericht: 1.12.1942 vom 1.12.1942, S. 2 f. (jeweils BAH, R10, Nr. 513).

129 Klaus Bahlsen, 8. Bericht – 1941/42 vom 1.2.1943, S. 1 (BAH, R10, Nr. 505).

Die Verkaufsabteilung hielt für 1942 einen um 8,25 Prozent auf 15.856.741 Reichsmark gesunkenen Nettoumsatz fest.[130] Der Wehrmachtsumsatz trug mit 5,03 Millionen 31,7 Prozent zum Gesamtumsatz bei. Das Gros der Wehrmachtslieferungen stellte die Fruchtschnitte mit einem Umsatz von 2,2 Millionen Reichsmark, Duve und Rösta erzielten knapp 1 Million bzw. 513.000 Reichsmark Umsatz, während Leibniz-Keks mit 170.000 Reichsmark erst an siebter Stelle der umsatzstärksten Artikel lag.[131]

Den Gewinnen waren durch rechtliche Vorgaben der 1942 novellierten Leitsätze für die Preisermittlung auf Grund der Selbstkosten bei Leistungen für öffentliche Auftraggeber (LSÖ) Grenzen gesetzt. Der zulässige Gewinn lag bei 4,5 Prozent des betriebsnotwendigen Kapitals und je 1,5 Prozent des betriebsnotwendigen Vermögens sowie des steuerpflichtigen Umsatzes. Dr. Otto Bredt errechnete auf der Basis des Jahresabschlusses, dass bei Wehrmachtslieferungen der angemessene Gewinn 4,95 Prozent des Lieferumfangs von 5,412 Millionen Reichsmark, also 267.923,70 Reichsmark, sowie 8 Prozent der Zivillieferungen in Höhe von 11,59 Millionen Reichsmark, also 919.272 Reichsmark, mithin zusammen knapp 1,2 Millionen Reichsmark betrug.[132] Umsatz und Gewinn blieben nach den neuen Regeln zwar auf dem bekannten Niveau, was jedoch die Überführung von Rohüberschüssen in Investitionen anregte.

130 Hermann Hertzer, Verkauf vom 16.1.1943, S. 2 (BAH, R10, Nr. 513).

131 Ebd.

132 Otto Bredt, Berechnung des zulässigen Jahresgewinns vom 9.3.1943, S. 2 (BAH, R10, Nr. 513); zur LSÖ und den Gewinnbegrenzungen siehe etwa Eichholtz, Kriegswirtschaft, S. 513 ff.

5.2 Keks und »Heimatfront«. Visionen und Loyalitäten

Während des Polenfeldzugs erfolgte am 19. September 1939 die Vereidigung der von der Sozialen Betriebsarbeiterin Christine Scherzberg organisierten DAF-Werkfrauengruppe. Bahlsen vollzog damit nach, was der Leiter der Firma Sprengel & Co., Dr. Bernhard Sprengel, am 20. Januar 1939 als Redner auf der Tagung des Gaufrauenamtes der DAF Süd-Hannover-Braunschweig als wesentlichen Bestandteil der betrieblichen Sozialpolitik ausgeführt hatte.[1] Die Gaufrauenwalterin der DAF im Gau Süd-Hannover-Braunschweig, Käthe Algermißen, hatte der Werksfürsorgerin Lisa Heuer bereits am 19. Mai 1939 Richtlinien zu den Arbeitsgebieten der Sozialen Betriebsarbeiterin und der Betriebspflegerin übermittelt,[2] die zum einen die »Betreuung der Arbeitskameradinnen des Werkes am Arbeitsplatz«, etwa zum »Ausgleich von Hemmungen, die der Arbeitskameradin den Arbeitsprozess erschweren« oder den Schwangeren- und Mütterschutz umfassten. Zum anderen kam der Sozialen Betriebsarbeiterin auch die Funktion der »weltanschaulichen Ausrichtung« zu, um zur »Erziehung der werktätigen Frauen zu zweckmäßiger, volkswirtschaftlich verantwortungsbewusster Haushaltsführung und richtiger Zeiteinteilung« anzuhalten. Die Gestaltung der Werkfrauengruppe und der Betriebsfrauenabende gehörte ebenfalls zum Aufgabenbereich der Sozialen Betriebsarbeiterin wie die Führung der Betriebs-, Zellen- und Blockfrauenwalterinnen und die Mitarbeit im Vertrauensrat.[3] Bei Zahlungen an NS-Organisationen blieb das Unternehmen aber sparsam: 1939 erhielt die NSDAP aus dem Bahlsen-Dispositions-Fonds 1.500 Reichsmark, die SS-Reichsführung sogar 3.000 Reichsmark, während dem NS-Fliegerkorps und der Hitler-Jugend nur 100 bzw. 50 Reichsmark zugingen.[4]

Die traditionellen Tätigkeiten von Werksfürsorgerinnen, die Verbesserung der hygienischen und sozialen Situation berufstätiger Frauen sowie die Vermittlung von Familienfürsorge und -vorsorge waren zum einen völkisch, etwa durch erbbiologisch motivierte Maßnahmen, und zum anderen als Transmissionsriemen für Aktivitäten der Nationalsozialistischen Volkswohlfahrt überformt. Indem die Soziale Betriebsarbeiterin seitens der DAF für umfassende arbeitspädagogische und betriebspolitische Aufgaben verantwortlich gemacht wurde, wollte die NS-Organisation ihren Einfluss auf die betriebliche Personal- und Sozialpolitik erweitern. Bahlsen ging aber ebenfalls auf die DAF zu, indem das Unternehmen seine Bemü-

1 Auszug aus Referaten, die auf der Tagung des Gaufrauenamt der DAF Süd-Hann.-Braunschweig am 20.1.1939 gehalten wurden, S. 4 (BAH, R10, Nr. 519); zu Sprengel siehe vor allem Huttenlocher, Sprengel, S. 127 ff.

2 Gaufrauenwalterin der DAF im Gau Süd-Hannover-Braunschweig, Käthe Algermißen, an Werksfürsorgerin Lisa Heuer vom 19.5.1939 (BAH, R10, Nr. 519).

3 Arbeitsgebiete der Sozialen Betriebsarbeiterin (BAH, R10, Nr. 519).

4 Norddeutsche Buchführungs- und Verwaltungs-AG, Bericht Nr. 102 über die Prüfung des Jahresabschlusses 1939 der H. Bahlsens Keksfabrik KG vom 20.5.1940, S. 35 (BAH, R11, Nr. 232).

hungen um die Verbesserung der Wohnsituation von Beschäftigten verstärkte und einige Wohnungen nach gründlicher Instandsetzung zu niedrigen Mieten anbot. Darüber hinaus vergab das Unternehmen an die Deutsche Arbeitsfront den Auftrag zum Bau von zwei Mietshäusern mit Werkswohnungen für Bahlsen-Beschäftigte – die Durchführung des Projektes ruhte ab Ende Februar 1940 aber »infolge des Krieges«.[5]

Die Hermann Bahlsen Pensions-, Witwen-, Waisen-, Sterbe-, Kranken- und Unterstützungskasse e. V. nahm 1939 ihre Tätigkeit voll auf und zahlte im Jahresverlauf von Bahlsen zugesagte Pensionen in einer Gesamthöhe von 16.914,87 Reichsmark aus. Um deren Vermögen weiter zu heben, übernahm die Bahlsen KG alle sonstigen anfallenden Unterstützungsleistungen. Durch die Zuweisung von 300.000 Reichsmark schlug der Kontostand der Kasse Ende 1939 mit immerhin 840.000 Reichsmark zu Buche.[6] Neben einer vorbildlichen Ausstattung ging es dem Unternehmen aber auch darum, »nicht unnütz Steuern bezahlen zu müssen«, wie Karl Schumann dem abwesenden Hans Bahlsen schriftlich erläuterte. Darüber, wie sich das Anfang 1940 von der Deutschen Arbeitsfront angekündigte Versorgungswerk des Deutschen Volkes, das neben einem Gesundheitswerk und einem erheblichen Ausbau des sozialen Wohnungsbaus auch eine durch die Deutsche Arbeitsfront gebündelte Altersversorgung beinhaltete,[7] auf betriebliche Versorgungseinrichtungen auswirken würde, bestand noch keine Klarheit. Doch selbst wenn die DAF die Hand nach der »schönen und wohlhabenden Stiftung« ausstrecken würde, wäre es nach Ansicht von Schumann kein »Fehler« gewesen, da das Unternehmen gegenüber Dritten sicher Ansprüche in der Höhe der Einlagen besitze.[8]

Das Unternehmen ließ auch zum ersten Kriegsweihnachten der Belegschaft, abhängig von der Betriebszugehörigkeit einen Barbetrag zwischen 8 und 25 Reichsmark zukommen.[9] Darüber hinaus gab es unter Einbehaltung der Selbstkosten zur Reinigung der Arbeitskleidung je ein Paket des rar gewordenen Seifenpulvers und ein Stück Seife an die Belegschaft aus. Damit minderte das Unternehmen die

5 H. Bahlsens Keksfabrik KG, Sozialbericht für das Geschäftsjahr 1939 vom 20.2.1940, S. 3 (BAH, R10, Nr. 537).

6 Norddeutsche Buchführungs- und Verwaltungs-AG, Bericht Nr. 102 über die Prüfung des Jahresabschlusses 1939 der H. Bahlsens Keksfabrik KG vom 20.5.1940, S. 35 (BAH, R11, Nr. 232). Der betriebliche Sozialbericht bezifferte den Kassenbestand des Vereins sogar auf 1,35 Millionen, H. Bahlsens Keksfabrik KG, Sozialbericht für das Geschäftsjahr 1939 vom 20.2.1940, S. 2 (BAH, R10, Nr. 537).

7 Schneider, Kriegsgesellschaft, S. 393 ff.

8 Karl Schumann an Hans Bahlsen vom 26.2.1940, S. 1 (BAH, R10, Nr. 537).

9 H. Bahlsens Keksfabrik KG, Vorstands-Beschluss vom 11.12.1939 (BAH, R10, Nr. 271); H. Bahlsens Keksfabrik KG, Sozialbericht für das Geschäftsjahr 1939 vom 20.2.1940, S. 2 (BAH, R10, Nr. 537).

schmerzlich empfundene Mangelsituation, wobei dabei mit der Einhaltung von Hygienevorschriften durchaus ein Eigeninteresse mitschwang.[10]

Ganz in der Tradition des Ersten Weltkriegs erfolgte die Betreuung der zur Wehrmacht eingezogenen Mitarbeiter. Bereits Mitte September 1939 kontaktierte das Unternehmen seine einberufenen Mitarbeiter. Zwei Wochen später folgte der nächste Rundbrief an die »Arbeitskameraden unter Waffen«, der die Anzahl der bereits Einberufenen auf mehr als 200 Mann bezifferte.[11] Da eine längerfristige Regelung erforderlich wurde, gab das Unternehmen am 25. Oktober 1939 bekannt, rückwirkend ab dem 1. Oktober 1939 einen freiwilligen Zuschuss zum Familienunterhalt zu gewähren. Die nach der Betriebszugehörigkeit gestaffelte Vergütung lag zwischen 10 und 25 Reichsmark. Erst kurzzeitig im Unternehmen tätige Mitarbeiter waren ebenso von der freiwilligen Leistung ausgeschlossen wie Ehefrauen mit eigenem Einkommen.[12]

Die gleich im Herbst 1939 begonnene Sammlung von Feldpostbriefen, aber auch der Versand von so genannten Liebesgaben sollten die Verbindung von Betrieb und Belegschaftsangehörigen in der aus dem Ersten Weltkrieg bekannten Weise symbolisch aufladen.[13] Am 14. November 1939 übermittelte das Unternehmen einen unter der Überschrift »Marsch der Landwehr« stehenden Bericht von Leonhard Rutter über den Vormarsch in Polen.[14] In regelmäßiger Folge verteilte Bahlsen in hektographierter Form unter der Überschrift »Was unsere Soldaten berichten« eine Auswahl von Zuschriften an die Belegschaft.[15] Die Ausgabe vom 21. Dezember 1939 enthielt einen längeren Beitrag von »Oberleutnant und Kompanieführer« Hans Bahlsen, der seinen Soldatenalltag in einem »Bunker im Westwall« beschrieb.[16] Der Miteigentümer und Beschäftigte berichteten in der gleichen Ausgabe, was die »Volksgemeinschaft« der Kriegsgesellschaft an der Front und in der Heimat ausmache.

Otto Trappenberg und Erich Hanke war es neben Berichten über die Kämpfe in Polen vorbehalten, für die erhaltenen Pakete mit Keks und Büchern zu danken

10 H. Bahlsens Keksfabrik KG, Betriebsleitung, Rundschreiben vom 12.12.1939 (BAH, R10, Nr. 271).

11 H. Bahlsens Keksfabrik KG, Rundbrief an unsere Arbeitskameraden unter Waffen vom 3.10.1939 (BAH, R10, Nr. 271).

12 H. Bahlsens Keksfabrik KG, Unsere freiwilligen Zuwendungen bei Einberufungen zur Wehrmacht vom 25.10.1939 (BAH, R10, Nr. 593).

13 Albert Kwiotek an H. Bahlsens Keksfabrik KG vom 10.11.1939; Fritz Blasin an Bahlsen-Geschäftsleitung vom 22.11.1939 (jeweils BAH, R10, Nr. 612); zahlreiche Beispiele aus dem Sommer 1940 auch in (BAH, R10, Nr. 610).

14 H. Bahlsens Keksfabrik KG, hektographiertes Schreiben vom 14.11.1939 (BAH, R10, Nr. 271).

15 Was unsere Soldaten berichten, Th. Wojcik u. a. o. D.; H. Bahlsens Keksfabrik KG, Was unsere Soldaten berichten, Hans Dersch u. a. vom 5.12.1939, Albert Kwiotek u. a. vom 14.12.1939, 6. Folge, Heinz Brüssermann u. a. vom 29.12.1939 (jeweils BAH, R10, Nr. 271).

16 H. Bahlsens Keksfabrik KG, Was uns unsere Soldaten berichten vom 21.12.1939, S. 1 ff. (BAH, R10, Nr. 271).

und dem »Hause Bahlsen« zu wünschen, »nach dem Sieg wieder voll und ganz die Arbeit aufnehmen« zu können.[17] Mit dem Versand der 6. Folge des Rundbriefs »Was unsere Soldaten berichten« zeigte sich die H. Bahlsens Keksfabrik KG in voller Übereinstimmung mit der Kriegspropaganda des NS-Regimes, indem der deutsche Angriffskrieg als aufgezwungener »Abwehrkampf um die Lebensrechte der Nation« umgedeutet wurde, der »mit felsenfestem Vertrauen zu Führer und Führung« zu einem siegreichen Ende geführt werden könne.[18]

Gleich Anfang Januar 1940 versandte die Firma Bahlsen ein aktualisiertes, 188 Männer aufführendes Adressenverzeichnis der »einberufenen Arbeitskameraden« an jeden Bahlsen-Mitarbeiter beim Militär.[19] Im März 1940 umfasste die Adressenliste bereits 221 Namen.[20] Zwar gingen im Frühjahr 1940 wegen der Westoffensive weniger Berichte ein, umso klarer fiel jedoch die formulierte Siegesgewissheit aus.[21] Die 11. Folge vom Juni 1940, die an 307 Bahlsen-Männer ging,[22] zitierte beispielsweise das Dankschreiben eines im Zivilberuf für das Auslieferungslager Mannheim tätigen Reisenden: »Wir sind in einem Siegestaumel, bald ist Großdeutschland die erste und stärkste Macht der Welt, der Sieg ist unser!«[23] Mitarbeiter äußerten den Wunsch »auf einen baldigen Endsieg« und hofften auch darauf, wieder gesund an den Arbeitsplatz zurückzukehren.[24]

Das aktuell gehaltene Adressen-Verzeichnis der Einberufenen sollte die Versorgung mit Neuigkeiten und Paketen sicherstellen, aber auch die Kommunikation untereinander erleichtern.[25] Inmitten der Luftschlacht um England, die der »Abrechnung mit dem Hauptfeind England« diente, schickte Bahlsen den eingezogenen

17 Ebd., S. 6.

18 H. Bahlsens Keksfabrik KG, Schreiben an die einberufenen Belegschaftsangehörigen vom 29.12.1939 (BAH, R10, Nr. 271).

19 Adressenverzeichnis der zur Wehrmacht einberufenen Arbeitskameraden vom 5.1.1940; H. Bahlsens Keksfabrik KG, Was unsere Soldaten berichten, 7. Folge, Albert Giese u. a. vom 13.1.1940 (jeweils BAH, R10, Nr. 271).

20 Adressenverzeichnis der zur Wehrmacht einberufenen Arbeitskameraden vom 6.3.1940; H. Bahlsens Keksfabrik KG, Was unsere Soldaten berichten, 9. Folge, Willi Riemenschneider u. a. vom 9.3.1940, 10. Folge, Karl Seus u. a. vom 16.4.1940 (jeweils BAH, R10, Nr. 271).

21 H. Bahlsens Keksfabrik KG, Was unsere Soldaten berichten, Folge 11, Heinz Brüssermann u. a. vom 13.6.1940; H. Bahlsens Keksfabrik KG, Schreiben an die einberufenen Belegschaftsangehörigen vom 13.6.1940 (jeweils BAH, R10, Nr. 271).

22 Adressen-Verzeichnis der zur Wehrmacht einberufenen Arbeitskameraden vom 15.6.1940 (BAH, R10, Nr. 591).

23 Was unsere Soldaten berichten, Folge 11 vom 13.6.1940, S. 1 (BAH, R10, Nr. 591); die 9. Folge war Mitte März 1940 und die 10. Folge am 16.4.1940 zum Versand gekommen, H. Bahlsens Keksfabrik KG an die zur Wehrmacht einberufenen Arbeitskameraden vom 6.3.1940 (BAH, R10, Nr. 593); H. Bahlsens Keksfabrik KG an die zur Wehrmacht einberufenen Arbeitskameraden vom 16.4.1940 (BAH, R10, Nr. 593).

24 Was unsere Soldaten berichten, Folge 11 vom 13.6.1940, S. 3 u. 5 (BAH, R10, Nr. 591).

25 Adressenverzeichnis der zur Wehrmacht einberufenen Arbeitskameraden vom 6.3.1940 u. vom 15.6.1940 (jeweils BAH, R10, Nr. 591).

»Arbeitskameraden« eine »England-Karte«, auch um die vielen Zuschriften zu erwidern. Das Unternehmen beruhigte die Militärdienstleistenden, dass sowohl der Zivilmarkt als auch die Wehrmacht versorgt würden, sich die Kontingentierung »gut eingespielt« habe und auch Bahlsen in der Hoffnung weitermarschiere, dass der »Endsieg bald unser« sei.[26]

Auf der einen Seite stärkte das Unternehmen die Siegesgewissheit, auf der anderen Seite ging es darum, die Stimmung der im Betrieb verbliebenen deutschen Belegschaft positiv zu beeinflussen. Die Wiederaufnahme der Turnkurse am 25. Oktober 1939 bildete hierzu einen Beitrag.[27] Den kurz nach Kriegsbeginn eingezogenen DAF-Betriebsobmann Hermann Koch ersetzte noch im Herbst 1939 sein Stellvertreter Bernhard Voß.[28] Der am 24. Februar 1889 geborene Voß, ein gelernter Handlungsgehilfe, war am 1. Mai 1912 bei Bahlsen eingestellt und als Expedient beschäftigt worden. Am 10. Mai 1933 war er der NSDAP beigetreten und betätigte sich in der Nationalsozialistischen Betriebszellen-Organisation.[29]

Bei allen betrieblichen Sozialmaßnahmen erzeugten die Mangelwirtschaft und die Verunsicherung im Krieg Begehrlichkeiten, die Ende Februar 1940 zum Diebstahl von Rohmaterial, fertiger Versandware sowie auch der Wegnahme eines Mantels einer Angestellten führten. Daraufhin kündigten Betriebsleiter Hermann Hertzer und DAF-Betriebsobmann Bernhard Voß Ende Februar 1940 an, »Diebstahl und Sabotage«, die »Verrat am Volksvermögen« darstellten und für die »verschärfte Strafmaßnahmen« galten, »ohne jede Nachsicht« zu ahnden. Sie wiederholten das Verbot, die eigene Betriebsabteilung zu verlassen und sich ohne Auftrag in anderen Abteilungen aufzuhalten. Wer dort grundlos angetroffen werde, so die Ankündigung, für den werde das Unternehmen beim Vertrauensrat eine »Buße« beantragen.[30] »Betriebsführer« Hermann Hertzer beklagte Mitte März 1940 das unentschuldigte Fehlen von Mitarbeiterinnen und Mitarbeitern, was die »regelmäßige Arbeit« gefährde. Am 2. März 1940 hätten in der zweiten Schicht der Leibniz-Abteilung sogar 23 Beschäftigte gefehlt, sodass der Ofen 6 stillgelegt werden musste. Ihnen erlegte der Vertrauensrat eine Buße auf. Im Wiederholungsfalle würden die der »Pflichtvergessenheit« Schuldigen der »zuständigen Behörde zur Bestrafung überwiesen«.[31] Hertzer kündigte an, dass »gegen jeden rücksichtslos vorgegangen« werde, der ohne triftigen Grund fehle.

Die Ritualisierung des Spendensammelns setzte sich nach Kriegsbeginn fort, indem »Betriebsführer« Hertzer am 12. Oktober 1939 zur Beteiligung an der »Son-

26 H. Bahlsens Keksfabrik KG an die Mitarbeiter im Felde vom 24.9.1940 (BAH, R10, Nr. 593).
27 H. Bahlsens Keksfabrik KG, Werner Bahlsen, Rundschreiben vom 25.10.1939 (BAH, R10, Nr. 271).
28 Klaus Bahlsen, 7. Bericht 1939-1940 vom 3.1.1941, S. 6 (BAH, R10, Nr. 505).
29 Uk-Stellungs-Karteikarte Bernhard Voß o. D. (BAH, R10, Nr. 592).
30 Hermann Hertzer/Bernhard Voß, Diebstahl und Sabotage vom 28.2.1940 (BAH, R10, Nr. 591).
31 Der Betriebsführer, Hermann Hertzer, Es darf niemand bei der Arbeit fehlen vom 11.3.1940 BAH, R10, Nr. 271).

dersammlung der DAF für das Kriegs-WHW« aufforderte.[32] Auch am 20. März 1940 kündigten er und Betriebsobmann Bernhard Voß an, zusätzlich zu den bereits feststehenden Abzügen für das Winterhilfswerk von der nächsten Lohn- und Gehaltszahlung zwischen 0,20 und 1,20 Reichsmark abzuziehen. Mit drohendem Unterton trug das Rundschreiben denjenigen auf, die »glauben, sich ausschließen zu müssen«, sich »sofort« zu melden. Als Zeichen ihrer Spendenfreudigkeit sollten die Direktricen, Meister und Abteilungsleiter ihren Mitarbeiterinnen und Mitarbeitern zum Arbeitsschluss ihre die Spenden nachweisenden Plaketten aushändigen.[33]

Auch während des Krieges erhielt Bahlsen regelmäßig ein Gaudiplom für hervorragende Leistungen. Am 1. Mai 1940 unterzeichnete erneut Gauleiter-Stellvertreter Kurt Schmalz das Gaudiplom.[34] Mit Rücksicht auf die Kriegssituation entfielen aber zwischen 1940 und 1942 der allgemeine Aufmarsch und der Kameradschaftsabend. Stattdessen erhielten alle Belegschaftsmitglieder eine Barauszahlung von 1 Reichsmark, um »sich gegebenenfalls an anderen Feiern zu beteiligen«.[35] 1941, als Schmalz in den Reichsgau Wartheland abkommandiert war, übernahm die Unterzeichnung des Gaudiploms Gauleiter Hartmann Lauterbacher. Die wiederholte Auszeichnung von Bahlsen geschah auch wegen der in der Verleihungsurkunde enthaltenen Aufforderung, die Betriebsgemeinschaft »auf die großen Ziele der nationalsozialistischen Bewegung auszurichten«.[36] Dafür, dass die Betriebsleitung dies zur eigenen Absicht erhob, fehlen allerdings konkrete Hinweise. Die alljährliche Bewerbung um die Auszeichnung und die erneute Zuerkennung des Gaudiploms im Jahr 1942 verdeutlichten vor allem die gegenseitige Indienstnahme, die inzwischen zur entleerten Routine geworden war.[37]

Zu Weihnachten 1940 schickte das Unternehmen den einberufenen Arbeitern und Angestellten zur Verschönerung der Festtage wieder ein größeres Paket, dem ein gesondertes Schreiben des DAF-Betriebsobmanns Bernhard Voß beilag, mit

32 Der Betriebsführer, Sondersammlung der DAF für das Kriegs-WHW vom 13.-15.10.1939 vom 12.10.1939; Betriebsobmann Bernhard Voß/Betriebsführer Hermann Hertzer, Kriegs-WHW 1940/41 des deutschen Volkes vom 30.8.1940; Der Betriebsführer Hermann Hertzer/Betriebsobmann Bernhard Voß, Gebt freudig für das 2. Kriegs-WHW 1940/41, Sondersammlung der DAF am 19. u. 20.10.1940 vom 17.10.1940 (jeweils BAH, R10, Nr. 271).

33 Hermann Hertzer/Bernhard Voß, Gebt freudig für das Kriegs-WHW, Schluss-Sondersammlung der DAF am 30. u. 31.3. vom 20.3.1940 (BAH, R10, Nr. 591).

34 Gauleiter-Stellvertreter Kurt Schmalz, Urkunde Gaudiplom für hervorragende Leistungen für H. Bahlsens Keksfabrik vom 1.5.1940 (BAH, R10, Nr. 572); H. Bahlsens Keksfabrik KG, Gaudiplom für hervorragende Leistungen vom 15.5.1940 (BAH, R10, Nr. 271).

35 Der Betriebsführer Hermann Hertzer, Nationaler Feiertag am 1.5.1940 vom 26.4.1940; H. Bahlsens Keksfabrik KG, Nationaler Feiertag am 1.5.1941 vom 26.4.1941; H. Bahlsens Keksfabrik KG, Nationaler Feiertag (2.5.1942) vom 27.4.1942 (jeweils BAH, R10, Nr. 271).

36 Gauleiter Hartmann Lauterbacher, Urkunde Gaudiplom für hervorragende Leistungen für H. Bahlsens Keksfabrik vom 1.5.1941 (BAH, R10, Nr. 572).

37 H. Bahlsens Keksfabrik KG, Hermann Hertzer, betr. Der Gauleiter vom 5.5.1942 (BAH, R10, Nr. 271).

dem er seiner Überzeugung Ausdruck gab, dass der »ewige Störenfried ›England‹ aus dem europäischen Interessengebiet beseitigt« werde und danach alle Kraft wieder der »friedlichen Aufbau-Arbeit im Sinne des Führers« gelten könne.[38] Die Betriebsbelegschaft erhielt am 19. Dezember 1940 zu Weihnachten einen steuerfrei gestellten Barbetrag zwischen 3 Reichsmark für die nach dem 11. November 1940 eingetretenen freiwilligen Helferinnen und 25 Reichsmark für die vor dem 31. Dezember 1939 bei Bahlsen beschäftigten verheirateten Mitarbeiter und ihnen gleichgestellte verwitwete, ledige oder geschiedene Personen mit versorgungspflichtigen Kindern unter 14 Jahren.[39] 1941 erfolgte eine analoge Regelung.[40]

Die zunächst als Werksfürsorgerin eingesetzte DAF-Funktionärin Christine Scherzberg erhielt 1940 ihre Ausbildung zur Sozialen Betriebsarbeiterin für die »Frau am Arbeitsplatz«.[41] 1941 erfolgte ihre Beförderung zur Sozialen Betriebsarbeiterin.[42] Sie machte innerhalb der NS-Institutionen durch die Berufung in die Arbeitskammer des Gaus Süd-Hannover-Braunschweig im Dezember 1942 oder die Einladung zur Reichstagung der NS-Betriebssozialarbeit weiter Karriere.[43] Der nationalsozialistische Aktivist und als NSDAP-Ortsgruppenleiter in Spannhagen tätige Heinrich Struß erhielt das Kriegsverdienstkreuz.[44]

1941 begann im Sommerhalbjahr die Verschickung von jeweils 20 bis 25 Kindern der deutschen Mitarbeiterinnen und Mitarbeiter, damit sie sich vier bis sechs Wochen in Northeim, Braunlage oder an der See erholen konnten.[45] Im Rahmen der Gesundheitsfürsorge gab das Unternehmen ab 1940/41 an die Belegschaft Redoxon-Tabletten mit Vitamin C aus, um ihre gesundheitliche Widerstandsfähigkeit beispielsweise gegen Erkältungskrankheiten zu stärken.[46] Da die Deutsche Arbeitsfront das nach der Rezeptur von »Hitlers Leibarzt« Professor Dr. Theo Morell hergestellte,

38 H. Bahlsens Keksfabrik KG, Geschäftsleitung, an Wehrmachtsangehörige zu Weihnachten 1940; Bahlsen, Betriebsobmann Bernhard Voß, an Wehrmachtsangehörige zu Weihnachten 1940 (jeweils BAH, R10, Nr. 593).

39 H. Bahlsens Keksfabrik KG, Vorstands-Beschluss vom 13.12.1940 (BAH, R10, Nr. 271).

40 Vorstands-Beschluss vom 8.12.1941 (BAH, R10, Nr. 271).

41 Unsere Wohlfahrts- und Hygieneeinrichtungen seit Gründung der Fabrik im Jahre 1889 vom Februar 1943, S. 5 (BAH, R10, Nr. 516).

42 Klaus Bahlsen, 7. Bericht 1939-1940 vom 3.1.1941, S. 6; Klaus Bahlsen, 8. Bericht – 1941/42 vom 1.2.1943, S. 4 (jeweils BAH, R10, Nr. 505).

43 Hermann Hertzer, Verkauf vom 15.12.1942, S. 1 (BAH, R10, Nr. 513); Hermann Hertzer, Verkauf vom 30.1.1943, S. 2 (BAH, R10, Nr. 516).

44 Hermann Hertzer, Verkauf vom 30.11.1942, S. 1 (BAH, R10, Nr. 516).

45 Unsere Wohlfahrts- und Hygieneeinrichtungen seit Gründung der Fabrik im Jahre 1889 vom Februar 1943, S. 6 (BAH, R10, Nr. 516).

46 H. Bahlsens Keksfabrik KG, Betriebsführer Hermann Hertzer, Vitamine vom 6.5.1941 (BAH, R10, Nr. 271); Unsere Wohlfahrts- und Hygieneeinrichtungen seit Gründung der Fabrik im Jahre 1889 vom Februar 1943, S. 5 f. (BAH, R10, Nr. 516); H. Bahlsens Keksfabrik KG, Vitamin C vom 10.1.1942; H. Bahlsens Keksfabrik KG, Vitamin C vom 8.4.1944 (jeweils BAH, R10, Nr. 271); siehe auch Stoff, Vitaminisierung, S. 79 f.

aber kaum lieferbare Vitamultin-Präparat empfahl, holte Anna-Dora Thieme wegen der ausreichenden Dosierung und der Präparatwahl die Meinung der Berliner Fachärztin für Innere Krankheiten, Dr. med. habil. Anneliese Wittgenstein, ein. In ihrer Stellungnahme vom 17. Oktober 1941 schlug diese für die Zeit von Anfang November bis Ende Mai die tägliche Gabe von 0,05 Gramm Vitamin C vor und wies auf Großpackungen von Cebion (Merck) und Redoxon (Hoffmann La Roche) hin.[47] Das Reichsarztregister (RAR) der Kassenärztlichen Vereinigung (KV) Berlin führte Dr. Wittgenstein als jüdischen »Mischling I. Grades«,[48] sodass sie in Folge der antisemitischen Diskriminierungen auch diese beratende ärztliche Tätigkeit nicht abrechnen konnte. Anna-Dora Thieme ließ ihr ersatzweise ein Paket Nr. 4 Danzig und zwei Dutzend Leibniz schicken, die Frau Wittgenstein eine »große Freude« bereiteten.[49] Thieme hatte mit Dr. Wittgenstein bereits im November 1939 wegen eines Gutachtens über die Gabe von Salztabletten zum Ausgleich des Schwitzens in der heißen Jahreszeit oder der Arbeit in überhitzten Räumen in Verbindung gestanden.[50] Inwieweit die Anfragen eine bewusste Unterstützung einer rassistisch ausgegrenzten Frau darstellten, kann mangels Unterlagen nicht gesagt werden.

Das Unternehmen setzte die Soldatenbetreuung, »Ehrenpflicht« genannt, routiniert fort. Mehrere Hundert Betriebsangehörige, darunter auch ältere Jahrgänge, dienten im Mai 1941 in der Wehrmacht. Sie hatten seit Kriegsbeginn rund 30.000 Sendungen, darin 8.000 Packungen Süßigkeit, 15.800 Zeitschriften und 6.000 Bücher sowie Gesellschaftsspiele, Spirituosen, Rauchwaren und Körperpflege-Artikel, erhalten. Mitte Mai 1941 bereitete die H. Bahlsens Keksfabrik KG eine Pfingstsendung mit je einem Paket Nione und Leibniz, einer Schachtel Süßigkeiten, einem Fotoalbum, einer Mundharmonika, sowie dem Goethe-Buch »Reinecke Fuchs« samt Birkenzweig und Pfingstgruß vor und versprach in diesem Zusammenhang, die Soldatenbetreuung bis zu ihrer »siegreichen Heimkehr« fortsetzen zu wollen.[51]

Die medizinische Betreuung der deutschen Belegschaft wurde im Zuge der notwendigen Erhaltung ihrer Arbeitskraft noch wichtiger. Im Laufe des Jahres 1941 zogen die Soziale Betriebsfürsorge und das betriebliche Arztsprechzimmer in größere und völlig neue, modern eingerichtete Räume, in denen zusätzlich vier Kabinen für Bestrahlungs- und Ruhezwecke zur Verfügung standen. Solluxlampen und Höhen-

47 H. Bahlsens Keksfabrik KG, Anna-Dora Thieme, an Fräulein Dr. med. Wittgenstein vom 14.10.1941; Dr. med. habil. Annelise Wittgenstein an Fräulein Direktor Thieme vom 17.10.1941; Anna-Dora Thieme an Klaus Bahlsen vom 20.10.1941 (jeweils BAH, R10, Nr. 292).

48 Ärztinnen im Kaiserreich, Annelise Wittgenstein, https://geschichte.charite.de/aeik/biografie.php?ID=AEIK00855 (Zugriff 1.3.2023).

49 Anna-Dora Thieme an Annelise Wittgenstein vom 20.10.1941; Dr. Annelise Wittgenstein an Anna-Dora Thieme vom 31.10.1941 (jeweils BAH, R10, Nr. 292).

50 H. Bahlsens Keksfabrik KG, Anna-Dora Thieme, an Fräulein Dr. med. Wittgenstein vom 29.11.1939 (BAH, R10, Nr. 292).

51 H. Bahlsens Keksfabrik KG, Unsere Arbeitskameraden im Felde vom 16.5.1941, S. 2 (BAH, R10, Nr. 271).

sonnen wurden angeschafft.[52] Mit längerer Kriegsdauer und einer wachsenden Zahl von »Kriegsversehrten« erhöhte sich die Notwendigkeit von deren Reintegration in das Berufsleben, auch um deren verbliebene Arbeitskraft auszunutzen. Hans Bahlsen übermittelte der Wirtschaftsgruppe Lebensmittel-Industrie am 23. Februar 1942 die Bereitschaft der Firmen Sprengel & Co., der Harry Trüller AG und der H. Bahlsens Keksfabrik KG, im Rahmen der betrieblichen Möglichkeiten »Kriegsversehrte einzustellen«. Allerdings bestanden in den Unternehmen keine gesonderten Schulungswerkstätten, sodass allenfalls eine Anlernung in den bestehenden Betriebsabteilungen und -werkstätten erfolgen könne.[53] Einerseits als Teil ihrer »vaterländischen Pflicht« betrachtet, fragte Hans Bahlsen andererseits nur zwei Monate später wegen des immer eklatanter werdenden Arbeitskräftemangels bei einem ihm aus seinem Dienst im Wehrkreis XI bekannten, dort die Wehrmachtsfürsorge bearbeiteten Oberst, ob bei der dortigen Dienststelle »irgendwelche versehrte Mannschaften oder Offiziere« verfügbar waren. Denn Bahlsen suchte für den Werkluftschutzleiter einen Gehilfen, mehrere Mechaniker, Hilfsschlosser oder Klempner für Reparaturarbeiten, vertrauenswürdige Armamputierte als Pförtner sowie Anlernlinge als Hilfsmaschinist oder Schalttafelwärter.[54]

Das 50. Arbeitsjubiläum von Direktor Hermann Hertzer bot am 1. März 1942 eine der wenigen Abwechslungen von den Mühen des Kriegsalltags. Im geschmückten großen Vortrags- und Sitzungssaal begann um 10:15 Uhr der Festakt, zu dem neben der Familie und Freunden des Jubilars der gesamte Vorstand, Aufsichtsrat und Vertrauensrat, einzelne Jubilare und Pensionäre sowie Vertreter wirtschaftlicher, staatlicher und parteilicher Stellen erschienen waren.[55] Nach der Jubilarehrung durch Werner Bahlsen und seine Vorstandskollegin Anna-Dora Thieme sprach Hans Bahlsen in seiner Offiziersuniform als symbolischer Vertreter der zur Wehrmacht eingezogenen »Feldgrauen«. Mit den Lobreden, die der Aufsichtsratsvorsitzende Arthur Menge, Betriebsobmann Bernhard Voß und der älteste Oberreisende Fritz Farne zusammen mit dem jüngsten Reisenden hielten, entstand zusammen mit Grußworten des Präsidenten der Wirtschaftskammer Niedersachsen, Ewald Hecker, von Generaldirektor Heinz Appel sowie des Vorsitzenden der WVS, Hermann Brude, die gewünschte Vergemeinschaftung. Abgesehen vom Redebeitrag des stellvertretenden Kreisobmanns der DAF, Otto Schrader, der im Lebensweg von

52 Unsere Wohlfahrts- und Hygieneeinrichtungen seit Gründung der Fabrik im Jahre 1889 vom Februar 1943, S. 6 (BAH, R10, Nr. 516).

53 H. Bahlsens Keksfabrik KG, Hans Bahlsen, an Wirtschaftsgruppe Lebensmittel-Industrie vom 23.2.1942; Wirtschaftsgruppe Lebensmittel-Industrie an Hans Bahlsen, H. Bahlsens Keksfabrik KG vom 11.2.1942 (jeweils BAH, R10, Nr. 593).

54 Hans Bahlsen an Oberst von Montbé vom 14.4.1942, S. 1 (BAH, R10, Nr. 593).

55 Goldenes Arbeitsjubiläum des Betriebsführers Direktor Hermann Hertzer im Hause H. Bahlsens Keksfabrik KG am 1.3.1942, S. 1 ff.; siehe auch »Fünfzig Jahre im Dienste der Keksindustrie«, Kurier-Tagbelatt vom 1.3.1942, S. 6; »Fünfzig Jahre bei Bahlsen«, Hannoverscher Anzeiger 28.2./1.3.1942 (jeweils BAH, R11, Nr. 453).

Hermann Hertzer eine »Bestätigung der nationalsozialistischen Auffassung vom Arbeitsleben des Menschen« erkannt haben wollte,[56] fehlte der Begriff Nationalsozialismus. Es war aber Hertzer »trotz Krieg und manchen Schwierigkeiten« vorbehalten, Zukunftsoptimismus zu verbreiten, indem er »dank der genialen Führung unseres Adolf Hitlers« das Erstarken Deutschlands und der deutschen Wirtschaft prognostizierte. Als Zeichen des Vertrauens zu »unserem Führer« bat er, diesem »unseren Gruß zu entbieten«, was in das gemeinsame Absingen der »Nationallieder« überging.[57] Das anschließende kurze Zusammensein »bei perlendem Fest-Trunk« stand in den Traditionen des sozialpolitischen Engagements von Bahlsen. Auch die ehrenamtliche Betätigung der Ehefrau von Hans, Mercedes Bahlsen, im Deutschen Frauenwerk, dem der NSDAP angegliederten nationalsozialistischen Verband, stand in dieser Linie.[58]

Allerdings machten die im Betrieb festgestellten, nach Ansicht von Klaus Bahlsen geradezu »überhand« nehmenden Diebstähle deutlich, dass die nationalsozialistische Betriebsgemeinschaft vor allem als Anspruch, aber keineswegs in der sozialen Wirklichkeit existierte, die für viele Betriebsangehörige durch Mangel und Konflikte charakterisiert war. Anna-Dora Thieme stellte als »der stellvertretende Betriebsführer« Diebe an Wehrmachtsgut am 10. Juli 1942 »außerhalb der Volksgemeinschaft, die »härteste Strafen« zu erwarten hätten. Um die »Gelegenheit zum Stehlen« zu verringern, verbot die Betriebsleitung mit Ausnahme von Bränden und Fliegeralarm das Betreten anderer Abteilungen.[59] Klaus Bahlsen veranlasste Sonderkontrollen, bei denen innerhalb von drei Tagen gestohlene Waren im Wert von 100 Reichsmark entdeckt wurden.[60] Der am 17. November 1942 tagende betriebliche Vertrauensrat nahm bei Bahlsen auch eine Straffunktion wahr, da er Bußen gegen Mitarbeiterinnen und Mitarbeiter verhängte, die von Hans Püschmann wegen Diebstahls gemeldet worden waren.[61] Auch vor Weihnachten 1942 hielten die Diebstähle weiter an,[62] woraufhin am 27. Dezember 1942 im ganzen Betrieb eine »Großkontrolle« durchgeführt wurde, auch um »Ordnung und Sauberkeit« zu verbessern.[63] Ein wegen Diebstahls in der Teigmacherei ergangenes Urteil über 14 Tage Gefängnishaft wurde in der zweiten Ja-

56 Goldenes Arbeitsjubiläum des Betriebsführers Direktor Hermann Hertzer im Hause H. Bahlsens Keksfabrik KG am 1.3.1942, S. 18 (BAH, R11, Nr. 453).

57 Ebd., S. 21 f.

58 Military Government of Germany, Fragebogen Hans Bahlsen vom 14.8.1946, S. 8 (NLA H, Nds. 171 Hannover, Nr. 51216).

59 H. Bahlsens Keksfabrik KG, Anna-Dora Thieme, Anschlag für Luftschutz vom 10.7.1942 (BAH, R10, Nr. 271).

60 Klaus Bahlsen, 8. Bericht – 1941/42 vom 1.2.1943, S. 6 (BAH, R10, Nr. 505).

61 Hermann Hertzer, Verkauf vom 16.11.1942, S. 2 (BAH, R10, Nr. 513).

62 Betriebsführer Hermann Hertzer, Helft Diebstähle bekämpfen vom 17.12.1942 (BAH, R10, Nr. 271).

63 Klaus Bahlsen, Fabrikbericht 16.-31.12.1942 vom 18.1.1943, S. 2 (BAH, R10, Nr. 513).

nuarhälfte 1943 vollstreckt.[64] Da aber weiterhin zahlreiche Diebstahlsfälle auftraten, schaltete das Unternehmen die Staatsanwaltschaft ein.[65]

Je schwieriger die Lage der Wehrmacht an den Fronten wurde, desto energischer setzte das NS-Regime die Spendenaktivitäten für das »Kriegs-WHW« in den Wintern 1942/43 und 1943/44 fort. Betriebsführer Hertzer und Betriebsobmann Voß teilten Mitte September 1942 der Belegschaft mit, dass die festgelegte »Mindestspende« der Niedriglohnbereiche mindestens 25 Pfennig im Monat, für Lohnsteuerpflichtige 10 Prozent der Lohnsteuer betrug, die monatlich abgezogen würden.[66] Auch das Unternehmen hielt an seinen sozialpolitischen Maßnahmen fest. Als Weihnachtsgabe erhielten drei Kriegswaisen früherer Mitarbeiter der Fabrik und sechs in den Auslieferungslagern ein Sparkassenbuch mit einem Sparbetrag über je 25 Reichsmark überreicht.[67]

Die freiwilligen Barzuwendungen erreichten 1942 insgesamt rund 58.000 Reichsmark.[68] Am 20. Dezember 1942 führte der Betrieb seine Weihnachtsfeier für die »Kinder der Gefolgschaft« durch.[69] Bahlsen rechnete sich als sozialpolitische Leistung an, sowohl 1942 als auch 1943 in den Auslieferungslagern Betriebsferien gehalten zu haben.[70] Zum Weihnachtsfest 1942 bedankte sich Hertzer bei der Belegschaft für die »geleistete treue Mitarbeit«, gedachte der »Krieger« und grüßte »in der Zuversicht auf einen baldigen Endsieg«.[71] Bahlsen gab zusätzlich einen Barbetrag in gleicher Höhe wie im Vorjahr an die deutsche Belegschaft aus.[72] Die »freiwilligen Helferinnen«, die bereits das zweite Jahr für Bahlsen tätig waren, gehörten dann auch zur »Stamm-Gefolgschaft«.[73] Der Vertrauensrat entzog aber in seiner Sitzung am 14. Dezember 1942 zwölf Belegschaftsangehörigen wegen wiederholten Zuspätkommens das Weihnachtsbargeld und verhängte gegen andere Bußen.[74]

Die DAF dehnte ihren Zuständigkeitsbereich im Betrieb immer weiter aus, auch um durch eine Aufgabenerweiterung ihre Organisationsaufblähung zu legitimieren.

64 Klaus Bahlsen, Fabrikbericht 16.-31.1.1943 vom 3.2.1943, S. 1 (BAH, R10, Nr. 513).

65 Klaus Bahlsen, Fabrikbericht 1.-15.4.1943 vom 20.4.1943, S. 1 (BAH, R10, Nr. 513).

66 Hermann Hertzer/Bernhard Voß, Kriegs-WHW 1942/43 des deutschen Volkes vom 17.9.1942; Hermann Hertzer/Bernhard Voß, Kriegs-WHW 1943/44 des deutschen Volkes vom 16.9.1943 (jeweils BAH, R10, Nr. 271).

67 Hermann Hertzer, Verkauf vom 30.12.1942, S. 2 (BAH, R10, Nr. 513).

68 Hermann Hertzer, Verkauf vom 15.2.1943, S. 3 (BAH, R10, Nr. 513).

69 Klaus Bahlsen, Fabrikbericht 16.-31.12.1942 vom 18.1.1943, S. 2 (BAH, R10, Nr. 513); Hermann Hertzer, Verkauf vom 30.11.1942, S. 1 (BAH, R10, Nr. 516); Hermann Hertzer, Verkauf vom 30.12.1942, S. 2 (jeweils BAH, R10, Nr. 513).

70 Hermann Hertzer, Kurzbericht über wichtige Ereignisse in unserer Firma, März 1948, S. 9 (BAH, R10, Nr. 505).

71 H. Bahlsens Keksfabrik KG, Hermann Hertzer, Rundschreiben vom 22.12.1942 (BAH, R10, Nr. 271).

72 H. Bahlsens Keksfabrik KG, Vorstands-Beschluss vom 11.12.1942 (BAH, R10, Nr. 271).

73 Hermann Hertzer, Verkauf vom 16.11.1942, S. 1 (BAH, R10, Nr. 513).

74 Hermann Hertzer, Verkauf vom 15.12.1942, S. 1 (BAH, R10, Nr. 513).

Die Nähe zum Nationalsozialismus führte dazu, dass der DAF-Gauobmann der Sozialen Betriebsarbeiterin eine »SS-Anwärterin zur praktischen Einarbeitung« zuteilte.[75] Als Organisationswalter der DAF fungierte im Betrieb der in der Rechnungs-Abteilung tätige Alfred Winneike, der am 1. Juni 1927 bei Bahlsen angefangen hatte und am 1. März 1937 der NSDAP beigetreten war.[76] Mit dem DAF-Vertrauensrat war ursprünglich eine Umstellung des Lohnabrechnungszeitraums auf einen monatlichen Rhythmus verabredet worden.[77] Doch ab Januar 1943 ging Bahlsen von der wöchentlichen Auszahlung der Löhne zunächst auf einen zweiwöchigen Rhythmus über, was den Verwaltungsaufwand reduzieren sollte. Für die insgesamt gute Einkommenssituation der Arbeiterschaft sprach, dass nur an 28 Lohnempfänger Vorschüsse gezahlt werden mussten.[78]

Die NSDAP drängte sich weiter in die Betriebsabläufe, indem sie über den DAF-Betriebsobmann eine Einschaltung bei der Beantragung von Unabkömmlichstellungen einforderte.[79] Die NSDAP reichte daraufhin eine 69 Männer umfassende Liste von nach 1898 Geborenen mit dem Ziel ein, dass der Betrieb nach Prüfung »möglichst viele Gefolgschaftsmitgliedern für den Heeresdienst« freigab.[80] Das entsprach gar nicht den Betriebsinteressen, weshalb durch dilatorische Bearbeitung das Schlimmste verhindert werden sollte.

Der Gauobmann der DAF, Reinhard Fäthe, machte die Überprüfung der Auszeichnung »Vorbildliche Sorge um die Volksgesundheit« von der Einstellung eines vom DAF-Amt »Gesundheit und Volksschutz« bestätigten nebenamtlichen Betriebsarztes abhängig. Sollte das Unternehmen Bahlsen an seiner vertraglichen Bindung an einen niedergelassenen Arzt festhalten wollen und keinen von der DAF anerkannten Betriebsarzt einstellen, würde er die Entziehung des Leistungsabzeichens beantragen müssen.[81] Bahlsen lenkte ein und ließ im Juni 1942 die ärztliche Untersuchung der zehn Mädchen und zwölf Jungen von Betriebsangehörigen vor ihrer »Verschickung« durch den von der DAF bestätigten Dr. Fritz Fromme durchführen.[82] Am 1. September 1942 schloss die H. Bahlsens Keksfabrik KG mit Fromme, der im Betrieb wöchentlich zwei Sprechstunden abhielt, einen formellen Vertrag über seine Tätigkeit als nebenamtlicher Betriebsarzt, die gemäß den vom DAF-Amt Gesundheit und

75 Hermann Hertzer, Verkauf vom 30.12.1942, S. 2 (BAH, R10, Nr. 513).

76 Uk-Stellungs-Karteikarte Alfred Winneike o. D. (BAH, R10, Nr. 592).

77 H. Bahlsens Keksfabrik KG, Verkauf, Hermann Hertzer, Bericht vom 16.11.1942, S. 1 (BAH, R10, Nr. 513).

78 H. Bahlsens Keksfabrik KG, Monatliche Lohnzahlung ab 1.1.1943 vom 9.12.1942 (BAH, R10, Nr. 271); Klaus Bahlsen, Fabrikbericht 16.-31.1.1943 vom 3.2.1943, S. 2 (BAH, R10, Nr. 513).

79 Hermann Hertzer, Verkauf vom 15.2.1943, S. 2 (BAH, R10, Nr. 513).

80 Hermann Hertzer, Verkauf vom 27.2.1943, S. 1 (BAH, R10, Nr. 513).

81 Deutsche Arbeitsfront, Gauwaltung Süd-Hannover-Braunschweig, Gauobmann Reinhard Fäthe, an Betriebsführung der Fa. H. Bahlsens Keksfabrik vom 19.3.1942 (BAH, R10, Nr. 292).

82 H. Bahlsens Keksfabrik KG, Abteilung Fürsorge, Lisa Heuer, Aufstellung der untersuchten Kinder vom 11.6.1942 (BAH, R10, Nr. 292).

Volksschutz erlassenen Vorgaben auszuüben war.[83] Mitte November 1942 genehmigte die DAF den abgeschlossenen Vertrag.[84] Über die gesundheitliche und medizinische Versorgung hinaus verschenkte der Betrieb Theater- und Konzertkarten an Werksangehörige. Am 16. Dezember 1942 erhielt das Unternehmen die Mitteilung, dass der Leiter der DAF, Dr. Robert Ley, der Firma Bahlsen die Auszeichnung »Vorbildliche Sorge um die Volksgesundheit« in Silber zugesprochen habe.[85]

1942 gingen 39.500 Einzelsendungen an eingezogene Bahlsen-Mitarbeiter heraus, wobei die an der Front eingesetzten Soldaten zu Weihnachten und Silvester je ein Kilo-Paket erhielten, während an die im Inland Stationierten nur das Weihnachtspaket zum Versand kam.[86] 1943 schickte das Unternehmen weitere 33.780 Liebesgaben-Sendungen an die Wehrmachtsangehörigen der Betriebsbelegschaft, darunter auch ein reichhaltiges Pfingstpaket.[87] Weihnachtspakete, die je ein Paket Weihnachtsspekulatius, Leibniz-M, 100 Gramm Pralinen, einen Füllbleistift, ein Spiel und Bonbons enthielten, gingen ab Mitte November 1943 im Rahmen der »Kriegerbetreuung« an die zur Wehrmacht eingezogenen Mitarbeiter ab.[88] Darüber hinaus beschloss die Geschäftsleitung, der Frau eines im Werk tödlich verunglückten Unteroffiziers zu Weihnachten eine Barvergütung von 1.000 Reichsmark zukommen zu lassen und einem zur Arbeit beurlaubten Panzerjäger, der die rechte Hand verloren hatte, 300 Reichsmark zu überweisen.[89]

Ab dem 27. Juli 1943 verbrachten acht Jungen auf Vermittlung des Gauamts für Volkswohlfahrt einen einmonatigen Erholungsaufenthalt im NSV-Jugenderholungsheim »Haus Fichteneck« in Braunlage, für den das Unternehmen die Verpflegungskosten übernahm.[90] Als Anerkennung für die erbrachten Arbeitsleistungen bewilligte Bahlsen Ende November 1942 insgesamt 18 jeweils 14-tägige Urlaubsfahrten mit dem von der NSDAP getragenen Reichserholungswerk und verknüpfte dadurch seine betriebliche Sozialpolitik enger mit der Parteiorganisation.[91]

83 Vertrag zwischen H. Bahlsens Keksfabrik KG, Hermann Hertzer, und Dr. Fritz Fromme vom 1.9.1942 (BAH, R10, Nr. 292); Klaus Bahlsen, 8. Bericht – 1941/42 vom 1.2.1943, S. 4 (BAH, R10, Nr. 505); Unsere Wohlfahrts- und Hygieneeinrichtungen seit Gründung der Fabrik im Jahre 1889 vom Februar 1943, S. 6 (BAH, R10, Nr. 516).

84 Hermann Hertzer, Verkauf vom 30.11.1943, S. 1 (BAH, R10, Nr. 516).

85 H. Bahlsens Keksfabrik KG, Hermann Hertzer, Aushang vom 21.12.1942 (BAH, R10, Nr. 271).

86 Hermann Hertzer, Bericht vom 16.11.1942, S. 2 (BAH, R10, Nr. 513); Hermann Hertzer, Verkauf vom 30.1.1943, S. 2 (BAH, R10, Nr. 516).

87 Hermann Hertzer, Verkauf vom 15.6.1943, S. 1 (BAH, R10, Nr. 513); Hermann Hertzer, Verkauf vom 29.2.1944, S. 1 (BAH, R10, Nr. 516).

88 Hermann Hertzer, Verkauf vom 15.11.1943, S. 2 (BAH, R10, Nr. 513).

89 Hermann Hertzer, Verkauf vom 15.1.1944, S. 2 (BAH, R10, Nr. 513).

90 NSDAP-Gauleitung Süd-Hannover-Braunschweig, Amt für Volkswohlfahrt, Verpflegungskosten-Rechnung vom 31.8.1943 (BAH, R10, Nr. 292).

91 Unsere Wohlfahrts- und Hygieneeinrichtungen seit Gründung der Fabrik im Jahre 1889 vom Februar 1943, S. 6 (BAH, R10, Nr. 516).

Der Vorstand beschloss am 24. Februar 1943, die Bemessungsgrundlage der an Mitarbeiter gezahlten Kinderzulage ab März 1943 von bislang 300 Reichsmark im Monat auf 350 anzuheben.[92] Darüber hinaus zahlte Bahlsen 1943 an die eingezogenen Mitarbeiter ein erhöhtes »Weihnachts-Bargeld« von 100 Reichsmark an Ledige und von 150 an Verheiratete sowie jeweils 100 an Kriegerwitwen und -waisen aus.[93] Die Auszahlungen sollten aber die Gesamtsumme von 50.000 Reichsmark nicht übersteigen. Die laufenden Unterstützungen und die Weihnachts-Bargeldleistungen an die aktive Belegschaft summierten sich auf 118.761 Reichsmark.[94] In gewisser Weise nutzte das Unternehmen Überschüsse, die ansonsten als Übergewinne bewertet und stärker besteuert werden könnten, zur Ausweitung der betrieblichen Sozialpolitik, die die Betriebsloyalität der deutschen Belegschaft weiter stärker sollte.

Im Februar 1943 intensivierte die DAF ihre Maßnahmen zur »Bekämpfung unberechtigter Arbeitsversäumnisse«, worunter unpünktliche Arbeitsaufnahme, unberechtigtes Fehlen und »unberechtigtes Krankfeiern« fielen, wozu spezielle Meldesysteme etabliert werden sollten.[95] Ab dem 15. März 1943 musste die Belegschaft für die Einnahme des Kantinenessens ihr eigenes Besteck mitbringen, nachdem mehrere Hundert Bestecke entwendet worden waren. Eine Neubeschaffung sei nicht nur nicht möglich, sondern würde »auch nichts nützen, da der Bestand in Kürze genau wieder so klein sein würde«, wie Klaus Bahlsen in einem Rundschreiben unterstellte.[96] Der Vertrauensrat behandelte in seiner Sitzung am 11. März 1943 auch sechs Diebstahlsfälle.[97]

Ein am 10. März 1943 auf Wunsch der DAF durchgeführter Niedersächsischer Heimatabend fand nur schwaches Interesse, während die am 2. März 1943 von Bahlsen im Mellini-KdF-Theater gebuchte Vorstellung für die »Kriegerfrauen« gut besucht war und »freudig aufgenommen« wurde.[98] Am 21. März 1943, dem »Heldengedenktag«, legte der Betrieb an dem zu dieser Gelegenheit 1943 in Form einer Todes-Rune vor dem Neuen Rathaus aufgestellten »Ehrenmal« im Rahmen eines vom Gauleiter Lauterbacher veranstalteten feierlichen Akts einen Kranz mit Schleife nieder.[99] Darüber hinaus nahm das Unternehmen einen am 30. August 1944 für eine »Krieger-Ehrung der H. Bahlsens Keksfabrik« von den Architekten Siebrecht ent-

92 H. Bahlsens Keksfabrik KG, betr. Kinderzuschläge vom 24.2.1943 (BAH, R10, Nr. 271); Hermann Hertzer, Verkauf vom 27.2.1943, S. 3 (BAH, R10, Nr. 513).

93 Anna-Dora Thieme, Vergütungen für Krieger vom 2.9.1943 (BAH, R10, Nr. 593).

94 Hermann Hertzer, Verkauf vom 29.2.1944, S. 1 (BAH, R10, Nr. 516); Hermann Hertzer, Kurzbericht über wichtige Ereignisse in unserer Firma, März 1948, S. 10 (BAH, R10, Nr. 505).

95 Hermann Hertzer, Verkauf vom 15.2.1943, S. 2 (BAH, R10, Nr. 513).

96 H. Bahlsens Keksfabrik KG, betr. Essbestecke vom 4.3.1943 (BAH, R10, Nr. 271).

97 Hermann Hertzer, Verkauf vom 15.3.1943, S. 1 (BAH, R10, Nr. 513).

98 Hermann Hertzer, Verkauf vom 15.2.1943, S. 3; Hermann Hertzer, Verkauf vom 15.3.1943, S. 1 (jeweils BAH, R10, Nr. 513).

99 Hermann Hertzer, Verkauf vom 31.3.1943, S. 2 (BAH, R10, Nr. 513); Schneider, Kriegerdenkmäler, S. 240 ff.; Viktoria, Heldentum, S. 19 ff.

worfenen Vorschlag an, der die Gedenktafel der Kriegstoten des Ersten Weltkriegs am bisherigen Platz beließ und eine neue »Ehrentafel« für die im Zweiten Weltkrieg Gefallenen im Erdgeschoss rechts vom Treppenaufgang sowie eine Führer-Büste links vom Büroeingang platzierte.[100]

Die berufliche Schulung der DAF sollte verstärkt gepflegt werden, wozu drei DAF-Funktionäre den Betrieb besuchten.[101] Das daraufhin eingerichtete Berufserziehungswerk der H. Bahlsens Keksfabrik KG bot auch regelmäßig Vorträge an, die vom Leitungspersonal gehalten wurden. Der Plan sah u. a. vor, dass Ende August 1943 Hans Bahlsen über »Technik des Luftschutzes«, die Soziale Betriebsarbeiterin Christine Scherzberg über das »Mutterschutzgesetz«, »Pg. Wächter« über den »Ausländereinsatz« und Kurt Pentzlin über »Kriegsrecht im Betrieb« referierten.[102] Zuvor war bereits ein Anlernling-Wesen etabliert worden, das die beruflichen Fertigkeiten von Quereinsteigern verbessern sollte. Bei den ersten Prüfungen im März 1943 erbrachten immerhin zwei der vier Teilnehmer die geforderten Leistungen.[103] Im Mai 1944 bestanden alle acht Anlernlinge ihre Prüfung, wenn auch ein Viertel nur mit »besonders mäßigem Ergebnis«.[104] Ende September 1943 initiierte die DAF, dass alle Jugendlichen, auch wenn sie als ungelernte Arbeiterinnen und Arbeiter tätig waren, bei ihrer »Durchbildung« gefördert werden sollten. Der mit Unterschriften der Eltern und des »Betriebsführers« versehene Abschluss von entsprechenden Verträgen drohte aber nach Ansicht von Bahlsen, den »Firmen Verpflichtungen aufzuerlegen«.[105]

Der 1. Mai war als nationaler Feiertag 1943 erneut arbeitsfrei. Im Gegensatz zu den Vorjahren, als die Belegschaftsangehörigen aus diesem Anlass eine Reichsmark erhielten, führte das Unternehmen eine »Gefolgschafts-Spende« an das Rote Kreuz ab.[106] Anfang Mai 1943 besuchten 24 »Frontsoldaten«, die als Gäste des Gauleiters Lauterbacher als »Infanterie-Stoßtrupp« nach Hannover eingeladen worden waren, die Fabrik. Der Besuch diente auch dem durch Veröffentlichung in der *Hannoverschen Zeitung* verdeutlichten propagandistischen Zweck, der kämpfenden Truppe einen »Eindruck von der schaffenden Heimat« zu geben.[107] Gleichzeitig berichtete die Zeitung über die »genussreiche Besichtigung« der Keksfabrik und verwies auf den Schulterschluss von Heimatfront und Heer. Bahlsen wollte sich aber auch darüber hinaus als vorzeigbares Unternehmen präsentieren und begrüßte in diesem Zusammenhang am 20. Mai 1943 die Teilnehmerinnen aus dem ganzen Reichsgebiet

100 Architekten Gebrüder Siebrecht, Vorschlag für eine Krieger-Ehrung der H. Bahlsens Keksfabrik vom 30.8.1944 (BAH, R10, Nr. 122).
101 Hermann Hertzer, Verkauf vom 15.3.1943, S. 1 (BAH, R10, Nr. 513).
102 Berufserziehungswerk der H. Bahlsens Keksfabrik KG o. D. (BAH, R10, Nr. 513).
103 Hermann Hertzer, Verkauf vom 31.3.1943, S. 2 (BAH, R10, Nr. 513).
104 Hermann Hertzer, Verkauf vom 15.5.1944, S. 2 (BAH, R10, Nr. 516).
105 Hermann Hertzer, Verkauf vom 30.9.1943, S. 1 (BAH, R10, Nr. 516).
106 Hermann Hertzer, Verkauf vom 30.4.1943, S. 2 (BAH, R10, Nr. 513).
107 Hermann Hertzer, Verkauf vom 15.5.1943, S. 1 (BAH, R10, Nr. 513).

eines Kurses an der 1940 in Hannover zur Ausbildung von Sozialarbeiterinnen gegründeten »Provinzialschule für Volkspflege«.[108]

DAF-Chef Robert Ley ordnete zur Ausweitung der Zuständigkeiten seiner Organisation in der deutschen Kriegsgesellschaft an, dass die mit der Führung von Wohnlagern beauftragten Personen ab Mai 1943 die »Dienststellenbezeichnung ›Lagerführer der Deutschen Arbeitsfront‹« führten und in dieser Funktion zum Stab des DAF-Betriebsobmanns gehörten. Dementsprechend beanspruchte Betriebsobmann Voß unter Bezugnahme auf die Ley-Anordnung, dass ihm »alle Geschehnisse und Veränderungen im Lager« zu melden seien. Darüber hinaus kündigte er an, das Lager auch ohne vorherige Anmeldung »aufzusuchen, um Kontrollen durchzuführen«.[109] Bedarfsweise wolle er auch die Soziale Betriebsarbeiterin mit Kontrollen beauftragen. Dadurch begrenzte die NS-Organisation die Handlungsfreiheit der Betriebsleitung.

Da aber vor allem unter den deutschen Arbeiterinnen das unentschuldigte Fehlen oder auch das Zuspätkommen nach Ansicht des Unternehmens ein Ausmaß angenommen hatten, das wegen der Störung eines geregelten Produktionsverlaufs Anlass für ein repressives Einschreiten gab, machte Bahlsen dem Reichstreuhänder der Arbeit 14 deutsche Frauen und einen Niederländer namhaft. Am 30. August 1943 fand zwischen 9 und 16 Uhr unter Vorsitz eines Beauftragten des Reichstreuhänders der Arbeit eine Sitzung des »Schnellgerichts« statt. Teilnehmer waren der Kriminalinspektor Prewitz von der Geheimen Staatspolizei (Gestapo) in Hannover, eine Vertreterin der Deutschen Arbeitsfront sowie Kurt Pentzlin und Hans Püschmann als Vertreter der Unternehmensleitung sowie der DAF-Betriebsobmann Bernhard Voß und die Soziale Betriebsarbeiterin Christine Scherzberg.[110]

Die härteste Strafe erhielt ein Niederländer mit 42 Tagen Arbeitserziehungslager (AEL), die er nach seiner Verhaftung unmittelbar antreten musste. Die von der Gestapo eingerichteten AEL sollten durch eine auf höchstens acht Wochen begrenzte Polizeihaft bei minimaler Ernährung und harter körperlicher Arbeit ein besonders hohes Abschreckungspotential entwickeln. Während der Betrieb die in Konzentrationslager Eingewiesenen dauerhaft verlor, fanden die Betriebsinteressen durch die baldige Rückkehr der Häftlinge an ihre vorherigen Arbeitsplätze Berücksichtigung. Zugleich schockierten die in aller Regel weitgehend abgemagerten Personen durch ihr Aussehen das Arbeitsumfeld.[111] Zwei Frauen, die für 21 Tage in ein AEL eingewiesen werden sollten, wurde die ausgesprochene Strafe zur einjährigen Bewährung ausgesetzt; eine von ihnen hatte zusätzlich 50 Reichsmark an die Nationalsozialistische Volkswohlfahrt (NSV) zu zahlen. Demgegenüber kam ein »Frl. Blechschmidt« für zehn Tage in ein AEL und wurde noch im Betrieb verhaftet. Drei Frauen hatten

108 Hermann Hertzer, Verkauf vom 31.5.1943, S. 2 (BAH, R10, Nr. 513).

109 Ebd.

110 Hermann Hertzer, Verkauf vom 15.12.1942, S. 1 (BAH, R10, Nr. 513).

111 Klaus Bahlsen, Fabrikbericht 16.-31.8.1943 vom 6.9.1943, S. 1 (BAH, R10, Nr. 513); Lotfi, KZ, S. 176 ff.; Tech, Arbeitserziehungslager.

nach dem Ordnungs-Strafbescheid jeweils 30 Reichsmark Buße an die NSV zu zahlen, während der anwesende Gestapo-Beamte einer Frau eine Verwarnung aussprach. Zwei Frauen empfahl das Gremium, selbst die Kündigung einzureichen.

Die fünf Frauen, die nicht zur Sitzung erschienen waren, erhielten im Nachgang vom Reichstreuhänder der Arbeit und der Gestapo Vorladungen zu den außerhalb der Fabrik stattfindenden Verhandlungen zugestellt. Aus Sicht des Unternehmens fiel die »Aktion auf sehr fruchtbaren Boden«, da die Verstöße gegen die Arbeitsdisziplin »im Augenblick behoben« waren.[112] Da aber aus dem im 2. Stock des Fabrikgebäudes neu eingerichteten Stadtlager im Monat Dezember 1943 neben elf Dutzend Leibniz M auch 21 Dosen Dessert, zwei Dosen Mandelspekulatius und acht Dosen Elite entwendet wurden, blieb Diebstahl ein virulentes Thema.[113]

Dr. Kurt Pentzlin, der nicht nur den wichtigen Heeres-Sektor der Bahlsen-Fertigung, sondern auch »Sonderaufgaben der DAF« bearbeitete und zu arbeitsrechtlichen Themen »in direkter Zusammenarbeit mit dem Gauleiter Sauckel« stand, sollte durch Einstellung einer Assistentin entlastet werden, wozu der Vorstand das Arbeitsamt einschaltete.[114] Einen ganz anderen Kommunikationskanal nutzte wiederum Hans Bahlsen als Teil der hauptstädtischen Kulturelite. Ende 1943 stand er mit seiner Ehefrau auf der etwas mehr als 30 Positionen umfassende VIP-Liste der Generalintendatur der Städtischen Bühnen Hannovers. Neben NSDAP-Gauleiter Lauterbacher und anderen NS-Funktionären wurden auch Konsul Heinz Appell oder Dr. Bernhard Sprengel sowie das Ehepaar Bahlsen zur Eröffnung des durch Bombentreffer auf das Opernhaus notwendig gewordenen Ersatzspielorts in Herrenhausen eingeladen.[115] Hans Bahlsen sagte allerdings ab, da er militärdienstlich verhindert war. Seine Ehefrau Mercedes Bahlsen war ihrerseits »für die Kreisleitung über Land« und »auch nicht frei«.[116] Die nächste Einladung nahm er an.[117] Opernvorführungen boten den Raum für informelle Begegnungen mit Behördenleitern sowie NS-Funktionären. Da er verschiedentlich seine Teilnahme absagen musste, glaubte er, Generalintendant Rudolf Sellner im März 1944 erläutern zu sollen, dass es ihm wegen seines mit zahlreichen externen Terminen verbundenen Dienstes im Generalkommando und der Mitarbeit in der Fabrik wie seiner Ehefrau, die »durch

112 Klaus Bahlsen, Fabrikbericht 16.-31.8.1943 vom 6.9.1943, S. 1 (BAH, R10, Nr. 513).

113 Hermann Hertzer, Verkauf vom 1.1.1944, S. 1 (BAH, R10, Nr. 516).

114 H. Bahlsens Keksfabrik KG, Anna-Dora Thieme, an Arbeitsamt Hannover vom 13.1.1943 (BAH, R10, Nr. 600).

115 Leiter der Generalintendantur, Rudolf Sellner, an Gauleiter Hartmann Lauterbacher vom 13.12.1943 mit Einladungsliste (NLA H, Nds. 460, Acc. 2003-229, Nr. 94).

116 Hans Bahlsen an Leiter der Generalintendantur, Rudolf Sellner vom 15.12.1943 (NLA H, Nds. 460, Acc. 2003-229, Nr. 94).

117 Hans Bahlsen an Leiter der Generalintendantur, Rudolf Sellner vom 24.12.1943 (NLA H, Nds. 460, Acc. 2003-229, Nr. 94).

ihre Tätigkeit in der Frauenschaft auch sehr viel unterwegs« sei, da sie »Vorträge halte und Versammlungen zu leiten« habe, schlichtweg an der Zeit fehle.[118]

1943 fielen elf zur Wehrmacht eingezogene Betriebsangehörige, wodurch sich die Gesamtzahl der Kriegstoten auf 31 Männer erhöhte. Zusätzlich waren zwei Beschäftigte durch den Bombenkrieg zu Tode gekommen.[119] Die betriebliche Gesundheitsfürsorge fand 1943 eine Erweiterung, da für eine ausgeschiedene Schwester zwei andere in der zweiten Junihälfte 1943 ihren Dienst aufnahmen.[120] Weil sich das Arztehepaar Fromme nach den Bombenangriffen im September/Oktober 1943 nicht um die medizinische Versorgung der Betriebsbelegschaft gekümmert hatte, trennte sich Bahlsen von ihnen und bestellte eine neue Betriebsärztin, die am 18. Januar 1944 ihre erste Sprechstunde abhielt.[121] Dass die Genehmigung durch den DAF-Kreisobmann der Hauptabteilung Gesundheit erst Ende November 1944 und ausdrücklich »nur für die Dauer des Krieges« erfolgte, war bezeichnend für den bürokratischen Leerlauf der größten NS-Organisation und deren konkretes Desinteresse.

Die Soldatenbetreuung setzte sich auch im Frühjahr 1944 fort, indem Osterpakete mit einem Königskuchen sowie zwei Paketen Leibniz und Rasierklingen zum Versand kamen.[122] Auch setzte die Firma Bahlsen ihre Spendentätigkeit fort und bestätigte dem Beauftragten des Winterhilfswerks in Hannover, die im Vorjahr zugesagte Summe von 10.000 Reichsmark in drei Raten auf das betreffende Konto bei der Bank der Deutschen Arbeit einzuzahlen.[123] NSDAP-Gauleiter Lauterbacher griff Ende 1944 weiterhin auf Bahlsen zurück und ließ sich für »besondere Weihnachtsgeschenke« 51 Dosen Elite liefern.[124] Mit betriebsinternen Maßnahmen setzte das Unternehmen seine betriebliche Sozialpolitik und seine Zuwendungen an NS-Stellen bis in die Endphase des Krieges fort.

118 Hans Bahlsen an Leiter der Generalintendantur, Rudolf Sellner vom 10.3.1944 (NLA H, Nds. 460, Acc. 2003-229, Nr. 94).

119 Hermann Hertzer, Verkauf vom 15.1.1944, S. 2 (BAH, R10, Nr. 513).

120 Klaus Bahlsen, Fabrikbericht 15.-30.6.1943 vom 6.7.1943, S. 1 (BAH, R10, Nr. 513).

121 Hermann Hertzer, Verkauf vom 15.1.1944, S. 1 (BAH, R10, Nr. 513); Hermann Hertzer, Verkauf vom 30.11.1944, S. 1 (BAH, R10, Nr. 516).

122 Hermann Hertzer, Verkauf vom 15.3.1944, S. 2 (BAH, R10, Nr. 516).

123 Hermann Hertzer, Verkauf vom 15.2.1944, S. 1 (BAH, R10, Nr. 516).

124 Hermann Hertzer, Verkauf vom 31.1.1945, S. 2 (BAH, R10, Nr. 516).

5.3 Zwangsarbeit in der Keksfabrik, 1940-1945

Ab Frühling 1940 griff auch Bahlsen vermehrt auf ausländische Arbeitskräfte zurück. Abgesehen vom Niederländer Johannes van der Linden, der bereits ab dem 30. Januar 1939 für Bahlsen gearbeitet hatte, erhielt das Unternehmen Ende Mai 1940 vom Arbeitsamt, nachdem deutsche weibliche Halbtagskräfte abgezogen worden waren, ersatzweise Polinnen und Polen, die ab einem Alter von 14 Jahren von November 1939 an einer Arbeitspflicht unterlagen. Ihre Rekrutierung diente dabei der Deckung der vermehrten Arbeitskräftenachfrage der deutschen Wirtschaft. Der Transport polnischer Arbeitskräfte u.a. nach Hannover bildete zugleich ein Instrument der nationalsozialistischen Germanisierungspolitik zur ethnischen Homogenisierung der in das Deutsche Reich eingegliederten Territorien. Denn den dort zur Ansiedlung vorgesehenen so genannten Volksdeutschen etwa aus Wolhynien sollten darüber hinaus durch die »Absiedlung« von Polen in das »Generalgouvernement« die benötigten Landwirtschaftsstellen und Wohnhäuser zugänglich gemacht werden.

Polnische Arbeitskräfte unterlagen im Deutschen Reich weitreichenden rassistisch motivierten Diskriminierungen, die unter anderem durch die am 8. März 1940 ergangenen Polen-Erlasse rechtsförmigen Charakter besaßen. Das betraf zum einen das Tragen einer fest mit der Kleidung verbundenen violett-gelben P-Raute, die Polinnen und Polen als rassistisch diskriminierte und außerhalb der deutschen »Volksgemeinschaft« stehende Personen erkennbar machen sollte. Das stigmatisierende P-Anzeichen mussten die Polinnen auch bei Bahlsen tragen.[1]

Polinnen und Polen unterlagen einem Sonderrecht, das sie ausschließlich der Heinrich Himmler als Reichsführer-SS unterstehenden Polizei unterwarf, die ohne Gerichtsurteil ihre Tötung veranlassen konnte. Auch in arbeitsrechtlicher Hinsicht waren sie benachteiligt, da ihnen die individuelle Rechtsfähigkeit abgesprochen wurde. Sie erhielten, auch um den »völkischen« Abstand zu den Deutschen zu zeigen, geringere Löhne, kleinere Lebensmittelrationen und eine schlechtere medizinische Versorgung. Darüber hinaus hatten sie hohe Sondersteuern zu tragen. Die Benachteiligung betraf zudem die Freizügigkeit, da sie ihren zugewiesenen Wohnort nicht verlassen durften und mit Ausnahme der Arbeitstätigkeit des Nachts in ihrer Unterkunft zu bleiben hatten. Sie waren vom öffentlichen Leben, insbesondere auch dem Theater- und Gaststättenbesuch sowie von der Nutzung von öffentlichen Verkehrsmitteln ausgeschlossen. Ein sozialer Kontakt zu Deutschen war ihnen ebenso verboten wie geschlechtliche Beziehungen. Polnischen Männern, denen sexuelle Kontakte zu deutschen Frauen nachgesagt wurden, drohte die Hinrichtung.[2]

1 BAH, Notiz über eine Besprechung mit Herrn Ahrens vom 22.9.1964, S. 6 (BAH, R11 Nr. 481); Knab, Letter, S. 121 ff.; Schäfer, Zwangsarbeiter, S. 28 ff.

2 Herbert, Fremdarbeiter, S. 74 ff.; Spoerer, Zwangsarbeit, S. 44 ff.

Arbeit und Leben unterlagen unmittelbarem Zwang, da ihre Verbringung in einen Betrieb zur Arbeitsleistung von den Betroffenen nicht aufgehoben werden konnte. Sie besaßen keinen kündbaren Arbeitsvertrag, sondern wurden den Betrieben im Rahmen der Arbeitskräftelenkung zugewiesen. Eine Rückkehr in ihre Heimat war nur mit Genehmigung deutscher Behörden möglich. Ihre Rekrutierung erfolgte im Frühsommer 1940 sowohl mit unmittelbarer Gewalt als auch durch außerökonomischen Druck. Polinnen hatten, wenn sie nicht zur Arbeit ins Deutsche Reich abfuhren, mit dem Entzug ihrer Lebensmittelkarte zu rechnen, die ihre Ernährungsgrundlage bildete. Sofern sie zum vorgegebenen Zeitpunkt an der Meldestelle fehlten, drohte ihren Eltern oder Geschwistern, an ihrer statt nach Deutschland abtransportiert zu werden. Es liegt auf der Hand, dass aus dieser Gemengelage aus Einsicht in das Unvermeidliche und ausgeübtem Zwang keine freiwillige Entscheidung hervorging.

Die Rahmensetzung einer rassistischen Hierarchisierung der Arbeitsbeziehungen war also bereits erfolgt, als das Landesarbeitsamt dem Unternehmen am 11. Mai 1940 versprach, die 100 an die Munitionsfabriken abgegebenen Frauen durch eine »entsprechende Anzahl Polinnen und Ost-Oberschlesierinnen« zu ersetzen.[3] Ende Mai 1940 trafen für die H. Bahlsens Keksfabrik KG in Hannover mindestens 135 polnische Frauen aus dem im November 1939 ins Deutsche Reich eingegliederten Reichsgau Wartheland ein. Da wegen des kurzfristigen Zugangs polnischer Frauen seitens Bahlsen noch keine Gemeinschaftsunterkunft vorbereitet worden war, kamen 101 Frauen des Transports ab dem 30. Mai 1940 zunächst in der Biesterstraße 6 unter. Darüber hinaus mietete Bahlsen übergangsweise auch provisorische Unterkünfte, etwa im Gasthaus Finkenburg an der Groß-Buchholzerstraße oder im Rosengarten, an.[4] 34 Polinnen fanden am 30. Mai 1940 in der Pinkenburgerstraße 9 behelfsmäßige Unterkunft. Zu dieser Gruppe gehörte auch die am 2. April 1915 aus Litzmannstadt [Łódź] abtransportierte Kazimiera Potocka, die allerdings am 22. Juni 1940 von der Geheimen Staatspolizei verhaftet wurde und nicht mehr in die Unterkunft zurückkehrte. Ihr weiteres Schicksal ist nicht bekannt.[5]

Die deutsche Belegschaft war mit Rundschreiben vom 31. Mai 1940 auf »Polnische Gefolgschaftsmitglieder« vorbereitet und tags drauf auf die »Polenlager

3 H. Bahlsens Keksfabrik KG, Tagebuch 1940, S. 3 (BAH, R10, Nr. 498).

4 H. Bahlsens Keksfabrik KG an Gasthaus Pinkenburg vom 3.6.1940 (BAH, R10, Nr. 605); siehe auch Władysława K., »Der Abschied von der Familie und die Angst vor dem Unbekannten waren schrecklich«, in: Anschütz u. Heike, Feinde, S. 54 f.; zum Übergang von der Anwerbung zur Deportation siehe Herbert. Fremdarbeiter, S. 83 ff.

5 Die im Weiteren aufgeführten Namen polnischer, russischer und ukrainischer Zwangsarbeiterinnen und Zwangsarbeiter folgen den deutschen Unterlagen, die nicht selten die phonetische Übertragung des Klangs anstatt einer buchstabengetreuen Eintragung vorgenommen haben. Die dadurch verursachten Verfälschungen der Namen können im Nachhinein nicht korrigiert werden.

Rosengarten und Pinkenburg« hingewiesen worden.[6] Mit Betriebs-Rundschreiben Nr. 19 gab Hans Bahlsen am 3. Juni 1940 zum »Umgang mit unseren polnischen Gefolgschaftsmitgliedern« klare Anweisungen, die auf eine rassistisch motivierte Separierung abzielten. Die »Einweisung« der Polinnen hatte nur durch die von der Betriebsleitung »beauftragten Personen zu erfolgen«. Darüber hinaus waren »jeder Verkehr und jede Unterhaltung« mit Polinnen »untersagt«. Schließlich drohte das Unternehmen an, »Zuwiderhandelnde« wegen »Landesverrat« sofort der Polizei zu übergeben .[7]

Da das Arbeitsamt dem Betrieb 129 Polinnen zugewiesen hatte und weitere 76 für den 29. Juni 1940 angekündigt wurden, stellte sich die Unterbringungsfrage umso dringlicher. Die Situation verschärfte noch der Umstand, dass der gemietete Gasthaus-Saal von einer Flak-Einheit beansprucht wurde und wieder geräumt werden musste. Die Unternehmensleitung konnte Ende Juni 1940 nicht abschätzen, ob die Zuweisung von polnischen Ersatzarbeitskräften von Dauer sein oder deren Arbeitseinsatz nach dem sicher erwarteten baldigen Siegfrieden aufgegeben würde. Ungeachtet dessen gab Bahlsen am 21. Juni 1940 in einer Sitzung beim Regierungspräsidenten Rudolf Diels seine Bereitschaft bekannt, einen »Versuch mit der Unterbringung der Polinnen« wagen zu wollen. Die angebotene verkleinerte Baracke, die für weniger als 20.000 Reichsmark einer »gewissen Anzahl von Polinnen« Unterkunft bieten sollte, bedurfte nur der am 26. Juni 1940 erbetenen Genehmigung durch den Gebietsbeauftragten des Vierjahresplans.[8] Dieser erteilte die Ausnahmegenehmigung, sodass die Bauarbeiten kurzfristig beginnen konnten. Da aber die Baracke erst Ende August 1940 bezugsfertig war,[9] mussten die 101 Frauen am 15. Juli 1940 von der Biesterstraße 6 noch in die Schierholzstraße 5 umziehen.

Weil die Zuweisung polnischer Frauen nur in begrenzendem Umfang erfolgte, beschwerte sich Anna-Dora Thieme am 2. Juli 1940 beim Landesarbeitsamt Nie-

6 Betriebsrundschreiben Nr. 17 betr. Polnische Gefolgschaftsmitglieder vom 31.5.1940; Betriebsrundschreiben Nr. 18 betr. Polenlager Rosengarten u. Pinkenburg vom 1.6.1940; Betriebsrundschreiben Nr. 20 betr. Inventur der Lager Pinkenburg und Rosengarten vom 4.6.1940. Die Betriebsrundschreiben Nr. 29 »Umgang und Beschäftigung von Gefangenen« vom Juli 1940, Nr. 32 »Kriegsgefangene« vom 19.9.1940 sowie Nr. 36 »Reisen ausländ. Gefolgschaftsmitglieder« vom 3.10.1940 sowie Nr. 8 vom 31.7.1942 »Umgang mit Ausländern u. Kriegsgefangenen« wurden nicht überliefert, was auf eine Nachkriegskassation hindeutet; siehe Betriebsrundschreiben Nr. 6/1942 betr. Inhaltsverzeichnis der Betriebsrundschreiben 1940; H. Bahlsens Keksfabrik KG, Betrieb, Inhaltsverzeichnis der Betriebsrundschreiben II. Halbjahr 1942 vom 17.3.1943 (jeweils BAH, R10, Nr. 271).

7 H. Bahlsens Keksfabrik AG, Hans Bahlsen, Betriebsrundschreiben Nr. 19 vom 3.6.1940 (BAH, R10, Nr. 271).

8 H. Bahlsens Keksfabrik KG, Hans Bahlsen, an Gebietsbeauftragten des Vierjahresplans, Baurat Unger vom 26.6.1940, S. 1 (BAH, R10, Nr. 605).

9 Gebietsbeauftragter des Vierjahresplans, Baurat Unger, an H. Bahlsens Keksfabrik KG vom 26.9.1940; H. Bahlsens Keksfabrik KG, Hans Bahlsen, an Gebietsbeauftragten des Vierjahresplans, Baurat Unger vom 10.10.1940, S. 1 (jeweils BAH, R10, Nr. 605).

dersachsen, auf die gestellten Anträge zur »Zuteilung von verschiedenen ausländischen Arbeitern« noch keine einzige Person erhalten zu haben. Aus Sorge um die Funktionsfähigkeit als »W-Fabrikations-Betrieb« kündigte sie an, an der Arbeitslenkungsbehörde vorbei von der Firma Bahlsen einen Sonderbeauftragten nach Dänemark zu schicken, um »dort in der Hauptsache Bäcker engagieren« zu wollen.[10] Die Vorständin der H. Bahlsens Keksfabrik KG wusste aus einem Fachblatt, dass bereits mehr als 3.000 dänische Arbeiter in Deutschland arbeiteten und in Dänemark mehrere Anwerbungsbüros bestanden.[11] Das Landesarbeitsamt untersagte aber den betrieblichen Alleingang, woraufhin Vorständin Thieme das Reichskontor der Nordischen Gesellschaft in Lübeck um detailliertere Informationen zu den Anwerberegularien dänischer Arbeiter erbat, um das aus ihrer Sicht uninformierte Landesarbeitsamt zu unterrichten.[12]

Ab August 1940 kamen sieben Niederländer zur H. Bahlsens Keksfabrik KG. Allerdings zeigte sich, dass ihnen bei der Anwerbung Arbeitsbedingungen und betriebliche Leistungen versprochen worden waren, die das Unternehmen wegen der bestehenden Vorschriften nicht erfüllen wollte. Daraufhin kündigten mehrere ihren zunächst auf ein Jahr befristeten Arbeitsvertrag und gaben als Gründe an, dass ihnen entgegen des versprochenen quartalsweise bezahlten Heimaturlaubs und der Freifahrten Heimfahrten nur halbjährlich gewährt und nur einmal jährlich die Reisekosten erstattet wurden. Darüber hinaus war ihnen eine Wochenarbeitszeit von bis zu 60 Stunden und Stundenlöhne oberhalb des Tariflohns garantiert worden, während bei Bahlsen eine 48-Stundenwoche Gültigkeit hatte. Überstunden teilte das Unternehmen vorrangig deutschen Belegschaftsmitgliedern zu, da diese »auf keinen Fall schlechter gestellt werden dürfen als die ausländischen Arbeitskräfte«.[13]

Darüber hinaus war den Niederländern ein Unterkommen in Wohnlagern in Aussicht gestellt worden, während sie sich in Hannover Privatquartiere anmieten mussten. Schließlich bestand die Schwierigkeit, dass ihnen in den Niederlanden keine Kleiderkarte ausgehändigt worden war, während das Wirtschaftsamt Hannovers verlangte, dass sich die Niederländer alle Kleidungsstücke in ihrer Heimat besorgten. Bahlsen wollte der Kündigung nur zustimmen, wenn das Landesarbeitsamt ersatzweise »neue Arbeitskräfte« vermittelte. Auch bestanden Bedenken, ihnen »in Zukunft noch Urlaub« zu erteilen, da Kurt Pentzlin befürchtete, dass sie nach dem »Überschreiten der Reichsgrenze« nicht mehr nach Hannover zurückkehren würden. Einzelne Niederländer hatten bereits ihre Absicht bekanntgegeben, sich

10 H. Bahlsens Keksfabrik KG, Anna-Dora Thieme, an Landesarbeitsamt Niedersachsen vom 2.7.1940; »Über 3.000 dänische Arbeiter nach Deutschland gereist«, (jeweils BAH, R10, Nr. 605).

11 Straede, Deutschlandarbeiter.

12 H. Bahlsens Keksfabrik KG, Anna-Dora Thieme, an Reichskontor der Nordischen Gesellschaft vom 3.7.1940 (BAH, R10, Nr. 605).

13 H. Bahlsens Keksfabrik KG, Kurt Pentzlin, an Landesarbeitsamt Niedersachsen vom 11.1.1941, S. 1 (BAH, R10, Nr. 320).

»unter wesentlich günstigeren Bedingungen für Bauarbeiten nach Nordfrankreich anwerben zu lassen«.[14]

Mitte Juli 1940 führte der Mangel an Produktionsarbeiterinnen im Stammwerk von Bahlsen dazu, dass »mangels erforderlicher Arbeitskräfte« ein Heeresauftrag abgelehnt werden musste. Anna-Dora Thieme machte in einem Brandbrief die Leitung des Landesarbeitsamtes auf die nach Kriegsbeginn entstandene 35-prozentige Minderung der Frauenbelegschaft von 956 auf 630 Frauen aufmerksam, die durch die Zuweisung von 124 »Polenmädchen« sowie 60 deutschen »freiwilligen Helferinnen« nicht ausgeglichen worden war. Polinnen mussten ebenso wie die »freiwilligen Helferinnen« erst angelernt werden, zudem war die Wochenarbeitszeit der deutschen Frauen auf 30 Stunden begrenzt.

Deshalb forderte Thieme ultimativ die sofortige Zurverfügungstellung von 150 Frauen, die ihr innerhalb von fünf Tagen zugesichert werden sollte, um Eingaben bei dem um die Wehrmachtsverpflegung besorgten Generalfeldmarschall Hermann Göring und dem als »Betreuerin der Zivil-Bevölkerung« tätigen Reichsernährungs-Ministerium zu verhindern.[15] Dermaßen unter Zugzwang gesetzt, kündigte der Präsident des Landesarbeitsamts Niedersachsen am 24. Juli 1940 an, den »dringendsten Bedarf« durch den Leiter der Prüfungskommission eruieren zu lassen.[16] Das Landesarbeitsamt stellte klar, dass die Entscheidung, für die entzogenen 130 weiblichen und zwölf männlichen Kräfte 150 Polinnen abzustellen, durch das Reichsarbeitsministerium im Berlin getroffen worden war und dem Unternehmen bereits am 31. Mai 1940 immerhin schon 133 weibliche »polnische Ersatzarbeitskräfte« zugegangen waren. Wegen der fehlenden 17 Polinnen hatte das Landesarbeitsamt Niedersachsen bereits mit der Spitze des Landesarbeitsamts Posen Kontakt aufgenommen, ohne dass der Zeitpunkt ihres Eintreffens genannt werden könnte. Am 4., 23. und 27. August 1940 trafen mindestens weitere 12 Polinnen bei Bahlsen ein.

Vor ihrer Arbeitsaufnahme entstanden von den Polinnen für die Werksausweise Passfotos, die der Firma Bahlsen gleich in mehreren Exemplaren zur Verwendung ausgehändigt wurden.[17] Die Fotos zeigen die zumeist jungen Polinnen noch ohne das verpflichtende P-Abzeichen in ihrer aus der Heimat mitgebrachten Kleidung.

14 Ebd., S. 2; vgl. Lemmes, Arbeiten, S. 288 f.

15 H. Bahlsens Keksfabrik KG, Anna-Dora Thieme, an die Leitung des Landesarbeitsamts vom 17.7.1940 (BAH, R10, Nr. 605).

16 Präsident des Landesarbeitsamts Niedersachsen (5780 w El/Bae), an H. Bahlsens Keksfabrik KG vom 24.7.1940, S. 1 (BAH, R10, Nr. 605).

17 Die zahlreichen Fotos befinden sich in formatgerechten Fototütchen, erhielten handschriftlich interne Kontroll-Nummern. Die z. B. Ende Mai 1940 aus »Litzmannstadt« eingetroffene und ab dem 31.8.1940 in der Podbielskistraße 100 gemeldete Helena Szczesniak (Jg. 1922) erhielt die Nummer 126 (BAH, R10, Nr. 602).

Abb. 14: Die Polin Jadwiga Kubiak (Jg. 1921) arbeitete ab Ende Mai 1940 für Bahlsen.

Die Architektenbrüder Siebrecht entwarfen am 28. Juni 1940 eine »Provisorische Wohn- und Schlafbaracke« für 70 bis 80 Frauen.[18] Der städtische Bauschein für die Aufstellung einer Wohnbaracke auf dem Grundstück Podbielskistraße 100 zur Unterbringung von Polinnen, deren Baukosten rund 18.000 Reichsmark betrug, lag am 16. Juli 1940 vor.[19] Die Errichtung ging rasch vonstatten, sodass am 31. August 1940 der Erstbezug der auf dem Gelände der Plantage neuerrichteten Baracke erfolgte.

Das Hausbuch verzeichnete an diesem Tag insgesamt 113 namentlich aufgeführte Polinnen, die aus den Städten Łódz (ab 11. April 1940: Litzmannstadt) und Zgierz (ab 1943: Görnau) stammten.[20] Mit Ausnahme von drei Verheirateten und einer Witwe waren alle anderen Frauen ledig. Das Durchschnittsalter der Polinnen lag bei 20,79 Jahren. 89 der Polinnen waren 21 Jahre und jünger. 15 Frauen hatten ein Alter zwischen 22 und 29 Jahren. Jeweils vier waren älter als 30 bzw. 40 Jahre. Die Älteste zählte 48 Jahre. Von den sechs Jüngsten gehörten fünf zum Jahrgang 1925, während die am 26. Juli 1926 geborene Danuta Jablonska gerade erst 14 Jahre alt geworden war.[21]

Der Bauschein zur Errichtung eines Anbaus mit »Küche, Aufenthalts- und Mannschaftsraum« mit geschätzten Baukosten von 11.000 Reichsmark an die bereits bestehende Wohnbaracke fertigte die Ortspolizeibehörde erst Anfang November 1940 aus.[22] Während die meisten der als Erste in die im internen Schriftverkehr als »Polenbaracke« bezeichneten Massenunterkunft einziehenden Polinnen die restliche

18 Brüder Siebrecht Architekten, H. Bahlsens Keksfabrik Hannover, Entwurf Provisorische Wohn- und Schlafbaracke für 70-80 Ostoberschlesierinnen vom 28.6.1940; Bahlsens Keksfabrik, Lageplan zur Wohn- und Schlafbaracke, Podbielski-Str. 100 vom 28.6.1940 (jeweils BAH, R10, Nr. 156).

19 Oberbürgermeister als Ortspolizeibehörde in Hannover, Abteilung II, Bauschein Nr. 599/40 vom 16.7.1940 (BAH, R10, Nr. 156).

20 Bömelburg Lodz, S. 178 ff. u. 237 ff.; Püschel u. Smigielska u. Peszke, Menschenschicksal.

21 Statistische Angaben nach den im StdAH aufbewahrten meisthin zuverlässigen Hausbüchern (StA Hannover).

22 Oberbürgermeister als Ortspolizeibehörde in Hannover, Abteilung II, Bauschein Nr. 973/40 vom 4.11.1940 (BAH, R10, Nr. 156).

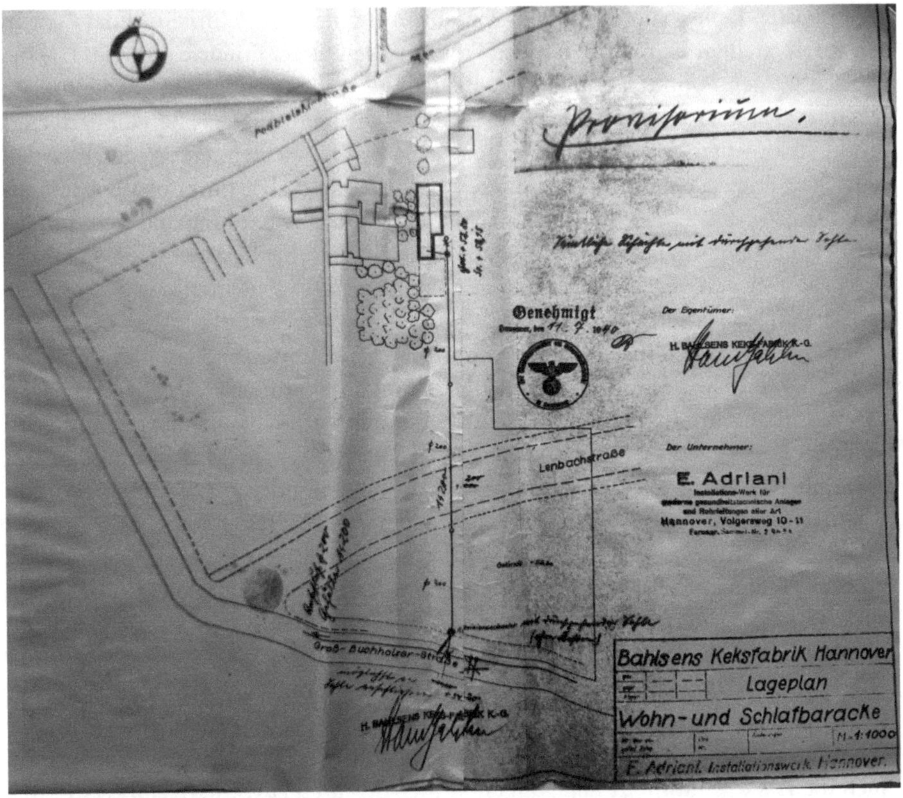

Abb. 15: Lageplan der ersten Ausländerbaracke an der Podbielskistraße 100, 1940

Kriegszeit von fast fünf Jahren in der deutschen Kriegswirtschaft arbeiten mussten, wurden immerhin neun Frauen gleich noch 1940 wegen chronischer Krankheiten, Arbeitsunfähigkeit oder Schwangerschaft wieder nach Litzmannstadt bzw. Zgierz zurückgeschickt. Drei Frauen folgten im Jahre 1941, sieben 1942 und vier 1943, was den Kreis der Produktionsarbeiterinnen krankheitsbedingt um immerhin 23 Frauen reduzierte. Fünf Polinnen, darunter die erst 13-jährige Krystyna Matwiejczyk, füllten die Barackenbelegung im Oktober und November 1940 wieder etwas auf. Die Gesamtzahl der 1940 bei Bahlsen eingesetzten Ausländerinnen und Ausländer bezifferte Klaus Bahlsen auf zunächst 150 Polinnen, von denen manche weiterhin außerhalb des betrieblichen Barackenlagers untergebracht waren, sowie 30 Niederländer, 15 Tschechen und Italiener.[23] Die administrative Betreuung der Ausländerbelegschaft lag bei Kurt Pentzlin.[24]

23 Klaus Bahlsen, 7. Bericht 1939-1940 vom 3.1.1941, S. 6 (BAH, R10, Nr. 505).

24 Friedrich Thiele: 60 Jahre Bahlsen 1914-1974. Erinnerungen. Technische Entwicklungen, Berichte und Arbeitsvorbereitung, o. O. [1974], S. 19 (BAH, R10, Nr. 229).

Ein später Reflex von kultureller Herabwürdigung von Polinnen findet sich in den 1974 erstellten Erinnerungen des Bahlsen-Technikers Friedrich Thiele. Die bei Bahlsen tätigen Polinnen hätten angeblich keine Wasserversorgung aus Leitungen gekannt, sich aber »schnell an unsere Kultur« gewöhnt. Ihre große »Fingerfertigkeit« – sie brachten mit der Anfertigung von 90 Faltschachteln eine gegenüber den deutschen Frauen um die Hälfte höhere Leistung – fand aber funktionale Anerkennung. Thiele erklärte das gute Ergebnis mit der guten »Behandlung und Betreuung«. Der Betriebsobmann Bernhard Voß habe sich auch darüber beschwert, dass manche Deutsche mit den »Fremdarbeitern an einem Tisch frühstückten«, was gegen die Bestimmungen verstieß.[25]

1941 erfolgte die Einweisung von weiteren 133 Polinnen in das Barackenlager an der Podbielskistraße. Als Lagerleiterin fungierte Emma Hoppe, intern auch als »Polenkönigin« bezeichnet.[26] Der Altersdurchschnitt der neuangekommenen Polinnen sank gegenüber den Betroffenen des Vorjahres von 20,78 geringfügig auf 20,56 Jahre, was vor allem aus der stärkeren Besetzung der Altersjahrgänge unter 18 Jahren resultierte. Waren die Bewohnerinnen des Jahres 1940 zu 42,4 Prozent 18 Jahre und jünger, stieg deren Anteil im Folgejahr auf 56,3 Prozent. Stellten 1940 die 1922 Geborenen die größte Gruppe, waren es 1941 die Angehörigen des Jahrgangs 1926, also die 15-Jährigen. Die Zahl der Jugendlichen stieg stark an, gleichzeitig kamen auch ältere Frauen hinzu.

Drei Polinnen zogen im Januar 1941 in die Massenunterkunft, ab dem 1. Februar 1941 folgten 29 Polinnen, die aber bereits seit August bzw. September 1940 in der Schierholzstraße und in der Pinkenburgerstraße untergebracht gewesen waren. Auch die 11 am 3. Juni 1941 neu Aufgenommenen waren zuvor bereits in Hannover untergebracht gewesen, während am 6. Juni 1941 14 Frauen direkt aus Zgierz und am 10. und 12. Juli 1941 weitere 24 bzw. 47 Polinnen aus Litzmannstadt eintrafen. Vier Frauen erreichten einzeln an unterschiedlichen Tagen aus ihrer polnischen Heimat das Lager Podbielskistraße 100. Zu den am 12. Juli 1941 in die Unterkunft eingewiesenen Frauen gehörte auch die am 5. Februar 1925 in Łódź geborene Sabina Pobich, die im März 1942 nach Empelde in die Munitionsfabrik abgegeben werden musste.[27] Die Zuweisung von ausländischen Arbeiterinnen erfolgte stets unter dem Vorbehalt einer kurzfristigen Umsetzung an einen rüstungswirtschaftlich wichtigeren Arbeitsplatz.

Das Leben in einer beengten und voll belegten Massenunterkunft brachte die Gefahr der Ausbreitung von Parasiten wie Wanzen und Läusen mit sich, weshalb das Unternehmen angehalten war, in Abständen von wenigen Monaten für die »Entwesung« von Kleidung und befallener Zimmer mit einem Heißluft-Ölofen zu sorgen.[28]

25 Ebd., S. 15.

26 Notiz über eine Besprechung mit Herrn Ahrens vom 22.9.1964, S. 2 u. 6 (BAH, R11, Nr. 481).

27 Jokiel, Dezember.

28 Hans Schröder, 25 Jahre bei Bahlsen oder die Geschichte des TB I, vom 2.1.1964, S. 2 (BAH, R11, Nr. 481).

Die Desinfektionsanstalt der Stadt Hannover stellte Bahlsen am 19. Februar 1941 die Entwesung von zwei Zimmern, am 16. August von zehn Zimmern sowie am 4. August 1941 die Entlausung einer Person in Rechnung.[29] Dass wiederum am 11. Juni 1941 gleich an 26 Polinnen von einer beauftragten Fachärztin Blutentnahmen zur Untersuchung auf Syphilis vorgenommen wurden,[30] korrespondierte mit der Sorge sexuell übertragbarer Krankheiten durch Ausländer, die den Gesundheitsstand der Belegschaft untergraben könnten. Da inzwischen etliche Polinnen zu anderen Arbeitsstellen abgegeben werden mussten oder auch krankheitsbedingt in ihre Heimat zurückgekehrt waren, beauftragte Bahlsen im Sommer 1942 die Firma Grund mit einer gründlichen »Entwesung unserer Ausländerheime« einschließlich sämtlicher Schränke.[31]

Da aber die Zahl der zugewiesenen Polinnen für die Ausweitung der Produktion nicht ausreichte, beantragte die Bahlsen KG Ende April 1941 beim Landesarbeitsamt Niedersachsen die Zuweisung von Kriegsgefangenen, was aber unter Hinweis auf den ungedeckten Bedarf der Landwirtschaft am 19. Mai 1941 zunächst abgelehnt wurde.[32] Am 18. Juli 1941 regelte das Betriebsrundschreiben Nr. 14 den »Umgang mit Kriegsgefangenen«.[33] Die polnischen Arbeiterinnen sowie die weiteren ausländischen Arbeitskräfte erhielten ihr Essen werktäglich durch die Werkskantine, wurden aber auch sonntags in der Kantine verpflegt.[34] Die Bahlsen KG ging aber Ende 1941 auf Regierungspräsident Rudolf Diels zu, um für die polnischen Arbeiterinnen nach anderthalbjähriger Anwesenheit in Hannover eine erste Möglichkeit eines Heimaturlaubs zu eröffnen.[35] Zugleich blieben die Polinnen selbst bei der Zuteilung von Toilettenpapier gegenüber der deutschen Belegschaft benachteiligt, da für die Frauentoiletten in der Fabrik pro Person eine Monatszuteilung von 0,867 Rollen gerechnet wurde, während die 200 Polinnen nur 0,5 Rollen erhalten durften, »nach Möglichkeit weniger«.[36]

29 Oberbürgermeister der Hauptstadt Hannover, Desinfektionsanstalt an Fa. Bahlsen vom 19.2.1941, 16.8.1941 u. 4.8.1941 (BAH, R10, Nr. 605).

30 Die Übernahme der Rechnung über 65 Reichsmark zeichnete Hans Bahlsen ab, Dr. Erna Wegner an die Kassenabteilung von Bahlsens Keksfabrik vom 3.7.1941 (BAH, R10, Nr. 605).

31 H. Bahlsens Keksfabrik KG an Firma Ernst Grund vom 17.9.1942 (BAH, R10, Nr. 605).

32 Präsident des Landesarbeitsamts Niedersachsen (5135), Meyer, an H. Bahlsens Keksfabrik KG vom 19.5.1941 (BAH, R10, Nr. 605).

33 Das im Inhaltsverzeichnis der 1941 herausgegangenen Rundschreiben nachgewiesene Rundschreiben Nr. 14 fehlt aber in der Archivüberlieferung, Inhaltsverzeichnis der Betriebsrundschreiben 1941 (BAH, R10, Nr. 271).

34 Klaus Bahlsen, 7. Bericht 1939-1940 vom 3.1.1941, S. 4; Klaus Bahlsen, 8. Bericht – 1941/42 vom 1.2.1943, S. 6 (jeweils BAH, R10, Nr. 505).

35 H. Bahlsens Keksfabrik KG an Regierungspräsident Rudolf Diels vom 20.12.1941 (BAH, R10, Nr. 600).

36 Magazin, Otto Ahrens, an Abteilung Reinigung, Frau Lubitz vom 12.3.1942, S. 2 (BAH, R10, Nr. 519).

Welch unterschiedlichen Ausprägungen Ausländerarbeit bei Bahlsen bereits in der Frühphase erreicht hatte, zeigt das Beispiel der am 1. Mai 1941 als Sachbearbeiterin in der Abteilung Lieferanten-Rechnungen und Liefertermin-Kontrolle eingestellten Französin Klara Lamy. Die studierte und deutschsprechende Lehrerin war aus persönlichen Gründen nach Hannover gezogen, wollte aber Ende 1941 die Arbeitszeit auf die Hälfte verringern, um mehr Zeit für die Pflege ihrer gesundheitlich angeschlagenen zukünftigen deutschen Schwiegermutter zu haben. Ihre Absicht rieb sich mit betrieblichen Interessen, weshalb Anna-Dora Thieme einer kurzfristigen Aufhebung des Arbeitsverhältnisses nicht zustimmen wollte. Stattdessen sollte die Französin ihr Arbeitsverhältnis frühestens zum 1. März 1942 beenden können. Einkaufsvorständin Thieme regte beim Arbeitsamt Hannover aber auch die Beschäftigung mit dem Umstand an, dass Klara Lamy ihre »Einreiseerlaubnis nach Deutschland erhalten« hatte, »um hier beruflich zu arbeiten, nicht aber um bei ihren künftigen Verwandten zu sein«. Dem Schwiegervater in spe, der für Klara Lamy im Unternehmen vorgesprochen und auf die Pflegebedürftigkeit seiner Ehefrau hingewiesen hatte, beschied sie schmallippig, dass er sich besser an die Nationalsozialistische Volkswohlfahrt wenden solle, die »sicherlich einen zweckentsprechenden Ausweg finden würde«.[37]

Die Bereitstellung von Unterkünften bildete einen limitierenden Faktor des Ausländereinsatzes. Wegen der »kurzfristigen Neuzuteilung von ausländischen Arbeitskräften« stellte Hans Bahlsen am 16. Juli 1941 beim Arbeitsamt Hannover eine Anzeige über das an der Podbielskistraße 100 projektierte Bauvorhaben »Wohnbaracke für ausländische Arbeitskräfte«. Da die vorhandenen Unterkünfte »überbesetzt« waren, machte er das im Spätsommer 1941 auf zwei normierte Mannschaftshäuser des Reichsarbeitsdienstes (RAD), ein »RAD-Aborthaus« und ein »RAD-Waschhaus« erweiterte »Bauvorhaben sehr dringend«, um »200 ausländische Gefolgschaftsmitglieder« unterzubringen.[38] Da aber die städtische Baupolizei zwar aus baupolizeilichen Gründen keine Bedenken erhob, jedoch keine formelle Genehmigung erteilen konnte, schaltete das Unternehmen Bahlsen, dem zu diesem Zeitpunkt bereits von der DAF die Kontingentscheine für den Bau und die Einrichtung zumindest einer Baracke vorlagen, am 9. September 1941 wegen der Prüfung der Luftschutzanlagen zuständigkeitshalber das Luftgaukommando XI ein.[39] Die von dort am 17. September 1941 ausgefertigte Antwort machte Bahlsen eine »ordnungs-

37 H. Bahlsens Keksfabrik KG, Anna-Dora Thieme, an Arbeitsamt Hannover vom 20.1.1942, S. 2; Arbeitsamt Hannover an Bahlsens Keksfabrik KG vom 13.1.1942; Klara Lamy an Arbeitsamt Hannover vom 10.1.1942; H. Bahlsens Keksfabrik KG, Anna-Dora Thieme, an Klara Lamy vom 16.12.1941 (jeweils BAH, R10, Nr. 600).

38 H. Bahlsens Keksfabrik KG, Hans Bahlsen, an Arbeitsamt Hannover vom 16.6.1941 [richtig: 16.7.1941] ; H. Bahlsens Keksfabrik KG, Hans Bahlsen, an Brüder Siebrecht Architekten vom 17.7.1941 (jeweils BAH, R10, Nr. 600); Brüder Siebrecht Architekten, Töllner, an H. Bahlsens Keksfabrik KG vom 10.10.1941 (BAH, R10, Nr. 147).

39 H. Bahlsens Keksfabrik KG, Hans Bahlsen, an Luftgaukommando XI vom 9.9.1941 (BAH, R10, Nr. 605).

gemäße Tarnung« zur Pflicht. Weit unangenehmer war aber, dass wegen der möglichen Feuerübertragung die Baracken in einem größeren Abstand voneinander oder aber Brandmauern errichtet werden mussten.[40]

Hans Bahlsen meldete am 18. Dezember 1941 bei der kommunalen Baupolizei die geplante Errichtung einer Einheits-Mannschaftsbaracke auf dem Grundstück Podbielskistraße 100 an.[41] Mitte Januar 1942 lag dann vom Arbeitsamt Hannover die Genehmigung zum Bau und zur Aufstellung einer »Einheitsbaracke Typ TL/IV/6« an der Podbielskistraße 100 vor.[42] Obwohl mit dem Bau der Fundamente gleich nach dem Nachlassen des Frostes begonnen werden sollte,[43] zog sich die Errichtung einer dritten Baracke bis Juni 1942 hin, als die »neue Polen-Wohnbaracke« mit einer Unterbringungskapazität von 100 Personen ihre Imprägnierung erhielt.[44] Mitte Juni 1942 bestellte die Bahlsen KG beim Berliner DAF-Amt für Arbeitseinsatz, das seine Zuständigkeit mit der Sonderdienststelle Lagerbau auf alle Fragen rund um Ausländermassenunterkünfte erweitert hatte, 50 Doppelschränke, 100 Matratzen sowie 200 Schlafdecken.[45] Unter den Polinnen kam es Ende Juli 1942 zu einem Todesfall: Die 1921 geborene Janina Jesionek, die ab Anfang August 1940 zunächst in der Schierholzstraße 5 gewohnt hatte und am 31. August 1940 in die Podbielskistraße 100 umgezogen war, starb am 26. Juli 1942 in der Ausländerabteilung des Städtischen Krankenhauses Ricklingen an einer Sepsis.[46]

Die meisten Polinnen waren in der Produktion und in den Packsälen eingesetzt. Vier Polinnen – Janina Niezgoda, Helena Sibinska, Janna Kurek, Alica Wanat – arbeiteten in der Kantine.[47] Die Anzahl der im Unternehmen arbeitenden Polinnen ging im Frühjahr 1942 allmählich zurück. Waren am 5. Februar 1942 fünf Polinnen und am 21. März 1942 weitere 15 vom Arbeitsamt in andere Stellen ver-

40 Luftschutz-Außenstelle Hannover, Luftgaukommando XI (2328/41) an H. Bahlsens Keksfabrik KG vom 17.9.1941 (BAH, R10, Nr. 605).

41 H. Bahlsens Keksfabrik KG, Hans Bahlsen, an Oberbürgermeister Hannover, Baupolizei vom 18.12.1941 (BAH, R10, Nr. 149).

42 Arbeitsamt Hannover (9100/111/4721) an Firma H. Bahlsens Keksfabrik vom 15.1.1942 (BAH, R10, Nr. 600); H. Bahlsens Keksfabrik KG, Hans Bahlsen, an Brüder Siebrecht Architekten vom 17.2.1942 (BAH, R10, Nr. 147).

43 H. Bahlsens Keksfabrik KG, Hans Bahlsen, an Brüder Siebrecht Architekten, Töllner vom 17.2.1942 (BAH, R10, Nr. 147).

44 H. Bahlsens Keksfabrik KG, Hans Bahlsen, an Ernst Grund vom 8.5.1942; H. Bahlsens Keksfabrik KG, Hans Bahlsen, an Ernst Grund vom 13.6.1942 (jeweils BAH, R10, Nr. 605); Brüder Siebrecht Architekten, Karl Siebrecht, an Firma H. Bahlsens Keksfabrik vom 22.5.1942 (BAH, R10, Nr. 147).

45 H. Bahlsens Keksfabrik KG an DAF-Amt für Arbeitseinsatz, Sonderdienststelle Lagerbau vom 30.6.1942 (BAH, R10, Nr. 605).

46 Stadt Hannover Standesamt IV, Sterbeurkunde, Nr. 1131/1942 (StdA H).

47 H. Bahlsens Keksfabrik KG an das Städtische Gesundheitsamt Hannover vom 22.4.1942; Namentliche Liste der Gefolgschaftsmitglieder in der Kantine vom 22.4.1942 (jeweils BAH, R10, Nr. 290).

mittelt worden, stand Mitte Mai 1942 die beabsichtigte Abberufung von weiteren 20 Polinnen zur Diskussion. Wegen des im Zusammenhang mit der Frühjahrsoffensive der Wehrmacht verstärkten Abrufs großer Keksmengen durch die Ersatz-Verpflegungs-Magazine und der laufenden Lieferverpflichtungen sah sich die H. Bahlsens Keksfabrik KG, der ohnehin Personal fehlte, nicht in der Lage, auf die Polinnen zu verzichten. Stattdessen appellierte Betriebsführer Hertzer, den »Antrag auf Einsatz von Ukrainerinnen« beschleunigt zu bearbeiten.[48] Gleichsam als Ausgleich für die sinkende Zahl der Polinnen hatte die Keksfabrik beim Gewerbeaufsichtsamt Hannover am 20. Mai 1942 für die Abteilung Fruchtschnitten-Produktion einen Antrag auf Genehmigung von Sonntagsarbeit eingereicht. Die am 27. Mai 1942 ausgefertigte Genehmigung galt für »50 Polinnen und 15 Männer«. Die Sonntagsarbeit, zu der »in erster Linie kasernierte Polinnen« und Deutsche nur als »Aufsichtspersonen« herangezogen werden sollten, durfte nur jeden zweiten Sonntag erfolgen. »Schwangere, stillende und schwächliche Arbeiterinnen« waren von der Sonntagsarbeit formell ausgenommen.[49]

Da die Ausländerarbeit schon längst vom Notbehelf zur dauerhaften Lösung des Arbeitskräftemangels der deutschen Kriegswirtschaft und damit Barackenlager zum etablierten Signum für Bauprovisorien geworden waren, erreichte die betriebliche Gesundheitsvorsorge spätestens mit der Deportation von sowjetischen Kriegsgefangenen und russischen und ukrainischen Zivilisten zum Arbeitseinsatz im Deutschen Reich wegen der gewachsenen Fleckfiebergefahr eine neue Stufe. Werken mit mehr als 50 ausländischen Arbeiterinnen und Arbeitern war ab Anfang 1942 die Einrichtung einer betrieblichen »Entlausungsanstalt« vorgeschrieben, sodass die damit betrauten Sachbearbeiter im engen Kontakt mit dem Städtischen Gesundheitsamt standen. Am 20. März 1942 fand ein Vortrag über die Errichtung und den Betrieb geeigneter Anlagen statt, zu dem auch ein Bahlsen-Mitarbeiter geladen war.[50] Die »Verhinderung der Einschleppung von Fleckfieber in die Großstadt Hannover« stellte aus Sicht des städtischen Obermedizinalrats eine »vordringliche Aufgabe« dar, wie überhaupt in diesem Zusammenhang »Maßnahmen zur Erhaltung der Körpersauberkeit bei allen ausländischen Arbeitern« besonders notwendig gemacht wurden.[51] Da die Thematik auch für den Treuhandbetrieb in Kiew von großer Bedeutung war, nahm Hans Bahlsen selbst an der Besprechung teil und sorgte im Anschluss daran für die Anschaffung von Thermodes-Heißluftapparaten zur Des-

48 H. Bahlsens Keksfabrik KG, Betriebsführer Hermann Hertzer, Stellungnahme zu der beabsichtigten Dienstverpflichtung von weiteren 20 Polinnen vom 11.5.1942 (BAH, R10, Nr. 631).

49 Gewerbeaufsichtsamt Hannover (Tgb. Nr. S. 439, Aa 135/42), Obergewerberat Giffey, an H. Bahlsens Keksfabrik vom 27.5.1942; Gewerbeaufsichtsamt Hannover (Tgb. Nr. S. 439), Obergewerberat Giffey, Genehmigung vom 27.5.1942 (jeweils BAH, R10, Nr. 320).

50 Städtisches Gesundheitsamt Hannover an H. Bahlsens Keksfabrik KG vom 14.3.1942 (BAH, R10, Nr. 605).

51 Städtisches Gesundheitsamt Hannover an H. Bahlsens Keksfabrik KG vom 19.3.1942 (BAH, R10, Nr. 605).

Abb. 16: Mit »KG« gekennzeichnete französische Kriegsgefangene auf der Dachterrasse, 1942

infektion der Bahlsen zugewiesenen ausländischen Arbeiterinnen, für deren Betrieb allerdings noch die Zuteilung von Dieselöl erforderlich war.[52]

Anfang März 1942 arbeiteten bei Bahlsen insgesamt 32 von der Wehrmacht zugewiesene französische Kriegsgefangene, von denen allerdings drei wegen diagnostizierter Herzfehler oder eines Bruchleidens nur »beschränkt einsatzfähig« waren. Von diesen sollten vier wieder abgezogen werden, sodass der Leiter der Verkehrsabteilung das Arbeitsamt Hannover bereits am 7. Februar 1942 aufgefordert hatte, Bahlsen bei einem »neuen Einsatz […] unbedingt zu berücksichtigen«.[53] Klaus Bahlsen erinnerte aber am 21. März 1942 die Verkehrs-Abteilung daran, dass die »Gefangenen ab sofort nicht mehr unbeaufsichtigt in der Fabrik herumlaufen« durften.[54] Außerhalb der Werkstätten waren diese nur in Begleitung eines Deutschen als Helfer einzusetzen. Die Kriegsgefangenen durften auch nicht mehr allein zum Kaffeeholen gehen, sondern sie mussten zu den Mahlzeiten geführt werden. Auch war noch festzulegen, welche Toi-

52 H. Bahlsens Keksfabrik KG, Betrieb, Hans Bahlsen, an Städtisches Gesundheitsamt Hannover vom 12.5.1942 (BAH, R10, Nr. 600); Städtisches Gesundheitsamt Hannover an H. Bahlsens Keksfabrik KG vom 15.5.1942 (BAH, R10, Nr. 605).

53 H. Bahlsens Keksfabrik KG, Verkehrs-Abteilung, Rolf Schober, an Arbeitsamt Hannover, Herr Werner vom 9.3.1942 (BAH, R10, Nr. 600).

54 Klaus Bahlsen, Notiz für Herrn Rolf Schober betr. Kriegsgefangene vom 21.3.1942 (BAH, R10, Nr. 271).

lette die Franzosen ausschließlich nutzen mussten. Ein Betriebsrundschreiben machte jeden Abteilungsleiter oder Vorarbeiter dafür verantwortlich, dass »jeder ohne Begleitung eines Deutschen herumlaufende Kriegsgefangene sofort anzuhalten« und der Betriebsleitung oder dem Leiter der Verkehrs-Abteilung Meldung zu erstatten war.[55]

Ein am 24. Juni 1942 erstellter Statusbericht des Werkluftschutzes führte 31 Kriegsgefangene in der Belegschaft auf.[56] Die Zahl der französischen Kriegsgefangenen stieg im weiteren Jahresverlauf auf bis zu 40 Mann, von denen einer im Herbst 1942 floh.[57] Einer der Kriegsgefangenen war in der Garage eingesetzt und erhielt dort die von ihm zu erledigenden Aufgaben wie das Schmieren und Bewegen der stillgelegten Fahrzeuge und die Überwachung aller Batterien als Wochenplan vorgegeben. Am Montag der Folgewoche wurden dessen Arbeiten überprüft und gegebenenfalls unmittelbar mit dem deutschen Vorarbeiter nachgeholt.[58] Ein anderer, der am 20. September 1914 geborene Raymond Le Galo, erlitt am 8. August 1942 in der Fabrik eine schwere Rückgratverletzung, die eine dauerhafte Lähmung zur Folge hatte. Die Firma Bahlsen setzte sich dafür ein, dass Le Galo nach Paris transportiert wurde, um ein Bett im Lazarett freizumachen und ihn, der noch die betrieblichen Konten belastete, »ohne einen Nutzen davon zu haben«, in die Hände seiner Eltern zu übergeben. Um finanzielle Unterstützung zur Anschaffung eines das Gehen ermöglichenden Spezialapparats gebeten, hatte sich die Bahlsen KG bereiterklärt, die dafür benötigte Summe von 11.000 französischen Franc, umgerechnet 550 Reichsmark, zu übernehmen, sofern die militärische Dienststelle die beantragte Entlassungsgenehmigung erteilte.[59] Da der Transport mit einem Lazarettzug bis Januar 1943 noch nicht erfolgt war, erinnerte Anna-Dora Thieme am 12. Januar 1943 die zuständige Militärstelle an die Angelegenheit.[60]

Manche der ausländischen Zwangsarbeiter waren nur kurze Zeit für Bahlsen tätig. In der zweiten Junihälfte 1942 erhielt die Fabrik acht sowjetische Kriegsgefangene für Werkluftschutzarbeiten zugewiesen, die aber bereits Anfang Juli an den Güternahverkehr abgegeben werden mussten. Da aber noch weitere Planierungs- und Aufräumungsarbeiten zur Verbesserung des Werkluftschutzes erforderlich waren, beantragte Bahlsen am 8. Juli 1942 erneut für zehn Tage acht Kriegsgefangene.[61]

55 H. Bahlsens Keksfabrik KG, Klaus Bahlsen, Betriebsrundschreiben Nr. 2/1942 vom 30.3.1942 (BAH, R10, Nr. 271).

56 H. Bahlsens Keksfabrik KG, Hans Bahlsen, Werkangaben vom 24.6.1942, S. 4 (BAH, R10, Nr. 596); Fotos von Franzosen in Huttenlocher, Menschen, S. 143.

57 Klaus Bahlsen, 8. Bericht – 1941/42 vom 1.2.1943, S. 3 (BAH, R10, Nr. 505).

58 Anna-Dora Thieme an Otto Ahrens vom 25.4.1942 (BAH, R10, Nr. 519).

59 H. Bahlsens Keksfabrik KG, Anna-Dora Thieme, an Stellvertretendes Generalkommando XI. Armee-Korps vom 8.7.1942 (BAH, R10, Nr. 606).

60 H. Bahlsens Keksfabrik KG, Anna-Dora Thieme, an Oberst i. G. Krüger, Generalkommando XI. Armee-Korps vom 12.1.1943 (BAH, R10, Nr. 607).

61 H. Bahlsens Keksfabrik KG, Werner Stille, an Arbeitsamt Hannover, Abteilung Kriegsgefangeneneinsatz, Herr Lorey vom 11.12.1943 (BAH, R10, Nr. 600).

Der betriebliche Luftschutz schloss die Ausländerbelegschaft zwar ein. Die Absicht einer strikten Trennung von Ausländern und Deutschen blieb jedoch durch die Anweisung in Kraft, die Schutzräume 3 und 10 nur für Deutsche und die Schutzräume Nr. 6 und 8 ausschließlich für Polinnen und Ukrainerinnen freizugeben.[62] Auch die vorhandenen »Polenbaracken« erhielten im Sommer 1942, ohne die baupolizeiliche Genehmigung zu beantragen, behelfsmäßige, von Betriebsmaurern erstellte Luftschutzeinrichtungen.[63]

Die nach dem Überfall auf die Sowjetunion besetzten Territorien brachten Millionen Zivilisten in den deutschen Machtbereich. Insbesondere aus der Ukraine wurden in großer Zahl zwangsweise zivile Arbeitskräfte ins Deutsche Reich deportiert, um den wachsenden Arbeitskräftemangel zu reduzieren. Nach den sowjetischen Kriegsgefangenen, die die Wehrmacht allerdings im Winter 1941/42 mehrheitlich dem Hungertod ausgeliefert hatte, sofern ihre Zahl nicht durch Erschießungen reduziert wurde, zählte auch die arbeitsfähige Bevölkerung zur deutschen Kriegsbeute. Mit der am 21. März 1942 erfolgten Installierung des Generalbevollmächtigten für den Arbeitseinsatz (GBA), an dessen Spitze Hitler den thüringischen NSDAP-Gauleiter Fritz Sauckel stellte, entstand zur Rekrutierung von Millionen Zwangsarbeiterinnen und Zwangsarbeitern eine NS-Sonderbehörde.[64] Die neuen Arbeitskräftequellen interessierten auch die Firma Bahlsen, wozu neben dem drohenden Abzug polnischer Zwangsarbeiterinnen in direkte Rüstungsbetriebe wohl auch die im Februar 1942 angebahnte Übernahme der Treuhänderschaft über eine große Keksfabrik in Kiew beitrug.

Im April 1942 stellte Bahlsen den ersten Antrag auf Zuweisung von 100 ukrainischen Zivilarbeiterinnen. Zur Unterbringung der Arbeitskräfte benötigte das Unternehmen neben einer Wohnbaracke des Typs IV 6 der genormten Reichsarbeitsdienst-Wohnbaracke ein Waschhaus Typ VIII 2 und entsprechende Abort-Anlagen. Da zum damaligen Zeitpunkt noch eine Betreuung durch die Industrie- und Handelskammer erfolgte, erbat Hans Bahlsen beim Arbeitsamt die entsprechende Dringlichkeits-Bescheinigung sowie die Zuweisung der Baumaterialien.[65] Es dauerte aber bis zum 30. Juli 1942, bis die Baugenehmigung erfolgte. Hans Bahlsen zeigte dem Gewerbeaufsichtsamt Hannover an, dass die beantragte und genehmigte Wasch- und Toilettenbaracke wegen vordringlicher Anforderungen der Wehrmacht

62 H. Bahlsens Keksfabrik KG, Klaus Bahlsen, Notiz für Meister und Direkticen vom 17.9.1942 (BAH, R10, Nr. 271).

63 H. Bahlsens Keksfabrik KG, Hans Bahlsen an Brüder Siebrecht Architekten vom 1.10.1942; Brüder Siebrecht Architekten, Karl Siebrecht, an Firma H. Bahlsens Keksfabrik vom 5.10.1942 (jeweils BAH, R10, Nr. 147); Plan Luftschutzkeller Podbielskistraße 100 vom 1.12.1942 (BAH, R10, Nr. 149); Klaus Bahlsen, Fabrikbericht 16.-30.11.1942 vom 5.12.1942, S. 2 (BAH, R10, Nr. 513).

64 Herbert, Fremdarbeiter, S. 149 ff.; Greve, System, 134 ff.

65 H. Bahlsens Keksfabrik KG, Hans Bahlsen, an Arbeitsamt Hannover vom 27.4.1942 (BAH, R10, Nr. 600).

nicht geliefert worden war, sodass für die bald erwarteten Ukrainerinnen jegliche Toiletten- und Waschmöglichkeiten fehlten. Das Gewerbeaufsichtsamt Hannover bestätigte Mitte Juni 1942, dass für je 15 Personen mindestens ein Abort und je fünf Personen eine Waschgelegenheit bereitgestellt werden müssten, bevor die Baracke belegt werden konnte.[66]

Die Lösung der Unterbringungsfrage erwies sich aber als schwierig, da die kommunale Baupolizeibehörde am 19. August 1942 wegen Planabweichungen zunächst keine Genehmigung für die Ukrainerinnen-Unterkunft erteilte. Auch war noch kein endgültiger Objektplan für die »Waschbaracke an der Wohnbaracke Nr. 4« und die »Wohnbaracke 5« eingegangen.[67] Solange aber an der Podbielskistraße 100 für die »Wohnbaracke 5« keine Baugenehmigung vorlag, sollte an dem Plan festgehalten werden, eine für den Reichsarbeitsdienst konstruierte Einheitsbaracke für 100 Personen im »Gemeinschaftslager in der verlängerten Klingerstr.[aße]« aufzustellen.[68] Zu diesem Zeitpunkt schwebten Verhandlungen zwischen Arbeitsamt, der DAF, der Stadt Hannover und dem regionalen Baubevollmächtigten des Reichsministeriums für Bewaffnung und Munition, ob anstatt einer dezentralen Unterbringung in der Zuständigkeit der Unternehmen zur »Zusammenfassung« der ausländischen Arbeiter und Arbeiterinnen im Norden der Stadt »Sammellager« errichtet werden könnten.[69]

Die insbesondere aus sicherheitspolizeilicher Sicht für den Arbeitseinsatz von zivilen Russen, Weißrussen und Ukrainern formulierten Behandlungsregeln fassten am 20. Februar 1942 die so genannten »Ostarbeiter«-Erlasse zusammen, die allerdings von den insbesondere vom Reichsministerium für die besetzten Ostgebiete und dem Reichsarbeitsministerium geforderten Erleichterungen für Ukrainerinnen und Ukrainer absahen. An die »Polen«-Erlasse vom März 1940 angelehnt, sahen sie eine Kennzeichnungspflicht mit einem weißblauen »Ost«-Abzeichen, die geschlossene Unterbringung in mit Stacheldraht umzäunten Massenunterkünften sowie weitgehende Einschränkungen der Bewegungsfreiheit vor. Zudem unterlagen »Ostarbeiter« ausschließlich dem Polizeirecht, was der Gestapo und dem SS-Reichssicherheitshauptamt bis hin zur Hinrichtung einen unmittelbaren Durchgriff auf die Zwangsarbeiterinnen und Zwangsarbeiter aus der Sowjetunion sicherte.[70]

66 H. Bahlsens Keksfabrik KG, Hans Bahlsen, an Gewerbe-Aufsichts-Amt Hannover, Oberregierungs- und Gewerberat Giffey vom 10.6.1942; Gewerbe-Aufsichts-Amt Hannover, Oberregierungs- und Gewerberat Giffey, an H. Bahlsens Keksfabrik KG vom 13.6.1942 (jeweils BAH, R10, Nr. 149).

67 H. Bahlsens Keksfabrik KG, Hans Bahlsen, an Brüder Siebrecht Architekten vom 21.8.1942 (BAH, R10, Nr. 147).

68 H. Bahlsens Keksfabrik KG, Hans Bahlsen, an Brüder Siebrecht Architekten vom 12.9.1942 (BAH, R10, Nr. 147).

69 Brüder Siebrecht Architekten, Karl Siebrecht, an Firma H. Bahlsens Keksfabrik vom 4.6.1942 (BAH, R10, Nr. 147).

70 Herbert, Fremdarbeiter, S. 154 ff.

Ursprünglich hatte die Keksfabrik in Hannover die Abstellung von 100 Ukrainerinnen beantragt, die aber vom örtlichen Arbeitsamt wegen des vordringlichen Bedarfs von Rüstungsbetrieben nicht zu erhalten waren. Daraufhin suchte Werner Bahlsen in der Kiewer Keksfabrik 74 Frauen aus, die mit der Begründung »nach Hannover gesandt« wurden, um sie »in unserem deutschen Betrieb« auszubilden.[71] 73 namentlich bekannte Ukrainerinnen trafen am 30. Juli 1942 aus der Kiewer Keksfabrik im Lager Podbielskistraße 100 ein.[72] Als Anlernkräfte besaßen sie eine Rückkehroption in den Kiewer Treuhandbetrieb, weshalb sie nach Angaben von Werner Bahlsen mehrheitlich »gern« abfuhren. Darüber hinaus machte Bahlsen die Erfahrung, dass den mehrheitlich jungen Frauen zwischen 16 und 20 Jahren die Abreise leichter fiel, da sie die deutschen Meister bereits im Kiewer Betrieb kennengelernt hatten und von diesen nach Hannover begleitet wurden. Die ausnahmslos ledigen Frauen waren zwischen 38 und 15 Jahre alt, wobei der Altersdurchschnitt bei 20 Jahren lag, da 46 der 73 Frauen 20 Jahre und jünger waren. Die Älteste, die am 23. März 1904 geborene Olga Ikomikowa, war mithin mehr als doppelt so alt wie die Jüngste, die am 26. März 1927 geborene Galina Bass.

Bei der Bewertung der neuen Ausländergruppe unterschied Werner Bahlsen die Ukrainerinnen deutlich von anderen Ausländern. Sie hörten, wie er berichtete, nach der Ankunft der Begrüßung »aufmerksam und schweigend« zu und verlangten, sich vor der ersten Mahlzeit »gründlich« waschen zu können. Auch der Transport zum Barackenlager erfolgte »vollständig ruhig und diszipliniert«. Sie wollten darüber vor der Arbeitsaufnahme zuerst ihre Wäsche waschen oder aufbügeln, um im »ordentlichen Zustand« in die Fabrik zu gehen. Das stand im eklatanten Gegensatz zu den betrieblichen Erfahrungen mit Polinnen, die bei ihrer Ankunft »vor Aufregung und Depression kaum beieinanderzuhalten« gewesen seien.[73]

Wegen der repressiven Behandlungsvorschriften verbreitete sich unter den »mit großen Erwartungen« nach Hannover gekommenen Ukrainerinnen rasch eine »sehr große Enttäuschung«. Sie waren als weibliche »Ostarbeiter« nicht nur der Kennzeichnungspflicht unterworfen, sondern auch gegenüber den im gleichen Lagerkomplex lebenden Polinnen schlechter gestellt. Werner Bahlsen bemerkte zutreffend, dass die Vorschriften ihnen »jegliche persönliche Freiheit« nahmen, da sie nur »in geschlossenen Gruppen unter Führung eines Deutschen« das Lager verlassen durften, während Polinnen Ausgang bis 21 Uhr hatten und sich innerhalb der Stadt bewegen konnten. Die Polinnen durften mit der Straßenbahn zur Fabrik fahren, die Ukrainerinnen wurden dagegen in Begleitung von Deutschen als Kolonne die Pod-

71 Werner Bahlsen, Einsatz von Ukrainerinnen vom 22.8.1942, S. 1 (BAB, R 70-Sowjetunion, Nr. 17, Bl. 74).

72 Klaus Bahlsen, 8. Bericht – 1941/42 vom 1.2.1943, S. 3 (BAH, R10, Nr. 505); Statistische und Namensangaben nach den Hausbüchern im Stadtarchiv Hannover.

73 Werner Bahlsen, Einsatz von Ukrainerinnen vom 22.8.1942, S. 1f. (BAB, R 70-Sowjetunion, Nr. 17, Bl. 76); eine ähnliche Einordnung von »Arbeitstrieb und Arbeitsethos« sowie des Leitungsgrades der »Ostarbeiter« aus der Ukraine in AWI, Arbeitseignung, S. 6 und 21.

bielskistraße entlanggeführt. Auch bei der Ernährung erfuhren die Ukrainerinnen Zurücksetzungen, da für sie ein schweres, mit 28 Prozent Rübenschnitzel gebackenes Brot vorgesehen war und vom Kohl nur die »Abfallblätter«. Weder durften sie auf Anordnung der Gestapo Messer besitzen, noch die für die Polinnen gebauten Toiletten benutzen, sodass sie zunächst mit »Nottoiletten« vorliebnehmen mussten. Abends schloss sie ein Wachmann in ihrer Unterkunft ein.[74]

Werner Bahlsen kritisierte die rigiden Regelungen für die »arbeitswilligen und ordentlichen Mädchen« als leistungshemmend, da die von der deutschen Propaganda gemachten Versprechungen wie eine gute Behandlung und eine Gleichstellung mit den deutschen Arbeitern im Hinblick auf Lohn und Ernährung massiv enttäuscht wurden. Zwar machten die in Hannover »angesetzten Kräfte noch willig und 100%ig« mit, doch drohte aus Sicht von Werner Bahlsen, dass aus den erfahrenen »Ungleichheiten ein passiver Widerstand entstehen« könnte.[75] Er wandte sich damit gegen die rassenpolitisch und sicherheitspolizeilich motivierte Schlechterstellung der Ukrainerinnen und die in der betrieblichen Realität dysfunktionalen Vorgaben wie die getrennten Waschräume für Polinnen und Ukrainerinnen.

An der völkisch legitimierten Asymmetrie und der Abgrenzung zwischen Deutschen und Ukrainerinnen wollte er aber nicht rütteln. Auch sollten Ukrainerinnen nicht »deren Bezahlung haben«. Werner Bahlsen sprach sich aber wie andere Unternehmer auch für einen realistischen Kurs in der Ausländerbehandlung aus und beantragte, dass die als »Ostarbeiter« kategorisierten Ukrainerinnen »dieselben Rechte und Pflichten wie die Polinnen bekommen«, wodurch seiner Ansicht nach »wahrscheinlich alle Schwierigkeiten behoben« würden. Auf dieser Basis könnte sich die Firma Bahlsen einen »tüchtigen und fähigen Arbeitsstamm heranbilden«, der »vorläufig in Hannover gute Dienste leistet und später der Grundstein für die Aufbauarbeit in Kiew« werden könnte.[76]

Werner Bahlsen legte entgegen seinen späteren Einlassungen also Wert auf eine unterschiedliche Bezahlung von Deutschen und Osteuropäerinnen. Die Lohnkarte verzeichnete beispielsweise für die deutsche »freiwillige Helferin« Marie Meyer, die arbeitstäglich maximal sechs Stunden arbeitete, für die 2. Kalenderwoche 1942 eine Arbeitszeit von 30 Stunden, für die ein Bruttolohn in Höhe von 18,15 Reichsmark ausgewiesen war. Der Bruttostundenlohn lag also bei 0,60 Reichsmark.[77] Der Bruttostundenlohn der Polin Irena Pacholska (Jg. 1922) betrug im gleichen Zeitraum 0,52 Reichsmark, sodass für sie bei 46 Stunden ein wöchentlicher Bruttolohn von 24,06 Reichsmark vermerkt war.[78] Die Ukrainerin Olga Garmatowa (Jg. 1923) erzielte nach ihrer Ankunft mit dem ersten Transport aus Kiew und der Arbeitsaufnahme

74 Werner Bahlsen, Einsatz von Ukrainerinnen vom 22.8.1942, S. 3 (BAB, R 70-Sowjetunion, Nr. 17, Bl. 76).

75 Ebd., S. 5.

76 Ebd.

77 Lohnkarteikarte 1942, Marie Meyer, Kontroll-Nr. 571 (BAH, R14, Nr. 1).

78 Lohnkarteikarte 1942, Irena Pacholska, Kontroll-Nr. 155 (BAH, R14, Nr. 1).

am 3. August 1942 ebenfalls einen Bruttostundenlohn von knapp 0,52 Reichsmark, was in der 32. Kalenderwoche 1942 bei einer 44-Stundenwoche auf einen Lohn von 22,75 Reichsmark hinauslief.[79] Lag der Bruttostundenlohn der Osteuropäerinnen als schon rund 13 Prozent unterhalb des deutschen ungelernten Personals, drückten die Steuern, Abgaben und auch die Unterkunftskosten den Auszahlungsbetrag weit nach unten. Im Ergebnis erhielt Marie Meyer bei einer um ein Drittel kürzeren Wochenarbeitszeit 16,79 Reichsmark auf die Hand, während die Polin 8,32 und die Ukrainerin 5,15 Reichsmark ausbezahlt bekamen. Der Nettostundenlohn der Deutschen betrug 0,56 Reichsmark. Der verfügbare Nettostundenlohn der Polin lag bei 0,18 und der Ukrainerin bei 0,12 Reichsmark. Insoweit bestand also für die Ausländerinnen eine doppelte Benachteiligung bei der Lohnhöhe und den Abzügen.

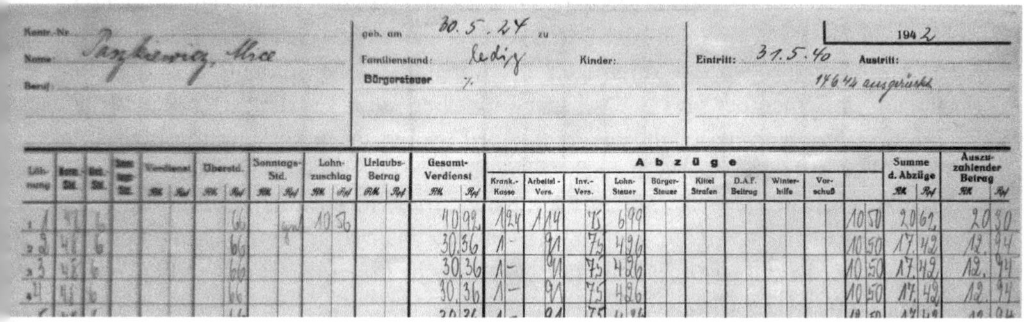

Abb. 17: Lohnkarte der am 31. Mai 1940 eingetretenen Polin Alice Paszkiewicz mit dem Vermerk »14.6.42 ausgerückt«

Nach Ankunft der ersten Ukrainerinnen wurde die Werksküche erweitert, damit sie 600 Portionen je Mahlzeit schaffte.[80] Die Einnahme des Kantinenessens erfolgte aus pragmatischen Gründen entgegen den Vorgaben im gleichen Raum, aber bei Separierung der verschiedenen Ausländergruppen untereinander und der Ausländer von der deutschen Belegschaft. Betriebsobmann Voß war von der Betriebsleitung auf den fehlenden Platz und die engen Essenszeiten hingewiesen worden, um ihn von einem Einspruch gegen die Praxis abzuhalten. Obwohl er wie sein Vorgänger Hermann Koch »sehr stark nationalsozialistisch tätig gewesen« war, habe er »in der Ausländerbehandlung« ein Auge zugedrückt.[81]

79 Lohnkarteikarte 1942, Olga Garmatowa, Kontroll-Nr. 302 (Arolsen Archives, 2.2.2.1/76405499); die Schreibweise des Namens entspricht der russischen, aber nicht der ukrainischen Sprache. Wegen der Subsumierung der ukrainischen Nationalität unter den großrussisch gefüllten Begriff des »Sowjetvolks« sind die Namensangaben zweifelhaft. Eine Korrektur ist aber wegen fehlender ukrainischer bzw. russischer Originalunterlagen nicht möglich.

80 Klaus Bahlsen, 8. Bericht – 1941/42 vom 1.2.1943, S. 6 (BAH, R10, Nr. 505).

81 Interview mit Dr. Kurt Pentzlin am 5.10.1984, S. 3 (BAH, R11, Nr. 478).

Die Verpflegung, aber auch die medizinische Versorgung blieben hinter derjenigen der Deutschen zurück, was in Einzelfällen einen Aufenthalt in den Ausländern vorbehaltenen Bereichen des Städtischen Krankenhauses Linden oder Ricklingen nicht ausschloss.[82] Klaus Bahlsen zeichnete für die Betriebsleitung am 5. Oktober 1942 die Verpflegungskosten-Rechnung über 11,30 Reichsmark für die vom 15. bis 17. September 1942 dort behandelte »Ostarbeiterin« Nadja Roskewitsch ab.[83] Die 19-jährige Kiewerin war am 30. Juli 1942 aus Kiew eingetroffen und dem Lager Podbielskistraße 100 zugewiesen worden, aber am 15. August 1942 zusammen mit zwei anderen Ukrainerinnen im Hausbuch gestrichen worden. Die ursprüngliche Absicht, sie mit den Bahlsenschen Produktionsmethoden vertraut zu machen und dann als Kernbelegschaft nach Kiew zurückzuversetzen, blieb die Ausnahme. Am 26. Januar 1943 gingen fünf Frauen auf Transport nach Kiew, weitere 15 im Juni 1943 sowie vier erst Mitte September 1943. Dass diese überhaupt noch Kiew erreichten, muss wegen des Vormarschs der Roten Armee bezweifelt werden.

Zehn Frauen zogen, der Vereinigten Leichtmetall-Werke GmbH (VLW) zugewiesen, am 23. September 1943 in das Lager Pappelberg an der verlängerten Pfarrstraße um. Eine Frau versetzte Bahlsen am 21. April 1944 in ihren Verlagerungsbetrieb in Gera, drei verließen die Stadt nach Watenstedt, während die übergroße Mehrheit bis zum Ende des Krieges im Lager Podbielskistraße 100 wohnen und in der Bahlsen-Fabrik arbeiten musste. Zu ihrer nationalsozialistischen Beeinflussung bestellte Bahlsen vier Exemplare der in ukrainischer Sprache in Berlin herausgegebenen Zeitung *Ukrainez* [Der Ukrainer].[84]

Anfang Oktober 1942 war auch die ursprünglich als »Polenbaracke« bezeichnete Unterkunft an der Podbielskistraße 100 abnahmebereit.[85] Deren Fertigstellung erfolgte zur rechten Zeit, da die Unternehmensleitung Anfang November 1942 erneut beim Landesarbeitsamt wegen zusätzlicher ukrainischer Frauen vorsprach. Weil aus den im Reichsgebiet ankommenden Ukrainerinnen keine Kontingente zu bekommen waren, schlug die Behörde vor, 100 Ukrainerinnen aus dem Kiewer Treuhandbetrieb »herauszulösen und nach hier zu überweisen«.[86] Daraufhin verhandelte Hans Bahlsen in der ersten Novemberhälfte 1942 mit dem Landeswirtschaftsamt, dem Leiter des Arbeitsamts in Kiew, mit Präsident Dr. Karl Kaphahn vom Landesarbeitsamts in Hannover sowie einem Vertreter des Reichsarbeitsministeriums über die Abkommandierung von 100 »Ostarbeiterinnen« aus der Keksfabrik Kiew in die

82 Woniak, Polen.

83 Städtisches Krankenhaus Linden, Verpflegungskosten-Rechnung Nr. 1396 o. D. [vor dem 5.10.1942] (BAH, R10, Nr. 292).

84 Schiller, NS-Propaganda, S. 223.

85 H. Bahlsens Keksfabrik KG, Kurt Pentzlin, an Oberbürgermeister Hannover, Abteilung Baupolizei vom 3.10.1942 (BAH, R10, Nr. 149).

86 Präsident des Landesarbeitsamts Niedersachsen (5780 w El/Hb9) an H. Bahlsens Keksfabrik KG vom 5.11.1942 (BAH, R10, Nr. 605).

Keksfabrik in Hannover und hoffte, bis Januar 1943 die endgültige Genehmigung zu erhalten.[87]

Schon vorab erhielt die Bahlsen KG die Zusage, dass die Ukrainerinnen mit den Polinnen hinsichtlich der »vollen Verpflegung einschl. Zulagen« gleichgestellt waren. Für sie bestand auch die Erlaubnis, die Straßenbahn zu benutzen, was den Weg zwischen Arbeit und Unterkunft deutlich erleichterte. Als weiteres Entgegenkommen galt die erlaubte Nutzung der Wasserklosetts oder die Möglichkeit von geschlossenen Kinovorstellungen. Schließlich sollte jede Ukrainerin zwei Kittel entgegennehmen können.[88] Die Arbeitslenkungsbehörden gewährten, wenn kein Vertreter des Reichssicherheitshauptamts oder des GBA an den Besprechungen teilnahm, aus pragmatischen Gründen Erleichterungen für Ukrainer zur Förderung ihrer Arbeitsmotivation und ihrer unterstellten Deutschfreundlichkeit. Die Initiative von Werner Bahlsen brachte den Ukrainerinnen gewisse Vorteile gegenüber den repressiven Vorgaben. Die Verbesserungen lagen allerdings primär im Interesse des Unternehmens. Denn komplementär zur funktionalen Fürsorge blieb die grundsätzliche Schlechterstellung der polnischen und ukrainischen Frauen gegenüber den Deutschen erhalten. Während die deutsche Belegschaft vom 24. bis 27. Dezember 1942 und vom 31. Dezember 1942 bis 3. Januar 1943 arbeitsfrei hatte, erließ die Betriebsleitung für Polinnen und Ukrainerinnen »Sonderanweisungen«.[89]

Der von der Bahlsen KG eingeschaltete GBA nahm sich der Arbeitskräfteanforderungen aus Kiew an, indem die Berliner NS-Sonderinstanz den Leiter des Arbeitseinsatzstabs beim Generalkommissar Kiew bat, 100 »Ostarbeiterinnen« aus dem Bahlsen-Treuhandbetrieb in Kiew einem seiner Transporte »gesondert anzuschließen«. Die Frauen sollten in das Bahlsen-Stammwerk überführt werden, um sie »in deutschen Arbeitsmethoden auszubilden«. Dem Abteilungsdirigenten für den Arbeitseinsatz im Osten, Dr. Walter Letsch, war der Abgang des Transports unmittelbar angezeigt worden, damit er für die Weiterleitung der für die Firma Bahlsen bestimmten Ukrainerinnen sorgen konnte.[90] Da Bahlsen mit solch einflussreichen Unterstützern fest mit der Gestellung von Ukrainerinnen rechnete, bestellte das Unternehmen am 31. Dezember 1942, um die Sprachmittlung zu erleichtern, 170 Exemplare des in der zur DAF gehörenden Fremdsprachendienst-Verlagsgesellschaft

87 Klaus Bahlsen, Fabrikbericht 1.-15.11.1942 vom 17.11.1942, S. 2; Hermann Hertzer betr. Fabrikbericht vom 26.11.1942 (jeweils BAH, R10, Nr. 513).

88 Klaus Bahlsen, Fabrikbericht 16.-30.11.1942 vom 5.12.1942, S. 2 (BAH, R10, Nr. 513).

89 H. Bahlsens Keksfabrik KG, Betriebsleitung, Klaus Bahlsen, Betriebsrundschreiben Nr. 10/42 vom 20.11.1942 (BAH, R10, Nr. 271).

90 Generalbevollmächtigter für den Arbeitseinsatz, Dr. Walter Letsch, an Leiter des Arbeitseinsatzstabs beim Generalkommissar Kiew, Regierungsrat Dr. Janetzki vom 4.12.1942 (BAH, R10, Nr. 605).

mbH erschienenen Industrie-Wörterbuchs für Ostarbeiter in ukrainischer Sprache, dessen Auslieferung sich aber bis nach April 1943 verzögerte.[91]

Im ersten Halbjahr des Einsatzes von Ukrainerinnen machte die Bahlsen-Fabrik »sehr gute Erfahrungen« und zeigte sich mit den Arbeitsleistungen »zufrieden«. Die Frauen waren »schwere Arbeit gewöhnt«, weshalb sie »an einer ganzen Reihe ehemaliger Männerposten« das Arbeitspensum bewältigten, was auch andere Unternehmen bestätigten.[92] Die ukrainischen Frauen beklagten sich, dass deutsche Beschäftigte ihnen aber oft »russisches Schwein« hinterherriefen und Hitlerjungen die Frauen auf der Straße mit Steinen bewarfen. Die persönlichen Beleidigungen verletzten die Ukrainerinnen tief, zumal sie nicht verstanden, warum sie als Russen bezeichnet und mit Schimpfworten tituliert wurden. Die auf einer Versammlung auch von anderen Betrieben geteilte Anerkennung der Arbeitsleistung der Ukrainerinnen fand aber bei der Deutschen Arbeitsfront, die die Sozialbetreuung von Ausländern und ihren Lagerunterkünften zu ihrer Aufgabe machte, keinen Anklang. Im »ausdrücklichen Auftrag des Gauleiters« Lauterbacher nahm einer ihrer Funktionäre gegen Ukrainer »sehr scharf Stellung«, indem er »sich jedes Lob verbat und sie in aller Form herabsetzte«.[93] Werner Bahlsen befürchtete, dass solche Kleingeistertiraden dazu führten, »diese primitiveren Völker falsch« zu behandeln, sie zu »verprellen« und zum »passiven Widerstand« zu veranlassen. Seine Sympathie galt eindeutig den Ukrainerinnen, die »im Grunde genommen gutwillig« nach Hannover gekommen seien, während von Polen »tatsächlich viel Sabotageakte und Schwierigkeiten« ausgingen. Ganz in den Traditionen deutscher Suprematie gegenüber Osteuropäern bestand er auf einem hierarchischen Abstand zu den Ukrainerinnen. Dieser quasi-koloniale Habitus verband sich mit der Absicht, diese aber »gerecht behandelt« zu wissen, um sie sich als wertvolle Hilfe zu erhalten und die »Gefahrenquelle für Minderleistung« zu bannen.[94] Werner Bahlsen nutzte womöglich Sprache und Duktus der systemkonformen Rüstungsstellen auch, um dort mit seinen Anliegen einer flexiblen und stärker auf die betrieblichen Gegebenheiten abzustellenden Behandlung durchzudringen.

Wegen der dann notwendigen Aufstellung von Baracken stand das Unternehmen in Verhandlungen mit dem Landeswirtschaftsamt, dem Landesarbeitsamt, der regionalen Struktur des dem Speer-Ministerium unterstehenden Generalbevollmächtigten für die Regelung der Bauwirtschaft, der Baupolizei Hannover, der örtlichen Luftschutzbehörde, der Deutschen Arbeitsfront, dem Architekten und der Firma

91 Polen-Lager, Bein, an Einkauf vom 31.12.1942; Fremdsprachendienst-Verlagsgesellschaft mbH an H. Bahlsens Keksfabrik KG vom 27.1.1942; H. Bahlsens Keksfabrik KG an Fremdsprachendienst-Verlagsgesellschaft mbH vom 22.4.1943 (jeweils BAH, R10, Nr. 605).

92 Keksfabrik Kiew, Werner Bahlsen, Bericht über die augenblicklichen sozialen Bedingungen der Arbeiter und Arbeiterinnen sowie Erfahrungen mit der Beschäftigung in Deutschland vom 3.2.1943, S. 4 f. (BAB, R 70-Sowjetunion, Nr. 17, Bl. 118 f.).

93 Ebd., S. 5.

94 Ebd.

Siebrecht als Lieferantin der Barackenbauteile.[95] Dass die Beteiligten Ende 1942 mehrfach wegen der Aufstellung von zwei Baracken zusammenkamen, unterstreicht den bürokratischen Aufwand, der mit der Unterbringung von Zwangsarbeiterinnen verbunden war. Am 14. Dezember 1942 erteilte die städtische Baupolizei die Genehmigung zur Errichtung einer weiteren Wohnbaracke für 100 Frauen auf dem Grundstück an der Podbielskistraße.[96] Noch vor Weihnachten 1942 begannen die Ausschachtungsarbeiten für die vierte Baracke im Lagerkomplex Podbielskistraße 100.

Bahlsen brachte bei Gelegenheit dieser Besprechungen zur arbeitsplatznahen Unterbringung der zugewiesenen französischen Kriegsgefangenen den Vorschlag ein, den für die Verbesserung der Kantinenkost errichteten Schweinestall in einen Neubau zu verlegen und das dann freie Gebäude »als Gefangenenlager auszubauen«. Auch darüber verhandelte man mit der Rüstungsinspektion XI Hannover, einem Bauunternehmen und anderen Stellen.[97] Die Firma Bahlsen wollte auf dem Grundstück Podbielskistraße 243 einen neuen Schweinestall errichten, um einerseits für die Schweinemast günstigere Bedingungen zu schaffen, andererseits ging vom bisherigen Schweinestall wegen der Rattenplage eine »große Seuchengefahr« aus, da am bisherigen Standort Podbielskistraße 100 die Kriegsgefangenenunterkunft in unmittelbarer Nachbarschaft stand. Nach einem Ausbau sollte die umgewidmete Räumlichkeit als »Aufenthaltsraum für die Fremdarbeiter« dienen.[98] Bahlsen hielt 1943 im alten Pferdestall einige mit den Küchenabfällen gefütterte Schweine, um mit deren Fleisch wiederum die Kantinenkost aufzubessern.[99]

Ab Sommer 1942 verstärkten die Arbeitslenkungsbehörden und der GBA einerseits die Rekrutierung von französischen Zivilarbeitern. Andererseits ging Hitler auf den Wunsch der französischen Vichy-Regierung nach einer Rückkehr französischer Kriegsgefangener ein, da deren zumeist dezentraler Arbeitseinsatz wegen der militärischen Bewachung für die Wehrmacht mit einem hohen Personalaufwand verbunden war. Mit Pierre Laval wurde vereinbart, 50.000 Kriegsgefangene in die Heimat zu entlassen, wenn an ihrer Stelle 150.000 französische Zivilarbeiter die Arbeit in Deutschland aufnahmen. Über das Relève-Verfahren mit einem Verhältnis von 1:3 hinaus sollten französische Kriegsgefangene in den Zivilstatus überführt werden

95 H. Bahlsens Keksfabrik KG an Oberbürgermeister Hannover, Abteilung Baupolizei vom 16.11.1942 (BAH, R10, Nr. 149); H. Bahlsens Keksfabrik KG, Kurt Pentzlin, an Arbeitsamt Hannover vom 24.11.1942 (BAH, R10, Nr. 600).

96 H. Bahlsens Keksfabrik KG, Hans Bahlsen, an Oberbürgermeister Hannover, Abteilung Baupolizei vom 30.12.1942 (BAH, R10, Nr. 149).

97 Klaus Bahlsen, Fabrikbericht 16.-30.11.1942 vom 5.12.1942, S. 2 (BAH, R10, Nr. 513).

98 H. Bahlsens Keksfabrik an Oberbürgermeister Hannover, Abt. Baupolizei o.D. [Ende 1942] (BAH, R10, Nr. 147).

99 Klaus Bahlsen, 9. Bericht – Betrieb 1943 vom 26.1.1944, S. 3 (BAH, R10, Nr. 505); Klaus Bahlsen, Fabrikbericht 1.-15.3.1943 vom 18.3.1943, S. 2 (BAH, R10, Nr. 513).

(Transformation), wenn sie in Deutschland blieben, um weiter zu arbeiten.[100] Die schrittweise Entlassung von französischen Kriegsgefangenen entzog Bahlsen einerseits Arbeitskräfte, da Anfang Dezember 1942 neun der zur Arbeit eingesetzten französischen Kriegsgefangenen nach Frankreich entlassen wurden. Andererseits ergab sich aus dem Statuswechsel der früheren Kriegsgefangenen auch die Chance, manche der Offiziere längerfristig in ihre Betriebsbelegschaft zu überführen. Sie hatten sich nach Gesprächen mit dem frankophilen Leiter der Verkehrs-Abteilung, Rolf Schober, für einen freiwilligen Arbeitseinsatz bei Bahlsen gemeldet und wurden vom Unternehmen eingestellt, um Büroarbeiten auszuführen.[101] Anfang April 1943 entließ die Wehrmacht weitere fünf französische Kriegsgefangene nach Frankreich. Bahlsen erhielt aber Ersatz.[102]

General Julius Dauber, der Kommandeur des Kriegsgefangenenwesens im Wehrbezirkskommando XI, besichtigte die Unterkunft der französischen Kriegsgefangenen und monierte, dass sie »in keiner Form militärisch aufgezogen« war. Dauber, dessen Auftreten Klaus Bahlsen in seinem Halbmonatsbericht als »nicht sehr erfreulich« bewertete, bestimmte wegen der vorherrschenden lässigen Haltung gegenüber den Kriegsgefangenen, dass die Franzosen im »Lager Oppermann« untergebracht werden mussten.[103] Daraufhin stellte Bahlsen in der zweiten Aprilhälfte den Antrag, die der Fabrik zugewiesenen 42 französischen Kriegsgefangenen in den Zivilstatus zu überführen und sie dem Unternehmen als Zivilarbeiter zuzuweisen. Im gleichen Zuge sollte deren Kriegsgefangenenlager zu einer Unterkunft für ausländische Zivilarbeiter umgewandelt werden.[104] Die Abwehr-Abteilung des Generalkommandos XI, in der Hans Bahlsen tätig war, führte in der ersten Maihälfte 1943, weil möglicherweise zur Fluchtvorbereitung unerlaubte Kontakte zu den anderen ausländischen Arbeitskräften vermutet wurden, eine Vernehmung der bei Bahlsen eingesetzten Ukrainerinnen durch: »Ergebnis – Null«.[105]

Die Überführung der meisten bei Bahlsen eingesetzten französischen Kriegsgefangenen in den Zivilstatus erfolgte am 3. Juli 1943.[106] Am 5. Juli 1943 wurden die als Zivilarbeiter geltenden Männer in die Unterkunft an der Lister Straße 14 umgemeldet. Die Hälfte der Franzosen musste allerdings am 27. September 1943 in das

100 Herbert, Fremdarbeiter, S. 183 f.

101 H. Bahlsens Keksfabrik KG, Verkehrs-Abteilung, Rolf Schober, an Arbeitsamt Hannover, Abteilung Kriegsgefangene, Herr Lorey vom 13.11.1942 (BAH, R10, Nr. 600); Klaus Bahlsen, Fabrikbericht 1.-15.12.1942 vom 16.12.1942, S. 1 (BAH, R10, Nr. 513).

102 Klaus Bahlsen, Fabrikbericht 1.-15.4.1943 vom 20.4.1943, S. 2 (BAH, R10, Nr. 513).

103 Ebd., S. 1.

104 Klaus Bahlsen, Fabrikbericht 15.-30. April 1943 vom 5.5.1943 (BAH, R10, Nr. 513); H. Bahlsens Keksfabrik KG, Verkehrs-Abteilung, Rolf Schober, an Arbeitsamt Hannover, Kriegsgefangeneneinsatz vom 27.4.1943 (BAH, R10, Nr. 600); zum Relève Durand, Vichy, S. 194 ff.

105 Klaus Bahlsen, Fabrikbericht 1.-15.5.1943 vom 17.5.1943, S. 1 (BAH, R10, Nr. 513).

106 Klaus Bahlsen, Fabrikbericht 1.-14.7.1943 vom 15.7.1943, S. 1 (BAH, R10, Nr. 513); Klaus Bahlsen, 9. Bericht – Betrieb 1943 vom 26.1.1944, S. 2 (BAH, R10, Nr. 505).

Bornumerholz-Lager im Westen der Stadt wechseln, das als Gemeinschaftslager der DAF betrieben wurde und ausländische Arbeiter verschiedener Betriebe wie der Hanomag oder des Gaswerks Linden aufnahm.[107]

Anfang März 1943 wollte das Arbeitsamt Bahlsen erneut die dort eingesetzten Polinnen entziehen und stattdessen deutsche »Halbtagsfrauen« zuweisen. Werner Bahlsen fragte in seinem am 17. April 1943 in Kiew geschriebenen Geburtstagsgruß seinen Bruder Klaus, ob die Fabrik die Polinnen »behalten« könne.[108] Wegen der Übernahme dringlichster Aufträge zur Massenherstellung von Notverpflegungen gelang es, den Abzug der Polinnen zu vermeiden. Wenn dem Unternehmen erneut ein Auftrag zur Herstellung von 200 Tonnen Notverpflegung zugesprochen würde, sah es sich »auch zukünftig vor zu starken Personalentzug« geschützt.[109] Das erwies sich aber als unzutreffend, da das Arbeitsamt Hannover am 13. März 1943 den Austausch zumindest eines Teils der Polinnen gegen die zwei- bis vierfache Anzahl deutscher »6-Stunden-Frauen«, von freiwilligen Helferinnen aus der NS-Frauenschaft, verlangte.[110] Die von der Wehrkreisverwaltung und der Rüstungsinspektion ausgestellte weitgehende Schutzbescheinigung gegen Arbeitskräfteentzug zog in diesem Fall nicht, da es sich hier um einen Austausch und um keinen Entzug handelte. Bahlsen stimmte daraufhin der Abgabe von 72 Polinnen zu und wollte an deren Stelle deutsche Frauen einstellen.[111] Allerdings zeigte sich bereits im April 1943, dass sich nur sehr wenige deutsche Frauen für eine Arbeitsaufnahme meldeten.[112]

Ein Telegramm aus Kiew stellte für Ende Februar 1943 die Ankunft von weiteren 100 Frauen und 20 Männern aus der Ukraine in Aussicht. Für die Frauen wurde im dritten Stock des Fabrikgebäudes die Frauengarderobe als Schlafraum eingerichtet; die 20 Männer sollten in der früheren Villa Wohlenberg unterkommen.[113] Am 21. März 1943 erreichte der zweite Kiew-Transport mit 78 Ukrainerinnen und 14 Ukrainern die Bahlsen-Fabrik.[114] Die Spreizung der Altersgruppen nahm noch zu: Pelagija Todorowitsch stand im 46. Lebensjahr, während zu dem Transport immerhin 10 im Jahr 1928 Geborene gehörten. Manche von ihnen waren, wie die am 22. Oktober 1928 geborene Sonja Tomulez, sogar erst 14 Jahre alt. Das Durchschnittsalter sank weiter auf 19,2 Jahre ab, da insgesamt nur 17 Personen 21 Jahre und älter waren. Die Männer gehörten zu den Jahrgängen 1921 bis 1926.

107 Hausbuch Lister Straße 14 (StdAH); siehe auch Schumacher, Zwangsarbeiterlager, S. 4 f., https://kulturtreff-plantage.de/wp-content/uploads/2020/11/Zwangsarbeit.pdf (Zugriff 1.4.2023).

108 Werner Bahlsen an Klaus Bahlsen vom 17.4.1943, S. 3 (BAH, R13, Nr. 15).

109 Klaus Bahlsen, Fabrikbericht 15.-28.2.1943 vom 3.3.1943, S. 2 (BAH, R10, Nr. 513).

110 Klaus Bahlsen, Fabrikbericht 1.-15.3.1943 vom 18.3.1943, S. 2 (BAH, R10, Nr. 513).

111 Ebd.; Klaus Bahlsen, 9. Bericht – Betrieb 1943 vom 26.1.1944, S. 2 (BAH, R10, Nr. 505).

112 Klaus Bahlsen, Fabrikbericht 1.-15.4.1943 vom 20.4.1943, S. 1 (BAH, R10, Nr. 513).

113 Klaus Bahlsen, Fabrikbericht 1.-15.2.1943 vom 17.2.1943, S. 1 (BAH, R10, Nr. 513).

114 Klaus Bahlsen, Fabrikbericht 16.-31.3.1943 vom 2.4.1943, S. 1 (BAH, R10, Nr. 513); im Jahresbericht summierte Klaus Bahlsen die Personen zu 95 Ukrainerinnen, siehe Klaus Bahlsen, 9. Bericht – Betrieb 1943 vom 26.1.1944, S. 2 (BAH, R10, Nr. 505).

Abb. 18: Die Ukrainerin Marija Oksanitsch, 1943

Der Zug, den zwei deutsche Bahlsen-Mitarbeiter begleiteten, war acht Tage unterwegs. Unterwegs sollten die in Hannover erwarteten Arbeiterinnen und Arbeiter an einen anderen Bestimmungsort umdirigiert werden, was aber durch die Einschaltung Berliner Stellen verhindert werden konnte. Auch die Ukrainerinnen wurden nach ihrer Ankunft ohne das obligatorische »Ost«-Abzeichen fotografiert. Andere, wie die im Januar 1944 nach Gera versetzte Marija Oksanitsch (Jg. 1925), die am 11. Juni 1943 in die Baracke Podbielskistraße 100 eingewiesen worden war, trug dagegen ihr »Ost«-Abzeichen. Igor Maksutenko (Jg. 1925), der am 21. März 1943 in der Unterkunft Lister Straße 14 eingetroffen war, wurde dagegen in seiner ungekennzeichneten Bahlsen-Bäckerkleidung abgelichtet. Im Gegensatz dazu zeigte das Passbild einer jungen Frau mit der Kontroll-Nummer 360 ihr »Ost«-Abzeichen.

Da durch den Abzug von Polinnen in den Ausländerbaracken Platz gewonnen war, zogen die Ukrainerinnen aus ihrer provisorischen Unterkunft im April 1943 in die Baracke um. Danach wurde die Garderobe desinfiziert und wieder für ihre ursprüngliche Funktion eingerichtet.[115] Anfang April 1943 erfolgte die formelle Ablehnung der geplanten Barackenbauten, wobei nach Ansicht von Hans Bahlsen der gestellte Antrag Fehler enthielt.[116] Die Ablehnung wirkte aber wegen der vom DAF-Betriebsobmann übermittelten Regelung, dass Ausländer nicht in Privatwohnungen, sondern ausschließlich in Gemeinschaftslagern untergebracht werden müssen, kontraproduktiv.[117] Dr. Kurt Pentzlin, der innerbetrieblich die Zuständigkeit für die Frauen aus Polen und der Ukraine übernommen hatte, erwähnte 1984 ohne weitere Belege in einem Interview, dass ihm die DAF den »Vorwurf« gemacht hätte, die Frauen »zu gut untergebracht« zu haben.[118]

Nachdem am 17. Mai 1943 sieben Ukrainerinnen und der noch 19-jährige Wladimir Wasilenko aus Kiew dem Bahlsen-Werk zugewiesen worden waren, traf im Juni 1943 ein weiterer Transport mit 51 Frauen und acht Männern im Alter zwischen 18 und 20 Jahren im Werk Hannover ein, die vor allem für den Einsatz in dem parallel

115 Klaus Bahlsen, Fabrikbericht 1.-15.4.1943 vom 20.4.1943, S. 1 (BAH, R10, Nr. 513).

116 Ebd., S. 3.

117 Hermann Hertzer, Verkauf vom 15.3.1943, S. 1 (BAH, R10, Nr. 513).

118 Interview mit Dr. Kurt Pentzlin am 5.10.1984, S. 2 (BAH, R11, Nr. 478).

vorbereiteten Bahlsen-Verlagerungsbetrieb in Gera vorgesehen waren. Alle Männer wurden am 19. Juli 1943 direkt zu den ersten Aufstellarbeiten der Maschinen dorthin abgestellt. Auch fuhren die ersten fünf Ukrainerinnen in Begleitung des zuvor in Kiew tätig gewesenen Werkmeisters Heinrich Schirmer »zum Aufräumen« nach Gera.[119] Die anderen Frauen blieben einstweilen in Hannover, wo sie »nutzbringend« eingesetzt wurden. Im Gegenzug gingen aus zwei Abteilungen insgesamt 20 Ukrainerinnen, bei denen »besondere persönliche Gründe« vorlagen, was Schwangerschaft oder chronische Erkrankung bedeuten mochte, nach Kiew zurück.

In einer vom Arbeitsamt einberufenen Sitzung, an der auch die Deutsche Arbeitsfront, der Reichsnährstand und das Gewerbeaufsichtsamt teilnahmen, wurde geprüft, ob Bahlsen nicht alle polnischen und ukrainischen Frauen gegen Deutsche austauschen könnte. Zwar wollte Bahlsen die Polinnen abtreten, sofern »voll einsatzfähige Deutsche« für die Früh- und Spätschicht als Ersatz gestellt wurden. Mit »Kriegseinsatzfrauen«, die nur sechs Stunden täglich arbeiteten, war der Fabrik nicht gedient. Diejenigen Ukrainerinnen, die in Hannover für ihren Arbeitseinsatz in der Kiewer Keksfabrik angelernt wurden, kamen aus Sicht der Fabrik für eine Abgabe ohnedies nicht in Frage.[120]

Da die Nahrungsmitteldiebstähle zunahmen, verschärfte das Unternehmen die Kontrollen. Bei einem privat wohnenden Niederländer machte die eingeschaltete Polizei eine Haussuchung, die unter anderem eine Kiste Marmelade und auch Trocken-Eiweiß sicherstellte, das nur in Bäckereien verwendet werden konnte. Das brachte ihn in den Verdacht, zu einer Schieberbande zu gehören.[121] In der zweiten Junihälfte 1943 führte Bahlsen bei der Versorgung der Ausländerinnen die Neuerung ein, dass Polinnen und Ukrainerinnen, die in der Unterkunft kein Frühstück erhielten, während der Frühstückspause, damit sie nicht auf das »Keksessen angewiesen« waren, Marmeladenbrote gereicht wurden, die »gern genommen« würden.[122] Das Unternehmen bot Zusatzverpflegung an, um sowohl die Arbeitsleistung zu steigern als auch dem nicht zu unterbindenden Aufklauben von Keksen von den Förderbändern entgegenzuwirken. Beides schuf eine halbwegs ausreichende Ernährungssituation, die sich spürbar von den in Kiew üblichen Hungerrationen für die ukrainische Bevölkerung unterschied. Auch in finanzieller Hinsicht setzte Bahlsen in Umsetzung einer rechtlichen Vorgabe ab August 1943 Anreize, indem »Ostarbeiter« nach einjähriger »Bewährung« eine 20-prozentige Lohnzulage erhielten.[123]

Um der durch Absentismus und sehr häufiges Zuspätkommen untergrabenen »Arbeitsdisziplin« durch ein warnendes Exempel entgegenzuwirken, verschärfte das Unternehmen die Maßnahmen zur Wiederherstellung der Arbeitsdisziplin. Da vermehrt Franzosen wegen Krankheit fehlten, übergab Rolf Schober, der Leiter der

119 Klaus Bahlsen, Fabrikbericht 15.-31.7.1943 vom 3.8.1943, S. 2 (BAH, R10, Nr. 513).

120 Werner Bahlsen, Fabrikbericht 15.5-15.6.1943 vom 26.6.1943, S. 3 (BAH, R10, Nr. 513).

121 Klaus Bahlsen, Fabrikbericht 16.-30.11.1942 vom 5.12.1942, S. 2 (BAH, R10, Nr. 513).

122 Klaus Bahlsen, Fabrikbericht 15.-30.6.1943 vom 6.7.1943, S. 2 (BAH, R10, Nr. 513).

123 Klaus Bahlsen, Fabrikbericht 16.-31.8.1943 vom 6.9.1943, S. 1 (BAH, R10, Nr. 513).

Verkehrs-Abteilung, am 17. September 1943 dem Betriebsarzt Fritz Fromme eine Aufstellung der als »grundsätzlich ordentlich« bewerteten oder als »Drückeberger und Bummelanten« geltenden Franzosen. Letztere bekämen freitags eine Krankheit, um sich am Samstag zu schonen. Sie würden sich aber nachmittags »natürlich gleich in der Stadt, in Kinos und Kaffeehäusern herumtreiben«.[124] Sobald sich aber die Franzosen, die schon als Kriegsgefangene nur einer vergleichsweise geringen Kontrolle unterworfen waren und gegen andere Ausländermannschaften Fußball spielen konnten, größere Freiheiten herausnahmen, schritt auch die ansonsten eher frankophile Firma Bahlsen gegen diesen Eigen-Sinn ein.

Die Absicht des Generalbevollmächtigten für den Arbeitseinsatz, in der Ukraine die kompletten Geburtsjahrgänge 1926 und 1927 im September und Oktober 1943 zum Arbeitseinsatz ins Deutsche Reich bringen zu lassen, schien die Aussicht auf zusätzliche Arbeitskräfte zu eröffnen.[125] Doch am Ende blieb die Zuweisung aus dem Großkontingent aus. Stattdessen erreichten im Oktober 1943 nach Räumung der Kiewer Fabrik 41 Ukrainerinnen und Ukrainern das Werk Hannover. Darüber hinaus kamen 18 Personen des Kiewer Leitungspersonals, mehrheitlich so genannte Volksdeutsche, sowie einige wenige russische Männer mit ihren Familien im Lager Lister Straße 14 unter.[126] Nachdem der Stadtverkauf aus der Villa Wohlenberg, Lister Straße, Eingang II in den Versand bzw. in das Verwaltungsgebäude umgezogen war, entstand dort eine Unterkunft für Franzosen, Niederländer, Tschechen sowie für die aus der Kiewer Fabrik nach Hannover gebrachten Männer und das vor der Roten Armee wohlweislich geflohene ukrainische Führungspersonal, für die Rolf Schober die Zuständigkeit übernahm.[127] Kurt Pentzlin und mit ihm die Familienerzählung der Bahlsens betrachtete es späterhin als »Vertrauensbeweis«, dass so viele Ukrainer bei der Räumung der Kiewer Fabrik Werner Bahlsen nach Hannover folgten.[128] Er war überzeugt, dass sich die Ukrainerinnen in Hannover »wohlfühlten«.

Die »Volksdeutschen«, etwa Ewald Karcher, erwarben im Verlauf des Jahres 1944 durch die vom Reichsführer-SS Heinrich Himmler in seiner Funktion als Reichsminister des Innern ausgestellte Urkunde die deutsche Reichsangehörigkeit.[129] In völkischer Hinsicht trennte sich hierdurch Spreu vom Weizen, da insbesondere die als Volksdeutsche eingeordneten Personen die Ankunft der deutschen Truppen in Kiew als Befreiung von der Sowjetherrschaft empfunden hatten. Darüber hinaus gab es unter den Ukrainerinnen und Ukrainern antibolschewistische Haltungen, die der Arbeit für die Deutschen etwas Gutes abgewinnen konnten. Wie bei den Fran-

124 H. Bahlsens Keksfabrik KG, Verkehrs-Abteilung, Dr. Rolf Schober, an Dr. Fritz Fromme vom 17.9.1943 (BAH, R10, Nr. 605).

125 Wehrwirtschaftsinspektion Ukraine (ZA/Id Nr. 1240/43geh.), Lagebericht vom 2.8.1943, S. 8 (Bundesarchiv-Militärarchiv (BA-MA, RW 30, Nr. 100. Bl. 40RS).

126 Klaus Bahlsen, 9. Bericht – Betrieb 1943 vom 26.1.1944, S. 2 (BAH, R10, Nr. 505).

127 Interview mit Dr. Kurt Pentzlin am 5.10.1984, S. 1 (BAH, R11, Nr. 478).

128 Ebd.

129 Hausbuch Lister Straße 14 (StdAH).

zosen wurde diese spezielle Gruppe der aus Kiew nach Hannover Gekommenen zum Bezugspunkt der betrieblichen Erinnerung: Da diese aus Hannover nicht nach Kiew zurückkehrten, ergab sich die Schlussfolgerung, dass sie freiwillig gekommen, hier gut behandelt worden und gern geblieben waren.

Ausländische Zwangsarbeiterinnen und Zwangsarbeiter waren ebenfalls vom Bombenkrieg stark betroffen. Durch den Luftangriff am 27. September 1943 brannten die mit einem Kostenaufwand von 30.700 Reichsmark neuerrichtete Baracke III und die Waschbaracke IIIa an der Podbielskistraße 100 nach Bombentreffern vollständig ab.[130] Zerstört wurde die »Fremdarbeiterheim« genannte und mit 96 Ukrainerinnen belegte Baracke.[131] Der Wiederaufbau der Massenunterkunft begann nach der Bewilligung der Materialkontingente durch den Baubevollmächtigten im Wehrkreis XI am 30. Oktober 1943, um die Zwangsarbeiterinnen möglichst rasch wieder unterbringen zu können.[132] Den Bauschein fertigte die Ortspolizeibehörde allerdings erst im September 1944 aus.[133]

Die von Ausländern ausgeführten Arbeiten und ihre Verteilung auf die verschiedenen Betriebsabteilungen differenzierten stark. Für den Einsatz von Ukrainern bei Aufräumungsarbeiten legte Klaus Bahlsen am 10. Oktober 1943 fest, dass diese weder rauchen noch die Fabrikräume betreten durften. Sie hatten an ihrer festgelegten Einsatzstelle zu verbleiben, bis sie neue Weisung erhielten. Den Hintergrund dieser Vorgabe bildete die Sorge vor Diebstählen. Zugleich wollte Klaus Bahlsen feststellen, wer »nicht richtig gearbeitet« hatte, sodass er anwies, dass die Ukrainer »schnellstens äußerlich eine Nummer« erhielten, »damit sie richtig eingesetzt werden können und unter Aufsicht blieben«.[134]

Im November 1943 war beispielsweise die von Heinrich Miehe (Jahrgang 1888) geleitete Tischlerei ausschließlich mit »ausländischen Arbeitskräften« besetzt, was wiederum am 17. November 1943 zur Begründung des genehmigten Uk-Stellungs-Antrags herangezogen wurde. Miehe, ab 1923 Mitarbeiter von Bahlsen, brachte mit seiner seit dem 1. Mai 1932 bestehenden NSDAP-Mitgliedschaft zudem die ge-

130 H. Bahlsens Keksfabrik KG, Hans Bahlsen, an Kriegssachschädenamt Hannover vom 5.10.1943 (BAH, R10, Nr. 597); Brüder Siebrecht, Architekten, Schätzung der Baukosten zum Wideraufbau und zur Instandsetzung der Kriegssachschäden vom 25.11.1943, S. 9 (BAH, R10, Nr. 596); Klaus Bahlsen, 9. Bericht – Betrieb 1943 vom 26.1.1944, S. 5 (BAH, R10, Nr. 505).

131 Schr./Bl. Maschinen und Inventar, durch Terrorangriff zerstört vom 11.12.1943 (BAH, R10, Nr. 596); NSDAP-Ortsgruppe Spannhagen an Firma H. Bahlsens Keksfabrik vom 23.11.1943 (BAH, R10, Nr. 605).

132 Hans Schröder, Schätzung der Bombenschäden am 27./28. Sept.[ember] 1943 vom 4.10.1943 (BAH, R10, Nr. 596); Klaus Bahlsen, 9. Bericht – Betrieb 1943 vom 26.1.1944, S. 6 (BAH, R10, Nr. 505).

133 Oberbürgermeister als Ortspolizeibehörde in Hannover, Abteilung II, Bezirk Ost Bauschein Nr. 53/44 vom September 1944 (BAH, R10, Nr. 156).

134 Klaus Bahlsen, Vorschlag für Arbeitseinteilung und wichtige Aufräumungsarbeiten vom 10.10.1943, S. 2 (BAH, R10, Nr. 596).

wünschte Regimeloyalität für den Umgang mit ausländischem Personal mit.[135] Eine der Ukrainerinnen war sogar dem Haushalt von Dr. Kurt Pentzlin, von ihm nur »Vera« genannt, als Dienstpersonal zugeteilt.[136] Die Wehrmacht stellte Ende November 1943 italienische Militärinternierte (IMI) zur Beseitigung der Trümmer in der Bahlsen-Fabrik ab.[137] Um den Bewachungsaufwand für die Wehrmacht zu verringern, erfolgte im Jahresverlauf 1944 ihre Überführung in den Zivilstatus.

Für die insgesamt wohlwollende Behandlung der französischen Kriegsgefangenen sprach auch die bereits Anfang Dezember 1943 von Hans Bahlsen gegenüber dem Arbeitsamt befürwortete Urlaubsgewährung für Maurice Brachais, damit dieser seinen kranken Sohn besuchen konnte.[138] Bahlsen hielt an dieser Praxis fest, obgleich der Ende Juli 1943 in seine Heimat Saint-Branchs/Indre et Loire auf Urlaub gegangene französische Kriegsgefangene Henry Civel nicht zurückgekehrt war.[139]

Bei den restlichen französischen Kriegsgefangenen erbat die Firma Bahlsen Mitte Januar 1944 die Transformation der fünf »Besten mit tadelloser Arbeitsleistung«. Hierdurch sollte zugleich den »schwächeren Kräften« ein »Ansporn« gesetzt werden.[140] Für ihre Mitte März 1944 bei Bahlsen eingesetzten 19 französischen Kriegsgefangenen rief das Unternehmen die für die Überführung in ein ziviles Arbeitsverhältnis vom Arbeitsamt angebotene Ausstattungsbeihilfe ab.[141]

Franzosen, die als ehemalige Soldaten gegenüber den Polinnen und Ukrainerinnen einen höheren Altersdurchschnitt aufwiesen und deren eine Hälfte bereits verheiratet war, erlebten die Situation auch deshalb deutlich anders als die Mehrzahl der polnischen und ukrainischen Frauen und Männer. Franzosen waren zwar in die Hand des Feindes geraten, jedoch keinen besonderen rassistischen Diskriminierungen unterworfen. Zudem heirateten nach ihrer Befreiung einige Franzosen, etwa Fernand Boulanger und Paul Debarge, ihre polnischen Freundinnen Irena Brzowska bzw. Leokadie Pietrasik, was deren Erinnerung nachhaltig eine positivere Färbung gab. Da aber genau diese Ehepaare in den 1960er Jahren mit der Bahlsen-Fabrik auch den Beginn ihres Eheglücks besuchten, stützten sie die offizielle, über die

135 Uk-Stellungs-Karteikarte Heinrich Miehe o. D. (BAH, R10, Nr. 592).

136 Interview mit Dr. Kurt Pentzlin am 5.10.1984, S. 1 (BAH, R11, Nr. 478).

137 Klaus Bahlsen, 9. Bericht – Betrieb 1943 vom 26.1.1944, S. 5 (BAH, R10, Nr. 505); zur völkerrechtswidrigen Diskriminierung der nach dem italienischen Waffenstillstand gegenüber den Westalliierten gefangen genommenen und ins Deutsche Reich zur Zwangsarbeit deportierten italienischen Soldaten Schreiber, Militärinternierten; Glauning u. Nachama, Stühlen; Hammermann, Zwangsarbeit.

138 H. Bahlsens Keksfabrik KG, Hans Bahlsen, an Arbeitsamt Hannover vom 1.12.1943 (BAH, R10, Nr. 600).

139 H. Bahlsens Keksfabrik KG, Lagerleiter, an Arbeitsamt Hannover, Abteilung Kriegsgefangene, Herr Lorey vom 15.9.1943 (BAH, R10, Nr. 600).

140 H. Bahlsens Keksfabrik KG, Verkehrs-Abteilung, Rolf Schober, an Arbeitsamt Hannover, Herr Lowei vom 18.1.1944 (BAH, R10, Nr. 600).

141 H. Bahlsens Keksfabrik KG, Verkehrs-Abteilung, Rolf Schober, an Arbeitsamt Hannover vom 16.3.1944 (BAH, R10, Nr. 600).

Kanäle der Unternehmenskommunikation verstärkte Geschichtssicht eines einvernehmlichen Miteinanders während des Krieges, obgleich sie eine ganz untypische Erfahrung repräsentierten. Die von den Besuchern angebotenen Narrative wiesen aber den Vorteil auf, dass sie der eigenen entlastenden Sicht des Ausländereinsatzes eine externe Legitimierung gaben.

Im Herbst 1943 gehörten 994 Personen zur Belegschaft. Von den 659 »Reichsdeutschen« waren 475 Frauen, unter den 335 Ausländern stellten auch 254 Frauen die Mehrheit.[142] Die Ausländer-Belegschaft umfasste wie in vielen anderen Betrieben rund ein Drittel des Personals. Da sich die Verwaltung nur ausnahmsweise ausländischer Arbeitskräfte bediente, besetzten Ausländerinnen und Ausländer, vor allem Polinnen und Ukrainerinnen, in der Produktion und den Logistikbereichen mehr als die Hälfte der Arbeitsplätze. Wie selbstverständlich zog der Betrieb zum nächtlichen Bereitschaftsdienst des betrieblichen Luftschutzes auch »Ostarbeiter« heran.

Ergänzte Bahlsen im August 1944 durch die Einstellung von zehn italienischen Offizieren als Bäcker seine schrumpfende Belegschaft,[143] musste das Unternehmen im September 1944 hinnehmen, dass das Arbeitsamt zwischen dem 15. September und dem 10. Oktober 1944 in Tranchen von 15 Frauen insgesamt 85 »Ostarbeiterinnen« zu der Vereinigten Leichtmetall-Werke GmbH (VLW) abzog. Als Ersatz erhielt Bahlsen, beginnend am 6. September 1944, täglich 15 Deutsche. Insgesamt versprach das Arbeitsamt die Zuweisung von 90 deutschen Frauen und 10 deutschen Männern, darunter einige »gehobene Angestellte«.[144] Das in einer Besprechung zwischen Werner Bahlsen und Kurt Pentzlin als Unternehmensvertretern dem Arbeitsamt, dem Rüstungskommando und der Gauwirtschaftskammer zustande gekommene Ergebnis führte zum Verlust der eingearbeiteten Ukrainerinnen, was die rückläufige Bedeutung der Keksproduktion gegenüber der Rüstungsfertigung anzeigte. Doch es musste schon als Entgegenkommen bewertet werden, dass überhaupt ersatzweise deutsches Personal gestellt wurde. Nachteilig war allerdings, dass die dienstverpflichteten deutschen Frauen nur halbtags arbeiteten.[145] Das Rüstungskommando sagte zumindest zu, nach der Vergabe von Notverpflegungs-Großaufträgen an die Bahlsen KG die abgegebenen »Kräfte eventuell direkt wieder zurückverpflichten zu können«.[146] Die am 5. Oktober 1944 im Lager an der Podbielskistraße 100 eintref-

142 Werkluftschutzbezirk Hannover-Lüneburg, Opitz, Aktenvermerk betr. Werkluftschutz-Kurzbesuch bei der Firma H. Bahlsens Keksfabrik KG am 21.12.1943 vom 1.2.1944, S. 1 (BAH, R10, Nr. 519).

143 Klaus Bahlsen, 1944-1945. Zusammenfassung der Monatsberichte vom 28.2.1946, S. 4 (BAH, R10, Nr. 505).

144 Werner Bahlsen, Besprechung am 5.9.1944 um 15 Uhr mit der Kreiskommission vom 5.9.1944 (BAH, R10, Nr. 531).

145 Klaus Bahlsen, 1944-1945. Zusammenfassung der Monatsberichte vom 28.2.1946, S. 4 (BAH, R10, Nr. 505).

146 Werner Bahlsen, Besprechung am 5.9.1944 um 15 Uhr mit der Kreiskommission vom 5.9.1944 (BAH, R10, Nr. 531).

fenden 22 Estinnen und Esten, darunter sechs Kinder, sowie die eintreffenden sechs Letten bildeten keine adäquate Verstärkung der Belegschaft.

Mit der Zeit nahmen ausländische Ersatzarbeitskräfte zunehmend Funktionsposten im Unternehmen ein. Dementsprechend beantragte Rolf Schober als Leiter der Verkehrs-Abteilung am 17. November 1944 beim Polizeipräsidium, dem französischen Zivilarbeiter Louis Cornil, der von Beruf Kraftfahrer war, den Erwerb des Führerscheins Klasse 2 zu genehmigen.[147] Einen Monat zuvor hatte das Unternehmen bei der Ausländer-Abteilung des Polizeipräsidiums die Genehmigung erbeten, dass der niederländische Kraftfahrer Bernardus van Ommen das Polizeigebiet Hannover »zwecks Kraftfahrten zur Heranschaffung von Materialien verlassen« durfte.[148]

Die wachsende Sorge vor einer Auflehnung der ausländischen Arbeiterinnen und Arbeiter führte im September 1944 zu systematischen Maßnahmen zum Schutz des Betriebes. Die »Gefahr einer Plünderung durch aufständige ausländische Arbeiter« war aus Sicht von Hans Bahlsen »besonders groß«, da ständig fertige Dauerbackwaren aber auch Rohstoffe wie Butter, Fette, Zucker und Mehl gelagert wurden.[149] Da das flachgebaute Lagerhallengelände am Wohlenberg von allen Seiten zugänglich war, wollte der am 15. September 1944 der Polizei übermittelte Bericht die Schutzmaßnahmen auf das geschlossene Fabrikationsgebäude beschränken. Das Unternehmen hatte neben der Vorbereitung der Sicherung der Eingänge durch »Heißwasserschleier« auch »in letzter Zeit« Maßnahmen gegen »unzuverlässig erscheinende ausländische Arbeiter« ergriffen, die »systematisch ausgekämmt worden« waren.[150] Hans Bahlsen forderte zur Sicherung einiger Schwachstellen die Zuteilung von Stacheldraht, vor allem aber die Genehmigung der am 24. April 1944 bereits gestellten Anträge auf Waffenerwerbsscheine für Pistolen, um die zehn wichtigsten Mitglieder des Werkschutzes bewaffnen zu können.

Hans Bahlsen gab an, die »Waffen nur im Notfall gegenüber Ausländern« zu benötigen, um sich »einmal durchsetzen zu können«.[151] Darüber hinaus sollten dem Betrieb Nebelkerzen und Tränengasgranaten zur Verfügung gestellt werden. Schließlich regte Hans Bahlsen an, den Betrieb im »Falle der Gefahr« unter »militärischen Objektschutz« durch einen Zug Wehrmachtssoldaten zu stellen.[152] Um die Bewaffnung sicherzustellen, stellte Bahlsen am 15. September 1944 erneut einen An-

147 H. Bahlsens Keksfabrik KG, Rolf Schober, an Polizeipräsidium Hannover vom 17.11.1944 (BAH, R10, Nr. 600).

148 H. Bahlsens Keksfabrik KG, Betrieb, an Polizeipräsidium Hannover, Abteilung Ausländer vom 16.10.1944 (BAH, R10, Nr. 600).

149 H. Bahlsens Keksfabrik KG, Hans Bahlsen, an 18. Polizeirevier Hannover vom 15.9.1944, S. 1 (BAH, R10, Nr. 600).

150 Ebd.

151 H. Bahlsens Keksfabrik KG, Hans Bahlsen, an 18. Polizeirevier Hannover vom 24.4.1944 (BAH, R10, Nr. 600).

152 H. Bahlsens Keksfabrik KG, Hans Bahlsen, an 18. Polizeirevier Hannover vom 15.9.1944, S. 2 (BAH, R10, Nr. 600).

trag zur Ausstellung von Waffenscheinen für zehn leitende Mitarbeiter.[153] Die Unternehmensleitung schaltete den Leiter des Auslieferungslagers Berlin, Erich Mank, in die schlusssendlich erfolglose Waffenbeschaffung ein.[154]

Neben der betrieblichen Wehrhaftmachung zur Abwehr von Insubordinationen ausländischer Arbeiterinnen und Arbeiter setzte das Unternehmen seine Aktivitäten zur Verbesserung der Lebens- und Versorgungslage fort, indem im November 1944 für das »Fremdarbeiterlager« ein zweiflammiger Gasherd besorgt werden sollte.[155] Da die Unterkünfte für ausländische Zivilarbeiter wegen der durch Luftangriffe zerstörten Dampfleitungen nicht mehr beheizt werden konnten, beantragte Bahlsen die Zuweisung von zehn Kanonenöfen.[156] Die Beheizung der Barackenlager in der Podbielskistraße 100 und in der Lister Straße 14, die Ende Januar 1945 mit 230 Personen belegt waren, erforderte monatlich acht Tonnen Koks und eine Tonne Briketts, um deren Bereitstellung Hans Bahlsen die Gauwirtschaftskammer Südhannover-Braunschweig bat.[157]

Die Bahlsen KG besorgte 1944 den osteuropäischen Arbeitern und Arbeiterinnen beim örtlichen Karstadt-Kaufhaus für 1.492 Reichsmark Holzschuhe und verrechnete den Betrag im Juli 1945 mit dem einbehaltenen Arbeitslohn.[158] Das Unternehmen stellte über das Kriegsende hinaus in beschämender Kleinlichkeit seine eigenen finanziellen Interessen über die Lohnansprüche der zwangsweise zur Arbeit herangezogenen Männer und Frauen aus den besetzten Gebieten Polens und der Sowjetunion.

Zum Bild der Eintracht mit den im Unternehmen tätigen Polinnen, die sich vor ihrer Abfahrt mit einem Fotoalbum für die »gute Behandlung« und Versorgung bedankt hätten, passt wiederum kaum zusammen, dass von diesen bei Kriegsende die »Küchenvorräte geplündert« worden waren.[159] Dr. Kurt Pentzlin zeigte dagegen gern die von Ukrainerinnen kunstvoll gestaltete Zeichnung, die er zum Dank dafür,

153 Ebd.; H. Bahlsens Keksfabrik KG, Hans Bahlsen, an 18. Polizeirevier Hannover vom 13.10.1944 (BAH, R10, Nr. 600).

154 Helmut Pape, Bahlsen in Berlin nach Archivunterlagen und eigenem Erleben, o. O. 1973, S. 25 (BAH, R10, Nr. 10); H. Bahlsens Keksfabrik KG, Hans Bahlsen, an 18. Polizeirevier Hannover vom 23.2.1945 (BAH, R10, Nr. 600); Bäckermeister Karl Meyer war ab dem 1.12.1932 NSDAP-Mitglied, NSDAP-Gaukartei Karl Meier (BAB, R 9361-IX, Nr. 27300715).

155 H. Bahlsens Keksfabrik KG, Hans Bahlsen, an Gauwirtschaftskammer Südhannover-Braunschweig vom 7.11.1944; siehe auch H. Bahlsens Keksfabrik KG, Hans Bahlsen, an Gauwirtschaftskammer Südhannover-Braunschweig vom 24.2.1944 (Schumacher BAH, R10, Nr. 630).

156 H. Bahlsens Keksfabrik KG, Hans Bahlsen, an Gauwirtschaftskammer Südhannover-Braunschweig vom 17.12.1944 (BAH, R10, Nr. 630).

157 H. Bahlsens Keksfabrik KG, Hans Bahlsen, an Gauwirtschaftskammer Südhannover-Braunschweig vom 31.1.1945 (BAH, R10, Nr. 630).

158 Norddeutsche Buchführungs- und Verwaltungs-AG, Bericht 107 über die Prüfung des Jahresabschlusses 1944 der H. Bahlsens Keksfabrik KG vom 21.5.1946, S. 23 (BAH, R10, Nr. 545).

159 Friedrich Thiele: 60 Jahre Bahlsen 1914-1974. Erinnerungen. Technische Entwicklungen, Berichte und Arbeitsvorbereitung, S. 16 (BAH, R10, Nr. 229).

dass er »so gut für sie gesorgt hätte«, erhalten habe. Da sich aber niemand mehr bei ihm gemeldet habe, glaubte er, dass die Ukrainerinnen, »weil sie die Zivilisation kennengelernt hatten in Westeuropa«, nicht mehr in ihre Heimat, sondern »irgendwoanders hin« gegangen seien.[160] Tatsächlich durchliefen die in die Sowjetunion Zurückkehrenden auf ihrem Heimweg so genannte Filtrationslager, um in spätstalinistischer Manier »Volksverräter« zu entdecken.[161]

Mit der Abfahrt der Ukrainerinnen und Polinnen verließen im Mai und Juni 1945 die Zwangsarbeiterinnen den Ort ihrer jahrelangen Ausbeutung.[162] Der bürokratische Überwachungsstaat der Sowjetunion hinterließ von der fast lückenlosen Überprüfung seiner Einwohner schriftliche Unterlagen, die auch Informationen zu den bei Bahlsen zur Zwangsarbeit Herangezogenen enthalten. Beispielsweise wurde die dann 19-jährige Nina Blinowa vom 6. bis 25. Juli 1945 in Magdeburg in einem Filtrationslager festgehalten, bevor sie nach Kiew zurückkehren durfte. Sie hatte zum ersten, am 30. Juli 1942 in Hannover eingetroffenen Transport gehört und gab zum Beweis ihrer Zwangsarbeit ihre vom Arbeitsamt Hannover ausgestellte und mit Foto sowie Fingerabdrücken versehene »Arbeitskarte für ausländische Arbeitskräfte« sowie zwei vom Arbeitsamt Hannover am 30. Juli und 3. August 1942 ausgestellte Formulare ab, die sie als Hilfsarbeiterin der Bahlsen KG auswiesen. Ihr Befragungsformular sowie die Unterlagen folgten ihr nach Kiew, wo sie am 25. Mai 1946 der Staatssicherheit erneut Rede und Antwort stehen musste. Dort gab sie an, 1942 »während der Razzia von der Polizei an der Fabrik festgenommen« und nach Deutschland geschickt worden zu sein.[163]

Ganz ähnlich erging es der am 3. Oktober 1926 in Kiew geborenen Tamara Osmolowskaja, die am 21. März 1943 in Hannover angekommen war und bis Ende September 1944, als sie in das Lager Pappelberg der Vereinigten Leichtmetall-Werke GmbH (VLW) überwiesen wurde, in der Bahlsen-Fabrik arbeiten musste. Bei der erneuten Kontrolle der »Repatriierten« durch die Kiewer Untergliederung des Volkskommissariats für Innere Angelegenheit (NKWD), der sowjetischen Sicherheitspolizei, gab sie im Juni 1946 an, dass sie in Kiew vom November 1942 bis 12. März 1943 in der »Konfekt-Fabrik von Bahlsen« gearbeitet hatte und dann »bei einer Razzia der Polizei festgenommen und nach Deutschland geschickt« worden sei. Sie habe dort in der »Konfekt-Fabrik von Bahlsen« gearbeitet und im Lager Podbielskistraße 100 gelebt. Sie verfügte aber über keine Dokumente, sondern gab als Zeugin für die Richtigkeit ihrer Angaben die damals ebenfalls ihrem Transport angehörende Lidija Wiktorowna Liaschenko an, die auch am 30. September 1944 in das Lager Pappelberg umgezogen war.[164] Anna Iwa-

160 Interview mit Dr. Kurt Pentzlin am 5.10.1984, S. 1 (BAH, R11, Nr. 478).

161 Ruggenthaler, Arm.

162 Klaus Bahlsen, 1944-1945. Zusammenfassung der Monatsberichte vom 28.2.1946, S. 4 (BAH, R10, Nr. 505).

163 Filtrierungsakten Blinowa, Nina Mikhailowna Jahrgang 1926 (Staatsarchiv des Kiewer Gebiets, Bestand P-5597, Liste 1, Akte 97081).

164 Filtrationsakte von Osmolowskaja, Tamara Andrejewna Jahrgang 1926 (Staatsarchiv des Kiewer Gebiets, Bestand P-5597, Liste 1, Akte 10172).

nowna Iljina, geboren am 26. März 1928, gab 1946 zu Protokoll, zwischen Februar 1942 und März 1943 in Kiew als Lehrling in der Verpackungsabteilung tätig gewesen zu sein, am 12. März 1943 »während der Arbeit gewaltsam festgenommen und von den Deutschen nach Deutschland geschickt« worden zu sein. Dort sei sie »weder verhaftet noch verhört« worden.[165] Die jungen Frauen machten gegenüber den Sicherheitsbehörden möglichst wenig Angaben, da niemand wissen konnte, was als belastend bewertet wurde. Keine wusste etwas über »Vaterlandsverräter und Kollaborateure«, denn aus einem Kontakt zu diesen konnte im Umkehrschluss schnell eine Selbstkompromittierung entstehen. Insoweit können die Aussagen – »während der Razzia von der Polizei an der Fabrik festgenommen«, »bei einer Razzia von der Polizei verhaftet« oder »während der Arbeit gewaltsam festgenommen und von den Deutschen nach Deutschland geschickt« worden zu sein – nicht dahingehend überprüft werden, ob die Frauen tatsächlich Opfer einer Razzia waren. Wenn sie einem halbwegs geordneten Abtransport in Richtung Hannover zugestimmt hätten, um beispielsweise der Rückkehr der stalinistischen Diktatur zu entgehen, konnte dies den sowjetischen Ermittlungsbehörden keinesfalls zugegeben werden, wenn direkte Repressalien vermieden werden sollten.[166]

Lebensgeschichtliche Zeitzeugenbefragungen in die Analyse der historischen Situation hinzuzunehmen, erzeugt ähnliche Probleme, den Sachverhalt von den individuellen Verarbeitungsformen zu unterscheiden. Denn die menschliche Erinnerung funktioniert nicht als Schubkästchen vergangener Ereignisse, sondern als Verarbeitung individueller Erlebnisse zu einer von der Gegenwart beeinflussten Sinnstruktur. Zu berücksichtigen sind auch das Alter der Befragten, ihre Redetradition, ihre Stimmung und das Setting des Interviews, was zusammengenommen auf eine unklare Validität der jeweiligen Erinnerungen verweist.[167] Das Zeitzeugeninterview bleibt ungeachtet dessen eine zu nutzende Chance, die Ebene der von Zwangsarbeit Betroffenen überhaupt zu berücksichtigen und dabei noch deren individuelle Perspektivität in den Blick zu nehmen. Insoweit bilden die am 12. Dezember 2019 dokumentierten mündlichen Mitteilungen von Frau Tetiana Petrowna Radiwilowska eine wichtige Oral-History-Quelle.[168]

165 Filtrationsakte von Iljina, Anna Iwanowna Jahrgang 1928 (Staatsarchiv des Kiewer Gebiets, Bestand P-5597, Liste 1 Akte 35334).

166 Thonfeld, Moment, S. 363 ff.

167 Vgl. Stoettinger, Oral History; Thonfeld, Erinnerungen, S. 16 ff. u. 292 ff.; Thonfeld, Individualisierte Erinnerungen.

168 Das Interview mit der damals 92-jährigen Tetiana Radiwilowska führte am 12.12.2019 die im Umgang mit NS- und Stalinismus-Verfolgten besonders erfahrene Kateryna Kobchenko. Das Interview hat die ebenfalls als Dokumentarfilmerin tätige Expertin elektronisch aufgezeichnet und eine deutsche Übersetzung/Transkription erstellt. Die ebenfalls angefragte Eugenia Wasilewna Schkoda, die als ehemalige Zwangsarbeiterin in der Bahlsen-Fabrik zuvor auch schon von deutschen Medienvertretern befragt worden war, sah sich wegen der mit den Erinnerungen verbundenen Aufregungen zu einem Interview leider nicht in der Lage. Sie hat aber am 24.11.2021 Verena Bahlsen und ihre Mutter zuhause empfangen und ihnen gesprächsweise aus

Die am 25. Januar 1927 als Tetiana Petriwna Schalajewa Geborene nahm nach ihren Angaben nach einem siebenjährigen Besuch der Schule in der zu Sowjetzeiten nach Karl Marx bezeichneten, durch die Deutschen wieder in Gang gesetzten Süßigkeitenfabrik die Arbeit auf. Dabei spielte weniger die Bezahlung als vielmehr die täglich ausgegebene Suppe eine Rolle. Sie war auf dem Fabrikhof mit Annahme und Entladung vor allem von Kürbissen beschäftigt, die in der Fabrikhalle weiterverarbeitet wurden. Sie hatte aber keinen Zutritt zur Fabrik, sondern wurde nach einer Zeit dort »eingekreist« und zum Lwiwska-Platz im Stadtzentrum gebracht. Nach einer Übernachtung erfolgte per Straßenbahn der Transfer zum Bahnhof, wo sie in »Viehwaggons« gesetzt und auf eine lange Fahrt geschickt wurde. Sie gehörte zu dem am 21. März 1943 in Hannover registrierten Transport. In Hannover angekommen, wurde sie mit den anderen Ukrainerinnen zunächst in die Fabrik gebracht und dort verpflegt. Danach ging es in die Barackenunterkunft, wo es Doppelstock-Betten mit karierter Bettwäsche sowie Waschbecken gab und »warm und sauber« war.

Sie beschreibt den Arbeitstag bei Frühschicht dahingehend, dass sie um 5 Uhr aufstand und um 5.30 Uhr die Straßenbahn zur Fabrik nahm – »Ostarbeiter« durften aber nur auf der außen gelegenen Plattform mitfahren. Morgens um 6 Uhr begann in der Fabrik die achtstündige Arbeit. Um 11 Uhr gab es eine Frühstückspause mit Marmeladenbrot und Kaffee, Arbeitsschluss war um 14 Uhr. Die Spätschicht dauerte von 14 bis 22 Uhr. Zunächst als Putzfrau unter anderem zur Reinigung der Toiletten, aber auch beim Saubermachen des Hofs und der asphaltierten Flächen eingesetzt, »damit da alles sauber war«, arbeitete sie später in der Fabrik am Förderband, wo sie auf die vorbeilaufenden Kekse Beeren legen musste. Auch bei der Fabrikation der Fruchtschnitte war sie eingesetzt. Wie bei Bahlsen üblich, hatten die Arbeitergruppen nach der Arbeit immer alles aufzuräumen und zu säubern. Überhaupt räumt ihre Erinnerung der Sauberkeit ein hohes Gewicht ein.

Nach der Arbeit nahm sie mit den anderen Ukrainern das Mittagessen in der Kantine ein, danach erfolgte die Rückkehr in das Barackenlager, wo auch Polinnen lebten. Nur durch Draht und eine Trennwand getrennt, waren direkt nebenan Franzosen untergebracht. Die Ernährung spielt in der Erinnerung eine große Rolle, was mit den Hungerzeiten in der Ukraine leicht erklärbar ist. Denn in den frühen 1930er Jahren resultierte aus der stalinistischen Politik der »Entkulakisierung« und der staatlichen Beschlagnahme des Getreides und des Saatgutes der Hungertod von mehr als zwei Millionen Menschen – heute werden die Ereignisse in der Ukraine offiziell als »Holodomor« bezeichnet und als systematischer Völkermord zur Auslöschung der Ukrainer und der Ukraine bewertet.[169] Durch die Aushungerungspraxis der deutschen Besatzer in der Ukraine nahm bei der ukrainischen Zivilbevölkerung ab Herbst 1941 die Beschaffung von das Überleben sichernden Nahrungsmitteln

der Zeit berichtet – auch hierfür gebührt Kateryna Kobchenko für den Kontakt zu den Überlebenden und ihre ausdauernde Beziehungs- sowie die Übersetzungsarbeit sehr großer Dank.

169 Vgl. Penter u. Tytarenko, Holodomor; Merl, Hungersnot; Schulze Wessel, Fluch, S. 186 ff.

erneut die höchste Priorität ein.[170] Nicht nur dass ihr eine Tante aus dem Fabrikbetrieb dort hergestellte Waffeln zuschob und sie diese direkt auf dem Fabrikhof verschlang – sie ging sogar selbst auf Beutezug und brachte als Diebesgut aus der Fabrik einen Eimer Zuckersirup nach Hause mit: »Und so überlebten wir das.«

Dass sie in der Bahlsen-Fabrik in Hannover »keinen Hunger« erlitt, ergab schon im Vergleich zu Kiew ein großes Plus. Auch wenn sie die Steckrübensuppe als wenig schmackhaft beschrieb, habe sie diese doch gegessen. Die Frage »Was wäre sonst zu tun?« beschreibt zugleich den zur sowjetischen Grunderfahrung wie zur nationalsozialistischen Behandlung passenden Fatalismus. Ihre Erzählung enthält detaillierte Angaben zu den in der Kantine ausgegebenen Vor- und Hauptspeisen, etwa dass es sonntags, wenn arbeitsfrei war, »überbackene Kartoffel mit etwas« gab. Niemand habe ihr verboten, am Arbeitsplatz von den Keksen zu essen und diese auch mit ins Lager zu nehmen. Sie betont mehrfach, dass niemand aufgepasst habe, ob was vom Band genommen und aufgegessen wurde. »Man konnte mal 6-7 Stück nehmen, sie zusammenpacken, unter dem Wasserhahn nassmachen und essen, Schluss.«

Allerdings erwähnt sie einen Deutschen, als der »böse Polizist« bezeichnet, der sie verfolgt habe, wenn er sah, dass Kekse mitgenommen wurden. Denn tatsächlich stand die Weg- und Mitnahme von Erzeugnissen unter erheblicher Strafandrohung. In diesem Sinne formulieren ihre Aussagen eine Selbstermächtigung zur Nahrungsaufbesserung, die durch ein nicht ausdrücklich ausgesprochenes Verbot quasi-legitimiert wurde.

Sie berichtet über die Verlegung in einen anderen Betrieb, wohin auch einige der zuvor bei Bahlsen tätigen Ukrainer versetzt worden waren. Dort habe sie ebenfalls putzen oder an einer Prägemaschine arbeiten müssen. Ihre Angabe deckt sich mit anderen Unterlagen, nach denen sie zusammen mit etlichen anderen Ende September 1944 in das Lager Pappelberg abgeordnet wurde. Auch ihrer Aussage, dass ein Junge gestorben sei und die Ukrainerinnen zur Beerdigung in Schwarz gingen, kommt Glaubwürdigkeit zu, da Viktor Wengrowski tatsächlich am 10. August 1944 kurz vor seinem 19. Geburtstag an akuter Herzinsuffizienz und schwerem Rheuma im Städtischen Krankenhaus Ricklingen verstarb.[171] Bis April 1944 hatte er im Zweigbetrieb Gera gearbeitet und war zuletzt in der Lister Straße 14 untergebracht. Auf der Arbeit beobachtet zu haben, wie eine Ukrainerin mit ihrer Hand in eine Walze geriet und schwer verletzt wurde, erschütterte sie sehr.

Todesfälle blieben in der Gruppe der Bahlsen-Zwangsarbeiter, einerlei ob durch Krankheit, Bombenangriff oder durch die nationalsozialistische Staatsgewalt die große Ausnahme. Zwangsarbeiter bei Bahlsen waren also vor allem eine Überlebensgemeinschaft der unfreiwillig nach Hannover gebrachten und zwangsweise dort festgehaltenen Ausländerinnen und Ausländer. So sehr es unterschiedliche Behandlungs- und Versorgungsnormen und eine starke Binnendifferenzierung und sogar historisch motivierte Ablehnungstraditionen wie zwischen Polen und Ukrai-

170 Vgl. Dieckmann, Scheitern; Gerlach, Morde, S. 265 ff.

171 Standesamt Hannover IV, Sterbeurkunde Nr. 939/1944 (StdAH).

nern gab, unterschied sich die Situation bei Bahlsen wesentlich von denen in Großbetrieben wie der Hanomag oder Continental.[172]

Vor allem die konkret auszuführenden Arbeiten, der Arbeitsplatz und das Verhalten der direkten deutschen Vorgesetzten und des Werkschutzes entschieden über die spezifische Ausprägung der betrieblichen Zwangsarbeit. Im Falle von Bahlsen stellte das Unternehmen sogar das her, was der übergroßen Mehrheit der ausländischen Zwangsarbeiterinnen und Zwangsarbeiter schmerzlich fehlte: Nahrungsmittel. Insoweit gab es im Stammwerk Hannover deutlich größere Chancen auf eine auskömmliche Ernährung. Zudem waren die betriebseigenen Baracken üblicherweise nicht überbelegt, sodass für jede Bewohnerin ein eigenes Bett vorhanden war. Da der Nahrungsmittelbetrieb selbst auf ein Mindestmaß an Hygiene angewiesen war, um die Produktionsqualität nicht zu gefährden, bestand im Betrieb der regelmäßige Zugang zu Waschräumen und Duschbädern. Die Arbeit selbst war zwar anstrengend, jedoch maschinell ohnehin auf einen relativ hohen Anteil von weiblichen Beschäftigten ausgelegt, sodass auch wegen der in der Regel achtstündigen Schichtarbeit und 48-stündigen Wochenarbeitszeit keine drastische Kräfteauszehrung erfolgte. Die grundlegenden Unterschiede zu den auf maximale Kraftausbeutung von zwangsweise eingesetzten Bauhilfsarbeitern bei Rüstungsprojekten oder Verbunkerungsarbeiten, etwa des U-Boot-Bunkers »Valentin« in Bremen-Farge, liegen offen zu Tage.[173]

Eine extreme Auslegung der rassistischen Vorgaben der NS-Zwangsarbeiterpolitik erfolgte seitens des Betriebs nicht, sondern die per Hausrundschreiben verbreiteten Aufforderungen zur Trennung der verschiedenen Ausländergruppen und zum Abstandhalten der Deutschen blieben im durch Behörden und Verordnungen gesteckten Rahmen. Die gegenüber den ursprünglichen NS-Regelungen erfolgte Angleichung der Versorgung und Lebensbedingungen der »Ostarbeiter« durch Bahlsen auf das Niveau polnischer Arbeitskräfte relativierte zwar die rassistische Hierarchisierung. Aber auch dies resultierte nicht aus deren grundsätzlicher Ablehnung, sondern verband sich ebenfalls mit dem betrieblichen Interesse, die einzige noch in größerer Zahl verfügbare nationale Ausländergruppe funktional pfleglich zu behandeln und zu höherer Arbeitsleistung zu motivieren. Wie andere Unternehmer auch, wusste Werner Bahlsen um die leistungssteigernde Wirkung einer ausreichenden Ernährung und einer vornehmlich durch die Maschinen vorgegebenen Rhythmisierung der Arbeit. Brutalitäten hätten das fein eingestellte Räderwerk eher gestört. Die informelle Kooperation – wir Polinnen/Ukrainerinnen machen unsere Arbeit und hoffen auf eine Rückkehr und wir Deutschen belasten euch im Funktionsinteresse nicht übermäßig – hatte für beide Seiten ihre Vorteile.

Zugleich ließen Eigentümer und Unternehmensmanager keinen Zweifel daran aufkommen, wer im deutsch dominierten Europa die Herren waren und wer sich unterzuordnen hatte. Machtbeweise wie ein in boshafter Absicht mit dem Fuß um-

172 Erker, Zulieferer, S. 548 ff.; Anschütz u. Heike, Feinde.

173 Buggeln, U-Boot-Bunker, S. 78 ff.

gestoßener Putzeimer, um einer Ukrainerin zusätzliche Arbeit zu machen, blieben als Ausdruck der deutschen Suprematie den Betroffenen schmerzlich in Erinnerung. Sich am Eigentum von Bahlsen zu vergreifen, markierte die rote Linie. Sobald Eigentumsdelikte auffielen, suchte das Unternehmen die strafende Unterstützung des Reichstreuhänders der Arbeit oder des Repressionsorgans Gestapo.

Gerade ehemalige Zwangsarbeiterinnen aus der Ukraine bewerteten ihre Situation als vergleichsweise günstig. Die geringe Bewegungsfreiheit und das beschränkte Freizeitangebot machten aber die lange Zeit der Trennung von ihrem Zuhause und der Familie bleiern lang. Den Frauen blieb nur, in ihrer Freizeit gelegentlich durch die Stadt zu schlendern und in die Auslagen zu schauen. Mit dem wenigen Geld, das ihnen ausgezahlt wurde, blieb – unabhängig von der Frage, ob sie überhaupt entsprechende Berechtigungsmarken vorweisen konnten – fast alles nur ein Traum. Oder aber sie verbrachten den Sonntag bei gutem Wetter in ihrer besten Kleidung und in Gemeinschaft ihrer Freundinnen und Landsleute in der Eilenriede. Die Opfer der NS-Zwangsarbeit nutzten mithin den vorhandenen Kontrollverlust der nationalsozialistischen Kriegsgesellschaft, um in der eigenen Gruppe Freundschaften zu pflegen. Ihre Berichte enthalten in aller Regel auch Hinweise auf hilfsbereite Deutsche, wenngleich ihnen die ebenfalls erinnerte rassistisch motivierte Herabwürdigung durch manche der deutschen Vorarbeiter oder aufgehetzte Hitlerjungen in der Seele weh tat.

Dass die Lebensumstände insgesamt von den Betroffenen als erträglich bewertet werden, ändert nichts daran, dass einigen Hundert Polinnen und Ukrainern und Ukrainerinnen, die zwischen 1940 und 1945 bei Bahlsen Zwangsarbeit leisten mussten, zumindest die Jugend gestohlen wurde. Die Nutzung von zwangsrekrutierten Arbeitskräften durch das Unternehmen ermöglichte bis zuletzt die Fortsetzung der Produktion und damit die Erzielung von Umsätzen und Gewinnen, die wiederum den Eigentümern zu Gute kamen. Eine erkennbare Reserviertheit, sich für die Produktionssteigerung bereits ab Juni 1940 junger Frauen aus Polen und ab Sommer 1942 aus der Ukraine zu bedienen, bestand nicht. Das Unternehmen drängte auf Zuweisungen und nahm, was die NS-Arbeitslenkungsstellen anboten. Insgesamt arbeiteten weit mehr als 800 Männer und Frauen aus dem Ausland, immerhin 795 von ihnen sind namentlich bekannt, während des Zweiten Weltkriegs in der Fabrik.

Die jahrelange Ausbeutung im Nachhinein als eine persönliche oder betriebliche Wohltat auszugeben, führte zu einer charakteristischen Vereinseitigung vom guten Deutschen. Die durch die Weiterreise in ihr Exilland oder die Rückkehr in ihre Heimat entstandene Stille über die Situation der Zwangsarbeiterinnen und Zwangsarbeiter füllte die Unternehmensleitung wie die bundesdeutsche Nachkriegsgesellschaft mit ihrer beschönigenden Deutung, die zum dominanten Strang der Unternehmens- und Familienerinnerung wurden.

5.4 Unternehmensexpansion. Teilhabe an der ökonomischen Besatzungspolitik in der Ukraine, 1942/43

Eine Unternehmensexpansion ins Ausland stand während des Zweiten Weltkriegs verschiedentlich im Raum. Nur zwei Wochen nach der Kapitulation der Niederlande schaltete das Unternehmen Bahlsen Regierungspräsident Rudolf Diels mit einem Bewerbungsschreiben ein, um die »kommissarische Betreuung niederländischer Dauerbackwarenindustrien« zu übernehmen. Diels, der Bahlsen ausgesprochen gewogen war, wandte sich seinerseits am 1. Juni 1940 befürwortend mit der Bitte an den ihm gut bekannten Stellvertretenden Kommandierenden General und Befehlshaber im Wehrkreis XI, Wolfgang Muff. Diels bat ihn, den als Reichskommissar für die besetzten Niederlande eingesetzten Arthur Seyss-Inquart »auf das Bestreben« der Firma Bahlsen hinweisen zu wollen, um »diesem Zweig der hannoverschen Industrie eine große Förderung« zu erweisen.[1] Muff besaß aus seiner Zeit als Militärattaché in Wien und durch seine Funktion bei der Integration des österreichischen Bundesheeres in die Wehrmacht gute Kontakte zu dem früheren österreichischen Bundeskanzler und NS-Reichsstatthalter. Das Büro von Regierungspräsident Diels informierte Hans Bahlsen am 1. Juli 1940 über die hinhaltende Antwort von General Muff.

Parallel wandte sich Werner Bahlsen telefonisch an Heinrich Boltze, den Inhaber von Heinis Knäckebrotfabrik, mit der Frage, ob nicht ein Engagement in einer niederländischen oder belgischen Keksfabrik möglich wäre. Boltze, der eine ähnliche Initiative der Firma Sarotti zur Kenntnis gab, suchte daraufhin den Kontakt zu einem im Oberkommando des Heeres tätigen Bekannten, der dorthin abkommandiert sei, »um die Verwendbarkeit der dortigen Betriebe für unsere Belange zu prüfen«.[2] Da von der betreffenden Person bislang keine Rückäußerung eingegangen war, wandte sich Boltze auch schriftlich an das OKH mit der Bitte um »Namhaftmachung der Stelle«, die für die »Besetzung der ehemals holländischen oder belgischen Keks- und Zwiebackfabriken mit Treuhändern« zuständig war. Die Initiative, in den deutsch besetzten Beneluxstaaten ein Standbein aufzubauen, blieb allerdings ohne zählbares Ergebnis. Im Zuge der Steigerung von Produktion und Umsatz erwog die Bahlsen-Unternehmensleitung stattdessen Anfang April 1942 eine Auftragsverlagerung in die Niederlande.[3] In diesem Zusammenhang fuhren Werner und Klaus Bahlsen in das Nachbarland.[4]

1 Regierungspräsident Rudolf Diels an General Wolfgang Muff vom 1.6.1940 (NLA H, VVP 46, Nr. 8); vgl. Koll, Seyss-Inquart, S. 411 ff.

2 Heinrich Boltze an H. Bahlsens Keksfabrik KG, Werner Bahlsen vom 3.6.1940, S. 1 (BAH, R10, Nr. 224).

3 Protokoll über die Aufsichtsrat- und Vorstandssitzung der H. Bahlsens Keksfabrik KG am 8.4.1942, S. 2 (BAH, R11, Nr. 483).

4 Military Government of Germany, Fragebogen Werner Bahlsen vom 10.9.1945, S. 4 (NLA H, Nds. 171 Hannover, Nr. 2631).

Anfang 1942 konkretisierten sich die bereits seit einem Jahr virulenten Überlegungen, die Aktienmehrheit des Keksunternehmens Koestlin AG im ungarischen Györ zu übernehmen. Hans Bahlsen informierte am 5. März 1942 den Vorsitzenden des Bahlsen-Verwaltungsrats, Dr. Arthur Menge, über seine Absichten. Da er sich mit dem Plan, der KG eine Zweigfabrik hinzuzufügen, bei seinen Brüdern nicht durchsetzen konnte, habe er sich »weiter umgehört« und mit der Koestlin AG ein geeignetes Unternehmen gefunden. Der Betrieb mit einem Stammkapital von 500.000 Pengö, entsprechend 830.000 Reichsmark, sei in dem mit Deutschland verbündeten Staat »in nichtarischen Händen«.[5] Die Eigentümer seien zu Verkaufsverhandlungen bereit. Die Verhandlungen zur Übernahme einer qualifizierten Majorität führte Hans Bahlsen gemeinsam mit dem Bahlsen verbundenen Hamburger Wirtschaftsprüfer Dr. Horn. Da sich Werner und Klaus Bahlsen nicht beteiligen wollten, plante er, mit Horn die Aktienmehrheit zu erwerben. Hans Bahlsen wollte sich, um sich eine von seinen Brüdern unabhängige Zukunftsoption zu schaffen, an der Verdrängung von Juden aus dem ungarischen Wirtschaftsleben beteiligen. Die behördlichen Genehmigungen des ungarischen Wirtschafts- und des Ernährungsministeriums erwartete er in den nächsten Monaten. »Konkurrenzschwierigkeiten« sah er nicht, da es sich um ein außerdeutsches Engagement handele.

Sein Vorschlag aber, die »Fabrik privat als Zweigbetrieb laufen zu lassen«,[6] fiel maximal unscharf aus. So stellte er gegenüber dem Verwaltungsratsvorsitzenden Menge klar, dass er nicht beabsichtige, »von Hannover wegzugehen« oder seine »Stellung in der Fabrik aufzugeben«. Stattdessen wollte er durch ein privates Investment in der ihm bekannten Branche eine bessere Risikoverteilung erreichen und bat um »Verständnis für derartige Kapital-Transaktionen« sowie eine Stellungnahme.

Da er am 16. März 1942 beim Polizeipräsidium ein deutsches Ausreisevisum beantragte, um eine ab dem 25. April 1942 geplante und bis zu drei Wochen dauernde Geschäftsreise nach Ungarn durchführen zu können,[7] forderte Hans Bahlsen parallel Menge auf, für eine »Kenntnisnahme aller beteiligten Kreise« zu sorgen. Hans Bahlsen wollte sich nicht dem Vorwurf aussetzen, »hinter dem Rücken« von Vorstand und Aufsichtsrat zu agieren.[8] Auch die Industrie- und Handelskammer zu Hannover schaltete er mit der Bitte um befürwortende Unterstützung der Geschäftsreise nach Györ und Budapest ein. Diese sei notwendig, um dort noch offene Fragen mit der Koestlin AG, aber auch mit der ungarischen Nationalbank und dem ungarischen Handelsministerium zu klären.[9]

5 Zur Aneignung jüdischen Eigentums nach der deutschen Besetzung Ungarns Kadar u. Vagi, Theorie.

6 Hans Bahlsen an Dr. Arthur Menge vom 5.3.1942, S. 1 (BAH, R11, Nr. 483).

7 H. Bahlsens Keksfabrik KG, Hans Bahlsen, an Polizeipräsidium Hannover vom 16.3.1942 (BAH, R10, Nr. 600).

8 Hans Bahlsen an Dr. Arthur Menge vom 16.3.1942 (BAH, R11, Nr. 483).

9 H. Bahlsens Keksfabrik KG, Hans Bahlsen, an Industrie- und Handelskammer zu Hannover vom 16.3.1942 (BAH, R10, Nr. 630).

Der von Arthur Menge eingeschaltete Otto Bredt konnte aus dem Schreiben von Hans Bahlsen nicht erkennen, wie die geplante Beteiligung die Interessen der Bahlsen AG und KG berührten und in welche Beziehung die von Hans Bahlsen angeführten »Zweigbetriebe zu den Hannoverschen Gesellschaften treten« sollten. Doch Bredt warf darüber hinaus, »um Unstimmigkeiten in der Zukunft von vornherein zu beseitigen«, die Frage auf, ob Mitglieder der KG-Geschäftsleitung und des AG-Vorstands überhaupt zur Beteiligung an anderen Süßwarenunternehmen »berechtigt« seien.[10] Die Klärung dieser Frage strebte auch Hans Bahlsen an, weshalb er Bredt am 2. April 1942 aufforderte, seine Meinung Menge gegenüber zum Ausdruck zu bringen. Die Stellung einer »Zweigfabrik« schien auch ihm »noch nicht genügend geklärt« zu sein.[11] Da die Fabrik in Hannover aber wegen Personal- und Kohlenmangels die zugeteilten Kontingente nicht ausnutzen konnte und die Umsätze zurückgingen, lag für ihn ein Ausweg in einer Zweigfabrik oder in der Verlagerung von Aufträgen.

Daraufhin traten am 8. April 1942 der Aufsichtsrat und Vorstand der Bahlsen KG zusammen, um über die ursprüngliche Absicht von Hans und Gerhard Bahlsen zu beraten, sich »privat« an dem jüdischen Keksunternehmen in der Größe der Bahlsen-Fabrik zu beteiligen.[12] Die Gremien beschlossen, dass eine Beteiligung von Vorstandsmitgliedern an anderen Unternehmen der eigenen Branche »untunlich« sei, da dies die Gefahr von »Komplikationen« berge. Werner und Klaus gaben aber zu Protokoll, dass sie, entgegen ihrer früheren Aussage, eine gemeinsame Beteiligung aller vier Brüder erwägen würden, »wenn die jetzigen jüdischen Inhaber ganz ausscheiden«, Dr. Horn außen vor bliebe und eine »76-Prozent-Beteiligung der vier Herren Bahlsen« möglich wäre. Hans Bahlsen, der am Ende nicht alles auf die Koestlin-Karte setzen und das regelmäßige Einkommen aus dem ererbten Eigentum nicht aufgeben wollte, gab dadurch seinen Brüdern Werner und Klaus die Chance, seinen Vorstoß zu neutralisieren.

Im Vergleich zu dem von Werner Bahlsen auf der gleichen Aufsichtsratssitzung erläuterten »Objekt Kiew«, das eine »günstige Entwicklung« nehmen könnte, erschien das Koestlin-Vorhaben nach mehrheitlicher Meinung »als nicht tunlich und praktisch« und sollte »daher fallen gelassen werden«.[13] Dagegen würde »nach Friedensschluss« vermutlich eine »Übernahme« der Kiewer Fabrik möglich sein, weshalb das »Objekt Kiew« in der bestehenden treuhänderischen Verwaltung »energisch weiterzuführen« war. Die Aufsichtsratsmitglieder Schmidt und Menge rieten Hans Bahlsen dazu, sich ebenfalls für längere Zeit nach Kiew zu begeben, um sich einen eigenen Einblick zu verschaffen. Klaus Bahlsen stellte seine Bedenken gegen

10 Otto Bredt an Arthur Menge vom 31.3.1942; Otto Bredt an Hans Bahlsen vom 31.3.1942 (jeweils BAH, R11, Nr. 483).

11 Hans Bahlsen an Otto Bredt vom 2.4.1942 (BAH, R11, Nr. 483).

12 Protokoll über die Aufsichtsrat- und Vorstandssitzung der H. Bahlsens Keksfabrik KG am 8.4.1942, S. 1 (BAH, R11, Nr. 483).

13 Ebd., S. 2.

Kiew für die Zeit des Krieges zurück. Im Ergebnis richtete die Bahlsen-Leitung die Auslandsexpansion des Unternehmens in Richtung Osten aus.

Die ökonomische Besatzungspolitik in der von der Wehrmacht eroberten Ukraine hatte eine mehrmonatige Planungsgeschichte, die aus dem Wandel der nationalsozialistischen Eroberungskonzeption der Sowjetunion resultierte. Ursprünglich kam der Ukraine nur die Rolle als auszubeutende Kolonie zu, die durch den Raub von Nahrungsmitteln und anderen kurzfristig nutzbaren Gütern wie Mineralöl zur Versorgung der vorstoßenden deutschen Truppen dienen sollte.[14] Die nach dem deutschen Überfall auf die Sowjetunion am 22. Juni 1941 vorgesehene umfassende Versorgung der Wehrmacht aus dem Lande heraus lieferte die Bevölkerung in der Ukraine bewusst der Mangelernährung und damit über längere Frist dem Hungertod aus.

Die Ausplünderungspolitik ergänzte eine sich dynamisch entfaltende Vernichtungspraxis, die die jüdische Bevölkerung betraf und die anfänglichen Erschießungsaktionen der SS-Einsatzgruppen unter anderem durch die Mitwirkung von Wehrmachtseinheiten systematisierte.[15] Beispielsweise fanden nach der Eroberung Kiews am 29./30. September 1941 im Zusammenwirken von deutschen SS-, Polizei- und Wehrmachtsangehörigen in der Schlucht Babyn Jar Erschießungsaktionen statt, in deren Rahmen mehr als 33.000 Juden, Männer, Frauen und Kinder, ermordet wurden.[16] In seinem Reisebericht über den Besuch Kiews Anfang Oktober 1941 notierte Paul Dargel, Leiter der Abteilung II beim Reichskommissar Ukraine, dass nach der Erschießung von fast 40.000 Juden und der Flucht vieler anderer »nur noch wenige Juden in der Stadt vorhanden« seien.[17]

Mit gewissem Abstand zur Frontlinie etablierte sich im Spätsommer 1941 in der Ukraine eine Zivilverwaltung, die dem Mitte Juli 1941 gegründeten und vom NSDAP-Reichsleiter Alfred Rosenberg geleiteten Reichsministerium für die besetzten Ostgebiete unterstand.[18] Der Reichskommissar Ukraine, eine vom NSDAP-Gauleiter Ostpreußens, Erich Koch, geleitete Behörde, unterhielt in Kiew als Mittelinstanz den Generalkommissar Kiew.[19] Innerhalb des NS-Besatzungsregimes verschränkten sich verschiedene militärische und staatliche Institutionen mit NSDAP-Strukturen und NS-Sonderinstanzen, die eine charakteristische Gemengelage entstehen ließen, die der Radikalisierung der antijüdischen Mordaktionen Vorschub leistete.

Dem unmittelbar nach der Besetzung in Kraft gesetzten Arbeitszwang für Juden zwischen 18 und 60 Jahren kam von Anfang an eine Straffunktion zu, etwa wenn

14 Vgl. Penter, Kohle, S. 179 ff.; Gerlach, Morde, S. 36 ff.

15 Vgl. ebd., S. 536 ff.; Neumärker u. Nachama u. Baumann, Massenerschießungen.

16 Tätigkeits- und Lagebericht Nr. 6 der Einsatzgruppen der Sicherheitspolizei und des SD in der UdSSR (Berichtszeit v. 1.10.-31-10.1941), in: Klein, Einsatzgruppen, S. 232; vgl. Pohl, Schauplatz.

17 Paul Dargel, Reisebericht über die Fahrt nach Rowno, Kiew und Kamenenz-Podolsk vom 1. bis 8.10.1941 o. D., S. 2 (BAB, R 94, Nr. 9).

18 Zellhuber, Verwaltung, S. 61 ff.; Koop, Rosenberg, S. 195 ff.

19 Vgl. ebd., S. 231 ff.; Fuhrer u. Schön, Koch, S. 131 ff.; Meindl, Ralf, Gauleiter, S. 323 ff.

Kolonnen unter Bewachung zu Straßenbau- oder Entladungsarbeiten herangezogen wurden, die ohne ausreichende Ernährung ausgeführt werden mussten. Viele erlitten Gewaltexzesse.[20] Zwar bestand ab August 1941 auch für Ukrainerinnen und Ukrainer zwischen 18 und 45 Jahren eine Arbeitspflicht, jedoch zogen die Deutschen Ukrainer zunächst nur für unmittelbar kriegswichtige und kurzfristig ausbeutbare Arbeitsleistungen wie Erntetätigkeiten, die Inbetriebsetzung von Anlagen zur Energieerzeugung oder die Nahrungsmittelherstellung zur Wehrmachtsversorgung heran.[21]

Im Spätherbst 1941, als der Feldzug gegen die Sowjetunion nicht zu dem rasch erwarteten Zusammenbruch ihrer staatlichen Ordnung führte, sondern sogar mit herben Rückschlägen verbunden war, entstand zur längerfristigen und verbesserten Versorgung der deutschen Truppen die Notwendigkeit einer Steigerung der Nahrungsmittelproduktion in der Ukraine. Bereits am 18. Juli 1941 war in Berlin vom Staat und verschiedenen Reichsstellen etwa für Getreide, Futtermittel und sonstige landwirtschaftliche Erzeugnisse unter Einschluss der Reichsgruppe Handel die Zentral-Handelsgesellschaft Ost für den landwirtschaftlichen Absatz und Bedarf mbH (ZHO) gegründet worden. Diese riesige Reichsmonopolgesellschaft mit mehr als 6.500 deutschen Mitarbeitern und rund 600.000 russischen, weißrussischen und ukrainischen Zwangsarbeiterinnen fungierte in den besetzten Territorien der Sowjetunion als zentraler Organisator der Ernährungswirtschaft, um die Versorgung der deutschen Soldaten aus dem Land zu sichern und der deutschen Bevölkerung im Deutschen Reich zusätzliche Nahrungsmittel zu beschaffen. Die ZHO sprach sich eine zeitlich begrenzte Rolle als »Wegbereiter« für das nachfolgend vorgesehene Engagement von Privatunternehmen zu.[22] Deren Generaldirektor Leonhard Fleischberger bezeichnete die ZHO Ende 1942 als »Schrittmacher einer kommenden Privatwirtschaft«.[23]

Das deutsche Besatzungsregime setzte zur Aktivierung der Produktionsmöglichkeiten in den besetzten sowjetischen Gebieten auf die Kooperation mit deutschen Unternehmern und Unternehmen. Wiewohl in langfristiger Perspektive eine Germanisierung der eroberten Territorien wie etwa der Ukraine angestrebt war, sah die NS-Spitze von einer direkten Eigentumsübertragung an deutsche Partnerunternehmen ab. Stattdessen übernahm die ZHO die auf sowjetischem Territorium vorhandenen landwirtschaftlichen Be- und Verarbeitungsbetriebe als »Treuhänder« und vergab die »Bewirtschaftung« der vormaligen Sowjetbetriebe an deutsche

20 Vgl. Angrick, Annihilation; Kaienburg, Arbeitslager.

21 Baum, Kiew, S. 271.

22 Der Beauftragte für den Vierjahresplan, Friedrich Kadgien/Georg Reichart, Protokoll der Besprechung beim Führungsstab Ost am 12.7.1941 (BAB, R 2, Nr. 18166); vgl. Corni u. Gies, Brot, S. 537; Eichholtz, Kriegswirtschaft, Bd. 2, S. 499 f.

23 Nachrichtendienst der Deutschen Rentenbank-Kreditanstalt, Die Aufgaben der Zentral-Handelsgesellschaft Ost vom 7.12.1942 (BAB, R 2, Nr. 18166).

Unternehmer, die die »Betriebe als Treuhänder für Rechnung der ZHO« führten.[24] Die NS-Führung wollte vor einer endgültigen Regelung zum einen die Sowjetunion militärisch besiegt haben. Zum anderen bestanden noch unterschiedliche Auffassungen über den Umgang mit sowjetischem Eigentum. Ob Industriebetriebe an deutsche Unternehmen zukünftig übereignet werden oder mehrheitlich in der Reichshand bleiben sollten, war dabei ebenso wenig endgültig entschieden, wie die Frage des Bodeneigentums, wenngleich die Abgabe von Gütern an verdiente Generäle und NS-Funktionäre als auch von Landwirtschaftsflächen an Siedlungswillige zur sozialen Befriedung größerer Bevölkerungsgruppen möglich schien.

Die Regelung der Einzelheiten der Verwaltung und des Betriebs von Unternehmen musste erst in dem polykratischen System der verschiedenen beteiligten Besatzungsbehörden und Reichsministerien sowie mit der Wehrmacht und anderen Institutionen abgestimmt werden. Die am 20. Dezember 1941 von der Geschäftsgruppe Ernährung des Beauftragten für den Vierjahresplan an die ZHO ergangene Geschäftsanweisung Nr. 3 ordnete die »Übernahme weiterer landwirtschaftlicher Be- und Verarbeitungsbetriebe in den besetzten Ostgebieten« an, die für die »Wehrmachtversorgung oder für eine geordnete Ernährungswirtschaft im Interesse des Reiches Bedeutung« hatten. Darunter fielen auch Back- und Teigwarenfabriken.[25] In diesem Zusammenhang ergab sich ein »ungeheurer Personalbedarf«, woraufhin die Anfrage an die Firma Bahlsen erging, ob sie die Wiederingangsetzung einer großen Keks-, Marmeladen- und Bonbonfabrik übernehmen wolle.[26]

Die Übertragung der treuhänderischen Verwaltung betraf die in zwei Teilbetrieben in Kiew produzierende Keksfabrik »Karl Marx« an der Wassilewskaja 54 und der Großkonditorei an der Kitajewskaja 13. Die bei der unter deutscher Aufsicht stehenden Stadtverwaltung registrierte »Konditorei-Fabrik« an der Kitajewska hatte der Generalkommissar beschlagnahmt und in der westlich des Dnjepr (Dnipro) gelegenen Fabrik im Oktober 1941 zunächst den Volksdeutschen Eugen Siwochin als »Sonderführer« eingesetzt.[27] Dieser brachte zwar die Keks-, Waffel- und Bonbonfabrikation behelfsmäßig überhaupt wieder in Gang. In den Hallen wurden jedoch vor

24 Generaldirektor Leonhard Fleischberger, Arbeitsbericht der Zentral-Handelsgesellschaft Ost für landwirtschaftlichen Absatz und Bedarf mbH für die Aufsichtsratssitzung am 21.10.1941, S. 4 (BAB, R 2, Nr. 18166).

25 Der Beauftragte für den Vierjahresplan, Geschäftsgruppe Ernährung (Tgb. Nr. 0.964/41), Georg Reichart, an ZHO vom 20.12.1941; Nachrichtendienst der Deutschen Rentenbank-Kreditanstalt, Die Aufgaben der Zentral-Handelsgesellschaft Ost vom 7.12.1942 (jeweils BAB, R 2, Nr. 18166).

26 Aufsichtsratsvorsitzender der ZHO, Kriegsverwaltungsvizechef im Reichsministerium für die besetzten Ostgebiete, Wilhelm Küper, Protokoll über die 2. Aufsichtsratssitzung der ZHO am 11.3.1942, S. 3 (BAB, R 2, Nr. 18166).

27 Verzeichnis der bei der Kiewer Stadtverwaltung registrierten Industrie-Werke o. D. [Dezember 1941], S. 27 (BAB, R 70-Sowjetunion, Nr. 6, Bl. 684); Werner Bahlsen, Keksfabrik Kiew (früher Karl Marx), Bericht anlässlich der ersten Besichtigung vom 9.4.1942, S. 1 (BAH, R10, Nr. 445); vgl. Eikel, Arbeitsteilung.

allem Kanonenöfen für die Wehrmacht angefertigt, was die notdürftige Ausnutzung der dortigen Industrieflächen für den unmittelbaren Wehrmachtsbedarf zeigte.

Die beiden Bahlsen zur treuhänderischen Verwaltung angebotenen Betriebe hatten vor dem deutschen Überfall auf die Sowjetunion über jährliche Produktionskapazitäten in einer Größenordnung von fast 37.000 Tonnen verfügt, davon allein 18.330 Tonnen Karamellbonbons und Zuckerkandis, 6.000 Tonnen Biskuit, Torten und Kekse sowie 2.500 Tonnen Chalwa, eine Süßigkeit aus Ölsamen und Glukosesirup. In der Fabrik 1, an der Wassilewskaja gelegen, befand sich die Karamellen- und Bonbonfertigung, während die Fabrik 2 in der Kitajewskaja die Verarbeitung von Früchten und Beeren etwa zu Marmeladen und die Herstellung von Chalwa sowie von Keksen und anderen Backwaren übernahm.[28] Darüber hinaus verfügte die dieser Keksfabrik über eine Außenstation in Chernigow [Chernihiv], die mit der Beschaffung und dem Einkauf von Obstpulpen, also der breiigen Fruchtmasse mit größeren oder kleineren Fruchtstücken als Rohmaterial etwa für die Marmeladen-Herstellung, betraut war.

Das Eingehen von Bahlsen auf den Vorschlag der Treuhand-Abteilung der ZHO resultierte aus der Überlegung, dass die deutsche Vorherrschaft im Osten wohl auf Dauer gesichert sei und daher das Unternehmen dort im Rahmen der europäischen Großraumwirtschaft eine günstige Expansionsmöglichkeit sah, die zunächst mit der Belieferung der Wehrmacht ein sicheres Geschäft erwarten ließ. Mittelfristig konnte die halbautonome Dependance innerhalb des Bahlsen-Verbunds im Nachgang zu einem deutschen Sieg im »Ostraum« im dort entstehenden Zivilmarkt wachsende Absatzmöglichkeiten finden. Mit der beiden Brüdern Klaus und Werner Bahlsen zum 1. Januar 1942 gewährten NSDAP-Zugehörigkeit hielten sie einen Loyalitätsausweis in der Hand, der sie auch in politischer Hinsicht als Vertreter des NS-Regimes zur Übernahme einer Treuhandschaft in der besetzten Ukraine befähigte.[29]

Die von der Treuhand-Abteilung angebotene treuhänderische Verwaltung der großen Keksfabrik war kompatibel mit den Bemühungen der Bahlsen KG, im Rahmen der deutsch dominierten europäischen Großraumwirtschaft ihre Marktposition auszubauen. Um die Besichtigung der Fabrikationsstätten im deutsch besetzten Kiew [Kyjiw] sowie den sofortigen Einsatz erster Fachleute zu ermöglichen, schlossen die ZHO und Bahlsen am 27. Februar 1942 einen als »Provisorium« betrachteten Vertrag. Mit der Übernahme der treuhänderischen Verwaltung betrat Bahlsen zum 1. März 1942 Neuland, da bis dahin ihre Großproduktion und die Verwaltung ausschließlich am Standort Hannover bestanden, während Vertrieb und Verkauf bereits länger dezentral abgewickelt wurden. Innerhalb der Unternehmensleitung lag das Vorhaben in Kiew in den Händen von Werner Bahlsen. Es entsprach dem

28 Die Konditorei-Fabrik in Kiew o. D. [September 1941], S. 1 (BAH, R10, Nr. 606).

29 Die Beitrittsanträge hatte beide am 4.11.1941 gestellt, Klaus Bahlsen erhielt die Mitgliedsnummer 8.945.678 und Werner Bahlsen die Folgenummer 8.945.679 (BAB, R 9361-VIII Kartei Nr. 460821); (BAB, R 9361-VIII Kartei Nr. 460825).

Abb. 19: Die Keksfabrik in Kiew, 1942

beiderseitigen Wunsch zur raschen Schaffung von Tatsachen, dass er am 4. März 1942 mit einem kleinen Team aus Hannover die stark zerstörte Fabrik an der Großen Kitajewska mit ihren etwa verbliebenen 350 Belegschaftsangehörigen besuchte.[30] Im März 1942 erfolgte seine Ernennung zum kommissarischen Leiter durch den Kiewer Generalkommissar.[31]

Nach den Worten von Werner Bahlsen lief zwar noch in »ganz kleinem Umfange« eine »Keks-, Waffel- und Bonbon-Fabrikation«. In der Fabrik war jedoch eine »ungeheure Aufbauarbeit« zu leisten, um den Betrieb wieder auf die vormalige Kapazität der Sowjetzeit zu bringen.[32] Die ersten Besichtigungen und Befragungen hatten ein recht ernüchterndes Bild ergeben. Um den heranrückenden deutschen Truppen möglichst wenig verwertbare Ressourcen zu überlassen, hatten sowjetische Stellen bereits im Juli 1941 »sämtliche wichtige Maschinen, Motoren und Rohstoffe«

30 H. Bahlsens Keksfabrik KG, Werner Bahlsen, an Zentral-Handelsgesellschaft Ost, Treuhand-Abteilung vom 19.8.1942 (BAH, R11, Nr. 440); Formular Einsatzfirma H. Bahlsens Keksfabrik o. D. [März 1944] (BAB, R 33-I, Nr. 1063, Bl. 46 u. 114).

31 H. Bahlsens Keksfabrik KG, Werner Bahlsen, an Zentral-Handelsgesellschaft Ost, Treuhand-Abteilung vom 19.8.1942 (BAH, R11, Nr. 440).

32 Werner Bahlsen, Keksfabrik Kiew (früher Karl Marx), Bericht anlässlich der ersten Besichtigung vom 9.4.1942, S. 1 (BAH, R10, Nr. 445); der 1944 erstellte Leistungsbericht griff zum Teil wortgleich die erste Situationsdarstellung aus dem April 1942 auf, Keksfabrik Kiew, Werner Bahlsen, Leistungsbericht vom 22.4.1944, S. 1 (BAH, R10, Nr. 606); siehe auch Klaus Bahlsen, 8. Bericht 1941/42 vom 1.2.1943, S. 3 (BAH, R10, Nr. 514).

weggeschafft.[33] Weitere Verluste waren durch Plünderungen nach dem Abzug der Roten Armee entstanden, da die zurückbleibende und schon länger unterversorgte Zivilbevölkerung das Machtvakuum bis zum Eintreffen der deutschen Truppen zur Nahrungsmittelbeschaffung nutzte.[34] Schließlich sorgte das Einfrieren sämtlicher Dampf- und Wasserleitungen in der verlassenen Fabrik für weitere Schäden. Die Fabrik an der Wassilewska war durch Kriegsereignisse zerstört und ausgebrannt, sodass diese nach Umsetzung der wenigen noch brauchbaren Maschinen aufgegeben wurde.

Insgesamt sah es in der Fabrik an der Kitajewska »recht trostlos« aus, da beispielsweise in der Marmeladen-Abteilung »praktisch alle Kessel, Vakuum-Apparate und Einkochmöglichkeiten« fehlten oder in der Keks-Abteilung nur noch zwei »uralte Einschussöfen und 2 Kettenöfen, ebenfalls ganz veralteter Konstruktion« vorhanden waren, während keine Hauptausstechmaschine zur Verfügung stand.[35] Darüber hinaus befanden sich die Gebäude in einem »sehr schlechten baulichen Zustand«, und das Betriebsgelände war auch für die Ablagerung von Asche und Trümmerschutt genutzt worden. Überdies fehlte ein Anschluss an das Schienennetz.

Ursprünglich bestanden mit Marmeladen, Konfekt, Bonbons, Schokoladen und Pralinen sowie Keksen und Konditoreiwaren insgesamt sechs Produktgruppen. Die zur Sowjetzeit im Drei-Schicht-Betrieb gefahrenen Fabriken beschäftigten geschätzt 4.450 Personen.[36] Der am 9. April 1942 in Hannover fertiggestellte erste Besichtigungsbericht hielt auch fest, dass die vorherige Leitung der Kiewer Keksfabrik »vollständig in jüdischen Händen« gelegen habe und auch 70 Prozent der Belegschaft »jüdisch« gewesen seien.[37] Von den Führungskräften waren nur wenige Ingenieure, der Leiter der Bonbon-Abteilung und insgesamt rund 350 Personen vor Ort geblieben. Werner Bahlsen wusste also, dass die meisten der vormaligen Beschäftigten bereits dem Holocaust zum Opfer gefallen oder vor den Deutschen geflohen waren. Um die Fabrik wieder in Gang zu setzen, musste eine größere Betriebsbelegschaft rekrutiert werden.

Werner Bahlsen, der als »Betriebsführer« fungierte, übernahm mit einem kleinen Team das Kommando in der Kiewer Keksfabrik.[38] Nach einer allerdings keine

33 Keksfabrik Kiew, Werner Bahlsen, Leistungsbericht vom 22.4.1944, S. 1 (BAH, R10, Nr. 606).

34 Ähnliches wurde aus dem ostukrainischen Kohlerevier berichtet, Penter, Kohle, S. 181.

35 Keksfabrik Kiew, Werner Bahlsen, Leistungsbericht vom 22.4.1944, S. 1 (BAH, R10, Nr. 606).

36 Werner Bahlsen, Keksfabrik Kiew (früher Karl Marx), Bericht anlässlich der ersten Besichtigung vom 9.4.1942, S. 1 (BAH, R10, Nr. 445); eine Unterlage der Statistischen Abteilung der Stadtverwaltung enthält die Angabe 3.574 Personen (BAB, R 70-Sowjetunion, Nr. 8, Bl. 756).

37 Werner Bahlsen, Keksfabrik Kiew (früher Karl Marx), Bericht anlässlich der ersten Besichtigung vom 9.4.1942, S. 3 (BAH, R10, Nr. 445).

38 Zu den von Bahlsen aus Hannover entsandten Kräfte gehörten im März 1942 der Kraftfahrer Julius Rohde, Max Lochte, der die Verbindung zu den deutschen Dienststellen herstellte, und Erwin Markmann, der als Werkmeister die Hofkolonne leitete, Aufstellungen über gezahlte Versicherungsprämien, Einsatzfirma Bahlsen, Julius Rohde (BAB, R 33-I, Nr. 157).

Abb. 20: Mit Werner Bahlsen bei Tisch in Kiew, 1942

Werte aufführenden Eröffnungsinventur erstellte die deutsche Betriebsleitung allmonatlich Bilanzen, die zum 31. Dezember 1942 und zum 31. März 1943 in einer der Obst-, Gemüse- und Kartoffel-Zentrale Ukraine GmbH vorgelegten Jahresbilanz mündeten.[39]

Da Rohstoffvorräte vorgefunden wurden, setzten die neuen Herren unmittelbar eine Marmeladenproduktion von zunächst täglich 300 Kilogramm in Gang, die innerhalb von vier Wochen auf zwei Tonnen gesteigert werden konnte. Unter anderem erschwerte die zeitweise ausbleibende Bereitstellung von Strom durch das unter Kohlenmangel leidende städtische Elektrizitätswerk die kontinuierliche Produktion. Gleichwohl traute sich die deutsche Leitung zu, die Produktion innerhalb von vier Monaten zu vervielfachen. Sofern die erforderlichen Rohstoffe wie Zucker, Mehl, Sirup und Butter in ausreichenden Quantitäten geliefert würden und im Juli 1942 auch 180 Tonnen Erdbeeren zur Verfügung stünden, versprach Werner Bahlsen das monatliche Produktionsprogramm auf 270 Tonnen Marmelade, 260 Tonnen Bonbons, 80 Tonnen Konfekt, womöglich 320 Tonnen Keks sowie 8 Tonnen Waffeln und 12 Tonnen Kaffee-Ersatz hochzuschrauben.[40] Hierzu sollte die Belegschaft von 350 auf 1.000 Personen anwachsen. Parallel plante das Bahlsen-Vorauskommando,

39 Keksfabrik Kiew, Abwicklungsstelle, Werner Bahlsen/Max Lochte, Räumungsbericht vom 15.4.1944, S. 3 (BAB, R 33-I, Nr. 1124, Bl. 137).

40 Werner Bahlsen, Keksfabrik Kiew (früher Karl Marx), Bericht anlässlich der ersten Besichtigung vom 9.4.1942, S. 4 f. (BAH, R10, Nr. 445).

aus Hannover »weitere Kräfte nachzuziehen«, darunter mehrere Meister und eine oder mehrere Stenotypistinnen.[41] Im Gesamturteil schlug positiv zu Buche, dass die Fabrikgebäude keine wesentlichen Schäden aufwiesen und ein »Teil der russischen Mitarbeiter« vorhanden war, weshalb die Aussicht bestand, durch Improvisationen bis Jahresende eine »gewisse Leistung zu erzielen«.

Darüber hinaus waren Umbauten der Fabrik geplant, um sie an die »hygienischen Anforderungen eines deutschen Nahrungsmittel-Betriebes« heranzuführen. Da die Fabrik aber nach »modernen Gesichtspunkten gänzlich unrationell eingerichtet« war und hierdurch die Produktionsprozesse erheblich verteuert wurden, rechnete Werner Bahlsen trotz der »niedrigen russischen Löhne« damit, dass die »reinen Arbeitskosten weit über den deutschen liegen« könnten. Er wies diesem Gesichtspunkt in »Anbetracht der Kriegslage« aber keine wesentliche Bedeutung zu. In einer »gut geplanten Fabrik«, also einem in Bahlsen-Art rationell eingerichteten Betrieb, glaubte Werner Bahlsen mit nur einem Drittel oder sogar einem Fünftel des Personals auszukommen. Damit formulierte er einen Rationalisierungsauftrag für den von ihm betriebstechnisch geführten Großbetrieb, der womöglich in einem zweiten Schritt in den eigenen Betriebsverbund integriert werden konnte.[42] Für die Bauarbeiten sollte auch die eigene Belegschaft herangezogen werden.

Nachdem die Treuhand-Abteilung der ZHO am 23. April 1942 den bereits ihrerseits unterzeichneten Einsatz-Vertrag übersandte, bestand rechtliche Klarheit. Zum einen war eine Vergütung von monatlich 2.000 Reichsmark für die »Mitwirkung der Firma Bahlsen und die Tätigkeit des Betriebsführers« in Aussicht gestellt.[43] Zum anderen wollte die ZHO die im Zusammenhang mit der Gestellung von Maschinen und Zubehör entstehenden Barauslagen gesondert ersetzen. Da auf der Basis der vorgefundenen Vorräte Produkte hergestellt und an die Wehrmacht und andere deutsche Stellen verkauft werden konnten, bestand zunächst noch kein Finanzbedarf. Für die geplante Produktionserweiterung reichten allerdings bereits im Juni 1942 die Barmittel nicht mehr aus, sodass ein ggf. durch Kredite zu deckender Finanzbedarf von rund 200.000 Reichsmark entstand. Die erforderlichen Finanzmittel stellte auf Antrag die ZHO zur Verfügung. Die beidseitige Unterzeichnung des »Einsatz-Vertrags« erfolgte am 6. Juli 1942. Die formelle Einweisung als Treuhänder sollte durch den »Reichskommissar« erfolgen.[44] Die ZHO sagte auch zu, die

41 Ebd., S. 5.

42 Ebd., S. 6.

43 Zentral-Handelsgesellschaft Ost für landwirtschaftlichen Absatz und Bedarf mbH, Treuhand, Dr. Etzbach/Dr. Becker, an Firma H. Bahlsens Keksfabrik KG vom 23.4.1942 (BAH, R10, Nr. 440).

44 Einsatz-Vertrag für ernährungswirtschaftliche Be- und Verarbeitungsbetriebe zwischen Zentral-Handelsgesellschaft Ost für landwirtschaftlichen Absatz und Bedarf mbH, Treuhand, Leopold Fleischberger, und Firma H. Bahlsens Keksfabrik KG vom 6.7.1942 (BAH, R11, Nr. 440).

»notwendigen Betriebsmittel« zur Verfügung zu stellen, sofern diese nicht in der Ukraine selbst beschafft werden konnten.[45]

Dem beauftragten Unternehmer erwuchs aus dem Vertrag die Verpflichtung, »durch ständigen persönlichen Einsatz« den Betrieb schnellstmöglich zur höchsten Leistungsfähigkeit zu bringen, wobei zumindest der als Stellvertreter eingesetzte Gustav Sager »sich grundsätzlich ständig am Ort des Unternehmens befinden« musste.[46] Die Bahlsen KG verpflichtete sich zudem zur Abstellung der erforderlichen deutschen Fachkräfte, die zwar ihre Beschäftigten blieben, jedoch auf Basis einer von der ZHO genehmigten Gehaltsliste aus dem verwalteten Unternehmen bezahlt wurden. Aus der Kündigungsfrist von drei Monaten erwuchs für beide Seiten keine langfristige Bindung. Auch war eine fristlose Vertragsaufkündigung bei weisungswidrigem Verhalten möglich oder sofern der Reichskommissar oder die Wirtschaftsinspektion die Betriebsschließung oder die Abberufung des Treuhänders verlangten.

Paragraph 14 stellte auch klar, dass aus dem Vertrag »keinerlei Anrechte auf Übertragung des Privateigentums an den bewirtschafteten Betrieben« erwuchsen.[47] Der Einsatzvertrag gab vor, dass die »Betriebe für Rechnung und im Namen« der ZHO zu führen waren, gleichwohl sollten die »Einsatzfirmen wie selbständige Unternehmen unter größtmöglicher Eigenverantwortung arbeiten« können.[48] Werner Bahlsen musste aber noch klarstellen, dass der Vertrag zum 1. Mai 1942 Gültigkeit besaß, um ab diesem Zeitpunkt die entsprechenden Abrechnungen vornehmen zu können.[49] Realistischerweise rubrizierte Ende Februar 1943 die H. Bahlsens Keksfabrik KG die Keksfabrik Kiew nicht als Zweigniederlassung in den »besetzten Ost-Gebieten«, sondern verwies darauf, im März 1942 als »Treuhänder« eingesetzt worden zu sein.[50]

Zur Verstärkung der Vor-Ort-Gruppe deutscher Experten wechselten zum 1. Mai 1942 aus Hannover Werkmeister Heinrich Schirmer, der die Konfekt- und Marmeladen-Abteilung übernahm, und Milosch Zelinka, der die Leitung der Keks-Abteilung übertragen bekam, nach Kiew. Zum 15. Juni 1942 trat der in Berlin

45 Zentral-Handelsgesellschaft Ost für den landwirtschaftlichen Absatz und Bedarf mbH, Leonhard Fleischberger, und H. Bahlsens Keksfabrik KG, Klaus Bahlsen/Werner Bahlsen, Einsatzvertrag für ernährungswirtschaftliche Be- und Verarbeitungsbetriebe vom 6.7.1942, S. 1 (BAH, R14, Nr. 1).

46 Ebd., S. 2.

47 Ebd.

48 Zentral-Handelsgesellschaft Ost für landwirtschaftlichen Absatz und Bedarf mbH, Leopold Fleischberger, Dritter Arbeitsbericht für die Aufsichtsratssitzung am 18.12.1942 – im Anschluss an den zweiten Arbeitsbericht zur Aufsichtsratssitzung am 11.3.1942, S. 5 (BAB, R 2, Nr. 18167).

49 H. Bahlsens Keksfabrik KG, Werner Bahlsen, an Zentral-Handelsgesellschaft Ost, Treuhand-Abteilung vom 19.8.1942 (BAH, R11, Nr. 440).

50 H. Bahlsens Keksfabrik KG an Wirtschaftskammer Niedersachsen, Industrie-Abteilung vom 24.2.1943 (BAH, R10, Nr. 596); Hermann Hertzer, Verkauf vom 27.2.1943, S. 1 (BAH, R10, Nr. 513).

beheimatete Gustav Sager als stellvertretender Betriebsführer in der Keksfabrik Kiew ein, da Werner Bahlsen wegen seiner Aufgaben in der Unternehmenszentrale nicht ständig vor Ort anwesend sein konnte. Zum 1. Juli 1942 folgte aus dem Hannoverschen Stammwerk der am 18. März 1906 in Hannover geborene und am 1. Mai 1942 zum Einsatz in Kiew von Bahlsen eingestellte Bauingenieur Erwin Töllner, dem als technischer Betriebsleiter die Aufgabe zufiel, die umfangreichen Aufbauarbeiten zu leiten.[51] Der ausgewiesene Nationalsozialist und langjährige Bahlsen-Mitarbeiter Robert Lege übernahm als Werkmeister zum 1. August 1942 die Leitung der Mechanischen Werkstätte und kümmerte sich um die Funktionstüchtigkeit des Maschinen- und Autoparks, um das Hochfahren der Produktion zu ermöglichen.[52] Die deutsche Kernbelegschaft in Kiew erweiterte sich nur schrittweise um eine Sekretärin, eine Verwaltungsangestellte, einen Bilanzbuchhalter, der die »russische Buchhaltung« auf die Richtlinien des deutschen Kontenrahmens umzustellen und die Kompatibilität der dortigen Bilanzstelle zum Bahlsen-Rechnungswesen herzustellen hatte, auf elf »Inhaber und Gefolgschaftsmitglieder der Einsatzfirmen«.[53]

Nach Paragraph 7 des Einsatzvertrages wurden für die im »Firmeneinsatz« tätigen Deutschen Lebensversicherungen abgeschlossen, deren Prämien von den verwalteten Unternehmen unabhängig von Gewinn und Verlust zu zahlen waren.[54] Wegen der spezifischen Risiken einer Berufsausübung in einem Treuhandunternehmen der ZHO in den besetzten Ostgebieten erhielten die dort tätigen Deutschen wie etwa der stellvertretende Betriebsleiter Gustav Sager im Todesfall einen unmittelbaren Anspruch auf 20.000 Reichsmark und bei dauerhafter Invalidität in Folge eines Unfalls 100.000 Reichsmark zugesichert.[55] Insgesamt musste der Treuhandbetrieb jährlich 6.710 Reichsmark an Versicherungsprämien aufbringen.[56]

Werner Bahlsen kehrte erst im August 1942 wohl für drei Wochen nach Hannover zurück. Wie sich aus den Reisekostenabrechnungen gegenüber der ZHO ergibt, fuhr er im September 1942 für weitere vier Wochen nach Kiew und kam am 1. Oktober

51 Uk-Stellungs-Karteikarte Erwin Töllner o. D. BAH, R10, Nr. 592); Erwin Töllner, Zustimmungserklärung vom 12.10.1942 (BAB, R 33-I, Nr. 144).

52 Keksfabrik Kiew, Werner Bahlsen, Leistungsbericht vom 22.4.1944, S. 9 (BAH, R10, Nr. 606).

53 Generaldirektor Leonhard Fleischberger, Dritter Arbeitsbericht der Zentral-Handelsgesellschaft Ost für landwirtschaftlichen Absatz und Bedarf mbH für die Aufsichtsratssitzung am 18.12.1942, S. 2 (BAB, R 2, Nr. 18167).

54 ZHO, Personal III an Abteilung Versicherung vom 30.4.1942 (BAB, R 33-I, Nr. 153).

55 Gustav Sager, Zustimmungserklärung vom 12.10.1942 (BAB, R 33-I, Nr. 140); nachdem Bahlsen als »Einsatzfirma zurückgezogen« worden war, erfolgte seitens der ZHO eine Aufhebung der »Sicherstellungs-Lebensversicherung der Gefolgschaftsmitglieder von Einsatzfirmen«, ZHO, Dr. Lenze/Barche, Vermerk vom 15.8.1944 (BAB, R 33-I, Nr. 154).

56 ZHO, Abteilung Versicherung an Firma Bahlsen, Hannover vom 14.3.1944 (BAB, R 33-I, Nr. 157); siehe auch ZHO, Abteilung Versicherung, Dr. Steiger/Grunath, an ZHO, Hauptgeschäftsstelle Kiew vom 1.3.1943 (BAB, R 33-I, Nr. 171).

1942 nach Hannover zurück.[57] Am 6./7. November 1942 begab er sich wieder nach Kiew und kehrte am 12. Dezember 1942 nach Hannover zurück.[58] Zunächst erledigte der Betrieb seine Geschäftspost auf einem zweisprachigen Schwarz-Weiß-Briefkopf unter der Bezeichnung Keks- und Süßwaren-Fabrik mit der Adresse Große Kitajewskaja 17. Die Geschäftsleitung war über zwei Telefonanschlüsse oder postalisch unter dem »Postfach Generalkommissariat« zu erreichen.[59] Mit der Keksproduktion unterstand die Keksfabrik Kiew der zum ZHO-Bereich gehörenden Getreidebetriebe Ukraine GmbH und mit der Marmeladenfertigung der Obst-, Gemüse- und Kartoffelzentrale Ukraine GmbH.[60]

Der Betrieb der Fabrik ließ sich allerdings mit den wenigen Bahlsen-Männern und -Frauen nicht bewerkstelligen, zumal die Sprachgrenze zum üblichen Russisch zu überwinden war. Das Unternehmen griff, auch um die Aufsicht über das ukrainische Personal auszuüben, zum einem auf so genannte »Volksdeutsche« zurück, denen wegen ihres »Deutschtums« eine höhere Loyalität unterstellt wurde.[61] Doch selbst diese 30 Männer und 36 Frauen, die sich in Folge der nationalsozialistischen Politik der »Umvolkung« in einer rassistisch aufgeladenen Aufstiegssituation wiederfanden,[62] reichten nicht aus, um eine schlussendlich auf mehr als 2.000 Beschäftigte anwachsende Belegschaft direkt anzuleiten und zu kommandieren. Hierzu bedienten sich die aus Hannover Entsandten zum anderen ukrainischer Spezialisten, die als »Führungskräfte« für die innere Arbeitsorganisation und die Einteilung der Leute sorgten. Wiewohl sich unter diesen auch ukrainische Nationalisten befunden haben dürften, die die Eroberung Kiews durch deutsche Truppen als Befreiung von der Sowjetmacht empfanden und sich von der deutschen Hegemonie ihren eigenen sozialen Aufstieg versprachen, behielt in der Bahlsen-Fabrik die alleinige Entscheidungsmacht das deutsche Personal.[63]

Die Hoffnung vieler Ukrainerinnen und Ukrainer auf ein besseres Leben unter deutscher Suprematie lag auf anderer Ebene als der militärische Dienst von ukrainischen Freiwilligen an der Seite der Wehrmacht gegen die Rote Armee oder Partisanenverbände und unterschied sich erst recht von der Mitwirkung von Ukrainern am systematischen Judenmord.[64] Für die Grauzonen zwischen der eigenen und familiä-

57 H. Bahlsens Keksfabrik, Buchhaltung, an ZHO vom 4.11.1942; Buchhaltung an ZHO vom 18.11.1942 (jeweils BAH, R10, Nr. 445).

58 Buchhaltung an ZHO vom 31.12.1942 (BAH, R10, Nr. 445).

59 Keks- und Süßwaren-Fabrik Kiew, Werner Bahlsen, an H. Bahlsens Keksfabrik KG vom 11.9.1942 (BAH, R10, Nr. 445).

60 Formular Einsatzfirma H. Bahlsens Keksfabrik o.D. [März 1944] (BAB, R 33-I, Nr. 1063, Bl. 46 u. 114).

61 Vgl. Buchsweiler, Volksdeutsche, S. 384 ff.

62 Lower, Garden of Eden; Dean, Soviet Ethnic.

63 Vgl. Bruder, Staat; Grelka, Nationalbewegung; siehe auch Gesin, Destruction, S. 53 ff.

64 Berkhoff, Harvest, S. 83 ff.; zu den antijüdischen Gewalthandlungen ukrainischer Nationalisten siehe Struve, Herrschaft, S. 432 ff.; Dean, Collaboration, S. 93 ff.; Himka, Nationalists, S. 199 ff.; Katchanovski, OUN.

ren Überlebenssicherung, der Anbiederung bei den neuen Machthabern, der Unterstützung der deutschen Besatzer bei der ökonomischen Ausbeutung der Ukraine oder gar die Beihilfe zur Überantwortung von Kommunisten oder Juden an die nationalsozialistischen Repressionsstrukturen, mithin eine große Bandbreite sozialer Praxis nach der militärischen Eroberung, trifft der Begriff Kollaboration keineswegs exakt.[65] Der betriebliche Alltag entwickelte sich mithin in der ambivalenten Gemengelage von Überlebensnotwendigkeiten, Ausbeutung, Mitwirkung und Täterschaft.

Die deutsche Herrschaft in Kiew zeigte sich in der Gewaltsamkeit der Besatzer, die Unbotmäßigkeiten und widerständiges Verhalten rigoros bestraften und nach tatsächlichen oder vermeintlichen Sabotageakten hunderte Kiewer töteten, wobei öffentliche Hinrichtungen der Abschreckung dienen sollten.[66] Der Arbeitspflicht unterworfen und von deutschen Dienststellen beliebig einsetzbar, brachte die Anstellung in einem Betrieb zwar einerseits das nationalsozialistische Zwangsregime zum Ausdruck, jedoch verband sich damit andererseits überhaupt ein Einkommenserwerb. Zudem erwuchs in der von Karel C. Berkhoff wegen des grassierenden Hungers als »Stadt der Bettler« charakterisierten Metropole aus der Fabrikarbeit die noch weit wichtigere Chance zur Beschaffung zusätzlicher Nahrung.[67] Die Mitte Juli 1942 in Kraft getretene »Anordnung über die Versorgung und den Verkehr mit Lebensmitteln in der Stadt Kiew« änderte wenig daran, dass selbst nach Ansicht des Kommandeurs der Sicherheitspolizei und des Sicherheitsdienstes (SD) in Kiew die Versorgungssituation »unzureichend« war. Die Einwohner erhielten täglich nur 100 Gramm Brot zugeteilt, während Arbeitskräften in Fabriken oder Behörden pro Arbeitstag zusätzlich 120 Gramm Brot und etwas Mehl, Hirse und Gemüse zustanden. Schulkinder und Invaliden bekamen weitere 100 Gramm Brot, was aber die gesundheitsgefährdende Fettlücke nicht verringerte.

Um dem Hungertod zu entgehen, waren die Einwohner auf den Schwarzmarkt angewiesen, den die deutschen Besatzungsstellen durch die Absperrung Kiews auszutrocknen suchten. Im Ergebnis führten die Mangelernährung und der grassierende Hunger aus Sicht der Sicherheitspolizei in der Bevölkerung zu einem wachsenden »Misstrauen gegen die deutsche Verwaltung« – und schlimmer noch: Daraus ergab sich »ganz naturgemäß eine größere Bereitschaft, auf die bolschewistische und national-radikale Propaganda einzugehen und sich an illegalen Handlungen zu beteiligen«, was die Sicherheitslage verschärfte.[68] Außerdem litten die Arbeitsleistungen, zumal die Tuberkulose grassierte.

65 Vgl. Golczewski, Kollaboration; Glöckner, Collaboration; Kellmann, Mittäterschaft, S. 377 ff.

66 Die derzeit wohl beste Darstellung der Situation der Einwohner der Ukraine unter deutscher Herrschaft, die auch über die Verhältnisse in Kiew Auskunft gibt, bietet Berkhoff, Harvest, S. 141 ff.

67 Berkhoff, Platz; Dubyk, Arbeitseinsatz.

68 Der Kommandeur der Sicherheitspolizei und des SD in Kiew, Aktenvermerk betr. Anordnung über die Versorgung und den Verkehr mit Lebensmitteln in der Stadt Kiew vom 30.7.1942, S. 1 f. (BAB, R 70-Sowjetunion, Nr. 1, Bl. 3 f.).

Einen Hinweis auf die Bedeutung des Bahlsen-Treuhandbetriebs gab auch der Umstand, dass im Rahmen der gemeinsamen Ukraine-Reise des Leiters der Abteilung »Erfassung« im Wirtschaftsstab Ost und im Reichsministerium für die besetzten Ostgebiete Kriegsverwaltungsvizechef Wilhelm Küper, und ZHO-Generaldirektor Leonhard Fleischberger Anfang Juni 1942 auch die Keksfabrik Kiew besuchten. Nach der Inaugenscheinnahme befürworteten sie die Bereitstellung von Fassdauben und Bandeisen. Werner Bahlsen wollte in der treuhänderisch übergebenen Fabrik nach dem Muster des Bahlsen-Standorts in Hannover eine funktionierende Großfertigung aufziehen. Im Rahmen des als »Instandsetzungs- und Aufbauarbeiten« bezeichnenden Umbaus der Keksfabrik sollte alles auf den Bahlsen-Standard gebracht werden. Der Neubau von 500 Metern kombiniertem Straßenbahn- und Reichsbahngleisanschluss, einer Brückenverbindung zum Güterbahnhof Kiew-Ost und einer 200 Meter langen und drei Meter hohen Einfriedungsmauer, die vor allem auch den Abtransport von Diebesgut aus der Fabrik verhindern sollte,[69] war zusammen mit der Errichtung neuer Treppenhäuser, von Schwefelkammern und Lagerkellern, der Überholung der Heizung und der Neuinstallierung von Stromleitungen mit erheblichen Investitionen verbunden.

Der Aufwand betraf insbesondere auch die Fabrikationsanlagen, für die drei große und mittlere Schneidemaschinen, eine Druck-, eine Ritz- sowie eine kombinierte Ritz- und Schneidemaschine zur Aufstellung kamen. Neben drei großen und mittleren Pressen sowie einer großen Reliefpresse lieferte Bahlsen, teilweise aus dem Werk Hannover, verschiedene kleinere Maschinen und sonstige Ausrüstungen zu. Am 25. August 1942 stellte sie der ZHO eine 19 Positionen umfassende Lieferung von »Maschinen für Kiew« mit einem Betrag von 20.590 Reichsmark in Rechnung, die unter anderem einen Waffelbackautomaten mit zwölf Zangen, eine Ausstechmaschine sowie eine Schnittgebäcksmaschine samt Backblechen und Kochkessel enthielt.[70] Im November 1942 veranlasste Werner Bahlsen per Telegramm ergänzend die Lieferung einer Tankstellensäule, eines Drehstrom-Gleichstrom-Umformers sowie einer BBC-Kühlmaschine nach Kiew.[71]

In der Keks-Abteilung erfolgte darüber hinaus die Instandsetzung und Inbetriebnahme von zwei zweistöckigen, je 27 Meter langen Kettenöfen und die Instandsetzung von zwei dreistöckigen Handbacköfen sowie die Aufstellung von zwei großen Kühlbändern. Für die Marmeladenfabrikation bauten die Techniker die großen Wasch- und Dämpfanlagen um, stellten drei Passier- und sechs Mischmaschinen sowie drei Dampfbottiche und sieben Vakuumapparate mit dazugehöriger Kühlschiffanlage auf. Für die Bonbonfabrikation setzte das technische Personal die Sirupbehälter und die Pumpenstation instand. Außerdem wurden zehn Öfen zum

69 Werner Bahlsen an Klaus Bahlsen vom 17.4.1943, S. 3 (BAH, R13, Nr. 15).

70 H. Bahlsens Keksfabrik KG, Zentralbuchhaltung, an ZHO vom 25.8.1942 (BAH, R10, Nr. 445).

71 Technische Abteilung, Schreiber betr. Maschinen usw. für Kiew vom 12.11.1942 (BAH, R10, Nr. 606).

Kochen des Zuckers, ein 250-Liter-Kessel für Invert sowie die zugehörigen zwei Kessel und Apparaturen aufgestellt.[72] Bahlsen übernahm aber auch Kriegsbeute direkt, indem von Beschäftigten der Kiewer Keksfabrik insgesamt 30 Beute-LKW mit 1,5- und 3-Tonnen-Ladegewicht »aus dem Kampfgelände« östlich von Kiew »herausgeholt«, überholt und in Betrieb gesetzt wurden.[73]

Parallel zur Überholung der vorhandenen Produktionsmaschinen und der Errichtung von Neubauten und Neuanlagen gelang im Jahresverlauf 1942 eine wesentliche Steigerung der Ausbringung. Waren im Januar 1942, also vor der Übernahme der Treuhandschaft durch Bahlsen, in der notdürftig in Gang gesetzten Fabrik 15,4 Tonnen Gebäck, Biskuit und Waffeln hergestellt worden, belief sich das Gesamtgewicht der Produkte im Dezember 1942 bereits auf 344,3 Tonnen. Im Vormonat erreichte die Produktion mit 460,4 Tonnen einen ersten Höchstwert. Bei Bonbons und Karamellen fiel das Wachstum mit 446,8 gegenüber zuvor 5,7 Tonnen noch höher aus.[74]

Von der Übernahme der Fabrik im Februar 1942 bis Ende März 1943 betrug die Produktion von Bonbons und Karamellen sowie Dragées 821 Tonnen, von Gebäck, Biskuit und Fruchtwaffeln 1.893 Tonnen und von Konfitüre und Marmelade 2.307 Tonnen mit einem Gesamtwert von 6,74 Millionen Reichsmark. Darüber hinaus erzeugte die Keksfabrik 84,3 Tonnen »Weihnachtspäckchen« sowie 236,7 Tonnen NSV-Päckchen.[75] Das Erreichen großer Produktionszahlen hing von der Anlieferung entsprechender Rohstoffmengen ab. Zwischen dem 1. Januar 1942 und dem 31. März 1943 trafen immerhin 4.158 Tonnen Zucker, 95 Tonnen Sirup und Melasse, 162 Tonnen Butter, 1.831 Tonnen Weizen-, Gersten- und Roggenmehl, 4,5 Tonnen Kakao, 24 Tonnen Honig und 1.606 Tonnen Kürbis, 98 Tonnen Erdbeeren, 11 Tonnen Birnen, 258 Tonnen Äpfel und 116 Tonnen frische Pflaumen in der Fabrik ein.[76]

Die Röstung von Kaffee-Ersatz, die am Jahresbeginn 1942 in zwei alten Röstkesseln eine Monatsmenge von 5,4 Tonnen erreicht hatte, konnte nach der Einrichtung einer Großrösterei mit 20 Röstkesseln auf 27,2 Tonnen im Dezember 1942 gesteigert wurden. Obgleich im Jahresverlauf 1942 immerhin 233,3 Tonnen Ersatz-Kaffee hergestellt worden waren, lief dieser Produktionszweig Ende März 1943 nach 246 Tonnen aus, da die betreffenden Dienststellen anstelle der Keksfabrik die Berliner Spezialfirma Heinrich Franck Söhne, die in Kiew eine moderne Fabrik mit einer Tagesleistung von 15 Tonnen eingerichtet hatte, mit dem Röstauftrag versahen. Insoweit zahlte sich das flexible Eingehen auf die vorhandene Nachfrage in diesem Fall

72 Keksfabrik Kiew, Werner Bahlsen, Leistungsbericht vom 22.4.1944, S. 2 ff. (BAH, R10, Nr. 606).

73 Ebd., S. 3.

74 Ebd., S. 5.

75 Ebd., S. 11.

76 Ebd., S. 6 f.

nicht vollständig aus, auch wenn die Anlage für die Fabrikation von Dragées umgerüstet werden konnte.[77]

Das Hochfahren der Produktion führte zu einer Vergrößerung der Belegschaft. Waren im Januar 1942 19 Angestellte und 286 Arbeiter in der Keksfabrik Kiew beschäftigt, stieg deren Zahl bis Juni 1942 auf 30 Angestellte und 905 Arbeiter. Ende des dritten Quartals 1942 gehörten 71 Angestellte und 1.883 Arbeiter zur Belegschaft. Im November 1942 war der Höchststand mit 88 Angestellten und 2.085 Arbeitern erreicht. Bis März 1943, als 89 Angestellte und 2.011 Arbeiter beschäftigt wurden, verharrten die Zahlen auf diesem Niveau.[78] Saisonale Schwankungen traten nicht auf, da alle Beschäftigten, die in der Produktion nicht benötigt wurden, bei den umfangreichen Aufbau- und Aufräumungsarbeiten eingesetzt wurden.

Die Belegschaft der Kiewer Fabrik wuchs, aber die Stimmung unter den ukrainischen Arbeitskräften wurde dagegen schlechter. Das Kiewer Treuhand-Unternehmen war mit den oszillierenden Widersprüchen der nationalsozialistischen Besatzungspolitik in der Ukraine konfrontiert, die einerseits die Produktion steigern wollte, andererseits unvermittelt auch zu repressiven Maßnahmen wie Verhaftungen griff. Während eines Aufenthalts in Hannover kam Werner Bahlsen am 22. August 1942 zu einer Art Zwischenbilanz über den »Einsatz von Ukrainerinnen«.[79] Auf wessen Veranlassung hin der treuhänderische Betriebsleiter die Ausarbeitung erstellt hatte, kann nicht gesagt werden, zumindest kursierte diese im Oktober 1942 zwischen der Dienststelle des Höheren SS- und Polizeiführers Ukraine und dem Kommandeur der Sicherheitspolizei und des SD in Kiew.[80] Werner Bahlsen verwies in seiner Denkschrift darauf, dass aus den rund 1.500 Männern und Frauen der Keksfabrik Kiew 74 Frauen »ausgesucht und nach Hannover geschickt« worden waren, um dort »Ausbildung in unserem deutschen Betrieb« zu erhalten.[81] Die Mehrzahl der Ukrainerinnen sei »gern abgefahren«, wobei einerseits die sehr großen Schwierigkeiten, sich in Kiew zu ernähren und Unterkunft zu finden, und andererseits auch die »gute und geschickte Propaganda« bei den meisten dazu beigetragen hätten, »Deutschland und deutsche Arbeitsmethoden« kennenlernen zu wollen. Aus seiner Sicht bestand insbesondere unter jüngeren Ukrainerinnen, den 16- bis 20-Jährigen, »großes Interesse« für den »deutschen

77 Ebd., S. 5; Zentral-Handelsgesellschaft Ost für landwirtschaftlichen Absatz und Bedarf mbH, Leopold Fleischberger, Dritter Arbeitsbericht für die Aufsichtsratssitzung am 18.12.1942 – im Anschluss an den zweiten Arbeitsbericht zur Aufsichtsratssitzung am 11.3.1942, S. 40 u. Anlage 3 Aufstellung der Einsatzfirmen (BAB, R 2, Nr. 18167).

78 Keksfabrik Kiew, Werner Bahlsen, Leistungsbericht vom 22.4.1944, S. 8 (BAH, R10, Nr. 606).

79 Werner Bahlsen, Einsatz von Ukrainerinnen vom 22.8.1942, S. 1 (BAB, R 70-Sowjetunion, Nr. 17).

80 Kommandeur der Sicherheitspolizei und des SD in Kiew (III D Jg/8954/42), an SS- und Polizeiführer Kiew vom 10.10.1942 (BAB, R 70-Sowjetunion, Nr. 17).

81 Werner Bahlsen, Einsatz von Ukrainerinnen vom 22.8.1942, S. 1 (BAB, R 70-Sowjetunion, Nr. 17); siehe auch Klaus Bahlsen, 8. Bericht 1941/42 vom 1.2.1943, S. 3 (BAH, R10, Nr. 514).

Einsatz«, sodass nur wenige »persönlich überredet« werden mussten. Als vorteilhaft erwies sich, dass sie von anleitenden deutschen Meistern aus Kiew nach Hannover begleitet wurden. Da aber im Allgemeinen die »Arbeiterwerbung nach Deutschland so rigoros durchgeführt« wurde, lehnte die Kiewer Bevölkerung nach dem Lagebericht des Generalkommissars Kiew die deutschen Maßnahmen ab, woraufhin die anti-deutsche Stimmung zunahm.[82]

Da neben den Aushebungsmaßnahmen auch die Behandlung im Reich wegen der diversen Diskriminierungsmaßnahmen im eklatanten Widerspruch zu den Versprechungen und den Erwartungen stand, rechnete Werner Bahlsen mit der wachsenden Möglichkeit von Sabotage oder passivem Widerstand.[83] Wegen der grundlegenden Problematik hielt die Kiewer Dienststelle der Sicherheitspolizei und des SD enge Verbindung zur deutschen Betriebsleitung der Keksfabrik und wollte das »Problem weiter verfolgen«.[84] Wegen des Arbeitskräftetransfers nach Hannover besuchte im November 1942 ein Vertreter des Arbeitsamts Kiew das Bahlsen-Stammwerk in Hannover.[85]

In die Auseinandersetzung um eine angemessene Behandlung, Versorgung und Entlohnung griff allerdings das beim Stadtkommissar Kiew angebundene Arbeitsamt Mitte September 1943 mit einem Rundschreiben an die örtlichen »Betriebsführer« ein. Um der »ständig weiter absinkenden Arbeitsmoral« auf den Grund zu gehen, führte das Arbeitsamt gleich ein ganzes Bündel von Ursachen an. Eine angeblich verwurzelte »Bummelei«, »Unkenntnis der Straffolgen von Disziplinwidrigkeiten«, lange Anmarschwege, Mängel in der Lebensmittelzuteilung durch die Betriebe sowie die aus »Sorge für die eigene Familie« unternommene Lebensmittelbeschaffung auf den Schwarzmärkten führte das Kiewer Arbeitsamt zur Begründung der nachlassenden Arbeitsleistungen an, sofern nicht sogar eine »bewusste feindselige Einstellung und Sabotage« vorlag.[86] »Locklöhne« hätten ebenfalls eine schädliche Wirkung, weshalb das Arbeitsamt den Betriebsführern auftrug, selbst durch »ständige Unterweisung«, durch Kontrollgänge nach Krankmeldungen, engmaschige Arbeits- und Verpflegungskontrollen sowie Betriebsstrafen wie Lohnabzüge und Lebensmittelkürzungen gegen die »Arbeitsvertragsbrüche« vorzugehen. Erst wenn die Selbsthilfe fruchtlos bliebe, sollte das Arbeitsamt bzw. die Sicherheitspolizei eingeschaltet werden.

82 Lagebericht des Generalkommissars Kiew (Auszug) vom 1.9.1942 (BAB, R 70-Sowjetunion, Nr. 5, Bl. 457).

83 Werner Bahlsen, Einsatz von Ukrainerinnen vom 22.8.1942, S. 5 (BAB, R 70-Sowjetunion, Nr. 17).

84 Handschriftliche Notiz o. D. [10.10.1942] (BAB, R 70-Sowjetunion, Nr. 17).

85 H. Bahlsens Keksfabrik KG, Klaus Bahlsen, Fabrikbericht 16.11.-30.12.1942 vom 5.12.1942, S. 3 (BAH, R10, Nr. 513).

86 Stadtkommissar Kiew, Arbeitsamt an Betriebsführer des Stadtkreises Kiew vom 19.9.1942, S. 1 (BAB, R 70-Sowjetunion, Nr. 17).

Die Treuhändertätigkeit von Bahlsen in Kiew und der Transport von 74 Ukrainerinnen zur Anlernung im deutschen Stammbetrieb in Hannover stieg im Spätherbst 1942 zu einer Art Modellfall auf, der verschiedentlich publizistischen Niederschlag fand. Unter der Überschrift »Arbeiterinnen zur Ausbildung im Reich« erschien in der *Deutschen Ukraine Zeitung* am 19. November 1942 ein Beitrag, der fast wortgleich mit dem im August 1942 von Werner Bahlsen erstellten Bericht »Einsatz von Ukrainerinnen« über die Entsendung von 74 Ukrainerinnen übereinstimmte. Die Ukrainerinnen hätten sich »gern für diese Arbeit gemeldet, um Deutschland und deutsche Arbeitsmethoden kennenzulernen«. Der Artikel wollte vor allem der deutschen Leserschaft den Eindruck vermitteln, dass gerade unter den »jüngeren Kräften ein großes Interesse für den Einsatz« bestehe. Der Hinweis, dass die Werkleitung den »Arbeitseifer und die Leistungen der Mädchen« anerkannte und diese nach ihrer Anlernung den »Grundstock« für die erfolgreiche Arbeit bilden könnten, richtete sich an deutsche Unternehmer, die dem Beispiel folgen sollten.[87] Indem das *Hamburger Tageblatt* in seiner Ausgabe vom 25./26. November 1942 die Notiz der reichsdeutschen Leserschaft zur Kenntnis brachte, sollte das Engagement von Bahlsen in Kiew die Erfolge der ökonomischen Besatzungspolitik vor Augen führen.[88] Die Eigentümer des in Hannover beheimateten Unternehmens Bengen & Co., Karl Brandt und Dr. Gustav Mandel,[89] erkundigten sich im Dezember 1942 über die treuhänderische Verwaltung der Keksfabrik Kiew, weil ihnen die »Pachtung« einer chemischen Fabrik im Osten angeboten worden war. Nach deren Auskunft sollten zukünftig anstatt der Beauftragung mit der Treuhandverwaltung Pachtverträge abgeschlossen werden.[90]

Die *Minsker Zeitung* brachte am 21. Dezember 1942 ebenfalls eine Nachricht über die Keksfabrik Kiew, mit der die doppelte Funktion der deutschen Besatzungspolitik zur Ausnutzung der im Land vorhandenen Kapazitäten wie auch zur Transferierung von Ukrainerinnen in die deutsche Wirtschaft aufgezeigt wurde.[91] Die Zeitungsberichterstattung blieb keine Eintagsfliege, da die *Deutsche Ukraine Zeitung* am 13. Dezember 1942 einen vierspaltigen Artikel veröffentlichte, der recht detailliert die durch Bahlsen im Auftrag des Reichskommissars durchgeführte »Aufbauarbeit« sowie die teils maschinell, teils von Hand erfolgende Produktion von Keksen, Marmeladen und Bonbons, aber auch die Sozialeinrichtungen des Betriebs, etwa die

87 »Arbeiterinnen zur Ausbildung im Reich«, Deutsche Ukraine Zeitung vom 19.11.1942.

88 Karl Schumann, Bericht 15.-30.11.1942 vom 30.11.1942, S. 1 (BAH, R10, Nr. 514).

89 Petschat, WDT, S. 26 ff., https://www.yumpu.com/de/document/read/5306233/wdt-aktuell (Zugriff 1.4.2023).

90 Hermann Hertzer, Verkauf vom 15.12.1942, S. 1 (BAH, R10, Nr. 513).

91 »Bahlsens-Keksfabrik in Kiew«, Minsker Zeitung vom 21.12.1942 (BAB, R 6, Nr. 661); siehe zur »Deutschen Aufbauarbeit« sowie zum »Arbeitseinsatz« im Deutschen Reich auch Burmistr, Minsker Zeitung, S. 292 ff. u. 304 ff.

»geräumigen Kantinen«, herausstellte. Die nur mit »besten Grundstoffen« hergestellten Produkte gingen nach diesem Bericht an die »Front oder in die Lazarette«.[92]

Werner Bahlsen, dem während seiner Abwesenheit Berichte aus den verschiedenen Ressorts der Geschäftsführung zugingen, glaubte in Kiew, wohin er am 6./7. November 1942 wieder abgereist war, an einer bedeutsamen Entwicklung teilzunehmen, da er in einer Sammelmappe aufbewahren ließ, »was später mal ein historisches Interesse« haben könne.[93] Der Miteigentümer der Firma Bahlsen nahm auch aus Sicht der ZHO an einer wichtigen Entwicklung teil, hatte sich der Firmeneinsatz insgesamt doch laut deren Arbeitsbericht »günstig ausgewirkt«.[94] Wirtschaftliche Besatzungsbehörden und die ZHO führten Debatten, ob das System der Einsatzverträge nicht durch Pachtverträge geändert werden sollte, die die Unternehmer aus den Zwängen einer Treuhandverwaltung entlassen, aber auch die »volle Verantwortung auch auf finanziellem Gebiet« übertragen würden.[95] Trotz des hohen bürokratischen Aufwands hatte der Einsatzvertrag über die Treuhandverwaltung für Bahlsen den Vorteil, dass alle Finanzmittel, auch die Investitionen, letztendlich durch das Reich getragen wurden.

Die Abrechnungen mit der ZHO erfolgten durch die H. Bahlsens Keksfabrik KG, wobei Mitte November 1942 noch unklar war, ob die üblichen Buch- und Betriebsprüfungen durch deren Revisionsabteilung oder externe Gesellschaften vorgenommen werden würden.[96] Ende November 1942 war zumindest geregelt, dass für die in Kiew tätigen Mitarbeiter das bestehende Lohnsteuerrecht galt, wobei als Finanzanreiz ein »Osteinsatz-Freibetrag von jährlich 3.000 Reichsmark« bestand und der im Reichsgebiet gültige »Kriegszuschlag« entfiel.[97] Da die angekündigte »Ostzulage« später gestrichen wurde, bestand daher kein finanzieller Anreiz.[98]

Am 11. Dezember in Kiew abgereist, kehrte Werner Bahlsen für einen guten Monat nach Hannover zurück und berichtete am 16. Dezember 1942 in einer Meister- und Direktricen-Besprechung »über Kiew«.[99] Mitte Januar 1943 fuhren Paul

92 »Ein Werk wächst aus Trümmern«, Deutsche Ukraine Zeitung vom 13.12.1942.

93 Keksfabrik Kiew, Werner Bahlsen, an Schumann, Bahlsen KG vom 11.11.1942; H. Bahlsens Keksfabrik KG, Buchhaltung, Schumann, an ZHO vom 31.12.1942 (jeweils BAH, R10, Nr. 445).

94 General-Direktor Leonhard Fleischberger, Dritter Arbeitsbericht der Zentral-Handelsgesellschaft Ost für landwirtschaftlichen Absatz und Bedarf mbH für die Aufsichtsratssitzung am 18.12.1942, S. 4 (BAB, R 2, Nr. 18167).

95 Dr. Friedel, Vermerk betr. Pachtverträge und Einsatzverträge vom 7.11.1942, S. 2 (BAB, R 33-I, Nr. 1060, Bl. 557).

96 Hermann Hertzer, Bericht vom 16.11.1942, S. 1 (BAH, R10, Nr. 513).

97 Karl Schumann, Lohnsteuerliche Behandlung der Gefolgschaftsmitglieder, die in den besetzten Ostgebieten tätig sind, vom 24.11.1942 (BAH, R10, Nr. 514).

98 Zentral-Handelsgesellschaft Ost, Speck/Brüninghaus, an H. Bahlsens Keksfabrik KG vom 18.8.1943 (BAH, R10, Nr. 445).

99 H. Bahlsens Keksfabrik KG, Klaus Bahlsen, Fabrikbericht 15.12.-31.12.1942 vom 18.1.1943, S. 2 (BAH, R10, Nr. 513); H. Bahlsens Keksfabrik KG, Buchhaltung, Schumann, an ZHO vom 31.12.1942 (BAH, R10, Nr. 445).

Schrey und Heinrich Schirmer zusammen mit vier Ukrainerinnen, die in Hannover ihre Anlernung erfahren hatten, nach Kiew zurück.[100] Auch Werner Bahlsen kehrte Mitte Januar 1943 wieder nach Kiew zurück und fuhr erst Anfang März 1943 erneut nach Hannover.[101] Er war also vor Ort, als die Winteroffensive der Roten Armee weit nach Westen vorzustoßen drohte.[102] Werner Bahlsen befürchtete sogar, den Kiewer Betrieb aufgeben und nach Hannover abfahren zu müssen. Nachdem der Angriff der Roten Armee durch eine Gegenoffensive der Heeresgruppe Süd am 21. Februar 1943 einstweilen gestoppt werden konnte, schien sich allerdings die »Lage wieder wesentlich gebessert« zu haben.[103]

Das lenkte die Aufmerksamkeit der Betriebsleitung wieder auf die innerbetrieblichen Dinge. Anfang Februar 1943 hatte die Betriebsleitung der Keksfabrik Kiew über die sozialen Bedingungen der ukrainischen Beschäftigten berichtet. Der Brutto-Monatsverdienst einer ukrainischen Arbeiterin betrug hiernach zwischen 38 und 60, der eines Arbeiters zwischen 45 und 80 Reichsmark sowie der eines Angestellten zwischen 50 und 150 Reichsmark, lag also bei deutlich weniger als der Hälfte der Bruttoeinkommen deutscher Bahlsen-Beschäftigter in Hannover.[104] Werner Bahlsen stellte aber heraus, dass von diesen Einkünften Wohnungsmiete, Wasser, Heizung und der Kauf der auf Karten zugeteilten Lebensmittel von wöchentlich 2.000 Gramm Brot, 500 Gramm Grütze und 200 Gramm Fleisch kaum aufzubringen waren. Die Abschnitte für Grütze und Fleisch auf den Lebensmittelkarten mussten die Beschäftigten zudem an die Werkskantine für das dort verabreichte Mittagessen abgeben, das der Bericht als ein »sehr dürftiges und wenig nahrhaftes Essen« bezeichnete.[105]

Der Bahlsen-Betrieb knüpfte an die Sowjettraditionen einer im Wesentlichen durch die Werksküchen sichergestellten Ernährung ihrer Beschäftigten an. Da den ukrainischen Arbeitern und Arbeiterinnen neben Kartoffeln und »etwas Brot« darüber hinaus »fast nichts zur Verfügung stand«, waren sie auf den Schwarzmarkt angewiesen, auf dem aber für Lebensmittel, Brennmaterial und Kleidung horrende Preise verlangt wurden.[106] Um dort zusätzliche Nahrung oder Brennholz zu kaufen, reichte der Verdienst keineswegs aus, sodass die Menschen darauf »angewiesen«

100 Fabrikbericht 15.1.-31.1.1943 vom 3.2.1943, S. 2 (BAH, R10, Nr. 513).

101 H. Bahlsens Keksfabrik, Buchhaltung, an ZHO vom 6.4.1943; Keksfabrik Kiew, Werner Bahlsen, an H. Bahlsens Keksfabrik KG, Geschäftsleitung vom 22.2.1943 (jeweils BAH, R10, Nr. 445).

102 Vgl. Wegner, Krieg, S. 1053 ff.

103 Keksfabrik Kiew, Werner Bahlsen, an H. Bahlsens Keksfabrik KG, Geschäftsleitung vom 22.2.1943 (BAH, R10, Nr. 445).

104 Keksfabrik Kiew, Werner Bahlsen, Bericht über die augenblicklichen sozialen Bedingungen der Arbeiter und Arbeiterinnen sowie Erfahrungen mit der Beschäftigung in Deutschland vom 3.2.1943, S. 1 (BAB, R 70-Sowjetunion, Nr. 17, Bl. 116).

105 Ebd., S. 2 (BAB, R 70-Sowjetunion, Nr. 17, Bl. 117); zur »Gemeinschaftsverpflegung« siehe auch Spiekermann, Kost, S. 523 ff.

106 Zum Schwarzmarkt in Kiew Berkhoff, Harvest, S. 174 ff.

waren, »sich auf unehrlichem Wege Güter anzueignen«, um mit diesen die »Lebenshaltungskosten zu bestreiten«.[107] Im Nachhinein bestätigte der Generalkommissar Kiew, Waldemar Magunia, diese Einschätzung.[108]

Die andauernde Mangelernährung führte zu innerbetrieblichem Mundraub. Dass ein Bonbon oder auch ein Keks auf dem Schwarzmarkt mit 0,50 Reichsmark bewertet wurden, waren entsprechende Diebstahlsdelikte erklärlich. Denn aus Sicht von Werner Bahlsen hatte sich die Situation dadurch verschärft, dass »nach dem Einzug der Deutschen im Jahre 1941« zwar eine »Menge Menschen in den Besitz von früher jüdischem Eigentum gelangt« waren, jedoch nach dem zwischenzeitlichen Verkauf der übernommenen Gegenstände geradezu ein »Zwang« entstanden war, das »Leben zu fristen und unehrliche Wege zu beschreiten«.[109]

Werner Bahlsen stellte damit die anfängliche soziale Befriedungsfunktion der Aneignung des Besitzes von ermordeten Juden für die Kiewer Stadtgesellschaft fest. Die Leitung der Keksfabrik befürwortete vor diesem Hintergrund Maßnahmen des Arbeitsamts gegen die auf mehr als ein Viertel der Einwohnerschaft geschätzte Zahl an Händlern und Spekulanten. Zugleich sah sie nur in der umfassenden Bereitstellung und Selbstbewirtschaftung von jeweils 250 Quadratmetern Gartenland pro Beschäftigtem und Familienmitglied eine Möglichkeit, »um die Ernährungslage zu sichern«.[110] Das entsprach der Praxis zur Sowjetzeit, als die Zuweisung von kleinen Anbauflächen ein Privileg bildete. Von den in der Keksfabrik Befragten baten 500 Arbeiter und Arbeiterinnen um Zuteilung von Pachtland. Auch die regelmäßige Ausgabe von zusätzlichen Lebensmitteln sollte geprüft werden, um die »ehrlichen Elemente zu schützen«. Diese Überlegungen stellten pragmatisch darauf ab, dass die Gutwilligen gebraucht würden, »um bei der geringen Besetzung mit Deutschen einen Betrieb aufrecht erhalten zu können«. Überhaupt bestanden in den Strukturen von SS, Wehrmacht und Besatzungsverwaltung der Ukraine deutliche Konzeptunterschiede zwischen mörderischem Rassismus und ausbeutendem Pragmatismus, die in der Praxis durchaus Hand in Hand gehen konnten.[111]

Die betrieblichen Erfahrungen zeigten starke Leistungsschwankungen, wobei die innerhalb von Tagen in der Fabrik bekannt gewordenen Offensivaktionen der Roten Armee, etwa die Bildung des Stalingrader Kessels im November 1942, zur Missachtung der Vorschriften insbesondere durch die »jüngeren Elemente«

107 Keksfabrik Kiew, Werner Bahlsen, Bericht über die augenblicklichen sozialen Bedingungen der Arbeiter und Arbeiterinnen sowie Erfahrungen mit der Beschäftigung in Deutschland vom 3.2.1943, S. 2 (BAB, R 70-Sowjetunion, Nr. 17, Bl. 116).

108 Generalkommissar Kiew, Waldemar Magunia, Erfahrungsbericht über 2 ½-jährige Tätigkeit im Generalbezirk Kiew vom 31.5.1944, S. 27 f. (BAB, R 6, Nr. 15, Bl. 172 f.).

109 Keksfabrik Kiew, Werner Bahlsen, Bericht über die augenblicklichen sozialen Bedingungen der Arbeiter und Arbeiterinnen sowie Erfahrungen mit der Beschäftigung in Deutschland vom 3.2.1943, S. 2 (BAB, R 70-Sowjetunion, Nr. 17, Bl. 116).

110 Ebd., S. 3.

111 Siehe hierzu auch Spoerer, Faktor; Werpup, Ziele, S. 115 ff.

führten. Doch auch Meister ließen dann die Zügel schleifen, sodass seitens der Deutschen ein »erheblicher Energieaufwand notwendig« war, um die »Arbeitsleistungen wieder zu steigern«. Der Bericht sah darüber hinaus wegen der begrenzten Entlohnung keine Möglichkeit, unter den Ukrainern die »leitenden Kräfte auf die deutsche Seite hinüberzuziehen«, da sie wegen der gegenüber der Sowjetzeit sogar noch reduzierten Bezahlung »ständig in Sorge« um die Ernährung ihrer Familie lebten. Deshalb unterstützte die Fabrikleitung aus der 2.300-köpfigen Belegschaft die 10 bis 20 »russischen Kräfte« in Leitungsfunktionen mit Naturalien, um ihrer Unzufriedenheit und dem Diebstahl von Betriebserzeugnissen entgegenzuwirken. Die Ausarbeitung machte ergänzend den Vorschlag, auch der »städtischen arbeitenden Bevölkerung etwas mehr Nahrungsmittel zur Verfügung zu stellen«. Sie versprachen sich davon, den »Aufbau einer soliden Arbeitsgrundlage in den Großstädten zu schaffen«.[112]

Damit positionierte sich Werner Bahlsen Anfang 1943 auf Seiten derjenigen Besatzungsfunktionäre, die innerhalb der NS-Hierarchien für einen um Zustimmung zur deutschen Suprematie werbenden Umgang mit den Unterworfenen plädierten. Dem Fabrikanten standen sowohl die Situation in Hannover als auch in Kiew vor Augen, wenn er als Folge einer herabwürdigenden Behandlung davor warnte, dass »diese primitiven Völker«, gemeint waren Polen, Russen und Ukrainer, dann »verprellt« und eines Tages »passiven Widerstand leisten« würden.[113]

Die Keksfabrik Kiew war im Frühjahr 1943 in die Produktion von so genannten NSV[Nationalsozialistische Volkswohlfahrt]-Paketen für »Führers Geburtstag« eingebunden, von denen bis zum 5. April 1943 immerhin 400.000 Stück hergestellt und ins Deutsche Reich transportiert wurden, um die Loyalität der deutschen Bevölkerung zu stützen.[114] Obwohl in der Keks-Abteilung die beiden Kettenöfen stillstanden, wurde die Leistung durch Handarbeit auf bis zu 3.000 Kilogramm am Tag gesteigert. Darüber hinaus nahm die Keksfabrik Kiew versuchsweise die Biskuitherstellung auf. Dabei zeigte sich, dass die aus Hannover angelieferten, allerdings zu groß dimensionierten Tüllen geändert werden mussten. Bei den aus der Fabrik in Hannover nach Kiew abgegebenen Leibniz-Ausstechern erwiesen sich die Stanzen als beschädigt, sodass ihr versuchsweiser Einsatz zunächst unterbleiben musste.

In der Marmeladen-Abteilung, in der die Produktion nur noch in einer Schicht lief, machte sich Anfang April 1943 negativ bemerkbar, dass die Kürbispulpe restlos aufgebraucht war, woraufhin die vorhandenen, haltbar gemachten Pflaumen und Kirschen, darunter auch getrocknete, zu Marmelade mit »ausgezeichnetem Ge-

112 Keksfabrik Kiew, Werner Bahlsen, Bericht über die augenblicklichen sozialen Bedingungen der Arbeiter und Arbeiterinnen sowie Erfahrungen mit der Beschäftigung in Deutschland vom 3.2.1943, S. 4 (BAB, R 70-Sowjetunion, Nr. 17, Bl. 118).

113 Ebd.

114 Keksfabrik Kiew, Werner Bahlsen, Monatsbericht April 1943 vom 11.5.1943, S. 1 (BAH, R10, Nr. 606).

schmack« verarbeitet wurden.[115] Positive Auswirkungen hatte die Anlieferung von 12-Kilogramm-Blecheimern aus Winniza [Winnyzja], in die die produzierte Ware abgefüllt wurde. Der angestrebten Fabrikationssteigerung standen aber Fehler im Kochprozess oder auch die geringe Dimensionierung von Füllschläuchen entgegen. Während Bahlsen in Kiew die Marmelade auf 72 Prozent Trockenmasse kochte, beließen es andere deutsche Firmen in der Ukraine bei 62 Prozent, was den Energie- und sonstigen Aufwand merklich reduzierte. Allerdings stand noch die Klärung der Frage aus, ob die nach deutscher Vorschrift gekochte Marmelade bei geringerem Trockenmassengehalt wegen der klimatischen Bedingungen in der Ukraine die gewünschte Haltbarkeit besaß. Am 18. Mai 1943 stellte Bahlsen die Fabrikation einstweilen ein, um die ganze Marmeladenabteilung »gründlich« zu renovieren und neben der Überholung der Anlagen auch Umbauten vorzunehmen, um die erkannten Schwachstellen zu beseitigen. Allerdings erschwerte der Materialmangel etwa von Dichtungsmasse eine Reparatur von Dampfdichtungen. Zudem stand die Erneuerung des Daches an, da Feuchtigkeit ins Gebäude gelangte. Parallel projektierte Klaus Bahlsen in Hannover eine neue Biskuit-Anlage mit einer Ofenlänge von 24 Metern für eine Tagesfertigung von 4,25 Tonnen Wolga-Backwaren, die in Zwei-Kilo-Dosen verpackt werden sollten.[116]

Demgegenüber stellte die Kiewer Keksfabrik Ende April 1943 die Bonbon-Herstellung ein, da ausreichend große Heeresaufträge fehlten. Dementsprechend unterblieb eine Umsetzung der Pläne für eine neue Bonbon-Abteilung mit einer vorgesehenen Tagesleistung von 25 Tonnen, da diese Arbeiten nach Ansicht von Werner Bahlsen »im Augenblick nicht die dringendsten« waren.[117] Der Vorrat an Bonbons war groß genug, um nach Einschätzung des Betriebsleiters Sager »alle Aufträge zu erledigen«.[118]

Von der im März 1943 begonnenen Fabrikmauer, die den Diebstahl von Rohstoffen und Waren sowie den Zutritt von ungebetenen Besuchern verhindern sollte, waren Ende April die ersten 65 Meter fertiggestellt, wobei der Abzug von dabei eingesetzten Männern der Organisation Todt (OT), die als Teil des Speer-Ministeriums auch in den deutsch besetzten Teilen der UdSSR durch die Zwangsarbeit von sowjetischen Kriegsgefangenen und der örtlichen Bevölkerung Infrastruktur- und Stellungsbauten durchführte,[119] und der Mangel an Ziegeln und Zement allerdings für eine Verlangsamung der Arbeiten sorgten. Der Bau eines Gewächshauses musste im Mai 1943 wegen des Abzugs von Zimmerleuten eingestellt werden.

115 Ebd., S. 1RS.

116 Klaus Bahlsen, Aktennotiz betr. Projekt Wolga-Herstellung vom 14.5.1943 (BAH, R10, Nr. 606).

117 Keksfabrik Kiew, Werner Bahlsen, Monatsbericht April 1943 vom 11.5.1943, S. 2 (BAH, R10, Nr. 606).

118 Keksfabrik Kiew, Gustav Sager, Monatsbericht Mai 1943 vom 11.6.1943, S. 2 (BAH, R10, Nr. 606).

119 Dick, Builders, S. 65 ff.; Angrick, Straße.

Werner Bahlsen hatte eine neue Kartonagenabteilung einrichten und »Arbeiter-Toiletten« beim Kesselhaus errichten lassen. Darüber hinaus begann im April 1943 der Bau eines neuen Treppenhauses zur Keks- und Kartonagenabteilung. Der Verbesserung des Transportwesens diente die Planung einer Großgarage für 30 Autos, für deren Bau im Mai 1943 10.000 Ziegel und rund 200 Tonnen Ziegelsteinbruch und Feldbruchsteine und im Juni 35.000 Ziegel und 700 Tonnen Ziegelsteinbruch sowie 250 Kubikmeter Granitbruchsteine angefahren wurden.[120] Die Neuverlegung von Straßenbahngleisen auf das Fabrikgelände – die erste Straßenbahn war am 19. April 1943 auf das Werksgelände gefahren – und ein dreigleisiger Endausbau ermöglichten die Trennung von Straßenbahnwaggons und -güterwagen, was den Torf- und Holzantransport erheblich erleichterte. Der Torf wurde u.a. für die Dampferzeugung benötigt.

Im April 1943 betrug der Umsatz 3,11 Millionen Karbowanez, der am 25. Juli 1942 von der deutschen Besatzungsverwaltung als Ersatz für den Rubel eingeführt worden war. Bei einem offiziellen Tauschverhältnis von 10 zu 1 lag der Monatsumsatz im April 1943 bei 311.000 Reichsmark. Zur Belegschaft gehörten rund 1.800 Personen.[121] Dass Werner Bahlsen inzwischen wieder davon ausging, längerfristig in der Keksfabrik Kiew tätig zu sein, zeigte zum einen seine nach Hannover übermittelte private Bitte, ihm eine »Anzahl Einkochgläser mit Ringen zu beschaffen«. Da im Kiewer Winter »große Schwierigkeiten« bestanden, an Gemüse zu kommen, wollten die deutschen Entsandten »für den nächsten Winter etwas besser Vorsorge treffen«.[122]

Werner Bahlsen hob in seinem an die Geschäftsleitung in Hannover und an Klaus Bahlsen gerichteten Monatsbericht hervor, dass die durch das »Versenden von 105 Kräften« nach Hannover eingetretene »Unruhe« im Mai 1943 inzwischen »etwas abgeflaut« sei, da ein Einsatz in Hannover gegenüber einer Versetzung in eine andere Fabrik in Kiew oder in der Ukraine bevorzugt werde.[123] Zur Beruhigung der Situation trug auch bei, dass die ukrainische »Gefolgschaft« je nach Familiengröße eine »größere Zuteilung Gemüseland« erhielt und auch die Fabrik selbst zur Absicherung der Belieferung der »deutschen Kantine« auf gut 12 Hektar Pachtland Ge-

120 Keksfabrik Kiew, Gustav Sager, Monatsbericht Mai 1943 vom 11.6.1943, S. 3 (BAH, R10, Nr. 606); Keksfabrik Kiew, Gustav Sager, Monatsbericht Juni 1943 vom 5.7.1943, S. 3RS (BAH, R10, Nr. 606); am Ende bewertete Werner Bahlsen den Wert aller ausgeführten Arbeiten mit knapp 1,7 Millionen Karbowanez bzw. 170.000 Reichsmark, Keksfabrik Kiew, Abwicklungsstelle, Werner Bahlsen/Max Lochte, Räumungsbericht vom 15.4.1944, S. 4 (BAB, R 33-I, Nr. 1124, Bl. 138).

121 Keksfabrik Kiew, Werner Bahlsen, Leistungsbericht vom 22.4.1944, S. 11 (BAH, R10, Nr. 606).

122 Keksfabrik Kiew, Werner Bahlsen, an H. Bahlsens Keksfabrik KG, Dr. Thieme vom 20.4.1943 (BAH, R10, Nr. 445).

123 Keksfabrik Kiew, Werner Bahlsen, Monatsbericht April 1943 vom 11.5.1943, S. 2RS (BAH, R10, Nr. 606).

müse und Salat anbaute. Ab 15. Mai 1943 gingen täglich Salat und Radieschen an die »deutsche Küche«.[124]

Als »besondere Zuwendungen« erhielt die ukrainische Belegschaft zu Ostern 1943 »Bruchkekse, Fegezucker und Gelbzucker«, während die »leitenden Kräfte« zusätzlich »einige Zuckerostereier« bekamen.[125] Im Mai und Juni 1943 erhielten 20 der »leitenden ukrainischen Angestellten« eine »Zusatzverpflegung« von jeweils einem Kilogramm Hirse und Mehl sowie von jeweils einem Pfund Zucker und Salz, was ihre Loyalität und Arbeitsleistung steigern sollte.[126]

Dem funktionalen Zweck, die Einsatzfähigkeit der beschäftigten Ukrainerinnen zu steigern, dienten auch die nach sowjetischem Muster eingerichteten Betriebskindergärten, die während der Arbeitszeit der Mütter deren Kleinkinder betreuten. Im Kindergarten Nummer 1 fanden Ende Mai 1943 80 Kinder im Alter von einem bis drei Jahren Aufnahme, der im Mai 1943 hinzukommende Kindergarten Nummer 2 nahm weitere 62 drei- bis sechsjährige Kinder auf.[127] Insgesamt wurden 190 Kinder im Alter bis zu 14 Jahren darin »untergebracht und betreut«.[128]

Bahlsen kam nach Kiew, um zu bleiben. Auch die im Frühjahr 1943, also kurz nach der Niederlage der Wehrmacht bei Stalingrad, aufgenommenen Um- und Ausbauarbeiten dienten nicht dazu, notdürftig eine Keks- oder Fruchtmarmeladenproduktion in Gang zu setzen. Stattdessen sollte die dortige Fabrik dem in Hannover etablierten Standard entsprechen und dauerhaft in den Bahlsen-Komplex integriert werden. Auch das in den Unternehmensfarben gestaltete Briefpapier der Keksfabrik Kiew, die an der Bolschaja Kitajewskaja 17 ansässig war und das Postfach Nr. 14 erhalten hatte, wies auf ein langfristiges Vorhaben hin.[129] Deshalb entstanden auch ein neues Treppenhaus zur Bäckerei und Kartonagenabteilung und ein neuer Abwiegeraum. In der Waffelabteilung erfolgte eine vollständige Renovierung, wobei die Fußböden ausgebessert, die Waffelöfen repariert und die Wände gestrichen wurden. Gleiches passierte im Backraum I und in den beiden Packräumen. Eine gründliche Reinigung und Überholung der Handbacköfen, der Kettenöfen und der Hartkeks-Maschine erhöhte die Fertigungskapazität.

Allerdings stand die Bäckerei im Mai 1943 für acht Tage still, da es an Ammoniumcarbonat als Backtriebmittel fehlte. Die Celler Firma Trüller, die in Winniza

124 Keksfabrik Kiew, Gustav Sager, Monatsbericht Mai 1943 vom 11.6.1943, S. 3 (BAH, R10, Nr. 606).

125 Keksfabrik Kiew, Werner Bahlsen, Monatsbericht April 1943 vom 11.5.1943, S. 3 (BAH, R10, Nr. 606).

126 Keksfabrik Kiew, Gustav Sager, Monatsbericht Mai 1943 vom 11.6.1943, S. 4; Keksfabrik Kiew, Gustav Sager, Monatsbericht Juni 1943 vom 5.7.1943, S. 4RS (jeweils BAH, R10, Nr. 606).

127 Keksfabrik Kiew, Gustav Sager, Monatsbericht Mai 1943 vom 11.6.1943, S. 4 (BAH, R10, Nr. 606).

128 Keksfabrik Kiew, Werner Bahlsen, Leistungsbericht vom 22.4.1944, S. 4 (BAH, R10, Nr. 606).

129 Als frühes Beispiel Keksfabrik Kiew, Werner Bahlsen, an H. Bahlsens Keksfabrik KG vom 12.2.1943 (BAH, R10, Nr. 445).

KEKSFABRIK
KIEW
TELEFON 30904, ABENDS 31484 BRIEFANSCHRIFT POSTFACH NR.14

Geschäftsleitung, Hannover

Monatsbericht Mai 1943

Monatsumsatz = RM 744635,43.
Belegschaft = ca. 1700 Personen.

Abb. 21: Farbiger Briefkopf der Keksfabrik Kiew, 1943

[Winnyzja] ebenfalls eine Backfabrik treuhänderisch übernommen hatte,[130] half mit 500 Kilogramm aus, bis Ende Mai 1943 zwei Waggons mit 30 Tonnen Backtriebmitteln eine ausreichende Bevorratung sicherstellten.[131] Auch fehlten zeitweilig fettdichte Schachteln und Bonbon-Einwickelpapier.[132]

Die Keksfabrik Kiew bahnte im Mai 1943 mit der Milch- und Fettzentrale GmbH zur vorausschauenden Planung der Bedarfsdeckung der Wehrmacht im Winter eine Erweiterung der Geschäftstätigkeit durch die Übernahme der Butterschmelze an. Hierzu stellte die Bahlsen-Fabrik vier Schmelzkessel mit je 300 Litern Inhalt, zwei Vorkühlbehälter sowie vier Kühlmaschinen mit Rührwerk auf. Darüber hinaus wurde eine Kühlanlage mit drei Kompressoren errichtet und ein Butterschmalzlager eingerichtet.[133] Auch gingen der Kiewer Fabrik mehr als 700 zu füllende Butterkübel zu, ohne dass allerdings bis Ende Juni 1943 Butter angeliefert wurde.[134] Stattdessen beanspruchte die Milch- und Fettzentrale GmbH im Juni 1943 Teile des Fabrikgrundstücks an der Wassilkowskaja. Die formelle Übertragung durch den Generalkommissar erfolgte ohne nähere Kenntnisgabe an die Kiewer Keksfabrik im

130 Zentral-Handelsgesellschaft Ost für landwirtschaftlichen Absatz und Bedarf mbH, Leopold Fleischberger, Dritter Arbeitsbericht für die Aufsichtsratssitzung am 18.12.1942 – im Anschluss an den zweiten Arbeitsbericht zur Aufsichtsratssitzung am 11.3.1942, S. 39 u. Anlage 3 Aufstellung der Einsatzfirmen (BAB, R 2, Nr. 18167).

131 Keksfabrik Kiew, Gustav Sager, Monatsbericht Mai 1943 vom 11.6.1943, S. 1RS (BAH, R10, Nr. 606).

132 Keksfabrik Kiew, Werner Bahlsen, an H. Bahlsens Keksfabrik KG, Einkauf vom 24.7.1943; H. Bahlsens Keksfabrik KG an Werner Bahlsen, Kiew vom 26.1.1943; Kluge & Winter GmbH an H. Bahlsens Keksfabrik, KG vom 31.5.1943 (jeweils BAH, R10, Nr. 445).

133 Keksfabrik Kiew, Werner Bahlsen, Leistungsbericht vom 22.4.1944, S. 4 (BAH, R10, Nr. 606).

134 Keksfabrik Kiew, Gustav Sager, Monatsbericht Mai 1943 vom 11.6.1943, S. 1RS u. 5; Keksfabrik Kiew, Gustav Sager, Monatsbericht Juni 1943 vom 5.7.1943, S. 1RS (jeweils BAH, R10, Nr. 606).

Juli 1943, wobei Bahlsen daraus kein erwähnenswerter Schaden erwuchs, da das Gelände nur noch »Abbruchwert« besaß und die Abgabe für den Betrieb keine »wichtige Veränderung« darstellte.[135]

Bahlsen setzte die Sirup-Fabrik am 26. Mai 1943 wieder in Gang, um Anfang Juni die ersten Auslieferungen vorzunehmen. Hierfür stellte die Fabrik zunächst auf zehn Tage je zwei Heizer und Schlosser sowie 25 Frauen zur Verfügung. Die von Wilhelm Öhl, ab März 1943 nach Kiew versetzt, versuchsweise angefertigten Bonbonmuster aus Sirup fanden beim Auftraggeber, den Getreidebetrieben, »großen Anklang«.[136] Demgegenüber sollte auf Anordnung des Oberkommandos des Heeres die in Aussicht genommene Produktion von Chalwa nicht aufgenommen werden. Einen Monat später bestand dann die Aussicht, im September 1943 die Chalwa-Herstellung doch noch starten zu können. Daraufhin berechnete Werner Bahlsen am 15. Juli 1943 in Kiew bei einer Tagesfertigung von 5 Tonnen Chalwa den monatlichen Rohstoffbedarf auf 24 Tonnen Zucker, 48 Tonnen Sirup, 107 Tonnen Sonnenblumenkerne und zwölf Tonnen Öl.[137]

Der Krieg, der im Winter 1942/43 mit dem Untergang der 6. Armee in Stalingrad für die Wehrmacht einen krisenhaften Verlauf genommen hatte, sollte zwar nach allgemeiner Ansicht durch die deutsche Sommeroffensive wieder zugunsten des Deutschen Reiches gewendet werden. Jedoch zeigte der erste sowjetische Luftangriff auf Kiew am 8. Mai 1943 und der zwei Tage später folgende nächste Großangriff, in dessen Verlauf ein auf dem Fabrikgelände niedergehender Leuchtfallschirm einen rasch gelöschten Strohbrand verursachte, dass die Rote Armee an Offensivkraft gewonnen hatte. Daraufhin wurde der betriebliche Luftschutz durch eine Verstärkung der Werksfeuerwehr auf nächtlich jeweils 12 Mann erweitert, denen auch jeweils einer der 14 leitenden Ukrainer zugeordnet war.[138] Eine weitere Luftschutzmaßnahme bestand in der im Juni 1943 abgeschlossenen Errichtung von zwei unterirdischen Benzinlagern mit jeweils 2.000 Litern, sodass das Benzin an drei verschiedenen Stellen gelagert werden konnte. Aus einem Betrieb der »SS-Werkzentrale« erhielt die Keksfabrik zusätzlich zwei Benzintanks mit einem Fassungsvermögen von 12.000 Litern.[139]

Die Energiebasis schien gesichert, nachdem auf den Brennmateriallagern »endlich Ordnung« geschaffen worden war. Die Kiewer Keksfabrik bekam im Mai 1943 immerhin 413 Tonnen Kohlen angeliefert und unterhielt am Kesselhaus einen Kohlenplatz mit einem Monatsendbestand von 655 Tonnen. Ergänzend gingen aus der nordwestlich von Kiew gelegenen Stadt Butscha, wo Partisanen eine Brücke ge-

135 Keksfabrik Kiew, Gustav Sager, Monatsbericht Mai 1943 vom 11.6.1943, S. 1RS u. 5; Keksfabrik Kiew, Gustav Sager, Monatsbericht Juni 1943 vom 5.7.1943, S. 1RS; Keksfabrik Kiew, Werner Bahlsen, Monatsbericht Juli 1943 vom 9.8.1943, S. 3 (jeweils BAH, R10, Nr. 606).

136 Keksfabrik Kiew, Gustav Sager, Monatsbericht Mai 1943 vom 11.6.1943, S. 2 (BAH, R10, Nr. 606).

137 Werner Bahlsen, Rezept Chalwa vom 15.7.1943 (BAH, R10, Nr. 606).

138 Keksfabrik Kiew, Gustav Sager, Monatsbericht Mai 1943 vom 11.6.1943, S. 4RS (BAH, R10, Nr. 606).

139 Ebd., S. 3RS.

sprengt hatten, allerdings nur 54 Tonnen Torf ein, wodurch der Gesamtbestand bis Monatsende auf 37,5 Tonnen absank. Während die Bombenangriffe auf Kiew einen Hinweis auf die nur 500 Kilometer östlich von Kiew verlaufende Frontlinie gaben, informierten Vertreter der Ukraine Torf GmbH, dass »Partisanentätigkeit« weitere Torflieferungen kaum durchführbar waren, denn Partisanen würden das »Gebiet ganz und gar beherrschen« und hätten das Moor in Brand gesetzt.[140]

Im Mai 1943, als die gegenüber dem Vormonat um 100 auf 1.700 Personen reduzierte Belegschaft mit 25,1 Tonnen Keks der I. Sorte und 2,8 Tonnen der II. Sorte sowie 377 Kilogramm Tee-Biskuit sowie 13.568 konservierten Eiern einen Umsatz von 744.635 Reichsmark erzielte,[141] kam ein Vertreter des Reichsministeriums für die besetzten Ostgebiete in Begleitung eines Herrn des Reichskommissariats Ukraine und einem Vertreter der Getreidebetriebe GmbH in die Keksfabrik, um eine Neufestlegung der Preise zu diskutieren. Als Ergebnis der Unterredung hielten sie es für angezeigt, die »Angelegenheit noch weiter hinauszuschieben«, bis der Bahlsen-Betriebsleiter Sager die »neuesten Kalkulationen« einreichte.[142]

Der Bahlsen-Treuhandbetrieb in Kiew stellte ein Referenzprojekt dar, an dessen Erfahrungen von an einer Ostexpansion interessierte Unternehmen der Dauerbackwarenindustrie teilhaben wollten. Der Geschäftsführer des Klever Konkurrenzunternehmens XOX und dessen Berliner Generalvertreter suchten die Bahlsen-Fabrik in Kiew auf, da sich XOX noch nicht schlüssig war, »ob sie sich auch an dem Aufbau in der Ukraine mit betätigen« sollten. Deshalb baten die XOX-Vertreter um eine »allgemeine Aufklärung über den Aufbau der Betriebe in der Ukraine«.[143] XOX übernahm im Juni 1943 als »Einsatzfirma« einen Betrieb in Charkow [Charkiw].[144]

Im Sommer 1943 erreichte die Produktion auch als Ergebnis erweiterter Kapazitäten und weiterer Rationalisierungsmaßnahmen mit 30,5 Tonnen Keksen und fast 10 Prozent mehr als im Vormonat neue Höchstwerte. Darüber hinaus stellte der Betrieb 1,1 Tonnen Bonbons her, wodurch die Bestände an Keksen auf 40 und an Bonbons auf 29 Tonnen anstiegen. Auf Lager befanden sich noch 50 Tonnen Kekse sowie 185 Tonnen Bonbons, die das Heeresversorgungsmagazins bereits bezahlt, aber trotz verschiedentlicher Aufforderung noch nicht abgenommen hatte.[145] Nachdem im Juni 130 Tonnen Sirup angeliefert worden waren, startete die Produktion von Sirup-Bonbons am 5. Juli 1943.

140 Ebd.; zur Bedeutung der Torfindustrie für die Brennstoffversorgung Gerlach, Morde, S. 407 ff.; zu den sowjetischen Partisanen Musial, Partisanen.

141 Keksfabrik Kiew, Werner Bahlsen, Leistungsbericht vom 22.4.1944, S. 11 (BAH, R10, Nr. 606).

142 Keksfabrik Kiew, Gustav Sager, Monatsbericht Mai 1943 vom 11.6.1943, S. 4RSf. (BAH, R10, Nr. 606).

143 Ebd. S. 5.

144 Keksfabrik Kiew, Gustav Sager, Monatsbericht Juni 1943 vom 5.7.1943, S. 4RS (BAH, R10, Nr. 606).

145 Ebd., S. 1.

Hinsichtlich der Beschaffung der benötigten Beerenmengen entsandte die Keksfabrik sieben Leute in das Gebiet Tschernigow [Tschernihiw] in der Nordukraine, um von dort schätzungsweise 20 Tonnen Erdbeeren und 80 Tonnen andere Beerenfrüchte zu erhalten. Aus anderen Orten, etwa dem 140 Kilometer südlich von Kiew gelegenen Korssun [Korsun-Schewtschenkiwskyj], erhoffte sich die Keksfabrik weitere 23 Tonnen gepulpte Beeren. Für die Hereinholung von Aprikosen aus Nikopol verließ am 1. Juli 1943 ein aus 29 Waggons bestehender und mit einem Werkmeister und 14 Ukrainern bemannter und mit 2.400 200-Liter-Fässern und 2.000 Kisten ausgestatteter Zug den Fabrikhof. Demgegenüber fiel eine vorgesehene Anlieferung von 3.000 Tonnen Äpfeln von der Krim wegen schlechter Ernte komplett aus.[146] Die Kiewer Keksfabrik hatte ihre Einkäufe rechtzeitig getätigt, allerdings waren bei der Anlieferung per Eisenbahn und Schiff Entfernungen von bis zu 700 Kilometern zu überwinden. Den großen Früchtebedarf zur Marmeladenherstellung deckte die Keksfabrik Kiew auch durch eigene Erfassungspunkte im Gebiet Tschernigow nordöstlich von Kiew und südlich von Kiew. Bei auftretenden Sperren des Bahnverkehrs auf Grund des Vorrangs von Militärtransporten behalf sich das Unternehmen mit eigenen LKW.

Das deutsche Leitungspersonal der Keksfabrik Kiew führte mehrere von der deutschen Polizei ermittelte Einbruchsdiebe dem »Sicherheitsdienst« zu. Ihnen wurde vorgeworfen, »des Nachts säckeweise den Zucker und kistenweise die Kekse aus der Fabrik herausgeschafft« und auf dem Schwarzmarkt verkauft zu haben.[147] Auch dass am 29. Juni 1943 das im Betrieb tätige Ehepaar Blankewitsch vom »SD verhaftet« wurde, »weil sie Juden« waren, vermerkte der Juni-Bericht des Jahres 1943 ebenso sachlich wie die deren Ermordung ankündigende Bemerkung des betreffenden Beamten, »dass B. nicht mehr zurückkommen« werde.[148] Wer die Abholung des jüdischen Ehepaars veranlasst hatte, verschwieg der Monatsbericht. Ob Werner Bahlsen zu diesem Zeitpunkt überhaupt in Kiew anwesend war, lässt sich nicht klären. Allerdings erhielten die Geschäftsleitung sowie Klaus und Hans Bahlsen gesondert Kopien des Monatsberichts und damit Kenntnis von dem Sachverhalt.

Werner Bahlsen trug strukturell die unternehmerische Verantwortung für das Kiew-Engagement, das die ökonomische Ausbeutung der ukrainischen Arbeitskräfte beinhaltete. Die Berechtigung zur Heranziehung von Zwangsarbeiterinnen und Zwangsarbeitern in der Kiewer Keksfabrik wurde nicht hinterfragt. Bahlsen ging aber in der Behandlung der ukrainischen Belegschaftsangehörigen einen funktionaleren Weg als gewaltsame Deportationen durch den GBA.[149] Geradezu als Kontrast zu den von diesem veranlassten Menschenjagden kamen im Juni 1943 20 »ukrainische Mädchen« nach einer Anlernung im Hannoverschen Stammwerk

146 Ebd., S. 2 f.

147 Keksfabrik Kiew, Gustav Sager, Monatsbericht Mai 1943 vom 11.6.1943, S. 4 (BAH, R10, Nr. 606).

148 Keksfabrik Kiew, Gustav Sager, Monatsbericht Juni 1943 vom 5.7.1943, S. 4 (BAH, R10, Nr. 606); vgl. zur Ermordung der Juden in der Ukraine Pohl, Schauplatz.

149 Eikel, Menschen; Greve, System Sauckel, S. 401 ff.

Abb. 22: Verpackungenfalten in Handarbeit, 1943

wieder zurück in die Keksfabrik Kiew, wo sie »besonders empfangen« und gebeten wurden, »all das Gute, das sie in Hannover kennen lernten, auf ihre Mitarbeiter in Kiew zu übertragen«.[150] Sie erfuhren durch die Anlernung eine soziale Aufwertung, da sie im Kiewer Betrieb in Vorarbeiterinnenpositionen aufrückten.

Ebenfalls im Juni 1943 meldeten sich 40 weitere weibliche Belegschaftsangehörige, wie der Monatsbericht herausstellte, »freiwillig für Hannover«. Das Arbeitsamt stellte aus seinem Durchgangslager in Kiew weitere 20 Frauen zur Verfügung.[151] 40 Beschäftigte der Keksfabrik Kiew waren mit den zuvor aus Hannover Zurückgekehrten zusammengebracht worden, damit sie von diesen »hören konnten, was Hannover bietet«. Zusammen mit den Abschiedsworten ergab sich daraus ein großer Erfolg, da »am nächsten Morgen unsere Mädel alle pünktlich am Zuge« waren. Sager schrieb, dass sie »fortwährend lustige Lieder« sangen.

Der stellvertretende Betriebsleiter Gustav Sager dürfte insgesamt ein beschönigendes Bild gezeichnet haben, da anscheinend weniger die angepriesenen Verhältnisse in Hannover als vielmehr die verzweifelte Versorgungslage in Kiew für solche Meldungen sorgten. Denn der Stadtkommissar in Kiew hatte am 11. Mai 1943 die Bekanntmachung anschlagen lassen, dass sich alle Jugendlichen der Jahrgänge 1922 bis 1925 ohne »Freistellungsausweis« am 3. Juni 1943 um 7 Uhr am Kiewer Haupt-

150 Keksfabrik Kiew, Gustav Sager, Monatsbericht Juni 1943 vom 5.7.1943, S. 4 (BAH, R10, Nr. 606).
151 Ebd.

bahnhof einzufinden hatten, um als »Arbeitsdienstpflichtige in das Deutsche Reich« transportiert zu werden.[152] Der Verpflichtung von 177 Belegschaftsangehörigen der Jahrgänge 1922 bis 1925 zum »ukrainischen Arbeitsdienst« entzogen sich immerhin 52 Personen durch Untertauchen.[153] Aber auch die restlichen 125 unter 21-Jährigen gingen dem Betrieb verloren.

Gauleiter Fritz Sauckel kündigte in seiner Funktion als GBA am 27. Mai 1943 in Kiew an, dass von den vom »Führer« geforderten sechs Millionen im Ausland zu rekrutierenden Arbeitskräften rund 1,2 Millionen Personen aus der Ukraine beschafft würden. Die Erfassung und der Abtransport aller über 15 Jahre alten Arbeitskräfte mussten »unter allen Umständen und erbarmungslos« durchgeführt werden.[154] Das Rüstungskommando Kiew rechnete in diesem Zusammenhang auch mit einer »Durchkämmaktion« in den produzierenden Betrieben, was in den Personalstand der Kiewer Keksfabrik eingreifen konnte. Da einer Rekrutierung zur Arbeit im Reich nur schwer zu entgehen war, schlossen sich manche im Juni 1943 den Transporten nach Hannover an, nachdem ihnen zurückkehrende Landsleute die dortigen Lebensbedingungen glaubhaft gemacht hatten.[155] Sie hofften, durch ihre Arbeit in einer deutschen Keksfabrik der Einberufung zu der sicher auszehrenden Zwangsarbeit in der Ukraine, etwa bei der Reparatur von Eisenbahnanlagen oder bei Schanzarbeiten, zu entkommen und bessere Überlebenschancen zu erlangen.

Dass der Bahlsen-Betrieb nicht nur eine Produktionsstätte auf einem kriegsbesetzten Territorium war, sondern zugleich auch einen Beitrag zur Germanisierung der Ukraine leisten sollte, ergab sich auch aus dem im Juni 1943 erfolgten Besuch des Ortsgruppenleiters der Kiewer NSDAP-Ortsgruppe, der den DAF-»Betriebsobmann« und den »ukrainischen Verbindungsmann« zwischen der Betriebsführung und der ukrainischen Belegschaft kennenlernen wollte. Der als Verbindungsmann zu den Ukrainern eingesetzte »Volksdeutsche« Ewald Karcher entsprach nicht der Vorgabe, da eine Person »ukrainischen Volkstums« die Funktion zu übernehmen hatte.[156] Der Ortsgruppenleiter gab sich aber mit der Auskunft zufrieden, dass die Einsetzung mit dem Arbeitsamt abgesprochen worden sei. Dagegen sollte die bislang unterbliebene Einführung eines Betriebsobmanns analog zu der Praxis in deutschen Betrieben vom Betriebsführer Werner Bahlsen erfolgen. Dieser bezeichnete die »Zusammenarbeit mit der politischen Führung« im Nachhinein als »klar ausgerichtet und darum immer einwandfrei«.[157] Im Er-

152 Der Stadtkommissar in Kiew, Amtliche Bekanntmachung vom 11.5.1943 (BAB, Bild 183-J10854); Greve, System Sauckel, S. 407 ff.

153 Keksfabrik Kiew, Gustav Sager, Monatsbericht Juni 1943 vom 5.7.1943, S. 4 (BAH, R10, Nr. 606).

154 Rüstungskommando Gruppe Z/FG, Aktenvermerk vom 12.6.1943 (BA-MA, RW 30, Nr. 130, Bl. 18).

155 Werner Bahlsen, Fabrikbericht 15.5.-15.6.1943 vom 26.6.1943, S. 3 (BAH, R10, Nr. 513).

156 Keksfabrik Kiew, Gustav Sager, Monatsbericht Juni 1943 vom 5.7.1943, S. 4 (BAH, R10, Nr. 606).

157 Keksfabrik Kiew, Werner Bahlsen, Leistungsbericht vom 22.4.1944, S. 10 (BAH, R10, Nr. 606).

gebnis erzielte die Keksfabrik im Juni 1943 mit einer Belegschaft von 1.600 Frauen und Männern, die 30,5 Tonnen Keks und 1,1 Tonnen Bonbons erzeugten, allerdings nur noch einen Umsatz in Höhe von 183.975 Reichsmark.[158]

Abb. 23: Kekse auf dem Förderband, 1943

Auf Anfragen eingezogener Belegschaftsangehöriger reagierend, die durch ihren Soldatendienst in Kiew von dem Treuhandbetrieb erfahren hatten, stellte die H. Bahlsens Keksfabrik KG klar, dass es sich um keinen »Filial-Betrieb«, sondern um einen im Besitz der ZHO befindlichen Treuhandbetrieb handele, als dessen kommissarischer Leiter Werner Bahlsen »dienstverpflichtet« worden sei. Die Fabrikation, die noch weiter ausgebaut werden sollte, versorge die »im Osten stehenden Truppen« mit Marmelade, Keks, Pralinen und Zuckerwaren.[159]

Ab 1. Juli 1943 bestand für die Ukrainer im Betrieb mit der Begründung eine allgemeine Urlaubssperre, dass die deutschen Soldaten ebenfalls keinen Urlaub erhielten.[160] Damit fanden die bei Kursk ab dem 5. Juli 1943 tobenden Kämpfe um die strategische Vorherrschaft im Südabschnitt der deutsch-sowjetischen Front Niederschlag im Betriebsbericht.[161] Doch davon weithin unbeeindruckt berichtete Werner Bahlsen in dem am 9. August 1943 in Kiew unterzeichneten Monatsbericht für Juli 1943, dass in der Keksabteilung die Kettenöfen zwar weiterhin stillstanden, jedoch die Handabteilung in Betrieb war. Die Ankündigung, dass die Keksfabrik Kiew »in Zukunft auch Feldzwieback machen« müsste, eröffnete jedoch zusammen mit der Aussicht auf eine starke Steigerung der Keks-Produktion, »um im Reich ausfallende Fabriken zu ersetzen«, günstige Perspektiven.[162] Aus dem ursprünglich vor allem die Wehrmachtsangehörigen und das deutsche Personal in der Ukraine versorgenden Betrieb hätte auf diese Weise ein in die deutsche Nahrungsmittelpro-

158 Ebd., S. 11.

159 H. Bahlsens Keksfabrik KG an Arbeitskamerad vom 17.8.1943 (BAH, R10, Nr. 271).

160 Keksfabrik Kiew, Gustav Sager, Monatsbericht Juni 1943 vom 5.7.1943, S. 4RS (BAH, R10, Nr. 606).

161 Vgl. Frieser, Schlacht, S. 104ff.

162 Keksfabrik Kiew, Werner Bahlsen, Monatsbericht Juli 1943 vom 9.8.1943, S. 1 (BAH, R10, Nr. 606).

duktion integrierter Produktionsstandort werden können. Tatsächlich diente die Kiewer Keksfabrik fast ausschließlich der Versorgung der Wehrmacht.

Im August 1943 betrug die Belegschaftsstärke zehn Reichsdeutsche, davon zwei Frauen, 30 männliche und 36 weibliche »Volksdeutsche« sowie 648 ukrainische bzw. russische Männer und 1.062 Frauen.[163] Durch Verfügungen des Generalbevollmächtigten für den Arbeitseinsatz, die Geburtsjahrgänge 1926 und 1927 »ausnahmslos ins Reich zu überführen«,[164] drohte allerdings, dass dem Betrieb Teile der jüngeren Belegschaft entzogen wurden, zumal der Jahrgang 1926 bis zum 30. August 1943 und der Jahrgang 1927 bis zum 30. September 1943 abtransportiert werden sollten.

Nachdem die Herstellung von Chalwa als Zusatznahrung für Soldaten in Einzelportionen zu je 80 Gramm gelungen war, sollte deren Großproduktion ab dem 1. Oktober 1943 in einer Größenordnung von täglich bis zu 60.000 Päckchen mit einem Gewicht von 5 Tonnen beginnen. Anfänglich bestanden einige Schwierigkeiten bei der Verpackung, bis ein ölundurchlässiges Papier zu einer zigarettenschachtelähnlichen Tüte geklebt werden konnte. Zunächst in einer Schachtel abgelegt, bestand die Absicht, zukünftig auf die Schachtel zu verzichten. Darüber hinaus war der Betrieb aufgefordert worden, arbeitstäglich bis zu 25 Tonnen Kunsthonig zu produzieren, was eine Erweiterung der vorhandenen Anlagen erforderlich machte, die bis dahin nur eine Tagesproduktion von 8 Tonnen erlaubt hatten.

Als wäre der sowjetische Großangriff von den deutschen Truppen schon zurückgeschlagen, plante die Bahlsen-Fabrik, die gesamten in der Ukraine anfallenden Aprikosenkerne zur Persipanverarbeitung aufzukaufen, wofür die erforderlichen Maschinen aus dem Deutschen Reich angeliefert werden sollten. Schließlich erhielt die Absicht, die Butterschmelze für die Milch- und Fettwirtschaft in Gang zu bringen, neue Aktualität. Probeweise sollten 200 Tonnen für den Eigenbedarf in Butterschmalz verwandelt werden. Die beabsichtigten Projekte ergaben eine Begründung für die trotz der angespannten Kriegslage ungebremst fortgesetzten Renovierungs- und Überholungsarbeiten etwa in der Marmeladenabteilung. Selbst der Garagenbau, für den täglich etwa zehn Fahrzeuge Sand, Bruchsteine und anderes Material heranfuhren, fand seine Fortführung. Das anfänglich langsame Tempo steigerte sich durch eine Umstellung der Entlohnung auf eine Salzprämie, da nach den Erfahrungen Werner Bahlsens einzig die Ausbezahlung in Naturalien die ukrainische Belegschaft reizte. Naturaliengaben müssten in regemäßigen

163 Ermittlungen über betriebliche Verhältnisse bei der ZHO und den Ernährungswirtschaftlichen Gesellschaften im Gener. Bez. Kiew, Anlage 8: Obst-, Gemüse- und Kartoffelzentrale Ukraine GmbH o. D. [vor dem 6.8.1943] (BAB, R 70-Sowjetunion, Nr. 30, Bl. 1300).

164 Wehrwirtschaftsinspektion Ukraine (ZA/Id Nr. 1240/43geh.), Lagebericht vom 2.8.1943, S. 8 (BA-MA, RW 30, Nr. 100, Bl. 40RS); Greve, System Saukel, S. 401 ff.

Abständen wiederholt werden, so sein Fazit, »um eine einigermaßen Leistung zu bekommen«.[165]

In die gleiche Richtung zielte der Plan, in zwei abbruchreifen Häusern neue Ställe für 50 Schweine einzurichten, damit zur Aufbesserung der Verpflegung des ukrainischen Personals alle zwei Wochen für die »ukrainische Küche« geschlachtet werden konnte.[166] Werner Bahlsen erkannte die Bedeutung einer ausreichenden Ernährung für die Erbringung der geforderten Arbeitsleistung, weshalb er die »augenblicklich gelieferte ganz kraftlose Suppe« für unzureichend hielt, um »als Hauptnahrung für die Leute während des Tages« zu dienen.[167] Wenn ihn auch die unsystematische Bearbeitung des Gemüselands sowie die gegenüber den in Deutschland üblichen Mengen weit zurückbleibenden Hektarerträge unzufrieden machten, betrachtete er den Gemüseanbau als »sehr wichtig« und setzte sich für die Vergrößerung der Flächen ein, »da die Qualität des Mittagessens für die Ukrainer unbedingt verbessert werden« müsse.

Einen zarten Hinweis auf die prekär gewordene Lage bot die Absicht, die Neuerrichtung einer Böttcherei »in primitiver russischer Weise« auszuführen.[168] Darüber hinaus ergab sich aus der insgesamt schrumpfenden Produktionsausbringung der Fabrik die Wahrscheinlichkeit eines erheblichen Einnahmenminus. Trotz einer für den Herbst erwarteten Geschäftsbelebung rechnete Werner Bahlsen »mit geringeren Überschüssen« als im Vorjahr. Er hielt aber an seinem Konzept fest, die Zeit geringerer Auslastung für Überholungen und Neubauten zu nutzen, die er als »notwendig« bezeichnete. Immerhin konnte während der »flauen Monate« durch Beseitigung von Asche- und Schutthalden auf dem Hof und die Abfuhr der Hälfte des herumliegenden Altmetalls in 26 Waggons für »Ordnung auf dem Gelände« gesorgt werden.[169] Nach Einschätzung von Werner Bahlsen waren im Laufe des Sommers »erhebliche Fortschritte« bei der Ertüchtigung der Fabrik eingetreten.[170] Dabei war hilfreich, dass die Keksfabrik nur treuhänderisch geführt wurde, also das Reich als Eigentümer die Investitionen zahlte und Bahlsen mit seinen Argumenten und Eingaben bei der ZHO ein offenes Ohr fand.

Die mittelfristigen Pläne, denen Werner Bahlsen Anfang August 1943 noch bis zu seiner Abreise nach Hannover am 5. August 1943 angehangen hatte,[171] machte der Vormarsch der Roten Armee keinen Monat später zunichte. Im September 1943 war kein »reguläres Arbeiten« mehr möglich, wobei weniger das »Näherrücken der

165 Keksfabrik Kiew, Werner Bahlsen, Monatsbericht Juli 1943 vom 9.8.1943, S. 2RS (BAH, R10, Nr. 606).

166 Ebd., S. 3.

167 Ebd., S. 3RS.

168 Ebd., S. 2.

169 Ebd., S. 3f.

170 Ebd., S. 3RS.

171 H. Bahlsens Keksfabrik KG, Buchhaltung, an ZHO, Abteilung Gartenbau-Drogen vom 3.11.1943 (BAH, R10, Nr. 445).

Front« als vielmehr die Abgabe von Arbeitskräften an andere Stellen die Produktion stark einschränkte.[172] Darüber hinaus verlangte das Arbeitsamt ein Fünftel der Belegschaft für »Schanzarbeiten«. Außerdem beabsichtigte der »Stadtkommissar« in Kiew die Dienstverpflichtung aller Reichs- und Volksdeutschen für »Räumungs-Aufgaben östlich des Dnjepr«. Die Anforderungen konnten unter Hinweis auf die vorliegenden Großaufträge der Wehrmacht und die Beauftragung, 400.000 »Führer-Päckchen« für die Nationalsozialistische Volkswohlfahrt herzustellen, wesentlich reduziert werden. Darüber hinaus betonten die Bahlsen-Vertreter, dass in der Keksfabrik Kiew ebenfalls sehr viel Material lagerte und auch wertvolle Maschinen abzufahren waren. Mit dem Arbeitsamt gelang die Einigung, nur ein Zehntel des ukrainischen Personals zu Schanzarbeiten heranzuziehen, während sich der Stadtkommissar mit zehn »Volks-Deutschen« begnügte. Im Juli und August 1943 verharrten die Umsätze auf niedrigem Niveau bei 459.549 bzw. 229.836 Reichsmark.[173]

Wegen der sich weiter erschwerenden Bedingungen mussten zum großen Bedauern der Standortleitung alle Bauarbeiten, die zuvor etwa an der Garage »Riesenschritte« gemacht hatten, eingestellt werden. Denn am 6. September 1943 wies der Stadt-Kommandant auf den »Ernst der Lage durch das Heranrücken der Front« hin, worauf das Unternehmen die angeordneten Splitterschutzgräben auf dem Werksgelände ausheben ließ. Außerdem sollten bis zum 14. September 1943 alle nicht für »kriegsentscheidende Arbeiten« eingesetzten oder besuchsweise bzw. dienstlich vorübergehend in Kiew befindlichen Deutschen zusammen mit den schwangeren weiblichen »Gefolgschaftsmitgliedern« die Stadt verlassen haben.[174] Die Aufforderung, deutsches Personal vorsorglich aus der Stadt zu bringen, stand unvermittelt neben dem in einem anderen Schreiben unterbreiteten Vorschlag, anlässlich des zweiten Jahrestags der deutschen Einnahme Kiews am 19. September 1943 der Belegschaft eine einmalige »Sonderzuwendung zukommen« zu lassen. Bahlsen händigte der ukrainischen Belegschaft jeweils ein Kilogramm Keks- und Bonbon-Bruch aus.[175]

Doch die Lage spitzte sich zu, sodass ab dem 14. September 1943 eine allgemeine Urlaubssperre bestand. Nur vier Tage später, am 18. September 1943, erhielt Betriebsleiter Sager in den Diensträumen des Kiewer Stadtkommissariats Kenntnis von der bevorstehenden Räumung der Stadt, ohne dass ihm Klarheit gegeben wurde, ob die Keksfabrik Kiew auch gleich geräumt werden sollte. Sager nahm daraufhin mit dem örtlichen Wehr-Wirtschafts-Kommando Rücksprache, erfuhr dort aber von einem Mitarbeiter des Generalkommissars, dass die Fabrik »weiter zu produzieren« habe und das Personal zu den Letzten gehörte, die »Kiew verlassen

172 Keksfabrik Kiew, Gustav Sager, Monatsbericht September/Oktober 1943 vom 28.10.1943, S. 1 (BAH, R10, Nr. 606).

173 Keksfabrik Kiew, Werner Bahlsen, Leistungsbericht vom 22.4.1944, S. 11 (BAH, R10, Nr. 606).

174 Keksfabrik Kiew, Gustav Sager, Monatsbericht September/Oktober 1943 vom 28.10.1943, S. 1 (BAH, R10, Nr. 606).

175 Ebd., S. 3.

würden«.[176] Die vordringlichste Aufgabe bildete die Abholung der großen Keks-, Bonbon- und Marmeladen-Bestände, die der Wirtschaftsoffizier der 4. Panzerarmee veranlasste. Lange LKW-Kolonnen holten im Auftrag verschiedener Divisionen die Ware gegen Barzahlung ab.

Die Produktion der Monate Januar bis September 1943 blieb zwar gegenüber den Höchstwerten des Jahres 1942 zurück, belief sich aber auf 605,3 Tonnen Gebäck, Biskuit und Waffeln, 911,4 Tonnen Bonbons und Karamellen sowie 1.252 Tonnen Marmelade.[177] Während der Betrieb größere Produktionskapazitäten aufbaute, reduzierte die ZHO aber ihre Bestellmengen. Je näher das Ende der deutschen Herrschaft heranrückte, umso intensiver forderte die Bahlsen KG Zahlungsaußenstände bei der ZHO ein. Mit einem ausführlichen Schreiben nahm Werner Bahlsen die vom Generalkommissar in Kiew wegen der angeblich verspäteten Überlassung eines Firmengrundstücks an die Fett- und Milchzentrale angedrohte Geldstrafe zum Anlass, auf die »Frage der Unternehmervergütung zurückzukommen«.[178] Zwar hatte Werner Bahlsen sein Treuhänderentgelt erhalten, jedoch war die Erstattung der von der Bahlsen KG für die Kiewer Keksfabrik ausgeführten Arbeiten bis in den September 1943 hinein, also für rund anderthalb Jahre, ausgeblieben. Den Vorschlag, die jeweiligen Einkaufssummen um einen Verwaltungskostenzuschlag zu erhöhen, hatte die ZHO ohne die Benennung von Alternativen abgelehnt. In Hannover waren beispielsweise umfangreiche Korrespondenzen zur Beschaffung von Verpackungsmaterial erledigt worden, ohne dass der Aufwand seitens der ZHO beglichen wurde. Deshalb verlangte Werner Bahlsen ultimativ, die von ihm vorgeschlagene Überweisung von 20.000 Reichsmark anzuweisen, aus der die jeweiligen Aufwendungen etwa für Gehälter und Auslagen gegengerechnet werden sollten.

Sein Mahnschreiben ging aber zum falschen Zeitpunkt bei der ZHO ein, die eine Neuordnung der Bezahlung der deutschen Einsatzfirmen anstrebte. Hatte das Rosenberg-Ministerium unter Militärverwaltungsvizechef Wilhelm Küper zunächst auf dem Standpunkt beharrt, »bei der Bemessung dieser Vergütung nicht kleinlich« zu verfahren,[179] setzte der Führungsstab der ZHO wegen des fehlenden Wesensmerkmals der »Unternehmer«-Tätigkeit, nämlich von »Unternehmerwagnis«, auf strengere Vorgaben. Aus dessen Sicht blieb nur der Zeitaufwand des betreffenden Firmeninhabers übrig, den sie aber in den Rang eines »Dienstverpflichteten« einwiesen, der »einmal nur eine selbstverständliche Pflicht zum besonderen Kriegseinsatz erfüllt und sich zum anderen für den Osteinsatz in erster Linie entschlossen« habe, um sich eine »Anwartschaft auf spätere Berücksichtigung bei Einführung der

176 Ebd.

177 Keksfabrik Kiew, Werner Bahlsen, Leistungsbericht vom 22.4.1944, S. 5 (BAH, R10, Nr. 606).

178 H. Bahlsens Keksfabrik KG, Werner Bahlsen, an die Direktion der ZHO vom 11.9.1943, S. 1 (BAH, R10, Nr. 519).

179 ZHO, Abteilung VIII/1, Dr. Lentze, Bericht über die derzeitige Sachlage in der Frage der Vergütung für Einsatzfirmen vom 6.7.1944, S. 1 (BAB, R 33-I, Nr. 1039, Bl. 91).

Privatwirtschaft zu erwerben«.[180] Auch wenn nicht vorrangig daran gedacht war, in bestehende Verträge einzugreifen, führten die innerinstitutionellen Reibungen zu einer wenig entgegenkommenden Stimmung, was auch die Finanzabwicklung stark verzögerte.[181]

Zugleich führte Werner Bahlsen Klage, dass von den ursprünglich seitens der ZHO zugesagten »finanziellen Besserstellungen« für die »draußen befindlichen Angestellten« Bahlsen – sowohl ältere als auch »ganz junge Kräfte fürs Büro« – fast nichts mehr übriggeblieben sei. Nachdem zuletzt auch noch das »Kleidergeld praktisch gestrichen« worden war, standen die restlichen finanziellen Anreize in keinem Verhältnis mehr zu den mit dem Auslandseinsatz verbundenen Risiken, sodass Werner Bahlsen unüberwindliche Schwierigkeiten sah, im Unternehmen überhaupt noch Freiwillige für einen Einsatz in Kiew zu finden.[182]

Große Brände östlich des Dnjepr kündeten ab dem 20. September 1943 davon, dass die Deutschen »alle Häuser, Fabriken etc.« niederbrannten, um der Roten Armee keine nutzbaren Ressourcen zu hinterlassen. Die Banken schlossen am 20. September 1943, Post, Telegraf und Telefon stellten ihren Dienst drei Tage später ein. Da die sowjetischen Truppen am 27. September 1943 bis ans östliche Flussufer vorrückten, hatte der Kampfkommandant Kiew am 23. September 1943 am westlichen Ufer eine drei Kilometer tiefe Kampfzone eingerichtet.[183] Dort lagen aber die zu räumenden Privatwohnungen des deutschen Personals, die ab dem 26. September 1943 nicht mehr betreten werden durften, woraufhin die Männer Quartier auf der oberen Ebene des Verwaltungsgebäudes nahmen, obgleich die Fabrik ebenfalls in der Kampfzone lag. Am 28. September 1943 waren die Vorräte an Bonbons und Keksen weitgehend geräumt. Die Abnahme der Marmeladen-Bestände durch Wehrmachtseinheiten erfolgte etwas zögerlicher, sodass bei der »Aufgabe der Fabrik« noch 840 Kilogramm vorrätig waren. Der Lagerverkauf brachte mit 9,9 Millionen Karbowanez große Geldmengen ein. Allein 6 Millionen Karbowanez, umgerechnet 600.000 Reichsmark, zahlte die Betriebsleitung später in Bila Zerkwa, weitere 1,9 Millionen Karbowanez am 18. Oktober 1943 in Shitomir [Schytomyr] bei der Wirtschaftsbank ein.[184]

180 Führungsstab der ZHO und der ernährungswirtschaftlichen Gesellschaften, Direktor Büttner/Dr. Grau, an ZHO, Abteilung VIII/1 vom 9.11.1943, S. 1 (BAB, R 33-I, Nr. 1039, Bl. 168).

181 Führungsstab der ZHO und der ernährungswirtschaftlichen Gesellschaften, Direktor Büttner/Wirringer, an ZHO, Generaldirektor Fleischberger vom 24.12.1943 (BAB, R 33-I, Nr. 1039, Bl. 168); ZHO, Abteilung VIII/1, Dr. Lentze, Bericht über die derzeitige Sachlage in der Frage der Vergütung für Einsatzfirmen vom 6.7.1944, S. 2 ff. (BAB, R 33-I, Nr. 1039, Bl. 92 ff.).

182 Werner Bahlsen an die Direktion der ZHO vom 11.9.1943, S. 2 (BAH, R10, Nr. 519).

183 Reichskommissar für die Ukraine (V-I-301), Lagebericht vom 13.11.1943, S. 2 (BAB, R 6, Nr. 311, Bl. 16).

184 Keksfabrik Kiew, Gustav Sager, Monatsbericht September/Oktober 1943 vom 28.10.1943, S. 4 (BAH, R10, Nr. 606); Keksfabrik Kiew, Abwicklungsstelle, Werner Bahlsen/Max Lochte, Räumungsbericht vom 15.4.1944, S. 8 (BAB, R 33-I, Nr. 1124, Bl. 142).

Kleinere Mengen Bonbonbruch und Gelbzucker verwendete die Fabrik in den letzten Wochen für die Lohnzahlungen an die noch verbliebenen ukrainischen Arbeiter, die täglich jeweils ein Kilogramm erhielten. Darüber hinaus wurden die Beschäftigten zusammen mit ihren Familienangehörigen ausschließlich von der Fabrik verpflegt, was »sie auf diese Weise auf ihrem Arbeitsplatz halten« sollte, da sie noch beim Maschinenabbau benötigt wurden.[185]

Begleiterscheinung der letzten Phase bildeten umfangreiche Plünderungen, als am 18. September 1943 600 Wehrmachtssoldaten aus einem Transportzug »kisten- und säckeweise die Bonbons und Kekse« heraustrugen, bis ein um Hilfe gebetener Transportoffizier »für Ordnung« sorgte.[186] Gegen die fast täglich vorkommenden Plünderungen – einmal setzten deutsche Soldaten einem Bahlsen-Mitarbeiter die Pistole auf die Brust – erbat die Standortleitung bei verschiedenen Stellen militärischen Schutz. Erst nach einigen Tagen wurden vier Feldgendarmen abgestellt, die »gründlich aufräumten«, ohne dass sie Diebstahl komplett verhinderten.[187]

Hatten die aus Hannover abgeordneten Annemarie Meinhardt und Helga Müller Kiew bereits am 20. September 1943 mit dem Ziel Hannover verlassen, folgten Ende September 1943 Paul Schrey und Wilhelm Öhl mit den »Familien-Mitgliedern von unseren leitenden Ukrainern«.[188] Am 27. September 1943 stellte die Fabrik die Produktion auf Anordnung des Reichskommissars Ukraine ein, auch weil Personal von der Getreide-Zentrale zur Getreide- und Butterverladung abkommandiert wurde. Im Elevator Podol lagerten beispielsweise 15.000 Tonnen Getreide und im Kühlhaus 1.000 Tonnen Butter, die »restlos abgefahren« wurden.[189] Derweil begann der Abbau der eigentlich dem ZHO gehörenden Maschinen, um sie nach Hannover zu schicken. Der Kiewer Generalkommissar stellte hierfür zwei Monteurkolonnen mit jeweils 25 Mann zur Verfügung. Die Fabrik sollte von der Wehrmacht mit Fliegerbomben gesprengt werden, um sie »dem Erdboden gleich zu machen«.[190] Nachdem am 9. Oktober 1943 die Feldgendarmerie zu ihrer Einheit zurückbeordert worden war, gelang es Gustav Sager, von der 75. Infanterie-Division entsprechenden militärischen Schutz durch deren Feldgendarmerie zu erhalten, da die Fabrik in deren Kommandobereich lag. Ihr Kommandant, Generalleutnant Helmuth Beukemann,

185 Keksfabrik Kiew, Gustav Sager, Monatsbericht September/Oktober 1943 vom 28.10.1943, S. 5 (BAH, R10, Nr. 606).

186 Ebd., S. 6 (BAH, R10, Nr. 606); ähnlich chaotische Verhältnisse bestanden bei der Räumung der Zuckerfabriken der Zuckerzentrale Ukraine GmbH, siehe Zuckerzentrale Ukraine GmbH, Bericht über die Räumung der Zuckerfabriken und sonstiger Anlagen der Zuckerzentrale Ukraine vom 14.7.1944, S. 2 ff. (BAB, R 6, Nr. 435, Bl. 35 ff.).

187 Keksfabrik Kiew, Gustav Sager, Monatsbericht September/Oktober 1943 vom 28.10.1943, S. 7 (BAH, R10, Nr. 606).

188 Ebd., S. 10.

189 Ebd., S. 1; Keksfabrik Kiew, Abwicklungsstelle, Werner Bahlsen/Max Lochte, Räumungsbericht vom 15.4.1944, S. 1 (BAB, R 33-I, Nr. 1124, Bl. 135).

190 Keksfabrik Kiew, Gustav Sager, Monatsbericht September/Oktober 1943 vom 28.10.1943, S. 9 (BAH, R10, Nr. 606).

stattete der Fabrik sogar noch einen kurzen Besuch ab und ließ sich herumführen. Erkennbaren Einfluss auf die weitere Entwicklung nahm das jedoch nicht.

Trotz eines langen Arbeitstages an allen sieben Tagen der Woche gelang es nicht, ordnungsgemäß vollständige Versandlisten anzufertigen. Sager sprach sich und seinen Männern aber das Verdienst zu, die »wichtigsten Maschinen, Maschinenteile und Rohstoffe aus der Fabrik« herausgeholt zu haben. Allein 140.000 leere Marmeladeneimer, die im April 1943 aus Winniza angeliefert worden waren, gingen wieder zur Marmeladenfabrik in Kamenenz-Podolsk [Kamjanez-Podilskyj] zurück. Insgesamt verließen 350, nach einer späteren Aufstellung 363 Waggons das Kiewer Betriebsgelände.[191] 67 Waggons enthielten Fertigwaren und Halbfabrikate, 251 Rohstoffe sowie Hilfs- und Betriebsmittel und 35 Maschinen bzw. Maschinenteile und Einrichtungsgegenstände. Sechs Waggons brachten zurückgelassene Maschinenteile der Zuckerzentrale Ukraine in Richtung Westen und vier neben Fabrikeinrichtungen die persönlichen Habseligkeiten des nach Hannover abgefahrenen deutschen und ukrainischen Personals.

Sieben Lastkraftwagen, Drei- und Anderthalbtonner, übergab die Keksfabrik Kiew dem Stadtkommandanten, von denen am 19. Oktober 1943 sieben Fahrzeuge »für unseren neuen Einsatz an die Getreide-Betriebe nach Winniza verladen« werden sollten.[192] Die zur ZHO gehörenden Getreidebetriebe Ukraine GmbH hatten bei Werner Bahlsen angefragt, ob er nicht statt der Keksfabrik einen »großen Getreidebetrieb in Winniza übernehmen« wolle.[193] Auf seine telegrafische Bitte um ergänzende Informationen war er allerdings antwortlos geblieben, weshalb Werner Bahlsen die Thematik am 6. Oktober 1943 bei einer Besprechung mit Vertretern der ZHO-Hauptverwaltung in Berlin ansprach. Noch Mitte November 1943 bestand aber nach Angaben des Geschäftsführers der Obst-, Gemüse- und Kartoffelzentrale GmbH die Absicht, die Firma Bahlsen zwar nicht mehr länger in die Herstellung von Marmelade einzuschalten, ihr aber »in Zukunft« ausschließlich die Keksproduktion zu übertragen, sodass die »Betreuung dieser Einsatzfirma« ggf. nur durch die Getreide-Zentrale erfolgen sollte.[194] Dementsprechend wurde der Treuhändervertrag als Einsatzfirma auch nicht gekündigt, sondern ruhte einstweilen ab Jahresende 1943.[195]

191 Ebd., S. 8; ähnlich auch der Obst-, Gemüse- und Kartoffel-Zentrale Ukraine GmbH, Abwicklungsstelle Sangerhausen, Wilhelm Thormeyer, Räumungs- und Rechenschaftsbericht der Hauptfiliale Kiew vom 31.5.1944, S. 1 ff. (BAB, R 33-I, Nr. 1124, Bl. 27 ff.); Keksfabrik Kiew, Abwicklungsstelle, Werner Bahlsen/Max Lochte, Räumungsbericht vom 15.4.1944, S. 1 (BAB, R 33-I, Nr. 1124, Bl. 135).

192 Keksfabrik Kiew, Gustav Sager, Monatsbericht September/Oktober 1943 vom 28.10.1943, S. 9 (BAH, R10, Nr. 606).

193 ZHO, Brüninghaus, Aktenvermerk über eine Besprechung mit Herrn Bahlsen jun. am 6.10.1943 vom 6.10.1943 (BAB, R 33-I, Nr. 48).

194 ZHO, Haupt-Abteilung Gartenbau, Speck/Standke, an ZHO, Treuhandabteilung VIII/1, Geheimrat Barsche vom 16.11.1943, S. 1 (BAB, R 33-I, Nr. 1064, Bl. 305).

195 Formular Einsatzfirma H. Bahlsens Keksfabrik o. D. [März 1944] (BAB, R 33-I, Nr. 1063, Bl. 46 u. 114).

Am 12. Oktober 1943 war den Betriebsführern aufgetragen worden, den Belegschaften mitzuteilen, dass ab dem 16. Oktober 1943 die »vollständige Evakuierung der Zivilisten« aus Kiew beginnen werde. Die Ukrainer waren aufzufordern, »sich freiwillig zu melden«. Dann würden sie mit der »Bahn ins westliche Gebiet gebracht«. Die »Nicht-Freiwilligen müssten später evtl. zu Fuß gehen«. Diese Ankündigungsmethode ließ die Zahl der Freiwilligen-Meldungen ansteigen. Daraufhin verließen am 17. Oktober 1943 13 Gespanne mit 55 ukrainischen Mitarbeitern mit ihren Familienangehörigen, die in der deutsch besetzten Ukraine bleiben wollten, mit dem Ziel Proskurow [Chmelnyzkyj] die Fabrik.[196] Alle Belegschaftsangehörigen erhielten die Hannoversche Adresse des Bahlsen-Betriebs an der Podbielskistraße, »damit sie sich jederzeit mit uns schriftlich in Verbindung setzen« konnten.

Nachdem insbesondere das ukrainische Leitungspersonal in den letzten Wochen wegen des möglichen Eintreffens sowjetischer Truppen und wahrscheinlicher Kollaborationsvorwürfe sehr »nervös« geworden war, verließen 15 Ukrainer, darunter der ukrainische Direktor Peter Tkaschenko und der »Volksdeutsche« Ewald Karcher, am 17. Oktober 1943 unter Mitnahme wertvoller Materialien das Werk in Begleitung von sechs Männern der Geheimen Feld-Polizei mit dem Ziel Hannover. Die Gruppe erreichte Ende Oktober 1943 Hannover. Sie wären nach allgemeiner Auffassung sonst wegen der »Mitarbeit bei den Deutschen [...] ohnehin liquidiert« worden.[197] Das »Nachkommando Bahlsen«, gebildet von Gustav Sager, Max Lochte, Erwin Töllner, Erwin Markmann und Robert Lege, trat am Montagmorgen, dem 18. Oktober 1943, mit Ewgenij [Eugen] Siwochin in drei Personenwagen die »Heimreise« nach Hannover an.[198]

Zwei Transporte verstärkten das Personal in Hannover. Neben 19 »Volksdeutschen und Ukrainern«, darunter der Oberbuchhalter sowie verschiedene Abteilungsleiter und ukrainische Ingenieure und Meister, erreichten weitere 41 Personen, darunter 13 Männer sowie »verschiedene Familien mit Kindern« Hannover.[199] Außerdem trafen im Oktober 1943 aus Kiew insgesamt sieben Waggons mit technischem Material ein, die hauptsächlich elektrische Motoren und Elektro-Kleinmaterial, aber auch eine größere Anzahl von Kisten mit Aromen und 83 Kisten russisches Agar-Agar enthielten.[200] Das per Waggon nach Hannover gelangte »Räumungsgut« – 249 Kisten Butter mit einem Gesamtgewicht von 6,225

196 Keksfabrik Kiew, Abwicklungsstelle, Werner Bahlsen/Max Lochte, Räumungsbericht vom 15.4.1944, S. 2 (BAB, R 33-I, Nr. 1124, Bl. 136).

197 Friedrich Thiele: 60 Jahre Bahlsen 1914-1974. Erinnerungen. Technische Entwicklungen, Berichte und Arbeitsvorbereitung, S. 19 (BAH, R10, Nr. 229).

198 Keksfabrik Kiew, Gustav Sager, Monatsbericht September/Oktober 1943 vom 28.10.1943, S. 9 (BAH, R10, Nr. 606); Keksfabrik Kiew, Abwicklungsstelle, Werner Bahlsen/Max Lochte, Räumungsbericht vom 15.4.1944, S. 2 (BAB, R 33-I, Nr. 1124, Bl. 136).

199 Klaus Bahlsen, Fabrikbericht 1.-15.10.1943 vom 19.10.1943, S. 1 (BAH, R10, Nr. 483).

200 Klaus Bahlsen, Fabrikbericht 1.-15.11.1943 vom 22.11.1943, S. 1 (BAH, R10, Nr. 483).

Tonnen und 3,1 Tonnen Butterschmalz – verarbeitete die Keksfabrik in Hannover bis Dezember 1943.[201]

Nach der Rückkehr in das Stammwerk war Erwin Töllner mit der Leitung der nach Bombenschäden erforderlich gewordenen Wiederaufbauarbeiten betraut.[202] Gustav Sager begann zum Jahresbeginn 1944 seine Tätigkeit im Verkauf, um sich für den »Dienst eines stellvertretenden Oberreisenden vorzubereiten«.[203] Der »Volksdeutsche« und gelernte Tischler Ewald Karcher, der am 25. Oktober 1943 mit Ehefrau und seinem 1942 in Kiew geborenen Sohn in das Bahlsen-Lager Lister Straße 14 zugezogen war und am 25. März 1944 durch die Urkunde des Reichsführer-SS die »deutsche Reichsangehörigkeit« erwarb, erhielt als »Lagerführer« die Verantwortung für den »Gesamteinsatz« der bei Bahlsen »tätigen Volksdeutschen und aus Kiew überführten Ukrainer« und fungierte als Dolmetscher.[204] Bahlsen stellte deshalb am 20. September 1944 für ihn einen Uk-Antrag, der den am 25. Juli 1944 als »kriegsverwendungsfähig« gemusterten und der Ersatzreserve I zugewiesenen Mann zwar zunächst zurückstellte. Er musste sich jedoch der Wehrmacht zur Verfügung halten. Insgesamt erhielten 15 aus Kiew nach Hannover gekommene Personen aus dem Kreis der früheren »Führungskräfte« und »Volksdeutschen« neben der Reichsangehörigkeit einen festen Platz innerhalb der Betriebsabläufe. Das Ehepaar Siwochin, beide Lebensmittelchemiker, vermochte mit seinen Fachkenntnissen die richtige Mehlmischung zur guten Backfähigkeit der Waffeln herzustellen.[205]

Noch im Oktober 1943 hatte sich Gauleiter Alfred Meyer als Vertreter des Reichsministers für die besetzten Ostgebiete gegen eine Einbürgerung ohne »rassische Eignung« der Bewerber ausgesprochen.[206] Doch der kriegswirtschaftlich motivierte Pragmatismus weichte rassenideologische Prinzipien auf, zumal am Ende das Interesse an der Gewinnung von Kriegsdienstfähigen und Rüstungsarbeitern selbst die

201 H. Bahlsens Keksfabrik KG, an ZHO, Hausabteilung Milcherzeugnisse vom 19.1.1944 (BAH, R10, Nr. 445).

202 H. Bahlsens Keksfabrik KG, Klaus Bahlsen, Fabrik-Bericht vom 16.-30.11.1943, S. 2 (BAH, R10, Nr. 513).

203 Hermann Hertzer, Verkauf vom 15.1.1944, S. 1 (BAH, R10, Nr. 516); H. Bahlsens Keksfabrik, Klaus Bahlsen, Fabrikbericht vom 1.-15.1.1944 (BAH, R10, Nr. 513).

204 Hausbuch Lister Straße 14 (StdA H); Bahlsen KG, Uk-Stellungs-Karteikarte Ewald Karcher (BAH, R10, Nr. 592).

205 Friedrich Thiele: 60 Jahre Bahlsen 1914-1974. Erinnerungen. Technische Entwicklungen, Berichte und Arbeitsvorbereitung, S. 14 (BAH, R10, Nr. 229); Siwochin ging 1951 als Angestellter der Firma H. Bahlsens Keksfabrik KG nach Brasilien, um dort – am Ende erfolglos – mit der Firma Maitaca das Bahlsen-Fabrikationsprogramm zu realisieren. Vertrag zwischen der H. Bahlsens Keksfabrik KG, Hans Bahlsen, und Eugen Siwochin vom 6.2.1951 (BAH, R10, Nr. 498).

206 Reichsminister für die besetzten Ostgebiete (II 1 990/43g), Alfred Meyer, betr. Einbürgerung von Angehörigen der Ostvölker vom 4.10.1943 (BAB, R 6, Nr. 429, Bl. 45).

zum Herrschaftskosmos von Reichsführer-SS Heinrich Himmler gehörenden Sonderinstanzen zu einer flexibleren Haltung veranlasste.[207]

Bereits während des Firmeneinsatzes gab es um die kaufmännische Abwicklung der Treuhandtätigkeit häufig Reibungen und bürokratische Verwerfungen, die zu einem hohen Verwaltungsaufwand des Rechnungswesens in Hannover führten. So hatte die H. Bahlsens Keksfabrik KG der ZHO zwar regelmäßig die Lohn- und Gehaltskosten, die an die Keksfabrik Kiew abgegebenen Maschinen und Einrichtungsgegenstände sowie den sonstigen Aufwand, etwa auch Kleidergeld für Winterausrüstung, Sprachunterricht und Reisekosten sowie die Reparatur von Ledersesseln, in Rechnung gestellt.[208] Jedoch verzögerten die recht kleinliche Prüfung der einzelnen Rechnungsposten durch die ZHO und der dadurch erforderliche Schriftwechsel die Begleichung der offenen Rechnungen. Der regelmäßig verspätete Zahlungseingang sorgte für ziemliche Verstimmungen. Auf die von Werner Bahlsen im Oktober 1943 thematisierte Bezahlung seiner offenstehenden Forderungen an den Treuhandbetrieb erhielt er nur die Absichtserklärung, von der ZHO eine Akontozahlung zu erhalten, sobald er nach seiner Rückkehr nach Hannover eine Aufstellung der betreffenden Beträge eingereicht hatte. Auch die Frage, wie mit dem Kontoguthaben des Bahlsen-Treuhandbetriebs über rund eine Million Reichsmark bei der Kiewer Filiale der Wirtschaftsbank verfahren werden sollte, wurde nur mit dem Bemerken entgegengenommen, dass sich die ZHO-Treuhandverwaltung der Angelegenheit annehmen werde. Insgesamt erstattete die ZHO 1942/43 der Bahlsen KG rund 105.000 Reichsmark.[209] Im August und September 1944 musste das Unternehmen jedoch noch die von der ZHO-Gemüse-GmbH zugelieferten Pulpen, Früchte und Verpackungsmaterialien mit einer Gesamtrechnungshöhe von knapp 95.000 Reichsmark nachzahlen. Das Finanzergebnis der Betriebsführung der Kiewer Keksfabrik fiel mithin nur schwach positiv aus.[210]

Gleichwohl wollten die zunächst nach Winniza und Bromberg [Bydgoszcz] verlagerten und ab Sommer 1944 dezentral untergebrachten ZHO-Dienststellen im Rahmen einer Gesamtbilanz auch die offenen Forderungen und Verpflichtungen verbuchen. Der Führungsstab der ZHO trug hierzu am 26. Januar 1944 den ernährungswirtschaftlichen Gesellschaften auf, »von allen in das Reich zurückgeführten Einsatzfirmen« bis zum 15. Februar 1944 Schlussberichte und Schlussabrechnungen einzufordern.[211] Das betreffende Rundschreiben an die »Einsatzfirmen« sprach dann von der Aufgabe ihrer Einsatzorte »im Zuge der Frontverkürzung« und gab diesen

207 Strippel, NS-Volkstumspolitik, S. 241 ff.

208 H. Bahlsens Keksfabrik KG, Buchhaltung, an ZHO vom 29.10.1942; Buchhaltung an ZHO vom 18.11.1942 (jeweils BAH, R10, Nr. 445).

209 Zahlungseingänge laut Korrespondenz zwischen der Bahlsen-Buchhaltung und der ZHO (BAH, R10, Nr. 445).

210 H. Bahlsens Keksfabrik KG, Buchhaltung, an ZHO vom 16.8.1944 (BAH, R10, Nr. 445).

211 ZHO, Führungsstab, Freydag/Dr. Friedrich) an ZHO, Ernährungswirtschaftliche Gesellschaften vom 26.1.1944 (BAB, R 33-I, Nr. 1060, Bl. 517).

in neun Unterpunkten auf, dass die an ihre betreuende ZHO-Untergesellschaft zu schickenden Unterlagen »möglichst genauen Aufschluss über das Schicksal des Vermögens des Treuhandunternehmens geben« sollten.[212] Die auf den Räumungstag abzustellende »Schlussabrechnung« musste den »Grundsätzen ordnungsgemäßer Bilanzierung entsprechen«.[213] Für die Keksfabrik Kiew übernahm Max Lochte von Hannover aus die kaufmännischen Abwicklungsarbeiten, die sich weit in das Frühjahr 1944 hineinzogen.[214]

Für den Räumungstag stellte die Keksfabrik Kiew eine Bilanz mit einer Summe von 47,5 Millionen Karbowanez auf, die auf der Passivseite einen Gewinn für 1942 von 22,58 Millionen und für das laufende Jahr 1943 immerhin noch von 3,26 Millionen Karbowanez auswies.[215] Als Debitoren führten sie u.a. den Haushalt des Gauleiters oder die NSDAP sowie die NSV-Verwundetenbetreuung Rowno mit insgesamt knapp 2,1 Millionen Karbowanez auf.[216] Neben anderen zählte auch die »Kampfgruppe Prützmann« in Lemberg [L'viv][217] zu den säumigen Abnehmern von Bahlsen-Lieferungen. Der Schlussbericht führte für den Zeitpunkt der Räumung des Kiewer Standorts ein Bankguthaben bei der Wirtschaftsbank Kiew in Höhe von 15.851.421,20 Karbowanez auf. Insgesamt summierten sich die Forderungen an die Obst-, Gemüse- und Kartoffelzentrale Kiew sowie die Getreidebetriebe Kiew auf 40,4 Millionen Karbowanez, denen eigene Verpflichtungen in Höhe von 14,5 Millionen Karbowanez gegenüberstanden.[218] Die ZHO beglich die am 4. April 1944 eingereichte Aufstellung der noch offenen »Einsatzentschädigungen« in Höhe von 23.400 Reichsmark, die als »außerordentliche Erträge« verbucht wurden.[219]

Werner Bahlsen gab für die H. Bahlsens Keksfabrik KG auf Anfrage der ZHO in seinem abschließenden Leistungsbericht unter Hinzufügung von Fotos ein »anschauliches Bild« der Aufbauschwierigkeiten und der Führung des Kiewer Treuhandbetriebs. 90 Prozent der Gesamtproduktion gingen an die Wehrmacht, etwa ein Zehntel erhielten deutsche Dienststellen in der Ukraine. Lieferungen »ins Reich und an die einheimische Bevölkerung« erfolgten nur in ganz geringen Mengen, sodass die Keksfabrik Kiew fast ausschließlich für militärische und zivile Besatzungseinrichtungen tätig war.

212 ZHO an alle Einsatzfirmen o.D. [20.12.1943], S. 1 (BAB, R 33-I, Nr. 1060, Bl. 517).

213 Ebd., S. 2 (BAB, R 33-I, Nr. 1060, Bl. 517).

214 Keksfabrik Kiew, Werner Bahlsen, Leistungsbericht vom 22.4.1944, S. 9 (BAH, R10, Nr. 606).

215 Keksfabrik Kiew, Werner Bahlsen/Max Lochte, Bilanz zum 24.9.1943 (BAB, R 33-I, Nr. 1124, Bl. 149f.).

216 Keksfabrik Kiew, Werner Bahlsen/Max Lochte, Anlage zu Bilanz per 24.9.1943, Debitoren (BAB, R 33-I, Nr. 1124).

217 Bajohr, Prützmann; Friedman, Personal-Akt.

218 Keksfabrik Kiew, Abwicklungsstelle, Werner Bahlsen/Max Lochte, Räumungsbericht vom 15.4.1944, S. 11ff. (BAB, R 33-I, Nr. 1124, Bl. 145ff.).

219 Norddeutsche Buchführungs- und Verwaltungs-AG, Bericht Nr. 107 über die Prüfung des Jahresabschlusses 1944 der H. Bahlsens Keksfabrik KG vom 21.5.1946, S. 46 (BAH, R10, Nr. 545).

Werner Bahlsen wollte mit seiner Ausarbeitung ausdrücklich hilfreich sein, »um bei einer Wiederbesetzung der verlorengegangenen Gebiete die Be- und Verarbeitungsbetriebe schnellstens wieder in Gang zu bringen«.[220] Doch auch das blieb eine Illusion, wie das Kiew-Engagement nicht die erhofften Folgen für das Unternehmen Bahlsen zeitigte. Denn das strategische Ziel, früheren sowjetischen Staatsbesitz in Privatbesitz zu überführen und sich eine leistungsstarke Produktionsbasis im deutsch dominierten Osten aufzubauen, blieb außerhalb der Reichweite und scheiterte im Gefolge der deutschen militärischen Niederlagen nach Stalingrad. Abgesehen von gewissen Einnahmen, die aber wegen der Tätigkeit auf Rechnung der ZHO begrenzt blieben, ergab sich aus dem im Oktober 1943 endenden Kiew-Engagement nicht nur durch die ukrainischen Zwangsarbeiterinnen und Zwangsarbeiter, sondern auch durch die technischen Fachkräfte und das Aufsichtspersonal zumindest eine Verstärkung der Arbeitskräftebasis des Unternehmens an seinem Stammsitz. Mit der Beteiligung an der ökonomischen Besatzungspolitik in der Ukraine berührte das Unternehmen aber auch die dortigen Verbrechenszonen.

220 Keksfabrik Kiew, Werner Bahlsen, Leistungsbericht vom 22.4.1944, S. 11 (BAH, R10, Nr. 606).

5.5 Bahlsen im »totalen Krieg«

Die Entscheidung der Unternehmensleitung, ab Herbst 1942 von den Ressorts Betrieb, Einkauf und Verkauf 14-tägig Berichte zu erhalten, ermöglichte ihr einen besseren Überblick. Die sich rasch ändernde Lage etwa bei der Versorgungslage bildete den Vorboten einer sich weiter zuspitzenden Situation des Nahrungsmittelunternehmens. Der durch Verordnung vom 7. Januar 1943 erfolgte und im Reichsgesetzblatt vom 22. Januar 1943 veröffentlichte Zusammenschluss der Wirtschaftsvereinigung Süßwarenindustrie (WVS) mit der Deutschen Zucker-Süßwaren-Wirtschaft ging mit der Zuweisung von weitgehenden Vollmachten zur verwaltungstechnischen Vereinfachung in die gleiche Richtung.[1]

Zuvor hatten die kriegsbedingten Einschränkungen weiter zugenommen. Während Anfang November 1942 die Kohlenzuteilung für den Winter keine Probleme erwarten ließ,[2] erging Anfang Dezember 1942 die Anordnung, während der Wintermonate jeden Donnerstag einen »Gasspartag« durchzuführen, da dann mit 4.200 Kubikmetern nur die Hälfte der üblichen Gasmengen zur Verfügung gestellt wurde. Die ausfallende Produktion sollte am Sonntag nachgeholt werden.[3] In der zweiten Januarhälfte 1943 erging die Anordnung, samstags ebenfalls nur 4.200 Kubikmeter Gas zu erhalten, was man auf dem Verhandlungsweg auf Samstage mit Minusgraden begrenzte.[4] Ende März 1943 wurde die tageweise Verminderung der Gasversorgung wieder aufgehoben, woraufhin die ersatzweise aufgenommene Sonntagsarbeit wieder aufgegeben wurde.[5]

Das Unternehmen hatte in seinen Lieferbeziehungen zu Grossisten und Detaillisten kriegsbedingt Anpassungen vorzunehmen, was die Warenzuteilung oder die Rabattierung betraf. Obwohl das System der Reisenden wegen der Einberufung von Direktverkäufern und durch Geschäftsschließungen von Wiederverkäufern im Kriegsverlauf immer stärker an seine Grenzen geriet und die bevorstehende Niederlage von Stalingrad durchaus skeptische Gedanken über die weiteren Aussichten befördern konnte, diskutierte die am 13. Januar 1943 in Hannover durchgeführte Oberreisenden-Konferenz die »Rabatte nach dem Kriege«.[6] Das Unternehmen plante die Wiedereinführung der zwischen 1908 und 1914 gültigen nachvergüteten Mengenrabatte an alle Kunden, wobei eine Dreier-Kommission über veränderte Staffelungen und den Umgang mit Sonderkunden Vorschläge erarbeiten sollte. Der Oberreisende Grün übernahm in seinem Bereich nach persönlicher Verabredung mit den betreffenden Kunden einen dreimonatigen Versuch. Die Ende August 1943 zu dieser

1 Hermann Hertzer, Verkauf vom 30.1.1943, S. 1 (BAH, R10, Nr. 516).
2 Klaus Bahlsen, Fabrikbericht 1.-15.11.1942 vom 17.11.1942, S. 1 (BAH, R10, Nr. 513).
3 Klaus Bahlsen, Fabrikbericht 16.-30.11.1942 vom 5.12.1942, S. 2 (BAH, R10, Nr. 513).
4 Klaus Bahlsen, Fabrikbericht 16.-31.1.1943 vom 3.2.1943, S. 1 (BAH, R10, Nr. 513).
5 Klaus Bahlsen, Fabrikbericht 15.-31.3.1943 vom 2.4.1943, S. 2 (BAH, R10, Nr. 513).
6 Hermann Hertzer, Verkauf vom 16.1.1943, S. 3 (BAH, R10, Nr. 513).

Frage in Anwesenheit von Klaus und Werner Bahlsen durchgeführte Oberreisenden-Konferenz wollte in der »Friedenszeit« allen Kleinhändlern eine Umsatzprämie zukommen lassen.[7]

Bahlsen unterstellte entweder einen bevorstehenden deutschen Sieg, auf den sich das Unternehmen vorzubereiten hatte, oder aber es rückte gedanklich schon von der Kriegswirtschaft ab, obwohl die Wehrmachtslieferungen einen erklecklichen Teil der Geschäftstätigkeit ausmachten. Auf Veranlassung des Reichswirtschaftsministeriums musste aber ab Februar 1943 die Reisetätigkeit weitestgehend eingestellt werden, und Gauleiter Lauterbacher veranlasste die Schließung von Konfitüregeschäften und Fabrik-Filialen. Darüber hinaus gab es seitens der neuen Hauptvereinigung der deutschen Zucker- und Süßwarenwirtschaft (HV ZuS) Bestrebungen, die Verteilung ausschließlich über Grossisten vorzunehmen, sodass für Bahlsen die Gefahr bestand, die »direkte Verbindung mit dem Einzelhandel zu verlieren«.[8] Am Ende zeigte sich aber, dass von dieser Maßnahme nur die Zuckerwarenbranche, aber nicht die Dauerbackwaren-Industrie betroffen war.[9]

Bei der Belieferung von Bahnhofsgaststätten bestand die Schwierigkeit, dass deren Wirte hierfür keine Mehlscheine einreichten, sodass einige große Bahnhöfe keine Bahlsen-Produkte mehr anboten. Dieser »Übelstand« sollte beseitigt werden.[10] Auch das von der Fachabteilung Dauerbackwaren-Industrie am 19. April 1943 übermittelte, von der Reichsstelle für Papier ausgesprochene Verbot der Herstellung von Kleinpackungen traf Bahlsen ins Mark. Wenn alle Packungen, die unangebrochen in die Hand von Endverbrauchern gelangten, als Kleinpackungen galten, würde faktisch die Versorgung des Zivilmarktes enden. Deshalb schaltete Bahlsen Verbandsstrukturen ein, um zumindest eine Milderung zu erreichen. Die Reichsstelle für Papier stellte allerdings die Bedingung, dass neue Kleinverpackungen mindestens die Hälfte des bisherigen Ressourcenverbrauchs einsparten. Konnte dies nicht erreicht werden, würde es nach Einschätzung der Fachabteilung bei dem Verbot bleiben.

Auch bestanden im April 1943 starke Tendenzen, »Keksfabriken aus dem Altreich« von der Belieferung der »Ostmark« auszuschließen. Bahlsen nahm aber Bezug auf die am 24. Januar 1942 erteilte Spezialerlaubnis, deren Quote streng eingehalten worden sei. In einer Verhandlung mit der Hauptvereinigung Getreide in Wien setzte die Fachgruppe Dauerbackwaren durch, dass Bahlsen im bisherigen Umfang seine Lieferbeziehungen nach dort fortsetzen konnte. Zwieback-Lieferungen sollten zukünftig aber nur noch innerhalb des eigenen Gebiets vorgenommen werden.[11]

7 Besprechung am 31.8. u. 1.9.1943 vom 1.9.1943, S. 1 (BAH, R10, Nr. 519); Hermann Hertzer, Verkauf vom 15.9.1943, S. 1 (BAH, R10, Nr. 516).

8 Hermann Hertzer, Verkauf vom 15.2.1943, S. 1f. (BAH, R10, Nr. 513); vgl. Corni u. Gies, Brot, S. 154ff.

9 Hermann Hertzer, Verkauf vom 27.2.1943, S. 1 (BAH, R10, Nr. 513).

10 Hermann Hertzer, Verkauf vom 30.4.1943, S. 1 (BAH, R10, Nr. 513).

11 Ebd.; Hermann Hertzer, Verkauf vom 15.5.1943, S. 1 (BAH, R10, Nr. 513).

Zwar waren die Weizenmehllager durch die Zuweisung von »Russengut« gut gefüllt und die Versorgung mengenmäßig einstweilen gesichert, doch bei näherer Prüfung zeigte sich, dass ganz unterschiedliche Qualitäten vermengt worden waren, sodass manche Chargen nicht fürs Backen geeignet und teilweise sogar gesundheitsschädlich waren.[12] Bahlsen hoffte, von der Hauptvereinigung der deutschen Getreide- und Futtermittelwirtschaft nicht gezwungen zu werden, »dieses Russenmehl zu verarbeiten«. Zwar nahm die Berliner Hauptvereinigung widerwillig 225 Tonnen zurück und reichte das aus ihrer Sicht einwandfreie Mehl an Brandt-Zwieback weiter. Wegen der eigenen »festen Haltung« rechnete Anna-Dora Thieme jedoch künftig bei »Mehl-Nöten« mit keinem »Entgegenkommen« der Berliner Stelle mehr.[13] Im Zuckerbereich gelang es der Leiterin der Einkaufs- und Finanzabteilung durch persönliche Verhandlung in Berlin von der am früheren Saisongeschäft orientierten Belieferung abzugehen und eine gleichmäßige Bereitstellung vorzusehen.[14]

Nach den gemachten Erfahrungen unzureichender Mehlbelieferung im Frühsommer 1942 setzte Bahlsen auch 1943 seine »Politik der Hortung« bis zur neuen Ernte fort, um Lieferschwierigkeiten zu vermeiden.[15] Wie hilfreich die von Anna-Dora Thieme veranlasste ausreichende Bevorratung für den reibungslosen Fabrikbetrieb war, zeigte sich beispielsweise bei der Umorganisation der Hauptvereinigung der deutschen Zucker- und Süßwarenwirtschaft, die Anfang Mai 1943 für das bis Ende September 1943 dauernde Trimester noch keine Kontingente zugeteilt hatte. Ohne entsprechende Lagerhaltung wäre der Betrieb zum Stillstand gekommen. Wegen hinderlicher Regelungen auf dem Gebiet des Verpackungswesens schaltete sie den NSDAP-Gauwirtschaftsberater Julius Albert Maier ein.[16] Sie hatte bereits im Sommer 1942, als ein Verbot der Nutzung der Mehlsorte 1050 und deren Ersatz durch die Sorte 2800 zum ersten Mal zur Sprache kam, da ein Einspruch keine Zuteilung garantierte, vorausschauend Versuche zur Herstellung brauner Kekssorten in der Art des Weihnachtsgebäcks angeregt.[17] Darüber hinaus sollte gegenüber den Zuteilungsstellen der Eindruck höchster Leistungsfähigkeit gepflegt werden, um selbst in Mangelsituationen als *best in class* weiterhin beliefert zu werden.

Die Liquidität konnte trotz der vorsichtshalber vorgenommenen Rohstoffeinlagerungen und der Steuer- sowie Pachtzahlungen an die Hannoversche Keksfabrik GmbH bis Januar 1943 bei der Marke von 300.000 Reichsmark gehalten werden.[18] Im Februar 1943 stand einem Bankguthaben von 186.000 Reichsmark bis Ende März ein Geldbedarf von 450.000 Reichsmark für Steuern und von 400.000 für

12 Anna-Dora Thieme, Bericht: 15.1.1943 vom 15.1.1943, S. 1 (BAH, R10, Nr. 513).
13 Anna-Dora Thieme, Bericht: 1.2.1943 vom 1.2.1943, S. 1 (BAH, R10, Nr. 513).
14 Anna-Dora Thieme, Bericht: 15.2.1943 vom 15.2.1943, S. 1 (BAH, R10, Nr. 513).
15 Anna-Dora Thieme, Bericht: 3.5.1943 vom 3.5.1943, S. 1 (BAH, R10, Nr. 513).
16 Ebd., S. 2.
17 Anna-Dora Thieme betr. Herstellverbot für Keks in absehbarer Zeit zu Gunsten von Zwieback vom 4.5.1942, S. 1 (BAH, R10, Nr. 519).
18 Anna-Dora Thieme, Bericht: 15.1.1943 vom 15.1.1943, S. 2 f. (BAH, R10, Nr. 513).

die Rohstoffbeschaffung für die Artikel Fruchtschnitte und Rösta gegenüber. Darüber hinaus zeigten die Bücher Alt-Verbindlichkeiten gegenüber der Hannoversche Keksfabrik GmbH in Höhe von 1,2 Millionen Reichsmark, die sich noch um eine Forderung von 380.000 Reichsmark aus dem Geschäftsjahr 1942 erhöhten.[19] Der Geldbedarf für Rohstoffe nahm im Zuge der Geschäftsausweitung bei den Wehrmachtslieferungen und der Notwendigkeit der vorausschauenden Lagerhaltung deutlich zu. Anfang Mai 1943 musste 1 Million Reichsmark für Rohstoffe aufgebracht werden.[20]

Wehrmachtslieferungen wohnten durchaus auch ökonomische Risiken inne. Die Fabrikation der für die Wehrmacht zu liefernden Fruchtschnitten musste wegen fehlender Trockenfrüchte unterbrochen werden, da Aprikosen und Sultaninen nicht zu bekommen waren.[21] Da die Preise für Trockenfrüchte im Jahr 1942 um das Zwei- bis Dreifache stiegen, die Ausgangskalkulation aber mit den vorherigen Preisen gerechnet hatte, entstand durch die großen Liefermengen ein »starker Unterschuss«. Bahlsen reichte daraufhin für die Zeit zwischen April und Oktober 1942 eine Nachkalkulation ein, die der Preisprüfer prüfte, sodass in den letzten Dezembertagen eine Nachbelastung erfolgen konnte.[22] Die Nachberechnung von 331.062 Reichsmark ging zum allergrößten Teil noch im Februar 1943 ein.[23]

Anfang März 1943 fand die mit Haferflocken weiter aufgewertete Fruchtschnitte den Zuspruch der zuständigen Heeresbeschaffungsstelle und ging in der zweiten Aprilhälfte 1943 in die Herstellung.[24] Anfang Januar 1943 erteilten die Marine-Inspektion Wilhelmshaven neue Aufträge über 6 Tonnen U-Boot-Keks und die Marine-Inspektion Kiel über 56 Tonnen Keks mittlerer Güte, während die Ersatz-Verpflegungs-Magazine (EVM) Hildesheim und Hannover 3 Tonnen Leibniz-Keks orderten.[25] Nachdem der neue Wehrmachtsartikel Würza Mitte Januar 1943 in Produktion gegangen war,[26] orderte das EVM Berlin I im Februar 1943 500.000 Pakete Würza. Bahlsen stellte für 1.000 90-Gramm-Schachteln einen Preis von 250 Reichsmark in Rechnung.[27] Darüber hinaus sollten 600.000 Pakete Rösta sowie 16 Tonnen Schrips geliefert werden, während das EVM Hannover 1 Tonne Leibniz-Keks bestellte. Kaum in Auftrag gegeben, stoppte das EVM Berlin I am 13. Februar 1943

19 Anna-Dora Thieme, Bericht: 15.2.1943 vom 15.2.1943, S. 2 (BAH, R10, Nr. 513).

20 Anna-Dora Thieme, Bericht: 3.5.1943 vom 3.5.1943, S. 2 (BAH, R10, Nr. 513).

21 Klaus Bahlsen, Fabrikbericht 16.-31.1.1943 vom 3.2.1943, S. 1 (BAH, R10, Nr. 513).

22 Klaus Bahlsen, Fabrikbericht 16.-31.12.1942 vom 18.1.1943, S. 1 (BAH, R10, Nr. 513).

23 Hermann Hertzer, Verkauf vom 16.1.1943, S. 1; Hermann Hertzer, Verkauf vom 15.2.1943, S. 1 (jeweils BAH, R10, Nr. 513).

24 Klaus Bahlsen, Fabrikbericht 1.-15.3.1943 vom 18.3.1943, S. 1; Klaus Bahlsen, Fabrikbericht 15.-30.4.1943 vom 5.5.1943 (jeweils BAH, R10, Nr. 513).

25 Hermann Hertzer, Verkauf vom 16.1.1943, S. 1 (BAH, R10, Nr. 513).

26 Klaus Bahlsen, Fabrikbericht 16.-31.1.1943 vom 3.2.1943, S. 1 (BAH, R10, Nr. 513).

27 Betriebsleitung, Hermann Hertzer, an Rechnungs-Abteilung, Willi Peters vom 30.1.1943 (BAH, R10, Nr. 519).

aber alle Keks-Aufträge, da seine »Läger mit Ware überlastet« seien.[28] Seitens der Marine-Intendanturen Wilhelmshaven und Kiel gingen dagegen Bestellungen über 30 Tonnen Keks mittlerer Güte und 30 Tonnen Duve und Gotenhafen für U-Boote in Weißblechfalzverschlussdosen ein.[29] In der zweiten Märzhälfte 1943 bestellte das EVM Berlin I über 16 Tonnen Schrips und 1,2 Millionen Pakete Rösta sowie 500.000 Pakete Würza.[30]

Wegen der hohen Bedeutung der Wehrmachtslieferungen erfolgte im März 1943 eine Verhandlung zwischen dem Generalkommando XI und der Rüstungsinspektion XI Hannover, die zukünftig die Heeres-Aufträge betreuen wollte. Fragen des Arbeitseinsatzes bearbeitete Major Bock.[31] Im Hintergrund trug anscheinend der zum Generalkommando XI eingerückte Hans Bahlsen zur Entscheidung bei. Die am 15. März 1943 von der Rüstungsinspektion XI übernommene »Betreuung« des Betriebs in Bezug auf die Wehrmachtslieferungen sollte dem Unternehmen die Zuteilung rüstungswirtschaftlicher Dringlichkeitsstufen wie insgesamt eine bessere Versorgung mit Rohstoffen wie Kohle oder mit Arbeitskräftekontingenten erleichtern.[32]

Von der Wehrmacht vorgenommene Umsteuerungen störten die Produktionsabläufe. Am 3. Februar 1943 ging eine telefonische Anfrage des OKH über die Herstellung von 150 Tonnen bzw. 500.000 Paketen Notverpflegung ein, die in 300-Gramm-TET-Paketen mit Wachspapier und teilweise mit Wetterfest-Cellophan verpackt werden sollten. Der formelle Auftrag wurde am 5. Februar 1943 erteilt. Die Notverpflegung bestand aus 50 Prozent Haferflocken, 20 Prozent Fett, 16 Prozent Fleisch sowie Soja, Eipulver, Hefe, Tomatenpulver und Gewürz. Nach entsprechenden Versuchen und der Bemusterung am 4. Februar 1943 führte Kurt Pentzlin tags drauf die Muster in Berlin vor, woraufhin am 6. Februar ein erster Großversuch mit 500 Kilogramm erfolgte, am 7. und 8. Februar die Maschinen umgebaut und eingerichtet wurden, sodass am 9. Februar 1943 die Fabrikation aufgenommen werden konnte. Am 18. Februar 1943 ging ein zweites Band in Betrieb. Bis zur Abwicklung des ersten Auftrags am 24. Februar 1943 mussten alle anderen Arbeiten zurückgestellt werden.[33] Wegen des Notverpflegungsprogramms kam eine Delegation des OKH nach Hannover, um die Fabrikation zu besichtigen und offene Fragen zu verhandeln.[34]

28 Hermann Hertzer, Verkauf vom 15.2.1943, S. 1 (BAH, R10, Nr. 513).

29 Hermann Hertzer, Verkauf vom 27.2.1943, S. 1 (BAH, R10, Nr. 513).

30 Hermann Hertzer, Verkauf vom 31.3.1943, S. 1 (BAH, R10, Nr. 513).

31 Klaus Bahlsen, Fabrikbericht 1.-15.3.1943 vom 18.3.1943, S. 2 f.; Hermann Hertzer, Verkauf vom 31.3.1943, S. 2 (jeweils (BAH, R10, Nr. 513).

32 Hermann Hertzer, Verkauf vom 31.3.1943, S. 2 (BAH, R10, Nr. 513).

33 Klaus Bahlsen, Fabrikbericht 1.-15.2.1943 vom 17.2.1943, S. 1; Klaus Bahlsen, Fabrikbericht 15.-28.2.1943 vom 3.3.1943, S. 1 (jeweils BAH, R10, Nr. 513).

34 Klaus Bahlsen, Fabrikbericht 15.-28.2.1943 vom 3.3.1943, S. 3 (BAH, R10, Nr. 513).

Ob das Arbeitsamt wegen der neuen Produktionsumfänge 50 »Halbtagsfrauen« zuwies, kann nicht gesagt werden, zumindest schützten die Aufträge vor dem Entzug von Personal.[35] Wegen fehlender Unterlagen konnte erst Anfang März der Preis für 1.000 Pakete mit Cellophan mit 105,35 und ohne Cellophan mit 77,50 Reichsmark festgelegt werden.[36] Da zwischenzeitlich am 15. Februar 1943 ein zweiter Auftrag in gleichem Umfang erteilt wurde, richtete der Betrieb bis zum 27. Februar in der Berliner Brot-Abteilung ein weiteres Band ein, sodass täglich 50.000 Pakete Notverpflegung hergestellt werden konnten. Für die Erledigung des zweiten Auftrags rechnete Bahlsen mit nur zehn Arbeitstagen. Der Preis reduzierte sich durch die Benutzung eines für den Auftrag gebauten Packbands auf 63,80 Reichsmark für 1.000 Portionen.[37] Die Preise variierten aber stark je nach Kostensituation.[38] Die Abarbeitung eines dritten Auftrags über 300.000 Pakete begann am 16. März 1943.[39] Die Tageshöchstherstellung der Notverpflegung lag bei 150.000 Packungen oder 50 Tonnen. Solche Aufträge hatten auch den Vorteil, dass sie zur Bewilligung von Eisenscheinen durch die Wehrmachtsteile genutzt werden konnten, um Öfen zu modernisieren oder von der Firma Werner und Pfleiderer den Ofen 9 geliefert zu bekommen.[40]

Die Produktgruppe der Notverpflegung regte die insbesondere von Klaus Bahlsen betriebene Entwicklungstätigkeit an. Die Entwicklung neuer Produkte – darunter auch fleischlose Muster oder süße und süß-saure – führte zu einer Kooperation mit dem Rostocker Universitätsordinarius und Wehrhygieniker Werner Kollath, der beispielsweise die Haltbarkeit und hygienische Sicherheit von »Fliegerabwurfnahrung« prüfte.[41] Die Firma Bahlsen legte diese am 25. Februar 1943 in Berlin der betreffenden OKH-Stelle vor, wobei insbesondere die Variante süß gefiel, da sie auch in rohem Zustand gut zu essen war.[42] Daraufhin erhielt Bahlsen Anfang März einen mündlich erteilten Auftrag über 300 Tonnen, was einer Million Paketen entsprach.[43]

Für den »Fronteinsatz« fragte das Heer 2 Millionen Kleinpackungen nach, in denen von der Firma Sarotti sieben verschiedene Sorten, darunter ein Fruchtpas-

35 Ebd., S. 2.

36 Betriebsleitung, Hermann Hertzer, an Rechnungs-Abteilung, Willi Peters vom 9.3.1943 (BAH, R10, Nr. 519).

37 Betriebsleitung, Hermann Hertzer, an Rechnungs-Abteilung, Willi Peters vom 12.3.1943 (BAH, R10, Nr. 519).

38 Betriebsleitung, Hermann Hertzer, an Rechnungs-Abteilung, Willi Peters vom 2.8.1943 (BAH, R10, Nr. 519).

39 Klaus Bahlsen, Fabrikbericht 1.-15.3.1943 vom 18.3.1943, S. 1 (BAH, R10, Nr. 513).

40 Klaus Bahlsen, Fabrikbericht 15.-28.2.1943 vom 3.3.1943, S. 2 (BAH, R10, Nr. 513).

41 Melzer, Vollwerternährung, S. 225. Aus der Zusammenarbeit erwuchs eine persönliche Freundschaft mit Klaus Bahlsen, die nach 1947 zur Aufnahme des aus Rostock vor der Strafverfolgung durch die Sowjets Fliehenden und zu dessen Betätigung als Berater des Unternehmens führte, ebd., S. 268 ff.; Briesen, Leben, S. 198 ff.; Spiekermann, Kost, S. 607.

42 Klaus Bahlsen, Fabrikbericht 15.-28.2.1943 vom 3.3.1943, S. 1 (BAH, R10, Nr. 513).

43 Klaus Bahlsen, Fabrikbericht 1.-15.3.1943 vom 18.3.1943, S. 1 (BAH, R10, Nr. 513).

tenriegel von 80 Gramm und eine Packung mit stark eiweißhaltigem Gebäck, verpackt werden sollten. Bahlsen wollte 1,5 Millionen Fruchtriegel herstellen, die Kekspackung entwickeln und einen Packvorschlag mit einer stabileren Ausführung der Gesamtpackung unterbreiten.

Da sich auch die Luftwaffe für die Notverpflegung von abgesprungenen Fliegern für Würza mit Eiweiß und die Notverpflegung süß interessierte, die ihnen für vier Tage Nahrung geben sollte, bestand die Chance auf eine Ausweitung der Produktion. Die Entwicklungstätigkeit umfasste auch einen mit Trockenfleisch hergestellten Fleischkeks, von dem die Luftwaffe 500.000 Packungen zu je 50 Gramm beziehen wollte.[44] Bahlsen steigerte die Produktion von Rösta zeitweilig auf über 100.000 Pakete am Tag, da die Luftwaffe dem Unternehmen »Vorwürfe machte«, mit der Lieferung nicht hinterherzukommen.[45] Im Windschatten der Luftwaffe bestellte das Focke-Wulf-Werk in Cottbus-Nord größere Mengen Leibniz-Keks für sein Einflieger-Personal.[46] Die Heinkel-Flugzeugwerke in Wien-Schwechat wollten ebenfalls beliefert werden.[47]

Bahlsen legte die Notverpflegung süß zur Mengensteigerung auch dem Marine-Institut in Hannover vor, das großes Interesse zur Versorgung von U-Boot-Besatzungen zeigte. Darüber hinaus fand bei der Marine auch eine Bemusterung der Notverpflegung mit Fleisch und der Artikel Rösta F, Fruchtschnitte sowie Würza statt. Um die Brauchbarkeit der Sorten zu erproben, kamen die Muster auf ein Versuchs-U-Boot.[48]

Das Militär gab also erkennbar Anreize zur Entwicklung neuer Produkte. Konditormeister Rudolf Walther, der die Teigherstellung für die Heeresware überwachte, kam als »Spezialist« für die Entwicklung neuer Gebäcksorten für die Wehrmacht eine herausgehobene Rolle zu, weshalb der am 23. Oktober 1942 gestellte Antrag auf Uk-Stellung bewilligt wurde.[49] Die Fabrik versuchte auf Wunsch der Wehrmacht darüber hinaus, einen Keks mit hohem Eiweißgehalt herzustellen, und verwendete hierzu Milch, Eiweiß und Magermilchpulver. Mit solchen Produkten sollte die Eiweißversorgung der Soldaten, aber auch der Zivilbevölkerung verbessert werden. Zwar gelang die backtechnische Durchführung, jedoch sprach der Geschmack der Backproben im Januar 1943 noch nicht an.[50] Anfang März 1943 gefiel der Keks, sodass zur Vorbereitung von Aufträgen der Rohstoff-Bedarf angezeigt werden sollte.[51]

Das Vorhaben brachte Bahlsen erneut in Kontakt mit dem Lebensmittelchemiker Prof. Dr. Willibald Diemair, der die Fabrik Anfang April 1943 besuchte, um Eiweiß-

44 Ebd.
45 Werner Bahlsen, Fabrikbericht 15.5.-15.6.1943 vom 26.6.1943, S. 1 (BAH, R10, Nr. 513).
46 Hermann Hertzer, Verkauf vom 31.3.1943, S. 1 (BAH, R10, Nr. 513).
47 Ebd., S. 2.
48 Klaus Bahlsen, Fabrikbericht 15.-31.3.1943 vom 2.4.1943, S. 1 (BAH, R10, Nr. 513).
49 Uk-Stellungs-Karteikarte Rudolf Walther o. D. (BAH, R10, Nr. 592).
50 Klaus Bahlsen, Fabrikbericht 16.-31.1.1943 vom 3.2.1943, S. 1 (BAH, R10, Nr. 513).
51 Klaus Bahlsen, Fabrikbericht 1.-15.3.1943 vom 18.3.1943, S. 2 (BAH, R10, Nr. 513).

keks-Proben zu analysieren und an weiteren Versuchsbackungen teilzunehmen.[52] Werner Bahlsen hatte Diemair, der 1940 in die NSDAP eingetreten war, Ende August 1941 bei Bahlsen einstellen wollen, was aber die beiden Aufsichtsräte Dr. Heinrich Schmidt und Dr. Arthur Menge ablehnten. Sie führten zur Begründung an, dass er dann nicht mehr »als neutraler Gutachter oder Berater angesehen würde«, wodurch ein wesentlicher »Vorteil verloren« ginge.[53] Diemair gehörte zum Kreis von Lebensmittelchemikern, die die klaffende Eiweißlücke durch unkonventionelle Gewinnungsformen schließen wollten und dabei am Ende auch nicht von einer Erprobung der Ersatzstoffe in Konzentrationslagern zurückschreckten.[54]

Es entsprach dem Wunsch des Familienunternehmens, beim Eiweißgebäck mitzuwirken, aber unabhängig zu bleiben. Vor diesem Hintergrund bemühte sich Bahlsen um die Einstellung eines Chemikers, was sowohl die Sanitätsinspektion des Heeres als auch das OKH und das Generalkommando unterstützten.[55] Dem Labor war es gelungen, unter Verwendung von Trockenfleisch ein Eiweißgebäck mit 16,5 Prozent Eiweiß herzustellen. Auf der Basis von nicht-fleischigem eiweißhaltigen Rohmaterial enthielt ein anderes Gebäck sogar einen Anteil von 19,5 Prozent Eiweiß, was außerordentlich günstig war und durch mehrmonatige Versuchsreihen in die großtechnische Herstellung überführt werden sollte.[56] Doch die Zeit drängte, da bereits zehn andere Hersteller, deren Artikel durchgängig einen Eiweißgehalt von 20 Prozent aufwiesen, in die Produktion des Kekspakets für die »Frontkämpferpackung« eingeschaltet waren. Klaus Bahlsen hatte zwar an 3. März 1943 eine eigene Zusammenstellung mit 90 bis 100 Gramm Eiweißkeks, einem 65-Gramm-Fruchtpastenriegel, einem Marzipan-Ersatzriegel mit 60 Gramm, einer Rolle Drops, fünf Bonbons und einer Schachtel mit sechs Zigaretten vorgeschlagen.[57] Wenn Bahlsen jedoch nicht »schnellstens« liefern konnte, drohte nach den Erkundigungen von Werner Bahlsen in Berlin, dass »sämtliche Aufträge« an andere Firmen gingen.[58] Hierzu kam Diemair Anfang Juli 1943 nach Hannover, um mit der Einbindung von Eiweiß in die Notverpflegung verbundenen ernährungsphysiologischen Probleme mit Klaus Bahlsen durchzusprechen. Dabei berichtete Diemair über die in Han-

52 Klaus Bahlsen, Fabrikbericht 1.-15.4.1943 vom 20.4.1943, S. 3 (BAH, R10, Nr. 513).

53 Hans Bahlsen, Protokoll über die Aufsichtsrats-Sitzung am 26.8.1941 vom 28.8.1941, S. 4 (BAH, R10, Nr. 537).

54 Jacobeit u. Kopke, Wirtschaftsweise, S. 118 f.; Kopke, Ernährungsinspektor; Fraunholz, Verwertung, https://tud.qucosa.de/landing-page/?tx_dlf[id]=https%3A%2F%2Ftud.qucosa.de%2Fapi%2Fqucosa%253A26390%2Fmets (Zugriff 1.3.2023).

55 Klaus Bahlsen, Bericht Berliner Reise am 5. u. 6.5.1943 vom 10.5.1943, S. 1 (BAH, R10, Nr. 630).

56 Klaus Bahlsen, Fabrikbericht 1.-15.5. 1943 vom 17.5.1943, S. 1 (BAH, R10, Nr. 513); Klaus Bahlsen, Bericht Berliner Reise am 5. u. 6.5.1943 vom 10.5.1943, S. 3 (BAH, R10, Nr. 630).

57 Klaus Bahlsen, Sammel-Paket für Frontkämpfer vom 3.3.1943 (BAH, R10, Nr. 207).

58 Werner Bahlsen, Notiz über Reise Berlin 27., 28. u. 29. Mai vom 31.5.1943, S. 1 (BAH, R10, Nr. 519).

nover durchgeführte Tagung und die neuesten Fortschritte der Eiweißgewinnung durch Algen- und Bakterien-Kulturen.[59]

Kekse aus Sojabohnen herzustellen, gelang im Juli 1943 recht gut, nachdem der zuvor aufgetretene unangenehme Geschmack durch besser geeignete Sojamehle verschwunden war.[60] Durch den Vormarsch der Roten Armee gab es für Soja ab Herbst 1943 aber keine zuverlässigen Bezugsmöglichkeiten mehr, sodass das Vorhaben wieder fallengelassen werden musste.[61] Klaus Bahlsen zeigte sich weiterhin offen für neue Produkte, weshalb in Berlin der Kontakt zu einem Mitarbeiter des Schokoladenherstellers Leonard Monheim AG gesucht wurde, die in Kooperation eine von der Luftwaffe einführte »Kriegsschokolade aus heimischen Rohstoffen« entwickelt hatte. Es bestand die Absicht, zusammen mit Bahlsen »Fleischtabletten« herzustellen und hierüber einen Lizenz-Vertrag abzuschließen.[62] Die Durchführung von Versuchen mit geröstetem Fleisch unterstrich die Neuerungsbereitschaft von Bahlsen, aus denen möglicherweise neue Vermarktungschancen entstehen konnten.

Klaus Bahlsen war auch an Experimenten zur Fleischtrocknung interessiert, wobei das Fleisch mit dem Fett vor der Trocknung gebraten wurde.[63] Für eine lange Haltbarkeit sorgte ein von der Firma Meinel entwickelter Stabilisator. Versuchsweise sollten 200 Gramm Fleisch mit 250 Gramm Keks oder Pumpernickel zusammengebracht werden.[64] Im Juni 1943 brachte das Marine-Untersuchungsinstitut Hannover dem Bahlsen-Werk Proben von synthetischem Fett »zur Herstellung von Vergleichsproben«, die mit natürlichem Fett hergestellt wurden.[65]

Mit den Großaufträgen geriet Bahlsen in Konkurrenz zu anderen Herstellern und in Konflikt mit den militärischen Abnehmern. Nach der Auftragserteilung am 1. April 1943 über eine Million Pakete Notverpflegung süß war vom Heer einen Monat später immer noch kein Rohmaterial eingegangen. Erst eine per »Blitzgespräch« platzierte Mahnung führte zu einer Anlieferung, sodass am 5. Mai 1943 die Produktion beginnen konnte. Der Fertigungsprozess lief aber weniger reibungslos als gewohnt, da der Teig stark krümelte. Die Schwierigkeiten machten sich Konkurrenzfirmen zunutze. Neben Sprengel aus Hannover und der Berliner Schokoladenfabrik Trumpf wollten auch die Firma Bernhard Most sowie die Schokoladenfabrik Rudolf Berger aus Pößneck Mitte Mai 1943 die Fabrik von Bahlsen besichtigen, um sich deren Methoden abzuschauen. Das lehnte Bahlsen aber ab, sondern steigerte

59 Klaus Bahlsen, Fabrikbericht 1.-14.7. 1943 vom 15.7.1943, S. 1 (BAH, R10, Nr. 513).

60 Klaus Bahlsen, Fabrikbericht 15.-31.7.1943 vom 3.8.1943, S. 1; Anna-Dora Thieme, Bericht: 15.2.1943 vom 15.2.1943, S. 1 f. (jeweils BAH, R10, Nr. 513).

61 Zum Nahrungsersatzstoff Soja Drews, Nazi-Bohne, S. 166 ff.; Spiekermann, Kost, S. 512 ff.

62 Klaus Bahlsen, Bericht Berliner Reise am 5. u. 6.5.1943 vom 10.5.1943, S. 2 f. (BAH, R10, Nr. 630).

63 Klaus Bahlsen, Fabrikbericht 1.-15.5.1943 vom 17.5.1943, S. 3 (BAH, R10, Nr. 513).

64 Klaus Bahlsen, Bericht Berliner Reise am 5. u. 6.5.1943 vom 10.5.1943, S. 2 (BAH, R10, Nr. 630).

65 Werner Bahlsen, Fabrikbericht 15.5-15.6.1943 vom 26.6.1943, S. 3 (BAH, R10, Nr. 513); Spiekermann, Kost, S. 532 ff.

die Tagesproduktion kurzfristig auf 90.000 Packungen.[66] Um den Auftrag wegen verspäteter Lieferung nicht entzogen zu bekommen, sagte Bahlsen am 13. Mai 1943 per Telegramm zu, den Auftrag am 20. Mai 1943 erledigt zu haben. Daraufhin erhielt das Unternehmen postwendend einen weiteren Auftrag über eine Million Pakete Notverpflegung süß, der einem anderen Lieferanten entzogen worden war. Allerdings ergaben sich aus dem zeitlichen Abstand zwischen mündlicher Zusage und Ausstellung des für die Rohstoffzuteilung notwendigen Schlussscheins Verzögerungen in der Materialbereitstellung, was zu Störungen in der Produktion führte.[67] Abweichend von der bisherigen Ausstattung sollte die Abpackung anstatt in einem in zwei Riegeln erfolgen. Das machte aber die Beschaffung einer speziellen Walze erforderlich.

Im März 1943 wurde Bahlsen aufgefordert, für die Herstellung von 300.000 Stück Fruchtmark-Pasten je 80 Gramm eine Aufstellung des erforderlichen Rohmaterials einzureichen. Bei den Vorbereitungsarbeiten waren einige Rückschläge hinzunehmen, da eine gleichmäßige Herstellung misslang und auch die Gewichtsvorgaben verfehlt wurden. Eine Reise Werner Bahlsens nach Berlin brachte Ende Mai 1943 die Unzufriedenheit mit den Liefermengen beispielsweise der Fruchtpasten zu Bewusstsein. Dem EVM Berlin sagte deshalb Werner Bahlsen unmittelbar zu, die Produktion von Fruchtschnitten zugunsten von Fruchtpasten auszusetzen.[68] Die Fruchtschnitten-Abteilung bot sich für eine Stilllegung auch an, weil die Verschlechterung des Ausgangsmaterials ohnehin eine Überholung der Gesamtanlage erforderlich machte.[69]

Durch diesen Schritt schuf Bahlsen die Voraussetzungen für eine Anfang Juni 1943 einsetzende Tagesproduktion von 12.000 Schachteln Fruchtmarkpasten. Darüber hinaus eröffnete bald danach unter Ausnutzung von Erfahrungen im Kiewer Treuhandbetrieb eine zweite Produktionslinie für Fruchtmarkpasten mit einer Tagesleistung von 30.000 Packungen.[70] Allerdings kam es bei diesem Artikel zu Reklamationen, sodass beispielsweise aus Halberstadt 70.000 Packungen zurückgenommen werden mussten.[71] Die ohne ausreichende Erprobung zu schnell in Gang gesetzte Fabrikation zeigte negative Folgen, sodass bis Ende Juli 250.000 nicht einwandfreie Packungen zurückgenommen werden mussten. Weitere Rücksendungen waren bereits angekündigt. Dem Leiter des Auslieferungslagers in Berlin, Erich

66 Klaus Bahlsen, Fabrikbericht 1.-15.5.1943 vom 17.5.1943, S. 2 (BAH, R10, Nr. 513); Klaus Bahlsen, Bericht Berliner Reise am 5. u. 6.5.1943 vom 10.5.1943, S. 1 (BAH, R10, Nr. 630).

67 Hermann Hertzer an Klaus Bahlsen betr. Auftrag Notverpflegung-süß vom 14.5. über 300 to vom 24.5.1943 (BAH, R10, Nr. 519).

68 Werner Bahlsen, Notiz über Reise Berlin 27., 28. u. 29.5. vom 31.5.1943, S. 1 (BAH, R10, Nr. 519).

69 Werner Bahlsen, Fabrikbericht 15.5.-15.6.1943 vom 26.6.1943, S. 2 (BAH, R10, Nr. 513).

70 Ebd., S. 1.

71 Klaus Bahlsen, Fabrikbericht 1.-14.7.1943 vom 15.7.1943, S. 2 (BAH, R10, Nr. 513).

Mank, gelang es aber, immerhin 135.000 dieser beanstandeten Schachteln weiterzuverkaufen.[72]

Um nicht erneut ins Hintertreffen zu gelangen, baute das Werk ein neues Band für das stückweise Packen, mit dem 60.000 Packungen je Schicht fertiggestellt werden konnten. Da aber innerhalb von vier Tagen 900 Tonnen, also 750.000 Packungen am Tag, hergestellt werden sollten, was mit den vorhandenen Anlagen nicht zu schaffen war, stellte Bahlsen dem OKH eine tägliche Liefermenge von 250.000 Paketen oder 75 Tonnen in Aussicht, von denen 150.000 Pakete in Hannover und 100.000 Pakete im Bahlsen-Zweigbetrieb in Gera hergestellt werden sollten. Im Juni 1943 erreichte die Tagesproduktion bei einem Zwei-Schicht-Betrieb eine Höchstmenge von 105.000 Paketen.[73] Der Produktionsbereich Notverpflegung steigerte den Monatsumsatz im Juni 1943 um 1 Million Reichsmark. Die Teigmengen erreichten eine solche Dimension, dass ein Bagger konstruiert wurde, der den Teig mit einem Förderband in die Formmaschine einbrachte, wodurch die schwere körperliche Arbeit auf das Einschaufeln auf das Produktionsband beschränkt werden konnte.

Die riesigen Bestellmengen belegten die Produktionskapazitäten und sorgten für wachsende Einnahmen: Ende Mai 1943 bestellten die Marine-Intendanturen Kiel und Wilhelmshaven 34 Tonnen der Sorten Duve und Gotenhafen sowie Keks für U-Boote und 73 Tonnen Keks mittlerer Güte, während die Ersatz-Versorgungs-Magazine Berlin I, Hannover und Hildesheim eine Tonne Leibniz-Keks, 500.000 Pakete Fruchtmarkpasten, 20 Tonnen Rösta sowie 300 Tonnen Notverpflegung süß, Anfang Juni 1943 200 Tonnen Notverpflegung süß, eine Tonne Leibniz-Keks, 500.000 Pakete Würzhappen, eine Million Pakete Rösta und 16 Tonnen Schrips orderten.[74] Das monatliche Soll für Rösta F sollte im Juni 1943 auf 1,2 Millionen Packungen festgesetzt werden. In den Gesprächen mit Berliner Militärdienststellen erfuhr Werner Bahlsen Ende Mai 1943, dass das Heer die regelmäßige Beschaffung von 2.000 Tonnen Keks im Monat zur Versorgung der Infanterie beabsichtigte. Das alles rief dazu auf, die »Produktion schnellstens auf höchster Tourenzahl laufen zu lassen«.[75] Da beim Heer noch ein Vorrat von 2.000 Tonnen lagerte, rechnete Werner Bahlsen einstweilen mit keinen Anschlussaufträgen für den Artikel Notverpflegung süß. Um näheren Aufschluss zu erhalten, sollte dem OKH geschrieben werden, um dessen »Wunsch« zu erfahren.

Die Monatsumsätze betrugen im Juni und Juli 1943 2,89 bzw. 1,67 Millionen Reichsmark und stiegen gegenüber den Vorjahresmonaten um 71 bzw. 65 Prozent an. Der Anteil der Wehrmachtslieferungen schwankte dabei zwischen 67 und 51,5 Prozent des Gesamtumsatzes. Größte Umsatzposten bildeten die Notverpflegung mit 1,73 Millionen, Rösta mit 426.000 und Fruchtschnitte mit 306.000 Reichs-

72 Klaus Bahlsen, Fabrikbericht 15.-31.7.1943 vom 3.8.1943, S. 2 (BAH, R10, Nr. 513).

73 Werner Bahlsen, Fabrikbericht 15.5.-15.6.1943 vom 26.6.1943, S. 3 (BAH, R10, Nr. 513).

74 Ersatz-Verpflegungs-Magazin Berlin I, an H. Bahlsens Keksfabrik KG, Schlussschein für Lebensmittel vom 7.6.1943 (BAH, R10, Nr. 601).

75 Werner Bahlsen, Notiz über Reise Berlin 27., 28. u. 29.5. vom 31.5.1943, S. 1 f. (BAH, R10, Nr. 519).

mark.[76] Nachdem der vereinbarte Preis für 1.000 Pakete Rösta Ende Juli 1943 von 187,50 auf 157 Reichsmark herabgesetzt worden war,[77] forderte die Preisprüfungsstelle beim Oberpräsidenten Hannover von Bahlsen für die zwischen Juli und Oktober 1943 gelieferten Mengen mehr als 121.000 Reichsmark zurück.[78]

Bahlsen nahm, um die Konkurrenz aus dem Feld zu schlagen, Aufträge bis zum Erreichen der Kapazitätsgrenze an. Hierdurch geriet der Betrieb unter extremen Lieferdruck. Bahlsen kam aus der Defensive heraus, auch weil kein anderer Hersteller solche Mengen produzieren konnte und das Unternehmen Spezialkenntnisse angesammelt hatte, die nicht leicht zu ersetzen waren. Eine Anfrage der Hauptvereinigung der deutschen Zucker- und Süßwarenwirtschaft, ob noch zusätzliche Aufträge übernommen werden könnten, verneinte Bahlsen sicherheitshalber Ende Mai 1943.[79]

Allerdings erhöhte sich parallel die vom NS-Regime ausgehende Nachfrage, die die zunehmenden Bombenangriffe und die damit verbundenen Probleme von Obdachlosigkeit und Erstversorgung der Einwohnerschaft durch eine kurzfristige Bereitstellung von Nahrungspaketen in den Griff zu bekommen versuchte.[80] Anfang Juli 1943 erging ein neuer Rahmenvertrag über 7,5 Millionen Packungen Notverpflegung, davon ein Drittel der Sorte Fleisch, zwei Drittel süß. Das für die Produktion erforderliche Verpackungsmaterial war vorrätig zu halten, während die Lieferung auf Abruf erfolgen sollte. Die großen Mengen ermöglichten Skalenvorteile, sodass der Preis der Notverpflegung um fünf Prozent ermäßigt werden konnte.[81] Ende Juli 1943 ging noch ein zusätzlich zum Rahmenvertrag erteilter Auftrag über eine Million Pakete Notverpflegung süß ein. Der Versuch, die Wehrmachtspackungen unter Weglassung der Firmenbezeichnung unter dem Artikelnamen »Union« zu liefern, um sich als Unternehmen von der qualitativ einfacheren Kriegsware abzusetzen, lehnte das OKH ab.[82] Die Abrechnung erfolgte zukünftig über einen Notverpflegungsvertrag, wodurch die Materialien vom EVM zu stellen waren. Dadurch reduzierten sich die Umsätze um die Materialkosten, aber auch der Betriebsaufwand zur Beschaffung der Rohmaterialien.[83] In diesem Zusammenhang ergab sich auch eine Rückvergütung von 125.706 Reichsmark durch die Bahlsen KG.[84]

76 Hermann Hertzer, Verkauf vom 15.8.1943, S. 1 f. (BAH, R10, Nr. 513).

77 Betriebsleitung, Hermann Hertzer, an Rechnungs-Abteilung, Willi Peters vom 16.2.1943; Betriebsleitung, Hermann Hertzer, an Rechnungs-Abteilung, Willi Peters vom 30.7.1943 (jeweils BAH, R10, Nr. 519).

78 Hermann Hertzer, Verkauf vom 1.1.1944, S. 2 (BAH, R10, Nr. 516).

79 Hermann Hertzer, Verkauf vom 31.5.1943, S. 2 (BAH, R10, Nr. 513).

80 Süß, Tod, S. 226 ff.

81 Betriebsleitung, Hermann Hertzer an Rechnungs-Abteilung, Willi Peters vom 2.8.1943 (BAH, R10, Nr. 519); Klaus Bahlsen, Fabrikbericht 1.-14.7.1943 vom 15.7.1943, S. 2; Klaus Bahlsen, Fabrikbericht 1.-15.8.1943 vom 6.9.1943, S. 1 (jeweils BAH, R10, Nr. 513).

82 Klaus Bahlsen, Fabrikbericht 15.-31.7.1943 vom 3.8.1943, S. 1 (BAH, R10, Nr. 513).

83 Klaus Bahlsen, Fabrikbericht 1.-15.8.1943 vom 6.9.1943, S. 1 (BAH, R10, Nr. 513).

84 H. Bahlsens Keksfabrik KG, Klaus Bahlsen, an Ersatzverpflegungs-Magazin vom 19.8.1943; Betriebsleitung, Klaus Bahlsen, an Hermann Hertzer vom 19.8.1943 (jeweils BAH, R10, Nr. 513).

Die große Nachfrage nach Notverpflegungen führte aber dazu, dass beispielsweise die von der Marine gestellte Anfrage nach der Sorte Delft und nach Honigkuchen für Weihnachtszusatzverpflegungen zunächst abschlägig beschieden werden musste, da der für Gera abgebrochene Ofen 5 nicht zur Verfügung stand und die großen Heeresaufträge die sonstigen Kapazitäten möglicherweise restlos belegten.[85] Damit waren auch die ursprünglichen Absichten, für den zivilen Bedarf 120 Tonnen Delft und 60 Tonnen Mandelspekulatius herzustellen, erst einmal vom Tisch.

Als neuer Großkunde trat das Deutsche Rote Kreuz (DRK) hinzu, das im zweiten Vierteljahr 1942 je 60.000 Pakete Leibniz-Mittel und Probiers erhielt.[86] Im dritten Quartal 1942 orderte das DRK jeweils 90.000 Pakete der beiden Kekssorten.[87] Im Juni 1943 ging eine Bestellung über 20.000 Dutzend der Artikel Leibniz-Keks und Spezialpackung »zur Versendung an deutsche Kriegsgefangene« ein, deren Zahl sich »leider durch den Verlust von Tunis wesentlich erhöht« hatte.[88] Anfang Juli 1943 besuchte der Leiter der DRK-Gefangenen-Betreuung im Ausland die Fabrik in Hannover und bestellte Sonderpackungen mit Leibniz-Keksen, um diese über das Internationale Rote Kreuz an deutsche Kriegsgefangene im Ausland zu bringen.[89] Die zwischenzeitlich von Bahlsen an das DRK geflossenen Spenden – Anfang Dezember 1942 10.000 Reichsmark, Anfang Februar 1943 weitere 10.000 Reichsmark – waren insoweit rentierlich.[90]

Im Januar 1943 stellte das DRK die Versorgung der deutschen Kriegsgefangenen und Zivilinternierten auf eine neue Basis, indem den Gefangenen nicht mehr auf Kosten der Angehörigen Pakete zugingen, sondern das DRK alle gleichmäßig betreute. In diesem Zusammenhang sollte Bahlsen neben anderen Aufträgen auch eine Bestellung über 10.000 Dutzend Leibniz-Keks in Cellophan zugehen.[91] Wegen der wachsenden Zahl der in westalliierte Kriegsgefangenschaft geratenen deutschen Soldaten stockte das DRK Ende November 1944 die Bestellung auf je 150.000 Pakete Leibniz-M und der DRK-Sonderpackung auf.[92]

Der Krieg wirkte inzwischen, abgesehen vom Personalmangel, vermehrt negativ auf die Geschäftstätigkeit ein. So musste Bahlsen am 15. April 1943 die Anordnung

85 Die Produktion von Delft und Spekulatius begann am 1.9.1943, Klaus Bahlsen, Fabrikbericht 1.-15.9.1943 vom 20.9.1943 (BAH, R10, Nr. 513).

86 Anna-Dora Thieme an Verkaufsabteilung, Hermann Hertzer/Kontingentstelle, Klaus Bahlsen vom 11.3.1942 (BAH, R10, Nr. 519).

87 Anna-Dora Thieme an Verkaufsabteilung, Hermann Hertzer/Kontingentstelle, Klaus Bahlsen vom 16.6.1942 (BAH, R10, Nr. 519).

88 Werner Bahlsen, Fabrikbericht 15.5.-15.6.1943 vom 26.6.1943, S. 2 (BAH, R10, Nr. 513).

89 Klaus Bahlsen, 9. Bericht – Betrieb 1943 vom 26.1.1944, S. 2 (BAH, R10, Nr. 505).

90 Anna-Dora Thieme, Bericht: 15.12.1942 vom 15.12.1942, S. 2; Anna-Dora Thieme, Bericht: 1.2.1943 vom 1.2.1943, S. 2 (jeweils BAH, R10, Nr. 513).

91 Hermann Hertzer, Verkauf vom 16.1.1943, S. 1 (BAH, R10, Nr. 513); Hermann Hertzer, Verkauf vom 15.4.1944, S. 1; Hermann Hertzer, Verkauf vom 31.5.1944, S. 1 (jeweils BAH, R10, Nr. 516).

92 Hermann Hertzer, Verkauf vom 30.11.1944, S. 1 (BAH, R10, Nr. 516).

zur Beendigung des Konfitürengeschäfts entgegennehmen.[93] Hinzu kam, dass die Firma Tengelmann im März 1943 für ihre Geschäfte die Zuteilung größerer Keks-Lieferungen beanspruchte, obgleich das Unternehmen in der Vorkriegszeit keine Bahlsen-Produkte bezogen hatte. Bis 1942 hatte das expansive Handelsunternehmen noch Belieferungsangebote von Bahlsen abgelehnt, aber durch die Übernahme einiger Faßbender-Filialen kam Tengelmann zum Kundenkreis. Bahlsen wollte Mitte März 1943 nur die Belieferung der inzwischen zu Tengelmann gehörenden früheren Faßbender-Geschäfte fortsetzen, aber keine darüber hinausgehende Geschäftsbeziehung mit Tengelmann aufnehmen.[94] Die Unternehmensleitung wollte grundsätzlich vermeiden, angesichts der angespannten Rohstoff- und Arbeitskräftelage ein Neukundengeschäft aufzuziehen, da die begrenzten Kapazitäten ohnehin belegt waren.

Anfang Mai 1943 erhielt das Berliner Bahlsen-Büro die amtliche Mitteilung, dass der Musterladen am Kurfürstendamm im Rahmen der Schließungsaktion von Süßwarengeschäften geschlossen werde. Der Unternehmenszentrale in Hannover, an die verwiesen wurde, ging aber bis Mitte Mai 1943 kein schriftlicher Bescheid zu. Das Unternehmen hielt in seiner Verteidigungsstrategie an der Argumentation fest, dass es sich um ein Geschäft für markengebundene Dauerbackwaren handele. Die am 30. Juli 1943 vom Berliner Hauptemährungsamt verfügte Schließung des Musterladens stand in dem Bemühen der NS-Führung, die deutsche Wirtschaft noch weiter auf Kriegserfordernisse umzustellen.[95]

Daraufhin beauftragte die Bahlsen KG am 12. August 1943 die Wiedereröffnung des als »Dauergebäck-Ladens« etikettierten Musterladens, da die »Verkaufsstelle« monatlich 10.000 Familien oder rund 30.000 Verbraucher auf Bezugsscheinmarken sowie 4.000 Kinder mit je zwei Paketen Keks versorge.[96] Da der Antrag am 18. August 1943 abgelehnt wurde,[97] rechnete das Unternehmen Ende August 1943 nicht mehr mit einer Wiedereröffnung.[98] Auch die persönliche Vorsprache von Erich Mank konnte den zuständigen Referenten des Hauptemährungsamts nicht umstimmen, zumal dieser auf dem Standpunkt stand, dass Keks selbst als Kindernahrung »keinerlei Bedeutung« mehr zukomme.[99]

93 Hermann Hertzer, Verkauf vom 30.4.1943, S. 1; Hermann Hertzer, Verkauf vom 15.5.1943, S. 1 (jeweils BAH, R10, Nr. 513).

94 Hermann Hertzer, Verkauf vom 15.3.1943, S. 1 (BAH, R10, Nr. 513); siehe auch Niethammer, Tengelmann.

95 Hermann Hertzer, Verkauf vom 15.8.1943, S. 2 (BAH, R10, Nr. 513); H. Bahlsens Keksfabrik KG, Anna-Dora Thieme, an Haupternährungsamt der Reichshauptstadt Berlin, Abteilung A vom 2.8.1943 (BAH, R10, Nr. 9).

96 H. Bahlsens Keksfabrik KG, Anna-Dora Thieme, an Haupternährungsamt der Reichshauptstadt Berlin, Abteilung A vom 12.8.1943 (BAH, R10, Nr. 9).

97 Haupternährungsamt der Reichshauptstadt Berlin, Abteilung A an H. Bahlsens Keksfabrik KG vom 18.8.1943 (BAH, R10, Nr. 9).

98 Hermann Hertzer, Verkauf vom 31.8.1943, S. 1 (BAH, R10, Nr. 516).

99 Hermann Hertzer, Verkauf vom 15.9.1943, S. 1 (BAH, R10, Nr. 516).

Die großen Mengen der Wehrmachtslieferungen begrenzten den Zivilanteil im Sommer 1943 auf 35 Prozent. Da nicht absehbar war, dass die Heeresaufträge wieder kleiner würden, setzte Bahlsen den Anteil der Zivilversorgung einstweilen auf 35 Prozent fest.[100] Bahlsen bemühte sich trotz der großen Anspannung durch die Wehrmachtslieferungen zur Kundenbindung um die Belieferung seiner angestammten zivilen Abnehmer. Darüber hinaus drohte bei dauernder Nichtausnutzung der für den Zivilbereich zugewiesenen Kontingente deren Streichung. Anna-Dora Thieme wollte jede Reduzierung der Rohstoffzuweisung verhindern, da ansonsten der »Übergang zur Friedenswirtschaft« erschwert würde. Die »Erfahrung aus dem Weltkriege« habe doch »gelehrt«, dass verlorene Kontingente »ungeheuer schwer oder überhaupt nicht« wiederzuerlangen waren.[101]

1943 fehlten im Programm dann Honigkuchen. Im September/Oktober 1943 erhielt Bahlsen außerdem Mehl von minderer Qualität, woraufhin die Keksprodukte »außerordentlich hart« wurden und Delft »kaum noch zu beißen« war.[102] Hinzu kamen Reklamationen seitens der Wehrmacht. Beispielsweise klagte das Ersatz-Versorgungs-Magazin Berlin beim Artikel Würza über »Madenbefall«. Die Prüfung durch Erich Mank ergab, dass immerhin 542 Kilogramm nicht für den Verzehr geeignet waren, sodass eine Verrechnung der Fehlmenge erfolgte.[103]

Darüber hinaus musste die Verpackungsgestaltung etwa bei der Leibniz-Mittelpackung eine Vereinfachung hinnehmen, die die Darstellung des Markennamens deutlich verkleinerte und zudem farbliche Hervorhebungen wie die roten Verschlussmarken entfallen ließ. Im September 1943 verbrannten durch den Bombenangriff auf Hannover große Mengen an Einschlagpapier, sodass die TET-Pakete ab Herbst 1943 ohne den gewohnten Einschlag ausgeliefert wurden. Da Verpackungsmaterial wegen Rohstoffmangels oder Bombenschäden bei den Herstellerfirmen zunehmend schwieriger zu beschaffen war, erprobte das Unternehmen das vom Reichsausschuss für Verpackungswesen beim Reichskuratorium für Wirtschaftlichkeit entwickelte neue Packmaterial, um bei möglichen Umstellungen bevorzugt berücksichtigt zu werden.[104]

Trotz der eingegangenen Bestellungen über 16 Tonnen Keks für die Marine, davon 6 Tonnen in Blechdosen für U-Boot-Besatzungen und 1,5 Millionen Pakete Fruchtschnitte, zog das Arbeitsamt in der zweiten Septemberhälfte 1943 immerhin 150 Personen ab, da in anderen unmittelbar rüstungsrelevanten Betrieben jede Hand gebraucht wurde.[105] Nur kurze Zeit später revidierte eine »Reichskommission« die

100 Werner Bahlsen, Fabrikbericht 15.5.-15.6.1943 vom 26.6.1943, S. 3 (BAH, R10, Nr. 513).

101 Anna-Dora Thieme, Bericht: 31.7.1943 vom 31.7.1943, S. 2 (BAH, R10, Nr. 513).

102 Klaus Bahlsen, Fabrikbericht 15.-30.9.1943 vom 5.10.1943, S. 1 (BAH, R10, Nr. 513).

103 Hermann Hertzer, Verkauf vom 1.12.1943, S. 2 (BAH, R10, Nr. 513).

104 Hermann Hertzer, Verkauf vom 31.5.1944, S. 2 (BAH, R10, Nr. 516).

105 H. Bahlsens Keksfabrik KG, Klaus Bahlsen, an Oberkommando des Heeres, Abteilung V III A vom 25.9.1943 (BAH, R10, Nr. 629); Hermann Hertzer, Verkauf vom 30.9.1943, S. 1 (BAH, R10, Nr. 516); Klaus Bahlsen, Fabrikbericht 15.-30.9.1943 vom 5.10.1943, S. 1 (BAH, R10, Nr. 513);

getroffenen Entscheidungen, sodass 1943 im Ergebnis dem Abzug von 402 das Unternehmen verlassenden Personen am Ende die Zuweisung von 419 neuen Beschäftigten und damit ein Nettozuwachs von 17 Männern und Frauen gegenüberstand. Der geringe Personalaufbau resultierte aber aus der Rekrutierung von Ukrainerinnen aus Kiew sowie von dienstverpflichteten deutschen Frauen, die aber nach Einschätzung des Unternehmens nicht nur wegen ihrer auf sechs Stunden geringeren Arbeitszeit »nur die halbe Leistung brachten«.[106]

Mit dem für das Deutsche Reich ungünstigen Kriegsverlauf brachen die inneren Konflikte vermehrt auf. Ein Disziplinargericht des Reichstreuhänders der Arbeit tagte im August 1943 im Betrieb, um durch Strafen den Fehlzeiten und dem Absentismus entgegenzuwirken. Da die Diebstahlsdelikte im Jahresverlauf 1943 zunahmen, erstattete das Unternehmen mehrmals Anzeige bei der Staatsanwaltschaft, sodass eine »ganze Anzahl« Belegschaftsangehöriger gerichtliche Freiheitsstrafen zwischen acht Tagen und mehreren Wochen erhielt.[107]

Die technische Rationalisierung der Produktionsabläufe setzte die Unternehmensleitung auch 1943 fort. Die Umstellung der Teigmacherei auf teilweisen Maschinenbetrieb ersetzte nach 30 Jahren die schwere Handarbeit.[108] Darüber hinaus erfolgten Ausarbeitungen zur weiteren Ausgestaltung der Fabrik sowie neuer Bauten. Die im August 1943 geplante »Umgestaltung der Betriebsleitung« sah neben Anmeldung, Vor- und Besprechungszimmer für die Herren Dr. Kurtz Pentzlin, Hans Püschmann und Willi Peters Einzelbüros vor. Auch belegte nach den Plänen Hans Bahlsen ein Einzelbüro, während ein gleichgroßes für Klaus und Werner Bahlsen zur gemeinsamen Nutzung vorgesehen war. Die Einteilung nahm einerseits auf die als längerfristig angenommene Abwesenheit von Werner Bahlsen Bezug, beschwor aber andererseits neuerlich Streit über die Gleichbehandlung der Brüder herauf.[109] Ein am 10. September 1943 erstellter zweiter Plan gab dann neben Hans Bahlsen auch Klaus Bahlsen ein eigenes Büro, während für Werner Bahlsen kein Zimmer vorgesehen war. Wie umstritten die Pläne waren, zeigte die Erstellung einer zum Auguststand zurückkehrende Zeichnung am 16. September 1943.

Die eingehenden Aufträge blieben bis Ende August 1943 noch hoch, als das EVM Berlin I mehr als 145 Tonnen Keks mittlerer Güte und 500.000 Pakete Fruchtmarkpasten bestellte.[110] Nachdem ans Heer im Mai 1943 146 und im Juli 1943 41,3 Tonnen ausgeliefert worden waren und die Marine-Verpflegungsämter Kiel und Wilhelms-

H. Bahlsens Keksfabrik KG, Anna-Dora Thieme, an Hauptvereinigung der deutschen Zucker- und Süßwarenwirtschaft, Dr. Meissner vom 10.12.1943, S. 2 (BAH, R10, Nr. 600).

106 Klaus Bahlsen, 9. Bericht – Betrieb 1943 vom 26.1.1944, S. 2 (BAH, R10, Nr. 505).

107 Ebd., S. 3.

108 Klaus Bahlsen, Fabrikbericht 1.-15.4.1943 vom 20.4.1943, S. 1 f. (BAH, R10, Nr. 513); Klaus Bahlsen, 9. Bericht – Betrieb 1943 vom 26.1.1944, S. 3 (BAH, R10, Nr. 505).

109 Brüder Siebrecht Architekten, H. Bahlsens Keksfabrik, Umgestaltung der Betriebsleitung vom 6.8.1943 (BAH, R13, Nr. 62).

110 Hermann Hertzer, Verkauf vom 31.8.1943, S. 1 (BAH, R10, Nr. 516).

haven 69 bzw. 30 Tonnen Keks erhalten hatten,[111] erreichten die Auslieferungen an die Ersatz-Verpflegungs-Magazine im August 1943 mit fast 438 Tonnen einen extrem hohen Wert.[112] Bestellungen und Auslieferungen blieben bis Jahresende 1943 auf hohem Niveau.[113] Fehlendes Personal stand einer weiteren Produktions- und Umsatzsteigerung aber im Weg. Um die Anfang Dezember 1943 von der Hauptvereinigung der deutschen Zucker- und Süßwarenwirtschaft angefragte Produktionsmenge von 4 Millionen Schachteln Notverpflegung zu erreichen, benötigte das Unternehmen Bahlsen zusätzlich 340 Frauen und 24 Männer.[114]

1943 verließen immerhin 5,6 Millionen Notverpflegungspackungen die Fabrik; 1944 weitere 2,4 Millionen.[115] Die Wehrmachtslieferungen erlösten 1943 4,662 Millionen Reichsmark, und der Rechnungswert der Notverpflegungen belief sich auf 1,837 Millionen. Der Gesamtumsatz des Jahres 1943 von 17,403 Millionen Reichsmark übertraf das Vorjahr noch um knapp 10 Prozent, während der Wehrmachtsanteil bei 37,3 Prozent verharrte.[116] Der Jahresgewinn ging aber mit 983.807 Reichsmark weiter zurück,[117] sodass die Umsatzrentabilität moderate 5,65 Prozent betrug. Die Kriegswirtschaft ermöglichte also keineswegs fantastische Profite, denn die NS-Führung wollte einerseits die Staatsverschuldung nicht vollkommen aus dem Ruder laufen lassen. Andererseits gehörte die Bekämpfung von Kriegsgewinnlern zu ihren Lehren aus dem Ersten Weltkrieg, da aus ihrer Sicht die Kriegsmüdigkeit und Regimeilloyalität der deutschen Zivilbevölkerung neben ihrer Unterversorgung auch mit den damals kaum begrenzten Profiten von Militärlieferanten zusammengehangen hatte.

111 Marine-Intendantur Wilhelmshaven Abt. IIIe, an H. Bahlsens Keksfabrik KG, Schlussschein für Lebensmittel vom 18.6.1943; Marine-Intendantur Wilhelmshaven Abt. IIIe, an H. Bahlsens Keksfabrik KG, Schlussschein für Lebensmittel vom 28.5.1943; Marine-Intendantur Wilhelmshaven Abt. IIIe, an H. Bahlsens Keksfabrik KG, Schlussschein für Lebensmittel vom 23.5.1943; Marine-Intendantur Wilhelmshaven Abt. IIIe, an H. Bahlsens Keksfabrik KG, Schlussschein für Lebensmittel vom 30.4.1943 (jeweils BAH, R10, Nr. 601).

112 Lieferungen an das Ersatz-Verpflegungs-Magazin Berlin im Monat Mai 1943 vom 1.6.1943; Lieferungen an das Marine-Verpflegungsamt Kiel im Monat Mai 1943 vom 1.6.1943; Lieferungen an das Marine-Verpflegungsamt Wilhelmshaven im Monat Mai 1943 vom 1.6.1943; Lieferungen an das Ersatz-Verpflegungs-Magazin Berlin im Monat Juli 1943 vom 2.8.1943, S. 2; Lieferungen an das Marine-Verpflegungsamt Kiel im Monat Juli 1943 vom 2.8.1943; Lieferungen an das Marine-Verpflegungsamt Wilhelmshaven im Monat Juli 1943 vom 2.8.1943; Lieferungen an das Ersatz-Verpflegungs-Magazin Berlin im Monat August 1943 vom 2.9.1943, S. 2 (jeweils BAH, R10, Nr. 600).

113 Hermann Hertzer, Verkauf vom 15.11.1943, S. 1 (BAH, R10, Nr. 513); Hermann Hertzer, Verkauf vom 15.12.1943, S. 1; Hermann Hertzer, Verkauf vom 1.1.1944, S. 1 (jeweils BAH, R10, Nr. 516).

114 H. Bahlsens Keksfabrik KG, Anna-Dora Thieme, an Hauptvereinigung der deutschen Zucker- und Süßwarenwirtschaft, Dr. Meissner vom 10.12.1943, S. 2 (BAH, R10, Nr. 600).

115 Klaus Bahlsen, 10. Bericht 1944-1945 vom 28.2.1946, S. 2 (BAH, R10, Nr. 505).

116 Klaus Bahlsen, 9. Bericht – Betrieb 1943 vom 26.1.1944, S. 4 (BAH, R10, Nr. 505).

117 Norddeutsche Buchführungs- und Verwaltungs-AG, H. Bahlsens Keksfabrik KG, Bilanz am 31.12.1943 vom 14.8.1946 (BAH, R10, Nr. 538).

Fast noch wichtiger als die Umsätze der Vergangenheit war die von der Hauptvereinigung der deutschen Zucker- und Süßwarenwirtschaft am 11. Dezember 1943 im Einvernehmen mit dem OKH und dem Rüstungsministerium ausgesprochene Bestellung zum »Lieferer von Süßwaren für die Wehrmacht«, deren Höhe auf 600 Tonnen Notverpflegung süß im Monat festgelegt wurde. Die Dauerbackwarenherstellung sollte zunächst in der bisherigen Form fortgesetzt werden. Die »Einschaltung als Wehrmachtslieferer« verband sich zum 1. Januar 1944 zudem mit der Erklärung zum »Schonbetrieb«, was den Arbeitslenkungsbehörden beim Arbeitskräfteentzug Fesseln anlegte.[118] Damit wechselte das Unternehmen in die Kategorie des militärischen Versorgers, da die Versorgung des Zivilsektors gegenüber der Wehrmacht nachrangig war.

Den Produktlinien Notverpflegung und Fruchtschnitten kam zur Jahreswende 1943/44 besondere Bedeutung zu, da Bahlsen Anfang Dezember 1943 angefragt wurde, welche Mengen Notverpflegung und Fruchtschnitte vom Unternehmen maximal hergestellt werden könnten. Anna-Dora Thieme übermittelte bei einer 48-Stundenwoche monatliche Produktionsmöglichkeiten von 2 Millionen Schachteln Notverpflegung je 300 Gramm (600 Tonnen) und 600.000 Schachteln Fruchtschnitte je 90 Gramm (45 Tonnen). Zur Bedingung solcher Produktionsmengen machte sie, dass hierfür 190 Frauen und 24 Männer zur Verfügung stehen müssten. Weil die Fabrik selbst nur ein Drittel des Personals stellen könnte, reduzierte sie die faktischen monatlichen Herstellmengen auf 600.000 Schachteln Fruchtschnitte oder 1 Million Schachteln Notverpflegung. Das zusätzliche Personal müsste von außen zugeführt werden, wenn größere Mengen erzeugt werden sollten. Anna-Dora Thieme nutzte das Schreiben auch zu dem Hinweis, dass bei Zuweisung der entsprechenden Anzahl Arbeiterinnen und Arbeiter in Gera ebenfalls die entsprechenden Produktionsmöglichkeiten bestünden.[119]

Geradezu im Gegenzug endete Anfang Januar 1944 bei Bahlsen die Herstellung von Fruchtschnitten, nachdem ein Beschluss der Hauptvereinigung der deutschen Zucker- und Süßwarenwirtschaft deren Produktion in die ansonsten stillliegenden Süßwaren-Fabriken in kleineren Orten der Provinz verlegt hatte. Die gesamte Süßwaren-Industrie war mit Jahresbeginn von jeglicher Zuckerzuteilung ausgenommen, sodass diese Branche faktisch ruhte.[120] Darüber hinaus übte das Speer-Ministerium nach Informationen von Erich Mank auf die Hauptvereinigung starken Druck aus, damit Unternehmen wie Bahlsen oder Suchard in Rüstungszentren »ausgeschaltet« wurden, um »möglichst alle Arbeitskräfte« den Rüstungsbetrieben zuzuführen.[121]

118 Hermann Hertzer, Verkauf vom 15.12.1943, S. 1 (BAH, R10, Nr. 516).

119 H. Bahlsens Keksfabrik KG, Anna-Dora Thieme, an Hauptvereinigung der deutschen Zucker- und Süßwarenwirtschaft vom 3.12.1943, S. 1 f. (BAH, R10, Nr. 519).

120 Hermann Hertzer, Verkauf vom 1.1.1944, S. 2 (BAH, R10, Nr. 516).

121 Hermann Hertzer, Verkauf vom 15.1.1944, S. 2 (BAH, R10, Nr. 513).

Davon unbeeindruckt sprachen Hans und Werner Bahlsen Ende Januar 1944 in München beim Geschäftsführer der Feurich KG vor, um mit ihm die Möglichkeiten einer Verflechtung beider Unternehmen zu besprechen. Die Firma Feurich, deren Fabrikgebäude allerdings zu gewissen Teilen durch Bombenangriffe beschädigt war, erwirtschaftete mit vier Bandofenanlagen und drei Kettenöfen und ihren Läden einen Umsatz von 6 Millionen und einen Jahresgewinn von rund 200.000 Reichsmark. Der persönlich haftende Gesellschafter und Geschäftsführer Hans Karl Löb war kein Keksfabrikant, sondern Verwaltungs- und Steuerfachmann, weshalb er eine Anlehnung an ein Keks-Unternehmen wünschte, um als Verwaltungsdirektor mitzuwirken. Während den beiden Bahlsen-Brüdern die Gründung einer Bahlsen-München AG vorschwebte, wollte Löb durch Einbringung der Fabrik Anteile der H. Bahlsens Keksfabrik erhalten, was für die Bahlsen-Seite unannehmbar war. Beide Seiten vereinbarten, im Gespräch bleiben zu wollen, zumal das Gesamtprojekt auch wegen der offenen Verhandlungsatmosphäre mit dem »intelligenten Kaufmann« von den Bahlsen-Brüdern als »sehr aussichtsreich« bewertet wurde.[122]

Die Wehrmachtsaufträge blieben aber zum Jahresbeginn 1944 noch auf hohem Niveau.[123] Neue Absatzmöglichkeiten entstanden zum einen durch die im Januar 1944 beim Reichsminister für Ernährung und Landwirtschaft platzierte Anforderung des Reichsarbeitsführers, den Nichtrauchern unter den Arbeitsdienstmännern anstatt von Rauchwaren im Monat 100 Gramm Zuckerwaren und 2 Rollen Keks auszuhändigen, was einen zusätzlichen Bedarf von 375 Tonnen Keks und 150 Tonnen Zuckerwaren auslöste.[124] Zum anderen fragte das NS-Hauptamt für Volkswohlfahrt für die Verwundetenbetreuung im Jahr 1944 quartalsweise 4 Millionen 100-Gramm-Packungen Gebäck nach.[125] Auch erwuchs aus dem Luftkrieg zusätzlicher Absatz, da beispielsweise das Landesernährungsamt Weser-Ems an Kleinkinder Keks ausgeben und hierfür 30 Tonnen Kekse einlagern wollte.[126]

122 Hans Bahlsen, Aktennotiz über die Besprechung mit Herrn Löb, Firma Feurich KG vom 28.1.1944, S. 2 (BAH, R10, Nr. 519); Werner Bahlsen, Besuch bei der Firma Feurich vom 26.1.1944 (BAH, R10, Nr. 330).

123 Hermann Hertzer, Verkauf vom 15.1.1944, S. 1; Hermann Hertzer, Verkauf vom 31.1.1944, S. 1; Hermann Hertzer, Verkauf vom 15.2.1944, S. 1 (jeweils BAH, R10, Nr. 516).

124 Reichsminister für Ernährung und Landwirtschaft (II/1-9376), Dr. Dietrich, an Hauptvereinigung der deutschen Zucker- und Süßwarenwirtschaft vom 6.1.1944 (BAB, R 3601, Nr. 3150, Bl. 7).

125 Reichsminister für Ernährung und Landwirtschaft (II A 7-7837), Ministerialrat Hees, an Hauptvereinigung der deutschen Zucker- und Süßwarenwirtschaft vom 18.1.1944 (BAB, R 3601, Nr. 3150, Bl. 9); NSDAP-Reichsleitung, Hauptamt für Volkswohlfahrt, Reichshauptstellenleiter Richter, an Reichsminister für Ernährung und Landwirtschaft vom 14.6.1944, S. 1 (BAB, R 3601, Nr. 3150, Bl. 122).

126 Landesernährungsamt Weser-Ems (III C 4/419/43) über den Reichsstatthalter/Reichsverteidigungskommissar an Reichsminister für Ernährung und Landwirtschaft vom 6.1.1944 (BAB, R 3601, Nr. 3150, Bl. 14).

Während Luftangriffe die Unternehmensexistenz faktisch bedrohten und der Zivilmarkt drastisch schrumpfte, formulierte Klaus Bahlsen im März 1944 »Pläne für die Nachkriegszeit« aus. In verschiedener Hinsicht wiesen seine Gedanken über den Nationalsozialismus hinaus und waren zugleich erkennbar zeitgebunden und realpolitisch illusorisch. Unkritisch in den Familientraditionen gefangen, nahmen seine Vorstellungen Bezug auf die TET-Stadt-Pläne seines Vaters, die Klaus Bahlsen zutreffend als gigantischen architektonischen Fabrikneubau ohne Unterbau einordnete. Erst nachdem er und seine Brüder die Unternehmensleitung übernommen hatten und die Weltwirtschaftskrise überwunden worden war, entwickelte sich der Betrieb in den Vorkriegsjahren sprunghaft. Die dynamische Steigerung der Produktionszahlen bei bestimmten Produkten nahm er sich zum Vorbild, um erneut einen großzügigen Ausbau der Fabrik auf die zehnfache Leistungsfähigkeit vorzubereiten. Klaus Bahlsen brachte immerhin zwölf Gebäudebeschreibungen und vier Listen mit 110, jedoch noch nicht im Einzelnen fertiggestellten Einzelprojekten zu Papier. Ihm stand aber vor Augen, dass die »nächsten Jahre eine Durchführung noch nicht ermöglichen« würden.[127] Er sah auch klar, dass die Kriegsjahre mit den hohen Menschenverlusten alle »Ansätze einer Personalpolitik für später« unterbrochen hatten.[128]

Realismus und Illusionismus kamen bei der Analyse der Geschäftstätigkeit auf denkwürdige Weise zusammen. Treffsicher bewertete Klaus Bahlsen die Produktvielfalt, die zur Zersplitterung der Fabrikation geführt habe, als Problemfeld. Demgegenüber könnte beispielsweise die Firma Brandt mit ihren wenigen Zwieback-Artikeln kostengünstiger und effizienter produzieren. Bei Bahlsen gaben Erfolgsprodukte wie der Leibniz-Keks aber die wirtschaftliche Grundlage für die Vielseitigkeit des Produktangebots, aus der für Bahlsen eine »ungeahnte Stärke für später« erwachse. Es entsprach seiner Rolle als Visionär unter den Brüdern, dass er nicht nur eine Liste mit 20 Artikeln erstellte, die zur Umstellung auf Massenproduktion vorgesehen waren, sondern auch die Produktneuheiten der letzten Jahre wie Knäckebrot, Fruchtschnitten und Salzletten weiterentwickelt haben wollte. Zusätzlich sollten Käse- sowie Schrot- und Hafer-Artikel, Digestive, billige Elisen-Lebkuchen, hochwertige Honigkuchen sowie Frühstücks-Honigkuchen und nach englischem Vorbild ein dicker Keks ins Programm aufgenommen werden.

Es entsprach seinem sprunghaften Denken, dass er quasi gleichrangig das Einsparpotential durch den Ausbau von dezentralen Handwerker-Magazinen und von Rohmateriallagern in einem Lagerhaus mit dem Sammeln von alten Betriebsmaterialien wie Stühlen, Tischen, Waagen und anderen Einrichtungsgegenständen zusammenband, da durch Wiederverwendung »auf die Dauer viel Geld« gespart werden könne. Die monatliche interne Weiterbelastung von Reparaturkosten an die beauftragende Abteilung sollte für größere Kostentransparenz sorgen, was später

127 Klaus Bahlsen, Pläne für die Nachkriegszeit vom März 1944, S. 1 (BAH, R10, Nr. 505).
128 Ebd., S. 2.

tatsächlich üblich wurde. Überhaupt gab Klaus Bahlsen dem Berichtswesen seine gewachsene Bedeutung, um der Unternehmensleitung eine rasche Reaktion auf neue Trends und sachgerechte Entscheidungen zu ermöglichen.

Vorschläge auf übergeordneter Ebene wechselten in seiner Ausarbeitung mit Details ab. Beispielsweise empfahl Klaus Bahlsen für Pförtner, Fahrstuhlführer, Chauffeure und Boten Uniformen, wobei er die Hofkolonne nach dem Vorbild der Brauerei-Fahrer evtl. mit Lederschürzen ausstatten wollte. Maschinenbedienerinnen und Reinigungskräfte sollten »Overalls tragen«.[129] Der Belegschaft wollte er in der Frühstückspause neben Kaffee auch Joghurt, Sauermilch und Hafergrütze anbieten. Die Mittagsmahlzeit sollte ein »moderneres und gesünderes Essen«, also beispielsweise Rohkost, prägen. Auch wollte er mehr Möglichkeiten anbieten, sich direkt nach dem Essen kurzzeitig ausgestreckt auszuruhen. Fragen der Ernährung beschäftigten Klaus Bahlsen intensiv, was ihn 1944 zur Erstellung eines 35-seitigen Buchmanuskripts führte, in dem er den Bienenstaat als ein Beispiel richtiger Ernährung vorstellte, da die besondere Fütterung und Kost aus einer »ausgewählten einfachen Biene die neue Königin« mache.[130] Durch andere Ernährung und anderes Leben werde späterhin ein »Menschengeschlecht entstehen«, das nurmehr äußerliche Ähnlichkeit mit dem heutigen haben werde. Eskapismus und mystisches Denken verbanden sich bei Klaus Bahlsen in besonderer Weise.

Auch wenn er weiterhin die Logik der Technik dominierte, an die sich der gebäudemäßige Ausbau auszurichten habe, glaubte er, dass in der bevorstehenden »neuen Zeit« – und hier zeigt sich eine ideologisch-esoterische Grundnote seines Denkens – »kosmisch bedingt gebieterisch« zwei Forderungen ihr Recht verlangen würden: »1. Menschlichkeit, 2. Richtige Ernährung«.[131] Klaus Bahlsen wollte zum einen das »Zeitalter der Maschine und des unpersönlichen Arbeiters« durch ein Einschichtsystem abgelöst wissen. Denn die Menschen würden sich weigern, in zwei Schichten bis tief in die Nacht hinein zu arbeiten. Das zweite Prinzip, die richtige Ernährung, verlangte die »Umstellung auf einen in jeder Beziehung gesunden Keks«. Dieser sollte nicht mehr länger als Leckerei, sondern als »vollwertiges Nahrungsmittel« regelmäßig gegessen werden. Das verlangte aber ganz im Sinne der einflussreichen, 1933 in zweiter überarbeiteter Auflage erschienenen Schrift »Gift in der Nahrung« von Klaus Lenzner natürliche und chemisch unbehandelte Rohstoffe und den Verzicht auf chemische Farbstoffe.[132] Diese Forderung rieb sich aber strukturell mit den Erfordernissen von Hygiene und zur Konservierung der Produkte.[133]

129 Ebd., S. 3.

130 Klaus Bahlsen, Ernährung (Typoskript) o. D., S. 35 (BAH, R13, Nr. 13); Klaus Bahlsen, Gedanken über eine richtige Ernährung vom Dezember 1943 (BAH, R13, Nr. 20).

131 Klaus Bahlsen, Pläne für die Nachkriegszeit vom März 1944, S. 4 (BAH, R10, Nr. 505); die dazugehörigen Zeichnungen (BAH, R13, Nr. 62).

132 Ebd.; vgl. Lenzner, Gift, S. 160 ff. u. 195 ff.; vgl. Briesen, Leben, S. 198 ff.; Werner-und-Elisabeth-Kollath-Stiftung u. Melzer, Kollath.

133 Stoff, Gift, S. 55 ff.

Klaus Bahlsen fühlte die sich anbahnenden Wandlungsprozesse, die auch »große Gefahren« für das Unternehmen mit sich bringen würden, sprach ihm aber gleichzeitig besonders gute Bewältigungschancen zu, wenn die »große Aufgabe und Arbeit« angenommen werde. Die im März 1944 formulierte autoritär-philantropische Vision einer Überwindung der entfremdeten Arbeit und die Vorschau auf ein grünes Zeitalter gesunder Ernährung wirkte sowohl utopisch als auch aus der Zeit gefallen und illusionär.

Klaus Bahlsen blieb mit der Ansicht, dass eine nach seinen Plänen ausgebaute Fabrik eine »Sehenswürdigkeit ersten Ranges« sein würde, in der familiären Tradition der seit der TET-Stadt überbordenden Maximalabsichten stecken. Dass durch geschultes Personal »ständig große Führungen« durchgeführt werden sollten, wobei »männliche Führer für Frauen, Mädchen für Männer« einzusetzen waren, gehörte zu den tradierten Geschlechterrollenklischees. Überhaupt sahen die Ausführungen vollkommen von der auch auf Zwangsarbeit basierenden Realität in der Bahlsen-Fabrik und der entfesselten Gewaltdynamik der NS-Diktatur ab. Insoweit träumte er sich in eine patriarchalisch ausgerichtete Zukunft, die nicht zufällig große Ähnlichkeiten mit der von Hermann Bahlsen etablierten Bahlsen-Welt aufwies. Die modern wirkende Vision war mit ideologischen Sprengseln der antimodernen Lebensreformbewegung sowie einem Hauch Mystizismus überzogen und setzte sich mit seinem Traditionalismus vom systemimmanenten Rassismus des Nationalsozialismus ab.

Den formulierten Absichten fehlte aber in den umgebenden Verhältnissen der NS-Kriegswirtschaft jegliche Realisierungschance. Denn ab dem 1. Februar 1944 war auch Reinfett, das nur noch für die Zwiebackherstellung und für Wehrmachts-Aufträge zur Verfügung gestellt wurde, für die Herstellung von Dauerbackwaren für zivile Abnehmer gesperrt.[134] Beim Hartkeks ging der Fettanteil auf drei und beim Mürbekeks auf sechs Prozent zurück. Ersatzstoffe wie Backfettsparmasse kamen ergänzend zum Einsatz.[135]

Gleichwohl sorgten die bis Ende März 1944 eingegangenen Wehrmachtsaufträge – 60 Tonnen Keks und vier Tonnen Leibniz-Keks für die Marine-Intendanturen Kiel und Wilhelmshaven sowie 60 Tonnen Rösta für die EVM I Berlin – weiterhin für eine gute Fabrikauslastung.[136] Für den Artikel Notverpflegung legte die Hauptvereinigung der deutschen Zucker- und Süßwarenwirtschaft ab April 1944 ein monatliches Liefersoll von 1.440 Tonnen fest.[137]

Bereits Ende August 1943 hatte sich angekündigt, dass die Unternehmen der Dauerbackwarenindustrie zur regionalen Verteilung übergehen sollten, um die Transportkapazitäten zu entlasten.[138] Insbesondere in der »Ostmark«, etwa in Salzburg

134 Hermann Hertzer, Verkauf vom 29.2.1944, S. 1 (BAH, R10, Nr. 516); Hermann Hertzer, Kurzbericht über wichtige Ereignisse in unserer Firma, März 1948, S. 11 (BAH, R10, Nr. 505).

135 Klaus Bahlsen, 10. Bericht 1944-1945 vom 28.2.1946, S. 1 (BAH, R10, Nr. 505).

136 Hermann Hertzer, Verkauf vom 31.3.1944, S. 1 (BAH, R10, Nr. 516).

137 Hermann Hertzer, Verkauf vom 30.4.1944, S. 1 (BAH, R10, Nr. 516).

138 Hermann Hertzer, Verkauf vom 31.8.1943, S. 1 (BAH, R10, Nr. 516).

und Innsbruck, verstärkten sich Ende 1943 die Anzeichen, dass alsbald ein Übergang zum Prinzip der regionalen Verteilung vorgenommen werden sollte.[139] Der Branchenverband übermittelte die Vorgabe, ab März 1944 die weiter entfernt gelegenen Bahlsen-Auslieferungslager nicht mehr zu beliefern. Nach einer ersten Besprechung am 17. März 1944 bei der nach Tangermünde verlegten Hauptvereinigung der deutschen Zucker- und Süßwarenwirtschaft, an der die Firmen Bahlsen, Brandt, Feurich, Haeberlein-Metzger, Hulsch, Stratmann & Meyer, Trüller und XOX teilnahmen, arbeitete eine eingesetzte Kommission am 30. März 1944 einen Vorschlag zur gegenseitigen Belieferung aus.[140] In der Folgesitzung am 18. April 1944 einigten sich die beteiligten Unternehmen mit der Hauptvereinigung über die vorgesehene Warenverteilung, die zum 1. Juni 1944 in Kraft treten sollte.

Nachdem Bahlsen bereits am 30. März 1944 mit XOX eine Vereinbarung in Aussicht genommen hatte, kam es im April 1944 auch mit Feurich, Haeberlein-Metzger sowie Stratmann & Meyer zu Übereinkünften.[141] In direktem Gespräch mit Dr. Bentrup von der Firma XOX kamen am 5. Mai 1944 beide Seiten überein, dass XOX die bisherigen Abnehmer von Bahlsen im Rheinland und in Westfalen und bei einer Ausdehnung seines Absatzgebiets auch die Lager in Frankfurt und Baden beliefern wollte. Bahlsen lieferte die Waren für die »östlichen XOX-Kunden« aber nicht direkt, sondern an die XOX-Sammellager.[142]

Der von der Hauptvereinigung der deutschen Zucker- und Süßwarenwirtschaft am 9. Juni 1944 bestätigte Verteilungsplan für Dauerbackwaren sah vor, dass ab dem 1. August 1944 24 Prozent der Bahlsen-Erzeugnisse innerhalb der Landesbauernschaft Niedersachsen, 15 Prozent in der Kurmark einschließlich Berlin und 11 Prozent in Pommern verbraucht werden sollten. Schleswig-Holstein einschließlich Hamburg mit jeweils 9 Prozent, Sachsen-Anhalt mit 8 und Ostpreußen mit 7 Prozent nahmen ein weiteres Viertel ab. Bahlsen behielt gegenüber dem ursprünglichen Verteilplan in Sachsen mit 3 Prozent und im Wartheland mit 4 Prozent zumindest den Fuß in der Tür, sodass der monatliche Absatz auf einen Gesamtwert von fast 1 Million Reichsmark begrenzt wurde.[143] Auf den zivilen Inlandsmärkten sah sich Bahlsen mithin deutlich zurückgeworfen, woran auch die Beliebtheit der Mischung Danzig bei dem im nationalsozialistischen Exil lebenden, offen antisemitischen und vom Goebbels-Ministerium propagandistisch eingebundenen Großmufti von Jerusalem, Amin al-Husseini, nichts änderte, der, wie ein interner Verkaufsbericht stolz vermerkte, ausnahmslos diesen Artikel verlangte.[144]

139 Hermann Hertzer, Verkauf vom 15.1.1944, S. 2 (BAH, R10, Nr. 516).
140 Hermann Hertzer, Verkauf vom 31.3.1944, S. 2 (BAH, R10, Nr. 516).
141 Hermann Hertzer, Verkauf vom 30.4.1944, S. 1 (BAH, R10, Nr. 516).
142 Hermann Hertzer, Verkauf vom 15.5.1944, S. 1 (BAH, R10, Nr. 516).
143 Hermann Hertzer, Verkauf vom 15.6.1944, S. 3 (BAH, R10, Nr. 516).
144 Hermann Hertzer, Verkauf vom 30.6.1944, S. 1 (BAH, R10, Nr. 516); vgl. Töpfer u. Bergmann, Jerusalem, S. 99 ff.; Motadel, Prophet, S. 55 ff.

Ungeachtet dessen wollte das Unternehmen mit Blick auf die Wiederingangsetzung des Zivilmarktes seine Auslieferungslager möglichst aufrechterhalten, sodass selbst in der »Ostmark«, wo monatlich rund 20.000 Reichsmark abgesetzt wurden, ggf. in Kooperation mit Feurich die Auslieferungslager bestehen bleiben sollten. Bahlsen stellte mit dem Argument, Elsass-Lothringen bereits vor dem »Anschluss [...] groß beliefert« zu haben, den erfolglosen Antrag, dem Auslieferungslager Straßburg monatlich einen Waggon mit Produkten im Wert von 10.000 Reichsmark schicken zu dürfen.[145] Die Erwartung, dass die südwest- und westdeutschen Auslieferungslager durch andere Firmen beliefert würden, erfüllte sich nicht. Feurich, Haeberlein-Metzger und XOX nahmen stattdessen eine Einzelbelieferung vor, wohl auch um eine eigene Kundenbeziehung zu den jeweiligen Abnehmern aufzubauen. Das untergrub aber die Existenzberechtigung von Auslieferungslagern in Düsseldorf, Essen, Frankfurt am Main, Freiburg, Karlsruhe, Köln, Mannheim, München, Nürnberg, Saarbrücken, Schwelm, Straßburg, Stuttgart und Unna, weshalb die Oberreisenden der Region aufgefordert wurden, die Räumlichkeiten für »andere Zwecke nutzbar zu machen«, um Räume und Personal behalten zu können.[146]

Auch eine persönliche Vorsprache in Tangermünde am 28. Juni 1944 konnte keine Abänderung mehr herbeiführen, zumal die Hauptvereinigung darauf hinwies, dass einige Bahlsen-Wünsche wie die Einschaltung in Sachsen und Kurhessen bereits Berücksichtigung gefunden hatten. Daraufhin räumte Oberreisender Grün die Auslieferungslager in Straßburg und Saarbrücken.[147] Die regionalen Verteilungskontingente gerieten aber im Herbst 1944 unter Anpassungsdruck, da beispielsweise Ende September 1944 das Ernährungsamt beim Oberpräsidenten von Pommern für 140.000 beim Stellungsbau eingesetzte »Osteinsatzkräfte« Zusatzlieferungen wünschte.[148]

Die Wehrmacht bestellte zwischen Mai und August 1944 468 Tonnen Rösta, 77 Tonnen Leibniz M, 120 Tonnen Keks, 2,5 Million Pakete Fruchtschnitte, 525 Tonnen Notverpflegung süß und 175 Tonnen Notverpflegung Fleisch. Darüber hinaus sollten 93 Tonnen Spekulatius und 225 Tonnen Weihnachtsmischung geliefert werden.[149] Die Umsatzzahlen schwankten aber stark: Setzte Bahlsen im Mai 1944 1,7 Millionen Reichsmark um, stiegen die Einnahmen im Juli auf 2,6 Millionen Reichs-

145 Hermann Hertzer, Verkauf vom 31.5.1944, S. 1; Hermann Hertzer, Verkauf vom 15.6.1944, S. 1 (jeweils BAH, R10, Nr. 516).

146 Hermann Hertzer, Verkauf vom 30.6.1944, S. 2 (BAH, R10, Nr. 516).

147 Hermann Hertzer, Verkauf vom 15.9.1944, S. 2 (BAH, R10, Nr. 516).

148 Hermann Hertzer, Verkauf vom 30.9.1944, S. 2 (BAH, R10, Nr. 516).

149 Hermann Hertzer, Verkauf vom 15.5.1944, S. 1; Hermann Hertzer, Verkauf vom 31.5.1944, S. 1; Hermann Hertzer, Verkauf vom 15.6.1944, S. 1; Hermann Hertzer, Verkauf vom 30.6.1944, S. 1; Hermann Hertzer, Verkauf vom 31.8.1944, S. 1; Hermann Hertzer, Verkauf vom 31.8.1944, S. 1 (jeweils BAH, R10, Nr. 516).

mark, davon 1,6 Millionen für Notverpflegungen und 700.000 für Kekse, während der Umsatz im Oktober 1944 auf 1,9 Millionen sank.[150]

Allerdings informierte die Hauptvereinigung der deutschen Zucker- und Süßwarenwirtschaft am 28. Juni 1944, dass die Beschaffung von Schrips-Gebäck durch die Wehrmacht »zukünftig« aufhöre.[151] Auch Wehrmachtsaufträge waren keine sichere Bank mehr, da die Anfang September 1944 vom EVM Erfurt erteilte Bestellung über 21 Tonnen Leibniz-Keks keine zwei Wochen später von der Hauptvereinigung um 6 Tonnen reduziert und schließlich Anfang Oktober 1944 gänzlich gestrichen wurde. Parallel ging eine Lieferanweisung über monatlich 14 Tonnen Leibniz-Keks für die Fliegerbordverpflegung und eine Anfrage über die Lieferung von zusätzlichen Mengen Weihnachtskeks ein, von denen 70 Tonnen bis Ende Oktober und weitere 35 Tonnen bis zum 15. November 1944 geliefert werden sollten.[152]

Mit der am 25. Mai 1944 zugeleiteten Vorgabe, die vorhandenen Buttermengen bis zum 20. August 1944 zu verarbeiten, da danach die Herstellung von fettreichen Butterkeksen unterbleiben musste, endete zum 1. September 1944 die Produktion von Leibniz-Keksen, sodass im »Totalen Krieg« ein Kernprodukt wegfiel. Die Erzeugung hatte sich auf fettärmere Keks-Sorten zu beschränken.[153] Weitere Einschränkungen bei den Verbrauchsmaterialien waren zu kompensieren. Die Mehltype 1050 durfte zum Backen nur bis Jahresende 1944 verwendet werden, ab Jahresbeginn 1945 war eine Umstellung auf die gröbere Type 1350 vorzunehmen.[154] Ab Ende 1944 setzte Bahlsen bis zu 33 Prozent Schrot zu, um die Verarbeitung ungeeigneten Mehls zu vermeiden. Wegen der veränderten Eigenschaften waren Anpassungen im industriellen Backprozess vorzunehmen.

Klaus Bahlsen antizipierte die immer verzweifelter werdende Situation, indem er vorsorglich eine Reise nach Schweden, in das Heimatland seiner Ehefrau, plante. Rut Bahlsen geb. Jägerström war am 2. September 1944 von Berlin-Tempelhof zum Flugplatz Stockholm-Brommen geflogen. Ihre Aufenthaltserlaubnis in Schweden wurde bis zum 30. Dezember 1944 verlängert.[155] Die H. Bahlsens Keksfabrik KG gab am 26. September 1944 gegenüber dem Polizei-Präsidium zur Begründung an, wegen der angespannten Ernährungslage ein bereits 1942/43 zur Rede gestandenes »neuartiges schwedisches Backverfahren erwerben« zu wollen, mit dem Kartoffeln und Hafer zu Keks verbacken werden konnten, was eine Einsparung von Weizenmehl in einer Größenordnung von 40 Prozent oder im Betrieb insgesamt von 750 Tonnen Weizenmehl erlaube. Zur Beschaffung der notwendigen Informationen und

150 Klaus Bahlsen, 1944-1945. Zusammenfassung der Monatsberichte vom 28.2.1946, S. 1 (BAH, R10, Nr. 505).

151 Hermann Hertzer, Verkauf vom 31.8.1944, S. 1 (BAH, R10, Nr. 516).

152 Hermann Hertzer, Verkauf vom 15.9.1944, S. 1; Hermann Hertzer, Verkauf vom 30.9.1943, S. 1 (jeweils BAH, R10, Nr. 516).

153 Hermann Hertzer, Verkauf vom 31.5.1944, S. 2 (BAH, R10, Nr. 516).

154 Hermann Hertzer, Verkauf vom 30.11.1944, S. 1 (BAH, R10, Nr. 516).

155 Reisepass Rut Bahlsen von 27.7.1944, S. 6 ff. (BAH, R13, Nr. 48).

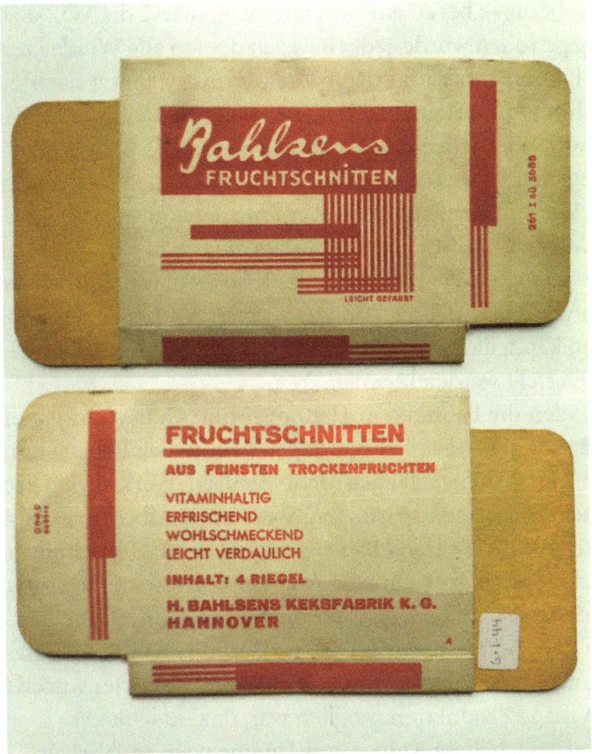

Abb. 24: Verpackung von Bahlsens Fruchtschnitten, 1944

Unterlagen bei der Firma Simeon Wilhelm Lindfeldt in Gävle sei eine Reise nach Schweden erforderlich. Hermann Hertzer wies gesondert darauf hin, dass Devisen nicht benötigt würden, was die Visumserteilung an Klaus Bahlsen erleichtern sollte.[156] Von der Gauwirtschaftskammer Hannover-Braunschweig war ein Unterstützungsschreiben für die beantragte Erteilung eines Sichtvermerks für eine vier- bis sechswöchige Reise nach Schweden erbeten worden, der am 5. Oktober 1944 als »Vorbescheid« ausgefertigt wurde.[157] Am Ende konnte aber Klaus Bahlsen die Reise nicht antreten.

156 H. Bahlsens Keksfabrik KG, Hermann Hertzer, an Polizei-Präsidium Hannover vom 26.9.1944; Gauwirtschaftskammer Hannover-Braunschweig, Sichtvermerks-Antrag vom 30.9.1944 (jeweils BAH, R13, Nr. 17); siehe auch Wirtschaftliche Vereinigung der deutschen Süßwarenwirtschaft an Reichsminister für Ernährung und Landwirtschaft vom 15.12.1942; Reichsminister für Ernährung und Landwirtschaft an Reichswirtschaftsminister vom 19.1.1943 (jeweils BAB, R 36.01, Nr. 3149).

157 Gauwirtschaftskammer Hannover-Braunschweig, Vorbescheid vom 5.10.1944 (BAH, R13, Nr. 17).

Da am 7. Oktober 1944 bei einem Großangriff auf Kleve die XOX-Biskuitfabrik zwar nur geringfügig getroffen wurde, jedoch wegen der »in alle Winde« zerstreuten Belegschaft die Produktion ruhte und deren Ausweichverwaltung nach Berlin umziehen musste,[158] genehmigte die Hauptvereinigung nach dem kriegsbedingten Ausfall anderer Dauerbackwarenhersteller am 14. Oktober 1944, dass Bahlsen die im Westen und Südwesten gelegenen Lager wieder selbst beliefern durfte.[159] Allerdings bestand nach dem schweren Fliegerangriff auf Hannover am 26. Oktober 1944 an allen Bahnhöfen zunächst eine vollständige Gütersperre, sodass die produzierte Ware nicht an ihre Bestimmungsorte gelangte. Wie zu Beginn des Krieges nahm Bahlsen zum zweiten Mal die Fabrikation von Feldzwieback auf, was auch als Vorbote einer Endzeit-Ökonomie gedeutet werden kann, da mit den zur Verfügung stehenden Rohstoffen nur noch Basisprodukte hergestellt werden konnten.[160]

Doch noch liefen die Fabriken in Hannover und Gera recht planmäßig. Nur wegen der Anordnung von »Kohlen-Spartagen« ruhte der Betrieb am 4. und 11. November 1944.[161] Insgesamt gelangen dem Bahlsen-Werk durch technische Maßnahmen deutliche Energieeinsparungen, woraufhin Albert Speer am 9. Dezember 1944 dem »Betriebsführer« Hans Bahlsen wegen der »selbstverantwortlichen Maßnahmen« ein persönlich gezeichnetes Anerkennungsschreiben zukommen ließ.[162] Das Weihnachtsrundschreiben 1944 an die Auslieferungslager und die Reisenden zeichnete nach dem Bombenangriff vom 15. Dezember 1944 ein anderes Bild, da die Wiederaufnahme des Betriebs erst im Februar 1945 erwartet wurde und auch ohne Fliegerschaden keine Produktion möglich war, da Gas fehlte.[163]

Zu all dem kam noch, dass Anna-Dora Thieme nach 32-jähriger Tätigkeit als Prokuristin und Vorständin am 11. Juli 1944 ihrer Krankheit erlag. Der dem Hause Bahlsen in besonderer Weise verbundene Dr. Rudolf Diels, inzwischen zum SS-Oberführer ernannt und im SS-Hauptamt tätig, ergriff am 19. Juli 1944 im Anschluss an die kirchliche Ansprache auf dem Stadtfriedhof Engesohde das Wort und würdigte sie als eine das »Volk um Haupteslänge« überragende Persönlichkeit, als »Mann in Frauengestalt« mit einem aktiven Unternehmergeist, Wagemut und selbstsicherer Fröhlichkeit. Voller Begeisterung charakterisierte Diels sie – einen Bankdirektor zitierend – als besonders tüchtige und zähe Verhandlungspartnerin und endete mit

158 Hermann Hertzer, Verkauf vom 15.10.1944, S. 1 (BAH, R10, Nr. 516); Hermann Hertzer, Verkauf vom 31.10.1944, S. 1 (BAH, R10, Nr. 516).

159 Hermann Hertzer, Verkauf vom 31.10.1944, S. 2 (BAH, R10, Nr. 516).

160 Klaus Bahlsen, 1944-1945. Zusammenfassung der Monatsberichte vom 28.2.1946, S. 1 (BAH, R10, Nr. 505).

161 Hermann Hertzer, Verkauf vom 15.11.1944, S. 2 (BAH, R10, Nr. 516).

162 Reichsminister für Rüstung und Kriegsproduktion, Albert Speer, an Hans Bahlsen vom 9.12.1944 (BAH, R10, Nr. 142).

163 H. Bahlsens Keksfabrik KG, Rundschreiben an unsere A-Läger, Herren Reisenden und Vertreter vom 19.12.1944 (BAH, R10, Nr. 271).

einer für ihn ganz untypischen Liebeserklärung.[164] Demgegenüber blieb die Trauerrede von Werner Bahlsen, der sie als »Frau von ungewöhnlichem Format« bezeichnete, in der Intensität zurück.[165] Dass Martha Hohmeyer am 27. September 1944 ihr 40-jähriges Betriebsjubiläum beging, zeigte die Überalterung der nicht-familiären Leitungsebene. Der langjährig für Bahlsen tätige Oberstleutnant a.D. Karl Schumann war bereits im Dezember 1943 verstorben.[166]

Die Hannoversche Keksfabrik GmbH schloss ihr Geschäftsjahr 1944 mit einem mageren Bilanzgewinn von 118.503,09 Reichsmark ab.[167] Die H. Bahlsens Keksfabrik KG erzielte dagegen im gleichen Zeitraum nach den in der Nachkriegszeit erstellten Zahlen einen Gewinn von 999.148,98 Reichsmark, der etwa auf dem Vorjahresniveau blieb.[168] Darüber hinaus ergab sich am Jahresende 1944 gegenüber dem Vorjahr ein Anwachsen der Vorräte von 3,4 auf 3,9 Millionen Reichsmark, wovon immerhin Vorräte im Bilanzwert von 1 Million Reichsmark, darunter 337.510 Reichsmark Fertigerzeugnisse und 300.669 Reichsmark Rohmaterial, im Verlagerungsbetrieb Gera vorhanden waren.[169]

Tabelle 5: Geschäftszahlen der H. Bahlsens Keksfabrik KG, 1943-1944

	Produktion (in 1.000 kg)	Umsatz (in 1.000 RM)	Gewinn (in 1.000 RM)	Personal (am 31.12.)
1943	9.450	17.403	983 (5,6 %)	
1944	7.286	16.482	999 (6,1 %)	

Quelle: Hermann Hertzer, 1929-1943 vom März 1944, S. 2; Klaus Bahlsen, 10. Bericht 1944-1945 vom 28.2.1946, S. 2 (jeweils BAH, R10, Nr. 505).

164 Anna-Dora Thieme zum Gedächtnis o.D. [August 1944], S. 10 (BAH, R11, Nr. 451).

165 Ebd., S. 11.

166 Hermann Hertzer, Verkauf vom 1.1.1944, S. 2 (BAH, R10, Nr. 516).

167 Norddeutsche Buchführungs- und Verwaltungs-AG, Bericht Nr. 307 über die Prüfung des Jahresabschlusses 1944 der Hannoversche Keksfabrik GmbH Hannover vom 13.5.1946, S. 19 (BAH, R10, Nr. 544).

168 Norddeutsche Buchführungs- und Verwaltungs-AG, Bericht Nr. 107 über die Prüfung des Jahresabschlusses 1944 der H. Bahlsens Keksfabrik KG vom 21.5.1946, Anlage I, S. 2 (BAH, R10, Nr. 545).

169 Ebd., S. 11 ff.

5.6 Verlagerungsbetrieb Gera

Den Vorschlag, wegen der wachsenden »Luftgefährdung Hannovers« einen Teil des Betriebs zu verlagern, brachte der zum Hauptmann beförderte Militär Hans Bahlsen Anfang Dezember 1942 dem Vorsitzenden des Verwaltungsrats der H. Bahlsens Keksfabrik KG, Dr. Arthur Menge, zur Kenntnis. Eine Umsiedlung in das »treuhänderisch betriebene Werk Kiew« schied aus Sicht von Hans Bahlsen wegen des dort fehlenden Gasanschlusses aus. Stattdessen sollte eine Verlagerung in die Gegend von Dresden oder Breslau in eine geeignete, stillliegende Spinnerei oder Weberei erwogen werden.[1] Menge überzeugte die Idee und er bat den Vorgesetzten von Hans Bahlsen in der Gruppe 1 C AO des Stellvertretenden General-Kommandos XI in Hannover zu einem noch zu bestimmenden Zeitpunkt vier Tage »geschäftlichen Sonderurlaub« einzuräumen, damit Hans im Gau Sudetenland die Verhandlungen über die Pachtung einer stillgelegten Fabrik abschließen konnte. Dorthin sollten in Hannover nicht benötigte Materialien und ggf. ein Teil der Produktion ausgelagert werden.[2]

Doch die für den 22. Dezember 1942 einberufene Sitzung des Verwaltungsrats, in der Werner und Klaus Bahlsen schriftlich ablehnende Stellungnahmen einbrachten, kam zu einer abweichenden Bewertung der Luftgefahr und der Notwendigkeit einer Material- und Produktionsverlagerung. Obwohl die grundsätzliche Berechtigung der vorausschauenden Gefahrenabwehr anerkannt wurde, sprachen sich alle anderen Teilnehmer gegen die Umsetzung aus. Diese sei praktisch unmöglich, da wohl keine neuen Stahlbandöfen beschafft werden könnten und Transport- und Personalengpässe sowie die dann notwendige Betriebsunterbrechung einer Umsetzung von vorhandenen Stahlbandöfen im Wege stünden. Zwar sollten weiterhin »mit Nachdruck« Lagerräumlichkeiten gesucht werden, in denen sich auch eine »Produktion in kleinem Umfang einrichten« ließ. Hans Bahlsen wollte hierzu erneut NSDAP-Gauwirtschaftsberater Julius Albert Maier einschalten und die baldige Lieferung von zwei Stahlbandöfen erreichen. Die Abwägung, ob die aufzuwendenden Kosten »zum erreichbaren Erfolg im richtigen Verhältnis« standen, sollte überhaupt erst erfolgen, wenn Räume und Öfen vorhanden waren.[3] Die Mehrheit der Unternehmensleitung und der Eigentümer hielt das Stammwerk zu diesem Zeitpunkt noch für unverwundbar.

Im Frühjahr 1943 war es aber nur noch eine Frage der Zeit, bis die alliierte Luftoffensive auch die Bahlsen-Fabrik treffen würde. Vor diesem Hintergrund hatte die Rüstungsinspektion XI das Unternehmen aufgefordert, zumindest die der Wehr-

1 Hans Bahlsen an Dr. Arthur Menge vom 5.12.1942, S. 1 (BAH, R11, Nr. 483).

2 Vorsitzender des Aufsichtsrats der H. Bahlsens Keksfabrik KG, Dr. Arthur Menge, an Oberstleutnant Stiessberg vom 22.12.1942 (BAH, R11, Nr. 483).

3 Hermann Hertzer, Niederschrift über die Sitzung des Verwaltungsrats der H. Bahlsens Keksfabrik KG am 22.12.1942 (BAH, R10, Nr. 519).

machtsversorgung dienenden Produktionsbereiche in einen externen Ausweichbetrieb auszulagern. Hans Bahlsen verhandelte hierzu in der ersten Märzhälfte 1943 mit der Leitung der Ulmer Lederfabrik Kunz & Wanner KG, die zum 1. Mai 1943 vom Rüstungsministerium stillgelegt werden sollte. Bahlsen wollte 10.000 Quadratmeter Fläche pachten, um dort Verpackungsmaterialien einzulagern und später eine Teilfabrikation aufzuziehen.[4] Werner und Klaus Bahlsen besichtigten in der zweiten Märzhälfte 1943 zusammen mit Kurt Pentzlin die Ulmer Lederfabrik, um die Möglichkeiten einer Produktionsverlagerung zu prüfen.[5] Hans reichte seinen positiv ausfallenden Besichtigungsbericht am 23. März 1943 dem Aufsichtsratsvorsitzenden Menge ein.[6] Ein Miteigentümer der Ulmer Lederfabrik kam Mitte April 1943 nach Hannover, um über den Vorschlag eines Werklohn-Vertrags zur Fabrikationsaufnahme in Ulm zu verhandeln.[7] Otto Bredt arbeitete bis zum 4. Mai 1943 für Ulm unterschriftsreife Verträge aus.[8] Der Rahmenvertrag sah vor, dass deren »Arbeitsstätten und Arbeitskräfte« genutzt wurden, um die »Herstellung von Bahlsen-Erzeugnissen für die Wehrmacht und andere öffentliche Bedarfsträger zu steigern« oder ersatzweise die Herstellung sicherzustellen, wenn die Bahlsen-Betriebe in Hannover »durch kriegsbedingte Einwirkungen beeinträchtigt« waren.[9] Hierzu wollte Bahlsen in Ulm eine Früchtekocherei zur Herstellung von Fruchtschnitten und Fruchtpasten sowie zwei bis drei Stahlbandöfen zur Produktion von Dauerbackwaren aufstellen. Die Kunz & Wanner KG, die die etablierte Fertigungskapazität bis sechs Monate nach Kriegsende zur Verfügung zu halten hatte, sollte für ihre in fünf Teile unterteilten Leistungen einen vorab fixierten Werklohn für die betreffende Mengeneinheit Bahlsen-Erzeugnisse erhalten.[10]

Bahlsen trat aber im April 1943 auch noch in Kontakt mit Firmen in Hameln, Rinteln, Gera und an weiteren Orten in Thüringen, die weniger luftgefährdet erschienen und wie die Firma Beste in Hildesheim über freie Fertigungsflächen verfügten. Am 30. April 1943 schaltete Dr. Kurt Pentzlin für die KG in der Geraer Zeitung eine Annonce: »Fabrikationsräume gesucht, möglichst langgestreckte Räume ab 50 m Länge, Gesamtobjekt ab 2.000 m², aber auch wesentlich größere. Angebote aus Orten mit Gasanstalt. Kauf, Pachtung evtl. auch nur auf Kriegsdauer.«[11] Die Standorte in Thüringen und die Fabrik in Gera galten als »aussichtsreich«, wobei der Berliner

4 Klaus Bahlsen, Fabrikbericht 1.-15.3.1943 vom 18.3.1943, S. 3 (BAH, R10, Nr. 513).

5 Klaus Bahlsen, Fabrikbericht 15.-31.3.1943 vom 2.4.1943, S. 2 (BAH, R10, Nr. 513).

6 Hans Bahlsen an den Aufsichtsrat der H. Bahlsens Keksfabrik KG, Dr. Menge, vom 23.3.1943 (BAH, R11, Nr. 483).

7 Klaus Bahlsen, Fabrikbericht 1.-15.4.1943 vom 20.4.1943, S. 3 (BAH, R10, Nr. 513).

8 Klaus Bahlsen, Fabrikbericht 15.-30.4.1943 vom 5.5.1943 (BAH, R10, Nr. 513).

9 Dr. Otto Bredt, Vertragsentwurf Ulm I. Rahmenvertrag vom 4.5.1943 (BAH, R10, Nr. 519).

10 H. Bahlsens Keksfabrik KG, Otto Bredt, an Ulmer Lederfabrik Kunz & Wanner KG vom 7.5.1943 (BAH, R10, Nr. 519).

11 Geraer Zeitung, Anzeigen-Rechnung vom 30.4.1943 (BAH, R10, Nr. 607).

Siemens-Konzern sich bereits in Gera hatte vormerken lassen, sodass Bahlsen erst nach dessen Verzicht zum Zuge kommen konnte.[12]

Nach der Besichtigung von fünf Alternativen in Thüringen glaubte Bahlsen Mitte Mai 1943 mit der Gera-Greizer Kammgarnspinnerei (GGKS) das geeignete Objekt gefunden zu haben, in dem 3.300 Quadratmeter Fertigungsflächen zur Verfügung standen. Dort konnten zwei bis drei Stahlbandöfen zur Herstellung von Notverpflegungs-Artikeln sowie eine Fruchtschnitten-Produktion zur Aufstellung kommen. Direktor Ludwig Hauss und der technische Leiter, sein Bruder Dr. Eugen Hauss, sagten zu, wegen der näheren Absprache am 25. Mai 1943 nach Hannover zu kommen. Daraufhin sollte der Lederfabrik in Ulm abgesagt werden.[13] Der von Dr. Otto Bredt vorbereitete und in Hannover am 24./25. Mai 1943 abschließend beratene Vertrag ging mit der Bitte um Gegenzeichnung an den Vorstand der Gera-Greizer Kammgarnspinnerei (GGKS).[14]

Zur Vermeidung von Missverständnissen gab Ludwig Hauss am 8. Juni 1943 seitens der Gera-Greizer Kammgarnspinnerei einige Klarstellungen zum Besprechungsvermerk bekannt,[15] die Anna-Dora Thieme und Otto Bredt am 9. Juni 1943 mehrheitlich bestätigten oder mit eigenen Formulierungsvorschlägen beantworteten.[16] Parallel zur Vertragsvorbereitung unterbreitete am 15. Juni 1943 Hans Bahlsen der Rüstungsinspektion XI die Frage, was nach einem »Totalschaden« gemacht werden sollte. Die Antwort gab vor, dass in diesem Falle die Zivilfabrikation wegfallen müsse, während die Heeresfabrikation »unter allen Umständen« fortzusetzen war.[17] Auf den Hinweis, dass in Gera noch nicht einmal ein Zehntel der in Hannover bestehenden 50.000 Quadratmetern Fabrikations- und Lagerfläche zur Verfügung standen, rieten die militärischen Vertreter des Rüstungsministeriums dazu, sich noch nach einem weiteren Objekt am besten im Bezirk Salzburg oder im Protektorat Böhmen und Mähren umzusehen.

Der am 3. Juli 1943 geschlossene »Kriegsgemeinschaftsvertrag« sah für die Gera-Greizer Kammgarnspinnerei die Zurverfügungstellung von Räumlichkeiten für Fabrikationszwecke, von Hilfs- und Regiediensten sowie von Energie- und Arbeitsleistungen vor, um die kriegsbedingte Verlagerung insbesondere von Wehrmachts-

12 Klaus Bahlsen, Fabrikbericht 15.-30.4.1943 vom 5.5.1943 (BAH, R10, Nr. 513).

13 Klaus Bahlsen, Fabrikbericht 1.-15.5.1943 vom 17.5.1943, S. 3 (BAH, R10, Nr. 513). Die Gebrüder Hauss waren beide ab 1.5.1937 NSDAP-Mitglieder, NSDAP-Gaukartei Eugen Hauss (BAB, R 9361-IX, Nr 13940944); NSDAP-Gaukartei Ludwig Hauss (BAB, R 9361-IX, Nr. 13941059).

14 H. Bahlsens Keksfabrik KG, Dr. Otto Bredt, an Vorstand der Gera-Greizer Kammgarnspinnerei vom 25.5.1943 (BAH, R10, Nr. 607).

15 Gera-Greizer Kammgarnspinnerei, Ludwig Hauss an H. Bahlsens Keksfabrik KG vom 8.6.1943 (BAH, R10, Nr. 607).

16 H. Bahlsens Keksfabrik KG, Dr. Otto Bredt, an Vorstand der Gera-Greizer Kammgarnspinnerei vom 25.5.1943 (BAH, R10, Nr. 607).

17 H. Bahlsens Keksfabrik KG, Hans Bahlsen, Besprechung mit der Rüstungsinspektion Hannover mit den Herren Oberstleutnant Vitua und Major Dr. Behrendt vom 15.6.1943 (BAH, R10, Nr. 607).

lieferungen zu ermöglichen.[18] Die Anmietung von Räumlichkeiten, Bahlsen-intern »Gera I« genannt, eröffnete Bahlsen die Möglichkeit, dort drei Stahlbandöfen aufzustellen sowie eine neu eingerichtete Fruchtschnitten-Abteilung aufzubauen. Daraufhin erstellte Bredt zur Kostenverrechnung einen um den Zweigbetrieb Gera ergänzten Kostenstellenplan.[19] Neben der Überlassung der Räumlichkeiten übernahm die Kammgarnspinnerei auch die Lagerhaltung sowie die Personalarbeit (Einstellungen und Entlassungen, Lohnabrechnungen), die Bereitstellung von Strom, Wasser und Dampf sowie von Handwerkerleistungen und schließlich Verlade- und Transportarbeiten. Die gestaffelten Kosten summierten sich auf 100.000 Reichsmark im Jahr. Darüber hinaus war geregelt, dass gegen eine einmalige Vergütung von je 200 Reichsmark bis zu 50 Plätze zur Unterbringung weiblicher Kräfte in der Lagergemeinschaft Geraer Betriebe e. V. benutzt werden konnten. Zusätzlich übernahm Bahlsen die laufenden Kosten in Höhe von 1,50 Reichsmark je Tag pro Platz.[20] Diese Regelung betraf die nach Gera abgeordneten ukrainischen Frauen; über die Männer sollten erst noch Vereinbarungen getroffen werden.

Ende Juli 1943 teilte die Leitung der Kammgarnspinnerei mit, dass das regional zuständige Rüstungskommando unter anderem den Umbau der Garderoben-Räume genehmigt hatte.[21] Darüber hinaus mietete Bahlsen von der kommunalen Straßenbahngesellschaft ein Lagerhaus mit 3.000 Quadratmetern Fläche an, »Gera II« genannt, in das in Hannover nicht benötigte Materialien aus »Luftsicherungsgründen« gebracht wurden.[22] In der Woche gingen drei Waggons mit Maschinen und drei bis sechs Waggons mit Einlagerungsmaterial nach Gera ab.[23] Gera II bot für 65 Waggonladungen Verpackungsmaterial Platz, von denen bis Mitte August 1943 bereits 45 Waggonladungen eingetroffen waren.[24] Darüber hinaus mietete Bahlsen 750 Quadratmeter im Geraer Möbelhaus der Gebrüder Rothe an.[25]

Obwohl die Verlagerung schon längst im Gange war, fehlte Ende Juli 1943 noch die formelle Genehmigung. Die Rüstungsinspektion IX Kassel stellte sich dabei auf den Standpunkt, dass eine Aufnahme der Fertigung in ihrem Bezirk nicht erfolgen solle, da eine Verlagerung unnötig sei, solange Bahlsen noch keinen Bombenschaden erlitten habe.[26] Hinderlich war auch ein bislang unbeachtet gebliebenes, früheres

18 Kriegsgemeinschaftsvertrag zwischen der H. Bahlsens Keksfabrik KG und der Gera-Greizer Kammgarnspinnerei vom 3.7.1943, S. 1 (BAH, R10, Nr. 607).

19 Dr. Otto Bredt, Kostenstellenbezeichnung Gera vom 15.6.1943 (BAH, R10, Nr. 607).

20 Kriegsgemeinschaftsvertrag zwischen der H. Bahlsens Keksfabrik KG und der Gera-Greizer Kammgarnspinnerei vom 3.7.1943, S. 5 (BAH, R10, Nr. 607).

21 Klaus Bahlsen, Fabrikbericht 15.-31.7.1943 vom 3.8.1943, S. 2 (BAH, R10, Nr. 513).

22 Pachtvertrag zwischen Kraftwerk und Straßenbahn Gera AG und H. Bahlsens Keksfabrik KG vom 15.6.1943 (BAH, R10, Nr. 607); Klaus Bahlsen, Fabrikbericht 1.-15.6.1943 vom 26.6.1943, S. 2 (BAH, R10, Nr. 513).

23 Klaus Bahlsen, Fabrikbericht 15.-30.6.1943 vom 6.7.1943, S. 2 (BAH, R10, Nr. 513).

24 Klaus Bahlsen, Fabrikbericht 15.-31.7.1943 vom 3.8.1943, S. 2 (BAH, R10, Nr. 513).

25 Klaus Bahlsen, Fabrikbericht 1.-15.8.1943 vom 18.8.1943, S. 1 (BAH, R10, Nr. 513).

26 Hans Bahlsen, Fabrikbericht 1943 vom 24.12.1943, S. 2 (BAH, R11, Nr. 483).

Schreiben des OKH, das sich gegen die Verlagerung aussprach. Der Konflikt zeigte einmal mehr die durch das Neben- und Gegeneinander der verschiedenen staatlichen, parteilichen, militärischen und rüstungswirtschaftlichen Instanzen hervorgerufenen Verwerfungen des NS-Kriegswirtschaftssystems, denn das OKH hatte in einem anderen Schreiben die Verlagerung von Produktionsabteilungen in das bis dahin von Bombenangriffen verschont gebliebene Gera befürwortet.[27]

Mit Unterstützung der Hauptvereinigung der deutschen Zucker- und Süßwarenwirtschaft gelang es dem Bahlsen-Mann in Berlin, Erich Mank, die formelle Sicherstellung der Verlagerung nach Gera zu erreichen. Die Luftwaffe sprach sich bereits am 26. Juni 1943 für eine Betriebsverlegung nach Gera aus, da Bahlsen einen erheblichen Teil der Fliegersonderverpflegung herstellte, deren Produktionsabsicherung durch die beabsichtigte Dezentralisierung erfolgen könne.[28] Auch das OKH befürwortete die beantragte Verlagerung.[29]

In einem gesonderten Schreiben widersprach das OKH der ablehnenden Position des Rüstungsamts im Speer-Ministerium, dass die Produktion von Notverpflegung oder von Stützpunkt- und Fliegersonderverpflegung ebenso gut von einem anderen Unternehmen der Süßwarenwirtschaft übernommen werden könnte. Da die Wehrmacht keinen Ausfall dieser Produkte hinnehmen könne, machte das OKH sein »allergrößtes Interesse« geltend, einen Teil der für Lieferungen an die Wehrmacht arbeitenden Produktionsbereiche nach Gera zu verlagern.[30]

Am 2. August 1943 hatten vier Schlosser bereits mit dem Aufbau der Öfen in der Geraer Kammgarnspinnerei begonnen, obgleich eine formelle Genehmigung immer noch nicht vorlag.[31] Bis zuletzt drohte die Verlegung untersagt zu werden, obwohl bereits Kosten von mehr als einer halben Million Reichsmark aufgelaufen waren.[32] Zudem fehlten noch die Zuweisung der Sonderstufe »SS« und »S«, um ergänzende Maschinenlieferungen von Zulieferfirmen zu erhalten.[33] Erst nach mehrmaliger Intervention und persönlichen Verhandlungen im Berliner Rüstungsamt gelang es Erich Mank und Hans Bahlsen am 29. September 1943, die Vorbehalte

27 Klaus Bahlsen, Fabrikbericht 1.-14.7.1943 vom 15.7.1943, S. 2 (BAH, R10, Nr. 513); Sagan, Ostthüringen.

28 Reichsminister der Luftfahrt und Oberbefehlshaber der Luftwaffe (62 l. 11 (LD Ag I 3) an Firma Bahlsen vom 26.6.1943 (BAH, R10, Nr. 604).

29 Oberkommando des Heeres, Chef der Heeresrüstung und Befehlshaber des Ersatzheeres, an Fa. Bahlsens Keksfabrik KG vom 6.7.1943 (BAH, R10, Nr. 604); Klaus Bahlsen, Fabrikbericht 15.-31.7.1943 vom 3.8.1943, S. 2 (BAH, R10, Nr. 513).

30 Oberkommando des Heeres, Chef der Heeresrüstung und Befehlshaber des Ersatzheeres, an Fa. Bahlsens Keksfabrik KG, Langkavel, an Reichsministerium für Bewaffnung und Munition, Amtsgruppe Allgemeine Rüstung, Oberregierungsbaurat Steh vom 31.7.1943, S. 1 (BAH, R10, Nr. 604).

31 Klaus Bahlsen, Fabrikbericht 1.-15.8.1943 vom 18.8.1943, S. 1 (BAH, R10, Nr. 513).

32 Klaus Bahlsen, Fabrikbericht 16.-31.8.1943 vom 6.9.1943, S. 2 (BAH, R10, Nr. 513).

33 H. Bahlsens Keksfabrik KG, Hans Bahlsen, an Wehrkreisverwaltung XI, Sachgebiet C I 2 vom 28.7.1943 u. vom 30.8.1943 (jeweils BAH, R10, Nr. 607).

des zuständigen Ministerialrats zu zerstreuen, der »keine Einwände« mehr erheben wollte.[34] Das Reichsluftfahrtministerium ordnete am 27. September 1943 die Verlegung eines Teils der Fertigung von Fliegersonderverpflegung nach Gera an.[35]

Werner Bahlsen, in Kiew nicht mehr benötigt, kümmerte sich zeitweise vor Ort um die Einrichtung und den Betrieb des Zweigwerks.[36] Die H. Bahlsens Keksfabrik KG ließ die Stahlbandöfen V und IX, den Stahlbandofen der Salzletten-Fertigung und die Früchtekocherei mit den dazugehörigen Packereien nach Gera verlagern, um im Monat 225 Tonnen oder 2,25 Millionen 100-Gramm-Packungen Keks und 40 Tonnen oder 500.000 80-Gramm-Packungen Fruchtpasten herzustellen. Die Packabteilungen sollten darüber hinaus im Notfall täglich 100.000 Pakete Notverpflegung versandfertig machen können. Zur Belegschaft sollten zehn deutsche Facharbeiter, 15 ukrainische Hilfsarbeiter, 40 ukrainische Hilfsarbeiterinnen sowie 150 deutsche »Halbtagsfrauen« gehören, die täglich in zwei Fünf-Stunden-Schichten eingeteilt werden sollten. Die Normalarbeitszeit der Ukrainerinnen und Ukrainer war auf zehn Stunden am Tag festgelegt.[37] Nach seiner Rückkehr aus Kiew versetzte Bahlsen auch Robert Lege nach Gera,[38] wo ebenfalls etliche der aus Kiew nach Deutschland gebrachten Ukrainerinnen arbeiten mussten. Eine der dort eingesetzten »Ostarbeiterinnen«, die ihr »Ost«-Abzeichen vorgabenwidrig abgelegt hatte, erhielt von der Polizei eine Geldstrafe in Höhe von 5 Reichsmark.[39] Den nach Gera abgestellten Ukrainerinnen und Ukrainern fehlten Ende 1944 Decken und Bettwäsche.[40]

Die Betriebsverlagerung nach Gera bot die Gelegenheit, Spezialarbeitskräfte wie den 1935 eingetretenen Techniker Heinz Fricke, der mit seinem REFA-Schein als »Kernkraft für Arbeitsstudien und Rationalisierungsarbeiten dringend benötigt« wurde, am 2. August 1943 und 26. Januar 1944 von der Einberufung freizu-

34 Hans Bahlsen, Fabrikbericht 1943 vom 24.12.1943, S. 2 (BAH, R11, Nr. 483); H. Bahlsens Keksfabrik KG, Hans Bahlsen, an Reichsministerium für Bewaffnung und Munition, Amtsgruppe Allgemeine Rüstung vom 30.8.1943 (BAH, R10, Nr. 607); H. Bahlsens Keksfabrik KG, Hans Bahlsen, an Oberkommando des Heeres, Oberst-Intendant Irmer vom 31.8.1943 (BAH, R10, Nr. 629).

35 Hans Bahlsen, Fabrikbericht 1943 vom 24.12.1943, S. 2 (BAH, R11, Nr. 483).

36 Klaus Bahlsen, 10. Bericht 1944-1945 vom 28.2.1946, S. 2 (BAH, R10, Nr. 505).

37 H. Bahlsens Keksfabrik KG, Hans Bahlsen, Ausmaß der geplanten Produktionsverlagerung für Wehrmachtslieferungen nach Gera/Thüringen vom 31.8.1943 (BAH, R10, Nr. 604); Klaus Bahlsen, 9. Bericht – Betrieb 1943 vom 26.1.1944, S. 4 (BAH, R10, Nr. 505).

38 Uk-Stellungs-Karteikarte Robert Lege o. D. (BAH, R10, Nr. 592).

39 Der Polizeidirektor Gera, Kommando der Schutzpolizei, 1. Polizeirevier, betr. Nichttragen des Ostarbeiterzeichens vom 7.6.1944 (Tsentral'nyi derzhavny arhiv vysgchykh orhaniv vlady ta upravlinnia Ukraïny, Kiew). Wir danken Marcus Gryglewski für die Übermittlung des Dokuments.

40 H. Bahlsens Keksfabrik KG, Heinz Fricke, an H. Bahlsens Keksfabrik KG, Verlagerungswerk Gera vom 28.12.1944 (BAH, R10, Nr. 607).

stellen.[41] Bis Herbst 1943 erfolgte in Gera die Aufstellung der Maschinen, sodass zum Jahresende 1943 eine Produktionsstraße zur Herstellung von Fruchtschnitten und zwei Stahlbandöfen in Betrieb genommen werden konnten. Die erste Heereslieferung mit 150.000 Paketen Fruchtschnitte aus Gera erfolgte am 28. Dezember 1943.[42]

Auch wenn anscheinend Werner Bahlsen bereits im April 1944 das Verlagerungswerk Gera angewiesen hatte, die Fruchtschnittenfertigung auf die vom OKH vorgegebene Rezeptur umzustellen, beharrte Klaus Bahlsen darauf, dass die Lieferungen an die Luftwaffe, wie vereinbart, weiterhin nach der bestehenden Rezeptur ausgeführt werden sollten, zumal die darauf abgestellten Rohstoffvorräte noch für Monate reichten, sodass die Beschaffung von monatlich 20 Kilogramm Nipan-Konservierung, 300 Kilogramm Arrak-Essenz und 10 Tonnen Traubenmark sowie 20 Tonnen Pflaumenfleisch erst zu einem späteren Zeitpunkt erfolgen sollte.[43] Das Ausweichwerk Gera erzielte im Mai 1944 einen Umsatz von 400.000 Reichsmark, im Juli von 300.000 und im Oktober 1944 von 500.000 und trug zwischen 11,5 und 26,3 Prozent zum Gesamtumsatz bei.[44] In der ersten Maihälfte 1944 fielen auch auf Gera vereinzelt Bomben, ohne aber das »Ausweichwerk« oder die Lager zu treffen.[45]

Die limitierten Rohstoffzugänge oder das fehlende Verpackungsmaterial begrenzten die Effizienz und die Produktionsmengen. Ernst Schmidt fragte am 3. Oktober 1944 in der Zentrale in Hannover an, ob am Zwei-Schicht-Betrieb festzuhalten sei und was dann mit der in Gera eingestellten dritten Schichtbelegschaft geschehen solle.[46] Zu diesem Zeitpunkt lag dem Verlagerungswerk Gera, das Ende September 1944 überdies noch große Mengen Rösta als Fertigware auf Lager hatte, für November und Dezember 1944 nur ein Auftrag über 625.000 Pakete Fruchtschnitten vor. Das gab der betreffenden Abteilung nur eine »sehr geringe Beschäftigung«.[47] Erst einen Monat später antwortete Werner Bahlsen, dass die vom Heer verlangten 50 Tonnen Rösta dem Werk Gera wohl etwas »Luft« gäben. Die Unternehmensleitung stellte dem Verlagerungswerk frei, in zweimal drei Schichten je fünf Stunden zu arbeiten, falls das rohstoff- und personalmäßig zu schaffen war. Werner Bahlsen

41 Uk-Stellungs-Karteikarte Heinz Fricke o. D. (BAH, R10, Nr. 592).

42 Hermann Hertzer, Verkauf vom 15.1.1944, S. 1 (BAH, R10, Nr. 516); Klaus Bahlsen, 9. Bericht – Betrieb 1943 vom 26.1.1944, S. 3 (BAH, R10, Nr. 505).

43 H. Bahlsens Keksfabrik KG, Verlagerungswerk Gera, Erich Schmidt an H. Bahlsens Keksfabrik KG, Hannover vom 24.4.1944; H. Bahlsens Keksfabrik KG, Klaus Bahlsen, an H. Bahlsens Keksfabrik KG, Verlagerungswerk Gera vom 3.5.1944 (jeweils BAH, R10, Nr. 607).

44 Klaus Bahlsen, 1944-1945. Zusammenfassung der Monatsberichte vom 28.2.1946, S. 1 (BAH, R10, Nr. 505).

45 Hermann Hertzer, Verkauf vom 15.5.1944, S. 2 (BAH, R10, Nr. 516); Sagan, Ostthüringen, S. 45 ff.

46 H. Bahlsens Keksfabrik KG, Verlagerungswerk Gera, Erich Schmidt, an H. Bahlsens Keksfabrik KG, Hannover, Werner Bahlsen vom 19.9.1944 (BAH, R10, Nr. 607).

47 H. Bahlsens Keksfabrik KG, Verlagerungswerk Gera, Erich Schmidt, an H. Bahlsens Keksfabrik KG, Hannover, vom 3.10.1944 (BAH, R10, Nr. 607).

räumte ein, dass in Gera »sehr viele Menschen« vorhanden waren. Da aber die Gefahr bestand, dass das Stammwerk in Hannover noch stärker in Mitleidenschaft geraten könne, müssten dann noch weitere Maschinen und Materialien nach Gera verlagert werden, wozu dann unmittelbar ein hoher Personalbedarf entstehen würde. Insoweit schuf sich Bahlsen für den Fall der Fälle in Gera einen Reservebetrieb.[48]

Der Ausweichbetrieb Gera belieferte Anfang 1945 die Auslieferungslager in Leipzig, Plauen, Chemnitz, Erfurt und bis zu dessen Zerstörung auch Dresden, sowie den Bezirk Hannover bis zum nördlichen Thüringen.[49] Von den 845.000 Reichsmark, die Bahlsen von Jahresbeginn 1945 bis zum Einmarsch der Westalliierten umsetzte, erwirtschaftete das Geraer Werk immerhin 360.000, davon 148.000 mit Wehrmachtslieferungen.[50] Marga Schmidt meldete der Unternehmensleitung am 8. März 1945 telefonisch, dass das Verlagerungswerk Gera seine Ware »für die Läger nicht loswerden« konnte, da die meisten Bahnhöfe wie Chemnitz, München, Leipzig oder auch Wien gesperrt waren. Verbindungen bestanden nur noch zu Plauen und Erfurt.[51] Da überdies kein Dampf zur Verfügung stand, stand die Fruchtschnitten-Abteilung still. Nachdem 256.000 Verpackungstüten eingegangen waren, wurde die Kraftkeks-Fabrikation wieder aufgenommen.[52]

Bei Kriegsende lagerten im Zweigwerk Gera noch umfangreiche Rohstoffbestände, die am 8. Juni 1945 unter anderem 117 Tonnen Weizenmehl, 17 Tonnen Butterschmalz, 65 Tonnen Sultaninen, 12 Tonnen Haselnusskerne, 13 Tonnen Dörrpflaumen und 2,7 Tonnen Trockenkäse umfassten.[53] Die insgesamt auf 539.000 Reichsmark bezifferten Vorräte sollten nach Möglichkeit durch Lastzüge nach Hannover rückgeführt werden, wobei Klaus Bahlsen Butterschmalz, Haselnusskernen, Sultaninen und Trockenkäse, die »heute nicht mehr zu beschaffen« waren, den Vorrang einräumte.[54] Bis 1950 konnten auf zum Teil ungewöhnlichen Wegen und mit nicht immer kaufmännisch ordnungsgemäßen Methoden rund 90 Prozent der Maschinen, aber auch Verpackungsvorräte aus Gera nach Hannover in einem Gesamtwert dann von rund 1 Million DM durch die noch nicht komplett geschlossene Ost-West-Grenze in die eigene Verfügung zurückgebracht werden.[55]

48 H. Bahlsens Keksfabrik KG, Werner Bahlsen, an H. Bahlsens Keksfabrik KG, Verlagerungswerk Gera vom 6.11.1944 (BAH, R10, Nr. 607).

49 Hermann Hertzer, Verkauf vom 15.3.1945, S. 3 (BAH, R10, Nr. 516).

50 Hermann Hertzer, Verkauf vom 15.5.1945, S. 1 (BAH, R10, Nr. 516).

51 Heinz Fricke an Hermann Hertzer betr. Anruf aus Gera vom 8.3.1945 (BAH, R10, Nr. 607).

52 Heinz Fricke an Werner Bahlsen betr. Anruf aus Gera vom 8.3.1945 (BAH, R10, Nr. 607).

53 Heinz Fricke, Rohstoffbestände Gera am 8.6.1945 vom 17.6.1945 (BAH, R10, Nr. 607).

54 H. Bahlsens Keksfabrik KG, Klaus Bahlsen, an H. Bahlsens Keksfabrik KG, Gera vom 12.6.1943 (BAH, R10, Nr. 607).

55 Hans Bahlsen, Notiz für Herrn Heyer vom 12.7.1950 (BAH, R10, Nr. 607).

5.7 Späte Treffer. Bahlsen im Bombenkrieg

Die bereits in der Frühphase der NS-Machtausübung einsetzende Vorbereitung auf den Luftkrieg trat nach dem Beginn des Zweiten Weltkrieg und ersten Bombenabwürfen auf die Raffinerie in Misburg und die Hannoveraner Südstadt im Sommer 1940 in die nächste Phase. Die Belegschaft musste vermehrt alarmbedingt die Luftschutzräume aufsuchen, wobei die Zeit des dortigen Aufenthalts nachzuarbeiten war.[1] Nach dem britischen Großangriff auf die Oststadt am 10. Februar 1941 mit mehr als 100 Toten wiederholte Hans Bahlsen den Grundsatz »Jede Brandbombe, jedes Feuer im Entstehen sofort bekämpfen« und mahnte als Lehre an, bei der Feuerbekämpfung »persönlich als Vorbild« voranzugehen.[2] Die bereits in der Vorkriegszeit in den Kellern eingerichteten Luftschutzbauten erreichten zwar nicht das Niveau bombensicherer Schutzräume, jedoch bestanden Mitte 1942 für immerhin 890 Personen »vollwertige gas-, splitter- u. trümmersichere Luftschutzräume«. Für weitere 210 Personen waren »behelfsmäßige, nur splitter- u. trümmersichere Luftschutzräume« vorhanden, sodass die komplette Belegschaft zumindest weitgehend Schutz vor Bomben finden konnte.[3]

Der Bombenkrieg nahm zunehmend Einfluss auf die Bahlsen-Betriebe. Die Zerstörung der Auslieferungslager Karlsruhe und Düsseldorf im Jahre 1942 bildeten nur den Vorgeschmack auf die weitere Entwicklung.[4] Vorsorglich wurden in der ersten Novemberhälfte des Jahres 1942 die Hölzel-Fenster aus dem großen Sitzungssaal entfernt, wobei deren falsche Hängung entdeckt wurde.[5] Ende August 1943 lagerte das Unternehmen die im Treppenhaus bei den Betriebsbüros angebrachten Keramiken von Prof. Ludwig Vierthaler in den Pavillon Bemeroder Str. 70 aus.[6]

Auch wenn das am 23. Mai 1943 zerstörte Auslieferungslager in Dortmund am 21. Juni 1943 an seinem Ausweichstandort in Unna wiedereröffnet werden konnte,[7] wurde die Liste der zerbombten Auslieferungslager immer länger: Am 9. Januar

1 H. Bahlsens Keksfabrik AG, Anna-Dora Thieme, Hausrundschreiben betr. Fliegeralarm vom 4.7.1940 (BAH, R10, Nr. 271).

2 H. Bahlsens Keksfabrik AG, Betrieb, Hans Bahlsen, Betriebsrundschreiben Nr. 3 vom 12.2.1941 (BAH, R10, Nr. 271).

3 H. Bahlsens Keksfabrik KG, Hans Bahlsen, Werksangaben zum Luftschutz vom 24.6.1942, S. 5 (BAH, R10, Nr. 289).

4 H. Bahlsens Keksfabrik KG, Hausrundschreiben vom 21.9.1942 (BAH, R10, Nr. 271).

5 Klaus Bahlsen, Fabrikbericht 1.-15.11.1942 vom 17.11.1942, S. 1; Klaus Bahlsen, Fabrikbericht 16.-30.11.1942 vom 5.12.1942, S. 1 (jeweils BAH, R10, Nr. 513).

6 Klaus Bahlsen, Fabrikbericht 16.-31.8.1943 vom 6.9.1943, S. 2 (BAH, R10, Nr. 513); Stula, Vierthaler, S. 62 f.

7 Hermann Hertzer, Verkauf vom 31.5.1943, S. 1 (BAH, R10, Nr. 513); Hermann Hertzer, Verkauf vom 15.6.1943, S. 1; Hermann Hertzer, Verkauf vom 15.8.1943, S. 2 (jeweils BAH, R10, Nr. 513).

und am 5. März 1943 traf es das Lager in Essen.[8] Die erwartete finanzielle Regulierung der in Karlsruhe, Düsseldorf, Köln und Essen erlittenen Schäden in einer Größenordnung von mehr als 100.000 Reichsmark ließ aber Mitte März 1943 noch auf sich warten.[9] Am 5. Juni und 5./6. September 1943 traf es das Auslieferungslager in Mannheim, am 28. August in Nürnberg, am 7./8. Oktober in Stuttgart, am 22./23. Oktober in Kassel und am 3. Dezember 1943 in Leipzig.[10]

Der Unternehmensvorstand reagierte auf die zunehmenden Auswirkungen des Luftkriegs, indem im Juni 1943 die im Haupthaus vorhandenen, in absehbarer Zeit nicht benötigten Materialbestände in einer Größenordnung von 87 Waggons, die dort »nur einer unnötigen Luftgefährdung« ausgesetzt waren, zumindest zum größeren Teil nach außerhalb gebracht wurden. Es mussten hierfür Lagerräumlichkeiten eruiert werden; drei Waggons mit Wachspapier gingen unmittelbar zum Leipziger Auslieferungslager ab.[11]

Der am 26. Juli 1943 mit 92 Flugzeugen geflogene US-amerikanische Bomberangriff auf Hannover tötete 273 Menschen, zerstörte das Stadtzentrum zu großen Teilen und hinterließ im AFA-Batteriewerk und im Stammwerk der Continental an der Philipsbornstraße schwere Schäden.[12] Eine in der Nähe wohnende Bahlsen-Mitarbeiterin wurde in ihrer Wohnung schwer verletzt, kam aber mit dem Leben davon. Das Bahlsen-Stammwerk blieb dagegen unversehrt.[13] Mittelbar erfuhr Bahlsen durch den Luftkrieg bereits Verluste. 13 Eiswaffel-Großplatten, die im Zusammenhang mit der von der Hamburger Firma Danger übernommenen Herstellung eines neuen Eiswaffel-Ofens nach dorthin geliefert worden waren, gingen während der Operation »Gomorrha« Anfang August 1943 im Feuersturm Hamburg ebenfalls in Flammen auf.[14] Auch war die Versorgung mit Pflanzenfett für den militärischen und zivilen Bedarf durch die in Hamburg konzentrierten Herstellungsbetriebe unterbrochen.[15] In Folge der gewachsenen »Luftgefahr« hielt Bahlsen in der Fabrik nur noch 3.000 Sack Mehl vor, weitere 3.000 Sack waren auf Lager in den Randgebieten der Stadt verteilt. Außerhalb lagerten 1.800 Sack in Minden, 3.700 Sack in Hildesheim und 600 Sack in Hameln.

Es blieb Anna-Dora Thieme Ende August 1943 vorbehalten, in dieser Situation den Antrag an den Vorstand der Bahlsen KG zu richten, in »Hannover oder Umgebung auf fabrikeigenem Gelände ein Lagerhaus unter der Erde« zu bauen, in dem

8 Hermann Hertzer, Verkauf vom 16.1.1943, S. 2; Hermann Hertzer, Verkauf vom 15.3.1943, S. 2 (jeweils BAH, R10, Nr. 513).

9 Ebd.

10 Hermann Hertzer, Verkauf vom 15.9.1943, S. 2; Hermann Hertzer, Verkauf vom 1.11.1943, S. 1; Hermann Hertzer, Verkauf vom 15.12.1943, S. 2 (jeweils BAH, R10, Nr. 516).

11 Werner Bahlsen, Fabrikbericht 15.5-15.6.1943 vom 26.6.1943, S. 2 (BAH, R10, Nr. 513).

12 Erker, Zulieferer, S. 537 f.

13 Klaus Bahlsen, Fabrikbericht 15.-31.7.1943 vom 3.8.1943, S. 2 (BAH, R10, Nr. 513).

14 Klaus Bahlsen, Fabrikbericht 16.-31.8.1943 vom 6.9.1943, S. 2 (BAH, R10, Nr. 513).

15 Anna-Dora Thieme, Bericht: 31.7.1943 vom 31.7.1943, S. 1 (BAH, R10, Nr. 513).

auch Stahlbandöfen aufgestellt werden konnten, um dort »im Notfalle fabrizieren« zu können.[16] Diese Vorstellung glaubte, Produktionskapazitäten in Untertagebauten gleichsam bombensicher machen. Fast parallel zur Entscheidung, die Produktion der Rakete A4 aus Peenemünde in den Kohnstein zu verlagern,[17] wollte die Einkaufsvorständin Thieme Lagerbestände an Mehl und anderen Rohstoffen sowie eine Kernfertigung in einem unterirdischen Bunker sichern. Sie rechnete nach der durch den Generalbevollmächtigten für die Regelung des Bauwesens im Rüstungsministerium zu erteilenden Genehmigung für den »Unter-der-Erde-Bau« mit einer Bauzeit von vier Monaten, sodass nach den von ihr auf drei Monate veranschlagten Einrichtungsarbeiten dort bereits Ostern 1944 die Backwarenherstellung begonnen werden könnte. Anna-Dora Thieme empfahl ihren Vorstandskollegen, sofort über ihren Vorschlag abzustimmen, damit keine Zeit verloren wurde.[18] Der Vorschlag einer unterirdischen Backfabrik verfing aber nicht bei der Unternehmensleitung, sodass kein entsprechender Antrag eingereicht wurde und die für Untertage-Bauvorhaben typische Vernutzung von Zwangsarbeitern aus dem KZ-Kosmos unterblieb.[19]

Da der Luftkrieg zunehmend den in Hannover lebenden Belegschaftsangehörigen Schäden zufügte, sprach ein Beschluss vom 20. Dezember 1943 »bombengeschädigten Gefolgschaftsmitgliedern« Zuwendungen in Höhe von 250 Reichsmark für »Totalgeschädigte« und von 100 Reichsmark für »Teilgeschädigte« zu. Durch die Bombenangriffe wurden 87 Betriebsangehörige »teilgeschädigt« und 106 »totalgeschädigt«.[20] Im August 1944 zahlte Bahlsen insgesamt 4.550 Reichsmark an 22 »Teilbombengeschädigte« und an fünf Totalgeschädigte aus.[21] Für die im November 1944 erlittenen Schäden gab Bahlsen an 44 Belegschaftsangehörige einen Gesamtbetrag von 7.500 Reichsmark aus.[22]

Weil die Obdachlosigkeit von Belegschaftsangehörigen negative Auswirkungen auf die Anwesenheit und Leistungsfähigkeit der Betroffenen nahm, suchte das Unternehmen nach Lösungsmöglichkeiten. Im Mai 1944 plante Bahlsen auf dem Gelände Podbielskistraße 100 in der Nähe der Ausländerunterkünfte unter einem Dach 12 Behelfsheime zu realisieren, in denen jeweils zwei Räume als Wohnung für ein Ehepaar mit Kindern hergerichtet werden sollten. Die Zusammenfassung mit gemeinsamen Wasch- und Toilettenräumen sowie einer großen Waschküche bezweckte die »Verbilligung des Baues, Minderung des Materialbedarfs, Herab-

16 Anna-Dora Thieme an Vorstand der H. Bahlsens Keksfabrik KG vom 23.8.1943, S. 1 (BAH, R10, Nr. 519).
17 Wagner, Produktion, S. 183 ff.
18 Anna-Dora Thieme an Vorstand der H. Bahlsens Keksfabrik KG vom 23.8.1943, S. 1 (BAH, R10, Nr. 519).
19 Wagner, Gewalt; Altmann, Luftmunitionsanstalt.
20 Hermann Hertzer, Verkauf vom 1.1.1944, S. 1 f. (BAH, R10, Nr. 516).
21 Hermann Hertzer, Verkauf vom 31.8.1944, S. 3 (BAH, R10, Nr. 516).
22 Hermann Hertzer, Verkauf vom 28.2.1945, S. 2 (BAH, R10, Nr. 516).

setzung der Bau- und Arbeitszeit, bessere Wärmehaltung, d.h. Minderung des Kohlenverbrauchs«. Der Anschluss an das bestehende Unterkunftsprovisorium bot den Vorteil, dass die Verkehrsanbindung, aber auch der Anschluss an das Strom-, Wasser- und Kanalisationsnetz leicht herzustellen waren. Eine Umfrage unter den Wohnungssuchenden ergab eine »große vordringliche Nachfrage«. Da auch der Gaubeauftragte für das Deutsche Wohnungshilfswerk diesen spezifischen »Behelfsheimbau« ausdrücklich gebilligt hatte, erwartete Pentzlin am 12. Mai 1944 eine befürwortende Rückäußerung des Stadtbauamts.[23]

Damit den Belegschaftsangehörigen wenigstens einige Kleidungsstücke und sonstige Gegenstände bei Bombentreffern erhalten blieben, brachte das Unternehmen erstmals Anfang August 1943 auf seine Kosten Koffer ins bislang vom Bombenkrieg verschont gebliebene Duderstadt, wo die Sachen bei einem Spediteur untergestellt wurden.[24] Anfang September führte Bahlsen eine dritte »Kofferaktion« durch und brachte in deren Rahmen auch »einige noch nicht zugelassene Personenwagen« nach Duderstadt.[25]

War am 22. September 1943 die Fabrik in Hannover noch verschont geblieben, fiel am 27. September 1943 im Rahmen des schweren Angriffs auf Hannover eine Sprengbombe auf den Hof. Darüber hinaus brannten die frühere Schokoladen-Abteilung und der 4. Stock des Verwaltungshaus-Mittelteils mit Drucksachenmaterial aus.[26] Außerdem trafen Bomben die Spedition Mielenhausen, wo Bahlsen Fett, Kunsthonig und Keks im Wert von 225.000 Reichsmark eingelagert hatte, die restlos vernichtet wurden. Mit einem Schreiben informierte die Geschäftsleitung am 4. Oktober 1943 die einberufenen Belegschaftsmitglieder über den Bombenschaden, beruhigte aber die Empfänger damit, dass ab dem 30. September 1943 alle Abteilungen im Betrieb wieder voll arbeiteten.[27] Beim nächsten Großangriff am 8./9. Oktober 1943 fiel eine schwere Bombe auf das Gebäude an der Listerstraße. Speisesaal und

23 H. Bahlsens Keksfabrik KG, Kurt Pentzlin, an Stadtbauamt Hannover vom 12.5.1944 (BAH, R10, Nr. 151); zum Deutschen Wohnungshilfswerk siehe etwa Kaspar, Behelfsheime, S. 23 ff.; Rodenberg, Räume, S. 116 ff.

24 H. Bahlsens Keksfabrik KG, Betriebsleitung, Klaus Bahlsen, Betriebsrundschreiben Nr. 4 vom 4.8.1943; H. Bahlsens Keksfabrik KG, Betriebsleitung, Klaus Bahlsen, Betriebsrundschreiben Nr. 5 vom 7.8.1943; H. Bahlsens Keksfabrik KG, Betriebsleitung, Rolf Schober, Betriebsrundschreiben Nr. 6 vom 17.8.1943 (jeweils BAH, R10, Nr. 271); Klaus Bahlsen, Fabrikbericht 1.-15.8.1943 vom 6.9.1943, S. 1 (BAH, R10, Nr. 513); Klaus Bahlsen, 9. Bericht – Betrieb 1943 vom 26.1.1944, S. 4 (BAH, R10, Nr. 505).

25 Klaus Bahlsen, Fabrikbericht 1.-15.9.1943 vom 20.9.1943 (BAH, R10, Nr. 513).

26 Werkluftschutzbezirks Hannover-Lüneburg, Opitz, Aktenvermerk betr. Werkluftschutz-Kurzbesuch bei der Firma H. Bahlsens Keksfabrik KG am 21.12.1943 vom 1.2.1944, S. 1 (BAH, R10, Nr. 519).

27 H. Bahlsens Keksfabrik KG, Geschäftsleitung, an die einberufenen Mitarbeiter vom 4.10.1943 (BAH, R10, Nr. 271).

Wäschezimmer wurden vollständig zerstört, während die Küche bereits tags drauf wieder für die Belegschaft kochen konnte.[28]

Die zu Luftschutzzwecken ergriffenen Maßnahmen bewährten sich, sodass die zerstörende Wirkung gemindert werden konnte. Die auf das Fabrikgelände gefallenen Phosphor- und Stabbrandbomben wurden rasch gelöscht. Die eingebaute Berieselungsanlage schützte die Posthalle, den Kühlraum und die Dächer des alten Kesselhauses.[29] Die Verpackung der meisten Bilder und ihre Verbringung in den Keller bewahrte sie vor Beschädigungen. Die wegen ihrer Größe an ihrem Platz im Speisesaal verbliebenen großformatigen Bilder von Willy Jaeckel fielen dagegen der Vernichtung anheim.[30]

Wenn auch am 14. Oktober 1943 der provisorische Verwaltungsbetrieb und auch die Postverbindungen wieder aufgenommen werden konnten und tags darauf die Musterbäckerei mit der Arbeit begann, rissen am 18. Oktober 1943 beim nächsten Großangriff gleich wieder niedergehende Bomben das Haus an der Seidelstraße zur Hälfte ein, und am Hauptgebäude an der Lister Straße fiel im Bereich der Waffelbäckerei die Fassade herunter.[31] Das zeigte die Schutzlosigkeit der Fabrik angesichts der wiederholten Bombenangriffe. Erstmals starb in Folge des Angriffs ein Soldat, der Brandwache gehalten hatte.[32] Zwei Belegschaftsangehörige starben während der Bombenangriffe außerhalb der Fabrik.[33] Die Luftangriffe unterbrachen auch den regelmäßigen Zeitungs- und Päckchenversand an die einberufenen Mitarbeiter.[34] Nachdem am 2. November 1943 die Fabrikation wieder aufgenommen werden konnte,[35] bestand die Hoffnung, zumindest einen notdürftigen Wiederaufbau zu bewerkstelligen.

Die Rüstungsinspektion XIa stellte eine Bescheinigung aus, dass für die dringliche Belieferung der kämpfenden Truppe die Aufräumungsarbeiten in der Fabrik erforderlich waren, was durch den »Einsatz der Wehrmacht« oder die Zuweisung

28 Werkluftschutzbezirks Hannover-Lüneburg, Opitz, Aktenvermerk betr. Werkluftschutz-Kurzbesuch bei der Firma H. Bahlsens Keksfabrik KG am 21.12.1943 vom 1.2.1944, S. 1 (BAH, R10, Nr. 519).

29 Klaus Bahlsen, 9. Bericht – Betrieb 1943 vom 26.1.1944, S. 5 (BAH, R10, Nr. 505).

30 Ebd.; vgl. Märkisch, Jaeckel, S. 3 f. u. 25 f.; Klein, Jaeckel, S. 121 ff.; Hermann Hertzer, Verkauf vom 15.2.1944, S. 2 (BAH, R10, Nr. 516).

31 Werkluftschutzbezirks Hannover-Lüneburg, Opitz, Aktenvermerk betr. Werkluftschutz-Kurzbesuch bei der Firma H. Bahlsens Keksfabrik KG am 21.12.1943 vom 1.2.1944, S. 1 (BAH, R10, Nr. 519).

32 Klaus Bahlsen, 9. Bericht – Betrieb 1943 vom 26.1.1944, S. 5 (BAH, R10, Nr. 505).

33 Hermann Hertzer, Verkauf vom 1.11.1943, S. 2 (BAH, R10, Nr. 516).

34 H. Bahlsens Keksfabrik KG, Geschäftsleitung, an die einberufenen Mitarbeiter vom 2.11.1943 (BAH, R10, Nr. 271).

35 H. Bahlsens Keksfabrik KG, Werner Bahlsen, Betriebsrundschreiben Nr. 6 vom 2.11.1943 (BAH, R10, Nr. 271).

von Kriegsgefangenen erreicht werden könnte.[36] Tatsächlich erhielt Bahlsen 75 Soldaten abgestellt.[37] Die Wiederinstandsetzung begann nach der am 30. Oktober 1943 erfolgten Kontingentzuteilung durch den Baubevollmächtigten im Wehrkreis XI.[38] Die Beseitigung der Fliegerschäden ging im Stammwerk Hannover aber nicht mit der gewünschten Geschwindigkeit voran, sodass Bahlsen beim Rüstungskommando Hannover einen Antrag auf Zuweisung von italienischen Militärinternierten oder »anderen Hilfskräften« einreichte. Der eingeschaltete Leiter der Sofortmaßnahmen der Stadt Hannover, Stadtbaurat Karl Elkert, stellte am 20. November 1943 ein »Kommando von 30 Italienern« zur Verfügung und bedauerte, keine »größere Anzahl von Gefangenen« abstellen zu können.[39] Den daraufhin am 25. November 1943 gestellten Ergänzungsantrag, 30 weitere Kriegsgefangene zu erhalten, lehnte Elkert tags darauf ab, riet aber dazu, den Antrag zu einem späteren Zeitpunkt erneut einzureichen.[40]

Die Produktion lief wieder in vollem Umfang an.[41] Am 28. Oktober 1943 nahm der Musterladen den Verkauf wieder auf, wenngleich in den ersten Tagen kaum jemand in die Verkaufsstelle kam und zeitweilig der Umsatz nur die Hälfte des Gewohnten betrug. Überdies wurden etliche Belegschaftsangehörige »ausgebombt« oder kamen durch die zerstörten Verkehrsverbindungen nur verspätet von ihren auswärtigen Wohnorten zu ihren Arbeitsplätzen. Neben Verletzungen führte auch die nervliche Zerrüttung zu Krankschreibungen; am 1. November 1943 waren noch zwölf Beschäftigte nicht arbeitsfähig.[42] Die baulichen und personellen Vorbereitungen des betrieblichen Luftschutzes entsprachen aber den Vorgaben, sodass nach dem Urteil des Werkluftschutzbereichs Hannover-Lüneburg die »Luftabwehrbereitschaft« sich auf einem »sehr guten Stand« befand.[43]

Gleichwohl wirkten die Bombentreffer länger nach. Erst am 22. Oktober 1943 konnten die ersten Wehrmachtslieferungen in Lehrte aufgegeben werden, während Postsendungen noch bis zum 6. November 1943 gesperrt waren. Deshalb mussten

36 Rüstungsinspektion XIa, Oberstleutnant Vitua, Bescheinigung vom 30.10.1943 (BAH, R10, Nr. 596).

37 Klaus Bahlsen, 9. Bericht – Betrieb 1943 vom 26.1.1944, S. 5 (BAH, R10, Nr. 505).

38 Baubevollmächtigten im Wehrkreis XI an H. Bahlsens Keksfabrik AG vom 30.10.1943 (BAH, R10, Nr. 596).

39 Oberbürgermeister der Hauptstadt Hannover, Leiter der Sofortmaßnahmen, Karl Elkert, an H. Bahlsens Keksfabrik KG vom 18.11.1943 (BAH, R10, Nr. 596).

40 Oberbürgermeister der Hauptstadt Hannover, Leiter der Sofortmaßnahmen, Karl Elkert, an H. Bahlsens Keksfabrik KG vom 26.11.1943 (BAH, R10, Nr. 596).

41 Werkluftschutzbezirks Hannover-Lüneburg, Opitz, Aktenvermerk betr. Werkluftschutz-Kurzbesuch bei der Firma H. Bahlsens Keksfabrik KG am 21.12.1943 vom 1.2.1944, S. 1 (BAH, R10, Nr. 519).

42 Hermann Hertzer, Verkauf vom 1.11.1943, S. 2 (BAH, R10, Nr. 516).

43 Werkluftschutzbezirks Hannover-Lüneburg, Opitz, Aktenvermerk betr. Werkluftschutz-Kurzbesuch bei der Firma H. Bahlsens Keksfabrik KG am 21.12.1943 vom 1.2.1944, S. 2 (BAH, R10, Nr. 519).

auch Sendungen von Liebesgaben an »unsere Krieger« ausgesetzt werden.[44] Um Rohstoffe und fertiggestellte Waren vor der Zerstörung zu schützen, richtete Bahlsen rund 20 Außenmagazine in Gastwirtschaftssälen kleinerer Ortschaften südlich von Hannover bis nach Northeim ein.[45]

Die Bombenschäden waren nicht auf den Standort Hannover beschränkt. 1942/43 hatten alliierte Luftangriffe 12 Filialen zerstört. Etliche Auslieferungslager mussten nach Bombenangriffen geschlossen werden. 1943/44 entstanden zahlreiche Ausweichlager.[46] Ende August 1943 konnte für Berlin in Eberswalde eine Alternative gefunden werden, für Mannheim in Weinheim und für das am 24./25. Juni 1943 schwer getroffene Auslieferungslager Wuppertal-Elberfeld in Schwelm.[47] Am 27./28. August 1943 wurde dagegen bei einem Großangriff auf Nürnberg das dortige Lager vollständig vernichtet.[48] Nach den »ALg.« Stettin, Bremen und Königsberg, die im August 1944 zerstört worden waren, kam am 12. September 1944 das Auslieferungslager in Frankfurt am Main und am 23. September 1944 in Kassel, das zum zweiten Mal von Bomben außer Betrieb gesetzt wurde,[49] zu Schaden. Im Oktober 1944 folgten Köln und Stuttgart.[50] In zunehmender Zahl gehörten Mitarbeiter der dezentralen Auslieferungslager, wie im Oktober 1944 der Reisende Georg Draude in Krefeld und ein Fahrer in Köln, zu den Bombenkriegsopfern.[51] Dass die Lager München und Stuttgart planmäßig Ende November 1944 schließen sollten, läutete die letzte Phase ein, da sowohl die fortgesetzten Bombenangriffe als auch deren ungewisse Belieferung eine Betriebsfortsetzung unmöglich machten. Das Münchener Personal sollte nach Salzburg und Linz versetzt werden.[52]

Um unter den Beschäftigten dem Eindruck entgegenzuwirken, im Betrieb nur notdürftig geschützt den Bomben ausgesetzt zu werden, während die Unternehmensleitung sich andernorts aufhalte, ordnete der NSDAP-Gauleiter Lauterbacher im August 1943 in seiner Funktion als Reichsverteidigungskommissar an, dass die »Betriebsführer« bei Luftangriffen »möglichst persönlich im Betrieb anwesend« sein sollten.[53] Die starken Beschädigungen an den Verschiebebahnhöfen rund um

44 Hermann Hertzer, Verkauf vom 1.11.1943, S. 2 (BAH, R10, Nr. 516).

45 Klaus Bahlsen, 1944-1945. Zusammenfassung der Monatsberichte vom 28.2.1946, S. 2 (BAH, R10, Nr. 505).

46 Hermann Hertzer, Verkauf vom 30.9.1943, S. 1 (BAH, R10, Nr. 516); Hermann Hertzer, Verkauf vom 15.1.1944, S. 1 (BAH, R10, Nr. 513).

47 Schadensaufstellung der H. Bahlsens Keksfabrik KG, Wuppertal-Elberfeld, Bleichstraße 22 aus Anlass des Fliegerangriffs von 24. zum 25.6.1943 (BAH, R10, Nr. 513); Hermann Hertzer, Verkauf vom 31.8.1943, S. 1 (BAH, R10, Nr. 516).

48 Ebd.

49 Hermann Hertzer, Verkauf vom 30.9.1943, S. 2 (BAH, R10, Nr. 516).

50 Hermann Hertzer, Kurzbericht über wichtige Ereignisse in unserer Firma vom März 1948, S. 12 (BAH, R10, Nr. 505).

51 Hermann Hertzer, Verkauf vom 31.10.1944, S. 2 (BAH, R10, Nr. 516).

52 Hermann Hertzer, Verkauf vom 30.9.1943, S. 3 (BAH, R10, Nr. 516).

53 Hermann Hertzer, Verkauf vom 31.8.1943, S. 1 (BAH, R10, Nr. 516).

Hannover und vermehrte Tieffliegerangriffe erschwerten die Belieferung der Auslieferungslager und der Großkunden immens, sodass der Unternehmensverbund zunehmende Auflösungserscheinungen zeigte.

Die Liquidität des Unternehmens verbesserte sich Anfang April 1944 durch den Eingang einer erbetenen Abschlagszahlung in Höhe von 1 Million Reichsmark auf die angemeldete Kriegssachschädenentschädigung.[54] Hierdurch sah Klaus Bahlsen auch die Chance, im Windschatten der Beseitigung der Bombenschäden Neuerungen wie etwa eine Weizen-Keim-Anlage zu realisieren.[55] Dass im November 1944 Erwin Töllner, der bereits in Kiew mit der baulichem Umstellung der dortigen Keksfabrik auf Bahlsen-Standard betraut gewesen war, die neu geschaffene Abteilung Bau übernahm, die zunächst die zeichnerischen Unterlagen zusammentragen und fehlende erstellen musste, deutete in die gleiche Richtung. Hans Bahlsen, der im November 1944 in Isernhagen mit dem Polizeipräsidenten Hannovers, SS-Obersturmbannführer Dr. Erich Deutschbein, zusammengetroffen war, bat ihn am 17. November 1944 um Einflussnahme auf den Sachbearbeiter, der eine Zuteilung von Bauhölzern und Stempeln aus der abgerissenen Maschseetarnung verweigert hatte.[56]

Je weiter die Alliierten in Richtung Berlin vorrückten, desto mehr Auslieferungslager mussten aufgegeben werden. Im September 1944 räumte der Oberreisende Josef Grün die Auslieferungslager in Straßburg und Saarbrücken.[57] Nachdem Breslau am 20. Januar 1945 zur Festung erklärt worden war, schloss der dortige Leiter des Auslieferungslagers, Rudolf Schmidt, den Betrieb am 24. Januar 1945 und verteilte die vorhandene Ware. Im Februar 1945 zog der Vormarsch der Roten Armee die Aufgabe des Auslieferungslagers in Königsberg nach sich. In Niederschlesien erreichten sowjetische Truppen beispielsweise in Kantersdorf [polnisch: Kantorowice] ein ausgelagertes Vorratslager, wodurch Papier im Wert von 70.000 Reichsmark und neue Möbel im Wert von 80.000 Reichsmark verlustig gingen.[58] Bei den Luftangrif-

54 H. Bahlsens Keksfabrik KG, Werner Bahlsen, an Regierung zu Hannover vom 29.3.1944 (BAH, R10, Nr. 16); Regierungspräsident als Feststellungbehörde, Vereinbarung mit der H. Bahlsens Keksfabrik KG vom 29.3.1944; Bahlsen, Vorläufige Zusammenstellung der Fliegerschäden der H. Bahlsens Keksfabrik KG Hannover (ohne Auslieferungsläger) in den Jahren 1943/5. Jan. 1945 (Stand: 30.6.1945) (jeweils BAH, R10, Nr. 597); Hermann Hertzer, Verkauf vom 15.4.1944, S. 1 (BAH, R10, Nr. 516); der Gesamterstattungsbetrag stieg im Jahresverlauf auf 1,079 Millionen Reichsmark, Norddeutsche Buchführungs- und Verwaltungs-AG, Bericht Nr. 107 über die Prüfung des Jahresabschlusses 1944 der H. Bahlsens Keksfabrik KG vom 21.5.1946, S. 22 (BAH, R10, Nr. 545).

55 Klaus Bahlsen, Weizen-Keim-Anlage vom 2.9.1944 (BAH, R13, Nr. 62).

56 Hans Bahlsen an Polizeipräsidenten und SS-Obersturmbannführer Dr. Erich Deutschbein vom 17.11.1944 (BAH, R10, Nr. 600).

57 Hermann Hertzer, Kurzbericht über wichtige Ereignisse in unserer Firma vom März 1948, S. 11 (BAH, R10, Nr. 505).

58 Hermann Hertzer, Verkauf vom 15.2.1945, S. 3 (BAH, R10, Nr. 516).

fen auf Dresden erhielt das dortige Auslieferungslager schwere Treffer; eine Büroangestellte fand dabei den Tod.[59]

Die Fabrik an der Podbielskistraße trafen am 15. Dezember 1944 insgesamt 16 Bomben, die am Maschinenhaus, dem Bau 7 und dem Neubau 21 schwere Beschädigungen verursachten. Durch das einsetzende Frostwetter froren die Leitungen ein, was den Betrieb kurzzeitig lahmlegte. Auch der Musterladen musste am 15. Dezember 1944 infolge der Bombentreffer geschlossen werden.[60] Da die Rüstungsinspektion XIa der Fertigung von Bahlsen nach Rücksprache mit dem Oberkommando des Heeres eine »kriegsentscheidende Bedeutung« zumaß,[61] sollte die »Herstellung der Verpflegungsmittel so rasch als möglich wieder in Gang« kommen. Daraufhin erhielt Bahlsen 150 Soldaten sowie Männer der Technischen Nothilfe zur Beseitigung der Trümmer zugewiesen.

Am 5. Januar 1945 fiel erneut eine Luftmine auf die Keksfabrik und machte die Fortschritte bei den Reparaturarbeiten wieder zunichte. Vizeadmiral Johannes Steenbock, der Vorsitzende der Rüstungskommission im Wehrkreis XI, genehmigte die Einordnung der Wiederaufbauarbeiten als »Sofortmaßnahme«, die in ihrer Dringlichkeit dem Mindestbauprogramm gleichgestellt war.[62] Da die Firmen XOX, Brandt, Feurich, Häberlein-Metzger, Trüller und Stratmann & Meier ganz oder zumindest teilweise ausgefallen waren, wurde Bahlsen für die Herstellung von Notverpflegung etwa zur Versorgung eingeschlossener Verbände unverzichtbar, zumal das Unternehmen bereits 85 Prozent der Liefermengen herstellte.[63] Gaißmaier, im Januar 1944 Leiter des Referats Ernährungsindustrie in der Abteilung II der Reichsgruppe Industrie,[64] bat am 30. Januar 1945 für das Produktionsamt des Rüstungsministeriums Vizeadmiral Johannes Steenbock dringlich um Unterstützung und schickte zur Erreichung des beschleunigten Wiederaufbaus auch einen Oberingenieur nach Hannover.[65]

59 Hermann Hertzer, Kurzbericht über wichtige Ereignisse in unserer Firma vom März 1948, S. 11 (BAH, R10, Nr. 505).

60 Werkluftschutzleiter Max Büttner, Schadensmeldung Angriff am 15.12.1944 vom 21.12.1944 (BAH, R10, Nr. 289); Klaus Bahlsen, 1944-1945. Zusammenfassung der Monatsberichte vom 28.2.1946, S. 2 (BAH, R10, Nr. 505). Büttner war der NSDAP am 1.5.1933 in Dresden beigetreten, NSDAP-Gaukartei Max Büttner (BAB, R 9361-IX, Nr. 5090498).

61 Rüstungsinspektion XIa an H. Bahlsens Keksfabrik KG vom 20.12.1944 (BAH, R10, Nr. 505).

62 Organisation Todt, Einsatzgruppe IV »Kyffhäuser«, OT-Oberbauleitung Hannover, Brinkmann, Bescheinigung vom 13.1.1945 (BAH, R10, Nr. 596).

63 Besuchsbericht über die Begutachtung der Terrorschäden in der H. Bahlsens Keksfabrik KG zwecks sofortiger Aufnahme der Fertigung vor allen Dingen in Notverpflegung vom 27.1.1945, S. 1 (BAH, R10, Nr. 147).

64 Bähr u. Kopper, Industrie, S. 165.

65 Reichsministerium für Rüstung und Kriegsproduktion, Produktions-Amt (III 20419 Ga/Leu) an Vorsitzer der Rüstungskommission, Vizeadmiral Johannes Steenbock vom 30.1.1945 (BAH, R10, Nr. 596); Baubeauftragte beim Reichsverteidigungskommissar Süd-Hannover-Braunschweig an H. Bahlsens Keksfabrik KG vom 30.1.1945 (BAH, R10, Nr. 147).

Abb. 25: Kriegsschäden am Bahlsen-Werk, 1945

200 Mann, darunter 100 Russen, wurden für Aufräumungs- und Reparaturarbeiten zur Verfügung gestellt.[66] Nach der Erinnerung des Betriebsingenieurs Friedrich Thiele leisteten die sowjetischen Kriegsgefangenen »gute Arbeit« und erhielten als »Belohnung« den »nicht mehr zu verpackenden Rest der stillgelegten Produktion«, was die Männer angeblich durch eine »gesteigerte Arbeitsleistung« gedankt hätten.[67] Der Gesamtschadensanspruch der KG summierte sich, die Luftangriffe vom 15. Dezember 1944 und 5. Januar 1945 zusammengenommen, auf 784.330 Reichsmark an zerstörten Waren und Inventar.[68] Die AG bezifferte den erstattungspflichtigen Schaden auf 3,47 Millionen Reichsmark, davon 2,93 Millionen Reichsmark für ihre Geschäfts-, Wohn- und Fabrikgebäude und den Rest für Maschinen und sonstige Geschäftsausstattungen. Die Gesamtforderung gegen das Deutsche Reich aus Kriegsschäden betrug 5,35 Millionen Reichsmark.[69] Die Hannoversche Keksfabrik

66 Klaus Bahlsen, 1944-1945. Zusammenfassung der Monatsberichte vom 28.2.1946, S. 3 (BAH, R10, Nr. 505).

67 Friedrich Thiele: 60 Jahre Bahlsen 1914-1974. Erinnerungen. Technische Entwicklungen, Berichte und Arbeitsvorbereitung, S. 7 (BAH, R10, Nr. 229).

68 Norddeutsche Buchführungs- und Verwaltungs-AG, Bericht Nr. 107 über die Prüfung des Jahresabschlusses 1944 der H. Bahlsens Keksfabrik KG vom 21.5.1946, S. 8 (BAH, R10, Nr. 545).

69 Norddeutsche Buchführungs- und Verwaltungs-AG, Bericht Nr. 307 über die Prüfung des Jahresabschlusses 1944 der H. Bahlsens Keksfabrik AG vom 13.5.1946, S. 10 f. u. 42 (BAH, R10, Nr. 544).

GmbH meldete wegen der Teilzerstörung ihrer bebauten Liegenschaft Hohenzollernstraße 16 ihrerseits einen Gesamtschaden von 94.300 Reichsmark an.[70]

Der Bombenangriff vom 10. Februar 1945 machte 304 Belegschaftsangehörige wohnungslos.[71] Am Vormittag des 25. März 1945 kam es durch einen Luftangriff auf das Lister Viertel zu geringfügigen Beschädigungen am Verwaltungsgebäude. Allerdings wurden zahlreiche Belegschaftsangehörige ausgebombt, und zudem fand ein Niederländer den Tod.[72]

70 Norddeutsche Buchführungs- und Verwaltungs-AG, Bericht Nr. 207 über die Prüfung des Jahresabschlusses 1944 der Hannoversche Keksfabrik GmbH Hannover vom 21.5.1946, S. 6 (BAH, R10, Nr. 544).

71 Klaus Bahlsen, 1944-1945. Zusammenfassung der Monatsberichte vom 28.2.1946, S. 3 (BAH, R10, Nr. 505).

72 Hermann Hertzer, Verkauf vom 31.3.1945, S. 2 (BAH, R10, Nr. 516).

5.8 Der Untergang des NS-Regimes und die Vorbereitungen zur Zivilproduktion

Der durch Kohlenmangel verursachte siebentägige Stillstand des Betriebs läutete im November 1944 am Standort Hannover die letzte Kriegsphase ein.[1] Hinzu kamen noch die schweren Bombenschäden am 15. Dezember 1944 und 5. Januar 1945. Mitte Januar 1945 waren zwar die meisten Aufräumungs- und Wiederingangsetzungsarbeiten beendet, sodass auch die Verwaltung mit der Aufarbeitung der Rückstände beginnen konnte. Da jedoch die Werksküche zerstört war, übernahm die DAF die Versorgung mit einem Mittagessen, mit dem aber die Belegschaft, die gehaltvolleren und reichlicheren Portionen aus der Werksküche gewohnt, »wenig zufrieden« war.[2]

Der Forderung des Oberbereichsleiters und NSDAP-Kreisleiters in Hannover, Boy Ovens, im Rahmen des am 8. Januar 1945 beginnenden »Volksopfers« zur Spinnstoffsammlung die Werkschar-Uniformen und andere Ausrüstungsgegenstände abzugeben, kam das Unternehmen mit Ausnahme eines kleinen Rests umso lieber durch Ablieferung an den DAF-Betriebsobmann bzw. die NSDAP-Ortsgruppe nach, da hierdurch die zunehmend unliebsam gewordenen NS-Symbole und Hinweise auf die Verzahnung von Betrieb und Regime gleichsam aus der Fabrik geschafft wurden.[3] Die Aufforderung der Gauwirtschaftskammer Hannover-Braunschweig, eine Aufstellung aller vorhandenen Büromöbel einzureichen, um deren Beschlagnahme für kriegswichtige Verwaltungszwecke vorzubereiten, ließ Bahlsen unbeantwortet. Im Interesse des Eigentumsschutzes und zur Aufrechterhaltung der betrieblichen Funktionsfähigkeit begann sich Bahlsen vom NS-Kriegswirtschaftssystem abzusetzen.

Die Bestellmengen der Wehrmacht schrumpften im Dezember 1944 und Januar 1945 deutlich. Die EVM Hildesheim und Hannover wollte je 1,6 Tonnen Leibniz geliefert haben, das EVM Berlin knapp 1,1 Millionen Pakete Fruchtschnitte und 25 Tonnen Weihnachtsgebäck.[4] Das Heer sah aber nach der Mitteilung der Hauptvereinigung vom 1. Februar 1945 vollständig von der Beschaffung von Keks mittlerer Güte ab.

Trotz der Bombenschäden an der Fabrik und an den Wohnungen der Belegschaftsangehörigen startete die Produktion am 1. Februar 1945 neu, nachdem die Stromversorgung wiederhergestellt worden war. Auch die Turbine im Krafthaus nahm ihren Betrieb auf, sodass die Brot-Abteilung und die Feinbäckerei I anlaufen konnten. Um die Reparaturarbeiten voranzubringen, wollte Hans Bahlsen Ende

1 H. Bahlsens Keksfabrik KG, Hans Bahlsen, an Gauwirtschaftskammer Südhannover-Braunschweig vom 6.12.1944 (BAH, R10, Nr. 630).

2 Hermann Hertzer, Verkauf vom 31.1.1945, S. 1 (BAH, R10, Nr. 516).

3 Ebd., S. 2.

4 Ebd., S. 1.

Februar 1945 in Berlin direkt beim Produktions-Amt III des Speer-Ministeriums vorstellig werden.[5]

Die Trümmerbeseitigung hatte zwar einen »gewissen Fortschritt« gemacht, das Produktionsamt III des Rüstungsministeriums kritisierte aber am 8. März 1945, dass die auf dem Fabrikgrundstück zusammengeschobenen »Terror-Schutthalden«, da sie auch Nahrungsmittelreste enthielten, zu einer Sammelstätte für Ratten und anderes Ungeziefer geworden waren. Bevor die Fertigung von Notverpflegung ausgedehnt werden durfte, erhielt Bahlsen von dem aus Berlin entsandten Oberingenieur die Auflage, den vorgeschriebenen Hygienezustand auf dem Werksgelände wiederherzustellen.[6] Die Energieerzeugung blieb unzureichend. Da aber eine Verbesserung der Gasversorgung erreicht werden konnte und vom NSDAP-Kreisleiter Boy Ovens die Zusage erfolgte, einen bereits bei Bahlsen tätigen Schornsteinmonteur einer externen Firma auf acht Wochen vom Volkssturmdienst zu befreien, sah die Unternehmensleitung optimistischer in die nähere Zukunft, zumal der Kohlenbedarf für die nächsten fünf Wochen gedeckt war.[7]

Da der Ausfall anderer Fabriken die Versorgungslage weiter zugespitzt hatte, mussten nach Ansicht des Ersatz-Verpflegungs-Magazins erst recht sofort die gesamten Kapazitäten von Bahlsen zur Verfügung stehen. Der zusätzliche Bedarf an »kombinierten Frontkämpferpackungen«, der im Wehrbezirk XI ausschließlich von der Firma Bahlsen gedeckt werden konnte, mobilisierte zusätzliche Hilfe in Form von Materialien, Kraftstoffkontingenten und Arbeitskräften, sodass die Aufräumungsarbeiten bei Bahlsen in den letzten Kriegswochen zusätzliche Impulse aus einer stärkeren Indienstnahme durch militärische Dienststellen erhielten.[8] Das Stadtbauamt Hannover stellte Räumkolonnen zur Verfügung. Darüber hinaus sollten die der Stadt Hannover zugeteilten andernorts wegen Produktionseinstellung freigewordenen Ausländer zur Beseitigung der Schutt- und Schrotthalden eingesetzt werden. Auch der Flakstützpunkt Buchholz kommandierte erneut Soldaten ab. Darüber hinaus erfolgte durch den Bezirksinnungsmeister die Heranziehung von Handwerksfirmen zur Instandsetzung der Produktionsfließbänder der Notverpflegungs-Abteilung.

Im Ergebnis übertrafen die 280 am 9. März 1945 mit Wiederaufbautätigkeiten befassten werksfremden Fach- und Hilfskräfte das zuvor zugesagte Kontingent von 112 Personen um mehr als das Doppelte. Darüber hinaus fanden noch 292 firmeneigene Kräfte Verwendung. Am 2. März 1945 konnte Bahlsen immerhin 268 Perso-

5 H. Bahlsens Keksfabrik KG, Hans Bahlsen, an Reichsminister für Rüstung und Kriegsproduktion, Produktions-Amt III, Gaißmaier, vom 23.2.1945 (BAH, R10, Nr. 147).

6 Reichsminister für Rüstung und Kriegsproduktion, Produktions-Amt III, Leppin, an H. Bahlsens Keksfabrik KG vom 8.3.1945, S. 1 f.; 2. Besuchsbericht über die Begutachtung der Terrorschäden in der H. Bahlsens Keksfabrik KG zwecks sofortiger Aufnahme der Fertigung vor allen Dingen in Notverpflegung vom 9.3.1945, S. 1 (jeweils BAH, R10, Nr. 147).

7 Ebd., S. 2.

8 Ebd., S. 3.

nen, davon 44 Fachkräfte in der direkten Produktion einsetzen. Es gelang sogar, in andere Unternehmen dienstverpflichtete »Stammarbeitskräfte« wieder für das Bahlsen-Werk zurückzuerhalten.[9] Dabei kam Bahlsen auch zu Hilfe, dass Betriebe der Grundernährung und der an die Wehrmacht gelieferten Sonderernährung durch den Erlass von Rüstungsminister Albert Speer vom 28. Februar 1945 zum »Notprogramm« der NS-Kriegswirtschaft gehörten und bis zuletzt vordringlich mit Rohstoffen, Energie und Personal versorgt wurden.[10] Das Reichsministerium für Rüstung und Kriegsproduktion fertigte in diesem Zusammenhang Bahlsen eine Sonderzuteilung Baustoffe aus, die von Erich Mank in der Berliner Dienststelle abgeholt und nach Hannover übermittelt wurde.

Die Hauptvereinigung der deutschen Zucker- und Süßwarenwirtschaft hatte bereits am 20. Dezember 1944 verlangt, die Auslieferungslager in München, Stuttgart, Dresden, Wien, Graz, Innsbruck, Salzburg und Linz wegen ihrer betrieblichen Unwirtschaftlichkeit aufzugeben. Das Lager Salzburg war bereits am 17. November 1944 vollständig zerstört und das Wiener Lager vom dortigen Gauwirtschaftsamt beschlagnahmt worden. Gegen die Schließung aller Auslieferungslager legte Bahlsen noch Widerspruch ein, der aber »mit Rücksicht auf die Zeitverhältnisse« von der Hauptvereinigung in Tangermünde gar nicht mehr behandelt wurde.[11] Manche Lager wurden von militärischen oder behördlichen Dienststellen beschlagnahmt, andere durch Bomben zerstört. Am 3. Februar 1945 traf es das Lager in Berlin, das vollständig ausbrannte. Ersatzweise nutzte der Standortverantwortliche Erich Mank das Ausweichlager Bernau und belegte einen Notraum im Redaktionsgebäude des NSDAP-Organs, des *Völkischen Beobachters*.[12] Am 13. Februar 1945 traf es das Lager in Dresden, das vollständig zerstört wurde.[13]

Der am 1. Februar 1945 von Erich Mank geschriebene Situationsbericht aus Berlin hatte bereits wenig Hoffnung gemacht. Mank hoffte aber, das älteste Bahlsen-Großlager »erhalten zu können«. Wie viele NSDAP-Mitglieder befürchtete er »manches«, sträubte sich aber »doch noch, das Äußerste zu glauben« – den Untergang der NS-Herrschaft und die vollständige Kriegsniederlage des Deutschen Reiches.[14] Fast als

9 Ebd., S. 4; Besuchsbericht über die Begutachtung der Terrorschäden in der H. Bahlsens Keksfabrik KG zwecks sofortiger Aufnahme der Fertigung vor allen Dingen in Notverpflegung vom 27.1.1945, S. 6 (BAH, R10, Nr. 147).

10 Fernschreiben Rüstungsministerium, Produktionsamt III, Gaißmaier an H. Bahlsens Keksfabrik KG, vom 9.3.1945; Reichsminister für Rüstung und Kriegsproduktion, Produktions-Amt III, Leppin, an H. Bahlsens Keksfabrik KG vom 1.3.1945 (jeweils BAH, R10, Nr. 147); Hermann Hertzer, Verkauf vom 15.3.1945, S. 1f.; Hermann Hertzer, Verkauf vom 31.3.1945, S. 1 (jeweils BAH, R10, Nr. 516).

11 Hermann Hertzer, Verkauf vom 31.1.1945, S. 2f. (BAH, R10, Nr. 516).

12 Hermann Hertzer, Verkauf vom 15.2.1945, S. 2 (BAH, R10, Nr. 516).

13 Hermann Hertzer, Verkauf vom 28.2.1945, S. 2; Hermann Hertzer, Verkauf vom 31.3.1945, S. 3 (jeweils BAH, R10, Nr. 516); Müller, Schönherr u. Widera (Hg.), Zerstörung.

14 H. Bahlsens Keksfabrik KG, Auslieferungslager Berlin, Erich Mank, an H. Bahlsens Keksfabrik KG, Leitung vom 1.2.1945 (BAH, R10, Nr. 9).

Menetekel der Auflösung des NS-System konnte nach der Zerstörung des Betriebs am 26. März 1945 der Suizid der ersten Buchhalterin im Auslieferungslager Plauen gelten.[15] Zuvor hatte sich bereits die Buchhalterin Lucie Heinzel nach einem Luftangriff auf Berlin am 4. Februar 1945 suizidiert.[16] Wie nicht wenige Nationalsozialisten glaubten auch manche Bahlsen-Mitarbeiter wohl, keine Zukunft mehr zu haben.[17]

Der weitgehende Zusammenbruch der Eisenbahntransporte nach den konzentrierten Luftangriffen im März 1945 führte zusammen mit dem Fehlen von Treibstoff dazu, dass die südwestdeutschen Auslieferungslager Frankfurt, Mannheim, Karlsruhe, Stuttgart und Freiburg nicht mehr beliefert werden konnten. Daraufhin erhielt das dortige Personal Weisung, die Räume an Kunden oder bekannte Firmen zu vermieten, aber einen Raum für die Unterbringung des Inventars einschließlich des Geldschranks sowie der Geschäftsunterlagen zu reservieren.[18] Das Auslieferungslager in Düsseldorf schloss am 1. März 1945, da die Stadt unter Beschuss lag.[19] Die Geschäftsabwicklung des schließlich am 2. März 1945 aufgegebenen Kölner Auslieferungslagers erfolgte danach von Hannover aus. Der Niederlassungsleiter Fritz Farne nahm die Buchungs- und Schreibmaschine zu seiner in Hillerscheid, 50 Kilometer östlich von Köln, lebenden Tochter mit und bewahrte sie dort für später auf.

Bahlsen war auf sein beschädigtes Stammwerk Hannover und den Ausweichbetrieb in Gera zurückgeworfen. Dort gingen aber noch Wehrmachtsaufträge über 200 Tonnen Kraftkeks und 3,2 Tonnen Leibniz-Keks ein, der bereits vom Zivilkonsum ausgeschlossen worden war. Dass aber zumindest die kaufmännischen Abrechnungsroutinen funktionierten, zeigte eindrucksvoll die im Zusammenhang mit der Ende 1944 erfolgten Lieferung der Weihnachts-Mischung und von Spekulatius abgeforderte Rückvergütung von knapp 68.000 Reichsmark, die noch in der ersten Märzhälfte 1945 erfolgte.[20] Für die im dritten Quartal 1944 an das EVM Berlin gelieferten Fruchtschnitten erfolgte wiederum in der zweiten Märzhälfte 1945 noch eine Nachbelastung über rund 5.400 Reichsmark. Den bestätigten Betrag wollte das EVM Berlin noch überweisen.[21]

Bredt, dem Anfang März 1945 die Abteilung Kriegssachschäden übertragen worden war, siedelte Anfang April 1945 aus Berlin nach Hannover über.[22] Den Leiter des dortigen Auslieferungslagers, Erich Mank, zog es am 7. April 1945 ebenfalls an

15 Hermann Hertzer, Verkauf, vom 31.5.1945, S. 2 (BAH, R10, Nr. 516).

16 Hermann Hertzer, Kurzbericht über wichtige Ereignisse in unserer Firma vom März 1948, S. 12 (BAH, R10, Nr. 505).

17 Vgl. Liebrandt, Recht; Huber, Kind, S. 81 ff.

18 Hermann Hertzer, Verkauf vom 15.3.1945, S. 3 f. (BAH, R10, Nr. 516).

19 Ebd., S. 4.

20 Ebd., S. 1.

21 Hermann Hertzer, Verkauf vom 31.3.1945, S. 1 (BAH, R10, Nr. 516).

22 Hermann Hertzer, Verkauf vom 15.3.1945, S. 2; Hermann Hertzer, Verkauf, Bericht vom 1.4.-15.5.1945 vom 15.5.1945, S. 3 (jeweils BAH, R10, Nr. 516).

den Unternehmenssitz.[23] Nicht allen gelang es, heil aus der Gefahrenzone zu gelangen. Die Buchhalterin Magda Ahrens, die vom Auslieferungslager Bremen zum Ausweichlager Verden versetzt worden war, starb am 19. April 1945 auf dem Weg nach Verden im Granatenbeschuss.[24]

Mit der nach Reparaturarbeiten erfolgten Wiedereröffnung des vormaligen Standort-Musterladens am 10. März 1945, der allerdings nicht mehr dem externen Publikum offenstand, sondern ausschließlich dem Personal-Einkauf diente, setzte Bahlsen gleichsam ein Zeichen.[25] Mochten Regimeanhänger dies als Ausdruck der Belegschaftsversorgung zur Stärkung des Durchhaltewillens empfinden, entstand ein Verkaufsraum, der nach Kriegsende direkt als öffentlich zugänglicher Laden in Betrieb genommen werden konnte.

Der Umsatz ging im März und April 1945 immer weiter zurück, sodass die Unternehmensleitung zur Auszahlung der Löhne und Gehälter auf die Rücklagen des Bahlsen Pensions- und Unterstützungsvereins zurückgriff. Zur Deckung von Betriebskosten entnahm das Unternehmen im April und Mai 1945 insgesamt 90.000 Reichsmark. Dass die Zeit des NS-Regimes ablief, zeigte schon allein, dass ab dem 20. März 1945 keine Post mehr einging und der Güterverkehr per Eisenbahn eingestellt war. Auslieferungen an Abnehmer erfolgten nurmehr per Autotransport, jedoch nur noch in der Nähe von Hannover. Ende März 1945 konnte in der Verwaltung nicht mehr voll gearbeitet werden, weil wegen der ausgefallenen Verkehrssysteme die außerhalb wohnenden Belegschaftsangehörigen nicht mehr in die Stadt kamen. In der ersten Aprilwoche 1945 ruhte die Büroarbeit fast vollständig, denn der hörbare Kanonendonner und die Luftgefahr hielten viele davon ab, zur Arbeit zu gehen.

Eine Gesamtbilanz der Unternehmensentwicklung während des Nationalsozialismus fällt zwiespältig aus. Die wirtschaftlichen Kerndaten zeigten nach 1933 eine deutliche Ausweitung des Geschäfts, und Bahlsen profitierte vom Aufschwung der Vorkriegsjahre. Die Erweiterungsbauten zur Kapazitätserweiterung und die Umstellung des Produktportfolios auf preisgünstigere Sorten reagierten auf die gewachsene Nachfrage der deutschen Vorkriegsgesellschaft und das weiterhin eingeschränkte Arbeitseinkommen. Die soziale Befriedung der betrieblichen Arbeitsbeziehungen durch die Entmachtung der freien Gewerkschaften und die Zementierung des hierarchischen Verhältnisses zwischen den Eigentümern bzw. dem »Betriebsführer« und der »Gefolgschaft« führten zu einer Neubelebung der betrieblichen Sozialtraditionen von finanzieller Unterstützung und Werksfürsorge. Allerdings griffen NS-Stellen, wie der DAF-Vertrauensrat oder die NSDAP, etwa durch Appelle oder Vorgaben

23 Hermann Hertzer, Kurzbericht über wichtige Ereignisse in unserer Firma vom März 1948, S. 11 (BAH, R10, Nr. 505).

24 Hermann Hertzer, Verkauf vom 15.6.1945, S. 2 (BAH, R10, Nr. 516).

25 Hermann Hertzer, Verkauf vom 15.3.1945, S. 1 (BAH, R10, Nr. 516).

punktuell in den Betrieb ein. Der 1935/36 unternommene Versuch, ein Hitler-Foto für die Eigenwerbung zu nutzen, führte zu Konflikten mit dem polykratischen NS-System, woraufhin offensive Indienstnahmen des Diktators in der Unternehmenskommunikation nicht wieder aufgegriffen wurden. Stattdessen suchte das Unternehmen durch die regelmäßige Bewerbung um das Gaudiplom für hervorragende Leistungen die Anerkennung der DAF und der regionalen NSDAP zu erlangen.

Dass aus der Führungsmannschaft nach 1933 zunächst nur Anna-Dora Thieme und Hans Bahlsen der NSDAP beitraten, bildete keinen Kotau vor dem NS-Regime zur Sicherung von Handlungsspielräumen, sondern stand stellvertretend für den bei vielen Unternehmern festzustellenden Übergang von den Nationalkonservativen zu den neuen Machthabern. Die keineswegs monolithisch, sondern vielmehr aus unterschiedlichen Quellen gespeiste NS-Ideologie ließ auch Platz für heterogene Auffassungen, sofern sie die Vormacht der NSDAP oder den Führer-Kult nicht bestritten. Zum rassistischen Antisemitismus, einem Wesenszug der NS-Strukturen, bestanden in der Vorkriegszeit kaum Berührungspunkte. Bahlsen stellte sich aber 1933 den antisemitischen Ausgrenzungen jüdischer Handelsbetriebe nicht entgegen und übernahm zwei von der Deutschen Bank »arisierte« Grundstücke ehemaliger jüdischer Eigentümer. Für die Brüder Bahlsen war entscheidend, dass Umsatz und Absatz stiegen und ihre wirtschaftliche Handlungsfreiheit erhalten blieb. Auch insoweit bestand eine weitgehende Interessenkongruenz zwischen dem Unternehmen bzw. den Unternehmern und dem NS-Regime. Das Unternehmensjubiläum im Juli 1939 zeigte die gutnachbarschaftliche Verschränkung der politischen und wirtschaftlichen Sphären. Das nach 1933 anhaltende Unternehmenswachstum minimierte darüber hinaus die Konflikte zwischen den Brüdern.

Den kommenden Krieg antizipierte das Unternehmen Bahlsen bereits 1938 durch die Übernahme von Heeresaufträgen zur Herstellung von Dauerbackwaren wie Knäckebrot. Die Anerkennung als kriegswichtiger Betrieb versprach im Mobilmachungsfall eine bevorrechtigte Rohstoffbelieferung und den Schutz von Belegschaftsangehörigen vor der Einberufung. Das deutsche Kriegswirtschaftssystem wollte nach den Erfahrungen des Ersten Weltkriegs auch bei der deutschen Zivilbevölkerung ein hohes Versorgungsniveau sicherstellen, um die Regimeloyalität zu erhalten. Die Nachfrage des Militärs und des Zivilmarkts wurde durch ein Bezugsmarkensystem reguliert und brachte nach Kriegsbeginn keinen langfristigen Absatzeinbruch. Die Unternehmensleitung hielt an ihren hohen Qualitätsansprüchen fest, da Bahlsen mit Blick auf den erwartet raschen deutschen Sieg nicht als Lieferant von Kriegsware minderer Qualität wahrgenommen werden wollte. Stattdessen pflegte das Unternehmen für die bevorstehende Nachkriegszeit sein Image als Premium-Hersteller. Die 1940 von Hans und Klaus Bahlsen aufgestellten Erweiterungspläne standen in diesem Zusammenhang.

Bahlsen musste aber im Verlauf des länger währenden Krieges feststellen, dass von der Militärbelieferung kaum Wachstumsimpulse ausgingen. Im Gegensatz zu Flugzeugunternehmen oder auch Metallbetrieben der Haushaltswarenindustrie wie

Miele, die unmittelbar von der Rüstungskonjunktur profitierten, fand keine essentielle Umstellung der Produktion statt. Innerhalb der Produktionsbereiche erfolgte nur eine Konzentration auf ein ausgedünntes Sortiment, was wiederum der durch Rationalisierungsmaßnahmen gesteigerten Effizienz zu Gute kam. Die Zusammenarbeit mit Wehrmachtsstellen, die nach Möglichkeiten zu einer verbesserten Kalorien- und Vitaminversorgung der Soldaten suchten, führte zur Einbeziehung von Bahlsen in die Entwicklung spezifischer Soldaten-Kekse, etwa durch Versuche mit Eiweiß, Soja oder auch Hagebutten. Die betriebliche Innovationsbereitschaft grenzte sich 1941 keineswegs von Überlegungen der SS ab, Keksen leistungssteigernde Substanzen beizumengen.

Die Kriegswende des Jahres 1943 veranlasste die Bahlsen-Leitung, mit ihren Wehrmachtslieferungen in die »Betreuung« durch die Rüstungsinspektion XI übernommen zu werden. Neue Produkte wie die »Notverpflegung« in verschiedenen Varianten machten Bahlsen zum Wehrmachtslieferanten, wobei die zunehmenden alliierten Bombenangriffe in den Städten auch eine wachsende Zahl »Ausgebombter« zu Abnehmern von Bahlsen-Produkten machte. Aber all das führte nur zu einer Auftragsverlagerung zwischen den Segmenten. Bahlsen entwickelte sich im »totalen Krieg« zu keinem besonderen Kriegsprofiteur, sondern hielt sein Geschäft, das zu einem guten Drittel mit der Wehrmacht abgewickelt wurde, auf dem erreichten Niveau.

Die Mitnahmeeffekte resultierten aus den vom NS-Regime und dem Kriegswirtschaftssystem angebotenen Beteiligungsleistungen. Die Wünsche, in den Niederlanden in die Steuerung der dortigen Keksindustrie eingeschaltet zu werden oder in Ungarn eine zuvor in jüdischem Besitz befindliche Fabrik zu übernehmen, zielten auf eine Expansion ins vom Deutschen Reich dominierte europäische Ausland ab. Die schlussendlich unterbliebene Internationalisierung der Produktion hätte zugleich den einander traditionell in gegenseitiger Ablehnung verbundenen Brüdern an verschiedenen Standorten eigenständige Entwicklungsoptionen eröffnet.

Die im Frühjahr 1942 im Auftrag einer Reichsmonopolgesellschaft übernommene Treuhandverwaltung über eine große Keksfabrik im deutsch besetzten Kiew, die zur Versorgung der im Land stationierten deutschen Truppen beitragen sollte, stand im gleichen Zusammenhang. Die von einem kleinen Team um Werner Bahlsen geleitete Fabrik konnte nach dem Muster des Stammhauses in Hannover mit Staatsgeld maschinell ausgestattet und wieder in Betrieb gesetzt werden. Die Erwartung, die Fabrik nach einem gewonnenen Ostfeldzug in Privateigentum übernehmen zu können, schwang mit. Damit war in der Ukraine insbesondere Werner Bahlsen in das wirtschaftliche Besatzungsregime eingebunden, das sowohl eine Kooperation mit mitwirkungsbereiten Ukrainern als auch die skrupellose Ausbeutung der rassistisch als minderwertig kategorisierten Zivilbevölkerung vornahm. Werner Bahlsen setzte sich, wie vom Reichsministerium für die besetzten Ostgebiete empfohlen, für eine ausreichende Lebensmittelversorgung und wohlwollende Behandlung der ukrainischen Belegschaft ein, da er leistungsbereite Arbeiterinnen und Arbeiter zur Erledigung der umfangreichen Aufträge benötigte. Zugleich wurde die Kiewer Fabrik als Rekrutierungsquelle genutzt, indem Teile der Belegschaft, vor allem jungen Frauen, für einen Arbeitseinsatz in Hannover ausgewählt wurden.

Die betriebliche Behandlung der mehr als 780 während des Zweiten Weltkriegs im Reich für Bahlsen tätigen ausländischen Arbeitskräfte erfolgte analog. Der verordneten Benachteiligung der Ukrainerinnen gegenüber den ab Ende Mai 1940 in der Fabrik eingesetzten Polinnen trat Werner Bahlsen entgegen, wenn sie sich als leistungshemmend erwies. Diese funktionale Fürsorge etwa im Hinblick auf die Unterbringung in Massenunterkünften, Ernährung und medizinische Versorgung verband sich aber nicht mit einer Ablehnung der rassistischen Hierarchisierung sowohl zwischen den unterschiedlichen Gruppen der ausländischen Zwangsarbeiter:innen sowie zwischen der deutschen Bevölkerung und den Ausländern. Sie diente vor allem der Ermöglichung maximaler Leistungserbringung. Eigentumsdelikte, aber auch Verstöße gegen die Arbeitsdisziplin beantwortete Bahlsen in der Regel mit der Einschaltung der Repressivorgane wie der örtlichen Staatspolizeistelle oder des zuständigen Vertreters des Reichstreuhänders der Arbeit, um die betreffenden Personen, darunter ausländische Zwangsarbeiter und -arbeiterinnen, durch exemplarische Strafen zu disziplinieren.

Das Engagement in Kiew und die Integration von ausländischen Zwangsarbeitern waren nicht staatlich oder von der NSDAP angeordnet, sondern ergaben sich aus betrieblichen Entscheidungen, die die vom NS-Regime den Unternehmen eröffneten Handlungsspielräume nutzten. Für die Verwaltung von Staatseigentum der UdSSR oder für die Rekrutierung ausländischer Arbeitskräfte setzte der NS-Staat zwar die Rahmenbedingungen. Bahlsen reagierte jedoch auf die Vorgaben und stellte sich mit seinen Aktivitäten in den vom NS-Regime strukturierten Zusammenhang aus Raub und Ausbeutung. Das Familienunternehmen Bahlsen unterschied sich grundsätzlich von nationalsozialistischen Neugründungsunternehmen wie den Reichswerken Hermann Göring oder der fast ausschließlich die Arbeitskraft von KZ-Häftlingen ausnutzenden Deutsche Erd- und Steinwerke GmbH der SS. Bahlsen agierte im Nationalsozialismus wirtschaftlich durchaus erfolgreich und betrat einen anhaltenden Wachstumspfad. Durch die Herstellung von kalorienreichen Nahrungsmitteln und die Versorgung der Wehrmacht wirkte die nur oberflächlich nazifizierte Firma Bahlsen systemstabilisierend. Der Kekshersteller handelte aber durch den Einsatz ausländischer Zwangsarbeiterinnen und -arbeiter und die Beteiligung an der ökonomischen Besatzungspolitik wie ein im Sinne von Norbert Frei kategorisiertes »Unternehmen des Nationalsozialismus«, da Funktionalitäten des NS-Systems die Quellen des eigenen wirtschaftlichen Erfolgs bildeten. Die Bereitstellung von Dauerbackwaren erzeugte zudem Regimeloyalität, weshalb die Lieferbereitschaft fast noch mehr als die ideologische Übereinstimmung für die Bewertung des Unternehmensverhaltens von Bedeutung ist. Selbst wenn nicht alle Aspekte der NS-Politik durch die Brüder Bahlsen geteilt wurden, blieb die Kompatibilität des Herrschaftssystems mit den Unternehmensinteressen weithin erhalten.

Erst die zunehmenden Bombenangriffe der Westalliierten auf deutsche Städte und Fabrikkomplexe unterbrachen die insgesamt positive Entwicklung. Ab August 1943 erfolgte auf Veranlassung der Rüstungsinspektion zur Absicherung der Heeresversorgung die Verlagerung von Produktionsabteilungen und von Vorräten aus der Bahlsen-Fabrik in die angepachtete Gera-Greizer Kammgarnspinnerei. Der Produktionsbereich erfuhr dadurch eine das Risiko der vollständigen Vernichtung reduzierende Dezentralisierung. Doch der an Intensität zunehmende Bombenkrieg richtete gleichwohl in den über das Reichsgebiet verstreut liegenden Auslieferungslagern und ab Herbst 1944 auch im Stammwerk schwere Schäden an. Dadurch verringerte sich die Produktion 1944 um fast ein Viertel, während der Umsatz um fünf Prozent sank. Wegen der späten Bombentreffer mit starken Zerstörungen drohte Bahlsen Anfang 1945 ein Niedergang.

Am 28. März 1945 einigte sich Werner Bahlsen mit dem Regierungspräsidenten in Hannover zur Abkürzung des Genehmigungsverfahrens auf eine summarische Entschädigung der 1943 erlittenen Kriegssachschäden an Halb- und Fertigwaren in Höhe von 173.553 Reichsmark, die kurzfristig der Bahlsen KG ausgezahlt werden sollte. Da am 16. Februar 1945 die Bahlsen KG eine Abschlagszahlung auf die Kriegsschädenerstattung in Höhe von 1,2 Millionen Reichsmark erhalten hatte und am 9. Mai 1945 ein weiterer unmittelbar eingelöster Scheck über 1,5 Millionen Reichsmark einging, bestand für den nach den bereits erstellten Umbauplänen vorzunehmenden Wiederaufbau eine finanzielle Grundlage.[26] Am 9. April 1945 stand das Eintreffen der US-amerikanischen Truppen unmittelbar bevor, sodass der Blick in die nähere Zukunft zu schweifen begann.

26 Norddeutsche Buchführungs- und Verwaltungs-AG, Bericht Nr. 107 über die Prüfung des Jahresabschlusses 1944 der H. Bahlsens Keksfabrik KG vom 21.5.1946, S. 8 (BAH, R10, Nr. 545).

6. »Eine sehr entbehrungsreiche Zeit«[1]

1945–1952

6.1 Wiederaufbau und Expansion des Unternehmens in Zeiten des Mangels

Als die US-Armee am 10. April 1945 Hannover besetzte, bot sich ihr ein Bild des Grauens. Mehr als die Hälfte des Wohnungsbestandes war zerstört oder schwer beschädigt. Nur 5 % der Wohnstätten wiesen keinerlei Beschädigungen auf. 11 % der Haushalte verfügten noch über eine funktionierende Wasserversorgung, weniger als ein Viertel über Elektrizität. Von den 24.000 Telefonanschlüssen des Jahres 1939 funktionierten nur noch rund 200. Evakuierungen und Flucht sowie der Tod von Soldaten und Zivilisten hatten die Einwohnerzahl auf weniger als die Hälfte des Standes von 1939 herabgedrückt. Das Stadtgebiet war von 7,5 Millionen Kubikmetern Schutt bedeckt. Die Innenstadt glich einer Trümmerwüste, in der das Ungeziefer überhandnahm. Ratten drangen in Wohnungen und Büros ein, wo sie Lebensmittel vertilgten und Akten zernagten. Der Verkehr war weitgehend lahmgelegt. Die öffentliche Ordnung brach bereits vor der Besetzung der Stadt zusammen. Massenhafte Diebstähle und Plünderungen vor allem von Lagern der Wehrmacht und der Unternehmen waren an der Tagesordnung. Es kam auch zu Übergriffen ehemaliger Zwangsarbeiter, die an der deutschen Bevölkerung Rache nahmen. Die Lebensmittelversorgung war unzureichend. Die meisten Menschen vegetierten mit leeren Mägen in beschädigten und überfüllten Wohnungen oder notdürftigen Verschlägen.[2]

Inmitten des Ruinenfelds der Innenstadt lag das schwer beschädigte, jedoch noch eingeschränkt arbeitsfähige Bahlsen-Werk. Ein Zeitzeuge notierte: »Wie das Stammwerk in Hannover zu fast 60 % zerstört ist, bleiben auch von den 35 Vorkriegslägern meist nur noch Trümmer und Ruinen. Jede Verbindung mit den Außenstellen fehlt. Unsere Reisenden sind zum größten Teil in Gefangenschaft. Die gesamte Verkaufsorganisation ist praktisch zerschlagen. Bei den ersten Heimkehrern taucht die bange Frage auf: Wird Bahlsen jemals wieder Reisende brauchen?«[3] Angesichts der überwältigenden Zerstörung und der akuten Not der »Zusammenbruchgesellschaft«[4] schien es höchst unwahrscheinlich, dass die deutsche Industrie und erst recht ein

1 Erinnerungen von Mitarbeitern N-Z, Erinnerung Schröder (BAH, R11, Nr. 481).

2 Vgl. Mlynek u. Röhrbein, Hannover Chronik, S. 190-196; Hannoversche Allgemeine, Artikelserie »Als der Frieden nach Hannover kam«, https://www.haz.de/Thema/K/Kriegsende-in-Hannover/2#anchor (Zugriff 16.10.2020).

3 30 Jahre Kundendienst 1948-1978, S. 17 (BAH, R11, Nr. 470).

4 Kleßmann, Staatsgründung, S. 37.

Hersteller gehobener Backwaren überhaupt noch eine Zukunft haben würden. Entgegen der Wahrnehmung der Zeitzeugen waren die Ausgangsbedingungen aber wesentlich besser als die Bilder der Trümmerwüsten suggerierten.

Tatsächlich wurde der industrielle Kapitalstock, d. h. Maschinen und Gebäude, weit weniger zerstört als Wohnungen und Transportwege. Viele Fabriken waren in relativ kurzer Zeit wieder funktionstüchtig, da die Maschinen oft unversehrt blieben oder nur leichte Beschädigungen aufwiesen, selbst wenn sie unter Schutt lagen. Manche Unternehmen hatten Maschinen auch ausgelagert. Der Wirtschaftshistoriker Werner Abelshauser betont, dass der industrielle Kapitalstock Westdeutschlands infolge der massiven Investitionen des NS-Regimes 1945 gegenüber 1936 gestiegen war.[5] Viele der im Rüstungsboom angeschafften Maschinen ließen sich auch für zivile Produkte einsetzen. Daher bestand entgegen der intuitiven Einschätzung der Zeitzeugen ein überraschend hohes Potential für einen wirtschaftlichen Wiederaufstieg. Für Bahlsen galt das in besonderer Weise, denn die Voraussetzungen waren in mehrfacher Hinsicht ausgesprochen günstig.

Trotz erheblicher Schäden an Gebäuden konnte die Fabrik bis zum Kriegsende weiter produzieren. Viele Öfen waren intakt geblieben. Bahlsen besaß Mitarbeiter, die beschädigte Maschinen reparieren und neue Maschinen bauen konnten. Im Mai/Juni 1945 gelang es noch vor der Übergabe Thüringens an die Sowjetarmee, die meisten Maschinen und Materialien aus dem Ausweichbetrieb in Gera mit elf Lastwagen abzutransportieren.

Die Produktion war schon im Krieg in großen Teilen auf Grundnahrungsmittel wie Knäckebrot, Fruchtschnitten und Notverpflegung umgestellt worden. Backöfen ließen sich ohne großen technischen Aufwand für die Herstellung einfacher Produkte nutzen, nach denen in der Mangelgesellschaft ein hoher Bedarf bestand. Zudem hatte man im Krieg erhebliche Vorräte wichtiger Grundstoffe angelegt, die aufgrund der Bewachung durch Betriebsangehörige sowie Soldaten keinen Plünderungen zum Opfer fielen. Auf dem Werksgelände waren amerikanische Soldaten bis zum 10. Mai stationiert, britische danach bis zum Juni 1945. Aus den diversen Lagern außerhalb von Hannover wurden aber »insgesamt 8.000 Sack Mehl gestohlen«.[6]

Ab dem Mai 1945 war die Stromversorgung gesichert. Briefe aus der britischen Zone wurden ab dem 25. Juni wieder zugestellt. Der Postverkehr mit der französischen und amerikanischen Zone begann im Oktober. Am 25. Juni war Bahlsen wieder mit dem Telefonnetz verbunden. Ende Juli standen sieben Amtsleitungen zur Verfügung.[7]

Bahlsen war kein Rüstungsbetrieb gewesen und blieb daher von einer Beschlagnahmung, der Verwaltung durch einen Treuhänder und Produktionsverboten verschont. Auch kam es zu keinen längeren Internierungen, Inhaftierungen oder Be-

5 Abelshauser, Wirtschaftsgeschichte, S. 67-84, insb. S. 71.

6 Bericht Klaus Bahlsen 1944/45, S. 3 (BAH, R13, Nr. 12).

7 Jahresbericht 1945, S. 14 (BAH, R10, Nr. 505).

rufsverboten der Geschäftsführer.[8] Zwar befand sich Hans Bahlsen vom März bis zum 1. August 1945 in Kriegsgefangenschaft, aber Werner und Klaus waren frei und konnten sich unmittelbar dem Wiederaufbau ihres Unternehmens widmen. Hans stieß nach wenigen Monaten Haft im Sommer dazu. In allen drei Fällen stellten die noch laufenden Entnazifizierungsverfahren kein Hindernis dar, Führungsaufgaben wahrzunehmen. In vielen anderen Fällen ergingen bis zum Abschluss der Verfahren vorübergebende Berufsverbote.[9] Die Entnazifizierung fand 1946 für alle drei Brüder mit dem Urteil »N«, d. h. »no objection« bzw. »tragbar«, einen schnellen vorläufigen Abschluss.

Angst vor Demontagen zerschlugen sich nach wenigen Wochen, da die Fabrik für die Überlebenssicherung der hungernden Bevölkerung eine wichtige Rolle spielte. Auch Restitutionsforderungen standen nicht im Raum. Die Eigentumsverhältnisse waren unstrittig. Als Nahrungsmittelproduzent bestand auf Seiten der Besatzungsmacht ein hohes Interesse, den Betrieb rasch wieder aufzunehmen. So ruhte er nur wenige Tage und lief bereits zwei Wochen vor der Kapitulation Deutschlands wieder an. Am 24. April erhielt Bahlsen die Genehmigung, die Produktion anzufahren. Zunächst wurden Weizenschrotbrote für Krankenhäuser gebacken, ab dem 7. Mai Kekse für Kranke, Kinder und Schwangere. Von Mai bis August stellte Bahlsen auch Nudeln her. Aufgrund mangelnder Rohstoffe arbeitete der Betrieb vorerst nur vier Stunden pro Tag und stellte dabei rund 800, im Mai schon 2.000 Brote her.[10] Im Juni konnten Kunden in ganz Westdeutschland beliefert werden.

Hinzu trat die Versorgung britischer Kantinen und Offiziersmessen, die Feingebäck wie Krapfen und Plundergebäck in zunehmenden Mengen bestellten. Im November benötigte die Armee 15.000 Stück pro Woche sowie zahlreiche kleine Kuchen. Im Dezember 1945 erhielt Bahlsen die Erlaubnis, die volle Kapazität des Unternehmens für die Herstellung von »essential foods« einzusetzen, mit anderen Worten, so viel zu produzieren, wie möglich war.[11] Dazu gehörte die Lieferung von bis zu 5 Tonnen Keksmehl pro Tag. Minderwertige Wasserkekse wurden zu Krümeln zermahlen und dann an eine Wurstfabrik geliefert, wo die Krümel Würsten beigemischt wurden, um diese zu verlängern. Die Auslieferung von Keksspenden karitativer Organisationen, oftmals aus dem Ausland, zugunsten von Kindern oder Kranken war ein weiteres wichtiges Geschäftsfeld. Die Aufträge für die neuen Machthaber waren auch daher attraktiv, da es gelang, von den dafür gelieferten Rohstoffen Teile für die sonstige Produktion abzuzweigen.[12]

8 Diese Maßnahmen erschwerten z. B. den Neubeginn der Göttinger Sartorius-Werke. Vgl. Berghoff u. a., Sartorius, S. 46-52.

9 Vgl. ebd., S. 50; Rauh-Kühne, Entnazifizierung.

10 Bericht Klaus Bahlsen 1944/45, S. 1 f. (BAH, R13, Nr. 12).

11 Production Permit der Militärregierung vom 1.12.1945 (BAH, R11, Nr. 468).

12 Transkription Tonband-Interview mit Dr. Pentzlin, 1. Gespräch an 4.9.1984, S. 14 (BAH, R11, Nr. 478).

Bahlsen besaß im Frühjahr 1945 sehr konkrete Pläne für eine bauliche und technische Modernisierung der Fabrik. Obwohl das NS-Regime den Unternehmen sämtliche Planungen für die Nachkriegszeit untersagt hatte, waren diese im Hause Bahlsen weit gediehen. Es gab zahlreiche Denkschriften, prall gefüllte Mappen mit Bau- und Konstruktionsplänen, Berechnungen der Kosten neuer Maschinen sowie Konzepte für Sortimentserweiterungen. Zunächst standen Baumaßnahmen im Vordergrund. Klaus Bahlsen erinnerte sich: »Schon in den letzten Kriegsjahren hatte ich zusammen mit den Architekten Siebrecht/Töllner Wiederaufbaupläne gemacht [...], sodass der Wiederaufbau 1945 sofort beginnen konnte.«[13] Weil man ein klares Gesamtkonzept besaß, beschränkte man sich nicht auf die Rekonstruktion der Gebäude, sondern setzte im Krieg zurückgestellte Ausbauprojekte um. Da aber Neubauten untersagt waren, wurden die alten Gebäude geschickt vergrößert, nämlich durch ihre Unterkellerung, Verbindung und die Aufstockung von Etagen.

Es gehört zu den Absurditäten der Übergangszeit, dass Bahlsen noch nach dem Einmarsch der Amerikaner einen Scheck aus der Kasse des gerade untergehenden Deutschen Reiches über 1,5 Mio. RM für »Fliegerschäden« erhielt, der trotz einiger Schwierigkeiten eingelöst werden konnte. Diese erkleckliche Summe »ermöglichte uns [Bahlsen], in großzügiger Weise schon im Mai 1945 mit dem Wiederaufbau der Fabrik zu beginnen. Es kam uns dabei sehr zu Nutzen, daß die Pläne für die künftige Ausgestaltung der alten Fabrik größtenteils vorlagen.«[14]

Im Wiederaufbau gelang Bahlsen auch eine bemerkenswerte Modernisierung, nämlich die Umstellung auf technische Neuheiten, die Weiterentwicklung der in den dreißiger Jahren begonnenen und durch den Krieg unterbrochenen Rationalisierung der Produktion. »Obgleich noch keine Aussicht auf Rohstoffe bestand, wurden die Waffelöfen nicht nur repariert, sondern die ›Raupenöfen‹ neu durchkonstruiert und die zweite Entwicklungsphase für die Herstellung kontinuierlicher Waffelbänder vorbereitet. Die letzten alten Steinöfen wurden durch gasbeheizte Stahlbandöfen ersetzt.«[15]

Es fiel dem Führungspersonal von Bahlsen leicht, gute Beziehungen zur Besatzungsmacht aufzubauen. Die Briten waren im unmittelbaren Gefolge der US-Army in die Stadt eingezogen und übernahmen wenig später die Verantwortung für die Stadt. Bahlsen hatte seit der Gründung des Unternehmens enge Beziehungen nach Großbritannien, die sich zum Teil in häufigen Besuchen auf der Insel und Freundschaften mit britischen Keksfabrikanten niederschlugen.[16] Ein Mitarbeiter schrieb im Rückblick: »Offiziell wurde die ›Nicht-Verbrüderung‹ noch lange eingehalten. Bahlsen war wohl deshalb eine Ausnahme, weil die Inhaber und leitenden Herren international eingestellt waren, Englisch sprachen und – worauf es auch den

13 Erinnerungen Klaus Bahlsen, Juni 1989, S. 3 (BAH, R13, Nr. 13).

14 10. Bericht 1944-1945, S. 3 (BAH, R10, Nr. 505).

15 H. Bahlsens Keksfabrik u. Kessler, Bahlsen.

16 Werner Bahlsen an Sir Robert Grant vom 29.6.1935-18.8.1945 (BAH, R11, Nr. 209).

Besatzern ankam – alles daransetzten, damit der Schornstein schnellstens wieder raucht.«[17] Später wurde bei Bahlsen eine Art Klub eingerichtet, in dem sich britische Offiziere und Deutsche trafen.

Die Besatzungsbehörden waren anfangs nicht nur der wichtigste Auftragsgeber, sondern auch für Produktionsgenehmigungen und die Zuteilung von Rohstoffen zuständig. Bei ihnen und bei den deutschen Stellen galt Bahlsen als zuverlässiger Partner. Die Reisenden pflegten die Beziehungen zu den Ernährungsämtern und anderen Behörden, um dringend benötigte Zuteilungen zu erhalten. Bahlsen stellte Arbeitskräfte für das Räumen von Schutt im öffentlichen Raum bereit. An der Gründung des im Mai entstehenden vorläufigen Hauptausschusses, aus dem die IHK Hannover hervorging, wirkte Kurt Pentzlin als Vertreter von Bahlsen mit. Die Familie gehörte zu den lokalen Honoratioren, die hohes Ansehen genossen. Die Bauarbeiten wurden bis November 1945 ohne Baugenehmigung durchgeführt, was offenbar zu keinen Beanstandungen führte.[18]

Das Unternehmen bewährte sich ferner als Solidargemeinschaft. »Wir kauften für unsere ausgebombte Gefolgschaft Töpfe und Küchengeräte und bestellten Tische und Stühle.«[19] Aus dem Ausland stammende Bekleidung und Schuhe wurden im Werk verteilt. Die unzureichenden Rationen besserten das Kantinenessen auf, das Bahlsen zur Hälfte bezahlte. Offensichtlich gelang es dem Unternehmen, das mit der Plantage in Hannover über eigene landwirtschaftliche Nutzflächen verfügte, zusätzliche Lebensmittel zu organisieren. 1948 waren die Bäder und Duschen im Betrieb wieder hergerichtet. Mitarbeiter konnten nun alle 14 Tage während der Arbeitszeit »in den Genuss« eines kostenlosen Bades kommen.[20] Angesichts fehlender Bäder in den meisten Wohnungen wurde davon reger Gebrauch gemacht. 1951 ermöglichte Bahlsen an die 50.000 Bäder. Bis zu diesem Jahr erhielten 110 Mitarbeiter über das Unternehmen eine Wohnung. Werksärzte und Krankenschwestern standen ebenso zur Verfügung wie Werksfürsorgerinnen, die kranke Mitarbeiter zu Hause besuchten bzw. kontrollierten. In Notfällen erhielten Mitarbeiter von der »Hermann Bahlsen Wohlfahrtseinrichtung« Unterstützungsleistungen. Erholungsbedürftige Mitarbeiter und deren Kinder hatten seit 1950 ein Anrecht auf Kuren in Heimen des Unternehmens.[21]

Die Kehrseite der patriarchalischen Fürsorge war eine große Strenge bei Vergehen. Diebstähle des Personals von Mehl oder Glühbirnen kamen bis 1947 wiederholt vor und wurden mit sofortiger Entlassung bestraft. Auch Diebstähle, die während der Bombenangriffe erfolgt waren, aber erst jetzt ans Tageslicht kamen, wurden von Bahlsen ebenso geahndet.[22]

17 Erinnerungen von Mitarbeitern A-M, Erinnerungen von Lüben (BAH, R11, Nr. 482).
18 Zusammenfassung der Monatsberichte 1944-45, S. 6 (BAH, R10, Nr. 505).
19 Ebd., S. 3.
20 Anmeldung hatten über die Abteilungsleiter zu erfolgen. Hausrundschreiben vom 6.7.1948 (BAH, R10, Nr. 252).
21 Leibniz-Blätter 1952-53, o. S.
22 Jahresbericht 1946, S. 3 u. 5 (BAH, R10, Nr. 505).

Bei Neueinstellungen wurden »Kriegerfrauen«, also Witwen gefallener Mitarbeiter, bevorzugt. Wer zur Stammbelegschaft gehört hatte, konnte nach seiner Rückkehr nach Hannover mit einer Wiedereinstellung rechnen. Produktionsschwankungen und persönliche Gründe bedingten eine hohe Fluktuation. 1946 wurden 274 Mitarbeiter in der Fabrik eingestellt, während 256 ausschieden. Zu einem geringen Teil mussten Beschäftigte »aus parteilichen Gründen«, wie es in der Tarnsprache der Zeit hieß, entlassen werden. In der Regel kehrten sie bald wieder zurück. Die Restauration vertrauter Strukturen schlug sich auch in der 1946 erfolgten Wiederwahl des 1933 abgesetzten sozialdemokratischen Betriebsratsvorsitzenden Richard Heimberg nieder, der schon im April 1945 zum Sprecher der Belegschaft ernannt worden war und bis zu seinem Tod 1962 dem Betriebsrat vorstand.[23]

Auch Büroangestellte halfen bei der Beseitigung von Schutt und schlugen Putzreste von Mauersteinen aus Trümmerbergen. »Ich nehme mit Unterbrechungen beim Dachziegel-Weiterreichen teil«, schrieb ein Kontorist. Wenig später standen wochenlang andere Aufgaben an: »Wir werfen uns Mauersteine zu, putzen an einer Schleifmaschine – die wir sogar mit dem Fuß betätigen müssen – den harten Zement herunter und schichten sie mannhoch auf. Auch sonnabends. Schon am vierten Tag sind alle Handschuhe durch oder einigen Fingerkuppen etwas Haut abgeschürft. [...] Alle schriftlichen Arbeiten [...] muss ich nun nachmittags machen. Kann dabei die Rechnungen nur unter Schmerzen tippen, denn die täglich 5 Stunden [...] Mauerstein-Schmeißen haben mich gelehrt, was ›Fingerspitzengefühl‹ ist.«[24]

Insgesamt schritt Bahlsen auf dem Rekonstruktionspfad unter den gegebenen Einschränkungen rasch voran. Ende des Jahres befanden sich bereits 15 Auslieferungslager wieder in Betrieb. Die wichtigsten Gebäude waren funktionsfähig. Die Engpässe an Zutaten ließen sich durch die recht großen Lagerbestände mildern. So hieß es in einem Bericht lakonisch: »1945 [...] erhielten wir kaum Zugänge an Fett und nur geringe Mengen an Zucker, so daß wir das ganze Jahr über mehr oder weniger von Beständen leben mußten.«[25] Im zweiten Halbjahr 1945 lieferte Bahlsen abgesehen von Brot und Nudeln 39 unterschiedliche Backwaren aus. Sie wogen rund 1.500 Tonnen und erlösten 3,2 Mio. RM. Im Weihnachtsgeschäft 1945 konnten 35.380 Dosen mit Keksen und Lebkuchen ausgeliefert werden. Die Verdienstspanne nach Abzug aller Kosten lag im zweiten Halbjahr bei üppigen 45 %. Beim Verkauf an die Militärregierung, auf den im ersten Quartal 1946 ca. 16 % entfielen, wurden jedoch deutlich niedrigere Preise erzielt.[26]

Die Jahre 1946 bis 1948 standen im Zeichen weiterer Fortschritte und zugleich erheblicher Probleme, vor allem während des extrem kalten Winters 1946/47, in dem das Transportsystem zeitweilig zusammenbrach und der Wiederaufbau allgemein

23 Vgl. Lehmensiek, Cakes-Fabrik, S. 34 f. u. 64 f.

24 Erinnerungen von Mitarbeitern A-M, Erinnerungen von Lüben (BAH, R11, Nr. 482).

25 Bericht, 1944-45, S. 1 (BAH, R10, Nr. 510).

26 Jahresberichte Verkauf und Jahresumsätze, Schreiben an Bredt vom 12.1., 20.2. u. 15.4.1946 (BAH, R10, Nr. 105).

schwere Rückschläge hinnehmen musste. Es herrschte ein Mangel an fast allem. Die Beschaffung von Baumaterial, Kohlen und Ersatzteilen erforderte großen Aufwand, zum Teil lange Fahrten und umständliche Tauschgeschäfte. Lieferungen aus der amerikanischen und französischen Zone waren anfangs nur im Rahmen von Kompensationsgeschäften möglich und verursachten einen hohen Verwaltungsaufwand. Dasselbe galt für »Ausfuhren« in die anderen Zonen. Viele Zulieferer waren nicht lieferfähig, vor allem der traditionell für Bahlsen wichtige Maschinenbau in Sachsen. Daher kam dem Eigenbau von Maschinen eine immer größere Bedeutung zu.

Mehl, Fett, Hefe und Zucker waren nur in begrenzten Mengen zu bekommen. Fehlende Lieferungen führten zu Unterbrechungen der Produktion. Gehortete Kriegsvorräte stabilisierten die Lage bis Ende 1947. In diesem Jahr hieß es sorgenvoll in einem internen Bericht: »Für das Jahr 1948 ist der Ausblick in Bezug auf Rohstoffe sehr schlecht, da unsere Vorräte, die größtenteils aus dem Kriege stammen, fast aufgebraucht sind.«[27] Importiertes Mehl aus Kanada schuf aufgrund des hohen Gehalts an Kleber große Qualitätsprobleme. Dasselbe galt für Beimischungen etwa von Schrot oder minderwertige Ersatzstoffe wie »Backsparmasse«. »Bitterer Geschmack und Härte des Kekses wurden hervorgerufen durch bittere Mehle, teilweise auch Importmehle, schlechten Sirup und schlechte Backsparmasse, die verarbeitet werden mußten.«[28]

Unter diesen Bedingungen schwankte die Qualität. Fiel sie wie Anfang 1946 unter ein bestimmtes Niveau, wurde die Produktion der besseren Sorten, etwa der Leibniz-Kekse, eingestellt, um die Marke nicht zu diskreditieren. Man blieb noch weit von der gewohnten Qualität und Vielfalt entfernt. Knäckebrot und Hartkekse ersetzten weitgehend das traditionelle Feingebäck. »Wasserkekse« für die Fleischwirtschaft, gebacken mit wenig Zucker und Fett, blieben hingegen ein Verkaufsschlager. »Vier Jahre liefern wir bis zur Bewusstlosigkeit Wasserkeks«, erinnerte sich ein Mitarbeiter.[29]

Keksdosen waren knapp, sodass Händler nur beliefert wurden, wenn sie eine entsprechende Anzahl von Dosen zurückgaben. Altpapier wurde im großen Stil gesammelt. Es gab Prämien für Reisende, die besonders viele Kartons zurückbrachten. Sie waren ein begehrtes Tauschgut und wurden in der Fabrik dringend gebraucht. Fehlte es an Dosen und Kartons, wurden Backwaren auch in Papiertüten ausgeliefert. Um an Kontingente für Rohmaterial zu gelangen, war ein umständliches Verfahren erforderlich. Die Rationierung von Nahrungsmitteln blieb ja über das Kriegsende hinaus bestehen. Bahlsen erhielt von den Einzelhändlern Lebensmittelmarken, die diese von den Konsumenten eingesammelt hatten. Die dann mühsam auf Stapeln von Zeitungen aufgeklebten winzigen Marken waren die Voraussetzung für Lieferungen von Fett und Zucker. Der Außendienst widmete sich überwiegend der Beschaffung und begleitete die Lieferfahrzeuge. »Unsere Reisenden fuhren als

27 12. Bericht 1947, S. 2 (BAH, R10, Nr. 505).

28 Bericht 1946, S. 2 (BAH, R10 505).

29 Erinnerungen von Mitarbeitern A-M, Erinnerungen von Lüben (BAH, R11, Nr. 482).

Beifahrer mit und kassierten Bezugsscheine und Geld. Keks gegen Rohstoffe – hieß die Losung. Die Produktion focht derweil ihren Kampf mit den dauernd schwankenden Rohstoff-Zuteilungen aus.«[30]

Reisende wurden von Verkäufern zu Einkäufern, denn sie befanden sich im Dauereinsatz bei den Beschaffungsstellen. Besondere Verkaufsanstrengungen waren auch nicht nötig, denn die wenige Ware wurde Bahlsen aus den Händen gerissen. Statt verkauft wurde »verteilt«. »Eine undankbare Aufgabe, denn Keks bleibt Mangelware. Der Händler mit dem höchsten Bezugsschein beansprucht die größte Menge. Viele gute Kunden von früher, deren Geschäfte noch ausgebombt sind oder erst im Wiederaufbau stehen, gehen leer oder fast leer aus. Hier im Hinblick auf später ordnend einzugreifen, erkennen unsere Reisenden als ihre vornehmste Pflicht.« Sie bemühten sich in Hinblick auf »eine bessere Zukunft«, als »echte Freunde und Berater ihrer Kundschaft wenigstens durch eine gerechte Warenverteilung dienlich« zu sein.[31] Gerecht bedeutete, die Waren ungefähr proportional zur Abnahme des Jahres 1938 zuzuteilen.

Es bestand ein riesiger, momentan nicht zu befriedigender Nachfrageüberhang. Für die Zukunft leitete man davon ab, dass es auf dem Markt sehr viel Platz für zusätzliche Ware gab. Insofern war es ausgesprochen weitsichtig, schon in der Mangelgesellschaft Grundsteine für künftige Expansionsschritte zu legen. Auch wenn viele Verbraucher froh waren, überhaupt irgendeinen Keks zu erhalten, war sich Bahlsen früh darüber im Klaren, dass die Kunden ihr Qualitätsbewusstsein nicht verloren hatten, »denn z.Zt. kaufen viele Konsumenten lieber einen guten Zwieback, der beinahe nach dem Friedensrezept hergestellt ist, als einen schlechten Keks, der mit ganz wenig Zucker und Fettzutaten gerade eben fabrikationsmäßig noch möglich ist, und den wir früher in dieser Qualität niemals geliefert hätten.«[32]

Trotz dieser Restriktionen setzte bis zur Währungsreform eine bemerkenswerte Wachstumsdynamik ein. Die Umsätze stiegen Jahr für Jahr, von 3,4 Mio. RM im zweiten Halbjahr 1945 auf 6,3 Mio. im ersten Halbjahr 1948.[33] Damit war der Stand von 1939 gerechnet in der alten, allerdings rasant an Wert verlierenden Währung wieder erreicht. Gemessen an dem Gewicht der Ausbringung lag man hingegen nur bei ungefähr der Hälfte desjenigen von 1939.[34] Am Tag der Währungsreform wurden 1.170 Mitarbeiter beschäftigt. Die wichtigsten Baumaßnahmen waren abgeschlossen oder näherten sich dem Ende. Die Anzahl der Reisenden erreichte im Frühjahr 73. Sie wurden in der im März neu gegründeten, straff organisierten Abteilung »Kundendienst« zusammengefasst.[35]

30 H. Bahlsens Keksfabrik u. Kessler, Bahlsen 1889-1964, S. 38.

31 30 Jahre Kundendienst 1948-1978, S. 17 (BAH, R11, Nr. 470).

32 12. Bericht 1947, S. 2 (BAH, R10, Nr. 505).

33 Bericht an Bredt; undatiert [1946] (BAH, R10, Nr. 105).

34 13. Jahresbericht 1948, S. 7 (BAH, R10, Nr. 505).

35 30 Jahre Kundendienst 1948-1978; Rundschreiben Nummer 11 vom 30.3.1948, S. 21 (jeweils BAH, R11, Nr. 470).

Im Vorfeld der Währungsreform vom 20. Juni 1948 verhielt sich die Unternehmensleitung geschickt, denn sie zog alle Register, um Abwertungsverluste zu minimieren. Bargeld und Sparguthaben wurden, wie sich später herausstellte, im Verhältnis von 100:6,5 von RM in D-Mark umgestellt, sodass man über möglichst wenig Bar- und Buchgeld, aber viele Sachwerte verfügen sollte. Bahlsen forcierte die Baumaßnahmen, was aber aufgrund des Mangels an Bauarbeitern nur bedingt gelang. Zugleich bremste man den Abfluss von Waren, indem Aufträge in Millionenhöhe nicht mehr erledigt wurden. Bahlsen machte »von der gesetzlichen Möglichkeit der Annullierung aller Aufträge Gebrauch«.[36] Der für die Ware nach der Währungsreform erzielbare Preis lag real um ein Vielfaches höher als unter den alten Währungsverhältnissen. Dieses weitverbreitete Verhaltensmuster führte zu dem oft geschilderten und psychologisch so eingängigen »Schaufenstereffekt«. In den Tagen vor dem 20. Juni blieben die Geschäfte vielfach geschlossen und boten praktisch keine Waren mehr an, während sich die Schaufenster am 21. Juni wie durch ein Wunder plötzlich füllten. Da die Unternehmen anfangs relativ wenig neues Geld hatten, drängten sie auf Verkäufe, um ihre Liquidität schnell zu verbessern. Zudem erhielten sie für ihre Ware nun Geld mit einer viel höheren und zudem stabilen Kaufkraft. Derselbe Effekt trat für Beschäftigte auf, deren Löhne plötzlich viel mehr wert waren.

Das unmittelbar nach der Währungsreform erlassene Leitsätzegesetz beseitigte die Mehrzahl der Bewirtschaftungs- und Preisbindungsvorschriften, was ein erhebliches soziales Konfliktpotential beinhaltete. Wichtig war jedoch, dass es sich wieder lohnte, zu produzieren, zu verkaufen und zu arbeiten. Währungsreform und Leitsätzegesetz lösten einen wichtigen gesamtwirtschaftlichen Wachstumsimpuls aus. Zwischen Mai und August 1948 stieg die Industrieproduktion in der Bizone, die Anfang 1947 aus dem Zusammenschluss der britischen und amerikanischen Zone hervorgegangen war, um fast ein Viertel. Bis zum Jahresende kamen weitere 22% hinzu.[37] Dieser Impuls lässt sich bei Bahlsen im Detail nachvollziehen. Im August 1948 wurde festgestellt: »Seit der Währungsreform wurden 400 Leute neu eingestellt. Wir arbeiten wieder in 2 Schichten. [...] Nach der Währungsreform stieg das Bautempo außerordentlich, und es wurde mit der gleichen Anzahl Bauhandwerker sehr viel mehr fertig [...].«[38]

Der Erfolg der Währungsreform war aber im Herbst 1948 noch keineswegs sicher. Während die Löhne eingefroren blieben, stiegen die Preise stark an. Die Lebenshaltungskosten erhöhten sich im zweiten Halbjahr um 14% und die Grundstoffpreise um 21%. Zugleich schnellten die Arbeitslosenzahlen hoch. Es folgte eine massenhafte Protest- und Streikwelle, die am 12. November in einem eintägigen General-

36 13. Jahresbericht 1948, S. 7 (BAH, R10, Nr. 505).

37 Ritschl, Währungsreform, S. 164; vgl. Abelshauser, Wirtschaftsgeschichte, S. 108 u. 127.

38 13. Jahresbericht 1948, S. 3 u. 5 (BAH, R10, Nr. 505).

streik gipfelte.[39] Erst danach stabilisierte sich die Situation durch eine Erhöhung der Löhne, die soziale Flankierung der Liberalisierung unter dem Motto der »Sozialen Marktwirtschaft« und das allgemeine Wirtschaftswachstum, auch wenn die Arbeitslosenquote weiter anstieg und im ersten Quartal 1950 12,2 % erreichte.[40] Obwohl die Konsumenten vorerst noch knapp bei Kasse waren und auch Bahlsen in dieser Situation die Preise anhob, etwa für Leibniz-Kekse von 3,90 RM auf 4,50 DM,[41] kam es nicht zu einem Nachfrageeinbruch, sondern ganz im Gegenteil zur Verdoppelung der Umsätze im zweiten Halbjahr 1948. Der Nachfrageüberhang war also sehr groß. Bahlsen profitierte in dieser Situation davon, dass man die Produktionskapazitäten schneller als viele Konkurrenten hochgefahren hatte.

Durch die Berlin-Blockade (24.6.1948 bis 12.5.1949) und die Versorgung der West-Berliner Bevölkerung durch die Luftbrücke entstand für elf Monate ein neuer Absatzweg, der bei Bahlsen aufgrund der Massenhaftigkeit der Abnahme durch einen Großkunden Erinnerungen an die Wehrmachtsaufträge aufkommen ließ. Vom Fliegerhorst Wunstorf der Royal Air Force gingen Tag und Nacht »Keks- und Kraftnahrungs-Sendungen« nach Berlin. Ab September 1949 fuhren LKW nach Berlin, wo ein Auslieferungslager entstand. Zur selben Zeit wurden Lieferungen in die französische Zone wieder möglich.[42] Weitere Großaufträge kamen durch Schulspeisungen zustande.

Die Währungsreform führte aber auch zu einem massiven Anstieg der Kosten und einer Verknappung der Liquidität. »Mit Rücksicht auf die neue Währung« ordnete die Geschäftsleitung »größte Zurückhaltung und Einschränkung« an. So durften Ferngespräche ab sofort nur nach schriftlicher Anmeldung und Freigabe durch die Geschäftsleitung geführt werden.[43] Sparsamkeit wurde das Gebot der Stunde. Zugleich bestand ein hoher Investitionsbedarf, der jetzt in realen Werten zu viel höheren Abflüssen führte. Wiederholt mussten daher Kredite aufgenommen werden, was der Firmenleitung Unbehagen bereitete.

1949 erhöhte Bahlsen die Arbeitszeit und führte nach einer Abstimmung der Mitarbeiter als erstes Unternehmen in Hannover die 48-Stundenwoche ein. Es gelang schrittweise, bestimmte Traditionsprodukte nach zehnjähriger Pause wiederherzustellen und dabei »friedensmäßige« Originalrezepte zu verwenden. Waffeln, Leibniz-Kekse, Salzletten und eine ganze Reihe von Artikeln konnte wieder in der früheren Qualität produziert werden. Der Beimischungszwang für Mehl entfiel. Im Herbst 1949 wurden erstmals nach zehn Jahren wieder neue Produkte in den Markt eingeführt. Aufgrund der anhaltenden Rationierung blieben die bestellbaren Mengen aber zur Frustration der Reisenden und Händler begrenzt. Im Rückblick stellte

39 Vgl. Fuhrmann, Entstehung, S. 165-230.

40 https://de.statista.com/statistik/daten/studie/249940/umfrage/wirtschaftliche-entwicklung-der-bundesrepublik-deutschland/ (Zugriff 28.10.2020).

41 Laufende Preise wurden im Verhältnis 1:1 umgestellt.

42 Geschäftsbedingungen, Barzahlung 1960, Verkaufsorganisation, S. 5 (BAH, R10, Nr. 49).

43 Hausrundschreiben vom 21.6.1948 (BAH, R10, Nr. 252).

die Firmenleitung für 1949 »einen ungeahnten Erfolg und Aufstieg« fest. Viele Neubauten waren fertig geworden, weitere hatte man angefangen. »Viele gute alte Artikel wurden wieder in das Fabrikationsprogramm aufgenommen, und es wurden nur beste Qualitäten erzeugt.« Die Umsätze kletterten bei »relativ guten Preisen« in eine »ungeahnte Höhe«.[44] 1950 konnte nach 10-jähriger Pause die Expressdose wieder angeboten werden. Im Februar desselben Jahres gab es im Betrieb wieder weiße Kittel, ein Symbol der Rückkehr alter Qualitätsstandards.[45]

Das Wachstum der Jahre 1948 und 1949 setzte sich aber bis 1952 keineswegs mit derselben Intensität fort. Vielmehr verlangsamte es sich merklich. Das lag vor allem an Engpässen beim Bezug von Rohwaren, nicht aber an mangelnder Nachfrage. Nach wie vor machten Bahlsen Probleme beim Einkauf zu schaffen, die sich nur schrittweise verringerten, bevor sie sich durch die Koreakrise 1950/51 vorübergehend wieder verschärften. Noch immer wurden nur noch Händler beliefert, wenn diese leere Blechdosen zurückgaben.[46] Bis zum Ende der Lebensmittelbewirtschaftung im Mai 1950 benötigte man für zentrale Lieferungen Bezugsscheine und musste sie aufwendig von den Händlern einsammeln.[47]

Mit den Währungs- und Wirtschaftsreformen im Juni 1948 nahm Bahlsen innerhalb kürzester Zeit eine neue Ausrichtung der Absatzstrategie vor. Auf der ersten »Oberreisenden-Besprechung« nach der Währungsreform hieß es schon im Juli: »Die Aufgabe der Reisenden heißt nicht mehr verteilen, sondern verkaufen! [...] Ab sofort herrscht wieder das freie Spiel der Kräfte! Wir haben uns wieder nach den Wünschen der Kunden zu richten.«[48] Man bereitete sich auf den sich abzeichnenden Übergang vom Verkäufer- zum Käufermarkt vor. So wurde im Sommer 1948 das erste Auslieferungsfahrzeug wieder mit Reklame versehen. Die Werbung durch Schaufensterdekorationen lief 1949 an. Die Reisenden erhielten ab August 1948 wieder Provisionen in Höhe von zumeist einem Prozent des Umsatzes mit dem Einzelhandel.

Die Geschäftsleitung kaufte drei VW-Käfer für die »Verkaufsherren«, die bislang bei Wind und Wetter kilometerlange Fußmärsche zu den Kunden hatten auf sich nehmen müssen. Es kamen auch die bei den Reisenden unbeliebten Messerschmitt-Kabinenroller zum Einsatz. »Mit 1,80 Körpergröße zwängte ich mich in dieses Gefährt. Bei schönem Wetter schwitzte man völlig durch, bei Regen saß man in einer Badewanne.«[49] Die Geschäftsleitung empfahl Reisenden den privaten Ankauf von Gebrauchtfahrzeugen und bot eine Vorfinanzierung an. 1953 waren von 197 Außen-

44 14. Jahresbericht 1949, S. 8 (BAH, R10, Nr. 505).
45 15. Jahresbericht 1950, S. 1 u. 7 (BAH, R10, Nr. 505).
46 Hausrundschreiben vom 20.11.1948 (BAH, R10, Nr. 252).
47 Hausrundschreiben vom 18. u. 21.8.1949 (BAH, R10, Nr. 252).
48 30 Jahre Kundendienst 1948-1978, S. 23 (BAH, R11, Nr. 470).
49 Erinnerungen von Mitarbeitern A-M, Erinnerungen G. Boremsky (BAH, R11, Nr. 482).

dienstmitarbeitern 124 voll- und 12 halbmotorisiert. Letzteres bedeutet, dass sich zwei Mitarbeiter ein Fahrzeug teilten, d. h. sich abwechselten.[50]

Ende 1949 erwartete die Firmenleitung für die folgenden Jahre eine »Krise«,[51] die mit dem Beginn des Koreakrieges im Juni 1950 auch tatsächlich eintrat. Es kam zur empfindlichen Verknappung und Verteuerung von Rohstoffen wie Schokolade, Fett und Zucker.[52] Im Winter 1950/51 erschwerte der Kohlenmangel die Produktion, was zu rigiden Sparmaßnahmen etwa in Bezug auf Lüften und Heizen führte.[53] Beim Verkauf wirkten sich Hortungstendenzen der Verbraucher zunächst positiv aus. Danach führte die Angst vor einem neuen Weltkrieg zu einer allgemeinen Konsumzurückhaltung. Bestimmte Sorten wurden aufgrund von Zuckermangel vorübergehend nicht mehr hergestellt.

Zucker als zentraler Rohstoff der Süßwarenindustrie geriet 1950/51 in das Visier des Finanzministers Fritz Schäffer. Der Koreakrieg löste nämlich in großen Teilen der Investitionsgüter- und der Schwerindustrie einen Exportboom aus, der zu einer erhöhten Nachfrage nach Rohstoffen und einer negativen Handels- und Zahlungsbilanz führte. Schäffer wollte daher unter dem Schlagwort »Brot statt Pralinen« Einfuhren von Luxuswaren einer erhöhten Umsatzsteuer von 50 % prohibitiv verteuern und legte einen Gesetzentwurf vor, der Kaviar, Hummer, Langusten, Austern und Südfrüchte in eine Kategorie mit »Zuckerwaren und Feinbackwaren« also, so der *Spiegel*, »devisenfressende(m) Luxus« eingruppierte.[54] Es ging um eine Produktions- und Verbrauchslenkung zugunsten von Grundnahrungsmitteln und um die Entlastung der Handelsbilanz durch den Wegfall von Importen etwa von Kakao und Zucker. Schäffer kündigte für 18 Unternehmen – darunter Bahlsen – eine Betriebsprüfung an, um die Tragfähigkeit der Steuer zu belegen. Er stellte sich vor, dass die Unternehmen die Mehrbelastung über Einsparungen bei der Werbung ausgleichen könnten, was die Betriebsprüfer allerdings bei Sprengel als realitätsfremd bezeichneten.[55]

Bahlsen rechnete damit, dass die zusätzliche Steuer zu einer Verteuerung des Endverbraucherpreises von bis zu 100 % führen würde, sodass große Teile des Geschäftes zusammenbrechen könnten. Als stellvertretender Vorsitzender des von ihm 1949 mitgegründeten Verbandes der Deutschen Süßwarenindustrie hatte Werner Bahlsen großen Einfluss auf diesen »Existenzkampf«, wie der Verband dramatisch formulierte.[56] Pentzlin nutzte seinen guten Kontakt zu Wirtschaftsminister Erhard, den er in dieser Angelegenheit mehrfach aufsuchte.[57] Anfang 1951 organisierten 14

50 30 Jahre Kundendienst 1948-1978, S. 47 (BAH, R11, Nr. 470).

51 14. Jahresbericht 1949, S. 8 (BAH, R10, Nr. 505).

52 30 Jahre Kundendienst 1948-1978, S. 39 ff. (BAH, R11, Nr. 470).

53 Hausrundschreiben vom 13.11.1950 (BAH, R10, Nr. 252).

54 Der Spiegel vom 7.2.1951. https://www.spiegel.de/spiegel/print/d-29192068.html.

55 Vgl. Huttenlocher, Sprengel, S. 229 ff. Die Prüfung von Bahlsen wurde abgesagt.

56 Unternehmensentwicklung, Jahresbericht 1951 (BAH, R11, Nr. 464).

57 Transkription Tonband-Interview mit Dr. Pentzlin, 3. Gespräch am 12.12.1984, S. 12 (BAH, R11, Nr. 478).

Abb. 26: Auslieferungswagen mit Fahrer, um 1950

Verbände Demonstrationen und Protestplakate. Auch die Gewerkschaft Nahrung, Genuß, Gaststätten (NGG) mobilisierte gegen den Gesetzentwurf. Die Reisenden wurden angewiesen, bei den Einzelhändlern Stimmung zu machen und »Keks als billiges Volksnahrungsmittel« scharf von »teuren Luxusgütern« abzugrenzen. »Millionen von Verbrauchern, vorwiegend Kinder[n],« dürfe man doch nicht »die kleinen Freuden des Lebens, die ihnen in der heutigen Zeit [...] geblieben sind,« nehmen.[58] Zugleich drohten sie nicht nur Massenentlassungen an, sondern sprachen diese auch schon vorsorglich aus. Bei Bahlsen betraf das »alle Mitarbeiter unter 10jähriger Zugehörigkeit«, also »ungefähr 50 % unserer Belegschaft«.[59] Diese drastischen Maßnahmen hatten Erfolg und das Gesetzgebungsverfahren wurde nicht zu Ende gebracht. Im Herbst versuchte Schäffer die Steuer durch die Hintertür der »Aufwandsteuer« doch noch einzuführen, was aber im November ebenfalls scheiterte. Im Rückblick feierte Bahlsen das als einen Triumph: »Mit vereinten Kräften wird die Süßwarensteuer abgewehrt.«[60]

Der Korea-Boom, der die Wachstumsraten der bundesdeutschen Wirtschaft seit dem Frühjahr 1951 in die Höhe schnellen ließ, wirkte für Bahlsen keineswegs als

58 Mitteilungen an den Außendienst 1950-1951, Rundschreiben 68, Klaus Bahlsen an die Reisenden vom 17.9.1951 (BAH, R9, Nr. 239).

59 Unternehmensentwicklung, Jahresbericht 1951 (BAH, R11, Nr. 464); Mitteilungen an den Außendienst 1950-1951, Protestplakat (BAH, R9, Nr. 239).

60 30 Jahre Kundendienst 1948-1978, S. 7 (BAH, R11, Nr. 470).

großer Impulsgeber. Im Vordergrund stand die Sorge wegen der allgemeinen Teuerung, der Zuckerknappheit und der Kaufzurückhaltung der Konsumenten. Immer mehr Einzelhändler mussten von Bahlsen Lieferantenkredite erbitten, da ihre Kunden vermehrt anschreiben ließen.[61] Gleichwohl war 1951 kein Krisenjahr. »Trotz erheblicher Schwierigkeiten auf allen Gebieten brachte das Jahr 1951 gegenüber dem Vorjahre gute Erfolge.«[62] Die Expansion des Unternehmens und des Geschäfts ging weiter. Die Umsätze stiegen leicht an, um dann 1952 leicht zu sinken. 1952 blieb die Belegschaft mit 2.235 Personen ungefähr auf dem Vorjahresniveau.

Tabelle 6: Umsatz, Produktion und Mitarbeiter der H. Bahlsens Keksfabrik KG 1938 und 1945-1953

Jahr	Umsatz in 1.000 RM bzw. DM	Produktion in 1.000 Tonnen	Mitarbeiter
1938	20,0	8,9	1.600*
1945	4,4	2,5	744
1946	8,2	4,2	852
1947	10,7	5,5	1.154
1948, bis 20.6	6,3		1.170
1948, ab 21.6.	14,5		1.550
1949	32,5	7,9	1.816
1950	38,1	8,4	1.500
1951	41,9	8,8	2.200
1952	41,2	9,5	2.235
1953	53,7	12,9	2.455

* Schätzung

Quelle: Bericht zur Verwaltungsratssitzung vom 31.10.1966 (BAH, R11, Nr. 211); Bericht an Beirat vom 15.12.1978 (BAH, R11, Nr. 206); Bericht Klaus Bahlsen, S. 54/8 (BAH, R13, Nr. 49); Unternehmensentwicklung, Bericht vom 8.11.1945, S. 1 (BAH, R11, Nr. 464); Umsatzstatistiken (BAH, R11, Nr. 349); Umsatzzahlen Bahlsen 1908-1955 (BAH, R11, Nr. 348); 100 Jahre Bahlsen Firmengeschichte, Papier Nettoumsatz und Absatzmenge 1909-1991 (BAH, R12, Nr. 98); Bericht Klaus Bahlsen 90 Jahre HBKF 1 1928-1979, S. 54/2 (BAH, R13, Nr. 49); Lehmensiek, Cakes-Fabrik, S. 43.

Die meisten Auslandsmärkte waren zunächst noch aufgrund von Handelsrestriktionen und Devisenmangel verschlossen. 1950 kam es aber zu ersten Liberalisierungsschritten, die Bahlsen umgehend nutzte, um die Ausfuhren wieder aufzunehmen,

61 Ebd., S. 40 f.

62 Jahresbericht 1951 – Verkauf, S. 1 (BAH, R10, Nr. 105).

wenngleich noch im kleinsten Maßstab. Bahlsens erste Exportsendung ging 1950 in die Schweiz. Die Exporterlöse lagen 1950 bei 11.691 DM bei einem Gesamtumsatz von 38,5 Mio. DM.[63] Es handelte sich letztlich um »Probesendungen«, um Genehmigungen zu erhalten und das künftige Marktpotential auszuloten. Das sollte sich erst in späteren Jahren auszahlen, denn zu diesem Zeitpunkt gab es kaum Waren, die für den Export bereitstanden, da Bahlsen angesichts eingeschränkter Produktionsmöglichkeiten nicht einmal die Inlandsnachfrage befriedigen konnte. Gleichwohl beobachtete das Unternehmen die globalen Märkte sehr genau. Ein Teil der Länder schloss sich gegenüber Deutschland noch hermetisch ab. Im Sommer 1950 hieß es zu Frankreich, Italien, Österreich und Schweden: »Einfuhr-Genehmigungen werden weder erteilt noch erwartet.« In Übersee waren nur die USA und Venezuela offen. »Entweder Einfuhrverbot (Brasil.) oder aber mit Einfuhrgenehmigung z. Zt. überhaupt nicht zu rechnen.«[64] Die Probleme stammten auch daher, dass der Export in den 1930er Jahren abgebrochen worden war und daher die Marke im Ausland nur noch einen geringen Bekanntheitsgrad aufwies. Werbung war angesichts der minimalen Umsätze wenig sinnvoll. Hinzu kamen antideutsche Einstellungen der Konsumenten und hohe Zölle und, wie bereits gesehen, umständliche Genehmigungsverfahren.

Bahlsen bezeichnete 1951 als das »erste Exportjahr«. »Mit Ausnahme der Schweiz haben wir den Export erst Mitte 1951 aufnehmen können und viel lernen müssen, da sich die Verhältnisse gegenüber der Vorkriegszeit wesentlich geändert haben.«[65] Importeure aus verschiedenen Ländern ergriffen häufig die Initiative und baten Bahlsen um Lieferungen. Sie spielten eine größere Rolle als in den 1920er und frühen 1930er Jahren, als Sendungen vielfach direkt an ausländische Einzelhändler gingen. In den USA war es Frank Mayne, ein jüdischer Emigrant, der Bahlsen seit 1949 geradezu bedrängt hatte, Bahlsen-Produkte zu erhalten und Generalvertreter zu werden. Seine Anfragen wurden abschlägig beantwortet, da man den Schritt in die USA für verfrüht hielt. »Mayne lässt nicht locker, bombardiert uns mit Anfragen und Konkurrenzmustern. Er hat nicht nur Ausdauer, sondern auch Begeisterung für Bahlsen und Mut.«[66] Letzteren benötigte man, da wenige Jahre nach Kriegsende in weiten Teilen der USA de facto deutsche Produkte boykottiert wurden. 1951 gab Werner Bahlsen grünes Licht, und 1952 gingen erste Lieferungen in die USA. Hauptkunden waren Deutschamerikaner und vormals in Deutschland stationierte Soldaten, die Bahlsen dort kennengelernt hatten.

Zum Jahreswechsel 1951/52 hatte Bahlsen seine Fühler im Grunde genommen weltweit ausgestreckt, auch wenn die Umsätze noch gering waren. Die rührige Exportabteilung berichtete stolz: »bisher alles erfasst mit Ausnahme von kleinen Märk-

63 Album 80. Geburtstag Werner Bahlsen, Eintrag zu 1950 (BAH, R13, Nr. 71).
64 Ebd., eingelegtes Blatt nach Eintrag zu 1950.
65 Exportumsatzstatistiken, Bericht Exportgeschäft 1951/52, S. 2 (BAH, R9, Nr. 221).
66 Erinnerungen von Mitarbeitern A-M, Anonyme Erinnerungen USA, S. 1 (BAH, R11, Nr. 482).

ten im Nahen Orient, Peru und einige(n) mittlere(n) amerikanische(n) Staaten. Es wurde beobachtet, dass Bahlsen [...] überall die erste Fabrik war, die Lieferungen aufnahm [...].«[67] Bahlsen hatte sich früh in die Startlöcher begeben, auch wenn die frühen Ausfuhren kaum lohnend gewesen sein dürften.

In den Jahren 1951/52 kam es zur schrittweisen Annäherung an das, was man das Ende der unmittelbaren Nachkriegszeit nennen kann. Mit der Überwindung der größten Not stellte sich Stabilität ein. Die neue Wirtschaftsordnung, ein Mix aus Marktliberalismus und Interventionsstaatlichkeit, und junge Demokratie hatten ihre ersten Bewährungsproben bestanden. Gesamtwirtschaftlich ging die »Durchbruchkrise der westdeutschen Wirtschaft« zu Ende. Zwischen 1948 und 1951 entstand unter vielen Unsicherheiten und Risiken das Fundament für das sich anschließende »Wirtschaftswunder«. Mitte 1952 gelang der Übergang zu einem nachhaltigen und hohen Wachstum der bundesdeutschen Wirtschaft.[68]

Bei Bahlsen lag die Produktion 1951 tonnenmäßig fast auf dem Stand von 1938, 1952 leicht darüber. Die Zahl der Mitarbeiter übertraf in beiden Jahren mit 2.200 bzw. 2.235 den Vorkriegsstand. Die Arbeitsproduktivität hatte also noch nicht wieder ganz das gewohnte Niveau erreicht. Der Pro-Kopf-Verbrauch von Dauerbackwaren, also haltbaren Backwaren, übertraf in der Bundesrepublik mit 1,4 kg pro Kopf (1951) das Niveau von 1936 (1,3 kg).[69] Zu Weihnachten 1951 lieferte Bahlsen bereits wieder 101 Sorten Keks und Waffeln sowie 12 Sorten Weihnachtsgebäck.[70] 1951 fand erstmals nach dem Krieg wieder die zentrale Messe der deutschen Ernährungswirtschaft, die Anuga, statt. Sie zog 250.000 Besucher an. Klaus Bahlsen berichtete den Reisenden geradezu euphorisch, dass er »eine Reihe treuer alter Geschäftsfreunde« nach langer Zeit wiedergesehen habe und diese die ausgestellten Produkte bewundert und in großer Zahl bestellt hätten. Ausländische Importeure drängten sich um den »repräsentativen Stand [...] in seiner schlichten, aber wirkungsvollen Linienführung. [...] An manchen Tagen war [...] der Besucherstrom so stark, daß es einfach unmöglich war, jeden einzelnen in der sonst gewohnten Weise zu empfangen.«[71]

Zur Normalisierung gehörte auch die Rückkehr der Konkurrenz. Über 1952 vermerkte der Kundendienst: »Holländische Gebäcke überfluten den deutschen Markt. Sie finden durch ihre günstige Preislage eine recht gute Aufnahme. Der Konkurrenzkampf [...] mit Preisunterbietungen, Rabattzugeständnissen und kostenloser Abgabe von Einrichtungsgegenständen entbrennt auf der ganzen Linie.«[72] 1952 trat eine Entspannung bei den Preisen der Rohstoffe und ihrer Verfügbarkeit ein,

67 Exportumsatzstatistiken, Bericht Exportgeschäft 1951/52, S. 2 (BAH, R9, Nr. 221).

68 Abelshauser, Wirtschaftsgeschichte, S. 161; Prollius, Wirtschaftsgeschichte, S. 80 ff.

69 Beiratssitzungen 1958-1962, Statistik, S. 912 (BAH, R11, Nr. 214).

70 30 Jahre Kundendienst 1948-1978, S. 7 (BAH, R11, Nr. 470).

71 Mitteilungen an den Außendienst 1950-1951, Rundschreiben 77, Klaus Bahlsen an die Reisenden vom 20.10.1951 (BAH, R9, Nr. 239).

72 30 Jahre Kundendienst 1948-1978, S. 42 (BAH, R11, Nr. 470).

sodass es zu Preissenkungen kommen konnte. Der Wiederaufbau und der Ausbau des Stammwerkes waren abgeschlossen und weitere Expansionsschritte geplant. Auf einer Reise in die USA fasste Werner Bahlsen den Plan zum Bau einer neuen Fabrik in Lindau. Intern signalisierte 1952 das Wiedererscheinen der Unternehmenszeitschrift, der *Leibniz-Blätter*, die Rückkehr zur Normalität. Betont nüchtern fassten sie die Jahre seit 1945 knapp zusammen: »Wir dürfen zufrieden sein, aber wir wollen uns nicht zufrieden geben.«[73] Mit dem Ende der unmittelbaren Nachkriegszeit wandte sich Bahlsen neuen, expansiveren Zielen zu.

73 Leibniz-Blätter, 1952-53, o. S.

6.2 Familie und Familienunternehmen zwischen Neuaufbruch und Kontinuität

Das Unternehmen gehörte bei Kriegsende ausschließlich der Familie,[1] genauer gesagt der zweiten Generation, die bereits vor dem Auslaufen der Testamentsvollstreckung (zwischen 1934 und 1938) die volle Verfügungsgewalt über ihr Erbe erlangt hatte. Sie war mittlerweile in die Geschäftsführung eingetreten und dominierte sie zunehmend. Die durch den frühen Tod des Unternehmensgründers und die Testamentsvollstreckung entstandene Lücke im Nachfolgeprozess, die durch das Interregnum familienfremder, aber unternehmensinterner Manager überbrückt worden war, hatten sie im Laufe der 1930er Jahre geschlossen. Die Söhne des Gründers waren 1945 zwischen 37 und 44 Jahre alt, während sich Hermann Hertzer und Martha Hohmeyer dem Rentenalter näherten. Mit ihnen gab es noch zwei Angehörige der erfahrenen Zwischengeneration familienfremder Manager, auf deren Rat die Brüder zurückgreifen konnten. Adolf Zerfaß (gest. 1922), Friedrich Stucke (gest. 1928) und Anna-Dora Thieme (gest. 1944) waren jedoch schon tot. Die Brüder wurden auch von einem relativ großen Stab familienfremder Führungskräfte unterstützt. Das Familienunternehmen war also beides, familien- und managergeführt. Eine Schlüsselrolle nahm der Rationalisierungsfachmann Kurt Pentzlin ein, der dem Vorstand angehörte und zugleich für die Beziehung des Unternehmens zu Verbänden und zur Politik zuständig war. Dr. Otto Bredt war kein Angestellter, sondern seit 1932 »Gesamtberater«[2] mit dem Schwerpunkt Kostenrechnung und Organisation.

Es gibt viele Varianten, Eigentum und Führung in einem mehrgenerationellen Familienunternehmen zu strukturieren. Beim Vorhandensein mehrerer Erben kann der Erblasser gemäß dem Ältestenrecht das Unternehmen allein dem Erstgeborenen übergeben oder den aus seiner Sicht Tüchtigsten bevorzugen. In beiden Fällen würden die anderen Erben ausscheiden und möglicherweise entschädigt. Am anderen Ende des Spektrums befindet sich das Modell der Stammesherrschaft, bei dem die Geschwister im Prinzip gleichberechtigt behandelt werden. Sie erhalten ungefähr gleiche Anteile an Eigentum und Führungsverantwortung und geben diese im nächsten Erbgang an ihre Kinder weiter. Die Anzahl der Nachfahren je Stamm mag variieren, aber die Macht wird allein den Stämmen zugeordnet. Ein Stamm erhält nur seinen ursprünglichen Anteil, egal ob er etwa in der dritten Generation einen oder zehn Erben aufweist.[3] In der Praxis sind zumeist Mischformen vorherrschend. Biologische Restriktionen wie Krankheiten oder Kinderlosigkeit, aber auch Neigung und Fähigkeiten der Erben sowie ihr Verhältnis untereinander spielen eine große

1 Minimale Anteile lagen bei der ›Ersatzmutter‹ und Managerin Martha Hohmayer und bei Hermann Hertzer.

2 Pentzlin, Beruf, S. 17.

3 Vgl. Schlippe u. a., Seiten der Unternehmerfamilie, S. 124 f., 21 f. u. 199.

Rolle für die konkrete Ausgestaltung der Nachfolgepraxis.

Die Stammesorganisation scheint im deutschen Wirtschaftsbürgertum am weitesten verbreitet gewesen zu sein. Auch bei Bahlsen war sie durch die Entscheidung Hermann Bahlsens vorgezeichnet, seinen gesamten Nachlass – nach Abzug einer angemessenen Versorgung der erkrankten Ehefrau – seinen vier Söhnen »nach Kopfteilen«, d.h. zu gleichen Teilen, zu vererben. Würde ein Sohn vor dem Vater versterben, sollten dessen Anteile auf seine Nachfahren übergehen.[4] Hermann dachte zweifelsohne in Stammeskategorien, was auch der Gleichberechtigung der Nachfahren und damit der familiären Gerechtigkeit entsprach. In die Praxis wurde dieses Modell jedoch nicht in Reinkultur umgesetzt. Das lag daran, dass Gerhard kein Interesse daran hatte, in das Familienunternehmen einzutreten. Nach dem Studium der Philosophie und Kunstgeschichte entschied er sich für eine publizistische Tätigkeit.[5]

Abb. 27: Gerhard Bahlsen

Nach 1945 arbeitete er vorübergehend für die Kulturredaktion des Norddeutschen Rundfunks und gab eine vielbeachtete Anthologie heraus, die Texte bekannter Autoren wie Walter Jens und Günter Eich, aber auch mystisch angehauchte Beiträge zu Themen wie »Kosmische Rhythmen« oder »Männerbünde und Maskentänze« enthielt. 1950 erwarb Gerhard Bahlsen den Aischinger Hof am Chiemsee und zog in ein neu errichtetes Wohnhaus ein, wo er enge Beziehungen zu Mitgliedern der Gruppe 47, vor allem zu Toni und Hans Werner Richter pflegte. Der Gruppe 47 gehörten viele der später erfolgreichsten deutschsprachigen Schriftsteller an wie etwa Ilse Aichinger, Ingeborg Bachmann oder Günter Grass. Sie diente der Erneuerung der deutschen Literatur nach 1945 und der Förderung junger Autoren. Auf den Treffen wurden Texte vorgelesen und z.T. so scharf kritisiert, dass der Platz des Vortragenden scherzhaft »elektrischer Stuhl« genannt wurde. Bahlsen war verheiratet mit der zwanzig Jahre jüngeren Schauspielerin und Galeristin Manja (geb. Wodowoz, 1925-2015). In den 1950er Jahren unternahm er ausgedehnte Weltreisen, aus denen

4 Testament Hermann Bahlsen vom 14.8.1914 (BAH, R11, Nr. 446).

5 Ausführlich Hartewig, Stil, Kap. 5.

ethnologisch-historische Studien wie etwa 1961 zur Revolutionsgeschichte Mexikos hervorgingen.[6]

Gerhard Bahlsen lebte tatsächlich in einer völlig anderen Welt als seine Brüder. Dem Unternehmen blieb er insofern verbunden, als er nur einige seiner Anteile den Brüdern verkaufte, also Anteilseigner blieb, und in den Beirat des Unternehmens eintrat. Er lebte von dessen Ausschüttungen und seit den 1950er Jahren zusätzlich von den Erlösen seiner Anteilsverkäufe. Seine Sonderstellung hatte sich schon in dem anlässlich des Auslaufens der Testamentsvollstreckung geschlossenen Gesellschaftervertrag von 1935 niedergeschlagen, der das Vorgehen im Fall der zu erwartenden Verkäufe seiner Anteile festlegte.

Zu diesem Zeitpunkt besaßen die Brüder exakt gleichgroße Anteile an der GmbH. Gerhard erhielt aber ein besonderes Kündigungsrecht, das ihm ein Ausscheiden gegen Auszahlung ermöglichte. Die drei anderen Brüder hatten dieses Recht nicht, solange sie für Bahlsen arbeiteten. Nach einem Ausscheiden aus dem Unternehmen war für sie ebenfalls eine Kündigung möglich. Eine Auszahlung würde aber erst dann erfolgen, wenn es die Liquidität zuließ. Grundsätzlich galt eine für Familienunternehmen übliche Schutzklausel. Anteile durften nur innerhalb der Familie weitergegeben werden und zwar nur an »direkte eheliche Abkömmlinge«. Alle vier Brüder bekräftigten das Vermächtnis ihres Vaters. Bahlsen solle unbedingt »eine reine Familien-Gesellschaft bleiben«. Das betraf das Eigentum vollständig und die Führungen weitgehend. Die vier Brüder »vertrauen darauf, dass sich unter den Abkömmlingen des einen oder anderen dieser vier Stämme [...] immer geeignete Persönlichkeiten finden, die die Geschäftsführung der Bahlsen'schen Unternehmungen allein oder mit anderen Geschäftsführern zusammenführen können«.[7] Eine Kooperation mit familienfremden Managern war also durchaus vorgesehen. Auch hielt man nicht starr am Stammesprinzip fest, denn das Ausscheiden einzelner Stämme wurde vorbereitet und im Fall Gerhards auch erwartet. Unumstößlich war dagegen das Gebot, das Eigentum ausschließlich in der Familie zu behalten. Anteile, die auf welchem Weg auch immer an Externe gelangten, konnten eingezogen werden. Uneheliche Kinder hatten keinerlei Rechte. Weibliche Erben wurden nicht ausgeschlossen oder benachteiligt. Streitigkeiten sollten durch ein Schiedsgericht geregelt werden. Jede Partei wählte einen Schiedsrichter aus. Entscheidungen des Schiedsgerichtes waren endgültig.[8]

Zwischen den drei im Unternehmen aktiven Brüdern Hans, Werner und Klaus bestanden Spannungen, die aber vor 1945 aufgrund der besonderen Herausforderungen von Diktatur und Kriegswirtschaft nicht offen zum Ausbruch gekommen waren. Im Rückblick urteilte Klaus Bahlsen: »Durch den Krieg wurde das Problem

6 Vgl. Eintrag Gerhard Bahlsen, Literaturportal Bayern, https://www.literaturportal-bayern.de/autorinnen-autoren?task=lpbauthor.default&pnd=116039493 (Zugriff 19.3.2021).

7 Gesellschaftervertrag von 1935 (BAH, R11, Nr. 318).

8 Ebd.

erst einmal um einige Jahre vertagt.«[9] Danach kam es aber zu vielen Auseinandersetzungen. »Als die Spannungen unerträglich wurden«, erklärte Klaus Bahlsen 1948, »daß er aus der Leitung der Firma ausscheiden wolle.«[10] Ein weiterer Grund war seine angeschlagene Gesundheit. Klaus litt 1948 und Anfang 1949 an einer »asthmaähnlichen Bronchitis« und hielt sich längere Zeit am Chiemsee auf. Ihm schwebte vor, das Unternehmen im April 1949 zu verlassen, aber als externer Berater sporadisch einzugreifen. Darüber und über seine bisherige häufige Abwesenheit kam es zum Streit mit seinen Brüdern. In Phasen mit einem besonders hohen Arbeitsaufkommen wie in den Wochen vor der Währungsreform fehlte Klaus im Kontor. Im April 1948 hatte Werner Hannover des Öfteren verlassen müssen, um sich um die traditionsreiche Textilfabrik seines plötzlich verstorbenen Schwiegervaters Max Dilthey in Rheindahlen zu kümmern. »Auch dieses war für Dich kein Grund, Deine Abreise [...] zu verschieben«,[11] hielt Werner Klaus vor. Mit anderen Worten, es hatte sich erheblicher Konfliktstoff aufgetürmt.

Eine im Sommer 1948 geplante Aussprache kam erst im März 1949 zu Stande. Im Anschluss daran bat Klaus den langjährigen Beiratsvorsitzenden Dr. Arthur Menge um Vermittlung in dem Konflikt mit Werner und Hans. Dabei berichtete er über das unmittelbar zuvor stattgefundene Treffen der drei Brüder. »Meine Brüder machen mir den Vorwurf, meine Arbeitsleistung hätte in keinem Verhältnis zu ihrer gestanden und ließen ferner durchblicken, daß ab 15. V. 1948 meine Bezüge voll weiter bezahlt (worden) wären, ohne daß ich darauf ein Anrecht gehabt hätte.«[12] Diese Ansicht empörte Klaus, der nicht weniger scharf antwortete, »daß ich trotz Abwesenheit evt. genau so viel leistete wie sie [die Brüder, H. B.], die den ganzen Tag im Werk wären«. Dieser Auffassung mochten sich die Brüder, so das Protokoll von Klaus, »leider nicht anschließen«. Klaus beharrte darauf, dass er auch im Krankenstand für das Unternehmen gearbeitet habe, während Werner die Fortzahlung des Gehaltes als eine Art ›Gnadenakt‹ darstellte.[13] Klaus führte verschiedene Mitarbeiter als Zeugen dafür an, dass er seine Pflichten erfüllt habe. Außerdem widerspreche es dem Wesen eines Familienunternehmens, wenn Brüder, die gleich große Anteile besitzen, »Abstufungen im Einkommen« vornehmen »auf Grund von verschiedener Arbeitsleistung. Jeder würde sich für seinen Teil bemühen, das Beste zu leisten.« Daher müsste das Prinzip der Gleichbehandlung gelten. Klaus räumte zwar ein, »daß ich im Sommer 1948 oft krank und somit nicht anwesend war, daß ich aber das ganze Herbst- und Weihnachtsprogramm allein gemacht hätte«. Abschließend brachte er aber seine große menschliche Enttäuschung über das Verhalten der Brüder zum Ausdruck. Sein Protokoll ging an den Vorstand, dem auch diverse fami-

9 Bericht Klaus Bahlsen 90 Jahre HBKF 1, S. 8 (BAH, R13, Nr. 49).

10 Ebd., S. 9.

11 Werner Bahlsen an Klaus Bahlsen vom 27.3.1949 (BAH, R12, Nr. 207).

12 Klaus Bahlsen an Dr. Arthur Menge vom 19.3.1949 (BAH, R12, Nr. 207).

13 Klaus Bahlsen an Vorstand vom 21.3.1949 (BAH, R12, Nr. 207).

lienfremde Mitglieder angehörten, mit der Bitte um eine Stellungnahme über seine Leistung und Vorschlägen zu den Modalitäten seines Ausscheidens.[14]

Werner und Hans lehnten die von Klaus vorgeschlagene Beratertätigkeit in Teilzeit kategorisch ab und drängten auf die vollumfängliche Wiederaufnahme der Aufgaben oder einen klaren Schnitt, d.h. seinen Austritt aus dem Vorstand und dem Unternehmen. Ersteres verwarf Klaus und zu Letzterem war er nur unter der Bedingung bereit, dass eine »zufriedenstellende Regelung meiner Einkommensverhältnisse nach meinem Ausscheiden« gefunden werde. Die künftige Versorgung war vor allem dadurch erschwert, dass Klaus sämtliche »Vermögenswerte in der Firma festgelegt« hatte. Er sei faktisch mittellos und unterstellte seinen Brüdern, ihn »aushungern« zu wollen.[15] Es schloss sich ein Streit über die Abwesenheiten von Klaus im Jahr zuvor an. Werner führte aus, dass durch die kurzfristigen Abreisen in den »verwaisten Ressorts [...] Lücken« entstanden seien. Dieser »unhaltbare[n]) Zustand« habe seine, Werners, Gesundheit beeinträchtigt. Es habe sich bei ihm in dieser Zeit ein Herzleiden infolge der Überfunktion der Schilddrüse eingestellt, was ihn seinerseits im August und September 1948 zu einem Sanatoriumsaufenthalt gezwungen habe. Der Streit mit seinem Bruder sei maßgeblich Schuld am Ausbruch der latent vorhandenen Krankheit.[16]

Zukünftig müssten klare Verhältnisse herrschen. Unter dieser Prämisse könne er sich eine weitere Tätigkeit von Klaus im Unternehmen vorstellen, »ja, es wäre evt. sogar möglich, sich über eine längere Urlaubszeit – evt. 3 Monate im Jahr – zu einigen, bei 9 Monaten Anwesenheit.« Bei diesem Versuch, die persönlichen Verletzungen zu heilen, appellierte Werner an die dynastische Verpflichtung, die sich aus der Nachfolge des Vaters und Unternehmensgründers ergäbe. Individuelle Interessen und Befindlichkeiten hätten zugunsten des langfristigen Mehrgenerationenprojektes Familienunternehmen zurückzutreten. »Heute geht es um die entscheidende Frage unter uns Brüdern, es geht um die Firma. Wenn Du [...] uns vorwarfest, Du vermissest eine brüderliche Haltung, [...] so muss ich heute die Gegenfrage stellen: sollte nicht das Wichtigste die Erhaltung von Vaterserbe, der Firma sein? Nirgends finde ich in Deinem Brief die Sorge um das Wohlergehen des Werkes, unabhängig vom Schicksal des Einzelnen.«[17] Während Werner es für unabdingbar hielt, sich mit seiner ganzen Kraft für das Familienunternehmen einzusetzen und alles andere zugunsten des väterlichen Vermächtnisses zurückzustellen, suchte Klaus nach einem Weg, außerbetriebliche Interessen in sein Leben zu integrieren. Recht schulmeisterlich ermahnte Werner seinen Bruder, dass die Arbeit an der Unternehmensspitze zwangsläufig auch unangenehm sei. »Dass mit jeder Aufgabe auch Arbeiten verbunden sind, die einem weniger Freude machen, ist selbstverständlich, man kann sich

14 Ebd.

15 Klaus Bahlsen an Dr. Arthur Menge vom 19.3.1949 (BAH, R12, Nr. 207).

16 Werner Bahlsen an Klaus Bahlsen vom 27.3.1949 (BAH, R12, Nr. 207).

17 Ebd.

nicht nur die Lichtseiten des Lebens aussuchen.«[18] Werner war viel daran gelegen, Klaus im Unternehmen zu halten. Neben zahlreichen, in einem patriarchalischen Ton gehaltenen Zurechtweisungen finden sich Passagen, in denen er Klaus für seinen Einsatz und die Liebe zur Arbeit ausdrücklich lobte. Wie kompliziert das Verhältnis mittlerweile geworden war, zeigt die Tatsache, dass die Bitte zu bleiben nicht ausreichte, sondern Werner ein zweistufiges Verfahren vorschlug. Klaus sollte zunächst seinen »Austrittsentschluss [...] revidieren«. Unter dieser Voraussetzung sei Werner »auch heute noch bereit, Dir einen Brief zu schreiben, der dich ausdrücklich bittet, Deinen Platz wieder einzunehmen«.[19]

Es überrascht kaum, dass Klaus dieses Angebot trotz der großzügigen Urlaubsregelung nicht annahm. Der bevormundende Ton Werners und sein unverhohlen artikulierter Anspruch auf die Vorherrschaft im Unternehmen ließen Klaus davor zurückschrecken. In der Folge verließ Klaus im Frühjahr 1949 tatsächlich das Unternehmen und zog nach Uffing am Staffelsee (Oberbayern).

Im Juli 1949 passte ein Zusatzvertrag die Verhältnisse der Bahlsen KG an die neue Konstellation an. Hans und Werner wurden zu den einzigen persönlich haftenden Gesellschaftern und Geschäftsführern ernannt. Obwohl Klaus Anteile in derselben Höhe hielt, trat er in die Position eines Kommanditisten ein und schied aus dem Angestelltenverhältnis aus. Bis zum Juni beließen ihm die Brüder sein volles Gehalt plus Leistungszulage. »Ab 1. Juli 1949 stehen ihm keine Arbeitsvergütungen mehr zu.« Für künftige Gewinnausschüttungen wurde folgender Modus vereinbart: »Zunächst erhalten die Herren Hans und Werner Bahlsen vorab als Ausgleich für ihre persönliche Haftung und zusätzliche Vergütung für ihre geschäftsführende Tätigkeit zusammen 25 % des Reingewinnes, von denen im Innenverhältnis auf jeden von ihnen die Hälfte entfällt.« Der verbleibende Rest ging an die Kommanditisten im Verhältnis ihrer Einlage. Klaus erhielt eine Garantie über mindestens 15.000 DM pro Jahr, sofern Gewinne anfielen.[20]

Damit war das Stammesprinzip ein weiteres Stück weit ausgehöhlt. Nur noch zwei Brüder waren in der Geschäftsführung aktiv. Beim Eigentum bestand der Höhe der Einlage nach eine Drittelparität zwischen den drei Brüdern, die jedoch dem Status und der Gewinnberechtigung nach Klaus als Anteilseigner minderen Rechts auswies. Gerhard tauchte als direkter Kommanditist der KG nicht mehr auf. Er war aber durch die AG und die GmbH, die beide Kommanditisten der KG waren, weiter indirekt beteiligt. Es gab also eine dreifache Abstufung, an deren Spitze Werner und Hans standen.

Klaus Bahlsen, der mit diesem Vertrag und seinem Umzug nach Bayern die von ihm angestrebte Distanz zum Unternehmen und zu seinen Brüdern erlangte, revidierte die im Sommer 1949 gefundene Lösung schon bald, zumindest de facto. Der

18 Ebd.

19 Ebd.

20 Zusatzvertrag vom 2.7.1949 (BAH, R11, Nr. 468).

angestrebte klare Schnitt kam nicht zustande, da Klaus doch nicht vollständig loslassen mochte und er im Unternehmen gebraucht wurde. In der Folgezeit kam es zu einer Rückkehr zu Bedingungen, die den Vorstellungen von Klaus recht nahekamen. Er wurde eine Art Teilzeitdirektor, der Werner während Dienst- und Urlaubsreisen vertrat. Zudem nahm er Aufgaben in der Produktion wahr. Nach außen und auch in den zahlreichen Jubiläumsschriften wurde das Ausscheiden von Klaus nicht erwähnt. Es entstand der Eindruck durchlaufender Kontinuität und einer gleichberechtigten Aufteilung der Unternehmensführung. Tatsächlich lagen die Dinge viel komplizierter.

Klaus war 1950 sehr aktiv an der Geschäftsführung beteiligt, gerade rechtzeitig, um an der nächsten Episode der innerfamiliären Konfliktgeschichte mitzuwirken. Diesmal war es Hans, der den Stein ins Rollen brachte. Sein Verhältnis zu seinen drei Brüdern war seit der Zeit um 1930 herum aufgrund der diversen, detailliert geschilderten Konflikte und des Streits mit den Testamentsvollstreckern angespannt. »Aus dieser Zeit entstand eine gewisse Entfremdung zwischen Hans und den drei [anderen, H. B.] Brüdern«, urteilte Klaus Bahlsen rückblickend.[21]

Hans war der am stärksten international ausgerichtete der vier Söhne des Gründers. 1924 hatte er eine ausgiebige Studienreise durch die USA unternommen, die er 1952 wiederholte. Später lebte er für einige Jahre in den USA. Er interessierte sich sehr für die Entwicklung der dortigen Industrie und beschäftigte sich ausgiebig mit amerikanischen Managementmethoden. Sein großes Interesse an fremden Ländern führte ihn 1948 auf eine größere Reise durch Südamerika. In diesem Kontext scheint der in der frühen Nachkriegszeit ungewöhnliche, bereits in den 1930er Jahren ventilierte Plan entstanden zu sein, zusammen mit brasilianischen Partnern eine Keksfabrik in São Paulo zu errichten. Hans fand in Werner einen Unterstützer, aber in Klaus einen Gegenspieler. Das Projekt ließ sich mit dem hohen Investitionsbedarf für den Ausbau des Werkes in Hannover nicht vereinbaren. Der daraus entstehende Konflikt scheint eine Ursache für das Ausscheiden von Klaus im Jahr 1949 gewesen zu sein.

Die Brasilien-Pläne aus den 1930er Jahren sollten nun, Anfang der 1950er Jahre, konkret umgesetzt werden. Klaus fand es aber unverständlich, dass man den Neubau von Maschinen, die in Hannover dringend benötigt wurden, zu diesem Zweck verzögerte. Die Maschinen für Brasilien wurden nämlich im Stammwerk in Hannover gebaut bzw. überholt. Für Klaus, der für die Produktion zuständig war, handelte es sich um einen direkten Angriff auf sein Ressort. Mehrere Rationalisierungsprojekte von Klaus mussten 1950 für das Brasilien-Projekt zurückgestellt werden. Das galt auch für Erweiterungsbauten. »Für die Kosten, die Brasilien bereits im Jahre 1950 verursacht hat, hätte man die 2. Hälfte des Neubaus 22, der im Frühjahr fest bestellt und später wieder abbestellt wurde, durchführen können.« Das Unternehmen befand sich in einer finanziell angespannten Lage, und müsse sich, so Klaus, »1951

21 Bericht Klaus Bahlsen 90 Jahre HBKF 1, 1928-1979, S. 6 (BAH, R13, Nr. 49).

durch Einsparungen sehr darum bemühen, den bis zu 4 Millionen angestiegenen Kredit langsam zurückzuzahlen.«[22]

In der Tat war die Finanzierung des Brasilien-Projektes nicht gesichert, auch wenn in São Paulo mit Ernesto Rothschild ein Investor für die Hälfte der Kosten sowie ein Grundstück und Leitungspersonal gefunden worden war. Sämtliche Maschinen sollten aus Hannover kommen. Dort gab es detaillierte Pläne für die Fabrik und ein Inventar der Maschinen, die einzeln fotografiert und bereits für den Versand in Kisten gepackt wurden.[23] Trotzdem scheiterte das Projekt vor allem am Mangel an Investitionsmitteln. Da half es auch nicht, dass mit Robert Pferdmenges einer der am besten vernetzten Bankiers der frühen Bundesrepublik dem Beirat der Bahlsens Keksfabrik KG angehörte.[24] Ähnlich gute Verbindungen hatte ansonsten nur Hermann Josef Abs, der spätere Vorstandssprecher der Deutschen Bank.

In dieser Zeit war es aufgrund des allgemeinen Kapitalmangels und der Bevorzugung der Schwerindustrie für einen Konsumgüterhersteller ausgesprochen schwierig, überhaupt Kredite zu erhalten. Mit der Vermittlung durch Pferdmenges gelang es Bahlsen aber immer wieder, diese Hürde zu nehmen. Eine von Werner Bahlsen angefragte weitere Aufstockung für das Brasilien-Projekt war aber 1950 nicht mehr möglich. Pferdmenges riet von ausländischen Direktinvestitionen ab, die in diesen Jahren politisch unerwünscht waren und aufgrund des Mangels an Devisen, vor allem aufgrund der Dollarlücke, einer Sondergenehmigung bedurften. Zu knapp war die Kapitaldecke in der Bundesrepublik und zu hoch der Bedarf im eigenen Land. Pferdmenges ließ Werner Bahlsen wissen, dass »ich als Vorsitzender des Zentralnoteninstitutes von Nordrhein-Westfalen nicht gerne einen Bankkredit befürworten würde, der in überseeischen Unternehmungen festgelegt würde. Bei der starken Inanspruchnahme Ihrer flüssigen Mittel und bei der Höhe der Kredite, die Sie zur Finanzierung Ihres großen Umsatzes notwendig haben, erscheint mir zur Zeit eine Finanzierung durch Mittel der Hannoverschen Firma gewagt und deshalb nicht für empfehlenswert.«[25] Letztlich musste Bahlsen diesen in jenen Jahren noch abenteuerlichen und mit vielen rechtlichen Problemen behafteten Plan fallenlassen. Er wurde ad acta gelegt, nicht aber der daraus resultierende Streit zwischen den Brüdern, bei dem es letztlich um die Machtverhältnisse im Unternehmen ging. Am

22 15. Jahresbericht 1950, S. 8 (BAH, R10, Nr 505).

23 Aktennotiz über eine Besprechung mit Rothschild in Rio de Janeiro vom 22.9.1951 (BAH, R10, Nr. 205). Die Anteile sollten zu einem Drittel bei Bahlsen, zur Hälfte bei Rothschild und zu 16,66 % bei einem weiteren brasilianischen Partner liegen. Vgl. auch Projekt Brasilien, Fotos Maschinen (BAH, R10, Nr. 206).

24 Vgl. Grunenberg, Wundertäter, S. 119 ff.

25 Robert Pferdmenges an Werner Bahlsen vom 21.6.1950 (BAH, R13, Nr. 64). Direktinvestitionen bundesdeutscher Unternehmen waren bis 1961 grundsätzlich untersagt, konnten aber mit Ausnahmegenehmigungen bzw. ab 1956 bei Beträgen von weniger als 3 Mio. DM durchgeführt werden. Vgl. Schröter, Außenwirtschaft, S. 88 f.

Ende konnten sich alle drei Brüder als Verlierer dieser Auseinandersetzung fühlen. Das Resultat war eine dauerhafte Belastung ihres Verhältnisses zueinander.

Die Austragung dieser Konflikte belegt auch die Bedeutung des im Oktober 1945 eingesetzten Beirates als Ratgeber, Unterstützer und Moderator. Rechtlich gesehen ist die Bildung eines solchen Gremiums für Kommanditgesellschaften nicht zwingend, jedoch zulässig. Der Beirat hatte im Fall von Bahlsen keinerlei Befugnisse, sondern eine rein beratende Funktion. Geleitet wurde er von Dr. Arthur Menge (1884-1965), der schon vor 1945 als Vorsitzender des Verwaltungsrates der KG in einem Nahverhältnis zu Bahlsen gestanden hatte. Als ehemaliger Oberbürgermeister Hannovers war er lokal und regional bestens vernetzt. Die Nationalsozialisten hatten ihn 1937 aus dem Amt entfernt, woraufhin er als juristischer Direktor der Kapital-Versicherungs-Anstalt Hannover in die Privatwirtschaft wechselte. Er war kein Mitglied der NSDAP gewesen, jedoch genau wie Klaus und Werner Bahlsen zeitweilig förderndes Mitglied der SS. Nach dem gescheiterten Attentat auf Hitler vom 20. Juli 1944 wurde Menge aufgrund seiner seit 1943 bestehenden Nähe zum Widerstand zu drei Jahren Zuchthaus verurteilt. 1945 manövrierte er sich ins politische Abseits, da er als erster Vorsitzender der Niedersächsischen Landespartei eine separatistische Agenda aufstellte und den Anschluss Hannovers an Großbritannien forderte. Ende des Jahres brach Menge den Versuch ab, eine neue politische Karriere zu beginnen.[26]

Dem Beirat, der auch Aufsichtsrat genannt wurde, gehörte ferner der Kölner Bankier und Politiker Robert Pferdmenges (1880-1962) als stellvertretender Vorsitzender an, der anders als Menge eine national bedeutende Figur mit hervorragenden Verbindungen in die Finanzwelt und die Bundespolitik war. Pferdmenges war ein »big linker«, der bis 1954 in 21 und nach 1954 in 26 Aufsichtsräten saß. Er konnte viele Türen öffnen. Im Nationalsozialismus hatte Pferdmenges durch eine Scheinarisierung die jüdische Bank Oppenheim gerettet. 1944 erging gegen ihn ein Berufsverbot. 1946 wurde er von der britischen Besatzungsmacht von jeder öffentlichen Betätigung ausgeschlossen und musste auch sein Amt als Präsident der Kölner Industrie- und Handelskammer niederlegen. 1947 erfolgte die vollständige Rehabilitierung und der Eintritt in den Wirtschaftsrat der Bizone, das als eine Art Vorparlament wirtschaftspolitische Grundlagen legen sollte. Der enge und langjährige Freund Konrad Adenauers war einer der Mitbegründer der CDU. Er stand für eine überkonfessionelle und marktwirtschaftlich ausgerichtete CDU, für die er von 1950 bis zu seinem Tod im Jahr 1962 im Bundestag saß.[27] Den Kontakt zu Bahlsen hatte offenbar Werner Bahlsens Schwiegervater Dilthey vermittelt. Pferdmenges war der Patenonkel von Paula Bahlsen, geb. Dilthey, sodass es eine direkte quasi-familiäre Verbindung gab. Pferdmenges war wie die Bahlsens Protestant. Auch mag es über die Politik Verbindungen

26 Röhrbein, Stadt Hannover, insb. S. 512 f.

27 Treue, Pferdmenges; Stürmer, Teichmann u. Treue, Wägen, S. 347-470; Köhler, Arisierung, S. 350 ff.

gegeben haben, da Werner Bahlsen der CDU nahestand und später in sie eintrat. Weitere Mitglieder des Beirates waren der Wirtschaftsprüfer Dr. Karl Bringmann aus Büderich, der langjährige Berater Dr. Otto Bredt und für die Familie Gerhard Bahlsen. Letzterer hielt sich im Beirat meist zurück und fehlte bei den Sitzungen öfter.[28] Pferdmenges hingegen war so etwas wie eine graue Eminenz, dessen Wort viel zählte. Später sollte er von sich sagen: »ich kann die Familie nicht zwingen, das zu tun, was ich für richtig halte – aber ich kann zurücktreten; dann ist es die Frage, ob die Familie es sich erlauben kann, daß der Pferdmenges zurücktritt.«[29]

Unternehmen und Familie bemühten sich aktiv darum, die politische Neuordnung nach Kriegsende im Rahmen ihrer Möglichkeiten mitzugestalten. Schon im März 1945 hatte das Vorstandsmitglied Kurt Pentzlin mit Angehörigen der nationalsozialistischen Gauwirtschaftskammer Gespräche über die künftige Repräsentanz der Wirtschaft geführt. Nach der Besetzung Hannovers nahm er unverzüglich Kontakt zur Militärregierung und dem kommissarischen Oberbürgermeister auf. Am 15. Mai 1945 gründete sich der Hauptausschuss als Rechtsnachfolger der Gauwirtschaftskammer. Pentzlin wurde sein Vizepräsident. 1946 entstand aus dieser Übergangsinstitution die Industrie- und Handelskammer Hannover. Von Mai 1945 bis Ende 1946 war Pentzlin außerdem stellvertretender Vorsitzender des »Ausschusses für Wiederaufbau« der Stadt Hannover. Die engen Verbindungen, die Pentzlin in diesen Funktionen zu den Briten und den deutschen Stellen knüpfen konnte, kamen dem Unternehmen unmittelbar zu Gute.[30] Seit 1946 vertrat der Betriebsratsvorsitzende Richard Heimberg Bahlsen im Hannoverschen Stadtrat als Mitglied der SPD-Fraktion.

Es schien eine klare Arbeitsteilung gegeben zu haben. Die Brüder kümmerten sich vor allem um das Unternehmen, während Pentzlin in Absprache mit ihnen die Außenbeziehungen pflegte. In die Gründung des Verbandes der Deutschen Süßwarenindustrie schaltete sich jedoch 1949 Werner Bahlsen persönlich ein und übernahm dort den Vorsitz, der später auf Hermann Hertzer, ein Mitglied der Bahlsen-Geschäftsleitung, überging. Im selben Jahr wurde Pentzlin erster Vorsitzender der sozialpolitischen Arbeitsgemeinschaft der Ernährungsindustrie Niedersachsen/Bremen, die 23 Fachverbände zusammenfasste.[31] Er war ferner von 1948 bis 1951 an der Gründung der Landes- und der Bundesvereinigung der Deutschen Arbeitgeberverbände (BDA) beteiligt.

Auf der Verbandsebene vertrat zudem Dr. Kurt Wolf die Firma Bahlsen. Er war vor 1933 als Schlichter für Arbeitskonflikte im Geschäftsbereich des Reichsarbeitsministeriums der Weimarer Republik zuständig gewesen. Von 1933 bis 1941 diente er den neuen Herren als Stellvertreter des Reichstreuhänders der Arbeit in Niedersachsen und danach bis 1945 im Berliner Reichsarbeitsministerium in der Abteilung

28 Transkription Tonband-Interview mit Dr. Pentzlin, 1. Gespräch an 4.9.1984, S. 1 (BAH, R11, Nr. 478).

29 Zit. n. Pentzlin, Zukunft, S. 31.

30 Vgl. Lehmensiek, Cakes-Fabrik, S. 57 ff.

31 vdew-online.de (Zugriff 30.11.2020).

Lohnpolitik. 1939 hatte er sich für eine schnellere und härtere Sanktionierung von Vertragsbrüchen eingesetzt. Schnellgerichte und der Verzicht auf lästige rechtsstaatliche Verfahren wie die Vernehmung von Zeugen schienen ein probates Mittel zu sein, die stockende Aburteilung von Verstößen gegen die nationalsozialistische Arbeitsordnung zu beschleunigen.[32] Durch die Tätigkeit bis 1941 besaß Wolf enge Kontakte zu Bahlsen, an die man Ende der 1940er Jahre anknüpfen konnte. Wolf arbeitete für Bahlsen seit 1950 als Berater und ab 1959 als Angestellter. Seine langjährigen Bemühungen um »Lohngerechtigkeit und wirtschaftliche Stabilität«, so die *Leibniz-Blätter* noch 1979 anlässlich Wolfs Eintritt in den Ruhestand, prädestinierten ihn geradezu, »auf der ›Arbeitgeberseite‹ die Sozialpolitik der Bundesrepublik mitzugestalten«.[33] Wolfs Aufgaben waren die Vertretung von Bahlsen in den Verbänden der Süßwaren- und der Ernährungsindustrie sowie in Ausschüssen der Bundesvereinigung der Arbeitgeberverbände.

Pentzlin engagierte sich auch für das 1951 von diversen Unternehmerverbänden gegründete Deutsche Industrie-Institut (seit 1973 Institut der deutschen Wirtschaft), in dessen Vorstand er eintrat. Das Institut hatte den Auftrag, »Aufklärungsarbeit über Leistungen und Grundsätze der freien Unternehmerwirtschaft auf der Grundlage von wissenschaftlich einwandfreien Erkenntnissen«[34] zu leisten. 1947 entstand unter Mitwirkung von Bredt und Pentzlin in der Nachfolge des aufgelösten Reichskuratoriums für Wirtschaftlichkeit der Rationalisierungsausschuss der deutschen Wirtschaft, der ab 1950 Rationalisierungs-Kuratorium der Deutschen Wirtschaft hieß. Bredt wurde der erste Vorsitzende. Die zentrale Aufgabe des Kuratoriums bestand darin, die Leistungsfähigkeit insbesondere mittelständischer Unternehmen durch Fortbildung und Beratung zu erhöhen. Im Rahmen des Marshallplans nahm das Kuratorium die Aufgabe einer »Produktivitätszentrale« wahr, die den Technologietransfer aus den USA unterstützte. Bredt und Pentzlin gehörten zu den treibenden Kräften der deutschen Rationalisierungsbewegung, die auch vielfach publizistisch in Erscheinung trat. Bahlsen betrachteten sie als eine Art Musterbetrieb, der ein Vorreiter der technischen, kaufmännischen und sozialen Rationalisierung sein sollte. So verwundert es wenig, dass sich Pentzlin auch für den Wiederaufbau des von den Alliierten aufgelösten Reichsausschusses für Arbeitsstudien (REFA) einsetzte. Seit 1946 entstanden Regionalverbände. 1949 gründete sich die Arbeitsgemeinschaft der REFA-Verbände als Dachorganisation.

Bei Bahlsen engagierte man sich also früh außerhalb des eigenen Unternehmens für das betriebliche Rationalisierungswesen sowie für die Organisation unternehmerischer Interessen durch Branchenverbände, Arbeitgebervereinigungen und das Deutsche Industrie-Institut. Wirtschaftspolitisch fanden Familie und Unternehmen

32 Vgl. Eden, Verwaltung, S. 362 ff.

33 Leibniz-Blätter, 1/1979, S. 20. 1966 wurde Wolf ehrenamtlicher Richter am Bundesarbeitsgericht.

34 Zit. n. Brünger, Geschichte, S. 154.

eine neue Heimat beim Ordoliberalismus, wie ihn Wirtschaftsminister Ludwig Erhard und zunehmend größere Teile der CDU vertraten. Da in den späten 1940er Jahren die Bevölkerung gegenüber der Marktwirtschafft erhebliche Vorbehalte hatte, war aus Sicht des ordoliberalen Lagers eine offensive Öffentlichkeitsarbeit angebracht.

Als im November 1947 diverse Unternehmer, Beamte, IHK-Vertreter, Journalisten und Politiker in Frankfurt die Wirtschaftspolitische Gesellschaft von 1947 (WIPOG) gründeten, die sich der Popularisierung der Marktwirtschaft verschrieb, war Bahlsen durch den umtriebigen Pentzlin als Gründungsmitglied und Vorstand unmittelbar vertreten. Die Grundsatzerklärung hob auf eine »freie, sozialverpflichtete […] Wirtschaft«, auf Toleranz und »freie Konsumwahl« ab. »Der Staat muß sich auf Lenkungsaufgaben beschränken, die von Einzelnen oder Betrieben, allein oder gemeinsam, nicht gelöst werden können. […] Nur wo der Wettbewerb versagt, darf der Staat eingreifen und auch da in erster Linie mit dem Ziel, die Voraussetzungen für einen Wettbewerb zu schaffen.«[35] Diese Prinzipien des Ordoliberalismus befanden sich noch in starker Konkurrenz zu plan- und gemeinwirtschaftlichen Konzepten sowie zu Sozialisierungsforderungen auf Seiten von Gewerkschaften, SPD und britischer Besatzungsmacht. Neben der Förderung wirtschaftspolitischer Anliegen, die dem eigenen Selbstverständnis entsprachen, bot die WIPOG auch die Möglichkeit, ein nützliches Netzwerk aufzubauen. Zu den Gründungsmitgliedern gehörten Ludwig Erhard, Robert Pferdmenges, der Verleger Gerd Bucerius, der spätere Bundesverkehrsminister Hans-Christoph Seebohm, die künftigen Bundespräsidenten Theodor Heuss und Heinrich Lübke sowie der stellvertretende Leiter des britischen Verwaltungsamtes für Wirtschaft, Harold Rasch.[36] Pentzlin besaß schon länger eine enge Verbindung zu Erhard, für den er in den ersten Nachkriegsjahren einen »runden Tisch« geleitet hatte. Erhard »wollte sich alle vier Wochen aussprechen mit Männern aus der Wirtschaft, um richtig zu liegen«.[37]

Zunächst verbreitete die WIPOG ihre Überzeugungen durch Vorträge, Tagungen und kleinere Schriften. Doch erwies sich die Reichweite als zu gering, sodass schon bald das Projekt einer bürgerlich-liberalen Tageszeitung für ganz Deutschland entstand, die ein Gegengewicht zu der von den Besatzungsmächten lizenzierten Presse bilden sollte, die aus Sicht der WIPOG einseitig sozialdemokratisch und gewerkschaftsfreundlich ausgerichtet war. Tatsächlich hatte die Gründung der WIPOG ein negatives Presseecho hervorgerufen. Es wurde vielfach das Fehlen von Vertretern der Arbeiterschaft kritisiert. Der Berliner *Telegraf* schrieb, dass es sich um »eine Art Herrenclub […] aus den verfeinertsten und konservativsten Schichten der Bevölkerung« handele. Die Mitglieder seien gestern »noch willfährige Diener der Re-

35 https:/Wipog.de, Grundsatzprogramm der WIPOG (Zugriff 27.11.2020).

36 Vgl. Kutzner, Marktwirtschaft, S. 17 ff.; Pufendorf, Klepper, S. 238 ff.

37 Transkription Tonband-Interview mit Dr. Pentzlin, 3. Gespräch am 12.12.1984, S. 37 (BAH, R11, Nr. 478).

aktion« gewesen. Heute verschleierten sie durch die »Verschwommenheit« ihres Programms, dass es im Kern darum gehe, die »alte Gesellschaftsordnung wieder aufzurichten«.[38] Das war ein naheliegender, aber in dieser Einfachheit unzutreffender Vorwurf. Es ging vielmehr um die Ausgestaltung der noch offenen Wirtschaftsordnung im Sinne unternehmerischer Interessen im Rahmen einer zugleich demokratischen und wettbewerbsorientierten kapitalistischen Grundordnung. Hier flossen restaurative und zukunftsweisende Ansätze ineinander.

Das unter Geheimhaltung unter anderem von Pentzlin als WIPOG-Vorstand vorbereitete Projekt einer eigenen Tageszeitung ließ sich erst nach Aufhebung des Lizenzzwanges Ende 1949 verwirklichen. Am 1. November 1949 erschien die erste Ausgabe der *Frankfurter Allgemeinen Zeitung*. Die WIPOG stellte etwas mehr als die Hälfte des Stammkapitals der Verlags GmbH, das durch ein hohes Darlehen von 21 interessierten Unternehmen, darunter Daimler-Benz, Bosch, Henkel, Continental, Dyckerhoff, Gerresheimer Glashütte, ergänzt wurde. Die WIPOG fungierte als Treuhänderin des Darlehens, was den Vorteil hatte, dass die tatsächlichen Gläubiger anonym blieben. Es steht zu vermuten, dass Bahlsen das Darlehen mittrug. Das Unternehmen war somit direkt an einer langfristig wirkungsmächtigen medienpolitischen Weichenstellung der frühen Bundesrepublik beteiligt.[39]

1948 hatte sich das Unternehmen wiederum durch Pentzlin in Zusammenarbeit mit dem einflussreichen Landesbischof Johannes Lilje an der Gründung des *Sonntagsblattes* beteiligt, das bis zum Jahr 2000 unter dem Namen *Deutsches Allgemeines Sonntagsblatt* als Wochenzeitung der evangelischen Kirche erschien.[40] Im Gegensatz zu der späteren liberal-kritischen Ausrichtung war das Wochenblatt in den 1950er Jahren dem konservativen Lager zuzuordnen und mit einer Auflage von 150.000 ein wichtiger Bestandteil der bundesdeutschen Medienlandschaft.

38 Telegraf vom 17.12.1947, zit. n. Pufendorf, Klepper, S. 245. Der *Telegraf* stand mit einer Auflage von 100.000 der SPD nahe.

39 Zur Gründungsgeschichte der WIPOG Pufendorf, Klepper, S. 248-260; Kutzner, Marktwirtschaft, S. 17-35. Zur FAZ Hoeres, Zeitung, S. 23-36; Korda, Bürgertum.

40 Transkription Tonband-Interview mit Dr. Pentzlin, 2. Gespräch am 5.10.1984, S. 16 (BAH, R11, Nr. 478).

7. »Der Luxus von gestern ist der Massenkonsum von morgen«.[1] Bahlsen im »Wirtschaftswunderland«

1953–1964

Bis 1952 hatte Bahlsen die unmittelbaren Kriegsfolgen überwunden und die Grundlagen für ein nachhaltiges Wachstum gelegt. Die zerstörten Gebäude waren instandgesetzt und viele neue hinzugekommen. Umsatz, Produktionsvolumina und Belegschaft lagen über dem Vorkriegsstand (Tabelle 6). Die meisten Bewirtschaftungsvorschriften waren ausgelaufen und die bundesdeutsche Marktführerschaft bei Dauerbackwaren gesichert. Das Exportgeschäft hatte im kleinen Rahmen begonnen. Zudem wuchs die Nachfrage nach Bahlsen-Keksen weiterhin dynamisch. Die mittlerweile fest etablierte Soziale Marktwirtschaft bot einen stabilen ordnungspolitischen Rahmen. Außerdem war die Bundesrepublik fest in das westliche Bündnis integriert, und der Koreakrieg neigte sich dem Ende zu.

Es war eigentlich an der Zeit, Konzepte für die künftige Entwicklung des Unternehmens zu entwerfen. Das erübrigte sich aber weitgehend, da man auf sehr detaillierte Friedensplanungen aus der Kriegszeit zurückgreifen konnte.[2] Die Zielprojektionen für das Geschäft im Großdeutschen Reich nach einem siegreichen Ende des Krieges ließen sich mühelos auf die Gesellschaft des »Wirtschaftswunders« übertragen und nun sogar verwirklichen. Es ist faszinierend zu sehen, mit welcher Klarheit die Brüder Marktpotentiale einschätzten, Strategien formulierten und diese seit den 1950er Jahren konsequent umsetzten. In den von Hans und Klaus überlieferten Memoranden aus der Kriegszeit standen sechs Überlegungen im Vordergrund.

1. Es gebe einen großen Nachfrageüberhang. Eine Marktsättigung befinde sich in weiter Ferne. »Der Bedarf in unseren Artikeln ist nicht zu übersehen.« Er war »schon 1939 doppelt so groß wie unsere Lieferung.«[3] In anderen westlichen Ländern wurden im Frieden deutlich mehr Dauerbackwaren pro Kopf als in Deutschland konsumiert, sodass weitere Zuwächse zu erwarten standen.

2. Nach dem Krieg werde es zu einer Amerikanisierung Deutschlands kommen und eine moderne Konsumgesellschaft Gestalt annehmen. Dazu gehöre an erster Stelle »das Verschwinden der tüchtigen Hausfrauen, die individuell selbst backen« und der »Wandel zu der unpersönlichen Haushaltsführung in den Städten, die

1 H. Bahlsens Keksfabrik u. Kessler, Bahlsen 1889-1964, S. 29.

2 Klaus Bahlsen, Zukunftsgedanken vom 18.7.1940; Otto Bredt, Planungsentwürfe vom Juli 1940; Fabrikationsplanung [...] über 5 Jahre vom 20.1.1941 (jeweils BAH, R13, Nr. 12).

3 Klaus Bahlsen, Zukunftsgedanken vom 18.7.1940, S. 1 (BAH, R13, Nr. 12).

Qualitäts-Fabrikware jeder Art bevorzugt.«[4] Es würden nicht nur mehr Backwaren gegessen, sondern es würde auch weniger selber gebacken und mehr Fertigware eingekauft.

3. Die zusätzliche Nachfrage beschränke sich nicht nur auf Deutschland, sondern – wie es 1940 noch hieß – auf »Gross-Europa«. Eine Internationalisierung des Geschäfts biete erhebliche Chancen.

4. Nachfrage und Produktion seien zu synchronisieren, d. h. die Fertigungskapazitäten gewaltig auszubauen sowie massiv zu rationalisieren.

5. Bahlsen sollte in Deutschland Marktführer werden, sich wieder stärker als Qualitätsanbieter profilieren und ausgesuchte Markenartikel an Einzelhändler statt gesichtslose Massenware an Großunternehmen verkaufen. Klaus Bahlsen legte 1940 als Ziel fest, »dass wir uns wieder ganz dem Qualitätsgedanken verschreiben und unser Schwergewicht auf die Herstellung von Marken-Artikeln und teuren Sorten legen«. Es sei »nicht unsere Aufgabe«, die Massennachfrage nach billigen Waren »zu befriedigen oder etwa neutrale Lieferungen an Grossabnehmer [...] vorzunehmen, sondern als Schrittmacher der deutschen Keks-Industrie dafür zu sorgen, dass Keks und Waffeln nicht – wie in anderen Ländern – herabgewirtschaftet werden, [...] Unsere Aufgabe im Speziellen ist es, neue Sorten [...] einzuführen und dafür zu sorgen, dass wir in der Qualität und in Spezialitäten [...] unerreicht bleiben.«[5]

6. Es stand außer Frage, dass die Expansion nicht den Charakter des Familienunternehmens gefährden durfte. Weder sollte externes Eigenkapital dasjenige der Familie ergänzen, noch übermäßig viel Fremdkapital genutzt werden. Hans Bahlsen sah nach dem Krieg für 10 bis 20 Jahre ein Wachstum von 10-20 % pro Jahr voraus. »Damit bleiben wir mit den Füßen auf dem Boden, können das Geschäft langsam aber sicher vergrößern, ohne dass uns eine Überfremdung zu bedrohen braucht.« Das Familienunternehmen im Alleineigentum der Brüder gab einen Rahmen vor, der dem Wachstum Grenzen setzte, auch wenn der Markt ein schnelleres Tempo zulassen würde. Nichts war wichtiger, als »eigene Herren im Hause« zu bleiben.[6]

Diese sehr klaren Überlegungen waren mit einer Mischung von Ehrgeiz und Vorfreude geschrieben worden. Klaus Bahlsen sah 1940 »für uns und unsere Fabrik eine wunderbare Arbeit, die wir hoffentlich recht bald beginnen können.«[7] Angesichts des siegreichen Frankreich-Feldzugs ging er wie viele Deutsche von einem Kriegsende im Jahr 1941 aus und wähnte die Umsetzung dieses Wachstumsprogramms in greifbarer Nähe. Tatsächlich musste Bahlsen über zehn Jahre warten. Auch befand sich der Markt nicht in »Gross-Europa« und nicht einmal »Gross-Deutschland«, sondern in der viel kleineren Bundesrepublik. Dieser Rumpfstaat fand sich aber 1953

4 Ebd.

5 Klaus Bahlsen, Nachschrift vom 20.7.1940, S. 1 (BAH, R13, Nr. 12).

6 Hans Bahlsen, Planung Betriebserweiterung, Strategiepapier vom 19.7.1940, S. 3 (BAH, R11, Nr. 497).

7 Klaus Bahlsen, Nachschrift vom 20.7.1940, S. 1; Klaus Bahlsen, Zukunftsgedanken vom 18.7.1940, S. 2 (jeweils BAH, R13, Nr. 12).

an der Schwelle zu einem unerwarteten wirtschaftlichen Aufschwung, den Bahlsen mit den im Krieg formulierten Grundsätzen zu nutzen verstand.

7.1 Auf Expansionskurs. Wachstum, Rationalisierung und Verwissenschaftlichung

Von 1953 bis 1964 wuchs der Umsatz jedes Jahr zwischen 10 und 20 %. Insgesamt vervierfachte er sich. Dieses Wachstum vollzog sich mit bemerkenswerter Stetigkeit genau in dem 1940 anvisierten Korridor. Die Belegschaft verdreifachte sich nahezu. Der Umsatz pro Mitarbeiter lag 1965 doppelt so hoch wie 1953, was auch nach Abzug der Inflation auf erhebliche Rationalisierungserfolge hinweist.

Grafik 1: Produktion und Umsätze der H. Bahlsens Keksfabrik KG in Tonnen bzw. Mio. DM, 1948-1964

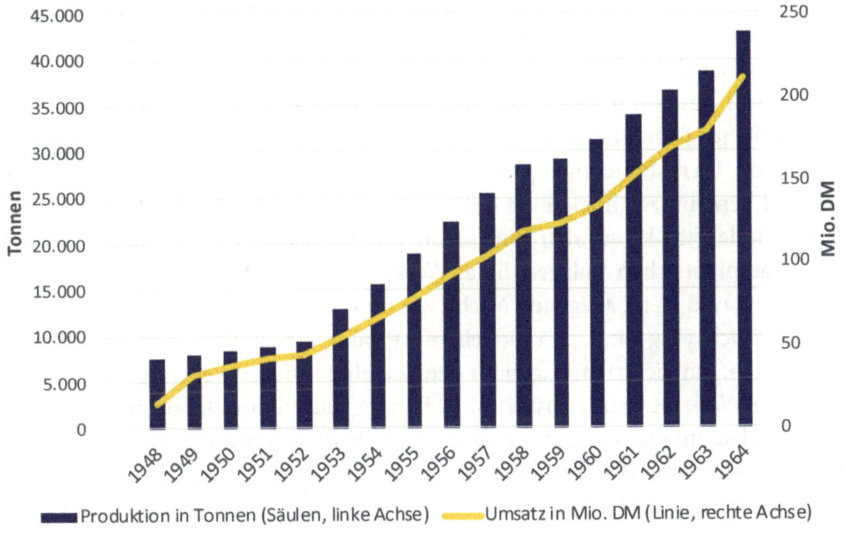

Quelle: 30 Jahre Kundendienst 1948-1978, S. 386, 388 u. 389 (BAH, R11, Nr. 470).

Zwischen 1952 und 1964 kam es, wie gesehen, zu einem kräftigen Modernisierungsschub. Die betrieblichen Prozesse wurde industrialisiert und rationalisiert sowie wissenschaftlich fundiert. Grafik 1 zeigt, dass sich das bis dahin noch bescheidene Wachstum erheblich beschleunigte und danach dauerhaft auf einem hohen Niveau blieb. Der Ausstoß vervierfachte sich zwischen 1952 und 1964 auf 42.822 Tonnen, der

Umsatz verfünffachte sich auf 210,8 Mio. DM. Mit anderen Worten ließen sich reale Preissteigerungen durchsetzen und höherwertige Produkte absetzen. Jahr für Jahr wurden neue Rekordmarken erreicht.

Die größte Herausforderung dieser Phase bestand darin, die Produktionskapazitäten an die rasch zunehmende Nachfrage anzupassen. Auf dem Gelände des Stammwerkes gab es nach zahlreichen Neubauten kaum noch Expansionsmöglichkeiten. Zudem wurde die Rekrutierung neuer Mitarbeiter in der zweiten Hälfte der 1950er Jahre immer schwieriger, da allgemein Vollbeschäftigung herrschte und in Hannover aufgrund der Vielzahl florierender Industriebetriebe ein besonders scharfer Wettbewerb um Arbeitskräfte herrschte. Telefunken und Volkswagen zahlten gut und vergrößerten ihre Belegschaften erheblich, da auch sie mit der Produktion von Boomprodukten des »Wirtschaftswunders«, Radios und VW-Käfern, mit der Nachfrage kaum mithalten konnten.

Bahlsen befand sich Mitte der 1950er Jahre in einer Zwangslage, denn es war absehbar, dass nicht alle hereinströmenden Aufträge erfüllt werden konnten und der Ruf Schaden nehmen würde. Klaus Bahlsen mahnte: »Schon im Jahre 1956 werden wir, wenn ›nur‹ 15 % Mehrumsatz wie 1955 getätigt werden, an vielen Stellen der Fabrikation am Ende sein und wenn die Konjunktur weiter anhält, die Aufträge nicht mehr erfüllen können [...].« Man bräuchte dann wie vor dem Krieg eine »Auftragsabwehr-Abteilung«.[8]

Eine Antwort bestand in der Errichtung neuer Werke in anderen Regionen. Den Anfang machte 1954 bei Lindau am Bodensee das Bahlsen-Werk II, in dessen Planung Eindrücke von Werksbesichtigungen in den USA unmittelbar eingingen. Werner Bahlsen und Pentzlin zeichneten auf der Schiffrückreise erste Skizzen für die hochmoderne »Modellfabrik« auf den Rückseiten von Speisekarten.[9] Im Rückblick hieß es: »Die vollautomatischen Anlagen dieses Werkes galten nicht nur dem Ziel, Produktions-Kapazität und stetig steigende Nachfrage im Gleichgewicht zu halten, sondern hier sollten gleichzeitig die [...] rationelleren Produktionsmethoden praktisch ausprobiert werden, um die Erfahrungen für den Bau eines dritten Werkes zu nutzen. Mit dem Bau von Werk III wurde 1956 [...] in Barsinghausen am Deister begonnen.«[10] Während Lindau anfangs etwa 300 Personen beschäftigte, darunter viele Grenzgänger aus Österreich, war Barsinghausen für 1.600 Mitarbeiter ausgelegt. Es handelte sich dabei um einen modernen Flachbau mit langen Linien. Der Kontrast zu dem verschachtelten, sich über mehrere Etagen erstreckenden Gebäuden im Stammwerk konnte größer nicht sein. Lindau wurde Anfang der 1960er Jahre vergrößert.

Die nächste große Investition betraf Barsinghausen. Die Wahl für den ländlichen Standort knapp 30 km südwestlich von Hannover ergab sich durch die 1954 be-

8 Klaus Bahlsen, Strategieplanungen und Gedanken 1936-1962; Notiz vom 20.3.1955 (jeweils BAH, R13, Nr. 57).

9 Leibniz-Blätter, Oktober 1962, o. S.

10 Bahlsens Keksfabrik u. Kessler, Bahlsen 1889-1964, S. 41.

Abb. 28: Werk Barsinghausen, ca. 1958

schlossene und 1956/57 umgesetzte Schließung der Steinkohlezeche Barsinghausen der Preussag. 1955 hatten dort 2.017 Menschen gearbeitet. Die Kohlenvorkommen waren keineswegs erschöpft. Vielmehr handelte es sich um eine wirtschaftliche Entscheidung. Die Preussag wurde vom Wirtschaftsministerium des Landes dazu gedrängt, die Ansiedlung von »Ersatzindustrien« zu unterstützen. Nach einigem Hin und Her sagte die Preussag 1955 Bahlsen einen Zinszuschuss in Höhe von 750.000 DM unter der Bedingung zu, dass Bahlsen 300 entlassene Bergleute bzw. deren Angehörige einstellte.[11] 1957 wurde Werk III auf einem von der Klosterkammer Hannover erworbenen Grundstück eröffnet.

1962 begann der Bau des neuen Zentral-Lagers in der nördlich an Hannover angrenzenden Kleinstadt Langenhagen, die verkehrsgünstig nahe den Autobahnen A2 und A7 sowie des 1952 eröffneten Flughafens Hannover-Langenhagen lag. 1964 ging es in Betrieb. 1962 beteiligte sich Bahlsen an der Wilhelm Liebelt GmbH in Hamburg, 1964 an der Flessner KG in Neu-Isenburg. Dadurch wurden geröstete Erdnüsse bzw. Kartoffelchips in das Sortiment aufgenommen. 1963 kaufte Bahlsen die kleine Lebkuchenfabrik Klaus in Varel am Jadebusen, Landkreis Friesland. Dieses Werk IV hatte 300 Arbeitsplätze, an denen vor allem handarbeitsintensive Arbeiten für Luxusprodukte, etwa das Auflegen von Mandeln, durchgeführt wurden.[12] Die

11 Steigerwald, Barsinghausen, S. 53.

12 Werner Bahlsen, Vortrag im Industrie-Verein am 28.9.1970, S. 62 (BAH, R13, Nr. 49).

Klage über Lieferengpässe und verpasste Umsatzchancen riss in diesen Jahren aber zu keinem Zeitpunkt ab. Im Beirat hieß es 1959, dass man 15 % mehr als im Vorjahr verkaufen könne, »wenn die Produktion nur nachkäme. Außerdem entstünde durch die Nichtlieferung unseres Hauses auch noch ein gewisser Renommee-Verlust« und es gingen »uns Hunderte von Kunden an Konkurrenz-Firmen verloren«.[13]

Neben den Aufbau bzw. den Erwerb neuer Produktionsstätten trat die Rationalisierung, die von Bredt und Pentzlin zielstrebig vorangetrieben wurde. Als Vorsitzender des Rationalisierungsausschusses der Deutschen Wirtschaft (RAW) erläuterte Bredt bereits 1949 in der *Zeit*, dass Rationalisierung eine Daueraufgabe sei. Der Unternehmer dürfe nicht wie in den 1920er Jahren warten, bis »die Krise ihn an der Kehle packt«. Das Motto laute: »N*icht immer wieder, sondern immerzu rationalisieren.* [...] Man beginne [...] in den ›Außenbezirken‹ der Lagerhaltung, des Rechnungswesens, der Materialbeschaffung und der Verwaltung *und stürze sich dann mit* den freigewordenen Geldern auf *die kapitalintensive* Rationalisierung des Maschinenparkes!« Rationalisierung erfolge »nicht nur technisch-maschinell *und* nicht nur kommerziell, sondern auch psychologisch arbeitsmäßig«. Es müsse auch zur »Ausschüttung von ›Sozialdividenden‹« kommen, zur Verbesserung der Arbeitszufriedenheit und der sozialen Sicherheit.[14] Bredt und Pentzlin wollten Bahlsen zu einem Vorzeigebetrieb der Rationalisierungsbewegung machen. Da um 1950 in Hannover vielfach noch handwerkliche Verfahren vorherrschten, handelte es sich um eine sehr ambitionierte Aufgabe. Als das Nachrichtenmagazin *Der Spiegel* 1966 Bahlsen als einen »der höchstautomatisierten Betriebe in der Bundesrepublik«[15] bezeichnete, war das eine Übertreibung, aber auch eine Anerkennung der seit 1950 gemachten Fortschritte. Die Arbeitsproduktivität stieg steil an. 1950 lag die Ausbringung bei 4,4 kg Gebäck pro Fertigungsstunde. 1960 war sie auf 7,0 kg gestiegen.[16] Der jährliche Produktionsausstoß pro Lohnempfänger stieg von 5.974 kg (1950) auf 10.789 kg (1965).[17]

Im Einzelnen kamen nun immer mehr Stahlbandöfen zum Einsatz, die an die Stelle der alten Steinöfen traten. Sie ersetzten umständliche Handarbeit, nämlich das Belegen von schweren Blechen mit Teig, ihre Entnahme aus dem Ofen und ihr Einsetzen in Abkühlregale, das Abnehmen der Kekse und das Reinigen der Bleche. Das endlose Band musste dagegen nur vorne belegt werden. Die fertige Ware wurde am Ende automatisch gestapelt. Einer der ersten Öfen in Europa dieser Art war bei Bahlsen bereits 1931 aufgestellt worden. Nun kam diese Technik vermehrt zum Einsatz. Die Bänder wurden zum Teil verlängert, um die Produkte zu veredeln, also Kekse zu belegen oder mit Schokolade zu überziehen.[18]

13 Niederschrift der Beiratssitzung vom 18.9.1959, S. 4 (BAH, R10, Nr. 486).

14 Otto Bredt im Interview, Die Zeit vom 3.11.1949 (Kursivierung im Original).

15 Der Spiegel vom 29.8.1966.

16 Beiratssitzungen 1958-1962, Statistik, S. 7 (BAH, R11, Nr. 214).

17 Zentralabteilung, Betriebliches Kostenwesen, Anlage 3, S. 3 (BAH, R11, Nr. 216).

18 Bericht Klaus Bahlsen 90 Jahre HBKF 1 1928-1979, darin eingefügt Manuskript, Vortrag Oktober 1968, S. 84 (BAH, R13, Nr. 49).

Es fielen zum Teil jahrelange Entwicklungsarbeiten an. Waffeln wurden vor dem Krieg zwischen zwei Eisenplatten gebacken. Um stattdessen ein endloses Waffelband einsetzen zu können, entwickelte Bahlsen bis 1951 einen Raupen-Waffelofen.

Abb. 29: Waffel-Back-Füll- und Scheideanlage (um 1960)

1955 folgten mit den Waffel-Trommelöfen endlose Flachwaffelbänder. 1956 wurde eine kontinuierliche Misch- und Knetmaschinenanlage in Betrieb genommen. In diesen Jahren installierte Bahlsen unter anderem auch eine Universal-Rotations-Füll- und Deckelmaschine zum Füllen von runden Keksen und Deckeln als Sandwich, Zucker-Überziehmaschinen und eine Walzenstraße für Teig. Viele dieser Innovationen wurden im eigenen Haus entwickelt. Dabei waren erhebliche technische Schwierigkeiten zu überwinden. Die Bänder und ihre Schweißnähte mussten hohe, stark schwankende Temperaturen aushalten. Für die Bänder waren die optimalen Geschwindigkeiten für bestimmte Produkte zu finden, was zunächst mechanisch und durch Austüfteln geschah, bevor man ab 1970 elektronische Steuerungselemente nutzte. Das Ziel bestand darin, sich aneinander anreihende Arbeitsschritte ohne Unterbrechung durchzuführen, also Mischen, Kneten, Formen, Backen, Kühlen, Füllen, Kühlen, Veredeln etwa mit Schokolade, Kühlen und Packen.

Die kontinuierlich laufenden Massenproduktionsverfahren erforderten die störungsfreie Zufuhr homogener und reiner Rohstoffe. Bislang wurden Backmaterialien wie Mehl und Zucker, Fett und Schokolade in Säcken, Fässern und Kartons angeliefert. Sie mussten in der Fabrik transportiert sowie einzeln aufgeschnitten bzw. aufgefräst, ausgeschüttet und zu den Maschinen gebracht werden. Diese Arbeitsgänge waren nicht nur personalintensiv, sondern führten auch dazu, dass Ungeziefer und Verunreinigungen aller Art von Mäusen bis zu Sackfuseln in den Produktionsprozess eingeschleppt wurden. Erste Exporte in die USA scheiterten 1952 an den Grenzkontrollen, da Mäusehaare und Insektenbeine im Gebäck waren.

Abb. 30: Mehlboden Werk I, 1955

Anschließend wurden die Qualitätskontrollen verschärft.[19] Ab 1957 führte Bahlsen geschlossene Leitungs- und Silosysteme ein, in die Rohstoffe aus den Tanklastwagen eingespeist, gelagert, z. T. gekühlt, gewogen und direkt zu den Maschinen gepumpt wurden. Das war ein großer Schritt in Richtung einer rationellen und hygienischeren Produktion, was aber die Kooperation der Zulieferer voraussetzte. Da diese in Silos und Tankwagen investieren mussten, waren sie alles andere als begeistert. Werner Bahlsen erinnerte sich an die Widerstände: »Als wir von unserem größten Zuckerlieferanten die Anlieferung in Tankwagen verlangten, lehnte dieser das radikal ab und erklärte (typisches Reichsnährstand-Denken), sie wären nur auf Sack-Produktion […] eingestellt und zu keiner Konzession bereit! Ich wurde so wütend, dass ich die Besprechung verließ und in Gegenwart der Firma den klaren Auftrag gab, dort keinen Zucker mehr zu kaufen (Wert: 1 ½ Mio.). Erst nach 14 Tagen kamen sie mit kleinen Konzessionen. Wir mussten die Lieferanten zum Fortschritt zwingen!«[20] Die komplette Umstellung auf geschlossene Systeme zog sich bis 1969 hin.

Die Durchsetzung erhöhter Hygienestandards begann mit einfachen Maßnahmen wie dem Anbringen von Nylonfäden vor den Fenstern zur Abwehr von Spatzen und der Bekämpfung von Nagetieren. Penible Eingangskontrollen der angelieferten

19 Erinnerungen von Mitarbeitern A-M, Anonym, Erinnerungen USA (BAH. R11, Nr. 482); Manuskript Vortrag Werner Bahlsen anlässlich der Verleihung des Ehrensenators der TU Hannover am 26.10.1973, S. 71 (BAH, R13, Nr. 49).

20 Werner Bahlsen, Vortrag im Industrie-Verein am 28.9.1970, S. 56 f. (BAH, R13, Nr. 49).

Abb. 31: Entladen von Mehl am Fabriksilo Werk I, 1957

Rohstoffe sowie besondere Waschverfahren bei den Lieferanten verhinderten das bislang zuweilen aufgetretene Eindringen von Fremdstoffen. Ein Meilenstein war 1950 die Einrichtung eines firmeneigenen Labors unter dem Sammelnamen »Verfahrenskontrolle«. Bislang führte man gelegentliche lebensmittelchemische Untersuchungen extern durch. »Über die üblichen chemischen und physikalischen Reihenuntersuchungen von Rohstoffen, Fertigerzeugnissen und Verpackungsmaterial hinaus wurde hier, beraten von Professor Dr. Kurt Hess, exakte Grundlagenforschung über die noch wenig bekannten Vorgänge beim Backprozeß, das Verhalten der einzelnen Rohstoffe beim Teigmischen wie bei den verschiedenen Backverfahren aufgebaut.«[21] Erfahrungswissen, bei Bahlsen »Meistererfahrung« genannt, wurde zunehmend durch »Methoden mit wissenschaftlicher Systematik« ergänzt.[22] Hatte es 1939 im gesamten Unternehmen nur einen Ingenieur, aber keinen Chemiker gegeben, beschäftigte Bahlsen 1969 zehn Chemiker, 34 Laboranten, einen Mathematiker und 53 Ingenieure. Im Rückblick betonte Werner Bahlsen das enorme Ausmaß des in den 1950er Jahren aufgetretenen Umbruchs. Hätte man vor dem Krieg so viele Akademiker eingestellt, »wären wir wohl für nicht ganz normal erklärt worden«.[23]

21 Bahlsens Keksfabrik u. Kessler, Bahlsen 1889-1964, S. 39.

22 Werner Bahlsen, Vortrag im Industrie-Verein am 28.9.1970, S. 60 (BAH, R13, Nr. 49).

23 Ebd.

Bei der Auswahl des wissenschaftlichen Personals achtete Bahlsen auf fachliche Qualität, verhielt sich aber politisch hochgradig unsensibel. So war etwa Kurt Hess zeitweilig bei Bahlsen angestellt. Ab 1955 leitete er als Honorarprofessor das »Labor für Mehl- und Eiweißforschung« der TH Hannover und scheint Bahlsen als Berater weiter unterstützt zu haben. Vor 1945 hatte er die Abteilung für Kautschukforschung am Kaiser-Wilhelm-Institut für Chemie in Berlin geleitet, die von der IG-Farben als »Gastabteilung« finanziert wurde. Der 1940 in die NSDAP eingetreten Hess war ein fanatischer Ideologe gewesen, der vergeblich versuchte, die Leitung des gesamten Kaiser-Wilhelm-Instituts zu übernehmen und den damaligen Direktor Otto Hahn zu verdrängen. So profilierte er sich mehrfach durch Denunziationen der jüdischen Physikerin Lise Meitner, der 1933 zwar ihre Lehrbefugnis entzogen worden war, die aber als österreichische Staatsbürgerin noch bis 1938 am Institut weiterarbeiten durfte, dann jedoch wegen ihrer von Hess unmittelbar nach dem »Anschluss« Österreichs als »Gefahr« für das Institut bezeichneten »Rassenzugehörigkeit« entlassen wurde. Danach bereitete sie ihre Ausreise nach Schweden vor, die ihr gelang, obwohl der eifrige Parteigenosse Hess die Behörden von der bevorstehenden Flucht unterrichtet hatte.[24]

Da der Gummimangel ein zentrales Problem der NS-Kriegswirtschaft war, arbeitete Hess in einem strategisch extrem wichtigen Gebiet und hatte direkte Berührungspunkte zum Reichsführer-SS Heinrich Himmler, der zugleich Sonderbeauftragter für Pflanzenkautschuk war. Die SS baute 1942 eine landwirtschaftliche Versuchsstation in Rajsko bei Auschwitz auf, in der mit Hilfe von Häftlingen aus dem Konzentrationslager aus Löwenzahn der Spezies Kok-Sagys Kautschuk gewonnen werden sollte. Ab 1943 leitete Hess das von der Deutschen Arbeitsfront unterhaltene Institut für Rohstoffversorgung im schlesischen Löwenberg. Die Arbeitsfront richtete im selben Jahr in Auschwitz ein Labor zur Erforschung des Pflanzenkautschuks ein.[25]

Das NS-Regime plante, in den eroberten Gebieten Osteuropas gigantische Kok-Sagys-Anbauflächen mit bis zu über 300.000 Hektar Umfang anzulegen, was nur mit menschenverachtenden Terrormaßnahmen umsetzbar gewesen wäre. Die Pläne umfassten die Freimachung der Flächen durch Zwangsumsiedlungen der Bevölkerung, was ihre Dezimierung durch Verhungern und Hinrichtungen im Rahmen der sogenannten Partisanenbekämpfung einschloss. Für die Bewirtschaftung waren riesige Kontingente an Zwangsarbeitern, vor allem Frauen und Kinder, vorgesehen, denen man eine besondere Geschicklichkeit im Umgang mit den sensiblen Pflanzen zutraute. An der Vorbereitung dieses mörderischen Ausbeutungsprojektes war Hess unmittelbar beteiligt. Er führte 1942/43 Inspektionsreisen nach Uman und

24 Hess war auch ein Nachbar von Meitner gewesen. Vgl. Sime, Meitner, S. 144, 184 f., 250 u. 351; Walker, Hahn, S. 10 u. 15.

25 Vgl. Heim, Kalorien, S. 139 ff.

Jahilnyzja in der Ukraine durch. Die Umsetzung der Pläne scheiterte an der Rückeroberung der betreffenden Gebiete durch die Rote Armee.[26]

Die exponierte Rolle von Hess konnte im Hause Bahlsen nicht gänzlich verborgen geblieben sein, auch wenn nicht alle Details bekannt gewesen sein dürften. Jedenfalls hielt man Hess für ein Opfer des politischen Umbruchs und einen Glücksfall für das eigene Unternehmen. Werner Bahlsen schrieb im Rückblick über Hess, der das Labor aufgebaut hatte: Dieser »bekannte Wissenschaftler fand aber keine Beschäftigung mehr, da er in der Hitler-Zeit sich als SA-Mann betätigt und auch seine Mitarbeiter aufgefordert hatte, in den SA-Sturm einzutreten und in Uniform im Institut zu erscheinen. Bösartige Dinge konnten wir über ihn nicht in Erfahrung bringen.«[27] Im Grunde genommen handelte es sich für Bahlsen um einen harmlosen Wissenschaftler, der nach 1945 unverschuldet in Not geraten war und danach für Bahlsen die Tür zur wissenschaftlichen Fundierung der Produktion aufstieß.

Dazu erneut Werner Bahlsen: »Vor dem Kriege wurde allgemein in der Ernährungsindustrie […] vorwiegend noch handwerklich gearbeitet. […] Warum sich Teige unter gleichbleibenden Bedingungen plötzlich ganz anders verhalten, warum eine Füllung schlecht wurde«, verstanden »weder wir noch die anderen Firmen unserer Branche.« Trotz der Größe und Bedeutung der Industrie »arbeiteten wir primitiv«. »Hess nahm sich unseres Grundstoffes Mehl an, von dem man wissenschaftlich noch wenig wußte. Mit Hilfe von Röntgengitter-Aufnahmen – niemand auf der ganzen Welt hatte je so etwas versucht – stellte er fest, daß es im Mehl nicht nur eine, sondern zwei Klebersorten mit ganz unterschiedlichen Eigenschaften gibt. Das war der Beginn einer Entwicklung, die dazu führte, daß wir heute fast gleichmäßige Mehlqualitäten verarbeiten können.«[28]

Zugleich investierte Bahlsen in die Mikrobiologie. Mit der Stärke kamen in die Teige erhebliche Mengen an Schimmelpilzen. Es dauerte lange, bis es den Lieferanten gelang, höhere Reinheitsgrade zu erreichen und damit das Ranzigwerden besonders von Füllungen auszuschalten. Krokant wurde traditionell in offenen Kesseln aus Zucker gekocht. Bahlsen entwickelte ein kontinuierliches Verfahren, das man patentierte und das zum Standard der Industrie wurde. Im Umgang mit Schokolade entwickelte Bahlsen ein Verfahren, »mit dem wir beim Festwerden die richtige Anzahl kleiner Kristalle erzielen konnten, wodurch die Gefahr des Grauwerdens im Sommer erheblich reduziert wird«.[29]

Frühere Arbeiten an automatischen Packmaschinen und Packanlagen wurden fortgeführt und zum Teil abgeschlossen. Ein Durchbruch war die Einführung der thermoplastischen Steifpackung, die 1955 auf der ANUGA Aufsehen erregte. Es handelte sich um einen absolut wasserdichten Verschluss der Packung, der eine we-

26 Vgl. Heim, Kalorien, S. 143 u. 150 ff.

27 Werner Bahlsen, Vortrag im Industrie-Verein am 28.9.1970, S. 58 (BAH, R13, Nr. 49).

28 Werner Bahlsen, Vortrag anlässlich der Verleihung des Ehrensenators der TU Hannover am 26.10.1973, S. 70 f. (BAH, R13, Nr. 49).

29 Ebd., S. 71.

sentlich längere Haltbarkeit der Ware garantierte. Die Einsiegelung erfolgte direkt am Ofen. Bahlsen nutzte eine neuartige, selbstentwickelte Folie aus Aluminium und einen leichten Kartonüberzug, der es ermöglichte, diese Folie zu formen und wasserdampfdicht zu verschließen. Das Auftragen lebensmittelfähiger Lacke ermöglichte eine optisch ansprechende Gestaltung der Verpackung. Bisher waren Leibniz-Kekse in Wachspapier, Karton und Einschlag verpackt, was die Haltbarkeit auf vier bis sechs Wochen begrenzte. Jetzt blieb der Keks neun Monate lang frisch, sodass »wir ihn auch in jedem Gemüseladen verkaufen können, ohne daß die Feuchtigkeit des Kohles [...] unserer Ware schadet. [...] Hierzu bauten wir eigene Verpackungsmaschinen, deren Entwicklung 8 Jahre dauerte.«[30]

Diese Basisinnovation war ein zentraler Baustein des Markterfolges, denn das Risiko verdorbener Ware sank erheblich. Zugleich konnte man nun wesentlich mehr Einzelhändler beliefern, zumal kleine Läden mit geringer Umschlaggeschwindigkeit. Auch für den künftigen Export ergaben sich neue Perspektiven, dauerte doch der Weg von der Fabrik zum Endverbraucher in Übersee meist mehr als sechs Wochen, was die Qualität beeinträchtigen konnte. Ebenfalls in den 1950er Jahren kamen erstmals Alu- und Plastikverpackungen für andere Produktlinien zum Einsatz. 1958 stellte man die Verpackung der losen Ware von Blechdosen auf Pappdosen mit Beuteln aus Polyester um. In all diesen Fällen wurde sowohl die Verpackung, die Lagerung und die Vermarktung wesentlich erleichtert.

Es war offensichtlich, dass die Logistik der modernisierten Produktion angepasst werden musste. Zu diesem Zweck wurde ein externer Berater hinzugezogen und es wurde knapp drei Jahre unter »vielen Enttäuschungen und Fehlschlägen«[31] experimentiert. Nach 1960 entstand ein System von Rollpaletten und Schienen, was den Transport erleichterte und mühevolles Umpacken weitgehend erübrigte. Die fertigen Waren flossen direkt von den Fertigungsbändern in Verpackungsmaschinen, deren Ausstoß auf einer Palette mit Rollen landete. Über Schienen gelangte die Palette in einem LKW, dessen Ladefläche ebenfalls Schienen hatte.

Der LKW brachte die Paletten in das Zentrallager, wo sie in Schienenregale kamen. Die Ladezeiten verkürzten sich erheblich und die LKW konnten pro Tag deutlich längere Strecken zurücklegen. Erst ganz am Schluss brach man die Paletten auf und verteilte den Inhalt auf kleinere Lieferwagen. Mit dem neuen Zentrallager wurde dieses System 1964 auf 7.000 Quadratmetern und einem Fassungsvermögen von 14.000 Rollpaletten perfektioniert. Die Werkszeitung berichtete stolz, dass es kein Lager, sondern eine »Umschlagsmaschine« sei.[32] In der Fabrik wurden Flächen für Maschinen frei und in den Gängen versperrten keine Waren mehr den Weg. Der Warenumschlag beschleunigte sich erheblich. Weniger Kapital war gebunden, und der Einzelhandel konnte schneller bedient werden. »Wir können jetzt jeden Auftrag

30 Werner Bahlsen, Vortrag im Industrie-Verein am 28.9.1970, S. 60 (BAH, R13, Nr. 49).

31 Ebd., S. 63.

32 Leibniz-Blätter, Dezember 1965, o. S.

Abb. 32: Thermoplastische Steifpackung, 1956

innerhalb 1-2 Tagen ausführen im ganzen Bundesgebiet in jedem Dorf, statt einer sehr langen Lieferzeit vor dem Kriege.«[33] 1959 gingen Hollerith-Maschinen, also frühe Computer mit Lochkarten, in den Einsatz, was die Koordinierung der Lagerhaltung und der Fertigungsabläufe auf ein neues Niveau hob.

Die eindrucksvolle technische Modernisierung schlug sich in positiven Bilanzen nieder. Die Jahre 1952 bis 1964 waren von einem dynamischen Wachstum und einer hohen Rentabilität gekennzeichnet. Die Umsatzrendite vor Steuern lag nur einmal unter 6 %, meist zwischen 7 und 10 %. Auf die Investitionen entfielen in diesem Zeitraum knapp 130 Mio. DM oder 7,2 % des Umsatzes. Diese Summe konnte nahezu vollständig aus Abschreibungen (52,9 Mio. DM) und nicht ausgeschütteten Nettogewinnen (70,3 Mio. DM) aufgebracht werden (Tabelle 7). Fremdmittel für die Finanzierung der Investitionen, etwa in Form von Krediten, mussten nur noch im geringen Umfang aufgenommen werden. Es handelte sich also um eine sehr solide Investitionspolitik.

33 Ebd.; Werner Bahlsen, Vortrag im Industrie-Verein am 28.9.1970, S. 63 (BAH, R13, Nr. 49).

Tabelle 7: Betriebswirtschaftliche Basisdaten der H. Bahlsens Keksfabrik KG in Mio. DM bzw. Prozent, 1953-1965

Jahr	Netto-Umsatz	Gewinn vor Steuern	Umsatz-rendite (%)	Investitionen	Investitionsquote* (%)	Mitarbeiter
1953	55,8	4,2	7,5	2,2	3,9	2.455
1954	67,6	3,5	5,2	4,4	6,6	2.922
1955	80,6	5,9	7,3	4,6	5,7	3.426
1956	95,2	9,8	10,3	7,2	7,5	3.858
1957	107,9	11,5	10,7	11,3	10,5	4.225
1958	121,9	7,5	6,2	8,7	7,1	4.672
1959	126,7	8,4	6,6	7,1	5,6	4.816
1960	137,6	10,1	7,4	8,2	6,0	5.045
1961	156,5	13,2	8,4	11,1	7,0	
1962	175,2	15,3	8,7	16,8	9,6	6.000
1963	195,9	14,7	7,5	14,8	7,5	
1964	221,8	17,4	7,8	14,7	6,6	6.749
1965	265,1	23,0	8,7	18,7	7,0	6.299

* Bezogen auf den Netto-Umsatz.

Quelle: Bericht zur Verwaltungsratssitzung vom 31.10.1966, S. 39 f. (BAH, R11, Nr. 211); Bericht Klaus Bahlsen, S. 54/8 (BAH, R13, Nr. 49); Unterlagen zur Verwaltungsratssitzung vom 25.4.1961, S. 17 (BAH, R11, Nr. 214); Album 80. Geburtstag Werner Bahlsen, Eintrag zu 1964 (BAH, R13, Nr. 71).

Bahlsen war zu Beginn der 1950er Jahre noch relativ unterkapitalisiert, schaffte es aber dann seit 1956 und verstärkt seit 1959 die Kapitalbasis erheblich auszubauen. Das Eigenkapital wuchs zwischen 1953 und 1964 um den Faktor 4,4 (Grafik 2). Entscheidend dafür war die Zurückhaltung der Gesellschafter bei Entnahmen (Tabelle 8). Diese lagen im gesamten Zeitraum bei knapp unter 30 % des Gewinns nach Steuern. Über 70 % verblieben als investierte Eigenmittel im Unternehmen. Hinzu traten die schon erwähnten hohen Abschreibungen, die sich durch Sonderabschreibungen noch erhöhten. Grafik 2 belegt auch, dass das Wachstum dieser Jahre überaus solide finanziert war, denn die Eigenkapitalquote konnte trotz der rasanten Zunahme der Gesamtkapitalisierung von 30,9 % (1954) auf 44,8 % (1964) gesteigert werden.

Grafik 2: Eigenkapital in Mio. DM und Eigenkapitalquote in Prozent, 1953-1964

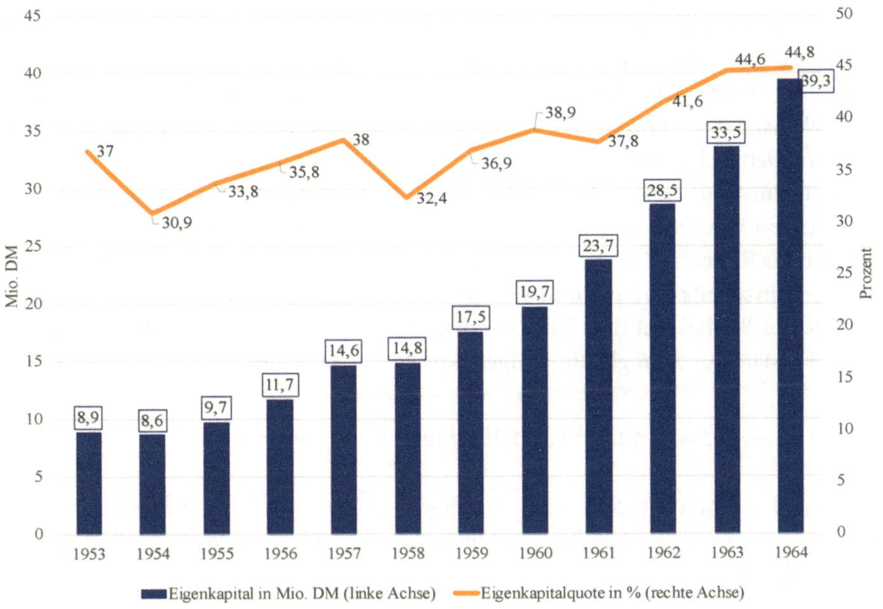

Quelle: Ergebnis-Protokoll, Beiratssitzung vom 25.8.1972; Bericht zur Verwaltungsratssitzung am 18.11.1971 (jeweils BAH, R 11, Nr. 207).

Bahlsen verglich in den 1970er Jahren die eigenen Bilanzen mit denen des amerikanischen Konkurrenten National Biscuit Comp. (Nabisco), da der US-Konzern auch ein Auge auf Bahlsen geworfen hatte. Es zeigte sich ein glasklarer Unterschied zwischen einem eigentümergeführten, fest im der deutschen Wirtschaftskultur verwurzelten Familienunternehmen und einem börsennotierten amerikanischen Managerunternehmen. Während Nabisco seine Aktionäre bei Laune halten und hohe, stetige Dividenden ausschütten musste, verfügte Bahlsen über geduldige und vergleichsweise bescheidene Kapitaleigner, die ihre Entnahmen begrenzten und auf sie bei Bedarf nahezu verzichteten. Hier standen langfristige Unternehmensziele im Vordergrund, nicht die kurzfristige Maximierung der für Konsumzwecke frei verfügbaren Ausschüttungen. Nabisco schüttete zwischen 1953 und 1964 meist ca. 4 % des Umsatzes aus, während die Bahlsen-Brüder in den meisten Jahren weniger als 1 % entnahmen. Nur 1953 erlaubten sie sich 4 %, fuhren danach aber die Entnahmen radikal zurück. Das scheint eine Art Lernprozess gewesen zu sein, in dessen Rahmen die Brüder Investitionen gegenüber persönlicher Liquidität vorzogen. Setzt man die Ausschüttungen ins Verhältnis zum Eigenkapital, fällt die Differenz nicht ganz so drastisch aus. Nabisco schüttete im Schnitt ca. 10 % pro Jahr aus, während sich die Bahlsen-Brüder mit ca. 6 % beschieden.[34] Ein solcher Ausschüttungsverzicht stellt eine zentrale Stärke von Familienunternehmen dar, die eben nicht auf externe Anteilseigner Rücksicht nehmen müssen. Im Fall von Bahlsen gab es nicht einmal externe Minderheitseigner, sodass die Familie völlig frei war.

Bahlsen wuchs sehr dynamisch, jedoch weitgehend organisch und mit Augenmaß. Nabisco dagegen verfolgte eine überstürzte Akquisitionspolitik, die in Europa mehrere Debakel produzierte. Nabisco selber wurde in den 1980er Jahren zweimal verkauft, zunächst an R. J. Reynolds, dann in der bis dahin weltweit teuersten fremdfinanzierten Übernahme (»leveraged buyout«) an die Investmentgesellschaft Kohlberg Kravis Roberts (KKR), die das Unternehmen zunächst hoch verschuldete, dann in seine Einzelteile zerlegte und weiterverkaufte. Der spektakuläre Deal wurde zur Vorlage des Buches mit dem Titel »Barbarians at the Gate: The Fall of RJR Nabisco« von 1989, das 1993 zum gleichnamigen Kinofilm verarbeitet wurde.

Tabelle 8: Gewinnverwendung und Abschreibungen, 1953-1964

	Gewinn vor Steuern*	Steuern und LA**	Gewinn n. Steuern	Entnahmen	Investierte Eigenmittel	Abschreibungen***
1953	5.509	3.328	2.181	2.063	118	1.225
1954	4.208	3.076	1.132	1.699	-567	1.919
1955	5.166	3.515	1.651	701	950	2.470
1956	6.046	4.110	1.936	64	1.872	3.005
1957	7.038	4.377	2.661	90	2.571	4.632
1958	5.356	3.405	1.951	1.915	36	4.970
1959	7.190	4.351	2.839	294	2.545	4.836
1960	9.421	5.610	3.811	1.739	2.072	4.915
1961	11.942	6.850	5.092	1.060	4.032	5.220
1962	13.912	7.998	5.914	1.053	4.861	5.756
1963	13.143	7.683	5.460	534	4.926	6.477
1964	15.889	8.889	7.000	1.145	5.855	7.470
Summe	104.820	63.192	41.628	12.357	29.271	52.895

* Die Werte für die Gewinne stammen aus einer Aufstellung des Jahres 1971 und weichen von denen in Tabelle 7 verwendeten Werten ab, die 1966 angegeben wurden. ** LA = Lastenausgleich *** Ohne Sonder-AfA.

Quelle: Vergleich HBKF-Nabisco, S. 18 (BAH, R11, Nr. 217).

34 Vergleich HBKF-Nabisco, S. 16a (BAH, R11, Nr. 217). Bahlsen hatte aufgrund einer relativ geringen Kapitaldecke eine etwas höhere Eigenkapitalrentabilität (zwischen 30 und 40 % vor Steuern) als Nabisco (27-34 %).

Dass Nabisco und Bahlsen unterschiedlicher nicht sein konnten, war schon in den 1950er Jahren zu erkennen. Das deutsche Familienunternehmen besaß eine langfristige Perspektive, agierte vorsichtig und schirmte sich von externer Einflussnahme ab. Zudem war es noch überwiegend auf den deutschen Markt fixiert und in vieler Hinsicht fest in die Deutschland AG eingebunden, nicht nur über Netzwerke, sondern auch über soziokulturelle Werte und rechtliche Rahmenbedingungen. Das spiegelt auch die in Tabelle 8 aufgenommene Gewinnverwendung wider.

Es zeigt sich, dass die hohen Gewinne der Wirtschaftswunderzeit mit über 60 % mehrheitlich an den Staat gingen. Zugleich war es dank großzügiger Reglungen möglich, Investitionen zu einem hohen Anteil intern qua Abschreibungen zu finanzieren. Die geringen Entnahmen wurden bereits mehrfach hervorgehoben. Sie dürften nicht nur auf die unternehmenszentrierte Lebens- und Denkweise der Brüder zurückzuführen sein, sondern auch auf die sehr empfindliche Einkommensteuer. Ihre Spitzensätze betrugen 1952 95 %, 1955 63 %, danach 56 % und ab 1958 53 %, zu denen weitere Belastungen wie die Vermögenssteuer, der Lastenausgleich und die Kirchensteuer hinzukamen. Mit anderen Worten, der Staat setzte auch auf der Ebene der Besteuerung individueller Einkommen spürbare Investitionsanreize. Es waren aber nicht nur Investitionen in technische Anlagen und Grundstücke, die Bahlsen so rasch wachsen ließen, sondern auch kluge Marketingstrategien.

7.2 Sortiments- und Werbepolitik

In den 1950er und 1960er Jahren veränderte sich in der Bundesrepublik die Lebensweise grundlegend. Die meisten Menschen ließen die Not der ersten Nachkriegsjahre hinter sich. Bei zunächst noch anhaltend bescheidenen Spielräumen eröffneten sich nach und nach neue Konsumhorizonte. Der frei wählbare Dispositionskonsum gewann gegenüber dem Basalkonsum zur Befriedigung grundlegender Bedürfnisse an Bedeutung. Reisen, Motorräder oder Autos, Radios und Schallplattenspieler, elektrische Haushaltsgeräte und Südfrüchte wurden für immer mehr Menschen erschwinglich. Die Wohnverhältnisse besserten sich. Überfüllte, von mehreren Familien genutzte Wohnungen wurden seltener, ein Häuschen im Grünen häufiger. Mit den steigenden Realeinkommen, die sich in der Industrie zwischen 1950 und 1964 mehr als verdoppelten, entstand eine moderne Konsumgesellschaft, in der sich Lebensstandard und Vielfalt erhöhten.[1]

Es waren fünf Trends der Wirtschaftswundergesellschaft, von denen Bahlsen direkt profitierte. 1. Die »Fresswelle« führte zu einer starken Erhöhung der Pro-Kopf-Verbräuche von Nahrungsmitteln. Nach Zeiten der Entbehrung war es eine Freude, sich satt zu essen und bei der »Kalorienaufholjagd« mitzumachen. Immer weniger Bundesbürger hatten Untergewicht, viele schon bald Übergewicht. Der Pro-Kopf-Verbrauch an Dauerbackwaren stieg von 1,4 kg im Jahr 1950 über 2,3 kg 1954 auf 4,3 kg im Jahr 1965. Obwohl er sich verdreifacht hatte, blieb er noch immer weit hinter dem Konsum anderer Länder zurück. In den USA wurden 1965 7-8 kg und in England gar 11 kg Dauerbackwaren verspeist.[2]

2. Es gab einen Trend weg von einfachen Grundnahrungsmitteln hin zu verfeinerten Esswaren, den Bahlsen insofern aufgriff, als es neben relativ preiswerten und in großen Zahlen angebotenen Standardprodukten viele teurere Backwaren gab. Das Sortiment umfasste neben einfachen Keksen aufwändige, in geringeren Stückzahlen angebotene Artikel wie das Buttergebäck Pangani mit Mandeln oder Nüssen, Schokoladentäfelchen oder Mürbekräcker. Salzstangen und Butterkekse dagegen verkaufte man in großen Mengen. 1963 wurden pro Tag 200.000 Packungen Leibniz-Kekse produziert.

3. verlangten die Bundesbürger zunehmend mehr Wahlmöglichkeiten. Auch darauf reagierte Bahlsen, indem das Unternehmen weit über 100 unterschiedliche Gebäcksorten anbot und ständig Neuigkeiten auf den Markt brachte. Vielfalt und Breite des Sortiments wurden bewusst gepflegt. »Wir haben uns damit erneut den Ruf der ersten Firma der Branche erworben und sind gleichzeitig damit die einzige Keksfirma, die ein solch konkurrenzloses Sortiment anzubieten hat. – Wir unterschätzen damit keineswegs unsere Konkurrenzfirmen«, stellte Klaus Bahlsen 1955

1 Vgl. Andersen, Traum.

2 Beiratssitzungen 1958-1962, Statistik, S. 912 (BAH, R11, Nr. 214); Beiratssitzungen 1965-1966, Notiz Zentralabteilung vom 11.3.1966 (BAH, R11, Nr. 212).

fest.[3] Das Sortiment reichte von Eiswaffeln bis zu Lebkuchen, von Biskuit (Bambini) zu Gelee-Früchten, von Russisch-Brot (Leibniz-ABC), also trockenem Gebäck in Buchstabenform aus einem schaumigen Kakao-Eiweiß-Teig, bis zu Orangengebäck (Azora) und Keksen mit allerlei Frucht- und Schokoladefüllungen. Das Sortiment hatte auch jahreszeitliche Variationen, sodass ab dem Sommer Weihnachtsgebäck wie Spekulatius oder Zimtsterne hergestellt wurden. Premiumprodukte waren etwa von Hand mit Zucker verzierte »Künstler-Lebkuchen«, die schon vor 1914 verkauft worden waren. 1964 trat der Vertrieb ausländischer Handelsware, d.h. von Produkten anderer Firmen, hinzu. Das betraf kleine Kuchen und Honigkuchen mit Früchten sowie die bretonische Spezialität Crêpe dentelle (Gavotte). Beliebt waren auch die zahlreichen Mischungen, in denen unterschiedliche Premiumprodukte als »Gebäckmischung« oder »feine Auswahl« als edle Spezialitäten angeboten wurden. Bahlsen verstand sich als Sortimenter, der für jeden Kunden alle denkbaren Produkte anbot. Man wollte ganz bewusst kein Massenproduzent sein, der sich mit Hilfe von Skaleneffekten über den Preis im Markt profilierte.

Die Diversifizierung im Backwarenbereich hatte betriebswirtschaftlich den Vorteil, dass Bahlsen auf Synergien im Vertrieb bauen konnte. Alle Produkte gingen durch dieselben Absatzkanäle. Der Kontakt zum Einzelhandel war direkt und die Reisenden konnten den Händlern die neuen Produkte erklären und mit Proben schmackhaft machen. Man setzte auf einer bereits bestehenden Struktur auf, was den Markteintritt der Neuigkeiten erleichterte. Bahlsen erzielte also im Sinne Alfred Chandlers typische »economies of scope«, da verwandte Produkte mit bereits vorhandenen Strukturen vertrieben werden konnten.[4]

4. Es gab in der Bundesrepublik einen starken Trend zur Außerhäusigkeit. Dank der zunehmenden Motorisierung der Bevölkerung stieg die Mobilität. Ausflüge, Urlaube und Camping gewannen stark an Bedeutung und damit auch die Nachfrage nach abgepackten, haltbaren Snacks, die auf praktische Weise mitgeführt werden konnten. Zugleich nahmen Neigung und Zeit für die »Hausbäckerei« ab.[5] Kommerzielle Fertigprodukte drängten die Eigenproduktion zurück. Leibniz-Kekse in der thermoplastischen Verpackung waren geradezu ideale Zwischenmahlzeiten für Millionen von Familien und ein zeittypisches Convenience-Produkt.

5. Die Gegenbewegung zur mobilen Freizeitgestaltung bestand im zunehmenden häuslichen Medienkonsum,[6] der dazu motivierte, beim Radiohören oder Fernsehen nebenbei zu knabbern. Diesen Trend griff Bahlsen durch die Erweiterung der Salzstangenproduktion vor allem in Lindau auf. Zwischen 1962 und 1964 kamen Nüsse, Erdnuss-Locken (Flips) und Kartoffelchips in verschiedenen Geschmacksrichtungen von mild bis pikant durch die Beteiligungen an den Firmen Liebelt und Flessner

3 Klaus Bahlsen, Notiz vom 20.3.1955 (BAH, R13, Nr. 57).

4 Vgl. Chandler, Scale and Scope, S. 14ff.

5 Klaus Bahlsen, Notiz vom 20.3.1955 (BAH, R13, Nr. 57).

6 Schildt, Zeiten, S. 209ff.

hinzu. Diese Produkte wiesen nicht die ausgeprägte Saisonalität wie Kekse auf, was die Probleme der jahreszeitlichen Schwankungen in Zukunft etwas abmildern sollte. Die Flessner KG in Neu-Isenburg war erst 1951 gegründet worden. Durch die Stationierung amerikanischer Soldaten in der Bundesrepublik war die Nachfrage nach Kartoffelchips gestiegen. Flessner belieferte die US-Army mit den ersten in Deutschland produzierten Kartoffelchips, die sich bald auch in der deutschen Bevölkerung steigender Beliebtheit erfreuten und mit der Zunahme des häuslichen Fernsehkonsums stärker nachgefragt wurden. In dem schnell wachsenden Snackbereich schlug sich eine Tendenz zur Amerikanisierung der Essgewohnheiten nieder. Jedoch blieb der Abstand zu den USA massiv. 1965 verschlang jeder Amerikaner 2.500 g Chips pro Jahr, während die Bundesbürger erst bei 20 g angekommen waren. Bahlsen sah aber den Konsum von einer Tüte (ca. 200 g) pro Jahr als realistisches Nahziel an.[7]

Tabelle 9: Verteilung der Umsätze auf Produkte, 1955

Rang	Produkt	Umsatzanteil
1	Salzletten	10,2 %
2	Leibniz-Keks	7,6 %
3	Expressdose	7,5 %
4	Schnittwaffeln	7,2 %
5	Hartkeks	4,2 %
6	Rekord-Mischung	2,8 %
7	Schwarzwälder	2,4 %
8	Azora (Orangengebäck)	2,1 %
9	Waffeletten	2,1 %
10	Mexiko	2,0 %
11-121	111 diverse Produkte	51,9 %

Quelle: 30 Jahre Kundendienst 1948-1978, S. 62 u. 75 (BAH, R11, Nr. 470).

1955 erzielte Bahlsen knapp die Hälfte seines Umsatzes mit zehn »Standardartikeln«, während sich die andere Hälfte auf 111 Spezialitäten verteilte. Unter dem Gesichtspunkt einer rationellen Massenproduktion war diese Aufteilung alles andere als optimal. Die Losgrößen blieben meist zu gering. Angesichts der anhaltenden Lieferengpässe gab es Stimmen im Unternehmen, die auf eine stärkere »Konzentration« des Sortiments drängten. Der Außendienst, der die Frustrationen der Einzelhändler über zu geringe Liefermengen unmittelbar zu spüren bekam, verlangte 1955 die »Zusammenstreichung des Sortiments auf wenige, aber in jeder Menge lieferbare

7 30 Jahre Kundendienst 1948-1978, S. 105 (BAH, R11, Nr. 470).

Abb. 33: Keksständer mit loser Ware, um 1955

Artikel«. Dem hielt die Geschäftsleitung entgegen, dass man nur über ein sehr breites Sortiment den gesamten Markt ansprechen könne. »Bahlsen-Qualität, an der wir ständig arbeiten, gibt es in allen Preislagen. Für jeden Kunden das passende Sortiment«.[8] Nur so erreiche man Premiumkunden, die für exklusive Spezialitäten hohe Preise zu zahlen bereit seien. Dadurch ergäben sich deutlich höhere Gewinnspannen als bei den gängigen Waren.

Besaß der Verkauf loser Ware um 1952 noch einen hohen Stellenwert, wurde er in den folgenden Jahren immer mehr zugunsten sogenannter »Portionspackungen« zurückgedrängt. Das galt auch für Keksmischungen, die zunehmend in Dosen bzw. Beuteln verkauft wurden. Lose Ware verdarb nicht nur schneller und war viel umständlicher zu handhaben als abgepackte Artikel, sondern ließ sich nicht in gleicher Weise in die Markenartikelstrategie des Unternehmens einfügen. Ohne Verpackung war die Wiedererkennung nicht gewährleistet und Werbung erheblich erschwert. Welche Produkte Konsumenten und Konsumentinnen im Geschäft wählten, hing bei loser Ware noch stark vom Händler ab, insbesondere seiner Empfehlung und Präsentation der Ware.

8 Ebd., S. 62 u. 158.

Die weitgehende Durchsetzung des Prinzips des Markenartikels erfolgte bei Bahlsen erst um 1960. Markenartikel sind ein Machtinstrument der Hersteller gegenüber dem Handel, vor allem, aber nicht nur aufgrund der damals noch herrschenden vertikalen Preisbindung für Markenartikel. Sie erlauben ferner eine direkte Kommunikation mit dem Konsumenten. Schließlich enthält eine starke Marke ein Qualitätsversprechen und schafft Vertrauen. Werner Bahlsen wusste aus der Geschichte des eigenen Hauses, wie zentral das »branding« war, ohne den Wirkmechanismus genau beschreiben zu können. »Es ist das Image des Markenartikels, das, nicht faßbar, schwer erklärbar und doch mit einer ungeheuren Macht, bei allen Gliedern dieser Kette das Vertrauen genießt.«[9]

Daher wurde im Gegensatz zu der äußerst sparsamen Werbung in den Medien dem Markenbild viel Aufmerksamkeit geschenkt. Bahlsen gestaltete die Dosen und Packungen mit großem Aufwand und unter Hinzuziehung von Künstlern. Der Namenszug des Unternehmens und das TET-Markenzeichen waren zwar seit langem auf jeder Packung sichtbar, aber meistens getrennt und je nach Produkt an verschiedenen Stellen angebracht. »Wir bemühten uns, die Packung in unserem Auge schön zu gestalten«, aber »einmal stand der Bahlsen-Name links oben, einmal war die Marke mittendrauf, einmal war sie auf der Seite, ohne System«.[10] Um ein einheitliches Markenbild zu erhalten, arbeitete Bahlsen mit dem Münchner Graphiker Nikolai Borg zusammen, der 1958 eine neue »corporate identity« vorlegte, die Schriftzeichen und Markenzeichen kombinierte.[11]

Es dauerte bis 1962, bis sich ein endgültiges Markenbild durchsetzte. Der Weg dahin war weder kurz noch leicht. »Wir engagierten einen amerikanischen Berater, der alle 8 Wochen kommt und keine Entwürfe macht, sondern nur zu den Entwürfen von Künstlern und Künstlerinnen Stellung nimmt.«[12] Am Ende entschied man sich für eine »formschöne Lösung« Borgs, der »Marke und Schriftzug miteinander« kombinierte. »In stets gleichbleibendem Abstand steht neben der bekannten roten TET-Marke der Namenszug des Gründers weiß in einem blauen Balken, von dem er sich klarer und lesbarer als früher abhebt.«[13] Damit war die Modernisierung des Markenbildes abgeschlossen und die Voraussetzung für einen einheitlichen Markenauftritt geschaffen. Das neue Markenbild zierte fortan nicht nur die Produkte, sondern auch die Lastkraftwagen, die mediale Werbung und die Briefköpfe des Unternehmens.

Die Pflege des Markenbildes entstammte dem langjährigen Erfahrungswissen und der vertrieblichen Praxis, nicht jedoch theoretischem oder von Beratern übernommenem Wissen. In vielen deutschen Unternehmen herrschte bis in die 1970er

9 Bericht Klaus Bahlsen 90 Jahre HBKF 1 1928-1979, darin eingefügt Vortrag vor der Bezirksleiterkonferenz am 9.9.1966, S. 76 (BAH, R13, Nr. 49).

10 Werner Bahlsen, Vortrag im Industrie-Verein am 28.9.1970, S. 66 (BAH, R13, Nr. 49).

11 Ausführlich Hartewig, Stil, Kap. 5.

12 Werner Bahlsen, Vortrag im Industrie-Verein am 28.9.1970, S. 66 (BAH, R13, Nr. 49).

13 Bahlsens Keksfabrik u. Kessler, Bahlsen 1889-1964, S. 41 u. 45.

1973

Abb. 34: Markenzeichen im Wandel

Jahre eine ausgesprochene Skepsis gegenüber dem Marketing.[14] Bei Bahlsen hieß es noch 1979, dass man das »moderne Wort Marketing […] nur sehr bescheiden« verwende. Abgesehen vom Bezug elementarer Marktdaten lehnte man Marktforschung grundsätzlich ab und führte neue Produkte ohne vorgeschaltete Befragungen ein, »indem wir uns einfach auf das Urteil leitender Damen und Herren verlassen. Man sagt, daß die Fehlerrate hierbei wahrscheinlich sogar geringer ist als die durch Marktforschung, und die Kosten sind bei unserer Methode ganz uninteressant. Es

14 Vgl. Berghoff, Marketing im 20. Jahrhundert, S. 15.

stört uns nicht, wenn wir auch erfolglose Produkte anbieten; wir zeigen, daß wir ein lebendiges Unternehmen sind.«[15] Bahlsen scheute die Kosten externer Marktforschung und vertraute ganz auf die eigene Kompetenz.

Recht ähnlich verhielt es sich bei der Werbung, die man angesichts des Verkäufermarktes und der Nachfrageüberhänge auf Sparflamme betreiben konnte. Schon traditionell verfügte Bahlsen über einen Werbeetat, der für einen Markenartikelhersteller ausgesprochen klein war. 1939 entsprach er 1,5 % des Umsatzes. In den 1950er Jahren lag er nur geringfügig höher und bewegte sich meist zwischen 2,2 und 2,5 % (Grafik 3). Sparsamkeit und »selbstgestrickte«[16] »Reklame«, wie es bei Bahlsen noch lange hieß, dominierten. 1952 stellte man noch fest, dass es »keine größere Reklame für uns« gibt »als Fabrikbesichtigungen«.[17] 1954 empfing Bahlsen in Hannover 5.221 Besucher. Andere Werbemaßnahmen des Jahres waren Vorträge in Schulen, Einlagen in Speisekarten, Werbebriefe, Kekstage bei den Bayreuther Festspielen sowie Werbestände bei einem Fußballländerspiel, einem Pferderennen und bei der Hannover-Messe.[18] Das Jubiläumsbuch fasste 1964 zusammen: »Die Werbung […] beschränkte sich jahrzehntelang in der Hauptsache auf die künstlerische Ausstattung der Packungen und deren geschmackvolle Ausstellung in Läden und Schaufenstern.«[19]

Durch die Erinnerungen der langjährigen Werbeleiterin Lieselotte Giese sind wir über die Entwicklung der Werbung gut informiert. Ende 1955 »wurden wir vom Kundendienst ›abgenabelt‹, und ich bekam von Herrn Werner Bahlsen die ›Eselsvollmacht‹. Ich durfte also ab sofort […] einfache Post mit ›i. A.‹ unterzeichnen; das war schon was! Aber der Kampf um die Selbständigkeit der Werbung war ein Dauerbrenner. Immer dann, wenn es ums Geld ging, gab es Rangeleien.«[20] Zu diesem Zeitpunkt umfasste die Werbeabteilung acht Mitarbeiter. Sie beschäftigten sich hauptsächlich mit Schaufensterdekorationen, auf die auch der Hauptteil der Werbeausgaben (Grafik 3) entfiel.

Die von Geschäft zu Geschäft ziehenden Dekorateure besaßen eine Schlüsselstellung. Zwischen 1950 und 1954 wurden von ihnen 61.500 Schaufenster dekoriert. »Das Schaufenster war lange Zeit der beliebteste und einzige Werbeträger unserer Branche. Man mußte darum kämpfen, gute Fenster in guter Lage zu erhalten. Die Schokoladenbranche lief uns oft den Rang ab.«[21] Die Dekorateure erhielten 1952 Autos. Vorher mussten sie ihre Leitern und Materialien mühsam von und zum Bahnhof der jeweiligen Städte tragen. Es galt ein strikter Dresscode. »Sauberer Anzug und Krawatte war stillschweigende Pflicht für einen Bahlsen-Dekorateur. Erst,

15 Werner Bahlsen, Vortrag im Industrie-Verein am 28.9.1970, S. 67 (BAH, R13, Nr. 49).
16 Giese, Geschichte der Bahlsen-Werbung 1949-1981, S. 33 (BAH, R11, Nr. 127).
17 30 Jahre Kundendienst 1948-1978, S. 45 (BAH, R11, Nr. 470).
18 Ebd., S. 57.
19 Bahlsens Keksfabrik u. Kessler, Bahlsen 1889-1964, S. 41.
20 Giese, Geschichte der Bahlsen-Werbung 1949-1981, S. 20 (BAH, R11, Nr. 127).
21 Ebd., S. 7.

Abb. 35: Schaufensterdekoration, 1959

wenn der Kunde es erlaubte, durfte er ›salopp und ohne Krawatte‹ arbeiten.«[22] Auf weiße Kittel durfte er jedoch nicht verzichten. Um 1954 gab es 12 fest angestellte und einige freie Dekorateure. Ihre Zahl wuchs rasant. 1960 erstellten 75 Dekorateure insgesamt 73.000 Dekorationen. Zur Koordinierung und Kontrolle ernannte Bahlsen in jenem Jahr drei »Ober-Dekorateure«.[23] Die Präsenz der Bahlsen-Werbung in Läden und Schaufenstern war sehr hoch. 1954 untersuchte das Markt- und Meinungsforschungsinstitut EMNID 808 repräsentativ ausgesuchte Geschäfte, in denen im Laden oder im Schaufenster Bahlsens Produkte oder Werbeträger in 69 % sichtbar war. Der Konkurrent XOX kam nur auf 48 %.[24]

22 Ebd.

23 Ebd., S. 24.

24 30 Jahre Kundendienst 1948-1978, S. 58 (BAH, R11, Nr. 470).

Grafik 3: Werbekosten, 1950-1967

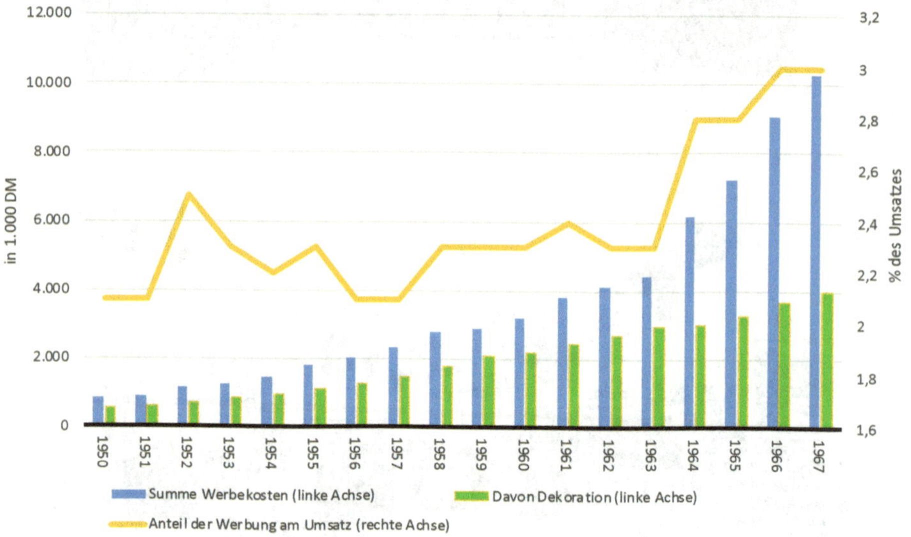

Quelle: Werbekosten 1937-1967, S. 5 (BAH, R11, Nr. 129).

Die Abgabe kostenloser Proben stellt ein sehr altes Werbemittel dar, das Bahlsen in den 1950er Jahren im großen Stil einsetzte. Dabei konzentrierte man sich auf junge Mütter. Lieselotte Giese schwärmte: »Eine erfolgreiche Werbung war unsere Mütterkampagne, der erste Werbekontakt mit dem Verbraucher direkt! Ein Original-Paket Leibniz-Keks und ein Glückwunschschreiben an die junge Mutter zur Geburt ihres Kindes gerichtet, kam per Post auf den Weg. Eine Flut von Dankschreiben ging bei uns ein, es war toll! […] Lange Jahre hindurch lief diese Werbung, […] bis es den Menschen zu gut ging und ein Päckchen Leibniz-Keks nicht mehr viel bedeutete.«[25] Die Konsumgesellschaft hatte die Maßstäbe verschoben, und die Werbung musste sich umorientieren.

In den 1960/70er Jahren kooperierte Bahlsen mit dem 1961 gegründeten Unternehmen Felicitas, das Brautpaare von Hostessen besuchen ließ und sie mit unterschiedlichen Markenartikeln bekannt machte. 1979 waren 500 Hostessen bundesweit im Einsatz. Bahlsen war mit dem preisgünstigen Service – jeder Markenartikelproduzent zahlte eine D-Mark pro Besuch – sehr zufrieden. »Das Konzept zündete bei uns, weil wir damit zu einer glücklichen Zeit (vor der Hochzeit) mit unserem Produkt direkt bei einem zukünftigen Haushalt landeten.« Bahlsen ging davon aus, dass praktisch alle bundesdeutschen Brautpaare auf diese Weise erreicht wurden. »Viele

25 Giese, Geschichte der Bahlsen-Werbung 1949-1981, S. 13 (BAH, R11, Nr. 127).

Abb. 36: Werbeplakat, 1959

junge Frauen – eine Generation, die mit Bahlsen noch nicht so verbunden war, – lernten uns auf diese Weise kennen und bedankten sich dafür.«[26]

Gleichwohl blieben viele Chancen »wegen des knappen Geldes« ungenutzt. Die Reisenden sollten Werbemittel in den Geschäften platzieren, was diese zunächst ablehnten, dann aber widerwillig zusagten. Die Werbeabteilung erreichte, »daß unsere Herren des Verkaufs die Auflage erhielten, ›Leibniz-Pyramiden‹ […] persönlich bei den Kunden aufzustellen«. Die Reisenden begnügten sich aber meist damit, diese den Ladeninhabern zu übergeben. »Sehr viel Material landete unter dem Ladentisch […]. Also ›aus‹ mit der Hoffnung, mehr Verbraucherkontakte zu erreichen. Unser Optimismus sank von Tag zu Tag. Doch wir gaben nicht auf. Der Standpunkt der Geschäftsleitung: ›allein die Qualität und die Persönlichkeit des Reisenden wird

26 Ebd., S. 36.

sich durchsetzen‹ war nicht unsere Meinung und stimmte nur teilweise. Wie sollten die Verbraucher wissen [...], was Bahlsen anzubieten hat?«[27]

Grafik 3 belegt, dass seit den späten 1950er Jahren die Werbeausgaben jenseits der Dekorationen merklich zunahmen. Das hatte drei Gründe. Erstens gab es angesichts der expandierenden Medienlandschaft immer mehr Werbeträger, die Unternehmen zunehmend nutzten. Es wäre nicht klug gewesen, sie allein der Konkurrenz zu überlassen und die Tradition relativer medialer Abstinenz fortzusetzen. Zweitens wurden die Konsumenten anspruchsvoller und waren immer weniger durch Schaufenster und Warenproben zu beeindrucken. Drittens gewannen Selbstbedienungsläden an Bedeutung. In ihnen spielten Schaufenster und die persönliche Beratung kaum noch eine Rolle, sodass Unternehmen andere Kommunikationskanäle nutzen und Verbraucher direkt ansprechen mussten. Daher kam es trotz großer Bedenken und Widerstände um 1960 zu einer zögerlichen Neuorientierung der Werbepolitik. »1960 wurde ein ›Tabu‹ beseitigt. Wir durften in diesem Jahr erstmals in einer Zeitschrift inserieren, das war für uns eine Sensation!«[28] Martha Hohmeyer gab aber nur nach langem Zureden die Erlaubnis von Annoncen in einer Theaterzeitschrift. Das Argument lautete, dass Bahlsen traditionell die Künste förderte und Theaterbesucher eine sozial hervorgehobene Kundschaft darstellten, die man somit direkt erreiche. Die nächsten Schritte bestanden in Annoncen in Publikumszeitschriften, deren Auflagen in dieser Zeit stark stiegen.[29]

Im Rückblick erscheinen die Veränderungen zwangsläufig einzutreten. »Der Markt hat sich entscheidend gewandelt. Die Verbraucherwerbung tritt immer mehr in den Vordergrund, wird absatzbedeutend. Die Zahl der Fernsehteilnehmer steigt unaufhörlich.«[30] Angesichts von 7-8 Millionen Haushalten mit einem Fernsehgerät gab die Geschäftsleitung 1964 ihren Widerstand gegen Fernsehwerbung auf. Daher wurden am 2. Januar 1964 im ZDF erstmals zwei Werbespots für Bahlsen-Produkte, Leibniz-Kekse und Salzletten, ausgestrahlt. Sie dauerten jeweils 30 Sekunden und endeten mit Fanfarentönen, dem Einblenden unterschiedlicher Packungen und der Markenbotschaft »Aus einer guten Familie«. Die Kosten für die biederen Schwarz-Weiß-Spots – farbige Spots kamen erst 1968 – überstiegen alles bisher Vorstellbare. »Sie waren auch aus einer ›guten Familie‹. Die Herstellungskosten der Spots betrugen DM 70.000 und für 294 Einschaltungen mußten wir eine knappe Million D-Mark hinlegen. Von solchen Beträgen hatte ich jahrelang geträumt!«, erinnerte sich die Werbeleiterin.[31] Das entsprach ungefähr einem Viertel des jährlichen Werbeetats. Die teure Fernsehwerbung beunruhigte Klaus Bahlsen, der 1966 die Reisenden vor den Gefahren der Umbrüche dieser Zeit warnte: Durch das »unpersönliche

27 Ebd., S. 10.

28 Ebd., S. 29. Vor 1942 hatte Bahlsen regelmäßig Anzeigen geschaltet, sich aber im Verkäufermarkt zurückgehalten.

29 Vgl. Hartewig, Stil, Kap. 5.

30 30 Jahre Kundendienst 1948-1978, S. 162 (BAH, R11, Nr. 470).

31 Giese, Geschichte der Bahlsen-Werbung 1949-1981, S. 40 (BAH, R11, Nr. 127).

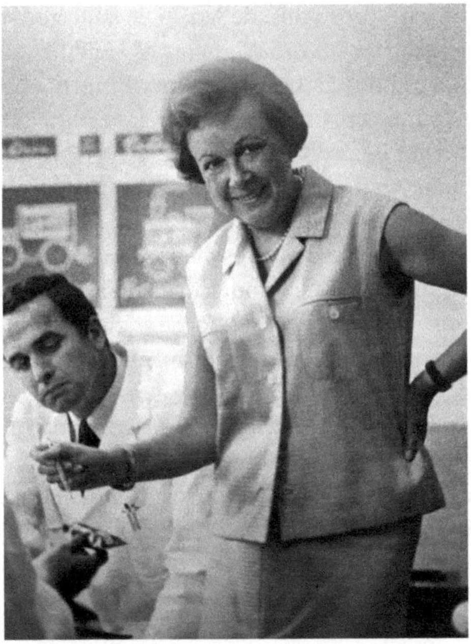

Abb. 37: Lieselotte Giese

neutrale Angebot« der Selbstbedienungsläden reiße die »Kette des Vertrauens« ab. »Hier setzt heute verstärkt die Reklame, besonders die Fernsehreklame ein. In ihren Auswüchsen enttäuscht sie eventuell den Käufer, da sie ihm u. U. ein Vertrauen aufzwingt zu einem wertlosen Produkt. Dies hat dann eventuell zur Folge, daß der Käufer künftig mißtrauisch wird.«[32]

Das Unbehagen war groß. Am liebsten hätte man sich gegen die Zeitströmungen gestellt. Da das aussichtslos war und sich der Siegeszug des großbetrieblichen Einzelhandels trotz aller Widerstände gerade auch von Bahlsen fortsetzte, musste das Unternehmen seine Werbung grundsätzlich modernisieren. Das bedeutete zum einen, deutlich mehr Mittel für sie aufzuwenden. 1963 begann ein Anstieg, der 1967 mit einer Quote von 3 % am Umsatz und absoluten Ausgaben von 10,3 Mio. DM einen vorläufigen Höhepunkt erreichte.

Lieselotte Giese wählte in ihren Memoiren für das Kapitel über die 1960er Jahre den Titel: »Als die Werbung laufen lernte.«[33] Nach der Fernsehwerbung begann Bahlsen 1965 mit Radiowerbung. Seit den frühen 1960er Jahre arbeitete Bahlsen mit der Werbeagentur Borg zusammen. Bei den Präsentationen trafen Welten aufeinander. Die Werbeprofis schmissen mit Anglizismen nur so um sich und schlugen flotte

32 Bericht Klaus Bahlsen 90 Jahre HBKF 1 1928-1979, darin eingefügt Vortrag vor der Bezirksleiterkonferenz am 9.9.1966, S. 76 (BAH, R13, Nr. 49).

33 Giese, Geschichte der Bahlsen-Werbung 1949-1981, S. 31 (BAH, R11, Nr. 127).

Werbesprüche vor, die auf Vorbehalte stießen. »Die lauteste Werbung ist auf keinen Fall eine ›lautere‹, dachte ich!« Als die Werbeprofis »Leibniz-Keks – aus einer guten Familie« als Schlussakkord der Fernsehspots vorschlugen, ernteten sie ein geteiltes Echo. »Ich beobachtete meinen Chef und sah es kommen: schroffe Ablehnung im Gesicht von Herrn Werner Bahlsen. Auch die Beschwörungen, es sei doch die große Packungsfamilie gemeint, änderte an seiner Miene nichts. Was er dachte, sagte er auch: Es sei eine überhebliche Aussage!« Am Ende stimmte er zu, nachdem sich verschiedene Führungskräfte für den Vorschlag ausgesprochen und ihm versichert hatten, dass es nicht um seine Verwandtschaft ging. Jedenfalls stellte sich keine automatische Harmonie her zwischen der konservativen hannoverschen Industriedynastie und den jungen Werbern, die das Evangelium der modernen Werbung etwas großspurig verkündeten. »Mich ärgerte die ganze Art des Vortrages.« Lieselotte Giese vermutete eine gewisse Geringschätzung auf Seiten der Agentur. »Ob wir wohl einen zurückgebliebenen Eindruck machten?«[34]

Der Austausch dieser beiden Gruppen führte im Endeffekt zu einer tiefgreifenden Veränderung der Werbepraxis. Vom Schaufensterdekorateur, der zu Fuß mit seiner Leiter die Einkaufsstraßen durchstreifte, zu den Werbeprofis, die das heimische Schaufenster im Werbefernsehen gestalteten, war es ein langer Weg, der bei Bahlsen aber innerhalb von etwa einem Jahrzehnt zurückgelegt wurde. Allerdings waren die Dekorateure 1964 noch nicht verschwunden. Auf sie entfiel immer noch die Hälfte aller Werbeausgaben. In der schrittweisen Öffnung gegenüber Zeitschriften, Fernsehen und Rundfunk spiegelte sich das absehbare Ende des Nachfrageüberhang der Nachkriegszeit ebenso wider wie der bereits absehbare Bedeutungsverlust der kleinen Ladengeschäfte. Allgemein vollzog sich in den 1960er Jahren der Übergang von der »Bedarfsdeckungs- zur Bedarfsweckungswirtschaft«.[35]

34 Ebd., S. 39 f.

35 Zit. n. Andersen, Traum, S. 32. Vgl. auch Hartewig, Stil, Kap. 5.

7.3 Das lückenlose Netz der »Verkaufsherren«

Nicht nur die Werbung, sondern auch der Vertrieb zeichnete sich während des »Wirtschaftswunders« durch einen überwiegend traditionellen Zuschnitt aus. Er folgte drei Leitprinzipien: Erstens belieferte Bahlsen den Einzelhandel direkt unter weitgehender Umgehung des Großhandels. Zweitens besaß Bahlsen die Oberhoheit über Preise und Konditionen. Drittens fand eine intensive Bearbeitung des Einzelhandels durch mehrere Hundertschaften angestellter Reisender statt. Ihre Zahl wuchs bis 1964 auf 546 an. Diese gut geschulten und hoch motivierten Verkäufer bildeten das Herzstück des »Kundendienstes«. Die Wirtschafts- und Unternehmensgeschichte hat diese Gruppe oft vernachlässigt und sich mehr für die Fortschritte der Produktionstechnik interessiert. Walter Friedman dagegen stellte die Verkäufer zu Recht in den Mittelpunkt seiner Geschichte der amerikanischen Wirtschaft, denn ohne ihre Künste wäre der Siegeszug der Massenproduktion wohl unmöglich gewesen.[1]

Dieser Zusammenhang war der Bahlsen-Geschäftsleitung sehr bewusst. Ob dabei Vorbilder aus den USA, deren Fabriken stets aufmerksam beobachtet wurden, eine Rolle spielten, ist unklar. In der Zwischenkriegszeit hatte man ein Vertriebssystem aufgebaut, an das man nach 1945 anknüpfte. Die Reisenden besaßen eine herausgehobene Stellung und wurden bei Bahlsen respektvoll »Verkaufsherren« genannt. Sie erhielten feste Bezirke, die ihr exklusives Territorium waren. Sie bauten durch häufige Besuche enge persönliche Beziehungen zu den Einzelhändlern auf. Die Schlüsselqualifikation war, so das Unternehmen, das »Können, menschlichen Kontakt zu schaffen und zu pflegen«. Die Reisenden müssen »sich mit den Problemen und Sorgen des Kunden auseinandersetzen können und in der Lage sein, ihm Ratschläge zu geben«.[2]

Durch ausgedehnte Gespräche wurden Informationen über Kundenwünsche, Konkurrenzangebote und lokale Besonderheiten gesammelt. Bestellungen nahmen die Reisenden vor Ort – gleichsam an der Ladentheke – auf. Für den Krankheitsfall und für Urlaubszeiten gab es ein System von »Reservereisenden«, damit Händler nicht unbetreut blieben. Die »Verkaufsherren« hatten täglich detaillierte Berichte anzufertigen, die Hannover systematisch auswertete. Den Reisenden wurden einerseits große Freiräume zugestanden, waren sie doch zentrale Verbindungsglieder zum Markt, wie die Festschrift des »Kundendienstes« betonte. »Durch die Monatsberichte der Mitarbeiter [...] hat die Geschäfts- und Verkaufsleitung nicht nur stets ihr Ohr beim Verkauf, sondern auch beim Kunden. Die Verkaufsleitung versucht nicht, jeden an so kurzen Zügeln zu führen, daß er nicht mehr kreativ sein kann, sondern fordert praktische Risikobereitschaft und erlaubt [...] große Selbständigkeit für Eigeninitiativen. Eine der entscheidenden Ursachen der großen Erfolge ist

1 Friedman, Birth.

2 30 Jahre Kundendienst 1948-1978, S. 67 (BAH, R11, Nr. 470).

die Tatsache, daß die Unternehmensleitung ihre Mitarbeiter als eigentliche Quelle der Qualitäts- und Produktionssteigerung sowie der Verkaufserfolge betrachtet.«[3]

Andererseits wurde den Reisenden ein enges Korsett an Vorgaben angelegt. »Oberreisende« und »Bezirksleiter« kontrollierten sie scharf. Letztere hatten aus den Tagesberichten der Reisenden am Freitag als »Wohnungsaufgabe« Zusammenfassungen zu erstellen. Die Verkaufszahlen wurden genau erfasst und verglichen. Dasselbe galt für Spesen und gefahrene Kilometer. »Bei zu hohen Tages-Kilometer-Leistungen sofort energisch einschreiten«,[4] hielt die Zentrale die Bezirksleiter an. »Jungreisende«, die an der Seite erfahrener »Verkaufsherren« die Bezirke abfuhren, kontrollierte man mit einem detaillierten Beurteilungsbogen. Auftreten, Erscheinungsbild, Pünktlichkeit und Wagenpflege wurden abgefragt, den Ausbildern wurde aber aufgetragen, von der Kontrolle der Wohnungen abzusehen.

Ein Rundschreiben ermahnte: »Die Sauberkeit und die Kleidung der Reisenden muß unseren Anforderungen entsprechen. Selbstverständlich sind saubere Hände – unterwegs öfters waschen –. Abstoßend wirken Nikotinfinger. Die Kleidung soll solide und nicht supermodern sein.«[5] Es ging um Solidität im Rahmen bürgerlicher Konventionen, die weder ein ungepflegtes noch ein extravagantes Auftreten gefährden durften. Der Musterkoffer, der so genannte »Saxoniakoffer«, war ebenso wie der Umgang mit der Ware im Geschäft exakt normiert. »Keine Hand der Reisenden durfte die Kekse berühren, daher gab es eine TET-Zange, ein Staubtuch, einen Pinsel, eine Leder- und Aktentasche, diese Dinge sorgten für Ordnung und Sauberkeit. Hierüber wurde übrigens genau Kartei geführt. […] Vornehm ausgerüstet schleppten die Herren ihre süße Last von Kunden zu Kunden. Diese Kraftanstrengung lohnte sich, der Umsatz stieg und stieg!«[6]

»Schleppen« war anfangs durchaus wörtlich zu verstehen. Bevor sich Mitte der 1950er Jahre der VW-Käfer als Dienstwagen oder auch die Nutzung privater Fahrzeuge als Standard durchsetzten, gehörten lange Fußmärsche zum Alltag der »Verkaufsherren«. Neben dem Saxoniakoffer war dabei eine Reisetasche mit persönlichem Gepäck und Proviant sowie dem TET-Buch, Ersatzmustern, »Nota-blocks, Auftragsbuch, Ersatzauftragsbuch, Gutschriftsblock, Lbz. (Leibniz)-Matrosen, 3-4 Plakate, TET-Zange, Staubtuch und Koffer-Unterlegtuch« mitzuführen.[7] Hinzu kam anfangs auch ein Expressdosenbehälter, sodass die Reisenden schwer bepackt durchs Land zogen. In der Mittagspause durften sie Gaststätten aufsuchen, die nach Möglichkeit Kunden gehören sollten. Hier konnten sie ein Getränk oder eine Suppe

3 Ebd., S. 1.

4 30 Jahre Kundendienst 1948-1978, S. 269 (BAH, R11, Nr. 470).

5 Mitteilungen an den Außendienst, Rundschreiben vom 27.4.1959; Arbeitsanweisungen für den Bezirksleiter vom 6.2.1959 (jeweils BAH, R9, Nr. 245).

6 Giese, Geschichte der Bahlsen-Werbung 1949-1981, S. 10 (BAH, R11, Nr. 127).

7 30 Jahre Kundendienst 1948-1978, Arbeitsanweisungen für den Bezirksleiter, S. 3 (BAH, R11, Nr. 470).

Abb. 38: Reisender mit Musterkoffer im Verkaufsgespräch in einem Laden

bestellen und mitgebrachte Butterbrote verspeisen. Die Tagesspesen betrugen Anfang der 1950er Jahre 3 DM und reichten nicht für ein reguläres Mittagessen.

Trotz eines seit etwa 1955 angespannten Arbeitsmarktes und vieler Abwerbeversuche blieb die Fluktuation der Verkaufsherren gering. Sie lag zwischen 1954 und 1958 stets unter 13 % pro Jahr, meist zwischen 10 und 11 %. Langjährige Kundenbeziehungen und viel Erfahrung gehörten daher zu den Stärken des Verkaufsapparats. Dabei zahlte Bahlsen keine besonders hohen Gehälter, gewährte aber die Aussicht auf »Lebensstellung« und bot diverse Sozialleistungen und leistungsbezogene Provisionen in Höhe von zumeist 0,5 % des selbst erwirtschafteten Umsatzes. In der Festschrift des Kundendienstes wurden zwei weitere Ursachen betont, nämlich zum einen die Möglichkeit selbstständigen Arbeitens, die das »natürliche Verlangen der Mitarbeiter nach Selbstverwirklichung« befriedigte, und zum anderen der »TET-Geist«, womit die spezifische Unternehmenskultur von Bahlsen gemeint war. Es gab ein ganzes Konglomerat von Gefühlen und Befindlichkeiten, Maximen und Werten. Genannt wurden das »sichere Gefühl […], zum Familienunternehmen zu gehören. Dies erzeugt Begeisterung zur und Freude an der Aufgabe sowie ein absolutes Vertrauen. Durch den ›TET-Geist‹ werden aber auch die Mitarbeiter zu einem kooperativen und nicht zu einem konkurrierenden Verhalten angehalten, ohne daß der Leistungswert verlorengeht.«[8] Auch wenn in diesen Sätzen eine retrospektive Idealisierung

8 Ebd., S. 2.

mitschwingt, identifizierten sich viele Reisende doch mit ihrem Arbeitgeber und erfuhren Anerkennung von Seiten ihrer Vorgesetzten. Zudem profitierten sie durch ihre Provisionen auch finanziell vom anhaltenden Erfolg ihrer Arbeit.

Der Korpsgeist wurde auch durch eine spezifische Festkultur gestärkt. »Höhepunkte für die Motivation unserer Außendienstorganisation waren die Weihnachtskonferenzen in Hannover. […] Die Größe des Rahmens vermittelte Stärke und Sicherheit, Schlagkraft, Marktmacht und Begeisterung. Die stimulierten und intensivierten den Kontakt zur Zentrale […]. Anlässlich der Weihnachtskonferenzen wurden durch Werner Bahlsen und durch die Verkaufsleitung die TET-Nadeln verliehen, die silberne TET-Nadel nach einem Jahrzehnt, die goldene TET-Nadel nach 15 Jahren Zugehörigkeit. Die Verteilung in diesem großen feierlichen Rahmen durch die Geschäftsführung (Inhaber) gab der Auszeichnung ein besonderes Gewicht, verstärkte das Gefühl der Zusammengehörigkeit und gab ihr den ideellen Wert.«[9] Die hohe Wertschätzung der Reisenden seitens der Geschäftsführung und der persönliche Führungsstil der Eigentümerfamilie verliehen dieser Kultur eine hohe Stimmigkeit.

Bahlsen zelebrierte aber nicht nur das Kollektiv, sondern hob auch einzelne Leistungsträger hervor. Symbolisches Kapital der Ehre wurde durch Anerkennungsschreiben, Glückwunschtelegramme, Leistungsdiplome, »TET-Banner als Wanderpokale« sowie die Veröffentlichung von »Leistungsspiegeln« verliehen. Wettbewerbe mit Geldprämien gab es dagegen nicht. Ab 1966 wurden Goldmünzen als zusätzliche Anerkennung überreicht.[10] Allgemein zeichnete sich die Mitarbeiterschaft dieser Jahre durch einen – so die Selbstbeschreibung – ausgeprägten »Konformismus« und eine »spürbare Liebe zum Produkt und zum Kunden« aus.[11] Im Rückblick aus den 1980er Jahren, als die Unternehmenskultur viel ihrer Stärke verloren hatte, bescheinigten interne Analysten Bahlsen in den 1950er und 1960er Jahren eine Unternehmenskultur, die sich durch Authentizität, »Eindeutigkeit« und das Gefühl einer engen Beziehung zur Familie Bahlsen ausgezeichnet hatte.[12]

Bahlsen wusste um die Bedeutung des Verkaufsapparates und plante ihn im Falle einer Vereinigung von West- und Ostdeutschland, die durch die Stalinnote von 1952 kurzfristig möglich erschien, sofort auf die, wie es intern immer noch hieß, »Ostzone« auszudehnen. Dazu wurden 1953 detaillierte Pläne aufgestellt. Mit 40 bis 50 Verkaufsherren und 65 bis 75 kaufmännischen Angestellten sollten ca. 1 bis 1,2 Millionen DM pro Monat erwirtschaftet werden. Bahlsen rechnete mit einem großen »Heißhunger« der seit 10 Jahren von den Bahlsen-Produkten abgeschnittenen Bevölkerung. Für die jüngeren DDR-Bürger war aber »eine großzügige Werbeaktion«

9 Siegfried Brettschneider u. Rudolf Meschter, Manuskript Führungsverhalten und Motivation, S. 10 (BAH, R11, Nr. 478).

10 Ebd., S. 9.

11 30 Jahre Kundendienst 1948-1978, S. 1 (BAH, R11, Nr. 470).

12 Siegfried Brettschneider u. Rudolf Meschter, Manuskript Führungsverhalten und Motivation, S. 4 ff. (BAH, R11, Nr. 478).

geplant, da sie kein Markenbewusstsein hatten. Der »Tag X« wurde genau vorbereitet. »Noch am gleichen Tage stoßen aus den Grenz-A-Lägern Hamburg, Lübeck, Braunschweig […] unsere größten Lieferwagen – mit Fahrern und Reisenden besetzt – in die Gebiete vor, um als erste Firma der Branche […] geeignete Geschäfte […] gegen Kasse zu beliefern. […] Nach dem ersten Vorstoß sind in Magdeburg und Leipzig feste Stützpunkte mit großem Lagerraum zu errichten.« Für sie käme nur »Westpersonalführung« in Frage. Entsprechende Posten wurden bereits erfahrenen Mitarbeitern zugeteilt. Einige ältere, vor 1945 im Gebiet der späteren DDR tätige Reisende sollten sich bereithalten.[13] Diese Einsatzpläne verschwanden spätestens 1961 in der Schublade, als der Mauerbau die Wiedervereinigung in die Ferne verschob.

Tabelle 10: Reisende, Produktion, Kunden und Umsatz, 1950-1963

Jahr	Reisende abs.	Produktion in Tonnen	Kunden abs.	Umsatz in Mio. DM	Kunden pro Reisendem	Reisende pro Tonne	Umsatz pro Reisendem in DM
1950	140	8.374	71.352	37,9	509,7	59,8	270.714
1951	154	8.760	78.752	41,8	511,4	56,9	271.429
1952	168	9.516	86.193	44,3	513,1	56,6	263.690
1953	197	12.896	97.068	54,8	492,7	65,5	278.173
1954	228	15.500	105.017	65,9	460,6	68,0	289.035
1955	266	18.923	112.483	78,1	422,9	71,1	293.609
1956	304	22.424	121.753	92	400,5	73,8	302.632
1957	351	25.480	132.026	104,2	376,1	72,6	296.866
1958	407	28.540	135.616	118,7	333,2	70,1	291.646
1959	457	29.232	140.230	122,8	306,8	64,0	268.709
1960	516	31.196	145.880	133,1	282,7	60,5	257.946
1961	523	33.912	154.125	151,8	294,7	64,8	290.249
1962	535	36.475	160.063	168,6	299,2	68,2	315.140
1963	532	38.680		179,5		72,7	337.406
1964	546	42.822		210,8		78,4	386.081

Quelle: 30 Jahre Kundendienst 1948-1978, S. 386, 388 u. 389 (BAH, R11, Nr. 470).

Wie wurde der Verkaufsapparat in der Bundesrepublik eingesetzt und ausgebaut? Tabelle 10 zeigt, dass sich die Zahl der »Verkaufsherren« fast vervierfachte, nämlich von

13 R11 470, Bahlsen-Schrift 30 Jahre Kundendienst 1948-1978, S. 49-53.

140 (1950) auf 546 (1964). Die Kundschaft verdreifachte sich in diesem Zeitraum nahezu, sodass deren Bearbeitung intensiviert wurde. Hatte ein »Verkaufsherr« 1950 noch über 500 Kunden zu versorgen, waren es 1962 nur noch 299. Tabelle 10 legt auch die Schwächen dieses sehr großen Apparates offen. Die Umsätze pro Reisendem wuchsen wesentlich langsamer als die Umsätze insgesamt. Letztere stiegen zwischen 1950 und 1964 um den Faktor 5,5, Erstere zeitgleich nicht einmal um die Hälfte. Mit anderen Worten: der Verkauf wurde immer personalintensiver und teurer. Die Produktivität des Außendienstes sank im krassen Gegensatz zu derjenigen der Herstellung. Ein ähnliches Bild ergibt sich beim Tonnenabsatz je Reisendem, der nur sehr geringfügig zunahm.

Diese Problemzonen wurden einstweilen von den eindrucksvollen Umsatzzuwächsen überdeckt. Sie fielen in den meisten Jahren zweistellig aus, in Spitzenjahren wie 1953 und 1954 lagen sie bei 24 bzw. 21 %. Die Umsatzrendite vor Steuern (Tabelle 10) war aber schon bald nicht mehr so hervorragend wie Mitte der 1950er Jahre. Konnten 1956 und 1957 Renditen von über 10 % erzielt werden, bewegten sie sich danach zumeist zwischen 7 und 8 %, was allerdings noch kein akutes Problem anzeigte, sondern eher eine Art frühe Warnung hätte sein können.

Grafik 4: Bahlsen-Anteile an der westdeutschen Dauerbackwarenproduktion in Prozent, 1951-1969

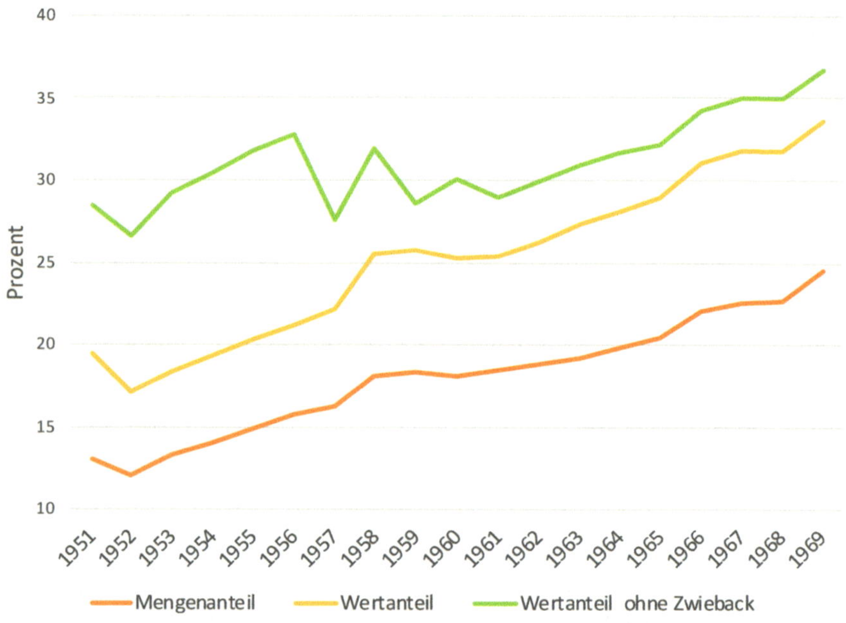

Quelle: Bericht Klaus Bahlsen, 90 Jahre HBKF, S. 54/3 (BAH, R13, Nr. 49).

Bahlsen steigerte nicht nur die Umsätze mit einer eindrucksvollen Dynamik, sondern erarbeitete sich auch zunehmende Anteile des bundesdeutschen Marktes, wie Grafik 3 belegt. Gemessen am Gewicht der verkauften Ware baute Bahlsen den Anteil am gesamten deutschen Dauerbackwarenmarkt zwischen 1952 und 1969 von 12 auf 24,5 % aus, während derjenige am Umsatz von 17 auf 33,6 % wuchs. Die Tatsache, dass die Quoten der Umsatzwerte deutlich über denen der Mengen lagen, unterstreicht die verstärkte Ausrichtung auf höherwertige Produkte im mittleren bis hochpreisigen Marktsegment. Rechnet man – das ist die obere Kurve in Grafik 4 – den Markt für Zwieback heraus, auf dem Bahlsen nur schwach vertreten war, ergibt sich für 1952 ein Marktanteil von 26,6 %, den man bis 1969 auf 36,7 % zu steigern vermochte.

Bahlsen verfügte keineswegs über ein Monopol und war auch nicht in der Lage, den Markt einseitig zu dominieren. Die Konkurrenz bestand aus einer Vielzahl von Unternehmen, die allesamt kleiner, zumeist sogar sehr viel kleiner als Bahlsen waren. Gemeinsam bedienten sie je nach Zählweise drei Viertel bis zwei Drittel des Marktes. Daher blieb der Markt trotz steigender Nachfrage und anhaltender Lieferengpässe umkämpft. Neben der Qualität der Waren erwuchs Bahlsen ein entscheidender Wettbewerbsvorteil aus dem flächendeckenden Außendienst. Ein weiterer Erfolgsfaktor bestand in der engen und ausgesprochen dominanten Beziehung zum Einzelhandel, die im folgenden Teilkapitel untersucht wird.

7.4 Ungleiche Partner. Bahlsen und der Einzelhandel im Verkäufermarkt

Trotz massiver Investitionen und eindrucksvoller Produktivitätsfortschritte gelang es Bahlsen bis 1964 zu keinem Zeitpunkt, den Nachfrageüberhang abzubauen und den Markt mit den Mengen an Gebäck zu bedienen, die er verlangte. Diese gemeinhin als Verkäufermarkt charakterisierte Konstellation verlieh dem Unternehmen eine starke Machtposition gegenüber seinen Abnehmern. Das galt umso mehr, als es sich bei ihnen meist um kleine und kleinste Einzelhändler handelte. Tabelle 12 belegt für das Jahr 1955, dass der Großhandel praktisch keine und Filialisten nur eine minimale Rolle spielten. Der typische Kunde führte ein Ladengeschäft, eine Bäckerei, eine Gaststätte oder einen Kiosk. Es dominierten kleine Lebensmittelläden und Bäckereien. Die Zahl der Kunden stieg bis 1962 auf 160.000. Jeder »Verkaufsherr« betreute im Jahr 1957 im Schnitt 389 Abnehmer. Die Kundschaft war zahlenmäßig sehr groß, organisatorisch zersplittert sowie räumlich weit verteilt. Diese betreuungsintensive Struktur band viel Personal und verursachte beträchtliche Reise- und Verwaltungskosten. 1958 schrieb Bahlsen etwas über 2 Millionen Rechnungen, deren Durchschnittshöhe 59 DM betrug.[1]

Tabelle 11: Kunden nach Jahresumsätzen, 1954

Jahresumsatz in DM	Kundenzahl	Anteil an allen Kunden
Bis 500	56.785	58,6
501-2.000	36.654	37,9
2.001-5.000	2.784	2,9
5.001-10.000	407	0,4
Über 10.000	185	0,2

Quelle: 30 Jahre Kundendienst 1948-1978, S. 57 (BAH, R11, Nr. 470).

Wie Tabelle 11 zeigt, machten die meisten Kunden 500 oder weniger DM Jahresumsatz, darunter 9.337 bzw. 9,6 % 100 oder weniger DM. Es handelte sich wirklich um ein ebenso mühsames wie zersplittertes, gleichwohl profitables Geschäft. Die fünf größten Kunden waren 1954 die Großeinkaufs-Zentrale Thams & Garfs mit 565.517 DM Umsatz, Tengelmann (502.192 DM), Most (298.123 DM), Kaiser (223.391 DM) und Karstadt (219.835 DM).[2] Der großbetriebliche Einzelhandel spielte zunächst nur eine Nebenrolle und wurde von Bahlsen mit größter Vorsicht betrachtet. Auf-

1 Bericht an den Beirat zur Sitzung am 15.12.1959, S. 4 (BAH, R10, Nr. 486).

2 30 Jahre Kundendienst 1948-1978, S. 66 (BAH, R11, Nr. 470).

grund seines allgemein zunehmenden Gewichts ließ er sich nicht völlig ignorieren, sondern gewann – zunächst im noch bescheidenen Umfang – als Abnehmer an Bedeutung. Lag sein Umsatzanteil bei Bahlsen 1955 noch bei 10 %, stieg er bis 1960 auf ca. 20 %.

Tabelle 12: Kundenstruktur, 1955

Geschäftsarten	Anzahl	Anteil an allen Kunden
Kolonialwarengeschäfte	44.105	42,0 %
Feinkost- und Konfitüregeschäfte	10.485	10,0 %
Bäckereien	21.445	20,4 %
Gaststätten	9.277	8,9 %
Konditoreien	7.549	7,2 %
Kioske	3.279	3,2 %
Reformhäuser und Drogerien	2.021	1,9 %
Großfilialisten	2.346	2,2 %
Grossisten und Einkaufsgenossenschaften	213	0,2 %
Sonstige (Kantinen, Badeanstalten, etc.)	4.006	3,8 %
Summe	104.726	99,8 %

Quelle: 30 Jahre Kundendienst 1948-1978, S. 56 (BAH, R11, Nr. 470).

Der Vorteil der Direktbearbeitung vieler kleiner Abnehmer bestand für Bahlsen darin, den Zwischenhandel weitgehend zu umgehen und dem Einzelhandel mit großer Verhandlungsmacht gegenübertreten zu können. Neue Produkte kamen so schnell in den Markt. Auch konnte Bahlsen direkten Einfluss auf den Werbeauftritt im Geschäft nehmen und die Preis- und Konditionenpolitik einseitig festlegen. Die uneingeschränkte Herrschaft über die Vertriebswege stellte ein zentrales Element des Erfolges dieser Jahre dar. Kein anderes Unternehmen dieser Branche betreute die Einzelhändler intensiver als Bahlsen. Sie erhielten zumeist im ein- bis vierwöchentlichen Turnus Besuch durch einen der »Verkaufsherren«. 1954 untersuchte EMNID 808 repräsentativ ausgesuchte Geschäfte, von denen 65 % bei Bahlsen-Reisenden bestellten. Die großen Konkurrenten XOX (40 %) und Brandt (25 %) erreichten bei weiten nicht eine so intensive Bearbeitung und kooperierten in weitaus höherem Maße mit Grossisten und Einkaufsgenossenschaften.[3]

Bahlsen hielt tatsächlich alle Fäden in der Hand und agierte aus einer Position der Stärke heraus. Den Einzelhändlern wurden die Endverbrauchspreise vorgegeben,

3 Ebd., S. 58.

die dann an allen Verkaufsstellen identisch waren. Die britischen und amerikanischen Behörden hatten die Preisbindung der zweiten Hand zunächst verboten. Ab 1952 war sie aber für Markenartikel de facto zulässig, bis das Kartellgesetz von 1957 Klarheit schuf und argumentierte, dass einheitliche Preise die Qualität von Markenartikeln und das Vertrauen der Konsumenten sicherstellten.[4] Bahlsen nutzte den rechtlichen Spielraum seit 1958 vollständig aus und druckte den gewünschten Preis auf die Packung. Ab 1958 waren alle Waren des Unternehmens außer Eis- und Fächerwaffeln preisgebunden. Die Einzelhändler mussten entsprechende Revers unterschreiben, ansonsten wurden sie nicht beliefert. Verstöße gegen die Preisbindung hatten eine Vertragsstrafe von 500 DM und Liefersperren zur Folge. Die Überwachung der Preise erfolgte durch die Reisenden, aber auch durch anonyme Testkäufer. Die Zahl der Verstöße blieb insgesamt niedrig. Sie wurden aber der Rechtsabteilung übermittelt und konsequent geahndet, um die Kontrolle über das Marktgeschehen zu behalten.[5]

Bahlsen legte auch uniforme, nach Umsatzschwellen differenzierte Rabattstaffeln fest, was größeren Abnehmern zu höheren Gewinnen, aber nicht zu niedrigeren Preisen verhalf. Die Rabatte lagen 1955 zwischen 1,5 % Nachvergütung bei Umsätzen von bis zu 1.000 DM und 5 % ab 6.000 DM. Die Konkurrenz gewährte etwa doppelt so hohe Rabatte. Im selben Jahr hieß es kategorisch: »Die Forderungen einiger Groß-Filialisten – bedingt durch hohe Umsatzsteigerung – auf Zugeständnisse über 10 % hinaus werden konsequent abgelehnt.«[6] Insofern, das beteuerte Bahlsen stets, beschütze man durch diese rigide Preispolitik die kleinen Händler. Offiziell galt für alle dieselbe Rabatt- bzw. Bonusregelung. Größere Abnehmer verlangten aber häufiger eine Vorzugsbehandlung, auf die sich Bahlsen entweder nicht einließ oder den Forderungen durch kleinere Zugeständnisse wie Zuschüsse zur Lehrlingsausbildung in Höhe von 1.000 DM beim Selbstbedienungspionier Stüssgen und anderen entgegenkam. Eine solche relativ strikte Linie hielten um 1960 viele Markenartikelproduzenten nicht mehr durch, denn die Marktanteile großbetrieblicher Einzelhändler stiegen bereits erheblich, während die Zahl der Einzelhändler zwischen 1950 und 1961 um 20 % zurückgegangen war.[7]
Der Strukturwandel im Einzelhandel wurde bei Bahlsen nicht ohne Sorge beobachtet. Gleichwohl beschränkte das Unternehmen Konzessionen zunächst auf ein Minimum und agierte nicht ohne einen gewissen Hochmut. Bahlsen dachte nicht daran, »durch höhere Spannen und Rabatte die Investitionen für neue Großraumläden« zu »finanzieren« und damit »indirekt die Nachfragemacht des Handels soweit« zu stärken, dass er der Industrie »zu guter Letzt das Gesetz des Handelns aufzwingen wird«. Bei Bahlsen glaubte man tatsächlich noch lange, die sich ab-

4 Schefer, Verbot, S. 5 ff.
5 Preisbindung allgemein (BAH, R10, Nr. 55).
6 30 Jahre Kundendienst 1948-1978, S. 61 (BAH, R11, Nr. 470).
7 Vgl. Disch, Groß- und Einzelhandel, S. 41.

zeichnende Revolution des Einzelhandels aufhalten zu können. Auf aggressiv vorgetragene Forderungen großer Ketten reagierte man mit Ablehnung oder minimalen Zugeständnissen gepaart mit einer gewissen Herablassung. »Für uns gilt: Solange die ›Schreier‹ sich durch unsere freundlichen Worte, die kleinen ›Bonbons‹ und die guten Kontakte immer wieder zufrieden stellen lassen, können wir annehmen, daß, abgesehen von der besseren Qualität und dem höheren Bekanntheitsgrad, unsere Erzeugnisse mit ihren gegenwärtigen Spannen [...] den Filialisten stets noch eine ausreichende Rendite sichern [...].«[8] Wer das nicht akzeptierte, wurde wie der amerikanische Filialist Woolworth mit einem Boykott überzogen, den Bahlsen zusammen mit anderen deutschen Markenartikelproduzenten von Dauerbackwaren organisierte.[9]

Da Bahlsen sowohl die Einkaufs- als auch die Verkaufspreise der Händler festlegte, diktierte das Unternehmen letztlich deren Spannen. 1957 entschied Bahlsen angesichts der Verteuerung des Mehls infolge des Auslaufens von Subventionen, die Preise so festzusetzen, dass sich ab 1958 die Handelsspannen von 30 auf 20 % reduzierten. Die Händler mussten also im Einkauf mehr bezahlen, durften aber diese Erhöhung nicht an die Konsumenten weitergeben. Der Endverbraucherpreis hatte konstant zu bleiben. Die Einzelhändler liefen gegen diese Maßnahme Sturm und ließen den Einzelhandelsverband bei Bahlsen vorsprechen. Als dieser einen Kompromissvorschlag in Form einer etwas geringeren Erhöhung unterbreitete, lehnte Bahlsen ab und bestand auf der Spannenkürzung. »Nach anfänglichen Schwierigkeiten können wir uns durchsetzen.« Da für alle, auch die größten Abnehmer, dank der Preisbindung dieselben Bedingungen galten, bescheinigte sich Bahlsen eine ausgeprägte »Einzelhandelsfreundlichkeit«, die jedoch »durch die Reduzierung der Handelsspannen in Zweifel gezogen wurde«.[10] Die Händler mussten sich letztlich den Machtverhältnissen beugen. Ein Aufstand von 250 Händlern aus dem Großraum Bremen, die Bahlsen-Waren aus den Regalen entfernten, brach nach kurzer Zeit zusammen.[11]

Werner Bahlsen rechtfertigte die rigorose Preispolitik damit, dass die Händler angesichts der rasch steigenden Umsätze auch mit niedrigeren Spannen gut verdienen könnten. Die Vorgabe fester Spannen sei neben der Preisbindung ein wirksames Instrument, das den Händlern »keine großen Chancen zum Schleudern boten«. Dafür nahm er »heftige Polemiken« von »Einzelfirmen und Großverbänden« in Kauf. Das Verhältnis zum Einzelhandel beschrieb er im Rückblick als »Dauerkrieg«.[12]

Die Reisenden argumentierten, dass Bahlsen durch den zunehmenden Anteil von abgepackter Ware den Einzelhandel stark entlaste. »Der Zeitaufwand für den

8 Berichte Gebietsleiter, Bericht Reise Frankfurt vom 19.2.1963 (BAH, R10, Nr. 46).

9 30 Jahre Kundendienst 1948-1978, S. 61 (BAH, R11, Nr. 470).

10 Ebd., S. 82.

11 Werner Bahlsen, Vortrag im Industrie-Verein am 28.9.1970, S. 67 (BAH, R13, Nr. 49).

12 Ebd.

gesamten Verkaufsvorgang bei gepackter Ware ist etwa 40 % geringer als bei loser Ware.« Außerdem blieben dem Handel »Einwiegeverluste, Schwund und Bruch erspart«.[13] Da die Industrie zum Nutzen des Handels eine zusätzliche Leistung erbringe, müsse sie einen finanziellen Ausgleich bekommen. Daher seien die Spannenkürzungen vollauf gerechtfertigt.

1960 kam es zu einem weiteren Konflikt, aus dem Bahlsen ebenfalls als eindeutiger Sieger hervorging. Traditionell hatte Bahlsen den Einzelhändlern durch die Einräumung längerer Zahlungsziele, z. T. von 30 bis 40 Tagen, de facto Kredite eingeräumt. Von einem Tag auf den anderen wurde diese Praxis beendet und auf Barzahlung bei Lieferung bestanden. Die Händler konnten nicht mehr darauf warten, bis sie die Ware verkauft und ihre Kassen gefüllt hatten. Stattdessen mussten sie in Vorlage treten. Für Bahlsen ergab sich abgesehen vom Zinsvorteil mit dieser neuen Praxis eine Vereinfachung und Beschleunigung der Abrechnung. Der Personalbedarf in der Buchhaltung sank um ca. 30 Personen. Die Geschäftsleitung schätzte, dass zwischen 1960 und 1965 »10,0-15,0 Mio. evtl. mehr« an Fremdmitteln eingespart hatte. »Der Erfolg dieser Barzahlung ist nicht abzuschätzen.«[14] Die »älteren Verkaufsherren« sprachen sich gegen diesen Schritt aus, da er ihr Verhältnis zu den Kunden belaste, denn ihnen werde nach vielen Jahren guter Zusammenarbeit das »Misstrauen« ausgesprochen. Die »jüngeren Verkaufsherren« dagegen hatten keine Skrupel, die Marktmacht ihres Hauses auszuspielen. Es kam aber zunächst zu einer über Monate hin spürbaren Gegenreaktion des Handels, die den Verkauf von Bahlsen-Ware bremste. »Der Sturm beruhigte sich innerhalb eines halben Jahres, der Umsatz stagnierte in dieser Zeit, dann lief er weiter mit hohen Zuwachsraten.«[15]

Es war offenbar besser, sich der Übermacht Bahlsens zu beugen, als die gefragten Produkte nicht mehr zu verkaufen. Dass der behauptete konsequente Schutz der kleinen Abnehmer (»Einzelhandelsfreundlichkeit«) lückenhaft war, zeigte sich daran, dass es Ausnahmen von der Barzahlungspflicht gab. »Einigen Großkunden, Filialisten, ›technischen Kunden‹ gestatten wir ein 5-Tage-Ziel«, gab Werner Bahlsen später zu.[16] Hier hatten sich die Machtverhältnisse schon umgekehrt, eine Erfahrung, die Bahlsen in Zukunft noch öfter machen sollte. Vorerst befand sich Bahlsen gegenüber den meisten Händlern in einer Position der Stärke, was »ein großer Teil der Einzelhändler« mit geballter Faust in der Tasche hinnahm. Bei Bahlsen hieß es 1960 nüchtern: »Unsere Partner im Handel sind durch verschiedene unserer Maßnahmen, wie z. B. die Spannenregulierung, die Barzahlung, durch unser ›sparsames‹ Rabattsystem, aber auch durch die unzureichende Belieferung […] zum großen Teil gegen uns eingestellt.« Da Händler tendenziell zum »Gegner« von Bahlsen würden, müsse man künftig verstärkt die Konsumenten ansprechen, damit diese die Händler

13 30 Jahre Kundendienst 1948-1978, S. 86 (BAH, R11, Nr. 470).

14 Bericht zur Verwaltungsratssitzung vom 31.10.1966, S. 40 (BAH, R11, Nr. 211).

15 Werner Bahlsen, Vortrag im Industrie-Verein am 28.9.1970, S. 67 (BAH, R13, Nr. 49).

16 Ebd.

zum vermehrten Bezug der Ware drängten. Das war der Kontext, in dem Bahlsen in den 1960er Jahren die oben schon beschriebene Intensivierung und Modernisierung der Werbung vollzog. Auch in dieser Hinsicht warf die Zukunft ihre Schatten voraus.[17]

In den 1950er Jahren ordnete sich die Mehrzahl der Kunden nahtlos in das von Bahlsen dominierte Vertriebssystem ein, da sie einfach zu klein waren, um eine Gegenposition durchzusetzen, zumal unter den anhaltenden Bedingungen eines Verkäufermarktes. Auf die Vorboten des Wandels hin zu einer größeren Marktmacht des Handels durch Konzentration bzw. Einkaufsgenossenschaften reagierte Bahlsen zunächst mit schroffer Ablehnung, später jedoch mit vorsichtiger Annäherung und sogar Konzessionen. 1953 befasste sich der von Bahlsen maßgeblich beeinflusste Verband der Deutschen Süßwarenindustrie mit den vermehrt entstehenden Einkaufsvereinigungen des Einzelhandels, mit denen sich dieser gegenüber den Preisdiktaten der Industrie zu wehren und höhere Rabatte zu erzielen versuchte. In seiner Erklärung sprach der Verband den Einkaufsvereinigungen mit schroffen Worten die Existenzberechtigung ab, da sie »keinerlei Leistungen des Warenvertriebs« erbrächten, »sondern sich lediglich als rabattforderndes Kollektiv dazwischenschieben«. Für »unproduktive Einkaufsvereinigungen ist [...] in unserer Wirtschaft kein Platz«. Alle Mitglieder wurden aufgefordert, ihren Forderungen nicht nachzukommen.[18] Dieser Aufruf wurde aber nicht konsequent umgesetzt. Auch Bahlsen ließ sich in den späten 1950er Jahren auf Geschäfte mit Einkaufsgemeinschaften, Kaufhäusern, Konsumgenossenschaften und Filialisten ein. Die dort erzielbaren Umsätze waren zu verlockend. Zudem handelte es sich, wie man bei Bahlsen vermerkte, um die »promptesten Zahler«.[19]

Der großbetriebliche Einzelhandel gehörte zu den Pionieren der Selbstbedienung, von der ein erheblicher Veränderungsdruck auf die Lebensmittelindustrie ausging. »Filialisten und Kaufhäuser verlegen sich immer mehr auf den Verkauf von abgepackter Ware.« Dieser Trend wurde auch durch den allgemeinen Personalmangel verstärkt. 1956 legte Bahlsen fest, dass »wir ein größeres Sortiment in abgepackter loser Ware haben« müssen, warnte aber zugleich vor einem zu hohen Aufwand. »Es darf sich dabei aber nur um eine einfache Verpackung handeln, damit beim Konsumenten nicht der Eindruck erweckt wird, er müsse die Packung mitbezahlen.«[20] In Deutschland gab es 1952 erst 81 Selbstbedienungsläden, deren Zahl bis 1957 auf 1.379 und bis 1964 auf 46.794 hochschoss. 1967 waren es bereits 72.241.[21] Angesichts dieser Entwicklung ging der Anteil loser Ware, der um 1955 noch bei 50 % gelegen hatte, drastisch zurück. Zunehmend verabschiedete sich Bahlsen vom

17 30 Jahre Kundendienst 1948-1978, S. 86 (BAH, R11, Nr. 470).

18 Zit. n. ebd., S. 48.

19 Ebd., S. 64.

20 Ebd., S. 61.

21 Disch, Groß- und Einzelhandel, S. 60; 30 Jahre Kundendienst 1948-1978, S. 116 (BAH, R11, Nr. 470).

Gebot der Sparsamkeit und setzte vermehrt auf attraktive Verpackungen, die in den Regalen Blickfänger und Markenbotschafter zugleich wurden.

Bei der Preispolitik zeigte sich das Unternehmen zunächst nicht im gleichen Maß lernfähig, sondern fuhr einen ambivalenten Schlingerkurs, der im Endeffekt einem Rückzug auf Raten entsprach. Noch 1962 hieß es, man solle »mit den Ketten ins Gespräch kommen, ohne dabei sofort unsere Verkaufspolitik ändern zu müssen«.[22] Dass es sich hierbei um eine Illusion handelte, merkte man spätestens bei den Verhandlungen mit Großunternehmen, die sich ganz anders als die gewohnten Gespräche in »Tante-Emma-Läden« gestalteten. Man traf dort auf aggressivere Einkäufer, die recht große Umsatzsteigerungen als Trumpfkarten einsetzen, um Zugeständnisse durchzusetzen.

Über den Besuch beim Düsseldorfer Filialisten Frowein & Nolden, der 1962 für 420.000 DM Bahlsen-Produkte abgenommen hatte, berichtete ein »Verkaufsherr«: »Hier handelt es sich um einen unserer schwierigsten Geschäftspartner, der mit unseren Konditionen seit Jahren unzufrieden ist und uns bei jedem Besuch die Pistole auf die Brust zu setzen versucht. Außer dem alljährlichen Rabatt-Thema wurde sehr hart über die Spannenpolitik diskutiert, die Herr Dannemann künftig nicht mehr hinnehmen will. Im sachlichen Teil unseres Gesprächs wurde unser Sortiment noch einmal im einzelnen durchgenommen. [...] Rücksichtslos wird jedes Erzeugnis im Programm gestrichen, das nicht den Umschlagsvorstellungen dieses straff geführten Filialunternehmens entspricht.«[23]

Bei Karstadt klagte der Chefeinkäufer, dass andere Keksunternehmen deutlich höhere Rabatte gewährten und er vom Vorstand wiederholt dafür kritisiert worden sei, die bescheidenen Konditionen des Hauses Bahlsens zu tolerieren. Da die Umsätze jährlich um mehr als 10 % wuchsen und 1962 bereits 1 Million DM überstiegen, bestand ein starkes Interesse an der Fortsetzung der Lieferbeziehung. Ohne Konzessionen hätte Karstadt aber »andere maßgebende Keksfirmen mit einzuschalten« und denen ein Teil des Bahlsen-Umsatzes zu geben.[24]

Über diverse Besuche bei Großfilialisten im Ruhrgebiet hieß es 1963: »Wenn auch erwartet wurde, daß alle Firmen wieder auf die Erhöhung der Rabatte bzw. die Jahresrückvergütung zurückkommen würden, so waren in diesem Jahr die Unterredungen doch weit schwieriger und die Forderungen bei fast allen Firmen massiver. Meine Ansicht ist nun die, daß [...] wir unsere bisherige Linie [...] revidieren müssen, wenn wir in Zukunft keinen Umsatzrückgang haben wollen.«[25]

Tatsächlich kam es zu einer schleichenden, nicht jedoch grundsätzlichen Revision. In einzelnen Fällen wurden nun doch Rabatte bis zu 10 % gewährt, und zwar unter dem Siegel der Verschwiegenheit. Dieses wurde jedoch wiederholt gebrochen,

22 Ebd., S. 143.

23 Berichte Gebietsleiter, Notiz zu Besuch bei Frowein und Nolden vom 23.1.1963 (BAH, R10, Nr. 46).

24 Berichte Gebietsleiter, Notiz Besuch Essen und Dortmund vom Januar 1963 (BAH, R10, Nr. 46)

25 Ebd.

sodass sich die geheimen Sonderkonditionen am Ende doch bei den Einkäufern herumsprachen. Das trieb den Verantwortlichen bei Bahlsen die Zornesröte ins Gesicht. »Jüngere Nachwuchskräfte, die durch Firmenwechsel in leitende Einkaufspositionen […] aufgerückt sind, versuchen durch ihre genaue Kenntnis der Rabatt- und Bonussätze in aggressiver Form bessere Konditionen auszuhandeln. Unsere zum Teil unterschiedlichen Vergütungen kommen dabei auch ins Gespräch.«[26] Die Marktmacht Bahlsens begann zu erodieren. Diese Entwicklung versprach nichts Gutes für die Zukunft.

26 Berichte Gebietsleiter, Bericht Reise Frankfurt vom 19.2.1963 (BAH, R10, Nr. 46).

7.5 »Wie ziehe ich mir zufriedene und tüchtige Mitarbeiter heran?«[1]. Arbeitsbeziehungen im »Wirtschaftswunder«

Die Arbeitsbeziehungen bei Bahlsen waren zu vielgestaltig, um sie mit allgemeingültigen Kategorien zu beschreiben. Die Gesamtzahl der durchschnittlich pro Jahr Beschäftigten stieg zwischen 1953 und 1964 von 2.455 auf 6.749, ohne den Personalmangel zu überwinden. Kerngruppen von zumeist männlichen Facharbeitern, Büroangestellten und Reisenden standen deutlich größere Gruppen zumeist weiblicher un- und angelernter Arbeitskräfte gegenüber, bei denen eine recht hohe Fluktuation auftrat. Es gab Stammbelegschaften, um die herum sich Saisonkräfte, vor allem Frauen, gruppierten. Backwaren sind Saisonartikel, die mit starken jahreszeitlichen Variationen nachgefragt werden. Das Weihnachtsgeschäft erforderte ab dem Sommer die Einstellung zusätzlicher Mitarbeiterinnen. Zudem waren die Rahmenbedingungen an den verschiedenen Standorten höchst unterschiedlich. In der Industriestadt Hannover herrschten andere Bedingungen als im ländlichen Barsinghausen oder in Lindau. Die Gesamtbelegschaft verteilte sich auf die unterschiedlichen Standorte und untergliederte sich in altgediente Bahlsianer, die schon vor 1945 dabei gewesen waren, in danach neu eingestellte oder qua Akquisitionen aus übernommenen Firmen hinzugekommene Kollegen und Kolleginnen.

Daher und aus Gründen der mangelhaften Überlieferung ist eine vollständige Analyse der Arbeitsbeziehungen nicht möglich. Dieses Teilkapitel konzentriert sich daher auf die wichtigsten Trends. Trotz der Heterogenität der Belegschaft und der unterschiedlichen Behandlung der jeweiligen Gruppen ist es sinnvoll, den Blick durch allgemeine Konzepte zu schärfen. Die Arbeitsbeziehungen bei Bahlsen befanden sich im Spannungsfeld dreier Idealtypen, nämlich dem Patriarchalismus, dem Taylorismus und dem Human-Relations-Ansatz.

Es ist unverkennbar, dass Bahlsen in den ersten beiden Nachkriegsjahrzehnten auf die traditionell im Unternehmen vorherrschende patriarchalische Unternehmenskultur zurückgriff. Das Unternehmen wurde als eine große Familie gedacht, die durch Fürsorge und Wohlwollen, aber auch Respekt und Gehorsam charakterisiert sein sollte. Der Unternehmensgründer wurde verehrt, denn dieser Patriarch hatte, so die Vorstellung, diese Kultur gestiftet. Durch Porträts in den Firmengebäuden und diverse Festschriften war Hermann Bahlsen ständig präsent. Die Einweihung des Werkes in Barsinghausen fand 1959 mit einer Feierstunde zum hundertsten Geburtstag des Gründungsvaters mit hochrangigen Vertretern der niedersächsischen Politik und Wirtschaft statt. »Hermann Bahlsen hätte sich […] kein schöneres Geburtstagsgeschenk wünschen können, als dieses neue Zweigwerk, das

1 Titel einer programmatischen Schrift Hans Bahlsens (BAH, R12, Nr. 128).

Abb. 39: Werner Bahlsen spricht im großen Saal neben der Büste seines Vaters, 1964 aus Anlass des Firmenjubiläums

ganz nach seinen Grundsätzen erbaut wurde«, verkündeten die *Leibniz-Blätter.*[2] Zudem wurde eine »gift relationship« gepflegt, indem die Beschäftigten großzügig beschenkt wurden, um sich ihrer Dankbarkeit zu versichern. Über die »Feierstunde« zum 75-jährigen Jubiläum 1964 vermerkte der Kundendienst: »Jede Mitarbeiterin und jeder Mitarbeiter, die vor dem Jubiläumstag in unserer Firma eingetreten sind und im ungekündigten Arbeitsverhältnis stehen, erhalten eine Erinnerungsmünze aus Gold mit dem Prägebild des Gründers unseres Hauses sowie eine Festschrift [...], und eine Jubiläumskeksdose.«[3]

Wer nicht ungekündigt geblieben war oder nur als Saisonkraft für Bahlsen arbeitete, gehörte nicht wirklich dazu. Der innere Zirkel der Belegschaft wurde auf vielfache Weise für seine »Treue« ausgezeichnet, etwa durch Anstecknadeln und Urkunden, die sich nach der Länge der Betriebszugehörigkeit unterschieden und im Rahmen von Betriebsversammlungen in Anwesenheit der Bahlsen-Brüder überreicht wurden. Die *Leibniz-Blätter*, die seit 1952 wieder erscheinende Mitarbeiterzeitschrift, erwähnten Jubilare namentlich. Eine spätere Untersuchung der Unter-

2 Leibniz-Blätter, Dezember 1950, o. S.

3 30 Jahre Kundendienst 1948-1978, S. 162 (BAH, R11, Nr. 470).

nehmenskultur kam zu folgendem Ergebnis: »Die für den noch tätigen Mitarbeiter sichtbare Einbeziehung der […] Pensionäre in das Firmengeschehen, sowie ihre Betreuung durch das Haus verstärkte die Bindung zu dem Unternehmen, gab den Mitarbeitern das Bewusstsein, auch im Alter abgesichert und betreut zu sein. Das Ausscheiden eines Mitarbeiters aus Altersgründen war der Geschäfts- und Verkaufsleitung Anlass, seine Verdienste für langjährige Tätigkeit zu würdigen und zu ehren.«[4] Immer wieder wurden auch die Vorzüge des Familienunternehmens angepriesen. Die Mitarbeiter arbeiteten nicht für ein anonymes Kapitalunternehmen, sondern begegneten den Eigentümern im Werk und hatten zu ihnen einen persönlichen Bezug. Tatsächlich ließen sich die Brüder regelmäßig in den Fabrikhallen sehen, kannten viele der Stammkräfte persönlich und sprachen mit ihnen. Lief eine Maschine nicht ordnungsgemäß, kümmerten sie sich gemeinsam mit den Meistern um das Problem. Das und die »Größe des Unternehmens« erzeugten ein »Gefühl unbedingter Sicherheit« und dienten als Ansporn.[5]

Zum Patriarchalismus gehörten auch zahlreiche Sozialleistungen wie das verbilligte Essen in der Werkskantine, die seit 1899 bestehende Betriebskrankenkasse, ein Gesundheitsdienst und zahlreiche Freizeitangebote von Chören bis zu Sprachkursen, vom Betriebssport bis zur Werksbücherei. Auch gab es eine »Erholungsverschickung« von Mitarbeitern und deren Kindern in Heime an der Nordsee oder im Harz. Die »Hermann Bahlsen Wohlfahrtseinrichtung« gewährte Rentnern und deren Witwen nach mindestens 15 Jahren Betriebszugehörigkeit eine Zusatzrente sowie »in besonderen Notfällen« Unterstützungszahlungen. Es gab die Möglichkeit, ärztlich verordnete Bestrahlungen, etwa Höhensonne oder Warmluft, von einer Werkskrankenschwester zu erhalten. Die Werksfürsorgerin, so die Mitarbeiterbroschüre von 1955, vermittelte »Näh- und Säuglingspflegekurse«, hatte ein Ohr für die »Nöte und Sorgen« der Belegschaftsangehörigen und unterstützte diese »im Verkehr mit Behörden«. Kranke wurden »von ihr besucht und weiterhin betreut«.[6] Kneipp-Becken und Liegestühle auf der Dachterrasse des Hauptwerkes und eine Milchbar dienten der Erholung während der Pausen.

Persönliche Sauberkeit war für ein Unternehmen der Nahrungsmittelindustrie unabdingbar und wurde rigoros eingefordert. Weiterhin bestand die Möglichkeit, »einmal wöchentlich ein Wannenbad bzw. Dusche während der Arbeitszeit zu nehmen. (Die Badezeit wird von uns bezahlt.).«[7] Es waren weiße Kittel zu tragen, die gegen Lohnabzug vom Unternehmen gekauft und am Wochenende privat gewaschen werden mussten. Hauben stellte dagegen das Werk. Die Frauen erhielten ferner die Vorgabe, dass »Ihre Fingernägel stets kurz geschnitten […] sind, und lassen Sie den Nagellack […] weg. Und denken Sie daran: Auffälliges Schminken passt nicht in

4 Siegfried Brettschneider u. Rudolf Meschter, Manuskript Führungsverhalten und Motivation, S. 13 (BAH, R11, Nr. 478).

5 Ebd., S. 12.

6 Regelbuch für Mitarbeiter, S. 14 (BAH, R11, Nr. 495).

7 Ebd., S. 17.

unseren Betrieb!«[8] Beim Verlassen der Fabrik fanden Diebstahlskontrollen statt. Bei Fertigwaren, aber auch bei Mehl, Butter, Eiern und anderen Zutaten gab es dennoch immer einen gewissen Schwund.

Im Gegenzug für die mit ihm verbundenen Zuwendungen verlangte der Patriarchalismus Gehorsam, Treue und Loyalität. »Denken Sie stets daran, dass Sie […] ein wichtiges Glied unserer Werksgemeinschaft sind.«[9] Dieser hochgradig ideologiebehaftete Begriff ging bei Bahlsen in den 1950er Jahren noch leicht über die Lippen. »Gemeinschaft« war für den Nationalsozialismus im Allgemeinen und für das Gesetz zur Ordnung der nationalen Arbeit (AOG) von 1934 im Besonderen ein Kernbegriff gewesen. Dabei handelte es sich bei der »Werksgemeinschaft« um keine

Abb. 40: Kneipp-Bäder auf der Dachterrasse

Erfindung der Nationalsozialisten. Vielmehr hatten bereits in der Weimarer Republik einflussreiche Teile der Großindustrie dieses Ideologem entwickelt, vor allem das 1925 gegründete Deutsche Institut für technische Arbeitsschulung (DINTA). Das Konzept beinhaltete eine dezidiert antigewerkschaftliche Stoßrichtung, die Stärkung der unternehmerischen Autorität (»Herr-im-Hause«-Standpunkt) und die Abwehr externer Eingriffe. Die Arbeitsbeziehungen sollten harmonisch und die Interessenvertretung der Beschäftigten im Wesentlichen auf die innerbetriebliche Sozialpolitik beschränkt sein. Der Nationalsozialismus griff dieses Konzept auf, ohne es substan-

8 Ebd., S. 9.
9 Ebd., Vorwort, S. 1.

tiell weiterzuentwickeln, lud es aber politisch und rassistisch auf.[10] Nach 1945 lebte das Konzept, nachdem es von spezifisch nationalsozialistischen Inhalten gereinigt worden war, fort und entsprach auch im »Wirtschaftswunder« den Wunschvorstellungen vieler westdeutscher Unternehmer.

Abb. 41: Bahlsen-Lehrlinge begehen den Abschluss ihrer Lehrzeit, 1964

Die Bahlsen-Brüder waren in dieser Hinsicht keine Ausnahme. Das »Regelbuch für Mitarbeiter« ermahnte in freundlichen Worten, dass es bei Beachtung aller Regeln »sicher zu einer erfreulichen Zusammenarbeit kommen« werde.[11] Welche Folgen die Nichtbeachtung haben würde, blieb unausgesprochen. Bahlsen erweckte ferner den Eindruck, dass der Betriebsrat ein nachgeordnetes Organ der Geschäftsführung war und sich schwerpunktmäßig um Soziales und Konfliktvermeidung zu kümmern habe. Bei allen arbeits- und sozialrechtlichen Fragen »wenden Sie sich […] vertrauensvoll an ihn! […] Wir haben den Wunsch, daß alle Streitigkeiten, die hier im Werk auftreten, im Hause erledigt werden.« Eine externe Interessenvertretung war nicht willkommen.

Der 1933 abgeschaffte Betriebsrat wurde 1945 restituiert. An seiner Spitze stand Richard Heimberg, der seit 1924 für Bahlsen gearbeitet und von 1925 bis 1933 dem

10 Vgl. Reidegeld, Sozialpolitik, S. 323 ff.; Hachtmann, Regelung, S. 137 ff.; Frese, Betriebspolitik, S. 13 ff.

11 Regelbuch für Mitarbeiter, Vorwort, S. 1 (BAH, R11, Nr. 495).

Betriebsrat vorgestanden hatte. Er gehörte der SPD an. Heimberg wurde während des Nationalsozialismus offenbar von dem Unternehmen geschützt und weiter beschäftigt. Daher bestand eine enge Verbundenheit zwischen ihm und der Geschäftsleitung. Allein schon aufgrund dieser Konstellation war die Konfliktbereitschaft gering. 1961 wurde sein Nachfolger Günther Winkler, der 1963 auch den Vorsitz des dann eingerichteten Gesamtbetriebsrates übernahm. Obwohl Heimberg an der Wiedergründung der Gewerkschaft Nahrung, Genuss, Gaststätten (NGG) mitgewirkt hatte, spielte diese im Hause Bahlsen keine Rolle. Zu Streiks ist es auch in dieser Phase nicht gekommen.

Ein anderer Akzent ergab sich aus dem Bestreben, Arbeitsabläufe optimal zu steuern und den Arbeitskräften Höchstleistungen abzufordern. An den Bändern gab es rigorose Normen, welche Mengen in welchen Zeiten zu schaffen waren. Bei Mehrleistung gab es Gruppenprämien. Diesem Ansatz lag die Rezeption tayloristischer Methoden zu Grunde, die in Deutschland seit den 1920er Jahren diskutiert und z.T. auch eingesetzt worden waren. Die Bahlsen-Brüder hatten durch diverse USA-Aufenthalte eine unmittelbare Anschauung gewonnen. Zudem entsprach es den Zielen von Bredt und Pentzlin, alle Rationalisierungsreserven zu mobilisieren. Daher kamen bei Bahlsen arbeitswissenschaftliche Methoden zum Einsatz. Lehrbuchmäßig wurden alle Arbeitsschritte in ihre einzelnen Elemente zerlegt und zeitlich erfasst, um in einem zweiten Schritt den Prozess effektiver zu gestalten.

1952 fand in allen Produktionsabteilungen eine breit angelegte »Arbeitsfehlerermittlung« statt, um »Arbeitserleichterungen für den Arbeitenden und Möglichkeiten zur Steigerung der Arbeitsleistung« aufzuzeigen.[12] Zu diesem Zweck wurden Arbeitsvorgänge fotografiert, Verbesserungen skizziert und Einsparpotentiale in »Ermittlungsbögen« eingetragen. Dabei fiel auf, dass es eine starke Abschottung der Abteilungen gegeneinander gab, die innerbetriebliche Lernprozesse erschwerten. Hatte eine Abteilung eine gute Lösung gefunden, blieb sie den anderen Abteilungen meist verborgen. »Die Abteilungsleiter kommen über« ihre »eigenen Abteilungen kaum hinaus und wissen nicht, wie die Arbeit in den anderen Abtlg. erfolgt. Als Antwort [...] heißt es: früher war es nicht gestattet, in andere Abteilungen zu gehen. Danach richten wir uns noch.«[13]

Der Bericht bemängelte weiterhin die unzureichende Qualifikation der Vorgesetzten, die trotz guten Willens vieles falsch machten. Sie hatten »zu geringe Vorkenntnisse der einfachen Regeln« und der »Anpassung der Arbeit an den Menschen«. Sie dachten zu wenig vom »arbeitenden Menschen her«. Eine »sinnvolle Arbeitsunterweisung« fand kaum statt.[14] Die Arbeitskräfte blieben sich meist selbst überlassen und entwickelten ihre eigenen, oft suboptimalen Routinen. Den Arbeitsprozessen fehlte oft eine Systematik und Gleichförmigkeit. An verschiedenen Tagen

12 Bericht Arbeitsfehlerermittlung vom 30.5.1952, S. 1 (BAH, R10, Nr. 215).

13 Ebd., S. 6 f.

14 Ebd., S. 7 f.; Bericht Arbeitsfehlerermittlung vom 31.5.1952, S. 1 (BAH, R10, Nr. 215).

bot sich den Ingenieuren in ein und derselben Abteilung ein abweichendes Bild. »Es wird immer etwas anderes, als man am Tage zuvor beobachtet hatte.«[15] Schließlich erforderte die Breite des Sortiments ständige Umstellungen, die meist ungeplant und unsystematisch erfolgten. Die Umgestaltung der Arbeitsplätze vollzog sich »individuell unkontrolliert und z. T. mit erheblichen Mängeln behaftet«. Bandführerinnen und Vorarbeiterinnen und sogar die Direktricen und Meister waren unter den Bedingungen der »Produktionsunruhe« nicht in der Lage, optimale Abläufe herzustellen.

Im Einzelnen zeichneten die Ingenieure ein Panorama vieler kleinerer, die Arbeitskräfte belastender Mängel. Die Standpositionen an den Bändern führten zu Rückenschmerzen, Fußgestänge waren schlecht zu erreichen, Fußstützen zu hoch oder zu niedrig und Transportwege zu lang. Zu niedrige Tische verhinderten eine natürliche Sitzhaltung, sodass sich Frauen verdrehen oder ständig vorbeugen mussten. Bewegungsbehinderungen, überlange Handwege, einseitige Belastungen, ungeeignetes Werkzeug, blendende Lampen, schweres Heben und Hitze erschwerten die Arbeit. Anfang der 1950er Jahre war Bahlsen weit von einem modernen tayloristischen Betrieb entfernt. Dem Betrachter bot sich vielmehr ein Bild der Rückständigkeit und Improvisation.

Positiv ausgedrückt konnte man in den 1950er Jahren mit relativ kleinen Mitteln erhebliche Rationalisierungserfolge erzielen. Den Weg dahin zeigten die Berichte auf. Sie empfahlen aus einer tayloristischen Perspektive heraus Schulungen, Erfahrungsaustausch, Unterweisungen durch Vorgesetzte, kleinere Umbauten, die Produktion größerer Serien, eine verstärkte »Typisierung der Artikel und Arbeitsvorgänge« sowie ihre Mechanisierung.[16] Leider gibt es keine Quellen zur Umsetzung dieser Empfehlungen. Es spricht aber vieles dafür, dass sie im Zuge der großen Rationalisierungsmaßnahmen der 1950er Jahre aufgegriffen wurden. Das Leitbild einer tayloristisch inspirierten Arbeitsorganisation mit möglichst effizienten Arbeitskräften übte zweifelsohne einen starken Einfluss aus.

Einen dritten Ansatz neben dem traditionellen Patriarchalismus und der Einpassung der Arbeitskräfte in eine produktivitätsoptimierte Fabrikorganisation vertrat die als Gegenbewegung zum Taylorismus entstandene Human-Relations-Schule. Insbesondere Hans Bahlsen war mit ihr während seiner verschiedenen US-Aufenthalte in Berührung gekommen. 1954 nahm er an einem Kurs an der Harvard Business School teil, wo der Begründer der Human-Relations-Bewegung, Elton Mayo, bis 1947 eine Professur bekleidet hatte. Sein Ansatz trat in den 1950er Jahren einen weltweiten Siegeszug an und begründete die Industriesoziologie. Sie verwies auf die psychosozialen Motive der Arbeitsleistung, die nicht allein durch finanzielle Anreize und Kontrollen gesteuert würde. Mitarbeiter wurden nicht als Anhängsel oder Zuarbeiter von Maschinen, sondern als Menschen mit sozialen Bedürfnissen und

15 Bericht Arbeitsfehlerermittlung vom 30.5.1952, S. 3 (BAH, R10, Nr. 215).

16 Bericht Arbeitsfehlerermittlung vom 31.5.1952, S. 2 (BAH, R10, Nr. 215).

Abb. 42: Frauen in leicht gebückter Haltung gießen Marmelade in Fruchttörtchen, 1952

persönlichen Identitäten wahrgenommen.[17] Rationalisierung und Humanisierung der Arbeitswelt sollten zwei Seiten ein und derselben Medaille sein.[18]

In verschiedenen internen Papieren bezog sich Hans Bahlsen 1957/58 direkt auf Mayo, rekurrierte aber auch auf die Ideale der Werksgemeinschaft, ohne sich ganz vom NS-Jargon zu lösen. Der Mitarbeiter sollte sich, so Bahlsen, gegenüber seinem fürsorglichen »Betriebsführer« als »Gefolgsmann verbunden [...] fühlen«.[19] Wohlwollen und Vertrauen (»good will«) steigerten die Leistung um bis zu 30 %. »Überdurchschnittliche Leistungen eines Abteilungsleiters oder eines Betriebsführers« sind nur zu erwarten, wenn »Kontrolle kaum spürbar« und »die Mitarbeit der Untergebenen« vorhanden seien. »Wertschätzung« und »Selbstvertrauen, basiert auf [...] persönliches Können«, erzeugten »motorische Kräfte [...], eine Arbeit anzupacken und sie nach eigenem Urteil [...] zum Erfolg zu führen.« Bahlsen betonte die Wichtigkeit von Vertrauen sowie eines guten Betriebsklimas und funktionierenden Teamworks. Für »schöpferische Menschen« seien Freiräume wichtig. »Die [...] vornehmste Aufgabe eines jeden [...] Betriebsführers sollte es [...] sein, die ›Kön-

17 Gillespie, Knowledge; Rose, Behaviour; Kleinschmidt, Blick, S. 173 ff.

18 Vgl. dazu Uhl, Rationalisierung, S. 325 ff.

19 Hans Bahlsen, Manuskript »Die Arbeit des Chefs«, S. 8 (BAH, R12, Nr. 128). Dort auch weitere Aufsätze.

ner‹ […] zu fördern.« Bei diesen Mitarbeitern sollte man »Ecken und Kanten« tolerieren[20] und »so viel freie Hand lassen wie nur irgend vertretbar«.[21]

Im Umgang mit leitenden Angestellten des Hauses scheint vieles dieser Führungsphilosophie umgesetzt worden sein, denn hier gab es tatsächlich viele Freiräume und auch individuelle Sonderregelungen. In Bezug auf die Mehrheit der Belegschaft verließ man sich stärker auf den Patriarchalismus und den Gemeinschaftsgedanken. Hier betonte Bahlsen die Bedeutung von Regeln, in die sich die meisten Mitarbeiter »willig« eingliederten. »Sie fühlen sich in diesen Regeln geborgen« und sind »zuverlässige und wertvolle Mitarbeiter«.[22] Der militärische Befehlston habe ausgedient, was ganz den Führungsgrundsätzen dieser Zeit entspreche, die auf Eigeninitiative statt auf Kadavergehorsam setzten.[23] »Ein freundliches Wort im richtigen Augenblick kann mitunter grössere Wunder vollbringen als eine Gehaltsauflage.« Dabei tauchen Denkmuster des Patriarchalismus wieder auf, nämlich die Figur des strengen, aber gütigen Familienvaters. »Für einen Chef, der gerecht und streng, aber dabei menschlich ist […], geht die ganze Belegschaft durchs Feuer.«[24] Grundsätzlich herrsche Harmonie und Arbeitsfreude. »Alles arbeitet gern […] zusammen und man braucht keine Zeit [zu] verschwenden, um irgendwelche Streitigkeiten zu schlichten.«[25]

Diese Ausführungen beschreiben ein normatives Idealbild, nicht jedoch die gelebte Realität. Es ist offensichtlich, dass sich traditionelle und moderne Leitbilder der Personalführung vermischten und vieles davon in den betrieblichen Alltag einging, vor allem durch die Präsenz der Geschäftsführung in den Werkshallen. Von einer stets glücklichen und den Chefs zugewandten Belegschaft zu sprechen verbietet sich jedoch, denn Bahlsen litt unter einer relativ hohen Fluktuation und hohen Krankenständen. 1959 fehlten mindestens 10 % der Belegschaft, mit zunehmender Tendenz.[26] Aufgrund der für Bahlsen »schlechten Arbeitsmarktlage in der Stadt« durch die starke Konkurrenz anderer Industrien standen im Werk Hannover 1959 und 1960 1.756 Neueinstellungen 2.306 Abgängen gegenüber. Bahlsen verlor also per Saldo 550 Mitarbeiter. In Barsinghausen wuchs die Belegschaft dagegen um 174 Personen.[27] Arbeitskräfte fanden in Hannover problemlos andere Arbeitgeber, die oft besser bezahlten, wie Volkswagen, aber auch der Automobilzulieferer Continental oder der Nutzfahrzeughersteller Hanomag, die Elektrounternehmen Telefunken und Siemens sowie der Schreibwarenhersteller Pelikan und die Schokoladenfabrik

20 Hans Bahlsen, Manuskript, Leistungssteigerung durch »Good-will«, S. 3 f. u. 9 (BAH, R11, Nr. 503).

21 Hans Bahlsen, Manuskript, Die Arbeit des Chefs, S. 11 (BAH, R12, Nr. 128).

22 Hans Bahlsen, Manuskript, Leistungssteigerung durch »Good-will«, S. 3 (BAH, R11, Nr. 503).

23 Vgl. Kleinschmidt, Blick, S. 177 f.; Uhl, Humane Rationalisierung, S. 332; Rosenberg, Experten.

24 Hans Bahlsen, Manuskript, »Die Arbeit des Chefs«, S. 5 f. (BAH, R12, Nr. 128).

25 Ebd., S. 4.

26 Beiratssitzungen 1958-1962, Protokoll der Sitzung vom 15.5.1959, S. 7 (BAH, R11, Nr. 214).

27 Unterlagen zur Verwaltungsratssitzung vom 25.4.1961, S. 18 (BAH, R11, Nr. 214).

Sprengel. Dagegen schützte auch das Konzept der »Werksgemeinschaft« nicht. Es war nicht möglich, eine ausreichende Zahl von Arbeitskräften zu rekrutieren und bei im Vergleich eher niedrigen Löhnen zu halten, um mit der steigenden Nachfrage Schritt zu halten.

Hinzu trat die Tatsache, dass die Quote der Arbeitslosen in der Bundesrepublik zwischen 1952 und 1964 stetig von 9,5 auf 0,8 % sank und seit 1956 Vollbeschäftigung herrschte. Es bestand praktisch keine Arbeitskräftereserve mehr, was die Löhne steigen ließ und den Beschäftigten Wahlmöglichkeiten eröffnete. Der Arbeitskräftemangel wurde durch die bis zum Mauerbau von 1961 mögliche Übersiedlung aus der DDR, die sich zwischen 1953 und 1961 im Schnitt auf über 220.000 Menschen pro Jahr belief, und die ersten, hauptsächlich italienischen Gastarbeiter, deren bundesdeutsche Gesamtzahl 1960 bei 280.000 Personen lag, nur unwesentlich gemildert. Verschärfend wirkten sich die 1957 vollzogene Einführung der Wehrpflicht und die sukzessive Verkürzung der Regelarbeitszeit aus, die im Durchschnitt der Industrie zwischen 1955 und 1964 von 48,6 auf 44,1 Stunden pro Woche sank.[28]

Eine Reaktion bestand in der Einführung der nach 1945 bislang kaum genutzten Teilzeitarbeit von verheirateten »Hausfrauen«. Ihre bis dahin geringe Bedeutung hatte zum einen ökonomische Gründe, wie die zu Beginn der 1950er Jahre noch hohe Männerarbeitslosigkeit und die starke Belastung der noch kaum maschinisierten Hausarbeit. Zum anderen wirkten überkommene Geschlechterrollen, nach denen Männer »Ernährer« sein sollten und sich verheiratete Frauen allein um ihre Familien zu kümmern hätten. Eine Abweichung vom Ernährer-Hausfrau-Modell war verpönt und galt als Zeichen von Armut oder Verantwortungslosigkeit. So genannte Zölibatsklauseln legten in Arbeitsverträgen von Frauen fest, dass mit einer Eheschließung das Arbeitsverhältnis automatisch endete. Diese Praxis wurde erst 1957 vom Bundesarbeitsgericht als verfassungswidrig untersagt.[29] Unternehmen, so auch Bahlsen, boten daher bis dahin in der Regel keine Teilzeitarbeitsplätze an.

Wie Christine von Oertzen gezeigt hat, kam es um 1958/59 zu einem bemerkenswerten Umschwung in Richtung eines Ernährer-Hinzuverdienerinnen-Modells. Von nun an kam es zu einer starken Ausweitung weiblicher Teilzeitarbeit. Das lag zum einen am Zwang, auf dem leergefegten Arbeitsmarkt letzte Reserven zu mobilisieren. Zum anderen veränderten sich die Geschlechterrollen. Teilzeitarbeit gewann für verheiratete Frauen an Attraktivität, da sie so ihre Eigenständigkeit unter Beweis stellen und eigene Rentenansprüche erwerben wollten. Auch immer mehr Männer begrüßten die Teilzeitarbeit, da sie der Familie half, zusätzliche Konsumwünsche zu erfüllen. Schließlich erleichterten Staubsauger, Waschmaschinen und Kühlschränke die Hausarbeit und schufen zeitliche Freiräume.[30]

28 https://www.gewerkschaftsgeschichte.de/downloads/tab_arbeitszeit_industrie_1919_1990.pdf (Zugriff 3.3.2021).

29 Vgl. Petrak, Petzina u. Plumpe, Adenauers Welt, S. 177.

30 Oertzen, Teilzeitarbeit (1999); dies., Teilzeitarbeit (2003); Andersen, Traum, S. 90 ff.

Abb. 43: Massenproduktion per Hand und Fließband, 1959

Bahlsen gehörte zu den Pionieren der weiblichen Teilzeitarbeit in der Bundesrepublik. Der Personalmangel eskalierte immer mehr, auch weil das Unternehmen 1957 die 45-Stundenwoche und 1960 die 44-Stundenwoche einführen musste. Immer wieder enttäuschte man Kunden, die zu wenig Ware erhielten. Vielversprechende Produkte verschwanden vorübergehend aus dem Programm. 1957 misslang es im Sommer, eine ausreichende Zahl von Saisonkräften einzustellen. Tabelle 13 spiegelt das saisonale Muster im Stammwerk wider, nach dem weibliche Vollzeitkräfte nach Weihnachten entlassen und im Sommer wiedereingestellt wurden, um die Saisonspitzen zu bewältigen. Im November und Dezember war die Belegschaft am größten. Dieses Muster funktionierte aber ab 1959 nicht mehr, denn jetzt kam es im Jahresverlauf trotz verstärkter Werbung sogar zu einem Rückgang statt des üblichen Anstiegs. Überstunden durch Sonderschichten, z. T. auch am Sonntag, waren ein Notbehelf, der aber den Krankenstand steil anstiegen ließ.

Aus dieser Zwangslage heraus entschied sich Bahlsen im Sommer 1959, probeweise für das Weihnachtsgeschäft halbe Schichten von 4,5 Stunden Dauer (9.00-13.30 und 13.30-18.00 Uhr) einzurichten. Auf eine Anzeige für »leichte und angenehme Bandarbeit«, die Bahlsens »gute soziale Betreuung wie Werksküche usw.« anpries, meldeten sich zur völligen Überraschung der Personalabteilung Hunderte Interessentinnen. Bahlsen stellte zunächst 50 ein, stockte jedoch nach positiven Erfahrungen bis November auf knapp 400 »Halbtagsfrauen« auf, die nicht nur in der Packerei arbeiteten. Um ihnen die Abstimmung von Haus- und Fabrikarbeit zu erleichtern, wurde sogar der Schichtbetrieb der Männer in der Bäckerei umgestellt. Die »Hausfrauen« konnten zwischen fünf Anfangszeiten wählen.[31]

Tabelle 13: Beschäftigungsstruktur im Bahlsen-Werk I, Hannover, 1957-1960

	Männer	Frauen in Vollzeit	Frauen in Teilzeit	Spanierinnen
Dez. 1957	537	2.056	0	0
Jan. 1958	533	1.854	0	0
Dez. 1958	607	2.157	0	0
Jan. 1959	595	1.952	0	0
Dez. 1959	568	1.812	233	0
Jan. 1960	557	1.712	0	0
Dez. 1960	585	1.431	657	118

Quelle: Fabrikberichte für 1960 (BAH, R10, Nr. 515); Fabrikberichte für 1957-1959 (BAH, R 10 516).

Bis Ende Dezember 1959 wurden alle »Halbtagsfrauen« wie geplant entlassen, nur um im April 1960 die Halbtagsschichten wieder einzurichten. Im Oktober waren 757 Teilzeitkräfte beschäftigt. Im letzten Quartal 1966 stieg ihre Zahl auf 1.200 an.[32] Aus Saisonkräften waren in etwa der Hälfte der Fälle reguläre Mitarbeiterinnen geworden. Zur Überraschung und Freude stellte Bahlsen fest, dass die Halbtagsschichten schon nach 14-tägiger Einarbeitung produktiver als die Ganztagsschichten waren, was zu Spannungen und zu Ärger mit dem Betriebsrat führte.

Bahlsen gelang etwas, was andere Hannoveraner Unternehmen nicht schafften, nämlich sehr früh die noch vorhandenen Vorbehalte zu überwinden und eine größere Zahl verheirateter Teilzeitarbeiterinnen einzustellen. Bahlsen erreichte Frauen, die lange nicht berufstätig gewesen waren und für die ›richtige Fabrikarbeit‹ nicht in Frage kam. Das lag nicht nur an dem bemerkenswerten Entgegenkommen des Unternehmens, das eine familienfreundliche Flexibilität erlaubte, sondern auch an den Produkten und den Besonderheiten der Fertigung. Aus Sicht der Frauen, das bestätigten Interviews, war die Hemmschwelle gegenüber der Fabrikarbeit mit Keksen bei weitem nicht so hoch wie mit Metall oder Elektrotechnik. Bahlsen bot ihr, wie es eine ehemalige »Halbtagsfrau« ausdrückte, eine »feinere Arbeit«. »Ich könnt' mir nicht vorstelln, mit Schrauben zu hantieren.«[33] Auf Anzeigen von Unternehmen anderer Branchen bewarben sich diese Frauen daher meist erst gar nicht. Eine hausarbeitsnahe Tätigkeit wie das Einpacken von Keksen war für sie dagegen soziokulturell akzeptabel.

31 Dieser Abschnitt basiert auf Oertzen, Teilzeitarbeit (1999), S. 283-288. Alle Zitate ebd.
32 Ebd., S. 289.
33 Interview, zit. bei Oertzen, Teilzeitarbeit (1999), S. 295. Vgl. auch ebd., S. 292.

Die »Halbtagsfrauen« verstanden sich auch nicht als klassische Fabrikarbeiterinnen, sondern als hinzuverdienende Hausfrauen. Sie grenzten sich von den Ganztagskräften ab, die sie als Proletarierinnen wahrnahmen, die es nötig hatten, den ganzen Tag zu schuften. An dieser Schnittstelle gab es definitiv keine Werksgemeinschaft. In der Eigenwahrnehmung besaßen die Teilzeitkräfte bessere Manieren und befleißigten sich einer gepflegteren Sprache. Tatsächlich entstammte ein Teil der Frauen dem kleinbürgerlichen Milieu. Zum Teil waren die Männer sogar Lehrer oder Beamte.

Die Arbeitserfahrung zeichnete sich durch Ambivalenz aus. Das Einsortieren von Kekssorten in Dosen am Band war monoton und anstrengend, der Gruppenakkord auch psychisch belastend, denn für individuelle Leistungsabfälle erhielt das Kollektiv Abzüge. Die Arbeit am Mischungspackband, so die Werkszeitschrift, erforderte die »Bereitschaft zur persönlichen Einordnung in eine Gruppe [...] zur zwangsgebundenen Zusammenarbeit. Ohne diese Bereitschaft und die nötige Einordnung geht es nun mal nicht.« Die Leiterinnen der Packsäle und die Bandführerin hatten daher streng darauf zu achten, »Schwierigkeiten [...] zu vermeiden«.[34] Sie verfügten über besondere Sprechrohre, mit denen sie Ansagen machen konnten.

Allerdings stiftete die Arbeit auch soziale Zusammenhänge und erlaubte es den Frauen, der Enge des Haushalts zu entkommen. Geburtstage wurden gemeinsam begangen und Geburten von Enkelkindern mit Sekt begossen. Man ging zusammen in die Werkskantine und traf sich privat, auch noch nach dem Ausscheiden aus dem Unternehmen. Freundschaften wurden geschlossen und gepflegt.[35]

Obwohl das Ende der 1950er Jahre noch avantgardistische Großexperiment weiblicher Teilzeitarbeit in Hannover zu einem großen Erfolg wurde, beseitigte es keineswegs den Arbeitskräftemangel. Das galt insbesondere für das 1957 eröffnete Werk in Barsinghausen, in dem sich die offenen Stellen entgegen aller Erwartungen zunächst nicht füllen ließen. Offenbar stand die vom Bergbau geprägte Region der Lebensmittelindustrie distanziert gegenüber. »Kumpels wollen keine Kekse backen«,[36] titelte 1959 die Lokalzeitung. Bahlsen hatte gehofft, ehemalige Bergleute als Schlosser zu gewinnen, was nur begrenzt gelang. Daher mussten auswärtige Arbeiter angeworben werden, sodass 1959 in Barsinghausen ein Wohnheim für Monteure entstand. Auch die Frauen aus der Region waren nur in geringen Zahlen bereit, für Bahlsen zu arbeiten. Die Landfrauen mögen konservativer als die Hannoveranerinnen oder durch landwirtschaftlichen Nebenerwerb zeitlich weniger flexibel gewesen sein. Über die Anlaufschwierigkeiten von Barsinghausen kam es wieder einmal zum Streit zwischen den Brüdern.[37]

34 Leibniz-Blätter, März 1959, o. S.

35 Vgl. Oertzen, Teilzeitarbeit (1999), S. 287 ff.

36 Ebd., S. 286; Goslarersche Zeitung vom 27.11.1959.

37 Bericht Klaus Bahlsen 90 Jahre HBKF, S. 80 (BAH, R13, Nr. 49).

Der Ausweg bestand in der Beschäftigung ausländischer Frauen, und auch hier nahm Bahlsen eine Pionierrolle ein. Bevor im März 1960 das Anwerbeabkommen zwischen der Bundesrepublik und Spanien geschlossen wurde, traf Bahlsen schon konkrete Vorbereitungen durch die Einschaltung der spanischen Botschaft, des Landesarbeitsamtes und Eugen Knechts, eines Schweizer Vermittlers mit besten Kontakten nach Spanien. Bereits 1959 bemühte sich Bahlsen, so der interne Vermerk, um die Anstellung von »fremdländischen Arbeiterinnen«. Unter dem Betreff »Fremdarbeiterinnen« wurde festgelegt, »auf die Zahl von 400 zu gehen; davon 15 intelligente Frauen, die als Gruppenführerinnen ausgebildet werden sollen.« An kultureller Überheblichkeit mangelte es den Herren der Geschäftsführung nicht. Ferner war die Rekrutierung eines »Koch-Ehepaares« und einer »Aufsichtsdame« geplant.[38]

Die in der Nachkriegszeit wegen ihrer Rolle als Verbündeter des NS-Staates noch lange international isolierte Franco-Diktatur bemühte sich um 1960, Anschluss an das westliche Lager zu finden. Spanien litt nach wie vor unter großen wirtschaftlichen Problemen. Es handelte sich um ein rückständiges und armes Land mit einer weichen Währung und vielen Arbeitslosen, sodass eine Stelle in Deutschland für Spanierinnen sehr attraktiv war. Es ging ihnen primär darum, möglichst viel Geld zu sparen und ihre Familien zu unterstützen. Daher seien sie, so ein Angehöriger der spanischen Botschaft gegenüber Werner Bahlsen, auch bereit, viele Überstunden zu leisten und auf freie Wochenenden zu verzichten. Ferner erklärte der Diplomat, dass das Arbeitsethos seiner Landsleute regional sehr schwanke, aber das von Bahlsen ins Auge gefasste »Alt-Kastilien« im Norden des Landes zu »den arbeitsamen Landschaften« gehöre. Die Franco-Diktatur hatte im Anwerbeabkommen bereits die Gleichbehandlung ihrer Bürger mit deutschen Arbeitskräften festgeschrieben, was auch die Koalitionsfreiheit betraf. Die Frauen durften also der Gewerkschaft NGG beitreten. Da aber alles durch das Anwerbeabkommen geklärt sei, bestand dazu aus Sicht der Botschaft keine Notwendigkeit, und Bahlsen solle die gewerkschaftliche Organisation auch nicht fördern, was das Unternehmen ohnehin nicht vorhatte. Ein Überschwappen linken Gedankengutes nach Spanien befürchtete die Botschaft nicht, da die Diktatur mit den Syndikaten, d.h. staatlich kontrollierten Zwangsgewerkschaften, ein besseres System als die Bundesrepublik besitze. Wichtiger als die Mitgliedschaft in Gewerkschaften sei die »menschliche Betreuung« durch die katholische Kirche. Im Wohnheim müsse »die Messe gelesen« werden und die Zeiten des Gottesdienstes sollten arbeitsfrei bleiben.[39]

Wenig später begann, so Knecht, die »Selektion«[40] lediger Frauen in Spanien, die auch medizinische Tests umfasste. In Valladolid suchte ein Bahlsen-Beauftragter »58 gesunde […] Mädchen« aus. In Palencia hatten sich 90 beworben, aber nur die

38 Aktennotiz betr. Fremdarbeiterinnen vom 26.10.1959 (BAH, R10, Nr. 368).

39 Aktennotiz Besprechung Werner Bahlsen mit Herrn Soriges am 1.6.1960 (BAH, R10, Nr. 368).

40 Eugen Knecht an Direktor Püschmann vom 25.5.1961 (BAH, R10, Nr. 368).

Hälfte von ihnen »präsentiert«, »von denen ich 33 Mädchen einstellte«.[41] Sie alle mussten nach Maßgabe des Jugendschutzgesetzes mindestens 18 Jahre alt sein. Es wurden aber auch einige 17- und 16-Jährige rekrutiert, sofern sie »robust« waren.[42]

Die ersten 14 Spanierinnen trafen im Mai 1960 per Bus ein. Ende des Jahres beschäftigte Bahlsen 376 Spanierinnen. Um die deutschen Arbeitskräfte auf die neuen Kolleginnen vorzubereiten, erklärten im Sommer die *Leibniz-Blätter* unter dem Titel »Fremdarbeiter Heute« recht ungelenk den Unterschied zur Kriegszeit. »Und nun sind nach fünfzehnjähriger Pause wieder ›Fremdarbeiterinnen‹ zu uns gekommen.« Die seien genau so fremd wie die ausländischen Arbeitskräfte »in der schlimmen Zeit«. Trotzdem bestehe ein großer Unterschied, denn heute kämen »unsere Spanierinnen freiwillig zu uns«. Sie wurden arbeits- und tarifrechtlich in jeder Hinsicht der deutschen Belegschaft gleichgestellt und nicht wie vor 1945 »in vielen Betrieben«, also angeblich nicht bei Bahlsen, »unter schlechteren oder gar entehrenden Arbeitsbedingungen […] ›eingesetzt‹«. Die Bedingungen in Deutschland seien heute »sicherlich sozial fortschrittlicher als in ihrer Heimat. Nicht Zwang, sondern Freiheit, nicht Gegner, sondern Partner – das ist der Sinn von Fremdarbeit heute.« Es folgte die Vision eines kontinentalen Arbeitsmarktes, in dem aus »Fremdarbeitern« künftig »Mitarbeiter aus Europa« werden.[43]

Eine spätere Ausgabe lobte die Spanierinnen für ihren Fleiß und ihre »Geschicklichkeit«. Man könne ihre Fremdheit leicht vergessen, wenn sie sich nicht durch »Gliederbau, Wuchs und Hautfarbe« von ihren deutschen Kolleginnen eindeutig abheben würden.[44] Die anerkennenden Worte konnten nicht darüber hinwegtäuschen, dass die Arbeit sehr anstrengend war und die Eingewöhnung in das ungewohnte Milieu nicht leichtfiel. Keine der Frauen hatte bisher in einer Fabrik gearbeitet, geschweige denn ihren Heimatort für längere Zeit verlassen. Ein besonderes kulturelles Problem bestand darin, dass Bahlsen von ihnen erwartete, bei Schichtende intensiv zu putzen. »Die Mädchen fürchteten, daß sie, wie es bei Ihnen daheim ist, an Achtung verlieren könnten.«[45] Herausforderungen führten auch dazu, dass unter den Frauen eine starke Solidarität herrschte und individuelle Fehler von den jeweiligen Gruppen aufgefangen wurden. Der Krankenstand der Spanierinnen lag ungefähr bei der Hälfte des deutschen Durchschnitts, was dem niedrigeren Altersdurchschnitt geschuldet sein mag.[46]

Am Jahresende 1960 herrschte allseits große Freude. Bahlsen war so zufrieden mit den neuen Mitarbeiterinnen, dass man für das Frühjahr 1961 »weitere 200 Mädchen« anforderte. Die Frauen fühlten sich, so das Unternehmen, in Deutschland sehr wohl. Knecht bemerkte: »Die positiven Berichte […] nach Hause bedeuteten

41 Reisebericht Spanienreise 22.-28.6.1960 vom 28.6.1960 (BAH, R10, Nr. 368).
42 Eugen Knecht an Direktor Püschmann vom 28.6.1960 (BAH, R10, Nr. 368).
43 Leibniz-Blätter, Juli 1960, o. S.
44 Leibniz-Blätter, Oktober 1960, o. S.
45 Leibniz-Blätter, April 1962, o. S.
46 Ebd.

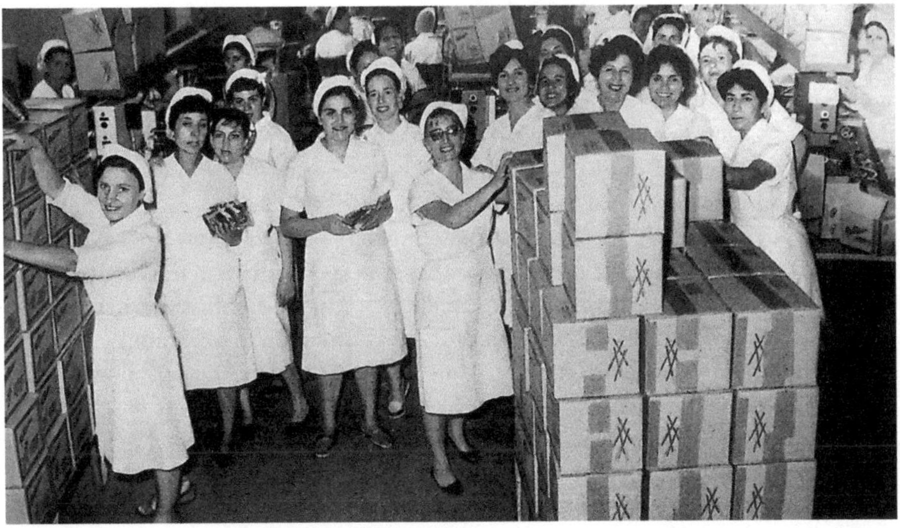

Abb. 44: Spanierinnen in Barsinghausen, 1960

für meine Tätigkeit für Ihre Firma die beste Propaganda. [...] Unterkunft, Verpflegung und die Führung der Spanierinnen« seien so »vorbildlich«, dass Bahlsen in Spanien einen guten Ruf habe und viele Frauen, vor allem Schwestern und Verwandte der ersten Kohorten, ebenfalls nach Deutschland kommen wollten. Schon bald erschienen geradezu euphorische Berichte in der spanischen Presse, die die Anwerbung weiter erleichterten. Auch die mit der Anwerbung befassten spanischen Behörden waren voll des Lobes für die Behandlung ihrer Landsleute durch Bahlsen. 1961 belief sich die Zahl der Spanierinnen in Barsinghausen auf etwa 400 Frauen, 1964 waren es dagegen schon 700.

Trotzdem operierte Bahlsen immer noch oberhalb der langfristigen Kapazitätsgrenze. 1960 hieß es: »Während im ersten Halbjahr kaum Lieferschwierigkeiten auftreten, ändert sich die Situation [...] im zweiten Halbjahr schlagartig. Auch der Einsatz von Halbtagsfrauen und Spanierinnen kann die Situation nicht wesentlich verbessern. Die Maschinen in den Werken sind ständig ausgelastet, und man hat kaum Zeit, die notwendigen Überholungen durchzuführen.«[47]

47 30 Jahre Kundendienst 1948-1978, S. 120 (BAH, R11, Nr. 470).

7.6 Grundzüge der Governance von Familie und Unternehmen

1952 hatte es Werner Bahlsen längst geschafft, die eindeutige Spitzenposition in der Geschäftsleitung einzunehmen. Das war insofern eine Ironie der Familiengeschichte, da Hermann Bahlsen dem jungen Werner zunächst am wenigsten zugetraut und seine Brüder für die geeigneteren Nachfolger gehalten hatte. Seine Prognose traf auch bei Gerhard, den er als potentiellen »Finanzmann« eingestuft hatte, nicht zu, da dieser sich ja für eine Tätigkeit im Unternehmen nicht interessierte. Von Hans erwartete er eine Position als »Techniker [...] mit Ausschluss des Kaufmännischen.« Klaus sei »als praktischer Mann für die Fabrikation in Verbindung mit dem Kaufmännischen« geeignet. »Werner, käme wohl weniger in Frage, [...], es könnte sein, dass das Künstlerische einmal sein Element würde.«[1]

Zumindest in Bezug auf Hans und Klaus lag der Vater richtig. 1952 war Hans für die Technik zuständig, Klaus für die Produktion und Werner für die übergeordnete Geschäftsleitung mit einer besonderen Verantwortung für Verkauf, Forschung und Repräsentation. Nach außen erweckte diese offiziell kommunizierte Struktur den Eindruck einer sinnvollen Arbeitsteilung und eines harmonischen Familienunternehmens. Tatsächlich gab es hinter dieser Fassade erhebliche Spannungen und Ungleichgewichte. Die Einbindung in die Geschäftsführung von Hans und Klaus war von Ambivalenzen, Unterbrechungen und beidseitigen Distanzierungsbemühungen, aber auch von Wiederannäherungen charakterisiert. Werner arbeitete dagegen mit großer Zielstrebigkeit und Konstanz in der Geschäftsführung, sodass er seine Vorrangstellung nicht erkämpfen musste. Er war im Grunde genommen die einzige Unternehmerfigur in der zweiten Generation. Klaus war zwar sehr kreativ, aber oft zu detailversessen, um das Unternehmen als Ganzes zu sehen. Über die Optimierung einzelner Maschinen oder Abteilungen konnte Klaus ganze Aktenordner vollschreiben.

1953 schied Hans aus dem Vorstand aus und zog vorübergehend in die USA. In dieser Situation bemühte sich Klaus Bahlsen, seine Position wieder auszubauen. Seine merkwürdige Suche nach Distanz zum Unternehmen, ohne völlig loszulassen, wurde nun von dem Wunsch einer Stärkung seiner Position im Unternehmen abgelöst, ohne sich jedoch vollständig darauf einzulassen. Er schrieb dem Aufsichtsratsvorsitzenden und schlug vor, die Nachfolge von Hans als technischer Betriebsleiter anzutreten und so zur »Entlastung meines Bruders Werner« die »Gesamtleitung des Betriebes vollverantwortlich zu übernehmen«. Voraussetzung sei eine Überprüfung und Veränderung des Budgets und die Stärkung »der Autorität der Betriebsherren«. Er selbst könne nur »je nach Bedarf, ungefähr 8 Tage im Monat in Hannover anwesend sein, dabei aber selbstverständlich auch für die übrige Zeit die volle Verantwortung übernehmen. [...] Der bisherige Zustand meiner zeit-

1 Hermann Bahlsen an die Testamentsvollstrecker vom 22.3.1919 (BAH, R12 151).

willigen Mitarbeit in Hannover ist für mich mehr als unbefriedigend, […] da ich nur beratend tätig war.«[2]

Werner lehnte den Vorschlag sofort ab. Im Nachgang sprach sich Martha Hohmeyer vehement für Klaus aus und verlangte gegenüber Menge vom Aufsichtsrat eine »Abstimmung darüber«.[3] Die schließlich gefundene Regelung besagte, dass Klaus als Produktionsleiter für alle Betriebe zuständig wurde, aber nur 14 Tage im Monat in Hannover sein musste. Das war ein Kompromiss, der die Belastung des Verhältnisses der beiden Brüder keineswegs beseitigte. Klaus hatte seine Position gestärkt und Befugnisse von Hans an sich gezogen. Der Wunsch, möglichst viel Zeit fern vom Unternehmen in Bayern zu verbringen, mag mit den Interessen an ernährungsreformerischen, künstlerischen und mystischen Themen zusammenhängen, die auch von seiner tief religiösen Frau Rut (geb. Jägerström, 1901-1988) forciert wurden.

Bereits 1944 hatte er in internen Konzeptpapieren betont, dass die »›neue Zeit‹ […] kosmisch gebieterisch ihr Recht verlangt« und vor allem zwei Forderungen aufstelle, nämlich eine Reform der Ernährung und die Zunahme von »Menschlichkeit«. Konkret dürften keine chemischen Zusatzstoffe mehr verwendet werden und Bahlsen-Kekse müssten »vollwertige Nahrungsmittel« des täglichen Bedarfs werden. Zugleich gehe das »Zeitalter der Maschine« und des »unpersönlichen Arbeiters« zu Ende,[4] was in einem merkwürdigen Kontrast zur forcierten Rationalisierung der 1950er/60er Jahre stand, an der Klaus seinen Anteil hatte. Die Maschinen verschwanden nicht, sondern sie wurden immer größer und leistungsfähiger. Der Gedanke vollwertiger Produkte wurde aber tatsächlich aufgegriffen, da Bahlsen auf künstliche Zutaten verzichtete. Damit war man in den 1950er Jahren der Zeit weit voraus und besaß einen Qualitätsvorsprung gegenüber vielen Konkurrenten.

Obwohl er weiter in Bayern wohnte und große Freiheiten genoss, engagierte sich Klaus in den Folgejahren intensiv für das Unternehmen und brachte viele Verbesserungsvorschläge zu Papier.[5] 1955 schien sich das Verhältnis zwischen Werner und Klaus gebessert zu haben und der Einsatz von Klaus über das zuvor verabredete Maß hinaus gestiegen zu sein. Jedenfalls trat Werner in diesem Jahr Klaus 200.000 DM seiner Tantiemen mit den Worten ab: »Ich freue mich, dass Du durch Deine gegenüber unserer Vereinbarung verstärkte Mitarbeit in diesem Jahr mich wesentlich entlasten konntest.«[6] Das hohe Wachstumstempo machte den Plan, als Vorstand in Teilzeit zu wirken, letztlich illusorisch. Die Zahl der Aufgaben wuchs, und Klaus wurde immer mehr in das Unternehmen hineingezogen. Er trat jedoch nach außen wenig in Erscheinung und wurde auch »Innenminister« des Unternehmens

2 Klaus Bahlsen an Dr. Arthur Menge vom 7.6.1953 (BAH, R12, Nr. 207). Hervorhebung im Original.

3 Martha Hohmeyer an Dr. Arthur Menge vom 17.6.1953 (BAH, R12, Nr. 207).

4 Klaus Bahlsen, Pläne für die Nachkriegszeit, März 1944, S. 1 f. (BAH, R13, Nr. 64).

5 Klaus Bahlsen, Arbeitspapiere und Notizen betr. Sortiment 1948-1966 (BAH, R13, Nr. 42).

6 Werner Bahlsen an Klaus Bahlsen vom 16.12.1955 (BAH, R11, Nr. 444).

genannt. Er stand eindeutig in der zweiten Reihe.[7] Laut Pentzlin bestanden zwischen Werner und Klaus »keine Spannungen, die ergänzen sich irgendwie«.[8] 1957 unternahmen beide gemeinsam eine Erkundungsreise durch die USA.

Das Verhältnis beider Brüder zu Hans wurde seit 1951 durch einen Streit belastet. Hans hatte offenbar seine Befugnisse als Mitgesellschafter überschritten, indem er ein Darlehen »für die Begründung einer Transportgesellschaft« eigenmächtig bewilligt hatte. Daraufhin wurde im November 1951 »eine Regelung vereinbart, die seine Befugnisse entsprechend beschränkte«. Er war von diesem Zeitpunkt an also nur noch Vorstand mit eingeschränkten Rechten. 1953 lagen dem Verwaltungsrat weitere Vorwürfe gegen Hans vor, die von Behörden erhoben, aber im Protokoll nicht näher ausgeführt wurden. Sie waren jedoch offenbar so schwerwiegend, dass sie »zutreffendenfalls sein Verbleiben als Geschäftsführer der Gesellschaft ausschließen würden«. Daher gab Hans seine Stellung als »persönlich haftender Gesellschafter – zunächst bis zur Klärung des Sachverhalts« auf und wurde Kommanditist, »wobei ihn aus Gründen der Wahrung seiner Haltung nach aussen eingeräumt wurde, dass eine entsprechende Berichtigung des Handelsregisters noch nicht vorgenommen würde«.[9] Die weitere Entwicklung der Angelegenheit liegt im Dunkeln. Aus dem vorübergehenden Ausscheiden wurde ein endgültiger Abschied, auch wenn das Handelsregister zur Wahrung des äußeren Anscheins unverändert blieb. Wenig später zog Hans für einige Jahre in die USA. Dort muss er für Bahlsen tätig gewesen sein, denn er erhielt neben dem ihm zustehenden Gewinnanteil ein Gehalt von 2.000 DM pro Monat. 1954 verlangte er von den Brüdern weitere Zahlungen, die dann auch angewiesen wurden.[10]

Als er 1955 zurückkehrte, gab es für ihn keinen Platz mehr im Unternehmen, das ihm zu fast einem Drittel gehörte. Pentzlin erinnerte sich daran, dass Hans gegenüber Werner und Klaus ein vergiftetes Verhältnis hatte. »Die vertrugen sich einfach nicht. [...] Da zankten sich die Brüder und ich ging raus.«[11] Es fand sich aber ein Arrangement, das es Hans erlaubte, für das Unternehmen zu arbeiten und zugleich auf Distanz zu bleiben. Für Hans wurde in der Königstraße in Hannover eine »Entwicklungsstelle« eingerichtet, die überwiegend für Bahlsen arbeitete. Es ist offensichtlich, dass ihn Werner und Klaus nicht mehr in das Unternehmen zurückließen. Klaus stellte es aber in seiner Chronik so dar, dass dies der Wunsch von Hans gewesen sei. Klaus berichtete, dass sich Hans »in einem Büro in der Stadt technischen

7 Handelsplatz vom 14.11.2010.

8 Transkription Tonband-Interview mit Dr. Pentzlin, 1. Gespräch am 4.9.1984, S. 16 (BAH, R11, Nr. 478).

9 Berichte an den Verwaltungsrat, Anlage zum Protokoll der Verwaltungsratssitzung vom 26.11.1954 (BAH, R10, Nr. 486).

10 Aktennotizen diverse Besprechungen Dr. Bringmann mit den Brüdern Bahlsen vom 28.10.1954 u. 26.11.1954 (BAH, R11, Nr. 318).

11 Transkription Tonband-Interview mit Dr. Pentzlin, 1. Gespräch am 4.9.1984, S. 16 (BAH, R11, Nr. 478).

Neuerungen, Patenten und wissenschaftlichen Forschungen für das Backen in Stahlband-Öfen« widmete. »Hans kam nicht mehr in die Leitung zurück.«[12]

Abb. 45: Hans Bahlsen

Allerdings arbeitete Hans mit Hochdruck an z.T. sehr kleinteiligen Verbesserungsvorschlägen, die er »Projekte« nannte. Es ging um die Effizienz von Öfen, um Verkaufsschulung und Handelsspannen, um neue Produkte oder den Transport von Keksen in den VW-Käfern der Reisenden. Zwischen August 1955 und Februar 1956 legte Hans seinen Brüdern 100 »Projekte« vor, von denen 48 umgesetzt und sieben abgelehnt wurden. Der Rest befand sich in der Schwebe oder »diente nur zur Unterrichtung«.[13] Entschieden wurde in Besprechungen der drei Brüder, als ob Hans gleichberechtigter Angehöriger der Geschäftsleitung war. Trennlinien und Kompetenzen waren alles andere als klar definiert. Ende 1957 verlangte Hans mit Nachdruck, wieder in die Unternehmensleitung zurückzukehren. Da sein Ausscheiden noch gar nicht im Handelsregister vermerkt worden war, seien keine größeren Formalitäten vonnöten.[14] Diesem Wunsch gaben Werner und Klaus nicht statt. Es blieb bei einem distanzierten Verhältnis, ohne dass man sich vollständig zu trennen vermochte.

Gerhard befand sich ganz am Rand. 1953 verlangte er von seinen Brüdern im Gegenzug für das Abtreten seiner restlichen Anteile an der GmbH, also der Muttergesellschaft, Anteile an der KG, des eigentlichen Fabrikunternehmens, im Nennwert von 30.000 DM. Werner und Klaus waren damit einverstanden, wiesen aber andere Forderungen des Bruders zurück.[15] Dieser beabsichtigte nämlich, seine KG-Anteile von 3,3 % des Kapitals an seine Tochter vererben zu können, was insbesondere Werner auf keinen Fall zulassen wollte und daher auf ein vorrangiges Rückkaufrecht nach dem Tode von Gerhard bestand. »Er wünscht auf keinen Fall, daß der Stamm Gerhard Bahlsen auf diese Weise wieder in die Firma für unbestimmte Zeit hereinkommt.« Eine Verschiebung des Rückerwerbs bis zum Tode der Tochter Gerhards lehnte er »als zu lange« ab. So kam es zu einem Rückkaufsrecht, das bis zehn Jahre

12 Bericht Klaus Bahlsen 90 Jahre HBKF 1, S. 9 (BAH, R13, Nr. 49).

13 Hans Bahlsen, Projekte, Notiz 111 vom 18.2.1956 (BAH, R11, Nr. 501).

14 Hans Bahlsen an alle Gesellschafter der Bahlsens Keksfabrik KG vom 2.12.1957 (BAH, R12, Nr. 128).

15 Aktennotizen diverse Besprechungen Dr. Bringmann mit den Brüdern Bahlsen vom 17.7.1953 u. 6.11.1953 (BAH, R11, Nr. 318).

nach dem Tod Gerhards aufgeschoben werden konnte.[16] Diese Diskussion zeigt, dass nicht mehr die Familie in ihrer Gesamtheit den Handlungsrahmen abgab, sondern Stammesdenken vorherrschte. Auch mag der Wunsch nach der Reduktion von Komplexität, die bei drei Stämmen angesichts der geschilderten Konflikte schon recht hoch war, eine Rolle gespielt haben. Von der in vielen Familienunternehmen praktizierten Möglichkeit, mit Mehrfachstimmrechten die Macht im Unternehmen zu strukturieren, wurde bei Bahlsen nicht Gebrauch gemacht. Hier entsprachen die Kapitalanteile auch den Stimmrechten.

Bis zum krankheitsbedingten Ausscheiden von Martha Hohmeyer im Jahr 1960 gab es in ihrer Person eine starke Schlichtungsinstanz. Sie gehörte der Geschäftsführung mit den Ressorts Werbung und Produktneuheiten an. Da sie die vier Brüder in der Zwischenkriegszeit erzogen hatte, besaß sie »eine viel stärkere Autorität, als es ihrer Stellung entsprach. Hat auch, sehr deutlich manchmal, die Meinung gesagt, wenn es nötig wurde. Und es war wirklich eine sehr starke Spannung zwischen den Brüdern, die sich dann persönlich entlud. Da konnte man nichts machen, da musste man sich verdrücken und sich das legen lassen, bis es dann sachlich wieder weiterging.«[17] Über den innersten Zirkel hinaus durften die Konflikte nicht nach außen dringen. Verschwiegenheit ist für die meisten Familienunternehmen, in denen sich Privates und Geschäftliches unweigerlich vermischen, ein Grundprinzip. Bei öffentlichen Auftritten inszenierten die Brüder Harmonie und gegenseitige Anerkennung.

Eine ungewöhnliche Facette der Unternehmenskultur von Bahlsen war die Position Martha Hohmeyers, die 1904 mit 16 Jahren in das Unternehmen eingetreten war und es 1960 72-jährig krankheitsbedingt verließ, bevor sie im folgenden Jahr starb. Nicht nur bekleidete sie früh eine Führungsposition, was auch noch in den 1950er Jahren für eine Frau ungewöhnlich war. Aufgrund ihrer Rolle als Erzieherin der vier Söhne und ihrer direkten Einsetzung durch den Unternehmensgründer besaß sie auch eine hervorgehobene Stellung, obwohl die Ziehsöhne Hohmeyers rechtlich gesehen ihre Vorgesetzten waren. Als Familienfremde fungierte sie als Treuhänderin des Vermächtnisses Hermann Bahlsens. Vor diesem Hintergrund war sie als Schlichterin der Konflikte zwischen den Brüdern, die sie vertraulich »Maho« nannten, prädestiniert. Ihre kleinen Kapitalanteile an dem Unternehmen, die sie nach ihrer Erkrankung an die Brüder verkaufte, erlaubten ihr, an allen Zusammenkünften der Gesellschafter teilzunehmen. An strategischen Entscheidungen der Geschäftsführung war »Fräulein Hohmeyer«, wie sie zeitlebens genannt wurde, ohnehin stets beteiligt. Sie hatte das »letzte Wort«, wenn es um die Einführung neuer Artikel oder die Gestaltung von Verpackungen und Werbemitteln ging. »Das meiste geschah beim Mittagessen« in einem kleinen Kreis.[18] Die Wahrung der Kontinui-

16 Ebd.

17 Transkription Tonband-Interview mit Dr. Pentzlin, 2. Gespräch am 5.10.1984, S. 5 (BAH, R11, Nr. 478).

18 Transkription Tonband-Interview mit Dr. Pentzlin, 1. Gespräch am 4.9.1984, S. 16 (BAH, R11, Nr. 478).

tät und des Erfolgs des Familienunternehmens waren der zentrale Lebensinhalt der alleinstehenden Frau. In seiner Trauerrede hob Klaus 1961 hervor: »Martha Hohmeyer war maßgeblich beteiligt an allen Fragen, die mit dem Geschäft wie mit den menschlichen Problemen zusammenhingen.« Sie zeichnete sich durch Klarheit und Bestimmtheit aus und »äußerte [...] unerschrocken ihre Meinung, ob sie gern gehört wurde oder nicht«.[19] Zum 60. Geburtstag bescheinigte Klaus ihr gleichsam mystische Kräfte, denn er habe bei Problemen festgestellt, dass »Du Dich mit deren Lösung nicht viel gedanklich abmühtest, sondern sie lösten sich einfach in der Stille von selbst«. Sie lebe »näher ihrer Seele als wir Männer« und habe daher »Zugang zu Bereichen, die uns [...] unzugänglich geworden sind«.[20] Mit Martha Hohmeyers Tod verlor die Familie zweifelsohne eine wichtige Integrationsfigur.

Abb. 46: Martha Hohmeyer

Werner gelang es in den 1950er Jahren, seine Position auszubauen, vor allem in der Praxis der Geschäftsführung, die er fest in den Händen hielte. Es gelang ihm auch, seine Kapitalanteile etwas zu vergrößern. So kaufte er Anteile an der GmbH von Klaus hinzu, 1956/57 für nominell 106.000 DM.[21] Zeitgleich sicherte Werner sich und seinen Erben ein Vorkaufsrecht für 50 % aller weiteren von Klaus eventuell künftig zum Verkauf gestellten Anteile. Diese Regelung benachteiligte die anderen Stämme, die laut Gesellschaftervertrag ebenfalls als Käufer in Frage gekommen wären. Nach dem Tod von Klaus und dessen Ehefrau, deren Ehe kinderlos blieb, besaß der Stamm Werner sogar ein Ankaufsrecht für sämtliche Anteile des Klaus-Stammes. Damit stand die Tür offen für eine einseitige Dominanz eines Stammes. Einstweilen besaß Werner aber ohne die Unterstützung von Klaus oder Hans nicht die Stimmmehrheit. Das spiegelte sich auch in der Gewinnverteilung wider. In den hier betrachteten fünf Jahren bauten Werner, Hans und Klaus ihre Anteile etwas aus, da Gerhard jedes Jahr einige Anteile abgab. Die minimalen Anteile von Martha Hohmeyer wurden kurz vor ihrem Tod 1961 zu gleichen Teilen von Werner und Klaus gekauft.

19 Klaus Bahlsen, Trauerrede Martha Hohmeyer, 1961 (BAH, R12, Nr. 122).
20 Klaus Bahlsen Redemanuskript vom 26.9.1954, S. 2 f. (BAH, R13, Nr. 33).
21 Notar Gaenzer, Urkunderollen 361 u. 362/1956 (BAH, R11, Nr. 444).

Von den in diesem Zeitraum gezahlten Tantiemen erhielt Werner per Dienstvertrag zugesichert den größten Anteil. 1958 waren es 11%, während sich Hans und Klaus mit je 7 % begnügen mussten.[22] In einer Zusatzvereinbarung trat Werner ab 1961 Klaus ein Prozent seiner Tantieme ab. Um Klaus zu einer häufigeren Präsenz im Unternehmen zu bewegen, gab es ferner die bemerkenswerte Klausel, nach der Werner zusätzliche 0,5 % abtreten würde, falls Klaus mehr als »vierzig volle Wochen« außerhalb von Uffing für das Unternehmen arbeitete.[23]

Tabelle 14: Gewinnverteilung in Prozent, 1958-1962

Jahr	Werner	Hans bzw. Erben	Klaus	Gerhard	Hohmeyer
1958	30,50	29,40	27,56	11,76	0,78
1959	30,76	29,79	27,79	11,03	0,78
1960	31,01	29,89	28,02	10,29	0,78
1961	31,27	30,14	28,25	9,56	0,78
1962	31,92	30,39	28,87	8,82	0

Quelle: Aufstellung vom 27.2.1964 (BAH, R11, Nr. 444).

Die Bahlsen-Gruppe hatte eine verschachtelte Struktur. Das operative Geschäft lag bei der H. Bahlsens Keksfabrik KG. Die Rechtsform der Kommanditgesellschaft bot als Personalgesellschaft den Vorteil, dass sie keinerlei Publizitätspflichten unterlag, was sie für Familienunternehmen mit ihrer Kultur der Vertraulichkeit sehr attraktiv machte. Jedoch haften die Komplementäre unbeschränkt mit ihrer Einlage und ihrem Privatvermögen. Die Kommanditisten haften nur bis zur Höhe ihrer Einlage. Bei der KG fällt zunächst die geringe Höhe des Stammkapitals und entsprechend der Einlagen auf. Die höchsten Einlagen, zusammen mehr als die Hälfte, lagen bei zwei von der Familie kontrollierten GmbHs, die um ein Vielfaches höher kapitalisiert waren. Das hatte den Vorteil, dass hier die Haftung auf die Einlage begrenzt blieb und daher das Privatvermögen der Familie an dieser Stelle geschützt war. Das erklärt auch, warum die vier Brüder an der KG nur mit sehr geringen Summen beteiligt waren, aber an der übergeordneten Hannoverschen Keksfabrik GmbH mit einem Vielfachen davon.

Dieser GmbH gehörten alle nicht unmittelbar für den Fabrikbetrieb benötigten Immobilien, die sie an die KG verpachtete. Die H. Bahlsens Keksfabrik GmbH war ein weiterer Kommanditist der KG, der mit der Ausnahme von Barsinghausen alle der Produktion dienenden Immobilien sowie alle bis zum 1. Januar 1955 angeschafften Maschinen gehörten, die wiederum an die KG verpachtet wurden. Zusammen

22 Aufstellung vom 27.2.1964 (BAH, R11, Nr. 444).

23 Vereinbarung Werner Bahlsen und Klaus Bahlsen vom 26.6.1958 (BAH, R11, Nr. 444).

Tabelle 15: Beteiligungsstruktur der Bahlsen-Gruppe, 1954-1958

H. Bahlsens Keksfabrik KG

		Kapitalanteil in DM	Kapitalanteil in Prozent
Komplementäre	Werner Bahlsen	90.600	10,07
	Hans Bahlsen	90.600	10,07
Kommanditisten	H. Bahlsens Keksfabrik GmbH	151.100	16,79
	Hohmeyer	6.300	0,70
	Rustemeyer	300	0,03
	Klaus Bahlsen	90.600	10,07
	Gerhard Bahlsen	30.000	3,33
	Hannoversche Keksfabrik GmbH	440.500	48,94
Stammkapital		900.000	100

Hannoversche Keksfabrik GmbH

		Kapitalanteil in DM	Kapitalanteil in Prozent
Gesellschafter	Werner Bahlsen	1.656.000	23,0
	Hans Bahlsen	1.656.000	23,0
	Klaus Bahlsen	1.584.000	22,0
	Gerhard Bahlsen	1.368.000	19,0
	H. Bahlsens Keksfabrik KG	936.000	13,0
Stammkapital		7.200.000	100

H. Bahlsens Keksfabrik GmbH

		Kapitalanteil in DM	Kapitalanteil in Prozent
Gesellschafter	Hannoversche Keksfabrik GmbH	5.328.000	98,670
	Hohmeyer	69.600	1,29
	Rustemeyer	2.400	0,04
Stammkapital		5.400.000	100

Quelle: Auflistung Beteiligungen (BAH, R11, Nr. 437).

gehörten den beiden GmbHs 65,7 % der KG. Sie trugen also den Hauptteil des Haftungsrisikos, was für deren Gesellschafter auf die Einlagen begrenzt war. Die KG betrieb das eigentliche Geschäft. Ihr gehörten das gesamte Umlaufvermögen und alle seit dem 1. Januar 1955 angeschafften Maschinen sowie der Neubaukomplex in Barsinghausen.

Werner war bis 1958 faktisch der einzige geschäftsführende Komplementär der KG. Hans blieb auf dem Papier in dieser Position, obwohl er im Beirat den Rückzug auf die Position des Kommanditisten erklärt hatte und Werner ihn nicht mehr in die Firma zurückkehren ließ. Die Vernachlässigung rechtlicher Formalia zugunsten informeller Spielregeln ist ein weiteres Kennzeichen vieler Familienunternehmen. Werners Alleinstellung als Komplementär mit dem vollen Haftungsrisiko zementierte seine Vorrangstellung.

Die Geringschätzung formaler Regeln und die Kultur des Entscheidens nach freiem Ermessen kam auch in einem Konflikt mit Martha Hohmeyer in den frühen 1950er Jahren zum Ausdruck, als stark gestiegene Gewinne ihren vertraglich garantierten Anspruch auf Tantiemen entsprechend erhöhten, Werner das aber zu viel erschien und die Tantiemen einfach kürzte. Er befand, dass es eine »Tantiemen-Obergrenze« geben müsse, egal was man früher in Verträge hineingeschrieben habe.[24] Dieser massive Eingriff in die rechtlichen Vereinbarungen führte aber nicht zu einem endgültigen Zerwürfnis zwischen Werner und Martha Hohmeyer, sondern wurde dem Patriarchen letztlich zugestanden.

Erfüllte die Schachtelkonstruktion die Funktion, die Haftungsproblematik zu entschärfen, brachte sie doch erhebliche Nachteile mit sich. Zum einen entsprach das Stammkapital von 900.000 DM seit Mitte der 1950er Jahre längst nicht mehr dem gestiegenen Geschäftsvolumen. Aus Sicht der Banken dürfte die Haftungsmasse zu niedrig gewesen sein. Zum anderen war die Konstruktion mit drei miteinander, zum Teil über Kreuz verflochtenen Unternehmen unübersichtlich und schuf bilanziell und steuerlich gewaltige Herausforderungen. Daher entschloss man sich 1957 zu einer grundlegenden Restrukturierung.

Die beiden GmbHs wurden 1958 aufgelöst und ihr Kapital in die KG überführt. Deren Stammkapital stieg dadurch und durch eine Kapitalaufstockung von 0,9 auf 16 Millionen DM. 1964 erhöhte es sich auf 30 Millionen.[25] Einziger Komplementär der KG wurde die neu gegründete Bahlsen GmbH, die selber nur ein Stammkapital von 1 Million DM besaß. Deren Gesellschafter waren Werner und Klaus sowie Hans Bahlsen, dessen Anteile nach seinem Tod 1959 auf seinen Sohn Hermann übergingen. Dadurch, dass eine schwach kapitalisierte GmbH einer deutlich kapitalstärkeren KG als Komplementär vorstand, war das Haftungsproblem begrenzt und das Familienvermögen weitgehend geschützt.

24 Bericht Klaus Bahlsen 90 Jahre HBKF 1, S. 10 (BAH, R13, Nr. 49).

25 Entwurf Zusatzvertrag zum Gesellschaftsvertrag 1.1.1958 vom 1.9.1966 (BAH, R11, Nr. 456).

Der Beirat war künftig für KG und GmbH zuständig. Er musste zu jeder Gesellschafterversammlung geladen werden und durfte mit Rederecht, aber ohne Stimmrecht teilnehmen. Der Beiratsvorsitzende leitet die Gesellschafterversammlung. Der Beirat hatte weiter ausschließlich eine beratende und unterstützende Funktion. Wenn er den Beschlüssen der Gesellschafter widersprach, konnten diese den Widerspruch mit einer Zweidrittelmehrheit abweisen. Die Entscheidungsgewalt lag letztlich allein bei den Anteilseignern der Familie, die für eine Einlage in Höhe einer DM jeweils eine Stimme erhielten. Damit besaß Werner die einfache Mehrheit, konnte sich aber nicht allein durchsetzen.[26]

Tabelle 17: Beteiligungsstruktur der Bahlsen-Gruppe, 1963

H. Bahlsens Keksfabrik KG

		Kapitalanteil in DM	Kapitalanteil in Prozent
Komplementär	Bahlsen GmbH	1.000.000	6,25
Kommanditisten	Werner Bahlsen	4.864.182	30,40
	Hermann Bahlsen	4.632.366	28,95
	Klaus Bahlsen	4.400.952	27,51
	Gerhard Bahlsen	1.102.500	6,89
Stammkapital		16.000.000	100

Bahlsen GmbH

		Kapitalanteil in DM	Kapitalanteil in Prozent
Gesellschafter	Werner Bahlsen	350.100	35,01
	Hermann Bahlsen	333.200	33,32
	Klaus Bahlsen	316.700	31,67
Stammkapital		1.000.000	100

Quelle: Auflistung Beteiligungen (BAH, R11, Nr. 437).

Dem Bahlsen Verkaufskontor, ursprünglich das vierte Unternehmen der Gruppe, gehörte die Fabrik in Lindau, die an die KG verpachtet wurde. 1958 wurde das Kontor von einer GmbH in eine KG umgewandelt. Es hatte 1963 ein Stammkapital von 1 Million, das sich aus erbschaftssteuerlichen Erwägungen schon überwiegend in der Hand der dritten Generation befand.

26 Gesellschaftsvertrag vom 1.1.1958, endgültige Fassung, S. 2-14, 21 f. u. 38 (BAH, R11, Nr. 457).

Ein neuer Gesellschaftervertrag legte auf 58 Seiten die künftigen Regeln fest. Die Geschäftsführung der KG lag bei der GmbH, genauer deren Geschäftsführern. Eigentum und Geschäftsführung sollte »den in drei fortsetzungsberechtigten Stämmen, Werner, Dr. Hans und Klaus Bahlsen, fortgesetzt werden, [...] soweit geeignete Anwärter in den einzelnen Stämmen jeweils vorhanden sind«. Gerhard war so gut wie ausgeschieden. Von einem Vorrang des Stammes Werner war keine Rede. Ebenso ließ der Vertrag die künftige Geschäftsführung durch einen familienfremden Manager zu, der dann über die GmbH ernannt werden konnte, »ohne den Familiencharakter der Gesellschaft zu gefährden«.[27] Damit war gemeint, dass ein externer Manager nicht geschäftsführender Komplementär der KG werden konnte, sondern im Namen der GmbH handeln würde. Das schloss eine Kapitalbeteiligung eines potentiellen Managers an der KG aus.

Der Familie ging es nicht nur darum, die Mehrheit an ihren Unternehmen zu bewahren, sondern auch um die Fortschreibung ihres Exklusiveigentums. Kein Fremder durfte Anteile und Mitspracherechte haben, nicht einmal als Minderheitsgesellschafter. Umsetzen ließ sich dieses Maxime, von der während der gesamten Unternehmensgeschichte bis heute nicht abgewichen wurde, auch dadurch, dass die Nahrungsmittelindustrie nicht zu den sehr kapitalintensiven Branchen zählt. Die Familienkontrolle sollte uneingeschränkt sein. So legte der Gesellschaftsvertrag fest, dass jeder Gesellschafter der drei verbliebenen Stämme seinen Ehegatten, »ehelichen Abkömmlingen oder seinen Eltern« ohne Zustimmung der anderen beiden Stämme Anteile übertragen durfte. Die Übereignung an Angehörige eines anderen Stammes waren auch möglich. Allerdings besaß der dritte Stamm dann ein Vorkaufsrecht auf weitere Anteile proportional zur Übertragung zugunsten des zweiten Stammes, um die Verteilung zwischen den Stämmen nicht zu verändern.[28]

Der selbsternannte ›Aussteiger‹ Gerhard wurde explizit von diesem Vorkaufsrecht ausgeschlossen. Er hatte den Großteil seiner Anteile den anderen drei Brüdern zugesagt, wobei sie je ein Sechzehntel in elf Jahresraten zum Nominalwert kaufen konnten. Die Brüder bzw. ihre Stämme hatten die Anteile im Verhältnis ihres »jeweiligen Beteiligungsverhältnisses zueinander« aufzuteilen, um die bestehenden Proportionen zu wahren. Die den einzelnen Brüdern zustehenden Quoten wurden bis auf vier Stellen nach dem Komma ausgerechnet. Werner erhielt mit 0,2463 % jedes Jahr einen unwesentlich größeren Anteil als Hans und Klaus bzw. deren Erben. Sobald die Einlage Gerhards auf 3,675 % (551.250 DM) abgeschmolzen war, also nach elf Jahren, endeten die jährlichen Verkäufe und die restlichen Anteile würden bei Gerhard bis zum Lebensende verbleiben, sofern er keine Kündigung aussprach. Es ist offensichtlich, dass Gerhard ein durch regelmäßige Kapitalzuflüsse gesichertes Leben als Schriftsteller und Verleger anstrebte. Die Abmachung, die Käufe zum No-

27 Gesellschaftsvertrag vom 1.1.1958, endgültige Fassung, S. 2f. (BAH, R11, Nr. 457).
28 Ebd., S. 14.

minalpreis, der über die Jahre immer mehr hinter dem Realwert zurückblieb, abzuwickeln, begünstigte die anderen drei Brüder bzw. deren Erben erheblich.[29]

Waren Anteile an Ehegatten übertragen worden, fielen diese Personen im Fall einer Scheidung aus dem Familienverbund heraus und mussten verkaufen. Sie konnten also nicht länger Eigentumsrecht am Unternehmen halten. Die anderen Gesellschafter besaßen dann nämlich ein Ankaufsrecht, es sei denn, die geschiedene Gattin oder der Gatte war ein Abkömmling von Werner, Klaus oder Hans oder ging eine weitere Ehe mit einem Nachkommen der drei ein.[30] Wurden Anteile an familienfremde Personen oder nicht-eheliche Kinder vererbt, mussten diese ihre Anteile auf Verlangen der Gesellschafterversammlung »an die Gesellschaft [...] veräußern«. Der Stamm, zu dem der Erblasser gehörte, besaß ein Vorkaufsrecht. Sollte es sich bei den Erben um adoptierte Kinder handeln, hatten die Gesellschafter »mit der grundsätzlichen Tendenz, zu einer positiven Entscheidung zu kommen«, darüber abzustimmen, »ob dieser den ehelichen leiblichen Abkömmlingen gleichzustellen ist«. Dafür war jedoch eine Dreiviertelmehrheit erforderlich.[31] Um in die Familie aufgenommen zu werden, musste man also eine hohe Hürde nehmen. Die Kinder Gerhards durften nicht Gesellschafter werden. Für diesen Erbfall gab es eine Entschädigungsreglung.[32]

Entnahmen wurden dergestalt geregelt, dass ein Teil auf Konten eingezahlt wurde, über die der jeweilige Gesellschafter frei verfügen konnte. Daneben gab es jeweils ein »Privatkonto II«, dessen Einlagen den Gesellschaftern gehörten, aber im Unternehmen bei einer fünfprozentigen Verzinsung stehen bleiben mussten. Für die Jahre 1958 bis 1960 verpflichteten sich alle vier Brüder unter der Rubrik »Entnahmestopp«, sich nicht mehr als 150.000 DM pro Jahr auszahlen zu lassen. Sollte jemand dagegen verstoßen, verlor der gesamte Vertrag seine Gültigkeit.[33] Weitere Entnahmestopps erfolgten 1961-63 und 1964-1966, jetzt aber mit Auszahlungen von 250.000 DM pro Jahr und Gesellschafter.[34] Diese Zurückhaltung korrespondierte mit einem zwar großbürgerlichen, aber nicht verschwenderischen Lebensstil und dem tief verwurzelten Wunsch nach Unabhängigkeit, sodass die Familie externes Eigenkapital grundsätzlich ablehnte.

Für den Fall von Streitigkeiten war wie im früheren Gesellschaftsvertrag ein privates Schiedsgericht vorgesehen, das in »Anlehnung an die Zivilprozeßordnung« verfahren sollte. Seine Entscheidungen waren endgültig. Jede sich streitende Partei konnte einen Schiedsrichter benennen. Einigten sich die beiden Schiedsrichter nicht, mussten sie einen dritten Schiedsrichter, einen Volljuristen, als Obmann hin-

29 Ebd., S. 16.
30 Ebd.
31 Ebd., S. 17 u. 44.
32 Ebd., S. 46.
33 Ebd., S. 47.
34 Entwurf Zusatzvertrag zum Gesellschaftsvertrag 1.1.1958 vom 1.9.1966, S. 12 (BAH, R11, Nr. 456).

zuziehen. Gelang keine Einigung auf einen Obmann, sollte ihn der Präsident des Oberlandesgerichts Celle benennen.[35]

Dieser Vertrag stellte formale Eindeutigkeiten her, wo es an informellem Konsens und Vertrauen fehlte. Unter dem gegebenen Zustand der Familie war es klug, solche detaillierten Regelungen zu treffen. Sie definierten die Eigentumsrechte und deren Vererbung, die auf den jeweiligen Stamm oder die restliche Kernfamilie beschränkt sein sollte. Weitere Eigentümer waren nicht vorgesehen, auch nicht solche mit Minderheitenanteilen. Über den Beirat wurde zwar externe Expertise eingeholt, ihm aber keine Entscheidungskompetenzen zugestanden. Das letzte Wort lag immer bei der Familie, genauer den Vertretern der Stämme, die Kapitalanteile hielten. Der Vertrag balancierte zudem das Verhältnis von exklusivem Eigentum und Haftungsbeschränkung durch das Nebeneinander von GmbH und KG aus. Er legte ferner das Verhältnis von Inklusion und Exklusion fest. Man entschied sich für eine sehr enge Definition der Familie, die Zugang zum Eigentum am Unternehmen und potentiell auch zu Führungspositionen hatte. Nur drei der vier Stämme gehörten dazu, was auf den Teilausstieg Gerhards zurückzuführen war. Den Kern bildeten drei Söhne des Gründers, deren eheliche Nachfahren und die jeweiligen Ehepartner. Partner ohne Trauschein und uneheliche Kinder gehörten nicht dazu, adoptierte Kinder konnten volle Rechte erhalten, sofern das Eigentümerkollektiv das mit einer Dreiviertelmehrheit beschloss. Geschiedene Ehegatten hatten den Eigentümerkreis zu verlassen. Die Familie zielte darauf ab, den Kreis der Eigentümer und Entscheidungsberechtigten klein zu halten und die Kontrolle über ihr Unternehmen mit niemandem zu teilen. Zudem sollten unternehmensinterne Informationen, vor allem Geschäftszahlen, nicht nach außen dringen. Die Bahlsen-Familie verstand sich als geschlossene Gemeinschaft, die sich nach außen hin scharf abgrenzte.

Es war schwer, in den Eigentümerkreis hineinzukommen, was nur durch Geburt, Einheirat, Vererbung und unter Vorbehalt durch Adoption möglich war. Der Ausstieg aus dem Eigentümerkreis fiel ebenfalls nicht leicht. Eine Kündigung der Gesellschafter war grundsätzlich möglich. Das ihnen zustehende Auseinandersetzungsguthaben berechnete sich derart, dass ein Ausscheiden nur unter erheblichen finanziellen Einbußen möglich war. Der »goodwill, nicht bilanzierte Warenzeichen, Markenwerte« blieben unberücksichtigt. Immobilien wurden nicht nach dem Geschäftswert, sondern dem »einkommensteuerlichen Buchwert« bewertet, Maschinen nach dem Mittelwert von Schätzwert und Buchwert.[36] Mit anderen Worten, bei einer Kündigung musste ein Gesellschafter erhebliche Einbußen hinnehmen, von denen die anderen Gesellschafter, auf die die Anteile des Aussteigers übergingen, profitierten.

Im Binnenverhältnis stand Werner an der Spitze, ohne nach der Alleinherrschaft zu streben und die anderen Stämme verdrängen zu wollen. Er besaß nur unwe-

35 Gesellschaftsvertrag von 1.1.1958, endgültige Fassung, Anhang: Schiedsvertrag, S. 1ff. (BAH, R11, Nr. 457).

36 Gesellschaftsvertrag von 1.1.1958, endgültige Fassung, S. 41 (BAH, R11, Nr. 457).

sentlich mehr Anteile als seine Brüder und konnte daher ohne diese keine Abstimmung im Gesellschafterkreis gewinnen. Theoretisch konnten ihn die zwei anderen Brüder jederzeit überstimmen, was aber nicht der faktischen Machtverteilung entsprach und daher nicht vorkam. Es gab es keinen Zweifel daran, dass Werner die Position des Patriarchen eingenommen hatte. Es gehörte zu seinen Ritualen, jeden Morgen einen Kontrollgang durch den Betrieb zu unternehmen. »Wer immer neu in die Firma kam, [...] brauchte nur einen knappen Tag, um zu begreifen, daß dort alle Kompassnadeln sich an Werner Bahlsen ausrichteten.«[37]

Abb. 47 Werner und Klaus Bahlsen

Obwohl er primär für das Unternehmen lebte und ihm den Großteil seiner Zeit widmete, hatte Werner auch ausgeprägte private Interessen von der Musik bis zur Kunst, von der Jagd bis zum Skifahren. Er betätigte sich als Förderer von Kunst und Wissenschaft. 1949 war er einer der Mitbegründer des Stifterverbandes für die Deutsche Wissenschaft gewesen und gehörte von 1950 bis 1977 dessen Vorstand an. Im Kulturkreis im Bundesverband der Deutschen Industrie saß er seit 1953 im Verwaltungsrat. Auf vielfältige Weise förderte er Galerien, Kunstvereine sowie die hannoverschen Hochschulen und die evangelische Kirche.[38]

Das Verhältnis zwischen den drei verbliebenen Stämmen geriet 1959 durch den frühen Tod von Hans in eine Schieflage. Sein Sohn Hermann (1927-2014) erbte die Anteile des Vaters und erhielt den Platz in der Unternehmensleitung, den die beiden Brüder seinem Vater seit 1953 vorenthalten hatten. Mit Hermann trat der erste Vertreter der dritten Generation in die Geschäftsleitung ein. Es sollte 20 Jahre dauern, bis mit Lorenz (1947-2023), dem ältesten Sohn Werners, der nächste Angehörige dieser Generation folgen sollte. Hermann war 1959 32 Jahre alt und stand nun formal gesehen auf einer Stufe mit seinen beiden Onkeln, die 23 bzw. 19 Jahre älter als er waren. Diese Diskrepanz des Alters war keine gute Ausgangslage. Familienunternehmen sind aber eben direkt abhängig von biologischen Gegebenheiten ihrer Eigentümer, in diesem Fall vom frühen Tod eines Teilhabers und dem großen Altersunterschied innerhalb der dritten Genera-

37 Traueransprache Ernst Albrecht, 7.1.1986 (BAH, R12, Nr. 227).
38 Ämter und Ehrenämter Werner Bahlsen (BAH, R12, Nr. 227). Siehe auch Hartewig, Stil, Kap. 5.

tion. Mit der Kinderlosigkeit von Klaus zeichnete sich schon das nächste Problem am Horizont ab.

Hermann war systematisch auf die Nachfolge seines Vaters vorbereitet worden. Nach dem Abitur und einem Praktikum bei der Deutschen Bank trat er 1947 bei Bahlsen ein, um sich durch ein einjähriges internes Praktikum auf sein Ingenieurs-Studium vorzubereiten. In diesem Jahr durchlief er zehn Abteilungen. Im Wintersemester 1948/49 nahm er an der TH Hannover ein Maschinenbaustudium auf, das in den Semesterferien durch Praktika bei einer Maschinenbaufirma und zwei Reedereien ergänzt wurde. Die Amerikabegeisterung der Familie und vor allem seines Vaters gab 1951 nach dem Vordiplom den Anstoß zu einem längeren USA-Aufenthalt. Dieser wurde ihm zunächst verwehrt, da das Internal Security Law von 1950 die Einreise früherer Mitglieder nationalsozialistischer Organisationen untersagte. In diesem Fall reichte die Mitgliedschaft in der Hitler-Jugend, um die Ausstellung eines Visums zu blockieren. Daraufhin schrieb der Vater an das Generalkonsulat und wies auf den Zwangscharakter der Hitler-Jugend sowie die Familientradition hin. Er selbst sowie der Gründer des Unternehmens hätten sich länger in den USA aufgehalten. Zudem sei Bahlsen ein guter Kunde amerikanischer Maschinenbauunternehmen und habe dort für 50.000 Dollar eingekauft. Das beeindruckte niemanden. Als Nächstes schaltete Hans einen Geschäftsfreund ein, den Treasurer der Schulz & Burch Biscuit Company in Chicago, der seinen Kongressabgeordneten mobilisierte, der daraufhin dem Generalstaatsanwalt der USA schrieb. Dieser verfügte eine Ausnahme, nachdem er festgestellt hatte, dass der Aufenthalt des jungen Studenten nicht »inimical to the interest of our country« sei.[39]

Im Herbst 1951 nahm Hermann das Studium an der renommierten Northwestern University in Evanston vor den Toren Chicagos auf. 1952 arbeitete er drei Monate für Schulz & Burch, wo er u. a. Zeitstudien zur Erhöhung der Effektivität in der Versandabteilung durchführte. Es folgten mehrmonatige Jobs bei anderen Unternehmen aus der Kartonage- und Keksindustrie. 1954 beendete er das Studium mit einer Abschlussarbeit über das Backen von Keksen mit Hochfrequenz. Im Anschluss daran erfolgte eine ausgiebige Besuchsreise durch amerikanische und mexikanische Keksfabriken. Daran schlossen sich bis zum Juni 1956 mehrwöchige Arbeitsaufenthalte in Finnland, Frankreich und England an, die von mehrmonatigen Arbeitseinsätzen in verschiedenen Abteilungen im heimischen Unternehmen unterbrochen wurden.

Über jede Station seiner Ausbildung fertigte er einen ausführlichen Bericht an. So beschrieb er detailliert die Maschinenausstattung und die Arbeitsprozesse der Firmen, für die er gearbeitet hatte. Die verschiedenen Bahlsen-Abteilungen bewertete der Student streng. Die Feinbäckerei sollte man »eingehen lassen, […] da die Kosten hoch sind«. In der Teigmacherei wurde »noch hantiert wie in einer Küche […] Leerlauf und unrationelles Arbeiten sind die Folgen.« Er empfahl »ein straffes Produktionsprogramm«, das wöchentlich anzupassen sei. Das Urteil über die langjährig gedienten

39 Schriftwechsel Visumsangelegenheit Hermann Bahlsen, 1951 (BAH, R12, Nr. 138).

Meister fiel zuweilen lobend, aber auch harsch aus. Ein Meister zeigte zu wenig »Eigeninitiative«, ein anderer trotz gutem »Fachwissen und […] Überblick« über die Abteilung einen »Eindruck von Unsicherheit«. Dem Mann bescheinigte der junge Praktikant zugleich einen »ausgezeichneten Ansatz für Ausbildung nach Carnegie«. Aus dem Mann konnte noch etwas werden. Anders sah es in einer Abteilung aus, die »mit wenig Verstand« arbeitete und die Maschinen mangels Planung der Produktion viel zu oft umrüstete. Der Meister »darf als bekannt vorausgesetzt werden«.[40] Später erinnerte er sich daran, bei der Besichtigung eines Cracker-Ofens den Verantwortlichen mit der Bemerkung, dass hier »Mist« gemacht werde, vor den Kopf gestoßen zu haben. Im Alter gestand Hermann ein, zu Beginn seiner Tätigkeit nicht gut mit Leuten umgegangen zu sein.[41]

Abb. 48: Hermann Bahlsen

Hermann machte sich nicht nur wenige Freunde unter der Mitarbeiterschaft, sondern eckte auch bei seinen Onkeln an. Er arbeitete ab 1954 zunächst eng mit Klaus Bahlsen zusammen. Zwischen dem jungen Ingenieur und dem älteren, für die Produktion des Unternehmens zuständigen Ökonomen kam es bald zu erheblichen Differenzen. Klaus hielt dazu in seinen Erinnerungen seine Sicht fest: »Da Klaus mit seiner Arbeit meist kurz nach 7 Uhr morgens beginnt, Hermann aber aus familiären Gründen erst zwischen 8 Uhr und 8.30 Uhr kommen kann, steht die gemeinsame Arbeit unter keinem guten Stern. Auch stößt die Art der Arbeitserledigung von Klaus bei Hermann auf zunehmende Kritik, kurz, der Generations-Unterschied läßt schnell Spannungen aufkommen.«[42] Hermann wurde 1957 die Leitung des neuen Werkes in Barsinghausen übertragen, was die alltäglichen Reibungspunkte reduzierte. Da er in der neuen Position in die Geschäftsleitung eintrat, kehrte aber keineswegs Harmonie ein. Wiederum war Hermann der Meinung, es besser machen zu können. Dazu Klaus: »Wenn auch Ausbau und Investitionen von Klaus bestimmt werden, wird das Werk nach anderen Gesichtspunkten als das Stammwerk geführt. Alles Bisherige, was sich nach unserer Ansicht bewährt hatte, wird in Frage gestellt; die bisherigen Methoden sind nicht mehr richtig, die Einheitlichkeit wird nicht mehr gewahrt, der Generationswechsel wirkt sich aus. Hermanns Abneigung überträgt sich auch auf die Mitarbeiter

40 Hermann Bahlsen, Berichte (BAH, R12, Nr. 145).

41 Journalistenaufzeichnung der Bremer Kamingespräche mit Hermann Bahlsen, 2008 (BAH, R12, Nr. 145).

42 Bericht Klaus Bahlsen 90 Jahre HBKF 1, S. 10 f. (BAH, R13, Nr. 49).

von Klaus«.[43] Nach dem Tod seines Vaters Hans im Jahr 1959 nahm Hermann 1960 dessen Platz an der Seite seiner beiden Onkel und dem Stammesprinzip entsprechend als einer von drei geschäftsführenden Kommanditisten ein. Er wurde zuständig für die Produktion in den deutschen Tochterfirmen, wodurch sich eine klare Abgrenzung gegenüber den Kompetenzen von Klaus und damit eine gewisse Entspannung des Verhältnisses ergab.

43 Ebd., S. 11.

8. Wachstumseuphorie und der schmerzhafte Abschied vom Verkäufermarkt

1965–1974

8.1 Mühsam und verlustreich. Der Aufbau des internationalen Geschäfts

Angesichts der hohen Nachfrage in Deutschland spielte das Auslandsgeschäft lange nur eine untergeordnete Rolle. Das änderte sich in den 1960er Jahren aus vier Gründen. Erstens waren in den 1950er Jahren schrittweise Einfuhrlizenzen erteilt worden, sodass man ausländische Märkte testen und im kleinen Maßstab exportieren konnte. Zweitens zeigte es sich dabei, dass Bahlsen dank seiner Qualität auch im Ausland beliebt war, dort deutlich höhere Preise erzielt werden konnten und ein großes Wachstumspotential bestand. Drittens beobachtete Bahlsen die 1957/58 gegründete Europäische Wirtschaftsgemeinschaft (EWG) sehr genau. Sie fing 1961 an, einen einheitlichen Wirtschaftsraum mit freiem Wettbewerb und ungehindertem Warenverkehr aufzubauen. Bahlsen erwartete aufgrund des Vordringens ausländischer Konkurrenten einen verschärften Wettbewerb in Deutschland, sodass der Verkäufermarkt bald der Vergangenheit angehören würde. Zugleich erkannte man die Chancen, die sich durch eine Erweiterung des Absatzgebietes ergaben. Es ist daher kein Zufall, dass Bahlsen 1960 in zwei Kernstaaten der EWG, nämlich in Italien und Frankreich, Vertriebsniederlassungen gründete. Viertens wirkte es sich gegen Ende der 1960er Jahre aus, dass die Wachstumsdynamik in Deutschland nachließ und daher internationale Märkte verstärkt in das Blickfeld rückten.

Für die Analyse der Internationalisierung von Unternehmen hat sich das so genannte Uppsala-Modell bewährt, das einerseits die Schritte vom Export mithilfe unabhängiger Handelsunternehmen über die Gründung eigener Vertriebsgesellschaften bis hin zur Errichtung von Fabriken im Ausland beschreibt, andererseits die Bedeutung geographischer und kultureller Nähe für die Standortwahl und die Abfolge der Zielländer betont.[1] Wie diese Theorie voraussagt, machte die Schweiz 1950 den Anfang, als die ersten Geschenkdosen dorthin geliefert werden durften, die zum größten Teil aber unverkauft blieben. Aufgrund des anhaltenden Mangels an Nahrungsmitteln in der frühen Bundesrepublik wurden Exporte von Lebensmitteln nur zögerlich und im Rahmen knapper Kontingente genehmigt. Hinzu kamen die

1 Johanson u. Vahlne, Internationalization.

schwer zu erhaltenden und auf kleine Volumina beschränkten Importlizenzen der Zielländer und eine extrem komplizierte Zollabwicklung. Oftmals musste man auch umständliche Kompensationsgeschäfte durchführen. Die Zölle waren z. T. prohibitiv hoch. Sie lagen etwa 1954 in Österreich bei knapp 100%. 1957 sanken sie auf 40 %. Um konkurrenzfähig zu sein, musste Bahlsen auch Zucker und Mehl zu Weltmarktpreisen, also deutlich unter den künstlich hochgehaltenen deutschen Agrarpreisen, einkaufen können, was nur gestattet war, wenn die Ausfuhr derselben Menge dieser Rohstoffe nachgewiesen wurde. Man musste für jede Packung die Inhaltsstoffe mit exakten Mengenangaben der Oberfinanzdirektion Hannover vorlegen, was einen unglaublichen Aufwand bedeutete. Die Zollabwicklung war ebenfalls ein bürokratischer Alptraum. »Wir protestieren jahrelang [...]. Oft siegen wir, oft verlieren wir.«[2]

Bis 1953 konnten kleine Ausfuhrmengen in den Nachbarländern Luxemburg, Niederlande, Belgien, Österreich, Frankreich und Dänemark verkauft werden. Zugleich wurden auch Schweden, Italien, England und sogar Kanada, die USA, Ägypten und Australien in einem sehr geringen Umfang beliefert. Für 1953 führte die Exportchronik elf europäische und 15 überseeische Abnehmer auf und vermerkte angesichts substantieller Verluste: »Wir müssen noch viel lernen!«[3] 1954 gingen Bahlsen-Produkte bereits in 57 Länder, davon 29 in Übersee. Gleichzeitig begann die weltweite Versorgung der deutschen Botschaften und Konsulate. 1953/54 fiel die Entscheidung, sich beim Export auf gehobene Ware zu konzentrieren und den Massenmarkt der Konkurrenz zu überlassen.

Grafik 5 belegt, dass die 1950er Jahre die Experimentier- und Aufbauphase des Auslandsgeschäftes waren, denn die Exporte lagen bis 1961 stets unter 2 % des Umsatzes. Zwar stieg die Exportquote seit 1952 jedes Jahr, blieb aber insgesamt unbedeutend. In absoluten Zahlen stiegen die Auslandsumsätze, die sich netto ab Hannover ergaben, zwischen 1952 und 1961 von 77.173 DM auf 3,1 Mio. DM. Die Zuwächse fielen am stärksten in Übersee aus, da die europäischen Länder noch lange restriktiv blieben und selbst die EWG-Mitglieder bis 1961 deutsche Einfuhren immer noch erschwerten.[4] 1958 lag der Anteil der Überseeexporte an allen Exporten bei 62 %. Er sank bis 1960 auf 36 %, um dann bis 1966 auf 6,1 % zu schrumpfen. Die Europäisierung des Exportgeschäfts begann um 1960 mit der anlaufenden Umsetzung der EWG-Verträge. Zugleich schossen die Exportumsätze und Exportquoten in die Höhe. Die Kurven in Grafik 4 gehen ab 1962 in einen steilen Steigflug über. Zwischen 1961 und 1971 wuchsen die Ausfuhren von 3,1 auf 43 Mio. DM. Die Quote stieg von 2 auf 8,9 %.[5]

2 Lüben, Exportchroniken, Kapitel: Die ersten 20 Jahre, o. S. (BAH, R11, Nr. 466).
3 Ebd.
4 Ebd.
5 Ebd.

Grafik 5: Export und Exportquote der H. Bahlsens Keksfabrik KG in Mio. DM bzw. Prozent, 1951-1971

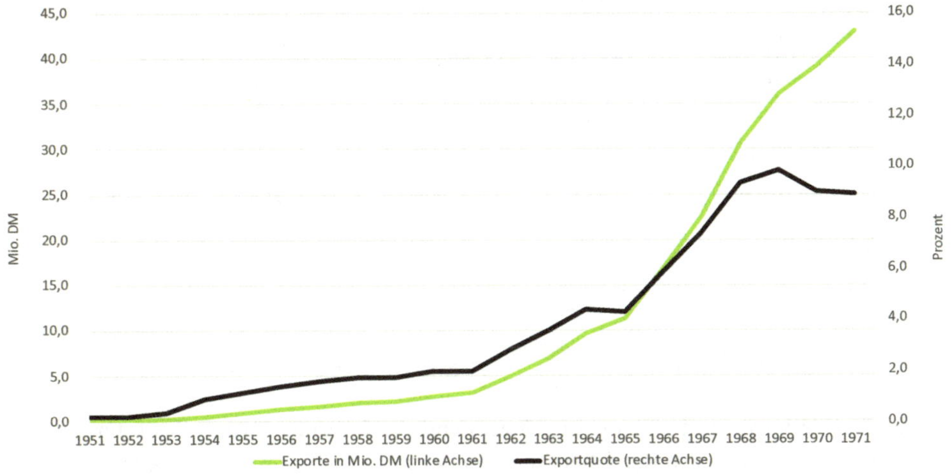

Exportnettopreise ab Hannover. Die Umsätze der Niederlassungen waren deutlich höher. Exportquote = Exportumsätze / Gesamtnettoumsatz.

Quelle: Lüben, Exportchroniken, Kapitel: Die ersten 20 Jahre, o.S. (BAH, R11, Nr. 466); 100 Jahre Bahlsen Firmengeschichte, Papier Nettoumsatz und Absatzmenge 1909-1991 (BAH, R12, Nr. 98); Bericht zur Beiratssitzung, 2. Fassung, AM 31.1.1979 (BAH, R 11, Nr. 206).

Das eindrucksvolle Exportwachstum der 1960er Jahre war im Wesentlichen der Handelsliberalisierung der EWG und der daran angepassten, wesentlich von Werner Bahlsen gestalteten Strategie des Unternehmens geschuldet. Bis 1965 hatte sich die Regionalstruktur der Exporte neu ausgerichtet. Fast zwei Drittel der Ausfuhren gingen nun in die EWG, wobei der Löwenanteil auf Frankreich entfiel. Italien war mit großem Abstand der zweitwichtigste Markt. Die als Gegengewicht zur EWG 1960 gegründete Europäische Freihandelsassoziation EFTA, die den Handel ohne weitergehende politische Ziele liberalisierte, behielt für Bahlsen mit einem knappen Drittel ungefähr die bisherige Bedeutung. Die Hälfte der Ausfuhren in den EFTA-Raum gingen nach Österreich. Daneben waren England und die Schweiz wichtige Abnehmer.

Tabelle 17: Regionale Aufteilung des Exports ab Hannover in Prozent, 1959-1970

	1959	1965	1969	1970
Alle EWG-Mitglieder	14,6	64,1	62,7	62,6
Davon Frankreich	*5,7*	*50,0*	*45,6*	*46,0*
Davon Italien	*3,6*	*7,3*	*5,7*	*5,2*
Alle EFTA-Mitglieder	39,6	27,8	31,0	28,5
Davon Österreich	*18,5*	*15,0*	*17,9*	*16,3*
Davon Schweiz	*4,3*	*4,7*	*6,1*	*4,7*
Übrige Länder	45,8	8,1	6,3	8,9
Davon USA	*32,3*	*5,5*	*5,1*	*6,1*

Quelle: Lüben, Exportchroniken, Kapitel: Die ersten 20 Jahre, o. S. (BAH, R11, Nr. 466).

Mit dem Wachstum der Exportumsätze stand die Internalisierung des internationalen Geschäfts an, also der Übergang von der Kooperation mit unabhängigen Importeuren zur Etablierung eigener, von Hannover aus zu lenkenden Strukturen. Die Markterkundung und der Verkauf über fremde Distributionskanäle wurden abgelöst durch eigene Distributionssysteme. Mit diesen Direktinvestitionen band sich Bahlsen langfristig an die entsprechenden Märkte. Formal betrachtet wurde Bahlsen nun ein multinationales Unternehmen.

1958 war es keineswegs absehbar, dass Frankreich zum wichtigsten Exportmarkt werden und die Ersetzung des Importeurs Marcel Bur durch eine eigene Niederlassung lohnen würde. Die dortigen Umsätze gingen zurück, weil es schwieriger wurde, Importlizenzen zu erhalten. Allerdings war absehbar, dass diese Probleme dank der EWG bald der Vergangenheit angehören würden. Während der Exportleiter Frankreich »sehr skeptisch« beurteilte, sah Werner Bahlsen dort das größte Potential, denn Frankreichs Pro-Kopf-Verbrauch an Backwaren wuchs schneller und von einer höheren Basis aus als derjenige der Bundesrepublik. Zu 1958 vermerkte die Exportchronik: »GRUNDSATZ-ENTSCHEIDUNG (wie immer von Herrn Werner Bahlsen): in Frankreich liegen für uns Millionen drin. Da müssen wir in 1-2 Jahren eine eigene Niederlassung haben.«[6]

Tatsächlich entstand im Juli 1960 in Paris die Firma Ets. Bahlsen France als Vertriebszentrale. Die Nachfrage stieg trotz antideutscher Ressentiments schneller als erwartet, sodass die Zentrale mehrfach umziehen musste und immer mehr Auslieferungslager entstanden, bis 1966 in Paris, Nanterre, Antibes, Marseille, Lyon, Straßburg, Nizza, Angers (Bretagne), Douai bei Lille und Argenton. 1970 verfügte Bahlsen in Frankreich über 45.000 Kunden und 120 Reisende. Der Umsatz explo-

6 Ebd. Hervorhebung im Original.

dierte förmlich von 25.800 DM (1958) auf 19,1 Mio. DM (1971).[7] Dieser Erfolg basierte auf einem sehr methodischen Vorgehen, das sich in peniblen Marktanalysen und der Beobachtung der französischen Konkurrenz niederschlug, in die sich die amerikanische Keksindustrie eingekauft hatte. Frankreich war zudem ein Land, in dem Biskuit und Kleingebäck weit verbreitet waren und sich die Bahlsen-Produkte gut in die nationalen Konsumgewohnheiten einfügten.[8]

Im September 1960 entstand die Società Bahlsen in Bologna. Diese Vertriebsniederlassung wurde von Dr. Guiseppe Mioli geleitet, den Werner Bahlsen zufällig auf einer Bahnfahrt kennengelernt hatte.[9] Da er in Deutschland studiert hatte und sich in der Branche auskannte, war er ein idealer Kandidat. In Italien wurden traditionell wenige Kekse konsumiert, da das Schwergewicht auf Eis und Süßigkeiten lag. Insofern musste der Markt anders als in Frankreich erst schrittweise entwickelt werden. Die Bahlsen-Kekse galten als Luxuswaren. Ihr Verkauf wurde zunächst durch eine doppelte Zollbelastung, Einfuhrzölle und kommunale Stadtzölle beim Transport von einer Stadt in eine andere erschwert. Zunächst beschäftigte Bahlsen vier Vertreter, die auch andere Produkte verkauften. Bis 1962 stieg ihre Zahl auf 46.[10] 1968/69 wurden erstmals 17 eigene Reisende eingestellt, zunächst nur für Norditalien, während für das restliche Land weiterhin externe Vertreter genutzt wurden. Die Umsatzstatistik zeigt, dass die Investitionen sich umgehend niederschlugen. Die Errichtung der eigenen Niederlassung führte noch 1960 zu einer Verdreifachung der Umsätze und 1961 zu einer weiteren Verdoppelung. Durch die Tätigkeit der neu eingestellten eigenen Reisenden verdoppelte sich der Umsatz zwischen 1967 und 1969. Insgesamt stieg er zwischen 1959 und 1971 von 54.200 auf 2,4 Mio. DM. 1971 wurde zum ersten Mal ein kleiner Gewinn erwirtschaftet.[11]

Österreich nahm eine Sonderrolle ein. In den 1950er Jahren wurde das Geschäft lange durch hohe Zölle und fehlende Einfuhrlizenzen erschwert. Alleinvertreter war seit 1953 Heinrich Graf Dubsky. Der ehemalige Berufsoffizier ohne kaufmännische Erfahrung gründete in Salzburg einen Großhandel für Lebensmittel. Die Anfänge waren mühsam. Lange wusste man nicht, ob und wann Ware aus Deutschland eingeführt werden konnte. Gräfin Dubsky belieferte Einzelhandelsgeschäfte in Salzburg mit einem Handwagen. Der Graf bepackte seinen VW-Käfer mit Keksen und klapperte Einzelhändler im ganzen Land ab. Günstig wirkte sich aus, dass Bahlsen vor dem Krieg in Österreich erfolgreich gewesen war und die Marke noch viel galt. Graf Dubsky gelang es auch sicherzustellen, dass Bahlsen bis zu 90 % und mehr der knapp bemessenen Einfuhrlizenzen für Kekse aus Deutschland erhielt.[12]

7 Leibniz-Blätter, 3/1970, S. 10.

8 Bericht der Zentralabteilung vom 13.9.1966, S. 2; Berichte der Zentralabteilung vom 31.10.1966; Zentralabteilung, Bahlsen-France-Bericht zum 31.10.1966 (jeweils BAH, R11, Nr. 211).

9 Interview mit Werner Michael Bahlsen am 17.3.2021.

10 Leibniz-Blätter, April 1962, o. S.

11 Lüben, Exportchroniken, Kapitel: Die ersten 20 Jahre, o. S. (BAH, R11, Nr. 466).

12 Lüben, Exportchroniken, Kapitel: Österreich, o. S. (BAH, R11, Nr. 466).

1960 gründete Bahlsen eine eigene Niederlassung, deren Geschäftsführer und Teilhaber Dubsky wurde. Diese Konstruktion war notwendig, um weiterhin als österreichisches Unternehmen zu gelten. Die Zuständigkeit für den Verkauf ging von der Exportabteilung auf den deutschen Kundendienst über, sodass aufgrund der kulturellen und sprachlichen Nähe ein eingespieltes System zum Einsatz kam. Es dauerte zwei Jahre nach Gründung der Niederlassung, bis in Österreich ein starkes Umsatzwachstum einsetzte. Hatte man dort 1959 erst Ware für 275.600 DM abgesetzt, waren es 1962 799.000 und 1963 1,6 Mio. DM. 1971 wurden dann 7 Mio. DM erreicht. Im Gegensatz zu allen anderen Ländern mit Niederlassungen mit der Ausnahme von Luxemburg, wo es seit 1967 eine profitable Niederlassung gab, gelang es in den 1960er Jahren allein in Österreich, durchgehend Gewinne zu erzielen. Überall sonst traten entweder gelegentliche oder auch jahrelang anhaltende Verluste auf.[13]

1965 erwarb Bahlsen erstmals eine Produktionsstätte im Ausland und zwar im Zuge einer Mehrheitsbeteiligung. 1955 hatte der ehemalige Major der US-Armee Howard Morse Kelly gemeinsam mit dem Österreicher Herbert Rast die »American Popcorn Company« gegründet, aus der 1965 die Kelly GmbH in Wien hervorging, deren Anteile Bahlsen anschließend mehrheitlich übernahm. Es spezialisierte sich auf Chips und Popcorn und ergänzte den schnell wachsenden Snack-Bereich.

Belgien und die Niederlande blieben lange ein schwieriges Terrain. Hier gab es eine starke einheimische Keksindustrie und ausgeprägte anti-deutsche Ressentiments. Hinzu kamen preisliche Verzerrungen. Holländische Keksproduzenten zahlten für Zucker nur ein Viertel des in Deutschland anfallenden Preises und profitierten von niedrigeren Löhnen. Obwohl der Pro-Kopf-Verbrauch von Keksen in den Niederlanden dreimal so hoch wie in der Bundesrepublik war, hatten Bahlsen-Kekse dort anfangs keine Chance. Wie auch in Belgien ließen sich allein Salzletten, etwas Käsegebäck und ab 1964 Erdnüsse absetzen. Bahlsen kooperierte seit 1951 mit Gerhards Import, der einzigen niederländische Handelsfirma, die zu dem Zeitpunkt deutsche Backwaren einführen wollte. Das Geschäft lohnte sich für Bahlsen im Grunde genommen nicht, sodass man 1960 keine eigene Niederlassung gründete und mit diesem Schritt bis 1966 wartete. Um Know-how und Kundenkontakte zu erhalten, entschied sich Werner Bahlsen dafür, den Geschäftsführer von Gerhards zu übernehmen.[14]

Die Bahlsen-Nederland N.V. »war keine leichte Geburt. Sie kam etwas später als erwartet und war kein so gesundes Kind wie die anderen Bahlsen-Töchter im Ausland.« Der nun vorgenommene Einstieg in das Keks-Geschäft verlief vorerst enttäuschend. Nicht alle deutschen und holländischen Mitarbeiter kamen gut miteinander aus. Die Umsätze stiegen jedoch vor allem dank der Nüsse und Salzstangen mit der Gründung der Niederlassung und dem Wegfall von Einfuhrzöllen durch die

13 Lüben, Exportchroniken, Allgemeines, o. S. (BAH, R11, Nr. 466).

14 Das Unternehmen befand sich in einer Nachfolgekrise, siehe Lüben, Exportchroniken, Kapitel: Niederlande, o. S. (BAH, R11, Nr. 466).

Gründung der Europäischen Zollunion der EWG im Jahr 1968 schlagartig an, von 298.000 (1965) auf 3 Mio. DM (1968).[15]

In Belgien fand sich 1951 gar kein Importeur. 1952/53 kam es nacheinander zur Kooperation mit zwei Vertretungen, denen nach kurzer Zeit gekündigt werden musste. 1953 wurde die Firma Charlier SA in Antwerpen Alleinvertreter. Sie baute bei recht niedrigen Umsätzen das Bahlsen-Geschäft in Belgien auf, widmete aber offenbar anderen parallel vertretenen Marken mehr Aufmerksamkeit. Der Verkauf blieb zunächst nur auf »die teuersten Geschäfte und die grossen Warenhäuser, die uns zur Hebung ihres internationalen Prestiges brauchen« beschränkt.[16]

Die Erfolge in den Niederlanden seit der Gründung der eigenen Niederlassung und dem Wegfall der Zölle ließen auch für Belgien Optimismus aufkommen. Über 1968 heißt es in der Exportchronik: »Und nun gibt's für Herrn Bahlsen kein Halten mehr!« Für 1969 ordnete er noch rechtzeitig zum Weihnachtsgeschäft die Eröffnung einer Niederlassung in Brüssel mit sechs Reisenden an. Der Exportleiter warnte vor hohen Anlaufverlusten, woraufhin Werner Bahlsen gesagt haben soll: »Na und?« Bahlsen war wagemutig und geduldig. Er dachte nicht an einen schnellen Profit. »Mut […] kann man nicht lernen,« urteilte die Export-Chronik.[17] Bevor das Belgien-Geschäft richtig losging, die Umsätze von 115.814 (1968) auf 1,8 Mio. DM (1970) hochschossen und die kühnsten Erwartungen weit übertroffen wurden, musste der Exportleiter dem bisherigen Partner Charlier eröffnen, dass man sich nach 16 Jahren von ihm trennen werde. Am Ende einigte man sich auf eine Abfindung in Anerkennung seiner Aufbauarbeit.[18]

Die USA wurden seit 1952 beliefert und waren in den 1950er Jahren der mit großem Abstand wichtigste ausländische Absatzmarkt. Deutschamerikaner und ehemals in Deutschland stationierte Soldaten bildeten die Kernkundschaft. Bahlsen-Produkte wurden überwiegend in »delicatessen stores« bzw. den Feinkostabteilungen von Kaufhäusern, »fancy food departments«, und deutschen Wurstgeschäften im Hochpreissegment verkauft.[19] Angesichts der Größe und Kaufkraft des Landes nahm sich ein Umsatz von 411.700 DM im Jahr 1958 nicht gerade beeindruckend aus. Die Gewinnspanne blieb unbefriedigend. Für die enttäuschende Entwicklung des US-Geschäftes machte Bahlsen den Generalimporteur Frank Mayne verantwortlich, der seit 1952 das Alleinvertretungsrecht besaß. Ein vertraulicher Bericht der Exportabteilung nach einem Besuch Werner Bahlsens in New York hielt 1960 fest, dass »die Geschäftsführung« von Geraldine Mayne, der Witwe des 1958 nach einer Verkaufsreise verstorbenen Gründers, »wenig Erfolg« hatte, »ja, wir müssen sogar sagen, sie müsste eigentlich die Geschäftsführung niederlegen.« Die Liquidität ihres Hauses war aufgrund einer kaum auskömmlichen Umsatzrendite, die 1959 mit 0,2 % einen

15 Ebd.

16 Lüben, Exportchroniken, Kapitel: Belgien, o. S. (BAH, R11, Nr. 466).

17 Ebd.

18 Ebd.

19 Leibniz-Blätter, Dezember 1962, o. S.

Tiefpunkt erreichte, und in Folge hoher privater Entnahmen angespannt. »Außerdem neigt sie zu großen, nicht notwendigen Ausgaben« und habe in der Vergangenheit mehrfach gelogen. Zwischen ihr und den Mitarbeitern bzw. Beratern herrschte Streit. Eigentlich solle man die Zusammenarbeit beenden, was aber unmöglich sei, »da Frau Mayne einen sehr großen Anhang in der außergewöhnlich einflussreichen jüdischen Gesellschaft New York's hat, […] und es daher für uns zu großen Nachteilen führen würde, wenn wir eine abrupte Handlung vornähmen«.[20]

Für Bahlsen war es besonders nachteilig, keinerlei Kontrolle über das US-Geschäft zu besitzen und sowohl dem Importeur und dem Einzelhandel Gewinnspannen gewähren zu müssen. Preisvorgaben aus Hannover wurden trotz eindeutiger Absprachen ignoriert. Bahlsen verdiente viel zu wenig am Export in die USA. Da man Zahlungsziele von bis zu sechs Monaten zugestand, lebte Mayne von Krediten, die keine Bank gewähren würde. Die »Geschäfts- und Ausgabengebarung« der ehemaligen Buchhalterin trug chaotische Züge. Um den US-Markt sinnvoll weiterzuentwickeln, sei – so der Bericht – die Mehrheit an dem Importhaus zu erwerben und »eine ganz straffe Lenkung der Firma von Hannover« aus vorzunehmen. Da Frau Mayne bei der Bewertung ihrer Firma »im höchsten Wolkenkuckucksdorf schweben« würde und weiterhin Anteilseignerin und Geschäftsführerin bleiben wolle, erwartete Bahlsen schwierige Verhandlungen. Entscheidend, so der Bericht, sei »die Festlegung der Frau Mayne an eine Kette«.[21]

Das gelang 1961, als Bahlsen 51,3 % der Anteile an Mayne & Co erwarb und damit die volle Kontrolle erlangte. Die restlichen Anteile verblieben bei der Witwe, die nach außen als Präsidentin auftrat.[22] Das Geschäft wurde fortan in enger Abstimmung von Hannover und dem »office manager« in New York geführt. Man stellte fest, dass das US-Geschäft den Aufbau festangestellter Reisender nach deutschem Muster noch nicht tragen würde und hielt es für sinnvoll, vorrangig in den aufstrebenden europäischen Märkten Verkaufsapparate aufzubauen. 1972 hatte man dort in zehn Staaten 341 Reisende. In den USA setzte man vorerst auf externe Vertreter. Die Rekrutierung eines festen Stammes an Vertretern gestaltete sich durchaus schwierig, sodass man den damit überforderten Verkaufsleiter Ende 1962 entließ. In diesem Jahr eröffnete Bahlsen ein Büro und ein Lager in San Francisco, da die bisherige Belieferung der Westküste über New York zu umständlich war.

Der Auftritt auf Messen erwies sich als zentral, um neue Kunden zu gewinnen. Dabei passte man sich amerikanischen Erwartungen an und ließ uniformierte weibliche Markenbotschafter, die Stewardessen ähnelten, an den Ständen oder mit Hilfe von Bauchläden Kostproben anbieten. »Bei den Ausstellungen tragen die Damen an den Ständen jetzt TET-Kostüme und TET-Mützen.«[23]

20 Aktennotiz zu Firma Frank L. Mayne vom 4.4.1960, S. 1 f. (BAH, R10, Nr. 405).

21 Ebd., S. 9 f.

22 Auslandsbeteiligungen Bahlsen (BAH, R11, Nr. 290).

23 Erinnerungen Aufbau des US-Geschäfts (BAH, R11, Nr. 482).

Die Gewinne blieben vorerst bescheiden. In manchen Jahren wie 1964 schrieb man Verluste. In diesem Jahr wurden die ersten zwei Reisenden angestellt und erstmals ein farbiger Katalog gedruckt. Nach dem Tod von Geraldine Mayne im Jahr 1965 kaufte Bahlsen den Erben die restlichen Anteile ab und intensivierte das US-Geschäft. Werner Bahlsen reiste zum fünften Mal, nun zusammen mit Klaus, nach New York. 1967 erfolgte die Umfirmierung in Bahlsen of North America Inc. und der Umzug in den New Yorker Stadtteil Woodside. Es galt: »Alles hört jetzt natürlich auf Hannovers Kommando.« Es gab nun sechs Reisende und zwei Vertreter. Aufgrund der weiter prekären Ertragslage wurden vier Reisende direkt von Hannover bezahlt, aber man war gezwungen, zur Auslastung des Personals Produkte von vier weiteren deutschen Süßwarenherstellern zu vertreiben.[24]

1967 wurde der Transport über den Atlantik auf die damals noch ganz neuen Container umgestellt. Bahlsen war eines der ersten deutschen Unternehmen, das Kühlcontainer einsetzte. Das brachte diverse Vorteile mit sich von der Beschleunigung über die bessere Haltbarkeit der Ware und der Kostenersparnis bis zur Senkung des Risikos von Diebstählen oder der Beschädigung beim Umladen. Die *Leibniz-Blätter* schwärmten vom »Haus/Haus-Verkehr. Von uns eingepackt, vom Empfänger ausgepackt, berührt keine weitere Hand die Ware.«[25] Dieser technische Fortschritt ging Hand in Hand mit einem starken Wachstum der Ausfuhrvolumina.

1968 wurde für den Mittleren Westen ein Auslieferungslager und Regionalbüro in Skokie im Großraum Chicago eröffnet. Zugleich zeigte sich, dass der Vertrieb in den USA noch mangelhaft war. »Deshalb entschloss sich Herr Bahlsen zu einer Verkaufsorganisation ganz nach deutschem, bewährten Modell. Er bestimmte Herrn Witte zum Verkaufsleiter für die ganzen U.S.A.« Dieser hatte sehr viel Verkaufserfahrung, aber keinerlei Landeskenntnisse. Als er in New York ankam, nachdem er zum ersten Mal in seinem Leben ein Flugzeug bestiegen und einen Fuß auf US-Boden gesetzt hatte, war er äußerst nervös. In seinen Erinnerungen vermerkte er, dass er sich vorkam »wie ein schlechter Schwimmer, den man zu früh ins tiefe Wasser geworfen hatte«. Eine erste Dienstreise führte ihn nach Texas, wo er ein für ihn ungewohntes »sagenhaftes Auto« mit Klimaanlage mietete, mit dem er umgehend eine Kollision mit Totalschaden des Unfallgegners verursachte. Der Anfang war also alles andere als leicht. Zurück in New York begann Henry Witte, die »im Verkauf unmögliche(n) Zustände« in Angriff zu nehmen. Er stellte mehr und besser geeignete Reisende ein, erhöhte ihre Vergütung und verbesserte ihre Arbeitsbedingungen, teilte die Verkaufsbezirke neu ein und führte viele Elemente des deutschen Vertriebssystems wie Laufkarten, Tagesberichte und Ladenwerbung ein. Das »Einstehen für die Reisenden«, ihre Aufwertung zu hochgeschätzten und gut bezahlten »Verkaufsherren« schlug sich sofort in einem erhöhten Arbeitseifer und entsprechenden mehr Aufträgen nieder.[26]

24 Ebd.
25 Leibniz-Blätter, Dezember 1967, o. S.
26 Erinnerungen Henry Witte (BAH, R11, Nr. 482).

Ein weiteres Lager und Regionalbüro entstand in Arlington, Texas. Einen wichtigen Durchbruch schaffte Witte, als er 1968 Supermärkte als Kunden gewann und damit auf dem Massenmarkt Fuß fasste. Dies gelang zuerst bei der großen landesweiten Kette Safeway, der zahlreiche andere folgten. Ab 1969 vertrieb man nur noch Bahlsen-Produkte, die aber 50-100 % mehr als vergleichbare US-Produkte kosteten. 1975 lag der Anteil am gesamten US-Biscuit-Markt noch unter einem Prozent.[27] Als mehrmonatige Streiks von Hafenarbeitern die gerade erst gewonnene Marktposition bedrohten, entschied sich Bahlsen, trotz hoher Kosten, die Ware per Luftfracht zu versenden. 1970 und 1971 stieg der Umsatz um jeweils mehr als 20 %. In Los Angeles nahm ein neues Lager den Betrieb auf. Die Zahl der Reisenden betrug nun 15. Monatlich brachten sie im Durchschnitt jeweils 15.000 $ an Aufträgen herein. Zwischen 1968 und 1972 verdreifachte sich der Umsatz. Bahlsen war mittlerweile in den USA angekommen. Die »vielen Jahren der Enttäuschung« und hoher Anlaufverluste gingen in den 1970er Jahren zu Ende.[28]

Tabelle 18: Ausländische Vertriebsniederlassungen, 1960-1971

Land	Gründung	Mitarbeiter 1971 / davon Reisende	Anzahl Läger 1971	Kunden 1971	Importe Mio. DM 1971*	Gewinn / Verlust Mio. DM 1969
Frankreich	1960	372/138	14	52.682	19,1	-0,5
Italien	1960	53/26	1	7.892	2,4	-0,2
Luxemburg	1960	15/8	1	1.191	1,3	0,1
Schweden	1963	53/26	3	7.063	2,4	0
Österreich	1964	136/59	8	22.582	7,0	0,6
Schweiz	1965	52/27	3	8.094	1,9	-0,3
USA	1967	38/19	4	3.781	2,8	0,1
Holland	1967	33/19	2	7.731	2,7	-0,5
Belgien	1969	50/29	2	7.123	1,8	-0,1
U.K.	1970	k.A.	1	k.A.	0,1	k.A.
Dänemark	1971	12/6	1	1.005	k.A.	k.A.
Summe		814/357	40	119.144	41,5	-0,9

* Wert laut Rechnung ab Hannover

Quelle: Lüben, Exportchroniken, Allgemeines, diverse Tabellen, o.S. (BAH, R11, Nr. 466).

27 Bahlsen International, Möglichkeiten für ertragsbringendes Wachstum für BoNA vom 22.8.1975, S. 1 (BAH, R10, Nr. 498).

28 Leibniz-Blätter, Dezember 1967, o.S.

In den 1960er Jahren baute Bahlsen ein Netz von Niederlassungen auf, das auf Europa und insbesondere die EWG konzentriert war. 1971 arbeiteten in den Niederlassungen 814 Personen, davon 357 Reisende. Etwas mehr als ein Drittel war in Frankreich angestellt, dem mit großem Abstand wichtigsten Exportmarkt, auf den 1970 die Hälfte des gesamten Exports entfiel. Insgesamt hatte Bahlsen 1971 dort bereits fast 120.000 Einzelhändler als Kunden gewonnen. Trotzdem lag der Marktanteil bei Dauerbackwaren in Frankreich 1972 lediglich bei 1,6 %. In allen anderen europäischen Ländern mit Ausnahme Österreichs (9,1 %) und der Schweiz (2,1 %) lag er 1972 unter 1 %.[29]

Trotz erheblicher Investitionen und Mühen blieb das internationale Vertriebsnetz lange ein Zuschussgeschäft. 1969 erwirtschafteten alle Auslandsniederlassungen zusammen 0,9 Millionen DM Verluste, zu denen auch 1,7 Millionen DM Zuschüsse der Muttergesellschaft hinzuzurechnen waren. Im Zeitraum 1960 bis 1969 summierten sich die Verluste auf 2,2 Mio. und die Zuschüsse auf 5,5 Mio. DM.[30] 1970 entstand in Hannover aus dem Exportgeschäft ein Verlust von rund 4 Mio. DM.[31] 1971 regte der Beirat an, verlustreiche Niederlassungen zu schließen, was Werner Bahlsen vehement ablehnte.[32] Die Niederlassungen waren Investitionen in die Zukunft, die Werner Bahlsen mit großer Umsicht und viel Geduld tätigte. »Es galt, Fuss zu fassen, auszubauen und nichts zu versäumen«, fasste 1966 ein interner Bericht zusammen.[33] Von Kostendegression oder gar Profiten war einstweilen nicht die Rede. Das einzige außereuropäische Land mit einer Bahlsen-Niederlassung waren die USA, zu denen Bahlsen eine besondere Affinität besaß, die aber vorerst in der Exportstrategie nur eine mittlere Bedeutung einnahmen.

Die restliche Welt wurde soweit überhaupt möglich durch Importeure versorgt. Einzelne Länder waren bis 1970 praktisch verschlossen. Dazu gehörten Irland, Portugal, Spanien, Brasilien, Argentinien, Chile und sowie die Staaten des Warschauer Paktes und die ehemaligen europäischen Kolonien in Afrika und Asien. In viele andere Länder Lateinamerikas und in afrikanische Staaten gingen zumeist über Hamburger Exporteure kleine Sendungen, in der Regel mit einem Umsatz von weniger als 10.000 DM pro Jahr. 1964 wurde in 79 Länder exportiert, von denen die meisten jedoch keine nennenswerten Umsätze erbrachten. In den 1960er Jahren traf Bahlsen die Entscheidung, sich auf die Länder mit eigenen Niederlassungen zu konzentrieren und Asien, Afrika und Südamerika praktisch nicht aktiv zu bearbeiten. Griechenland, Finnland, Japan und Australien dagegen erlaubten steigende Umsätze, jedoch noch unterhalb von 100.000 DM pro Jahr. In ähnlichen Größenordnungen bewegten sich Sondergeschäfte mit der NATO sowie mit den amerikanischen und

29 McKinsey, Ansätze zur Verbesserung der Ertragslage vom 6.6.1974, Schaubild 16 (BAH, R11, Nr. 344).

30 Lüben, Exportchroniken, Allgemeines, diverse Tabellen, o. S. (BAH, R11, Nr. 466).

31 Niederschrift über die Beiratssitzung vom 21.8.1970, S. 9 (BAH, R11, Nr. 209).

32 Ergebnis-Protokoll über die Beiratssitzung am 17.6.1971, S. 8 (BAH, R11, Nr. 208).

33 Anschreiben zum Bahlsen-France-Bericht vom 13.9.1966, S. 1 (BAH, R11, Nr. 211).

kanadischen Streitkräften in Europa. 1971 betrug der Anteil der Länder ohne Niederlassungen am gesamten Exportumsatz von Bahlsen nur noch 2,6 %.[34]

1973 gab der Beitritt Großbritanniens und Dänemarks zur EWG den Anstoß zur Ausweitung des Niederlassungsnetzes. Großbritannien wurde seit 1953 über den Alleinvertreter Schmidt's in London beliefert, mit dem man schon vor 1914 zusammengearbeitet hatte. Schmidt's vertrat die wichtigsten deutschen Lebensmittelfirmen. Er belieferte Feinkostläden im ganzen Land und setzte fast die Hälfte der Bahlsen-Waren im eigenen Delikatessengeschäft ab. Bis 1957 bremsten Einfuhrbeschränkungen das Geschäft. Man traf daher die Entscheidung, sich auf die Gründungsmitglieder der EWG zu konzentrieren und die starke britische Keksindustrie nicht frontal anzugreifen. Bahlsen beschränkte die Einfuhren auf 100.000 DM pro Jahr, hielt aber die Stellung, da man früher oder später den Beitritt Großbritanniens zur EWG erwartete. Nachdem die politischen Weichen gestellt waren, entstand bis 1972 in London Bahlsen Biscuits (U. K.) Ltd. unter der Leitung eines aus Hannover entsandten Mitarbeiters und eines von Schmidt's abgeworbenen Verkaufsleiters.[35] Die Niederlassung befand sich bis 1973 in einer Zweizimmerwohnung, die zugleich als Büro und Lager diente. »Es begann wie in allen Auslandsgesellschaften. Wochenlange Kundenbesuche ohne einen Auftrag zu erhalten. Es wurden erst nur Schmeckmuster verteilt. Bahlsen musste noch bekannt gemacht werden.«[36] Der Umsatz vor der Gründung der Niederlassung lag bei ca. 2.000 Pfund pro Jahr, 1973 bei 145.000. Mitte der 1970er Jahre wurden die großen Supermarktketten als Kunden gewonnen. 1978 betrug der Umsatz erstmals 1 Mio., 1982 2,2 Mio. Pfund.[37] Die hohe Inflation und der Wertverlust des Pfunds belasteten das Geschäft jedoch erheblich, das erst 1977 profitabel wurde.

In Dänemark behinderten in den 1950er Jahren geringe Einfuhrkontingente und prohibitive Zölle das Geschäft. Die Erinnerung an die deutsche Besatzung und die Konkurrenz englischer Kekse, die von den niedrigen EFTA-Zöllen profitierten, taten ihr Übriges. Bahlsen hatte 1953 nach langer Suche einen Importeur, die Firma Brodr. Lund-Hansen in Kopenhagen, gefunden. Das Geschäft blieb unbefriedigend und zunächst auf das Luxussegment beschränkt. Eine eigene Niederlassung kam lange nicht infrage, da sie als deutsches Unternehmen keine Einfuhrkontingente erhalten hätte. Mit dem nahenden EWG-Beitritt änderte sich das, sodass Werner Bahlsen 1970 entschied, 1971 eine eigene Niederlassung namens Bahlsen Bisquits A/S zu eröffnen. Wie in England erhielt Lund-Hansen für die geleistete Aufbauarbeit eine Abfindung. Die Kosten der Niederlassung waren anfangs relativ zum Umsatz »bitter

34 Lüben, Exportchroniken, Allgemeines, o. S. (BAH, R11, Nr. 466).

35 Ebd., Kapitel: England, o. S.

36 Manuskript Rolf, Entstehung und Entwicklung der BI-Gesellschaften vom 9.4.1986, S. 37 (BAH, R10, Nr. 349).

37 10 Jahre Bahlsen Biscuits (UK) LTD vom 5.11.1982; 10 Jahre Bahlsen Biscuits vom 25.10.1982 (jeweils BAH, R10, Nr. 498).

enttäuschend«. Mit jeder DM Umsatz ging ein Verlust von 59 Pf. einher. 1971 lag der Umsatz mit 261.503 DM nur unwesentlich über dem der meisten Jahre seit 1966.[38]

1969 begannen die Vorbereitungen für eine Neustrukturierung der Auslandsbeteiligungen unter dem Dach einer Schweizer Holding. In einem internen Vermerk hieß es zum Zweck dieser Operation, dass sie »zur Vermeidung von Publizitätspflichten und Mitbestimmungseingriffen« und zur Suche nach einer »auch steuerlich optimale(n) Lösung« erfolge. Ferner sollte »der Tradition der Familiengesellschaft entsprechend« das ausgegliederte Vermögen »zusammengehalten und gebunden werden«.[39] Es ging nicht primär um die Senkung der Steuerlast, sondern darum, das Auslandsengagement zu systematisieren und die Kreditwürdigkeit zu erhöhen, die bei einer Holding mit elf nachgeordneten Unternehmen höher war als bei jeder einzelnen Niederlassungen für sich genommen. Auch waren Schweizer Banken eher bereit, einem Schweizer Unternehmen Kredite zu gewähren. Dieser Punkt besaß angesichts anstehender weiterer Expansionsschritte eine sehr große Bedeutung. Bahlsen hatte sich entschlossen, in absehbarer Zeit »marktnahe Produktionen im Ausland« aufzubauen.[40] Die Bundesrepublik war mittlerweile zu einem Hochlohnland geworden, was Exporte erschwerte. Die Aufwertungen der D-Mark in den Jahren 1961 und 1969 verstärkten dieses Problem. Das galt umso mehr, als die Umsätze in den wichtigsten Auslandsmärkten steil anstiegen. Schließlich sprachen auch die Frachtkosten gegen eine Produktion in großer Entfernung zu den Absatzmärkten.

Bahlsen befand sich an einer für Familienunternehmen typischen Wachstumsschwelle. Da die »Grenzen der Selbstfinanzierung […] ausgeschöpft«[41] waren, bei künftigen Erbgängen hohe Abflüsse aus dem privaten Vermögen zur Begleichung der Erbschaftssteuer zu erwarten standen und die Aufnahme von Fremdgesellschaftern nicht in Frage kam, schufen die geplanten Expansionsschritte ein Finanzierungsproblem. Zu dessen Lösung sollte die Schweizer Holding einen wesentlichen Beitrag leisten. Man ging davon aus, dass weder die Finanzmittel der Familie noch die »inländische Kreditaufnahme« den absehbaren Kapitalbedarf decken würden. Bahlsen sah sich im Wettbewerb mit multinationalen Großunternehmen wie Nestlé, Unilever, General Foods oder Nabisco, die über »ein Vielfaches der Kapitalausstattung« des Familienunternehmens verfügten.[42] Sich in diesem Umfeld zu behaupten, erforderte weiteres Wachstum und damit frisches Kapital. Die Schweizer Gesellschaft würde der KG nicht nur die Beteiligungen abkaufen, sondern ihr auch Kredite geben können.

38 Lüben, Exportchroniken, Kapitel: Dänemark, o. S. (BAH, R11, Nr. 466).
39 Skizze zur Struktur- und Ausgliederungsfrage, Besprechung vom 15.8.1969 (BAH, R10, Nr. 348).
40 Gutachten Rechtsanwalt Dr. Hans Flick vom 20.6.1971 (BAH, R10, Nr. 348).
41 Vermerk zur Frage der Errichtung der Firma Bahlsen Holding, vom 20.10.1970, S. 2 (BAH, R10, Nr. 348).
42 Gutachten Rechtsanwalt Dr. Hans Flick vom 20.6.1971 (BAH, R10, Nr. 348).

Steuerliche Vorteile wurden natürlich auch erzielt, denn Ausschüttungen einer Holding einer deutschen GmbH wurden in der Schweiz mit 15 % besteuert und blieben in der Bundesrepublik steuerfrei. Die deutsche Körperschaftsteuer lag für Ausschüttungen auch bei exakt 15 %, sodass hier keine Ersparnis entstand. Sie ergab sich aber dadurch, dass auf die in der Schweiz versteuerten Ausschüttungen in Deutschland keine Gewerbekapital- und Vermögenssteuern anfielen. Die künftige Kapitalbildung, das war sicher, würde in der Schweiz leichter als in der Bundesrepublik sein. Eine Schweizer Holding hatte auch den Vorteil, dass die von Bahlsen in dem Land unterhaltenen, verdeckten und untereinander verschachtelten Holdings Coperna, Internura und Nurintra rechtlich sauber integriert werden konnten.[43] Dabei handelte es sich um Vorratsgesellschaften ohne eigentlichen Geschäftsbetrieb.

Daneben spielte die Angst vor einer sozialistischen Umgestaltung der Bundesrepublik eine Rolle. Die Studentenbewegung forderte lautstark einen anderen, linksradikalen Staat. Die SPD stellte seit 1969 den Bundeskanzler, und die Wirtschaftspolitik bewegte sich in eine Richtung, die man bei Bahlsen für falsch und gefährlich hielt. Die sich abzeichnende Ausweitung der Mitbestimmung, die 1972 und 1976 Gesetzeskraft erhielt, schien ein erster Schritt in Richtung einer Enteignung der Unternehmen zu sein. Mit der Verlagerung eines Teils des Vermögens in die Schweiz wollte man auf den schlimmsten Fall vorbereitet sein.[44] Diese Ängste mögen im Rückblick überzogen erscheinen. Sie wurden jedoch von vielen westdeutschen Unternehmern dieser Zeit geteilt. Ein Jahr vor Bahlsen brachte das familiengeführte Pharmaunternehmen Boehringer Mannheim sämtliche Auslandstöchter in Holdings mit Sitz in Luxemburg bzw. Toronto, später in Zug in der Schweiz, ein. Der Firmenpatriarch Curt Engelhorn befürchtete das Abdriften der Bundesrepublik in das kommunistische Lager und sogar den Einmarsch sowjetischer Truppen.[45] Die Führungskräfte des Textilhandelshauses C&A verfügten seit 1961 über eine »Kriegskasse« in Zürich, um Familienmitglieder bei einer eventuellen Flucht in den Westen zu unterstützen.[46] Der Medienmogul Axel Springer, dessen Enteignung radikale Studenten forderten, hatte seine Flucht bis ins letzte Detail vorbereitet. Er verfügte über mehrere Fluchtwohnungen in Schleswig-Holstein und Skandinavien, prall gefüllte Konten und Immobilien in der Schweiz, in Florida und England sowie über ein jederzeit einsetzbares, am Nord-Ostsee-Kanal verstecktes Boot zur Flucht über die Ostsee.[47]

Die Neutralität der Schweiz schien den Schutz vor Übergriffen auf das Vermögen der Bahlsen-Gruppe zu erhöhen, was in Zeiten des Kalten Krieges ebenfalls von Bedeutung war. Zudem versprach man sich von der Neutralität künftig bessere

43 Hintergrund war das absehbare Inkrafttreten des Außensteuergesetzes (Steuerfluchtgesetzes) von 1972.

44 Vgl. Interview mit Werner Michael Bahlsen am 17.3.2021.

45 Fischer, Wissenschaft, S. 354 f.; Spiegel, 1.6.1997; manager magazin, 9/2007.

46 Spoerer, C&A, S. 334.

47 Vgl. Schwarz, Springer, S. 482.

Chancen im »Ostgeschäft«. Allgemein hoffte Bahlsen, der »Abstemplung der ausländischen Beteiligungen als bundesdeutsche« zu entgehen und vom unbelasteten Image der Alpenrepublik zu profitieren.[48] Mit dem Standort Schweiz befand man sich zudem in der EFTA, was den Handel mit anderen Mitgliedsstaaten erleichterte.

Nach dreijähriger Vorbereitung mit Hilfe zahlreicher Anwälte und Steuerberater sowie nach Abstimmung mit dem Finanzministerium des Landes Niedersachsen erfolgte 1972 die Gründung der Bahlsen International Holding AG in Neuenhof im Kanton Aargau als hundertprozentige Tochter der Bahlsen GmbH, die den drei Stämmen (Werner 35,01%, Klaus 31,67 % und Hermann 33,32 %) gehörte. Bahlsen International bündelte alle elf ausländischen Niederlassungen.[49] Hinzu traten Teile der inländischen Beteiligungen Liebelt und Flessner, an denen die KG und bei Flessner die GmbH sowie die ursprünglichen Eigentümerfamilien weiterhin Anteile besaßen.

Der Aufbau bzw. Erwerb eigener Fertigungsstätten im Ausland wurde nach der Gründung der Schweizer Holding rasch in Angriff genommen. Damit erreichte Bahlsen eine weitere Schwelle im Uppsala-Modell der Internationalisierung, die sich durch die Ersetzung von Exporten durch im Ausland hergestellte Waren auszeichnet. Noch 1972 übernahm Bahlsen International mit 66,6 % eine Mehrheitsbeteiligung an der spanischen Keksfabrik Productos Loste SA mit Fabriken in Burgos und Tarragona. Dieser Schritt wurde durch Steuervorteile gemäß des Entwicklungshilfegesetzes und durch eine zusätzliche Beteiligung der Deutschen Gesellschaft für Wirtschaftliche Zusammenarbeit erleichtert, stieß aber im Beirat aufgrund des hohen Kapitalbedarfs auf Skepsis.[50] Die Anlaufprobleme bei Loste waren recht groß. 1974 fiel ein Verlust von 1,2 Mio. SFR an. Erst 1976 wurde die Beteiligung profitabel.[51] Im Rückblick heißt es dazu: »Neuartige Erfahrungen und Probleme mit einer andersartigen Welt.«[52] 1976 übernahm Werners Sohn, Werner Michael Bahlsen, die Leitung von Loste, das nun bereits zu 83 % Bahlsen International gehörte. 1972 eröffnete Bahlsen eine Fabrik für Snack-Artikel in Noyon nördlich von Paris, die 1975/76 erweitert wurde. 1977 folgte in Nîmes eine Keksfabrik, die auch der Belieferung des spanischen und italienischen Marktes diente. 1974 übernahm Bahlsen den Schweizer Biskuithersteller Wernli aus Trimbach bei Olten, der in der Alpenrepublik eine sehr starke Marktposition besaß. 1972 hatte Wernli den Konkurrenten Oulevay S. A. in Morges (Kanton Waadt) übernommen. Das Unternehmen geriet in wirtschaftliche Schwierigkeiten und wurde daher an Bahlsen verkauft. Bahlsen erwarb auch die

48 Vermerk Besprechung vom 29.9.1969 (BAH, R10, Nr. 348).

49 Ausnahme war zunächst noch Frankreich, das vorübergehend bei der KG blieb, nach wenigen Jahren aber voll in Bahlsen International integriert wurde.

50 Ergebnis-Protokoll über die Beiratssitzung am 18.11.1971, S. 7 (BAH, R11, Nr. 208).

51 Bericht über den Stand der Bahlsen International Holding AG, vom 29.4.1977, S. 4 (BAH, R11, Nr. 206).

52 Album 80. Geburtstag Werner Bahlsen, Eintrag 1972 (BAH, R13, Nr. 71).

Mehrheit an der Hegnauer Bäckerei AG im Kanton Zürich und die Gold-Keks AG in Köliken im Kanton Aargau.

Im Juni 1977 umfasste Bahlsen International elf Vertriebsgesellschaften, die mit Ausnahme der US-Niederlassung allesamt in Europa beheimatet waren, sowie neun Produktionsgesellschaften, zwei in Deutschland, vier in der Schweiz und je eine in Spanien, Österreich und Frankreich. Letztere waren, abgesehen vom 1974 in Betrieb gegangenen Werk Noyon in Frankreich, das zu 100 % Bahlsen International gehörte, Mehrheitsbeteiligungen. Hinzu kamen zwei kleinere Schweizer Lizenz-, Forschungs- und Dienstleistungsgesellschaften. In diesem Kosmos arbeiteten 1977 2.600 Menschen, davon 1.800 im Ausland, 1.400 in der Produktion, 750 im Vertrieb und 450 in der Verwaltung.[53] Damit war in den frühen 1970er Jahren ein weiterer großer Wachstumsschritt gelungen, der sich auch in den Bilanzen der Bahlsen International niederschlug. Ihr Aktienkapital stieg von zwei (1972) auf 25 Mio. SFR (1975), ihr Anlagevermögen von 21,6 auf 57,6 Mio. SFR.[54]

Das Auslandsgeschäft wurde aus kleinsten Anfängen unter großen Mühen und Kosten aufgebaut. Eine wichtige Etappe bildeten in den 1960er Jahren die Direktinvestitionen in eigene Niederlassungen, mit denen hohe laufende Kosten einhergingen. Bahlsen scheute nicht davor zurück, in den ersten beiden Jahrzehnten anhaltende Anlaufverluste hinzunehmen. Das Unternehmen war ein geduldiger Investor. Das Stammhaus tolerierte die Schwächung der Liquidität und trug die Investitionen und Verluste. An diesem Punkt zeigt sich eine zentrale Stärke von Familienunternehmen, nämlich ihre langfristige Orientierung. Werner Bahlsen störte es nicht, dass es viele Jahre dauern würde, bis er die Früchte dieser Arbeit würde ernten können. Optimistisch stimmte das eindrucksvolle »take-off« der Auslandsumsätze in den 1960er Jahren. 1971 erwirtschafteten die Niederlassungen bereits 15,9 % des Gesamtnettoumsatzes. Zehn Jahre früher waren es erst 4,0 % gewesen. 1975 sollten es bereits 28,4 % sein.[55] Der Abnahme des Wachstumstempos des deutschen Marktes konnte nun durch die Forcierung des Exportes begegnet werden. Den Aufbau dieses internationalen Vertriebsnetzes trieb Werner Bahlsen mit hohem persönlichen Engagement voran. Er reiste oft in die betreffenden Länder und fällte die wesentlichen strategischen Entscheidungen. Er knüpfte Kontakte und suchte Personal aus. Dabei wurde er kontinuierlich durch den Exportleiter Herbert Lüben unterstützt, der von 1949 bis 1969 diese Aufbauarbeit entscheidend mitprägte.

Werner Bahlsen verstand es, zentrale Entwicklungstrends richtig zu deuten. Die Zeichen der Zeit standen auf Liberalisierung des Handels. Am deutlichsten war das in Europa, wo Bahlsen folgerichtig den Schwerpunkt setzte. Bisherige Handelshemmnisse wie Kontingentierungen und exorbitante Zölle würden, so die zutref-

53 Geschäftsbericht Bahlsen International 1976/77 (BAH, R10, Nr. 350).

54 Ebd.

55 Lüben, Exportchroniken, Allgemeines, o. S. (BAH, R11, Nr. 466); Grafik Netto-Umsatz Bahlsen-Gruppe 1974-1979, o. S. (BAH, R11, Nr. 206).

fende Prognose Ende der 1950er Jahre, in absehbarer Zeit verschwinden. Die Gründung der EWG und die Abfolge späterer Beitritte gaben den Takt der Errichtung von Niederlassungen vor. Die zunehmende Stärke der D-Mark erschwerte jedoch den Export. Die Aufwertungen vom Oktober und Dezember 1969 sowie von 1971 nach dem Zerbrechen des Weltwährungssystems von Bretton Woods belastete die Ertragslage erheblich, da sich die Preise nicht entsprechend erhöhen ließen. 1971 erlitt Bahlsen Kursverluste in Höhe von 1,6 Mio. DM, 1972 sogar von 3,1 Mio. DM. Auf lange Sicht vermochten die Aufwertungen aber nicht, das Wachstum des Auslandsgeschäftes zu bremsen.[56]

Bahlsen nutzte zielstrebig die Chancen, die sich aus der Handelsliberalisierung seit den 1960er Jahren ergaben. Im Grunde genommen befand man sich an der vordersten Front der europäischen Marktöffnung und ließ sich von Hindernissen und Widerständen nicht abschrecken. Zwischen den 1950er und 1970er Jahren durchlief Bahlsen drei Stufen der Internationalisierung, vom bescheidenen Export mithilfe externer Importeure über den Aufbau eines eigenen Vertriebsnetzes bis schließlich zur Errichtung eigener Produktionsstätten im Ausland durch Direktinvestitionen. Bahlsen war bis 1975 zu einem veritablen multinationalen Unternehmen geworden, dessen Schwerpunkt gleichwohl weiterhin in der Bundesrepublik lag. Diese Entwicklung war weder absehbar noch einfach. 1970 und 1971 fielen im Auslandsgeschäft Verluste in Höhe von knapp 4 bzw. 6 Mio. DM an, was die heraufziehende Krise des Unternehmens verschärfte.[57] Der Kommentar der Zentralabteilung entsprach der Kultur des Familienunternehmens: »Abwarten heisst hier: Inkaufnahme weiterer Verluste […], um nicht den erkämpften Exportboden aufgeben zu müssen.«[58]

56 Protokoll Beiratssitzung vom 17.6.1971, S. 7 (BAH, R 11, Nr. 208).

57 Ebd., S. 7.

58 Gewinn-Analyse vom 18.11.1971, S. 26 (BAH, R11, Nr. 207).

8.2 Die Grenzen des Wachstums. Expansion und Diversifizierung

Parallel zum Aufbau des internationalen Geschäftes folgten weitere Expansionsschritte im Inland und zwar extern durch Akquisitionen und Beteiligungen sowie intern durch Rationalisierungs- und Erweiterungsinvestitionen. Mitte der 1960er Jahre war noch kein Ende des, so Klaus Bahlsen, »explosiv(en)« Wachstums absehbar, sodass »der Betrieb beinahe immer mit Kapazitätsmangel« und »Lieferschwierigkeiten zu tun hatte.«[1] Daran änderte auch die weiterhin zu beobachtende Erhöhung der Arbeitsproduktivität nichts. 1965 produzierte ein Lohnempfänger 10.789 kg Backwaren pro Jahr. 1972 waren es schon 12.494 kg.[2] Das Produktivitätswachstum war längst nicht mehr so hoch wie in den 1950er Jahren, aber immer noch bemerkenswert. Die Rationalisierungsanstrengungen rissen nie ab.

Der Umsatz stieg 1965 um 42 und 1966 um 41 Millionen DM, d. h. um 19 bzw. 15 %. Bahlsen reagierte darauf u. a. mit der Errichtung eines neuen Werkes in West-Berlin. Die Standortwahl war durch die erheblichen Berlin-Subventionen motiviert. 1966 begannen die Bauarbeiten. 1967 nahm Werk 5 in Tempelhof den Betrieb auf. Es sollte mit 500 Mitarbeitern 100 Mio. Umsatz, also den Zuwachs von zweieinhalb Jahren, abdecken. Wenig später arbeiteten dort 800 Menschen. In Berlin wurde auch das zuvor aus Finnland als Handelsware bezogene Knäckebrot Rogga produziert, das über eine Beteiligungsgesellschaft namens Bafa vertrieben wurde.[3]

Weitere Expansions- und Diversifikationsschritte waren 1963 der Kauf der Markenrechte und eines Teils der Maschinen der Feurich-Keks KG in Obertürkheim, die den Betrieb einstellte, und 1966 der Erwerb der Kuchenfabrik Brokat in Oldenburg mit 180 Mitarbeitern, wodurch mit Kuchen ein neuer Produktionsbereich hinzukam. Feurich diente 1972/73 vorübergehend als Zweitmarke für preiswertes Salzgebäck. 1966 erhielt das Werk 4 in Varel einen Neubau. 1968 erwarb Bahlsen die deutsche Pralinenfabrik des Schweizer Unternehmens Gubor in Untermünstertal (Schwarzwald), die zuvor schon für Bahlsen in Lizenz gefertigt hatte. Sie firmierte hinfort als Gubor Schokoladenfabrik GmbH. 1974 erfolgte ein Neubau im benachbarten Müllheim. 1967 entstand mit Hilfe der Zonenrandförderung für das Flessner-Werk eine neue Kartoffelchip-Fabrik in Neunburg vorm Wald (Bayerischer Wald) für 300 Mitarbeiter und mit demselben Förderprogramm eine weitere Kartoffelchip-Fabrik in Hankensbüttel bei Gifhorn. 1971 folgte eine Mehrheitsbeteiligung an der Kuchenfabrik Karl Becker KG Schneeheide bei Walsrode, die 1977 vollständig auf Bahlsen überging. 1971 kam es zu der Gründung der Elzer Backwaren GmbH (Landkreis Hildesheim), die beide Kuchen herstellten. Bereits 1970 wurden Tortenböden in das Produktionsprogramm aufgenommen. 1974 gründete Bahlsen die Her-

1 Bericht Klaus Bahlsen 90 Jahre HBKF 1 1928-1979, darin eingefügt Vortrag vor dem Beirat am 30.8.1973, S. 121 (BAH, R13, Nr. 49).

2 Zentralabteilung, Betriebliches Kostenwesen, Anlage 3, S. 3 (BAH, R11, Nr. 216).

3 Bericht der Zentralabteilung vom 27.8.1975, o. S. (BAH, R11, Nr. 216).

Abb. 49: Anzeige, um 1970

mann Beste Vertriebsgesellschaft mbH. 1969 besaß Bahlsen in der Bundesrepublik elf Fabriken. Die dortige Gesamtbelegschaft betrug 1971 9.212 Personen.[4] Abgesehen von Hannover, Barsinghausen und Berlin handelte es sich um kleinere Werke mit einigen 100 Beschäftigten, die geographisch weit zerstreut in Bayern, Baden-Württemberg, Hamburg und Niedersachsen lagen. Diese produktionstechnisch und logistisch alles andere als optimale Struktur war Ergebnis einer nachfragegetriebenen Wachstumsstrategie, die primär die Lieferfähigkeit erhöhen und das Sortiment

4 Bericht Klaus Bahlsen 90 Jahre HBKF 1 1928-1979, darin eingefügt Vortrag von Werner Bahlsen im Industrie-Verein am 28.9.1979, S. 62 (BAH, R13, Nr. 49).

verbreitern sollte. Das schien die adäquate Antwort auf die Herausforderungen des Verkäufermarktes zu sein.

1972 überschritt Bahlsen erstmals den Bereich der Backwaren und brachte in dem neu gegründeten Unternehmen Red Dot GmbH das alkoholfreie Cocktailgetränk »Red Pep« auf den Markt, das schon nach weniger als einem Jahr aufgegeben wurde. Es entbehrte nicht einer gewissen Ironie, dass erstmals »ein Produkt aufgrund einer sorgfältig abgestimmten Marketingkonzeption eingeführt« wurde und man sich nicht mehr auf das Praxiswissen im Hause verließ.[5] Das Bahlsen-Qualitätsimage sollte auf den hochpreisigen Tomatensaft mit »exklusiver Kräutermischung« übertragen werden, was trotz massiver Werbung auf ganzer Linie scheiterte. Bei Bahlsen sprach man bald von »Red-flop«.[6] Für den Einstieg in den Getränkesektor hatte man bereits die Vertriebsfirma Lehnert sowie eine Lizenz zum Vertrieb von Pepsi-Cola erworben. Beides wurde bis 1975 wieder veräußert. Red Dot war Teil der Bahlsen Ein- und Verkaufsgesellschaft (BEVG), zu der auch das Unternehmen Rabien gehörte, das sich der Proviantierung von Schiffen widmete. Diese randständige Nebenlinie war zu Beginn der 1970er Jahre ebenfalls defizitär.

Das Sortiment veränderte sich zwischen 1964 und 1975 merklich. Die schon in den 1950er Jahren im kleinen Maßstab begonnene Diversifizierung gewann an Fahrt. Kuchen und Schokoladenartikel, Knäckebrote und Brotaustauschprodukte wie Vita-Scheiben kamen neu hinzu, während Salzgebäck, Erdnusslocken, Nüsse und Chips stark an Bedeutung gewannen. Der Kernbereich Kekse besaß 1965 noch einen Anteil von fast 88 % an den Bruttoumsätzen und fiel bis 1975 auf 59 % bei einem Anstieg in absoluten Zahlen um zwei Drittel. Das zu Beginn des hier betrachteten Zeitraumes mit 12 % marginale Nicht-Keks-Sortiment hatte seinen Anteil innerhalb von 10 Jahren auf 41 % gesteigert. Bahlsen traf damit den Zeitgeist, der nach einer Vielfalt an Konsumoptionen rief. Die Variation und Differenzierung von Produkten war gefragt, nachdem der basale Nachholbedarf an Backwaren in den 1950er Jahren weitgehend gestillt war. Die Konsumenten verlangten daher ständig Neuheiten und bessere Qualität.

5 30 Jahre Kundendienst 1948-1978, S. 212 (BAH, R11, Nr. 470).

6 Geschichte der Bahlsenwerbung 1949-1981, S. 76 (BAH, R11, Nr. 127).

Grafik 6: Bruttoumsatz nach Sortimentsbereichen in 1.000 DM, 1965, 1970 und 1975

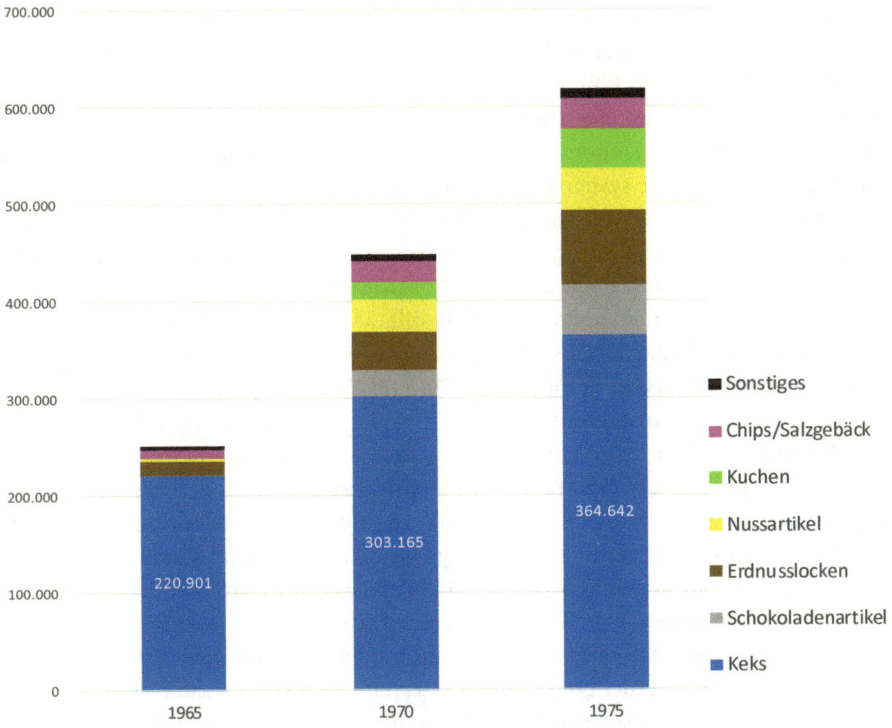

Quelle: Zentralabteilung, Bericht zur Beiratssitzung am 14.9.1976 (BAH, R11, Nr. 206).

Zugleich stieg der Appetit nach Backwaren weiterhin an. Der jährliche Pro-Kopf-Verbrauch in der Bundesrepublik nahm von 3,69 kg im Jahr 1961 auf 5,22 kg 1973 zu. Das bedeutete eine Verlangsamung des Wachstumstempos gegenüber den 1950er Jahren, in denen es von 1,44 kg (1951) ausgehend zu mehr als einer Verdoppelung kam. Die Kalorienaufholjagd verlor an Dynamik, was bereits das nahende Ende des Nachkriegsbooms andeutete. Anlass zu großer Sorge gab diese Entwicklung jedoch nicht, da es immer noch einen Nachfrageüberhang gab und die Konsumenten bereit waren, höhere Preise zu bezahlen. Die Pro-Kopf-Ausgaben für Dauerbackwaren pro Jahr verdoppeln sich nahezu von 11,14 (1961) auf 21,55 DM (1973).[7] Da der bundesdeutsche Verzehr im internationalen Vergleich niedrig ausfiel, ging Bahlsen von einem erheblichen weiteren Wachstumspotential aus.

Im Zuge der Diversifizierung und Produktdifferenzierung wurde das Sortiment immer größer. Es umfasste im Durchschnitt ca. 200 unterschiedliche Artikel, die verteilt auf elf Standorte hergestellt wurden und sich durch sehr unterschiedliche

7 Zentralabteilung, Vorlage zur Sitzung des Beirates am 29.11.1974, S. 26 (BAH, R11, Nr. 206).

Umsätze, Marktanteile und Erträge auszeichneten. Blockbuster waren Chips, Salzletten, Erdnusslocken und mit einem gewissen Abstand Perli (Perl-Erdnüsse) und Leibniz-Kekse. Der Anteil am Gesamtumsatz lag bei der überwiegenden Mehrzahl der Artikel unter 0,5 %. Dem Verkauf waren die Erträge der unterschiedlichen Produkte nicht bekannt. Eine ertragsgesteuerte Produkt- und Verkaufspolitik fand nicht statt.[8] Es gab ferner eine ständige Umstellung des Sortiments. 1971 allein wurden 46 neue Artikel aufgenommen, 1973 und 1974 zusammen 103.[9] Sie wurden im Markt ausprobiert. Eine systematische Studie des Marktpotentials der Novitäten erfolgte nicht. Vielmehr verließ man sich auf das Erfahrungswissen der Praktiker, die oft, aber nicht immer richtiglagen. Maschinen mussten häufig umgerüstet werden, die Lagerbestände waren hoch und viele Losgrößen zu klein für namhafte Skaleneffekte. Die Maschinen standen viel zu oft still. McKinsey errechnete für 1973 eine durchschnittliche Kapazitätsauslastung der maschinellen Anlagen von 64 %. Tiefstände ergaben sich in den Werken in Berlin und Oldenburg mit 50 bzw. 48 %.[10]

Solange die Preise auskömmlich waren und der Markt diese Vielfalt honorierte, brauchte sich Bahlsen keine Sorgen zu machen. Seit der ersten kurzen Rezession der Bundesrepublik von 1966/67 lagen die Umsatzrenditen aber konstant unter 5 % bei weiter fallender Tendenz (Tabelle 19). Auch die Eigenkapitalrentabilität sank kontinuierlich mit Ausnahme des außergewöhnlich guten Jahres 1972. Der Verfall der Renditen lag in erster Linie an den Umbrüchen des Einzelhandels (Kap. 8.4) und der Notwendigkeit von Preiskonzessionen, deutete aber schon an, dass sich der Verkäufermarkt abschwächte und die auf ihn zugeschnittenen Sortiments- und Produktionsstrukturen nicht mehr optimal waren. Zwar stiegen die Umsätze weiter, aber die jährlichen Wachstumsraten sanken seit 1970. Zugleich sank der Marktanteil in der Bundesrepublik dramatisch um 2 % pro Jahr (Grafik 6). Es mangelte nicht an Warnsignalen, auch wenn Bahlsen der größte Produzent der Bundesrepublik blieb.

Tabelle 19 zeigt die Haupttrends dieser Phase auf, nämlich zunächst das rasante Umsatzwachstum. Zwischen 1964 und 1976 kam es fast zu einer Verdreifachung. Der Personalbestand verdoppelte sich in dieser Zeit knapp, wenn man Bahlsen International mit einbezieht. Die Gewinne hielten mit diesem Wachstum jedoch nicht Schritt. Ganz im Gegenteil: Unter großen Variationen sanken sie in absoluten Zahlen. Sieht man vom Ausnahmejahr 1975 ab, wurde der Spitzenwert von 1965 nicht nur nicht mehr erreicht, sondern in vielen Jahren deutlich unterschritten. 1973 und 1974 wurde praktisch kein Gewinn mehr erzielt. Mit kräftiger Bilanzkosmetik ergab sich für 1974 für die KG noch ein kleiner Gewinn, während auf der Ebene der

8 McKinsey, Ansätze zur Verbesserung der Ertragslage, 6.6.1974, Schaubild 1-1 u. 1-3 (BAH, R11, Nr. 344).

9 Geschäftsbericht 1972, S. 2; Geschäftsbericht 1973, S. 2; Geschäftsbericht 1974, S. 2 (jeweils BAH, R11, Nr. 218).

10 McKinsey, Ansätze zur Verbesserung der Ertragslage, 6.6.1974, Schaubild 28 (BAH, R11, Nr. 344).

GmbH ein Verlust von 2,4 Mio. DM ausgewiesen wurde.[11] Das war der erste Verlust seit 1932, als der Unternehmensverband (KG, GmbH, AG) mit einem Fehlbetrag von 100.100 Reichsmark abgeschlossen hatte.

Tabelle 19: Betriebswirtschaftliche Basisdaten der H. Bahlsens Keksfabrik KG, 1964 bis 1976

Jahr	Netto-Umsatz Mio. DM	Ergebnis Mio. DM***	Umsatzrendite in Prozent*	Investitionen Mio. DM	Investitions-quote in Prozent*	Personal** (KG, Inland)	Personal (KG, Beteiligungen u. Ausland)
1964	221,8	17,4	7,8	14,7	6,6	6.606	
1965	265,1	20,3	8,2	18,7	7,0	6.695	
1966	287,0	15,8	5,5	30,6	10,7	7.569	
1967	306,1	6,3	2,1	46,2	15,1	7.613	
1968	329,4	11,8	3,6	27,3	8,3	8.288	
1969	367,2	6,4	1,7	23,5	6,4	9.059	
1970	436,1	15,0	3,5	30,4	7,0	8.931	
1971	484,3	13,9	2,9	33,5	6,9	9.212	11.557
1972	525,4	24,5	4,6	29,7	5,6	9.305	11.579
1973	528,8	0,5	0,1	36,2	6,8	9.218	11.947
1974	567,5	0,6	0,1	33,8	6,0	8.717	
1975	572,9	15,0	2,6	21,5	3,8	7.480	10.973
1976	612,6	7,5	1,2	26,8	4,4	7.246	10.581

* vor Steuern, bezogen auf den Nettoumsatz ** ohne Beteiligungen und Auslandsniederlassungen
*** einschließlich Investitionszulagen, vor Steuern

Quelle: Bericht zur Verwaltungsratssitzung vom 31.10.1966, S. 39 f.; Bericht an Beirat vom 15.12.1978 (jeweils BAH, R11, Nr. 211); Bericht Klaus Bahlsen, S. 54/8 (BAH, R13, Nr. 49); Geschäftsberichte 1971-1974 (BAH, R11, Nr. 218); Zentralabteilung, Unternehmenszahlen, S. 20 (BAH, R10, Nr. 508); Firmendaten zur Bilanzpressekonferenz am 29.8.1977, S. 14 (BAH, R12, Nr. 112).

Die Investitionen blieben hoch, selbst in der Krise 1973/74. Bahlsen passte sie nicht den rückläufigen Erträgen an, sondern zog ganz in der Logik eines Familienunternehmens langfristiges Wachstum kurzfristiger Profitabilität vor. Diese Grundeinstellung ließ sich bereits beim verlustreichen Aufbau der Auslandsniederlassungen beobachten. Die Investitionsquote lag in allen Jahren ab 1966 deutlich über der Um-

11 Zentralabteilung, Vorlage zur Sitzung des Beirates am 27.8.1975, o. S. (BAH, R11, Nr. 206).

satzrendite. Häufig erreichten die Investitionen ein Vielfaches des Ergebnisses. Ende der 1960er Jahre schien dem Unternehmen die Zukunft zu gehören. Die bemerkenswerten Erfolge hatten eine Art Wachstumseuphorie ausgelöst. Der Glaube an die Fortschreibung des Wirtschaftswunders war in der deutschen Industrie dieser Jahre weit verbreitet, obwohl die heraufziehenden dunklen Wolken nicht zu übersehen waren. Der Ruhrbergbau befand sich in den 1960er Jahren in einer veritablen Krise mit Zechenschließungen und Massenentlassungen. Ikonen des Wirtschaftswunders wie Neckermann, AEG und vor den Toren Hannovers Volkswagen waren angeschlagen.[12]

Trotzdem fand bei den meisten Unternehmern noch kein Umdenken statt. Die schleichende Krise blieb vorerst unentdeckt, so auch bei Bahlsen. Das änderte sich ab 1971, als die Probleme im Beirat thematisiert wurden. Es war der neue Beiratsvorsitzende Hans L. Merkle, der erfahrene und gewiefte Vorsitzende der Geschäftsführung der Robert Bosch GmbH,[13] der 1971 während seiner zweiten Sitzung in Hannover den Vortrag Werner Bahlsens mit einer ebenso knappen wie apodiktischen Bemerkung kommentierte. Das Protokoll hielt fest: »Dr. Merkle bezeichnete den Gewinnsatz 1970 und 1971 eindeutig als nicht ausreichend für die Finanzierung der weiteren Expansion des Unternehmens.«[14]

Die Entkopplung von Erträgen und Investitionen hatte spürbare Konsequenzen für die Kapitalstruktur des Unternehmens. Traditionell finanzierte Bahlsen Investitionen überwiegend aus Abschreibungen und laufenden Erträgen, d.h. aus nicht ausgeschütteten Gewinnen. Das gelang seit 1965 immer weniger, obwohl sich die Eigentümer weiterhin als mustergültige Familienunternehmer mit bescheidenen, weit unter dem Durchschnitt deutscher Aktiengesellschaften liegenden Ausschüttungen begnügten. Zwischen 1965 und 1970 entnahmen sie nur 17,5 % des Gewinns nach Steuern. Dadurch wurden 27,5 Mio. DM Eigenmittel für Investitionen freigesetzt,[15] was aber angesichts des hohen Wachstumstempos längst nicht mehr ausreichte, um den Investitionsbedarf zu decken.

12 Vgl. Köhler, Havarie.

13 Zu Merkle ausführlich Bähr u. Erker, Bosch, S. 311 ff.

14 Ergebnis-Protokoll der Beiratssitzung vom 17.6.1971, S. 6 (BAH, R11, Nr. 208).

15 Zentralabteilung, Vergleich HBKF-Nabisco 1949-1970 vom 30.12.1971, S. 18 (BAH, R11, Nr. 208).

Grafik 7: Eigenkapital und Eigenkapitalquoten H. Bahlsens Keksfabrik KG, 1964-1977

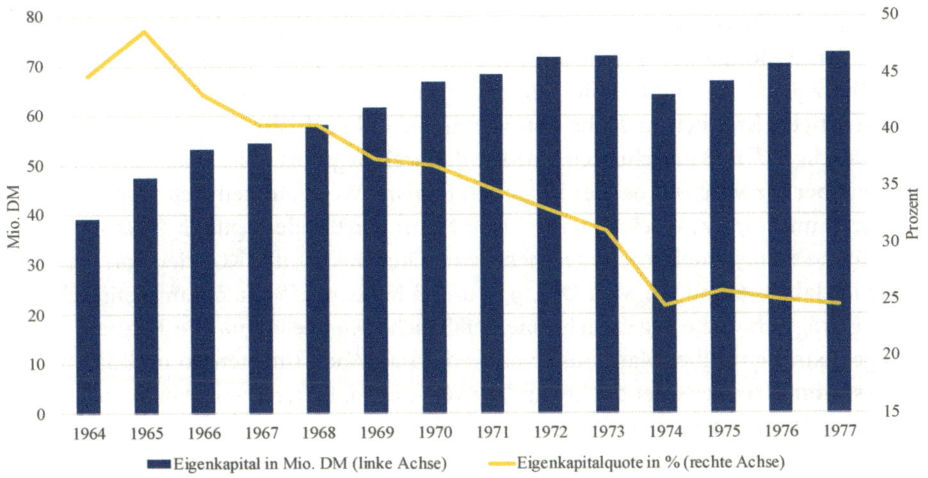

Quelle: Bericht an Beirat am 15.12.1978 u. Aufstellung der Zentralabteilung vom 20.9.1982 (jeweils BAH, R11, Nr. 206).

Grafik 7 bildet den Wendepunkt des Jahres 1965 deutlich ab. Bis dahin hatten sich Eigenkapital und Eigenkapitalquote stets in eine Richtung bewegt, nämlich nach oben. Das Eigenkapital wuchs infolge der nicht abreißenden Investitionen weiter Jahr für Jahr, und zwar von 39,3 (1964) auf 71,9 Mio. DM (1973), während die Eigenkapitalquote in einen Sinkflug überging und sich von 48,8 (1965) auf 24,5 % (1974) halbierte. Das war der niedrigste Wert seit den 1950er Jahren, aber er entsprach ziemlich genau dem Durchschnitt aller bundesdeutscher Unternehmen.[16]

Für ein großes Familienunternehmen handelte es sich jedoch um eine eher niedrige Quote. Auch im Vergleich mit den wichtigsten internationalen Konkurrenten war sie gering. Bei United Biscuits und Nabisco lag sie 1972 bei 72 bzw. 59 %, bei General Biscuit 1971 bei 55 %.[17] Was die Finanzierung künftigen Wachstums anging, befand sich Bahlsen eindeutig im Nachteil. Von einer Überschuldung war man zwar weit entfernt, aber die Zeiten hypersoliden innenfinanzierten Wachstums hatte man hinter sich gelassen. Der Rückgang des Eigenkapitals von 1974, der erst 1977 wieder aufgeholt wurde, erklärt sich durch ein Herunterfahren der Investitionen deutlich unter die Höhe der Abschreibungen, sodass ein Substanzabbau durch die Schrumpfung des Wertes des Maschinenparks eintrat.[18]

16 Deutsches Aktieninstitut, Factbook 2011, 04-1. https://www.dai.de/files/dai_usercontent/dokumente/Statistiken/MAR%202013_Factbook_04_Kapitalausstattung.pdf (Zugriff 15.4.2021).

17 McKinsey, Ansätze zur Verbesserung der Ertragslage. Zwischenbericht vom 6.6.1974, Schaubild 34 (BAH, R11, Nr. 344).

18 Bericht der Zentralabteilung vom 27.8.1975, o. S. (BAH, R11, Nr. 216).

Die eigentliche Problematik bestand in den zunehmenden Finanzierungskosten, deren Anstieg nicht nur aus der Steigerung des Kreditvolumens herrührte, sondern auch aus den zeitweilig massiven Zinserhöhungen. Die Konzernbilanz wies für 1971 eine Verschuldung von 134 Mio. DM, davon 51 Mio. bei Banken, aus. 1975 waren die Beträge auf 182 und 86 Mio. DM gestiegen. 1974 wurde eine Neuaufnahme von langfristigen Krediten in Höhe von 30 Mio. und kurzfristigen von 12,9 Mio. DM notwendig.[19] Die Bankschulden wurden dadurch begrenzt, dass man sich ein Darlehen über 9,7 Mio. DM bei der Hermann Bahlsen Wohlfahrtseinrichtung besorgte. 1969/70 und 1973/74 erreichten die Zinssätze in der Bundesrepublik Höchststände, die man seit 1952 nicht mehr gesehen hatte. Die Zinslast der KG stieg von 712.000 DM im Jahr 1961 auf 6,9 Mio. DM 1970 und 8 Mio. 1974.[20] Im Zusammenspiel mit der Ertragsschwäche ergab sich eine gefährliche Konstellation, die Bahlsen noch lange bedrohen sollte. Man musste entweder das Wachstumstempo und damit die Investitionen senken oder die Ertragslage verbessern. Ersteres wollte man nicht, und Letzteres konnte man nicht.[21]

19 Geschäftsberichte 1971-1975 (BAH, R11, Nr. 216). Die Konzernbilanz schließt die deutschen Beteiligungen ein.

20 Zentralabteilung, Vergleich HBKF-Nabisco 1949-1970 vom 30.12.1971, S. 17 (BAH, R11, Nr. 208); Bericht der Bilanzabteilung zur Beiratssitzung am 29.11.1974 vom 7.11.1974, S. 3 (BAH, R11, Nr. 285).

21 1978 brachte Werner Bahlsen dieses Dilemma auf den Punkt und forderte eine Reduktion der geplanten Kreditaufnahme, Protokoll der Geschäftsführerbesprechung vom 23.10.1978, S. 1 (BAH, R10, Nr. 475).

8.3 Werbung zwischen Beharrung und Modernisierung

Die Beobachtung, dass Konsumenten wählerischer wurden und das Bestellverhalten des Handels zunehmend bestimmten, hatte schon seit den frühen 1960er Jahren zur vorsichtigen Modernisierung und Intensivierung der Bahlsen-Werbung geführt. Die Konsumenten verfügten über mehr Auswahl und damit mehr Macht. Hinzu kam die Verschärfung des Wettbewerbs. Anzeigen in Zeitschriften sowie Fernseh- und Radiospots ergänzten den traditionellen Schwerpunkt der Schaufenster-Dekoration.

Grafik 8: Werbekosten, 1963-1979

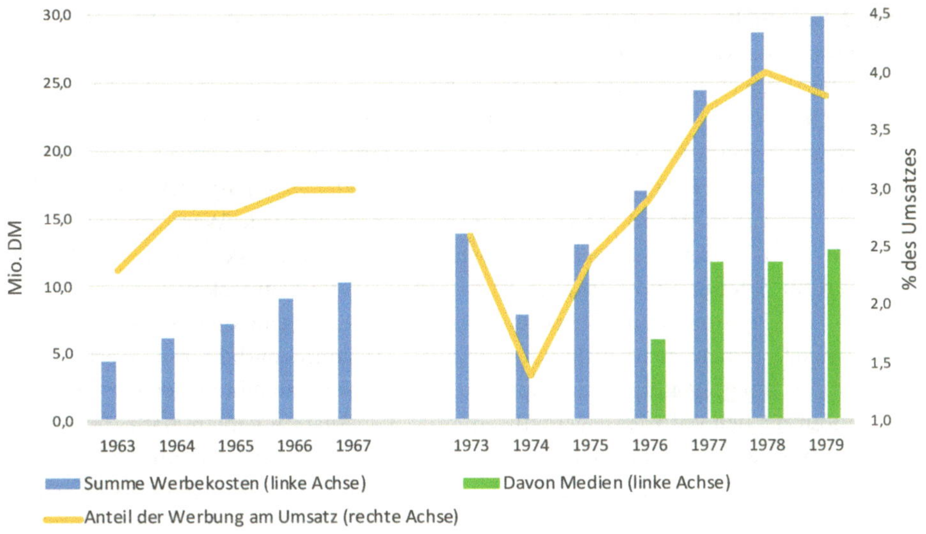

1978: Hochrechnung; 1973, 1974, 1979 – Werbebudgets, ansonsten tatsächliche Kosten.

1963-1975: keine Werte für Medienwerbung

Quelle: Werbestatistik, S. 5 (BAH, R11, Nr. 129).

Die Kosten der Werbung stiegen seit 1963 stark an und erreichten 1966 den bisherigen Spitzensatz von 3 % des Umsatzes. Genaue Zahlen für die Jahre 1968 bis 1972 fehlen leider, aber 1973 war die Werbequote wieder unter den Wert von 1964 gefallen. In absoluten Zahlen hatte es dagegen einen steilen Aufwuchs gegeben, nämlich zwischen 1964 und 1973 mehr als eine Verdoppelung von 6,2 auf 13,8 Mio. DM, bevor das Werbebudget in der Krise um fast 43 % fiel und erst 1976 mit 17 Mio. einen neuen absoluten und 1977 mit 3,7 % einen neuen prozentualen Spitzenwert erreichte.

Eine Differenzierung in mediale und andere Werbung ist erst ab 1976 möglich. Es zeigt sich, dass selbst dann noch Medienwerbung einen relativ geringen Stellenwert einnahm und erst ab 1977 stärker in den Fokus geriet. Anfang 1968 war Bahlsen pro Monat 12 Minuten im Werbefernsehen zu sehen und stand damit an der Spitze der Branche, die insgesamt weit hinter der Waschmittel- und der Zigarettenindustrie rangierte. In der Dauerbackwarenindustrie machte in Deutschland niemand so viel Fernsehwerbung wie Bahlsen. De Beukelaer erreichte 8,5 und Trüller 6 Minuten im Monat.[1] Die Bahlsen-Werbung entwickelte sich weiter, blieb aber vom finanziellen Aufwand her moderat und inhaltlich zunächst recht traditionell. Das starke Umsatzwachstum schien den Verzicht auf eine offensivere Werbepolitik zu rechtfertigen.

Die Dekorateure blieben weiterhin Schlüsselfiguren. Ihre Zahl stieg von 1965 bis 1973 von 71 auf 87. 1971 erstellten sie 180.000 Schaufensterdekorationen und 32.330 Sonderaufbauten in Läden.[2] Sie kümmerten sich hauptsächlich um kleinere Einzelhandelsgeschäfte, für die Schaufenster und Innenausstattung zentral für die Kundenansprache waren. Hierin wurden die Läden von Bahlsen durch die Dekorateure und die Reisenden intensiv unterstützt. Neu war es, dass ihre Arbeit jetzt als Teil eines Gesamtkonzeptes gesehen und die Ladendekorationen mit Anzeigen und Fernsehspots verbunden wurden. »Die Dekoration […] ist jetzt ein Medium im Media-Mix.«[3] Zu ihren Aufgaben gehörte auch das Bekleben von 69 LKW und 563 Verteiler-Fahrzeugen (Stand 1969). Weitere eher konventionelle Werbung bestand in Boden- und Thekenaufstellern, Plakaten, Fabrikbesichtigungen, warenkundlichen Filmen für Schulen und Besucher, in der Abgabe von Schmeckmustern in Läden, Hotels und Pensionen und der Beteiligung an Verbraucherausstellungen.

Zugleich öffnete man sich vorsichtig der Zusammenarbeit mit Werbe- und Marktforschungsagenturen. Seit 1965 stellte die Werbeabteilung der Geschäftsleitung Kampagnen vor, die sie gemeinsam mit einer Agentur geplant hatte. Insgesamt pflegte Bahlsen gegenüber den Agenturen eine gewisse Skepsis, denn die Praktiker im eigenen Haus misstrauten den externen Experten. Die Werbeleiterin Lieselotte Giese mokierte sich in ihren Erinnerungen über die Anglisierung der Fachsprache, etwa wenn die GfK oder Attwood-Media-Service die »Werbeforschung« in »advertising research« umbenannten oder der Laden an der Ecke plötzlich »point of purchase« hieß. Giese bemängelte auch eine Tendenz, einfache Zusammenhänge kompliziert und mit viel Jargon darzustellen. »Es war schon etwas mühsam«, die »Papierstapel« der Marktforscher »durchzulesen, aber ›subliminal‹ […] hatte ich das Gefühl, man müsse nur dran glauben. Viel Neues kam nicht heraus; der Vorteil war lediglich die Bestätigung unserer eigenen Erfahrungen. Aber die Flut von

1 Giese, Aktennotiz vom 14.2.1968 (BAH, R11, Nr. 134).

2 Ereignisse und Ergebnisse, Einträge für 1965 und 1973; Giese, Aktennotiz vom 14.2.1968, S. 70 (jeweils BAH, R11, Nr. 134).

3 Giese, Geschichte der Bahlsen-Werbung 1949-1981, S. 69 (BAH, R11, Nr. 127).

Untersuchungen ging munter voran. Es ist ja so einfach, die Verantwortung für eine Entscheidung den wissenschaftlichen Ergebnissen allein zu überlassen.«[4]

Von einer 16-tägigen Studienreise durch die USA mit »einer Marktforschungsgruppe (ausgerechnet)« kehrte Giese ohne jeden Enthusiasmus zurück und widmete dem Trip in ihren Memoiren nur wenige Sätze und das lakonische Fazit, dass man eigentlich nichts übernehmen könne, denn der »amerikanische Mensch ist mit Werbung groß geworden und reagiert daher auch anders«.[5] Bahlsen ließ sich aber zunehmend extern beraten, vor allem wenn es um mediale Werbeauftritte und die Messung von Reichweiten und Werbeeffekten ging. Letztere verpufften, wenn ausgerechnet stark beworbene Artikel anschließend aufgrund von Lieferschwierigkeiten nicht erhältlich waren, was wiederholt vorkam und die Werbeabteilung sehr frustrierte. Methoden der Panelstudien und der Streuoptimierung hielten Einzug. Die Beobachtung der Konkurrenz wurde systematisiert. Die wissenschaftlichen Methoden der Marktforscher wurden jedoch immer auch durch eigene Erhebungen ergänzt. So ließ Giese 1970 »unsere Dekorateure Detektive« spielen und Passanten vor den von ihnen gestalteten Schaufenstern beobachten. Von 10.075 Passanten gingen 66,9 % achtlos vorbei, 25,8 schauten im Vorbeigehen in das Fenster und 7,3 % blieben stehen, um sich das Schaufenster genauer anzuschauen.[6] Andere Werbemittel erzielten deutlich weniger Aufmerksamkeit.

Eine einschneidende Veränderung der Bahlsen-Werbung betraf die Marktsegmentierung, die laut Richard Tedlow die dritte Phase der Entwicklung des Marketings markiert. Zuvor wurde die Nachfrage allgemein als uniform angesehen, nun aber als differenziert wahrgenommen. Die Konsumenten wurden nach demographischen, sozialen oder anderen Kriterien in Gruppen aufgeteilt, um ihnen passgenauere Angebote zu machen und die Werbung entsprechend auf sie zuzuschneiden.[7] Bahlsen ging diesen Schritt um 1970, arbeitete jedoch mit einem sehr kruden Modell, das drei Gruppen identifizierte, nämlich Kinder, Jugendliche und Erwachsene, worunter man vor allem Hausfrauen oder berufstätige Ehefrauen als Entscheiderinnen über Lebensmitteleinkäufe verstand. Bislang hatte sich die Werbung auf Erwachsene konzentriert. Ab 1966 gab es Sonderaktionen für einzelne Produkte. So bewarb man etwa »ABC-Gebäck« zur Einschulung. Ähnliche Aktionen gab es zum Muttertag oder zu Feiertagen, die Geschenkanlässe boten. 1970 wurde ein Preisausschreiben ausgelobt, bei dem Kunden eigene Werbeentwürfe einreichen konnten. »Die wichtigsten Erkenntnisse waren, daß Kinder, Jugendliche und Erwachsene ein eigenes Umfeld haben und alle eigene Sprachen sprechen.« Folglich waren jeweils »unterschiedliche Motivationen« anzusprechen.[8] Inwieweit die Segmentierung von den Agenturen forciert oder aber im Hause selber gegen anfängliche Bedenken ent-

4 Ebd., S. 45 f.

5 Ebd., S. 65 f.

6 Ebd., S. 70.

7 Vgl. Tedlow, New; Berghoff, Unternehmensgeschichte, S. 328 ff.

8 Giese, Geschichte der Bahlsen-Werbung 1949-1981, S. 71 (BAH, R11, Nr. 127).

wickelt wurde, wie Giese darstellt, ist unklar. Unverkennbar ist jedoch, dass es ab 1970 zu einer inhaltlichen Neuausrichtung der Werbung kam.

Im Gegensatz zum Tedlow-Modell gab es keine produktpolitische Segmentierung, also speziell für einzelne Gruppen entworfene Artikel. Vergeblich drängte die Werbeabteilung auf die Entwicklung von Produkten nur für Kinder. Da das unterblieb, nahm man 1970 einfach den bestehenden Artikel Zoo, also Butterkekse in Tierform, und gestaltete die Verpackungen um. Auf der Rückseite wurden nun Tiere abgebildet, die Kinder ausschneiden konnten, um sich einen eigenen Zoo zu basteln. »Über jedes Tier wurde eine Geschichte erzählt und gedruckt. 36 Tiergeschichten gab es, die auf einer Schallplatte zu hören waren. Gutscheine hierfür waren in einer Anzeige eingebaut. Im Handel wurden hierfür Handzettel verteilt.«[9] Die Schallplatte gab man gegen eine geringe Schutzgebühr von 90 Pf ab. Damit stellte sich ein großer Erfolg ein. Innovativ war hier die Zielgruppenansprache, der Anreiz zum Sammeln und die Verbindung verschiedener Medien.

Zunehmend wurde auch auf den Event-Charakter von Werbeaktionen und die Erlebnisorientierung der Verbraucher geachtet. Es ging nicht nur um die Versorgung mit bestimmten Produkten, sondern um einen emotionalen und sozialen Zusatznutzen. Der Soziologe Gerhard Schulze hat die Dominanz des Erlebniswertes über den bloßen Gebrauchswert als Grundzug der entwickelten Konsumgesellschaft nach dem Ende der Nachkriegsknappheit beschrieben. Produkte werden tendenziell nicht aufgrund ihrer Funktionalität erworben, sondern zunehmend aufgrund ihrer sozialen, semiotischen und kulturellen Aufladung. Die Ästhetisierung und Emotionalisierung von Produkten, ihre Einbettung in Stories und Erlebnisse wurden für Kaufentscheidungen zunehmend wichtiger als Fragen des Gebrauchsnutzens.[10]

Der Wandel des Werbeauftritts von Bahlsen gegen Ende dieses Zeitraumes passte sich zumindest teilweise recht gut in diese veränderte Erwartungshaltung ein. Die Werbeabteilung wusste, dass »die Aufstellung der Produkte a l l e i n wie in der Zeit des Wirtschaftswunders nicht mehr genügte; man musste ein ›Genuß-Erlebnis‹ verkaufen«.[11] Die Produkte mussten in einen sozialen Zusammenhang eingebettet werden. In diesem Sinne organisierte das Unternehmen 1971 Kinderfeste in Seebädern und in Berlin eine große Kinderparty in der Deutschlandhalle. Ein kluger Schachzug war die Aktivierung der Verbraucher, die aus ihrer Passivität und Anonymität heraustreten und enger an Bahlsen-Produkte gebunden werden sollten. Die Hamburger Agentur HCF wies darauf hin, dass Bahlsen so markant für hohe Qualität stand, dass man nicht mehr über diese Selbstverständlichkeit sprach. Daher sollten die Konsumenten animiert werden, sich mit Bahlsen zu beschäftigen.[12] Zur

9 Ebd., S. 60.

10 Vgl. Schulze, Erlebnisgesellschaft, S. 34 ff.

11 Giese, Geschichte der Bahlsen-Werbung 1949-1981, S. 70 f. (BAH, R11, Nr. 127). Hervorhebung im Original.

12 Ebd, S. 66 f.

Erhöhung der Markenbindung wurden wiederholt Preisausschreiben ausgelobt, bei denen attraktive Preise zu gewinnen waren. 1971 gab es eine »Fortsetzungs-Anzeigen-Serie«, in der die »Bahlsen-Story« in Form eines Interviews erzählt wurde. »Die Leser mussten die gesamte Story lesen«, wenn sie einen »Keks aus purem Gold« oder 1.000 DM gewinnen wollten.[13]

Abb. 50: Kinderparty in Berlin, August 1971

Für etwas ältere Kinder entstand die Werbefigur eines Jungen namens TETE, der über Anzeigen in Zeitschriften wie *Micky Maus* oder *Fix und Foxi* mit Kindern zwischen sechs und 14 Jahren in eine Unterhaltung eintrat und von seinen Abenteuern in aller Welt berichtete. Es folgten darauf abzielende Spiele, in denen Bücher, Landkarten oder Spiele zu gewinnen waren. Es gab auch T-Shirts mit der Aufschrift TET, die so beliebt waren, dass Mütter sie kaufen wollten. Auf Plakaten war TETE abgebildet, wie er mit einem Segelschiff oder einem Heißluftballon, jeweils voll beladen mit Bahlsen- Produkten, die Welt eroberte. Vom Ballon warf er über fremden Kontinenten Kekse ab, deren genaue Sorten zu erraten waren.[14]

Jugendliche sprach Bahlsen durch Musik an. In der Teenager-Zeitschrift *Bravo* wurden Schüler-Bands aufgefordert, Tonbänder einzusenden. Radio Luxemburg, der damalige Kultsender der Jugend, der die öffentlich-rechtlichen Radioanstalten weit hinter sich ließ, spielte die Bänder ab und wies dabei natürlich auf die Bahlsen-

13 Ebd., S. 71. Vgl. auch Hartewig, Stil, Kap. 5.

14 Giese, Geschichte der Bahlsen-Werbung 1949-1981, S. 72 ff. (BAH, R11, Nr. 127).

Abb. 51: TETE-Gewinnspiel, 1973

Aktion hin. Dann durften die Hörer per Postkarte die besten Bands auswählen. Die Gewinner wurden durch einen sehr attraktiven Preis ausgezeichnet, nämlich durch eine Schallplattenpressung. Die Platten konnten dann gegen eine minimale Schutzgebühr angefordert werden. Es waren aber auch Gitarren, Plattenspieler, Radios, Kassettenrekorder und Bahlsen-Knabbereien für die nächste Party zu gewinnen. Die Bands gaben in der *Bravo* Testimonials ab und erklärten im lässigen Plauderton, welche Bahlsen-Produkte sie am liebsten aßen. Die Siegerband konnte von anderen Jugendlichen für Parties und Schulfeste angefordert werden.

Bei der Werbung für Erwachsene wurden ebenfalls ab 1970 neue Wege eingeschlagen und die Verbraucher über Wettbewerbe und Gutscheine aktiviert. So legte Bahlsen Rezeptfibeln wie »Kleine Plauderei mit Bahlsen-Köstlichkeiten« auf, die die Weiterverarbeitung diverser Produkte empfahlen. Kekse ließen sich in Ananastorten einfügen, Chips dem Bauernfrühstück hinzufügen u.s.w. Es ging um Convenience-Lösungen, ohne den Anspruch der Hausfrau, selber Gerichte zu kreieren, aufzugeben.[15] Um Kinder auf Reisen bei Laune zu halten, konnte man »Spiele für unterwegs« anfordern, die dann stets auch Werbemittel waren. Ein Wettbewerb

15 30 Jahre Kundendienst 1948-1978, S. 208 f. (BAH, R11, Nr. 470).

forderte dazu auf, persönliche Erlebnisse mit Bahlsen aufzuschreiben und Bilder zu schicken. Ein Teil der 14.000 Einsendungen wurde für Anzeigen, Fotos oder auch TV-Spots verwendet. Konsumenten wurden auf diese Weise zu Werbetreibenden, die sehr authentisch wirkten. Ein weiterer Wettbewerb stimmte über die »Bahlsen-Lieblings-Sorten« ab. Teilnehmern winkten wiederum ein goldener Keks sowie Geld- und Sachpreise.[16]

Die Nostalgiewelle bediente Bahlsen dadurch, dass man dekorative Reklamemarken und Plakate aus dem Kaiserreich neu druckte. Durch Radiospots wurden Erwachsene bei der Hausarbeit oder der Fahrt zur Arbeit an Bahlsen erinnert. Anzeigen in den populären Zeitschriften *Quick*, *Revue*, *Freundin* und in Boulevardblättern wie der *Bild-Zeitung* dienten demselben Zweck. Besucher der Olympischen Spiele 1972 erhielten Tragetaschen. 1973 einigte man sich darauf, den Markenauftritt im Ausland zu vereinheitlichen. Der Firmenname wurde in Blockschrift abgebildet, da die handschriftliche Signatur nicht überall gut gelesen werden konnte. Die einheitliche Werbeaussage lautete nun: »am liebsten Bahlsen, Bahlsen on aime, liefst Bahlsen, I prefer Bahlsen etc.«

Oft trugen Reisende oder der Handel Ideen an die Werbeabteilung heran. So drängten sie auf »den Einsatz von Werbedamen, die in Kaufhäusern Verkostungen durchführen sollten, besonders dann, wenn Verkaufsförderungs-Aktionen liefen. [...] 1966 fingen wir mit Werbedamen an. 1973 haben wir 20 fest angestellte Damen, [...] Nicht ›schreiend‹ sollten Sie unsere Produkte anbieten, sondern dezent! Der Einsatz war sehr kostenintensiv.«[17] Viele Aktivitäten blieben noch auf traditionelle Ladengeschäfte zugeschnitten. Sie erhielten Plakate, Tragetaschen, Aufsteller und den »Fullservice« der Dekorateure. Auch auf diesem Gebiet spiegelten sich die verändernden Machtverhältnisse im Einzelhandel wider. »Die Händler forderten und forderten: Mengenrabatte, Naturalrabatte, Platzierungsrabatte, Aktionsrabatte [...]. Den Begriff ›freiwillig‹ kannte keiner mehr!«[18]

Die Werbung wurde systematischer und ideenreicher, bunter und vielfältiger, aber auch aufwendiger und teurer. Sie kombinierte Altbewährtes und Neues und zog erstmals im größeren Stil externe Expertise aus Agenturen hinzu. Sie segmentierte und aktivierte die Verbraucher. Wie erfolgreich war sie? Kein anderes Unternehmen der Branche hatte einen so hohen Bekanntheitsgrad. 1968 ergab eine GfK-Umfrage, dass er mit 68 % weit vor der Konkurrenz (XOX 35 %, Brandt 32 %, Trüller 12 %, De Beukelaer 10 %) lag. Es bestand aber ein deutliches Nord-Süd-Gefälle. In Norddeutschland erreichte man 78 %, in Baden-Württemberg nur 54 %.[19]

16 Giese, Geschichte der Bahlsen-Werbung 1949-1981, S. 74 (BAH, R11, Nr. 127).

17 Ebd., S. 53.

18 Ebd., S. 79.

19 Vermerk Bekanntheitsgrad Bahlsen vom 11.9.1969 (BAH, R11, Nr. 134).

Grafik 9: Bahlsen-Umsatzanteile am westdeutschen Dauerbackwarenmarkt in Prozent, 1964-1974

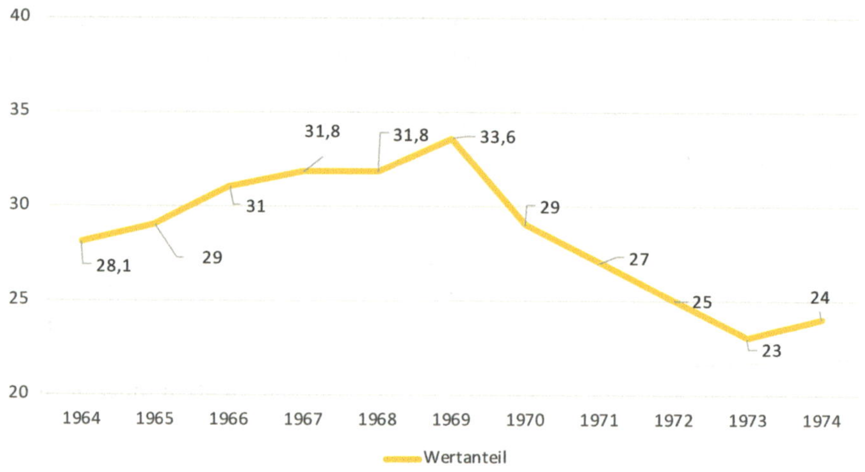

Quelle: Bericht der Zentralabteilung vom 25.10.1966, S. 2 (BAH, R11, Nr. 211); Fragen und Antworten zur Pressekonferenz vom 12.9.1974, S. 4 (BAH, R12, Nr. 111); Leibniz-Blätter 1/1975, S. 6 (BAH, R11, Nr. 182).

Die Werbeoffensive erhöhte den Bekanntheitsgrad bis 1974 noch weiter. Wie unklar der innerbetriebliche Status der Werbung jedoch war, zeigte sich in der Krise, als die Werbeabteilung wie keine andere zu radikalen Einsparungen herangezogen wurde und 1974 die Werbeausgaben um fast 43 % sanken. Fast die Hälfte aller Mitarbeiter sollte gehen, 30 Dekorateure und 19 »Werbedamen«. Gieses Einwand, dass man in der Krise doch eigentlich verstärkt werben müsste, stieß zunächst auf taube Ohren.[20] Seit 1975 wurde die Werbung aber wieder hochgefahren.

Im Gegensatz zum Bekanntheitsgrad entwickelten sich die Marktanteile seit 1970 stark rückläufig. In den fünf Jahren zwischen 1969 und 1973 verlor Bahlsen etwas mehr als 10 % seines Marktes. Chips, Erdnusslocken, Salzgebäck und Butterkeks schnitten relativ am besten ab, verloren aber ebenfalls. Alle Produktgruppen mit Ausnahme der Hart- und Mürbekekse mit Schokolade mussten Marktanteile abgeben. Die Werbeoffensive ab 1970 war also auch eine Reaktion auf den Rückgang. Es gelang insgesamt, die Marktführerschaft zu verteidigen und eine Gefährdung des Unternehmens zu verhindern, obwohl man 1973 und 1974 in die Verlustzone geriet.

20 Giese, Geschichte der Bahlsen-Werbung 1949-1981, S. 78 u. 80 (BAH, R11, Nr. 127).

8.4 Unter Anpassungsdruck. Der Vertrieb im heraufziehenden Käufermarkt

Der deutsche Einzelhandel durchlief seit etwa Mitte der 1950er Jahre eine »totale Verjüngung und Modernisierung«, wie der Präsident des Deutschen Lebensmitteleinzelhandels 1967 feststellte.[1] Für die Markenartikelindustrie hatte das weitreichende Folgen. Es ist nicht schwer, Meilensteine und Symbole dieses fundamentalen Umbruchs zu finden. 1964 überstieg der Umsatz der Selbstbedienungsläden erstmals denjenigen traditioneller Bedienungsläden. Im Lebensmitteleinzelhandel stieg die Zahl der Selbstbedienungsläden zwischen 1955 und 1965 von 326 auf 53.125.[2] 1962 eröffnete die erste Aldi-Filiale, die konsequent das Discount-Prinzip anwendete. Der Wegfall von Bedienung, Werbung, Rabattmarken, Preisetiketten und teurer Ladeneinrichtung ermöglichte es, ein kleines Sortiment zu sehr niedrigen Preisen anzubieten. 1975 gab es bereits mehr als 1.000 Aldi-Discounter und immer mehr Nachahmer.[3]

Ein Symbol für das Anbrechen einer neuen Zeit war 1964 die Eröffnung des Main-Taunus-Zentrums, der ersten nach US-Vorbild konzipierten Shopping Mall auf der grünen Wiese. Das damals größte Einkaufszentrum Europas umfasste auf 260.000 Quadratmetern 73 Geschäfte. Bis 1975 verdreieinhalbfachte sich der Umsatz auf 300 Mio. DM. 1964 folgte der Ruhr-Park in Bochum und 1967 das Donau-Einkaufszentrum in Regensburg.[4] Auf breiter Front drangen Super- und Verbrauchermärkte, Warenhäuser und Versandhändler vor. Im Lebensmittelsektor nahm die Zahl der Geschäfte zwischen 1961 und 1975 von 161.319 auf 93.697 ab, während der Anteil der Selbstbedienungsgeschäfte von 14 auf 81,2 % stieg.[5] Einkaufen wurde entpersonalisiert und der selbständige Ladeninhaber als Vermittler zwischen Waren und Konsumenten gleichsam wegrationalisiert. Er verlor daher auch als Ansprechpartner der Industrie an Bedeutung. Langjährige persönliche Beziehungen zwischen Reisenden und Einzelhändlern wurden tendenziell entwertet, da deren Geschäfte verschwanden und die Entscheidungskompetenz in die Zentralen von Einzelhandelskonzernen abwanderte.

Im Rückblick identifizierte Bahlsen in den 1960er Jahren einen epochalen Umbruch. »Wir sind aus dem Jahrhundert der Produktion in das 1. Jahrzehnt der Distribution […] eingetreten. Die Märkte wandeln sich in rascher Folge, völlig neue Vertriebsformen haben sich entwickelt.«[6] Der Verkäufermarkt des Wirtschafts-

1 Zit. n. Andersen, Traum, S. 58; allgemein Scheybani, Handwerk, S. 61 ff.; Ditt, Rationalisierung; Banken, Strukturwandel.

2 Vgl. Andersen, Traum, S. 58; Disch, Groß- und Einzelhandel, S. 60.

3 Banken, Entwicklung, Tab. 20.

4 Vgl. Disch, Groß- und Einzelhandel, S. 68 ff.

5 Ditt, Rationalisierung, S. 334.

6 30 Jahre Kundendienst 1948-1978, S. 117 (BAH, R11, Nr. 470).

wunders hatte das Augenmerk auf die Produktion gelenkt. Es ging darum, lieferfähig zu sein, die Produktion und die Produktivität zu erhöhen. Im anbrechenden Käufermarkt blieben diese Faktoren zwar wichtig, aber die entscheidenden Wettbewerbsvorteile waren auf dem Feld des Marketings zu erarbeiten, was den Bereichen Vertrieb, Werbung, Preis- und Sortimentspolitik eine zunehmende Bedeutung verlieh.

Die Konsumenten waren die Auslöser und Nutznießer dieser Entwicklung. Sie verlangten nach günstigeren Waren und profitierten von der Rationalisierung des Handels. In Selbstbedienungsläden übernahmen sie einen Teil der Arbeit, sodass diese weniger Personal benötigten. Um 1970 erreichte der Markt für Dauerbackwaren einen Kipppunkt, denn fortan rangierte für immer mehr Verbraucher der Preis vor der Qualität. Sie waren immer weniger bereit, Mehrpreise für hochwertige Waren zu zahlen, und akzeptierten stattdessen qualitative Abschläge. Sie kauften billiger, aber auch mehr, was genau dem Geschäftsmodell der Discounter entsprach. Gleichzeitig stieg das Angebot an und damit die Auswahl. Der Käufermarkt wurde schrittweise Realität. In ihm reichte die bloße Verfügbarkeit von Waren nicht mehr aus, sondern es kam immer mehr auf das Preis-Leistungs-Verhältnis an. Der Verbraucher wurde mündiger. Einen »Freund und Berater« in Gestalt des Ladeninhabers hinter der Theke benötigte er immer weniger.[7]

Bahlsen hatte seine größte Stärke bei den Verlierern dieser Entwicklung, nämlich bei den kleinen bis mittelgroßen Einzelhändlern. Diese Stärke basierte auf vier Faktoren: 1. Der Direktvertrieb unter Umgehung des Großhandels. 2. Die intensive Betreuung durch ein dichtes Netz von Reisenden. 3. Die atomisierte Struktur des traditionellen Einzelhandels und dessen geringe Betriebsgrößen, die eine minimale Verhandlungsmacht bedingten und Bahlsen die einseitige Festlegung von Preisen und Konditionen ermöglichte. 4. Die Preisbindung der zweiten Hand, die per Gesetz Markenartikel als besonders schützenswert einordnete, einheitliche Preise in allen Geschäften garantierte, die Preissetzung allein dem Hersteller übertrug und somit das strukturelle Machtgefälle zwischen Einzelhandel und Markenartikelindustrie zementierte. Im Rückblick schwärmte Kurt Pentzlin von dieser Konstellation: »Da wurde auch gar nicht verhandelt, entweder stirb oder friß. Die [Einzelhändler, H. B.] nahmen unsere Preise oder ließen es eben, unsere Ware zu kaufen. Und da damals im Ganzen eine Aufwärtsentwicklung war, ließ sich das nicht stoppen.«[8] Unter den Bedingungen des Verkäufermarktes griff der Einzelhandel zumeist zu, denn die Bahlsen-Produkte waren gefragt. Die Preisbindung war gerade für die kleinen Geschäfte von Vorteil, denn sie schützte sie vor der Unterbietung durch größere Konkurrenten. Jedoch verloren sie die Dispositionsfreiheit in Bezug auf ihre Margen.

7 30 Jahre Kundendienst 1948-1978, S. 100 (BAH, R11, Nr. 470).
8 Mitschrift 4. Tonbandinterview mit Kurt Pentzlin, S. 44 (BAH, R 11, Nr. 478).

Im Nachhinein scheint es absehbar gewesen zu sein, dass diese für Bahlsen so günstigen Bedingungen keinen Bestand haben und die Margen stark sinken würden. Für die Zeitgenossen war das jedoch nicht so eindeutig zu erkennen, zumal das bisherige System vorerst hohe Umsatzzuwächse ermöglichte und die Preisbindung zwar kontrovers diskutiert wurde, aber vorerst noch Gesetzeskraft besaß. Ferner bestand eine gewisse Verbundenheit zu den traditionellen Einzelhändlern. Sie wurden wiederholt als »unsere Freunde« bezeichnet, während die Quellen von unangenehmen, knallharten Verhandlungen mit Großabnehmern berichten. Die »Freundschaft« zu den traditionellen Einzelhändlern gestaltete sich so angenehm, da sie auf einer Position der Stärke basierte. Es gab aber auch eine emotionale Seite. Man kannte sich lange, oft bestanden die Geschäftsbeziehungen über Generationen hinweg und man hatte die Kriegs- und Nachkriegszeit gemeinsam durchgestanden.

Tabelle 20: Reisende und Fahrverkäufer, Produktion, Kunden und Umsatz, 1964-1976

Jahr	Reisende u. Fahrverkäufer abs.	Produktion in Tonnen	Kunden abs.	Umsatz in Mio. DM	Kunden pro Reisendem	Reisende pro Tonne	Umsatz pro Reisendem in DM
1964	546	42.822		210,8		78,4	386.081
1965	566	45.973		250,0		81,2	441.696
1966	587	53.752	177.420	283,6	302,2	91,6	483.135
1967	615	53.367		300,2		86,8	488.130
1968	727	56.843		316,8		78,2	435.763
1969	1.033	61.829	178.487	351,9	172,8	59,9	340.658
1970	1.203	65.854	170.889	424,8	142,1	54,7	353.117
1971	1.236	65.853	160.372	473,6	129,8	53,3	383.172
1972	1.316	66.062	156.209	514,2	118,7	50,2	390.729
1973	1.463	68.026	151.600	518,4	103,6	46,5	354.340
1974	1.491	68.433	141.798	560,5	95,1	45,9	375.922
1975	1.126	66.813	121.131	550,5	107,6	59,3	488.899
1976	1.128	69.881	117.316	588,0	104,0	62,0	521.277

Quelle: 30 Jahre Kundendienst 1948-1978, S. 386, 388 u. 389 (BAH, R11, Nr. 470).

Schließlich war es kaum vorstellbar, dass sich die Verbraucher damit abfinden würden, in kahlen Geschäftsräumen eigenhändig uniforme Waren von Paletten herunterzuziehen und sich mit dem Verfall der »Kultur des Einkaufs« abzufinden. Aldis »markenartikelfeindliche Sortiments- und Verkaufspolitik« passte nicht zur Welt eines hochwertigen und vielfältigen Markenartikelsortiments. Bei Bahlsen glaubte man, dass die Verbraucher Besseres als nackte »Holzregale« verdienten.[9] Aldi schien ein Ort für Arme zu sein. Tatsächlich begannen Konsumenten ganz souverän durch die neuen Einkaufsformate zu navigieren und den Einkauf von Basisprodukten bei Aldi mit dem Erwerb erlesener Lebensmittel in Verbrauchermärkten oder Feinkostgeschäften zu kombinieren. Der Käufermarkt eröffnete viele Optionen.

Bahlsen stellte sich nicht auf die Strukturbrüche des Einzelhandels ein, sondern setzte seine bisherige Vertriebspolitik zunächst im Wesentlichen fort. Das mag verwundern, da die Veränderungen durchaus gesehen und diskutiert wurden und Bahlsen auch die Entwicklung in den USA kannte. Trotzdem wurden große Einzelhändler nur zögerlich beliefert, da man deren Forderungen nach hohen Rabatten ungern erfüllte. Auch hatte man Angst vor dem Zusammenbruch des auf dem Markenartikel basierenden Geschäftsmodells und einem Abgleiten in eine Abwärtsspirale in Bezug auf Preis und Qualität. Das bisherige auf den persönlichen Besuchen der Reisenden basierende Vertriebsmodell wurde bei den Großabnehmern obsolet, weil sie die »Verkaufsherren« nicht mehr in die Läden ließen, sondern nur noch in ihren Zentralen verhandelten.

Anstatt eine schlüssige Strategie im Umgang mit den schnell wachsenden großen Einzelhändlern zu entwickeln, baute Bahlsen das Corps der Reisenden massiv aus. Ihre Zahl stieg zwischen 1964 und 1974 von 546 auf 1.128. Diese Verdoppelung innerhalb von 10 Jahren ging einher mit einer Intensivierung der Betreuung. Kümmerte sich 1966 noch ein Reisender um 302 Einzelhändler, waren es 1974 95 Einzelhändler. Ihr Massensterben hatte aber längst schon eingesetzt. Wer übrig blieb, wurde nun immer öfter aufgesucht, selbst wenn der Jahresumsatz unter 500 DM lag. Bahlsen verlor in den zehn Jahren zwischen 1966 und 1976 60.104 Kunden.

Tabelle 20 spiegelt das Dilemma wider, dass der Jahresumsatz pro Reisendem zunächst noch anstieg, ab 1966 nahezu stagnierte und 1967 mit 488.136 DM einen Höhepunkt erreichte, auf den ein Absturz bis auf 354.340 im Jahr 1973 folgte. Betrachtet man die von den Reisenden verkauften Mengen, halbierte sich die Tonnage pro Kopf zwischen 1966 und 1974. Erst ab 1974 (Umsatz) bzw. 1975 (Menge) kam es zu einer Trendumkehr, da Bahlsen nun die Anzahl der Reisenden reduzierte und Kleinstkunden an den Großhandel verwies.

Ein erheblicher Teil der Expansion des Verkaufsapparates war der Einführung neuer Formen des Direktvertriebs geschuldet. Nach einer Erprobungsphase seit 1966 wurde 1968 der Fahrverkauf, auch Frischedienst oder Schnelldienst genannt, eingeführt. Ende des Jahres gab es 173 »Fahrverkaufsherren«, Ende 1971 bereits 500 mit 464 Fahrzeugen und einer bundesweit lückenlosen Abdeckung. Der Fahrverkauf brachte eine Rationalisierung, da die »Fahrverkaufsherren« Aufträge vor Ort entgegennahmen und diese sofort aus dem Lieferfahrzeug gegen Barzahlung erfüllten. Der Kunde erhielt seine Ware unmittelbar nach der Bestellung. Sie war frischer und daher länger haltbar. Bahlsen profitierte von dem beschleunigten Warenum-

9 30 Jahre Kundendienst 1948-1978, S. 196 (BAH, R11, Nr. 470).

schlag sowie dem Ersetzen der Abfolge von Angebot, Bestellung, Lieferungsabrechnung und Zahlungseingang durch einen einzigen Vorgang.[10]

Dieses Konzept wandte sich ausschließlich an den traditionellen Einzelhandel und wickelte mittlere bis kleinste Mengen effektiver als bisher ab. Das Konzept schien so überzeugend zu sein, dass 1971 Experimente mit einem Kuchenfrischdienst begannen, der 1973 als dritte Verkaufsorganisation startete. Bis 1976 wuchs die Zahl ihrer Fahrer auf 100. Hintergrund der Etablierung dieser dritten Schiene war zum einen die schnelle Verderblichkeit von Kuchen und zum anderen die Beobachtung, dass die Nachfrage nach industriell hergestelltem Kuchen stark anstieg, da das Selberbacken der Verbraucher abnahm. Der Fahrverkauf wurde vom traditionellen Einzelhandel sehr positiv aufgenommen. Daneben blieb für alle Produktgruppen der konventionelle Verkauf durch Reisende, die im PKW statt im Lieferwagen herumfuhren, weiter bestehen.

Die Beschleunigung und Rationalisierung des Verkaufsvorganges glich dem Versuch, aus den alten Strukturen das Maximum herauszuholen. Er hatte aber einen hohen Preis. Bahlsen verfügte nun über drei einander überlappende und zudem teure Verkaufsorganisationen. Gerade bei kleinen Kunden stand der Aufwand in keinem Verhältnis zum Ertrag. Allgemein stiegen bei Bahlsen die Vertriebs- und die Verwaltungskosten überproportional, zwischen 1970 und 1973 allein um 49,7 %. Die Kosten des Verkaufs, also der Reisenden, ihrer Fahrzeuge und der Auslieferungslager, stiegen von 1969 bis 1973 von 32,5 auf 73,1 Mio. DM oder um 125 %. Den Hauptanteil an dieser Kostenexplosion trugen die neuen Vertriebskanäle.[11]

Die Preisbindung war zentral für das traditionelle Verkaufssystem Bahlsens und für den Überlebenskampf der kleineren Einzelhandelsgeschäfte. Bahlsen hatte seit 1904 mit gebundenen Preisen operiert. Nach 1945 war die Preisbindung für Markenartikel und Verlagserzeugnisse allen Bedenken der Alliierten und liberaler Stimmen zum Trotz nach einer kurzen Verbotsphase erneut zugelassen worden. Das Kartellgesetz von 1957 bestätigte ihre Rechtmäßigkeit und stellte ledig den Missbrauch unter Strafe. Es blieb der Industrie überlassen, dieses Instrument zu nutzen oder aber Preiswettbewerb im Handel mit den eigenen Markenartikeln zuzulassen. Da in den späten 1950er Jahren Preise vielfach sanken, verwunderte es nicht, dass die Hersteller von Markenartikeln auf die Preisbindung setzten. In einigen Branchen wie im Fahrradhandel oder in Drogerien waren bis zu 65 % aller Markenartikel preisgebunden. Die Entwicklung kippte aber 1962. Seitdem sank der Anteil preisgebundener Artikel. Einige große Branchen gaben ihre Produkte frei, da Handelsmarken von Kaufhäusern und Versandhändlern eine immer stärkere Position einnahmen und die hohen gebundenen Preise durch Rabatte und Sonderverkäufe ausgehöhlt

10 Niederschrift über die Beiratssitzung vom 21.8.1970, S. 4 (BAH, R11, Nr. 209).

11 McKinsey, Ansätze zur Verbesserung der Ertragslage, 6.6.1974, Schaubild 6, 9 u. I-6 (BAH, R11, Nr. 344).

wurden. Hinzu kamen Importe aus der EWG, die mit niedrigen Preisen gegen teure preisgebundene Waren konkurrierten.

Zugleich geriet die Preisbindung in der politischen Diskussion zunehmend unter Druck. Es handelte sich im Grunde genommen um ein Preiskartell von Herstellern und Einzelhandel zulasten der Konsumenten. Ludwig Erhard hatte seine Meinung im Laufe der 1950er Jahre geändert und hielt Markenartikel auch ohne Preisbindung für überlebensfähig. Er wurde zu einem vehementen Verfechter ihrer Abschaffung. Das Bundeskartellamt betonte, dass sie zu überhöhten Preisen und zur Verhinderung von Rationalisierungen im Einzelhandel führe. Es begannen überaus kontroverse Debatten, in denen sich Markenartikelproduzenten und der durch den Handelsverband Deutschland vertretene Einzelhandel vehement gegen die von Verbraucherschützern und seit 1962 vom Wirtschaftsministerium geforderte Abschaffung der Preisbindung wehrten.[12] Es überrascht nicht, dass sich Bahlsen zusammen mit dem Hauptverband des deutschen Lebensmitteleinzelhandels, dem Verband der Deutschen Süßwarenindustrie und dem Markenverband an dieser Front engagierte und zu den führenden Advokaten der Preisbindung in der Bundesrepublik wurde, deren Beibehaltung auch fast alle führenden Wirtschaftsverbände forderten.[13] Es gehe, so wurde oft betont, darum, »ruinöse Preisschleuderei« zu verhindern und den mittelständischen Einzelhandel zu schützen.[14]

In diesem Sinne sprach Pentzlin mehrfach persönlich, aber ohne jeden Erfolg bei Erhard vor. Es folgten Anzeigen, in denen Bahlsen z. B. 1969 betonte, dass seit 19 Jahren eine Packung Leibniz-Keks konstant 50 Pf kostete.[15] Werner Bahlsen sprach bei dem Bundes- und dem Landeswirtschaftsministerium vor. 1964 entstand der Bredt-Kreis, in dem sich 20 Großunternehmen der Markenartikelindustrie zusammenschlossen, um die Preisbindung zu erhalten. Er betrieb gezielten Lobbyismus und lud gemeinsam mit dem Markenverband Politiker zu Veranstaltungen ein.[16] 1964 erstellte Bredt offenbar auf Anregung und mit Unterstützung Werner Bahlsens ein ausführliches Gutachten über die Bedeutung der Preisbindung, das dem Bundeskartellamt vorgelegt wurde. Die Preisbindung, so argumentierte Bredt, ermögliche überhaupt erst Markenartikel, die für den Verbraucher Gütesiegel seien und ihn vor minderer Qualität schützten. Sie allein biete den Herstellern die Chance, ihre hohen Investitionen beim Aufbau der Marken zu amortisieren. Sie verhindere »einerseits die Preisschleuderei, andererseits die Preistreiberei«. Die »bemerkenswerte Preiskonstanz« der Markenartikel sei ein volkswirtschaftlicher Stabilisator.[17]

12 Vgl. Scheybani, Handwerk, S. 379 ff.; Banken, Strukturwandel, S. 140 ff.

13 Eine Ausnahme war die Arbeitsgemeinschaft selbständiger Unternehmer, die Familienunternehmen repräsentierte.

14 Scheybani, Handwerk, S. 380.

15 Giese, Geschichte der Bahlsen-Werbung 1949-1981, S. 61 (BAH, R11, Nr. 127).

16 Der Spiegel, 12.11.1972.

17 Bredt, Bedeutung, S. 57 u. 59.

Bredt bettete seine Argumentation in eine kulturpessimistische Zivilisationskritik ein. In dem »mehr und mehr zunehmenden Preischaos der Märkte von heute« spiegele sich ein allgemeiner »Wirtschaftsverfall«. Bredt griff dabei auf klassische antiliberale Denkmuster zurück.[18] Der heutige »Konkurrenzkampf« habe eine »Härte [...], die nichts mehr mit Leistungswettbewerb zu tun hat, sondern in rein brutale Machtkämpfe auszuarten droht, bei denen eben der kapitalmäßig schwächere auf der Strecke bleibt«. Ein »hemmungsloser Wettbewerb« sei ein »Wildwuchs«, in dem die »kultivierten Menschen des 20. Jahrhunderts« nicht leben könnten. Zur »Beendigung der hier vielfach zutage tretenden, sich z.T. ins Maßlose überschlagenden, entfesselten Gewalten« müssten Staat und Unternehmer eingreifen. Es gelte die »Fiebererscheinungen« und »Kreislaufstörungen« der Wirtschaft zu kurieren.[19] Die vertikale Preisbindung sei, wenig überraschend, die probate Medizin, den Markt zu zivilisieren. Mit recht ähnlichen Argumenten hatte übrigens der NS-Staat seine preispolitischen Eingriffe legitimiert.[20]

Empirisches Kernstück des Gutachtens war der auf über 100 Seiten anhand von Kalkulationsdaten aus 15 Unternehmen des Bredt-Kreises akribisch erarbeitete Nachweis, dass der Handel bei ungebundenen Preisen »anonymer Konsumwaren« höhere Spannen habe als bei preisgebundenen Markenartikeln, also die Preisbindung zum Nutzen aller antiinflationär wirke.[21] Das Gutachten passte im Grunde genommen nicht mehr in die Zeit und blieb wirkungslos. Der *Spiegel* spottete, dass der »greise Wirtschaftsprüfer« nur die »weißen Raben des Gewerbes« untersucht habe.[22] Das Gutachten traf auch auf den Widerspruch des Präsidenten des Kartellamtes, mit dem Bredt in einen Briefwechsel eintrat.[23]

1965 folgte ein auf dem Gutachten basierendes, Werner Bahlsen gewidmetes Buch.[24] Es sprach auch die absehbare Krise der Schokoladenindustrie an. Sie musste schon 1964 auf Geheiß des Kartellamtes die Preisbindung aufgeben, was in den Folgejahren zur Verschärfung des Wettbewerbs, zur Halbierung der Durchschnittspreise und zu zahlreichen Konkursen bzw. Übernahmen durch ausländische Firmen führte. Die schlimmsten Befürchtungen der Verfechter der Preisbindung trafen bis zum Beginn der 1970er Jahre ein. Bahlsen beobachtete diese bedrückende Entwicklung – gleichsam vor der Haustür – am Beispiel des ebenfalls von Bredt beratenen hannoverschen Traditionsunternehmens Sprengel, an dem Nabisco 1967 49 % erwarb. 1972 erhöhte der US-Konzern seinen Anteil auf 75 %, ohne die wirtschaftliche Talfahrt bis zum Weiterverkauf 1979 stoppen zu können. Sprengel war 1851 gegründet worden, also deutlich älter als Bahlsen. Die hochangesehene Hannovera-

18 Vgl. Hock, Antikapitalismus.
19 Bredt, Bedeutung, S. XII u. 62 f.
20 Vgl. Steiner, Preispolitik.
21 Bredt, Bedeutung, S. 109 ff.
22 Der Spiegel, 12.11.1972.
23 Otto Bredt an Dr. Eberhardt Günther vom 2.6.1966 (BAH, R11, Nr. 398).
24 Bredt, Bedeutung.

ner Familie wurde innerhalb weniger Jahre komplett entmachtet. Obwohl Bahlsen Interesse bekundet hatte, wollte sie ihr Unternehmen nicht an die Keksdynastie verkaufen. Da Bahlsen um diese Zeit einen Einstieg in die Schokoladenbranche anstrebte, kam es 1968 zum Kauf von Gubor. Das Schicksal von Sprengel dürfte Bahlsen während der Debatten um die Preisbindung als warnendes Beispiel vor Augen gestanden haben.[25]

In der Öffentlichkeit argumentierte Bahlsen nicht mit dem betriebswirtschaftlichen, sondern mit dem vermeintlichen sozialen Nutzen gebundener Preise. Sie sorgten für Stabilität und Berechenbarkeit, für einen gutes Einvernehmen von Industrie und Handel.[26] Freie Preise entzögen dem Handel »die gewohnte Kalkulationshilfe« und böten »Discountern, Verbrauchermärkten und SB-Warenhäusern erst die Chance, den Markenartikel ruinös für ihre eigene Marktposition, z. B. durch die Preisgestaltung einzusetzen«.[27] Sie untergrüben den Markenartikel an sich und damit die Erwartungen der Verbraucher an hohe, gleichbleibende Qualität. Ohne »feststehenden Preis« sei der Hersteller gar »nicht in der Lage, sich um steigende Qualität zu bemühen«. Der gebundene Preis »spart zeitraubende Preisvergleiche« und erlaubt die »bessere Einteilung des Haushaltsgeldes«. Er »macht Einkauf leichter und für Kinder oder per Telefon möglich«.[28] Die Verbraucher seien völlig überfordert, wenn ein und dasselbe Produkt in diversen Geschäften zu vielen unterschiedlichen Preisen angeboten würde.

1970 kam es zu einem Konflikt mit dem Deutschen Supermarkt, der sich zu Ostern erdreistete, die Doppelpackung Bahlsen-Keks für 0,89 DM statt der vorgegebenen 1,00 DM anzubieten. Bahlsen ließ diesen Bruch geltenden Rechtes mit Hilfe des Kartellamtes unterbinden.[29] Im Grunde genommen stemmte man sich gegen einen Strom, den man nicht aufhalten konnte. Nach dem Vorbild der USA hatte es der Verbraucherschutz auch in der Bundesrepublik an die Spitze der politischen Agenda geschafft. Der »mündige Verbraucher« wurde zum Leitbild. Er sollte hinreichende Informationen erhalten, um sein eigenes, wohl abgewogenes Urteil fällen zu können. Die von der Bundesregierung 1964 gegründete und seitdem finanzierte Stiftung Warentest und das massive Hochfahren der Haushaltsansätze für den Verbraucherschutz in diversen Ministerien verweisen auf dessen enormen Aufschwung.[30] Mit dem Eintritt der SPD in der Regierung im Jahr 1966 und mit den von ihr geführten sozialliberalen Koalitionen (1969-1982) gewann der Verbraucherschutz noch ein-

25 Ausführlich Huttenlocher, Sprengel. Zu den Auswirkungen des Wegfalls der Preisbindung ebd., S. 258 ff.; Bredt, Bedeutung, S. 83 ff.

26 Werner Bahlsen, Manuskript »Problemlose Dauerbackwaren in problemvollem Markt« vom 12.9.1969, S. 3 (BAH, R12, Nr. 239).

27 30 Jahre Kundendienst 1948-1978, S. 196 (BAH, R11, Nr. 470).

28 Kundendienst, Verkaufsleitung, Rundschreiben an Einzelhändler vom September 1962 (BAH, R10, Nr. 47).

29 Mitschrift 4. Tonbandinterview mit Kurt Pentzlin, S. 22 f. (BAH, R11, Nr. 478).

30 Vgl. Rick, Verbraucherpolitik.

mal an Bedeutung. Gleichwohl wurde um die Preisbindung weiter heftig und z. T. sehr emotional gekämpft. Während Gewerkschafter, Sozialdemokraten und Liberale sowie die Arbeitsgemeinschaft der Verbraucher (AGV) und das Bundeskartellamt auf Preissenkungen hofften, stand vielen Einzelhändlern ihr Ruin vor Augen. Das Bundeswirtschaftsministerium sah in der Preisbindung ein Hindernis für die Rationalisierung des Einzelhandels und eine Begünstigung der großen Händler, die über höhere Rabatte ihre Margen im Gegensatz zu den kleinen Geschäften erhöhen könnten. Das Thema blieb lange strittig, sodass es bis 1973 dauerte, bis eine Kartellgesetznovelle den Bundestag passierte, die ab 1974 die vertikale Preisbindung für Markenartikel verbot.

In der Aussprache gestand auch der Sprecher der CDU ein, dass die »Bindung der Abnehmer von Markenwaren an einheitliche, vom Hersteller festgelegte Abgabepreise [...] nicht mehr in« eine Volkswirtschaft passen, »die über einen leistungsfähigen Handel verfügt und in der auch der Verbraucher kritischer und beweglicher geworden ist«. Es gelte, »für den Verbraucher die Wahlmöglichkeiten« zu erweitern und den »Anreiz zur Leistungssteigerung in Industrie und Handel« zu verstärken. Die SPD kommentierte das Einschwenken der CDU auf ihre Position mit dem Hinweis, dass sie in den Ausschussberatungen versucht habe, die »Interessen der Verbraucher [...] auf den Altären verschiedener Interessentengruppen zu opfern«, weil »die Keks- und Pralinenbäcker« und andere Branchen »so sehr danach gedrängt haben«.[31] Die Rhetorik der Marktwirtschaft und des Verbraucherschutzes übertönte diejenige des Sozialprotektionismus und der Kartellierung.

Für Bahlsen handelte es sich um eine herbe Niederlage und einen tieferen Einschnitt. Bereits unmittelbar nach der Verkündigung des Gesetzes, also noch vor seinem Inkrafttreten, verkündete Bahlsen im Juni 1973, schrittweise die Preisbindung aufzuheben und die gerichtliche Verfolgung von Verstößen einzustellen.[32] Pentzlin erinnerte sich: »Als die Preisbindung dann fiel, standen [...] wir doch ziemlich unbekleidet dar.«[33] Das Unternehmen steuerte geradewegs in eine Krise, die aber keineswegs das Ausmaß derjenigen der Schokoladenbranche annahm.

Das Dilemma, einerseits die Zusammenarbeit mit den kleinen Händlern zu bevorzugen und damit letztlich auf die Verlierer der Umbrüche zu setzen und andererseits die schnell wachsenden großen Einzelhandelsketten nicht völlig vernachlässigen zu können und sich große Umsätze entgehen zu lassen, führte im Verlauf der 1960er Jahre zu einer langsamen und schrittweisen Öffnung gegenüber Letzteren. Das hatte einen empfindlichen Preis, nämlich den schmerzhaften Anstieg der Rabattkosten. Der oben (Tabelle 19) beobachtete Verfall der Renditen bei stark steigen-

31 Deutscher Bundestag, 7. Wahlperiode, 42. Sitzung, 14.6.1973, Stenographischer Bericht, S. 2308 u. 2311 (Redebeiträge der Abgeordneten Frerich, CDU, u. Jens, SPD). http://dipbt.bundestag.de/doc/btp/07/07042.pdf (Zugriff 10.4.2021).

32 Rundschreiben vom 21.6.1973 (BAH, R11, Nr. 398).

33 Mitschrift 4. Tonbandinterview mit Kurt Pentzlin, Aussage Fragesteller BS, S. 46 (BAH, R11, Nr. 478).

den Umsätzen ist u. a. durch diese Ursache zu erklären. Hatte die Erlösschmälerung infolge von Rabatten und Nachvergütungen zugunsten des Handels 1953 erst 2,7 % betragen, war sie bis 1964 schon auf 5,6 % angestiegen. 1973 erreichte sie 8 %, bei rasch weiter steigender Tendenz. Es gelang in keinem Jahr, sie auch nur ansatzweise umzukehren.[34] Anstatt den kleinen Handel zu schützen, stärkten diese einseitigen Preiszugeständnisse die Großen, die auf der Basis ihrer höheren Spannen ihre weitere Expansion vorantreiben konnten.

Als Bahlsen mit besorgniserregender Geschwindigkeit Marktanteile verlor und sich das Ende der Preisbindung abzeichnete, schwenkte das Unternehmen um und wandte sich verstärkt dem bislang vernachlässigten großbetrieblichen Einzelhandel zu. Zu diesem Zeitpunkt befand man sich aber schon in einem massiven Rückstand gegenüber der Konkurrenz, die diesen Schritt früher und entschiedener beschritten hatte. Bahlsen hinkte der Entwicklung hinterher. Wie Tabelle 21 zeigt, erzielte Bahlsen 1971 noch 56 % des Umsatzes mit traditionellen Geschäften, während niemand sonst in dem schrumpfenden Segment des Einzelhandels eine derart starke Position besaß. Verbrauchermärkte und Discounter waren mit 9 % geradezu eine marginale Nebenlinie.

Tabelle 21: Verteilung der Bahlsen-Umsätze auf Typen des Einzelhandels in Prozent, 1971-1974

	1971	1972	1973	1974
Traditionelle Geschäfte	56	56	53	47
Filialisten	13	14	10	11
Verbrauchermärkte und Discounter	9	10	17	24
Coop-Gruppe	9	9	8	7
Warenhäuser	3	3	4	5
Bäcker	5	5	5	5
Sonstige	5	4	2	2

Quelle: Leibniz-Blätter 1/1975, S. 4 (BAH, R11, Nr. 182).

De Beukelaer machte im vierten Quartal 1972 nur noch 17 % des Umsatzes mit traditionellen Geschäften und schon 58 % mit Verbrauchermärkten und Discountern. Zwei Jahre später waren es bei letzteren schon 68 %. Bei Brandt lagen die entsprechenden Anteile bei 74 bzw. 78 %.[35] Im Grunde genommen hatte Bahlsen die am schnellsten expandierenden Einzelhandelstypen weitgehend der Konkurrenz überlassen, was Pentzlin im Nachhinein als schweren Fehler empfand. Er hatte das »Ge-

34 Bericht an Beirat vom 15.12.1978 (BAH, R11, Nr. 211).

35 Werner Bahlsen, Bericht zur Beiratssitzung am 11.4.1975, S. 19 (BAH, R11, Nr. 206).

fühl, daß wir hier […] Schlangen an unserem Busen nährten, die immer größer wurden, weil sie ja dort ihren Absatz fanden, wo wir nicht reingingen«.[36] Tabelle 21 zeichnet Bahlsens späte Neuorientierung exakt nach. Bis 1974 wurde der Anteil der Verbrauchermärkte und Discounter von 9 auf 24 % hochgefahren, aber der traditionelle Handel blieb mit immerhin noch 47 % der mit Abstand größte Kunde.

Es dauerte bis 1972, bis bei Bahlsen eine eigene Verkaufsabteilung für Großabnehmer »mit vier Herren« eingerichtet wurde. In diesem Jahr startete man auch das Experiment, verstärkt mit den Großabnehmern ins Geschäft zu kommen, ohne die eigene Marke zu beschädigen. Bahlsen schuf zwei Zweitmarken, um die »Entwicklung der aggressiven Märkte«[37] voranzutreiben. Das unter den Marken Feurich bei Aldi und Beste bei allen anderen Großkunden angebotene Sortiment bestand zunächst aus 15 Artikeln. Sie waren nicht mit Bahlsen-Produkten identisch, sondern qualitativ weniger hochstehend und deutlich billiger, um im scharfen Preiswettbewerb zu bestehen. Bei beiden Marken verzichtete Bahlsen auf die Preisbindung, da der Markt für ungebundene Dauerbackwaren schnell und bislang ohne Bahlsen wuchs. Feurich wurde jedoch bereits im Juli 1973 wieder eingestellt.[38] Die Produkte der 1964 erworbenen Flessner KG vertrieb man unter dem Markennamen IBU.

Die Bemühung, verstärkt mit den großen Einzelhändlern ins Geschäft zu kommen und sich auf deren Rabattforderungen einzulassen, führte zu einem extrem komplexen, selbst die eigenen Mitarbeiter verwirrenden Rabattsystem, das 1974 61 unterschiedliche Rabattstaffeln besaß, die mit 14 Zusatzbedingungen gekoppelt waren. Es wurde nach Typ des Einzelhandels, etwa nach Anzahl der Filialen, nach Produkten und Sonderaktionen unterschieden. Innerhalb jeder Kategorie gab es dann mit der Umsatzhöhe steigende Rabatte. Um es noch weiter zu verkomplizieren, waren unterschiedliche Rabatttypen, also Rabatte für Geschäftstypen und Aktionsrabatte miteinander kombinierbar. In diesen Fällen kam es zu empfindlichen Erlösschmälerungen. Beim Verkauf von Chips an die bundesweite Verbrauchermarktkette Spar wurde der Listenpreis wie folgt reduziert: 8,5 % Sofortrabatt, 1,9 % Skonto, 10 % Aktionsrabatt für Großabnehmer, 5 % Aktiv-Artikel-Rabatt für besonders geförderte Artikel und schließlich am Ende des Jahres ein Jahresbonus von 0,6 %. Insgesamt ergab sich eine Schmälerung von 26 % des Listenpreises, was sich in Form sinkender Renditen niederschlug.[39] Bahlsen sah sich seit 1970 zunehmend gezwungen, diese bittere Pille zu schlucken und zusätzliches Umsatzwachstum mit geringeren Margen zu erkaufen.

Das alles erschütterte das Fundament des Unternehmens. Klaus Bahlsen erklärte dem Beirat, »daß für uns ein gewisser Zeitabschnitt zu Ende gegangen und ein

36 Mitschrift 4. Tonbandinterview mit Kurt Pentzlin, Aussage Fragesteller BS, S. 46 (BAH, R11, Nr. 478).

37 Ereignisse und Ergebnisse, Eintrag für 1972 (BAH, R11, Nr. 134).

38 30 Jahre Kundendienst 1948-1978, S. 214 u. 217 f. (BAH, R11, Nr. 470).

39 McKinsey, Ansätze zur Verbesserung der Ertragslage vom 6.6.1974, Schaubild 1-5 (BAH, R11, Nr. 344).

Strukturwandel eingetreten ist, den wir zwar alle erwartet haben, der uns jedoch in seiner Härte […] überrascht hat«. Seit den 1930 Jahren habe die zweite Generation »als Tradition die Hochhaltung der Qualität die Pflege von Spezialitäten« gepflegt und sich »stark der gehobenen Konsum-Gruppe gewidmet«. In der Gegenwart habe man es mit anderen Konsumenten zu tun, die trotz gestiegener Realeinkommen »das Preisbewusstsein über das Qualitätsbewusstsein« stellen. In der fortgeschrittenen Konsumgesellschaft sei der Wettbewerb ein anderer und man verliere zunehmend »treue Abnehmer«.[40]

40 Bericht Klaus Bahlsen 90 Jahre HBKF 1 1928-1979, darin eingefügt Manuskript Vortrag Beirat vom 30.8.1973, S. 121 (BAH, R13, Nr. 49).

8.5 Keine große Lösung. Konsolidierung als Krisenstrategie

1973/74 wurde aus der schleichenden eine akute Krise, die Bahlsen erstmals seit 1932 Verluste schreiben ließ und zu einschneidenden Sparmaßnahmen wie dem Abbau von Personal zwang. Gesamtwirtschaftlich ging der nur durch die milde Rezession von 1966/67 kurz unterbrochene Nachkriegsboom zu Ende. Die Phase ab 1968 war von einer Abfolge von Währungskrisen, den Ölpreisschocks von 1973 bis 1975 und 1979 bis 1981, explosionsartig steigenden Rohstoffpreisen sowie von Massenarbeitslosigkeit gekennzeichnet.

Ökonomen kreierten den Begriff »Stagflation«, womit sie die zuvor für unmöglich gehaltene Gleichzeitigkeit von Inflation und Stagnation meinten. Bislang hatte das nach 1944 entstandene Währungssystem von Bretton Woods der Weltwirtschaft ein festes Gerüst und Exporteuren berechenbare, stabile Erlöse in ihren Heimatwährungen gegeben. Als Leitwährung fungierte der in einer festen Parität in Gold eintauschbare Dollar, gegenüber dem die anderen westlichen Währungen feste Wechselkurse hatten. Als Reaktion auf die Leistungsbilanzdefizite und die steigenden Schulden der USA ging aber Ende der 1960er Jahre das Vertrauen in den Dollar verloren. Am 15. August 1971 verkündete US-Präsident Nixon die Aufhebung der Golddeckung des Dollars. Mit dem Smithsonian Agreement versuchte die G-10-Staatengruppe 1971 mit einem abgewerteten Dollar ein neues System zu etablieren, das aber bereits im Februar 1973 unter dem Druck der Währungsspekulation zusammenbrach. Von da an mussten Exporteure und Importeure mit frei fluktuierenden Wechselkursen leben. Die 1970er Jahre waren von einem stetigen Wertverlust des Dollars gegenüber der D-Mark gekennzeichnet, sodass westdeutsche Exporteure immer weniger D-Mark für Dollar-Rechnungen erhielten. Gegenüber vielen anderen Währungen wertete die D-Mark sogar noch stärker auf.[1] Diese externen Herausforderungen traten bei Bahlsen zu den schon länger aufgetürmten strukturellen Problemen.

Ähnliche langfristige Probleme plagten auch wichtige Konkurrenten, die im Zuge ihrer schleichenden Krisen zum Teil ihre Selbstständigkeit verloren. Der US-Konzern Nabisco kaufte bereits 1964 den Bahlsen-Konkurrenten Trüller in Celle, ferner 1969 XOX in Kleve und 1972 die Mehrheit an der traditionsreichen Hannoveraner Schokoladenfabrik Sprengel, an der sich Nabisco bereits 1967 beteiligt hatte.[2] Die Lage der übernommenen deutschen Firmen verschlechterte sich. Nabisco gab sie allesamt in den späten 1970er Jahren auf. Die Missachtung nationaler Unterschiede der Märkte führte dazu, dass amerikanische Methoden und Produkte einfach übernommen wurden und oft im Markt floppten. Die Konzernzentrale in den USA zwang die deutschen Werke zur Produktion von Waren, die, so ein deutscher Trül-

1 Berghoff u. a., Sartorius, S. 60 f.

2 Bericht Klaus Bahlsen 90 Jahre HBKF 1 1928-1979, S. 11 (BAH, R13, Nr. 49).

ler-Manager im Rückblick, »bei uns nicht einmal Haustiere fressen«.[3] Hinzu kamen die Umbrüche im Einzelhandel und Konsumverhalten, die auch Bahlsen zu schaffen machten.

Die Verbraucher achteten angesichts der zunehmenden wirtschaftlichen Unsicherheit immer stärker auf den Preis und fanden in den Regalen der Discounter preiswerte Alternativen. Ausländische Konkurrenten, vor allem De Beukelaer aus Belgien, drängten auf den deutschen Markt und profitierten von der aufgewerteten D-Mark. Sie setzten ihren vertrieblichen Schwerpunkt beim großbetrieblichen Einzelhandel, mithin den Gewinnern der Entwicklung. Der Anteil importierter Dauerbackwaren in der Bundesrepublik nahm zwischen 1971 und 1973 von 16 auf 21 % zu. Im Durchschnitt lagen die Preise in der EWG um 30 % unter denen der Bundesrepublik, sodass die Importeure in der Bundesrepublik mit niedrigeren Preisen auftrumpfen konnten.[4] De Beukelaer, seit 1965 Teil der General Biscuit Company, die aus der Fusion der drei größten belgischen Kekshersteller De Beukelaer, Parein und Victoria hervorgegangen war, hatte bis 1969 bei Butterkeksen in der Bundesrepublik einen Marktanteil von 33 % erreicht und war an Bahlsen, das 44 % hatte, recht nahe herangerückt. Entsetzt stellte man bei Bahlsen fest, dass De Beukelaer sechsmal »soviel in den Verbrauchermärkten« verkauft »wie wir«.[5] Das Dilemma war schon länger bekannt. Entweder man verzichte auf Umsätze oder bezahle für sie mit niedrigeren Margen. Hinzu kam die Sorge um das Image als Marktführer mit höchsten Qualitätsstandards. Die Werbeleiterin klagte: »Von ›stabilen Preisen‹ konnte […] keine Rede mehr sein. Überall wurde geschleudert, und unsere Produkte schleuderten mit. Wird es unserem Qualitäts-Image schaden?«[6] Mit dem Wegfall der Preisbindung ab Juli 1973 beschleunigte sich die Schmälerung der Erlöse.

Im Oktober 1973 kam der erste Ölpreisschock infolge des Yom-Kippur-Krieges und der Produktionsdrosselung der erdölproduzierenden Golfstaaten hinzu. Der Ölpreis stieg um etwa 70 % und setzte seinen Höhenflug fort, sodass er sich bis Ende 1974 noch einmal mehr als verdoppelte und 272 % über dem Stand von vor dem Oktober 1973 notierte. In der Bundesrepublik stellten Verbraucher angesichts explodierender Preise für Benzin und Heizöl disponible Ausgaben zurück und wichen, wo es eben ging, auf preiswertere Angebote aus. Diese Entwicklung befeuerte die schon längst entfachte Inflation, die wesentlich durch den Wegfall eines weiteren Pfeilers des Nachkriegsbooms, nämlich der relativen Lohnzurückhaltung der Gewerkschaften, mit verursacht gewesen war. Um dem Drängen ihrer Mitglieder nachzugeben, die einen inflationsbedingten Rückgang ihrer Kaufkraft verhindern wollten, schalteten sie auf eine offensivere Tarifpolitik um.

3 Zit. n. manager magazin, 5/1974, S. 29. Dort auch eine detaillierte Analyse des Scheiterns in Deutschland.

4 McKinsey, Ansätze zur Verbesserung der Ertragslage vom 6.6.1974, Schaubild 15 (BAH, R11, Nr. 344).

5 30 Jahre Kundendienst 1948-1978, S. 207 (BAH, R11, Nr. 470).

6 Giese, Geschichte der Bahlsen-Werbung 1949-1981, S. 79 (BAH, R11, Nr. 127).

Auch 1973 und 1974 waren Jahre aggressiver Arbeitskämpfe. Zum Teil gab es wilde Streiks ohne Zustimmung der Gewerkschaften, wie in der Metall- und Stahlindustrie. Das brachte die Gewerkschaften in Zugzwang. Der legendäre Vorsitzende der Gewerkschaft ÖTV des öffentlichen Dienstes, Heinz Kluncker, forderte 1974 eine Lohnsteigerung von 15 %. Der Nahverkehr brach zusammen und der Müll stapelte sich in den Straßen. Am Ende stimmten die öffentlichen Arbeitgeber einem Zuwachs von 11 % zu. Hilfsarbeiter in der Druckindustrie bekamen 1973 einen Zuschlag von 17 %. Die durchschnittlichen Stundenlöhne in der Industrie stiegen 1973 und 1974 jeweils um mehr als 10 %. Im Ergebnis kam es zu einer Lohn-Preisspirale. Die Inflation erreichte Werte zwischen 6 und 7 %, d. h. Größenordnungen, die man nach 1951 nicht mehr gesehen hatte.

Bahlsen war mit einem steilen Anstieg der Personalkosten konfrontiert. 1970 ergab sich gegenüber 1969 eine Erhöhung um 19,2 %. Die Lohnnebenkosten stiegen, vor allem dadurch, dass Arbeiter einen unabdingbaren Anspruch auf Lohnfortzahlung im Krankheitsfall für die Dauer von sechs Wochen erhielten und damit Angestellten gleichgestellt wurden.[7] Allgemein kam es zu einem Ausbau der Sozialleistungen. 1972/73 stieg die Lohn- und Gehaltssumme um 11,8 %, während die Sozialabgaben um 14 % zulegten.[8] 1974 stand die Verkürzung der Arbeitszeit von 41 auf 40 Stunden an. In diesem Jahr stieg der Personalaufwand um 12 %.[9]

Zu den erheblichen Erhöhungen des Personalkosten kamen immer wieder »nicht eingeplante Kostenstöße« hinzu.[10] Das betraf bei weitem nicht nur die Energie, sondern auch die meisten verarbeiteten Rohstoffe. Der Preisanstieg für Kakao betrug 1972/73 ca. 150 %, derjenige für Erdnüsse mehr als 40 %.[11] Die Materialkosten machen ungefähr die Hälfte der Herstellungskosten aus. Sie legten 1974 im Schnitt um etwa 20 % zu. Eine weitere Belastung ging von den steigenden Finanzierungskosten aus. Wie bereits gesehen (Grafik 2), hatte Bahlsen das Volumen der Bankkredite erheblich hochgefahren. In den frühen 1970er Jahren stiegen die Zinssätze inflationsbedingt stark bis zu 11 % an, sodass sich die Zinslast bis 1974 gegenüber den frühen 1960er Jahren mehr als verzehnfachte.[12] Bahlsen hatte zudem die Aufbaukosten für den Fahrverkauf und das Berliner Werk zu tragen, wo sich ein schmerzlicher Mangel an erfahrenen, qualifizierten Mitarbeitern bemerkbar machte. Seit Jahren fielen hohe Verluste im Ausland an, die wechselkursbedingt zunahmen.

Die stark gestiegenen Kosten ließen sich im nunmehr vorherrschenden Käufermarkt nicht mehr vollständig an die Abnehmer weitergeben. Zwar erfolgten Preiserhöhungen, aber sie blieben unter dem notwendigen Niveau, sodass die Margen sanken und 1973/74 schließlich Verluste aufliefen. Eine naheliegende Krisenstrategie

7 Werner Bahlsen, Referat vom 12.5.1970, S. 2 (BAH, R10, Nr. 488).

8 Leibniz-Blätter 4/1973, S. 4.

9 Leibniz-Blätter 1/1975, S. 5.

10 Ergebnis-Protokoll der Beiratssitzung vom 8.1.1971 (BAH, R11, Nr. 209).

11 Leibniz-Blätter 4/1973, S. 3.

12 Vgl. Kap. 8.2.

bestand darin, den Zusammenschluss mit Konkurrenten zu suchen. Bahlsen hatte bereits mit Nabisco Gespräche geführt, die zu nichts führten. Bahlsen nahm eine eigenartige Position ein. Auf dem deutschen Markt befand man sich in einer führenden, jedoch nicht dominanten Stellung. International war man ein kleiner Player, der im Konzert der Großen nicht genug Finanzkraft hatte, um die Strukturen des Marktes zu verändern. Eine Position als Juniorpartner großer börsennotierter Konzerne widersprach dem Selbstverständnis als unabhängiges Familienunternehmen.

Tabelle 22: Umsatzstärkste Unternehmen der Dauerbackwarenindustrie, 1976

Unternehmen	Bruttoweltumsätze in Mio. DM
Nabisco	5.460
Cadbury	3.305
United Biscuit	2.188
Rowntree	1.663
Ceraliment	1.375
Bahlsen	980
Keebler	940
Associated Biscuits	728

Quelle: Firmendaten zur Bilanzpressekonferenz vom 29.8.1977, S. 2 (BAH, R12, Nr. 112).

1971 schien es jedoch angezeigt, sich zu bewegen, da die belgische General Biscuit Company (GBC) mit ihrem Hauptaktionär De Beukelaer in Fusionsverhandlungen mit der britischen United Biscuits eintrat. Dieses aus zwei schottischen Familienfirmen, McVitie & Price und MacFarlane Lang, hervorgegangene Großunternehmen hatte bereits 1960 Crawford's Biscuits und MacDonald's Biscuits, 1967 den Crisp-Hersteller Meredith & Drew und 1968 den Nussproduzenten Kenyon Son & Craven übernommen. Es bestand die Gefahr, dass ein europäischer Gigant entstand, der größer und gefährlicher als Nabisco werden könnte. Daher nahm Bahlsen 1971 Verhandlungen mit GBC auf, wobei das Spektrum von einer Kooperation bis zu einem Joint Venture oder sogar einer Fusion reichte.[13] Es war von Anfang an klar, dass sich Bahlsen nicht in eine Minderheitenposition begeben würde. 1972 verkomplizierte sich die Situation, da nun die gemeinsame Übernahme der französischen LU-Brun & Associés, die erst 1968 aus sechs unabhängigen Produzenten entstanden war, diskutiert wurde. Ferner waren Kooperationen mit den britischen Firmen Cadbury Schweppes, Rowntree Macintosh und Associated Biscuit Manufactureres sowie mit der niederländischen Koninklijke Verkade Fabrieken im Gespräch. Die Vorteile,

13 Ergebnis-Protokoll der Beiratssitzung vom 17.3.1971, S. 15 f. (BAH, R11, Nr. 209).

mit mächtigen Partnern die bislang schwache internationale Position zu stärken und den Konkurrenzdruck zu mildern, lagen auf der Hand. Jedoch stand man vor allem vor der Frage, »wie Bahlsen bei Kooperationen dieser Größenordnung seine Unabhängigkeit wahren könne«.[14] Schließlich gehörte Bahlsen nicht zu den globalen Marktführern, sondern stand international gesehen mit großem Abstand in der zweiten Reihe.

Unter dem Druck der Krise diskutierte man über die Quadratur des Kreises. Werner Bahlsen entwarf zwei Szenarien, nämlich den Sprung zum »Optimum an Größe und Marktstellung« oder den »Alleingang«. Welches davon die »Wahrung der Identität« erlaubte, wurde im Beirat kontrovers diskutiert. Bredt und Merkle warnten vor den »Gefahren der Größe« und dem »Nichterkennen der eigenen Grenzen«. Andere sprachen sich für Kooperationen bei »weitgehender Unabhängigkeit« aus, um die Gefahren der »Vollfusion« und der »Isolierung« zu vermeiden. Klaus Bahlsen beschwor den Geist des organisch gewachsenen Familienunternehmens und warnte vor der »über die Grenzen hinwegdenkende(n) europäische(n) Zeit«. Werner Bahlsen präferierte die »absolute Entscheidungs- und Handlungsfreiheit [...], ohne daß hierdurch Teilkoordinationen [...] ausgeschlossen sein sollten (z. B. gemeinsame Bearbeitung neuer Märkte)«.[15] Unter dieser Prämisse sollte eine gemeinsame Kommission mit GBC eingesetzt werden. Es verwundert wenig, dass diese Projekte allesamt im Sande verliefen. Letztlich hätten sie einen zentralen Kern der Unternehmens- und Familienkultur beschädigt, nämlich die uneingeschränkte Autonomie. Hinter ihr stand sogar das Streben nach Wachstum und Marktmacht zurück. Dieser tief in der Bahlsen-DNA verwurzelte Grundsatz markierte zugleich eine für viele Familienunternehmen typische Wachstumsschwelle. Positiv ausgedrückt schützte er vor riskanten Experimenten und sicherte die Kontrolle über das eigene Haus, denn die Erfahrungen von XOX, Trüller und Sprengel waren alles andere als ermutigend.

Nachdem Bahlsen Fusionen und Kooperationen als Krisenstrategien verworfen hatte, standen interne Reformen im Mittelpunkt. Statt einer Flucht in Größe erfolgte eine Konsolidierung und Verschlankung, die viel Unruhe in das Unternehmen hineintrug. Werbeleiterin Giese erinnerte sich: »Es folgten Besprechungen am laufenden Band. Unsicherheit und Nervosität machten sich bemerkbar. [...] Die Unternehmensberatung Mc Kensey [sic!] raubte unsere Zeit.«[16] Bahlsen beauftragte auf Drängen der Söhne Werners, dem der Vater schließlich nachgab,[17] erstmals externe Berater, die einen detaillierten Einblick in das Geschäft erhielten. Auf dieser Grundlage nahm McKinsey eine schonungslose Analyse der internen Probleme vor und empfahl den Abbau von Personal, ein beschleunigtes Inkasso, die Reduktion

14 Ergebnis-Protokoll der Beiratssitzung vom 30.11.1972, S. 7 ff., hier S. 9 (BAH, R11, Nr. 208).
15 Ebd., S. 10 f.
16 Giese, Geschichte der Bahlsenwerbung 1949-1981, S. 77 f. (BAH, R11, Nr. 127).
17 Interview mit Werner Michael Bahlsen vom 28.6.2021.

von Lagerbeständen und der Anzahl von Lagern, eine Straffung des Vertriebs durch die Versorgung kleinerer Kunden (bis zu 500 DM) durch Großhändler und die verstärkte Kooperation mit großbetrieblichen Einzelhändlern. Die Qualität sollte nicht angetastet werden, aber Preise gesenkt und das Sortiment gestrafft werden.[18]

Bahlsen legte ein drastisches Reformprogramm auf, das nahezu alle Anregungen McKinseys aufnahm. Zwischen 1972 und 1979 wurde der Personalbestand in Deutschland um 1.825 von 9.305 auf 7.480 Mitarbeitende abgebaut. Auftrags-Mindesthöhen im Verkauf beendeten die unwirtschaftliche Belieferung von Kleinstkunden. Diese wurden nicht mehr besucht, was die Reduktion der Zahl der Reisenden 1975/75 um 365 bzw. um fast ein Viertel auf 1.126 Reisende (Tabelle 20) erlaubte. Ein differenziertes Prämiensystem forcierte den Verkauf margenstarker Artikel.[19] Die Umorientierung zugunsten der Großkunden setzte sich fort. Der Anteil der Verbrauchermärkte und Discounter am Umsatz stieg zwischen 1971 und 1974 rasant von 9 auf 24 %. 1974 entstand die »G-Organisation« zur Betreuung der Großkunden. Sie setzte durch, dass die günstigsten Konditionen voraussetzten, dass 72 Paletten auf einmal, also ein gesamter LKW, abgenommen wurden.[20] Zunehmend akzeptierte Bahlsen den Strukturwandel des Einzelhandels und lernte sich darauf einzustellen. Diese Umsätze wurden jedoch mit Margeneinbußen erkauft. Gleichzeitig nahm man moderate Preiserhöhungen vor.

Kurzfristige Maßnahmen wie das Zurückstellen von Reparaturen sowie die Kürzung des Werbeetats und der Spenden um ein Drittel vermochten es nicht, den allgemeinen Kostenanstieg zu kompensieren.[21] Die Investitionen wurden nur leicht reduziert. Hilfreich war es dagegen, dass sich der Umsatzanstieg – abgesehen von 1974 – fortsetzte. Der Umsatz lag 1974 ca. 30 % über dem Stand von 1971. Trotz der großen Beunruhigung reduzierte Bahlsen das Investitionsvolumen nur geringfügig.

1975 rutschte die Bundesrepublik in die schwerste Rezession seit Kriegsende. Im Jahresschnitt sank das Bruttoinlandsprodukt real um 0,9 %. Die Zahl der Arbeitslosen überstieg die psychologisch wichtige Marke von 1 Million. Bahlsen kehrte jedoch in diesem Jahr bereits wieder in die Gewinnzone zurück und zwar bei weiter steigenden Umsätzen. Zum einen kam es bei den Zutaten infolge einer Baisse der entsprechenden Rohstoffmärkte zu spürbaren Kostensenkungen, zum anderen griffen die energisch umgesetzten Maßnahmen. Das schnelle Wachstum der 1950er und 1960er Jahre hatte viele interne Problemzonen geschaffen und verdeckt, die nun erstmals adressiert wurden. Daher konnten in kurzer Zeit erhebliche Effekte erzielt werden. Günstig wirkte sich die Unterbrechung der DM-Aufwertung aus, sodass das anziehende Auslandsgeschäft das Unternehmen entlastete.

18 McKinsey, Bericht zur Vertriebsorganisation vom 27.5.1974; McKinsey, Memorandum vom 9.4.1975 (jeweils BAH, R11, Nr. 345).

19 Bericht Klaus Bahlsen 90 Jahre HBKF 1 1928-1979, S. 12 (BAH, R13, Nr. 49).

20 Kundendienst, Verkaufsleitung, Brief aus Hannover vom August 1974 (BAH, R10, Nr. 47).

21 Leibniz-Blätter 4/1974, S. 4.

Der Befreiungsschlag durch eine große europäische Lösung im Zuge von Fusionen oder Kooperationen blieb aber aus. Stattdessen konzentrierte man sich, so Klaus Bahlsen, auf eine Strategie »des Sparens und Gesundschrumpfens in allen Bereichen des Hauses«.[22] Der naive Glaube, Probleme durch ständiges Größenwachstum neutralisieren zu können, ging verloren. Es begann eine Phase der Konsolidierung, in der das Bestehende bewahrt und verbessert werden sollte.

22 Klaus Bahlsen, Vortrag vor Gebietsleiterkonferenz, am 20.10.1975, S. 1 (BAH, R13, Nr. 60).

8.6 Ambivalenzen und Bruchstellen des Patriarchalismus. Arbeitsbeziehungen im Wandel

Bahlsen blieb im Kern ein patriarchalisch geführtes Unternehmen, auch wenn die Stärke dieser Kultur seit dem Ende der 1960er Jahre abnahm. Um dieser Tendenz entgegenzuwirken, betonte Klaus Bahlsen 1973 in einer Besprechung mit den Werksleitern sein auf persönliche Kontrollen der Verantwortlichen basierendes Führungskonzept. »Meine Einstellung – die alte Schule – verlangt, dass der Werksleiter über alles weitgehend informiert ist und sich auch durch die Rundgänge bis in alle Ecken [...] von Zeit zu Zeit auf dem Laufenden hält, meine Erfahrung ist, wenn der Leiter nur Repräsentant ist(,) die folgende Stelle nicht angeleitet werden kann und sich keiner praktisch dann darum kümmert. [...] Die Mitarbeiter müssen zum Sehen angeleitet werden. [...] Interesse wirkt Wunder [...] Mängel finden sich ein. [...] Gute alte Zöpfe nicht abschneiden.«[1]

Er selber, wie auch sein Bruder Werner, lebten diese Einstellung in Hannover vor. Regelmäßige Kontrollgänge durch die Fabrik, Gespräche mit den Meistern, Mikromanagement und sogar die Befassung mit kleinsten Details charakterisierten ihren Führungsstil. So sprach Klaus Bahlsen mit den Werksleitern über den Anstrich der Treppengeländer sowie über einzelne Maschinen und Rezepte. »Nicht soviel Keks wie möglich in die Tüte(,) sondern wie Soll.« Klaus ließ es sich auch nicht nehmen, die überlegenen Verhältnisse in der von den Brüdern selber beaufsichtigten Fabrik hervorzuheben. »Hannover absolut an der Spitze(,) dann Lindau. Alle anderen Werke müssen noch sehr daran arbeiten.«[2]

Die Produktentwicklung trug ebenfalls persönliche Züge. Sie erfolgte noch intuitiv und erfahrungsbasiert. Liselotte Fröde – der »verlängerte Arm« von Klaus Bahlsen –, die ihn während seiner häufigen Abwesenheiten vertrat und die manchem im Unternehmen als »Drache« erschien – spielte eine zentrale Rolle. Gemeinsame Spaziergänge am Sonntag oder Besprechungen im Unternehmen standen am Anfang. Unmittelbar danach gingen neue Rezepte oder Prototypen von Produktinnovationen in die Erprobung. Fröde und Klaus Bahlsen unternahmen regelmäßig gemeinsame Kontrollgänge durch das Werk. In den Besprechungen mit der »Sortimentsbetreuung«, wie die Marketingabteilung noch hieß, und in denen über mögliche neue Produkte entschieden wurde, wusste jeder, dass man dem Duo Bahlsen/Fröde nur maximal zweimal widersprechen durfte. Beim dritten Mal schloss man sich besser deren Meinung an. Während Klaus eher ein »Visionär« mit vielen neuen Ideen war, handelte es sich bei seinem Bruder Werner um den nüchternen Kaufmann. Aus diesen unterschiedlichen Rollen erwuchsen viele Konflikte. Oft war man sich »nicht grün«. Eine richtige Kooperation fand nicht statt.[3] Insofern traten Widersprüche

1 Klaus Bahlsen an Werksleiter vom 2.10.1973 (BAH, R13, Nr. 59).

2 Ebd.

3 Interview mit Werner Michael Bahlsen am 28.6.2021.

auf, und die familiäre Eindeutigkeit, die den Patriarchalismus in Reinkultur auszeichnet, war nicht gegeben.

Seit ungefähr der Mitte der 1960er Jahre kam es zu einer schrittweisen Erosion der traditionellen Unternehmenskultur. Zum einen liefen die besonderen Bedingungen der Nachkriegszeit aus. Das Unternehmen ließ sich schlechterdings nicht mehr als Notgemeinschaft und Ersatzfamilie verstehen. Antiautoritäre Strömungen, vor allem aus der Studentenschaft, fanden auch in breiteren Bevölkerungskreisen ihren Niederschlag. Zum anderen führte die zunehmende Ausprägung der Massenkonsumgesellschaft zu einer verstärkten Individualisierung und Freizeitorientierung. Die Überreichung einer TET-Nadel entfaltete um 1970 nicht mehr die gleiche Bindewirkung wie noch 1955. Es scheint, dass es die alternde Unternehmensspitze nicht verstand, aus diesen Umweltveränderungen Konsequenzen für ihren Führungsstil zu ziehen. Werner und Klaus Bahlsen waren 1922 bzw. 1930 in das Unternehmen eingetreten und von der Zwischen- und Nachkriegszeit geprägt worden. Verstärkt wurde die Aushöhlung des Patriarchalismus auch durch die Krisenerscheinungen, die das Vertrauen in die Führungskraft der Familie schwächten. Als 1973/74 im Zuge des Abschmelzens des überdimensionierten Vertriebsapparates erstmals bewährte »Verkaufsherren« entlassen wurden und sich somit das implizite Versprechen einer Lebensstellung für die Stammbelegschaft als hinfällig erwies, kam es zu einer nicht unerheblichen Belastung des Vertrauens.

Über die Entlassung von Dekorateuren, die zwischen zehn und 20 Jahren für Bahlsen gearbeitet hatten, berichtete die Werbeleiterin Giese: »Wie ich das überstanden habe, kann ich nicht mehr beschreiben. Es war jedenfalls scheußlich. [...] Ein gutes Stück des ›roten Fadens‹ war zerrissen.«[4] Eine 1982 geschriebene unternehmensinterne Analyse hob den tiefgreifenden Wandel der 1970er Jahre hervor. Zuvor sei die Familie die »Personifikation des Unternehmens« gewesen. Ihre Präsenz im Unternehmen habe »zu einer Vertiefung der menschlichen Beziehungen« geführt. »Diese persönliche Verbindung zu den Gesellschaftern vermittelte den Mitarbeitern das Gefühl unbedingter Sicherheit, uneingeschränkten von Respekt getragenen Vertrauens.« Diese Sicherheit kompensierte die vergleichsweise bescheidenen Einkommen, die unter dem Durchschnitt der Süßwarenindustrie lagen. Auf den jährlichen Herbstkonferenzen hätten Verkäufer und Unternehmensleitung offene Dialoge und »umfassende Aussprache(n)« gepflegt. An Fortbildungsseminaren und anschließenden geselligen Zusammenkünften (»Schwimmen, Theaterbesuch und Abschlussabendessen«) nahmen auch Gesellschafter teil.[5] Die Herbstkonferenzen wurden aufgrund der großen Zahl der Außendienstmitarbeiter im In- und Ausland, die persönlich geprägte Zusammenkünfte praktisch unmöglich machten,

4 Giese, Geschichte der Bahlsenwerbung 1949-1981, S. 78 (BAH, R11, Nr. 127).

5 Siegfried Brettschneider u. Rudolf Meschter, Manuskript Führungsverhalten und Motivation, S. 4 u. 7 f. (BAH, R11, Nr. 478).

eingestellt. Dasselbe galt für die so genannten »Rentnerbälle«, regelmäßige Feiern mit ehemaligen Mitarbeitern.

In den 1970er Jahren führte die Familie zwar weiterhin das Unternehmen. »Dennoch hat ein fortschreitender Abbau der Personifizierung des Unternehmens Bahlsen eingesetzt.« Kein Familienmitglied beteiligte sich mehr »an der aktiven Führung der Außendienstorganisation«, was im Verkauf ein »Gefühl der Entfremdung« hervorrief. »Die Familie wird für den einzelnen anonymer.«[6] Damit sei, so die Studie, viel von der besonderen Kraft des Familienunternehmens verloren gegangen und dieses »für den Mitarbeiter« zu einem »Unternehmen unter vielen« geworden. Das führte dazu, dass er »innerlich unsicher ist – ja oft von Angst beherrscht wird. Er ist unzufrieden, autoritäts- und allgemeinkritisch und dadurch misstrauisch.« Die einstmals bestehende natürliche Autorität und das »Ansehen« der Firmenleitung seien beschädigt. Die »fehlende Eindeutigkeit im Führungsverhalten« und das geringe »Miteinander« sowie die »fehlende Fürsorge« und »Anerkennung« habe die Unternehmenskultur untergraben. Als Folge stellten sich Egoismen, Motivationsdefizite und »mangelnde Kommunikation«, eine ungenügende Abstimmung zwischen der Zentrale und den anderen Unternehmensteilen ein.[7]

Obwohl die negativen Folgen für die Leistung der Belegschaft offen zutage traten, waren die Arbeitsbeziehungen jedoch nicht von manifesten Konflikten bestimmt. Trotz der markanten Zunahme von Arbeitskämpfen in der Bundesrepublik seit 1967 herrschte bei Bahlsen an der Tariffront wie seit langem Ruhe. Nicht einmal die große Streikwelle von 1971 oder diejenige von 1974 sprang auf Bahlsen über. Umso überraschender war es, dass 1967 ein wilder Streik ausgerechnet bei denjenigen Arbeitskräften ausbrach, denen die Firmenleitung in besonderer Weise Fürsorge zukommen ließ.

Wie bereits in Kapitel 7.4 geschildert, bemühte sich Bahlsen früh und intensiv um die Beschäftigung junger spanischer Frauen, um den notorischen Arbeitskräftemangel abzumildern. 1960 nahmen die ersten Spanierinnen die Arbeit auf. 1965 belief sich ihre Zahl auf ca. 800, mithin etwa 12 % der Gesamtbelegschaft. Im Werk Lindau lag der Anteil der Ausländer sogar bei über 50 %. Neben Grenzgängern und Grenzgängerinnen aus Österreich wurden hier Menschen aus Spanien, Italien, Griechenland, Jugoslawien, der Türkei, der Schweiz, Luxemburg und den Niederlanden beschäftigt. Die meisten Spanierinnen arbeiteten im Werk Barsinghausen. Ihre Zahl lag 1967 bei ca. 600. Ein kleineres Kontingent arbeitete in Hannover.

Entlohnung und Sozialleistungen entsprachen wie im deutsch-spanischen Staatsvertrag festgelegt exakt denen der deutschen Kolleginnen. Abgezogen wurden 25 DM Wohngeld und 90 DM Kostgeld. Bei einem Bruttogehalt von 355 DM (Stand 1961) gelang es einigen Spanierinnen, 100 bis 150 DM zu sparen. Andere gaben ihre

6 Ebd., S. 15.
7 Ebd., S. 20 f.

Überschüsse gleich vollständig aus.[8] Ein gewisser innerbetrieblicher Aufstieg war möglich. So wurden einige Spanierinnen Bandführerinnen. Die Frauen im Alter zwischen 18 und 45 Jahren hatten in den meisten Fällen zuvor noch nie in einer Fabrik gearbeitet, mussten sich also nicht nur an eine fremde Kultur, sondern auch an eine ungewohnte Arbeitswelt gewöhnen.

Die Beschäftigung so vieler ausländischer Frauen war in den frühen 1960er Jahren ein Experiment, für dessen Gelingen Bahlsen erhebliche Anstrengungen unternahm. In Barsinghausen baute das Unternehmen zwei moderne Wohnheime mit Zentralheizung, Wäscheraum, Gemeinschaftstoiletten und -bädern. Die Zimmer teilten sich jeweils vier »Mädchen«. Sie erhielten »Federkernmatratzen und Rheumadecken« sowie Zahnputzbecher in vier verschiedenen Farben und darauf abgestimmte Handtücher, »so daß nie Streit wegen Verwechselung entstehen kann«. Eine Bibliothek mit spanischen Büchern und Zeitschriften, ein Fernsehzimmer, eine Bar sowie ein voll ausgestattetes Näh- und Bügelzimmer erlaubten Freizeitaktivitäten vor Ort. Schallplatten mit spanischer Musik sowie die Lokalzeitungen von Valladolid und Palencia standen zur Verfügung. Bahlsen organisierte kostenlose Deutschkurse und stellte einen Dolmetscher an, um Verständigungsprobleme zu reduzieren. Im Betrieb wurden Tafeln mit den wichtigsten Vokabeln aufgestellt. Zwei Mitarbeitende, ein Spanier und eine Deutsche, standen als Ansprechpartner zur Verfügung. Artikel in der Werkszeitung über die Spanierinnen wurden zweisprachig abgedruckt. Ganz in der Diktion des Patriarchalismus hieß es dort: »Die Firma nimmt sich […] auch der Freizeit in schützender Weise an.« Sie organisierte diverse Ausflüge und Theaterbesuche und bat die Caritas um eine Betreuung der jungen Frauen. Für deren religiöse Praxis ließ das Unternehmen einen spanischen Pater aus Palencia kommen, der in Barsinghausen täglich eine katholische Messe las und die Frauen jede Woche im Wohnheim besuchte. Um den Spanierinnen nicht die niedersächsische Küche aufzuzwingen, stellte Bahlsen für die Wohnheime einen Koch und zwei Köchinnen aus Palencia an, die ausschließlich spanische Gerichte kochten, die »mit viel Zwiebeln und Knoblauch und allerhand fremden Gewürzen« zubereitet wurden, wie die Werkszeitschrift mit Befremden feststellte.[9] Zu Weihnachten richtete Bahlsen ein sechsgängiges Festmenü für die Frauen aus.

Einige deutsche Mitarbeiter hielten den Aufwand für das Wohnheim und die Betreuung der Spanierinnen für übertrieben. Warum sollte das Unternehmen eigentlich Geld dafür ausgeben, dass spanische Nationalgerichte gekocht wurden? »Ja, für uns Deutsche hätte die Firma nie so viel Geld ausgegeben!« Auch fand man es unangebracht, dass die Spanierinnen exakt den gleichen Tariflohn wie Deutsche erhielten. Als Ausländerinnen stünde ihnen doch, so das allgemeine Empfinden, weniger zu. Nationalistische Überheblichkeit und die Denkmuster der nationalsozialistischen Fremdarbeiterbeschäftigung waren in den 1960er Jahren noch keineswegs

8 Übersetzung einer Reportage eines spanischen Journalisten (BAH, R10, Nr. 368).

9 Alle Zitate dieses Abschnittes aus Leibniz-Blätter, Oktober 1960, o. S.

überwunden. Das Unternehmen versuchte, wenngleich etwas unbeholfen, diese Einstellungen zu zerstreuen. »Darauf kann man nur antworten, daß uns selbstverständlich deutsche Arbeitskräfte lieber wären.« Diese seien aber nicht einmal mehr in traditionellen Armutsregionen wie dem Emsland oder dem Eichsfeld zu bekommen. Zudem leisteten die Spanierinnen genau die Arbeitsstunden, die »durch die Arbeitszeitverkürzungen […] verlorengingen«, und nähmen niemand eine Stelle weg. Im Gegenteil schlössen sie »eine gefährliche Arbeitslücke«. Beim Lohn seien dem Unternehmen die Hände gebunden. Man müsse die Arbeitskräfte gleichstellen, ob man es wolle oder nicht. Schließlich appellierte man an die gebotene Mitmenschlichkeit und den guten Ruf der Firma. Die jungen Frauen befänden sich in einer schwierigen Lage und »das Prestige unseres Hauses« erlaube nichts anderes, als sie gut zu behandeln. Auch dürfe man nicht das Ansehen des Vaterlandes gefährden, denn die Spanierinnen sollen »in ihrem Heimatland nur Gutes über Deutschland […] und die deutschen Menschen erzählen«.[10]

Das Verhältnis zwischen Deutschen und Spanierinnen war also ambivalent. Es gab bislang praktisch keine Erfahrungen mit gleichberechtigten ausländischen Kollegen. Zudem spielte der konfessionelle Unterschied zwischen der ganz überwiegend protestantischen deutschen Belegschaft und den katholischen Spanierinnen eine nicht zu unterschätzende Rolle. Allerdings kam es im Laufe der Zeit auch vermehrt zu Einladungen bei deutschen Kolleginnen und zu romantischen Beziehungen zu deutschen Männern, die in einigen Fällen in Ehen einmündeten. Auf den vielen Fotos der Werkszeitschrift sieht man kaum gemischte Gruppen, weder bei der Arbeit noch in der Freizeit.[11] Nationale Abgrenzung blieb aber nicht nur auf Deutsche beschränkt. So lobte eine Spanierin Bahlsen dafür, dass sie nicht mit Jugoslawen oder Griechen zusammenarbeiten musste.[12]

Die Wohnverhältnisse der Spanierinnen bei Bahlsen dürften zu dem Besten gehören, was bundesdeutsche Unternehmen in den 1960er Jahren zu bieten hatten. Oft wurden Gastarbeiter in primitiven Hütten untergebracht, die an Lager erinnerten. Zuweilen quartierte man sie sogar in denselben Baracken ein, die ursprünglich für Zwangsarbeiter in der NS-Diktatur errichtet worden waren. Bahlsen stattete die Wohnheime relativ großzügig aus, da man die Frauen unbedingt halten wollte und aufgrund des Pioniercharakters des Projektes großes mediales Interesse erregte.

Es bereitete Werner Bahlsen offensichtlich Freude, spanische und deutsche Journalisten stolz durch das Wohnheim oder die Fabrik zu führen und sich dabei als großzügiger Wohltäter in Szene zu setzen. »Bereitwillig läßt er sich mit einer hübschen spanischen Gastarbeiterin fotografieren.«[13] Werner Bahlsen lobte die Spanierinnen ganz im Duktus eines Patriarchen. Sie seien »fleißig, geschickt und freund-

10 Alle Zitate dieses Abschnittes aus Leibniz-Blätter, Dezember 1960, o. S.

11 Leibniz-Blätter, April 1962, o. S.

12 Aussage eine Rückkehrerin, in El Norte de Castilla vom 28.05.1967 (BAH, R10, Nr. 367).

13 Manuskript Artikel »Hausbesuch bei Millionären«, 1965 (BAH, R12, Nr. 106).

lich«,[14] »vortreffliche Mädchen – sehr fröhlich und laut, aber während der Arbeit sind sie wirklich diszipliniert.«[15] Trotzdem ging es nicht ohne eine strenge Aufsicht durch eine deutsche, spanischsprechende Heimleiterin, der drei Spanierinnen als Zwischeninstanz unterstellt waren. Zu ihren Aufgaben gehörte die Kontrolle der Zimmer auf Ordnung und Sauberkeit. Das Wohnheim wurde gegen 23.00 Uhr abgeschlossen, am Wochenende eine Stunde später. Der Empfang von Besuch war verboten.[16] »Einige wenige störende Elemente« bedrohten jedoch hin und wieder den »Arbeitsfrieden«. Sie wurden daher entlassen.[17] Dieser Patriarchalismus besaß zwei Seiten, nämlich ›väterliche‹ Fürsorge auf der einen und die Erwartung weitgehender Subordination auf der anderen.

Dieses Verhältnis schien sich viele Jahre ganz überwiegend in einer Art Gleichgewicht befunden zu haben, auch wenn die alltägliche Realität nicht immer den Idealzuständen entsprach, die in den externen Medien und der Werkszeitschrift gelobt wurden. Schon 1964 sprach Bahlsen 25 Frauen gegenüber Kündigungen aus, die das Arbeitsgericht aber für unrechtmäßig befand. 1967 kam es dann zu einem Konflikt, der das überwiegend gute Verhältnis zwischen Firmenleitung und Spanierinnen nachhaltig beschädigte. Ausgangspunkt war die oben schon angesprochene mangelhafte Abstimmung zwischen Hannover und den Zweigwerken. Auf einmal fiel dem Refa-Fachmann nämlich auf, dass in Barsinghausen an einer bestimmten, von Spanierinnen betriebenen Maschine der Höchstakkord mit acht Arbeitseinheiten erreicht wurde, während an exakt derselben Maschine in Hannover dazu zwölf Arbeitseinheiten notwendig waren. Mit anderen Worten, die Spanierinnen wurden gegenüber ihren deutschen Kolleginnen erheblich begünstigt. Psychologisch ungeschickt erhöhte Bahlsen daher nach Abstimmung mit dem Betriebsrat, dem nur Deutsche angehörten, die Akkordanforderungen in Barsinghausen auf zehn, während diejenige in Hannover unverändert blieben. Das bedeutete von einem Tag auf den anderen eine Kürzung der Akkordprämie von 50 auf 25 Pfennig pro Stunde, also um 50 %. Drei Spanierinnen senkten daraufhin ihre Arbeitsleistung als Zeichen ihres Protestes und gingen davon aus, dass sie fortan auf die abgewertete Akkordprämie verzichten konnten und nur noch den tariflichen Stundenlohn von 3 DM erhielten. Dass eine Pflicht zur Akkordarbeit bestand, war den Frauen nicht bekannt. Es folgten mündliche und schriftliche Verwarnungen, eine vorübergehende Degradierung der drei zu Putzkräften und schließlich Kündigungen wegen »fortgesetzter vorsätzlicher Minderleistung«, die auch einen sofortigen Rauswurf aus dem Wohnheim mit sich brachte.[18]

14 Ebd.

15 Übersetzung der Reportage eines spanischen Journalisten (BAH, R10, Nr. 368).

16 Hausordnung Barsinghausen (BAH, R10, Nr. 368).

17 H. Bahlsens Keksfabrik, Stellungnahme zum Streik der Spanierinnen vom 19.5.1967, S. 3 (BAH, R10, Nr. 367).

18 Ebd.

Abb. 52: Der Patriarch. Werner Bahlsen, um 1975

Die Situation eskalierte schließlich am 24. April 1967 in einem wilden Streik von ca. 400 Spanierinnen und handgreiflichen Auseinandersetzungen mit arbeitswilligen Kolleginnen und Vorgesetzten. Daraufhin wurde den Anführerinnen der Streikenden fristlos gekündigt. In den Tumulten soll die Barsinghauser Werksleitung drei Streikende verletzt haben. Der minderjährigen Maria Jesus Gonzales wurde, so ihre Aussage, vom Werksleiter ins Gesicht geschlagen, was eine Anzeige wegen Körperverletzung nach sich zog, die später aber zurückgezogen wurde. Die Werksleitung bestritt die Vorwürfe, gab aber zu, den arbeitswilligen Frauen zusammen mit deutschen Arbeitskräften den Zugang zum Fabriksaal mit körperlichem Einsatz freigehalten zu haben. Spätere Anzeigen der Frauen wegen Körperverletzung wurden von der Staatsanwaltschaft als unbegründet niedergeschlagen. Die Trennung der streikenden und der arbeitswilligen Frauen durch die Werksleitung sei, so die Justiz, nicht zu beanstanden.[19] Trotz Vermittlungsbemühungen des Betriebsrates, der spanischen Kommission des Arbeitsamtes Hannover, des spanischen Konsulates sowie sozialer und kirchlicher Stellen wurde der Streik ungeachtet seines widerrechtlichen Charakters fortgesetzt.

Bahlsen stellte den Streikenden daraufhin ein Ultimatum. Wer bis zum 2. Mai die Arbeit nicht wiederaufnahm, wurde fristlos gekündigt, erhielt in der Fabrik Hausverbot und hatte binnen einer Woche das Wohnheim zu verlassen. Bahlsen setzte die aufsässigen Frauen also buchstäblich auf die Straße. Am 5. Mai wurden ca. 210 Spanierinnen auf Kosten des Unternehmens in ihre Heimat zurückgebracht. Weitere 110 Frauen verließen das Unternehmen, blieben aber in der Bundesrepublik.[20] Die freigewordenen Stellen wurden mit deutschen Frauen besetzt, was angesichts der gerade herrschenden ersten Rezession der Bundesrepublik möglich geworden war. Das Experiment der Ausländerinnenbeschäftigung lief danach auf Sparflamme weiter. In seiner großen Dimension war es jedoch gescheitert. Man könnte auch

19 Rechtsanwalt von Winterfeld an die Staatsanwaltschaft Hannover vom 30.1.1968 (BAH, R10, Nr. 367).

20 Brief spanischer Arbeiterinnen an die Zeitung El Norte de Castilla vom 20.5.1967 (BAH, R10, Nr. 367).

sagen, dass das Konzept der Konzentration in Massenunterkünften keine Zukunft mehr hatte.

Der Konflikt hatte ein juristisches und mediales Nachspiel. Die Gerichte – der Fall ging bis zum Bundesarbeitsgericht – stellten wie zu erwarten die Illegalität des Streiks und die Rechtmäßigkeit der fristlosen Entlassungen fest. Die Prozesse wurden unterstützt von der Katholischen Arbeiter-Bewegung und der spanischen Botschaft, was zu Protesten Werner Bahlsens beim Hildesheimer Bischof, beim spanischen Botschafter und beim Auswärtigen Amt führte.[21] Die Spanierinnen mobilisierten die Presse in ihrem Heimatland, und die Katholische Nachrichtenagentur verbreitete Meldungen im Sinne der Streikenden. Der Deutsche Freiheitssender 904, ein Propagandaradiosender der DDR für die Bundesrepublik, griff den Fall als ein Beispiel unternehmerischer Willkür im Kapitalismus auf.[22] Die meisten bundesdeutschen Medien stellten sich auf die Seite des Unternehmens und argumentierten mit der Rechtslage. Das NDR-Radio verspottete die Streikenden als »weibliche Matadore von Barsinghausen«, deren »spanische[s] Temperament feurig« lodere. Sie seien Bahlsen »spanisch gekommen«, aber ihr »Auftritt« sei nun beendet und die Produktion liege wieder in deutschen Händen.[23] Die *Westdeutsche Allgemeine Zeitung* hielt es für bemerkenswert, dass die »schmollenden Mädchen« und »glutäugige[n] Senoritas« vor Gericht »in bunten Miniröcken« erschienen, was aber den Richter unbeeindruckt gelassen habe.[24] Die *Bild-Zeitung* berichtete von der Enttäuschung der Unternehmensleitung, die so viel für die Frauen getan habe. Die *Süddeutsche Zeitung* betitelte einen ansonsten sachlichen Artikel mit: »300 Spanierinnen stolpern über ihren Stolz.« Die *Saarbrücker Zeitung* sprach von dem »bittere(n) Ende eines Abenteuers«[25].

Der Konflikt sagt viel aus über die frühe Bundesrepublik und den unbeholfenen Umgang mit ausländischen Arbeitskräften. Sie hatten keinerlei institutionelle Vertretung. Die Gewerkschaften interessierten sich nicht für sie, denn sie waren ja nicht Mitglieder. Der Betriebsrat sah auch keine Notwendigkeit, diese recht große Gruppe zu repräsentieren. Die Firmenleitung nahm einen Generalangriff auf ihr patriarchalisches Selbstverständnis wahr und reagierte mit eiserner Härte. Tatsächlich handelt es sich um eine mangelhafte Kommunikation. Den Frauen war die Sachlage offenbar unzureichend erklärt worden und es fehlte ihnen das nötige Wissen über die Rechtslage. Die Unternehmens- und mehr noch die Werksleitung reagierten extrem ungeschickt. Eine Übertragung des Barsinghauser Akkordes auf Hannover kam für

21 Werner Bahlsens, diverse Schreiben (BAH, R10, Nr. 367).

22 Mitteilungen der Gesellschaft zum Schutze der deutschen Wirtschaft über Sendungen vom 9.5. 1967 u. 20.5.1967 (BAH, R10, Nr. 367).

23 Manuskript eines Beitrages der NDR-Sendung »Echo des Tages«, verfasst am 5.5.1967 (BAH, R10, Nr. 367).

24 Westdeutsche Allgemeine Zeitung, 21.7.1967 (BAH, R10, Nr. 367).

25 Bild-Zeitung, 25.5.1976; Süddeutsche Zeitung, 11.5.1967; Saarbrücker Zeitung 12.5.1967 (jeweils BAH, R10, Nr. 367).

sie nicht infrage. Stattdessen griff sie in den sozialen Besitzstand der Spanierinnen ein. Die faktische Lohnkürzung erschien den Frauen willkürlich und ein Angriff auf ihre Ehre, auf den sie emotional reagierten. Die vermeintlichen körperlichen Übergriffe führten zum Hochkochen der Gefühle und der Verhärtung der Fronten. Am Ende standen sich ältere deutsche Männer und junge, unerfahrene Spanierinnen gegenüber. Für die Unternehmensleitung war es nicht hinnehmbar, dass die jungen Frauen kurzfristig aus der ihnen zugedachten Rolle als fleißige und gehorsame »Mädchen« ausscherten und Forderungen statt Dankbarkeit artikulierten. Eine Delegation der Spanierinnen wurde am Morgen des 24. April von der Werksleitung ausgelacht. Sie verweigerte die erbetene Aussprache. Eine nach Hannover zu Werner Bahlsen entsandte Delegation wurde nicht einmal vorgelassen.

Das Verhalten der Frauen war aus Sicht der Unternehmensleitung unentschuldbar, denn es bedeutete nichts weniger als den Bruch des ungeschriebenen patriarchalischen Kontrakts. Als Gegenleistung für die erheblichen Zusatzleistungen erwartete sie Dankbarkeit und die bedingungslose Unterordnung der Frauen. Der erste Streik der Unternehmensgeschichte wurde als schlimmer Tabubruch wahrgenommen, auf den schon mit Blick auf die deutsche Belegschaft hart reagiert werden musste. Zu blankem Undank und Ungehorsam kam noch ein weiterer Verstoß gegen die Normen des Patriarchalismus hinzu, die eine systematische Abschottung des Innenlebens des Unternehmens gegenüber der Öffentlichkeit verlangten. Die Frauen hatten jedoch den Streit aus der internen Sphäre des Hauses Bahlsen nach außen getragen und die Medien eingeschaltet. Das bedrohte die Reputation und das Selbstbild.

Die deutsche Belegschaft dachte nicht im Entferntesten daran, sich mit den Spanierinnen zu solidarisieren, denn sie standen in ihren Augen auf der untersten Stufe der betrieblichen Hierarchie, auch wenn sie faktisch dieselbe Arbeit zu nahezu identischen Löhnen verrichteten. Dass ausgerechnet sie sich etwas herausnahmen, was sich die Deutschen in ihren kühnsten Träumen nicht getraut hätten, stieß auf Unverständnis. Auch der Betriebsrat verstand sich nicht als Interessenvertretung der Spanierinnen, sondern ergriff wie in den meisten Fällen Partei für die Unternehmensleitung. Von Gleichberechtigung und Solidarität war man noch weit entfernt.

In der Bewertung der Vorgänge blieben auf Seiten der Unternehmensleitung patriarchalische Denkmuster vorherrschend. Auch wenn Werner Bahlsen durchaus Entschuldigungen formulierte und vom »fehlgeleitete[n] Ehrgefühl« der »verhetzten […] jungen Mädchen«[26] sprach, sah er darin keinen Anlass zu Milde. Die zutiefst ›undankbaren‹ »Mädchen« verdienten eine strenge Strafe. Um den Ruf als ›herzensguter‹ Arbeitgeber zu wahren, sandte Bahlsen den Eltern der ausgeschiedenen Spanierinnen Briefe, in denen die Schuld für den Konflikt allein den Frauen angelastet wurde.[27] Man erwartete allen Ernstes, dass die Eltern ebenfalls hart mit

26 Werner Bahlsen an den spanischen Botschafter vom 9.7.1967 (BAH, R10, Nr. 367).

27 Bahlsen KG an die »Sehr geehrte Familie […]« vom 5.5.1967 (BAH, R10, Nr. 367).

den »Mädchen« ins Gericht gingen, die leiblichen Eltern und der ›Vater der Unternehmensfamilie‹ also an einem Strang zögen.

Werner Bahlsen sah sich in seiner Rolle als Patriarch herausgefordert und vermutete hinter diesem Angriff finstere Kräfte. Er glaubte nämlich, »daß kommunistische ›Drahtzieher‹ hinter dem Streik standen«. Sie hätten »einige 100 unwissende Mädchen« aufgeputscht.[28] Diese abenteuerliche These vertrat er in mehreren Briefen an den Hildesheimer Bischof, bei dem er gegen die mit den Frauen sympathisierende Berichterstattung der Katholischen Nachrichtenagentur (»ebenso unsachlich wie niveaulos«) protestierte. Zudem prangerte er die Unterstützung der Streikenden durch den katholischen Priester sowie die katholische Arbeiterbewegung an.[29] Bahlsen forderte die Abberufung des Priesters, da er einer Arbeiterin, die nicht am Streik teilgenommen hatte, empfohlen hatte, den Verstoß gegen die Solidarität zu beichten.[30] »Als Leiter eines evangelischen Unternehmens« forderte er den Bischof auf, »bei rein sachlichen Auseinandersetzung mit Mitarbeitern« keine Einmischungen katholischer Organisationen zu tolerieren.[31] Die katholischen Mitarbeiterinnen gehörten nach dieser Optik nicht wirklich zu seinem »evangelischen Unternehmen« und sollten auch keine Fürsprecher in ihrer eigenen Kirche haben. Nichts verstößt so sehr gegen patriarchalische Herrschaftsgrundsätze wie eine Einmischung von außen.

28 Brief Werner Bahlsen an Bischoff Heinrich Maria Janssen vom 14.7.1967 (BAH, R10, Nr. 367).

29 Ebd.; Werner Bahlsen an Bischoff Heinrich Maria Janssen 15.7.1967 (BAH, R10, Nr. 367).

30 Werner Bahlsen an Bischoff Heinrich Maria Janssen 5.6.1967 (BAH, R10, Nr. 367).

31 Werner Bahlsen an Bischoff Heinrich Maria Janssen o. D. [Juni 1967] (BAH, R10, Nr. 367).

8.7 Familie, Nachfolge, Politik

Um 1970 kam es auf verschiedenen Ebenen zu Zäsuren. Der Nachkriegsboom lief endgültig aus und mit der Kanzlerschaft Willy Brandts (1969-74) begann die bis 1982 dauernde sozialliberale Reformära. Beides machte Werner Bahlsen große Sorgen. Für sein Unternehmen musste Bahlsen schmerzhaft erkennen, dass der Verkäufermarkt der Vergangenheit angehörte und sich, so Klaus Bahlsen, eine »Zeitenwende« vollzog.[1] 1969 sprach Werner von einem »problemvollen Markt«, dessen Wachstum sich verlangsame, der einen harten Konkurrenzkampf und »Ausleseprozeß« fördere und auf dem »ein immer härter werdender Rabattwettbewerb mit sinkenden Erlösen« herrsche. Die einst in ihren Präferenzen vorhersagbaren und markentreuen Konsumenten seien unberechenbar geworden. Die Lebenszyklen der Produkte hatten sich verkürzt. »Die Verbrauchsgewohnheiten, nicht zuletzt beeinflusst durch das uns näher rückende Ausland, wandeln sich in modischer Eile.«[2]

Diese Beobachtungen der Bahlsen-Brüder lesen sich fast wie ein Abgesang auf eine Epoche und eine Bilanz des eigenen Berufslebens. Tatsächlich fielen die wirtschaftlichen und politischen Zäsuren mit biografischen Umbrüchen zusammen. Kurt Pentzlin ging 1971 in den Ruhestand. Otto Bredt starb 1973 und Gerhard Bahlsen 1975. Werner Bahlsen feierte 1974 seinen 70. Geburtstag und war seit 1922 ununterbrochen im Unternehmen gewesen. Es galt also, die Nachfolge zu regeln. Offenbar hatte Werner Bahlsen schon 1967 an einen Rückzug aus dem Unternehmen gedacht, was Bredt – mittlerweile fast 80 Jahre alt und immer noch Beiratsvorsitzender – zu einem Brandbrief veranlasste. Er ging davon aus, dass es wie in der Weimarer Republik keine nahtlose innerfamiliäre Nachfolge geben könne. Klaus hatte keine Kinder und Werners Söhne befanden sich noch in der Ausbildung. Erneut zeigte sich die Abhängigkeit von Familienunternehmen von biologischen Gegebenheiten wie in diesem Fall von der relativ späten Geburt der Kinder von Werner. Bredt versicherte zunächst, dass es »echte Unternehmer« wie Werner und Klaus Bahlsen heute kaum noch gebe und ein »Interregnum« mit familienfremden Managern viele Risiken berge. Im Haus gebe es keine geeigneten Kandidaten und bei Externen könne man nicht davon ausgehen, dass sie sich mit Bahlsen vollständig identifizierten. Zusammen mit Pentzlin kündigte Bredt einen »Mobilmachungsplan« für die Vorbereitung der Nachfolge an.[3]

Jedoch blieb die Nachfolge lange ungeregelt. Die zweite Generation trat nicht ab und holte auch keine externen Manager an die Firmenspitze. Werner und Klaus führten das Unternehmen durch die Krise und blieben danach weiterhin an der Un-

1 Bericht Klaus Bahlsen 90 Jahre HBKF 1 1928-1979, darin Manuskript Vortrag vor dem Beirat am 30.8.1973, S. 121 (BAH, R13, Nr. 49).

2 Werner Bahlsen, Manuskript Problemlose Dauerbackwaren in problemvollem Markt vom 12.9.1969, S. 1 f. (BAH, R12, Nr. 239).

3 Brief Otto Bredt an Werner Bahlsen vom 25.2.1967 (BAH, R11, Nr. 398).

ternehmensspitze. Zwar kam die dritte Generation in Gestalt von Werners Söhnen Lorenz Alexander (geb. 1947) und Werner Michael (geb. 1949) 1974 bzw. 1975 in das Unternehmen, aber sie waren noch zu jung für die erste Führungsebene.

Lorenz Alexander durchlief zunächst ein Trainee-Programm und arbeitete sich Schritt für Schritt in die Aufgaben seines Onkels Klaus ein, der sie 1978 offiziell an ihn übergab, aber weiterhin im Unternehmen präsent blieb. Werner Michael trat 1975 als Assistent der Geschäftsleitung in die Bahlsen International Holding ein, leitete ab 1976 interimsmäßig die spanische Tochterfirma Loste und kehrte 1977 nach Hannover zurück. 1981 übernahm er die Leitung von Bahlsen International. Es sollte fast bis zum Tod des Vaters (1985) dauern, bis die Geschäftsführung vollständig auf ihn überging. Allgemein vollzog sich um 1970 in der deutschen Wirtschaft ein Generationswechsel. Die Macher des »Wirtschaftswunders« traten ab und ihre Nachfolger suchten nach neuen Führungsmodellen.[4] An Bahlsen zog dieser Wandel zunächst spurlos vorbei, denn der Generationswechsel wurde vertagt. Werner und Klaus Bahlsen blieben an der Unternehmensleitung bis kurz vor ihrem Tod aktiv beteiligt.

Der Gesellschaftervertrag von 1969 bestätigte viele Regelungen desjenigen von 1958, die in Kap. 7.5 ausführlich dargestellt wurden. Der Eigentümerkreis blieb eine geschlossene Gesellschaft. Vorkaufsrechte verhinderten, dass Anteile an familienfremde Personen gelangen konnten. Ein Ausstieg war mit erheblichen finanziellen Nachteilen verbunden. Abgesehen von Gerhard Bahlsen gab es keinen Gesellschafter, der sich zu Lebzeiten freiwillig von dem Unternehmen verabschiedet hätte.[5] Es wäre übertrieben, von einer Zwangsgemeinschaft zu sprechen, aber es handelte sich um eine qua Verwandtschaft, Gesellschaftervertrag und Familienraison aneinander gebundene Gruppe. Konflikte waren somit gleichsam vorprogrammiert.

Im Gegensatz zur Nachfolge der Unternehmensleitung wurde die künftige Aufteilung der Anteile am Unternehmen frühzeitig geklärt. Bis Anfang 1973 gehörte die KG zu 98 % vier Kommanditisten, wobei Werner und seine Kinder 34,09 % der Anteile besaßen, Klaus 30,84 %, Hermann 32,46 und Gerhard 2,61 %. Die restlichen 2 % der KG lagen bei der GmbH, die Werner zu 35,01 %, Klaus zu 31,32 % und Hermann zu 33,32 % besaßen.[6] Unter dem Strich waren drei Stämme fast gleichberechtigt beteiligt, wobei Werner die Position eines »Primus inter Pares« einnahm. Diese Aufteilung spiegelte in keiner Weise die starke Dominanz Werners in der Geschäftsführung wider. Die Eigentumsverhältnisse sollten sich jedoch bald zu seinen Gunsten verschieben.

Die kinderlos gebliebenen Klaus und Rut Bahlsen gründeten 1972 eine nach ihnen benannte Stiftung, in die sie 50 % ihrer Firmenanteile einbrachten. Sie sollte sich vor allem den Themen gesunde Ernährung, biologisch-dynamischer Landbau,

4 Vgl. Kleinschmidt, »1968« der Manager; Dietz, Aufstieg, S. 203 ff.

5 Gesellschaftsvertrag vom 5.11.1969 (BAH, R11, Nr. 459).

6 Schaubild der Beteiligungsverhältnisse der Bahlsen-Gruppe vom 1.3.1973 (BAH, R11, Nr. 285).

Abb. 53: Die zweite und dritte Generation vor dem Ölgemälde von Werner Bahlsen. Von links Werner M., Klaus, Hermann und Lorenz Alexander Bahlsen, 1987

Naturschutz und Naturheilkunde widmen. Die übrigen 50 % verkauften sie hauptsächlich an Werner. Nach dem Tod Gerhards stockte Werner seinen Anteil, genauer den seines Stammes, an der KG auf über 50 % auf, sodass er nun Haupteigentümer war. Er besaß Mitte der 1970er Jahre 52 % der Anteile der KG, die Stiftung Klaus und Rut Bahlsen ca. 15 % und Herrmanns Stamm ca. 33 %. Später erhöhte Werner den Anteil seines Stammes auf 56 %.

Diese kapitalmäßige Dominanz wurde keineswegs durch vorgezogene Schenkungen relativiert. Werner hatte zwar bereits 1970 einen erheblichen Teil seines Vermögens seinen drei Kindern geschenkt, aber trotzdem sichergestellt, dass sie ihn nicht überstimmen konnten, auch nicht zusammen mit den anderen Eigentümern. Die Schenkung vollzog sich wie folgt: Andrea-Bettina Bahlsen erhielt 12 % von Werners Anteilen an der KG und der GmbH und die beiden Söhne Werner M. und Lorenz Alexander jeweils 18 %.[7] Somit lagen 52 % bei Werner, dem es wichtig war, Herr im Hause zu bleiben. Diesem Zweck diente es auch, dass Werner Bahlsen die geschenkten Anteile bis auf weiteres treuhänderisch verwaltete. Eine zweite Klausel zur Sicherung der väterlichen Macht war folgender Passus: »Herr Werner Bahlsen hat sich unbefristet den jederzeitigen Widerruf der Schenkung ganz oder teilweise

7 Andrea-Bettina Bahlsen sollte später aus dem Privatvermögen der Mutter entschädigt werden. Interview mit Werner M. Bahlsen vom 28.6.2021.

vorbehalten. Der Widerruf bedarf keiner Begründung.«[8] Aus dieser, übrigens steuerlich nachteiligen Reglung[9] sprach eventuell erhebliches Misstrauen gegenüber den eigenen Kindern oder vielleicht doch nur große Vorsicht, um gegenüber allen Eventualitäten gewappnet zu sein. Werner wollte im Konfliktfall am längeren Hebel sitzen und trotz seines fortgeschrittenen Alters die Macht im Unternehmen nicht teilen müssen. Ein persönlicher Berater, seines Zeichens ein Graphologe, bestärkte ihn darin, stets das »letzte Wort« haben zu müssen.[10] Die nun geschaffene Eigentümerstruktur verwirklichte diesen Wunsch.

Auch Hermann Bahlsen kombinierte Eigentumsübertragung und Machtbewahrung. 1973 schenkte er 93,755 % seiner Anteile an der KG seinen drei Kindern Hermann Alexander (geb. 1957), Hans Hubertus (geb. 1959) und Dagmar Mercedes (geb. 1963). Damit waren jetzt auch Angehörige der vierten Generation am Unternehmen beteiligt.[11] Vorerst kam dem Familienverein Hermann Bahlsen aber die treuhänderische Verwaltung der Anteile für die minderjährigen Kinder zu. Dem Verein stand niemand anderes als Hermann selbst vor. Der Nießbrauchergemeinschaft, bestehend aus Hermann und seiner Frau Ursula, wurde ein 20-prozentiger Nießbrauch an den anteiligen KG-Gewinnen eingeräumt. Dieser Nießbrauch lief bis 1992 und wurde dann gegen Zahlung von 6,8 Mio. DM durch den Familienverein, d. h. durch die Kinder, abgelöst. Von diesem in acht jährlichen Teilbeträgen fälligen Entschädigungsbetrag standen Hermann 90 %, seiner Frau 10 % zu.[12]

Zwischen 1970 und 1973 wurde somit der Übergang des Eigentums auf die dritte bzw. vierte Generation vollzogen, wobei die zweite bzw. im Falle Hermanns die dritte Generation weiterhin das Sagen hatte. Die Erfahrung der Zwischenkriegszeit sollte sich nicht wiederholen und die Dominanz der Familie nicht durch Interimslösungen mit Externen geschwächt werden. Diese konservative Abwehrhaltung prägte auch das Verhältnis zur Politik.

Anfang der 1970er Jahre gehörte das »Wirtschaftswunder« bereits der Vergangenheit an. Ikonen jener glorreichen Zeit wie Volkswagen gerieten in eine Krise. Der Neckermann Versand, die Herstatt Bank und die AEG gingen unter.[13] Die Unternehmer hatten ihren Nimbus als Heroen verloren und gerieten immer mehr in die Kritik. Sie erschienen dem erstarkenden linken Spektrum als gewissenlose Ausbeuter und historisch schwer belastet als Komplizen Hitlers. Das Spektrum reichte von sachlicher Kritik bis zu emotionalen Animositäten und einer nachgeraden Verteufelung der Unternehmer. Letztere fand 1977 ihren Höhepunkt in der Ermordung des Arbeitgeberpräsidenten und Daimler-Vorstandes Hanns Martin Schleyer und des

8 Schreiben an das Finanzamt, Anfrage 1, vom 16.5.1974, S. 2 (BAH, R12, Nr. 198).

9 Die Mitunternehmerschaft der Kinder wurde nicht anerkannt.

10 Indirektes Zitat aus Interview mit Werner Michael Bahlsen vom 17.3.2021.

11 Familienverein Hermann Bahlsen, Gesellschafterbeschluss vom 12.12.1973, S. 2 (BAH, R12, Nr. 135).

12 Vereinbarung über Nießbrauchsablösung vom 28.12.1993 (BAH, R12, Nr. 135).

13 Vgl. Köhler, Havarie.

Vorstandssprechers der Dresdner Bank Jürgen Ponto durch linksradikale RAF-Terroristen.

Seit dem erstmaligen Eintritt der SPD in die Bundesregierung im Jahr 1966 und vor allem der Übernahme der Kanzlerschaft durch Willy Brandt drei Jahre später fürchteten sich die Unternehmer vor dem »Gespenst eines schleichenden Übergangs in eine sozialistische Wirtschaftsordnung«[14] und der »schrittweisen Kollektivierung des gesamten wirtschaftlichen und sozialen Lebens«.[15] Die Staatsverschuldung erreichte in der Bundesrepublik nie gekannte Höhen. Inflationstendenzen und die Aufwertung der DM, Steuererhöhungen und »extreme Tarifabschlüsse« beunruhigten die Wirtschaft ebenso wie die geplanten Reformen zur Ausweitung der Mitbestimmung, zur Einführung einer Fusionskontrolle bzw. eines Fusionsverbots für Großunternehmen sowie zur Umverteilung qua Sozial- und Finanzpolitik.[16]

Auch aus Sicht Werner Bahlsens schienen sich der Zeitgeist und die politische Großwetterlage gegen ihn und das Unternehmertum verschworen zu haben. Er verortete 1970 die Schuld an der heraufziehenden Wirtschaftskrise primär bei der Bundesregierung und der Bundesbank, deren Präsident mit Karl Klasen seit 1970 erstmals ein Sozialdemokrat war. Im Beirat bemerkte Bahlsen: »Die Einkommensentwicklung der Unternehmen ist seit 3 Jahren sinkend bei steigenden Löhnen und Gehältern und fallendem Produktivitätszuwachs.«[17] In der Studentenbewegung und der Sozialdemokratie sah er große Gefahren. »Die Verketzerung des Privatunternehmens, die die Vorstellung des ›Geldscheffelns‹ in den Mittelpunkt stellt, führt zu einer allgemeinen Verketzerung des Geldverdienens, der Rentabilität, der echten Leistung überhaupt. Dabei wird […] nicht erkannt, daß gesunde Privatunternehmen nur existieren können, wenn sie ausreichende Überschüsse erzielen […]«.[18]

Seit 1966 sah sich das Unternehmen zunehmend mit politischen Entscheidungen konfrontiert, die seinen Interessen widersprachen. Die Lohnnebenkosten stiegen stark an, allein der Beitragssatz der Rentenversicherung wuchs von 1967 bis 1973 von 14 auf 18 %. Der Staat expandierte auf allen Gebieten. Die Staatsquote, die 1960 noch bei 32,9 % gelegen hatte, erreichte 1975 48,8 %. Das Wachstum der staatlichen Ausgaben wies in den 1970er Jahren eine Dynamik auf, die in der Geschichte der Bundesrepublik ohne Vorbild war. Die Reformeuphorie der Regierung Brandt führte zu einem Hochfahren der Ausgaben für Soziales, Bildung und Wissenschaft, Verkehr sowie für den Wohnungs- und Städtebau. Diese Ausgabenexplosion, die durch die krisenbedingten Mehrausgaben zusätzlich angeheizt wurde, ließ nicht nur konser-

14 Berghahn, Sohl, S. 21 u. 286 ff.

15 Archiv für Christlich-Demokratische Politik, Bonn, Tätigkeitsbericht des Wirtschaftsrates der CDU e. V. für 1970, Bonn 1971, S. 8.

16 Ebd., S. 7.

17 Werner Bahlsen, Niederschrift über die Beiratssitzung vom 21.8.1970, S. 6 (BAH, R11, Nr. 209).

18 Interview mit Werner Bahlsen, Zeitschrift Süßwaren 10, 1972, S. 394 (BAH, R12, Nr. 239).

vative Kritiker protestieren, sondern führte auch zum Rücktritt zweier SPD-Finanzminister aus Sorge vor der Stabilität der Staatsfinanzen.[19]

1971 entschied sich ein außerordentlicher Parteitag der SPD dafür, die »Grenzen der steuerlichen Belastbarkeit der Wirtschaft zu erproben«[20] und die Steuerpolitik als Hebel zur »Systemüberwindung« zu benutzen. Der Spitzensteuersatz sollte auf 60 % steigen und Abzugsmöglichkeiten drastisch beschnitten, Grundvermögen höher bewertet sowie die Vermögen- und Erbschaftsteuer angehoben werden. Dieses im Prinzip konfiskatorische Programm ließ Werner Bahlsen sogleich anhand fiktiver Zahlen eines kleineren Unternehmens konkret durchrechnen und kam auf eine Steuerlast von 88,7 %. Dieses in der Tat für Unternehmer erschreckende Programm erfüllte Werner Bahlsen mit großer Sorge.

Als sich ausgerechnet die SPD mit der Bitte um eine Spende an Werner Bahlsen wandte, reagierte dieser recht unwirsch und ließ den Berliner Bürgermeister Klaus Schütz wissen, dass die SPD für die Krise der Volkswirtschaft und seines Unternehmens »zwar nicht allein, wohl aber mit verantwortlich« sei und er daher der »Bitte nicht nachkommen kann«.[21] Mit der Spitze der FDP, ohne deren Stimmen die SPD kein Gesetz durchbekam, korrespondierte Werner Bahlsen über die Steuerpolitik. Dem Parteivorsitzenden Walter Scheel, zugleich Vize-Kanzler und Außenminister, der Bahlsen für die FDP gewinnen wollte, schrieb der Unternehmer, dass er Zweifel an der »Standfestigkeit der F. D.P.« habe. Sie stehe vielleicht schon zu sehr unter dem Einfluss der SPD. Deren Steuerpläne würden für sein Unternehmen zu einer Belastung von fast 90 % führen. »Die verbleibenden 10 % werden zusammen mit der Abschreibung gerade ausreichen, die angesichts der Inflation immer teurer werdenden Ersatz-Investitionen zu finanzieren. Für eine ›freie Entwicklung‹ bleibt dann kein Raum mehr.« Werner Bahlsen fürchtete tatsächlich um die Zukunft seines Lebenswerks und des Familienbesitzes. Fast schon flehentlich bat er Scheel, zu den liberalen »Maximen« zu stehen, die »Verbindung mit Menschen aus dem Volk« zu suchen, »die Ihnen geistig näher stehen. [...] Sie sollten auch den Kontakt zu der CDU wieder herstellen.« Die »Haltung der F. D.P. kann geschichtliche Bedeutung für die Zukunft unseres Landes gewinnen, [...]«.[22] Am Ende scheiterten die Steuerpläne der SPD am innerparteilichen Widerstand des realpolitischen Flügels um Helmut Schmidt und an der Weigerung des Koalitionspartners FDP. Gleichwohl führte die sozialliberale Steuergesetzgebung zu Mehrbelastungen, die Werner Bahlsen beunruhigten.

19 Vgl. Ullmann, Steuerstaat, S. 195 ff.

20 Das ist ein Zitat von Jochen Steffen, dem SPD-Landesvorsitzenden in Schleswig-Holstein, zit. in: Unternehmerbriefe des Deutschen Industrieinstitutes vom 2.12.1971. Vgl. auch Görtemaker, Geschichte, S. 523 ff.

21 Werner Bahlsen an Klaus Schütz vom 27.12.1974. Ganz ähnlich auch Werner Bahlsen an Alfred Nau, Bundesschatzmeister der SPD, vom 31.7.1972 (jeweils BAH, R12, Nr. 234).

22 Werner Bahlsen an Walter Scheel vom 24.4.1973 (BAH, R12, Nr. 234).

1972 kam es zu einer stark umkämpften Novelle des Betriebsverfassungsgesetzes von 1952, mit der die Mitbestimmungsrechte der Beschäftigten deutlich ausgeweitet wurden, insbesondere bei Personalfragen. Ferner wurde die Bildung von Betriebsräten in Kleinbetrieben erleichtert und die traditionelle Trennung von Arbeitern und Angestellten aufgehoben. Mit anderen Worten kam es zu Einschränkungen der unternehmerischen Autonomie. Das sollte auch informationelle Verfügungsrechte betreffen. 1967 nahm die Debatte um die Erweiterung der Publizitätspflichten von Unternehmen, die nicht schon als Kapitalgesellschaften zur Offenlegung ihres Jahresabschlusses verpflichtet waren, Fahrt auf. Bahlsen war wie viele Familienunternehmen traditionell sehr zurückhaltend und gewährte der Öffentlichkeit keinen Einblick in die »geheimsten Zahlen«. Konkurrenten und Geschäftspartner sollten möglichst wenig Informationen erhalten. Werner Bahlsen bezog 1967 in der Zeitschrift *Der Volkswirt* Position gegen die Pläne der Bunderegierung. Mit einer Pflicht zur Veröffentlichung eines Geschäftsberichtes würde ausländischen Firmenaufkäufern Tür und Tor geöffnet. Sie könnten Schwächeperioden ausnutzen. »Ein anderer Grund gegen unnötige Publizitätsausweitung« sei die Tatsache, dass sich Familienunternehmen durch den Verzicht auf Ausschüttungen stabilisieren könnten, ohne dass die Öffentlichkeit davon erführe.[23] Tatsächlich griff Bahlsen wiederholt zu einem »Entnahmestopp«, der natürlich nicht kommuniziert wurde.

Diese Argumente drangen jedoch nicht durch. 1969 wurde das »Gesetz über die Rechnungslegung von bestimmten Unternehmen und Konzernen« (Publizitätsgesetz) erlassen, das erstmals auch Personengesellschaften unter bestimmten Voraussetzungen ab 1972 zur Aufstellung, Prüfung und Veröffentlichung eines Jahresabschlusses verpflichtete. Es mussten zwei der folgenden Merkmale vorliegen: eine Bilanzsumme von mindestens 125 Millionen DM, eine durchschnittliche Belegschaft von 5.000 Arbeitnehmern bzw. ein Jahresumsatz von 250 Mill. DM. Das traf auf die H. Bahlsens Keksfabrik KG zu, die 1971 im Konzern eine Bilanzsumme von 230 Mio. DM und einen Umsatz von 512 Mio. DM auswies sowie im Jahresdurchschnitt 10.020 Menschen beschäftigte.[24] Der bisherige Vorteil der Rechtsform KG in Bezug auf die nicht bestehende Publizitätspflicht entfiel damit, und Bahlsen musste 1972 erstmals einen Bericht über das Geschäftsjahr 1971 veröffentlichen. Man behalf sich damit, die Berichte so knapp wie möglich zu halten und keine Angaben zum Gewinn zu machen.

Über den vergeblichen Kampf Bahlsens gegen die Aufhebung der Preisbindung der zweiten Hand bei Markenartikeln wurde oben (Kap. 8.4) bereits ausführlich berichtet. Durch die Novelle des Kartellgesetzes von 1973 mit Wirkung ab 1974 versetzte der Gesetzgeber dem Bahlsen-Vertriebsmodell einen schweren Schlag. Dem Strukturwandel des Einzelhandels konnte man jetzt nichts mehr entgegensetzen. Die kleinen Läden standen ab sofort im Preiswettbewerb mit den großen Ketten.

23 Manuskript Stellungnahme des Fabrikanten Werner Bahlsen vom 25.7.1967 (BAH, R12, Nr. 106).
24 Geschäftsbericht 1971 der H. Bahlsens Keksfabrik KG, S. 14 (BAH, R11, Nr. 218).

Bahlsen verlor die Preissouveränität und war 1976 gezwungen, die Preise auf breiter Front zu senken, bei einzelnen Artikeln um bis zu 20 %, im Durchschnitt um 5,5 %.[25] Die Politik setzte auf den Konsumentenschutz und stärkte damit den ohnehin an Bedeutung gewinnenden Käufermarkt. Erneut musste Werner Bahlsen erleben, dass sich seine wirtschaftlichen Interessen politisch nicht durchsetzen ließen.

Aus der Perspektive eines konservativen Christdemokraten handelte es sich um gefährliche Fehlentwicklungen. Seit 1957 war Werner Bahlsen Mitglied der CDU und trat später dem 1963 als Gegengewicht zu den Sozialausschüssen gegründeten Wirtschaftsrat der CDU bei, bei dem es sich um eine parteiexterne, aber der Partei nahestehende Vorfeldorganisation handelte. Werner Bahlsen gehörte ihrem Vorstand an.[26] Der Wirtschaftsrat hatte sich der Verteidigung der Sozialen Marktwirtschaft verschrieben, wobei der Schwerpunkt eindeutig auf der Marktwirtschaft lag. In die Öffentlichkeit wirkte er durch Publikationen, eine Vielzahl von Vorträgen und dem jährlichen Wirtschaftstag, der 1969 unter dem Motto »Die Freiheit erhalten« stand und Politiker, Unternehmer und andere Vertreter des öffentlichen Lebens zusammenbrachte. Zudem fand jeweils einen Tag vor Eröffnung der Hannover-Messe der »Bahlsen-Abend« statt, bei dem alle ausstellenden Mitglieder des Wirtschaftsrates in die Unternehmenszentrale eingeladen wurden. Dort hielt ein hochrangiger CDU-Politiker wie etwa 1970 der Fraktionsvorsitzende Gerhard Stoltenberg eine programmatische Rede.[27]

Dem Wirtschaftsrat gehörten um 1970 ca. 3.500 persönliche Mitglieder aus Großunternehmen und Mittelstand an. Die 1.000 größten Unternehmen waren zu ca. 80 % im Wirtschaftsrat vertreten. Hermann Josef Abs, der mächtige Aufsichtsratsvorsitzende der Deutschen Bank, und Joachim Zahn, Vorstandssprecher von Daimler-Benz, gehörten dem Vorstand an, in dem ansonsten aber mittelständische Unternehmer, Parlamentarier und Ministerialbeamte dominierten. Der Wirtschaftsrat bildete ein großes Netzwerk und verfügte über namhafte Finanzmittel. Bis 1969 übte er auf die Regierungspartei CDU erheblichen Einfluss aus. Danach arbeitete er gegen die sozialdemokratisch geführte Regierung und nährte die Angst vor einem Umsturz der Wirtschaftsordnung. Da die sozialliberale Regierung nur eine knappe Mehrheit besaß, schien 1972 ein erneuter Machtwechsel möglich. Auf ihn arbeitete der Wirtschaftsausschuss hin. Zur Unterstützung gehörten Anzeigenkampagnen in Wahlkämpfen, die Mobilisierung von Spenden, die über Stiftungen und Fördervereine abgewickelt wurden, und die Anstellung von CDU-Politikern in Unternehmen, um die Partei zu entlasten. Die Schatzmeister der CDU gehörten stets dem Vorstand des Wirtschaftsrates an.

25 Firmendaten zur Bilanzpressekonferenz am 29.8.1977, S. 9 (BAH, R12, Nr. 112).

26 Die folgenden beiden Abschnitte basieren auf Dittberner, Wirtschaftsrat. Siehe auch Archiv für Christlich-Demokratische Politik, Bonn, Tätigkeitsbericht des Wirtschaftsrates der CDU e. V. für 1970, Bonn 1971.

27 Bahlsens politische Aktivitäten in der CDU und seine Tätigkeit im Krieg in Kiew weckten um 1970 das Interesse der Staatssicherheit der DDR. Vgl. Hartewig, Stil, Kap. 5.

Werner Bahlsen war auf allen diesen Feldern aktiv. Im Bundestagswahlkampf 1972 beteiligte er sich wie viele Unternehmer an der Finanzierung der unter anderen in der *Bild-Zeitung* geschalteten Anzeige »Nie wieder SPD«. Sie behauptete, »überwiegend [...] von Arbeitern« bezahlt worden zu sein, »die 1969 noch SPD gewählt haben«. Inhaltlich warnte die Anzeige davor, dass »Linksradikale« ebenso »wie die Nazis die Macht ergreifen könnten. [...] Wer aber übermorgen keinen kommunistischen Staat und nicht [...] in Rußland als Gastarbeiter schuften will, [...] muß [...] CDU/CSU wählen.«[28] Der Wahlkampf wurde nicht zuletzt wegen der Ostpolitik Brandts emotional sehr aufgeputscht geführt und Willy Brandt von seinen Gegnern regelmäßig als Spion, Verräter und Marionette Moskaus diffamiert. Am Ende wurde die SPD überraschend mit 45,8 % der Stimmen stärkste Partei – auch dank einer sehr hohen Wahlbeteiligung von 91% – und konnte zusammen mit der FDP weiterregieren.

Die Anfrage zur Finanzierung der Anzeige reichte Werner Bahlsen zunächst an den Wirtschaftsrat weiter, der sie inhaltlich zwar begrüßte, sich aber finanziell außer Stande sah. Daraufhin überwies Bahlsen dem Vermittler der Anzeige 2.109 DM, verlangte aber eine Rechnung über Public Relations Leistungen, um den Betrag als Betriebsausgabe steuerlich absetzen zu können. Dieser Vorgang hatte ein unangenehmes Nachspiel, da ihn der dubiose, keineswegs im Auftrag der Union handelnde Vermittler nutzte, um von Werner Bahlsen weitere Überweisungen zu erpressen. Er drohte, die illegale Steuerverkürzung Bahlsens öffentlich zu machen. Unter anderem bestand der Plan, einen SPD-Abgeordneten zu bestechen, damit er zur CDU übertrete. Werner Bahlsen brach den Kontakt ab und schaltete einen Anwalt ein, der mit der Androhung eines gerichtlichen Vorgehens der Erpressung ein Ende setzte.[29]

Zum Selbstverständnis Werner Bahlsens gehörte auch das zivilgesellschaftliche Engagement, das für die Identität der großbürgerlichen Honoratiorenschaft einen zentralen Stellenwert einnahm. So engagierte er sich seit 1949 ununterbrochen im Stifterverband für die Deutsche Wissenschaft. Von 1950 an gehörte er dem Vorstand an und war von 1964 bis 1977 dessen stellvertretender Vorsitzender. Er nahm diverse Ämter in der Hannoverschen Hochschulgemeinschaft, der Gesellschaft der Freunde der Tierärztlichen Hochschule Hannovers, dem Verein der Freunde des dortigen Wildtierinstituts, dem Forschungskreis der Ernährungsindustrie sowie im Verein der Freunde des Hess-Instituts für Mehl- und Eiweißforschung wahr. In folgenden wirtschaftsnahen Organisationen bekleidete er Führungspositionen. So gehörte er seit 1957 dem Vorstand des Industrieclubs Hannover an, den er zwischen 1967 und 1970 leitete. Seit 1952 saß er im Vorstand des von ihm mitbegründeten Instituts der Niedersächsischen Wirtschaft, das als großes regionales Netzwerk Symposien, Tagungen und Empfänge organisierte. Seit 1960 war er in der Vollversammlung der IHK Hannover-Hildesheim vertreten, seit 1976 im dortigen Ältestenrat. Seit 1959,

28 Anzeige »Nie wieder SPD« (BAH, R12, Nr. 234).

29 Diverse Korrespondenzen Werner Bahlsen, 1972-75 (BAH, R12, Nr. 234).

dem Gründungsjahr des Bundesverbandes der Süßwarenindustrie, wirkte Bahlsen dort bis 1967 als stellvertretender Vorsitzender des Präsidiums. In dieser Eigenschaft war er Förderer der 1954 eröffneten Zentralfachschule der Deutschen Süßwarenindustrie in Solingen, die der Aus- und Fortbildung von Fachkräften diente.

Auch führte er das große künstlerische Interesse der Familie fort. So engagierte er sich in Hannover als Vorstandsmitglied im Förderkreis der Staatlichen Hochschule für Musik und Theater und des Förderkreises der Niedersächsischen Landesgalerie. Einer der größten deutschen Kunstvereine, die Kestner-Gesellschaft, die sich um die Ausstellung internationaler Kunst in Hannover verdient macht, profitierte von Werner Bahlsen als Förderer ohne Vorstandsmandat. Von 1953 bis 1964 war er auch Mitglied des Verwaltungsrates des Kulturkreises im Bundesverband der Deutschen Industrie, danach Ehrenverwaltungsrat.

Sein ehrenamtliches Wirken konzentrierte sich zum einen auf unternehmensnahe Bereiche und zum anderen auf lokale und überwiegend kulturelle Felder. In seinem eigenen Rückblick nannte er das erste Nachkriegsjahrzehnt, »als Starthilfe vonnöten war«, als den Höhepunkt seiner ehrenamtlichen Tätigkeiten.[30] In den frühen 1970er Jahren zog er sich auf diesem Feld im Gegensatz zur Unternehmensleitung schrittweise zurück. Werner Bahlsen neigte zu einer gewissen Nüchternheit und engagierte sich nicht vorrangig, um ins Rampenlicht zu treten oder sich selbst zu inszenieren, sondern um einer als solcher empfundenen Bürgerpflicht überwiegend im lokalen Umfeld nachzukommen und seine wirtschaftlichen Interessen zu stärken. Gleichwohl erhielt er eine überschaubare Reihe von Auszeichnungen wie 1968 die Stadtplakette Hannovers und die Nicolaus-Medaille in Gold des Instituts für Lebensmitteltechnologie und Verpackung. 1973 machte ihn die Technische Universität Hannover zum Ehrensenator. Später folgten der Freiherr-vom-Stein-Preis und die Ludwig-Erhard-Medaille.

Wie gesehen pflegte Werner Bahlsen im Unternehmen einen Führungsstil, der als autoritärer Patriarchalismus zu bezeichnen ist. Dazu zählten auch einsame Personalentscheidungen, die aus dem Bauch heraus gefällt wurden, wie die überraschende Berufung des Theologen Manfred Hammesfahr zum Personalleiter. Ähnlich persönlich motiviert und nicht primär durch betriebliche Gründe veranlasst war eine Entscheidung, die CDU durch eine unkonventionelle Berufung in die Geschäftsleitung zu unterstützen. Als 1970 der bisherige Finanzvorstand plötzlich verstarb, wurde nicht etwa ein erfahrener Finanzexperte, sondern ein politischer Hoffnungsträger sein Nachfolger. Ernst Albrecht (1930-2014), der aus einer prominenten Bremer Unternehmerfamilien stammte,[31] hatte 1953 mit 23 Jahren sein Studium der Rechts- und Wirtschaftswissenschaften abgeschlossen. 1954 trat er als Attaché in

30 Vita Werner Bahlsen, geschrieben aus Anlass des 80. Geburtstages am 28.3.1984 (BAH, R12, Nr. 227). Dort auch eine Zusammenstellung der Ehrenämter und Auszeichnungen.

31 Sein Urgroßvater war Baron Ludwig Knoop (1821-94), der Begründer der russischen Textilindustrie, gewesen. Vgl. Jäger, Knoop.

den Ministerrat der Montanunion ein, aus der die EWG und die EG hervorgingen. Albrecht machte eine bemerkenswerte Blitzkarriere in der Brüsseler Bürokratie. Er wurde 1958 Büroleiter des deutschen EWG-Kommissars Hans von der Groeben und 1967 mit 37 Jahren Generaldirektor für Wettbewerb der EG. Damit hatte er die höchste Stufe der dortigen Beamtenlaufbahn erreicht. Für Albrecht war es klar, dass er diesen Posten nicht bis zur Pensionierung ausfüllen wollte. Daher plante er einen Wechsel in die Politik. Im Oktober 1969 lernte er in Brüssel Wilfried Hasselmann kennen, den niedersächsischen Landwirtschaftsminister und Landesvorsitzenden der CDU. Als die Große Koalition von SPD und CDU 1970 zerbrach und Neuwahlen ausgeschrieben wurden, bot Hasselmann, der Ministerpräsident werden wollte, Albrecht das Amt des Wirtschaftsministers an. Daraufhin setzte ihn die CDU auf einen sicheren Platz der Landesliste, sodass Albrecht mühelos ein Landtagsmandat erhielt. Da aber die SPD bei der Landtagswahl 1970 ein Mandat mehr als die CDU erlangte und die Regierung stellte, konnte Albrecht nicht Minister werden. Es stand zu befürchten, dass er nach Brüssel zurückkehren würde. Zur Überraschung vieler entschied er sich, in Hannover zu bleiben, sofern er einen Arbeitsplatz fände, der ihm ein vergleichbares Gehaltsniveau wie das eines EG-Generaldirektors garantierte. Zu der achtköpfigen Familie gehörte auch die spätere Präsidentin der Europäischen Kommission, Ursula von der Leyen, geb. Albrecht. Für die CDU war es von höchster Priorität, den aufsteigenden Star in Hannover zu halten und dadurch den Landesverband zu revitalisieren.

Während dieser Hängepartei griff Werner Bahlsen ein. Die Vermittlung lief über Kurt Pentzlin, der wegen des Themas Preisbindung wiederholt mit Albrecht als Generaldirektor für Wettbewerb der EG zu tun gehabt hatte. Im Januar 1971 wurde Albrecht Finanzvorstand der Bahlsen KG, ohne jemals zuvor irgendwelche Erfahrung in der Wirtschaft gesammelt zu haben. Er bekam die Zusage Werner Bahlsens, bei Bedarf jederzeit kurzfristig ausscheiden und ein Drittel seiner Arbeitszeit auf die Landespolitik verwenden zu können. Werner Bahlsen soll dazu gesagt haben: »Nur so ist es möglich, daß wir in Zukunft Gesetze bekommen, die auch der praktischen Wirtschaft, dem praktischen Leben entsprechen.«[32] Bahlsen räumte Albrecht auch eine jederzeitige Rückkehroption ein, falls er später aus politischen Ämtern ausscheiden müsse.

Nachdem eine solche komfortable Auffanglösung gefunden war, etablierte sich Albrecht in der Landespolitik. Er trat sein Landtagsmandat an, und wurde als Neuling aus dem Stand heraus stellvertretender Vorsitzender der CDU-Fraktion und Vorsitzender des Wirtschaftsausschusses. Die Weichen waren gestellt. »So begann eine Freundschaft, die mir unendlich viel bedeutet hat,« erinnerte sich später Ernst Albrecht.[33] Die Beziehung schloss auch die beiden Ehefrauen ein. Gleichwohl siezte man einander, stand sich aber durchaus nahe. So war Werner Bahlsen etwa über den

32 Zit. n. Spiegel, 11.7.1988 (BAH, R11, Nr. 401).

33 Albrecht, Erinnerungen, S. 45.

Blutdruck Albrechts genau informiert, was 1977 zur Übersendung eines Blutdruckmessgerätes führte. Werner Bahlsen schrieb: »Ich habe über Ihre Situation noch einmal nachgedacht. Ein hoher Blutdruck muß behandelt werden. Der Ihrige sollte eigentlich nicht höher als 150/80 sein.« Bahlsen empfahl, die »Werte morgens und abends aufzuschreiben«.[34] Die Sorge um die Gesundheit seines größten politischen Investments ging also sehr weit.

Ob sich diese Investition jemals auszahlen würde, blieb lange unklar. Trotz eines Zuwachses auf 48,8 % konnte die CDU auch 1974 die nächste Landesregierung nicht stellen. Erst als Ministerpräsident Alfred Kubel (SPD) 1976 zurücktrat und die Wahl eines Nachfolgers aus seiner Partei unter ungeklärten Umständen dreimal scheiterte, wurde Albrecht mit mehreren Stimmen aus dem sozialliberalen Lager zum Ministerpräsidenten gewählt und führte zunächst eine Minderheitenregierung, dann eine CDU/FDP-Koalition. 1978 verschaffte Albrechts Popularität der CDU die absolute Mehrheit. Albrecht blieb bis 1990, außergewöhnlich lange, Ministerpräsident. Zugleich stieg er auch in der Bundespolitik auf und war von 1979 bis 1990 stellvertretender Vorsitzender der CDU. 1979 versuchte der damalige CDU-Vorsitzende Helmut Kohl, Albrecht zum Kanzlerkandidaten der Union zu machen. Der Bundesvorstand der CDU nominierte ihn einstimmig. Jedoch setzte sich Franz Josef Strauß im internen Machtkampf der Union in einer Kampfabstimmung der Bundestagsfraktion knapp durch, um dann 1980 die Bundestagswahl gegen Helmut Schmidt zu verlieren.

In den Spitzen der deutschen Wirtschaft und der CDU war es allgemein Konsens, dass Albrecht ein Protegé Bahlsens war und sein Erfolg ohne »eine gewisse Hilfestellung«[35] Bahlsens nicht möglich gewesen wäre. Nach der Wahl zum Ministerpräsidenten gingen bei Werner Bahlsen Glückwunsch- und Dankesschreiben ein, u.a. von Helmut Kohl und Hanns Martin Schleyer. Ohne Bahlsen, so der Tenor, würden die Sozialdemokraten Niedersachsen noch immer regieren.[36] Es lässt sich nicht beurteilen, ob Bahlsen handfeste Vorteile aus der Förderung des künftigen Ministerpräsidenten erwuchsen, zumal dessen Regierung nicht mehr in den Zeitraum dieser Studie fällt. Der Direktzugang zu einem exponierten Politiker und später Ministerpräsidenten konnte natürlich nicht schaden. Die bisweilen wichtigen Kontakte in die Landespolitik und die Verwaltung hinein waren nun sicher einfacher herzustellen. Albrecht bezog seinerseits Bahlsen bei politischen Personalentscheidungen ein und bat ihn 1980 etwa, ihm »äußerst vertraulich« Vorschläge für einen »erstklassigen Finanzdirektor« für den Norddeutschen Rundfunk zu machen.[37] Auch schuf die Beziehung zu Albrecht sehr viel Wohlwollen und Verbindungen zur bundesdeutschen Wirtschaftselite. So trafen sich etwa Albrecht, Schleyer und Eberhard

34 Werner Bahlsen an Ernst Albrecht vom 6.12.1977 (BAH, R12, Nr. 232).

35 Werner Bahlsen an Hanns Martin Schleyer vom 23.3.1976 (BAH, R12, Nr. 234).

36 Werner Bahlsen, diverse Korrespondenzen 1976 (BAH, R12, Nr. 234).

37 Ernst Albrecht an Werner Bahlsen vom 19.2.1980 (BAH, R12, Nr. 232).

von Brauchitsch, der Generalmanager des Flick-Konzerns, im Februar 1977 zum Tee im Privathaus Werner Bahlsens. Anlass war, so Werner Bahlsen, »eine ganze Reihe von Problemen, die große Sorgen machen«.[38]

Worum es konkret ging, ist der Korrespondenz nicht zu entnehmen. Von Brauchitsch arbeitete zu diesem Zeitpunkt u. a. mit verdeckten, illegalen Parteispenden daran, den Verkauf eines Aktienpaktes Karl Flicks per Ministererlaubnis steuerfrei stellen zu lassen, was auch gelang, aber von Brauchitsch 1987 eine zweijährige Haftstrafe auf Bewährung einbrachte. Dass Werner Bahlsen das Thema illegaler Parteispenden möglicherweise bedrückte und er den Rat des auf diesem Gebiet gewieften von Brauchitsch suchte, ist nicht ganz unwahrscheinlich, aber auch nicht gesichert.

Tatsache ist, dass Bahlsen 1972 der Staatsbürgerlichen Vereinigung 300.000 DM spendete.[39] Dieser 1954 vom Bahlsen-Beirat und Vertrauten Robert Pferdmenges gegründete gemeinnützige Verein ermöglichte es Unternehmen und Verbänden, anonym und steuerlich absetzbar Geld an politische Parteien zu spenden. Die Vereinigung stand der CDU nahe, diente aber auch allen anderen im Bundestag vertretenen Parteien als »Spendenwaschanlage«. Die Spender unterliefen das Parteiengesetz, denn seit 1968 mussten die Parteien jede Spende über 20.000 DM offenlegen. Zudem handelte es sich um Steuerhinterziehung, denn seit dem Urteil des Bundesverfassungsgerichtes von 1958 durften Spenden an politische Parteien nicht mehr unbegrenzt von der Steuer abgesetzt werden. 1967 wurde die staatliche Wahlkampfkostenerstattung eingeführt und die Steuerbegünstigung von Spenden an Parteien auf 600 DM bzw. 1.200 DM (pro Ehepaar) begrenzt.[40] Bahlsen hatte also gleich gegen mehrere einschlägige Vorschriften verstoßen. 1984 führte dieser Vorgang zu einer Anfrage im niedersächsischen Landtag. Zudem griff die Presse das Thema auf. Albrecht, der als Schatzmeister der CDU Niedersachsen 1972 für die Akquise von Spendengeldern zuständig war, stritt im Landtag jede Beteiligung ab. Weder in seiner Funktion als Finanzvorstand noch in derjenigen als Schatzmeister habe er Kenntnis von der Spende erlangt.[41] Damit war die Angelegenheit aber nicht erledigt. Das Finanzamt ordnete 1984 eine Nachzahlung der durch die getarnte Parteispende gekürzten Steuerschuld an. Strafrechtliche und politische Folgen für Bahlsen bzw. Albrecht blieben aus.

Die Anstellung Albrechts von 1971 bis 1976 bei teilweiser Freistellung für politische Aufgaben ist als eine Art verdeckter Parteienfinanzierung zu bewerten.[42] Hier interessieren vor allem die Konsequenzen für das Unternehmen. Es ist ganz

38 Werner Bahlsen an Eberhard von Brauchitsch vom 26.1.1977 (BAH, R12, Nr. 234).

39 Landtag Niedersachsen, Sitzung vom 3.10.1984, Drucksache 10/3210, S. 7 u. 12.10.1984, 10/62, S. 5760; diverse Zeitungsausschnitte (BAH, R11, Nr. 401).

40 Vgl. Engels, Alles nur gekauft, S. 112 ff.

41 Landtag Niedersachsen, Sitzung vom 12.10.1984, 10/62, S. 5760.

42 So in der Literatur mit explizitem Bezug zu Albrecht und Bahlsen Kulitz, Unternehmerspenden, S. 78 f.

offensichtlich, dass Albrecht in keiner Weise seinen Aufgaben als Finanzvorstand gewachsen war. Über Lehrgänge, mit denen die Defizite verringert werden sollten, ist nichts bekannt. Im Unternehmen war er zwar durchaus präsent, nahm regelmäßig an Besprechungen der Geschäftsführung teil, meldete sich hin und wieder mit kurzen Beiträgen zu Wort und verfasste viele Artikel für die Firmenzeitschrift. Strategische Initiativen während der Zeit der heraufziehenden Krise des Unternehmens sucht man vergeblich. Albrecht fehlten die notwendigen Kompetenzen und Erfahrungen. Bahlsen war für ihn ein aus der Not verlorener Wahlen geborener Zwischenstopp auf seinem politischen Karriereweg sowie die Quelle eines Einkommens, das einen gehobenen Lebensstandard sicherstellte.

Werner Bahlsen ging es darum, den desolaten Landesverband der CDU durch einen fähigen Spitzenpolitiker zu stärken und die Partei aus der landes- bzw. bundespolitischen Defensive herauszubringen. Er argumentierte, dass im Zuge der Mitbestimmung Betriebsräte bei weiterlaufenden Bezügen von der Arbeit freigestellt werden müssten und Arbeitnehmervertreter in Aufsichtsräten von den Unternehmen zu bezahlen seien. Vertreter unternehmerischer Interessen müssten in analoger Weise begünstigt werden.[43]

Das politische Kalkül Bahlsens ging nach einer gewissen Zeit tatsächlich auf, aber die Kosten für das Unternehmen dürften beträchtlich gewesen sein. In der größten Krise seit der Weltwirtschaftskrise befand sich kein Finanzfachmann in der Geschäftsleitung. Eine solche, rein persönlich gefärbte, sachfremde Personalentscheidung ist in familiengeführten Personalgesellschaften wahrscheinlicher als in Aktiengesellschaften, in denen der Aufsichtsrat Vorstände beruft und berufliche Qualifikationen im Regelfall den Ausschlag geben. Das Familienunternehmen in der Rechtsform KG gehörte aber mehrheitlich Werner Bahlsen, und er konnte einstellen, wen er wollte. Es gab keine institutionalisierten Kontrollmechanismen der anderen Stakeholder. Helmut Kohl brachte es in seinem Dankesschreiben wohl auf den Punkt: »Ich kenne wenige Unternehmer, die ihre […] eigenen Interessen so selbstverständlich unserer gemeinsamen politischen Überzeugung untergeordnet haben.«[44]

43 Werner Bahlsen an Helmut Kohl vom 15.3.1976 (BAH, R12, Nr. 134).

44 Helmut Kohl an Werner Bahlsen vom 20.2.1976 (BAH, R12, Nr. 134).

9. Ausblick. Bahlsen in Zeiten der Stagflation

1975–1982

Die Zeitspanne von 1975 bis 1982 gehört nicht mehr zum Untersuchungszeitraum dieser Studie. Trotzdem soll ein knapper Ausblick dem Leser ermöglichen, bereits vor 1974 laufende Entwicklungen zumindest skizzenhaft weiterzuverfolgen. Die Phase ab 1974 war von einer Abfolge von Währungskrisen, dem explosionsartigen Anstieg der Öl- und Rohstoffpreise sowie von der Wiederkehr der Massenarbeitslosigkeit und der Inflation gekennzeichnet. Das ›goldene Zeitalter‹ des Nachkriegsbooms war endgültig vorüber.

Für Bahlsen handelte es sich in vieler Hinsicht um eine Übergangsphase. Mit dem Eintritt der dritten Generation in die Geschäftsführung begann der Nachfolgeprozess, der sich aber lange hinzog und noch längst nicht zum Abschluss kam. Konflikte mit der jüngeren Generation blieben nicht aus. So setzte sie die Beauftragung von McKinsey gegen Vorbehalte von Werner Bahlsen durch. Werner Bahlsen, der 1980 76 Jahre alt war, hielt nach wie vor viele Fäden in der Hand. Seine Söhne beraumten z. T. gezielt Besprechungen zu Zeiträumen an, von denen sie wussten, dass ihr Vater verhindert war.[1] Zwar wurde zeitweilig ein externer Manager als Nachfolger gesucht, aber kein Kandidat überzeugte den Patriarchen, der es daher vorzog, selber weiterzumachen. Auch die dritte Generation setzte auf eine familieninterne Lösung und traute sich selbst zu, die anstehenden Probleme zu lösen.[2]

Klaus Bahlsen gab 1977 seine Ressorts Produktion und Technik offiziell zugunsten seines Neffen Lorenz auf, ohne sich jedoch gänzlich zurückzuziehen. Er kam weiterhin regelmäßig in das Unternehmen und verfasste zahlreiche Memoranden. 1979 beklagte er, dass der Branchentrend zu Schokoriegeln verschlafen worden war. »Seit 1976 treten wir auf der Stelle, und wir müssen erleben, daß große Riegel-Marken (mit einem Keks- oder Waffelboden und mit einer Auflage) sich durchsetzen. Ich sehe hier den Einbruch in unsere ureigene Domäne.«[3] Es sollte bis 1999 dauern, bis Bahlsen mit dem Keksriegel Leibniz Pick-Up eine Antwort auf diese Herausforderung fand und nach einigen Jahren mit zu geringen Umsätzen überaus erfolgreich in den Riegelmarkt einstieg.

Der strategische Konservatismus ließ sich direkt auf die sich nur schleichend vollziehende Nachfolge zurückführen. Viele Traditionen lebten fort. Mit ca. 250 Produkten und ca. 600 Artikeln besaß Bahlsen Ende der 1970er Jahre immer noch

1 Interview mit Werner Michael Bahlsen vom 28.6.2021.

2 Capital, 10/1982, S. 18 ff. (BAH, R11, Nr. 466).

3 Klaus Bahlsen, Zukunftsgedanken vom 20.9.1979, S. 1 (BAH, R13, Nr. 46).

ein viel zu großes Sortiment, was zu suboptimalen Losgrößen in der Produktion führte. Die Fertigung war weiterhin auf 24 Werke zersplittert. Das Sortiment wechselte häufig, was einen erheblichen Umstellungsaufwand mit sich brachte. Wiederholte Auftragsschwankungen, z. T. bedingt durch Sonderaktionen, verhinderten eine gleichmäßige Arbeitsplanung und Personaldisposition. Das Festhalten an sehr hohen Qualitätsstandards führte zu großen Mengen an Ausschuss.[4] Der Vertriebsapparat wurde schrittweise reduziert, war aber immer noch überdimensioniert. Bei den Händlern sprachen bis zu drei Bahlsen-Reisende vor, einer für süße Backwaren, einer für salzige und ein dritter für Kuchen.[5] Insgesamt litt Bahlsen unter stark steigenden Personalkosten, was im Zeitraum 1974 bis 1982 in der Bundesrepublik einen erheblichen Stellenabbau um 3.077 oder mehr als ein Drittel der Arbeitsplätze zur Folge hatte. Im Ausland kam es dagegen zu einer leichten Zunahme der Mitarbeiterzahl, die in der gesamten Bahlsen-Gruppe 1980 nach dem Kauf der Firma Austin Foods in den USA leicht zunahm und mit 12.087 Beschäftigten ein Allzeithoch erreichte, bevor auch hier ein Personalabbau begann.

Tabelle 23: Betriebswirtschaftliche Basisdaten der H. Bahlsens Keksfabrik KG in Mio. DM bzw. Prozent, 1974-1982

Jahr	Netto-Umsatz (Mio. DM)	Gewinn vor Steuern (Mio. DM)	Umsatz-rendite (%)	Investitionen (Mio. DM)	Investitionsquote (%)	Personal** (KG, Inland)	Personal (KG, Beteiligungen u. Ausland)
1974	567,5	0,6	0,1	33,8	6,0	8.717	
1975	572,9	15,0	2,6	21,5	3,8	7.480	10.973
1976	612,6	7,5	1,2	26,8	4,4	7.246	10.579
1977	683,0	12,6	1,8	39,9	5,8	7.279	10.694
1978	746,8	14,0	1,9	29,0	3,9	7.345	10.885
1979	776,0	12,2	1,6	29,8	3,8	7.357	11.014
1980	842,9	15,0	1,8	27,7	3,3	7.126	12.087
1981	854,8	5,5	0,6	21,4	2,5	6.756	11.744
1982	803	-1,5	-0,2	27,4	3,4	5.640	10.663

Quelle: Bericht an Beirat vom 15.12.1978 (BAH, R11, Nr. 211); Bericht an den Beirat vom 11.10.1985 (BAH, R11, Nr. 204); Zentralabteilung Tabelle Langzeitvergleich vom 20.9.1982 (BAH, R11, Nr. 205); Geschäftsberichte 1974-1981 (BAH, R11, Nr. 218); Firmendaten zur Bilanzpressekonferenz vom 29.8.1977, S. 14 (BAH, R12, Nr. 112).

4 Klaus Bahlsen Arbeitspapiere Situation/Wünsche/Sortiment vom 20.4.1979, S. 2 (BAH, R13, Nr. 60).

5 Industriemagazin, Juni 1986, S. 64 ff.

Für die Hermann Bahlsens Keksfabrik KG brachte diese Zeit nach Abzug der hohen Inflation stagnierende Umsätze und Gewinne. Die Umsatzrenditen blieben enttäuschend und die Investitionen zurückhaltend. Das Eigenkapital stieg von 64,1 auf 82,8 Mio. DM, wodurch sich die Eigenkapitalquote leicht von 24,9 auf 26,2 % verbesserte. Die Verbindlichkeiten blieben bis 1981 praktisch unverändert, wurden dann aber infolge des Teilverkauf von Loste an die GmbH von 113 auf 85 Mio. DM spürbar reduziert. Ein Teil der Kredite stammte aus dem privaten Vermögen der Gesellschafter, was erneut auf die stabilisierenden Elemente des Familienunternehmens hinweist. Gleichzeitig stiegen nach dem endgültigen Zusammenbruch des Bretton-Woods-Systems im Jahr 1973 durch die nun frei fluktuierenden Wechselkurse die Währungsrisiken für die Unternehmen an. Zwischen 1973 und 1978 musste Bahlsen insgesamt Kursverluste in Höhe von 8,8 Mio. DM hinnehmen.[6]

Wie Grafik 10 zeigt, gewann das Auslandsgeschäft erheblich an Bedeutung. Die dort erzielten Umsätze erreichten 1982 fast 40 % der Gesamtumsätze der Bahlsen-Gruppe. Die mühsame Aufbauarbeit der 1960er Jahre zahlte sich nun aus. Bis 1977 steuerte das Auslandsgeschäft bescheidene Nachsteuergewinne zum Gesamtergebnis der Bahlsen-Gruppe bei.[7] Die steigenden Auslandsumsätze kompensierten einen Teil der zunehmenden Rückgänge an Marktanteilen in Deutschland, die 1982 nur noch bei 29,4 % lagen. Beim traditionellen Lebensmittelhandel erreichte man in der Bundesrepublik immerhin noch 49,9 %, während die Anteile bei Verbrauchermärkten (33,8 %) und bei Discountern (15,7 %) deutlich darunter lagen.[8] Bahlsen blieb also bei denjenigen Kunden am stärksten, die – grob gesprochen – am wenigsten Zukunft hatten. Die Ausweitung der Produktion im Ausland setzte sich 1974 durch die Übernahme der Oulevay/Wernli-Gruppe (Schweiz) und dem Produktionsbeginn im Bahlsen-Werk in Noyon (Frankreich) fort. 1980 begann eine Investitionsoffensive im Ausland. Es kam zum Kauf einer Kuchenfabrik von ULA in Lyon und 1981 zur Eröffnung eines Werkes in Nimes. 1980 wurde die defizitäre Austin Foods Company in Cary nahe Raleigh in den USA, erworben. Sorgenkind der Auslandsgesellschaften blieb Loste in Spanien mit hohen Verlusten, aber auch ULA und Austin produzierten zunächst erhebliche Fehlbeträge.[9] In den Krisenjahren 1981 und 1982 erwirtschaftete das Auslandsgeschäft nach Steuern mit minus 10,8 Mio. bzw. 8,6 Mio. DM erhebliche Verluste.[10]

6 Firmendaten zur Bilanzpressekonferenz vom 29.8.1977, S. 13 (BAH, R12, Nr. 112).

7 Bericht zur Beiratssitzung vom 11.10.1985, S. 20 (BAH, R11, Nr. 204).

8 Bericht zur Beiratssitzung vom 29.10.1984, S. 3 (BAH, R11, Nr. 204).

9 Bahlsen International, Unterlagen für die Beiratssitzung vom 27.10.1983, S. 19 (BAH, R11, Nr. 204).

10 Bericht zur Beiratssitzung vom 11.10.1985, S. 20 (BAH, R11, Nr. 204).

Grafik 10: Umsatzstruktur der Bahlsen-Gruppe (KG plus Auslandsgesellschaften), 1975-1981

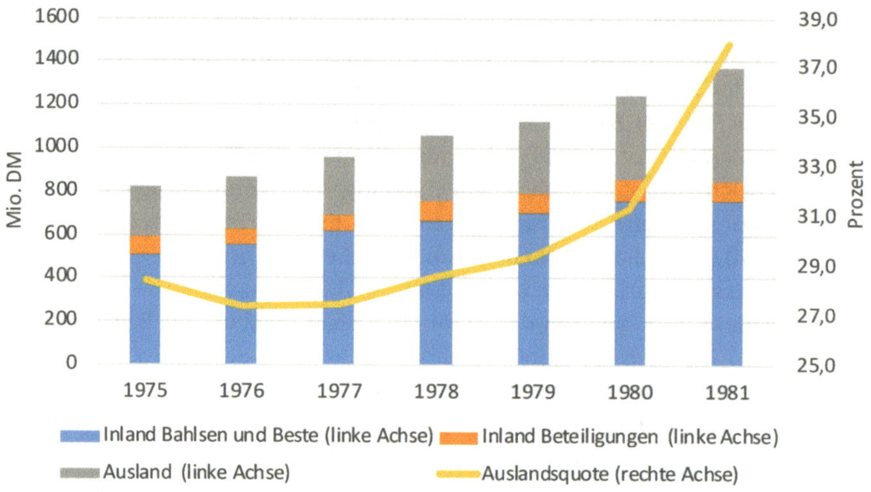

Quelle: Aufstellungen der Zentralabteilung vom 20.5.1981 u. 21.9.1982 (BAH, R11, Nr. 205).

Es waren vor allem drei externe Faktoren, die sich ungünstig auf das Geschäft auswirkten: 1. Der Bedeutungsgewinn des großbetrieblichen Einzelhandels setzte sich fort, der seine wachsende Marktmacht zu Lasten der Industrie und ihrer Margen ausspielte. Bei Bahlsen überschritt sein Umsatzanteil 1980 erstmals die Marke von 50 %. Fünf Jahre zuvor waren es noch 27 % gewesen.[11] Der dramatische Umbruch schritt voran.

2. prägte sich der Käufermarkt immer stärker aus. In ihm wurden die zunehmende Preissensibilität und abnehmende Markentreue der Verbraucher zu Hemmschuhen. Angesichts von Arbeitslosigkeit, Inflation und wirtschaftlicher Unsicherheit suchten und fanden sie Einsparpotentiale gerade bei alltäglichen Konsumgütern wie Nahrungsmitteln. Einfuhren ausländischer Konkurrenten, die niedrigere Kosten hatten, nahmen zu. 1978 betrug ihr Marktanteil in Deutschland 25 %. Der Markt für Dauerbackwaren spaltete sich auf. Während das Segment preiswerter Waren expandierte, stagnierte das hochpreisige Angebot. Es kam zu einer Parallelität von Kostensteigerungen bei Rohstoffen und Gehältern auf der einen Seite und Preissenkungen auf der anderen. 1976 sah sich Bahlsen gezwungen, die Preise auf breiter Front um 16 % zu senken. Klaus Bahlsen ging davon aus, dass diese Maßnahme eine Mengensteigerung um 20 % nach sich zöge. Diese Hoffnung erfülle sich jedoch nicht, und 1977 wurden die Preise wieder angehoben und zwar zwischen 4 und 7 %.[12]

11 Zentralabteilung, Bericht zur Beiratssitzung am 1.2.1980, S. 9 (BAH, R11, Nr. 205).

12 Papier Preisermäßigungen und Sortimentsveränderungen 1976, S. 1 f. (BAH, R13, Nr. 45); Firmendaten zur Bilanzpressekonferenz am 29.8.1977, S. 10 (BAH, R12, Nr. 112).

3. betrafen die neuen Konsumpräferenzen nicht nur die Preissensibilität, sondern auch die Verbrauchsgewohnheiten. Die »Fresswelle« war endgültig vorüber. Die Imperative des Schlankheitsideals und der gesunden Ernährung rückten in den Vordergrund. Die Menschen bemühten sich darum, weniger Backwaren und weniger Zucker zu sich zu nehmen. Das gelang ihnen aber nur teilweise, denn der Pro-Kopf-Verzehr von Dauerbackwaren in der Bundesrepublik stieg von 4,7 kg (1971) auf 6,5 kg (1978).[13] Die Zunahme setzte sich allen Schlankheitsidealen zum Trotz fort, aber sie blieb hinter den Wünschen und Projektionen der Geschäftsleitung zurück. Zudem hatte sich das zuvor beobachtete Wachstum verlangsamt und kam langfristig zum Erliegen. 2018 lag der Konsum von Dauerbackwaren bei 6,3 kg pro Person.[14]

Beraten von Boston Consulting und McKinsey, reagierte Bahlsen mit der Straffung des Sortiments, dem Abbau der Belegschaft in Deutschland, der Verkleinerung des Vertriebs und technischer Rationalisierung. Deren Schwerpunkte lagen im Stammwerk Hannover, dessen erste Baustufe aus dem Jahre 1893 stammt und das bei weitem zu kostenintensiv geworden war. Dem Produktionsablauf mangelte es an Kontinuität. Er verlief »teilweise mit Unterbrechungen über mehrere Etagen. Aufgrund dieser Tatsachen straffen wir bereits seit einem Jahr in diesem Werk die Produktion bzw. verlagern sie auf kostengünstiger arbeitende Werke.«[15] Es begann damit eine Entwicklung, die 1987 in der Schließung des innerstädtischen Traditionswerkes ihren Abschluss fand.

Als 1980/81 die bundesdeutsche Wirtschaft als Folge des zweiten Ölpreisschocks von 1979 in eine allgemeine Rezession geriet, brachen bei Bahlsen Umsatz und Gewinn ein. 1982 kam es vor Steuern zu einem Verlust der KG. Weltweit schrieb die Bahlsen-Gruppe 1981 und 1982 nach Steuern mit 4,2 bzw. 7,2 Mio. DM empfindliche Verluste.[16] Es folgten daraufhin ab 1982 einschneidende Sparmaßnahmen, Kurzarbeit und ein massiver Personalabbau. Die Zahl der Reisenden sank von 800 auf 500. 1983 folgte die Auflösung des Dekorationsdienstes, der einstigen Säule der Außendarstellung. Sozialpläne wurden das alles beherrschende Thema. Die Stimmung bei Bahlsen sank auf einen Tiefpunkt. Klaus Bahlsen gab vor dem Beirat zu Protokoll: »Von der menschlichen Seite, auf die es in Krisenzeiten ankommt, ist zu sagen, daß die Situation im Werk I, Hannover, am schlimmsten ist und die Stimmung bei den Mitarbeitern auf dem Nullpunkt oder weit darunter liegt. Wir waren früher stolz auf die gute Atmosphäre in unserem Hause.«[17] Weiter erhob er wie so oft seine warnende Stimme: »Wenn von der Produktionsseite nicht schnellstens grundlegend etwas geschieht, ist die Existenz der Firma als Familien-Unternehmen keine 3 Jahre mehr gesichert.«[18]

13 Leibniz-Blätter 1/1979, S. 19; Jahresergebnisse 1966-85, S. 4 (BAH, R11, Nr. 216).
14 Handelsblatt, 9.9.2019.
15 Vertrauliche Information für Führungskräfte vom 7.6.1982 (BAH, R11, Nr. 464).
16 Bericht zur Beiratssitzung am 11.10.1985, S. 24 (BAH, R11, Nr. 204).
17 Klaus Bahlsen, Notiz zur Beiratssitzung vom 2.7.1982, S. 2 (BAH, R13, Nr. 47).
18 Ebd., S. 1.

Das Unternehmen erwies sich jedoch als stärker. Private Darlehen der Gesellschafter, ihre persönliche Verbundenheit mit dem Unternehmen und das Festhalten an traditionellen Geschäftsprinzipien wie das Setzen auf höchste Qualität waren auch in Krisenzeiten ein großes Plus. Daher behauptete sich Bahlsen als Marktführer auf einem deutlich schwieriger gewordenen Markt. Die Familie bewährte sich allen internen Reibungen zum Trotz vorerst als Stabilisator und hielt an der persönlichen Unternehmensführung fest. Die Tradition des Familienunternehmens spornte zum Durchhalten und Weitermachen an. Die 1970er Jahre waren im Gegensatz zu den 1950er und 1960er Jahren keine Zeit des Aufbruchs und des Wachstums, sondern eher des Bewahrens und Verteidigens. In ihnen bewährte es sich aber, das zunächst defizitäre Auslandsgeschäft initiiert und ausgeweitet zu haben. Man muss es als größte Leistung der Unternehmensleitung dieser Zeit bewerten, Bahlsen in einer äußerst schwierigen Zeit, die vom Niedergang vieler Traditionsunternehmen gekennzeichnet war, vor dem Untergang bewahrt zu haben. Der einst stolze Hannoveraner Schokoladenhersteller Sprengel war nach mehreren Übernahmen um 1982 nur noch ein Schatten seiner selbst. Klaus Bahlsen stellte 1979 eine lange Liste von Konkurrenzunternehmen der Dauerbackwarenbranche zusammen, die seit 1975 »den Markt […] verlassen« hatten.[19] Sie umfasste 59 Firmen, darunter einstmals große Wettbewerber wie XOX und Trüller, die nur als Marken weiterlebten. Die meisten untergegangenen Konkurrenten waren kleiner und hinterließen keine Spuren. Bahlsen dagegen befand sich 1981/82 wieder einmal in einer ernsten Krise, die sich jedoch nicht zu einer Existenzbedrohung auswuchs und 1983 mit der Rückkehr in die Gewinnzone schnell überwunden wurde. Anders als viele Konkurrenten hatte Bahlsen 1982 noch eine lange Zukunft vor sich und verstand es, seine Marktführerschaft langfristig zu verteidigen.[20]

19 Bericht Klaus Bahlsen 90 Jahre HBKF 1 1928-1979, S. 48/6 (BAH, R13, Nr. 49).

20 Das trifft auf die Markenprodukte auf dem deutschen Markt für Dauerbackwaren zu. Handelsmarken dominierten 2023 den Markt mit Anteilen von fast 50 %. Bahlsen hatte 2018 als größter Markenartikler noch einen Anteil von 12 %.

10. Zusammenfassung

Die Jahrzehnte zwischen der Unternehmensgründung im Jahr 1889 und der Weltwirtschaftskrise der 1970er Jahre, die das Wirken des Gründers Hermann Bahlsen und der zweiten Eigentümergeneration umfassen, zeigen das Familienunternehmen als ein geradezu paradigmatisches Beispiel des Erfolgs und Wachstums der Nahrungsmittelindustrie in der entstandenen Konsumgesellschaft. Zugleich spiegelt es die Verwerfungen durch Kriege, Konjunkturkrisen und die Diktatur des Nationalsozialismus sowie die wirtschaftlichen Chancen der Weimarer und der Bonner Republik wider. Darüber hinaus verweisen die Schwierigkeiten des Generationenübergangs wie insgesamt die wiederkehrenden innerfamiliären Konflikte auf eine Problematik, mit der sich viele Familienunternehmen auseinanderzusetzen haben.

Hermann Bahlsen gelang es, mittels eines durch intensiv studierte angelsächsische Beispiele angeregten Technologietransfers frühfordistischer Produktionsmethoden die Herstellkosten für Dauerbackwaren deutlich zu verringern. Hierdurch konnten die geschmacklich hochwertigen Erzeugnisse des Hauses Bahlsen zunehmend das häusliche Backen durch industriell hergestellte Waren ersetzen. Diese Entwicklung flankierte das prägende Produkt wie den Leibniz-Butterkeks, aber auch die Etablierung der TET-Marke sowie ein am amerikanischen Vorbild orientiertes dezentrales Vertriebssystem, das durch so genannte »Verkaufsherren« sowohl Wiederverkäufer als auch Endverkäufer belieferte. Der Konjunkturaufschwung und vor allem die wachsende Konsumnachfrage nach Produkten der Nahrungsmittelindustrie trugen das Unternehmen, das neben den agilen Gründern auch eine tatkräftige Führungsmannschaft aufbieten konnte, von Erfolg zu Erfolg. Die Einführung des Begriffs Keks als Adaption der englischen »cakes« in die deutsche Sprache unterstrichen seine unternehmerische Leistung, obgleich dadurch Kuchen mit »biscuits« verwechselt wurden.

Die 1892 und 1911 errichteten Neubauten an der Lister Straße und Podbielskistraße steigerten die Herstellkapazitäten und waren gleichzeitig Ausdruck des dynamisch gewachsenen Selbstbewusstseins. Nach der Jahrhundertwende wurden vier Söhne in die Familie hineingeboren, was die Perspektive auf eine innerfamiliäre Kontinuität des Unternehmens eröffnete. Hermann Bahlsen stieg wegen seines wirtschaftlichen Erfolgs, aber auch wegen seiner Kunstleidenschaft und seines Mäzenatentums in das Großbürgertum Hannovers auf. Allein die bei der Ehefrau aufgetretene psychische Erkrankung, die einen dauerhaften Aufenthalt in Sanatorien nach sich zog, trübte das Bild, ohne die Unternehmensentwicklung zu bremsen.

Der Erste Weltkrieg brachte für Bahlsen durch Rohstoffbewirtschaftung und Konsumreglementierung einen harten Einschnitt. Hermann Bahlsen, der konservative Bürger und Unternehmenspatriarch, unterstützte die kaiserliche Kriegspolitik, indem er der Belegschaft, aber auch den zum Heeresdienst eingezogenen Beschäftigten erhebliche betriebliche Sozialleistungen zusprach. Zugleich sah er neue Absatzchancen, indem er bei den Heeresstellen Bahlsen-Kekse als Soldaten-Nahrung durchsetzte. Dazu trugen auch die von ihm als Patriotismus beschriebenen Liebesgaben-Sendungen bei, die in gewisser Weise einen Marketingzugang zu deutschen Soldaten bzw. ihren Angehörigen eröffneten. Die beabsichtigte Ausnutzung des Hindenburg-Kults für die Popularisierung von Bahlsen-Produkten verband sich allerdings 1916 mit dem ausufernden Projekt einer TET-Stadt, das die finanziellen Möglichkeiten des Unternehmens bei weitem überschritt, da Hermann Bahlsen die Massenherstellung von Heeres-Zwieback ablehnte und hierdurch die Einnahmen des Unternehmens wegbrachen. Zugleich band der Ankauf von Grundstücken erhebliche Geldmittel, die im Wesentlichen durch Bankkredite finanziert wurden.

Die Novemberrevolution 1918 traf das überschuldete Unternehmen unvorbereitet. Der Unternehmer wirkte weithin paralysiert, und die Führungsmannschaft stand der Republik reserviert gegenüber. Der Tod des Patriarchen verschärfte im Herbst 1919 die Schieflage noch, da keines seiner Kinder schon geschäftsfähig war. Der von ihm benannten Geschäftsleitung und den Testamentsvollstreckern gelang aber in den politisch und sozial unruhigen Zeiten eine Stabilisierung des Unternehmens. Die Inflation durchschritt Bahlsen alles in allem weithin unbeschadet, zumal in dieser Zeit ein wesentlicher Teil der Verbindlichkeiten zu günstigen Bedingungen abgebaut werden konnte. Die von Hermann Bahlsen in Aussicht genommene gesellschaftsrechtliche Umwandlung des Unternehmens in eine Aktiengesellschaft, eine GmbH und eine für das operative Geschäft zuständige Kommanditgesellschaft erfolgte ab 1924. Auch wenn Absatz und Umsatz anstiegen, sank die Umsatzrendite, da das eigene Produktportfolio zu wenig Rücksicht auf die gesunkene Kaufkraft nahm und neue Konkurrenz Marktanteile eroberte. Der sogar zu Gerichtsverfahren zwischen den drei jüngeren Bahlsen-Söhnen und den Testamentsvollstreckern führende Streit um die Beteiligung der Erbengeneration an der Geschäftsführung, die das Testament auf den 30. Geburtstag fixiert hatte, gab dem ohnedies bestehenden Brüderzwist neue Nahrung und zersplitterte die Kräfte, die zur Krisenabwehr hätten aufs Geschäft fokussiert werden müssen. Die inzwischen in die Jahre gekommenen Testamentsvollstrecker, die sich große Verdienste erworben hatten, strichen Ende 1931 frustriert die Segel.

Mit dem als Berater gewonnenen Berliner Kostenrechnungsexperten Dr. Otto Bredt und dem Rationalisierungsfachmann Dr. Kurt Pentzlin waren jüngere Kräfte gefunden, die in der verlustreichen Weltwirtschaftskrise Bahlsen durch Kostendisziplin wieder auf Kurs zu bringen vermochten. Mit der Expressdose, einem für eine Reichsmark angebotenen Kekssortiment, gelang die Wiederbelebung des Geschäfts, die mit der Etablierung der NS-Herrschaft einherging. Der Nationalsozialismus mit seinem Diktator und der klassenübergreifenden »Volksgemeinschafts«-Ideologie bot aus Sicht von Bahlsen die Aussicht auf Wiedergesundung von Gesellschaft und Wirtschaft, weshalb Einkaufs-Vorständin Anna-Dora Thieme sogar noch einen Monat vor dem am 1. Mai 1933 aufgenommenen Hans Bahlsen in die NSDAP eintrat.

Die Absatzsteigerungen und die parallel vorgenommenen Personaleinstellungen stärkten die Bindung an das NS-Regime. Innerbetrieblich festigte das Gesetz zur Ordnung der nationalen Arbeit die asymmetrisch hierarchisierte Betriebsgemeinschaft unter dem Kommando des Gefolgschaftsführers, die sich für die Belegschaft mit Sozialleistungen rentierte, die an die frühere Tradition der betrieblichen Sozialpolitik anknüpften. Die Unternehmensleitung entsprach den Erwartungen der Machthaber durch systemtypische Appelle oder den Gemeinschaftsempfang von Hitler-Reden. Der 1934 gewählte Vertrauensrat und die Deutsche Arbeitsfront übernahmen innerhalb des Betriebs die kollektive Interessenvertretung der Belegschaft, wobei die Eigentümer nur gelegentlich Eingriffe in ihre Entscheidungsfreiheit hinzunehmen hatten. Ihr autokratischer Neopaternalismus rieb sich punktuell mit der Politisierung der Betriebssphäre.

Die von Otto Bredt projektierte Wachstumsstrategie führte zu Erweiterungsbauten und schloss intensive technische Rationalisierungsmaßnahmen ein. Die gegenüber den Krisenjahren gewachsenen Einkommensspielräume bescherten Bahlsen Zuwächse bei Absatz und Umsatz. Insoweit hoffte das Unternehmen auf längere Phasen des Wachstums, weshalb die 50-Jahr-Feier im Juli 1939 als Höhepunkt des Einvernehmens zwischen Unternehmern, »Gefolgschaft« und NS-Regime ausgestaltet wurde.

Der Übergang in die Kriegswirtschaft erfolgte einerseits geplant, da bereits militärische Lieferverträge über Knäckebrot bestanden. Andererseits vermochte die wachsende Belieferung der Wehrmacht den zunächst stagnierenden Zivilumsatz nur zeitweilig zu kompensieren. Im Gegensatz zu Rüstungsproduzenten etwa der Flugzeugindustrie erzielte Bahlsen keinen Profitsprung, nahm aber nach Kräften mit, was das NS-Regime anbot. Das betraf zum einen ausländische Ersatzarbeitskräfte, die die durch Einberufungen entstandenen Belegschaftslücken auffüllten. Bei Bahlsen als Teil der Nahrungsmittelindustrie kamen vor allem Frauen zum Einsatz. Ab Ende Mai 1940 setzte das Unternehmen mehr als 200 durch die NS-Regelungen rassistisch diskriminierte Polinnen in seinem Werk in Hannover ein. Ab Sommer 1942 ersetzten Ukrainerinnen in wachsender Zahl die an Rüstungsbetriebe abgegebenen polnischen Zwangsarbeiterinnen. Beide Gruppen waren in Baracken auf der zum Unternehmen gehörende Plantage an der Podbielskistraße untergebracht und in ähnlicher Weise bei Arbeitslohn, Ernährung und Behandlung gegenüber deutschen Mitarbeiterinnen benachteiligt. Deutsche Stellen hatten sie in ihrer Heimat ausgehoben und etliche von ihnen waren zwangsweise nach Hannover verbracht worden. Zudem konnten sie ihre Beschäftigung im Bahlsen-Werk nicht einseitig aufkündigen. Insoweit war Bahlsen eindeutig Profiteur des nationalsozialistischen Zwangsarbeitssystems.

Insbesondere Werner Bahlsen setzte sich aber bei den Ukrainerinnen für punktuelle Verbesserungen ein, um ihnen etwa durch die Genehmigung zur Straßenbahnfahrt den Fußweg zur Fabrik zu ersparen. Auch die eingeräumte Möglichkeit zur regelmäßigen Nutzung der betrieblichen Sanitäranlagen zur Körperreinigung entsprach dem betrieblichen Interesse an hohen Hygieneanforderungen. Die überschaubare Zahl der Zwangsarbeiterinnen, die patriarchalische Tradition des Hauses und die produktionstechnischen Besonderheiten der Leichtindustrie verhinderten eine Brutalisierung des Arbeitsalltages, wie sie etwa im Bergbau oder in reinen Rüstungsunternehmen gang und gäbe war. Was die übergroße Mehrheit der in Deutschland eingesetzten Menschen, insbesondere die aus Polen oder der Sowjetunion verschleppten Zwangsarbeiter am sehnlichsten vermissten, nämlich eine ausreichende Ernährung, fanden die eingesetzten Frauen bei Bahlsen gleichsam am laufenden Band vor, da die Kalorienbeschaffung am Arbeitsplatz faktisch nicht zu unterbinden war. Auch deshalb blieb die Mortalität sehr gering.

Die 1942/43 erfolgte Übernahme der Treuhandverwaltung über eine Keksfabrik in Kiew bildete ebenfalls eine vom NS-Regime eröffnete ökonomische Chance. Werner Bahlsen, der sich persönlich mit einem kleinen Team deutscher Fachkräfte bemühte, den dortigen Betrieb auf den Bahlsen-Standard zu heben und die für die Versorgung der deutschen Truppen in der Ukraine gedachte Produktion deutlich zu steigern, verband damit die Hoffnung, den im Vergleich zum Stammwerk in Hannover doppelt so großen Betrieb am Ende übereignet zu bekommen. Im Hintergrund schwang auch die Option mit, zukünftig in weiter Entfernung von seinen Brüdern in einer »großeuropäischen« Dimension unternehmerisch tätig zu sein. Die zu Spitzenzeiten mehr als 2.000 Beschäftigten unterlagen in der Ukraine der Arbeitspflicht. Ukrainer und Ukrainerinnen ersetzten die zu Sowjetzeiten die Belegschaftsmehrheit stellenden Jüdinnen und Juden, die in großer Zahl bald nach der deutschen Besetzung von Einsatzgruppen und anderen Einheiten erschossen worden waren. Da der Betrieb neben dem Lohn auch Nahrung und Unterkunft bereitstellte, war die Arbeit in der Fabrik wegen des in Kiew grassierenden Hungers durchaus begehrt. Die beschäftigten Frauen betrachtete Werner Bahlsen aber auch als Arbeitskräftereserve, sodass er einige beispielsweise nach der Versetzung von Polinnen nach Hannover schickte, um sie dort anzulernen. Da sich Nachrichten über die dortige bessere Versorgungslage unter den Ukrainerinnen der Kiewer Keksfabrik von den zu Vorarbeiterinnen Aufgestiegenen verbreiteten, nahmen manche das mit einem Wechsel nach Hannover verbundene Risiko auf sich, um ihre Überlebenschancen zu verbessern. Die Zahl der nach Hannover abtransportierten Ukrainerinnen wuchs bis zur Aufgabe der Fabrik im September 1943 auf mehr als 300 Personen an.

Die Versorgung der Wehrmacht mit Dauerbackwaren, mit kalorien- und vitaminreichen Fruchtschnitten oder mit Notverpflegungen brachte das Unternehmen auch in Kontakt mit Fachleuten aus militärischen Stellen oder der SS, die mit Ersatzstoffen oder Zutaten experimentierten. Das überschnitt sich mit Aktivitäten von Klaus Bahlsen, der für Innovationen sorgen wollte. Die Kooperation mit den Militärs führte auch dazu, dass einige Betriebsabteilungen nach Gera verlagert wurden, wo in angepachteten Räumen eine Zweigfertigung aufgebaut wurde. Bahlsen belieferte weiterhin mehrheitlich die deutsche Zivilbevölkerung, wobei der Leibniz-Keks dabei insbesondere zur Kranken- und Kinderernährung diente. Der Bombenkrieg bescherte dem Unternehmen eine Sonderkonjunktur mit der Produktgruppe der Notverpflegungen, die zur Erstversorgung der Zivilbevölkerung verteilt wurden. Dass der Betrieb in Hannover 1944/45 mehrfach Bombentreffer hinnehmen musste, reihte das Unternehmen Bahlsen in die Reihe derjenigen ein, die sich am Ende als Opfer des Krieges präsentierten.

Tatsächlich waren das Unternehmen und die Unternehmer Bahlsen Nutznießer der NS-Diktatur und der Kriegswirtschaft. Ihr Produktivvermögen hatte sich gesteigert, sie selbst hatten noch nicht einmal Verletzungen zu erleiden. Die im Unternehmen tätigen Brüder Bahlsen hatten zwar den Weg in die NSDAP gefunden, jedoch in erster Linie nur ihre Funktion als Unternehmer fortgesetzt. Hierzu stellten sie ihre Tätigkeit auf die Bedingungen der NS-Diktatur oder die Nachfragesituation des Krieges ein und sicherten durch die Herstellung von Dauerbackwaren die Versorgungslage der deutschen Bevölkerung. Dadurch trugen sie dazu bei, die Regimeloyalität aufrechtzuerhalten. Das machte sie nicht zu Komplizen der verbrecherischen NS-Diktatur, aber zu dessen tatkräftigen Gehilfen.

Der politische Systemwechsel verlief für Bahlsen überraschend reibungslos. Man war kein Rüstungsunternehmen gewesen, und die Familie hatte sich im Nationalsozialismus nicht politisch exponiert. Da Nahrungsmittel dringend benötigt wurden, konnte Bahlsen sofort nach Kriegsende die Produktion wiederaufnehmen. Die Zerstörungen auf dem Werksgelände waren überschaubar und die Lager zunächst noch gut gefüllt. Die vom untergehenden NS-Staat ausgezahlten Entschädigungen für Fliegerschäden stellten ein wichtiges Startkapital für die Nachkriegszeit dar. Die Instandsetzung und Erweiterung der Fabrik wurde früh für zukunftsorientierte Modernisierungsmaßnahmen genutzt.

Auch wenn der Mangel an Rohstoffen schon bald ein großes Problem bildete und das Geschäft noch bis etwa 1952 belasten sollte, machte es die Herausbildung eines Verkäufermarktes Bahlsen leicht, die Produktion vollständig abzusetzen und den Wiederaufbau zielstrebig voranzubringen. Die Ware wurde dem Unternehmen buchstäblich aus den Händen gerissen, und es konnte Preise und Konditionen einseitig festlegen. Bis 1951 gelang die erstaunliche rasche Rückkehr zu den Produktionszahlen der Vorkriegszeit.

Es bereitete Bahlsen keine Mühe, mit der britischen Besatzungsmacht und den demokratischen Politikeliten kooperative Beziehungen aufzubauen. Angesichts der vielen Einschränkungen der Nachkriegsgesellschaft wurde das Unternehmen zu einer Solidargemeinschaft, die ihren Angehörigen bei der Bewältigung vieler Alltagsprobleme half. Der traditionelle Patriarchalismus lebte sofort wieder auf, während die NS-Arbeitsordnung praktisch keine Spuren hinterließ. Bahlsen knüpfte in dieser Hinsicht nahtlos an die Weimarer Verhältnisse an. Der damalige Betriebsratsvorsitzende kehrte wie selbstverständlich wieder in sein Amt zurück.

Die Übernahme der Verantwortung durch die zweite Generation vollzog sich unter heftigen Auseinandersetzungen zwischen den Brüdern. Diese Konflikte wurden aber durch die starke Rolle familienfremder leitender Angestellter abgemildert.

Das für viele Familienunternehmen maßgebliche Modell der Stammesherrschaft wurde nicht in Reinkultur umgesetzt, diente aber als Orientierungspunkt. Werner Bahlsen kristallisierte sich als die dominante Figur heraus. Er wurde aktiv von Hans und Klaus unterstützt, während Gerhards Interesse an dem Unternehmen sich im Wesentlichen auf die Finanzierung seines Lebensunterhaltes als Literat und Verleger beschränkte.

Bei allen Differenzen und Konflikten innerhalb der Familie blieb es bei dem unumstößlichen Grundsatz, dass das Unternehmen vollständig in ihrem Eigentum blieb. Dieser Konsens wurde durch Verträge untermauert, die unüberwindliche Schutzmauern gegen familienfremde Investoren errichteten. Die Konflikte der Familie eskalierten zu keiner Zeit so sehr, dass dieser Grundsatz fiel. Ganz im Gegenteil stärkte die Familie durch eine zurückhaltende Entnahmepolitik und eine langfristige Orientierung das Unternehmen.

Werner Bahlsen trat der CDU bei und wirkte am Aufbau des bundesdeutschen Verbändewesens mit. Sein Engagement war nur zum Teil persönlicher Art. Häufig waren es Mitglieder der Geschäftsführung bzw. Berater, die solche Aktivitäten übernahmen. Überhaupt ist die Rolle dieser Gruppe nicht hoch genug anzusetzen. Es gab einen Stamm kompetenter und überaus loyaler Führungskräfte – unter ihnen für die damalige Zeit ungewöhnlich viele Frauen –, die das Unternehmen stabilisierten und voranbrachten. Werner Bahlsen gelang auch eine partielle Vernetzung mit der bundesrepublikanischen Wirtschaftselite, ohne sich selber in der Öffentlichkeit zu exponieren. Zugleich übernahm er die Rolle eines großbürgerlichen Mäzens und war Mitglied der Hannoverschen Honoratiorenschaft.

1952 wurden die unmittelbaren Kriegsfolgen überwunden. Der Verkäufermarkt existierte jedoch weiter, und die hohe Wachstumsdynamik des Unternehmens brach vorerst noch nicht ab. Bahlsen erweiterte die Kapazitäten durch die Errichtung neuer Werke außerhalb Hannovers und die Akquisition von Konkurrenten. Man griff dabei auf Planungen zurück, die im Krieg unter gänzlich anderen Prämissen entstanden waren, sich aber problemlos auf die Verhältnisse der Bundesrepublik und Westeuropas übertragen ließen. Gleichzeitig wurde die Fertigung rationalisiert und teilweise verwissenschaftlicht. Elemente des Taylorismus und der Human-Relations-Ansatz zogen in den Betrieb ein.

Das Marketing gestaltete sich zunächst noch recht traditionell. Der Schwerpunkt lag bei der Ausgestaltung von Schaufenstern durch Dekorateure. Größere Anstrengungen waren im Verkäufermarkt nicht notwendig, um steigende Umsätze zu erzielen. Nach wie vor gab es einen Nachfrageüberhang und einen großen Hunger nach Bahlsen-Produkten, die sich nahtlos in das Panorama der entstehenden bundesdeutschen Konsumgesellschaft einpassten. Trotzdem wurde das Markenbild mit Hilfe führender Graphiker modernisiert und die Verpackungen gemeinsam mit Künstlern sehr attraktiv gestaltet.

Ein riesiges, straff organisiertes Korps von Reisenden hielt engen Kontakt zum Einzelhandel, der sich aufgrund seiner zersplitterten Strukturen in einer schwachen

Position befand. Nach wie vor konnten die Ladenbesitzer froh sein, die von ihnen gewünschten Warenmengen zu erhalten. Bahlsen schaltete durch die direkte Bearbeitung der Läden den Zwischenhandel aus und erhielt Marktinformationen aus erster Hand. Die persönliche Verbindung zwischen Reisenden und Ladenbesitzern sowie deren häufiges Aufeinandertreffen schufen eine besondere Vertrautheit und Loyalität, auch wenn sich Interessengegensätze nicht verbergen ließen, die in einem Fall zu einem allerdings nicht erfolgreichen Boykott von Bahlsen-Produkten durch Händler führten.

Die Arbeitsbeziehungen zeichneten sich durch einen traditionell patriarchalischen Zuschnitt aus, wobei es zwischen der Stammbelegschaft und Saison- sowie Teilzeitkräften eine klare Trennungslinie gab. Das Unternehmen bemühte sich erfolgreich, die Stammbelegschaft langfristig zu binden. Dabei nutzte es symbolische Mittel wie die Auszeichnung von Jubilaren, die Beschwörung der Tradition des Hauses, Betriebsfeiern und sozialpolitische Zusatzleistungen. Der Arbeitskräftemangel, zumal am Industriestandort Hannover, wurde im Zeichen der Vollbeschäftigung zu einem immer größeren Problem. Bahlsen reagierte mit innovativen Ansätzen und wurde zum Pionier der Beschäftigung von Teilzeitkräften und Gastarbeiterinnen.

Das Verhältnis zwischen den Brüdern gestaltete sich weiterhin schwierig, ohne dass die Kooperationsbereitschaft endgültig verloren gegangen wäre. Der grundsätzliche Konsens, das Familienunternehmen als solches bewahren zu wollen, hatte Bestand. Werner Bahlsen setzte sich als dominante Führungspersönlichkeit durch, ohne seine beiden am Geschäft interessierten Brüder Klaus und Hans zu verdrängen. Im Grunde genommen war Werner der einzige wirkliche Unternehmer in der zweiten Generation. Klaus und Hans distanzierten sich zeitweilig vom Unternehmen, um sich anschließend wieder anzunähern. Die Konstellationen schwankten und wurden von persönlichen Differenzen überschattet. Die Eigentumsverhältnisse änderten sich jedoch nur unwesentlich. Werner blieb weiterhin bei strategischen Entscheidungen auf deren Zustimmung angewiesen. Mit dem Eintritt Hermann Bahlsens, des Sohnes von Hans und des ersten Angehörigen der dritten Generation, in die Firmenleitung im Jahr 1960 entstand eine weitere Konfliktlinie.

Nach 1965 ging das stürmische Wachstum der »Wirtschaftswunderzeit« zu Ende. Rezessionen und der Ölpreisschock von 1973/74, Inflation und Arbeitslosigkeit trübten die bundesdeutsche Konjunktur. Zugleich differenzierte sich die Konsumgesellschaft weiter aus und verlangte mehr Variationen, aber auch preiswertere Angebote. Bahlsen reagierte mit einer Diversifikation des Sortiments. So kamen Kuchen, Knäckebrot sowie neuartige Snack- und Schokoladenprodukte hinzu. Ferner entstanden preiswerte Zweitmarken für die Kernprodukte. Weitere Mitbewerber wurden aufgekauft. Zudem wendete man sich erstmals und parallel zum Ausbau der EWG systematisch Exportmärkten zu, auch wenn sich deren Erschließung langwierig und verlustreich gestaltete. Jedoch bewährte sich hier die langfristige Orientierung des Familienunternehmens, das selbst anhaltende Anlaufverluste tolerierte. Bahlsen nutzte die Chancen zielstrebig, die sich aus der Liberalisierung des internationalen

Handels seit den 1960er Jahren ergaben. Zunächst stand der Aufbau von Vertriebsstrukturen, oft schon durch eigene Niederlassungen, im Vordergrund. Seit 1965 kamen auch Produktionsstätten in Österreich und danach in Spanien, Frankreich und in der Schweiz hinzu. 1969 wurde das Auslandsgeschäft unter dem Dach einer Schweizer Holding zusammengefasst. Mit diesem Schritt wollte man Mitbestimmungs-, Steuer- und Publizitätspflichten umgehen sowie politische Risiken verringern, die aus einer eventuellen sozialistischen Umgestaltung der Bundesrepublik erwachsen konnten.

Es bildete sich nun ein Käufermarkt heraus, der den Einfluss der Konsumenten erhöhte. Zugleich nahm deren Preissensibilität zu. Entsprechend reduzierten sich die Marktanteile des hochpreisigen Unternehmens nach 1969. Bahlsen steuerte mit der Intensivierung und Modernisierung der Werbung gegen. Erstmals wurden Werbeagenturen beauftragt, vermehrt Anzeigen und sogar teure Fernsehwerbung geschaltet. Wettbewerbe und erlebnisorientierte Kampagnen traten hinzu. Es ist bemerkenswert, dass Bahlsens Umsätze nach 1964 weiter stark stiegen, während aber die Renditen und die Eigenkapitalquoten schrumpften. Das Unternehmen befand sich in einer schleichenden Krise, auf die zunächst jedoch nicht entschieden reagiert wurde.

Ausgesprochen folgenreich war der Strukturwandel des Einzelhandels, der zunehmend in die Hände großer Ketten gelangte und auf Selbstbedienung setzte. Bahlsen ignorierte diese Entwicklung zunächst, musste sich aber bald schon auf die neuen Spielregeln einlassen. Dazu gehörte der Verlust der Preissouveränität, was 1974 durch den gesetzlichen Wegfall der Preisbindung der zweiten Hand zusätzlich verstärkt wurde. Die Erosion der Margen war unter diesen Vorzeichen unvermeidbar. Man befand sich in einem neuen Zeitalter. Sich daran anzupassen, fiel dem Traditionsunternehmen nicht leicht. Auch wenn darüber nachgedacht wurde, sich durch Fusionen mit großen Wettbewerbern zu stärken, kam es nicht zu einem solchen Quantensprung. Dafür war Bahlsen zu klein und zu kapitalschwach. Zudem war man nicht bereit, Macht mit familienfremden Akteuren zu teilen. Hier machte sich eine für Familienunternehmen typische Wachstumsschwelle bemerkbar.

Die Arbeitsbeziehungen blieben ebenfalls nicht von Veränderungen verschont. Es kam zu einer schrittweisen Aushöhlung der traditionellen Unternehmenskultur. Entlassungen selbst altgedienter Kräfte waren kein Tabu mehr. Der Zusammenhalt der Belegschaft schwächte sich ab. Jedoch waren die Arbeitsbeziehungen im starken Kontrast zur allgemeinen Entwicklung der bundesdeutschen Tariflandschaft nicht durch Konflikte und Arbeitskämpfe charakterisiert.

Das Verhältnis zu den spanischen »Gastarbeiterinnen« gestaltete sich ambivalent. Während der Patriarchalismus sich allgemein in Auflösung befand, entfaltete er gegenüber den jungen Spanierinnen eine eigentümliche Spätblüte. Werner Bahlsen gefiel sich in der Figur des fürsorglichen Patriarchen und ließ den Frauen eine intensive, in vielem großzügige Betreuung zukommen, für die er im Gegenzug allerdings Fleiß und Unterordnung erwartete. Diese Konstellation zerbrach, nachdem Bahlsen auf eine ungeschickte Weise die günstigen Akkordlöhne der Spanierinnen auf den Unternehmensdurchschnitt absenkte. Es kam zu einem wilden Streik, dem ersten längeren Arbeitskampf der Unternehmensgeschichte überhaupt. Dieser Bruch der patriarchalischen Harmonie erschütterte Werner Bahlsen zutiefst, der sofort kompromisslos reagierte und fristlose Entlassungen aussprach. Hinter der Fassade patriarchalischer Eintracht bestanden tiefe Gräben, die unerwartet aufbrachen. Unternehmensleitung und Spanierinnen gerieten in einen Grundsatzkonflikt und verloren die Fähigkeit zum konstruktiven Gespräch. Deutsche und ausländische Arbeitskräfte solidarisierten sich nicht. Sie interpretierten die Vorgänge unterschiedlich und hatten abweichende Rollen- und Ehrverständnisse. Schließlich erfuhren die Spanierinnen die Unterstützung der katholischen Kirche, die sich Werner Bahlsen als Leiter eines »evangelischen Unternehmens« verbat.

Auch in der Politik nahm der Gegenwind zu, was nicht nur an der Regierungsbeteiligung der SPD, sondern auch an den studentischen Protesten und den allgemeinen gesellschaftlichen Trends lag. Werner Bahlsen stemmte sich vergeblich gegen diese Strömungen. Er und seine Brüder deuteten die Umbrüche des Marktes und der Politik als das Ende einer Epoche. Es handelte sich, genau betrachtet, um die Epoche ihrer noch im Kaiserreich geborenen Generation.

Tatsächlich war die Unternehmensspitze mittlerweile unübersehbar überaltert. Das erprobte Zusammenspiel mit wichtigen familienfremden Führungskräften ging zu Ende, da diese verstarben oder in den Ruhestand eintraten. Ein rechtzeitiger Generationenwechsel innerhalb der Familie war unmöglich, denn Werners Söhne befanden sich vor 1975 noch in der Ausbildung und Klaus war kinderlos geblieben. Einzig der 1959 verstorbene Hans hatte mit Hermann einen Sohn, der bereits 1960 den Platz seines Vaters eingenommen hatte. Im Endeffekt hielt der alternde Patriarch weiterhin an der Macht fest, da es innerhalb der Familie keine Alternative gab und Familienexterne für die Unternehmensspitze nicht infrage kamen. Werner und Klaus Bahlsen führten das Unternehmen bis kurz vor ihrem Tod.

Der Gesellschaftervertrag von 1969 bestätigte das traditionelle Konzept, demzufolge das Eigentum an dem Unternehmen vollständig in den Händen der Familie zu bleiben habe. Die Einbringung von Anteilen in eine Stiftung, wie sie Klaus und Rut Bahlsen 1972 vornahmen, war ebenso möglich wie Verkäufe innerhalb der Familie. Durch letztere wurde Werner Haupteigentümer mit über 50 % der Anteile. Obwohl er seinen Kindern viele dieser Anteile schenkte, sorgte er dafür, stets das letzte Wort zu haben. So verwaltete er die unter Widerrufsvorbehalt geschenkten Anteile treuhänderisch.

Das Setzen auf Bewährtes entsprach der konservativen Grundausrichtung Werner Bahlsens. Die vorherrschenden Zeitströmungen, insbesondere die politischen Entwicklungen arbeiteten aber gegen ihn. Viele Gesetze widersprachen den Interessen des Unternehmens, wie die Erweiterung der Mitbestimmung und der Publizitätspflichten sowie die Abschaffung der Preisbindung. Der Versuch, mit anderen Unternehmern durch eine Anzeigenkampagne die SPD aus der Regierung fernzuhalten, scheiterte, während die Unterstützung für den Nachwuchsstar und künftigen Ministerpräsidenten der CDU, Ernst Albrecht, einen bemerkenswerten Erfolg brachte, für den das Unternehmen in einer schwierigen Umbruchphase jedoch mit einem völlig unerfahrenen Finanzvorstand zu zahlen hatte.

Die vorliegende Studie handelt von den Stärken und Schwächen eines Familienunternehmens. Wiederholt waren es biologische Tatsachen wie der frühe Tod des Gründers oder das zu niedrige Alter von Erben, die das Unternehmen vor Herausforderungen stellten, die es aber allen Schwierigkeiten zum Trotz überlebte. Familienfremde Führungskräfte auf der zweiten Ebene, insbesondere die Doppelrolle von Martha Hohmeyer als Ersatzmutter und Managerin, füllten nicht nur Lücken, sondern moderierten innerfamiliäre Konflikte und setzten wichtige Impulse.

Das Unternehmen entwickelte eine bemerkenswerte Resilienz, die sich zum einen aus seiner Innovationskraft und Qualitätsorientierung ergab, andererseits aber auch aus Kernelementen des Familienunternehmertums. So wurde auf Ausschüttungen verzichtet und durchgehend langfristig gedacht. Der Aufbau des Exportgeschäftes wurde mit einem langen Atem betrieben. Die Konflikte zwischen den Brüdern, so hart sie auch zum Teil waren, führten nicht zu einem Auseinanderbrechen des Unternehmens. Dieser Bruch ließ sich erst in den 1990er Jahren nicht mehr vermeiden, als die dritte Generation das Unternehmen in drei Teile aufspaltete. Bis dahin hielt die Familienraison allen Kräften der Entzweiung stand.

Verstärkt wurde die Kohäsion durch eine patriarchalische Unternehmenskultur, die vom Kaiserreich bis in die frühe Bundesrepublik ihre Schlüssigkeit und Stärke unabhängig vom jeweiligen politischen Kontext bewies. In den 1970er Jahren verlor der Paternalismus jedoch an Vitalität, und zwar sowohl in Bezug auf die Arbeitsbeziehungen als auch die Unternehmensführung.

Bahlsen zeichnete sich auch durch eine hohe Flexibilität in Bezug auf die politische Umwelt aus. Mit einer bemerkenswerten Anpassungsfähigkeit agierte das Unternehmen im Kaiserreich, in der Weimarer und der Bonner Republik ebenso wie im Nationalsozialismus, ohne sich in besonderer Weise exponieren oder grundsätzlich verändern zu müssen. Man suchte die geschäftlichen Chancen der jeweiligen Systeme und versuchte Eingriffe in die eigene Sphäre zu begrenzen.

Die größte Leistung betrifft die gelungene Überlebenssicherung, während im Untersuchungszeitraum sehr viele Konkurrenten scheiterten. Die Ursache lag in der hohen und beständigen Qualität der Bahlsen-Produkte und der schon angesprochenen Resilienz des Familienunternehmens. Zwei Weltkriege, drei politische Systemwechsel, eine Hyperinflation und zwei Weltwirtschaftskrisen zogen Bahlsen zwar in Mitleidenschaft, vermochten das Unternehmen jedoch nicht in den Abgrund zu reißen. Vielmehr verfügte es über starke Abwehrkräfte und eine erhebliche Anpassungs- und Zukunftsfähigkeit.

Dank

Seit dem Projektbeginn haben wir von verschiedenen Seiten erhebliche Unterstützung erfahren. Zunächst sind die Familie und das Unternehmen Bahlsen zu nennen, die sich erstmals zu einer vollständigen Öffnung ihres Archives für wissenschaftliche Forschungen entschlossen haben. Sie haben das Projekt großzügig finanziert, uns Autoren aber zu keinem Zeitpunkt inhaltliche Vorgaben oder Einschränkungen auferlegt. Ferner danken wir für die große Gesprächsbereitschaft. Auf diese Weise konnten wir manchen komplizierten Sachverhalt entschlüsseln und detaillierte Nachfragen stellen. Ein besonders enger Kontakt bestand zu Werner M. Bahlsen und seiner Tochter Verena.

Das Projekt wurde von einem wissenschaftlichen Beirat intensiv begleitet, dem Prof. Dr. Beate Fieseler (Universität Düsseldorf), Prof. Dr. Bertrand Perz (Universität Wien) und Prof. Dr. Mark Spoerer (Universität Regensburg) angehörten. Ihnen gebührt unser Dank für zahlreiche gute Ratschläge und hilfreiche Kommentare zu den verschiedenen Entwürfen unserer Manuskripte.

Die Leiterin des Bahlsen-Archivs, Dr. Birgit Nachtwey, hat uns nach Kräften unterstützt. Jannik Brinkmeyer, M.A., hat als studentische Hilfskraft die Ersterschließung des Bahlsen-Archivs vorgenommen und Tausende von Dokumenten und Bildern aufmerksam gescannt und uns so bei der Erstellung einer Materialgrundlage für das Buch ungemein geholfen. Marcus Gryglewski hat im Bundesarchiv Berlin und im Bundesarchiv-Militärarchiv Recherchen durchgeführt und wichtige Unterlagen eruiert. Kateryna Kobchenko stellte den Kontakt zu ehemaligen ukrainischen Zwangsarbeiterinnen her und war als Übersetzerin und Unterstützerin des Vorhabens unersetzlich. Den Archiven und Bibliotheken, die durch die Bereitstellung von Archivunterlagen und Fachliteratur zum Gelingen des Vorhabens beigetragen haben, ist ebenfalls zu danken. Christel Schikora unterstützte uns tatkräftig bei der Korrektur der Druckfahnen.

Dem Wallstein Verlag danken wir für die Aufnahme in sein Programm, insbesondere Herrn Prof. Thedel v. Wallmoden und Nikola Medenwald von der Geschäftsleitung. Hajo Gevers vom Lektorat Geschichtswissenschaft hat die Herstellung des Buches umsichtig und kompetent betreut.

Göttingen, im März 2024

Abkürzungsverzeichnis

AEL	Arbeitserziehungslager
BAH	Bahlsen Archiv Hannover
BAB	Bundesarchiv Berlin
BA-MA	Bundesarchiv-Militärarchiv Freiburg
BKK	Betriebskrankenkasse
DAF	Deutsche Arbeitsfront
DRK	Deutsches Rote Kreuz
Ebd.	ebenda
EG	Europäische Gemeinschaft
EWG	Europäische Wirtschaftsgemeinschaft
EVM	Ersatz-Verpflegungs-Magazin
GBA	Generalbevollmächtigter für den Arbeitseinsatz
GBC	General Biscuit Company
GBI	Generalbauinspektor für die Reichshauptstadt
GfK	Gesellschaft für Konsumforschung
JRSO	Jewish Restitution Successor Organization
NGG	Gewerkschaft Nahrung-Genuss-Gaststätten
NLA H	Niedersächsisches Landesarchiv Hannover
NSBO	Nationalsozialistische Betriebszellenorganisation
NSDAP	Nationalsozialistische Deutsche Arbeiterpartei
o. A.	ohne Autor
o. S.	ohne Seitenzählung
OKH	Oberkommando des Heeres
RKW	Reichskuratorium für Wirtschaftlichkeit
StdAH	Stadtarchiv Hannover
SS	Schutzstaffel
STAM	Staatsarchiv München
STAL	Staatsarchiv Ludwigsburg
WHW	Winterhilfswerk
WIPOG	Wirtschaftspolitische Gesellschaft von 1947
ZHO	Zentral-Handelsgesellschaft Ost

Verzeichnis der Abbildungen, Tabellen und Grafiken

Abbildungen

1: Bahlsenchronik, 2014, S. 12
2: Bahlsen Fotosammlung
3: Bahlsen Fotosammlung
4: Bahlsen Fotosammlung
5: BAH, R8, Nr. 245
6: BAH, R12, Nr. 32
7: Bahlsen Fotosammlung
8: Bahlsen Fotosammlung
9: Bahlsen Fotosammlung
10: BAH, R10, Nr. 591
11: Bahlsenchronik, 2014, S. 18
12: BAH, R10, Nr. 24
13: Bahlsenchronik, 2014, S. 12
14: BAH, R10, Nr. 602
15: BAH, R10, Nr. 156
16: Quelle: Privatsammlung Dr. Rolf Schober
17: BAH, R14, Nr. 1
18: BAH, R10, Nr. 602
19: BAH, R10, Nr. 606
20: BAH, R10, Nr. 606
21: BAH, R10, Nr. 606
22: BAH, R10, Nr. 606
23: BAH, R10, Nr. 606
24: Bahlsen Fotosammlung
25: Bahlsen Fotosammlung
26: Fotosammung Verkauf und Vertrieb 3 (BAH R7, Nr. 151)
27: Bahlsenchronik 2014, S. 182
28: Leibniz-Blätter, Juli 1959, S. 47
29: Bahlsenchronik 1964 S. 156
30: Bildsammlung Produktion Werk I (BAH, R7, Nr. 32)
31: Bildsammlung Produktion Werk I (BAH, R7, Nr. 32)
32: Bildsammlung Gebäcke und Packungen (BAH R7 Nr. 48)
33: Aufnahmen Warenplatzierungen (BAH, R7, Nr. 102)
34: Bahlsenchronik 2014, S. 79

35: Bildersammlung Dekoration der Werksdekorateure (BAH, R7, Nr. 180)
36: Bahlensenchronik 2014, S. 84
37: Leibnitz Blätter 3/72, S. 13
38: Bahlsenchronik 1964, S. 175
39: Leibniz-Blätter, August 1964, S. 22
40: Bahlsen, 1964, S. 150
41: Leibniz-Blätter, August 1964 S. 42
42: Bildersammlung Konsumbäckerei (BAH, R10, Nr. 215)
43: Fotosammlung Werk 1, Produktion (BAH, R7, Nr. 32)
44: Leibniz-Blätter, Oktober 1960, o. S.
45: Fotos Familiengeschichte (BAH, R7, Nr. 167)
46: Fotos Mitarbeiter (BAH, R7, Nr. 173)
47: Bahlsenchronik 2014, S. 182
48: Bahlsenchronik 2014, S. 183
49: Giese, Geschichte der Bahlsen-Werbung 1949-1981, o. S. (BAH, R11, Nr. 127)
50: Fotosammlung Verkauf und Vertrieb (BAH R7, Nr. 149)
51: Leibniz-Blätter, 2/73, S. 18
52: Fotosammlung Familiengeschichte (BAH, R7, Nr. 168)
53: Fotos Unternehmensleitung (BAH, R7, Nr. 172)

Tabellen

1: Geschäftszahlen der H. Bahlsens Keksfabrik KG, 1924-1928
2: Geschäftszahlen der H. Bahlsens Keksfabrik KG, 1929-1932
3: Geschäftszahlen der H. Bahlsens Keksfabrik KG, 1933-1939
4: Geschäftszahlen der H. Bahlsens Keksfabrik KG, 1940-1942
5: Geschäftszahlen der H. Bahlsens Keksfabrik KG, 1943-1944
6: Umsatz, Produktion und Mitarbeiter der H. Bahlsens Keksfabrik KG, 1938 und 1945-1953
7: Betriebswirtschaftliche Basisdaten der H. Bahlsens Keksfabrik KG in Mio. DM bzw. Prozent, 1953-1965
8: Gewinnverwendung und Abschreibungen, 1953-1964
9: Verteilung der Umsätze auf Produkte, 1955
10: Reisende, Produktion, Kunden und Umsatz, 1950-1963
11: Kunden nach Jahresumsätzen, 1954
12: Kundenstruktur, 1955
13: Beschäftigungsstruktur im Bahlsen-Werk I, Hannover, 1957-1960
14: Gewinnverteilung in Prozent, 1958-1962
15: Beteiligungsstruktur der Bahlsen-Gruppe, 1954-1958
16: Beteiligungsstruktur der Bahlsen-Gruppe, 1963

Grafiken

Verzeichnis der benutzten Archive

Arolsen Archives
Bahlsen Archiv Hannover (BAH)
Bundesarchiv Berlin (BAB)
Bundesarchiv-Militärarchiv Freibrug (BA-MA)
Landesarchiv Berlin
Landeskirchliches Archiv Hannover
Niedersächsisches Landesarchiv Hannover (NLA H)
Stadtarchiv Hannover (StdAH)
Staatsarchiv München (STAM)
Staatsarchiv Ludwigsburg (STAL)
Staatsarchiv des Kiewer Gebietes, Kiew, Ukraine

Literaturverzeichnis

Abelshauser, Werner, Deutsche Wirtschaftsgeschichte seit 1945, München 2004.

Adam, Hubertus, Hindenburgring und Grabmal Hohmeyer. Zwei Projekte Bernhard Hoetgers für Hannover aus den Jahren des 1. Weltkrieges, in: Hannoversche Geschichtsblätter 43 (1989), S. 57-84.

Albrecht, Ernst, Erinnerungen, Erkenntnisse, Entscheidungen. Politik für Europa, Deutschland und Niedersachsen, Göttingen 1999.

Altmann, Hendrik, Die Luftmunitionsanstalt 4/XI und die Untertageverlagerung »Löwe«: Höfer/Habighorst, Hannover 2019.

Andersen, Arne, Der Traum vom guten Leben. Alltags- und Konsumgeschichte vom Wirtschaftswunder bis heute, Frankfurt a. M. 1997.

Angrick, Andrej, Annihilation and Labor: Jews and Thoroughfare IV in Central Ukraine, in: Rax Brandin u. Wendy Lower (Hg.), The Shoah in Ukraine. History, Testimony, Memorialization, Bloomington 2008, S. 190-223.

Angrick, Andrej, Forced labor along the »Straße der SS«, in: United States Holocaust Memorial Museum (Hg.), Forced and slave labor in Nazi-dominated Europe, Washington, DC 2002, S. 83-92.

Anschütz, Janet u. Heike, Irmtrud, Feinde im eigenen Land. Zwangsarbeit in Hannover im Zweiten Weltkrieg, Bielefeld 2000.

Arbeitsdienst der NSDAP. Arbeitsgau 18 Niedersachsen Ost u. Schulze-Herringen, Kurt, Arbeitsgau 18 marschiert. Bildbericht vom Aufmarsch bei Gauparteitag am 24. und 25. Februar 1934 in Hannover, Hannover 1934.

Arbeitswissenschaftliches Institut der Deutschen Arbeitsfront (Hg.), Arbeitseignung und Arbeitsfähigkeit der Ostarbeiter in Deutschland, Berlin 1944.

Arnu, Titus, Hermann Bahlsen, Berlin 1999.

Auffarth, Sid, Der Architekt Karl Siebrecht (1875-1952), in: Hannoversche Geschichtsblätter 74 (2020), S. 191-212.

Bähr, Johannes u. Erker, Paul, Bosch. Geschichte eines Weltunternehmens, München 2013.

Bähr, Johannes u. Kopper, Christopher, Industrie, Politik. Der BDI und seine Vorgänger 1919-1990, Göttingen 2019.

Bähr, Johannes, Die deutsche Bankenkrise 1931, in: Eugen-Gutmann-Gesellschaft e. V. (Hg.), Finanzkrisen 1931, 2008, München 2011, S. 15-142.

Bahlsen GmbH & Co. KG, Corporate Communication u. Bahlmann, Christian (Hg.), Wer Keks sagt, meint Bahlsen, Hannover 2014.

H. Bahlsens Keksfabrik u. Kessler, Hansi, Bahlsen 1889-1964. Firmenchronik anläßlich des 75. Gründungstages, Hannover 1964.

Bajohr, Frank, »Arisierung« in Hamburg. Die Verdrängung der jüdischen Unternehmer 1933-1945, Hamburg 2003.

Bajohr, Frank, Prützmann, Hans Adolf, in: Franklin Kopitzsch u. Dirk Brietzke (Hg.), Hamburgische Biographie, Bd. 2, Hamburg 2003, S. 330 f.

Banken, Ralf, Hitlers Steuerstaat. Die Steuerpolitik im Dritten Reich, Berlin 2018.

Banken, Ralf, Die quantitative Entwicklung des bundesdeutschen Einzelhandels 1949-2000, in: GESIS Datenarchiv, Köln. ZA8418 Datenfile Version 1.0.0, https://doi.org/10.4232/1.10280., 2011.

Banken, Ralf, Schneller Strukturwandel trotz institutioneller Stabilität. Die Entwicklung des

deutschen Einzelhandels und die Entstehung des Massenkonsums 1949-2000, in: Jahrbuch für Wirtschaftsgeschichte (2007), II, S. 117-145.
Barkai, Avraham, Deutsche Unternehmer und Judenpolitik im »Dritten Reich«, in: Geschichte und Gesellschaft 15 (1989), S. 227-247.
Baum, Herwig, »Für die Stadt Kiew wird eine ›Fangaktion‹ vorbereitet«. Akteure und Praxis der Zwangsarbeiterrekrutierungen in der Ukraine während des Zweiten Weltkriegs, in: Karsten Linne u. Florian Dierl (Hg.), Arbeitskräfte als Kriegsbeute: Der Fall Ost- und Südosteuropa 1939-1945, Berlin 2011, S. 270-302.
Becker, Frank, »Menschenökonomie«. Arbeitswissen und Arbeitspraktiken in Deutschland 1925-1945, Frankfurt a. M. 2021.
Beil, Ralf (Hg.), Bernhard Hoetger – der Platanenhain. Ein Gesamtkunstwerk auf der Mathildenhöhe, München 2013.
Beitz, Else, »Das wird gewaltig ziehen und Früchte tragen!« Industriepädagogik in den Großbetrieben des 19. Jahrhunderts bis zum Ersten Weltkrieg, dargestellt am Beispiel der Firma Fried. Krupp, Essen 1994.
Berghahn, Volker, Hans-Günther Sohl als Stahlunternehmer und Präsident des Bundesverbandes der Deutschen Industrie, 1906-1989, Göttingen 2020.
Berghoff, Hartmut u. Rauh-Kühne, Cornelia, Fritz K.. Ein deutsches Leben im zwanzigsten Jahrhundert, Stuttgart 2000.
Berghoff, Hartmut, Moderne Unternehmensgeschichte. Eine themen- und theorieorientierte Einführung, 2. Aufl., Berlin 2016.
Berghoff, Hartmut u. a., Sartorius, 1970-2020, München 2021.
Berghoff, Hartmut, Von der »Reklame« zur Verbrauchslenkung. Werbung im nationalsozialistischen Deutschland, in: ders. (Hg.), Konsumpolitik. Die Regulierung des privaten Verbrauchs im 20. Jahrhundert, Göttingen 1999, S. 77-112.
Berghoff, Hartmut, Gefälligkeitsdiktatur oder Tyrannei des Mangels? Neue Kontroversen zur Konsumgeschichte des Nationalsozialismus, in: Geschichte in Wissenschaft und Unterricht 58/9 (2007), S. 502-518.
Berghoff, Hartmut, Marketing im 20. Jahrhundert. Absatzinstrument – Managementphilosophie – universelle Sozialtechnik, in: ders. (Hg.), Marketinggeschichte. Die Genese einer modernen Sozialtechnik, Frankfurt a. M. 2007, S. 11-58.
Berkhoff, Karel C., Harvest of Despair. Life and Death in Ukraine Under Nazi Rule, Cambridge/Mass. 2004.
Berkhoff, Karel C., »Wir sollen verhungern, damit Platz für die Deutschen geschaffen wird«. Hungersnöte in den ukrainischen Städten im Zweiten Weltkrieg, in: Babette Quinkert u. Jörg Moreé (Hg.), Deutsche Besatzung in der Sowjetunion 1941-1944. Vernichtungskrieg – Reaktionen – Erinnerung, Paderborn 2014, S. 54-75.
Bernett, Hajo, Nationalsozialistischer Volkssport bei »Kraft durch Freude«, in: Gertrud Pfister (Hg.), Zwischen Arbeitnehmerinteressen und Unternehmenspolitik. Zur Geschichte des Betriebssports in Deutschland, Sankt Augustin 1999, S. 71-103.
Biggeleben, Christoph; Steiner, Kilian u. Schreiber, Beate (Hg.), »Arisierung« in Berlin, Berlin 2007.
Blumenthal, Rachel, Right to reparation. The Claims Conference and the Holocaust survivors, Lanham 2021.
Böing, Jürgen, Die Einführung von Fließbandarbeit in Deutschland bis 1933. Zur Geschichte einer Sozialinnovation, Münster 1993.
Bömelburg, Hans-Jürgen, Lodz. Geschichte einer multikulturellen Industriestadt im 20. Jahrhundert, Paderborn 2022.

Boll, Friedhelm, Massenbewegungen in Niedersachsen 1906-1920. Eine sozialgeschichtliche Untersuchung zu den unterschiedlichen Entwicklungstypen Braunschweig und Hannover, Bonn 1981.
Bormann, Ralf, Ägyptomanie in Hannover, in: Bauwelt 106 (2015), Nr. 24, S. 30-37.
Brechtken, Magnus, Albert Speer. Eine deutsche Karriere, Berlin 2017.
Bredt, Otto, Die Betriebsuntersuchung. Wege und Formen, Berlin 1931.
Bredt, Otto, Individuelle Wirtschaftsführung. Konzentration oder Kooperation?, Berlin 1931.
Bredt, Otto, Branchenmäßige Betriebs-Untersuchung. Ein Beispiel aus der Praxis der Textilwirtschaft durchgeführt bei 8 Firmen des Tuchgroßhandels im Auftrage des Reichskuratoriums für Wirtschaftlichkeit (RKW), Berlin 1932.
Bredt, Otto, Bilanzanalyse und Betriebskritik, in: Technik und Wirtschaft 25 (1932), Nr. 9/10, S. 206-210.
Bredt, Otto, Die neue Zeit, in: Norbert Jacques, H. Bahlsens Keksfabrik 1889-1939, Hannover 1939, S. 100.
Bredt, Otto, Die volks- und betriebswirtschaftliche Bedeutung der vertikalen Preisbindung (VPB). Ein Beitrag zur sozialen Marktwirtschaft, Düsseldorf 1965.
Briesen, Detlef, Warenhaus, Massenkonsum und Sozialkritik. Zur Geschichte der Konsumkritik im 20. Jahrhundert, Frankfurt a. M. 2001.
Briesen, Detlef, Das gesunde Leben. Ernährung und Gesundheit seit dem 18. Jahrhundert, Frankfurt a. M. 2010.
Bruder, Franziska, »Den ukrainischen Staat erkämpfen oder sterben!« Die Organisation Ukrainischer Nationalisten (OUN) 1929-1948, Berlin 2007.
Brünger, Sebastian, Geschichte und Gewinn. Der Umgang deutscher Konzerne mit ihrer NS-Vergangenheit, Göttingen 2017.
Buchsweiler, Meir, Volksdeutsche in der Ukraine am Vorabend und Beginn des Zweiten Weltkriegs, ein Fall doppelter Loyalität?, Gerlingen 1984.
Büttner, Hans Wolfgang, Das Rationalisierungs-Kuratorium der Deutschen Wirtschaft, Düsseldorf 1973.
Büttner, Ursula, Weimar. Die überforderte Republik 1918-1933, Bonn 2010.
Buggeln, Marc, Der U-Boot-Bunker »Valentin«. Marinerüstung, Zwangsarbeit, Erinnerung, Bremen 2010.
Burmistr, Svetlana, Die »Minsker Zeitung«. Selbst- und Fremdbilder in der nationalsozialistischen Besatzungspresse, Berlin 2015.
Buschak, Willy, Von Menschen, die wie Menschen leben wollten. Die Geschichte der Gewerkschaft Nahrung-Genuss-Gaststätten und ihrer Vorläufer, Köln 1985.
Chandler, Alfred D., Scale and Scope. The Dynamics of Industrial Capitalism, Cambridge 1990.
Christians, Annemone, Tinte und Blech. Eine Pilotstudie zu Fritz Beindorff (1860-1944) und den Günther Wagner Pelikan-Werken im Nationalsozialismus, Hannover 2018.
Conrad, Benjamin, Deutschland und die Volksabstimmung in Oberschlesien 1919-1921. Der Weg zum Volksentscheid, Emigrantenfrage, Wahlergebnisse, in: David Skrabania u. Sebastian Rosenbaum (Hg.), Die Volksabstimmung in Oberschlesien 1921. Nationale Selbstbestimmung oder geopolitisches Machtspiel?, Paderborn 2023, S. 169-185.
Conze, Eckhard, Die große Illusion. Versailles 1919 und die Neuordnung der Welt, München 2020.
Corni, Gustav u. Gries, Horst, Brot – Butter – Kanonen. Die Ernährungswirtschaft in Deutschland unter der Diktatur Hitlers, Berlin 1997.
Dean, Martin, Collaboration in the Holocaust. Crimes of the Local Police in Belorussia and Ukraine, 1941-44, New York 2000.

Dean, Martin, Soviet Ethnic Germans and the Holocaust in the Reich Commissariat Ukraine, 1941-1944, in: Ray Brandon u. Wendy Lower (Hg.), The Shoa in Ukraine. History, Testimony, Memorialization, Indianapolis 2008, S. 248-271.
Demhardt, Imre Josef, Deutsche Kolonialgesellschaft 1888-1918. Ein Beitrag zur Organisationsgeschichte der deutschen Kolonialbewegung, Wiesbaden 2002.
Dempwolff, Uwe, Die Wirtschaft der Stadt Hannover vom Ende der Inflation bis zum Ausklingen der Weltwirtschaftskrise 1923-1933, Hannover: Techn. Univ. Diss. 1970.
Dick, Charles, Builders of the Third Reich. The Organisation Todt and Nazi forced labour, London 2021,
Dieckmann, Christoph, Das Scheitern des Hungerplans und die Praxis der selektiven Hungerpolitik im deutschen Krieg gegen die Sowjetunion, in: ders. u. Babette Quinkert (Hg.), Kriegführung und Hunger 1939-1945. Zum Verhältnis von militärischen, wirtschaftlichen und politischen Interessen, Göttingen 2015, S. 88-122.
Dietz, Bernhard, Der Aufstieg der Manager. Wertewandel in den Führungsetagen der westdeutschen Wirtschaft 1949-1989, Berlin 2020.
Disch, Wolfgang K. A., Der Groß- und Einzelhandel in der Bundesrepublik, Köln 1966.
Ditt, Karl, Rationalisierung im Einzelhandel: Die Einführung und Entwicklung der Selbstbedienung in der Bundesrepublik Deutschland, in: Michael Prinz (Hg.), Der lange Weg in den Überfluss. Anfänge und Entwicklung der Konsumgesellschaft seit der Vormoderne, Paderborn 2003, S. 315-356.
Dittberner, Jürgen, Der Wirtschaftsrat der CDU e.V., in: ders. u. Rolf Ebbighausen (Hg.), Parteiensystem in der Legitimationskrise. Studien und Materialien zur Soziologie der Parteien in der Bundesrepublik Deutschland, Opladen 1973, S. 200-228.
Dorn, Ralf Zwischen Ägyptomanie und architecture parlante – Bernhard Hoetgers TET-Stadt-Entwurf für Hermann Bahlsen, in: Hannoversche Geschichtsblätter 66 (2012), S. 67-90.
Drews, Joachim, Die »Nazi-Bohne«. Anbau, Verwendung und Auswirkung der Sojabohne im Deutschen Reich und Südosteuropa (1933-1945), Münster 2004.
Dubyk, Maryna, Arbeitseinsatz und Lebensbedingungen im Reichskommissariat Ukraine und im ukrainischen Gebiet unter Militärverwaltung (1941-1944), in: Dieter Pohl u. Tanja Sebta (Hg.), Zwangsarbeit in Hitlers Europa. Besatzung – Arbeit – Folgen, Berlin 2013, S. 195-213.
Durand, Yves, Vichy und der »Reichseinsatz«, in: Ulrich Herbert (Hg.), Europa und der »Reicheinsatz«. Ausländische Zivilarbeiter, Kriegsgefangene und KZ-Häftlinge in Deutschland, 1938-1945, Essen 1991, S. 184-199.
Ebert, Jens u.a., Die Versuchsanstalt. Landwirtschaftliche Forschung und Praxis der SS in Konzentrationslagern und eroberten Gebieten, Berlin 2021.
Eden, Sören, Die Verwaltung einer Utopie. Die Treuhänder der Arbeit zwischen Betriebs- und Volksgemeinschaft 1933-1945, Göttingen 2020.
Eichholtz, Dietrich, Geschichte der deutschen Kriegswirtschaft 1939-1945, Bd. 2: 1941-1943, Berlin 1985.
Eikel, Markus, »Weil die Menschen fehlen«. Die deutschen Zwangsrekrutierungen und -deportationen in den besetzten Gebieten der Ukraine 1941-1944, in: Zeitschrift für Geschichtswissenschaft 53 (2005), Nr. 5, S. 405-433.
Eikel, Markus, Arbeitsteilung und Verbrechen. Die ukrainische Lokalverwaltung unter deutscher Besatzung 1941-1944, in: Timm C. Richter (Hg.), Krieg und Verbrechen. Situation und Intention. Fallbeispiele, München 2006, S. 135-145.
Engel, Frauke, Hermann Bahlsen und Ägypten, in: Katja Lembke (Hg.), Faszination Nofretete. Bernhard Hoetger und Ägypten, Petersberg 2013, S. 74-80.

Engels, Jens Ivo, Alles nur gekauft. Korruption in der Bundesrepublik seit 1949, Darmstadt 2019.
Epple, Matthias, Die Wurzeln der vertikalen Preisbindung in Deutschland. Eine rechtshistorische Analyse, Baden-Baden 2014.
Erker, Paul, Zulieferer für Hitlers Krieg. Der Continental-Konzern in der NS-Zeit, Berlin 2020.
Erker, Paul, Die chemische Fabrik Joh A. Benckiser im Nationalsozialismus, Göttingen 2023.
Erker, Paul u. Fehlhaber, Nils, 150 Jahre Continental, Berlin 2021.
Falter, Jürgen W., Hitlers Parteigenossen. Die Mitglieder der NSDAP 1919-1945, Frankfurt a.M. 2020.
Fehlhaber, Nils, Netzwerke der »Achse Berlin-Rom«. Die Zusammenarbeit faschistischer und nationalsozialistischer Führungseliten 1933-1943, Köln 2019.
Ferber, Christian (Hg.), Die Dame. Ein deutsches Journal für den verwöhnten Geschmack 1912 bis 1943, Frankfurt a.M. 1980.
Finger, Jürgen; Keller, Sven u. Wirsching, Andreas, Dr. Oetker und der Nationalsozialismus. Geschichte eines Familienunternehmens 1933-1945, München 2013.
Flatow, Georg, Kommentar zum Betriebsrätegesetz, Berlin 1921.
Fleiter, Rüdiger, Stadtbaurat Karl Elkart und seine Beteiligung an der NS-Verfolgungspolitik, in: Hannoversche Geschichtsblätter 60 (2006), S. 135-149.
Fraunholz, Uwe, »Verwertung des Wertlosen«. Biotechnologische Surrogate aus unkonventionellen Eiweißquellen im Nationalsozialismus, Dresden 2008.
Frese, Matthias, Betriebspolitik im »Dritten Reich«. Deutsche Arbeitsfront, Unternehmer und Staatsbürokratie in der westdeutschen Großindustrie 1933-1939, Paderborn 1991.
Frieser, Karl-Heinz, Die Schlacht am Kursker Bogen, in: ders. (Hg.), Die Ostfront 1943/44. Der Krieg im Osten und an den Nebenfronten, München 2007 (Das Deutsche Reich und der Zweite Weltkrieg, Bd. 8) S. 83-208.
Freyberg, Thomas von, Industrielle Rationalisierung in der Weimarer Republik. Untersucht an Beispielen aus dem Maschinenbau und der Elektroindustrie, Frankfurt a.M. 1989.
Friedländer, Saul, Das Dritte Reich und die Juden. Die Jahre der Verfolgung 1933-1939, München 2000.
Friedman, Tovijah, Der Personal-Akt des SS-Obergruppenführers Hans Adolf Prützmann, der die Vernichtung der Juden in der Ukraine-Rußland in den Jahren 1941-43 leitete. Dokumentensammlung, Haifa 1997.
Friedman, Walter A., Birth of a Salesman. The Transformation of Selling in America, Cambridge/MA 2004.
Fuhrer, Armin u. Schön, Heinz, Erich Koch. Hitlers brauner Zar, Gauleiter von Ostpreußen und Reichskommissar der Ukraine, Reinbek 2018.
Fuhrmann, Uwe, Die Entstehung der »Sozialen Marktwirtschaft« 1948/49. Eine historische Dispositivanalyse, Konstanz 2017.
Gardiner, Rolf; Brodersen, Arvid u. Wyer, Karl, Nationalsozialismus vom Ausland gesehen. An die Gebildeten unter seinen Gegner, Berlin 1933.
Gerlach, Christian, Kalkulierte Morde. Die deutsche Wirtschafts- und Vernichtungspolitik in Weißrußland 1941 bis 1944, Hamburg 2012.
Gesin, Michael, The Destruction of the Ukrainian Jewry During World War II, Lewiston, NY; Queenston, Ontario 2006.
Gillespie, Richard, Manufacturing Knowledge. A History of the Hawthorne Experiments, Cambridge/UK 1991.
Glauning, Christine u. Nachama, Andreas, Zwischen allen Stühlen. Die Geschichte der italienischen Militärinternierten 1943-1945, Berlin 2016.

Glöckner, Olaf, The Collaboration of Ukrainian Nationalists with Nazi Germany, in: Martina Bitunjac u. Julius H. Schoeps (Hg.), Complicated Complicity. European Collaboration with Nazi Germany During World War II, Berlin 2021, S. 83-93.
Görtemaker, Manfred, Geschichte der Bundesrepublik Deutschland. Von der Gründung bis zur Gegenwart, München 1999.
Golczewski, Frank, Die Kollaboration in der Ukraine, in: Christoph Dieckmann, Babette Quinkert u. Tatjana Tönsmeyer (Hg.), Kooperation und Verbrechen. Formen der »Kollaboration« im östlichen Europa 1939-1945, Göttingen 2003, S. 151-182.
Goschler, Constantin, Die Politik der Rückerstattung in Westdeutschland, in: ders. u. Jürgen Lillteicher (Hg.), »Arisierung« und Restitution. Die Rückerstattung jüdischen Eigentums in Deutschland und Österreich nach 1945 und 1989, Göttingen 2002, S. 99-126.
Grabow, Wilhelm, Günther Wagner 1838-1938, Hannover 1938.
Gregor, Neil, Wissenschaft, Politik, Hegemonie. Zum Boom der NS-Unternehmensgeschichte, in: Norbert Frei u. Tim Schanetzky (Hg.), Unternehmen im Nationalsozialismus. Zur Historisierung einer Forschungskonjunktur, Göttingen 2010, S. 79-93.
Grelka, Frank, Die ukrainische Nationalbewegung unter deutscher Besatzungsherrschaft 1918 und 1941/42, Wiesbaden 2005.
Greve, Swantje, Das »System Sauckel«. Der Generalbevollmächtigte für den Arbeitseinsatz und die Arbeitskräftepolitik in der besetzten Ukraine 1942-1945, Göttingen 2019.
Grieger, Manfred, Sartorius im Nationalsozialismus. Generationswechsel im Familienunternehmen zwischen Weltwirtschaftskrise und Entnazifizierung, Göttingen 2018.
Gross, Raphael, Mächtiger als die Geschichte? Geschichte und historische Gerechtigkeit, in: Norbert Frei (Hg.), Geschichte vor Gericht. Historiker, Richter und die Suche nach Gerechtigkeit, München 2000, S. 164-172.
Grunenberg, Nina, Die Wundertäter. Netzwerke der deutschen Wirtschaft 1942-1966, München 2006.
Günther, Stephanie, Unpolitische Kommunalpolitik? Die Deutsche Volkspartei in der Weimarer Republik, Marburg 2011.
Hachtmann, Rüdiger, Lebenshaltungskosten und Reallöhne während des »Dritten Reiches«, in: Vierteljahrsschrift für Sozial- und Wirtschaftsgeschichte 75 (1988), Nr. 1, S. 32-77.
Hachtmann, Rüdiger, Die Deutsche Arbeitsfront im Zweiten Weltkrieg, in: Dietrich Eichholtz (Hg.), Krieg und Wirtschaft. Studien zur deutschen Wirtschaftsgeschichte 1939-1945, Berlin 1999, S. 69-107.
Hachtmann, Rüdiger, Die rechtliche Regelung der Arbeitsbeziehungen im Dritten Reich, in: Dieter Gosewinkel (Hg.), Wirtschaftskontrolle und Recht in der nationalsozialistischen Diktatur, Frankfurt a. M. 2005, S. 135-155.
Haepke, Nadine, Die TET-Stadt. Utopie einer ägyptischen Metropolis in Hannover, in: Katja Lembke (Hg.), Faszination Nofretete. Bernhard Hoetger und Ägypten, Petersberg 2013, S. 93-109.
Hammermann, Gabriele, Zwangsarbeit für den »Verbündeten«. Die Arbeits- und Lebensbedingungen der italienischen Militärinternierten in Deutschland 1943-1945, Tübingen 2002.
Hartewig, Karin, Der Stil des Hauses. Keks, Kunst und Kultur bei Bahlsen, Leipzig 2024.
Hauke, Reinhard, Das Landjahr – Ein Stück Erziehungsgeschichte unter dem Hakenkreuz, Gelnhausen 1997.
Hax, Herbert u. Pentzlin, Kurt (Hg.), Instrumente der Unternehmensführung, München 1973.
Heim, Susanne, Kalorien, Kautschuk, Karrieren. Pflanzenzüchtung und landwirtschaftliche Forschung in Kaiser-Wilhelm-Instituten, 1933-1945, Göttingen 2003.

Hein, Bastian, Elite für Volk und Führer. Die Allgemeine SS und ihre Mitglieder 1925-1945, München 2012.
Heise, Joachim S., Für Firma, Gott und Vaterland. Betriebliche Kriegszeitschriften im Ersten Weltkrieg, Das Beispiel Hannover, Hannover 2000.
Helferich, Andreas, Die Margarethenhöhe Essen. Architekt und Auftraggeber vor dem Hintergrund der Kommunalpolitik Essen und der Firmenpolitik Krupp zwischen 1886 und 1914, Weimar 2000.
Herbert, Ulrich, Fremdarbeiter. Politik und Praxis des »Ausländer-Einsatzes« in der Kriegswirtschaft des Dritten Reiches, Berlin 1985.
Herz, Rudolf, Hoffmann & Hitler. Fotografie als Medium des Führer-Mythos, München 1994.
Heyde, Philipp, Das Ende der Reparationen. Deutschland, Frankreich und der Youngplan 1929-1932, Paderborn 1998.
Hielscher, Stefan u. Beckmann, Markus, Social Entrepreneurship und Ordnungspolitik. Zur Rolle gesellschaftlicher Change Agents am Beispiel des Kruppschen Wohlfahrtsprogramms, in: Ordo. Jahrbuch für Ordnung von Wirtschaft und Gesellschaft 60 (2009), S. 435-461.
Hillebrecht, Rudolf, Hermann Bahlsen und die Architektur, in: H. Bahlsens Keksfabrik KG (Hg.), Hermann Bahlsen, Hannover 1969, S. 3-16.
Hillmann, Gisela, Die Geschichte der Markenartikelpackung. Verpackungsdesign im Licht historischer Kultur- und Umweltforschung, dargestellt am Beispiel der TET-Packung und der Unternehmensgeschichte der H. Bahlsens Keksfabrik KG Hannover im Zeitraum von 1889-1919, Kassel: Univ. Diss. 1996.
Himka, John-Paul, Ukrainian Nationalists and the Holocaust. OUN and UPA's Participation in the Destruction of Ukrainian Jewry, 1941-1944, Stuttgart 2021.
Historische Gesellschaft der Deutschen Bank (Hg.), Die Deutsche Bank in Hannover, München 2006.
Hobsbawm, Eric, Das Zeitalter der Extreme. Weltgeschichte des 20. Jahrhunderts, München 1995.
Hock, Wolfgang, Deutscher Antikapitalismus. Der ideologische Kampf gegen die freie Wirtschaft im Zeichen der großen Krise, Frankfurt a. M. 1960.
Hoeres, Peter, Zeitung für Deutschland. Die Geschichte der FAZ, 2. Aufl., Salzburg 2019.
Hofen, Mathias von, Der Vertrag von Brest-Litowsk. Frieden zwischen dem revolutionären Russland und den Mittelmächten, Erfurt 2018.
Hopmann, Benedikt, Das Betriebsrätegesetz von 1920, in: Isaf Gün u. a. (Hg.), Gegenmacht statt Ohnmacht. 100 Jahre Betriebsverfassungsgesetz. Der Kampf um Mitbestimmung, Gemeineigentum und Demokratisierung, Hamburg 2020, S. 42-57.
Huber, Florian, Kind versprich mir, dass du dich erschießt. Der Untergang der kleinen Leute 1945, Berlin 2015.
Humann, Detlev, »Arbeitsschlacht« – Arbeitsbeschaffung und Propaganda in der NS-Zeit 1933-1939, Göttingen 2011.
Huttenlocher, Kristina, Appel Feinkost. Ein Familienunternehmen im Wandel der Zeit, Springe 2013.
Huttenlocher, Kristina, Sprengel. Die Geschichte der Schokoladenfabrik, Springe 2016.
Huttenlocher, Kristina, Menschen in der Fabrik. Industriefotografie in Konsumgüterfirmen 1895 bis 1970, Berlin 2022.
Irrgang, Christina, Hitlers Fotograf. Heinrich Hoffmann und die nationalsozialistische Bildpolitik, Bielefeld 2020.
Jacobeit, Wolfgang u. Kopke, Christoph, Biologisch-dynamische Wirtschaftsweise im KZ. Die

Güter der »Deutschen Versuchsanstalt für Ernährung und Verpflegung« der SS von 1939 bis 1945, Berlin 2002.
Jacobs, Tino, Rauch und Macht. Das Unternehmen Reemtsma 1920 bis 1961, Göttingen 2008.
Jacques, Norbert, H. Bahlsens Keksfabrik 1889-1939, Hannover 1939.
Jacques, Norbert, Mit Lust gelebt. Roman meines Lebens, St. Ingbert 2004.
Jaeger, Hans, Knoop, Ludwig, in: Neue Deutsche Biographie, Bd. 12, Berlin 1980, S. 212 f.
James, Harold, Die Deutsche Bank und die »Arisierung«, München 2001.
James, Harold, Krupp. Deutsche Legende und globales Unternehmen, München 2011.
Johanson, Jan u. Vahlne, Jan-Erik, The Internationalization Process of the Firm. A Model of Knowledge Development and Increasing Foreign Market Commitments, in: Journal of International Business Studies 8 (1977), Nr. 1, S. 23-32.
Jokiel, Sabine, »Im Dezember 1944 wurde Ulm bombardiert, und ich floh«, in: Dokumentationszentrum Oberer Kuhberg Ulm e. V. u. Silvester Lechner (Hg.), Schönes schreckliches Ulm. 130 Berichte ehemaliger polnischer Zwangsarbeiterinnen und Zwangsarbeiter, die in den Jahren 1940 bis 1945 in die Region Ulm/Neu-Ulm verschleppt worden waren, Ulm 1997, S. 180.
Jones, Mark, 1923. Ein deutsches Trauma, Berlin 2023.
Kadar, Gabor u. Vagi, Zoltan, Theorie und Praxis. Die ökonomische Vernichtung der ungarischen Juden, in: Brigitte Mihok (Hg.), Ungarn und der Holocaust. Kollaboration, Rettung und Trauma, Berlin 2005, S. 55-71.
Kaienburg, Hermann, Jüdische Arbeitslager an der »Straße der SS«, in: 1999. Zeitschrift für Sozialgeschichte des 20. und 21. Jahrhunderts 1 (1996), Nr. 1, S. 13-39.
Kanther, Michael, Zur Geschichte der Wohnungswirtschaft des Krupp-Konzerns und der Krupp-Siedlungen im Ruhrgebiet von 1861 bis zum Beginn der »Stahlkrise« 1975, in: Essener Beiträge 120 (2007), S. 129-206.
Karlsch, Rainer; van de Kerkhof, Stefanie u. Schneider-Braunberger, Andrea H., Waffeningenieure im Zwielicht. Die Mauserwerke, die HASAG und die Gründungsgeschichte von Heckler & Koch, München 2024.
Kaspar, Fred, Behelfsheime für Ausgebombte. Bewältigung des Alltäglichen im »Totalen Krieg« – Münsters Bürger ziehen aufs Land, Petersberg 2011.
Katchanovski, Ivan, The OUN, the UPA, and the Nazi Genocide in Ukraine, in: Peter Black, Béla Rásky u. Marianne Windsperger (Hg.), Collaboration in Eastern Europe during the Second World War and the Holocaust, Hamburg 2019, S. 177-203.
Kellmann, Klaus, Dimensionen der Mittäterschaft. Die europäische Kollaboration mit dem Dritten Reich, Wien 2019.
Kershaw, Ian, Hitler. Bd. 1: 1889-1936, Stuttgart 1998.
Kiekenap, Bernhard, Der Stellvertreter aus Krähenwinkel. Biographische Notizen über Kurt Schmalz (1906-1964), Braunschweig 2012.
Klein, Dagmar, Der Expressionist Willy Jaeckel (1888-1944). Gemälde – Biographie – Künstlerbriefe, Köln 1990.
Klein, Peter (Hg.), Die Einsatzgruppen in der besetzten Sowjetunion. Tätigkeits- und Lageberichte der Einsatzgruppen der Sicherheitspolizei und des SD, Berlin 1997.
Kleinschmidt, Christian, Der produktive Blick. Wahrnehmung amerikanischer und japanischer Management- und Produktionsmethoden durch deutsche Unternehmer 1950-1985, Berlin 2002.
Kleinschmidt, Christan, Das »1968« der Manager. Fremdwahrnehmung und Selbstreflexion einer sozialen Elite in den 1960er Jahren, in: Jan Otmar Hesse, Christian Kleinschmidt u.

Karl Lauschke (Hg.), Kulturalismus, Neue Institutionenökonomik oder Theorievielfalt. Eine Zwischenbilanz der Unternehmensgeschichte, Essen 2002, S. 19-31.
Kleinschmidt, Christian, Konsumgesellschaft, Verbraucherschutz und Soziale Marktwirtschaft. Verbraucherpolitische Aspekte des »Modell Deutschland« (1947-1975), in: Jahrbuch für Wirtschaftsgeschichte, 2006, II, S. 13-28.
Kleßmann, Christoph, Die doppelte Staatsgründung. Deutsche Geschichte 1945-1955, Bonn 1991.
Knab, Sophie Hodorowicz, Wearing the Letter P. Polish women as forced laborers in Nazi Germany 1939-1945, New York 2016.
Knortz, Heike, Deutsche Wirtschaftsgeschichte der Weimarer Zeit, Göttingen 2021.
Köhler, Ingo, Auto-Identitäten. Marketing, Konsum und Produktbilder des Automobils nach dem Boom, Göttingen 2018.
Köhler, Ingo, »Havarie der Schönwetterkapitäne«? Die Wirtschaftswunder-Unternehmer in den 1970er Jahren, in: ders. u. Roman Rossfeld (Hg.), Pleitiers und Bankrotteure. Geschichte des ökonomischen Scheiterns vom 18. bis 20. Jahrhundert, Frankfurt a. M. 2012, S. 251-283.
Koll, Johannes, Arthur Seyss-Inquart und die deutsche Besatzungspolitik in den Niederlanden, Wien 2015.
Koop, Volker, Alfred Rosenberg. Der Wegbereiter des Holocaust, Köln 2016.
Kopke, Christoph, Der »Ernährungsinspektor der Waffen-SS«. Zur Rolle des Mediziners Ernst Günther Schenck im Nationalsozialismus, in: ders. (Hg.), Medizin und Verbrechen. Festschrift zum 60. Geburtstag von Walter Wuttke, Ulm 2001, S. 208-220.
Korda, Rolf Martin, Für Bürgertum und Business. Die »Frankfurter Allgemeine Zeitung«, in: Michael Wolf Thomas (Hg.), Portraits der deutschen Presse. Politik und Profit, Berlin 1980, S. 81-96.
Kulitz, Peter, Unternehmerspenden an politische Parteien, Berlin 1983.
Kutsch, Lothar (Hg.), Spanier – Espanoles. Ihr Leben in Barsinghausen 1960 bis 1975, Barsinghausen 2017.
Kutzner, Maximilian, Marktwirtschaft schreiben. Das Wirtschaftsressort der Frankfurter Allgemeinen Zeitung 1949 bis 1992, Tübingen 2019.
Lehmensiek, Uwe, Ein »Familienbetrieb« und sein Management: Bahlsen, in: Michael Buckmiller, Reinhard Jacobs u. Hannelore Renners (Hg.), Arbeiterbewegung und Betrieb. Beiträge zu einer anderen Geschichte Hannovers. Für Christan Riechers (1936-1993), Hannover 1996, S. 313-330.
Lehmensiek, Uwe, Von der Cakes-Fabrik zur Bahlsen-Gruppe. Zur Betriebs- und Belegschaftsgeschichte der Firma Bahlsen, Hannover 1996.
Lemmes, Fabian, Arbeiten in Hitlers Europa. Die Organisation Todt in Frankreich und Italien 1940-1945, Wien 2021.
Lenzner, Klaus, Gift in der Nahrung. Eine Warnung, zugleich ein Aufruf zur Rückkehr zu unverfälschter Nahrung, Leipzig 1933.
Leonhard, Jörg, Die Büchse der Pandora. Geschichte des Ersten Weltkriegs, München 2014.
Levit, Georgy S., Ein Gründergeist in zwei Gesellschaftsepochen. Die Rolle von Wilhelm Ziegelmayer in der Geschichte der Ernährungswissenschaft, in: Annals of the History and Philosophy of Biology 25 (2020), S. 29-64.
Liebrandt, Hannes, »Das Recht mich zu richten, spreche ich Ihnen ab!« Der Selbstmord der nationalsozialistischen Elite 1944/45, Paderborn 2017.
Liebscher, Daniela, Faschismus als Modell. Die faschistische Opera Nazionale Dopolavoro und die NS-Gemeinschaft »Kraft durch Freude« in der Zwischenkriegszeit, in: Sven Rei-

chardt (Hg.), Faschismus in Italien und Deutschland. Studien zu Transfer und Vergleich, Göttingen 2012, S. 94-118.

Lilla, Joachim, Die Stellvertretenden Gauleiter und die Vertretung der Gauleiter der NSDAP im »Dritten Reich«, Koblenz 2003.

Lindman, Kai, Das Notgeld von Niedersachsen. Katalog des geprägten und gedruckten Notgeldes von Niedersachsen und verwandter und ähnlicher Ausgaben, Bezirk Hannover, Sassenburg 1991.

Lindner, Erik, Die Reemtsmas. Geschichte einer deutschen Unternehmerfamilie, Hamburg 2007.

Lischber, Eva u. Algermissen, Gundolf, 1. Mai – Hannover in der Weimarer Republik, Hannover 1983.

Lotfi, Gabriele, KZ der Gestapo. Arbeitserziehungslager im Dritten Reich, Stuttgart 2000.

Lower, Wendy, Hitlers »Garden of Eden« in Ukraine. Nazi Colonialism, »Volksdeutsche«, and the Holocaust, 1941-1944, in: Jonathan Petropoulos u. John K. Roth (Hg.), Gray zones. Ambiguity and compromise in the Holocaust and its aftermath, New York 2005, S. 185-204.

Lüdtke, Helga, Der Bubikopf. Männlicher Blick – weiblicher Eigensinn, Göttingen 2021.

Luh, Andreas, Betriebssport bei Siemens. Vom Kaiserreich bis in die bundesdeutsche Gegenwart, in: SportZeichen 15 (2015), Nr. 3, S. 7-45.

Märkisch, Anneliese, Willy Jaeckel, Dresden 1974.

Marßolek, Inge, Vom Proletarier zum »Soldaten der Arbeit«. Zur Inszenierung der Arbeit am 1. Mai 1933, in: Marc Buggeln u. Michael Wildt (Hg.), Arbeit im Nationalsozialismus, München 2014, S. 215-228.

Maus, Christian, Der ordentliche Professor und sein Gehalt. Die Rechtsstellung der juristischen Ordinarien an den Universitäten Berlin und Bonn zwischen 1810 und 1945 unter besonderer Berücksichtigung der Einkommensverhältnisse, Göttingen 2013.

Meindl, Ralf, Ostpreußens Gauleiter Erich Koch. Eine politische Biographie, Osnabrück 2007.

Melzer, Jörg, Vollwerternährung. Diätetik, Naturheilkunde, Nationalsozialismus, sozialer Anspruch, Stuttgart 2003.

Merl, Stephan, Die Hungersnot 1932/1933 in der Ukraine – ein Völkermord?, in: Wolfgang Benz (Hg.), Die Ukraine – Kampf um Unabhängigkeit. Geschichte und Gegenwart, Berlin 2023, S. 175-198.

Merta, Sabine, Wege und Irrwege zum modernen Schlankheitskult. Diätkost und Körperkultur als Suche nach neuen Lebensstilformen 1880-1930, Stuttgart 2003.

Messe- und Ausstellungs-GmbH u. Darré, Walther, Kampf um 1 ½ Milliarden. Kampf dem Verderb, Kampf gegen Sachwertverluste in der Volkswirtschaft. Ausstellung in Köln vom 23. bis 31. Oktober 1936, Köln-Deutz 1936.

Meyer, Reiner, Die Reklamekunst der Keksfabrik Bahlsen in Hannover von 1889-1945, Phil. Diss. Göttingen, Münster 1999.

Milert, Werner u. Tschirbs, Rudolf, Die andere Demokratie. Betriebliche Interessenvertretung in Deutschland 1848 bis 2008, Essen 2012.

Mlynek, Klaus u. Röhrbein, Waldemar R. (Hg.), Hannover Chronik: Von den Anfängen bis zur Gegenwart, Zahlen • Daten • Fakten, Hannover 1991.

Mlynek, Klaus u. Röhrbein, Waldemar R. (Hg.), Geschichte der Stadt Hannover, Bd. 2: Vom Beginn des 19. Jahrhunderts bis in die Gegenwart, Hannover 1994.

Mommsen, Hans, Klassenkampf oder Mitbestimmung. Zum Problem der Kontrolle wirtschaftlicher Macht in der Weimarer Republik, Köln 1978.

Mommsen, Hans, Die verspielte Freiheit. Der Weg der Republik von Weimar in den Untergang 1918 bis 1933, Berlin 1990.

Mommsen, Hans u. Grieger, Manfred, Das Volkswagenwerk und seine Arbeiter im Dritten Reich, Düsseldorf 1996.
Motadel, David, Für Prophet und Führer. Die islamische Welt und das Dritte Reich, Stuttgart 2017.
Müller, Rolf-Dieter; Schönherr, Nicole u. Widera, Thomas (Hg.), Die Zerstörung Dresdens 13. bis 15. Februar 1945. Gutachten und Ergebnisse der Dresdner Historikerkommission zur Ermittlung der Opferzahlen, Göttingen 2010.
Musial, Bogdan, Sowjetische Partisanen 1941-1944. Mythos und Wirklichkeit, Paderborn 2009.
Nagel, Bernhard u. Köklü, Alper, Mark ist gleich Mark. Der Gesetzespositivismus des Reichsgerichts und die Hyperinflation des Jahren 1923, Berlin 2006.
Neumärker, Uwe; Nachama, Andreas u. Baumann, Ulrich (Hg.), Massenerschießungen. Der Holocaust zwischen Ostsee und Schwarzem Meer 1941-1944, Berlin 2016.
Niethammer, Lutz (Hg.), Tengelmann im Dritten Reich. Ein Familienunternehmen des Lebensmittelhandels und der Nationalsozialismus, Essen 2020.
Nietzel, Benno, Das letzte Kapitel der Wiedergutmachung? Die Stiftung »Erinnerung, Verantwortung und Zukunft« und die Entschädigung für NS-Zwangsarbeit, in: Constantin Goschler u.a. (Hg.), Die Entschädigung von NS-Zwangsarbeit am Anfang des 21. Jahrhunderts, Bd. 1: Die Stiftung. Der Abschluss der deutschen Wiedergutmachung, Göttingen 2012, S. 235-303.
Nitz, Wenke, »Fort mit dem nationalen Kitsch!« Die Reglementierung des Umgangs mit politischen Symbolen im Nationalsozialismus, in: Vittoria Borsò, Christiane Liermann u. Patrick Merziger (Hg.), Die Macht des Populären. Politik und populäre Kultur im 20. Jahrhundert, Bielefeld 2010, S. 115-144.
Oertzen, Christine von, Teilzeitarbeit und die Lust am Zuverdienen. Geschlechterpolitik und gesellschaftlicher Wandel in Westdeutschland 1948-1969, Göttingen 1999.
Oertzen, Christine von, Teilzeitarbeit für die »moderne« Ehefrau: Gesellschaftlicher Wandel und geschlechtsspezifische Arbeitsteilung in den 1960er Jahren, in: Matthias Frese, Julia Paulus u. Karl Teppe (Hg.), Demokratisierung und gesellschaftlicher Aufbruch. Die sechziger Jahre als Wendezeit der Bundesrepublik, Paderborn 2003, S. 63-81.
Ohler, Norman, Der totale Rausch. Drogen im Dritten Reich, Köln 2015.
Patzel-Mattern, Katja, Ökonomische Effizienz und gesellschaftlicher Ausgleich. Die industrielle Psychotechnik in der Weimarer Republik, Stuttgart 2010.
Pehnt, Wolfgang, Architektur des Expressionismus, Ostfildern 1998.
Penter, Tanja, Kohle für Stalin und Hitler. Arbeiten und Leben im Donbass 1929 bis 1953, Essen 2010.
Penter, Tanja u. Tytarenko, Dmytro, Der Holodomor, die NS-Propaganda in der Ukraine und ihr schwieriges Erbe, in: Vierteljahrshefte für Zeitgeschichte 69 (2021), Nr. 4, S. 633-667.
Pentzlin, Kurt, Die Zukunft des Familienunternehmens. Erfolgreich von Generation zu Generation, Düsseldorf 1976.
Pentzlin, Kurt, Beruf und Berufung, in: Herbert Hax u. Kurt Pentzlin (Hg.), Instrumente der Unternehmensführung, München 1973, S. 15-19.
Petrak, Kirsten, Petzina, Dietmar u. Plumpe, Werner (Hg.), Adenauers Welt. Ein Lesebuch zur Alltags- und Sozialgeschichte der frühen Republik, Essen 2006.
Petschat, Stefanie Jette, 100 Jahre WDT. Mit Tradition in die Zukunft, Hannover 2004.
Pfleiderer, Doris, Deutschland und der Youngplan. Die Rolle der Reichsregierung, Reichsbank und Wirtschaft bei der Entstehung des Youngplans, Stuttgart: Univ. Diss. 2002.
Plumpe, Werner, Betriebliche Mitbestimmung in der Weimarer Republik. Fallstudien zum Ruhrbergbau und zur Chemischen Industrie, München 1999.

Pohl, Dieter, Schauplatz Ukraine. Der Massenmord an den Juden im Militärverwaltungsgebiet und im Reichskommissariat 1941-1943, in: Christian Hartmann u.a. (Hg.), Der deutsche Krieg im Osten 1941-1944. Facetten einer Grenzüberschreitung, München 2009, S. 155-196.
Pollmann, Wilhelm, Kommerzienrat Senator Dr.-Ing. E.h. Fritz Beindorff zu seinem 75. Geburtstag am 29. April 1935, Hannover 1935.
Proske, Wolfgang, Dr. Conrad Gröber als förderndes Mitglied der SS, in: Freiburger Diözesan-Archiv 136 (2016), S. 275-286.
Püschel, Almuth, Smigielska, Cornelia u. Peszke, Adam, Ein polnisches Menschenschicksal. Das Leben und Sterben von Bronislawa Czubakowska aus Zgierz, Potsdam 2006.
Pufendorf, Astrid von, Otto Klepper (1888-1957). Deutscher Patriot und Weltbürger, München 1997.
Pyta, Wolfram, Hindenburg. Herrschaft zwischen Hohenzollern und Hitler, München 2009.
Rauh-Kühne, Cornelia, Die Entnazifizierung und die deutsche Gesellschaft, in: Archiv für Sozialgeschichte 35 (1995), S. 35-70.
Reckendrees, Alfred, Konsummuster im Wandel. Haushaltsbudgets und Privater Verbrauch in der Bundesrepublik Deutschland 1952-98, in: Jahrbuch für Wirtschaftsgeschichte 48 (2007), II, S. 29-61.
Reidegeld, Eckart, Staatliche Sozialpolitik in Deutschland. Bd. 2: Sozialpolitik in Demokratie und Diktatur 1919-1945, Wiesbaden 2006.
Reith, Reinhold, »Hurra die Butter ist alle!« – »Fettlücke« und »Eiweißlücke« im Dritten Reich, in: Michael Pammer, Herta Neiß u. Michael John (Hg.), Erfahrung der Moderne. Festschrift für Roman Sandgruber zum 60. Geburtstag, Stuttgart 2007, S. 403-426.
Reitzenstein, Julien, Himmlers Forscher. Wehrwissenschaft und Medizinverbrechen im »Ahnenerbe« der SS, Paderborn 2014.
Richter, Ludwig, Die Deutsche Volkspartei 1918-1933, Düsseldorf 2002.
Rick, Kevin, Verbraucherpolitik in der Bundesrepublik Deutschland. Eine Geschichte des westdeutschen Konsumtionsregimes, 1945-1975, Baden-Baden 2018.
Riebensahm, Paul, Der Zug nach U.S.A. Gedanken nach einer Amerika-Reise 1924, Berlin 1925.
Ritschl, Albrecht, Die Währungsreform von 1948 und der Wiederaufstieg der westdeutschen Industrie. Zu den Thesen von Mathias Manz und Werner Abelshauser über die Produktionswirkungen der Währungsreform, in: Vierteljahrshefte für Zeitgeschichte 33 (1985), Nr. 1, S. 136-165.
Rodenberg, Markus, Gelebte Räume. Behelfsheime für Ausgebombte in Franken, Bad Windsheim 2020.
Waldemar R. Röhrbein, Beindorff, Fritz, in: Dirk Böttcher u.a. (Hg.), Hannoversches Biographisches Lexikon, Hannover 2002, S. 47.
Röhrbein, Waldemar R., »... damit in der Stadt Hannover endlich klare Verhältnisse geschaffen werden«. Zum politischen Ende des Oberbürgermeisters Dr. Arthur Menge, in: Dieter Brosius (Hg.), Beiträge zur niedersächsischen Landesgeschichte. Festschrift zum 65. Geburtstag von Hans Patze, Hildesheim 1984, S. 500-523.
Rössler, Patrick (Hg.), Die neue Linie 1929-1943. Das Bauhaus am Kiosk. Katalog zur Ausstellung im Bauhaus-Archiv, Leipzig 2007.
Rose, Michael, Industrial Behaviour. Theoretical Development since Taylor, London 1975.
Rosenberger, Ruth, Experten für Humankapital. Die Entdeckung des Personalmanagements in der Bundesrepublik Deutschland, München 2008.
Rosenberger, Ruth, Demokratisierung durch Verwissenschaftlichung? Betriebliche Human-

experten als Akteure des Wandels der betrieblichen Sozialordnung in westdeutschen Unternehmen, in: Archiv für Sozialgeschichte 44 (2004), S. 327-356.
Ruggenthaler, Peter, Der lange Arm Moskaus. Zur Problematik der Zwangsrepatriierungen ehemaliger sowjetischer Zwangsarbeiter und Kriegsgefangener in die UdSSR, in: Siegfried Mattl u. a. (Hg.), Krieg. Erinnerung. Geschichtswissenschaft, Wien 2009, S. 229-245.
Saal, Wolfgang, Bernhard Hoetger. Ein Architekt des norddeutschen Expressionismus, Bonn 1989.
Saal, Wolfgang, Der TET-Stadt-Entwurf für die Keksfabrik Bahlsen, in: Dieter Golücke, Bernhard Hoetger. Bildhauer, Maler, Baukünstler, Designer, Worpswede 1984, S. 238-249.
Sabrow, Martin, Der Rathenaumord und die deutsche Gegenrevolution, Göttingen 2022.
Sachse, Carola, Betriebliche Sozialpolitik als Familienpolitik in der Weimarer Republik und im Nationalsozialismus. Mit einer Fallstudie über die Firma Siemens, Berlin, Hamburg 1987.
Sachse, Carola, Eckpunkte einer guten wissenschaftlichen Praxis der historischen Aufarbeitung schlimmer Vergangenheiten, in: WerkstattGeschichte, 74 (2016), S. 85-99.
Sagan, Günter, Ostthüringen im Bombenkrieg 1939-1945, Petersberg 2013.
Schäfer, Annette, Zwangsarbeiter und NS-Rassenpolitik. Russische und polnische Arbeitskräfte in Württemberg 1939-1945, Stuttgart 2000.
Schanetzky, Tim, »Kanonen statt Butter«. Wirtschaft und Konsum im Dritten Reich, München 2015.
Schanetzky, Tim, Das deutsche Unternehmensjubiläum, in: Martin Sabrow (Hg.), Historische Jubiläen, Leipzig 2015, S. 101-120.
Schanetzky, Tim, After the Gold Rush. Ursprünge und Wirkungen der Forschungskonjunktur »Unternehmen im Nationalsozialismus«, in: Zeitschrift für Unternehmensgeschichte 63 (2018), Nr. 1, S. 7-32.
Schefer, Benjamin C., Das Verbot der vertikalen Preisbindung. Eine betriebswirtschaftliche Analyse am Beispiel der Lebensmittelbranche, Wiesbaden 2013.
Scheybani, Abdolreza, Handwerk und Kleinhandel in der Bundesrepublik Deutschland. Sozialökonomischer Wandel und Mittelstandspolitik 1949-1961, München 1996.
Schildt, Axel, Moderne Zeiten. Freizeit, Massenmedien und »Zeitgeist« in der Bundesrepublik der 50er Jahre, Hamburg 1995.
Schiller, Thomas, NS-Propaganda für den »Arbeitseinsatz«. Lagerzeitungen für Fremdarbeiter im Zweiten Weltkrieg, Entstehung, Funktion, Rezeption und Bibliographie, Hamburg 1997.
Schlippe, Arist von; Groth, Torsten u. Rüsen, Tom A., Die beiden Seiten der Unternehmerfamilie. Familienstrategie über Generationen. Auf dem Weg zu einer Theorie der Unternehmerfamilie, Göttingen 2017.
Schneider, Gerhard, »… nicht umsonst gefallen«? Kriegerdenkmäler und Kriegstotenkult in Hannover, Hannover 1991.
Schneider, Gerhard, Hindenburg in Hannover 1919-1925, Hannover 2019.
Schneider, Gerhard, Der Brotkrawall in Hannover 1917 und der Zusammenbruch der »Volksgemeinschaft« im Krieg, in: Hannoversche Geschichtsblätter 63 (2009), S. 5-37.
Schneider, Gerhard, Hindenburg-Gemälde für Hannover. Bemerkungen zur Entstehung des Hindenburgkults im Ersten Weltkrieg, in: Hannoversche Geschichtsblätter 71 (2017), S. 209-234.
Schneider, Gerhard, Hindenburg-Geburtstagsfeiern in Hannover 1914-1918, in: Hannoversche Geschichtsblätter 77 (2023), S. 186-212.
Schneider, Michael, Unternehmer und Demokratie. Die freien Gewerkschaften in der unternehmerischen Ideologie der Jahre 1918 bis 1933, Bonn-Bad Godesberg 1975.

Schneider, Michael, Unterm Hakenkreuz. Arbeiter und Arbeiterbewegung 1933 bis 1939, Bonn 1999.

Schneider, Michael, In der Kriegsgesellschaft. Arbeiter und Arbeiterbewegung 1939 bis 1945, Bonn 2014.

Schneider-Braunberger, Andrea H., Miele im Nationalsozialismus. Ein Familienunternehmen in der Rüstungs- und Kriegswirtschaft, Berlin 2023.

Schreiber, Beate u. a., Vom Vorleser zum Mindestlohn. Die Geschichte der NGG 1865 bis 2015, Hamburg 2015.

Schreiber, Gerhard, Die italienischen Militärinternierten im deutschen Machtbereich, 1943-1945. Verraten – verachtet – vergessen, München 1990.

Schreiber, Maxi, Ägyptomanie? Die Wahrnehmung pharaonischer Architektur in der deutschen Moderne und ihre Wirkung im monumentalen Industriebau, in: Katja Lembke (Hg.), Faszination Nofretete. Bernhard Hoetger und Ägypten, Petersberg 2013, S. 82-91.

Schröter, Harm G., Außenwirtschaft im Boom: Direktinvestitionen bundesdeutscher Unternehmen im Ausland 1950-1975, in: Hartmut Kaelble (Hg.), Der Boom 1948-1973. Gesellschaftliche und wirtschaftliche Folgen in der Bundesrepublik Deutschland und in Europa, Opladen 1992, S. 82-106.

Schumacher, Jürgen, Zwangsarbeitslager Bornumer Holz, Hannover 2007.

Schulte, Jan Erik, Zwangsarbeit und Vernichtung: Das Wirtschaftsimperium der SS. Oswald Pohl und das SS-Wirtschafts-Verwaltungshauptamt, Paderborn 2001.

Schulze, Gerhard, Die Erlebnisgesellschaft. Kultursoziologie der Gegenwart, Frankfurt a. M. 1993.

Schulze Wessel, Martin, Der Fluch des Imperiums. Die Ukraine, Polen und der Irrweg in der russischen Geschichte, München 2023.

Schwarz, Hans-Peter, Axel Springer. Die Biografie, Berlin 2008.

Sennebogen, Waltraud, Zwischen Kommerz und Ideologie. Berührungspunkte von Wirtschaftswerbung und Propaganda im Nationalsozialismus, München 2008.

Sime, Ruth Lewin, Lise Meitner. A Life in Physics, Berkeley 1996.

Sparenberg, Ole, »Segen des Meeres«. Hochseefischerei und Walfang im Rahmen der nationalsozialistischen Autarkiepolitik, Berlin 2012.

Spengemann, Christof, Bernhard Hoetger, in: Beilage zur Leibniz-Feldpost Nr. 65 vom 1.3.1918, S. 5-8.

Sperling, Frank, »Kampf dem Verderb« mit allen Mitteln? Der Umgang mit ernährungsbezogenen Gesundheitsrisiken im »Dritten Reich« am Beispiel der chemischen Lebensmittelkonservierung, Stuttgart 2011.

Spiekermann, Uwe, Künstliche Kost. Ernährung in Deutschland 1840 bis heute, Göttingen 2018.

Spoerer, Mark, Von Scheingewinnen zum Rüstungsboom. Die Eigenkapitalrentabilität der deutschen Industrieaktiengesellschaften 1925-1941, Stuttgart 1996.

Spoerer, Mark: Zwangsarbeit unter dem Hakenkreuz. Ausländische Zivilarbeiter, Kriegsgefangene und Häftlinge im Deutschen Reich und im besetzten Europa 1939-1945, Stuttgart 2001.

Spoerer, Mark, C&A. Ein Familienunternehmen in Deutschland, den Niederlanden und Großbritannien. 1911-1961, München 2016.

Spoerer, Mark, Der Faktor Arbeit in den besetzten Ostgebieten im Widerstreit ökonomischer und ideologischer Interessen, in: Horst Möller u. Aleksandr Tschubarjan (Hg.), Mitteilungen der Gemeinsamen Kommission für die Erforschung der jüngeren Geschichte der deutsch-russischen Beziehungen, München 2005, S. 69-93.

Spoerer, Mark, Demontage eines Mythos. Zur Kontroverse über das nationalsozialistische »Wirtschaftswunder«, in: Geschichte und Gesellschaft 31 (2007), Nr. 3, S. 415-438.

Spoerer, Mark u. Streb, Jochen, Guns and Butter – But no Margarine. The Impact of Nazi Economic Policies on German Food Consumption, 1933-1938, in: Jahrbuch für Wirtschaftsgeschichte (2013), Nr. 1, S. 75-88.

Steigerwald, Eckhard, Barsinghausen inmitten des Wirtschaftswunders, in: Lothar Kutsch (Hg.), Spanier – Espanoles. Ihr Leben in Barsinghausen 1960 bis 1975, Barsinghausen 2017, S. 51-86.

Steinberg, Rolf (Hg.), Nazi-Kitsch, Darmstadt 1975.

Steiner, André (Hg.), Preispolitik und Lebensstandard. Nationalsozialismus, DDR und Bundesrepublik im Vergleich, Köln 2006.

Stepanek, Marcel, Wahlkampf im Zeichen der Diktatur. Die Inszenierung von Wahlen und Abstimmungen im nationalsozialistischen Deutschland, Leipzig 2014.

Stiller, Alexander, Die ideologische Instrumentalisierung des Wettkampfes im Nationalsozialismus zur Erziehung der männlichen Jugend, Hamburg 2017.

Stoettinger, Elisabeth, Oral History – Wahre Erinnerungen oder Konfabulation? Validität und Reliabilität von Zeitzeugenberichten aus psychologischer Sicht, in: Christian Giordano u. a. (Hg.), Trugschlüsse und Umdeutungen: Multidisziplinäre Betrachtungen unbehaglicher Praktiken, Berlin; Münster 2009, S. 131-146.

Stoff, Heiko, Gift in der Nahrung. Zur Genese der Verbraucherpolitik Mitte des 20. Jahrhunderts, Stuttgart 2015.

Stoff, Heiko, Vitaminisierung und Vitaminbestimmung. Ernährungsphysiologische Forschung im Nationalsozialismus, in: Dresdener Beiträge zur Geschichte der Technikwissenschaften 32 (2008), S. 59-93.

Straede, Therkel, »Deutschlandarbeiter«. Dänen in der deutschen Kriegswirtschaft, 1940-1945, in: Ulrich Herbert (Hg.), Europa und der »Reichseinsatz«. Ausländische Zivilarbeiter, Kriegsgefangene und KZ-Häftlinge in Deutschland 1938-1945, Essen 1991, S. 140-171.

Stremmel, Ralf, Zwischen Patriotismus und Geschäftsinteresse. Positionen der Industrie während der Ruhrbesetzung, in: Heinrich Grütter u. a. (Hg.), Hände weg vom Ruhrgebiet! Die Ruhrbesetzung 1923-1925, Essen 2023, S. 79-91.

Strippel, Andreas, NS-Volkstumspolitik und die Neuordnung Europas. Rassenpolitische Selektion der Einwandererzentrale des Chefs der Sicherheitspolizei und des SD (1939-1945), Paderborn 2011.

Struve, Kai, Deutsche Herrschaft, ukrainischer Nationalismus, antijüdische Gewalt. Der Sommer 1941 in der Westukraine, Berlin 2005.

Stürmer, Michael, Teichmann, Gabriele u. Treue, Wilhelm, Wägen und Wagen: Sal. Oppenheim jr. & Cie. Geschichte einer Bank und einer Familie, München 1989.

Stula, Nikolai, Ludwig Vierthaler (1875-1967). Leben und Werk, Bonn: Univ. Diss. 1998.

Süß, Dietmar, Tod aus der Luft. Kriegsgesellschaft und Luftkrieg in Deutschland und England, München 2011.

Taylor, Frederick, Inflation. Der Untergang des Geldes in der Weimarer Republik und die Geburt eines deutschen Traumas, Berlin 2013.

Tech, Andrea, Arbeitserziehungslager in Nordwestdeutschland 1940-1945, Göttingen 2003.

Tedlow, Richard S., New and Improved. The Story of Mass Marketing in America, Oxford 1990.

Tenfelde, Klaus, »Krupp bleibt doch Krupp«. Ein Jahrhundertfest: Das Jubiläum der Firma Fried. Krupp AG in Essen 1912, Essen 2005.

Tenfelde, Klaus, Der »Kruppianer«. Die Geburt eines Mythos aus dem Geist der »Werksgemeinschaft«, in: Ferrum 78 (2006), S. 35-45.

Teupe, Sebastian, Zeit des Geldes. Die deutsche Inflation zwischen 1914 und 1923, Frankfurt a. M. 2022.
Thielen, Hugo, Christof Spengemann in: Dirk Böttcher u. a. (Hg.), Hannoversches Biographisches Lexikon, Hannover 2002, S. 339.
Thiem, Gunther u. Staatliche Galerie im Lenbachhaus München (Hg.), Die Pelikan-Kunstsammlung, München 1965.
Thonfeld, Christoph, Rehabilitierte Erinnerungen? Individuelle Erfahrungsverarbeitungen und kollektive Repräsentationen von NS-Zwangsarbeit im internationalen Vergleich, Essen 2014.
Thonfeld, Christoph, »Ein Moment der Freude … und schmerzvoll«. Heimkehr ehemaliger NS-Sklaven- und Zwangsarbeiter am Ende des Zweiten Weltkriegs, in: Alexander von Plato, Almut Leh u. Christoph Thonfeld (Hg.), Hitlers Sklaven. Lebensgeschichtliche Analysen zur Zwangsarbeit im internationalen Vergleich, Wien 2008, S. 360-370.
Thonfeld, Christoph, Individualisierte Erinnerungen an NS-Zwangsarbeit. Zum Wandel in Erinnerungskultur und Oral History, in: BIOS. Zeitschrift für Biographieforschung, Oral History und Lebensverlaufsanalysen 27 (2014), Nr. 1/2, S. 187-207.
Timpe, Julia, Mit Sport und Spiel zur »Volksgemeinschaft, in: Frank Becker u. Daniel Schmidt (Hg.), Industrielle Arbeitswelt und Nationalsozialismus. Der Betrieb als Laboratorium der »Volksgemeinschaft« 1920-1960, Essen 2020, S. 183-194.
Töpfer, Jochen u. Bergmann, Max Friedrich, Jerusalem – Berlin – Sarajevo. Eine religionssoziologische Einordnung Amin al-Husseinis, Wiesbaden 2019.
Treue, Wilhelm, Robert Pferdmenges (1880-1962), in: Kölner Unternehmer im 19. und 20. Jahrhundert (Rheinisch-Westfälische Wirtschaftsbiographien, Band 13), Münster 1986, S. 203-222.
Uhl, Karsten, Humane Rationalisierung? Die Raumordnung der Fabrik im fordistischen Jahrhundert, Bielefeld 2014.
Ullmann, Hans Peter, Der deutsche Steuerstaat. Geschichte der öffentlichen Finanzen vom 18. Jahrhundert bis heute, München 2005.
Ulmer, Eva-Maria, Karl Fahrenkamp – eine erste Annäherung, in: Mathias Schmidt, Dominik Groß u. Jens Westemeier (Hg.), Die Ärzte der Nazi-Führer. Karrieren und Netzwerke, Berlin 2018, S. 129-148.
Viktoria, Betty J., Heldentum im Nationalsozialismus und das Ehrenmal in Hannover 1943, München 2012.
Wagner, Jens-Christian, Produktion des Todes. Das KZ Mittelbau-Dora, Göttingen 2001.
Wagner, Jens-Christian, Gewalt und Überleben. Die Behandlung der KZ-Gefangenen bei der Untertageverlagerung von Rüstungsprojekten im KZ Mittelbau-Dora, in: Hermann Kaienburg (Hg.), Nationalsozialistische Konzentrationslager 1933-1945. Die Veränderung der Existenzbedingungen, Berlin 2010, S. 147-162.
Walker, Mark, Otto Hahn. Verantwortung und Verdrängung, Berlin 2003.
Wallbaum, Klaus, Der Überläufer. Rudolf Diels (1900-1957) – der erste Gestapo-Chef des Hitler-Regimes, Frankfurt a. M. 2010.
Wedermann, Konrad, Das deutsche Vormundschaftsrecht. Im Zusammenhang dargestellt, Ansbach 1929.
Wegner, Bernd, Der Krieg gegen die Sowjetunion 1942/43, in: Horst Boog u. a. (Hg.), Der globale Krieg. Die Ausweitung zum Weltkrieg und der Wechsel der Initiative 1941-1943 (= Das Deutsche Reich und der Zweite Weltkrieg, Bd. 6), Stuttgart 1990, S. 759-1102.
Werner-und-Elisabeth-Kollath-Stiftung u. Melzer, Jörg (Hg.), Werner Kollath 1933-1945. Dokumentensammlung und Kommentare, Bad Sooden 2002.

Werpup, Josef, Ziele und Praxis der deutschen Kriegswirtschaft in der Sowjetunion 1941 bis 1944 dargestellt an einzelnen Industriezweigen, Bremen: Univ. Diss. 1992.

Werwath, Christian, Der niedersächsische Ministerpräsident Ernst Albrecht (1976-1990). Annäherung an einen Unnahbaren. Politische Führung in Niedersachsen, Stuttgart 2014.

Wetzel, Juliane, Die NSDAP zwischen Öffnung und Mitgliedersperre, in: Wolfgang Benz (Hg.), Wie wurde man Parteigenosse? Die NSDAP und ihre Mitglieder, Frankfurt a. M. 2009, S. 74-90.

Willems, Susanne, Der entsiedelte Jude. Albert Speers Wohnungsmarktpolitik für den Berliner Hauptstadtbau, Berlin 2000.

Windolf, Paul u. Marx, Christian, Die braune Wirtschaftselite. Unternehmer und Manager in der NSDAP, Frankfurt a. M. 2022.

Woniak, Katarzyna, Polen als Patienten während der NS-Zwangsarbeit, in: Andrzej M. Kaniowski u. Florian Steger, NS-Zwangsarbeit und Medizin, Łódz 2020, S. 51-66.

Writes, Houston, Reemtsma. Von der Feldzigarette zur Anti-Wehrmachtsausstellung, Selent 2002.

Yano, Hisashi, Hüttenarbeiter im Dritten Reich, Stuttgart 1986.

Zellhuber, Andreas, »Unsere Verwaltung treibt einer Katstrophe zu …«. Das Reichsministerium für die besetzten Ostgebiete und die deutsche Besatzungsherrschaft in der Sowjetunion 1941-1945, München 2006.

Ziegan, Uta, »Ein Rückgang der hohen Gewinne ist fast nirgendwo zu verzeichnen gewesen.« Profiteure und Verlierer an Hannovers Heimatfront, in: Historisches Museum Hannover (Hg.), Heimatfront Hannover. Kriegsalltag 1914-1918, Hannover 2014, S. 232-265.

Ziegler, Dieter u. Hesse, Jan-Otmar (Hg.), 1919 – Der Versailler Vertrag und die deutschen Unternehmen, Berlin 2022.

Zweig, Ronald W., German reparations and the Jewish world. A history of the Claims Conference, London 2001.

Personenregister